इतिहास का स्पर्शबोध

[एक आत्मकथा]

इतिहास का स्पर्शबोध

[एक आत्मकथा]

कृष्ण कुमार बिड़ला

अनुवाद

युगांक धीर

राजकमल प्रकाशन

नयी दिल्ली पटना इलाहाबाद कोलकाता

मूल कृति Brushes with History : An Autobiography का अनुवाद

ISBN : 978-81-267-1755-2

मूल्य : ₹ 850

पहला संस्करण : 2010
पहली आवृत्ति : 2014

प्रकाशक : राजकमल प्रकाशन प्रा. लि.
1-बी, नेताजी सुभाष मार्ग, दरियागंज
नई दिल्ली-110 002

शाखाएँ : अशोक राजपथ, साइंस कॉलेज के सामने, पटना-800 006
पहली मंजिल, दरबारी बिल्डिंग, महात्मा गांधी मार्ग, इलाहाबाद-211 001
36 ए, शेक्सपियर सरणी, कोलकाता-700 017

वेबसाइट : www.rajkamalprakashan.com
ई-मेल : info@rajkamalprakashan.com

आवरण-सज्जा : विवेक साहनी डिज़ाइन

मुद्रक : बी.के. ऑफसेट
नवीन शाहदरा, दिल्ली-110 032

ITIHAS KA SPARSHBODH : EK AATMAKATHA
by Krishna Kumar Birla
Translated by Yugank Dhir

मेरे पिता डॉ. घनश्यामदास बिड़ला
को समर्पित—
जो मनुष्यों की भलाई की भावना से ओतप्रोत
एक सच्चे कर्मयोगी थे,
जो श्रीमदभगवद्गीता
की शिक्षा और दर्शन का अनुसरण करते थे
और भगवान कृष्ण के भक्त थे,
जो महात्माजी को अपने पिता समान मानते थे
और जिन्हें महात्माजी अपना मित्र और परामर्शदाता मानते थे,
जो अनेकानेक उद्योगों की स्थापना करनेवाले
और राष्ट्र की सम्पदा और समृद्धि में महत्त्वपूर्ण योगदान देनेवाले
एक भविष्यद्रष्टा थे,
जो एक सच्चे 'परोपकारी' थे
और राष्ट्र की प्रगति और जागृति के लिए
शिक्षा और प्रौद्योगिकी के विकास में
दृढ़ आस्था रखते थे,
जिन्होंने देश की दो सबसे बड़ी शैक्षणिक आधारशिलाओं
बिड़ला शिक्षा न्यास और
बिड़ला प्रौद्योगिकी एवं विज्ञान संस्थान
की स्थापना की,
जो बच्चों को सद्मार्ग पर चलने
की सीख देनेवाले कुल-पिता थे—
एक कर्मयोगी का जीवन जीने वाले
ऐसे महान पिता को
मेरा कोटि-कोटि प्रणाम।

प्रस्तावना

डॉ. के.के. बिड़ला के परिवार के साथ कांग्रेस पार्टी के सम्बन्ध भारत के स्वतन्त्रता आन्दोलन के झंझावात भरे दिनों से चले आ रहे हैं। डॉ. बिड़ला के पिता स्वर्गीय जी.डी. बिड़ला गांधीजी के एक महत्त्वपूर्ण सहयोगी थे और उनके परिवार ने भारत की स्वाधीनता की लड़ाई में प्रमुख भूमिका निभाई थी।

परिवार में अपनी पीढ़ी के सदस्यों में से डॉ. के.के. बिड़ला अपने पिता की सार्वजनिक जीवन के साथ जुड़ाव की परम्परा को आगे बढ़ाने में सर्वाधिक सक्रिय रहे हैं। वे अनेक वर्षों तक एक संसद-सदस्य रहे और स्वयं को हमेशा एक ऐसे उद्योगपति के रूप में देखते रहे जिनके कन्धों पर अपने पिता की परम्परा को आगे बढ़ाने का दायित्व था।

वे इंदिराजी के निकट सहयोगी थे, और इंदिराजी के संकट के दिनों में भी वे अपने सिद्धान्तों और उनके साथ अपनी मित्रता पर अडिग रहे। वे राजीवजी को भी अच्छी तरह से जानते थे और मैं हमेशा से ही उन्हें कांग्रेस परिवार के एक सदस्य की तरह मानती रही हूँ।

मुझे यह जानकर अति प्रसन्नता हुई है कि आखिरकार उन्होंने अपनी आत्मकथा लिख डाली है। बहुत कम लोगों के पास डॉ. बिड़ला जैसा वैविध्यतापूर्ण अनुभव होता है। उनका जीवन अपने-आपमें अनेक गुणों और अनेक क्षेत्रों को समेटे हुए है। ऐसे बहुत कम उद्योगपति होंगे जो बीसवीं सदी में भारतीय व्यवसाय के विकास के बारे में लिख सकें और ऐसे भी बहुत कम लोग होंगे जिन्हें स्वतन्त्रतापूर्व भारत की सर्वाधिक महत्त्वपूर्ण हस्तियों के साथ इतने घनिष्ठ सम्पर्क और मित्रता का अवसर प्राप्त हुआ हो। इस दृष्टि से वे सचमुच इतिहास के साक्षी हैं।

प्रसार माध्यम के साथ भी उनके महत्त्वपूर्ण सम्बन्ध रहे हैं। स्वर्गीय जी.डी. बिड़ला गांधीजी के आग्रह पर 'हिन्दुस्तान टाइम्स' से जुड़े थे और उनके मार्गदर्शन में यह समाचार-पत्र राष्ट्रीय आन्दोलन का स्वर बन गया था, एक ऐसे समय में जब अंग्रेजों के स्वामित्व वाले अंग्रेजी समाचार-पत्रों का वर्चस्व था। पिछले कई दशकों में डॉ. के.के. बिड़ला ने 'हिन्दुस्तान टाइम्स' को आधुनिक भारत के एक ऐसे अग्रणी समाचार-पत्र में बदल दिया है, जिसके देशभर में कई संस्करण छपते हैं।

यह सब सार्वजनिक जीवन के प्रति उनकी प्रतिबद्धता का ही एक हिस्सा है। इस दृष्टि से वे उद्योगपतियों की उस पीढ़ी का प्रतिनिधित्व करते हैं जिन्होंने अपने कार्य को राष्ट्र-निर्माण के रूप में देखा, और जिनकी अपनी धन-सम्पदा या अपनी सम्पत्तियों के प्रदर्शन में कोई रुचि नहीं थी।

उनका अपना व्यक्तित्व–संयत और शालीन, गरिमापूर्ण, और दूसरों पर रोब जमाने या अपनी तरफ ध्यान आकर्षित करने की इच्छा से सर्वथा मुक्त–उनकी पीढ़ी के इन मूल्यों का ही दर्पण है।

मैं बिड़लाजी को व्यक्तिगत रूप से कई वर्षों से जानती हूँ। वे एक भरोसेमंद मित्र हैं और किसी भी तरह की सलाह देने या प्रोत्साहन के दो शब्द कहने के लिए हमेशा तैयार रहते हैं। उनकी गरिमा और पुराने जमाने वाली मोहकता हमेशा यह आश्वासन देती रहती है कि भारत कितनी ही तेजी से क्यों न बदले, परन्तु पुराने मूल्य आज भी जीवित हैं।

आशा है ये संस्करण उनके व्यक्तित्व को प्रतिबिम्बित करेंगे। यदि ऐसा हो पाता है तो इन्हें पढ़ना एक अमूल्य अनुभव होगा।

नई दिल्ली,
14 अप्रैल, 2007

सोनिया गांधी

भूमिका

के.के. बिड़ला के साथ अपनी पहली भेंट के दौरान ही मैंने उनके साथ भोजन किया था। दो दशक पहले, 'संडे' के सम्पादक का कार्य-भार सँभालने के कुछ ही समय बाद, मेरे तत्कालीन बॉस अवीक सरकार ने मुझसे कहा था कि के.के. बाबू—जैसाकि कोलकाता में उन्हें कहा जाता है—ने मुझसे मिलने की इच्छा व्यक्त की थी। अवीक अगले पखवाड़े के.के. बाबू के साथ भोजन करने जा रहे थे। क्या मैं उनके साथ चल सकता था?

मैं इससे पहले बिड़ला परिवार के अन्य सदस्यों से मिल चुका था। कोलकाता स्थानान्तरित होने के कुछ ही समय बाद मुझे बी.के. बिड़ला (के.के. बाबू के छोटे भाई) के घर पर भोजन पर आमन्त्रित किए जाने का सौभाग्य प्राप्त हो चुका था। मैं बिड़लाजी की अगली पीढ़ी के भी बहुत-से सदस्यों को जानता था—खासकर के.के. बाबू के भतीजों आदित्य, अशोक, सुदर्शन और चन्द्रकान्त को।

परन्तु के.के. बिड़ला इन सबसे अलग थे। वे एक ऐसे बिड़ला थे जिनके बारे में सभी पत्रकार जानते थे। वे दिल्ली के सबसे बड़े और सबसे शक्तिशाली अखबार 'हिन्दुस्तान टाइम्स' के मालिक थे। जिस तरह उनके पिताजी जी.डी. बिड़ला महात्मा गांधी के मित्र रहे थे, उसी तरह के.के. बिड़ला पहले इन्दिरा गांधी और फिर उनके पुत्र राजीव (जो हमारी भेंट के समय प्रधानमन्त्री थे) के मित्र और विश्वासपात्र रहे थे। वे अनेक वर्षों से संसद के सदस्य थे और ऐसा माना जाता था कि वे राजनीतिक मामलों में अपने व्यावसायिक साम्राज्य से भी अधिक रुचि लेते थे।

अवीक बहुत से बिड़लाओं के मित्र थे—बल्कि यह कहना शायद अधिक उपयुक्त होगा कि वे उनके प्रशंसक थे। उन्होंने एक बार मुझसे कहा भी था, "बिड़लाओं के बारे में यह बात हमेशा याद रखनी चाहिए कि वे भारत का राजघराना हैं।"

के.के. बिड़ला के मुख्यालय में, जहाँ उनके बहुत-से व्यवसायों के कार्यालय हैं, हमारा जाना किसी उत्सव से कम न था। अवीक के स्पष्ट निर्देश थे : हमें बिल्कुल ठीक समय पर पहुँचना था—के.के. बाबू किसी भी तरह की असमयबद्धता को सख्त नापसन्द करते थे।

जब वे स्वयं हमारे सामने प्रकट हुए तो वे अखबारों में छपनेवाली अपनी तस्वीरों से विशेष अलग नहीं थे। परन्तु मुझे तीन विशिष्ट बातें दिखाई दीं। पहली थी, उनके परिधान की उत्कृष्ट और पूर्णतया दोषरहित सिलाई, लगभग अंग्रेजी, सेविल रो जैसी सिलाई की तरह। दूसरी, आत्मीयता और औपचारिकता का एक अनूठा संयोजन बनाए रखने की व्यवहार कुशलता। उनका व्यवहार मित्रतापूर्ण था और वे हमसे मिलकर प्रसन्न भी दिखाई दे रहे थे। फिर भी उनमें एक खास तरह का आत्म-सन्तुलन, एक नपी-तुली-सी

औपचारिकता थी। और तीसरी विशिष्टता यह थी कि वे भोजन पर अपने साथ एक विषय-सूची लेकर आए थे। मैं डाइनिंग-टेबल पर उनकी बाईं तरफ बैठा था और यह देखकर चकित हो रहा था कि वे बीच-बीच में एक हस्तलिखित सूची की तरफ देख रहे थे, जिस पर लिखा था 'श्री अवीक सरकार और श्री वीर संघवी के साथ बातचीत के मुद्दे।' भोजन के साथ-साथ हमने अनेक विषयों पर चर्चा की, 'टेलीग्राफ' और 'हिन्दुस्तान टाइम्स' की प्रसार-संख्या से लेकर सरकार की नियति तक। मैं यह देखकर चकित था कि वे कितनी सहजता से एक विषय से दूसरे विषय की तरफ बढ़ रहे थे, हर विषय-परिवर्तन को पूरी तरह स्वाभाविक रूप देते हुए–हालाँकि हम उन्हीं विषयों पर बातचीत कर रहे थे जिन्हें वे अपनी सूची में लिखकर लाए थे, और बिल्कुल उसी क्रम में जिस क्रम में वे उन्हें लिखकर लाए थे।

के.के. बाबू से मेरी फिर से भेंट हुई, और फिर इन भेंटों का एक सिलसिला-सा चल पड़ा। पहले मैं और अवीक इकट्ठे भोजन पर जाते थे, परन्तु लगभग एक वर्ष के भीतर ही उन्होंने मुझे कोलकाता में और दिल्ली के बिड़ला हाउस में अकेले ही आमन्त्रित करना शुरू कर दिया।

मैं मुश्किल से तीस वर्ष का था और 'संडे' को एक नया स्वरूप देने और राष्ट्रीय राजनीति को कोई अर्थ देने के प्रयास से जूझ रहा था। के.के. बाबू का नाती मुझसे कुछ ही वर्ष छोटा था और वे भारत के सर्वाधिक शक्तिशाली व्यक्तियों में से थे। फिर भी, वे मेरे साथ समानता का व्यवहार करते थे। उन्होंने कभी भी मुझ पर अपना बड़प्पन झाड़ने या रोब जमाने का प्रयास नहीं किया; कभी इस तरह का व्यवहार नहीं किया मानो वे मुझसे ज्यादा जानते हों (हालाँकि वे निश्चित ही जानते थे); और कभी भी मेरी कोई ऐसी बात काटने का प्रयास नहीं किया जिसके बारे में उन्हें पता था कि मैं गलत हूँ।

हर लंच पर एक-सा क्रम रहता था। पहले फलों के रस के साथ स्नैक्स की ट्रे आती थी। इसके बाद हम डाइनिंग-टेबल पर जाकर हर बार लगभग एक-सा भोजन करते थे–पूरियों के साथ शतावरी का सूप; फिर शाकाहारी कटलेटों के साथ चार मोटे कटे हुए फ्रेंच-फ्राई और एक शाकाहारी 'औ-ग्रेटिन'; चावलों के साथ दो रसेदार सब्जियाँ (जिनमें से एक में आलू जरूर होते थे); और इसके बाद मिष्ठान के रूप में गुलाब जामुन। टेबल से उठने के बाद कॉफी का दौर चलता था, जिसे के.के. बाबू हमेशा डी-कैफ शैली में लेना पसन्द करते थे।

हर भोजन पर उनके पास हस्तलिखित विषय-सूची का पैड जरूर रहता था, हालाँकि कुछ वर्षों में हम इतना घुल-मिल गए थे कि वे इस सूची से इधर-उधर भी चले जाते थे। इस तरह के कुछ भोजनों के बाद मैं बिना सोचे-समझे कुछ न कहने का ध्यान रखने लगा, क्योंकि यदि कुछ महीनों बाद विषय-सूची के किसी विषय पर फिर से चर्चा होती और मैं कुछ भी कह बैठता तो वे मेरी तरफ देखते हुए कहते, "लेकिन वीर, मुझे याद है जब पिछली बार इस विषय पर हमारी बातचीत हुई थी तो तुमने कुछ और कहा था..."

क्या वे नोट्स बनाते थे? मैं सोचने लगा। क्या हर बार वे भोजन के बाद अपने सचिव को बुलाकर उसे पूरी बातचीत का ब्यौरा लिखवा देते थे? तो फिर उन्हें हमेशा कैसे याद रहता था कि मैंने क्या कहा था?

इन भोजनों से उनके बारे में मेरे पहले प्रभाव की भी पुष्टि हो गई थी। उनके परिधान की सिलाई हमेशा त्रुटिहीन होती थी (बाद में मुझे पता चला था कि वे जेरामिन स्ट्रीट या सेविल रो से वस्त्र सिलवाते थे)। वे भयंकर रूप से समय के पाबंद थे। कभी-कभी उनके कार्यक्रम में किसी भेंट का समय 10:23 से 10:47 तक होता था। के.के. बाबू को एक मिनट भी प्रतीक्षा करवाना बहुत लम्बा समय होता था।

उनका पूरा जीवन अचंभे की हद तक सुव्यवस्थित था। क्या वे जल्दी ही लन्दन जाने की सोच रहे थे? "हाँ वीर," वे तुरन्त उत्तर देते हुए कहते थे, "मैं अगले महीने की 28 तारीख को ब्रिटिश एयरवेज की शाम की उड़ान से जा रहा हूँ। मैं लन्दन में सिर्फ एक दिन रुकूँगा। इसके बाद मैं और मेरी पत्नी कुछ दिनों के लिए जेनेवा जाएँगे। 3 तारीख को हम लन्दन लौटेंगे और..."

जैसाकि भोजन की व्यंजन-तालिका से पता चलता था, वे आदत के अभ्यस्त थे। वे लन्दन में हमेशा पार्क लेन में स्थित ग्रॉसवेनोर हाउस में ठहरते थे। वे पहली बार अपने पिता के साथ युद्ध से पहले (स्वाभाविक तौर पर दूसरा विश्वयुद्ध) वहाँ गए थे और उस होटल के एक विशेष सुइट के अभ्यस्त हो गए थे। उन्हें कभी-कभी लन्दन में महीनों रहना पड़ता था, इसलिए मैंने एक बार उनसे पूछा था कि क्या वे उस होटल को उचित दाम लगाने के लिए कहते थे। ग्रॉसवेनोर हाउस जी.डी. बिड़ला के जमाने के अपने शाही रुतबे से काफी नीचे आ चुका था। वे मेरी बात का अर्थ नहीं समझे तो मैंने कहा, "उनकी प्रतिष्ठा अब पहले जैसी नहीं रह गई है। आप उनसे भारी छूट देने के लिए कह सकते हैं।"

वे थोड़ा चौंकते हुए बोले, "छूट? नहीं-नहीं, मैं कभी भी डिस्काउंट की माँग नहीं करता।"

वे वहाँ महीनों ठहरते रहे और उस सूइट का पूरा और भारी-भरकम किराया देते रहे। कोई आश्चर्य नहीं कि वे जब भी वहाँ जाते थे तो होटल का पूरा का पूरा वरिष्ठ स्टॉफ उनके स्वागत में आँखें बिछाए रहता था। जब 2007 में होटाल का पुनरुद्धार किया गया तो विशेष रूप से आमन्त्रित लॉर्ड्स, लेडीज, सांसदों और निगमीय महारथियों की उपस्थिति में उन्हें नई टी-लॉज का अधिकृत उद्घाटन करने के लिए कहा गया।

के.के. बाबू के साथ भोजन करने का सिलसिला शुरू होने के पाँच-छह वर्ष बाद संयोग से उनकी बेटी शोभना और दामाद श्याम के साथ मेरी मित्रता हो गई। जल्दी ही यह मित्रता घनिष्ठ मित्रता में बदल गई और उनके माध्यम से मुझे बिड़ला परिवार के अन्य सदस्यों से भी मिलने का अवसर मिला, खासकर शोभना की दोनों बड़ी बहनों और उनके पतियों से।

के.के. बाबू इस घटनाक्रम से प्रसन्न तो हुए, परन्तु इससे मेरे साथ उनके सम्बन्धों पर कोई प्रभाव नहीं पड़ा। हम अब भी लंच पर अकेले मिलते रहे। शोभना और श्याम अलग से उनके साथ लंच और डिनर करते रहे। हम सब निस्सन्देह पारिवारिक समारोहों में या शोभना और श्याम के घर पर आयोजित कार्यक्रमों में अवश्य ही मिलते थे, परन्तु हमारी भोजनकालीन भेंटें एक बुलबुले में और पारिवारिक सम्बन्धों की परिधि के पूरी तरह बाहर होती रहीं। साथ ही मुझे हमेशा यह अहसास भी होता रहा कि अपने सुप्रसिद्ध विवेक के अनुरूप वे मेरे द्वारा दूसरों से कहा गया एक शब्द भी इस बातचीत में नहीं दोहराते थे–भले ही वे शब्द मैंने अपने घनिष्ठतम मित्रों और उनकी अपनी बेटियों और दामादों से कहे हों।

धीरे-धीरे मेरी समझ में आने लगा कि के.के. बाबू ऐसे ही हैं। उनमें असीम प्रेम और स्नेह की क्षमता है। वे अपने बच्चों और उनके परिवारों पर जान छिड़कते हैं। परन्तु फिर भी, आत्मीयता और औपचारिकता का संयोजन हमेशा बना रहता है। वे और शोभना एक-दूसरे को पत्र लिखते हैं। शोभना शायद ही कभी पूर्वसूचना के बिना उनसे मिलने जाती हैं। यदि वे उनके साथ लंच के लिए पाँच मिनट जल्दी पहुँच जाती हैं तो पाँच मिनट तक अपनी कार में ब्लॉक के आसपास चक्कर लगाती रहती हैं। वे कहती हैं कि उन्हें मालूम है कि उनके पिता कितनी सावधानी और सूक्ष्मता से अपने दिन की योजना बनाते हैं, इसलिए पाँच मिनट के व्यवधान से भी उनका पूरा कार्यक्रम बिगड़ सकता है।

अपने मित्रों के साथ भी वे आत्मीय व्यवहार के साथ-साथ औपचारिकता बरतने में इतने कुशल हैं कि कई बार मैं आश्चर्य में पड़ जाता हूँ। 1996-97 में मैं कुछ व्यक्तिगत परेशानियों के दौर से गुजर रहा था कि उन्हें अपने स्रोतों (मेरा अनुमान है कि शोभना) से इसका पता चल गया। हालाँकि मैं स्वयं उनके साथ इस विषय पर कोई चर्चा करने की कल्पना भी नहीं कर सकता था।

एक शाम भोजन और हस्तलिखित विषय-सूची पर चर्चा हो जाने के बाद वे अपनी डी-कैफ कॉफी के घूँट भरते हुए किसी सोच में डूब गए और फिर बहुत विनम्रतापूर्वक बोले कि क्या मैं ठीक-ठाक हूँ। क्या वे कुछ कर सकते थे? उन्होंने सुना था कि मेरे पास कार नहीं थी। क्या मैं उनकी किसी कार का उपयोग करना चाहूँगा? वगैरह-वगैरह।

जैसाकि स्वाभाविक था, मैंने उनके इन उदार प्रस्तावों को स्वीकार करने से इनकार कर दिया। परन्तु उनकी यह बात मुझे हमेशा याद रहती है। उन्होंने एक-दो बार दोबारा यह विषय छेड़ा, परन्तु बहुत विनम्रता और व्यवहार-कुशलता के साथ। संकट समाप्त होने के बाद सब ठीक-ठाक हो गया तो उन्होंने फिर कभी भी इसका उल्लेख नहीं किया।

1999 में 'हिन्दुस्तान टाइम्स' के सम्पादक का पद रिक्त हुआ तो शोभना ने इसे मुझे देने का निर्णय लिया। हालाँकि मैंने इस अवसर को तुरन्त झपट लिया–पत्रकारिता के क्षेत्र में इससे बड़े पद बहुत कम हैं–परन्तु मैं और शोभना दोनों ही थोड़े आशंकित थे, भले ही हम एक-दूसरे के सामने ऐसा प्रकट नहीं कर रहे थे। घनिष्ठ मित्रों के लिए एक साथ काम करना आसान नहीं होता, और यह तब और भी मुश्किल हो जाता है जब एक मित्र दूसरे का बॉस बन जाए।

सिर्फ के.के. बाबू जरा भी विचलित नहीं थे। उनकी चिन्ता सिर्फ अवीक सरकार को लेकर थी, जो एक खराब दौर से गुजर रहे थे। वे चाहते थे कि ऐसा न लगे कि, एच.टी. ने मुझे अवीक से छीन लिया है। आखिर हम अवीक के माध्यम से ही पहली बार मिले थे। मैंने उन्हें आश्वस्त किया कि अवीक से मेरी बातचीत हो चुकी थी और उन्होंने मुझसे कहा था कि भविष्य की दृष्टि से यह मेरे लिए बहुत बड़ा अवसर था, और मुझे इसे ठुकराने की बात सोचनी भी नहीं चाहिए।

के.के. बाबू तब और भी आश्वस्त हो गए जब उन्होंने अवीक के साथ लंच लिया। अवीक ने उनसे कहा कि वे मेरी नई नौकरी को अपनी खराब स्थिति से जोड़कर नहीं देख रहे थे और मुझे अपनी शुभकामनाएँ देना चाहते थे।

परन्तु मेरे कुछ मित्र आश्वस्त नहीं थे। मैं उन्हें बता चुका था कि मैं पिछले तेरह वर्षों से के.के. बाबू के साथ महीने में कम-से-कम एक बार भोजन करता रहा हूँ। परन्तु उनका कहना था कि मुझे यह अहसास नहीं था कि मैं किस संकट में फँसने जा रहा हूँ। बिड़लाओं का मित्र होना और बात थी और उनके लिए काम करना बिल्कुल दूसरी बात।

मुझे सम्पादकीय मामलों में के.के. बाबू की दखलंदाजी के किस्से सुनाए गए, कि किस तरह वे अपने सम्पादकों को निर्देश देते थे, उन्हें अपने चहेते व्यक्तियों को रखने के लिए कहते थे, और अपनी इच्छानुसार सम्पादकीय लेख लिखवाते थे। मैं इस सबका कैसे सामना करूँगा? उन्हें न सिर्फ अपने व्यावसायिक साम्राज्य को आगे बढ़ाना था, बल्कि वे एक सक्रिय राजनीतिज्ञ और संसद-सदस्य भी थे।

मैंने इन सन्देहवादियों की बातें सुनीं जरूर, परन्तु मेरे मन में एक क्षण के लिए भी यह खयाल नहीं आया कि मुझे कोई परेशानी होने जा रही थी। ऐसा नहीं हो सकता कि आप किसी व्यक्ति को बारह-तेरह वर्षों से जानते हों और आपको उसके बारे में और उसके सही-गलत के बोध के बारे में कुछ पता न हो।

मैं सही था।

'हिन्दुस्तान टाइम्स' में अपने तमाम वर्षों में (चार वर्ष सम्पादक के रूप में और फिर सम्पादकीय निदेशक के रूप में) मेरे सामने ऐसा एक भी मामला नहीं आया जहाँ के.के. बाबू ने सम्पादकीय नीति में हस्तक्षेप किया हो। उन्होंने एक बार भी मुझे कोई ऐसा काम करने के लिए नहीं कहा जो मैं नहीं करना चाहता था।

इसका यह अर्थ नहीं है कि उनके अपने राजनीतिक विचार नहीं थे। बहुत बार ऐसा हुआ कि वे मेरे दृष्टिकोण से पूरी तरह असहमत थे। उनके अपने विचार अकसर सम्पादकीयों से बिलकुल विपरीत होते थे, जिनके बारे में ऐसा समझा जाता है कि वे किसी घटना पर समूचे अखबार (इसके मालिक समेत) के विचार हैं। परन्तु जब तक शोभना को कोई आपत्ति न हो, जिनका कि अब यह अखबार था, तब तक के.के. बाबू अपने विचारों को एक पाठक के विचारों की तरह मानते थे। यह एक बहुत बड़ी बात है, खासकर अगर आप कम्पनी के चेयरमैन हों।

अकसर, वे अपनी स्थिति के बारे में लिखकर भेज देते थे। परन्तु इसका अन्त हमेशा एक अलग पैरे के साथ होता था–"फिर भी, ये मेरे व्यक्तिगत विचार हैं। यह पूरी तरह आपके निर्णय पर निर्भर है कि अखबार की नीति क्या होनी चाहिए।"

उनके साथ अगली भेंट के दौरान मैं उनकी स्थिति पर चर्चा करता और उन्हें बताता कि मैं क्यों उनसे असहमत था। कई बार वे मेरे तर्कों से आश्वस्त न होते। लेकिन उन्होंने एक बार भी मुझे अपने विचार बदलने के लिए नहीं कहा।

उनके लिए ऐसा करना हमेशा आसान भी नहीं रहा होगा। मेरे सम्पादन काल के दौरान भाजपा सत्ता में थी और अटल बिहारी वाजपेयी और लालकृष्ण आडवाणी के साथ उनकी घनिष्ठ मित्रता थी। कई अवसरों पर उन्होंने उनसे शिकायत भी की। एक खास स्तम्भकार ने प्रधानमन्त्री के बारे में आलोचनात्मक लेख लिखा था। एक बीट रिपोर्टर पक्षपात का शिकार था। सम्पादक (अर्थात् मैं!) के पूर्वाग्रहों के कारण भाजपा के प्रति अखबार का रवैया अत्यधिक वैमनस्यपूर्ण था।

वे निष्ठापूर्वक ये सभी टिप्पणियाँ मुझ तक पहुँचाते रहे। परन्तु एक भी स्तम्भ को बन्द नहीं किया गया। एक भी रिपोर्टर की बीट नहीं बदली गई। एक भी रपट को दोबारा नहीं लिखा गया। शिकायतें कितनी ही जोरदार क्यों न हों, वे हमेशा अपने सम्पादक के साथ खड़े रहते थे।

यह तब और भी मुश्किल हो जाता था जब वे मुझसे पूरी तरह असहमत होते थे। उदाहरण के लिए, गुजरात के दंगों के मामले में उन्हें लगता था कि राज्य सरकार की भर्त्सना करके अखबार सही काम कर रहा था। परन्तु जब मैं नरेन्द्र मोदी को हमेशा 'नर-संहारक' कहकर सम्बोधित करने लगा तो उन्हें लगा कि (क) यह ज्यादती थी, और (ख) अखबार को एक प्रशासक के रूप में मोदी की सफलता को कुछ श्रेय देना ही चाहिए। मैं उनसे असहमत था। शायद मोदी एक अच्छे प्रशासक थे। परन्तु फिर, मुसोलिनी भी रेलगाड़ियों को समय पर चलाने में सफल रहे थे। हिटलर ने जर्मन उद्योग को पुनर्जीवित किया था। तो क्या हुआ? एक नर-संहारक हमेशा नर-संहारक रहता है, भले ही वह कुछ भी क्यों न करे।

उन्हें लगता था कि मैं कुछ ज्यादा ही हठीला और कठोर हूँ और हजारों पाठक उनसे सहमत थे। परन्तु ये मतभेद भोजन की मेज तक ही सीमित रहे। मैं अखबार में अपनी इच्छानुसार लिखने के लिए स्वतन्त्र था। और सचमुच, मुझे नहीं लगता कि मैंने कभी कोई ऐसा वाक्य लिखा है जिसमें 'नरेन्द्र मोदी' के साथ मैंने 'नर-संहारक' शब्द का प्रयोग नहीं किया।

'एच.टी.' में किसी ने भी मुझे रोकने की कोशिश नहीं की और इसका पूरा श्रेय के.के. बाबू को जाता है।

इस आत्मकथा पर पिछले कई वर्षों से काम चल रहा है। अपनी सुव्यवस्थित कार्य-प्रणाली के अनुरूप के.के. बाबू इस पर खंड-प्रति-खंड बहुत कर्मठता से काम करते रहे हैं। हर खंड को पूरा करने के लिए वे मन-ही-मन अपने लिए एक समय-सीमा निर्धारित करते रहे हैं, और फिर इसका सख्ती से पालन करते रहे हैं।

यह आलेख लिखते समय—पुस्तक के छपने के लिए जाने से कुछ ही पहले—इसे पेंगुइन के सम्पादकों और मेरे अलावा किसी और किसी ने नहीं पढ़ा है। के.के. बाबू का परिवार इस पुस्तक के प्रकाशन को लेकर थोड़ी घबराहट महसूस करता रहा है। उनकी चिन्ता का कारण के.के. बाबू की सुविख्यात स्पष्टवादिता है।

मैं खुद इस बेबाकी से बहुत प्रसन्न हूँ। बहुत सारी आत्मकथाएँ प्रहार करते समय या सत्य के तीखेपन को कम करने के लिए ढोंग और दोमुँहेपन से काम लेती हैं। और बहुत से अरबपति अपनी आत्मकथाओं को आकर्षक बनाने के लिए अक्सर छाया-लेखकों की मदद लेते हैं।

इस पुस्तक की एक शक्ति यह भी है कि यह लेखक के अपने विशिष्ट स्वर में लिखी गई है। यह छवि बनाने का प्रयास नहीं है। न तो इसमें कोई अतिरिक्त सामग्री जोड़ी गई है और न इसके पीछे कोई गुप्त एजेंडा ही है।

के.के. बाबू ने यह पुस्तक सबसे श्रेष्ठ कारण से लिखी है—क्योंकि उन्हें लिखना अच्छा लगता है और उन्हें कहानियाँ सुनाने में मजा आता है।

पेंगुइन के सम्पादक यह नहीं समझ पा रहे थे कि पुस्तक में व्यवसाय-सम्बन्धी सामग्री इतनी कम क्यों थी। हालाँकि बहुत-से लोगों को इसकी जानकारी नहीं है, परन्तु के.के. बाबू

को अपने पिता से विरासत में बहुत कम सम्पत्ति प्राप्त हुई थी। इसका कारण यह था कि उनके कोई बेटा नहीं था, जिसके पास वे इस सम्पत्ति को छोड़कर जा सकें। उनकी दो सबसे सफल कम्पनियाँ 'जुवारी' और 'चम्बल' उनकी खुद की खड़ी की हुई हैं। जब उन्होंने 'हिन्दुस्तान टाइम्स' का प्रभार सँभाला था तो इसमें कुछ भी कमाई नहीं थी। अब शोभना के कुशल प्रबन्धन के कारण यह सम्पादकीय उत्कृष्टता के साथ-साथ भारी मुनाफे वाला अखबार बन गया है।

तो फिर व्यवसाय में पैसा बनाने की प्रबन्धन तकनीकों पर इतनी कम सामग्री क्यों है? मेरा अपना अनुमान है कि इसका प्रमुख कारण यह है कि के.के. बाबू को व्यवसाय से कभी भी विशेष लगाव नहीं रहा। उन्हें अपने पिता का उद्यम-कौशल विरासत में मिला है और उन्हें अपने करोड़ों-अरबों कमाने में कोई कठिनाई महसूस नहीं हुई। परन्तु वे बिड़ला परिवार के अकेले ऐसे सदस्य हैं जिन्हें सार्वजनिक जीवन में घनश्यामदास बिड़ला की रुचि और भारतीय राजनीति के साथ उनकी गहरी प्रतिबद्धता भी विरासत में मिली है।

उनका वास्तविक लगाव राजनीति के साथ रहा है, राजनीतिक व्यक्तित्वों और जन-कल्याण से जुड़ी उनकी अपनी धारणाओं के साथ। यह पुस्तक उनकी इन्हीं मनोभावनाओं को प्रकट करती है।

और निस्सन्देह, वे इतिहास के साक्षी रहे हैं। उन्होंने सबसे अगली कतार में बैठकर भारत को एक प्रजातान्त्रिक प्रयोग से एक सम्भावित महाशक्ति में बदलते देखा है।

बहुत कम लोग आधुनिक भारत के निर्माताओं से इतनी निकटता से जुड़े रहे हैं। इनमें ऐसे लोग और भी कम हैं जिन्हें उनके रहस्यों, उनकी आशाओं और उनके भयों को बाँटने का अवसर मिला है। इस पुस्तक की शक्ति भारत के सबसे शीर्ष व्यक्तित्वों के आन्तरिक पहलुओं से जुड़े किस्सों और कहानियों में निहित है। यह इतिहास का एक ऐसा अंश है जिसे आधुनिक भारत के निर्माण में हिस्सा लेनेवाले और प्रमुख खिलाड़ियों को अन्तरंग रूप से जाननेवाले व्यक्ति ने लिखा है। यह बीसवीं सदी के इतिहास की एक अमूल्य मार्गदर्शिका है, और आधुनिक भारत के इतिहास के गम्भीर छात्रों के लिए एक अनिवार्य अध्ययन की तरह है।

हालाँकि पेंगुइन के सम्पादकों ने कथ्य को एक तरह की क्रमबद्धता देने का प्रयास किया है, परन्तु यह एक परम्परागत आत्मकथा नहीं है। इसे पढ़ते समय यह कल्पना करने का प्रयास करें मानो कोई व्यक्ति आपसे बात कर रहा है। इसे एक सामान्य कथा की बजाय एक ऐसे व्यक्ति के साथ भोजन-उपरान्त बातचीत के रूप में देखें जिसके बहुत अच्छे सम्पर्क हैं, जो खूब घूमा-फिरा हुआ है, जिसके पास बहुत-सी जानकारियाँ हैं, और जो अपने जीवन और युग के अनुभवों को आपके साथ बाँटना चाहता है।

और उनके जीवन के अनुभव भारत के अनुभव भी हैं।

यह पुस्तक अब क्यों प्रकाशित हो रही है? के.के. बाबू ने एक बार मुझसे कहा था कि वे पुस्तक के प्रकाशन के लिए अपनी प्रिय बेटी के संसद-प्रवेश तक प्रतीक्षा करना चाहते थे। यह एक ऐसी महत्त्वाकांक्षा थी जो शायद शोभना की तुलना में उनके लिए कहीं अधिक अर्थ रखती थी। उन्होंने परिवार की परम्परा को तोड़ते हुए अपनी कम्पनियाँ अपनी तीनों बेटियों को सौंप दी थीं, परन्तु राज्यसभा के लिए शोभना का मनोनयन एक ऐसी घटना है

जिसे वे मशाल को आगे बढ़ाने की तरह देखते हैं। उनके लिए सार्वजनिक जीवन के प्रति अपने गहरे अनुराग की तुलना में अपने करोड़ों-अरबों और अपनी कम्पनियों का बहुत कम महत्त्व है। और अब क्योंकि बिड़लाओं की तीसरी पीढ़ी ने परम्परा को आगे बढ़ाया है, इसलिए उन्हें लगता है कि पुस्तक को एक उपयुक्त अन्त मिल गया है।

परन्तु वे अभी सेवा-निवृत होने के लिए तैयार नहीं हैं। उनमें अपने से चालीस वर्ष छोटे व्यक्ति जैसी ऊर्जा है और हृदय की बायपास सर्जरी के बाद वे और भी चुस्त-दुरुस्त और उमंग से भरे दिखाई देने लगे हैं। वे अपने सभी व्यवसायों में पहले की तरह ही रुचि ले रहे हैं और कोलकाता से कभी लखनऊ, कभी गोवा, कभी मध्य प्रदेश और कभी दिल्ली की उड़ानें भरते हुए अपनी कम्पनियों के स्वास्थ्य की देखभाल में लगे हुए हैं। वे 'हिन्दुस्तान टाइम्स' के सबसे मेधावी पाठक हैं। कोई भी बात उनकी आँख से छिप नहीं सकती—न कोई प्रूफ की गलती और न कोई ऐसी छोटी-सी खबर जो प्रतिद्वन्द्वी अखबार में जगह पाने के बावजूद 'एच.टी.' के पृष्ठों से गायब है। वे दुनिया के किसी भी हिस्से में क्यों न हों, मेरे स्तम्भ के बारे में अपने विचार व्यक्त करने के लिए या किसी स्वादिष्ट व्यंजन के लिए मुझे बधाई देने के लिए वे अब भी मुझे फोन या फैक्स करते रहते हैं।

वे हर वर्ष कई महीनों के लिए मैदानी क्षेत्रों की गर्मी से पलायन कर जाते हैं। वे मसूरी के अपने घर में विश्राम करते हैं और पुराने मित्रों के साथ ब्रिज खेलते हैं। वे अपनी पत्नी को न्यूयॉर्क के सबसे प्रतिष्ठित स्टोरों में खरीददारी के लिए ले जाते हैं। वे लेक जेनेव के किनारे टहलते हैं। या हाइड पार्क की बेंच पर बैठकर 'हिन्दुस्तान टाइम्स' की अपनी प्रति 'मार्क' करते हैं।

पिछले कुछ वर्षों में मैं उन्हें लन्दन में कई बार मिला हूँ। उस शहर में वे बिलकुल घर जैसा महसूस करते हैं। इससे भी अधिक आश्चर्य की बात यह है कि उन्होंने इंग्लैंड के एक अति आधुनिक कोने को थेम्स-पर-स्थित-महान-बिड़ला-हाउस में बदल दिया है। थ्री-स्टार मिशिलिन रेस्तराँ में मैं एक खानसामे को सूप, शाकाहारी कटलेट और चार मोटे कटे हुए फ्रेंच-फ्राई का जाना-पहचाना मेन्यू तैयार करते देखकर हैरान रह गया। और मेयफेयर में वे कहीं भी क्यों न निकल जाएँ, ऐसा लगता है कि हर कोई उन्हें पहचानता है।

पंडित नेहरू अपने बारे में यह चुटकुला सुनाया करते थे कि शायद वे भारत पर राज करनेवाले आखिरी अंग्रेज थे। इसी तरह के.के. बाबू के बारे में कहा जा सकता है कि वे भारत के एक प्रमुख औद्योगिक साम्राज्य को चलानेवाले आखिरी अंग्रेज हैं।

वे पुरानी दुनिया के प्रतीक हैं—परम्परागत शिष्टताओं, गुजरे हुए जमाने की मर्यादाओं, और अंग्रेजों की समयबद्धता और अत्यन्त सावधानी के प्रतीक।

परन्तु वे भारतीय आत्मीयता, स्नेह और गहरी मित्रताओं के भी प्रतीक हैं और के.के. बिड़ला की इन दोनों दुनियाओं के बीच में कहीं अन्तर्निहित है, अपने देश और अपनी मातृभूमि के प्रति उनका प्रगाढ़ प्रेम।

वीर संघवी
सलाहकार सम्पादकीय निदेशक,
हिन्दुस्तान टाइम्स मीडिया लिमिटेड

नई दिल्ली
जून, 2007

आमुख

मैं सोमवार, 11 नवम्बर, 1918 को सुबह 6:51 बजे पिलानी, राजस्थान में पैदा हुआ था। वह गोप अष्टमी (सम्वत् कार्तिक शुक्ल 8, 1975) का पवित्र दिन था। वह एक ऐतिहासिक दिन भी था, क्योंकि इसी दिन प्रथम विश्वयुद्ध के बाद शान्ति-सन्धि पर हस्ताक्षर किए गए थे।

मैं बड़ा हुआ तो व्यवसाय के साथ-साथ राजनीति में भी अत्यधिक रुचि लेने लगा। पिताजी देश के राजनीतिक घटनाक्रम से बहुत गहराई से जुड़े हुए थे। क्योंकि वे देश के सभी शीर्ष नेताओं के घनिष्ठ सम्पर्क में थे और बापू के अत्यधिक निकट थे, इसलिए घर का वातावरण स्वतन्त्रता आन्दोलन और राष्ट्रीय राजनीति की हलचलों से बहुत अधिक प्रभावित था। मैं इसी वातावरण में बड़ा हुआ। बाइस वर्ष की उम्र तक पहुँचते-पहुँचते मैं अधिकांश राष्ट्रीय नेताओं से और साथ ही बंगाल की प्रमुख राजनीतिक हस्तियों से परिचित हो चुका था।

1931 में पंडित मोतीलाल नेहरू का निधन हुआ तो मैं सिर्फ तेरह वर्ष का था। परन्तु मुझे उनसे एक बार भेंट करने का अवसर प्राप्त हो चुका था। वे कोलकाता आए थे तो पिताजी ने उन्हें घर पर चाय के लिए आमन्त्रित किया था। मोतीलालजी बिड़ला पार्क के हमारे घर में पहुँचे तो पिताजी ने हमारी परम्परा के अनुसार मुझे उनके पांव छूने के लिए कहा। मोतीलालजी ने मुझे आशीर्वाद दिया। मुझे मोतीलालजी से लेकर जवाहरलालजी, कमलाजी, इंदिराजी, राजीव, सोनियाजी और राहुल तक नेहरू-गांधी परिवार के सभी सदस्यों से मिलने का दुर्लभ सौभाग्य प्राप्त हो चुका है। मुझे नहीं लगता कि आज ऐसे बहुत-से लोग हमारे बीच होंगे जिन्हें यह विशिष्ट अनुभव प्राप्त करने का अवसर मिला होगा।

मैं लगभग नब्बे वर्ष का हो चला हूँ। मैं देख रहा हूँ कि स्थितियाँ कितने नाटकीय तरीके से बदल चुकी हैं—1920 के दशक के आरम्भ से लेकर आज के भारत तक। आज ऐसे बहुत कम लोग जीवित हैं जिन्हें महात्माजी की दांडी-यात्रा की याद हो, 1930 में उनके सत्याग्रह के आह्वान की, और फिर 1942 में अंग्रेजों को उनकी भारत छोड़ो की ललकार की, जिसके बाद देश के सभी शीर्ष नेताओं को मुम्बई में हमारे घर 'बिड़ला हाउस' से गिफ्तार कर लिया गया था; और फिर हमें स्वाधीनता का वरदान प्राप्त होना, जो स्वर्गलोक से ओस की बूँदों की बौछार की तरह थी।

मुझे याद है मेरे जन्मस्थान पिलानी जाने के लिए हमें पहले सादुलपुर जाना पड़ता था, जो तत्कालीन बीकानेर रजवाड़े का हिस्सा था। सदलपुर से पिलानी तक 24 मील का रास्ता हमें बैलों द्वारा खींचे जाने वाले रथों पर तय करना पड़ता था, जिसमें लगभग आठ घंटे लग

जाते थे। मुझे वह समय भी याद है जब भारत के गाँवों में एक दिहाड़ी मजदूर प्रतिदिन 25 पैसे और शहरों में 1 रुपया कमाता था। मुझे याद है स्नातकों को 100 रुपए माहवार पर नौकरी पर रखा जा सकता था और किसी कॉलेज का प्रधानाचार्य 250 रुपए महीने का वेतन पाकर बहुत प्रसन्न महसूस करता था। मुझे वह समय भी याद है जब एक रुपए में 13 सेर (एक सेर लगभग 2.2 पौंड के बराबर होता है) गेहूँ और 25 पैसे में एक सेर गाय का दूध खरीदा जा सकता था।

इन नाटकीय परिवर्तनों के एक दस्तावेज के रूप में मैं अपनी आत्मकथा लिखना चाहता था, जो मेरे बचपन से लेकर एक वरिष्ठ नागरिक के रूप में मेरे जीवन तक के वर्षों, और मेरे राजनीति में प्रवेश, इंदिराजी और अन्य नेताओं के साथ मेरी निकटता, मेरे संसद-प्रवेश, और 9 अप्रैल, 2002 को पूरे हुए राज्यसभा में मेरे लगातार तीन कार्यकालों के अनुभवों को अपने में समेटे हुए हो। मुझे इस बात की भी प्रसन्नता है कि मेरी प्रिय बेटी शोभना ने राष्ट्रपति द्वारा मनोनीत सदस्य के रूप में राज्यसभा में प्रवेश किया। राष्ट्रपति द्वारा राज्यसभा के लिए मनोनीत किया जाना एक दुर्लभ गौरव है।

संसद में कांग्रेस (ई) के सदस्य के रूप में मैंने पूरे अठारह वर्ष तक राजीव और सोनियाजी के मार्गदर्शन में काम किया। यद्यपि अब मैं एक सांसद नहीं हूँ, परन्तु मैं कांग्रेस पार्टी का आजीवन सदस्य हूँ और अखिल भारतीय कांग्रेस समिति का भी सदस्य हूँ।

सोनियाजी विलक्षण क्षमता वाली महिला हैं। राजनीति के बारे में कुछ भी न जानते हुए भी (विकट परिस्थितियों ने उन्हें अनायास ही इसमें घसीट लिया) उन्होंने बहुत उत्कृष्ट प्रदर्शन किया है। आज देश में उनकी बहुत अनूठी स्थिति है, क्योंकि वे कांग्रेस को एक सूत्र में पिरोए रखनेवाली प्रेरणा-शक्ति हैं। यदि कांग्रेस चुनावों में विजयी होकर संयुक्त प्रगतिशील गठबंधन (संप्रग) की सरकार बनाने में सफल रही है तो यह विशुद्ध रूप से सोनियाजी के व्यक्तित्व का करिश्मा है। भाजपा की पतनोन्मुखी छवि, अटलजी की बढ़ती उम्र और पार्टी में किसी स्पष्ट नेतृत्व के अभाव में कांग्रेस एकमात्र ऐसी पार्टी है जो देश का नेतृत्व कर सकती है। मुझे जरा भी सन्देह नहीं है कि अगले आम चुनावों में कांग्रेस सोनियाजी के नेतृत्व में स्पष्ट बहुमत के साथ विजयी होगी।

2004 के आम चुनावों में विजय के बाद, और कांग्रेस के सरकार बनाने की स्थिति में होते हुए भी, सोनियाजी का प्रधानमन्त्री के पद को ठुकरा देना एक सराहनीय कदम था। सोनियाजी ने एक अनुभवी राजनेत्री की तरह व्यवहार किया था।

इन सभी विचारों ने मुझे यह आत्मकथा लिखने की प्रेरणा दी। पुस्तक की प्रस्तावना लिखने के अनुरोध को स्वीकार करने के लिए मैं सोनियाजी का अत्यन्त आभारी हूँ। मुझे अठारह वर्ष की लम्बी अवधि तक और लगातार तीन कार्यकालों तक कांग्रेस पार्टी के सदस्य के रूप में संसद में काम करने का सौभाग्य प्राप्त हुआ है, पहले स्वर्गीय राजीव गांधी के नेतृत्व में और फिर सोनियाजी के नेतृत्व में। संसद से मेरे अवकाश-ग्रहण के अवसर पर सोनियाजी ने मुझे एक बहुत प्यारा पत्र भेजा, जिसमें उन्होंने लिखा था–

"राज्यसभा के सदस्य के रूप में अपने लम्बे कार्यकाल के दौरान राष्ट्र, संसद और कांग्रेस पार्टी को अपनी असाधारण सेवाएँ अर्पित करने के लिए मैं आपके प्रति अपनी गहरी सम्मान-भावना व्यक्त करना चाहती हूँ।" उन्होंने आगे लिखा था, "अपने दायित्वों के प्रति

अपनी गरिमापूर्ण और समर्पणभरी प्रतिबद्धता से आपने संसद की संस्था को प्रतिष्ठा और सम्मान प्रदान किया है।'' मैं सोनियाजी द्वारा अपने पत्र में व्यक्त किए गए इन उदार उद्‍गारों का ऋण कभी नहीं चुका सकूँगा।

मैं श्री वीर संघवी का भी आभारी हूँ जिन्होंने इस पुस्तक की भूमिका लिखने और इसके विषय के बारे में समझाने की भूमिका स्वीकार की।

मैं वीर को तीस से भी अधिक वर्षों से जानता हूँ। वे ऊँचे चरित्र के बहुत ईमानदार और खरे व्यक्ति हैं, और निस्सन्देह अंग्रेजी भाषा के उत्कृष्ट लेखकों में से हैं। उनके पास एक दृष्टि और विश्लेषण की अद्‍भुत क्षमता है। उनकी शैली भी अत्यन्त प्रवाहपूर्ण है जो उनके हर लेखन में दिखाई देती है। इसलिए उनके लेख गहरी दिलचस्पी के साथ पढ़े जाते हैं। मैं वीर को तब से जानता हूँ जब वे कोलकाता में 'अमृत बाजार' पत्रिका के लिए काम कर रहे थे, उनके दिल्ली स्थानान्तरित होने से बहुत पहले से। धीरे-धीरे वीर के साथ मेरा परिचय बढ़ता चला गया और आज वे परिवार के एक सदस्य की तरह हैं। मैं अपने सभी मित्रों और परिचितों और अपने सचिवों डी.के. नियोगी, कमल सेन और ज्योत्स्ना सूद का भी धन्यवाद करता हूँ, जिन्होंने इस आत्मकथा की तैयारी पर बहुत परिश्रम किया है। आशा है यह कृति पाठकों की पसन्द पर खरी उतरेगी।

कृष्ण कुमार बिड़ला

हिन्दी संस्करण की भूमिका

मेरे पिता बहुत संक्षिप्त अस्वस्थता के बाद 30 अगस्त, 2008 को कोलकाता में चल बसे। वे मात्र एक महीने पहले मेरी माँ के देहान्त के बाद बहुत विचलित थे, परन्तु हममें से किसी ने भी उनकी जीवन-डोर यूँ अचानक टूट जाने की कल्पना नहीं की थी।

जब मैं कोलकाता के हमारे घर में शोक प्रकट करने वालों से मिल रही थी, और अपने पिता के पुराने मित्रों और सम्बन्धियों को उनके बारे में बातें करते सुन रही थी, तो मेरे मन में रह-रहकर यह खयाल आ रहा था कि मैं और मेरी बहनें कितनी भाग्यशाली थीं कि हमें इतने असाधारण, इतना प्यार करनेवाले और हमारा इतना ध्यान रखनेवाले माता-पिता मिले थे।

मेरे मन में मेरे पिता की बहुत-सी स्मृतियाँ हैं। पिछली बार मैंने उन्हें अत्यधिक प्रसन्न और गर्वान्वित तब देखा था जब दिसम्बर, 2007 में प्रधानमन्त्री निवास पर आयोजित एक समारोह में डॉ. मनमोहन सिंह ने इस आत्मकथा का लोकार्पण किया था। मंच पर सोनिया गांधी भी विराजमान थीं और पुस्तक के लोकार्पण के बाद वे और डॉ. सिंह बहुत सहजता से अतिथियों से घुल-मिल गए थे। यह इस बात का प्रमाण था कि वे मेरे पिता का कितना सम्मान करते थे।

तब हममें से कोई नहीं जानता था कि अगले कुछ महीने परिवार के लिए क्या रंग दिखाने वाले हैं—मेरे पिता की आत्मकथा जुलाई 2008 में मेरी माँ की मृत्यु से सिर्फ सात महीने पहले जारी की गई थी—परन्तु हम सब जानते थे कि इस पुस्तक का प्रकाशन उनके जीवन में एक महत्त्वपूर्ण कीर्ति-स्तम्भ था।

पुस्तक पर कई वर्षों से काम चल रहा था। वे चाहते थे कि परम्परागत क्रमबद्ध और कथात्मक ढाँचे की बजाय कुछ अधिक महत्त्वाकांक्षी प्रयास करें। निस्सन्देह, वे अपनी और बिड़ला परिवार की कहानी सुनाना चाहते थे, परन्तु साथ ही वे इसमें भारतीय इतिहास के एक अंश को भी दर्ज करना चाहते थे। वे उन थोड़े से बचे हुए व्यक्तियों में से थे जिन्होंने बीसवीं सदी के भारत के सभी उतार-चढ़ावों को अपनी आँखों से देखा था। महात्मा गांधी के साथ मेरे दादा जी.डी. बिड़ला के दीर्घकालीन सम्बन्धों के कारण मेरे पिता एक तरह से स्वतन्त्रता आन्दोलन की गोद में पले-बढ़े थे। इसके बाद उन्होंने भारत को विश्व-समुदाय में अपनी जगह बनाने के लिए अपने आरम्भिक कदम उठाते देखा। बीसवीं सदी में हमारे देश को प्रभावित करनेवाले अधिकांश विराट व्यक्तियों के साथ उनके बहुत निकट सम्बन्ध रहे; और आधुनिक भारत को आकार देनेवाली अनेक घटनाओं को उन्होंने मंच के पीछे से देखा।

यह भी उनकी चारित्रिक विशिष्टता ही थी कि वे इन कहानियों को सादगी का भ्रम देनेवाली और काफी हद तक किस्सागोई की अपनी विशिष्ट शैली में सुनाना चाहते थे। उनका कहना था कि वे इतिहासकार नहीं थे, सिर्फ एक ऐसे व्यक्ति थे जिसे एक दिलचस्प दौर में जीने का अवसर मिला था। जैसे-जैसे वे अपनी आत्मकथा पर काम करते गए, हम लोग सोचने लगे कि आखिर यह कितनी लम्बी होगी और इसमें वे क्या कहने जा रहे थे। मेरे पिता क्रूरता की हद तक सच्चे व्यक्ति थे, इसलिए हम लोग यह भी सोच रहे थे कि पुस्तक पूरी होने पर उनकी कहानियों से कितने लोगों के लिए परेशानी पैदा हो जाएगी।

परन्तु हम उन्हें कितना ही क्यों न टटोलते, वे पुस्तक के बारे में कुछ भी कहने या इसकी सामग्री के बारे में कुछ बताने से साफ बच निकलते। वे हममें से किसी को पांडुलिपि दिखाने के लिए भी तैयार नहीं थे। मुझे अब जाकर यह अहसास हुआ है कि उनका विचार था कि वे अपने परिवार के लिए नहीं लिख रहे थे। वे एक बड़े दर्शक-वर्ग के लिए लिख रहे थे और हमारे सरोकार अपने पाठकों के प्रति उनकी प्रतिबद्धता के बाद में आते थे।

ऐसे ही थे मेरे पिता।

यदि आप मुझे उन्हें सही अर्थों में परिभाषित करने वाली उनकी विशेषताएँ गिनाने के लिए कहें तो मैं उनकी न्यायप्रियता, कर्तव्य-भावना और उद्देश्यपूर्णता का उल्लेख करूँगी, जो एक गहरी और आन्तरिक आध्यात्मिकता की उपज थीं। वे जब भी अपने परिवार को कोई सन्देश भेजते थे तो लगभग हमेशा ही उसमें 'भगवद्गीता' का कोई श्लोक अवश्य जोड़ते थे, जिसके पीछे अक्सर किसी सुनी-सुनाई बात पर जोर देने का उद्देश्य होता था। मेरे पिता के लिए 'गीता' मात्र एक प्रार्थना की पुस्तक या एक धर्मग्रन्थ नहीं था। उनके लिए यह जीवन की नियम-सारिणी की तरह थी। हममें से अधिकांश लोग नैतिकता की एक धुँधली-सी धारणा का अनुसरण करते हैं और फिर अपने सहज-बोध और मनोवेगों के आधार पर अपने निर्णय लेते हैं। परन्तु मेरे पिता के साथ ऐसा नहीं था। उनके लिए लगभग हर बात को 'गीता' से जोड़ना जरूरी था, जो उनके मूल सिद्धान्तों और उनकी नैतिकता का आधार थी। उनके जीवन की हर बात स्पष्ट, सुपरिभाषित और सादगी से अभिव्यक्त की गई होती थी। कहीं भी कोई घालमेल या भ्रम नहीं था।

उनके चले जाने के बाद मैं उनके कमरे में गई तो उनके बिस्तर के पास उनकी प्रिय 'गीता' को देखकर मुझे कोई आश्चर्य नहीं हुआ। परन्तु मुझे यह देखकर आश्चर्य हुआ कि वे बाइबल और कुरान को भी अपने बिस्तर के पास रखते थे। हममें से बहुत-से लोग समय-समय पर अन्य धर्मों के ग्रन्थों का सन्दर्भ देते रहते हैं। परन्तु बहुत कम लोग उन्हें अपने बिस्तर के पास रखते हैं, ताकि हम हर रात उन्हें पढ़ सकें।

उनके राजनीतिक जीवन की अधिकांश गतिविधियों के पीछे उनकी यही धर्मनिरपेक्ष भावना थी। उनकी अनेक व्यावसायिक सफलताओं के बावजूद उनका पहला प्रेम हमेशा उनका सार्वजनिक जीवन रहा। उन्हें हमारे देश के हितों की अत्यधिक चिन्ता रहती थी, और जैसाकि उनके शयनकक्ष-अध्ययनों से पता चलता है, वे एक ऐसे मजबूत भारत के निर्माण में अपना हाथ बँटाना चाहते थे जहाँ सभी धर्मों, समाज के सभी वर्गों और देश के सभी क्षेत्रों के लोगों को समान अवसर और न्याय मिल सके।

बहुत छोटी उम्र में ही मुझे सार्वजनिक जीवन के साथ अपने पिता की गहरी प्रतिबद्धता का अहसास हो गया था। हालाँकि हमारा परिवार एक व्यवसायी परिवार था, परन्तु भोजन की मेज पर शायद ही कभी व्यवसाय या आर्थिक स्थितियों की बात होती थी। इसकी बजाय हम राजनीति, विश्व के हालात और सामयिक घटनाओं पर चर्चा करते थे। क्योंकि मैं तीनों बहनों में सबसे छोटी थी, इसलिए दोनों बहनों के विवाह के बाद एक समय ऐसा आया जब मैं घर में बिलकुल अकेली रह गई। मेरे बारह वर्ष की उम्र में पहुँचते-पहुँचते वे दोनों विवाह करके अपना-अपना घर बसाने चली गई थीं।

सार्वजनिक जीवन में मेरी अपनी रुचि मेरे पिता की गहरी सामाजिक भावनाओं और उनके प्रोत्साहन की देन है। पन्द्रह वर्ष की उम्र में मैं उड़ीसा में बाढ़ की खबरों से इतनी भाव-विह्वल हो उठी थी कि मैंने इस उद्‌देश्य के लिए अपना खुद का चन्दा जमा करना शुरू कर दिया था। इसमें अपनी सहेलियों के साथ हस्तकला की वस्तुएँ बनाना और उन्हें परिवार के स्नेही मित्रों को बेचना भी शामिल था।

मेरी सहेलियों को लगा था कि मैं पागल हूँ, परन्तु मुझे अपने पिता का पूरा समर्थन प्राप्त था। जब हमने बाढ़-पीड़ितों के लिए एक लाख रुपए जमा कर लिए तो मैंने उनसे पूछा कि मैं इन्हें प्रधानमन्त्री के राहत कोष में कैसे भेजूँ? उन्होंने कहा कि एक और भी अच्छा तरीका था। वे मुझे प्रधानमन्त्री इंदिरा गांधी से मिलवाने ले गए और मैंने वह चेक खुद उनके हाथ में थमाया। (निस्सन्देह, उनकी बेटी होने के कुछ अतिरिक्त लाभ भी थे!)

आज मैं पीछे मुड़कर देखती हूँ तो मेरी समझ में आता है कि मेरे कुछ समकालीनों को ऐसा क्यों लगता था कि मैं समय से पहले ही थोड़ी प्रौढ़ हो गई थी। परन्तु मेरी परवरिश ही इस तरह हुई थी। उदाहरण के लिए, मेरे पिता ने अपने कार्यालय को भारत में घटनेवाली घटनाओं के बारे में प्रतिदिन एक खबरनामा (न्यूज डाइजेस्ट) बनाने का निर्देश दे रखा था। वे कहीं भी क्यों न हों, भारत में हों या विदेश में छुट्टियाँ मना रहे हों, उन्हें यह खबरनामा भेजना पड़ता था। हर सुबह नाश्ते पर वे परिवार को इसके महत्त्वपूर्ण अंश पढ़कर सुनाते थे। यह खबरनामा आखिरी दम तक मेरे पिता के जीवन का हिस्सा बना रहा।

जुलाई, 2008 के अन्त में मेरी माँ का निधन हो गया तो मेरे पिता पूरी तरह ध्वस्त हो गए। परन्तु उन्होंने 'गीता' के अनुसार अपना जीवन जीना जारी रखा, अपने कर्तव्यों को निभाना और अपनी दैनिक दिनचर्या का अनुसरण करना। परन्तु हम जानते थे कि वे भीतर-ही-भीतर टूट रहे थे। जुलाई के आरम्भ में—जब उनके बारे में तो क्या, किसी को यह भी नहीं लगता था कि मेरी माँ को कोई खतरा था—उन्होंने हमें अपने परलोकवास के सम्बन्ध में अपनी इच्छाओं के बारे में लिखा था। हम सब स्तब्ध रह गए थे, क्योंकि ऐसी बातें लिखने का कोई तात्कालिक कारण दिखाई नहीं देता था।

अब यह पत्र पढ़कर मुझे बहुत आत्मीय सान्त्वना मिलती है। उन्होंने लिखा था—"सबसे पहले मैं यह कहना चाहूँगा कि मैं मृत्यु से किंचित भी भयभीत नहीं हूँ। मृत्यु जीवन का अन्तिम सत्य है..." और फिर उन्होंने 'गीता' का एक श्लोक उद्धृत किया था कि किस तरह आत्मा अजर-अमर है और शरीर की मृत्यु से उस पर कोई प्रभाव नहीं पड़ता। मैं नहीं जानती कि उन्होंने यह पत्र लिखने के लिए वही समय क्यों चुना। परन्तु जुलाई के अन्त तक हम अपनी माँ को खो बैठे थे और मुझे लगता है कि उन्हें इस पर कुछ आश्चर्य हुआ था। हमारे

नाम उनके सभी सन्देशों से यही प्रतीत होता था कि उन्हें उम्मीद थी कि माँ उनसे कहीं अधिक समय तक जीएँगी, क्योंकि वे उनसे लगभग नौ वर्ष छोटी थीं।

माँ के चले जाने पर अपने निकट मित्रों के शोक-सन्देशों के उत्तर देते हुए वे अपने जीवन के सूनेपन और निरर्थकता का जिक्र करते रहे। हम सब स्वाभाविक रूप से उनसे सहमत नहीं थे।

और जब अगस्त के मध्य में उन्हें निमोनिया हुआ तो हम सबने यही सोचा कि यह अस्थायी अस्वस्थता थी और वे चिकित्सकीय देखभाल से निश्चित ही ठीक हो जाएँगे।

मैं उनका और अपनी बहनों का साथ देने के लिए कोलकाता पहुँची। मेरी उम्मीद बाँधे रखने का कारण खबरनामे थे। शुरू के पाँच-छह दिन वे बिस्तर में बैठे-बैठे खबरनामा पढ़ते रहते। वे सभी सामयिक घटनाओं और स्थितियों की जानकारी पाना चाहते थे। जब उनकी तबीयत बिगड़ने लगी तो वे हमें उन्हें पढ़कर सुनाने के लिए कहने लगे। हालाँकि डॉक्टरों का कहना था कि वे एक संकटपूर्ण चरण में प्रवेश कर रहे थे, परन्तु मैं यह सोचकर आशान्वित महसूस करती रही कि उनका मस्तिष्क अब भी सक्रिय था और उनकी जिज्ञासा भी पूरी तरह सामान्य थी।

शुक्रवार, 29 अगस्त, 2008 को शाम के छह बजे उन्होंने खबरनामा सुनने की इच्छा व्यक्त की। वे सिंगूर की घटनाओं और पश्चिम बंगाल में उद्योगीकरण के भविष्य को लेकर विशेष रूप से चिंतित थे। परन्तु उनका मस्तिष्क कितना भी सक्रिय क्यों न रहा हो, अपने हृदय में वे माँ के पास जाने का फैसला कर चुके थे। और अगली सुबह तक वे माँ के पास पहुँच चुके थे।

इस पुस्तक को पढ़ते हुए और इसमें वर्णित समृद्ध और जीवन्त जीवन पर मनन करते हुए मैं अपने उदास मन को यह आश्चर्य करने से नहीं रोक पाई कि उन्होंने नब्बे वर्षों में जितना कुछ किया, उतना हममें से बहुत-से लोग कई जिन्दगियों में करने की भी उम्मीद नहीं कर सकते। वे हमें छोड़कर गए तो उनके पास कोई अधूरा काम नहीं बचा था, कोई अपूर्ण स्वप्न नहीं बचा था। वे जो कुछ भी करने का इरादा लेकर चले थे उसे कर चुके थे, बल्कि उससे कहीं ज्यादा।

यह पुस्तक–जिसमें उनके अपने शब्दों में उनकी अपनी और उस देश की कहानी है जिससे वे प्यार करते थे–इन कामों में से उनका सबसे आखिरी काम था। और यह उनकी अनेक अमूल्य धरोहरों में से एक है।

शोभना भरतिया

अनुक्रम

भाग-3

बाद के वर्ष

भाग-4

कुछ शब्द-चित्र, कुछ झलकियाँ

भाग-5

पत्र-व्यवहार

परिशिष्ट

भाग-1

मेरे आरम्भिक वर्ष

1

जड़ें पकड़ता बरगद

राजस्थान, जिसे पहले राजपूताना कहा जाता था, राजपूतों के कारण प्रसिद्ध रहा। सूर्य और चन्द्र देवताओं का वंशज होने का दावा करनेवाला यह समुदाय शौर्य और विशालहृदयता का प्रतीक था। राजस्थान में अपनी विशिष्ट छाप छोड़नेवाला एक अन्य समुदाय वहाँ का व्यवसायी समुदाय था, जिन्हें मारवाड़ियों के नाम से जाना जाता है। राजस्थान की कठोर भौगोलिक स्थितियों में रहते-रहते, जहाँ पानी पृथ्वी की सतह से 120 फुट नीचे पाया जाता है और पैदावार बहुत कम होती है, और मरुस्थल की बंजर भूमि को उपजाऊ बनाने के लिए कड़ा परिश्रम करते-करते यह समुदाय सुदृढ़ और सशक्त बनता चला गया।

सोलहवीं शताब्दी तक यह समुदाय राजस्थान की सीमाओं के भीतर ही सिमटा रहा। आमेर (जयपुर) के राजा और अकबर के सेनापति मानसिंह ने देश के दूर-दराज के क्षेत्रों को जीतकर उन्हें अपने अधीन कर लिया। उनके साथ-साथ व्यवसायी समुदाय भी अपने गृह-प्रदेश से बाहर निकलकर दूर-दराज के इन क्षेत्रों में जाने लगा। समय के साथ-साथ यह समुदाय पूरे देश में फैल गया। इस समुदाय के सदस्य जहाँ भी गए, अपने साथ बहुत कम साधन लेकर गए, लेकिन अपनी व्यावसायिक बुद्धि और कर्मठता के बल पर उन्होंने खूब धन और नाम कमाया और अपने गृह-प्रदेश से दूर व्यावसायिक संस्थानों की स्थापना करते गए।

जयपुर से लगभग 200 कि.मी. दूर, शेखावटी के नाम से प्रसिद्ध क्षेत्र में पिलानी नाम का एक गाँव है। शायद इसका पुराना नाम पलेलगढ़ था। एक स्थानीय ठाकुर और पिलानिया नामक एक जाट के बीच हुई एक लड़ाई में जाट बड़ी दिलेरी से लड़ा। उसकी इस दिलेरी के सम्मान में पलेलगढ़ का नाम पिलानी रख दिया गया। पिलानी के नाम को लेकर यह लोककथा काफी प्रचलित है।

हमारे पूर्वज बुढोली नामक गाँव से स्थानान्तरित होकर पिलानी में आ बसे थे। परिवार की एक शाखा नवलगढ़ चली गई थी तो दूसरी पिलानी में आ गई थी। बिड़ला परिवार वैश्य वर्ण से सम्बन्ध रखता है। वे माहेश्वरी हैं, जो एक छोटा-सा समुदाय है।

हमारी वंशावली को हमारे पूर्वज जयमलजी तक ढूँढ़ा जा सकता है, जो अठारहवीं सदी के शुरुआती वर्षों में हुए थे। इस बात का कोई लेखाजोखा नहीं है कि हमारा 'सरनेम' 'बिड़ला' कैसे पड़ा। ऐसा माना जाता है कि हमारे पूर्वजों में बेहद सिंह नामक एक व्यक्ति थे। समय के साथ यह नाम भ्रष्ट होकर पहले बेहदा, फिर बेहदला, फिर

बेदला और आखिर में बिड़ला या बिरला बन गया। सिर्फ अंग्रेजी में ही इसे 'बिरला' लिखा जाता है।

उत्तर भारत के व्यवसायी समुदाय में तीन प्रमुख समूह हैं–अग्रवाल, ओसवाल (जो कि जैन हैं) और माहेश्वरी। अग्रवाल और ओसवाल बड़े समूह हैं, माहेश्वरी एक काफी छोटा लेकिन आपस में जुड़ा हुआ समूह है। उनकी उत्पत्ति के पीछे एक दिलचस्प कथा है।

आठवीं सदी में राजस्थान के बहत्तर सूर्यवंशी क्षत्रिय समूहों ने–जिन्हें प्रतिहार कहा जाता था–वैश्य बनने का फैसला किया। कथा के अनुसार, उनके वैश्य बनने के पीछे भगवान शिव की प्रेरणा थी क्योंकि शिव का एक नाम महेश भी है, इसलिए उन्होंने अपने इस नए समुदाय को माहेश्वरी नाम देने का फैसला किया। माहेश्वरियों में प्रचलित बहत्तर गोत्रों के पीछे वही मूल बहत्तर समूह हैं।

माहेश्वरी समुदाय एक सुगठित समुदाय है और तरह-तरह की सामाजिक सेवाओं को शुरू करने के लिए हमेशा प्रयत्नशील रहता है–स्कूल, कॉलेज, पुस्तकालय, अस्पताल, धर्मशालाएँ इत्यादि–जो सभी समुदायों की भलाई के लिए होती हैं। इन समाजसेवी संस्थाओं की स्थापना के लिए माहेश्वरियों से धन इकट्ठा किया जाता है, लेकिन इनका लाभ सभी समुदायों को मिलता है। माहेश्वरियों की आबादी के तीन सबसे बड़े गढ़ इन्दौर, जयपुर और कोलकाता हैं। इनमें से प्रत्येक शहर में माहेश्वरियों द्वारा स्थापित बीस से भी ज्यादा समाजसेवी संस्थाएँ काम कर रही हैं।

आगे बढ़ने से पहले मैं बिड़ला परिवार की पृष्ठभूमि का संक्षिप्त परिचय देना चाहूँगा। हमारे परिवार के वंश-वृक्ष को जयमल तक खोजा जा सकता है, जो शोभाराम के परदादा थे। शोभाराम मेरे दादा राजा बलदेवदास के दादा थे। इस तरह मैं जयमल की सातवीं पीढ़ी से सम्बन्ध रखता हूँ। जयमल के बारे में ज्यादा जानकारी उपलब्ध नहीं है। उनकी मृत्यु के बाद उनका बेटा भुदरमल पिलानी में आ बसा। भुदरमल एक जाने-माने व्यवसायी थे। उनकी तरह उनका बेटा उदयराम भी एक सफल व्यवसायी था। शोभाराम उदयराम के सबसे बड़े बेटे थे।

अगर हम प्रत्येक पीढ़ी की जीवन-अवधि लगभग तीस वर्ष मानें, तो जयमल 1710 के आसपास पैदा हुए होंगे, यानी औरंगजेब की मृत्यु और मुगल साम्राज्य के पतन के कुछ ही वर्ष बाद। जयमल के छह बेटे थे। उनके बेटे भुदरमल हमारे परिवार की शाखा से सीधे जुड़े हुए थे और उनके चार बेटे थे। उनके बेटे उदयराम के तीन बेटे थे। इस तरह शोभाराम के दो अन्य भाई भी थे।

व्यवसाय उनका अच्छा नहीं चल रहा था और जयमल, भुदरमल और उदयराम की संतानों की संख्या ज्यादा होने के कारण परिवार की सम्पत्ति घटती चली गई। परिणामस्वरूप, शोभाराम को विरासत में छोटा-सा ही हिस्सा मिला। उनका व्यवसाय ठीक नहीं चला, इसलिए उन्हें नौकरी करनी पड़ी। उनका सिर्फ एक पुत्र था, वही मेरे परदादा शिवनारायण थे।

शिवनारायण अपने पिता के विपरीत एक उद्यमी व्यक्ति थे। वे जोखिम उठाने के लिए तैयार थे, क्योंकि उन्हें अपने-आप पर विश्वास था। वे अपने व्यवसाय में सफल भी हुए। उनका एक ही पुत्र था, मेरे दादा बलदेवदास। बलदेवदास 1863 में पैदा हुए थे और

पिलानी में पले-बढ़े थे। जब वे नौ वर्ष के हुए तो पुष्कर में बड़ी धूमधाम के साथ उनके यज्ञोपवीत संस्कार की रस्म सम्पन्न की गई। बारह वर्ष की उम्र में ही उनका विवाह हो गया था।

उन दिनों पूरे भारत में बाल-विवाह का चलन था। लड़कों के विवाह के लिए बारह-तेरह वर्ष की उम्र उपयुक्त मानी जाती थी, जबकि लड़कियों के लिए यह दस-ग्यारह वर्ष थी। विवाह के बाद तीन-चार वर्ष तक लड़की अपने मायके में ही रहती थी। इसके बाद लड़का मुक़लावा नामक रस्म की अदायगी के लिए अपने ससुराल जाता था और फिर अपनी दुलहन के साथ अपने पिता के घर लौटता था।

विवाह के एक-दो वर्ष बाद बलदेवदास मुम्बई चले गए और अपने पिता के साथ काम करने लगे। उन दोनों ने 1879 में शिवनारायण बलदेवदास नामक फर्म की स्थापना की। बलदेवदास का व्यवसाय खूब फलने-फूलने लगा। व्यापार के मामले में वे अगर अपने पिता से बढ़-चढ़कर नहीं तो कम भी नहीं थे।

वायदा व्यापार के मामले में बलदेवदास ने बाजार के रुख के साथ चलने का सिद्धान्त अपनाया। बाजार तेज है तो खरीदो, मन्दा है तो बेचो। उनका मन्त्र था कि बाजार अगर मंदड़िया है तो व्यक्ति को खुद भी वही दृष्टिकोण अपनाना चाहिए। वे 'बहाव के खिलाफ न तैरने' के सिद्धान्त पर अमल करते थे और यह उनके लिए बहुत लाभदायक साबित हुआ। उनके चार पुत्र और तीन पुत्रियाँ थीं। उनके सभी पुत्रों ने व्यवसाय में अपनी अलग-अलग पहचान बनाई। वे सभी अपने-अपने ढंग से विलक्षण थे। उनके बारे में हम आगे चर्चा करेंगे।

मेरी दादीमाँ ज्यादातर पिलानी में रहती थीं, हालाँकि बीच-बीच में वे मुम्बई आती रहती थीं। यूँ बलदेवदास भी तीन-चार वर्ष में एक बार पिलानी अवश्य जाते थे। वे पिलानी से ही अपनी व्यावसायिक गतिविधियाँ चलाते रहते थे, हालाँकि आसपास कोई डाक और तारघर नहीं था। झुनझुनु से हिलियोग्राफ के जरिए तार भेजने पड़ते थे।

बलदेवदास ने सोचा कि चूँकि उनके पिता पहले से ही मुम्बई में थे, इसलिए उनके लिए अपना खुद का व्यवसाय भी वहीं से संचालित करने का कोई अर्थ नहीं था। उन्होंने अपने पिता से कोलकाता में अपना व्यवसाय शुरू करने की अनुमति माँगी। उन्नीसवीं सदी के अन्त के आसपास बलदेवदास कोलकाता गए और वहीं से अपने व्यवसाय का संचालन करने लगे। जल्दी ही सफलता उनके कदम चूमने लगी। अपने व्यावसायिक कौशल, निष्कपट और साफ-सुथरे लेन-देन और ईमानदारी से उन्होंने खूब नाम कमाया। हावड़ा के चमड़िया परिवार से उनकी अच्छी मित्रता हो गई। उन्होंने कालीगोदाम में अपनी पहली गद्दी (व्यावसायिक केन्द्र) की स्थापना की और बलदेवदास-जुगलकिशोर के नाम से एक फर्म शुरू की। यह गद्दी आज भी मौजूद है।

समय के साथ-साथ बलदेवदास अन्य वस्तुओं का भी व्यापार करने लगे, जिनमें चाँदी और तेलहन भी शामिल थे। उनके पुत्र बड़े हुए तो वे भी कोलकाता में ही अपना व्यवसाय करने लगे। मेरे छोटे ताऊ रामेश्वर दास को छोड़कर, जो मुम्बई में जा बसे थे वायदा व्यापार में सबसे तेज शायद मेरे बड़े ताऊ जुगलकिशोर थे।

बलदेवदास न सिर्फ एक दृढ़ चरित्र के व्यक्ति थे, बल्कि उनमें धर्मपरायणता की भावना भी कूट-कूटकर भरी हुई थी। दूसरों की भलाई के लिए उन्हें एक धुन-सी सवार रहती थी।

वह सन् 1899 था जब राजस्थान में अभूतपूर्व अकाल पड़ा। शिवनारायण और बलदेवदास ने हर किसी के लिए निःशुल्क भोजन का प्रबन्ध किया। 1905 में फिर से अकाल पड़ा तो शिवनारायण ने पिलानी में एक जल-कुंड बनवाया, जो भयंकर से भयंकर सूखे के दौरान भी सूखता नहीं है। आज भी लोग कहते हैं कि यह जल-कुंड इसलिए नहीं सूखता क्योंकि इसके निर्माण के पीछे बिड़लाओं के पूर्वजों अर्थात शिवनारायण और बलदेवदास के सद्कर्मों का हाथ है।

शोभाराम जब नौकरी की तलाश में अजमेर पहुँचे थे, तो वे गनेरीवाल नामक एक परिवार की फर्म में मुनीम का काम करने लगे थे। मैंने अपने दादा से सुना था कि अपनी ईमानदारी और सच्चाई से उन्होंने गनेरीवाल परिवार को इतना प्रभावित कर दिया था कि वे उनके साथ परिवार के एक सदस्य की तरह व्यवहार करने लगे थे। काम नहीं बल्कि परिवार की युवा पीढ़ी को उनसे सलाह लेने का निर्देश दे दिया गया था। उनका वार्षिक वेतन 300 रुपए था, लेकिन वास्तव में वे फर्म में एक साझीदार थे और लाभ में उनका भी हिस्सा रहता था। शोभाराम का 1859 में निधन हो गया।

उनके पुत्र, यानी मेरे परदादा शिवनारायण तब सिर्फ सोलह वर्ष के थे। गनेरीवाल परिवार के प्रमुख ने उन्हें अपने पिता की जगह काम करने का सुझाव दिया, जो काफी कम उम्र में ही चल बसे थे। लेकिन शिवनारायण किसी दूसरी मिट्टी के बने हुए थे। उन्होंने सेठों से कहा कि वे अपना खुद का व्यवसाय करना पसन्द करेंगे। उन्हें निरुत्साहित करने के लिए गनेरीवालों ने कहा कि उनके पिता पर गनेरीवाल परिवार का बहुत-सा कर्ज है। शिवनारायण आत्मविश्वास से भरे हुए थे। उन्होंने न सिर्फ गनेरीवाल परिवार की फर्म में शामिल होने से इनकार कर दिया, बल्कि कहा कि अगर उनके पिता पर परिवार का कर्ज है तो वे ब्याज समेत उसकी एक-एक पाई चुकाना पसन्द करेंगे। उन्होंने गनेरीवालों से अनुरोध किया कि वे उन्हें इस कर्ज का विवरण बनाकर दे दें। गनेरीवालों ने ऐसा ही किया। उन्हें पूरी उम्मीद थी कि कर्ज की यह रकम कभी भी चुकाई न जा सकेगी और एक न एक दिन शिवनारायण को अपने पिता का कर्ज चुकाने के बदले में उनकी फर्म में नौकरी या हिस्सेदारी स्वीकार करनी पड़ेगी। शिवनारायण ने कर्ज से सम्बन्धित उस स्टेटमेंट को पिलानी लौटकर अपनी तिजोरी में सँभाल कर रख दिया। इसके बाद उन्होंने अपनी माँ से कुछ पैसे लिए, बहुत-से मन्दिरों में जाकर प्रार्थनाएँ कीं और मुम्बई के लिए निकल पड़े।

उन दिनों मुम्बई जाना बहुत जोखिम का काम था। कई दिनों तक ऊँट की सवारी करनी पड़ती थी। रास्ते में डाकुओं से सामना होने का खतरा भी रहता था। लोग दिन में ऊँटों पर यात्रा करते थे और रात किसी धर्मशाला में गुजारते थे। एक अच्छा-तगड़ा ऊँट दिन में साठ मील तक चल लेता था। इतनी लम्बी यात्रा के लिए न सिर्फ ऊँट का तगड़ा होना जरूरी था, बल्कि उसके सवार को भी मजबूत हड्डी का होना चाहिए था।

शिवनारायण 1860 में मुम्बई पहुँचे और वहाँ अपना व्यवसाय करने लगे। बिड़ला परिवार 1860 को ही अपने व्यावसायिक घराने का स्थापना-वर्ष मानता है। इसीलिए 1960 में बिड़ला शताब्दी मनाई गई थी।

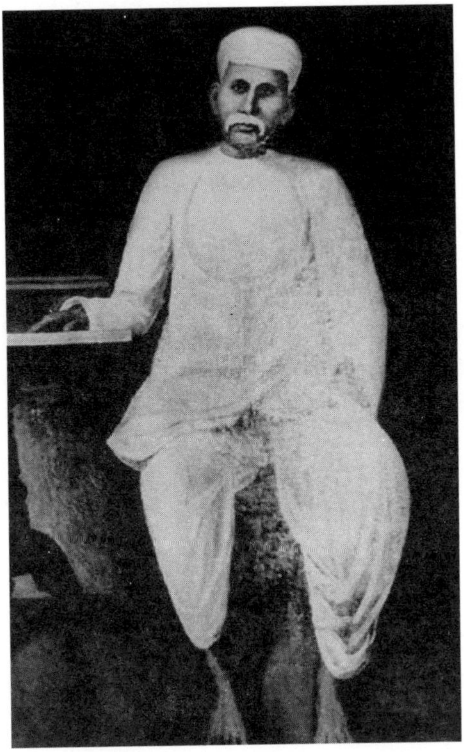

परदादा शिवनारायण (1905 के आसपास)

शिवनारायण ऊँट की सवारी करते हुए महाराष्ट्र के खंडवा शहर तक पहुँचे और वहाँ से रेलगाड़ी पकड़कर मुम्बई पहुँचे। उन दिनों व्यवसायी समुदाय में गुजरातियों, भाटियों, पारसियों और अंग्रेजों का बोलबाला था। राजस्थानियों का मुम्बई पहुँचना शुरू हो गया था, जो वहाँ जम चुके थे। वे समुदाय के अन्य सदस्यों के रहने-खाने का प्रबन्ध करना अपना कर्त्तव्य समझते थे, ताकि उन्हें भोजन और आवास को लेकर कोई कठिनाई न हो।

शिवनारायण मुम्बई पहुँचते ही अपने व्यवसाय में जुट गए। उन दिनों अफीम का खूब व्यापार होता था और इस धन्धे में जमकर सट्टेबाजी चलती थी। चीन अफीम का एक बड़ा खरीददार था, जबकि भारत इसका निर्यात करता था। शिवनारायण ने पहले अफीम और फिर कपास का व्यापार शुरू किया। उन दिनों चेनीराम जेसराज नाम की एक फर्म थी जिसकी मुम्बई में एक गद्दी थी। शिवनारायण ने इसी गद्दी के एक कोने से अपना व्यापार चलाना शुरू कर दिया। जल्दी ही उन्हें अच्छा मुनाफा होने लगा। तब तक अहमदाबाद को भी रेलवे लाइन द्वारा मुम्बई से जोड़ दिया गया था। मुम्बई में कुछ वर्ष बिताने के बाद शिवनारायण अहमदाबाद के रास्ते पिलानी लौटे। अहमदाबाद से आगे की यात्रा ऊँट पर ही करनी पड़ती थी, अर्थात सड़क-मार्ग द्वारा।

पिलानी में शिवनारायण ने एक शानदार हवेली बनवाई। उन्होंने एक शिवमन्दिर भी बनवाया और साथ ही एक कुआँ भी खुदवाया। इस कुएँ का पानी इतना मीठा था कि जल्दी ही पूरे गाँव में यह खबर फैल गई कि शिवनारायण ने मेहनत और ईमानदारी से पैसा कमाया

था, इसीलिए इस कुएँ का पानी इतना मीठा था। तब तक शिवनारायण काफी पैसा कमा चुके थे, इसलिए उन्होंने अजमेर जाकर गनेरीवाल परिवार का हिसाब-किताब देखा और अपने पिता का सारा कर्ज ब्याजसहित चुकता कर दिया। उन्होंने कर्ज की रकम को लेकर कोई सवाल भी नहीं पूछा और गनेरीवालों ने जितना लिखकर दिया था वह सब-का-सब चुका दिया। इसके बाद उन्होंने कर्ज की अदायगी को लेकर एक रसीद की माँग की। गनेरीवालों ने यह रसीद दे दी। शिवनारायण ने पिलानी लौटकर इस रसीद को बहुत सँभालकर अपनी तिजोरी में रख दिया।

जिन्दगी में उतार-चढ़ाव आते ही रहते हैं। गनेरीवाल, जो कभी एक सम्पन्न परिवार था, कुछ ही वर्षों में बहुत खराब दशा में पहुँच गया। उन्हें बहुत भारी नुकसान उठाना पड़ा और एक के बाद एक उन्हें अपने सभी व्यावसायिक प्रतिष्ठान बन्द कर देने पड़े।

जब कोई व्यक्ति दुर्भाग्य का शिकार हो जाता है तो वह नैतिक-अनैतिक किसी भी तरीके से पैसे का जुगाड़ करने की कोशिश करता है। शिवनारायण द्वारा अपने पिता के कर्ज के भुगतान को कई वर्ष बीत चुके थे। गनेरीवालों का खयाल था कि इतनी लम्बी अवधि बीत जाने के बाद शायद शिवनारायण ने कर्ज की अदायगी की रसीद को सँभालकर न रखा हो। यह जानकारी मिलने के बाद कि शिवनारायण की आर्थिक स्थिति बहुत अच्छी है, वे बिना कोई सूचना दिए पिलानी जा पहुँचे। उन्हें देखकर शिवनारायण को आश्चर्य तो हुआ लेकिन उन्होंने उनकी अच्छी आवभगत की। गनेरीवालों ने कहा कि शोभाराम के कर्ज की अभी भी कुछ रकम बाकी थी। शिवनारायण दंग रह गए। उन्होंने अपनी तिजोरी में से उन्हें वह रसीद निकालकर दिखाई जिस पर बिलकुल साफ लिखा था कि कर्ज की पूरी रकम अदा की जा चुकी थी। लेकिन उन्हें यह अहसास हो गया था कि गनेरीवाल परिवार कठिनाइयों के दौर से गुजर रहा था। उन्होंने कहा कि उन्हें साफ-साफ कहना चाहिए था कि वे आर्थिक संकट का सामना कर रहे हैं। परिवार के साथ अपने पुराने सम्बन्धों को देखते हुए वे उनकी जरूर मदद करते, लेकिन उन्होंने जो तरीका अपनाया था वह बहुत ज्यादा अशोभनीय था। फिर भी, शिवनारायण ने उस संकट के दौर से उबरने के लिए गनेरीवालों को एक अच्छी-खासी रकम दी। समय गुजरने के साथ, 1930 के दशक में, गनेरीवाल परिवार के कुछ सदस्यों ने मेरे पिता के अधीन नौकरी भी की और कई वर्षों तक हमारी एक कपड़ा मिल में काम करते रहे।

शिवनारायण की ख्याति आसपास के समूचे क्षेत्र में फैल चुकी थी। पिलानी, जिसे पहले बरगद के एक विशाल पेड़ के कारण 'बरगदवाली पिलानी' कहा जाता था, अब 'बिड़लाओं वाली पिलानी' के रूप में जानी जाने लगी। शिवनारायण के समय में पिलानी मुश्किल से 1500 की आबादी वाला गाँव था। शिवनारायण ने कई जगहों की तीर्थयात्रा की। धीरे-धीरे वे अपनी व्यावसायिक गतिविधियों से अवकाश ग्रहण करते चले गए।

शिवनारायण का सिर्फ एक पुत्र था। मेरे दादा बलदेवदास की एक पुत्री थी जिसका विवाह एक चुरू परिवार में हुआ। बलदेवदास के चार पुत्र थे—जुगलकिशोर, रामेश्वरदास, घनश्यामदास और ब्रजमोहन।

मेरे पिता घनश्यामदास जब छह वर्ष के हुए तब शिवनारायण एक अच्छे-खासे धनवान व्यक्ति बन चुके थे। उन्होंने अपने पौत्रों—रामेश्वरदास और घनश्यामदास—की शिक्षा के लिए एक स्कूल खोलने का फैसला किया, जहाँ गाँव के दूसरे बच्चे भी पढ़ सकें। इस तरह,

1901 में एक पाठशाला स्थापित की गई। समय के साथ-साथ वह पाठशाला बिड़ला एजुकेशन ट्रस्ट और बिड़ला इंस्टीट्यूट ऑफ टेक्नोलॉजी एंड साइंस में विकसित होती चली गई।

ऐसा अनुमान है कि शिवनारायण को अपने अन्तिम दिनों में टी.बी. की शिकायत हो गई थी। वह 1909 का वर्ष था। उनके पौत्र रामेश्वरदास पिलानी में उनके साथ थे, और उनके पुत्र बलदेवदास कोलकाता में थे। रामेश्वरदास ने बलदेवदास को शिवनारायण के गिरते स्वास्थ्य के बारे में लिखा था। शिवनारायण ने बलदेवदास को सलाह दी थी कि वे पिलानी न लौटें। बलदेवदास अपनी पुत्री और मेरी बुआ जयदेवी के विवाह के सिलसिले में कोलकाता में थे। शिवनारायण ने दार्शनिक अन्दाज में बलदेवदास को लिखा था कि यह शरीर तो एक नश्वर वस्तु है, इसलिए लौटने में जल्दबाजी करना ठीक नहीं है। उन्होंने बलदेवदास को काम पूरा होने के बाद ही लौटने के लिए कहा था। वे बहत्तर वर्ष की उम्र में चल बसे।

शिवनारायण दृढ़ इच्छा-शक्ति और दृढ़ संकल्प वाले व्यक्ति थे। सोलह वर्ष की नाजुक उम्र में उन्होंने एकाएक अपने-आपको इस लम्बी-चौड़ी दुनिया के भँवर में अकेला खड़े पाया था। उन्होंने गनेरीवाल परिवार के इस प्रस्ताव को अस्वीकार कर दिया था कि वे अपने स्वर्गवासी पिता शोभाराम की जगह सँभाल लें। रास्ते में आनेवाले खतरों की परवाह किए बिना वे एक व्यवसायी और व्यापारी के रूप में अपना भविष्य बनाने निकल पड़े थे और अपने इस अभियान में सफल भी हुए थे। वे धार्मिक प्रवृत्ति के व्यक्ति थे और समाज की भलाई के कामों में जी-जान से जुटे रहते थे। जैसाकि पहले कहा जा चुका है, उन्होंने एक मन्दिर बनवाया, एक कुआँ खुदवाया, एक जल-कुंड बनवाया और एक पाठशाला की स्थापना की। इसके अलावा, कोई भी जरूरतमन्द व्यक्ति उनके पास से कभी खाली हाथ नहीं लौटता था।

उन दिनों हमारे परिवार में यह परम्परा थी कि बालकों की सादगी भरी और कठोर परवरिश की जाए। इसके पीछे पुत्रों को सुदृढ़ और अनुशासित बनाने का उद्देश्य था, ताकि वे जिन्दगी के उतार-चढ़ावों को आसानी से बर्दाश्त कर सकें। शिवनारायण ने बलदेवदास की परवरिश में और बाद में बलदेवदास ने अपने पुत्रों की परवरिश में परिवार की इसी परम्परा को निभाया था। शिवनारायण बलदेवदास के साथ अपने व्यवहार में सख्ती भरी और अल्पभाषी नीति अपनाते थे। बलदेवदास के बड़े हो जाने के बाद भी वे उनके साथ कठोरता से बात करते थे, हालाँकि भीतर-ही-भीतर वे अपने बेटे से बेहद प्रेम करते थे। यूँ उनके चहेते मेरे बड़े ताऊ जुगलकिशोर थे। वे छुटपन में जुगलकिशोर की कोई भी इच्छा टालते नहीं थे। बाद के वर्षों में, शिवनारायण धीरे-धीरे अपनी व्यावसायिक गतिविधियों से निवृत्त होते चले गए और 1909 में अपनी मृत्यु तक अवकाश-प्राप्त जीवन जीते रहे। वे बिड़ला घराने के संस्थापक थे।

2

वाराणसी के सुनहरे वर्ष

शिवनारायण के निधन के बाद मेरे दादा बलदेवदास ने एक कर्त्तव्यनिष्ठ पुत्र की तरह श्राद्ध की रस्म सम्पन्न की। उन्होंने हजारों जरूरतमन्द लोगों को अनाज भी बाँटा। अपने पिता की आत्मा की शान्ति के लिए उन्होंने वाराणसी जाकर श्राद्ध की रस्म पूरी की। वहाँ एक विख्यात ज्योतिषी ने उन्हें बताया कि वे पचपन वर्ष से अधिक नहीं जिएँगे।

कुछ वर्ष बाद, मेरे दादा ने फैसला किया कि उनके लिए वाराणसी चले जाना सर्वोत्तम होगा। उन्होंने 1916 में वाराणसी को अपना मुख्यालय बना लिया और 1956 में तिरानवें वर्ष की उम्र में अपनी मृत्यु तक वे वहीं रहे। वे पूरे चालीस वर्ष तक वहाँ रहे।

इस तथ्य के बावजूद कि उन्होंने ज्योतिषी की भविष्यवाणी को गम्भीरता से लिया था, मेरे दादा एक व्यावहारिक व्यक्ति थे। वे जानते थे कि उनके सभी बेटे बड़े हो चुके हैं और अपने-अपने काम-धन्धों में जम चुके हैं। वे यह भी जानते थे कि उनके बेटे अपने-अपने क्षेत्र में खूब नाम कमा रहे हैं।

जुगलकिशोर, घनश्यामदास और ब्रजमोहन कोलकाता में रह रहे थे, जबकि रामेश्वरदास मुम्बई में बस गए थे। उनके सभी बेटे अच्छी तरह से जम चुके थे और खूब नाम और यश कमा रहे थे। उनकी सभी बेटियों का भी विवाह हो चुका था। इसलिए दादाजी ने सोचा कि ज्योतिषी की भविष्यवाणी पर विचार न करते हुए भी उनका सक्रिय जीवन से संन्यास ले लेना ही ठीक था। स्पष्ट है कि उनके वाराणसी जाकर बस जाने के पीछे सिर्फ ज्योतिषी की भविष्यवाणी नहीं थी। उन्होंने सोचा कि उनके बच्चे बड़े हो चुके हैं और अपना-अपना काम सँभालने में सक्षम हैं, इसलिए उन्हें अपनी-अपनी जिन्दगी जीने के लिए अकेला छोड़ देना चाहिए। दादाजी बहुत सूझबूझ वाले व्यक्ति थे।

अगर व्यवसाय से संन्यास लेने के निर्णय के पीछे सिर्फ ज्योतिषी की भविष्यवाणी होती तो कुछ वर्ष बाद इस भविष्यवाणी के गलत सिद्ध होने पर वे कोलकाता लौट आते। लेकिन बलदेवदास एक ऐसे व्यक्ति थे जो अपने बेटों को स्वतन्त्र रूप से फलते-फूलते देखना चाहते थे और इसके लिए सर्वोत्तम रास्ता यही था कि वे अपने बेटों के मुख्यालयों से दूर रहें। इसलिए वे वाराणसी में जा बसे, लेकिन परिवार के विभिन्न समारोहों में शामिल होने के लिए वे अक्सर उस तीर्थनगरी से बाहर निकलते रहते थे। जब मेरे बड़े भाई लक्ष्मी निवास का किशनगढ़ में और मेरे चचेरे भाई गजानन का जबलपुर में विवाह हुआ तो मेरे दादा विवाह में शामिल होने के लिए इन दोनों स्थानों पर पहुँचे।

काशी (जो वाराणसी का ही दूसरा नाम है) में गंगा-घाट के किनारे एक प्लॉट खरीदा गया, और लालघाट पर गली के दोनों तरफ दो इमारतों का निर्माण किया गया, जिन्हें एक पुल की मदद से आपस में जोड़ दिया गया। लालघाट की भी पूरी मरम्मत करवाई गई और उसे एक मनोरम घाट में बदल दिया गया।

1918 में दादाजी को रायबहादुर की उपाधि से सम्मानित किया गया। तब लॉर्ड चेम्सफोर्ड भारत के वायसराय थे। बाद में उन्हें राजा की उपाधि से भी सम्मानित किया गया। इसलिए हर कोई उन्हें राजा साहब कहा करता था। इसके अलावा, जयपुर के शासक महाराजा माधव सिंह ने भी उन्हें जयपुर में आमन्त्रित किया था और उन्हें बहुत विशिष्ट सम्मान प्रदान किया था।

वाराणसी में बस जाने के बाद कुछ वर्षों तक वे महत्त्वपूर्ण पारिवारिक समारोहों में भाग लेते रहे। वे मेरे बड़े भाई लक्ष्मी निवास के विवाह में शामिल हुए जो 1927 में किशनगढ़ में सम्पन्न हुआ था। लक्ष्मी निवास के ससुर किशनगढ़ राज्य के दीवान थे, इसलिए हमारे परिवार को शाही सम्मान प्रदान किया गया था। बारात का नेतृत्व मेरे दादा कर रहे थे। अगले वर्ष वे अपने एक और पोते, मेरे चचेरे भाई गजानन के विवाह में शामिल होने के लिए जबलपुर गए। यह विवाह जयपुर के प्रसिद्ध मालपाणी परिवार में हुआ था, जिसने मध्य प्रदेश के राजनीतिक और सामाजिक जीवन में बहुत महत्त्वपूर्ण भूमिका निभाई थी। उन दिनों मालपाणी राजस्थान के सबसे धनाढ्य परिवारों में से थे। मुझे जबलपुर में अनगिनत हाथियों और रथों के साथ बारात के स्वागत का वह दृश्य आज भी याद है, जो एक भव्य जुलूस की शक्ल में बारातियों के ठहरने की जगह पर पहुँचा था।

आयु बढ़ने के साथ बलदेवदास ने पारिवारिक समारोहों और कार्यक्रमों में भाग लेना बन्द कर दिया। वे सिर्फ वाराणसी में रहना पसन्द करते थे। गर्मियों के कुछ महीनों को छोड़कर जब पत्थर से बने घाट झुलसती गर्मी के कारण तपने लगते थे, तब वे दो महीनों के लिए कभी-कभी हरिद्वार चले जाते थे। बाद के वर्षों में वे सिर्फ एक बार इन दो शहरों से बाहर निकले, जब वे 1940 के दशक के शुरू में उत्तरकाशी गए। उन दिनों वे हरिद्वार में थे और वहीं से वे दादीमाँ के साथ मसूरी गए थे। मसूरी में दो दिन बिताने के बाद वे उत्तरकाशी की तरफ निकल पड़े, जहाँ वे चौथे दिन पहुँचे। उनकी इस यात्रा में मैं और मेरे चचेरे भाई माधवप्रसाद और गंगाप्रसाद भी उनके साथ थे।

अपने जीवन के अन्तिम वर्षों में उन्होंने हरिद्वार जाना भी छोड़ दिया था, वे सिर्फ वाराणसी में ही सिमटे रहकर खुश थे।

उनका दिन सुबह बहुत जल्दी चार बजे ही शुरू हो जाता था, बल्कि इससे भी पहले। वे पावन गंगा में एक डुबकी लगाने निकल पड़ते थे।

आज की तरह उन दिनों भी गंगा का पानी प्रदूषित था। जैसाकि मैं कह चुका हूँ कि बलदेवदास एक व्यावहारिक व्यक्ति थे। वे अपना स्नान स्वच्छ और असंक्रमणित जल में करना चाहते थे। इसलिए उन्होंने एक कश्ती खरीदी, जिस पर एक विशेष प्लेटफार्म बनवाया गया। इसमें छह-सात पायदानों वाली एक सीढ़ी भी थी जिसे कश्ती के साथ जोड़ा जा सकता था। कश्ती को दो खेवैये पतवारों से खेकर बीच मँझधार में ले जाते थे, जहाँ प्लेटफार्म को कश्ती से जोड़कर एक छोटा-सा कामचलाऊ घाट बना दिया जाता था। सीढ़ियोंवाले इस प्लेटफार्म पर चारों तरफ रेलिंग और तारों की जाली लगी हुई थी, ताकि

किसी के नदी में गिरने का खतरा न रहे। दादाजी इसी प्लेटफार्म पर बैठकर पवित्र गंगा में स्नान करते थे।

स्नान से लौटने के बाद वे पूजा करते थे और फिर कुछ नाश्ता करते थे। वे ग्यारह बजे भोजन करते थे–जो सब्जियों और चपातियों का बहुत सादगी वाला भोजन होता था।

बाद के वर्षों में, मेरे पिता की सलाह पर, उन्होंने चपाती और सब्जियाँ भी छोड़ दी थीं और सिर्फ फलों, खजूरों और दूध का सेवन करने लगे थे। भोजन के बाद वे एक नर्म गद्दे या सोफे पर लेट जाते थे और एक छोटी-सी झपकी लेते थे। अगर किसी को उनसे मिलना होता तो वह नाश्ते या भोजन के बाद की इस झपकी के बाद मिल सकता था।

दादा राजा बलदेवदास बिड़ला, 1930 के दशक के आरम्भिक वर्षों में

सुबह नाश्ते के बाद उनका सहायक उन्हें वाराणसी के अखबार 'आज' से सभी महत्त्वपूर्ण खबरें पढ़कर सुनाता था, जो आज की तरह उन दिनों भी एक बढ़िया अखबार था। यह एक उल्लेखनीय बात है कि अपनी बढ़ती उम्र के बावजूद दादाजी दुनिया की घटनाओं की पूरी खबर रखते थे। ठीक पौने दो बजे वे हमारे उद्यान में, जिसे 'बगीचा' कहा जाता था, टहलने के लिए निकल पड़ते थे। दादाजी अपने पास कभी घड़ी नहीं रखते थे।

अगर अपनी युवावस्था में उन्होंने ऐसा किया हो तो मुझे इसकी जानकारी नहीं है, कम-से-कम वाराणसी में उनके पास घड़ी नहीं होती थी। हाँ, अपने नौकर को उन्होंने एक जेब-घड़ी जरूर दे रखी थी। उनके दो वफादार सेवक थे—मँगू और उसका भतीजा भाना। भयंकर गर्मी या मूसलाधार बारिश होने पर भी दादाजी अपनी दिनचर्या नहीं बदलते थे। वे समय के इतने पक्के थे कि लोग हँसते हुए कहा करते थे कि वे दिनभर की उनकी गतिविधियों को देखकर अपनी घड़ियाँ मिला सकते हैं।

दादाजी बगीचे में जाने के लिए कार का प्रयोग करते थे। वाराणसी में उनके पास दो कारें थीं—एक उनसे मिलने आनेवाले परिवार के सदस्यों के लिए और दूसरी खुद उनके अपने प्रयोग के लिए। परिवार के अन्य सदस्यों के प्रति वे इतने उदार और संवेदनशील थे कि जब दूसरे विश्वयुद्ध के दौरान पेट्रोल का अभाव हो गया तो वे घोड़ागाड़ी का प्रयोग करने लगे, ताकि कार परिवार के अन्य सदस्यों के काम आ सके। बगीचे में दादाजी लगभग पौन घंटे तक टहलते थे। इस आदत को उन्होंने जिन्दगी भर, अपनी मृत्यु से दो दिन पहले तक, बनाए रखा। वे कहा करते थे कि आप अपने शरीर को जितने परिश्रम की आदत डालेंगे, उतनी ही अपने-आपको स्वस्थ रखने की इसकी क्षमता बढ़ेगी। इसके विपरीत अगर आप बहुत सुविधा और आराम भरा जीवन जीएँगे तो आपका शरीर आपकी जरूरतों को पूरा नहीं कर पाएगा और स्वस्थ भी नहीं रह पाएगा।

बाद के वर्षों में वे एक बार गिर गए और उनकी टाँग की हड्डी टूट गई। वे लँगड़ाकर चलने लगे। लेकिन इसके बावजूद उन्होंने एक सेवक की मदद से टहलना जारी रखा। वे अपने शरीर को चुस्त-दुरुस्त रखने में बहुत रुचि लेते थे। (अगर मेरे अन्दर भी यह गुण है तो मुझे यह अपने दादाजी से विरासत में मिला है।)

टहलने के बाद दादाजी बगीचे में स्नान करते थे। बगीचे में कोई स्नानघर नहीं था। वे खुले में ही एक लकड़ी के पट्टे पर बैठकर स्नान कर लेते थे। इसके बाद वे एक घंटा पंडितों की संगत में बिताते थे। वे समय के इतने पक्के थे कि पंडितों को पता होता था कि उन्हें बगीचे में कब पहुँचना चाहिए। वे पंडितों के साथ धार्मिक चर्चाओं में भाग लेते थे। वे उन्हें भगवद् गीता की अपनी व्याख्या के बारे में बताते थे। वे उनके सामने गीता खोलकर बैठ जाते थे और एक श्लोक चुनकर उस पर अपनी व्याख्या देने लगते थे। उनकी टिप्पणियाँ इतनी गहन और सारगर्भित होती थीं कि पंडित उनकी प्रशंसा किए बिना नहीं रह पाते थे। वे आत्मा, परमात्मा, कर्म योग के दर्शन और अन्य सम्बन्धित विषयों की व्याख्या किया करते थे। पंडितों के साथ लगभग एक घंटा बिताने के बाद वे घर लौट आते थे। भोजन के बाद वे गर्मियों के दिनों में दोनों घरों के बीच बने पुल पर और सर्दियों में अपने बिस्तर में आराम करते थे। यह उनकी नियमित दिनचर्या थी, जिसका वे बड़ी दृढ़ता से पालन करते थे। अगर किसी दिन उनकी तबीयत ठीक न होती तो भी वे इन नियमों में कोई ढील नहीं देते थे।

दादाजी की ईश्वर में बहुत गहरी आस्था थी। वे विष्णु या शिव, राम या कृष्ण में से किसी एक का भक्त होने में विश्वास नहीं रखते थे। वे ईश्वर में विश्वास रखते थे और ईश्वर उनके लिए सर्वरूपी और सर्वव्यापी था। वे ईश्वर को 'नारायण' कहते थे।

दादाजी इतने ज्यादा व्यावहारिक थे कि वे अपने दृष्टिकोण में अति आधुनिक प्रतीत होते थे। एक बार परिवार में एक विवाह था। उन दिनों मेरे फूफाजी नरसिंहदास की तबीयत

बहुत ज्यादा खराब थी। जिन्दगी और मौत का प्रश्न था। मेरे पिता और ताऊ बहुत ज्यादा चिन्तित थे। क्या विवाह को स्थगित कर देना चाहिए? लेकिन विवाह से पहले की सभी रस्में पूरी हो चुकी थीं और सिर्फ वास्तविक विवाह बाकी था। पिताजी इस तरह के मामलों में किसी दुविधा में होते थे तो हमेशा दादाजी की सलाह लेते थे। उन्होंने उन्हें टेलीफोन किया और उन्हें बताया कि एक तरफ उनके पोते सुदर्शन का विवाह सम्पन्न होने ही जा रहा था और दूसरी तरफ खुद उनके अपने जीजा (यानी दादाजी के दामाद) मृत्यु के द्वार पर खड़े हुए थे। ऐसी स्थिति में क्या करना उचित होगा? दादाजी के पास हर समस्या का समाधान होता था। उन्होंने पिताजी को सलाह दी कि विवाह होने दिया जाए और इस बीच अगर कुछ अशुभ घट जाता है तो विवाह की रस्में पूरी होने तक उन्हें (दादाजी को) इसकी सूचना न दी जाए।

कितनी सही और व्यावहारिक सलाह थी। जैसीकि आशंका थी, विवाह की रस्में पूरी होने से पहले ही नरसिंहदास की मृत्यु हो गई, लेकिन दादाजी की सलाह पर अमल करते हुए पिताजी ने वैवाहिक रस्में पूरी हो जाने के बाद ही दादाजी को इसकी खबर दी।

दादाजी अपने संकल्प के धनी थे। युवावस्था के दिनों में वे धूम्रपान करते थे। वे एक गाँव से आए थे और गाँवों में लोग सिगरेट बहुत कम पीते हैं। वे बीड़ी, चिलम या हुक्का पीते हैं। दादाजी भी चिलम पिया करते थे। शायद वे बीड़ी भी पी लेते थे। एक दिन पिताजी ने उनसे कहा कि धूम्रपान एक बुरी आदत है। दादाजी अपने सभी बच्चों से स्नेह करते थे, लेकिन उनकी सबसे ज्यादा निष्ठा पिताजी में थी। वे उनकी किसी भी सलाह को अनदेखा नहीं करते थे। जब पिताजी ने उनसे कहा कि चिलम पीना हानिकारक है, तो उन्होंने उसी दिन और उसी समय इस आदत को छोड़ने का फैसला कर लिया। सभी जानते हैं कि धूम्रपान की आदत के शिकार लोग इसे आसानी से नहीं छोड़ पाते। लेकिन जहाँ तक दादाजी का सम्बन्ध था, अपने मन में फैसला करते ही मानो यह आदत एक बीती हुई बात हो गई। सम्भव है कि शुरू के कुछ दिनों में उन्हें चिलम के कुछ कश लेने की तलब महसूस हुई हो, लेकिन वे असाधारण मानसिक दृढ़ता और अटूट इच्छा-शक्ति वाले व्यक्ति थे। एक बार धूम्रपान छोड़ देने के बाद उन्होंने पीछे मुड़कर नहीं देखा।

वे एक अनुशासित जीवन के प्रति समर्पित थे। उन्होंने अपनी दैनिक दिनचर्या को मृत्यु से दो दिन पहले तक बनाए रखा। वे 1956 में दिवंगत हुए। उनके सभी पुत्र—मेरे पिता, दोनों ताऊ और चाचा—समय पर वाराणसी पहुँच गए थे। मैं उस समय कोलकाता में था और परिवार के बहुत-से मित्रों के साथ वाराणसी पहुँचा था। मैं शवयात्रा में तो शामिल नहीं हो सका, लेकिन मणिकर्णिका घाट पहुँचकर अन्तिम संस्कारों में शामिल होने में सफल रहा।

दादाजी की धर्मपरायणता ने उन्हें वाराणसी में कई सार्वजनिक संस्थाएँ स्थापित करने की प्रेरणा दी जो उनके नाम और प्रसिद्धि को अमर रखेंगी।

यहाँ मेरे दादाजी के एक पत्र की प्रतिलिपि प्रस्तुत की जा रही है। इस पर चैत्र कृष्ण 9, 2002 की तारीख है, यानी 1945 का कोई दिन। उन दिनों ऐसे कागज पर पत्र लिखने की परम्परा थी जिसकी चौड़ाई सिर्फ साढ़े चार इंच और लम्बाई तेरह से चौदह इंच होती थी। यह पत्र दादाजी ने कमला प्रसाद मुंशी से लिखवाया था जो उनके विश्वासपात्र थे। वे एक हेड-क्लर्क की तरह थे और उन्होंने दादाजी से इस पत्र की डिक्टेशन ली थी।

दादीमाँ का जिक्र किए बिना मेरे दादा-दादी से जुड़ा यह अध्याय पूरा नहीं हो सकता। उनका नाम योगेश्वरी देवी था। वे भी एक नियमित दिनचर्या का पालन करती थीं। वे पाँच बजे सोकर उठती थीं। तब तक दादाजी अपना गंगा-स्नान पूरा कर चुके होते थे। वे भी दादाजी वाली कश्ती में बैठकर बीच मँझधार में जाती थीं और पवित्र गंगा में स्नान किया करती थीं।

दादीमाँ सुबह का भोजन ग्यारह बजे करती थीं और लगभग सात बजे रात का भोजन लेती थीं। बीच में वे हल्का-फुल्का अल्पाहार कर लिया करती थीं।

दादाजी दादीमाँ को भी वही सलाह देते थे जो हम सबको देते थे, कि अपने शरीर को चुस्त-दुरुस्त और स्वस्थ रखना चाहिए। स्वस्थ विचारों और मानसिक शान्ति और सौहार्द के लिए शरीर का स्वस्थ होना जरूरी है। दादाजी शारीरिक व्यायाम के लिए बगीचे में टहलते थे। दादीमाँ भी प्रतिदिन नियम से टहलती थीं, लेकिन वे बगीचे में जाने की बजाय घर के बरामदे में ही टहलना पसन्द करती थीं। उनके टहलने का कोई निश्चित समय नहीं होता था। जब भी उन्हें टहलने का अवसर मिलता वे इसका लाभ उठातीं। लगभग तीन बजे वे पुराणों, रामायण और अन्य धार्मिक ग्रंथों से धार्मिक कथाएँ और आख्यान सुनतीं। दादाजी के साथ दो आयुर्वेदिक वैद्य थे, जिन्हें पिताजी ने उनकी देखभाल के लिए नियुक्त कर रखा था। इनमें से एक हरिदेव थे। वे पिलानी के थे और उनके परिवार में बहुत-से वैद्य हुए थे। दूसरे बंसीधर जोशी थे, जिन्होंने बनारस हिन्दू विश्वविद्यालय से आयुर्वेदिक चिकित्सा-शास्त्र की परीक्षा पास की थी। दोनों ही बहुत कुशल वैद्य थे। लेकिन हरिदेव बातचीत में थोड़े रूखे थे, इसलिए दादीमाँ उन्हें पसन्द नहीं करती थीं। दूसरी तरफ बंसीधर जी बहुत शिष्ट और शालीन व्यक्ति थे और दादीमाँ की बहुत समर्पित भाव से सेवा करते थे। वे दादीमाँ को धार्मिक ग्रन्थ पढ़कर सुनाया करते थे। दादीमाँ बहुत ध्यान से सुनती थीं और बीच-बीच में कुछ-न-कुछ पूछती रहती थीं।

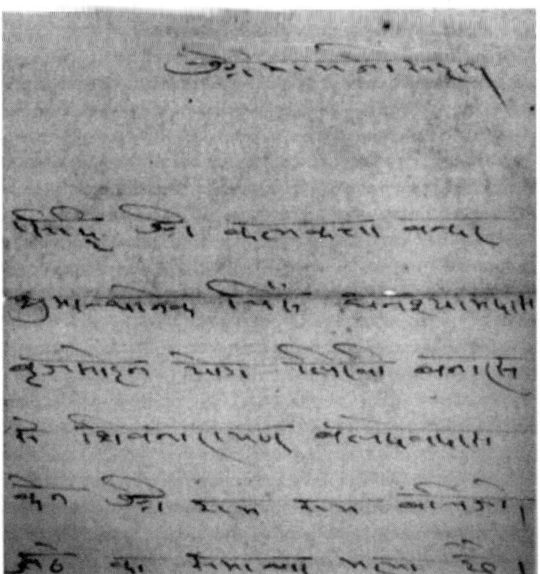

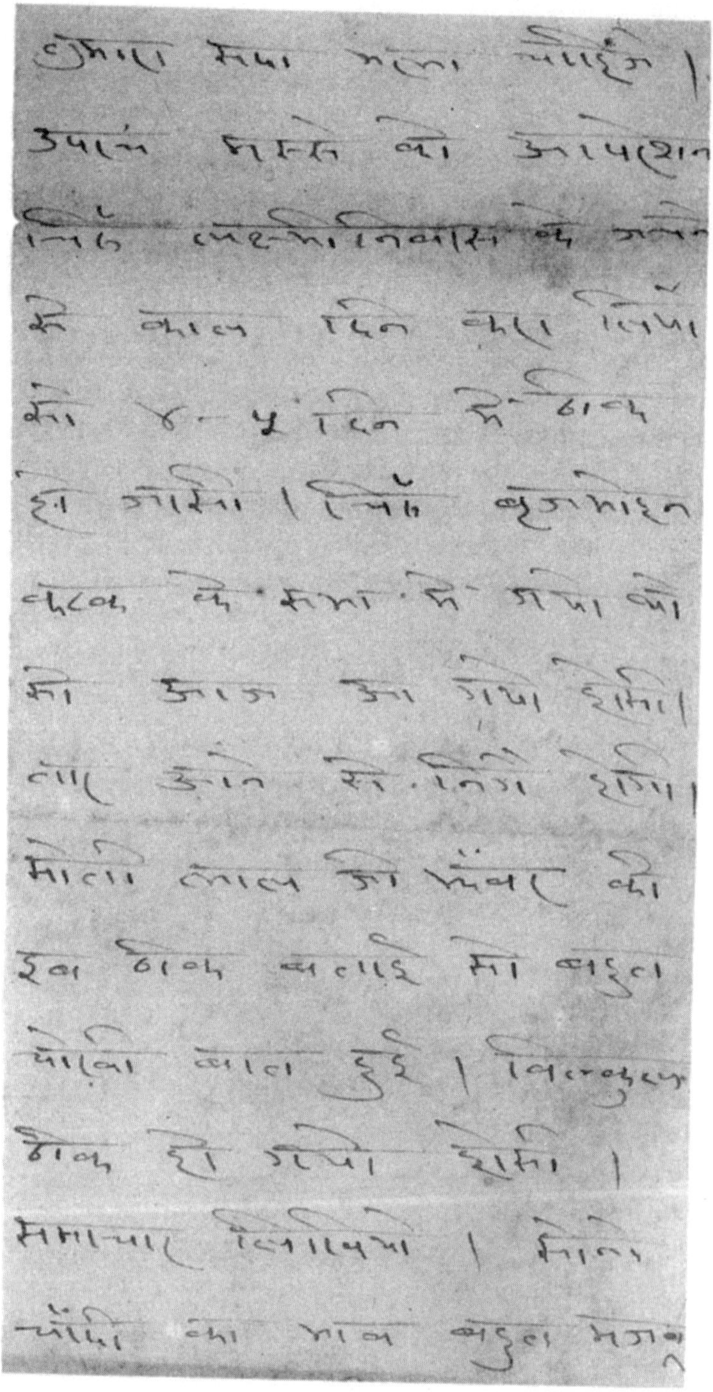

चुकाता सिधा नहीं चाहिए।
उपरान्त मानने को ऑपरेशन
लिये लक्ष्मीनिवास के गले
के काल दिन को लिखा
को ४-५ दिन से ठीक
हो गयी। लिये बृजमोहन
बटुक के साथ से गया था
सो काज आ गया होगा।
तार आने से लिखा होगा।
मोती लाल की अँवर की
इस ठीक बताई सो बहुत
चोखी बात हुई। बिल्कुल
ठीक हो गया होगा।
समाचार लिखियो। सिनेमा
चाँदी का भाव बहुत मंगा

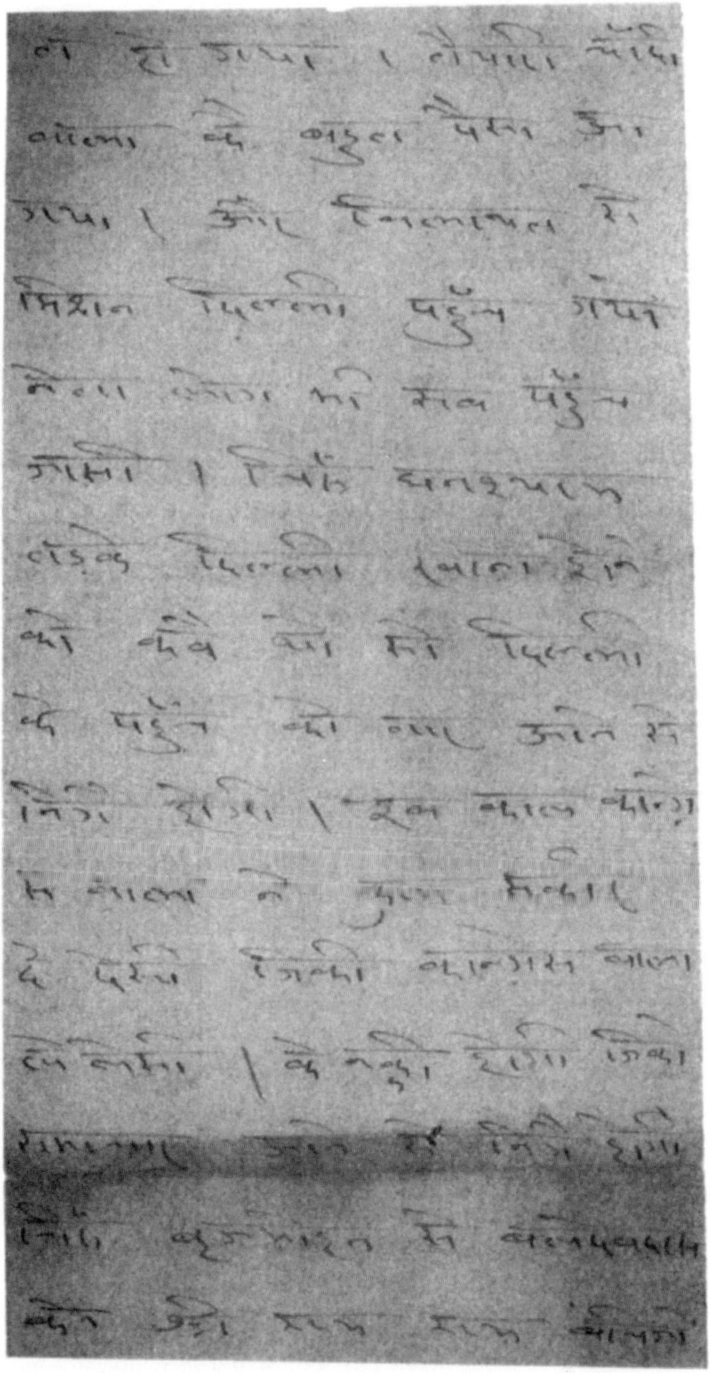

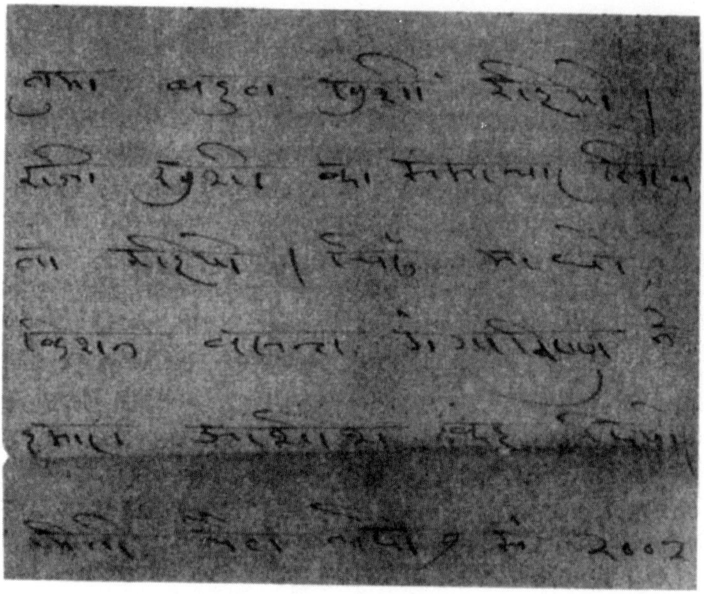

दादाजी और दादीमाँ दोनों ही परोपकारी प्रकृति के थे। वे गरीबों को दान देने और गायों को गुड़ खिलाने का हमेशा ध्यान रखते थे। इसके अलावा हर सुबह दादीमाँ नौकरों को कौओं और चीलों को भी खिलाने के लिए कहती थीं। इसके लिए विशेष रूप से दाल के बड़े बनाए जाते थे जो हर सुबह कौओं और चीलों की ओर फेंके जाते थे। ये पक्षी इस राजसी भोजन के इतने अभ्यस्त हो गए थे कि वे झुंडों में इस महाभोज के लिए आ पहुँचते थे। एक नौकर बड़ों को हवा में उछालता और कौए और चीलें उन्हें हवा में ही अपनी चोंच में लपक लेते।

दादा-दादी गरीबों को गर्मियों में छाते और सर्दियों में शॉल बाँटते थे। कई अवसरों पर दादाजी खुद उन लोगों को छाँटते थे जिन्हें शॉल दिए जाने होते थे। घर के सामने गरीबों और जरूरतमंदों की भीड़ लग जाती थी। दादाजी बरामदे में खड़े होकर नौकरों को इशारे से बताते थे कि भीड़ में से किन लोगों को इन शॉलों या चादरों की सबसे ज्यादा जरूरत है।

दादीमाँ की समर्पित और निःस्वार्थ सेवा करनेवाला एक अन्य व्यक्ति हमारे पिलानी गाँव का एक व्यापारी था। उसका नाम हरिराम खेतान था। दादाजी भी उसे बहुत पसन्द करते थे। वह हफ्ते में तीन-चार बार दादीमाँ से मिलने आता था और उनके साथ दो-तीन घंटे बिताता था। वह बनारसी साड़ियों का व्यापार करता था। दादीमाँ को जब कभी बनारसी साड़ियाँ खरीदनी होतीं तो सिर्फ उसी से खरीदती थीं।

दादाजी स्वभाव से संन्यासी थे। अगर कहीं धूल वगैरह होती तो उस तरफ उनका ध्यान ही नहीं जाता था। अगर उनका ध्यान चला भी जाता था तो वे इसके बारे में किसी से कुछ नहीं कहते थे। लेकिन दादीमाँ की आँख से कुछ भी नहीं छिप पाता था। आँख की तरह उनकी जुबान भी बहुत तेज थी। वे गलती करनेवाले नौकर को तुरन्त फटकार देती थीं। लेकिन दिल-ही-दिल में वे बहुत नरम थीं और अगर कोई मुसीबत में होता

तो उसकी मदद करने की कोशिश करती थीं। वे दादाजी के प्रति बहुत ज्यादा समर्पित थीं, लेकिन उनका अपना व्यक्तित्व भी था। माँजी, जैसाकि उन्हें कहा जाता था, से सभी कर्मचारी और परिचित डरते भी थे, उनका मान भी करते थे और उनसे प्यार भी करते थे।

दादाजी के देहान्त के बाद मेरे चाचा बी.एम. की इच्छा थी कि दादीमाँ अब उन्हीं के साथ कोलकाता में रहें। दादीमाँ कोलकाता आईं भी और कुछ समय तक वहाँ रहीं भी, लेकिन उनका दिल वाराणसी में था। उन्होंने कहा कि यह बहुत दुर्भाग्यपूर्ण होगा कि इतने वर्षों तक काशी में रहने के बाद और काशीवास अपना लेने के बाद वे काशी से कहीं दूर अपनी देह त्यागें। उनके संकल्प को देखकर पूरे परिवार को उनकी बात सही प्रतीत होने लगी और फैसला किया गया कि दादीमाँ अपने प्रिय शहर में लौट जाएँगी। पिताजी और चाचाजी ने परिवार के सदस्यों को निर्देश दिया कि दादीमाँ की देखभाल के लिए किसी-न-किसी को हमेशा उनके साथ रहना चाहिए।

दादीमाँ का अपना एक विशिष्ट व्यक्तित्व था। उन्होंने पूरे सौ वर्ष की उम्र में अपना देहत्याग किया। उनके देहान्त के बाद सभी सेवक और वाराणसी के लोग उन्हें भी उतना ही याद करते रहे जितना वे दादाजी को याद करते थे। उनके अपने एक अलग व्यक्तित्व और पहचान ने उन्हें हर किसी का प्रिय बना दिया था।

दादाजी की दैनिक दिनचर्या की एकरसता में उस समय थोड़ा परिवर्तन आ जाता था जब वे पौने दो बजे बगीचे में सैर करने जाते थे और वहाँ से छह बजे लौटते थे। लेकिन दादीमाँ पूरा समय अपने शयनकक्ष और बरामदे की परिधि में ही सिमटी रहती थीं। वे टहलती भी उसी बरामदे में थीं। दादीमाँ दादाजी के साथ 1916 में वाराणसी गई थीं और 1963 में अपने स्वर्गवास तक वहीं रहीं। सैंतालीस वर्षों तक वाराणसी ही उनका घर रहा। हर सुबह पवित्र गंगा में स्नान के लिए जाने के अलावा वे घर से बाहर नहीं निकलती थीं। शुरू के वर्षों के उन अवसरों को छोड़कर जब दादाजी या दादीमाँ कभी-कभी वाराणसी से बाहर जाते रहते थे, उन्होंने अपना पूरा जीवन सिर्फ एक कमरे और बरामदे में काट दिया था। यह एक उल्लेखनीय त्याग था। हर समय सिर्फ एक कमरे में रहना बहुत बोरियत भरा और थका देने वाला अनुभव हो सकता है, लेकिन दादीमाँ दादाजी के प्रति इतनी ज्यादा समर्पित थीं कि वे बिना किसी बड़बड़ाहट या झुँझलाहट के अपना समय काट लेती थीं। वे दादाजी के साथ को इस आश्चर्यजनक त्याग के बदले में एक पर्याप्त फल के रूप में देखती थीं।

मुझे वाराणसी से बहुत लगाव था। दादाजी और दादीमाँ वहाँ रहते थे तो वह शहर कितना शान्त हुआ करता था। वातावरण में एक सम्पूर्ण प्रशान्ति और ठहराव की झलक थी। मैं हर तीन महीने में एक बार अपने दादा-दादी से मिलने वाराणसी जाता था। मैं हर सुबह गंगाजी में डुबकी लगाने निकल जाता था। मैं एक अच्छा तैराक था और तैरते हुए गंगा को पार कर जाता था और फिर तैरकर वापस लौटता था। सुबह लगभग साढ़े दस बजे मैं दादाजी के पास जाता था। उसके बाद ग्यारह बजे दादीमाँ के साथ भोजन करता था। फिर कुछ देर मैं भी आराम करता था और पत्र वगैरह लिखता था। साढ़े बारह या पौने एक बजे मैं फिर दादाजी के पास जाता था और उनके साथ लगभग एक घंटा बिताता था। दादाजी बगीचे के लिए निकल जाते थे तो मैं एक-डेढ़ घंटा दादीमाँ के साथ बिताता

था। उनके साथ मैं भी वे धार्मिक कथाएँ सुनता था जो वैद्य बंसीधर जी हमें पढ़कर सुनाते थे, या फिर दादीमाँ के साथ ही इधर-उधर की बातें करता रहता था।

दादाजी ने शहर के एक कुशल डॉक्टर को दादीमाँ की दैनिक जाँच के लिए नियुक्त कर रखा था। डॉ. रामकिशोर दादीमाँ के प्रति बहुत ज्यादा समर्पित थे। वे एक बढ़िया डॉक्टर तो थे ही, साथ ही उतने ही बढ़िया इनसान भी थे। दादीमाँ भी उन्हें पसन्द करती थीं। वे दादीमाँ के साथ लगभग एक घंटा बिताते थे। डॉक्टरी जाँच तो पाँच मिनट में ही पूरी हो जाती थी, बाकी समय वे दादीमाँ के पास बैठकर गपशप करते रहते थे।

1950 के दशक में दादा-दादी राजा बलदेवदास और रानी बिड़ला

लगभग चार बजे मैं अपने कमरे में लौटकर पत्र-व्यवहार के काम को पूरा करता था। फिर साढ़े चार बजे कार में बैठकर घर से बाहर निकल जाता था। मैं किसी भी जगह कार से नीचे उतर जाता था और टहलने लगता था। कभी-कभी मैं वैद्य बंसीधर जी के साथ अपने बगीचे में, बनारस हिन्दू यूनिवर्सिटी या सारनाथ चला जाता था। मैं 45-50 मिनट तक पैदल चलता था। इन जगहों पर जाते हुए मैं रास्ते में कुछ मघई पान भी चबा लेता था, जिनके लिए बनारस खासतौर से मशहूर है। शाम के सात बजे मैं घर लौट आता था और पूजा करने के बाद भोजन करता था। भोजन पर वैद्य बंसीधर जी मेरा साथ देते थे।

इसके बाद मैं एक-डेढ़ घंटा दादाजी के साथ बिताता था। यही मेरी दैनिक दिनचर्या थी–बहुत आराम भरी और नपी-तुली-सी दिनचर्या।

जब भी मैं वाराणसी से विदा होता था तो दृढ़ इच्छा-शक्ति वाले दादाजी किसी तरह की भावनाओं का प्रदर्शन किए बिना हमें जाने की अनुमति दे देते थे। लेकिन ममतामयी दादीमाँ भावुक हो उठती थीं और मुझसे कुछ दिन और रुकने और अपने प्रस्थान को टाल देने का आग्रह करने लगती थीं। मुझे उन्हें समझाना पड़ता था कि मुझे कितने जरूरी काम हैं, उसके बाद ही वे बड़े बेमन से मुझे जाने की अनुमति देती थीं। प्रस्थान से पहले वे मेरे माथे पर रोली और चावल लगाती थीं। हम अपनी टोपियाँ पहने होते थे। घर से विदा होते समय टोपी पहनने को शुभ माना जाता था।

दादाजी एक दार्शनिक थे और जीवन को एक तथ्यपरक दृष्टिकोण से देखते थे। लेकिन दादीमाँ परम्पराओं का पालन करना पसन्द करती थीं। वाराणसी से प्रस्थान का दिन शुभ होना जरूरी था। अगर हम पश्चिम की तरफ जा रहे हों तो हमें सोमवार, बुधवार या शनिवार को प्रस्थान करना होता था, और अगर पूर्व में जा रहे हों तो मंगलवार, शुक्रवार या रविवार को। अगर किसी कारण से अगर इस प्राचीन परम्परा का पालन करना कठिन हो तो एक वैकल्पिक व्यवस्था भी थी। मुझे कोई सन्देह नहीं है कि कुछ विशिष्ट दिनों में उत्तर, दक्षिण, पूर्व या पश्चिम की तरफ प्रस्थान करने के पीछे एक ऐतिहासिक पृष्ठभूमि है।

दरअसल, लॉर्ड विलियम बेन्टिक द्वारा देश से ठगी के उन्मूलन से पहले तक यात्रा-मार्ग सुरक्षित नहीं थे। रास्तों में लुटेरों, चोरों और डाकूओं वगैरह का खतरा हमेशा बना रहता था। उन दिनों लोग पैदल या फिर घोड़ागाड़ियों या बैलगाड़ियों में यात्रा करते थे और कई बार घने जंगलों से होकर भी यात्रा करनी पड़ती थी, जहाँ जंगली जानवरों से सामना होने का खतरा रहता था। इन खतरों और जोखिमों को देखते हुए ही बड़े-बूढ़ों ने इस तरह की परम्पराएँ बनाई होंगी, ताकि लोग अकेले जाने की बजाय जत्थों के रूप में यात्रा करें। मेरे खयाल से इसी तरह कुछ विशिष्ट दिनों पर कुछ विशिष्ट दिशाओं में जाने की परम्परा भी पड़ी होगी। जो भी हो, कई बार किन्हीं जरूरी कामों के कारण ऐसी स्थिति पैदा हो जाती थी कि शुभ दिन न होते हुए भी हमें किसी विशिष्ट दिशा में प्रस्थान करना पड़ता था। इस कठिनाई से निपटने के लिए राजस्थानी समुदाय में एक सरल समाधान था। अगर मुझे एक विशिष्ट दिशा में किसी ऐसे दिन यात्रा करनी होती जो इस मान्यता के अनुसार शुभ नहीं था, तो इस यात्रा से एक दिन पहले, जो कि एक शुभ दिन होता था, एक नारियल को एक तौलिए में लपेटकर हमारे घर और रेलवे स्टेशन या एयरपोर्ट के बीच एक विशेष रूप से चुने हुए स्थान पर रख दिया जाता था। इसका मतलब था कि प्रतीकात्मक रूप से मैं उसी दिन प्रस्थान कर चुका हूँ। अगले दिन सचमुच प्रस्थान करते समय मुझे रास्ते में इस नारियल को उठा लेना था। इस पूरी प्रक्रिया को 'प्रस्थान' के नाम से जाना जाता था। हमारे पूर्वज सचमुच बहुत बुद्धिमान और व्यावहारिक व्यक्ति थे।

आज भी वाराणसी में जीवन काफी शान्त है। उन दिनों यह और भी शान्त था। किसी मोहल्ले में रहनेवाले लोगों के बीच आपसी भाईचारे की भावना को आसानी से महसूस किया जा सकता था। उनके बीच अहं की भावना नहीं थी। हम मोहल्ला लालघाट में रहते थे और मोहल्ले का कोई भी व्यक्ति हमें आसानी से मिल सकता था। वाराणसी हमेशा से ही बहुत परिष्कृत संस्कृति का केन्द्र रहा है। वहाँ संस्कृत पाठशालाएँ एक बड़ी संख्या में थीं। इनमें

से अधिकांश का संचालन वाराणसी और अन्य शहरों के व्यवसायी समुदाय के हाथ में था। वृद्ध व्यक्ति अपने अन्तिम दिन वाराणसी में बिताने की कामना रखते थे। कहा जाता था कि शंकर भगवान वहाँ मरनेवालों को मुक्ति प्रदान करते हैं। वाराणसी का जीवन इसकी गलियों में था। कार में बैठने के लिए व्यक्ति को गलियों से बाहर मुख्य सड़क पर आना पड़ता था।

वाराणसी के अपने घर से हमें सात-आठ मिनट तक पैदल चलना पड़ता था। इसके बाद ही हम अपनी कार तक पहुँच पाते थे। वहाँ के पुराने नौकर हमें 'भैया' या 'भैयाजी' कहकर बुलाते थे, जिसमें निकटता भी झलकती थी और सम्मान भी। यह उस वाराणसी की संस्कृति थी जहाँ शान्ति और सौहार्द का राज था। अपने दादा-दादी और पंडितों की संगति का आनन्द, गंगा में स्नान और वाराणसी के आसपास की दिलचस्प जगहों का भ्रमण वाराणसी में गुजरे मेरे दिनों का बहुत प्यारा और आनन्ददायक हिस्सा हैं, हालाँकि हर बार मैं वहाँ लगभग पाँच दिन ही गुजार पाता था। वर्ष में चार बार वाराणसी जाने का मतलब था हर वर्ष बीस दिन वाराणसी में गुजारना। वाराणसी की पवित्रता, जो भारत की एक पुण्य-नगरी है, मन को आराम पहुँचाती थी। वहाँ का व्यवसायी समुदाय भी जिन्दगी को बड़े आराम से लेता था। उन सबको भी हर सुबह गंगा में डुबकी लगाने की आदत थी। शाम को वे घूमने-फिरने के लिए निकलते थे, जिसे 'सैर' कहा जाता था और अपना कुछ समय अखाड़ों में कुश्ती देखने या गंगा के तट पर दंड-बैठक के प्राचीन व्यायाम देखने में गुजारते थे। अपने सामाजिक व्यवहार में वे एक-दूसरे के प्रति बहुत शालीन और भद्र थे।

साड़ियों के अलावा वाराणसी अपने मघई (मगही) पानों के लिए भी मशहूर था। ये पान वाराणसी में पैदा नहीं होते थे, बल्कि बिहार के मगध से मँगवाए जाते थे। वाराणसी में लगभग हर कोई पान खाता था। दुकानदार कई तरह के पान बेचते थे। जिन दिनों मैं वाराणसी जाया करता था, पान के दाम चार पैसे से शुरू होते थे। सभी तरह के मसालों से युक्त पान दो रुपए का मिलता था। लोग पान को मुँह में दबा लेते थे, लेकिन घंटा भर उसे चबाते नहीं थे। पान के स्वाद का मजा लेने का यह बनारसी तरीका था।

एक दूसरा व्यवसाय सोने और चाँदी के पत्तर बनाने का था। यह काम वाराणसी की बहुत-सी गलियों में होता था। हमारी गली में भी इस तरह के स्वर्ण-पत्तर बनाए जाते थे। कुशल कारीगर सोने को पीट-पीटकर कागज जैसा पतला बना देते थे। इन पत्तरों को बनाना सचमुच एक कलात्मक काम था।

वाराणसी की गलियों में हमेशा गायों को घूमते देखा जा सकता था। गायों के मालिक सुबह उनका दूध दुहते थे और शाम को उन्हें चारा खिलाते थे। दिनभर वे उन्हें गलियों में घूमने के लिए और कुछ भी खाने-पीने के लिए खुला छोड़ देते थे। शाम को वे उन्हें वापस अपने घर में बाँध देते थे। गायों के अलावा कभी-कभी साँड़ भी देखे जा सकते थे। वाराणसी की सड़कों पर और गलियों में घूमते इन आवारा साँड़ों से बचकर चलना पड़ता था।

वाराणसी के नजदीक ही रामनगर है, जो कभी एक पुरानी रियासत थी। रामनगर के महाराजा को, जिन्हें काशीनरेश भी कहा जाता था, वाराणसी में बहुत सम्मान की दृष्टि से देखा जाता था। रामनगर अपनी रामलीला के लिए प्रसिद्ध था। वाराणसी के हर मोहल्ले में भी रामलीला होती थी। कभी-कभी हम भी उन्हें देखने जाते थे। लेकिन सबसे अच्छी रामलीला महाराजा के संरक्षण में रामनगर में ही होती थी।

जब मैं एक बालक के रूप में अपने ट्यूटर पंडित उदित मिश्र के साथ वाराणसी जाया करता था, तो वहाँ के प्रसिद्ध लोगों से भेंट किया करता था। मुझे डॉ. भगवान दास से ऐसी ही एक भेंट की याद है जो एक बहुत बड़े विद्वान और दार्शनिक थे। पंडितजी के साथ ही मैं पंडित अयोध्या सिंह उपाध्याय 'हरिऔध' से भी मिला था। वे अपने समय के सर्वश्रेष्ठ कवियों में गिने जाते थे और उनके द्वारा रचित पुस्तक 'प्रिय प्रवास' विशेष रूप से लोकप्रिय हुई थी।

वाराणसी में कार चलाना हमेशा बहुत झंझट भरा काम था। मेरी समझ में नहीं आता कि हमारा ड्राइवर छेदी यह काम कैसे कर लेता था। अगर दिल्ली अपने ताँगों के लिए मशहूर थी तो वाराणसी अपने इक्कों के लिए। ताँगे की तुलना में इक्का एक छोटा वाहन था। इक्के में आराम से सिर्फ दो लोग बैठ सकते थे, जबकि ताँगे में पाँच-छह लोग आ सकते थे। वाराणसी की अपनी एक अनूठी संस्कृति थी।

वाराणसी में मेरे प्रवासों की अवधि छोटी होती थी, लेकिन मैं बड़ी उत्सुकता से इनकी प्रतीक्षा करता था। मेरे मन की शान्ति और खुशी के लिए दादा-दादी के आशीर्वाद से बड़ी चीज और कोई नहीं हो सकती थी। वाराणसी के मन्दिरों के दर्शन, बगीचे में भ्रमण और गंगा में डुबकी लगाने से भी मुझे मानसिक शान्ति प्राप्त होती थी। कोलकाता और दिल्ली जैसे शहरों के शोर-शराबे और भीड़भाड़ से दूर वाराणसी का शान्त और सकून भरा माहौल मेरे मन पर मलहम का काम करता था।

3

मेरे पिता : एक महान व्यक्तित्व की छत्रछाया

एक पुत्र के लिए अपने पिता के बारे में निष्पक्ष दृष्टि से लिखना हमेशा कठिन होता है। यह तब और भी कठिन हो जाता है जब पिता अपने जीवनकाल में ही एक किंवदन्ती बन चुका हो। अगर मैं इस किंवदन्ती का बिल्कुल सही चित्र प्रस्तुत करता हूँ तो हो सकता है कि उन्हें न जानने वाले लोग समझें कि मैंने बढ़ा-चढ़ाकर लिखा है; दूसरी तरफ अगर मैं उनके अनेक विलक्षण गुणों को थोड़ा कम करके प्रस्तुत करता हूँ तो मेरी अन्तरात्मा मुझे इस बात के लिए धिक्कारती रहेगी कि मैंने एक महान और नेक व्यक्ति की प्यारी और लुभावनी खूबियों और उपलब्धियों को कम करके आँका है।

घनश्यामदास बिड़ला ईमानदारी, साहस, धैर्यशीलता, न्यायप्रियता, भलाई और बुद्धिमत्ता की प्रतिमूर्ति थे। सबसे बढ़कर वे एक कर्मयोगी थे, जो विचार और कृत्य की पवित्रता पर विश्वास करते थे, जिनके लिए साधन भी उतने ही महत्त्वपूर्ण थे जितने कि लक्ष्य।

मेरे परदादा शिवनारायण और दादा बलदेवदास की तरह उन्होंने भी अपना खुद का व्यवसाय शुरू किया—वस्तुओं का व्यापार (तैयार और वायदा दोनों तरह का)। उन्होंने देखा कि यह एक बहुत ज्यादा अटकलबाजी और जोखिम भरा उद्यम था। इसलिए मेरे दादा और परदादा से सलाह करके उन्होंने एक दलाल (ब्रोकर) के रूप में अपने व्यवसाय की शुरुआत करने का फैसला किया। अपने व्यक्तिगत कौशल और जादुई व्यक्तित्व के बल पर उन्होंने फौरन ही कमाल कर दिखाया। पहले महीने में ही उन्होंने एक चमत्कारिक रकम कमा ली। मेरे दादा बहुत खुश हुए। उन दिनों ज्यादातर दलाल कम पढ़े-लिखे थे और उन्हें अर्थ-व्यवस्था की सामान्य स्थितियों की कुछ भी जानकारी नहीं होती थी। वे अंग्रेजी या हिन्दी में अपने-आपको सही ढंग से अभिव्यक्त नहीं कर पाते थे। जबकि पिताजी, उस कम उम्र में भी, एक बौद्धिक व्यक्ति के रूप में विकसित हो रहे थे। जल्दी ही भारतीय और विदेशी व्यवसायी समुदाय उन्हें सम्मान की दृष्टि से देखने लगा।

पिताजी दूरदृष्टि और कुशाग्र बुद्धिवाले व्यक्ति थे। उन्होंने महसूस किया कि देश का विकास और समृद्धि इसके औद्योगिकीकरण पर निर्भर है। उन्होंने भारत में उद्योगों की स्थापना का दृढ़ निश्चय कर लिया।

पच्चीस वर्ष की युवा उम्र में, 1918 में (जिस वर्ष मेरा जन्म हुआ) पिताजी ने उद्योग-जगत में प्रवेश किया। यह पूरी तरह से पिताजी के नेतृत्व के कारण था कि समय के साथ-साथ हमारा घराना देश के दो सबसे बड़े औद्योगिक घरानों में से एक बन गया और भारत को समृद्धि की राह पर ले जाने में सफल रहा। पिताजी के लिए और भी ज्यादा

सन्तोषजनक बात यह थी कि वे अन्य उद्योगों की शुरुआत को प्रोत्साहन देने के भी अथक प्रयास करते रहे थे। उनका विश्वास था कि सिर्फ इसी से देश में सम्पन्नता आ सकती है। यह उनकी महानता थी।

वे एक कुशल वक्ता भी थे। वे अंग्रेजी और हिन्दी दोनों में ही अच्छा बोल लेते थे। उन्हें सार्वजनिक और सामाजिक समारोहों, फेडरेशन ऑफ इंडियन चैम्बर्स ऑफ कॉमर्स एंड इंडस्ट्री (एफ आई सी सी आई) की जनरल-मीटिंगों और व्यावसायियों की अन्य सभाओं में निरन्तर बोलते रहना पड़ता था। वे बातचीत भी बहुत बढ़िया ढंग से करते थे और उनके सम्पर्क में आनेवाले लोग महसूस करते थे कि वे किसी महान व्यक्ति के साथ हैं।

पिताजी उत्कृष्ट लेखक भी थे। उन्होंने अंग्रेजी में बहुत-से लेख और हिन्दी में बहुत-सी पुस्तकें लिखीं। उनकी पुस्तकों में 'बिखरे विचारों की भरौती' बहुत दिलचस्प पुस्तक है। उनकी एक अन्य पुस्तक 'कृष्णम् वंदे जगत गुरुम्' को हिन्दी के साहित्य-जगत ने 'मास्टरपीस' ठहराया था।

व्यवसाय में सफलता पिताजी की दूरदृष्टि और आदर्शवाद की सिर्फ एक शाखा-भर थी। उनके लिए ऊँचे मूल्यों का जीवन में कहीं ज्यादा महत्त्व था। बहुत कम उम्र में ही उन्होंने भगवद् गीता का बहुत गहरा अध्ययन किया था और तभी से वे कर्मयोग के दर्शन का अनुसरण करने लगे थे। उन्होंने उपनिषदों और वाल्मीकि की रामायण का बड़ी लगन के साथ अध्ययन किया और वे तुलसीदास की रामचरितमानस के भी प्रशंसक थे। जब भी उन्हें बोलने का अवसर मिलता, भले ही सार्वजनिक भाषण हो या निजी बातचीत, वे इन पुराणों और ग्रन्थों से खुलकर उद्धरण देते। लेकिन गीता का सन्देश उनके जीवन की धुरी था। वे इस निष्कर्ष पर पहुँचे थे कि गीता में उपनिषदों और वैदिक ग्रन्थों का सार मौजूद है। गीता में वे सभी मानवीय समस्याओं के उत्तर पा सकते थे।

पिताजी जीवन में ईमानदारी, संजीदगी और सच्चाई जैसे मूल्यों को बहुत ज्यादा महत्त्व देते थे। मुझे कोलकाता के हेयर स्कूल की एक घटना याद है। मैं आठवीं कक्षा में पढ़ता था और हमारा एक विषय ड्राईंग भी था। पिताजी को ललित कलाओं में बहुत ज्यादा दिलचस्पी थी, इसलिए मुझे और मेरे चचेरे भाई को ड्राईंग सिखाने के लिए उन्होंने एक विशेष ट्यूटर रख दिया था।

एक दिन स्कूल के कला-अध्यापक ने हमें घर में करने के लिए कुछ काम दिया। हमने अपना काम खत्म करके अपने निजी ट्यूटर को दिखाया तो उसने उसमें बहुत सारे परिवर्तन कर दिए। एक तरह से अब यह ड्राईंग हमारी बजाय हमारे ट्यूटर की ड्राईंग हो गई थी। अगले दिन स्कूल पहुँचकर जब हमने अपना होमवर्क अध्यापक को दिखाया तो हमारी उत्कृष्ट चित्रकला को देखकर उसे सुखद आश्चर्य हुआ। उसने पूरी कक्षा के सामने, और अन्य लड़कों को ईर्ष्या में डालते हुए, मेरी और मेरे चचेरे भाई की खूब तारीफ की।

घर पहुँचकर हमने खुशी-खुशी पिताजी को बताया कि आज स्कूल में हमारे काम की कितनी तारीफ हुई। पिताजी पर यह प्रभाव जमाने के लिए कि हम कितने होशियार हैं, हमने बड़े गर्व के साथ उन्हें अपनी सफलता का रहस्य भी बता दिया। पिताजी बहुत उदास हो गए। उन्होंने कहा कि जो कुछ हमने किया है वह एक तरह की बेईमानी है। उन्होंने हमें निर्देश दिया कि हम हेडमास्टर के पास जाकर सब कुछ सच-सच बता दें। हम डर से काँपते

हुए हेडमास्टर के पास गए और उन्हें सच्चाई बता दी। हेडमास्टर ने न सिर्फ हमारी गलती को क्षमा कर दिया, बल्कि उन्होंने पिताजी की भी भरपूर तारीफ की। उन्होंने कहा कि इससे पहले उन्होंने कोई ऐसा अभिभावक नहीं देखा था जो अपने बेटे को अपनी बेइमानी अपने-आप ही स्वीकार करने के लिए बाध्य करे। उन्होंने कहा कि सिर्फ एक महान व्यक्ति ही ऐसा कर सकता है।

एक पुस्तक–गीता–और एक व्यक्ति–गांधीजी–ने पिताजी के जीवन को असामान्य स्तर पर प्रभावित किया। उनके जीवन पर एक अन्य प्रबल प्रभाव मेरी माँ का था। वे सिर्फ छब्बीस वर्ष की थीं जब 1926 में टीबी से उनकी मृत्यु हो गई। वे एक अत्यधिक भली स्त्री थीं। वे पिताजी के प्रति पूरी तरह समर्पित थीं और जीवन के अन्तिम दिनों तक उनकी शक्ति का स्रोत बनी रहीं।

पिताजी पहली बार 1916 में गांधीजी के सम्पर्क में आए, जब वे सिर्फ बाइस वर्ष के थे। गांधीजी अहिंसक असहयोग के अपने नए राजनीतिक दर्शन के लिए अभूतपूर्व ख्याति अर्जित करने के बाद कोलकाता का दौरा कर रहे थे। पहली भेंट में ही गांधीजी ने अपनी निर्मल ईमानदारी, बालसुलभ सादगी और ऊँची नैतिकता की आभा से पिताजी पर बहुत गहरा प्रभाव छोड़ा। गांधीजी भी अपने इस नए प्रशंसक के प्रति आकर्षित हुए बिना न रहे। व्यक्तियों को परखने में माहिर होने के कारण वे तुरन्त ही समझ गए कि पिताजी कोई साधारण व्यक्ति नहीं थे। उनमें उन्हें दुर्लभ गुणों और ऊँचे नैतिक आचरण वाला एक ऐसा व्यक्ति दिखाई दिया जिसके साथ वे अपने आन्तरिक विचारों को भी मुक्त भाव से बाँट सकते थे। यही उन्होंने किया भी।

जल्दी ही, गांधीजी के साथ पिताजी का परिचय एक ऐसे गहरे सूत्र में बदल गया जो पिता और पुत्र के बीच मौजूद होता है। दोनों के बीच औपचारिकता की बाधाएँ नहीं रहीं। दोनों ही एक-दूसरे से खुलकर अपनी बात कह लेते थे। गांधीजी की उपस्थिति में पिताजी पूरी तरह से सहज महसूस करते थे। वे उनसे निरन्तर प्रश्न पूछते रहते और बहुत दृढ़तापूर्वक अपनी धारणाओं को लेकर बहस करते। पूरी तरह से आश्वस्त हो जाने के बाद ही वे गांधीजी के मत को स्वीकार करते थे। कई बार पिताजी की धारणाओं से प्रभावित होकर गांधीजी अपने विचार बदल भी लेते थे। इसलिए 1924 के उस शुरुआती काल में ही गांधीजी ने पिताजी को लिखा था कि वे उन्हें अपने परामर्शदाताओं में गिनते हैं।

गांधीजी के साथ पिताजी का पत्र-व्यवहार 1916 में शुरू हुआ था। पिताजी के नाम महात्माजी के पहले पत्र पर 7 फरवरी 1924 की तारीख पड़ी हुई है। जब भी धन की जरूरत पड़ती गांधीजी पिताजी की मदद लेते थे। गांधीजी ने 7 अगस्त 1925 को पिताजी को लिखा–"देशबन्धु स्मृति कोष में 1,00,000 रुपए का योगदान देने के लिए मैंने आपकी सराहना की थी..."

महात्माजी पिताजी के भलेपन और उदारता से बहुत ज्यादा प्रभावित थे। 16 मार्च 1927 को उन्होंने लिखा था–"मुझे आपकी और आपके भाइयों की भलाई की भावना पर पूरा भरोसा है। आप जैसे धनवान व्यक्तियों को उँगलियों पर गिना जा सकता है–आप कितने सज्जन और विनम्र हैं। आपके मामले में मैं इन दोनों गुणों को कई गुना बढ़ते देखना चाहता हूँ ताकि देश की भलाई के लिए इनका प्रयोग किया जा सके।"

महात्माजी के सचिव महादेव देसाई के नाम 10 जनवरी, 1928 को लिखे एक दिलचस्प पत्र में पिताजी ने 75,000 रुपए के चंदे के सम्बन्ध में लिखा था–"मैं मामले को पूरी तरह महात्माजी के विवेक पर छोड़ता हूँ। अगर उन्हें धनराशि की बहुत ज्यादा जरूरत नहीं है तो मेरा सुझाव है कि उन योजनाओं को प्राथमिकता देनी चाहिए जो स्वराजप्राप्ति की रफ्तार को बढ़ा सकें।"

पिताजी के साथ गांधीजी का पत्र-व्यवहार एक पिता-पुत्र के बीच पत्र-व्यवहार की तरह था। वे अपने स्वास्थ्य के बारे में लिखते थे और स्वास्थ्य के मामलों में पिताजी को हमेशा सलाह देते रहते थे। बहुत बार यह सलाह दार्शनिक विचारों का रूप ले लेती थी। उन्होंने 31 मई 1927 के अपने पत्र में लिखा–

> मैं अपनी सेहत की उतनी देखभाल जरूर करता हूँ जितनी मैं इसके संरक्षण के लिए जरूरी समझता हूँ। मालवीयजी ऐसा नहीं करते। उन्हें आयुर्वेदिक उपचार पर बहुत ज्यादा भरोसा है, और उनमें इतना ज्यादा आत्मविश्वास है कि अपनी कमजोरी और बीमारी के बावजूद वे 75 वर्ष तक जीने का संकल्प किए बैठे हैं। मेरी ईश्वर से प्रार्थना है कि उनका यह संकल्प जरूर पूरा हो।
>
> वास्तव में व्यक्ति की सोच उसकी गतिविधियों को प्रभावित करती है। इन मामलों में मानवीय प्रयासों के लिए बहुत कम गुंजाइश होती है। जीवन को बनाए रखना हर किसी का कर्त्तव्य है, और हर व्यक्ति को अपना यह कर्त्तव्य निभाना चाहिए। लेकिन हरेक की जिन्दगी में ऐसा समय आता है जब सभी प्रयास निष्फल हो जाते हैं; सौभाग्यवश, मानवीय प्रयासों को जारी रहने देने के हित में, ईश्वर ने किसी को भी अपने आखिरी क्षण की जानकारी नहीं दी है। तो हम क्यों इस अवश्यंभावी चीज को लेकर चिन्तित हों! देश के मामले न तो मालवीयजी पर निर्भर करते हैं, न लाला जी (लाला लाजपत राय) पर; और न मुझ पर। सभी सिर्फ उपकरण मात्र हैं और, जहाँ तक मेरा सम्बन्ध है, मैं मानता हूँ कि एक अच्छे आदमी का काम वास्तव में उसकी मृत्यु के बाद शुरू होता है। शेक्सपीयर का यह कहना ठीक नहीं है कि
>
> *मनुष्य जो बुराई करते हैं वह उनके बाद भी जीवित रहती है*
> *जबकि भलाई अक्सर उनकी हड्डियों के साथ दफन हो जाती है*
>
> बुराई कभी भी इतनी लम्बी नहीं जीती। राम जीवित हैं और हम उनका नाम दोहराकर अपना शुद्धिकरण करते रहते हैं। रावण जा चुका है और उसके साथ उसकी बुराइयाँ भी जा चुकी हैं। कोई बुरा व्यक्ति भी रावण को याद नहीं करता। अपने युग के असली राम को कोई नहीं जानता। कवि ने हमें बताया है कि अपने युग में उन्हें भी आरोपों का शिकार होना पड़ा था। लेकिन उनके सभी दोष उनके शरीर के साथ जल गए और आज हम उन्हें सिर्फ एक ईश्वरीय शक्ति के रूप में पूजते हैं। राम-राज्य की सीमा उस समय इतनी विशाल नहीं थी जब वे शारीरिक रूप से जीवित थे, जितनी कि आज है।
>
> मैं यह सब एक बहुत ज्यादा दार्शनिक वक्तव्य या सन्तोष पहुँचानेवाली सांत्वना के रूप में नहीं लिख रहा हूँ। लेकिन मैं बहुत जोर देकर कहना चाहता हूँ कि हमें एक ऐसे व्यक्ति की मृत्यु को लेकर दुखी नहीं होना चाहिए जिसे हम एक सन्त-पुरुष

मानते हैं; और हममें यह दृढ़ आस्था होनी चाहिए कि उसकी मृत्यु के बाद ही उसका असली काम शुरू होगा, या फलीभूत होना शुरू होगा। उसकी वे उपलब्धियाँ जो उसके जीवन-काल में महान समझी जा रही थीं, भविष्य की उपलब्धियों के सामने फीकी प्रतीत होने लगेंगी। हाँ, यह हमारा कर्त्तव्य है कि हम, अपनी क्षमता की सीमा तक, उन व्यक्तियों के अच्छे कदमों का अनुसरण करें जिनका हम सन्तों की तरह सम्मान करते हैं।

पिताजी में महात्माजी के विश्वास की सीमा को 10 अप्रैल, 1930 के उनके पत्र में देखा जा सकता है–"मैं आश्वस्त हूँ कि नमक संघर्ष, मद्यनिषेध और विदेशी वस्त्रों के बहिष्कार के उद्देश्य को आगे बढ़ाने के लिए आप वह सब कुछ करेंगे जो आप कर सकते हैं।"

गांधीजी देश से छुआछूत के उन्मूलन के लिए पिताजी की मदद चाहते थे। इस उद्देश्य के लिए उन्होंने 'हरिजन सेवक संघ' की स्थापना की और पिताजी को इसका अध्यक्ष बनने के लिए कहा। हरिजन सेवक संघ के अध्यक्ष के रूप में पिताजी ने बहुत कर्मठता से काम किया। उन दिनों त्रावनकोर (तिरुवांकुर) में हरिजन भारी संख्या में ईसाई धर्म अपना रहे थे, क्योंकि उन्हें हिन्दू मन्दिरों में जाने की अनुमति नहीं थी। पिताजी ने त्रावनकोर के महाराजा से भेंट की और इस मामले में उनके साथ सफल बातचीत की। पिताजी ने 27 जून, 1936 को महात्माजी को लिखा–"महाराजा और महारानी ने मुझसे पक्का वायदा किया है कि वे मन्दिरों को खोल देंगे और महाराजा के जन्मदिन की अगली वर्षगाँठ के दौरान इसकी घोषणा करेंगे।"

पिताजी मैसूर के महाराजा से भी मिले। इसी पत्र में उन्होंने आगे लिखा–"मैसूर के महाराजा से भी मेरी बातचीत हुई है, और उन्होंने कहा है कि वे हरिजनों को अपने दरबार में प्रवेश देने के लिए तैयार हैं। वे अपने सलाहकारों से बात करेंगे।"

ये उल्लेखनीय उपलब्धियाँ थीं।

2 दिसम्बर, 1930 को गांधीजी ने पिताजी को एक पत्र लिखा था, जो विशेष दिलचस्पी का प्रतीत हो सकता है :

> यह पत्र जयप्रकाश नारायण के बारे में है। वे बिहार के एक प्रतिष्ठित परिवार से हैं, और उस प्रदेश के एक महान कार्यकर्ता बृजकिशोर बाबू के दामाद हैं। अभी तक वे पंडित जवाहरलाल के साथ कांग्रेस कार्यालय में थे। वे सात वर्ष तक अमरीका में पढ़े हैं। अब चूँकि उनकी माँ का निधन हो गया है, इसलिए उन्हें कुछ-न-कुछ कमाने की जरूरत महसूस हो रही है। 300 रुपए माहवार में उनकी जरूरतें पूरी हो जाएँगी। जयप्रकाश एक योग्य नवयुवक हैं। मैं उन्हें आपके अधीन किसी जगह काम करते देखना चाहूँगा, जहाँ उनकी जरूरतों के अनुसार उन्हें पर्याप्त मासिक वेतन मिल सके। बाकी सब वे आपको स्वयं बता देंगे।

गांधीजी के निर्देशों के अनुसार जयप्रकाशजी पिताजी से मिले। पिताजी ने उन्हें अपना सचिव नियुक्त कर लिया। कुछ वर्षों तक वे इसी पद पर काम करते रहे। हम सब उन दिनों बच्चे थे, लेकिन हम भी जयप्रकाशजी से अच्छी तरह परिचित हो गए थे। जल्दी ही पिताजी को और हम सबको यह अहसास हो गया कि अपनी विनम्रता, बालसुलभ सादगी,

पारदर्शी ईमानदारी और ऊँची कर्त्तव्य-भावना और गहरे देश-प्रेम के कारण जयप्रकाशजी देश के राजनीतिक पटल पर बहुत ऊपर तक जाएँगे। वे परिवार के एक सदस्य की तरह थे। 1977 में, जब इन्दिरा गांधी चुनाव हार गईं, जनता पार्टी सत्ता में आ गई और मोरारजी देसाई प्रधानमन्त्री बन गए, तब तत्कालीन सरकार कई तरह से मुझे परेशान करना चाहती थी। लेकिन जयप्रकाशजी मेरे साथ खड़े रहे।

महात्माजी के निकट होने के बावजूद पिताजी इतने स्पष्टवादी थे कि उनके साथ कोई मतभेद रखने और उसे खुलकर प्रकट करने में हिचकिचाते नहीं थे। पिताजी गांधीजी द्वारा सौंपा गया हरिजनउद्धार का काम देख रहे थे। गांधीजी के साथ परामर्श के बाद उन्होंने डॉ. बिधान चन्द्र राय को बंगाल के छुआछूत विरोधी बोर्ड का अध्यक्ष नियुक्त कर दिया। कुछ लोग, जिनके डॉ. राय के साथ अच्छे सम्बन्ध नहीं थे, कहने लगे कि इस पद के लिए सतीश दास गुप्ता या डॉ. सुरेश बनर्जी एक बेहतर चुनाव होते। तब गांधीजी ने डॉ. राय को एक पत्र लिखकर सुझाया कि वे उन दोनों में से किसी एक के लिए यह पद छोड़ दें। डॉ. राय एक निर्भीक और साहसिक व्यक्ति थे। उन्होंने 12 दिसम्बर, 1932 को बहुत स्पष्टवादिता के साथ महात्माजी को लिखा :

> मैं आपसे यह कहने की अनुमति चाहूँगा कि बंगाल बोर्ड के अध्यक्ष का पद प्राप्त करने की मेरी कोई अभिलाषा नहीं थी। मैं अब जानता हूँ कि आपके साथ परामर्श करके और आपकी सहमति से ही श्री बिड़ला ने मुझे अध्यक्ष चुना था। अब चूँकि आप इतने आश्वस्त नहीं हैं और मुझे हटने के लिए कह रहे हैं तो मैं बड़ी खुशी के साथ ऐसा कर रहा हूँ। मैं आज श्री बिड़ला को पत्र लिखकर अपना त्याग-पत्र प्रस्तुत कर रहा हूँ। यह मेरे लिए आत्म-त्याग का विषय नहीं है, क्योंकि मैं अपनी जिन्दगी में एक क्षण के लिए भी उस स्थान या पद पर नहीं रहा हूँ, जिसे देनेवाले मुझे वहाँ न देखना चाहें।

पिताजी डॉ. विधानचन्द्र राय से पूरी तरह सहमत थे और यह महसूस कर रहे थे कि उनके साथ अन्याय हुआ है। उन्होंने महात्माजी को लिखा कि डॉ. राय सही थे। गांधीजी तब पुणे की यरवदा सेंट्रल जेल में थे। उन्होंने 15 दिसम्बर, 1932 को पिताजी को लिखा–"अब, जहाँ तक बंगाल की संस्था की बात है, मुझे डर है कि मुझसे एक गम्भीर चूक हो गई है। मैं डॉ. बिधानचन्द्र के साथ अपने प्रभाव को ज्यादा आँक बैठा। मुझे खेद है कि मेरे कारण उन्हें पीड़ा पहुँची, और मुझे खेद है कि मैंने आपको बहुत अटपटी स्थिति में डाल दिया। वे इस पीड़ा को झेल जाएँगे; आप भी इस अटपटी कठिनाई से उबर जाएँगे; मैं अपनी मूर्खता को आसानी से नहीं भूलूँगा।"

पिताजी ने, जैसाकि पहले कहा जा चुका है, डॉ. बिधान के पक्ष को सही ठहराया था। उन्होंने 21 दिसम्बर, 1932 को अपने पत्र में महात्माजी को लिखा :

> मेरे लिए एक अटपटी स्थिति पैदा होने का प्रश्न ही नहीं उठता। अगर आप मुझे और भी ज्यादा अटपटी स्थिति में डालना चाहें तो आप बड़ी खुशी से ऐसा कर सकते हैं। लेकिन मैं अब भी आपकी इस बात से सहमत नहीं हूँ कि आपकी भूल डॉ. बिधान पर अपने प्रभाव को ज्यादा आँकने तक सीमित है। डॉ. राय के साथ

न्याय करते हुए, मैं यह जरूर कहूँगा कि उन्हें पीड़ा पहुँचना स्वाभाविक था...मेरा खयाल है कि आपको डॉ. राय को बलि के लिए नहीं चुनना चाहिए था। मेरे विचार में यही आपकी भूल थी। जब मैंने डॉ. राय के नाम आपका पहला पत्र देखा था तो मुझे आश्चर्य हुआ था, क्योंकि स्वभावगत आप इस तरह की भूलें करने में लगभग अक्षम हैं।

एक व्यवसायी होने के बावजूद पिताजी राजनीति में बहुत ज्यादा सक्रिय थे। वे किसी राजनीतिक पार्टी के सदस्य नहीं थे, लेकिन वे देश के सभी शीर्ष नेताओं के निकट थे। पिताजी इंग्लैंड में भी सभी लोगों को जानते थे, जैसेकि विदेश-मन्त्री या सेक्रेटरी ऑफ स्टेट, जिनका किसी-न-किसी मामले में भारत के साथ सम्पर्क होता रहता था।

जुलाई 1932 में किसी समय गांधीजी ने हरिजन मताधिकार के मामले में जेल में आमरण अनशन पर जाने का फैसला किया। पिताजी ने इस सम्बन्ध में बहुत-से लोगों को तार भेजे, जिनमें तत्कालीन सेक्रेटरी ऑफ स्टेट सर सैम्युल होर भी शामिल थे–

संकट इतना गम्भीर है कि मैं समझता हूँ कि आपको यह तार भेजना मेरा कर्त्तव्य है। मेरी विनम्र धारणा है कि अगर सरकार सचमुच मदद करना चाहे तो स्थिति को सँभाला जा सकता है। सबसे पहले तो बिना विलम्ब किए गांधीजी और महत्त्वपूर्ण नेताओं को रिहा कर दिया जाना चाहिए। गांधीजी की बाहर मौजूदगी दलित वर्गों के साथ किसी समझौते पर पहुँचने में मददगार साबित होगी। इसके बाद सरकार को इस समझौते की पुष्टि कर देनी चाहिए। इससे अन्य महत्त्वपूर्ण संवैधानिक समाधानों पर पहुँचने में भी मदद मिल सकती है। गम्भीरतापूर्वक याचना है कि गांधीजी को रिहा करने में जरा भी समय न गँवाया जाए।

पिताजी विंस्टन चर्चिल (ब्रिटेन के प्रधानमन्त्री : 1940-45 और 1951-55) को भी जानते थे। चर्चिल ने कई अवसरों पर उन्हें भोजन पर आमन्त्रित किया था। 1935 में ऐसे ही एक भोजन के बाद पिताजी ने अपने द्वारा तैयार किए गए एक नोट में टिप्पणी की थी, "एक बहुत उल्लेखनीय व्यक्ति। निजी बातचीत में भी उतने ही कुशल वक्ता जितने कि अपने सार्वजनिक भाषणों में।" पिताजी ने भारत के बारे में चर्चिल की कई भ्रान्तियों को दूर करने की कोशिश की और उन्हें भारतीय दृष्टिकोण से अवगत करवाते रहे।

पिताजी की सर जॉन एंडरसन (बाद में लॉर्ड वेवर्ली) के साथ भी अच्छी मित्रता थी, जो 1930 के दशक के शुरू के वर्षों में बंगाल के गवर्नर थे। वे उनकी मदद लेते रहते थे, और उन्हें अक्सर वायसराय से बात करने और महात्माजी की मानसिकता को समझने के लिए जमीन तैयार करने के लिए मना लेते थे।

गवर्नर के साथ एक भेंट के बाद पिताजी ने अप्रैल 1932 में अपनी डायरी में लिखा था :

लॉर्ड विलिंग्डन ने गांधीजी को स्थितियों में धकेल दिया था (कार्रवाई के लिए बाध्य कर दिया था)। वायसराय एक कल्पनाशील व्यक्ति नहीं थे। हेली थे। वे दूसरी तरह के थे। लॉर्ड विलिंग्डन की गांधीजी के साथ कोई सहानुभूति नहीं थी। वे न तो उन्हें जानते थे, और न उन्हें समझते थे। सर जॉन ने पूछा कि क्या गांधीजी एक

> व्यावहारिक व्यक्ति हैं? मैंने कहा, बहुत ज्यादा। उन्होंने कहा कि फिंड्लेटर स्टुअर्ट ने कहा था कि वे कुछ ज्यादा व्यावहारिक नहीं हैं। मैंने कहा कि एक पश्चिमी मस्तिष्क के लिए गांधीजी जैसे दार्शनिक मस्तिष्क को समझना थोड़ा मुश्किल है।

इस तरह पिताजी महात्माजी और ब्रिटिशों के बीच एक पुल बनाने का काम करते रहे। वे गांधीजी को अपने इन प्रयासों के बारे में बताते रहते थे और गांधीजी उनकी इस भूमिका से बहुत खुश भी थे।

गांधीजी और पिताजी के बीच व्यक्तिगत सम्बन्धों को पिताजी के 16 मार्च 1933 के पत्र से समझा जा सकता है। उन्होंने गांधीजी को सम्बोधित करते हुए लिखा था–"मैं जानता हूँ कि अपनी नाक के ऑपरेशन में देर करने के कारण आप मुझसे नाराज हैं, लेकिन मेरे पास कोई चारा नहीं था। दिल्ली में कोई अच्छा सर्जन नहीं है और कलकत्ता में रुक पाना मेरे लिए सम्भव नहीं था।"

गांधीजी इससे सन्तुष्ट नहीं हुए। उन्होंने अपने स्वास्थ्य की अवहेलना करने के लिए पिताजी को डाँट पिलाई। 23 मार्च, 1933 के अपने पत्र में उन्होंने लिखा :

> मेरे पास आपका पत्र और कतरने हैं। अगर आप ऑपरेशन के लिए समय नहीं निकालेंगे तो मैं जानता हूँ कि आपको कभी समय नहीं मिलेगा। व्यस्त लोगों के साथ यह हमेशा होता है, इसलिए स्वास्थ्य के मामलों को व्यवसाय के असली मामले समझना जरूरी है। मैं इसे एक दार्शनिक सत्य के रूप में नहीं लिख रहा हूँ, बल्कि यह एक व्यावहारिक सत्य है जिसे मैंने अपनी और दूसरों की जिन्दगी पर लागू किया है। मुझे उम्मीद है कि आप इलाज के लिए महीने भर का समय निकालकर रखेंगे, और डॉक्टर से पहले से ही समय लेते समय मन में यह दृढ़ निश्चय रखेंगे कि आप इसका निर्वाह करने जा रहे हैं।

1942 में बिड़ला हाउस, मुम्बई में कांग्रेस कार्यकारी समिति ने 'भारत छोड़ो' प्रस्ताव पर बहस करने के बाद उसे पास कर दिया। उस समय पिताजी और मेरे ताऊ रामेश्वर दास मुम्बई में ही थे और गांधीजी की मेजबानी कर रहे थे। ब्रिटिश सरकार की तरफ से पिताजी के लिए कोई परेशानी न पैदा होने देने के इरादे से गांधीजी ने बिड़ला हाउस को छोड़ देने और प्रस्ताव को किसी दूसरी जगह पास करने की पेशकश की। पिताजी इस तरह की कोई बात सुनने के लिए तैयार नहीं थे। उन्होंने कहा कि उन्हें परिणामों का भय नहीं है, और गांधीजी को बिड़ला हाउस में अपना प्रवास जारी रखना चाहिए। आखिर 8 अगस्त, 1942 को प्रस्ताव पारित किया गया। अगले दिन, 9 अगस्त को गांधीजी को गिरफ्तार कर लिया गया।

गांधीजी के अलावा पिताजी भारत के सभी महत्त्वपूर्ण नेताओं को जानते थे, जिनमें सरदार पटेल, पंडित मोतीलाल नेहरू, जवाहरलालजी, मदन मोहन मालवीयजी, राजा जी, लाला लाजपतराय, राजेन्द्र बाबू (राजेन्द्र प्रसाद), जे.एम. सेनगुप्ता, डॉ. राय और अन्य महत्त्वपूर्ण हस्तियाँ शामिल थीं।

सरदार पटेल के परिणामवाद (प्रेग्मेटिज़्म) से बहुत ज्यादा प्रभावित होने के कारण पिताजी उनका बहुत मान करते थे। 1930 के दशक से ही वे बहुत घनिष्ठ मित्र थे। पिताजी

जब भी मुम्बई जाते, सरदार पटेल से अक्सर मिलते थे। ये मुलाकातें आमतौर से बिड़ला हाउस में होती थीं। कभी-कभी वे दोनों मरीन ड्राइव या चौपाटी पर थोड़ा टहलने के लिए निकल जाते थे। इन अवसरों पर अपने भाइयों और चचेरे भाइयों के साथ मैं भी उनके साथ होता था, हालाँकि तब मैं मात्र एक बालक था। मुझे याद है कि सैर के बाद हम सब नारियल पानी पीते थे।

सरदार पटेल जब भी दिल्ली आते, हमारे साथ बिड़ला हाउस में ठहरते थे। सरदार पटेल के उप-प्रधानमन्त्री बनने के बाद यह मित्रता और भी गहरी होती चली गई। सरदार पटेल जानते थे कि पिताजी 7.30 बजे रात का भोजन लेते हैं। अपने सभी कार्यों को निबटा देने के बाद भोजन से एक घंटा पहले तैयार हो जाते हैं। इस समय, पहले से कोई कार्यक्रम निर्धारित किए बिना ही, सरदार पटेल अक्सर बिड़ला हाउस में चले जाते थे और पिताजी के साथ विभिन्न राजनीतिक मसलों पर चर्चा करते रहते थे। पिताजी भी अक्सर सरदार पटेल से मिलने जाते रहते थे।

गांधीजी की हत्या के बाद पंडितजी भारत के सर्वोच्च नेता बन गए। बहुत-से लोगों का खयाल था कि चूँकि सरदार पटेल और पिताजी एक-दूसरे के बहुत निकट थे, इसलिए पंडितजी पिताजी के प्रति रूखा रवैय्या अपनाएँगे। कुछ तुच्छ लोगों ने इस सम्बन्ध में पंडितजी के मन में जहर भरने की कोशिश भी की, लेकिन पंडितजी की विशालहृदयता इस तरह की तुच्छता से कोसों दूर थी। पिताजी के साथ उनके सम्बन्धों पर कुछ भी असर नहीं पड़ा। पिताजी 1920 के दशक से ही पंडितजी को जानते थे।

8 जनवरी, 1942 को जवाहरलालजी ने पिताजी को एक बहुत दिलचस्प पत्र लिखा। दूसरा विश्वयुद्ध जारी था और पेट्रोल की भारी कमी चल रही थी। पंडितजी ने अपने पत्र में कहा कि पेट्रोल के अभाव के कारण उनके लिए कार में यात्रा करना मुश्किल हो रहा था, इसलिए वे साइकिल का प्रयोग करना चाहते थे। उन्होंने लिखा, ''इसलिए मैं साइकिल-सवारी की अपनी पुरानी आदत की तरफ लौटना चाहता हूँ। जहाँ तक सम्भव हो, मैं विदेशी साइकिल नहीं खरीदना चाहता। मुझे उम्मीद थी कि मुझे न्यू हिन्द साइकिल मिल जाएगी, लेकिन लगता है यह बाजार में उपलब्ध नहीं है। क्या आप कृपा करके मुझे बता सकते हैं कि यह मुझे कहाँ मिलेगी?''

पिताजी ने तुरन्त हमारी फैक्टरी में बनी दो साइकिलें पंडितजी को भिजवाने की व्यवस्था कर दी।

पिताजी और पंडितजी एक-दूसरे के काफी निकट थे, यह उस पत्र से जाहिर है जो 13 जनवरी 1942 को पिताजी ने उन्हें लिखा था। इस पत्र में पिताजी ने भारत के बँटवारे और पाकिस्तान की संरचना को लेकर मुसलमानों की माँग के बारे में अपने विचार व्यक्त किए थे। पिताजी ने इस पत्र में लिखा था :

> मेरा खयाल है कि व्यवसाय में कोई भी भागीदार, जो भागीदारी से सन्तुष्ट नहीं है, अलग होने की माँग करने का अधिकार रखता है। यह विभाजन, निस्सन्देह, न्यायसंगत आधार पर होना चाहिए; लेकिन मेरी समझ में नहीं आता कि कोई इसे लेकर ऐतराज कैसे कर सकता है। इसमें कोई सन्देह नहीं कि यह एक बहुत बड़ा मसला है, और शायद, व्यवहार में, यह आसानी से लागू किया जा सकनेवाला प्रस्ताव न साबित हो। लेकिन तब यह और भी ज्यादा जरूरी है कि हम उस

समाधान को लेकर कोई हिचकिचाहट न दिखाएँ, जिसके लिए मुसलमान इतना आग्रह कर रहे हैं। स्वाभाविक रूप से मैं यह शर्त रखूँगा कि उन्हें वही मिलेगा जिसके वे अधिकारी हैं और जहाँ हम असहमत होंगे, इस उद्देश्य के लिए गठित किया गया तन्त्र *नई सीमाओं के रेखांकन और अगर जरूरी हुआ तो आबादियों की अदला-बदली के* बारे में निर्णय लेगा।

जब विभाजन हुआ तो सब कुछ बिलकुल ऐसे ही हुआ। पिताजी हर वर्ष पंडितजी के जन्मदिन के अवसर पर प्रधानमन्त्री राहत-कोष के लिए चन्दा भेजते थे। पंडितजी आभार व्यक्त करते हुए उसकी प्राप्ति की सूचना देते थे। उदाहरण के लिए 17 नवम्बर, 1956 को पंडितजी ने लिखा था–"14 तारीख को आपके पत्र के साथ 67151 रुपए का चेक प्राप्त हुआ। आपको बहुत-बहुत धन्यवाद। आपने एक बड़ी राशि भेजी है, मैं थोड़ी शर्मिन्दगी महसूस कर रहा हूँ, लेकिन आपने इसे स्नेहपूर्वक भेजा है। इसलिए मैं कोशिश करूँगा कि इसका अच्छा उपयोग हो, खासकर बच्चों के लिए।"

एक दिन पिताजी पंडितजी के साथ आर्थिक मामलों पर चर्चा कर रहे थे। पिताजी ने कहा कि यह कितनी शर्म की बात है कि देश को अपनी एल्यूमीनियम की जरूरतों के लिए आयात पर निर्भर रहना पड़ता है, जबकि देश के भीतर ही एल्यूमीनियम के उत्पादन की बहुत अच्छी सम्भावनाएँ हैं। पंडितजी ने सुझाव दिया कि पिताजी उत्तर प्रदेश में एक एल्यूमीनियम संयंत्र की स्थापना करें। इस तरह 'हिंडाल्को' का जन्म हुआ।

पिताजी के इन्दिराजी (इन्दिरा गांधी) के साथ भी बहुत स्नेहपूर्ण सम्बन्ध थे। सितम्बर, 1967 में इन्दिराजी ने प्रधानमन्त्री राहत-कोष में योगदान के लिए अपील की। पिताजी ने 50,000 की राशि भेजी (जो उन दिनों एक बड़ी रकम थी)। इन्दिराजी ने अपने उत्तर में लिखा–'प्रधानमन्त्री के राष्ट्रीय राहत-कोष में 50,000 रुपए का योगदान देने के लिए आपका धन्यवाद। आपका चेक सबसे पहले पहुँचा है। जैसाकि हमेशा होता है, इस तरह के सार्वजनिक कल्याण के काम के लिए आपकी प्रतिक्रिया तत्काल भी थी और उदार भी।'

पिताजी गुरुदेव रवीन्द्रनाथ टैगोर को भी अच्छी तरह से जानते थे, हालाँकि उनके बीच ज्यादा पत्र-व्यवहार नहीं हुआ। 1936 में शान्ति निकेतन की एक संस्था विश्वभारती संसद आर्थिक कठिनाइयों से गुजर रही थी। गुरुदेव उस संसद के लिए धनराशि जुटाने के लिए कोलकाता में एक बैले का आयोजन करना चाहते थे। जब गांधीजी को इस बात का पता चला तो उन्होंने पिताजी से बात की। पिताजी ने विश्वभारती संसद को 60,000 रुपए का गुप्त चन्दा भेज दिया।

1926 में ब्रिटिश सरकार ने पिताजी को 'नाइट' की उपाधि देने का प्रस्ताव रखा। पिताजी ने इसे ठुकरा दिया। उन्होंने अपनी टिप्पणियों में लिखा–"गांधीजी नाइटहुड को ठुकराने के मेरे कदम से पूरी तरह से सहमत हैं।" गांधीजी ने कहा, "अगर आपको किसी उपाधि को ठुकराना पड़े तो यह जरूरी नहीं है कि आप सरकार को अपना शत्रु मानें या उस उपाधि को कोई बुरी चीज समझें, हालाँकि हमारी अपनी स्थिति को देखते हुए, मैं इन उपाधियों को बुरा ही समझता हूँ।"

पिताजी जानते थे कि एक सक्रिय जीवन जीने के लिए अच्छा स्वास्थ्य बहुत महत्त्वपूर्ण है। उन्होंने आयुर्वेदिक औषधियों के बारे में अच्छी-खासी जानकारी हासिल कर ली थी, और

एक छोटी पेटी में विभिन्न औषधियों की लगभग चालीस छोटी-छोटी शीशियाँ हमेशा अपने पास रखते थे।

गांधीजी की तरह पिताजी भी अपने खान-पान और आहार के साथ विभिन्न प्रयोग करते रहते थे और अपने इन अनुभवों के बारे में अक्सर उनके साथ परामर्श भी करते रहते थे। पैदल चलना उनके लिए सर्वोत्तम व्यायाम था और अपनी पूरी जिन्दगी में एक दिन भी वे इससे चूके नहीं। वे एक अच्छे तैराक भी थे और वाराणसी में गंगा को पार करके वापस लौट आते थे। साथ ही, वे एक बढ़िया घुड़सवार भी थे। पिलानी में उनके पास लगभग बीस घोड़े थे और वे कई घंटों के लिए घुड़सवारी पर निकल जाते थे।

पिलानी, 1953 : तत्कालीन प्रधानमन्त्री जवाहरलाल नेहरू मेरे पिता डॉ. जी.डी. बिड़ला, मेरे भाई एल.एन., बी.के. और मेरे साथ बिड़ला प्रौद्योगिकी एवं विज्ञान संस्थान में

मेरे पिता एक अच्छे संगीतज्ञ भी थे। उन्होंने गला भी बड़ा सुरीला पाया था। वे हार्मोनियम काफी अच्छा बजा लेते थे। उन्हें अधिकांश शास्त्रीय रागों की अच्छी जानकारी थी। लेकिन वे सिर्फ भजन गाना पसन्द करते थे। इनमें से अधिकांश 'आश्रम भजनावली' नामक पुस्तक से होते थे, जिसमें विभिन्न भारतीय भाषाओं के चुने हुए भजन संकलित थे। इसमें बाइबल के कुछ 'साम' भी थे। इन भजनों को महात्माजी के मार्गदर्शन में संकलित किया गया था।

बहादुरी और साहस जीवनभर पिताजी के चरित्र का हिस्सा बने रहे। 1920 के दशक के अन्तिम वर्षों में कोलकाता में दंगे भड़क उठे। सैकड़ों हिन्दू और मुसलमान मारे गए और

बहुत-से अपना घर छोड़कर भागने लगे। पिताजी ने, जो तब मुश्किल से तीस वर्ष से कुछ ऊपर थे, अपनी जान को खतरे में डालते हुए बहुत-से मोहल्लों का दौरा किया। उन्होंने हिन्दुओं को मुस्लिम मोहल्लों से और मुसलमानों को हिन्दू मोहल्लों से निकालकर सुरक्षित स्थानों पर पहुँचाया। हिन्दुओं और मुसलमानों दोनों ने ही पिताजी के प्रति अपना आभार व्यक्त किया और उनके साहस की सराहना की। उनका यह चारित्रिक गुण जीवन-भर उनके व्यक्तित्व में झलकता रहा।

उम्र बढ़ने के साथ उनका कद और भी ज्यादा श्रेष्ठ ऊँचाइयाँ छूता चला गया। वे सभी वर्गों के लोगों द्वारा सम्मान की दृष्टि से देखे जाने लगे—व्यवसायी हों या राजनीतिज्ञ, हमारे संस्थानों का स्टाफ हो या कर्मचारी, या फिर निर्धन और जरूरतमन्द लोग। वे 10.30 बजे दफ्तर पहुँच जाते थे और 4 बजे तक काम करते थे। वृद्धावस्था में भी उनकी स्मृति, बौद्धिक-क्षमता और निर्णय-शक्ति पहले की तरह ही प्रखर रही। वे आखिर तक लिखते रहे और एक वक्ता के रूप में भी सभी निमन्त्रणों को स्वीकार करते रहे। अपनी उम्र के बावजूद वे अपने विचारों की स्पष्टता, तर्कसंगत क्रमबद्धता, सम्प्रेषण की क्षमता और धाराप्रवाह वाक्-कला से श्रोताओं को चकित कर देते थे। अपनी दिनचर्या में वे एक घंटे से भी ज्यादा समय उन लोगों के लिए सुरक्षित रखते थे जो उनसे किसी विषय में सलाह लेना और अपनी समस्याओं के समाधान पाना चाहते थे। जो लोग भी अपनी समस्याओं के साथ उनके पास आते, हमेशा पूरी तरह सन्तुष्ट होकर और उनके प्रति प्रशंसा और सम्मान की भावना के साथ वापस जाते थे।

पिताजी अपने स्वास्थ्य को लेकर हमेशा सचेत रहे थे। वे जानते थे कि अगर व्यक्ति शारीरिक रूप से स्वस्थ नहीं है तो वह व्यवसाय, समाज या राष्ट्र के विकास में कोई योगदान नहीं कर सकता। इसलिए वे प्रतिदिन व्यायाम करते थे और नियम से कुछ देर तक तेज चलते थे।

दिसम्बर 1977 में पिताजी को दिल का दौरा पड़ा। हालाँकि वे जल्दी ही संभल गए, लेकिन डॉक्टरों ने उन्हें आगे जिन्दगी भर सावधानी बरतने की सलाह दी, क्योंकि उनका हृदय थोड़ा-बहुत प्रभावित हो चुका था। यह पिताजी का अद्भुत साहस ही था कि हृदय-विशेषज्ञों की चेतावनियों के बावजूद और मेरे छोटे भाई बसन्त कुमार और भाभी सरला द्वारा विनयपूर्वक मना करने पर भी उन्होंने 1982 में केदारनाथ की यात्रा की। तब वे अट्ठासी वर्ष के थे। कार केदारनाथ तक नहीं जा सकती थी। तेरह किलोमीटर का रास्ता पैदल, डोली पर बैठकर या फिर टट्टू की पीठ पर सवार होकर तय करना पड़ता था। पिताजी में इतनी दृढ़ इच्छा-शक्ति थी कि उन्होंने यह रास्ता पैदल ही तय करने का आग्रह किया। बसन्त कुमार और सरला भाभी दोनों ही उनके साथ थे। वे उनके प्रति बहुत ज्यादा समर्पित थे। उन्होंने इस कठिन पदयात्रा में उनकी पूरी-पूरी मदद की। मैंने किसी पति-पत्नी को अपने पिता के प्रति इतना समर्पित नहीं देखा।

जनवरी 1982 में मेरे चाचा ब्रजमोहन (बी.एम.) का हृदय-रोग से देहान्त हो गया। पिताजी का उनसे बहुत ज्यादा लगाव था। दरअसल पिताजी के भाइयों में से सिर्फ चाचाजी ही बचे हुए थे—अन्य दो का पहले ही देहान्त हो चुका था। 1981 के अन्तिम महीनों में चाचाजी के दिल में कुछ तकलीफ हुई थी। उन्हें हमारे ही एक अस्पताल में, जिसे उन्होंने ही बनवाया था, दाखिल करवा दिया गया था। परिवार के सभी सदस्य उनके

ठीक हो जाने की प्रार्थना कर रहे थे। लेकिन डॉक्टरों ने हमें खतरे की चेतावनी दे दी थी। पिताजी की छठी इंद्रिय उनसे कह रही थी कि चाचाजी की जिन्दगी अब कुछ ही दिनों का खेल था। चाचाजी के साथ उनका इतना ज्यादा लगाव था कि उन्होंने परिवार के सभी सदस्यों, खासकर चाचाजी के बेटे गंगाप्रसाद से कोलकाता से बाहर चले जाने के बारे में परामर्श किया। वे जानते थे कि अगर वे कोलकाता में रहेंगे तो चाचाजी के बारे में किसी अशुभ समाचार के आघात को सहन नहीं कर पाएँगे। इसके बाद पिताजी कोलकाता से चले गए।

जनवरी 1982 में बी.एम. चाचा का देहान्त हो गया। जैसाकि स्वाभाविक था, समाचार मिलते ही पिताजी तुरन्त कोलकाता पहुँच गए। लेकिन चाचाजी को खो बैठने के बाद मानो उनका दिल टूट गया था। मेधा एम. कुदेसिया, जिन्होंने पिताजी की जीवनी 'द लाइफ एंड टाइम्स ऑफ जी.डी. बिरला' लिखी है, और जो निस्सन्देह सर्वश्रेष्ठ जीवनी है, पिताजी की मानसिक और शारीरिक स्थिति का वर्णन करने में पूरी तरह सफल रही हैं। वे पिताजी द्वारा लिखी एक पुस्तक 'बापू : ए यूनीक एसोसिएशन' से एक उद्धरण देते हुए लिखती हैं :

The spotless standard of Yama's troops
Comes before my eyes be-dimmed by age
And fighting a losing battle with diseases
This mortal frame doth droop day by day

(यम की सेनाओं का निष्कलंक ध्वज
उम्र से धुँधली हो चली मेरी आँखों के आगे आता है
और रोगों से एक हारी हुई लड़ाई लड़ते-लड़ते
यह नश्वर ढाँचा दिन-ब-दिन कुम्हलाता जाता है)

हम सब यह उम्मीद कर रहे थे कि इस आघात के बावजूद पिताजी कुछ और वर्षों तक हमारे बीच रहेंगे और हमें अपना आशीर्वाद देते रहेंगे। लेकिन लगता है जिन्दगी में उनकी दिलचस्पी खत्म हो चुकी थी। उनके सभी व्यवसायी मित्र और सहयोगी दिवंगत हो चुके थे। जहाँ तक उन राजनीतिक मित्रों का सम्बन्ध था जिनका पिताजी बहुत मान करते थे, उनमें से महात्माजी, सरदार पटेल और राजेन्द्र बाबू काफी पहले इस दुनिया से जा चुके थे। पिताजी हमेशा से ही पंडित जवाहरलाल नेहरू के मित्र रहे थे, और महात्माजी और सरदार पटेल के देहावसान के बाद यह मित्रता एक विशिष्ट मित्रता में बदल गई थी।

पंडितजी के मन में भी पिताजी के प्रति एक गहरी आत्मीयता विकसित हो गई थी, क्योंकि उनके अधिकांश समकालीन—सरदार पटेल, राजेन्द्र बाबू, रफी साहब, पंडित गोविन्द बल्लभ पन्त, बिधान बाबू—जा चुके थे। 1964 में खुद पंडितजी भी गुजर गए। पंडितजी के जाने के बाद उस समय के सभी महत्त्वपूर्ण नेता दृश्य से ओझल हो गए थे। पिताजी तभी से बहुत अकेला महसूस करने लगे थे। उन्होंने अपने-आपको सार्वजनिक जीवन से पूरी तरह से काट लिया था।

पिताजी अब भी योगासन करते थे और टहलते थे। वे अब भी श्रीमद्‌भगवद्‌ गीता का पाठ करते थे और भगवान श्रीकृष्ण की सूक्तियों को लेकर चिन्तन-मनन करते थे। वे हिंडाल्को, ग्रासिम और मैसूर सीमेंट जैसी अपनी ईकाइयों के कामकाज की निरन्तर समीक्षा

भी करते थे। वे अट्ठासी वर्ष के थे और इस दुनिया को एक 'योगी' की तरह अलविदा कहने के लिए पूरी तरह से तैयार थे। एक बार, बी.एम. चाचाजी के निधन के बाद, उन्होंने मुझसे कहा था, "कृष्ण, मुझे नहीं मालूम कि भगवान मुझे जिन्दगी के और कितने वर्ष देने जा रहा है।" मैंने उनसे कहा था कि मुझे पूरा विश्वास है कि भगवान हमेशा उनके साथ है और उनके सभी बच्चे–पुत्र और पुत्रियाँ, भतीजे-भानजे और उनकी पत्नियाँ–भगवान से प्रार्थना करते हैं कि वे अगले पाँच वर्षों तक इसी तरह सक्रिय रहें और हमें उनका आशीर्वाद मिलता रहे। यही मेरी कामना थी और मैं अपने हृदय की गहराइयों से यही प्रार्थना कर रहा था, उसी तरह जैसे परिवार के अन्य सदस्य कर रहे थे। लेकिन हम सभी जानते थे कि पिताजी का स्वास्थ्य दिन-प्रतिदिन गिर रहा था। 11 जून, 1983 की सुबह लन्दन में उन्होंने अपनी अन्तिम साँस ली।

पिताजी गर्मियों के महीनों में नियमित रूप से स्विट्ज़रलैंड जाते थे, जहाँ ज़ुग नामक जगह पर हमारी कम्पनी का एक निवास-स्थान था। पिताजी ज़ुग में होते थे तो वहीं ठहरना पसन्द करते थे। स्विट्ज़रलैंड के प्राकृतिक सौन्दर्य में पिताजी को शान्ति और आराम महसूस होता था। आमतौर से हमारी कम्पनी के एक-दो प्रभावी उनके साथ होते थे, और साथ ही मुरलीधर लोयाल्का और उनकी पत्नी भी। ज़ुग में पिताजी अपना कुछ समय अपनी उन कम्पनियों के कामकाज का निरीक्षण करने में बिताते थे जो सीधे उनके अधीन थीं। शेष समय वे पैदल चलने-फिरने या अपने साथियों के साथ बातचीत में बिताते थे। रात को उनके लिए भारतीय खाना बनता था। कुछ व्यंजनों के लिए वे खुद भी निर्देश देते रहते थे कि उन्हें कैसे तैयार करना है। ज़ुग में बहुत निश्चिन्त जिन्दगी थी। पिताजी वर्ष में एक बार मसूरी भी जाते थे, उन दिनों जब मैं और मेरी पत्नी वहाँ होते थे। वे हमारे साथ लगभग एक सप्ताह बिताते थे। मेरी पत्नी मनोरमा बहुत सतर्कता और समर्पण-भावना के साथ उनकी देखभाल करती थी। पिताजी को हिमालय की दिव्य भूमि में निश्चित ही शान्ति महसूस होती थी।

1983 में अपनी ज़ुग यात्रा के दौरान पिताजी थोड़े समय के लिए लन्दन गए। 11 जून को हमेशा की तरह वे अपनी सुबह की सैर के लिए निकले। उनके दो वरिष्ठ प्रभावी–नन्दलाल हमीरवासिया, मैसूर सीमेंट्स के प्रमुख और पिताजी के अतिप्रिय सहयोगी, और सुशील कुमार साबु, ग्वालियर रेयन के वरिष्ठ प्रभावी–उनके साथ चल रहे थे। पार्क टॉवर्स अपार्टमेंट्स, जहाँ पिताजी ठहरे हुए थे, पिकाडिली से सिर्फ दो मिनट की दूरी पर था। पिताजी पिकाडिली के साथ-साथ चलते हुए पिकाडिली सर्कस पहुँचे और रीजेंट स्ट्रीट में दाखिल हुए ही थे कि उन्हें परेशानी महसूस होने लगी। दोनों प्रभावियों ने तुरन्त एक टैक्सी रोकी और पिताजी के साथ अपार्टमेंट में लौट आए। पिताजी को साँस लेने में कठिनाई महसूस हो रही थी। उन दोनों ने पिताजी को लिफ्ट के पास एक सोफे पर बिठा दिया, और तुरन्त ही एक एम्ब्युलेंस बुलवा ली। एम्ब्युलेंस कुछ ही मिनटों में वहाँ पहुँच गई। डॉक्टरों ने पिताजी को आराम से लिटा दिया और उनकी छाती की मालिश करने लगे। 9.35 पर वे लोग मिडलसेक्स अस्पताल पहुँच गए। डॉक्टर और नर्सें, जिन्हें पहले से ही सचेत कर दिया गया था, उनकी प्रतीक्षा कर रहे थे। उन्होंने उनके हृदय को क्रियाशील करने की अपनी तरफ से भरपूर कोशिश की। लेकिन 9.45 पर पिताजी ने अपनी अन्तिम साँस के साथ इस दुनिया से विदा ले ली।

पिताजी के देहावसान के समय ब्रजमोहन चाचाजी का सुपुत्र और मेरा चचेरा भाई गंगाप्रसाद और उसकी पत्नी निर्मला लन्दन में ही थे। बल्कि पिताजी की तबीयत बिगड़ने की खबर मिलते ही वे पार्क टॉवर्स पहुँच गए। अगले चौबीस घंटों के भीतर लगभग पूरा परिवार ही लन्दन पहुँच चुका था। पिताजी ने इच्छा व्यक्त की थी कि अगर उनके प्राण विदेशी भूमि पर निकल जाएँ तो उनका अन्तिम संस्कार वहीं सम्पन्न किया जाए। वे अपने पार्थिव शरीर को लेप लगाकर भारत वापस लाने के पक्ष में नहीं थे। उनकी इच्छा का सम्मान करते हुए, 13 जून को नॉर्थ लन्दन के गोल्डर्स ग्रीन क्रिमेटोरियम में उनका दाह-संस्कार कर दिया गया। पिताजी को अपनी श्रद्धांजलि अर्पित करने के लिए सैकड़ों लोग क्रिमेटोरियम में उमड़ पड़े थे। लन्दन के भारतीय विद्या भवन में पंडित मथूर कृष्णमूर्ति नाम के एक बहुत सम्मानित पंडित थे। उन्हें संस्कृत के साथ-साथ हमारे सभी रीति-रिवाजों का भी ज्ञान था। उन्होंने वैदिक मन्त्रों और भगवद् गीता के उन श्लोकों का पाठ किया जिनके प्रति पिताजी के मन में बहुत ज्यादा प्रेम और आदर था। परिवार के सदस्यों ने रामधुन और रघुपति राघव राजाराम का गान किया।

दाह-संस्कार के बाद उनकी अस्थियों को एक कलश में एकत्रित किया गया और भारत लाकर मुम्बई के सेंचुरी भवन में रखा गया, जहाँ भारत के सभी भागों से आए लोगों ने उन्हें अपनी अन्तिम श्रद्धांजलि अर्पित की। अस्थि-कलश को कोलकाता और पिलानी भी ले जाया गया। पिलानी में हमारे स्कूलों और बिड़ला प्रौद्योगिकी एवं विज्ञान संस्थान (बिट्स) के छात्रों और स्टाफ समेत स्थानीय लोग भी बड़ी संख्या में उन्हें अपनी अन्तिम श्रद्धांजलि देने के लिए उमड़ पड़े। वहाँ से अस्थियों को हर की पौड़ी, हरिद्वार ले जाया गया, जहाँ परिवार के सभी सदस्यों की उपस्थिति में बसन्त कुमार ने और मैंने उनके एक भाग को गंगा में प्रवाहित किया। इसके बाद बसन्त कुमार, सरला और मैं गंगोत्री गए, जहाँ हमने अस्थियों के शेष भाग को पवित्र गंगा में प्रवाहित कर दिया।

मुझसे और परिवार के अन्य सदस्यों से भेंट करने आनेवाले सबसे पहले व्यक्तियों में चौधरी चरण सिंह थे। पिताजी के देहावसान के समय मैं दिल्ली में था। जैसे ही चरण सिंह जी को इसकी सूचना मिली, वे आधे घंटे के भीतर बिड़ला हाउस पहुँच गए। हालाँकि हमारे बीच राजनीतिक मतभेद थे, लेकिन वे एक सहृदय और ऊँचे चरित्र और योग्यता वाले व्यक्ति थे। राष्ट्रपति जैलसिंह ने 11 जून 1983 के अपने पत्र में अपनी शोक-संवेदनाएँ व्यक्त करते हुए लिखा, "उनका निधन राष्ट्र के लिए बड़ी क्षति है, जिसने भारत के एक ऐसे यशस्वी और ऊर्जावान सपूत को राष्ट्रीय मंच से ओझल कर दिया है, जिसे एक सच्चा कर्मयोगी कहा जा सकता है।" उन्होंने लन्दन में मुझे फोन भी किया। बाद में, जब हम भारत लौटे तो इन्दिरा गांधी ने अपनी तरफ से राजीव गांधी को भेजकर दिल्ली में मेरे और परिवार के अन्य सदस्यों के प्रति अपनी शोक-संवेदनाएँ व्यक्त कीं। राजीव ने 12 जून 1983 के अपने पत्र में मुझे लिखा–"भारत के औद्योगिक आधार के निर्माण में मदद करने के लिए उन्होंने जो योगदान किया, वह उनका चिरस्थायी स्मारक रहेगा।" इन्दिरा गांधी ने अखबारों में एक वक्तव्य जारी करते हुए कहा कि भारत ने एक दिग्गज हस्ती को खो दिया है, जिनकी कमी सार्वजनिक जीवन में महसूस की जाती रहेगी। मुझे पत्र लिखनेवाले अन्य कई लोगों में आन्ध्र प्रदेश के तत्कालीन मुख्यमन्त्री श्री एन.टी. रामाराव भी शामिल थे। श्रीमती महादेवी वर्मा ने बसन्त कुमार और उनकी पत्नी सरला के नाम पत्र लिखा।

श्रीमती मार्गरेट थैचर, जो तब ब्रिटेन की प्रधानमन्त्री थीं, ने भी बसन्त कुमार को पत्र लिखा। भूतपूर्व ब्रिटिश प्रधानमन्त्रियों–हेरोल्ड मैक्मिलन और जेम्स काल्हन ने भी अपनी शोक-संवेनाएँ व्यक्त कीं, और लॉर्ड लिस्टोवल और लॉर्ड फेनर ब्रोकवे जैसी कई अन्य प्रसिद्ध हस्तियों ने भी। लन्दन के 'टाइम्स' ने उनका वर्णन करते हुए लिखा कि "वे भारत के सर्वाधिक प्रभावशाली व्यवसायियों में से थे और उन्होंने भारतीय स्वाधीनता के लिए गांधी के आन्दोलन की वित्तीय मदद में महत्त्वपूर्ण भूमिका निभाई थी।"

जे.आर.डी. टाटा ने भी शोक-सन्देश का तार भेजा–

> बहुत दुख के साथ आपके प्रतिष्ठित पिताजी के निधन का समाचार जाना। मैं उन्हें पाँच से ज्यादा दशकों से जानता था और बहुत सम्मान की दृष्टि से देखता था। दुख की इस घड़ी में मैं अपनी और टाटा कम्पनियों के अपने सहकर्मियों की तरफ से आपको, और आपके माध्यम से आपके परिवार के सभी सदस्यों को, अपनी भावभीनी सहानुभूति और शोक-संवेदनाएँ भेज रहा हूँ।

क्यूबा के राष्ट्रपति फिदेल कास्त्रो ने भी अपनी शोक-संवेदनाएँ भेजीं। भारत सरकार के सभी मन्त्रियों के साथ-साथ बड़ी संख्या में राज्यपालों और प्रदेशों के मुख्यमन्त्रियों ने भी अपने शोक-सन्देश भेजे। यू.एस. स्टील के चेयरमैन डी.एम. रॉडरिक की तरह कई विदेशी उद्योगपतियों ने भी मुझे पत्र लिखे। कुल मिलाकर मुझे 1450 शोक-पत्र प्राप्त हुए।

26 जुलाई, 1983 को लोकसभा की बैठक में सदन के अध्यक्ष श्री बलराम जाखड़ ने पिताजी के निधन पर गहरा दुख व्यक्त करते हुए निम्नलिखित वक्तव्य दिया–

> श्री बिड़ला राष्ट्रपिता के मित्र थे और स्वतन्त्रता आन्दोलन से जुड़े हुए थे। गोल मेज कॉन्फ्रेंस के लिए वे गांधीजी के साथ लन्दन गए थे। वे राजनीतिक स्वतन्त्रता और देश के आर्थिक विकास के लक्ष्यों के साथ समर्पित भाव से जुड़े रहे।
>
> वे एक सच्चे राष्ट्रवादी और सांसद, धर्मपरायण, परोपकारी और कला एवं संस्कृति में रुचि रखनेवाले एक दूरद्रष्टा व्यक्ति थे। वे अनेक शैक्षणिक, वैज्ञानिक और प्रौद्योगिकी संस्थानों, अस्पतालों और जन-कल्याण संस्थाओं इत्यादि के संस्थापक थे।
>
> वे प्रकृति से शैक्षिक व्यक्ति थे। उन्हें राजस्थान विश्वविद्यालय ने डॉक्टरेट ऑफ लिटरेचर और बनारस हिन्दू विश्वविद्यालय ने डॉक्टरेट ऑफ लॉ की उपाधियाँ प्रदान की थीं।
>
> श्री बिड़ला का 11 जून 1983 को नवासी वर्ष की उम्र में लन्दन में निधन हो गया।

पिताजी की श्रद्धेय स्मृति के महानतम स्मारक वे अनेक उद्योग हैं जिन्हें उन्होंने सम्पत्ति के सृजन और लोगों को रोजगार के अवसर प्रदान करने के लिए स्थापित किया। वे अनेक संस्थान–स्कूल, कॉलेज, अस्पताल, रिसर्च इंस्टीट्यूट, मन्दिर, और खासकर पिलानी का स्वायत्तता-प्राप्त बिट्स संस्थान–जिन्हें उन्होंने देश भर में ज्ञान के प्रसार और एक शक्तिशाली और समृद्ध राष्ट्र की नींव रखने के लिए स्थापित किया, उनकी बहुमुखी प्रतिभा और उनकी 'जीनियस' के जीवित और स्थायी स्मारक हैं। वे अपने जीवनकाल में ही एक किंवदन्ती बन गए थे, और यह किंवदन्ती अब भी जारी है।

4

आदित्य : मेरा भतीजा

आदित्य मेरे छोटे भाई बसन्त कुमार और सरला का बेटा था। वह 14 नवम्बर, 1943 को दिल्ली में पैदा हुआ था। वह बहुत लुभावना बच्चा था और मैं और मेरी पत्नी उसे देखते ही उसके साथ बहुत गहरा लगाव महसूस करने लगे थे। पिताजी उसके जन्म पर खुशी से झूम उठे थे। अब उनके दो पोते हो गए थे। जिस तरह मैं और मेरी पत्नी आदित्य को बहुत ज्यादा पसन्द करने लगे थे, उसी तरह उसके मन में भी हम दोनों के प्रति बहुत गहरा स्नेह और सम्मान विकसित हो गया था। बचपन में वह मुझे किंथो बाबा कहकर बुलाता था और अपने पूरे छात्र-काल के दौरान वह मुझे इसी नाम से पुकारता रहा। व्यवसाय में प्रवेश करने के बाद ही उसने मुझे बाबाजी कहना शुरू किया।

आदित्य के जीवन के बारे में लिखना इस पुस्तक के विषय-क्षेत्र से बाहर है। मैं सिर्फ आदित्य के व्यक्तित्व के बारे में ही लिखना चाहूँगा।

आदित्य ने अपनी बी.एससी. की डिग्री प्राप्त कर ली तो परिवार ने महसूस किया कि उसे किसी प्रतिष्ठित अमरीकी विश्वविद्यालय से भी एक डिग्री प्राप्त करनी चाहिए। वह एक मेधावी छात्र रहा था, इसलिए उसके लिए मेसेच्यूसेट्स इंस्टीट्यूट ऑफ टेक्नोलॉजी में प्रवेश पाना कठिन नहीं था, जहाँ से वह रसायन इंजीनियर बनकर निकला।

मैं और मेरी पत्नी वर्ष में एक-दो बार अमरीका जाते रहते थे। जब भी हम वहाँ जाते, हम बोस्टन में आदित्य से जरूर मिलते। वह एक परिश्रमी छात्र था और अपनी परीक्षाएँ बहुत अच्छे अंकों के साथ पास करता था। एम.आइ.टी. में उसके दो मित्र अश्विनी कोठारी और ओम भलोटिया भी उसके साथ पढ़ते थे। समय के साथ वे भी मुझे 'बाबाजी' कहकर बुलाने लगे।

1965 में आदित्य का राजश्री से विवाह हुआ। वह एक मोहक लड़की थी और आदित्य की तरह उसके मन में भी मेरे और मेरी पत्नी के प्रति बहुत गहरा सम्मान विकसित होता चला गया।

पिताजी को आदित्य से बहुत ज्यादा लगाव था। जब वह छोटा था, तभी से यह स्पष्ट दिखाई देने लगा था कि वह जीवन में महान उपलब्धियाँ पाएगा। वह बड़ा हुआ तो पिताजी उसे और भी ज्यादा प्यार करने लगे। वे उसे बसन्त कुमार से भी ज्यादा चाहते थे। उन्होंने फैसला किया कि वे अपनी सभी कम्पनियाँ आदित्य को सौंप जाएँगे, जैसाकि उन्होंने अन्ततः किया भी।

व्यवसाय में प्रवेश करने के बाद आदित्य ने अपना एक स्वतन्त्र रास्ता चुना और विदेशों में उद्यमों की स्थापना की। उसने बैंकॉक में 'इंडो थाई सिंथेटिक्स लिमिटेड' नामक एक

कताई कारखाना की स्थापना सन् 1969 में की थी। यह कारखाना भरपूर सफल रहा। आदित्य ने प्रबन्धन और नियन्त्रण की अपनी खुद की प्रणाली विकसित की। बैंकॉक में उसने जो बीज बोया था, वह विदेशों में और भारत में खूब फला-फूला। आदित्य ने पाँच देशों में 17 औद्योगिक ईकाइयों की स्थापना की। उसने परिवार का नाम ऊँचा किया। वह सचमुच एक अमूल्य रत्न था।

आदित्य एक परिणामवादी और व्यावहारिक व्यवसायी था।

वह एक महान विचारक और दूरद्रष्टा था। हमारी एक प्रमुख कम्पनी 'हिंडाल्को' भारत सरकार के साथ बहुत-से कानूनी विवादों में उलझी हुई थी। आदित्य ने फैसला किया कि इतने सारे मुकदमे लड़ना ऊर्जा की बरबादी थी, जिसे ज्यादा उपयोगी गतिविधियों पर खर्च किया जा सकता था। यह दुर्गाप्रसाद मंडेलिया की नीति से बिल्कुल उल्टी सोच थी, जो पिताजी का दाहिना हाथ होने के साथ-साथ परिवार के एक सदस्य की तरह थे। आदित्य का विचार था कि मुकदमे में उलझे रहने की बजाय सरकार के साथ बातचीत करके और आपस में आदान-प्रदान के माध्यम से विवाद को सुलझाना कहीं बेहतर था। उन दिनों एन.के.पी. साल्वे इस मन्त्रालय को देख रहे थे। आदित्य ने उनके साथ कई बैठकें कीं और अन्ततः मामले को सुलझाने में सफल रहा। साल्वे, जो मेरे मित्र भी हैं, ने कहा कि इतनी कम उम्र के नवयुवक में इतनी प्रखर बुद्धि और व्यावहारिकता को देखकर वे दंग रह गए थे। मामला सुलझ गया और परिणामस्वरूप हिंडाल्को बहुत अच्छा प्रदर्शन करने लगी।

आदित्य बहुत प्यारे चरित्र का इन्सान था। वह अपने मित्रों का सच्चा मित्र था और अपने सभी लोगों का समुचित ध्यान रखता था। इतना ही नहीं, वह अपने पास मदद के लिए आनेवाले हर व्यक्ति की सहायता करने का पूरा-पूरा प्रयास करता था। अपने मित्रों, कर्मचारियों और शुभचिन्तकों के साथ अपने व्यवहार में वह जरूरत से ज्यादा उदार था। वह पूरी तरह से एक ईमानदार और सच्चा इन्सान था और अपनी नैतिक उत्कृष्टता और दृढ़ निश्चय के लिए विख्यात था—दो ऐसे गुण जो एक ठोस और दोषरहित चरित्र के लिए अनिवार्य हैं। उसके सम्पर्क में आनेवाले सभी लोग उससे प्रभावित हुए बिना नहीं रहते थे। सरकार के कई मन्त्री, जिनसे आदित्य का काम पड़ता रहता था, मुझे बताया करते थे कि आदित्य ने उन पर कितना गहरा प्रभाव छोड़ा था। वह राजीव गांधी का भी बहुत अच्छा मित्र था। इतनी सफलता के बाद भी वह प्रचार से दूर रहने की कोशिश करता था।

बहुत-से अवसरों पर एफ.आई.सी.सी.आई. के लोगों ने, जिनमें मेरा भतीजा सुदर्शन कुमार भी शामिल था, मुझसे अनुरोध किया कि आदित्य को एफ.आई.सी.सी.आई. की कार्यकारी समिति का सदस्य बना दिया जाए। मैंने आदित्य के सामने यह प्रस्ताव रखा तो उसने कोई विशेष उत्साह नहीं दिखाया। मेरे आग्रह पर वह समिति में शामिल तो हो गया, लेकिन शायद ही इसकी किसी बैठक में हिस्सा ले पाया। वह कहता था, "बाबाजी, मैं आपके कहने पर कार्यकारी समिति में शामिल हुआ हूँ, लेकिन मेरा मन इसमें नहीं है।"

मैं अपने साथ आदित्य के गहरे लगाव का एक और उदाहरण देना चाहूँगा। दिसम्बर 1993 में एक दिन मुझे उसकी एक प्रमुख कम्पनी की तरफ से नए वर्ष का उपहार प्राप्त हुआ, जिसके साथ उसका परिचय-पत्र संलग्न था। 4 जनवरी, 1994 को मैंने एक संक्षिप्त और सादा-सा पत्र लिखकर उसको धन्यवाद दिया—

मेरे प्यारे आदित्य,

तुम्हारे द्वारा भेजे गए नववर्ष के बहुत प्यारे उपहार के लिए मैं तुम्हें धन्यवाद कहना चाहूँगा। तुम्हारी इन अपनत्व भरी भावनाओं का मैं बहुत सम्मान करता हूँ।

सस्नेह,
कृष्ण कुमार

3 फरवरी, 1994 को मुझे आदित्य की तरफ से इस पत्र का उत्तर प्राप्त हुआ। पत्र आत्मीयता और स्नेह से भरा हुआ है।

पूज्य बाबूजी,

अपनी वापसी पर मैंने 4 जनवरी का आपका पत्र देखा, जिसमें आपने लिखा है कि आप मेरी अपनत्व भरी भावनाओं का सम्मान करते हैं।

मेरे मन में हमेशा से ही आपके लिए बहुत ऊँचे स्तर का आदर, प्रशंसा, प्रेम और स्नेह रहा है। कई तरह से आप मेरे लिए एक पिता की तरह हैं। मैं सौभाग्यशाली हूँ कि मुझे आपका आशीर्वाद और मार्गदर्शन प्राप्त है, और मैं जानता हूँ कि सिर्फ आप ही नहीं बल्कि बड़ी माँ भी मुझसे बहुत गहरा प्रेम और स्नेह करती हैं।

पिछले कुछ महीनों की इस कठिन अवधि में आपने जिस तरह से मेरा खयाल रखा है, उसने मुझे अभिभूत कर दिया है। आप मेरे साथ खड़े रहे हैं और अपने सरोकार, चिन्ता और सलाह से मेरी बहुत ज्यादा हिम्मत बढ़ाते रहे हैं।

आपके बार-बार के फोनों और चिन्ताभरी पूछताछों से मुझे इस बात का अहसास हुआ कि आप मुझसे कितना गहरा प्रेम और स्नेह करते हैं। मैं आशा करता हूँ कि आगे भी मुझे आपका और बड़ी माँ का आशीर्वाद और मार्गदर्शन हमेशा मिलता रहेगा।

सादर प्रणाम।

सस्नेह,
आदित्य

आदित्य की कम्पनियाँ इसीलिए इतनी सफल हुईं कि उसकी कार्य-प्रणाली बहुत ज्यादा प्रभावी थी। उसने एक बार मुझसे कहा था, ''बाबूजी, अगर कोई कम्पनी उत्कृष्ट प्रदर्शन भी करती है, तो भी मैं प्रबन्धकों को थोड़ा अतिरिक्त प्रयास करने के लिए कहता हूँ ताकि प्रदर्शन को और बेहतर किया जा सके।'' और हमेशा ऐसा ही होता था। वह बहुत लोकप्रिय व्यक्ति था, और जो लोग भी उसके सम्पर्क में आते थे उसके प्रति बहुत गहरा सम्मान और आत्मीयता महसूस करने लगते थे। सिर्फ बावन वर्ष की युवा उम्र में उसे नियति के क्रूर हाथों ने हम सबसे छीन लिया। 1 अक्टूबर, 1995 को बाल्टीमोर अमरीका में उसका देहान्त हो गया। उसकी पार्थिव देह को भारत लाया गया। मुम्बई में उसकी शवयात्रा में 5,000 से भी अधिक लोग शामिल हुए। बहुत-से लोग फूट-फूटकर रोए।

आदित्य को हमेशा उसके बहुत आत्मीय स्वभाव, उसकी क्षमताओं और चरित्र के लिए याद किया जाएगा। मेरा खयाल है कि पिताजी के बाद वह हमारे परिवार में पैदा होनेवाला सबसे यशस्वी व्यक्ति था।

पूरे परिवार के लिए यह बहुत सन्तोष का विषय है कि आदित्य का बेटा कुमार मंगलम् भी अपने पिता की तरह ही विलक्षण बुद्धि का व्यक्ति है। उसकी कार्य-शैली अपने चस्वर्गीय

पिता से अलग है। अपने पिता से विरासत में मिली कम्पनियों के संचालन के लिए उसने अपनी एक अलग प्रणाली विकसित की है। उसने बहुत प्रभावशाली ढंग से इन कम्पनियों को चलाया है और कुछ नई कम्पनियाँ भी अपने समूह में जोड़ी हैं। कुमार मंगलम् के उत्कृष्ट नेतृत्व की झलक हमें तभी मिल गई थी जब आदित्य के दुखद और असामयिक निधन के बाद उसने अपने सभी वरिष्ठ प्रभावियों को एक पत्र भेजा था। कुमार मंगलम् की आयु सिर्फ अट्ठाईस वर्ष थी जब उसने यह पत्र लिखा था–

16 अक्टूबर, 1995

प्रिय...

मैं यह पत्र एक विशाल, समृद्ध और विकासोन्मुख बहुराष्ट्रीय निगम के वरिष्ठ प्रभावी को नहीं, बल्कि परिवार के एक वरिष्ठ और सम्मानित सदस्य को लिख रहा हूँ।

हम सबके लिए यह एक बहुत बड़ा आघात और झटका है जिससे हम पूरी तरह से कभी नहीं उबर सकेंगे।

राष्ट्र ने एक राष्ट्रनिर्माता खो दिया है। समूह ने अपने अतिप्रिय नेता 'बाबू' को खो दिया है, जैसाकि आप प्रेम और सम्मान के साथ उन्हें कहा करते थे।

मैंने अपने पिता को खो दिया है, जो हर दृष्टि से एक आदर्श थे और जिनके प्रति मैं हमेशा बहुत गहरा प्रेम और सम्मान महसूस करता रहूँगा।

इस साम्राज्य के निर्माण में आप पूज्य पापा के कन्धे से कन्धा मिलाकर काम करते रहे हैं और उनके साथ अच्छे और बुरे दोनों तरह के दिन देखते रहे हैं। उन्हें आपका सम्मान, सम्पूर्ण प्रतिबद्धता और प्रेम प्राप्त था और अपनी तरफ से वे भी आपसे उतना ही प्रेम करते थे और आप पर अटूट विश्वास करते थे। दुख की इस घड़ी में हमें यह याद रखना होगा कि हमें अपने श्रेष्ठतम कदम को आगे रखना है, एक टीम के रूप में एकता के साथ काम करना है और उनके सपने को पूरा करने के लिए इतना कठोर प्रयास करना है कि उन्हें हम पर गर्व गहरूरा हो।

मुझे पूरा भरोसा है कि मुझे प्राप्त आपके सहयोग से हम सब मिल-जुलकर एक ऊर्जावान और विशाल बहुराष्ट्रीय निगम की उनकी परिकल्पना को आगे बढ़ाने में सफल होंगे। एक ऐसा निगम जो ऊँची व्यावसायिक आचार-संहिताओं और नैतिक मूल्यों की ठोस नींव पर खड़ा होकर उत्कृष्टता के लिए प्रयासरत रहेगा।

मैं अगले कुछ दिनों में आपसे व्यक्तिगत रूप से सम्पर्क करूँगा, ताकि विलम्ब की संभावनाओं को टालकर प्रभावी निर्णय लिए जा सकें।

जीवन और काम को आगे बढ़ाना होगा–वे ऐसा ही चाहते थे। किन्तु हमें यह कभी नहीं भूलना है कि उनकी उपस्थिति हमारे साथ हमेशा बनी रहेगी और हमारा मार्गदर्शन और संरक्षण करती रहेगी।

आत्मीय और व्यक्तिगत सद्भावनाओं के साथ,

आपका,
कुमार मंगलम् बिड़ला

5

बचपन : खुशियों भरा एक गाँव

1907 में, जब पिताजी सिर्फ तेरह वर्ष के थे तो दुर्गा देवी से उनका विवाह हो गया। वे पिलानी से लगभग चौदह किलोमीटर दूर स्थित चिड़ावा के महादेव सोमानी की बेटी थीं। चिड़ावा जानेवाली बारात में सैकड़ों लोग शामिल थे। कुछ ऊँटों पर सवार थे तो कुछ रथों में या घोड़ों पर। लोगों ने अपनी-अपनी सुविधा के अनुसार वाहन चुन लिए थे और एक लम्बा कारवाँ पिलानी से चिड़ावा की तरफ बढ़ चला था। विवाह बड़ी धूमधाम से सम्पन्न हुआ, जैसाकि उन दिनों का रिवाज था।

मेरे बड़े भाई लक्ष्मी निवास का जन्म जुलाई 1909 में हुआ। उसके जन्म के कुछ ही समय बाद दुर्गा देवी का देहान्त हो गया। पिताजी का दूसरा विवाह 1912 में सम्पन्न हुआ। मेरी माँ महादेवी करवा परिवार से सम्बन्धित थीं, जो उस समय की बीकानेर रियासत के सरदारशहर का एक प्रमुख घराना था। करवाओं की व्यावसायिक गतिविधियाँ असम तक फैली हुई थीं। वे असम के कई बड़े क्षेत्रों के लिए दिगबोई की असम ऑयल कम्पनी के एजेंट थे। इसलिए उनके पास बहुत-से पेट्रोल पम्प थे। वे काफी सम्पन्न लोग थे।

1940 के दशक में और बीसवीं सदी के अन्त तक जब भी लोग मुझसे मेरी जन्मतिथि पूछते और उन्हें पता चलता कि मैं 11 नवम्बर 1918 को पैदा हुआ हूँ, तो वे मुझे इस बात के लिए बधाई देते कि मैं उसी दिन पैदा हुआ था जिस दिन प्रथम विश्वयुद्ध के बाद विश्व में शान्ति स्थापित हुई थी। पुराने लोगों को आज भी जब मेरी जन्मतिथि के बारे में पता चलता है तो वे मुझे बधाई देने लगते हैं।

अपनी माँ महादेवी का पहला पुत्र होने के कारण मेरे जन्म पर भरपूर खुशियाँ मनाई गईं। मेरे दादा-दादी ने पंडितों और ब्राह्मणों को उपहार दिए और मन्दिरों में पूजा-अर्चना की।

उन दिनों परिवार की महिलाएँ अधिकांशतः पिलानी में ही रहती थीं, लेकिन कभी-कभी वे कोलकाता या मुम्बई जाकर कुछ समय अपने पतियों के साथ बिताती रहती थीं। मेरे जन्म से ठीक पहले हम लोग कोलकाता में जकरिया स्ट्रीट के एक घर में स्थानान्तरित हो गए थे। इस घर से पहले पिताजी काली गोदाम की अपनी गद्दी में ही रहा करते थे। वह एक तरह का सामूहिक आवास था। पिताजी के पास अलग से अपना कोई कमरा नहीं था। वे अपना भोजन 'बासा' में किया करते थे, जो एक तरह का ढाबा था। इस तरह का ढाबा एक या दो बावर्चियों द्वारा चलाया जाता था जहाँ बहुत सस्ते दामों पर भोजन मिलता था। शौचालय भी सामूहिक थे, और क्योंकि उनकी संख्या कम थी इसलिए अपनी बारी के लिए

कतार में खड़े रहना पड़ता था। पिताजी भी कतार में खड़े होते थे, लेकिन उनकी प्रतिष्ठा को देखते हुए अन्य लोग अक्सर उन्हें प्राथमिकता दे देते थे।

मैं एक सुन्दर बच्चा नहीं था। मैं बहुत साँवला था और मैला-कुचैला-सा दिखाई देता था। लोगों का कहना है कि बड़े होने और बंगाल में स्थानान्तरित होने के बाद मेरी रंगत और नयन-नक्श में परिवर्तन आने लगा। क्योंकि मैं जन्म के समय बहुत ज्यादा साँवला था, इसलिए मेरा नाम कृष्ण रख दिया गया। इस नाम से दो उद्देश्य पूरे होते थे। एक तो परिवार में एक बच्चे का नाम हिन्दू देवी-देवताओं पर रखने की प्रथा का निर्वाह होता था—मेरे मामले में यह भगवान श्रीकृष्ण की स्तुति में था—और दूसरे यह मेरी गहरी रंगत का प्रतीक था।

1922 तक मैं अपनी माँ के साथ अधिकांशतः पिलानी में ही रहा। 1921 में हमने कोलकाता के रेनी पार्क में एक घर ले लिया, जहाँ बसन्त कुमार का जन्म हुआ। 1922 के बाद माँ कोलकाता में ही रहने लगीं।

मेरी बहन चन्द्रकला मुझसे दो वर्ष बड़ी थी। वह बहुत दृढ़ इच्छा-शक्तिवाली लड़की थी। एक दिलचस्प घटना से पता चलता है कि उसकी इच्छा-शक्ति किस हद तक दृढ़ थी। हमारी हवेली न सिर्फ पिलानी में बल्कि आसपास के गाँवों में भी सबसे बड़ी थी। इस हवेली में बहुत-से चौक थे—यानी चारों तरफ से कमरों या बरामदों से घिरे खाली और खुले स्थान। उनका अपना एक सौन्दर्य था। ऊपर खुला आकाश होने के कारण घर की स्त्रियाँ अक्सर कुछ समय के लिए इन चौकों में अपनी मंडली जमा लेती थीं, और अधिकांश समय भीतर कमरों में रहने की घुटन से उन्हें थोड़ी राहत मिल जाती थी। खुले होने के कारण इन चौकों में धूप और हवा भी खूब आती थी।

इन चौकों के ऊपर जालियाँ लगी हुई थीं जो समूचे खुले क्षेत्र को ढँककर रखती थीं। एक दिन मैं और चन्द्रकला पहली मंजिल पर खेल रहे थे कि कोई चीज उसके हाथ से छूटकर चौक के ऊपर की जाली पर जा गिरी। जाली जमीन से कोई दस फ़ुट की ऊँचाई पर रही होगी। चन्द्रकला ने मुझे उस चीज को उठाने के लिए कहा। मैं तब शायद सिर्फ तीन वर्ष का था। चन्द्रकला बाई ने कहा कि वह उस चीज को उठाने में मेरी मदद करेगी। उसने मुझे पाँवों से पकड़कर उलटा लटका दिया ताकि मैं जाली पर गिरी उस वस्तु को अपने हाथों से उठा सकूँ। मैंने उस चीज के पास पहुँचने के लिए खूब हाथ चलाए लेकिन सफल नहीं हुआ। चन्द्रकला ने मेरी असफलता के लिए मुझे डाँटते हुए दोबारा कोशिश करने के लिए कहा। मैंने एक बार फिर उस चीज के पास पहुँचने की कोशिश की, लेकिन इस बार भी सफल नहीं हुआ। चन्द्रकला को गुस्सा आ गया। उसने कहा कि अगर मैंने चीज नहीं उठाई तो वह मुझे नीचे फेंक देगी। और उसने ऐसा ही किया। मैं जाली पर जा गिरा, लेकिन जाली मेरा भार नहीं सँभाल पाई और नीचे गिर गई। जाली के साथ-साथ मैं भी नीचे जमीन पर जा गिरा। सौभाग्यवश, जाली के कारण मुझे उतनी चोट नहीं आई जितनी कि सीधे गिरने पर आती। फिर भी मेरी एक टाँग की हड्डी टूट गई। माँ और अन्य स्त्रियों ने मुझे फर्श पर गिरा देखा तो वे सब दौड़ती हुई मेरी तरफ लपकीं। माँ ने पिताजी को भी तुरन्त एक पत्र लिखकर इस दुर्घटना के बारे में सूचित कर दिया, जो उन दिनों कोलकाता में थे। आसपास के गाँवों में कोई पढ़ा-लिखा डॉक्टर नहीं था। जिस 'डॉक्टर' ने मेरी जाँच की वह कुछ खास इलाज नहीं कर पाया। दो-तीन अन्य डॉक्टरों को भी दिखाया गया, लेकिन वे भी मेरी टाँग की हड्डी को ठीक तरह नहीं बिठा पाए। आखिर डॉ. गुलजारीलाल नाम के

एक डॉक्टर को बुलाया गया, जिसके पास चिकित्सा-शास्त्र का डिप्लोमा था और जो एक साहसी और व्यावहारिक डॉक्टर था। उसने मेरी हड्डी को सही जगह पर बिठाकर पट्टी बाँध दी। मैं चार-छह हफ्तों में बिलकुल ठीक हो गया। मेरे पास माँ का वह पत्र है जिसमें उन्होंने पिताजी को मेरी चोट के बारे में लिखा था, और साथ ही पिताजी का जवाब भी।

मेरे जीवन के शुरू के तीन-चार वर्ष पिलानी में गाँव के अन्य बच्चों के साथ खेलते हुए बीते। मेरी देखभाल और संरक्षण का जिम्मा हीरा जाट नाम के एक सेवक पर था। हीरा हमारे परिवार द्वारा रखा गया सबसे पहला सेवक था। वह 1850 के आसपास पैदा हुआ था और 1860 के दशक में किसी समय हमारे परिवार से जुड़ गया था। हालाँकि वह छोटे कद का था, लेकिन बहुत हिम्मतवाला था। उन दिनों छोटे बच्चों को नेकर और कमीज पहनाई जाती थी। जब मैं चार वर्ष का हुआ तो मुझे धोती बाँधनी सिखाई गई।

(बाएँ से) गंगा प्रसाद, माधवप्रसाद, मैं, गिरधारी दास कोठारी और मेरा छोटा भाई बसन्त कुमार, मेरी चचेरी बहन गंगा बाई (बैठी हुई)

जब भी मैं हवेली से बाहर जाता था तो हीरा मेरे साथ होता था। वह मुझे तरह-तरह की कहानियाँ और अपनी बहादुरी के किस्से सुनाता रहता था। वह चोरों या डाकुओं से डरता नहीं था, जो उन दिनों अच्छी-खासी संख्या में होते थे। लेकिन हीरा अपनी शारीरिक शक्ति का कुछ ज्यादा ही अनुमान लगा बैठता था, इसलिए आम मुकाबलों में वह लगभग हमेशा ही पिट जाता था। फिर भी वह अपनी ताकत के प्रदर्शन के लिए हमेशा तैयार रहता था, और कभी भी हिम्मत नहीं हारता था।

कई अन्य सेवक भी थे जो अत्यधिक निष्ठावान थे और अपने-आपमें संस्थाओं की तरह थे। उनके पूर्वज भी हमारे साथ काम करते रहे थे।

दान नाई नाम का एक नाई था, जिसका व्यक्तित्व काफी भव्य था। वह वैश्य समुदाय के लोगों की तरह सर पर एक पगड़ी पहना करता था। उसकी कोई निश्चित कार्य-अवधि नहीं थी, लेकिन हवेली से उसे अच्छी-खासी तनख्वाह मिलती थी। वह परिवार के सभी सदस्यों के बाल काटा करता था। वह अन्य लोगों के भी बाल काटता था। वह हर शाम हवेली की लालटेनें भी जलाता था।

हालाँकि वर्णक्रम में नाइयों को नीचे रखा जाता था, लेकिन वे काफी चतुर माने जाते थे। शायद इसका कारण यह था कि बाल काटते समय उन्हें परिवार के सदस्यों से बातचीत करने का अवसर मिलता रहता था। मध्ययुगीन राजस्थान में, और शायद उन्नीसवीं सदी के अन्त तक भी, जब भी किसी लड़के या लड़की के लिए योग्य वर या कन्या ढूँढ़ने की जरूरत पड़ती थी, तो यह काम परिवार के पुरोहित और नाई को सौंपा जाता था। वे परिवार की अपेक्षाओं के अनुसार उपयुक्त वर या कन्या की खोज में विभिन्न शहरों और गाँवों में जाते थे। दान नाई बड़े गर्व से कहा करता था कि उसने और उसके पिता ने हमारे परिवार में भी रिश्ते करवाए थे।

एक रूपा ब्राह्मणी भी थी। निस्सन्तान युवा विधवाएँ कोई-न-कोई काम ढूँढ़ने की कोशिश किया करती थीं। एक ब्राह्मण विधवा के लिए मिसरानी से ज्यादा अच्छा काम कोई नहीं माना जाता था। मिसरानी को रसोईघर की जिम्मेदारी सँभालनी पड़ती थी। वह खाना नहीं बनाती थी, लेकिन रसोईघर के संचालन से जुड़े ऊपर के सभी काम देखती थी। उदाहरण के लिए दूध की आपूर्ति और विभिन्न लोगों में इसके वितरण का ध्यान रखना, दही जमाना, और रसोइयों और भंडार-घरों में खाद्य सामग्रियों की व्यवस्था और रखरखाव का काम देखना, इत्यादि। वह पापड़, अचार और अन्य परिरक्षित सामग्रियाँ बनाने में भी गृहस्वामिनी की मदद करती थी। जब मैं सात-आठ वर्ष का बालक था तो रूपा अपनी उम्र के साठोत्तरी दशक में थी। घर की स्त्रियाँ उसके लिए 'थे' शब्द का प्रयोग करती थीं, जो राजस्थानी में 'आप' के लिए प्रयुक्त होता है। वे उसे 'तूँ' कहकर सम्बोधित नहीं करती थीं, जो राजस्थानी में 'तुम' के लिए प्रयुक्त होता है। जब भी रूपा को घर में आए किसी अतिथि से मिलवाया जाता था तो वह बड़े गर्व के साथ कहती थी, 'ऐं घर को नून खातन मैंने तीस बरस हो गया' (इस घर का नमक खाते मुझे तीस वर्ष हो गए)।

भीमजी एक राजपूत था और पैंसठ वर्ष से ऊपर था। उसे उस द्वार के पास बैठे रहना पड़ता था जो स्त्रियों के कक्ष में खुलता था। उसके पास भी समय-समय पर गाँव जाकर पेड़े या कोई दूसरी मिठाई लाने के अलावा कोई काम नहीं था।

सुर्जन सिंह एक राजपूत दरबान था जो हम सब बच्चों की देखभाल करता था। वह हद दर्जे का ईमानदार और निष्ठावान व्यक्ति था। साथ ही वह उतना ही बेबाक भी था और अपने दिल की बात कहने से डरता नहीं था। वह एक अनगढ हीरे की तरह था। हम सब बच्चे शाम को बालू के टीलों में खेलने जाते थे तो वह हमारे साथ होता था।

हमारे पास चार घुड़सवार थे, जिनमें से दो मुसलमान थे और दो राजपूत। वे दोनों मुसलमान भी मूलतः राजपूत थे, जो धर्म-परिवर्तन करके मुसलमान बन गए थे। वे अपने-आपको अन्य मुसलमानों से श्रेष्ठ समझते थे और अपने राजपूती रक्त पर गर्व महसूस

करते थे। राजपूत भी उन्हें अपने भाई-बन्धुओं की तरह मानते थे। उन चारों में रहीम खान सबसे कुशल घुड़सवार था, और पिताजी और रामेश्वरदास ताऊजी के साथ घुड़सवारी पर जाया करता था। उसे पिताजी और ताऊजी दोनों के साथ खुलकर बातचीत करने का अधिकार प्राप्त था।

राजस्थान में वैश्य समुदाय के हर साधन सम्पन्न परिवार के पास एक नोहरा होता था–एक तरह की खुली जगह जहाँ ऊँटों, घोड़ों और गायों को बाँधा जाता था। हमारे पास दो नोहरे थे। एक गायों, बैलों और ऊँटों को बाँधने के लिए और दूसरा हमारे अस्तबल के बीस घोड़ों के लिए।

हमें पूरी शेखावटी के सबसे धनाढ्य परिवार के रूप में देखा जाता था। लेकिन इससे कहीं ज्यादा इस कारण से लोग हमारा मान करते थे कि हम सूखे और अकाल जैसी हर आपदा की स्थिति में उनके साथ खड़े रहते थे। हमारे लिए भी सबसे ज्यादा प्रसन्नता की बात यही थी कि लोग हृदय से हमारा सम्मान करते हैं और हमसे स्नेह करते हैं।

मैं चार वर्ष का हुआ तो पिताजी और माँ ने सोचा कि अब मुझे स्कूल भेजने का समय आ गया है। मुझे उसी स्कूल में भेजा गया जिसे अपने पौत्रों की शिक्षा के लिए मेरे परदादा ने स्थापित किया था। पहली कक्षा में सिर्फ दो विषय पढ़ाए जाते थे–हिन्दी और गणित। मुझे स्कूल भेजने से पहले मेरे अध्यापक पंडित जोखीराम को घर पर आमन्त्रित किया गया। पूजा-पाठ किया गया। मैंने जोखीराम जी के चरण छूकर उनका आशीर्वाद लिया और मुझे स्कूल में दाखिल कर लिया गया।

गाँव के अध्यापक गणित को पट्टी पहाड़ा कहा करते थे। जोखीराम जी ने मुझे जोड़, घटाव, गुणा और भाग करना सिखाया, और दो से बीस तक के पहाड़े भी सिखाए। उन दिनों बालकों को चालीस तक के पहाड़े सिखाए जाते थे। इसके अलावा बच्चों को पौना, सवैया, ड्योढ़ा और अध्धैया भी सिखाया जाता था। आगे की पढ़ाई में हंथा (साढ़े तीन गुणा), दौहा (साढ़े चार गुणा) और पौंचा (साढ़े पाँच गुणा) इत्यादि भी शामिल रहते थे। अधिकांश बालकों से अध्धैया तक सीखने की अपेक्षा की जाती थी।

हमें बहुत-से सूत्र भी सीखने पड़ते थे। उन दिनों वजन मापने के लिए 'सेर' और 'मन' का प्रयोग किया जाता था, जबकि मुद्रा के लिए रुपए और आनों का प्रयोग होता था। एक रुपए में सोलह आने होते थे। इसी तरह, एक सेर में 16 छटाँक होते थे। एक सूत्र यह था कि अगर किसी वस्तु को वजन के हिसाब से खरीदना हो, तो उसका मूल्य जितने रुपए प्रति सेर होगा उतना ही आनों में प्रति छटाँक होगा। उदाहरण के लिए अगर कोई वस्तु पाँच रुपए सेर है तो एक छटाँक का मूल्य पाँच आने होगा। इसी तरह हमें कई अन्य सूत्र या 'गुरु' भी सिखाए जाते थे। इनके पीछे यह उद्देश्य था कि बालक दिन-प्रतिदिन के हिसाब-किताब को अपने दिमाग में ही हल कर सके। सिर्फ जटिल मामलों में ही उसे स्लेट के प्रयोग की अनुमति दी जाती थी।

उन दिनों के मापदंडों के अनुसार जोखीराम जी को एक अच्छा अध्यापक माना जाता था। उनका पढ़ाने का अपना तरीका था। वे लड़कों से कोई प्रश्न पूछते थे और उसका उत्तर बता सकनेवालों को अपना हाथ खड़ा करने के लिए कहते थे। इसके बाद वे उनमें से किसी एक को अपने पास बुलाकर अपने कान में उसका उत्तर बताने के लिए कहते थे, ताकि अन्य लड़के उसके उत्तर को न सुन सकें। अब अन्य लड़कों को यह कैसे पता चले कि

उसने सही उत्तर बताया था या गलत? जोखीराम जी के पास इसका बड़ा सरल समाधान था, जो उन दिनों गाँवों के स्कूलों में काफी प्रचलित था। अगर उत्तर सही होता था तो जोखीराम जी अपना सर हिला देते थे, और अगर गलत होता था तो लड़के को एक थप्पड़ जड़ देते थे।

जोखीराम जी को पहले कुछ दिनों तक मुझे वर्णमाला और गिनती सिखानी थी, और उसके बाद ही गुरु जैसी जटिल चीजें सिखानी थीं। लेकिन पहले दिन मैंने कक्षा में जो कुछ देखा, उससे मैं बुरी तरह डर गया। दोपहर के बाद मैंने पेट में दर्द होने की शिकायत की और घर जाने की अनुमति चाही।

हमें शाम से पहले घर लौटने की अनुमति नहीं थी। लेकिन सेठ के बेटे को कौन रोक सकता था? जोखीराम जी ने मुझे घर जाने की अनुमति दे दी। हमारा दरबान छुट्टी के बाद मुझे घर वापस ले जाने के लिए स्कूल के बाहर ही खड़ा हुआ था। पिताजी पिलानी में नहीं थे, लेकिन माँ घर पर थीं। जब उन्हें पता चला कि मैं बहाना बनाकर घर लौट आया हूँ तो उन्हें बहुत गुस्सा आया। स्कूल की छुट्टी होने के बाद उन्होंने जोखीराम जी को घर बुलवाया और उनसे कहा कि वे भविष्य में मेरी बहानेबाजी पर ध्यान न दें।

इस तरीके से और इस तरह के माहौल में मैं दो वर्ष तक पढ़ा। मुझे याद नहीं है कि कोई परीक्षा हुई थी या नहीं; शायद नहीं हुई थी। लड़कों को अपने आप ही अगली कक्षा में उन्नति मिल गई थी। तीसरी कक्षा में अंग्रेजी पढ़ाई जाने लगी। मैंने इसे कुछ महीनों तक सीखा। फिर मेरी माँ कोलकाता स्थानान्तरित हो गईं तो मेरे स्कूली दिन भी पूरे हो गए—कई वर्षों के बाद कोलकाता के हेयर स्कूल में प्रवेश लेने तक।

6

ग्रामीण परिवेश का रोमांच

1915 से 1925 के वर्षों के दौरान पिलानी एक शान्त और सुप्त-सा गाँव था। दूर-दूर तक छितरी हुई आबादी 4000 से अधिक नहीं थी। लोगों के पास समय और फुर्सत की कमी नहीं थी। अधिकतर लोग कृषि से जुड़े हुए थे, जो पूरी तरह से मौसम की कृपादृष्टि पर निर्भर थी। लेकिन चूँकि व्यवसायी समुदाय के बहुत-से लोग भारत के अन्य शहरों में जा बसे थे और वहाँ अच्छा काम-धन्धा कर रहे थे, इसलिए गाँवों में भी व्यापारिक गतिविधियाँ जोर पकड़ने लगी थीं। व्यापार ने लोगों के लिए बड़ी संख्या में रोजगार के अवसर खोल दिये। दुकानदारों और थोक व्यापारियों का धन्धा खूब चल निकला। कई अन्य व्यवसायों से जुड़े लोग भी–हलवाई, भवन-निर्माता, मोची, धोबी, सुनार, बढ़ई, साड़ियों की छपाई करनेवाले और मेहतर इत्यादि–गाँववालों की बढ़ती जरूरतों के कारण अच्छी कमाई करने लगे। पूरे भारत में फैले राजस्थानियों का पैसा गाँवों में पहुँचने से गाँव के लोग समृद्ध होते चले गये।

आजकल सिंचाई के लिए पानी की व्यवस्था करने के लिए राजस्थान के गाँवों में कुओं को गहरा करने और पम्प लगाने का चलन है। लेकिन उन दिनों यह सम्भव नहीं था क्योंकि गाँवों में बिजली नहीं थी। मरुभूमि का हिस्सा होने के कारण पिलानी का जल-स्तर काफी नीचे था, पृथ्वी की सतह से लगभग 90 फुट नीचे। गर्मियों के महीनों में फसलों की उपज के लिए किसानों को वर्षा पर निर्भर रहना पड़ता था। अच्छी वर्षा होने की स्थिति में फसल भी अच्छी होती थी और किसान ईश्वर को धन्यवाद देते थे। लेकिन चार वर्षों के फेरे में सिर्फ एक वर्ष ही अच्छी वर्षा होती थी। अन्य तीन वर्षों में या तो कम फसल होती थी या बिलकुल नहीं होती थी।

वर्षा और फसल न होने की स्थिति में घास और चारे की कमी हो जाती थी। लोग अपने ढोर-डाँगरों को जीवित रखने के लिए उन्हें आसपास के प्रान्तों में भेज देते थे। ऐसे समयों में निर्धन लोग हमारी तरफ, धनवान लोगों की तरफ, देखते थे, ताकि हम उनके ढोर-डाँगरों को हरे-भरे क्षेत्रों में भिजवाने की व्यवस्था कर सकें। हमारा परिवार बड़ी तत्परता के साथ अपने इस सामाजिक कर्त्तव्य को निभाता था। परिणामस्वरूप, हमारे पूर्वजों को न सिर्फ उनकी धन-सम्पदा के लिए मान किया जाता था, बल्कि इसलिए भी कि वे संकट की घड़ियों में इस धन का प्रयोग समाज की भलाई के लिए करते थे।

गर्मियों के महीने सूखे चले जाने और बहुत कम वर्षा होने के बावजूद लोग थोड़ी-बहुत खेती-बाड़ी करने की कोशिश करते थे। फसलों की सिंचाई के लिए कुओं से पानी

खींचा जाता था। चूँकि ये कुएँ बहुत गहरे होते थे, इसलिए पानी खींचने के लिए बैलों की जोड़ी का प्रयोग किया जाता था। इस काम के लिए एक विशिष्ट देशी तरीका अपनाया जाता था।

कुएँ से पानी निकालने के लिए बैलों को एक रस्सी से लगभग 90 फुट की दूरी तक खींचना पड़ता था। रस्सी के दूसरे छोर पर चमड़े का एक बड़ा डोल बँधा होता था। एक व्यक्ति कुएँ के पास खड़ा रहता था तो दूसरा बैलों को हाँकता था। पानी खींचने के लिए और बैलों को हाँकनेवाले व्यक्ति के बैठने के लिए लकड़ी का एक ढाँचा बना होता था। बैलों के काम को आसान बनाने के लिए 90 फुट की इस दूरी को ढलवाँ रखा जाता था, ताकि बैल पानी के भार को आसानी से वहन कर सकें और डोल को कुएँ से ऊपर खींचते हुए तेजी से दौड़ सकें। जैसे ही डोल कुएँ की मुँडेर पर पहुँचता था, कुएँ के पास बैठा व्यक्ति चिल्लाने की बजाय पूरी लय के साथ एक मधुर गीत गाते हुए अपने साथी को इसका संकेत देता था—'पाणी आयो रे'। यह संकेत पाते ही बैलों को हाँकनेवाला व्यक्ति लगामें खींचकर उन्हें रोक देता था, और रस्सी खोलकर बैलों को अपने-आप कुएँ की तरफ लौटने देता था। उन दिनों कुएँ के पानी से इसी तरह सिंचाई की जाती थी।

राजस्थान की सड़कें काफी खराब थीं। मेरे पिताजी दिल्ली से पिलानी तक कार में यात्रा करनेवाले पहले व्यक्ति थे। उन दिनों मरुस्थल में कार चलाना एक साहसिक और रोमांचक अनुभव था। कई जगह कार के पहिए बालुकूटों में धँस जाते थे और हिलने का नाम नहीं लेते थे। उन्हें बाहर निकालने और कार को फिर से चालू करने में काफी समय लग जाता था। राजस्थान के बाहर के ड्राइवरों के लिए मरुस्थल की रेत पर कार चलाना एक मुसीबत भरा काम था। पिताजी आमतौर से पिलानी के निकटतम स्टेशन तक रेलगाड़ी से यात्रा करते थे और फिर वहाँ से कार द्वारा पिलानी पहुँचते थे। लेकिन अपनी युवावस्था में वे कभी-कभी पूरी यात्रा कार में करने का जोखिम उठा लेते थे। राजस्थान की सीमा पर ड्राइवर को बदल दिया जाता था, और किसी स्थानीय ड्राइवर को आगे का रास्ता तय करने के लिए कहा जाता था। ये ड्राइवर वास्तविक ड्राइविंग-कौशल के मामले में दिल्ली या कोलकाता के ड्राइवरों के सामने कहीं नहीं ठहरते थे, लेकिन उन्हें मरुस्थल के रेतीले और बाधाओं भरे रास्तों पर वाहन चलाने का बेहतर अभ्यास था।

हम लोग आमतौर से रेलगाड़ी द्वारा यात्रा करते थे। उन दिनों हम राजगढ़ नामक एक गाँव में उतर जाते थे, जो बीकानेर रियासत में पड़ता था। स्टेशन का नाम सादुलपुर था। अगर रेलगाड़ी शाम को पहुँचती थी तो हम रात किसी धर्मशाला में बिताते थे, और अगले दिन सुबह पिलानी के लिए निकलते थे। यह यात्रा बैलों द्वारा खींचे जानेवाले रथों में तय की जाती थी। बड़े-बूढ़े ऊँटों या घोड़ों पर यात्रा करते थे। सादुलपुर से पिलानी तक की 24 किलोमीटर की दूरी तय करने में सात-आठ घंटे लग जाते थे। यह भी अपने-आपमें एक रोमांचकारी अनुभव था।

राजस्थान में तीन ऐसी विशेषताएँ थीं जो देश के अन्य भागों में नहीं पाई जाती थीं। पहली थी वहाँ के ऊँट। उन दिनों इन्हें रेगिस्तान का जहाज कहा जाता था। हालाँकि घोड़े कहीं ज्यादा तेज रफ्तार से दौड़नेवाले पशु हैं और थोड़ी दूरी के लिए ज्यादा उपयोगी हैं, लेकिन लम्बी दूरी के मामले में ऊँटों का कोई मुकाबला नहीं है। यह बहुत जीवट वाला पशु है और अपनी पीठ पर दो व्यक्तियों को आसानी से बिठा सकता है। यह लम्बी दूरी की

यात्रा के दौरान कई दिनों तक बिना पानी के रह सकता है, और दिन भर में तीस से चालीस मील की दूरी आसानी से तय कर सकता है। एक बार एक व्यक्ति को बहुत जरूरी काम से पिलानी पहुँचना था। उसने अपने ऊँट पर भिवानी से पिलानी तक की 90 मील की दूरी लगभग बिना रुके, सिवा कुछ देर के लिए भोजन के लिए विश्राम करने के, तय की। हालाँकि ऊँट देश के कुछ अन्य भागों में भी पाया जाते हैं, लेकिन राजस्थान की तरह और कहीं भी इसे आवाजाही के प्रमुख साधन के रूप में इस्तेमाल नहीं किया जाता।

राजस्थान की दूसरी विशेषता है मोर, जो एक अत्यन्त सुन्दर पक्षी है। राजस्थान में इसे एक पूज्य पक्षी के रूप में देखा जाता है। कोई भी इसे हानि पहुँचाने की बात नहीं सोच सकता। अपने बड़े आकार के कारण यह लम्बी दूरी तक नहीं उड़ सकता। यह एक शान्तिप्रिय पक्षी है और राजस्थान का प्रतीक-चिह्न है। इसके हरे-नीले पंख अत्यन्त सुन्दर मोहक हैं। कहा जाता है कि भगवान कृष्ण का मुकट मोर के पंखों का बना हुआ था। इसकी लम्बी और पंखे जैसी पूँछ भी बहुत आकर्षक होती है, जिस पर आँखों जैसे नीली-हरी आकृतियाँ बनी होती हैं।

पिलानी, 1950 : जवाहरलाल नेहरू मेरे पिताजी के साथ ऊँट की सवारी करते हुए

राजस्थान की तीसरी विशेषता इसके बालुकूट यानी बालू के टीले या टिब्बे हैं। हर तरफ बालू के सिवा और कुछ भी दिखाई नहीं देता, सिर्फ उन क्षेत्रों को छोड़कर जहाँ गहरे कुओं के पानी से सिंचाई करके किसानों ने थोड़ी-बहुत फसल पैदा कर ली है। रेगिस्तानी क्षेत्र में गाँव बहुत कम और दूर-दूर हैं।

राजस्थान के लोगों को भीषण गर्मी और सर्दी के दौरान जिजीविषा के लिए कड़ा परिश्रम करना पड़ता है, इसलिए वे शारीरिक रूप से बहुत सख्त और जुझारू हो गए हैं। लेकिन वे बहुत सज्जन और भली प्रवृत्ति के लोग हैं। वे बहुत ज्यादा आत्मीयता भरे और उदार हैं। आज भी वे आसपास के अन्य क्षेत्रों के लोगों से कम भ्रष्ट और ज्यादा मानवीय हैं।

उन दिनों अपराध-दर बहुत कम थी। स्त्रियाँ सुरक्षित महसूस करती थीं और बिना किसी तरह की छेड़छाड़ के डर के कहीं भी आ-जा सकती थीं। कुछ क्षेत्रों में डकैती की घटनाएँ होती थीं, लेकिन डाकू भी स्त्रियों का सम्मान करते थे। इस तरह के कुछेक क्षेत्रों को छोड़कर अन्य क्षेत्र पूरी तरह से सुरक्षित थे। गाँववालों में आपसी ईर्ष्या-द्वेष के कारण कभी-कभी कुछ आपराधिक घटनाएँ होती रहती थीं। निचले स्तर पर दलगत राजनीति भी मौजूद थी, लेकिन कुल मिलाकर प्रान्त का वातावरण शान्त और सौहार्दपूर्ण था।

हालाँकि अस्पृश्यता हिन्दू समाज का अभिशाप रही है, लेकिन पिलानी और आसपास के क्षेत्रों में यह बुराई ज्यादा देखने में नहीं आती थी। इसका अर्थ यह नहीं है कि लोग उन लोगों को बेझिझक छू लेते थे जिन्हें आज अनुसूचित जाति के रूप में जाना जाता है। लेकिन इन लोगों के साथ निश्चित तौर पर शिष्टतापूर्ण और मेलजोल भरा व्यवहार किया जाता था। उदाहरण के लिए हमारे परिवार के मेहतर और मोची को भिकली भंगी और तुलिया चमार के नाम से जाना जाता था। उनके साथ हम हमेशा बहुत विनम्र और उदारता भरा व्यवहार करते थे, और वे लोग भी हमारे साथ काम करने के कारण अपने समुदाय में अपनी ऊँची प्रतिष्ठा पर गर्व महसूस करते थे।

पिलानी में बहुत-से मन्दिर थे। एक प्रमुख मन्दिर हमारी हवेली के बगल में ही था। हालाँकि इसका निर्माण पूरी तरह से हमारे परिवार के पैसे से नहीं हुआ था, लेकिन कुछ सदियों पहले इस मन्दिर के निर्माण में और बाद में इसके रखरखाव में हमारे परिवार ने एक बड़ा योगदान दिया था। मन्दिर के पुजारी को स्वामीजी कहा जाता था। उन दिनों स्वामी चरणदास जी मन्दिर के पुजारी थे। वे साधु-सन्तों जैसी प्रवृत्ति के व्यक्ति थे। उन्हें आयुर्वेदिक चिकित्सा-पद्धति का भी हल्का-फुल्का ज्ञान था। वे हर शाम गाँव का दौरा करते थे और बीमार व्यक्तियों की निःशुल्क जाँच करते थे। वे रोगी की नब्ज की गणना करते थे, जिसे सिर्फ एक विशेषज्ञ के बस का काम माना जाता है। इसके बाद वे रोगी से कुछ प्रश्न पूछते थे और उसे निःशुल्क दवा देते थे। वे कोई फीस नहीं लेते थे, लेकिन अगर कोई देना चाहे—जैसाकि बहुत-से लोग चाहते थे तो वे मना नहीं करते थे और इस धन का उपयोग मन्दिर के रखरखाव और धार्मिक कार्यक्रमों के लिए करते थे।

अगर कोई भूखा व्यक्ति मन्दिर में पहुँच जाता तो स्वामीजी उसे भोजन के रूप में दाल, सब्जी और चपातियाँ परोसते। कई बार आटे में धूल-मिट्टी मिली होती थी, लेकिन स्वामीजी की सहृदयता और स्नेह को देखते हुए कोई भी इस बात का बुरा नहीं मानता था। उन्हें बहुत सम्मान की दृष्टि से देखा जाता था। स्वामीजी के दो शिष्य थे—गोविन्ददास और सुर्जनदास। सुर्जनदास भी एक वैद्य थे और लोगों का इलाज करते थे। लेकिन उनका स्वभाव थोड़ा दुनियाबी था। इलाज के बदले में मिले धन का उपयोग वे भी मन्दिर के लिए ही करते थे, लेकिन अगर कभी ज्यादा धन इकट्ठा हो जाता था तो वे इसे ब्याज पर भी चढ़ा देते थे। हालाँकि इस ब्याज का उपयोग भी वे मन्दिर के लिए ही करते थे।

गोविन्ददास बहुत सुन्दर और रोबीले व्यक्तित्व के स्वामी थे। उनकी लम्बी-चौड़ी देह खूब कसी हुई और गठीली थी। वे परिवार के एक सदस्य की तरह थे। पिताजी पिलानी में होते तो गोविन्ददास हर वक्त उनके साथ ही रहते। पिताजी घुड़सवारी के शौकीन थे। गोविन्ददास भी उनके साथ घुड़सवारी पर निकल जाते। वे बन्दूक चलाने में भी माहिर थे और अच्छा निशाना लगा लेते थे। अपनी राजस्थानी पगड़ी में वे बहुत भव्य और प्रभावशाली

दिखाई देते थे और अपने ऊँचे कद के कारण भीड़ में भी दूर से ही पहचाने जा सकते थे। पिताजी पहली बार इंग्लैंड गए तो अपने साथ चार व्यक्तियों को लेकर गए। एक थे पारसनाथ सिन्हा, जो उनके सचिव थे और हिन्दी और अंग्रेजी दोनों में ही निपुण थे। बाद में कुछ समय के लिए वे 'हिन्दुस्तान टाइम्स' के प्रबन्ध निदेशक (एम.डी.) भी बने। पारसनाथ जी के अलावा पिताजी के साथ गोविन्ददास भी थे, और एक बावर्ची और एक निजी सेवक भी।

गोविन्ददास साहसी व्यक्ति थे। वे उतने ही निर्भीक भी थे। एक बार हमारे एक दूर के सम्बन्धी राम कुमार बिड़ला ने कुएँ में छलाँग लगाकर आत्महत्या करने की कोशिश की। वे बहुत बीमार रहते थे और अपने दुखों से मुक्ति पाना चाहते थे। रात को जब सब लोग सो रहे थे तो वे चुपके से उठे और यह घातक कदम उठा बैठे। उनके साथ हमेशा कोई-न-कोई सोता था। जब उनके साथी ने उनके बिस्तर को खाली पाया तो उसने शोर मचा दिया। जल्दी ही यह खबर हवेली में पिताजी के पास भी पहुँच गई। उन्होंने राम कुमार की खोज में इधर कई आदमी दौड़ा दिए। उन दिनों राजस्थान में कुछ लोग रेत पर पाँवों के निशानों का पीछा करके किसी व्यक्ति को ढूँढ़ निकालने में माहिर होते थे। जल्दी ही उनकी यह खोज उन्हें उस कुएँ तक ले गई जिसमें राम कुमार ने छलाँग लगाई थी।

कुएँ में छलाँग लगाने के बाद राम कुमार ने पाया था कि डूबना बहुत पीड़ाजनक अनुभव है, इसलिए उन्होंने किसी तरह अपने-आपको डूबने से बचाए रखा था। जब पिताजी गोविन्ददास और अन्य लोगों के साथ कुएँ पर पहुँचे तो उन्होंने पाया कि राम कुमार अभी तक जीवित हैं। पिताजी ने कहा कि किसी व्यक्ति को रस्सियों की मदद से कुएँ में उतरकर राम कुमार को ऊपर ले आना चाहिए। लेकिन किसी ने भी आगे बढ़कर अपने-आपको इस काम के लिए प्रस्तुत नहीं किया। पिताजी ने कहा कि अगर कोई और व्यक्ति इस काम के लिए तैयार नहीं है तो वे खुद कुएँ में उतर जाएँगे। यह सुनते ही गोविन्ददास ने आगे बढ़कर इस चुनौती को स्वीकार कर लिया। उन्हें रस्सियों की मदद से कुएँ में उतारा गया और वे राम कुमार को कुएँ से बाहर निकालने में सफल हो गए। तो ऐसा था उनका साहस!

उन दिनों हर बड़े गाँव में एक डाइन या डाकन होती थी। पिलानी की डाकन का नाम बरजली डाकन था। वह किसी भी घर में जा सकती थी और कोई भी उसे रोकने की हिम्मत नहीं कर सकता था। वह जिस घर में भी जाती, उसे मिठाइयाँ और थोड़े पैसे दिए जाते। उसे देखते ही घर के बच्चों को इधर-उधर छिपा दिया जाता। ऐसा माना जाता था कि जिस बच्चे पर उसका दिल आ जाये, वह अपनी रहस्यमयी शक्तियों से उसकी हत्या कर देती थी और फिर आधी रात को उसके साथ खेलती थी। बरजली कभी-कभी हमारी हवेली में भी चली आती थी। इन अवसरों पर मेरी माँ और घर की अन्य स्त्रियाँ बच्चों को तुरन्त बाहर भेज देती थीं। जब तक दादी भी वहाँ थीं, वे बरजली डाकन से खूब निपट लेती थीं। वैसे बरजली सचमुच कोई डाइन नहीं थी। वह देखने में कुरूप थी और भौतिक लाभ के लिए अपनी इस कुरूपता का उपयोग करती थी। एक डाइन होने का स्वाँग भरके उसे पैसे और खाने-पीने की वस्तुएँ तो मिलती ही थीं, साथ ही सभी लोग उसका मान भी करते थे।

राजस्थान की एक अन्य विशिष्टता इसके अनूठे गुप्तचर थे, जिन्हें 'खोजी' कहा जाता था। दुनिया में सभी जगह चोरियाँ होती है। लेकिन भारत में, और खासकर राजस्थान में, जहाँ शहरों के अलावा पक्की सड़कों का अभाव था, गाँव में किसी के घर में चोरी होने

के अगले दिन पूरा गाँव उस घर में जमा हो जाता था। खोजियों को काम पर लगा दिया जाता था। वे चोरों के पाँवों के निशानों की मदद से उन्हें ढूँढ़ निकालने की कोशिश करते थे। खोजी पहले चोरों के पाँवों के निशानों की पहचान करते थे और फिर उन निशानों का अनुसरण करते हुए उनके छिपने के ठिकाने तक जा पहुँचते थे। अब ज्यादातर गाँवों में रेतीले रास्तों की जगह पक्की सड़कें बन जाने के कारण यह कला लुप्त-सी हो गई है।

मुझे याद है, जब हम बच्चे थे तो हमारे घर में एक ही वर्ष में दो बार चोरी हुई थी। वह भी इस तथ्य के बावजूद कि मुख्यद्वार पर दरबान हर समय उपस्थित रहते थे। यह बात बिलकुल स्पष्ट थी कि चोरों ने बहुत सावधानीपूर्वक दरबानों की गतिविधियों पर नजर रखी थी। फिर उपयुक्त अवसर देखकर वे ऐसी जगह से दीवार से कूदकर घर में दाखिल हुए थे, जहाँ से उन्हें कोई न देख सके। चोरी की इस घटना के बारे में अगले दिन पता चला था। चोरी गया सामान कुछ हजार रुपयों का था। लेकिन प्रश्न आर्थिक हानि का नहीं, बल्कि मान-मर्यादा का था। यह कल्पना करना भी मुश्किल था कि इतने प्रतिष्ठित घराने में चोरी की घटना हो जाये और चोर पकड़ा न जाये। परिणामस्वरूप बिना सजा पाए बच निकले। इसलिए पिताजी के निर्देश पर दस घुड़सवार खोजियों को तुरन्त चोरों की तलाश में दौड़ा दिया गया। मेरे खयाल से एक मामले में खोजियों का विश्वास था कि चोर दो व्यक्ति थे। उनके पाँवों के निशानों का अच्छी तरह अध्ययन करके के बाद वे उन्हें पकड़ने के लिए निकल पड़े।

चोरों को यह मालूम रहता था कि उनका पीछा किया जाएगा। वे खोजियों को चकमा देने की हर सम्भव कोशिश करते थे। उदाहरण के लिए, पक्की जमीन वाले क्षेत्र में पहुँचने के बाद वे किसी ऐसे रास्ते से बाहर निकलने की कोशिश करते थे जिसका आसानी से पता न चले। खोजी कुछ देर के लिए अचम्भे में पड़ जाते थे। वे पूरे क्षेत्र के चक्कर लगाकर चोरों के बाहर निकलने का रास्ता ढूँढ़ने की कोशिश करते थे। आखिर तीसरे दिन घुड़सवारों का दल उस गाँव में पहुँचने में सफल हो गया जहाँ चोरों ने पनाह ले रखी थी। शायद वही उनका गुप्त ठिकाना था। गाँववालों ने घुड़सवारों को रोकने की कोशिश की। वे जानते थे कि यह चोरी का मामला है, फिर भी वे अपने गाँव के व्यक्तियों का साथ दे रहे थे। आखिर घुड़सवार सबसे नजदीकी थाने से पुलिस को बुला लाए, और पुलिस के संरक्षण में चोरों को पकड़कर हमारे गाँव में लाया गया। लोगों की उत्सुकता शान्त करने के लिए उन्हें दो-तीन घंटों तक हमारे घर के बाहर बाँधे रखा गया। उसके बाद पुलिस ने उन्हें अपने कब्जे में ले लिया।

इस घटना के महीने भर के भीतर ही दूसरी चोरी हो गई। इस बार भी वही प्रक्रिया दोहराई गई और चोरों को पकड़ लिया गया। इसके बाद फिर कभी ऐसी घटना नहीं हुई। चोरों की समझ में आ गया था कि हमारे घर में चोरी करने के बाद कोई भी बचकर नहीं निकल सकता।

राजस्थान के अधिकांश अन्य गाँवों की तरह पिलानी भी एक खुशियों भरा गाँव था। यह तत्कालीन जयपुर रियासत में पड़ता था, जहाँ महाराजा का शासन था। महाराजा को बहुत सम्मान की दृष्टि से देखा जाता था। हर तरफ सुख और शान्ति का राज था। शहरी जीवन की गहमा-गहमी नहीं थी। लोगों के पास बहुत-सा समय था। गपशप के लिए काफी फुर्सत थी। लोग जल्दी सोकर उठते थे और 9 बजे के आसपास अपने-अपने काम-धन्धों

में लग जाते थे। दुकानदार अपना व्यापार शुरू कर देते थे, किसान अपने खेतों का रुख करते थे, और हलवाई अपनी मिठाइयाँ और अन्य स्वादिष्ट व्यंजन बनाना शुरू कर देते थे, न सिर्फ अपनी दुकानों में बल्कि अपने घरों में भी। उन दिनों बहुत-से व्यंजन हलवाई अपने घरों में ही बनाते थे। पिलानी अपने कांजी-बड़ा और पेड़े के लिए प्रसिद्ध था। ग्वाले अपनी गायों को घास चराने ले जाते थे और सूर्यास्त के आसपास वापस लौटते थे। गायों के धीरे-धीरे मँडराते हुए और धूल-मिट्टी उड़ाते हुए वापस लौटते झुंड किसी कवि के काव्य या किसी गवैये के गीतों की प्रेरणा बनने के लिए पर्याप्त थे। यह पूर्ण शान्ति और नीरवता का समय होता था। देश भर में इस समय को गोधूलि बेला कहा जाता है, और इसे दिन का सबसे शुभ समय माना जाता है। हर युग के कवियों और लेखकों ने इस समय की महिमा का गुणगान करते हुए बहुत कुछ लिखा है। एक परम्परागत विवाह के लिए आमतौर पर किसी पंडित से मुहूर्त (शुभ समय और घड़ी) निकलवाया जाता है। लेकिन गोधूलि बेला को किसी भी विवाह के लिए एक सर्वकालिक शुभ समय माना जाता है।

होली और दीवाली जैसे त्योहार बहुत उत्साह और धूमधाम के साथ मनाए जाते थे। इन दोनों अवसरों पर राजस्थान के गाँवों में आतिशबाजी का प्रयोग होता था। लोग आधुनिक सभ्यता के दुष्प्रभावों से दूर थे। वे मन के जितने भोले थे, उतनी ही सादगी भरी उनकी जीवन-शैली भी थी।

उन दिनों श्रम बहुत सस्ता था। एक आदमी को अपने दैनिक भत्ते या दिहाड़ी के रूप में एक चव्वनी मिलती थी। वस्तुओं की कीमतें अविश्वसनीय स्तर तक कम थीं। एक रुपए में 13 सेर या तीन रुपए में एक मन गेहूँ मिल जाता था। इसी तरह एक रुपए में चार सेर दूध या एक सेर घी खरीदा जा सकता था। जीना काफी सस्ता था और लोग बिना किसी तरह के दिखावे के एक सीधी-सरल जिन्दगी जीते थे। इसलिए जो कुछ वे कमाते थे, उनकी जरूरतों के लिए पर्याप्त होता था। गाँव में बिजली नहीं थी। बल्कि हमारे एक सेवक का काम हर शाम हवेली की बीस लालटेनें जलाना था–हर कमरे के लिए एक लालटेन। उन दिनों हरीकेन लालटेन को भी एक नई खोज और ऐश्वर्य की वस्तु के रूप में देखा जाता था। तेल के दीयों के साथ यह झंझट था कि वे जल्दी से बुझ जाते थे। लोगों के बीच मित्रता और भाईचारे का एक ठोस सूत्र कायम था। तो, ऐसी थी पिलानी!

वे सुनहरे दिन थे जो अब कभी नहीं लौटेंगे। आज देश कहीं ज्यादा समृद्ध है; कहीं ज्यादा साधन-सम्पन्न है; लेकिन हृदय की पवित्रता, एक-दूसरे के लिए सद्भावना, और दूसरों की मदद करने की उस स्वाभाविक प्रवृत्ति का अभाव है जो उन दिनों के लोगों की विशिष्टता थी। आज ये मानवीय गुण दुर्लभ होते जा रहे हैं।

7

एक त्रासदी की छाया में

कोलकाता में हमारा परिवार रेनी पार्क के उस घर में रहता था जिसे हमने खरीद लिया था और अपनी जरूरत के अनुसार उसमें कुछ परिवर्तन करवा लिए थे। इससे पहले हम जकरिया स्ट्रीट में रहते थे, जो एक मुस्लिम क्षेत्र था। जब भी शहर में कोई साम्प्रदायिक दंगा होता, हमें हर वक्त तनाव की स्थिति में रहना पड़ता। एक बार ऐसे ही दंगों के दौरान, जो शायद 1920 के दशक में किसी समय हुए थे, मुस्लिम दंगाइयों की भीड़ ने हमारे घर को घेर लिया। हमारे पास कई निष्ठावान सेवक थे, जिनमें अष्ठा सिंह नाम का एक दिलेर देहाती दरबान भी था। जब भी घर पर हमला होने का खतरा होता, हमारे सेवक तुरन्त घर के मुख्यद्वार को ताला लगा देते। इसके बाद अष्ठा सिंह अपनी बन्दूक उठाकर हवा में गोलियाँ चलाने लगता। मेरे बड़े ताऊ जुगलकिशोर भी उस समय वहीं थे। लेकिन पिताजी वहाँ नहीं थे। उदार और नरम दिल के होने के कारण ताऊजी ने अष्ठा सिंह को गोलियाँ चलाने से मना किया, लेकिन हम सबकी जिन्दगियों पर मँडराते खतरे को देखते हुए अष्ठा सिंह रुकने के लिए तैयार नहीं था। हवा में गोलियाँ चलाकर वह भीड़ को डराने और तितर-बितर करने में सफल रहा। हम सबकी जान बच गई।

ऐसी परिस्थितियों में पिताजी ने सोचा कि घर बदल लेने में ही समझदारी है। हम रेनी पार्क में स्थानान्तरित हो गये, जहाँ 1921 में बसन्त कुमार पैदा हुये।

परिवार चूँकि बड़ी तेजी से बढ़ रहा था, पिताजी ने सोचा कि एक नया घर बनवाना ठीक रहेगा। इसलिए 19, गुरुसदाय रोड पर, जिसे उन दिनों स्टोर रोड कहा जाता था, एक भू-खंड खरीदा गया। वह भूमि टैगोर परिवार की सम्पत्ति थी। पिताजी ने एक विशाल भू-खंड खरीदा था, ताकि बड़े होने के बाद हम सब खुली जगह में फुटबाल खेल सकें। इस घर के विशाल लॉन में चार टेनिस-कोर्ट बनाये गये, जहाँ पिताजी, ताऊजी और उनके मित्र टेनिस खेला करते थे। बड़े होने के बाद हम सब भाई भी वहाँ टेनिस खेलने लगे।

हम 1922 में किसी समय इस नये घर में आए थे, जिसका नाम बिड़ला पार्क रखा गया था। मैं तब सिर्फ चार वर्ष का बालक था। लेकिन मुझे इसके निर्माण के दिनों की बिलकुल स्पष्ट याद है। इसके निर्माण के दौरान माँ घर की कुछ स्त्रियों के साथ अक्सर इसे देखने आती थीं। कई अवसरों पर मैं भी माँ के साथ होता था। यह एक विशाल भवन था और पूरा परिवार इसी घर में रहता था।

1930 के दशक के अन्त में भाई लक्ष्मी निवास एक दूसरे घर में स्थानान्तरित हो गये। शेष परिवार, जिसमें जुगलकिशोर ताऊजी, पिताजी, ब्रजमोहन चाचाजी और चाचीजी और

हम सब बच्चे शामिल थे, बिड़ला हाउस में ही रहता रहा। ब्रजमोहन भी 1953 में दूसरे घर में चले गए, जिसे बिड़ला हाउस कहा जाता है। सिर्फ हम दो भाई–मैं और बसन्त कुमार– और हमारा चचेरा भाई माधवप्रसाद और हमारी पत्नियाँ, बच्चे और पिताजी (जो दिल्ली में रहते थे, लेकिन कोलकाता आते-जाते रहते थे) बिड़ला पार्क में रह गए। वह घर बहुत ज्यादा बड़ा प्रतीत होता था, इसलिए हम दोनों भाइयों और माधवप्रसाद ने अपने-अपने मकान बनवाने का फैसला किया। लेकिन अपने घनिष्ठ सम्बन्धों को देखते हुए हम ये मकान एक-दूसरे के नजदीक बनवाना चाहते थे, ताकि हमारी घनिष्ठता पहले की तरह ही बनी रहे। परिणामस्वरूप, 1955 में एक नया कॉम्पलेक्स सामने आया। हमने अपने पुराने आवास की स्मृति में इसका नाम भी बिड़ला पार्क रखा। अपने पुराने बिड़ला पार्क भवन को हमने भारत सरकार को दान कर दिया, ताकि वहाँ एक औद्योगिक संग्रहालय की स्थापना की जा सके। इसे अब 'बिड़ला औद्योगिक एवं प्रौद्योगिक संग्रहालय' के रूप में जाना जाता है।

मैं स्थायी रूप से कोलकाता में रहने लगा तो पिताजी को मेरी और बसन्त कुमार की शिक्षा के बारे में सोचना पड़ा। माधवप्रसाद भी, जो पहले मुम्बई में था, अब हमारे साथ ही कोलकाता में रहने लगा था।

उन दिनों पिताजी स्कूल या यूनिवर्सिटी की शिक्षा पर ज्यादा विश्वास नहीं करते थे। मेरे भतीजे, आदित्य, के बड़े हो जाने के बाद ही उन्होंने अपनी इन धारणाओं को बदला। शुरू में उनका विचार था कि स्कूलों में वास्तविक ज्ञान प्राप्त करने की बजाय छात्रों का ध्यान परीक्षाओं में उत्तीर्ण होने पर ही ज्यादा रहता है। पिताजी ने मुझे पढ़ाने के लिए कुछ निजी शिक्षक नियुक्त कर दिए थे, लेकिन उनके अधीन मैं कुछ विशेष तरक्की नहीं कर सका।

मैं उस समय इतना छोटा था कि यह नहीं सोच सकता था कि मुझे उपयुक्त शिक्षा मिल रही है या नहीं। लेकिन आज अगर मैं इसके बारे में सोचूँ, तो मुझे लगता है कि हमारी पीढ़ी के सभी बच्चों की शिक्षा की अवहेलना की गई।

1924 के अन्त के आसपास मेरी माँ क्षयरोग की शिकार हो गईं। उन्हें पहले राँची ले जाया गया, इस उम्मीद से कि शायद स्फूर्तिदायक और शक्तिवर्द्धक जलवायु से उनके स्वास्थ्य पर अच्छा असर पड़े। लेकिन यह उम्मीद खोखली साबित हुई और उनके स्वास्थ्य में कोई सुधार नहीं हुआ। मार्च 1925 में पिताजी ने उन्हें सोलन ले चलने का फैसला किया, जो शिमला के निकट एक पहाड़ी स्थल है। पिताजी माँ को इतना ज्यादा चाहते थे कि उन्होंने अपने अधीन कुछ ईकाइयों की जिम्मेदारी ब्रजमोहन चाचाजी को सौंप दी, ताकि वे खुद अपना ज्यादा-से-ज्यादा समय माँ के साथ बिता सकें। पिताजी तब बत्तीस वर्ष के युवक थे जबकि ब्रजमोहन चाचाजी सिर्फ बीस वर्ष के थे।

उस जमाने में टीबी एक ऐसी बीमारी थी जिसका कोई इलाज नहीं था। पिताजी को यह अहसास हो गया था कि माँ कुछ ही महीनों की मेहमान थी। पिताजी एक पति के रूप में माँ का इतना ज्यादा मान करते थे और उनके साथ इतना गहरा जुड़ाव महसूस करते थे कि वे माँ के साथ अधिक-से-अधिक समय बिताने के लिए दृढ़ संकल्प थे, ताकि माँ को उनकी कमी न महसूस हो।

कोलकाता से पिताजी और हम सब भाई-बहन सोलन के लिए रवाना हुए। कालका की तरफ जाते हुए रास्ते में मुगलसराय पड़ता है। मेरे दादा-दादी मुगलसराय स्टेशन पर हमसे

मिलने आए और उन्होंने हमें अपना आशीर्वाद दिया। स्नेहमयी दादीमाँ इतनी भावुक हो गईं कि वे अगले स्टेशन तक हमारे साथ यात्रा करती रहीं। रास्ते में उन्हें पता चला कि क्षयरोग एक संक्रामक रोग है। इसलिए उन्होंने मुझे, मेरी बहन चन्द्रकला और बसन्त कुमार को अपने साथ वाराणसी ले चलने का प्रस्ताव रखा। बसन्त कुमार तब सिर्फ चार वर्ष का था। दादीमाँ ने उसे रेलगाड़ी से नीचे उतरने के लिए कहा तो वह रोने लगा। पिताजी बसन्त कुमार को बहुत ज्यादा चाहते थे। उन्होंने दादीमाँ से कहा कि वे उसे अपने साथ सोलन ले जाएँगे।

चन्द्रकला और मैं वाराणसी में लगभग एक पखवाड़े तक रहे। उसके बाद हमें अपने चाचा-चाची के पास कोलकाता भेज दिया गया।

कुछ ही दिन बाद मेरी चाची, जिनका स्वास्थ्य ठीक नहीं चल रहा था, मसूरी गईं तो चाचाजी ने मुझे भी उनके साथ वहाँ भेज दिया। मुम्बई से मेरी ताईजी—माधवप्रसाद की माँ—भी वहाँ आ पहुँचीं। गंगा प्रसाद और उसकी बहन गंगा और माधवप्रसाद का बड़ा भाई गजानन भी मसूरी पहुँच गए। हम सब चार्ली विले नामक एक घर में ठहरे हुए थे जो सेवॉय होटल के ठीक ऊपर था।

मसूरी में जीवन काफी सस्ता था, लेकिन वहाँ पहुँचने के लिए बहुत असुविधाजनक और थका देनेवाली यात्रा करनी पड़ती थी। उन दिनों कोलकाता से देहरादून पहुँचने के लिए एक दिन और दो रातें लगती थीं। देहरादून से मसूरी तक के लिए कोई उपयुक्त सड़क नहीं थी। पहले राजपुर नाम के एक छोटे कस्बे तक जाना पड़ता था, और फिर वहाँ से डोली में या घोड़े पर बैठकर मसूरी पहुँचना पड़ता था। इस पहाड़ी चढ़ाई को तय करने में पाँच-छह घंटे लग जाते थे।

अपने चचेरे भाइयों और बहन की संगति में मैंने मसूरी में काफी अच्छा समय गुजारा। उन दिनों मसूरी बहुत प्यारा हिल-स्टेशन होता था। इसके आसपास की दृश्यावली आज से कहीं ज्यादा भरी भरी और मनोरम थी। तब न तो चूने पत्थर की खदानों के दृश्य आँखों में खटकते थे और न पर्यावरण के लिए खतरा पैदा करते हुए पेड़ों की इतनी अधिक कटाई ही होती थी। पूरे शहर में बिजली थी, हालाँकि घरों के शौचालयों में कमोडों का प्रयोग होता था जिन्हें मेहतर साफ करने आता था। मुझे कमोडों का प्रयोग बिलकुल ही पसन्द नहीं था। पिलानी में हम सब बच्चे इस उद्देश्य के लिए बालू के टीलों में जाते थे।

मसूरी में तीन अच्छे होटल थे—सेवॉय, चार्ली विले और हैकमैन। उनकी तुलना अधिक-से-अधिक आज के थ्री-स्टार होटलों से की जा सकती है। होटल उद्योग तब अपने शैशव-काल में था। अधिकांश होटलों का प्रबन्धन काफी ढुलमुल, फर्नीचर खस्ताहाल, स्नानघर गन्दे और भोजन घटिया था।

उन दिनों मसूरी के भ्रमण पर जानेवाले लोग समाज के सम्भ्रान्त और अति विशिष्ट वर्ग से सम्बन्ध रखते थे। मध्यवर्ग का शायद ही कोई अस्तित्व था। सिर्फ राजे-महाराजे, जमींदार और व्यवसायी ही नियमित रूप से पहाड़ी स्थलों पर छुट्टियाँ मनाने का सामर्थ्य रखते थे। देशी रियासतों के राजा-महाराजा अक्सर हिल-स्टेशनों पर जाते रहते थे। कपूरथला के महाराजा का उन दिनों भी मसूरी में एक आवास-स्थान था, जिसे शहर का सबसे शानदार आवास-स्थान कहा जाता था। हालाँकि मसूरी तत्कालीन ब्रिटिश भारत का अंग था, लेकिन राजे-महाराजे इस तरह व्यवहार करते थे मानो वह उनकी रियासत का ही हिस्सा हो। मुझे

याद है कि एक बार कोई महाराजा रिक्शा पर यात्रा कर रहा था कि एक कुली ने उसके सामने से सड़क पार कर ली। महाराजा क्रोध से आग-बगूला हो उठा। एक कुली की इतनी हिम्मत कि उसका रास्ता काटकर सड़क पार करे? यह एक अपशगुन था। उसने रिक्शा रुकवाया और कुली को सड़क के उस पार वापस लौटने के लिए कहा।

अंग्रेजी भद्र वर्ग भी बड़ी संख्या में मसूरी जाया करता था। शाम को शहर बहुत रंगीन दिखाई देता था। रिक्शाओं में बैठी फैशनपरस्त भारतीय महिलाओं को कुलड़ी और लाइब्रेरी की मार्केटों में खरीददारी के लिए जाते देखा जा सकता था। यूरोपीय महिलाओं के अपने अलग ठिकाने थे। सड़कों पर पर्दाधारी रिक्शाओं का रेला-सा लगा रहता था।

एक तरफ जहाँ देश का धनाढ्य वर्ग गर्मियों में मसूरी भ्रमण का आनन्द लेता था, वहीं वहाँ के स्थानीय लोगों की आर्थिक स्थिति बहुत दयनीय थी। वे छोटे-छोटे और तंग घरों में आपस में ठुँसकर रहते थे और एक कठिन जीवन जी रहे थे। उनकी आजीविका का एकमात्र साधन रोजगार थे। लेकिन इन कठिनाइयों के बावजूद वे सन्तुष्ट थे, क्योंकि धनवान पर्यटक वापस लौटते समय उन्हें हमेशा मोटी बख्शीशें देते थे।

मैं अपने सातवें वर्ष में प्रवेश कर चुका था, लेकिन अभी तक मेरी शिक्षा का कोई उपयुक्त प्रबन्ध नहीं हुआ था। मैंने न तो किसी स्कूल में प्रवेश लिया था और न कोई अच्छा निजी शिक्षक ही हमें पढ़ाने के लिए नियुक्त किया गया था। हमारे पुरोहित परिवार के एक सदस्य मिर्जा महाराज को हमें पढ़ाने के लिए कहा गया था। मिर्जा साहब की हिन्दी कमजोर थी। उन्हें न तो सही हिन्दी लिखनी आती थी और न उन्हें शब्दों के हिज्जों का ही पर्याप्त ज्ञान था। भारतीय भाषाएँ आपको हिज्जों का सरदर्द नहीं देतीं—आप वही लिखते हैं जो बोलते हैं। फिर भी अधिकांश लोग हिज्जों की गलती कर बैठते हैं। मिर्जा साहब के साथ भी यही समस्या थी और जल्दी ही यह बात स्पष्ट हो गई कि वे हमें हिन्दी नहीं पढ़ा पाएँगे। वे हमें दो से बीस तक के पहाड़े सिखाने लगे। उनका कहना था कि हमें ये पहाड़े अच्छी तरह से याद हो जाने के बाद वे हमें इक्कीस से चालीस तक के पहाड़े सिखाएँगे।

मिर्जा साहब हर रोज तीन, चार और पाँच के पहाड़े लिख देते थे। इसके बाद वे हमें बारह पट्टियों पर उन पहाड़ों को बारह-बारह बार लिखने के लिए कहते थे, यानी कुल मिलाकर 144 बार। पहाड़े लिख देने के बाद मिर्जा साहब खुद ऊँघने लगते थे और हम सब बच्चे बार-बार पहाड़े लिखते रहते थे। यह काफी परिश्रम भरा काम था, लेकिन इसका परिणाम यह हुआ कि वे पहाड़े हमें अच्छी तरह से याद रह गए। मुझे आज भी वे सब पहाड़े याद हैं।

शाम को हम सब रिक्शाओं में बैठकर मसूरी की सैर करने जाते थे। लगभग बीस दिनों तक हमारी यही दिनचर्या रही। इस बीच सोलन में मेरी माँ मुझसे मिलने के लिए बेचैन हो उठीं। वे मुझे बहुत ज्यादा प्यार करती थीं। पिताजी ने तार द्वारा सन्देश भेजा कि मुझे फौरन सोलन भेज दिया जाए। यह बिलकुल स्पष्ट था कि अब माँ के पास ज्यादा समय नहीं था। पिताजी ऊपर से सामान्य दिखने का प्रयास कर रहे थे, लेकिन वे माँ से इतना प्रगाढ़ प्रेम करते थे कि भीतर ही भीतर बहुत गहरे दुख में डूबे हुए थे। फिर भी वे माँ से चिरन्तन विछोह के लिए अपने आपको मानसिक रूप से तैयार कर चुके थे।

चूँकि टीबी छूत की बीमारी थी, इसलिए हमें दिन में सिर्फ एक-दो बार पाँच मिनट के लिए माँ के पास जाने की अनुमति थी। यह भी माँ के लिए बहुत गहरे दुख का विषय था

कि वे अपने ही बच्चों से खुलकर नहीं मिल सकती थीं। लेकिन वे इसका कारण जानती थीं और उन्हें पता था कि बच्चों को उनके हित के लिए ही उनसे दूर रखा जा रहा था। कुछ समय बाद, माँ के दुख को समझते हुए पिताजी ने हमें उनके साथ ज्यादा समय बिताने की अनुमति दे दी, लेकिन थोड़ा दूर रहकर ताकि हम रोग के संक्रमण से बचे रहें। सोलन में माँ के प्रवास के दौरान कोलकाता का एक डॉक्टर हर समय उनके साथ रहता था। हालाँकि इस भयावह रोग के खिलाफ वह कुछ भी कर पाने में असमर्थ था।

माँ महादेवी बिड़ला, जिनका 13 फरवरी, 1926 को स्वर्गवास हो गया

सोलन में बहुत उदास और निराशाजनक वातावरण था। पिताजी इससे राहत पाने के लिए धर्म की तरफ मुड़ गए थे और राजनीति में ज्यादा-से-ज्यादा दिलचस्पी लेने लगे थे। हमारा पूरा परिवार ही धार्मिक प्रकृति का था। सोलन के शोक-संतप्त और विषादपूर्ण वातावरण से उबरने के लिए पिताजी ने प्रख्यात गायक विष्णु दिगम्बर जी के एक शिष्य की भी सेवाएँ ली थीं।

मैं विषय से थोड़ा हटकर विष्णु दिगम्बर जी के बारे में कुछ कहना चाहूँगा। वे भारत के सर्वश्रेष्ठ गायकों में से एक थे। उनकी आवाज अत्यन्त मधुर थी। वे अपने गायन से श्रोताओं को देर तक मन्त्रमुग्ध रख सकते थे। उम्र बढ़ने के साथ वे भजनों की तरफ मुड़ गए थे। वे सूरदास, तुलसीदास, मीराबाई और अन्य भक्तिरस के कवियों के भजन गाया करते थे। पिताजी ने उनसे अपने किसी शिष्य को सोलन भेजने का अनुरोध किया था, ताकि वहाँ के वातावरण में धार्मिकता का रस पैदा हो सके। पिताजी का खयाल था, जो मेरे खयाल

में सही भी था। कि सोलन के उदास और निराशाजनक वातावरण से उबरने के लिए भजनों से बेहतर कोई उपाय नहीं था। विष्णु दिगम्बर जी ने इस उद्देश्य के लिए अपने एक शिष्य ढुंढीराज को वहाँ भेज दिया था। वे हर सुबह और शाम भजन गाया करते थे। इसमें कोई सन्देह नहीं कि उनके इन भजनों ने माँ के दिन-प्रतिदिन निकट आते जा रहे अन्त से पैदा हुई विषादपूर्ण परिस्थितियों को ज्यादा सहनीय बना दिया था। हर कोई जानता था कि माँ अब कुछ ही महीनों की मेहमान हैं, लेकिन धार्मिकता के रंग में रँगा वातावरण हम सबको शान्ति और सन्तोष प्रदान करने में सफल रहा था।

सोलन में परिवार के बहुत-से सदस्य माँ से मिलने आते रहते थे। माँ ने अद्भुत सहनशक्ति के साथ अपनी पीड़ा को झेला था। वे असाधारण मानसिक और नैतिक शक्तिवाली स्त्री थीं। ईश्वर ने उन्हें दृढ़ता और मानसिक शान्ति दी थी। बीमार होते हुए भी और यह जानते हुए भी कि उनकी जिन्दगी के कुछ ही दिन शेष हैं, उन्हें इस बात का सन्तोष था कि उनके बच्चों को इससे अच्छा पिता नहीं मिल सकता था। उन्हें यह दृढ़ विश्वास था कि उनकी मृत्यु के बाद पिताजी बच्चों का पूरा ध्यान रखेंगे। वे उन्हें एक पिता का प्रशिक्षण और एक माँ का प्यार देंगे।

सोलन में पंडित उदित मिश्र से मेरी भेंट हुई। वे वाराणसी के नजदीक कुरी नामक एक गाँव के थे। उन्हें मुझे और बसन्त कुमार को अंग्रेजी के अलावा अन्य सभी विषय पढ़ाने के लिए रख लिया गया। शुरू के कुछ दिन उन्होंने बसन्त कुमार के साथ अच्छी तरह खुलने में बिताये।

पंडितजी वाराणसी के अखबार 'आज' में एक संवाददाता के रूप में काम कर रहे थे कि वे पिताजी के सम्पर्क में आये। उन्होंने अपने अखबार के लिए पिताजी का इंटरव्यू लिया था। वे 'गाँव की चिट्ठी' के नाम से अखबार में एक साप्ताहिक स्तम्भ भी लिखते थे, जिसमें वाराणसी के आसपास के गाँवों की खबरें रहती थीं। वे अच्छा लिखते थे।

पिताजी को लगा कि उनके बच्चों की शिक्षा की देखरेख के लिए पंडितजी एक उपयुक्त व्यक्ति थे। इसका एक कारण यह भी था कि महात्माजी, मदन मोहन मालवीय, लाला लाजपत राय, जवाहरलाल नेहरू और अन्य नेताओं के साथ अपनी निकटता के कारण पिताजी राजनीति में व्यस्त रहते थे; साथ ही उन्हें माँ की देखभाल में भी काफी समय बिताना पड़ता था। यह पंडितजी की शिक्षा का ही परिणाम था कि मुझे कड़ा परिश्रम करने की आदत पड़ गई, और यह आदत आज तक बनी हुई है।

हम अक्टूबर 1925 तक सोलन में रहे। कभी-कभी एक-दो दिनों के लिए हम शिमला चले जाते थे, जहाँ हमने किराए का एक मकान ले लिया था। लेकिन स्वास्थ्य की दृष्टि से सोलन एक बेहतर स्थल माना जाता था, इसलिए हमारा अधिकांश समय वहीं गुजरा।

शिमला और सोलन में सर्दी बहुत बढ़ गई तो हम लोग दिल्ली स्थानान्तरित हो गए। क्षयरोग के मामले में हमेशा यह सलाह दी जाती है कि रोगी को धूल-मिट्टी और शहर के शोर-शराबे से दूर रखा जाए। इसलिए पिताजी ने ओखला में एक किराए का मकान ले लिया। हम वहाँ लगभग तीन महीने रहे। पिताजी जी-जान से इस बात का प्रयास करते रहे कि वातावरण जितना शान्त और सौम्य हो उतना ही अच्छा। दिल्ली में भी हमारे सम्बन्धी पिताजी से—और आखिरी बार माँ से—मिलने आते रहे।

माँ की हालत दिन-ब-दिन बिगड़ती जा रही थी। 6 जनवरी 1926 को उनका स्वर्गवास हो गया। मेरा खयाल है कि वह भोर का समय था जब 'रघुपति राघव राजाराम, पतित पावन सीता राम' का पाठ मेरे कानों में पड़ा। हमें नींद से जगाकर बताया गया कि माँ नहीं रहीं। बसन्त कुमार, जो बहुत छोटा था, बुरी तरह बिलखने लगा था। मैं भी बुरी तरह शोकाकुल हो उठा था। बहन चन्द्रकला का भी यही हाल था। मेरी छोटी बहनें बहुत ज्यादा छोटी थीं, लेकिन दूसरों को रोते देखकर वे भी रोने लगीं। हालाँकि मैं सिर्फ सात वर्ष का बालक था, लेकिन मैं बहुत दृढ़ मन का था, इसलिए मैं रोया नहीं था। लेकिन मुझे बहुत अच्छी तरह से याद है कि उस रात मैं सो नहीं पाया था।

पिताजी ने इस क्षति को बहुत साहस के साथ झेला। वे इस दुखद अन्त के लिए अपने-आपको तैयार कर चुके थे। ईश्वर में उनकी आस्था और महात्माजी के साथ उनकी निकटता ने इस क्षति को धैर्य और स्थिर-चित्तता के साथ झेलने में उनकी काफी मदद की।

* * *

पिताजी ने एक अंग्रेज महिला, श्रीमती बर्क को हमें अंग्रेजी पढ़ाने के लिए रखा। जहाँ तक मुझे याद पड़ता है, उन्हें 1927 के आसपास नियुक्त किया गया था और वे 1932 तक यह दायित्व निभाती रहीं। श्रीमती बर्क जन्म से अंग्रेज थीं और एक विधवा महिला थीं, जिनका इकलौता पुत्र कुछ वर्ष पहले चल बसा था। हम सौभाग्यशाली थे कि हमें उनके जैसी शिक्षिका मिली। वे अपने काम के प्रति पूरी तरह से समर्पित थीं। वे प्रतिदिन लगभग दो घंटे तक हमें व्याकरण, अंग्रेजी साहित्य, निबन्ध-लेखन इत्यादि सिखाया करती थीं।

हम कुल मिलाकर दिन में आठ घंटे पढ़ते थे। इनमें से दो घंटे हम श्रीमती बर्क के साथ पढ़ते थे और छह घंटे पंडितजी के साथ। क्योंकि श्रीमती बर्क का कोई परिवार नहीं था, इसलिए हम जहाँ भी जाते थे वे हमारे साथ चलती थीं। वे हमारे साथ नहीं ठहरती थीं। हम जब भी कोलकाता से बाहर जाते थे तो शहर के किसी होटल में उनके ठहरने का प्रबन्ध कर दिया जाता था। हम सर्दियों के महीनों में पिलानी जाते थे तो श्रीमती बर्क के ठहरने के लिए घर के बगीचे में एक कैंप बना दिया जाता था। जब 1932 में हम एक स्कूल में भर्ती हो गए तब श्रीमती बर्क दिल्ली चली गईं, और एक ब्रिटिश संस्था द्वारा वृद्ध महिलाओं के लिए चलाए जा रहे आश्रम का कामकाज देखने लगीं।

पिताजी निरन्तर यात्रा पर रहते थे। जैसाकि मैं लिख चुका हूँ, माँ के निधन के बाद वे बहुत अशान्त रहने लगे थे। हालाँकि ऊपर से वे शान्त और संयत दिखने का प्रयास करते थे, लेकिन माँ को भूल नहीं पा रहे थे। उनकी सतत यात्राओं में उनकी यही अशान्त मनोस्थिति झलकती थी। वे कुछ दिनों से ज्यादा एक जगह पर नहीं टिक पाते थे। महीने में शायद हफ्ता भर या दस दिन ही वे कोलकाता में रहते थे, शेष समय वे दिल्ली और ग्वालियर—जहाँ हमारी कपड़ा मिलें थीं—या मुम्बई की यात्राओं पर रहते थे। आर.डी. ताऊजी (रामेश्वरदास) की संगति उन्हें बहुत अच्छी लगती थी। इसलिए पिताजी ने बहुत सोच-विचार कर, और शिक्षा के क्षेत्र में हमारी प्रगति पर एक ऊपरी नजर रखते हुए हमारी देखभाल, शिक्षा और अन्य सभी तरह के दायित्व बी.एम. चाचाजी को सौंप देने का फैसला किया।

सुबह उठने के बाद हम सबसे पहले पिताजी, जे.के. ताऊजी और बी.एम. चाचाजी के पाँव छूकर उन्हें प्रणाम करते थे। पिताजी एक परम्परावादी व्यक्ति थे और बड़ों के प्रति इस सम्मान-प्रदर्शन का पूरी तरह से समर्थन करते थे। लेकिन अपने आधुनिक दृष्टिकोण के कारण बी.एम. चाचाजी इसे विशेष पसन्द नहीं करते थे। तैयार होने के बाद हम सब दूध पीते थे। हमें चाय पीने की अनुमति नहीं थी। इसके बाद पंडितजी सुबह 7 या 7.30 बजे हमें विक्टोरिया मेमोरियल ले जाते थे। हम लगभग आधे घंटे तक विक्टोरिया मेमोरियल में खेलते थे। इसके बाद हम एक पेड़ के नीचे दो दरियाँ बिछाकर पढ़ने बैठ जाते। पंडितजी हमें 9.30 या 10 बजे तक पढ़ाते रहते। पंडितजी वाराणसी से सम्बन्धित थे और सिर्फ यह तथ्य ही उन्हें सम्मान का पात्र बना देता था। इसके अलावा उनका व्यक्तित्व, उनकी वाक्-कला और उनका ज्ञान भी उन्हें ख्याति दिलवाने के लिए पर्याप्त था। जल्दी ही यह बात पूरे शहर में फैल गई कि बिड़ला परिवार के बच्चे हर सुबह विक्टोरिया मेमोरियल में आते हैं। अब अन्य परिवारों के बच्चे भी वहाँ आने लगे और हमारे साथ खेलने लगे।

लगभग 10 बजे हम अपने घर बिड़ला पार्क लौट आते थे। स्नान करने के बाद हम लगभग 11 बजे भोजन करते थे। लगभग डेढ़ घंटे बाद, 1.00 बजे के आसपास, हम फिर से पढ़ना शुरू कर देते थे। बीच में अल्पाहार के लिए एक छोटा-सा विराम होता था, और फिर 2.30 बजे के आसपास पंडितजी हमें बिड़ला पार्क के बगीचे में ले जाते थे। वहाँ हम 5 बजे तक पढ़ते थे। बीच में श्रीमती बर्क भी हमें पढ़ाती थीं। पंडितजी को खुली हवा में रहना और घूमना-फिरना बहुत पसन्द था। खुद मैं भी जीवन भर प्रकृति-प्रेमी रहा हूँ।

5 बजे के आसपास हमारे खेलने का समय होता था। हम सब टेनिस और फुटबॉल के शौकीन थे। खुद मुझे पेड़ों पर चढ़ने का भी शौक था। मैं किसी भी तरह के पेड़ पर चढ़ जाता था, नारियल के पेड़ पर भी। कभी-कभी मैं किसी पेड़ पर चढ़कर आधे घंटे तक उसकी टहनियों पर बैठा रहता था।

शाम को, सूर्यास्त के बाद, हम सब तैयार होकर भोजन की मेज पर पहुँच जाते थे, और भोजन के बाद बड़ों के साथ बातचीत करते थे। हमारे रात के भोजन का कोई निश्चित समय नहीं होता था। एक दिन पिताजी को लगा कि इसके लिए भी कोई निश्चित समय होना चाहिए। परिवार के अन्य सदस्य भी उनसे सहमत थे। आखिर बच्चों के लिए 6.45 और बड़ों के लिए 7.30 का समय निर्धारित कर दिया गया। लेकिन बच्चों के लिए अलग समय ज्यादा दिनों तक नहीं चला। बच्चे सभी को अच्छे लगते हैं और पिताजी की भी यही स्थिति थी। कुछ दिन बाद हम सब एक साथ 7.30 बजे भोजन करने लगे।

पिताजी समय-समय पर पंडितजी से हमारी पढ़ाई के बारे में पूछताछ करते रहते थे, और हमारी प्रगति से सन्तुष्ट थे।

कोलकाता में भोजन के बाद हम सब गद्दी में इकट्ठे हो जाते थे। पिताजी रूई के एक बड़े गद्दे पर लेट जाते थे, जिस पर साफ-सुथरी सफेद चादरें बिछी होती थीं।

व्यवसाय के साथ-साथ देश की सामाजिक और राजनीतिक गतिविधियों में बहुत ज्यादा सक्रिय होने के कारण पिताजी के सम्पर्कों का दायरा बहुत विशाल था। उनके घनिष्ठ मित्रों

के लिए हमारे साथ भोजन करने का खुला निमन्त्रण रहता था। इसलिए भोजन पर चार-पाँच अतिथि हमेशा हमारे साथ होते थे। कई अन्य लोग भी, जो हमारे साथ भोजन नहीं करते थे, पिताजी के साथ गपशप और अनौपचारिक चर्चाओं के लिए गद्दी में जमा हो जाते थे। 9 बजे हम सबको वहाँ से उठ जाना पड़ता था।

जयपुर : 1928 : मैं, बसन्त कुमार, माधव प्रसाद और गंगा प्रसाद हमारे शिक्षक पंडित उदित मिश्रा और महंत गोविन्द दास के साथ

महात्माजी से बहुत ज्यादा प्रभावित होने के कारण पिताजी अब खादी पहनने लगे थे। उन्होंने हम सब बच्चों को तकली से सूत कातना भी सिखाया था जो हाथ में पकड़ा जा सकनेवाला एक छोटा-सा उपकरण था। पिताजी ख़ुद भी इसी तरह की तकली से या चरखे से सूत कातते थे। तकली से सूत कातने में हम सबके सब माहिर हो गए थे।

गर्मियों में पिताजी या चाचाजी हमें किसी हिल स्टेशन पर भेज देते थे, जो आमतौर मसूरी होता था। इन यात्राओं के दौरान आमतौर से भाई जी लक्ष्मी निवास हमारे साथ होते थे, लेकिन कभी-कभी चाचाजी और चाचीजी भी हमारे साथ चलते थे। हमारे साथ घर का कोई बड़ा व्यक्ति न होने की स्थिति में पंडितजी हमारे संरक्षक की भूमिका निभाते थे। 1931 की गर्मियों में हम लोग मसूरी गए तो मेरा चचेरा बड़ा भाई गजानन भी हमारे साथ था। बहुत मिलनसार और बेबाक स्वभाव के गजानन भाई जी टेनिस के बड़े अच्छे खिलाड़ी थे। उनके जीवन का मन्त्र था—जहाँ भी रहो, जिन्दगी का लुत्फ उठाओ। वे पश्चिमी जीवन-शैली के शौकीन थे। मसूरी में उनके प्रभाव में आकर हम सब रोलर स्केटिंग के अभ्यास के लिए एक स्केटिंग रिंक (बर्फ के मैदान) में जाने लगे। गजानन भाई जी भारतीय

मिठाइयों के भी उतने ही शौकीन थे। इसमें कुछ भी बुरा नहीं था, लेकिन पुराने जमाने के लिए परम्परावादी होने के कारण पंडितजी को यह सब पसन्द नहीं था। उन्होंने हमारे स्केटिंग अभ्यास का मजाक उड़ाते हुए एक कविता लिखी। उस कविता की कुछ पंक्तियाँ मुझे आज भी याद हैं–

रिंक में जाने लगे खाने लगे चमचम माघा
नमक मिर्च तलक विदेशी भाव देशी का भागा
कहाँ है तकली तुम्हारी और खद्दर का स्नेह
भूमि जो जरखेज थी अब वहाँ रहे रह

हमने रिंक में जाना बन्द नहीं किया, क्योंकि हमें लगता था कि इसके अभ्यास का आनन्द उठाने में कुछ भी आपत्तिजनक नहीं था। लेकिन हमें पंडितजी की कविता इतनी अच्छी लगी कि हम शरारत से उसे गाते रहते। हमारी इस शरारत को देखकर पंडितजी अपना सिर पीटकर रह जाते।

पहाड़ों पर इन प्रवासों के दौरान हम पैदल चलते हुए लम्बी दूरियाँ तय कर जाते थे। मुझे याद है कि मसूरी में पंडितजी लाइब्रेरी और कम्पनी बाग के बीच के मॉल के पेड़ों के नीचे हमें पढ़ाया करते थे। वहाँ से पैदल लौटते हुए हमें रास्ते में अक्सर एक ईसाई मिशनरी मिल जाया करते थे। पंडितजी उनसे बातचीत करने लगते थे। जल्दी ही उनके बीच अच्छी मित्रता हो गई, हालाँकि पंडितजी एक निष्ठावान हिन्दू थे और वे एक सच्चे ईसाई। एक बार मिशनरी को एक पखवाड़े के लिए मसूरी से बाहर जाना पड़ा। वे वापस लौटे तो पंडितजी ने उन्हें मॉल पर टहलते देख लिया। दोनों तेजी से एक-दूसरे की तरफ लपके और बहुत आत्मीयता से एक-दूसरे से गले लगकर मिले। पंडितजी एक अनूठे व्यक्ति थे। उन्हें पता था कि मित्रता कैसे की जाती है और इस मित्रता का सम्मान कैसे किया जाता है।

रामेश्वरदास ताऊ जी का बेटा माधवप्रसाद मुझसे तीन महीने बड़ा था और हमारे ग्रुप का नेता था। हमारी एक-सी पाठ्य-पुस्तकें थीं और पढ़ाई को लेकर हम दोनों के बीच हमेशा एक स्वस्थ प्रतियोगिता चलती रहती थी।

उन दिनों सरकार के हर कदम के पीछे यह उद्देश्य होता था कि इससे ब्रिटेन को कितना फायदा होगा। भारत के आर्थिक हितों या अहितों का उसके लिए कोई अर्थ नहीं था। कम्पनियों और आयकर के कानून जटिल न होकर बहुत सीधे-सादे और सरल थे। उनका उल्लंघन होने पर भी सरकारी विभाग कोई गम्भीर कदम नहीं उठाता था।

पिताजी जब भी कोलकाता आते थे या वहाँ से जाते थे तो हम सब उन्हें स्टेशन छोड़ने या लिवाने जाते थे। बहुत-से पदाधिकारी और उड़िया सेवकों की एक अच्छी-खासी फौज भी हमारे साथ होती थी। इतनी बार स्टेशन आने-जाने से हमारी पढ़ाई में विघ्न पड़ता था। लेकिन चूँकि हम स्कूल में नहीं थे इसलिए किसी को भी इसकी परवाह नहीं थी।

1931 तक मेरा लड़कपन इसी निश्चिन्त वातावरण में बीता। जीवन बहुत सौम्य और काव्यात्मक था। हमें अपने सभी बड़ों–पिताजी, चाचाजी और चाचीजी, भाई लक्ष्मी निवास और भाभी सुशीला देवी–का भरपूर प्यार मिल रहा था।

8

पाठशाला से महाविद्यालय तक

पिताजी श्रेष्ठ गुरुओं के चरणों में बैठकर सच्चा ज्ञान प्राप्त करने में विश्वास करते थे। वे एक ऐसी शिक्षापद्धति में विश्वास करते थे जिसमें शिष्य की जिज्ञासा विषय की असीम गहराइयों तक पहुँच सके, और वह सही अर्थों में उस विषय का विद्वान बनने की दिशा में अग्रसर हो सके। हम पिताजी से सहमत नहीं थे, लेकिन साथ ही मैं यह भी कहना चाहूँगा कि उस जमाने में शिक्षा का स्तर बहुत हल्का था। 90 प्रतिशत स्नातक अच्छी अंग्रेजी लिखना नहीं जानते थे, जबकि सभी स्कूलों और कॉलेजों में अंग्रेजी एक अनिवार्य विषय था। जब भी हम किसी विषय पर कोई निबन्ध लिखते थे तो हमारे घरेलू शिक्षक इसमें सुधार करते थे। पिताजी बाद में कहते थे कि सुधार का स्तर कितना कमजोर था। इसलिए कोई आश्चर्य नहीं कि पिताजी परम्परागत कमजोर स्कूली शिक्षा के पक्ष में नहीं थे। मुझे यह सोचकर विस्मय होता है कि उस जमाने की पश्चिमोन्मुखी और उपनिवेशवादी शिक्षा-पद्धति को लेकर पिताजी अपने समय से कितना आगे सोचते थे।

लेकिन 1932 में बी.एम. चाचाजी ने दृढ़तापूर्वक अपना मत प्रकट करना शुरू किया। कई मामलों में वे पिताजी से ज्यादा व्यावहारिक और आधुनिक थे। उनका यह दृढ़ मत था कि बच्चों को निजी शिक्षकों की देखरेख में और उनकी कृपा पर छोड़ने की बजाय—जिनके हाथ में यह फैसला रहता था कि वे बच्चों को क्या पढ़ाएँ और क्या न पढ़ाएँ—उन्हें किसी स्कूल में भर्ती करवाना कहीं बेहतर था। स्कूल में उन्हें भारत सरकार के शिक्षा विभाग या किसी मान्यता प्राप्त सरकारी संस्था द्वारा निर्धारित की गई पाठ्य-पुस्तकें पढ़ाई जाएंगी, और वे अपनी ही उम्र के अन्य लड़कों के साथ उठना-बैठना और प्रतियोगिता करना सीखेंगे तो उनके व्यक्तित्व का भी विकास होगा।

आखिर चाचाजी के निरन्तर आग्रह के बाद पिताजी हमें किसी स्कूल में भर्ती करवाने के लिए राजी हो गए। अब प्रश्न यह था कि कौन-सा स्कूल? उन दिनों सेंट जेवियर्स स्कूल को कोलकाता का सर्वोत्तम स्कूल माना जाता था, और शायद आज भी यही स्थिति है। लेकिन गांधीजी के परम अनुयायी होने के कारण पिताजी हमें किसी ऐसे स्कूल में भर्ती करवाने के पक्ष में नहीं थे, जहाँ का वातावरण बहुत ज्यादा अंग्रेजियत से भरा हो। हमने बैलीगंज के स्कूल के बारे में सोचा, लेकिन वहाँ जगह खाली नहीं थी। अब चुनाव हिन्दू स्कूल या हेयर स्कूल तक सीमित रह गया था। हमने हेयर स्कूल की काफी प्रशंसा सुनी थी। इसके संस्थापक डेविड हेयर (1775-1842) एक महान शिक्षाविद थे और बंगाल में शिक्षा के प्रसार से जुड़े अभियान के प्रणेता था। वे उस जमाने के उन थोड़े-से अंग्रेजों में

शामिल थे जो भारत से सचमुच प्यार करते थे। हेयर ने दो अन्य अंग्रेजों जस्टिस एडवर्ड हाइड और ईस्ट विल्सन और राजा राममोहन राय के साथ मिलकर बंगाल में शिक्षा के प्रसार, जन-कल्याण, और सामाजिक कुरीतियों के उन्मूलन के क्षेत्र में कई अग्रगामी कदम उठाए थे। उन्होंने स्कूल बुक सोसायटी और कोलकाता स्कूल सोसायटी नामक दो महत्त्वपूर्ण संस्थाओं की स्थापना की थी। स्कूल बुक सोसायटी स्कूलों के लिए निर्धारत पुस्तकों का प्रकाशन करती थी, जबकि कोलकाता स्कूल सोसायटी कोलकाता और इसके आसपास के क्षेत्रों में स्कूलों की स्थापना करती थी।

हम हेयर स्कूल में भर्ती हो गए। यह सन 1932 के मार्च महीने के अन्तिम दिनों या अप्रैल के शुरू की बात है। आठवीं कक्षा के हिसाब से मेरी और माधवप्रसाद की उम्र थोड़ी-सी ज्यादा थी, लेकिन कोई दूसरा रास्ता नहीं था। मैट्रिक की परीक्षाओं में बैठने के लिए स्कूल में कम-से-कम दो वर्ष तक लगातार पढ़ना जरूरी था। नौवीं कक्षा के हिसाब से हम कुछ विषयों में कमजोर भी पाए गए थे।

स्कूल के जीवन की दिनचर्या के साथ अपना तालमेल बिठाने में हमें कुछ समय लगा। दुर्भाग्य से हममें से कोई भी बंगाली नहीं बोल पाता था, हालाँकि मैं तेरह वर्ष का हो चला था। हेयर स्कूल में उन गैर-बंगाली छात्रों के लिए हिन्दी की एक विशेष कक्षा होती थी, जो हिन्दी को एक भाषा के रूप में चुनना चाहते थे। अंग्रेजी अनिवार्य थी। दूसरी भाषा के रूप में छात्र बंगाली, हिन्दी या उर्दू में से किसी एक को चुन सकते थे। हमने दूसरी भाषा के रूप में हिन्दी को चुना, क्योंकि हमारी मातृभाषा हिन्दी थी।

हेयर स्कूल के अध्यापक बहुत अच्छा पढ़ाते थे और अपने दृष्टिकोण में भी काफी उदार थे। कभी-कभी, अगर वे बंगाला में बोलते थे और बंगाला को अच्छी तरह न समझ पाने के कारण हम उनसे अंग्रेजी में भी समझा देने का अनुरोध करते थे, तो कोई भी इस बात का बुरा नहीं मानता था।

मेरे बहुत-से मित्र बन गए, जिनमें बंगालाभाषी और हिन्दीभाषी दोनों ही थे। मैं खेलों में भी भाग लेता था। मैं फुटबॉल काफी अच्छी खेलता था, हालाँकि मैंने कभी खेलों में अपनी कक्षा या स्कूल का प्रतिनिधित्व नहीं किया। हम सबमें मेरा चचेरा भाई गिरधर सबसे अच्छा खिलाड़ी था। वह फुटबाल, हॉकी और टेनिस सभी बहुत बढ़िया खेलता था।

मई 1932 में हुई परीक्षाओं का परिणाम सामने आया तो पता चला कि मेरा और गिरधर का प्रदर्शन बहुत खराब रहा था। हम दोनों की रिपोर्टों में कक्षा अध्यापक की टिप्पणी थी–'नॉट गुड'। दूसरी तरफ माधवप्रसाद का प्रदर्शन बहुत अच्छा रहा था। उसकी रिपोर्ट में अध्यापक ने टिप्पणी की थी–'भविष्य में और भी बेहतर करने की अपेक्षा'। कक्षाएँ जनवरी में शुरू हो गई थीं, जबकि हमने मार्च में स्कूल में प्रवेश लिया था। इसलिए हम परीक्षाओं से पहले कुछ ही सप्ताह पढ़ पाए थे, और तैयारी के लिए पर्याप्त समय के बिना ही हमें अपनी पहली परीक्षाओं में बैठना पड़ा था। इस तथ्य के बावजूद माधवप्रसाद के अच्छे प्रदर्शन के कारण ही अध्यापकों को अगली परीक्षाओं में उससे और भी बेहतर प्रदर्शन की अपेक्षा थी। यह सचमुच बहुत सराहनीय बात थी कि इतने कम दिनों तक स्कूल जाने के बाद भी माधवप्रसाद ने इतना अच्छा प्रदर्शन किया था। पिताजी और चाचाजी दोनों ने ही उसकी पीठ थपथपाई थी।

मुझे एक औसत छात्र माना जाता था। खुद मैंने भी इस बात को स्वीकार कर लिया था कि माधवप्रसाद एक बेहतर छात्र था। इसलिए परीक्षाओं के परिणामों से मुझे कोई आश्चर्य या निराशा नहीं हुई थी।

स्कूल में हमारे प्रवेश के बाद श्रीमती बर्क सेवा-निवृत्त हो गई थीं, लेकिन पंडितजी ने हमें पढ़ाना जारी रखा था। वे अंग्रेजी को छोड़कर अन्य सभी विषयों में हमारा मार्गदर्शन कर सकते थे। पहली त्रैमासिक परीक्षाओं के बाद पंडितजी हम पर विशेष ध्यान देने लगे। वे हमारे स्कूल में जाकर हमारे कई अध्यापकों से भी मिले। उन्होंने सभी अध्यापकों के सामने घोषणा की कि उनके प्रशिक्षण में मैं और माधवप्रसाद दोनों ही अन्य छात्रों से कहीं बेहतर प्रदर्शन करेंगे। उन्होंने यह भी कहा कि अगली परीक्षाओं में हम दोनों कक्षा में सबसे ऊपर होंगे।

अगली परीक्षाएँ अगस्त 1932 में हुईं। जब परिणाम सामने आया तो हर किसी के लिए यह एक आश्चर्य से कम न था। मैंने माधवप्रसाद से ज्यादा अंक लेकर हर किसी को अचम्भित कर दिया था। परिवार के सब लोग भी चकित थे क्योंकि माधवप्रसाद को मुझसे बेहतर छात्र समझा जाता था। उसने मेरे इस अनपेक्षित अच्छे प्रदर्शन को अपने अपमान के रूप में देखा। वह बहुत क्रोधित था और थोड़ी-बहुत ईर्ष्या भी महसूस कर रहा था। उसने खुलेआम घोषणा की कि वार्षिक परीक्षाओं में वह मुझसे कहीं बेहतर अंक लेकर मुझे अपनी सही जगह दिखला देगा। हम दोनों में ही कड़ी प्रतियोगिता और एक-दूसरे से बढ़-चढ़कर प्रदर्शन करने की भावना ने जोर पकड़ लिया।

इस तथ्य ने कि मैंने माधवप्रसाद से बेहतर प्रदर्शन किया था, मुझे पूरी तरह से बदल दिया था। तब तक मैं हमेशा उसके पिछलग्गू की तरह व्यवहार करता रहा था। लेकिन इस तथ्य ने कि मुझे उससे बेहतर अंक मिले हैं, मुझमें एक नया उत्साह भर दिया। मुझे लगा कि मैं ऐसा कर सकता हूँ। मेरे मन में इस बात को लेकर कोई सन्देह नहीं था कि वार्षिक परीक्षाओं में वह मुझे बहुत पीछे छोड़ देगा। वह मुझे खुलेआम चुनौती दे चुका था। मैंने सचमुच बहुत कड़ा परिश्रम किया। मैं सिर्फ अपनी पाठ्य-पुस्तकें पढ़कर ही सन्तुष्ट नहीं हुआ। अपने ज्ञान को बढ़ाने के लिए मैंने उन विषयों पर अन्य पुस्तकें भी पढ़ीं। संस्कृत व्याकरण के लिए मैंने वे पुस्तकें खरीदीं जो कॉलेज में पढ़ाई जाती थीं। लेकिन इतने कठोर प्रयास के बावजूद मेरे मन से हीन-भावना जाने का नाम नहीं ले रही थी।

दिसम्बर 1932 में वार्षिक परीक्षाओं के परिणाम घोषित हुए। मैंने माधवप्रसाद से कहीं बेहतर प्रदर्शन किया था। इस बार मैंने पहले से भी ज्यादा अंकों के अन्तर से उसे पीछे छोड़ दिया था। मुझे अब भी याद है कि संस्कृत में मुझे 88 प्रतिशत अंक प्राप्त हुए थे। हमारे अध्यापक एक पंडित थे, जिनका नाम दक्षिणारंजन भट्टाचार्य था, हम उन्हें दक्षिणा बाबू कहते थे। वे थोड़े सनकी स्वभाव के थे। उनका आधा समय छात्रों के साथ गप्पबाजी करने या उन्हें तरह-तरह के किस्से-कहानियाँ सुनाने में व्यतीत होता था। आठवीं कक्षा के परिणामों की घोषणा के बाद दक्षिणा बाबू ने मेरे उत्तरों को देखकर टिप्पणी की थी–'निर्भूल' (कोई गलती नहीं)।

आठवीं कक्षा की परीक्षाओं के परिणामों से पिताजी बहुत खुश थे। मैं कक्षा में सातवें स्थान पर रहा था। मेरा प्रदर्शन अपेक्षा से कहीं बेहतर था। परिवार के सभी लोग इस बात से चकित थे कि मैं माधवप्रसाद से बेहतर प्रदर्शन कर सकता हूँ।

मुझे याद है कि परिणामों की घोषणा के तुरन्त बाद हम लोग दादाजी से मिलने वाराणसी गए थे। पिताजी भी उस समय वहीं थे। उन्होंने दादाजी को बताया था कि मैंने कितने अच्छे अंक प्राप्त किए हैं। लेकिन परीक्षाओं में ज्यादा अंक प्राप्त करने से जुड़ी गौरव की भावना या इसके प्रभावों में दादाजी की कोई दिलचस्पी नहीं थी। उन्होंने सिर्फ इतना कहा कि कुछ वर्ष बाद व्यवसाय में मेरे प्रदर्शन को देखकर ही वे मेरी क्षमताओं का मूल्यांकन करेंगे। जो भी हो, अब यह मान लिया गया कि मैं भी एक मेधावी छात्र हूँ और अपने पूरे शैक्षणिक काल के दौरान मैं अच्छा प्रदर्शन करता रहा।

मेरा काया-कल्प अब पूरा हो चुका था। मुझे अपने आप पर अब बहुत ज्यादा विश्वास हो चला था। लेकिन माधवप्रसाद को यह श्रेय देना होगा कि उसने खेल-भावना के साथ अपनी पराजय को स्वीकार कर लिया था। वही मेरा प्रेरणा-स्रोत भी रहा था।

मई 1933 में, पिताजी की इच्छा का पालन करते हुए हम और हमारे चचेरे भाई कुछ समय पिताजी के साथ बिताने के लिए दिल्ली गए। दिल्ली में हमारी उपस्थिति के दौरान पिताजी को महसूस हुआ कि वे मुझे और बसन्त कुमार को अपने पास रखना चाहेंगे। लेकिन बाद में उन्हें लगा कि मुझे और माधवप्रसाद को अपने पास रखना ज्यादा ठीक रहेगा, क्योंकि हम दोनों एक ही कक्षा में थे और एक-दूसरे का साथ दोनों के लिए ही लाभदायक था। मैंने और माधवप्रसाद ने इस प्रस्ताव का जमकर विरोध किया। लेकिन पिताजी अपना मन बना चुके थे। उन्होंने कहा कि दिल्ली में भी अच्छे स्कूलों की कमी नहीं है।

संयोगवश, उन दिनों मैं बीमार चल रहा था। मुझे गम्भीर ब्रॉन्काइटिस की शिकायत थी। लेकिन पिताजी ने मेरा और माधवप्रसाद का नाम दिल्ली के मॉडर्न हाई स्कूल में प्रविष्ट करवा दिया, जो बाराखम्भा रोड पर स्थित था।

मॉडर्न हाई स्कूल को भारत के शीर्ष स्कूलों में गिना जाता था। इसका संचालन दिल्ली के कुछ प्रमुख नागरिकों के हाथ में था। पिताजी के नाम और प्रभाव के कारण हमारे प्रवेश में कोई कठिनाई नहीं हुई।

बुखार के कारण मैं पहले दिन स्कूल नहीं जा सका। लेकिन माधवप्रसाद गया और बहुत निराश होकर वापस लौटा। हमें कोलकाता के उच्च-स्तरीय स्कूली जीवन की आदत थी, जहाँ बंगलाभाषी और हिन्दीभाषी दोनों तरह के छात्र बहुत शालीन और सुसंस्कृत व्यवहार करते थे। यह भद्रता दिल्ली में पूरी तरह से गायब थी। लड़के बहुत ज्यादा आक्रामक थे और अशिष्ट और असभ्य प्रतीत होते थे। इस तरह के जीवन और बातचीत के अभ्यस्त लोगों को शायद उनका व्यवहार इतना अभद्र न प्रतीत होता। लेकिन बंगाल से आने के कारण हम पर इसका बहुत प्रतिकूल प्रभाव पड़ा। स्कूल में अपने पहले दिन के अनुभव के बाद माधवप्रसाद बहुत परेशान अवस्था में घर लौटा। वह लगभग रुआँसा हो रहा था। उसने घोषणा कर दी कि अगले दिन वह स्कूल नहीं जाएगा।

उन दिनों कोलकाता विश्वविद्यालय के छात्र स्वतन्त्र परीक्षार्थियों के रूप में मैट्रिक की परीक्षा में बैठ सकते थे। इसलिए पिताजी ने हमें स्कूल से हटा लिया और हमारे लिए निजी शिक्षकों की व्यवस्था कर दी। निजी शिक्षक हमें स्कूलों के लिए निर्धारित पाठ्य-पुस्तकों के अनुसार पढ़ाने लगे। हमें अंग्रेजी, हिन्दी और संस्कृत के लिए अच्छे शिक्षक मिल गए, लेकिन मेकैनिक्स (यान्त्रिकी) पढ़ाने के लिए कोई उपयुक्त शिक्षक नहीं मिल पा रहा था। बहुत-से शिक्षकों का साक्षात्कार लिया गया, लेकिन किसी को भी विषय का पर्याप्त ज्ञान नहीं था।

आखिर रामचन्द्र जी नामक एक शिक्षक को नियुक्त किया गया। वे एक अच्छे शिक्षक थे और एक सत्यनिष्ठ व्यक्ति थे।

अक्टूबर-नवम्बर 1934 तक अपना पाठ्यक्रम पूरा कर लेने के बाद हमने परीक्षाओं से कुछ महीने पहले कोलकाता चले जाने का फैसला किया। कोलकाता में पंडित उदित मिश्र के रूप में हमें अच्छा मार्गदर्शक उपलब्ध था। अपने हिन्दी और संस्कृत के ज्ञान को निखारने में हमें उनसे बहुत मदद मिली।

उन दिनों मैट्रिक के छात्रों को पहले एक आरम्भिक (इंटरनल) परीक्षा पास करनी पड़ती थी। ऐसा कहा जाता था कि स्वतन्त्र छात्रों के लिए यह परीक्षा बहुत कठिन होती थी, क्योंकि विश्वविद्यालय के अधिकारी छात्रों को स्कूल जाने से निरुत्साहित करना चाहते थे। मैं और माधवप्रसाद दोनों ही इस परीक्षा से घबरा रहे थे। जब कोई बच्चा किसी तरह के भय या घबराहट का सामना करता है तो वह अन्ततः अपने माता-पिता को अपने मन की बात बताता है। बेटे के लिए उसका पिता ईश्वर की तरह होता है, जो उसे कभी निराश नहीं करता। हमें भी पिताजी में चरम आस्था थी। इसलिए हम उनके पास गए और उन्हें इस परीक्षा से जुड़ी अपनी आशंकाओं के बारे में बताया। पिताजी हमारी कठिनाई को समझ गए। उन्होंने वायदा किया कि वे हमारी मदद करने की पूरी-पूरी कोशिश करेंगे।

उन दिनों श्यामा प्रसाद मुखर्जी कोलकाता विश्वविद्यालय के उप-कुलपति थे। वे पिताजी के अच्छे मित्र थे। पिताजी ने हमारा मामला उनके सामने रखा। उन्होंने उन्हें बताया कि हम पूर्व में हेयर स्कूल के छात्र रह चुके थे। क्या हमें हेयर स्कूल की परीक्षा में बैठने की अनुमति मिल सकती थी? श्यामा प्रसाद मुखर्जी ने कहा कि अगर हेयर स्कूल के अधिकारी इसके लिए राजी हो जाएँ तो उन्हें कोई आपत्ति नहीं होगी।

हम हेयर स्कूल के प्रधानाचार्य से मिले। मेरा छोटा भाई बसन्त कुमार और ब्रजमोहन चाचा जी का बेटा गंगाप्रसाद अब भी हेयर स्कूल के छात्र थे, और हम दोनों का स्कूल का रिकॉर्ड भी बहुत अच्छा रहा था। इसलिए प्रधानाचार्य ने हमारे अनुरोध को तुरन्त स्वीकार कर लिया। हम आरम्भिक परीक्षा में बैठे और आसानी से पास हो गए।

इसके बाद मैट्रिक की वास्तविक परीक्षाओं का समय आया। कुल सात पत्र थे और हरेक के 100 अंक थे। परीक्षाओं के कुछ सप्ताह बाद श्यामा प्रसाद मुखर्जी बिड़ला पार्क के हमारे घर में आए। उन्होंने पिताजी से कहा कि परिवार के एक लड़के ने बहुत शानदार प्रदर्शन किया था। उन्होंने कहा कि उन्हें लड़के का नाम याद नहीं था, लेकिन किसी के लिए भी यह अनुमान लगाना मुश्किल नहीं था कि वह लड़का कौन था। परिणाम जल्दी ही घोषित हो गए।

मुझे 700 में से 569 अंक मिले थे, यानी 81.3 प्रतिशत। उस जमाने में 75 प्रतिशत से अधिक अंक प्राप्त करनेवाले प्रत्येक छात्र को विश्वविद्यालय की तरफ से एक स्टार दिया जाता था। मुझे भी यह स्टार मिला था। मैं ग्यारहवें स्थान पर रहा था और परिवार के सदस्यों, मित्रों, सम्बन्धियों और पिताजी के मित्रों और पदाधिकारियों की तरफ से मुझे मिलनेवाली बधाइयों का ताँता-सा लग गया था। जैसाकि हमेशा होता है, कुछ सन्देह करनेवाले भी थे। मेरे द्वारा इतने अच्छे प्रदर्शन की खबर हर तरफ फैल गई तो विश्वास न कर पानेवालों ने यह अफवाह उड़ा दी कि बिड़लाओं ने यूनिवर्सिटी के अधिकारियों को रिश्वत दी है।

* * *

मार्च 1935 में पिताजी हमारे यज्ञोपवीत संस्कार अर्थात जनेऊ-धारण की रस्म के लिए हमें वाराणसी ले गए। पिताजी को बनारस हिन्दू विश्वविद्यालय के संस्थापक और इसके उप-कुलपति पंडित मदन मोहन मालवीय से अधिक श्रद्धेय सन्त-महात्मा दिखाई नहीं दिया। मालवीयजी महाराज, जैसाकि हम उन्हें कहा करते थे, सही अर्थों में श्रद्धेय प्रकृति के व्यक्ति थे। वे एक धर्मनिष्ठ हिन्दू थे, लेकिन धर्मान्ध कभी नहीं थे। हम सब उनका बहुत आदर करते थे और उन्हें श्रद्धा की दृष्टि से देखते थे। पिताजी के लिए वे परिवार के एक वरिष्ठ व्यक्ति की तरह थे।

पिताजी के अनुरोध पर मालवीयजी हमारा यज्ञोपवीत संस्कार करने के लिए तुरन्त सहमत हो गए। भोज पर बड़ी संख्या में पंडितों को आमन्त्रित किया गया। यज्ञोपवीत सम्पन्न होने के बाद मालवीयजी मेरे गुरु, मेरे बोध-दाता बन गए। अब उन्हें मुझे एक मन्त्र देना था, एक ऐसी सूक्ति जो जीवन में मेरा मार्गदर्शन कर सके। इस तरह का मन्त्र कान में फुसफुसाकर दिया जाता है, जिसे दूसरा कोई भी व्यक्ति सुन न सके। उन्होंने हमारे सिरों पर एक तौलिया रख लिया और फिर पाँच मिनट तक मुझे बताते रहे कि मुझे जीवन में किस तरह का आचरण करना चाहिए। मैं अपने-आपको बहुत सौभाग्यशाली मानता हूँ कि मुझे मालवीयजी जैसे गुरु मिले, जो प्राचीन काल के ऋषि-मुनियों की तरह थे।

मालवीयजी ने हमें संध्या वंदन करना भी सिखाया, एक छोटी-सी प्रार्थना जिसे सुबह और शाम के समय किया जाता है। उन्होंने मुझे गायत्री-मन्त्र भी सिखाया, जो हिन्दू धर्म-ग्रन्थों के सबसे पवित्र और पूज्य मन्त्रों में से एक है।

उस दिन से मैं हर सुबह सन्ध्या करने लगा और लगभग एक वर्ष तक करता रहा। लेकिन क्योंकि इसमें कुछ समय लग जाता था, लगभग दस मिनट, इसलिए बाद में मैंने इस अभ्यास को छोड़ दिया। मैंने गायत्री-मन्त्र का पाठ करना भी बन्द कर दिया।

मैं जब भी वाराणसी जाता था तो मालवीयजी से जरूर मिलता था। मैं उनके साथ लगभग बीस मिनट या आधा घंटा बिताता था। एक बार ऐसी ही एक भेंट के दौरान मालवीयजी ने मुझसे पूछा कि क्या मैं अब भी सन्ध्या वंदन करता हूँ और गायत्री-मन्त्र पढ़ता हूँ। मैंने 'न' में जवाब दिया।

मालवीयजी को यह देखकर खुशी हुई कि मैंने सच बोलने की हिम्मत की थी, हालाँकि कोई भी मेरी इस सच्चाई की जाँच करनेवाला नहीं था। उन्होंने कहा कि मैं सन्ध्या वंदन भले ही न करूँ, लेकिन मुझे हर सुबह और शाम गायत्री-मन्त्र का पाठ जरूर करना चाहिए। उन्होंने कहा कि चूँकि उन्होंने मेरा यज्ञोपवीत सम्पन्न किया था, इसलिए उन्हें इस बात का दुख था कि मैं गायत्री-मन्त्र का पाठ नहीं करता था। मैंने उनसे वायदा किया कि मैं भविष्य में हर सुबह और शाम गायत्री-मन्त्र का पाठ जरूर किया करूँगा। इसे कितनी बार करना है, यह मेरी अपनी इच्छा पर निर्भर था। उस दिन से मैं नियमित रूप से गायत्री-मन्त्र का पाठ करता रहा हूँ।

*   *   *

मैट्रिक के बाद मैं किसी महाविद्यालय में प्रवेश पाने के लिए दिल्ली चला गया। मैं कोलकाता में ही अपनी पढ़ाई जारी रखना चाहता था, लेकिन मैं जानता था कि पिताजी इससे खुश नहीं होंगे। वे मुझे दिल्ली में अपने पास रखना चाहते थे।

बल्कि पिताजी चाहते थे कि मैं और माधवप्रसाद तुरन्त परिवार के व्यवसाय से जुड़ जाएँ। माधवप्रसाद इस विचार से सहमत भी था। लेकिन पिताजी की इच्छा के खिलाफ मैंने आखिर एक कॉलेज में प्रवेश ले लिया। उच्च शिक्षा प्राप्त करनेवाला मैं बिड़ला परिवार का पहला सदस्य था।

उन दिनों दिल्ली में तीन प्रतिष्ठित कॉलेज थे—मिशनरियों द्वारा चलाया जानेवाला सेंट स्टीफेंस, और हिन्दू और रामजस। रामजस कॉलेज को सेंट स्टीफेंस और हिन्दू कॉलेज की तुलना में हल्के स्तर का माना जाता था। सेंट स्टीफेंस को एक बढ़िया कॉलेज माना जाता था, लेकिन वहाँ का वातावरण बहुत ज्यादा अंग्रेजियत से भरा था। राष्ट्रवादी विचारधारा के लोग हिन्दू कॉलेज को प्राथमिकता देते थे।

चूँकि हमने अभी स्वाधीनता प्राप्त नहीं की थी, इसलिए मैंने सोचा कि महात्माजी के निकट सहयोगी जी.डी. बिड़ला के पुत्र का सेंट स्टीफेंस कॉलेज में भर्ती होना उचित नहीं होगा। मैंने हिन्दू कॉलेज में प्रवेश ले लिया। अब विषयों के चयन की समस्या थी। मैंने इंटर-सांइस का चुनाव किया, जिसमें अंग्रेजी, रसायन विज्ञान, भौतिकी और गणित मेरे विषय थे।

मुझे दो छात्र-वृत्तियाँ प्राप्त हुईं—एक दिल्ली विश्वविद्यालय की तरफ से और दूसरी हिन्दू कॉलेज की तरफ से। दिल्ली विश्वविद्यालय की छात्र-वृत्ति 20 रुपए महीना था और हिन्दू कॉलेज की 18 रुपए प्रति माह। 1935 में यह एक अच्छी-खासी राशि थी। मैं इस राशि को अपने पास रखने की बजाय जरूरतमन्द और योग्य छात्रों में बाँट देता था।

हिन्दू कॉलेज में भर्ती होने के बाद मुझे महसूस हुआ कि मैंने दिल्ली के कॉलेज में भर्ती होकर भूल की थी। दिल्ली विश्वविद्यालय का इंटर-साइंस का पाठ्य-क्रम मूलतः उन छात्रों के लिए था, जिन्होंने दिल्ली विश्वविद्यालय से विज्ञान के साथ मैट्रिक पास की थी। कोलकाता विश्वविद्यालय में तब विज्ञान के साथ मैट्रिक करने का कोई प्रावधान नहीं था। विज्ञान की कोई पृष्ठभूमि न होने के कारण मुझे भौतिकी और रसायन विज्ञान बहुत कठिन विषय प्रतीत होते थे। रसायन विज्ञान में रासायनिक प्रतिक्रियाओं के ढेर सारे सूत्र और समीकरण थे, जिन्हें याद रखना पड़ता था। फिर भी, मुझे पूरा भरोसा था कि कड़े परिश्रम और लगन से मैं भौतिकी और रसायन विज्ञान दोनों पर ही पार पा लूँगा और परीक्षाओं में अच्छा प्रदर्शन करूँगा।

लेकिन मेरे सामने एक समस्या आ खड़ी हुई, जिसने पढ़ाई से मेरा ध्यान बँटा दिया।

मेरी बहन चन्द्रकला का विवाह जलपाइगुड़ी के डागा परिवार में हुआ था। मेरे बहनोई बंसीधर डागा को चाय के व्यवसाय में अगुआ माना जाता था। उन्होंने पिताजी के प्रोत्साहन से 1933 के आसपास दिल्ली में एक हौजरी की फैक्टरी खोली थी। 1935 में उन्होंने कोलकाता लौटने का फैसला किया। उनका मन चाय के व्यवसाय में ही था। अब प्रश्न यह था कि फैक्टरी की देखभाल कौन करेगा?

पिताजी ने मुझे अपनी पढ़ाई के साथ-साथ डागा हौजरी फैक्टरी की देखभाल करने के लिए कहा, और मुझे उसका प्रबन्ध निदेशक बना दिया। मैंने अपनी हिचकिचाहट के बावजूद पिताजी के आग्रह पर इस दायित्व को स्वीकार कर लिया। मैं प्रतिदिन दो घंटे के लिए डागा फैक्टरी में जाने लगा। आने-जाने का समय मिलाकर मुझे प्रतिदिन पौने तीन घंटे फैक्टरी को देने पड़ते थे।

विज्ञान के विषय यूँ भी काफी कठिन होते हैं। कम-से-कम वे मानविकी विषयों की तरह आसानी से पकड़ में नहीं आते। परिणामस्वरूप, मेरी पढ़ाई प्रभावित होने लगी।

इसके अलावा, पिताजी के दिल्ली में होने के कारण व्यवसाय और राजनीति से जुड़े बहुत-से लोग अन्य प्रदेशों से उनसे मिलने आते रहते थे और उनके साथ बिड़ला हाउस में ठहरा करते थे। मुझसे यह अपेक्षा की जाती थी कि उनके आगमन पर मैं उन्हें स्टेशन से लिवाने जाऊँ, फिर वापसी पर उन्हें स्टेशन छोड़ने जाऊँ। इससे मेरे समय पर और दबाव पड़ता था।

फिर भी, मैंने बहुत मेहनत से पढ़ाई की। कॉलेज में अब भी मुझे एक अच्छा छात्र माना जाता था। मैंने 1937 में अपनी इंटर-साइंस की परीक्षा पास की। परिणामों की घोषणा हुई तो मुझे यह जानकर आश्चर्य हुआ कि मैं विश्वविद्यालय में सातवें स्थान पर रहा था, और गणित में मैंने प्रथम स्थान प्राप्त किया था। इंटर-साइंस में इतना अच्छा प्रदर्शन करने के बावजूद मेरा आधार कमजोर ही रहा। मैंने पाठ्य-पुस्तकों के सिर्फ उन हिस्सों पर ध्यान दिया था, जहाँ से प्रश्न पूछे जाने की मैं उम्मीद कर रहा था।

यह बिलकुल स्पष्ट था कि पिताजी के लिए अकादमिक शिक्षा का विशेष महत्त्व नहीं था। अन्यथा वे मुझे डागा हौजरी फैक्टरी की देखभाल करने या मेहमानों को स्टेशन छोड़ने या लिवाने के लिए न कहते। पिताजी स्कूल और कॉलेज की औपचारिक शिक्षा को कोई महत्त्व न देने की अपनी धारणाओं पर अडिग रहे। हालाँकि बाद में, मेरे भतीजे आदित्य के बड़े होने के समय तक, उन्होंने अपनी इन धारणाओं को बदल लिया था।

पीछे मुड़कर देखने पर मैं महसूस करता हूँ कि इंटर में विज्ञान पाठ्यक्रम लेना मेरी भूल थी। अगर मैंने अर्थशास्त्र और अंग्रेजी के विषय लिए होते तो कहीं ज्यादा अच्छा रहता। ये दोनों विषय मेरे व्यावसायिक जीवन में मेरी बहुत मदद करते।

9

महात्माजी बने मेरे जीवन-रक्षक

इंटर-साइंस के बाद मैं स्नातक की डिग्री के लिए और आगे पढ़ना चाहता था। लेकिन पिताजी कुछ भी सुनने के लिए तैयार नहीं थे। उन्होंने कहा कि बहुत हो गया, अब और पढ़ाई नहीं। इसलिए तय किया गया कि परीक्षाएँ समाप्त होते ही मैं व्यवसाय में प्रवेश कर लूँगा।

लेकिन इससे पहले कि मैं ऐसा कर पाता, मैं गम्भीर रूप से बीमार पड़ गया। मुझे सर्दी लग गई और इलाज के बावजूद मेरी तबीयत ने सुधरने का नाम नहीं लिया। दिल्ली के श्रेष्ठतम चिकित्सकों से सलाह ली गई, लेकिन मेरी हालत में फिर भी कोई सुधार नहीं हुआ। मुझे हलका बुखार रहता था और साथ ही भयंकर खाँसी की शिकायत भी थी।

महात्माजी बिड़ला हाउस में प्रवेश करते हुए, जहाँ वे अकसर ठहरा करते थे, मैं उनके सिर पर छाता तानकर धूप से उनकी रक्षा करने का प्रयास कर रहा हूँ

पिताजी ने डॉ. बी.सी. राय से सलाह ली। वे विधान बाबू के नाम से अधिक प्रसिद्ध थे और उन दिनों निश्चित रूप से देश के सर्वश्रेष्ठ चिकित्सक थे। वे हमारे पारिवारिक चिकित्सक ही नहीं, बल्कि पारिवारिक मित्र भी थे। वे रोग का निदान जितना तेजी से करते थे, उतनी ही कुशलता से उसका उपचार भी करते थे। उन्होंने मुझे कुछ दवाइयाँ दीं और अपनी नाक पर एक जालीदार आवरण रखने के लिए कहा। इस आवरण पर कुछ दवाइयाँ लगाई जाती थीं, जो विधान बाबू के अनुसार मेरे फेफड़ों के लिए लाभदायक थीं।

लेकिन इस उपचार के बावजूद रोग ने मेरा पीछा नहीं छोड़ा। बुखार और खाँसी दोनों जारी रहे। पिताजी चिन्तित हो उठे। ऐसा सन्देह किया जा रहा था कि ये सब टीबी के लक्षण हैं, सभी डॉक्टरों का, और विधान बाबू का भी, यही खयाल था।

उस जमाने में टीबी का कोई उपचार नहीं था। पिताजी इससे पहले अपनी पत्नी और मेरी माँ को इस रोग के कारण खो चुके थे। अब वे अपने बेटे को भी इसी घातक रोग के प्रहार का शिकार होते देखने की कल्पना नहीं कर पा रहे थे। उन्होंने गांधीजी से परामर्श किया। साथ ही उन्होंने मुझे स्विट्ज़रलैंड भिजवाने और वहाँ मेरा उपचार करवाने की भी व्यवस्था कर दी। ऐसा माना जाता था कि अगर टीबी कहीं ठीक हो सकती है तो सिर्फ स्विट्ज़रलैंड में। महात्माजी ने मेरी बीमारी के बारे में सुना तो उन्होंने मुझे अल्मोड़ा भेजने की सलाह दी, जो अपनी शक्तिवर्द्धक और जीवनदायनी जलवायु के लिए प्रसिद्ध था। गांधीजी द्वारा यह सलाह दिए जाने का अर्थ था कि वे मेरे स्वास्थ्य का दायित्व स्वीकार कर रहे थे। पिताजी ने जरा भी समय गँवाए बिना मुझे अल्मोड़ा भेजने की व्यवस्था कर दी। मैं इतना बड़ा हो चुका था कि अपनी देखभाल खुद कर सकता था। फिर भी कुछ विश्वस्त लोगों को मैंने अपने साथ ले लिया।

चिल्कापटा हाउस अल्मोड़ा के एक एकान्त क्षेत्र में था। मुख्य सड़क से चिल्कापटा हाउस तक पहुँचने के लिए लगभग 300 फुट लम्बी एक ढलान को उतरना पड़ता था। आसपास कोई दूसरा घर नहीं था, इसलिए वहाँ से पर्वत-शृंखला और घाटियों का बहुत मनोरम दृश्य दिखाई देता था। अल्मोड़ा के लिए रवाना होने से पहले पिताजी ने मुझे सचेत कर दिया था कि मैं वहाँ उकताहट महसूस न करूँ, क्योंकि मुझे वहाँ लगभग पाँच महीने रहना होगा। और मैं रहा भी।

मेरे साथ रामजस कॉलेज के अंग्रेजी के प्रोफेसर बी.डी. शर्मा थे, जो मुझे ट्यूशन पढ़ाते थे। मेरे अनुरोध पर उन्होंने अपनी नौकरी से त्याग-पत्र दे दिया था, ताकि अल्मोड़ा में मेरा साथ दे सकें। रतनलाल जयमन नामक एक अन्य शिक्षक भी मुझे पढ़ाया करते थे। उन्होंने अपनी नौकरी तो नहीं छोड़ी थी, लेकिन छुट्टियों में मुझे पढ़ाने के लिए अल्मोड़ा आते रहते थे। बिड़ला कपास मिल के मुख्य प्रभावी मुरलीधर डालमिया, जो बहुत योग्य और अद्‌भुत संघटनात्मक क्षमतावाले व्यक्ति थे, भी मुझसे मिलने आते रहते थे। पिलानी के गोविन्द दास जी भी मेरे साथ थे। जेसराज नाम का पिलानी का एक नाई, जो मेरे साथ बहुत लगाव महसूस करता था, अल्मोड़ा में मेरी कार चलाने के लिए मेरे साथ चल पड़ा था। इसके अलावा एक बावर्ची, एक निजी सेवक और एक-दो लोग और थे।

अल्मोड़ा पहुँचने के बाद मेरी हालत में धीरे-धीरे सुधार आने लगा। पिताजी का और मेरा यह मानना था कि यह गांधीजी के आशीर्वाद का परिणाम था। हम दोनों की यह धारणा

थी कि गांधीजी को इस बात का अहसास था कि अपनी पत्नी के बाद मुझे भी खो देने के बाद पिताजी पूरी तरह से टूट जाएँगे। इसलिए गांधीजी ने मुझे अपना सच्चा और परम आस्था भरा आशीर्वाद दिया था। दो महीने के भीतर ही मेरा तापमान सामान्य हो गया। मुझे पिताजी को प्रतिदिन अपने तापमान और नाड़ी की गति के बारे में एक तार भेजनी पड़ती थी। पिताजी इन्हें बहुत ध्यान से पढ़ते थे, जैसाकि उन्हीं दिनों के एक प्रसंग से पता चलता है।

चिल्कापटा हाउस से नीचे घाटी की तरफ जाते हुए रास्ते में एक बरसाती नाली पड़ती थी। एक दिन, बहुत बहादुरी दिखाते हुए मैंने उस तरफ जाने का फैसला कर लिया। मेरे साथ रतनलाल था, जिसे हम मास्टरजी कहते थे, और जो उतना ही बेपरवाह था जितना कि मैं खुद। नाली हमारे घर से कुछ ही दूर प्रतीत होती थी, लेकिन हमें वहाँ पहुँचने में काफी समय लग गया। हम पूरे पाँच घंटे बाद घर लौट पाए। मेरा अनुमान था कि हम डेढ़ घंटे में वहाँ से लौट आएँगे। पहाड़ों में रास्ते बहुत टेढ़े-मेढ़े होते हैं और बहुत नजदीक प्रतीत होनेवाले स्थानों तक पहुँचने में भी काफी समय लग जाता है।

मैं बीमारी से अभी-अभी उठा था। इतनी लम्बी और कठिन यात्रा करना निपट मूर्खता थी। लेकिन अपनी उम्र के अन्य उत्साही युवाओं की यह चारित्रिक विशिष्टता मेरे भीतर भी थी।

उस दिन मेरा तापमान बहुत बढ़ गया। नाड़ी की गति का भी यही हाल था। जब मैंने प्रतिदिन की तरह पिताजी को सूचित किया तो वे चिन्तित हो उठे। उन्होंने तुरन्त एक तार भेजकर इसका कारण जानना चाहा। मेरा जवाब पाकर उनकी चिन्ता तो कम हुई, साथ ही उन्हें क्रोध भी आया और उन्होंने मेरी लापरवाही के लिए मुझे लताड़ा।

मैं 1938 के अप्रैल के मध्य में अल्मोड़ा गया था, और सितम्बर के मध्य में पूरी तरह स्वस्थ होकर वहां से लौटा। मैं अपनी रोग-मुक्ति का श्रेय गांधीजी के आशीर्वाद को देता हूँ। पिताजी भी ऐसा ही मानते रहे होंगे।

* * *

बीमारी के बाद स्नातक की डिग्री के लिए आगे पढ़ने का प्रश्न ही नहीं उठता था। इसलिए मैंने व्यवसाय में प्रवेश कर लिया।

व्यवसाय को सफलतापूर्वक चलाने के लिए हिसाब-किताब पर अच्छी पकड़ होनी चाहिए। दादाजी के जमाने से ही हमारे परिवार का हर सदस्य हिसाब-किताब को अच्छी तरह समझता था। ऐसा माना जाता था—जो मेरे विचार में सही भी था—कि हिसाब-किताब का अच्छा ज्ञान रखनेवाले व्यक्ति को व्यवसाय में ठगा नहीं जा सकता। पिताजी का मानना था कि हिसाब-किताब में निपुणता-प्राप्त करने के लिए एक अच्छे मुंशी के साथ बैठने और अपने हाथ से बही-खाते—रोकड़-बही, खाता-बही, रोजनामचा इत्यादि—तैयार करने और लिखने के अलावा कोई दूसरा रास्ता नहीं था। पिताजी का कहना था कि अगर व्यक्ति एक अच्छा लेखाकार है, तो वह वित्तीय मामलों से जुड़ा कोई भी काम कर सकता है। वे अपनी युवावस्था के दिनों की एक कहानी सुनाया करते थे, जब उन्होंने नई-नई जूट-मिल शुरू की थी। कोई तकनीकी अनुभव न होने के कारण वे हमेशा इस उलझन में रहते थे कि क्या

करें और मिल को कैसे चलाएँ। एक वृद्ध सज्जन ने, जो उनके अच्छे मित्र भी थे, उन्हें सलाह दी कि वे काम के तकनीकी पक्ष की चिन्ता करना छोड़ दें। वे यह आकलन करें कि प्रति-माह कितने मूल्य का उत्पादन होना चाहिए, और अधिक-से-अधिक मितव्ययिता के साथ खर्च कितना होना चाहिए; और फिर अनुमानित मुनाफे का हिसाब लगाएँ। उस वृद्ध सज्जन ने कहा कि अगर पिताजी का वित्तीय नियन्त्रण सुदृढ़ होगा तो वे किसी भी औद्योगिक इकाई को सफलतापूर्वक चला सकते हैं।

पिताजी सीखने के लिए हमेशा उत्साहित रहते थे। उन्होंने इस सलाह के अमूल्य महत्त्व को तुरन्त पहचान लिया और हिसाब-किताब की 'पारता प्रणाली' की शुरुआत की, जिसके लिए हमारा परिवार और हमारी संस्थाएँ काफी नाम कमा चुकी हैं। पिताजी ने इस प्रणाली को इतनी कुशलता के साथ विकसित किया कि इससे किसी भी इकाई के प्रतिदिन के मुनाफे और घाटे का हिसाब लगाया जा सकता था। प्रतिदिन के मुनाफे और घाटे का यह पर्चा उस दिन के मुनाफे को सीधे-सीधे नहीं दर्शाता था। पारता प्रणाली की तुलना में, इससे सिर्फ विभिन्न मुद्दों के अन्तर्गत मुनाफे और घाटे का पता चलता था। इस तरह, दैनिक रपट में बहुत सारे कालम होते थे, जिनसे 'पारता' की तुलना में किसी इकाई में उत्पादन, कच्चे माल की खपत और खर्च के मामले में प्रतिदिन के मुनाफे या घाटे को दर्शाया जाता था। इससे यह पता चल सकता था कि निर्धारित लक्ष्यों की तुलना में संस्था को कहाँ मुनाफा हो रहा था और कहाँ घाटा हो रहा था। इसके बाद इकाई के खराब प्रदर्शन के कारणों का पता लगाने और निर्धारित लक्ष्यों तक पहुँचने के लिए उसके प्रदर्शन में सुधार लाने के प्रयास किए जाते थे। पिताजी जिन्दगी भर इसी प्रणाली में विश्वास करते रहे। हमारी कई ईकाइयों में यह प्रणाली अब भी लागू है।

पिताजी ने मुझे हिसाब-किताब सिखाने के लिए केसोराम कॉटन मिल में रख दिया। वहाँ के लेखा विभाग में दूसरे स्थान पर शान्तिमल मेहता नामक एक व्यक्ति थे। वे बहुत योग्य व्यक्ति थे। उन्होंने मुझसे कहा कि वे एक चार्टर्ड एकाउंटेंट के रूप में अपना खुद का व्यवसाय शुरू करने जा रहे हैं, इसलिए हमारे साथ वे लगभग एक वर्ष तक और काम करेंगे। उन्होंने मुझे हिसाब-किताब की बारीकियाँ सिखाने में जी-तोड़ मेहनत की।

लेखा-कार्य में तीन प्रमुख बहियाँ होती हैं–रोकड़ या नकदी बही (कैश-बुक), खाता-बही (लेजर) और रोजनामचा (जर्नल)। मैंने रोकड़-बही से शुरुआत की, और दिन के आखिर में वाउचरों की मदद से प्रतिदिन की नकद भर्तियाँ करने लगा। रोकड़-बही लिखने की तकनीक में सिद्धहस्तता प्राप्त करने के बाद मैं खाता-बही की तरफ मुड़ा, जो अधिक कठिन काम था। खाता-बही लिखने की कला सीखने में मुझे कुछ समय लगा। इसके बाद रोकड़-बही और खाता-बही की भर्तियों को रोजनामचे में लिखने की बारी थी। हिसाब-किताब की तीनों बहियों पर सिद्धहस्तता प्राप्त करने के बाद मैंने बैलेंस शीट या पक्का चिट्ठा बनाना सीखना शुरू किया। यह सबसे ज्यादा कठिन काम था। पक्का चिट्ठा बनाने के लिए रोजनामचे के हर लेखे के जमा-खाते का हिसाब लगाना जरूरी था। लेनदारी और देनदारी में कोई फर्क रह जाने की स्थिति में पूरी प्रक्रिया को फिर से जाँचना पड़ता था। उन दिनों कैलक्युलेटर नहीं होते थे, इसलिए सभी गणनाएँ स्कूली बच्चों की तरह करनी पड़ती थीं। यह बहुत थका देने वाला काम था, लेकिन जरूरी था। मैं गणना करने

में तेज था, इसलिए मैं कई अन्य लोगों की तुलना में पक्का-चिट्ठा कम समय में बना सकता था।

इस पूरी कसरत ने मुझे पक्के चिट्ठे की हर भर्ती के महत्त्व को अच्छी तरह से समझा दिया। अगर पक्का-चिट्ठा बराबर नहीं होता था और उसमें कुछ फर्क रह जाता था तो हमें गलती को ढूँढ़ने में घंटों लग जाते थे। लेकिन कई घंटों की कड़ी मेहनत के बाद जब पूरी तरह से सही एक पक्का-चिट्ठा हमारे सामने होता था, तो हर किसी के लिए यह असीम सन्तोष की बात होती थी।

छह महीनों के भीतर ही मैं हिसाब-किताब में बहुत कुशल हो गया। उसके बाद पिताजी ने बहुत-से प्रश्न पूछकर मेरी परीक्षा ली। वे मेरी जानकारी से सन्तुष्ट दिखाई दिए। जहाँ तक हिसाब-किताब की बात थी, मेरा प्रशिक्षण पूरा हो चुका था। अब प्रश्न यह था कि मुझे आगे क्या करना है।

पिताजी का विचार था कि अगर मैं कपड़ा मिल के संचालन की थोड़ी तकनीकी जानकारी प्राप्त कर लूँ तो यह कपड़े का व्यवसाय करने में मेरे बहुत काम आ सकती है। उन्होंने मुझे एक कपड़ा मिल की तकनीकी बारीकियाँ सिखाने के लिए पंचू बाबू का चुनाव किया। वे एक दक्षिण भारतीय थे और केसोराम कॉटन मिल में लागत लेखाकार थे। वे न तो एक तकनीशियन थे और न हिसाब-किताब की ही उनकी कोई पृष्ठभूमि थी। इसके बावजूद वे एक योग्य व्यक्ति थे और बही-खाते के साथ-साथ उन्हें एक कपड़ा मिल के संचालन की अच्छी जानकारी थी। उन्होंने मुझे एक कपड़ा इकाई के कताई पक्ष के बारे में सिखाना शुरू किया। वह 1938 का वर्ष था। इसके बाद उन्होंने मुझे बुनाई के बारे में जानकारी देनी शुरू की। उनके साथ पाँच महीने बिताने के बाद मैं कताई और बुनाई से जुड़ी बहुत-सी तकनीकी बारीकियों से परिचित हो गया। उदाहरण के लिए धुनकियाँ (रीड्स) और गैंतियाँ (पिक्स), दाँते (डेंट्स), सिरे (एंड्स), कोरदार फिरकियाँ (फ्लैंज्ड बॉबिन), चौखटे (रिंग फ्रेम और ड्राइंग फ्रेम), कताई, ताने और बाने सूत का फर्क, विभिन्न गणनाओं से लपेटों की संख्या, मपाई-मशीन का कामकाज इत्यादि। मैंने जिस कापी में ये नोट्स बनाए थे, वह आज भी मेरे पास मौजूद है।

पंचू बाबू ने मुझे कताई, बुनाई और मपाई के सिद्धान्त सिखाए थे। मुझे कोलकाता की केसोराम कॉटन मिल में जाकर व्यावहारिक रूप में इनका प्रयोग होते देखने का अवसर नहीं मिला था। इसलिए पिताजी ने मुझे ग्वालियर की जियाजीराव कॉटन मिल में भेज दिया, जो हमारी सबसे सुव्यवस्थित ईकाइयों में से एक थी। इतना ही नहीं, बल्कि पिताजी के अधीन काम करनेवाले सबसे वरिष्ठ प्रबन्धक स्वर्गीय दुर्गाप्रसाद मंडेलिया इसकी देखरेख कर रहे थे।

दुर्गाप्रसाद एक असाधारण प्रभावी थे। वे एक महान प्रबन्धक थे और उनमें एक जन्मजात नेता के गुण थे। उन्हें पिताजी का पूर्ण विश्वास प्राप्त था। वे पिलानी के थे। उनके पिता गौरीदत्त जी राँची में हमारी जमींदारी देखा करते थे। पिताजी को जमींदारी से कोई मोह नहीं था, लेकिन उन दिनों इसे प्रतिष्ठा का प्रतीक माना जाता था। इसके अलावा, मेरे दादाजी और बड़े ताऊ जुगलकिशोर को जमींदारी का शौक था। इसलिए हमने 1915 और 1920 के बीच नीलामी में एक जमींदारी खरीद ली थी। मुझे राँची के पास की इस जमींदारी की याद है। मुझे यह भी याद है कि जुगलकिशोर ताऊजी को राँची बहुत पसन्द थी और

वे वहाँ अक्सर जाते रहते थे। इन अवसरों पर हमारी जमींदारी के बहुत-से किसान उनसे मिलने आते रहते थे और उन्हें अपनी कठिनाइयों के बारे में बताते थे। उन दिनों किसानों की हालत बहुत खराब थी। सिंचाई की सुविधाएँ न के बराबर थीं। किसी ने मशीनों द्वारा खेती का नाम तक नहीं सुना था। भारतीय किसान सचमुच बहुत पिछड़े हुए थे। खेती-बाड़ी के लिए बैलों का इस्तेमाल किया जाता था। इन बैलों को अच्छी खुराक नहीं मिलती थी, इसलिए वे बहुत दुबले-पतले और कमजोर होते थे। भारतीय किसान बहुत निर्धन थे और हमेशा कर्ज में डूबे रहते थे। जुगल किशोर ताऊजी महात्मा किस्म के व्यक्ति थे। वे बहुत सहानुभूतिपूर्वक किसानों की शिकायतों को सुनते थे, और उनके कष्टों को दूर कम करने के लिए अपनी तरफ से हर सम्भव प्रयास करते थे। अधिकांश मामलों में वे किसानों की तरफ बकाया रकम को भी छोड़ देते थे।

मैंने 1939 में तीन महीने ग्वालियर में रहकर दुर्गाप्रसाद जी से प्रशिक्षण प्राप्त किया। हम एक व्यवसायी परिवार में पैदा हुए थे और व्यवसाय हमारे रक्त में था। उसी तरह जैसे राजपूतों, मराठों, गोरखाओं, सिखों और जाटों के रक्त में शौर्य और पराक्रम था। मैंने भंडार-घरों, समय-पालन और तकनीकी पक्षों का प्रशिक्षण प्राप्त किया। मैंने एक कपड़ा मिल में प्रयुक्त होनेवाले सैकड़ों शब्दों को सीखा—तुरी (शटल), फिरकी (बॉबिन), गैंती (पिकिंग), साँचा (टेम्पल), लीज-रॉड, रीड-हील्ड इत्यादि से लेकर आम फैक्टरियों में प्रयुक्त होनेवाले कल-पुर्जों चटखनी, ढिबरी, पेच, रेती इत्यादि के नामों तक। दुर्गाप्रसाद जी ने मुझे इन उपकरणों के महत्त्वपूर्ण उत्पादकों के नाम याद रखने के साथ-साथ उनकी खपत की मात्रा और उनके मूल्य की जानकारी रखने की भी सुझाव दिया। इतना ही नहीं, मुझे तकनीकी पक्ष की पूरी जानकारी देने के लिए उन्होंने एक फिटर को एक कार्डिंग इंजिन खोलने के लिए कहा, जो कताई विभाग में एक महत्त्वपूर्ण मशीन होती है। फिटर ने इंजिन को खोलकर मुझे उसके एक-एक कल-पुर्जे के बारे में समझाया और फिर मेरे सामने ही उसे वापस जोड़ा। मुझे इससे बेहतर मार्गदर्शक नहीं मिल सकता था।

मैं यह बात स्वीकार करूँगा कि अपनी अच्छी स्मृति और परिश्रमी प्रवृत्ति के बावजूद मैं इस प्रशिक्षण में पूरी रुचि नहीं ले पा रहा था। इसका कारण यह था कि मैं पढ़ना चाहता था और डिग्री प्राप्त करना चाहता था। मुझे पता चला था कि मैं एक स्वतन्त्र छात्र के रूप में पंजाब विश्वविद्यालय से हिन्दी प्रभाकर की डिग्री प्राप्त कर सकता हूँ, जो बी.ए. ऑनर्स (हिन्दी) के बराबर थी। मुझे हिन्दी से बहुत लगाव था और मैट्रिक की परीक्षा में मैं हिन्दी में कोलकाता विश्वविद्यालय में दूसरे स्थान पर रहा था। मैंने 80 प्रतिशत अंक प्राप्त किए थे। मेरा चचेरा भाई माधवप्रसाद 81 प्रतिशत अंक प्राप्त करके पहले स्थान पर रहा था। मैंने पंजाब विश्वविद्यालय से हिन्दी प्रभाकर करने का फैसला कर लिया।

पंजाब विश्वविद्यालय का यह नियम था कि सिर्फ अधिवासी छात्र ही स्वतन्त्र छात्रों के रूप में परीक्षा में बैठ सकते थे। सौभाग्यवश, ओकारा में हमारी एक मिल थी। पिताजी इसके चेयरमैन थे। इससे मुझे पंजाब का छात्र समझे जाने में मदद मिली। थोड़े समझाने-बुझाने के बाद पंजाब विश्वविद्यालय के अधिकारीगण मुझे इस परीक्षा में बैठने देने के लिए राजी हो गए। अब मुझे हिन्दी पढ़ाने के लिए किसी उपयुक्त शिक्षक की तलाश करने की जरूरत थी। दुर्गाप्रसाद जी ने कहा कि वे दुर्गाप्रसाद शास्त्री नामक एक व्यक्ति

को जानते हैं, जो एक विद्वान व्यक्ति हैं और जिन्हें हिन्दी और संस्कृत दोनों भाषाओं पर आधिपत्य प्राप्त है। शास्त्रीजी जाति से वैश्य थे, लेकिन एक विश्वविद्यालय से शास्त्री की डिग्री प्राप्त करने के साथ-साथ वे इतनी सारी डिग्रियाँ प्राप्त कर चुके थे कि लोग उन्हें 'शास्त्रीजी' तो कहते ही थे, साथ ही कई बार उन्हें ब्राह्मण भी समझ बैठते थे। शास्त्री जी झाँसी में रहते थे। इसलिए यह तय किया गया कि वे प्रतिदिन रेलगाड़ी से झाँसी से ग्वालियर आएँगे, और रात को आठ से दस बजे तक मुझे पढ़ाने और फिर रात भर ग्वालियर में ही विश्राम करने के बाद अगली सुबह झाँसी लौट जाएँगे। यह एक बहुत बढ़िया व्यवस्था थी। शास्त्री जी एक उत्कृष्ट शिक्षक होने के साथ-साथ एक ज्ञानी व्यक्ति थे। उन्होंने बहुत मेहनत से मुझे पढ़ाया। कोलकाता लौटने के बाद भी मैंने अपने अध्ययन को जारी रखा। मैंने सुखद आश्चर्य के साथ जाना कि हिन्दी का काव्य साहित्य कितना विशिष्ट और विशाल था। मैंने कई तरह की कविताओं और अलंकारों के बारे में जाना। मैं 1940 में बहुत अच्छे अंकों के साथ पास हुआ और पंजाब विश्वविद्यालय में सातवें स्थान पर रहा।

1929 में पारित शारदा कानून ने विवाह के लिए लड़कों की न्यूनतम आयु अट्ठारह वर्ष और लड़कियों के लिए चौदह वर्ष निर्धारित कर दी थी। हमारी पीढ़ी के राजस्थानी व्यवसायी समुदाय में लड़कों के विवाह के लिए यही मान्य आयु थी। माधवप्रसाद के अट्ठारह वर्ष के होते ही उसका विवाह कर दिया गया था।

मैंने लड़कपन में ही सोच लिया था कि मैं बीस वर्ष की उम्र से पहले विवाह नहीं करूँगा। और फिर मैं एक गम्भीर रोग से अभी-अभी मुक्त हुआ था, जो सम्भवतः टीबी थी। यह बात पूरी तरह से और बिना किसी तरह के सन्देह के स्थापित हो जाने से पहले कि यह रोग दोबारा मुझे अपनी चपेट में नहीं लेगा, मुझे विवाह नहीं करना चाहिए था। मेरे ठीक हो जाने के एक वर्ष बाद, 1939 के अन्तिम दिनों में, पिताजी और ताऊजी ने मेरे लिए एक उपयुक्त कन्या की तलाश शुरू कर दी। बहुत-से प्रस्ताव आये, लेकिन सभी-के-सभी अस्वीकृत कर दिए गये। किसी मामले में लड़की का कोई 'व्यक्तित्व' नहीं था तो किसी में वह 'अति-आधुनिक' थी। पिताजी मेरे लिए एक शान्त और संयत स्वभाव की, पढ़ी-लिखी और घर-गृहस्थी से प्यार करनेवाली लड़की चाहते थे। तलाश जारी रही। 1940 के शुरू में मैं सिहोरा में था कि मुझे खबर मिली कि पिताजी ने मेरे लिए लड़की पसन्द कर ली है और सिर्फ मेरे 'हाँ' करने की देर है।

हमारी सगाई वाराणसी में दादाजी और दादीमाँ की उपस्थिति में और उनके आशीर्वाद के साथ हुई। विवाह 3 जुलाई 1941 को हुआ। मैं तब लगभग तेईस वर्ष का हो चुका था, जिसे हमारे समुदाय में दूल्हे के लिए काफी परिपक्व उम्र माना जाता था। मेरी पत्नी मनोरमा की शिक्षा घर पर ही हुई थी। वह अंग्रेजी, हिन्दी और बंगला फर्राटे से बोल लेती थी। बल्कि उसकी बंगला मुझसे कहीं ज्यादा अच्छी थी।

मेरी पत्नी तपूरिया परिवार से आई थी, जो कोलकाता का एक संभ्रान्त घराना है। उसके दादा राय बहादुर मंगतुलाल अत्यन्त सुसंस्कृत व्यक्ति थे। वे विलक्षण बुद्धिमता और विनोदप्रियता के स्वामी थे और एक कुलीन और सुरुचि सम्पन्न व्यक्ति थे। वे अच्छे वस्त्रों और ऊँचे स्तर की जीवन-शैली के शौकीन थे। कुल मिलाकर वे सही अर्थों में एक परिष्कृत और भद्र व्यक्ति थे।

कोलकाता, 3 जुलाई, 1941 : हमारे विवाह का चित्र, मनोरमा के दादाजी
राय बहादुर मंगतुलाल तपूरिया भी चित्र में दिखाई दे रहे हैं

ईश्वर की कृपा से हमारा विवाह एक सुखी विवाह रहा है। अपनी सभी गतिविधियों में मुझे अपनी पत्नी का पूरा सहयोग और प्रोत्साहन मिला है। वह सदाशयता की प्रतिमूर्ति है। हमारे दोनों परिवारों के सदस्य–चाहे वे बिड़ला परिवार से हों या तपूरिया परिवार से–और हमारे सभी मित्र और शुभचिन्तक कोई समस्या होने पर हमेशा उससे सलाह और मार्गदर्शन लेना पसन्द करते हैं। वह बहुत हँसमुख स्वभाव और मोहक व्यक्तित्व की स्वामिनी है। अगर मैं समुदाय और समाज की कोई सेवा करने में सफल रहा हूँ तो इसके पीछे मूलतः उसी की प्रेरणा रही है।

10

मेरे शुरुआती व्यावसायिक अनुभव

कोलकाता में हमारे प्रबन्धन में दो प्रमुख कम्पनियाँ थीं। बिड़ला जूट मिल का संचालन माधवप्रसाद देख रहा था, और केसोराम कॉटन मिल को बसन्त कुमार सँभाल रहा था। दोनों ही पिताजी के अधीन काम कर रहे थे।

पिताजी का खयाल था कि वस्त्र उद्योग चूँकि उस समय देश का सर्वाधिक विकसित उद्योग था, इसलिए वस्त्र उद्योग के लिए मशीनों का उत्पादन लाभदायक हो सकता था। यह एक अच्छा विचार था, लेकिन इसके क्रियान्वयन के साथ बहुत-सी समस्याएँ जुड़ी हुई थीं। अगर हम टेक्सटाइल मशीनरी का उत्पादन करना चाहते थे तो हमें एक अच्छे व्यावसायिक सहयोगी की जरूरत थी। हमें यह काम अकेले नहीं करना चाहिए था।

1950 के दशक में अपने पिता डॉ. जी.डी. बिड़ला के साथ लेखक

उन दिनों प्लैट्स नामक एक ब्रिटिश समूह टेक्सटाइल मशीनरी का सबसे अच्छा उत्पादक था। पिताजी ने उनका तकनीकी सहयोग प्राप्त करने या भारत में उनके साथ एक संयुक्त वित्तीय उद्यम शुरू करने की सम्भावनाओं को लेकर उनसे बातचीत की। तब भारत ब्रिटिश साम्राज्य का अंग था और प्लैट्स के लिए भारी मुनाफेवाला बाजार था। वे अपनी जानकारी या मुनाफा किसी भारतीय उद्यमी के साथ बाँटने के लिए तैयार न थे। कोई दूसरा व्यक्ति होता तो शायद व्यावसायिक सहयोग की कोई वैकल्पिक व्यवस्था होने तक प्रतीक्षा करना पसन्द करता। लेकिन पिताजी को साहसिक अभियानों और खतरों से खेलने का शौक रहा था। वे रुकने के लिए तैयार नहीं थे। वे एक अद्भुत उद्यमी और साहसी व्यक्ति थे और कठिनाइयों का सामना करने से डरते नहीं थे। अगर प्लैट्स हाथ मिलाने से हिचकिचा रहा था तो वे अकेले भी यह काम कर सकते थे, और करेंगे। उन्होंने दृढ़ निश्चय कर लिया कि हम सिर्फ अपने भरोसे पर भारत में टेक्सटाइल मशीनरी का उत्पादन करेंगे।

हमारे समूह में के. स्तोल्बा नामक एक योग्य और सक्षम ऑस्ट्रियाई इंजीनियर नियुक्त थे। पिताजी के निर्देश पर उन्होंने इस परियोजना का एक ब्लू-प्रिंट तैयार किया। पूरी परिकल्पना के पीछे एक चुनौती को स्वीकार करने की भावना थी। परियोजना के क्रियान्वयन का दायित्व मेरे कन्धों पर डाल दिया गया। मुझे एक इंजीनियरिंग इकाई चलाने की कुछ भी समझ नहीं थी। मैंने पिताजी को उन समस्याओं के बारे में बताया जिनकी मैं अभी से कल्पना कर पा रहा था। पिताजी मुझे अपनी युवावस्था के बारे में बताने लगे। पिताजी ने अपनी युवावस्था में सचमुच ही बहुत आश्चर्यजनक काम किए थे। उनमें इतना अद्भुत आत्मविश्वास था कि वे बड़े-से-बड़े जोखिम भरे रास्ते पर भी निर्भीक होकर चल पड़ते थे। लेकिन मुझ जैसा सतर्क और सावधानीपसन्द व्यक्ति जानी-पहचानी राहों पर चलना पसन्द करता है। मेरा मानना था कि उपयुक्त जानकारी के बिना इस अभियान पर निकल पड़ना एक जल्दबाजी भरा और खतरनाक कदम साबित हो सकता था। लेकिन पिताजी यह निर्णय ले चुके थे कि हमें इस परियोजना पर आगे बढ़ना है, इसलिए पीछे मुड़कर देखने का प्रश्न नहीं उठता था। 'टेक्सटाइल मशीनरी कॉर्पोरेशन लिमिटेड' के नाम से एक कम्पनी पंजीकृत करवाई गई, जिसे बाद में बदलकर 'टेक्समैको लिमिटेड' कर दिया गया। यह आज कोलकाता की एक शीर्ष इंजीनियरिंग कम्पनी है। यह मेरा पहला बड़ा व्यावसायिक उद्यम था। बेलगाड़िया के उत्तरी उपनगर में मेरे निर्देश पर ही जमीन खरीदी गई थी। सभी तरह की मशीनों के लिए आदेश भेजने, फैक्टरी की कार्यशालाओं और इमारतों के निर्माण इत्यादि का काम भी मेरे निर्देशन में ही हुआ था।

इसमें कोई सन्देह नहीं कि मेरा मार्गदर्शन करने के लिए पिताजी थे। लेकिन उन्होंने सचमुच सिर्फ मार्गदर्शन ही किया। उन्होंने परियोजना के क्रियान्वयन या इसके प्रबन्धन में कोई हिस्सा नहीं लिया। सभी तरह से निर्णय मुझ पर छोड़ दिए गए थे।

पिताजी का प्रशिक्षण देने का तरीका यह था कि जहाँ तक सम्भव हो व्यक्ति को अधिक-से-अधिक स्वतन्त्रता दी जाए। वे अपनी भूमिका सिर्फ मार्गदर्शन और परिणामों की जाँच तक सीमित रखते थे। वे मुझे उस प्रशिक्षण का उदाहरण दिया करते थे जो छोटी उम्र के लड़कों को तैरना सिखाता है। एक अच्छा प्रशिक्षक लड़के को कुछ निर्देशों का पालन

करने के लिए कहकर उसे अपने-आप तैरने देगा। वह निस्सन्देह इस बात का पूरा ध्यान रखेगा कि लड़का डूब न जाए, लेकिन इसके अलावा वह लड़के को पानी में छपाके लगाने, तिरने-बहने और आगे बढ़ने के लिए खुला छोड़ देगा।

मैं सिर्फ इक्कीस वर्ष का नवयुवक था, लेकिन मुझे इस परियोजना से जुड़े जोखिमों का बिलकुल स्पष्ट आभास था। पिताजी ने अपनी युवावस्था में जो भी व्यवसाय किए थे, उसमें वे भरपूर सफल रहे थे। उन्होंने पटसन या जूट से बनी वस्तुओं के दलाल के रूप में अपने व्यावसायिक जीवन की शुरुआत की थी। बाद में उन्होंने एक जूट मिल और बहुत-सी कपड़ा मिलों की स्थापना की। ये सभी औद्योगिक ईकाइयाँ खूब सफल रहीं। लेकिन ये सबके सब उपभोक्ता उद्योग थे। उपभोक्ता उद्योग और पूंजीगत-माल (कैपिटल गुड्स) उद्योग में बहुत बड़ा अन्तर है। वस्त्र या जूट के माल जैसे किसी उपभोक्ता उद्योग में हल्की गुणवत्ता के माल के लिए भी बाजार मिल जाता है। वस्त्र उद्योग के माल की उम्र, उदाहरण के लिए धोती या चादर, कुछ महीने या लगभग एक वर्ष होती है। लेकिन पूंजीगत-माल के उद्योग के माल की उम्र, उदाहरण के लिए कताई ईकाइयाँ, पन्द्रह से बीस वर्ष होती है। इसलिए पूंजीगत-माल उद्योग के माल के डिजाइन और निर्माण में कोई दोष उपभोक्ता के लिए हमेशा का सरदर्द बन जाता है। मैंने पिताजी को यही समझाने की कोशिश की थी, लेकिन वे मेरे विचार से सहमत नहीं थे। इसलिए मैंने किसी अच्छे विदेशी व्यावसायिक सहयोगी की खोज के प्रयास तेज कर दिए।

उन दिनों जापानी टेक्सटाइल मशीनों के बारे में भारत में बहुत कम जानकारी थी। भारत की कपड़ा मिलों को सिर्फ तीन विदेशी टेक्सटाइल मशीनरी उत्पादकों का पता था—इंग्लैंड के प्लैट्स, स्विट्‌रलैंड के रीएटर्स और अमरीका के सैको लॉवल। हमने रीएटर्स और प्लैट्स दोनों से बात की। रीएटर्स किसी भी तरह के व्यावसायिक सहयोग में शामिल होने से हिचकिचा रहे थे। मैंने एक बार फिर प्लैट्स से बात की। वे भारत की किसी कम्पनी के साथ साठगाँठ करने की सम्भावना पर विचार करने के इच्छुक नहीं थे। मैंने अपनी परेशानी पिताजी को बताई। लेकिन वे बहुत दृढ़ संकल्पवाले व्यक्ति थे और किसी भी तरह का जोखिम उठाने के लिए हमेशा तैयार रहते थे। उनका स्वभाव बी.एम. चाचाजी से बिलकुल अलग था, जो बहुत ज्यादा सतर्कता और सावधानी बरतनेवाले व्यक्ति थे।

हमने टेक्समैको में करघों के उत्पादन से शुरुआत की और दस करघे तैयार किए। हमने इन करघों का परीक्षण किया। परिष्करण और प्रदर्शन के मामले में वे आयातित करघों से कमतर थे। लेकिन चूँकि वे किसी भी तरह के विदेशी सहयोग के बिना पूरी तरह से सिर्फ भारतीय तकनीशियनों और स्वदेशी कौशल की मदद से तैयार किए गए थे, इसलिए प्रबन्धकों में बहुत सन्तोष और उत्साह की भावना थी। पिताजी भी बहुत प्रसन्न थे और मेरी प्रशंसा करने से नहीं चूके थे।

हम लोग अपनी फैक्टरी की उत्पादन क्षमता बढ़ाने पर विचार कर रहे थे कि दूसरा विश्वयुद्ध छिड़ गया। सरकार ने हमारे साथ एक समझौता करके फैक्टरी को अपने संरक्षण में ले लिया। इस समझौते के अनुसार, सरकार मूल्यह्रास समेत फैक्टरी के सभी खर्चे खुद वहन कर रही थी और हमें हर महीने एक निश्चित राशि लाभ के रूप में दे रही थी। यह समझौता मेरे तत्वावधान में ही हुआ था। मुझे महसूस हुआ कि सरकार द्वारा निर्धारित

राशि बहुत कम थी। मैंने इस सम्बन्ध में सर इवान जेन्किंस से बात की, जो वायसराय (लॉर्ड वेवल) के निजी सचिव थे। जेन्किंस एक न्यायप्रिय व्यक्ति थे। उन्होंने मेरे सभी तर्कों को स्वीकार कर लिया और टेक्समैको को लाभ के रूप में एक उचित राशि देने के लिए राजी हो गए। जेन्किंस के साथ मेरी मित्रता उनके सेवानिवृत्त होने तक जारी रही।

मैं टेक्समैको की स्थिति से सन्तुष्ट नहीं था। मैं जानता था कि टेक्सटाइल मशीनों के उत्पादन के लिए बहुत सूक्ष्म परिशुद्धता और ऊँचे स्तर के कौशल की जरूरत होती है। विदेशी सहयोग के बिना यह अत्यन्त कठिन काम था। मैंने पिताजी से कहा कि उन्होंने मेरे लिए जो व्यवसाय (टेक्सटाइल मशीनरी का उत्पादन) चुना था, वह बहुत ज्यादा कठिनाइयों भरा था। पिताजी ने मुझे क्या-क्या हो सकता है और क्या-क्या किया जा सकता है पर एक लम्बा भाषण पिलाया। मुझे इसमें कोई सन्देह नहीं था कि पिताजी की बातें सैद्धान्तिक तौर पर ठीक थीं, लेकिन टेक्सटाइल मशीनरी के उत्पादन में अकेले घुसना दीवार से सर टकराने की तरह था। चाचाजी, जैसाकि मैं पहले कह चुका हूँ, अधिक व्यावहारिक थे। वे मुझसे पूरी तरह से सहमत थे। उन्होंने मेरी समस्याओं को लेकर पिताजी से बातचीत की।

चाचाजी ने कुछ समय पहले उड़ीसा में एक कागज मिल शुरू की थी। ओरिएंट पेपर मिल नामक यह मिल एक सुनियोजित और सुव्यवस्थित मिल थी। चाचाजी ने प्रबन्धन की कुछ विशिष्ट प्रणालियाँ लागू की थीं। चाचाजी के अधीन यह सबसे बड़ी औद्योगिक इकाई थी। क्योंकि इस मिल को उन्हें अपना काफी समय देना पड़ रहा था, इसलिए वे परिवार के किसी ऐसे सदस्य की तलाश में थे जो उनके अधीन तीन चीनी मिलों की देखभाल कर सके। ये मिलें अपेक्षाकृत छोटी ईकाइयाँ थीं। इसलिए यह फैसला किया गया कि माधवप्रसाद और बसन्त कुमार की तरह सिर्फ पिताजी के अधीन काम करने की बजाय मैं परिवार के दो वरिष्ठ सदस्यों, पिताजी और चाचाजी के अधीन काम करूँगा। चाचाजी मुझे बहुत चाहते थे और उन्हें मेरी क्षमताओं पर पूरा भरोसा था। उन्हें इस बात की भी प्रसन्नता थी कि चीनी मिलों के संचालन को लेकर मैं उनका बोझ कुछ कम कर दूँगा। अब मुझे टेक्समैको के मामले में पिताजी का और चीनी मिलों के मामले में चाचाजी का प्रशिक्षण मिलने लगा।

चीनी की ईकाइयाँ छोटी-छोटी फैक्टरियाँ थीं, जो समय के साथ विशाल मिलों में बदल गईं। मैं अपने व्यवसाय के प्रसार के बारे में विस्तारपूर्वक बताकर पाठकों को उबाना नहीं चाहूँगा। लेकिन इस अध्याय को समाप्त करने से पहले मैं 'हिन्दुस्तान टाइम्स' के बारे में कुछ शब्द कहना चाहूँगा, जिसके साथ मैं बहुत निकटता से जुड़ा रहा हूँ।

'हिन्दुस्तान टाइम्स' 1924 में शुरू हुआ था, और 1927 में पंडित मदन मोहन मालवीय ने इसे एक संयुक्त स्टॉक कम्पनी का रूप दे दिया था। पिताजी मालवीयजी, लाला लाजपतराय और कुछ अन्य लोगों के साथ 'हिन्दुस्तान टाइम्स' के संयुक्त प्रवर्तक थे। कम्पनी की स्थापना के समय पिताजी इसके सबसे बड़े शेयर-धारक थे। अखबार को खरीदने और कम्पनी को चलाने के लिए पूँजी की व्यवस्था भी उन्होंने ही की थी। मैं यहाँ अलग से अखबार के निदेशक मंडल की एक बैठक का हस्तलिखित विवरण प्रस्तुत कर रहा हूँ।

A meeting of the Board of Directors of the Hindustan Times was held on 15th March 1929, at 2.30 p.m. in the room of the Legislative Assembly Chambers, Nationalist Party. The following Directors were present:-

1. Pandit M. M. Malaviya (Chairman)
2. Mr. Ghanshyamdas Birla
3. Mr. M. R. Jayakar
4. Lala Baij Nath Goyal

The following business was transacted:-

1. Resolved that the salaries of Mr. J. N. Sahni & K. D. Kohli, Editor & Manager be raised by Rs. 50/= & Rs. 100/= respectively with effect from the 1st January 1929.

2. Resolved that the shares be issued in the name of Pandit M. M. Malaviyaji for the sum of Rs. 7,575/= received through him or in the name or names of persons advised by him.

3. Resolved that shares of Rs. 1000/= lying in the name of a friend of Pandit M. M. Malaviya be issued in the name of Pt. M. M. Malaviya or in the name or names of persons advised by him.

4. Resolved that the purchase of the Motor Car for Manager be approved.

5. Resolved that the shares may be allotted to the following for the amounts noted against their names:-

1. Seth Ghanshyamdas Birla Rs 500/= 50 shares
2. Lala Shri Ram, Delhi Cloth Mills " 200/= 20 "

10/- 70

3. Mr. Suraj Karan Ajmer Rs 100/- 1 share
4. Mr. Hari Prashad Ajmer Rs. 200/- 2 "
5. Mr. Ghisoo Lal Dhandia Ajmer Rs. 200/- 2 "
6. S. Makhan Singh Lahore Cantt. Rs. 500/- 10 "
7. Mr. Ajmeri Prashad Ajmer Rs. 100/- 1 "
8. Mr. Manji Ram Rathore Ajmer Rs. 100/- 1 "
9. R.B. L. Moti Sagar, Lahore. Rs. 1000/- 10 "
10. Mr. Kesri Lal Sethi, Jaipur Rs. 100/- 2 "

Total 99

6. Resolved that in view of the present financial condition of the Hindustan Times and to raise more capital the Hindustan Times, Ltd., should be reconstructed and a meeting of the shareholders be immediately called for the purpose.

M. M. Malaviya
Chairman

Kishan Behl(?)
10/8/29

A meeting of the Board of Directors was to be held on the 20th March 1929, @ 2.30 p.m. in the room of the Nationalist party, Assembly Chambers but was adjourned on a/c of lack of quorum.

M. M. Malaviya
Chairman

[signature]
21/8/29

1933 में मैं दिल्ली स्थानान्तरित हो गया तो मुझे 'हिन्दुस्तान टाइम्स' के बारे में और अधिक जानने का अवसर मिला। अखबार के शुरू के दिनों में पारसनाथ सिन्हा इसका कामकाज देख रहे थे।

पारसनाथ सिन्हा बिहार के थे। पिताजी ने उन्हें 1920 के दशक में लक्ष्मी निवास के निजी शिक्षक के रूप में नियुक्त किया था। बाद में वे पिताजी के सचिव बन गए। कुछ समय के लिए पिताजी ने उन्हें ब्रजराज नगर की ओरिएंट पेपर मिल की देख-रेख करने के लिए भेजा था। लेकिन यह काम उनकी रुचि का नहीं था। वे साहित्यिक रुचि के व्यक्ति थे और अंग्रेजी और हिन्दी दोनों पर ही उनका अच्छा अधिकार था। वे बहुत ईमानदार और सत्यनिष्ठ व्यक्ति थे। वे दोनों भाषाओं में अच्छा लिख लेते थे। अर्थशास्त्र की भी उन्हें अच्छी जानकारी थी।

अखबार का प्रबन्धन स्वयं पिताजी देख रहे थे। शुरू के वर्षों में अखबार का सम्पादकीय पक्ष मालवीयजी सँभाल रहे थे। लेकिन 1930 के दशक के शुरू में पिताजी ने अखबार का पूरा नियन्त्रण अपने हाथ में ले लिया। 1936 में उन्होंने पारसनाथ जी को प्रबन्ध सम्पादक नियुक्त किया। वे अखबार के प्रबन्धन के साथ-साथ इसका सम्पादकीय पक्ष भी देख रहे थे। पारसनाथ जी ने बहुत कुशलतापूर्वक अखबार को सँभाला।

पारसनाथ जी को उच्च रक्तचाप की शिकायत थी। उस जमाने में यह रोग रोगी को बहुत कष्ट और मानसिक यातना देता था। इससे हृदय और गुर्दे प्रभावित हो जाते थे। पिताजी ने पारसनाथ जी के काम के बोझ और दायित्व को कम करने के लिए उन्हें सलाहकार नियुक्त कर दिया, और देवदास गांधी को अखबार का प्रबन्ध सम्पादक बना दिया। देवदास को छोड़कर गांधीजी अपने पुत्रों के मामले में अधिक भाग्यशाली नहीं रहे थे। हालाँकि गांधीजी ने देवदास के बारे में पिताजी से कभी कुछ नहीं कहा था, लेकिन गांधीजी के निकट होने के कारण पिताजी ने स्वयं ही महसूस किया था कि उन्हें देवदास गांधी के लिए किसी उपयुक्त काम की व्यवस्था करनी चाहिए।

देवदास 1937 से लेकर 1957 तक अखबार के प्रबन्ध सम्पादक रहे। पारसनाथ जी की तरह उन्होंने भी अखबार को बहुत अच्छी तरह से सँभाला। पिताजी 'हिन्दुस्तान टाइम्स' के चेयरमैन थे, इसलिए अखबार की नीति और प्रबन्धन के मामलों को लेकर पिताजी के साथ चर्चा करने के लिए देवदास अक्सर दिल्ली के हमारे घर में आते रहते थे। चूँकि मेरा मुख्यालय भी दिल्ली में ही था, इसलिए देवदास जी के साथ मेरा निकट सम्पर्क बना रहता था।

देवदास का 1957 में हृदयगति रुक जाने से निधन हो गया। तब तक अपने साहसिक और निर्भीक सम्पादकीयों के कारण 'हिन्दुस्तान टाइम्स' काफी ख्याति अर्जित कर चुका था, फिर भी यह अभी अपने शैशव-काल में ही था। देवदास के देहान्त के समय इसकी प्रसार-संख्या 60,322 थी, जबकि 3.97 लाख के कुल मुनाफे के साथ इसकी वार्षिक आय 80.61 लाख थी।

पिताजी के पास अखबार चलाने और इसकी समस्याओं पर ध्यान देने के लिए बिलकुल समय नहीं था। वे जानते थे कि राजनीति और लोगों से मिलने-जुलने में मेरी बहुत ज्यादा रुचि थी। मैंने 1957 में एक निदेशक के रूप में 'हिन्दुस्तान टाइम्स' में प्रवेश किया और तभी से मैं ही इसकी देखभाल करता रहा हूँ। समय के साथ हिन्दुस्तान टाइम्स प्रगति करता

चला गया और देश का एक प्रमुख अखबार बन गया। उत्तर भारत में यह अंग्रेजीभाषी अखबारों में सबसे ज्यादा प्रसार-संख्यावाला अखबार है। 1957-58 में जब मैंने इसका कार्यभार सँभाला था तो इसकी वार्षिक आय 87.17 लाख थी, जो 1999-2000 में 323.11 करोड़ तक जा पहुँची। मैं अब भी इसका चेयरमैन हूँ और अखबार की व्यापक नीति के मामले में मार्गदर्शन देता रहता हूँ। हालाँकि अब मेरी बेटी शोभना मंच का वास्तविक संचालन कर रही है।

11

फैलते क्षितिज

व्यवसाय के साथ-साथ मैंने समाज कल्याण और एफ.आई.सी.सी.आई. और इससे सम्बद्ध संस्थाओं जैसे कई औद्योगिक संगठनों या वाणिज्य मंडलों की गतिविधियों में भी सक्रिय रुचि ली। मैंने कोलकाता के भारतीय वाणिज्य मंडल (इंडियन चैम्बर ऑफ कॉमर्स) की गतिविधियों में सक्रिय रूप से भाग लिया, जो देश के शीर्ष वाणिज्य मंडलों में से एक है। इसके साथ ही मैंने एफ.आई.सी.सी.आई. की गतिविधियों के साथ भी जुड़ा रहने का प्रयास किया, पहले एक अतिथि के रूप में और बाद में समिति के सदस्य के रूप में। समय के साथ जैसे-जैसे मेरी व्यावसायिक गतिविधियाँ बढ़ती रहीं, भारत सरकार ने भी मुझे अपनी कई समितियों के लिए नामांकित किया। मैं कई वर्षों तक केन्द्रीय औद्योगिक सलाहकार परिषद (जे.आर.डी. टाटा के साथ) और व्यापार मंडल (बोर्ड ऑफ ट्रेड) का सदस्य रहा। कुछ वर्षों के लिए मैं राष्ट्रीय रेलवे उपभोक्ता परामर्श समिति का भी सदस्य रहा। यह समिति जनता और उद्योग की समस्याओं पर विचार करने के लिए समय-समय पर बैठकें आयोजित करती रहती थी।

औद्योगिक सलाहकार समिति की एक बैठक में जे.आर.डी. टाटा के साथ

केन्द्रीय औद्योगिक सलाहकार परिषद एक महत्त्वपूर्ण संस्था थी। इसका काम उद्योग-जगत की समस्याओं के बारे में सरकार को सलाह देने के साथ-साथ सकल घरेलू उत्पाद (जी.डी.पी.) और औद्योगिक उत्पादन में वृद्धि करने और व्यापार के सन्तुलन में सुधार लाने के लिए सुझाव प्रस्तुत करना था। क्योंकि आर्थिक मामलों में सरकार को सलाह देनेवाली यह सबसे महत्त्वपूर्ण संस्था थी, इसलिए इसमें नामांकित होने के लिए बहुत-से उद्योगपति उत्सुक रहते थे। उद्योग-जगत की तरफ से टाटा पहले वक्ता होते थे और मैं दूसरा। यह परिषद कई वर्षों तक काम करती रही और इसके प्रतिनिधियों की सलाह पर भारत सरकार ने पूरा ध्यान भी दिया।

एफ.आई.सी.सी.आई. के साथ अपने सक्रिय जुड़ाव के दौरान मुझे देश भर का भ्रमण करके व्यावसायियों को सम्बोधित करने का अवसर मिला। मैं प्रधानमन्त्री समेत किसी भी मन्त्री से मिलनेवाले हर महत्त्वपूर्ण प्रतिनिधिमंडल में शामिल रहता था। कई वर्षों तक मैं वैज्ञानिक एवं औद्योगिक अनुसंधान परिषद (सी.एस.आई.आर.) का भी सदस्य रहा। मैं कई वर्षों तक राष्ट्रीय एकीकरण परिषद का भी सदस्य था, जिसके अन्तर्गत मुझे सभी राज्यों के मुख्यमन्त्रियों और राजनीतिक पार्टियों के नेताओं से मिलने का अवसर मिला। मैं भारतीय औद्योगिक ऋण एवं निवेश निगम (आईसीआईसीआइ) का भी सदस्य था, जिसकी स्थापना 1955 में मेरे पिताजी, कस्तूरभाई लालभाई और अन्य अग्रणी उद्योगपतियों ने मिलजुलकर की थी। आज आई.सी.आई.सी.आई. के अधिसंख्यक शेयर सरकारी निकायों के पास हैं, लेकिन उस समय यह एक निजी क्षेत्र की संस्था थी। यह बात भी कम दिलचस्प नहीं है कि एक निजी क्षेत्र की संस्था एक सार्वजनिक क्षेत्र की संस्था कैसे बन गई।

आई.सी.आई.सी.आई. के जो शेयर व्यावसायिक संस्थाओं के पास थे, वे अधिकांशतः न्यू इंडिया इंश्योरेंस, रूबी इंश्योरेंस और इसी तरह की अन्य निजी क्षेत्र की बीमा कम्पनियों के अधिकार में थे। बीमा सेवाओं का 1972 में राष्ट्रीयकरण कर दिए जाने के कारण इनमें से अधिसंख्यक शेयर सार्वजनिक क्षेत्र में चले गए, और परिणामस्वरूप आई.सी.आई.सी.आई. एक सार्वजनिक क्षेत्र की संस्था बन गई। जैसाकि मैं पहले कह चुका हूँ, आई.सी.आई.सी.आई. कुछ व्यावसायियों द्वारा एक निजी क्षेत्र की संस्था के रूप में शुरू की गई थी। इसका उद्देश्य देश में नई औद्योगिक ईकाइयाँ शुरू करने या अपने वर्तमान संयंत्रों का आधुनिकीकरण करने में उद्योगपतियों की मदद करना था। पिताजी इसके प्रवर्तकों में से थे। हमारे समूह के पास शेयरों की अच्छी-खासी संख्या थी। इस बात को लेकर एक आम सहमति बन गई थी कि हमारे समूह का एक सदस्य इसके निदेशकों में हमेशा शामिल रहेगा। कुछ समय बाद पिताजी सेवा-निवृत्त हो गए तो 1959 में मुझे इसके निदेशकों में शामिल कर लिया गया। 1972 में बीमा सेवाओं के राष्ट्रीयकरण और परिणामस्वरूप आई.सी.आई.सी.आई. के एक सार्वजनिक क्षेत्र की संस्था बन जाने के बाद भी मैं इसका निदेशक बना रहा।

1977 में देश में आम चुनाव हुये। 1975 में घोषित-आपातकाल के कारण कांग्रेस (आई) को भारी पराजय का मुँह देखना पड़ा। जयप्रकाश नारायण के सहयोग से मोरारजी देसाई देश के नए प्रधानमन्त्री बने। इन्दिरा गांधी बुरी तरह हार गई थीं; फिर भी मैं उनके साथ खड़ा रहा। उनका साथ छोड़ने के लिए मुझ पर बहुत ज्यादा दबाव डाला गया। लेकिन

मैं अपने निर्णय पर अटल रहा। 1979 के शुरू में जगदीश सक्सेना ने—जो तब इंडस्ट्रियल डेवलपमेंट बैंक ऑफ इंडिया (आई.डी.बी.आई.) के चेयरमैन थे, और इस नाते आई.सी.आई.सी.आई. के निदेशक भी थे—मुझे आई.सी.आई.सी.आई. से त्याग-पत्र देने के लिए कहा। मैंने ऐसा ही किया। जगदीश सक्सेना मेरे अच्छे मित्रों में से थे। आई.सी.आई.सी.आई. के निदेशक मंडल की एक बैठक के बाद, जिसमें मैं भी शामिल था, वे मुझे एक तरफ ले जाकर बोले कि सत्ता पक्ष में कुछ ऊपर के लोग चाहते थे कि मैं त्याग-पत्र दे दूँ। मेरे खिलाफ मुख्य आरोप यह था कि चुनावों में इन्दिरा गांधी की हार के बाद भी मैं उनके साथ खड़ा रहा था। मैंने किसी तरह की बहस किए बिना तुरन्त अपना त्याग-पत्र प्रस्तुत कर दिया।

मैं कई व्यावसायिक परिषदों का भी सदस्य था, और कई वर्षों तक भारत और अमरीका और भारत और जापान की संयुक्त व्यावसायिक परिषदों (ज्वाइंट बिजनेस काउंसिल) का चेयरमैन भी रहा।

1984 तक मेरे जीवन की यही दिशा रही—एक स्वतन्त्र प्रत्याशी के रूप में और कांग्रेस (आई) के समर्थन से राज्यसभा का सदस्य बनने तक। हमारा परिवार 1910 के दशक से ही राजनीति में रहा है। पिताजी 1915 में गांधीजी के सम्पर्क में आए थे और उन्होंने स्वतन्त्रता संघर्ष में बहुत महत्त्वपूर्ण भूमिका निभाई थी। देश की राजनीति में पिताजी की इस सक्रिय भूमिका के कारण परिवार में राजनीतिक जागरूकता का वातावरण था। स्वाधीनता से पहले गांधीजी हमेशा हमारे साथ ही ठहरा करते थे। मालवीयजी, सरदार पटेल, राजेन्द्र बाबू, राजाजी और के.एम. मुंशी जैसे सभी अन्य महत्त्वपूर्ण नेता भी हमारे साथ ही ठहरा करते थे।

राज्यसभा का सदस्य बनने के बाद मैं राजनीति में उलझ गया लेकिन अपनी व्यावसायिक गतिविधियों की तरफ मैं पहले की तरह ही पूरा ध्यान देता रहा। फिर भी मैंने सभी व्यावसायिक संस्थाओं से त्याग-पत्र दे दिया और उसके बाद से मैंने इनमें कोई सक्रिय दिलचस्पी नहीं ली है। कुछ समय तक मैं एफ.आई.सी.सी.आई. की कुछ बैठकों में शामिल होता रहा, क्योंकि इस महान संस्था के साथ मैं भावनात्मक जुड़ाव महसूस करता हूँ। इसकी स्थापना मेरे पिताजी और कुछ अन्य उद्योगपतियों के हाथों हुई थी, और हमारे परिवार के कई सदस्य इसके साथ बहुत गहराई से जुड़े रहे हैं—खासकर ब्रजमोहन चाचाजी और मेरे बड़े भाई लक्ष्मी निवास।

राज्यसभा का सदस्य बनने से पहले जब में व्यवसाय में बहुत ज्यादा सक्रिय था, मैं भारत सरकार के अधिकांश सचिवों, अतिरिक्त सचिवों और कई संयुक्त सचिवों से परिचित था। मैं उन्हें नियमित रूप से भोजन या जलपान के लिए आमन्त्रित करता रहता था। मैं रिजर्व बैंक ऑफ इंडिया के गवर्नर और डिप्टी गवर्नर के साथ-साथ महत्त्वपूर्ण बैंकों, सामान्य बीमा निगम (जी.आई.जी.) और जीवन बीमा निगम (एल.आई.सी.) के चेयरमैनों से भी परिचित था। लेकिन एक सांसद बनने के बाद मैंने अपने व्यावसायिक और सरकारी परिचितों, सम्पर्कों और मित्रों का दायरा बहुत सीमित कर दिया। अब मैं बहुत थोड़े-से सचिवों को जानता हूँ। मेरे समय के अधिकांश व्यवसायी या तो अवकाश ग्रहण कर चुके हैं या उनका देहान्त हो चुका है। मैं नई पीढ़ी के व्यवसायियों में से बहुत कम लोगों को जानता हूँ।

इन शब्दों के साथ मैं अपने व्यावसायिक और निजी जीवन के वृत्तान्त से विदा लेना चाहूँगा, और अपने राजनीतिक जीवन के कुछ महत्त्वपूर्ण पड़ावों और ऐतिहासिक मोड़ों के बारे में कुछ शब्द कहना चाहूँगा।

* * *

जैसाकि मैं पहले कह चुका हूँ, अपनी युवावस्था से ही मैं राजनीति से सक्रिय रूप से जुड़ा रहा। मेरी व्यावसायिक गतिविधियों के साथ-साथ राजनीति में मेरी गहरी रुचि ने भी मेरे सार्वजनिक जीवन में बहुत महत्त्वपूर्ण भूमिका निभाई है।

1930 के दशक के मध्य से ही गांधीजी हमारे साथ ठहरने लगे थे। पिताजी खुद उनकी सभी सुविधाओं और जरूरतों का खयाल रखते थे और मैं उनकी मदद करता था। हर सुबह और शाम प्रार्थनाएँ होती थीं। आम जनता को इन प्रार्थनाओं में शामिल होने की अनुमति नहीं थी, लेकिन गांधीजी या हमारे परिवार को जाननेवाला कोई भी व्यक्ति वहाँ आ सकता था। सुबह की प्रार्थना में शामिल होना मेरे लिए हमेशा सम्भव नहीं हो पाता था, लेकिन शाम की प्रार्थना में मैं नियमित रूप से उपस्थित रहता था। गांधीजी दिल्ली में बिड़ला हाउस में होते थे तो पिताजी हमेशा उनके साथ रहते थे, आंगन में उनकी चहलकदमी के दौरान भी। इन अवसरों पर अक्सर मैं भी उनके पीछे-पीछे चलता रहता था। इस तरह, मुझे देश की सामाजिक-राजनीतिक घटनाओं के बारे में उनकी बातचीत सुनने और राजनीति में अपनी बढ़ती रुचि को परिष्कृत करने का अवसर मिलता रहता था।

जवाहरलालजी को छोड़कर देश के लगभग सभी शीर्ष नेता अपने दिल्ली प्रवास के दौरान हमारे साथ ठहरा करते थे। इसलिए मुझे उस जमाने के सभी नेताओं को नजदीक से देखने और जानने का अवसर मिला। मैं कोलकाता चला गया तो यह सम्पर्क स्वाभाविक रूप से टूट गया। लेकिन 1937 में कोलकाता को अपना मुख्यालय बना लेने के बाद मुझे बंगाल के नेताओं के साथ अपना परिचय बढ़ाने का अवसर मिला।

स्वतन्त्रता से पहले बंगाल में मुसलमान बहुसंख्या में थे, इसलिए 1937 के बाद बंगाल के सभी मुख्यमन्त्री मुस्लिम थे। अविभाजित बंगाल के पहले मुख्यमन्त्री या प्रीमियर ए.के. फजलुल हक थे, जो अप्रैल 1937 से मार्च 1943 तक इस पद पर रहे। इसके बाद राज्यपाल के शासन की एक छोटी-सी अवधि आई, और फिर ख्वाजा सर नजीमुद्दीन मुख्यमन्त्री बने। 31 मार्च 1945 से लेकर 23 अप्रैल 1946 तक लगभग एक वर्ष तक एक बार फिर राज्यपाल का शासन रहा। इसके बाद एच.एस. सुहरावरदी मुख्यमन्त्री बने।

सुहरावरदी के शासन-काल में ही 1946 के साम्प्रदायिक दंगे हुए। इन दंगों में मुसलमानों को ही अधिक क्षति पहुँची, हालाँकि स्वयं मुख्यमन्त्री मुसलमान थे। इसकी प्रतिक्रिया नोआखाली में देखने को मिली, जहाँ बड़े पैमाने पर हिन्दुओं का संहार किया गया और उनकी स्त्रियों के साथ बलात्कार किया गया। इस घटना के बाद; नवम्बर 1946 में, गांधीजी नोआखाली गए और वहाँ चार महीने रहे।

हालाँकि मैं एक धर्मनिष्ठ हिन्दू था, लेकिन मैं एक धर्मनिरपेक्ष दृष्टिकोण में विश्वास रखता था। किसी मुख्यमन्त्री या मन्त्री के हिन्दू या मुस्लिम होने से मेरे साथ उसके सम्बन्धों पर कोई असर नहीं पड़ता था। मुस्लिम मुख्यमन्त्री कांग्रेस पार्टी के नहीं होते थे, इसलिए

कांग्रेस के प्रति उनका रवैया कटुतापूर्ण होता था। इसके बावजूद वे मेरे साथ हमेशा भद्र और सहयोगपूर्ण व्यवहार करते थे। मैंने कांग्रेस के सभी शीर्ष नेताओं के साथ-साथ अन्य दलों के महत्त्वपूर्ण नेताओं के साथ भी हमेशा मैत्रीपूर्ण सम्बन्ध बनाकर रखे।

प्रफुल्ल चन्द्र घोष

डॉ. पी.सी. घोष या प्रफुल्ल बाबू, जैसाकि हम उन्हें कहा करते थे, मेरे बहुत पुराने मित्र थे। मैं उन्हें 1930 के दशक से जानता था। वे बहुत सीधी-सादी जीवन-शैली और पारदर्शी ईमानदारीवाले व्यक्ति थे। वे बहुत ऊँचे चरित्र के व्यक्ति थे और एक सच्चे गांधीवादी थे। स्वाधीनता के बाद वे पश्चिम बंगाल के पहले मुख्यमन्त्री बने, और 15 अगस्त 1947 से 23 जनवरी 1948 तक इस पद पर रहे।

डॉ. पी.सी. घोष के मुख्यमन्त्री-काल का सबसे उत्कृष्ट प्रदर्शन था जमाखोरी और कालाबाजारी की दोमुँही बुराई पर उनका कड़ा प्रहार। जमाखोरी के बड़े केन्द्रों पर छापों के दौरान वे पुलिस के साथ रहते थे, ताकि पूरी कार्रवाई सही तरीके से सम्पन्न हो। कहा जाता है कि एक आटा मिल पर ऐसे ही एक छापे के दौरान प्रफुल्ल बाबू ने बहुत मामूली वस्त्र पहन रखे थे। लोग उनके चेहरे से परिचित नहीं थे, इसलिए वे पहचान लिए जाने के खतरे के बिना कहीं भी आ-जा सकते थे। छापे के दौरान किसी ने उन्हें रिश्वत देने की कोशिश की। प्रफुल्ल बाबू ने उस व्यक्ति को तुरन्त गिरफ्तार करने का हुक्म दे दिया। उनके द्वारा इस तरह की सीधी कार्रवाइयों का जल्दी ही दुष्परिणाम भी दिखाई देने लगा। जनवरी 1948 में विधानसभा के अधिकांश कांग्रेस सदस्यों ने राज्यपाल राजागोपालचारी को एक पत्र लिखकर मुख्यमन्त्री में अपना विश्वास खत्म होने की घोषणा कर दी। उनका कहना था कि मुख्यमन्त्री के कारण सरकार बदनाम हो रही थी। राजाजी के सामने कोई विकल्प नहीं था। उन्हें डॉ. घोष के मन्त्रिमंडल को बर्खास्त करके डॉ. बी.सी. राय (विधान बाबू) को मुख्यमन्त्री बनाना पड़ा।

प्रफुल्ल बाबू पश्चिम बंगाल के हरिजन सेवक संघ के अध्यक्ष भी रहे। हालाँकि वे उम्र में मुझसे उनतीस वर्ष बड़े थे, फिर भी वे एक मित्र के रूप में मुझे बहुत पसन्द करने लगे थे। हम लोग राजनीति पर लम्बी चर्चाएँ करते थे। हालाँकि कई मामलों में हम एक-दूसरे से सहमत नहीं होते थे, फिर भी मैं उनकी ईमानदारी और सादगी की हमेशा प्रशंसा करता था।

डॉ. बी.सी. राय

विधान बाबू 1948 में मुख्यमन्त्री बने। उनके नेतृत्व में कांग्रेस ने लगातार तीन बार, 1952, 1957 और 1962 में पश्चिम बंगाल में चुनाव जीते। वे चौदह वर्ष तक, 1962 में अपनी मृत्यु तक मुख्यमन्त्री रहे। अपने लम्बे कार्यकाल के दौरान वे पश्चिम बंगाल के निर्विरोध और निर्विवाद नेता बने रहे।

इसमें कोई सन्देह नहीं कि विधान बाबू का लम्बा कार्यकाल उनकी असाधारण प्रशासनिक क्षमता और समस्याओं के व्यावहारिक पहलुओं की गहरी समझ का परिणाम था। वे एक भविष्यद्रष्टा थे। उन्होंने आर्थिक रूप से पिछड़े हुए पश्चिम बंगाल को दुर्गापुर और

सॉल्ट लेक सिटी जैसी धरोहरें दी। मैंने 1952, 1957 और 1962 के तीनों चुनावों में विधान बाबू को सक्रिय सहयोग दिया। मैं कई अन्य कांग्रेस कार्यकर्ताओं के साथ मतदान-केन्द्रों के चक्कर लगा-लगाकर कांग्रेस-समर्थकों का उत्साह बढ़ाया करता था। मैं हिन्दीभाषी लोगों को, जिनमें से अधिकशं मेरे समुदाय के थे, विधान बाबू के लिए वोट जुटाने के लिए कहता था।

1955 में पश्चिम बंगाल के तत्कालीन मुख्यमन्त्री डॉ. बी.सी. राय के साथ लेखक

चितरंजनदास के बाद विधान बाबू बंगाल में पैदा होनेवाले सबसे बड़े नेता थे। एक चिकित्सक के रूप में अपने व्यस्ततम दिनों में भी वे प्रतिदिन सुबह दो घंटे निर्धन और जरूरतमन्द लोगों के निःशुल्क इलाज के लिए सुरक्षित रखते थे। लोग एक दृढ़ नेता को पसन्द करते हैं, न कि किसी भेड़ जैसे नरम और दब्बू नेता को जो न कुछ अच्छा कर सकता है और न बुरा। अगर व्यक्ति बरगद के पेड़ की तरह मजबूत और सख्त है तो लोगों को उसकी छाँव में आराम मिलता है। इसीलिए विधान बाबू, जो बहुत दृढ़ व्यक्ति थे, और जो न गांधीजी से डरते थे न जवाहरलालजी से, बंगाल में इतने लोकप्रिय थे। लोगों को लगता था कि जब तक वे मुख्यमन्त्री हैं, उनका प्रदेश उनके नेतृत्व में उन्नति की राह पर आगे बढ़ता रहेगा।

1948 से पहले विधान बाबू एक चिकित्सक के रूप में अभ्यास करते थे। वे देश के एक प्रमुख चिकित्सक के रूप में विख्यात थे, जिन्हें रोग के निदान और उपचार में सिद्धहस्तता प्राप्त थी। वे 1930 या 1931 से हमारे पारिवारिक चिकित्सक थे, बल्कि परिवार के एक सदस्य की तरह थे। उनकी आवाज बहुत दमदार और रोबीली थी। उनके घर में

घुसते ही उनकी उपस्थित का भान हो जाता था। वे हमारे घर अक्सर आते रहते थे। स्वाधीनता से पहले के दिनों में वे न सिर्फ हमें चिकित्सकीय परामर्श देते थे, बल्कि हर बार आधे-पौने घंटे तक पिताजी या ताऊजी के साथ देश की राजनीतिक स्थिति पर, विशेषकर बंगाल से जुड़े विषयों पर, चर्चा करते रहते थे।

एक चिकित्सक के रूप में अपनी भरपूर सफलता और ख्याति के कारण वे गांधीजी समेत देश के अधिकांश शीर्ष नेताओं के चिकित्सकीय सलाहकार बन गए थे। उनका व्यक्तित्व इतना प्रभावशाली था कि वे गांधीजी को छोड़कर अन्य सभी नेताओं को उनके प्रथम नाम से पुकारते थे।

विधान बाबू एक महान मानवतावादी थे और उन्हें निर्धनों का बहुत ज्यादा खयाल रहता था। मुख्यमन्त्री बनने के बाद भी वे प्रतिदिन सुबह दो घंटे निर्धनों का निःशुल्क उपचार करते रहे।

उनके मुख्यमन्त्री बन जाने के बाद हम सिर्फ बहुत विकट स्थितियों में ही उनसे चिकित्सकीय परामर्श लेते थे। उदाहरण के लिए, मेरे चाचाजी हृदय-रोग से ग्रस्त थे। वे अन्य चिकित्सकों से अपना इलाज करवाते थे, लेकिन मार्गदर्शन के लिए विधान बाबू के पास जाते रहते थे।

मैं विधान बाबू से जुड़े एक दिलचस्प प्रसंग का जिक्र करना चाहूँगा। मैं एक बार बीमार पड़ गया और अन्य चिकित्सकों के इलाज से मुझे कोई फायदा नहीं हुआ। मैंने विधान बाबू से मिलने और उनके घर जाकर उनसे अपनी जाँच करवाने का फैसला किया। उनसे भेंट का समय ले लेने के बाद मैं सुबह 7 बजे उनके घर जा पहुँचा। लेकिन अपना परिचय देने के बाद भी दरबान ने मुझे भीतर जाने की अनुमति नहीं दी। उसने कहा कि साहब ऊपर की मंजिल पर अपने शयनकक्ष में थे और अभी तक नीचे नहीं उतरे थे। मैंने उसे समझाया कि मैंने भेंट का समय ले रखा था और डॉ. राय के नीचे उतरने तक मैं प्रतीक्षा कक्ष में उनकी प्रतीक्षा करने के लिए तैयार था। लेकिन दरबान कुछ भी सुनने के लिए तैयार नहीं था। मैं अपनी कार में बैठकर आसपास किसी टेलीफोन की तलाश में निकल पड़ा। सौभाग्यवश, एक दवा-विक्रेता की दुकान खुली हुई थी। मैंने उससे टेलीफोन करने की अनुमति माँगी और विधान बाबू को फोन करके उन्हें अपने साथ घटी घटना के बारे में बताया। विधान बाबू गुस्से से भड़क उठे और मुझे तुरन्त आने के लिए बोले। इस बार दरबान का व्यवहार काफी सम्मानजनक था। वह मुझे तुरन्त डॉ. राय के पास ले गया। डॉ. राय ने उसे खूब फटकार लगाते हुए उसके गाल पर एक करारा तमाचा जड़ दिया। उन दिनों मेरा खून गर्म था, इसलिए मुझे लगा कि दरबान को उपयुक्त दंड मिला था। वह बेचारा मुँह लटकाए वहाँ से चला गया। कुछ समय बाद डॉ. राय शान्त हुए और मेरी जाँच करने लगे। मैंने उनसे कहा कि उन्होंने दरबान को डाँटकर अच्छा किया लेकिन अब उन्हें उसे क्षमा कर देना चाहिए। डॉ. राय ने कहा कि दरबान इस दंड के योग्य था लेकिन वे उसे क्षमा कर देंगे। उन्होंने दरबान को बुलाकर उसे 100 रुपए दिए और उसे प्यार से समझाया। दरबान ने अपना सबक सीख लिया था। घटना से जुड़ा हर व्यक्ति सन्तुष्ट था।

1961 में विधान बाबू ने मुझे कोलकाता का शेरिफ बना दिया। उन्होंने मुझसे पूछा तक नहीं। परिवार के एक वरिष्ठ सदस्य की तरह होने के कारण उन्होंने मुझसे कुछ पूछने की जरूरत ही नहीं समझी। मुझे अखबारों को पढ़कर ही पता चला कि मुझे शेरिफ बना दिया

गया था। साथ ही मित्रों और शुभचिन्तकों के बधाई के फोन भी आने लगे थे। मैंने तुरन्त विधान बाबू को फोन करके उन्हें धन्यवाद कहना चाहा। टेलीफोन पर मेरे 'हलो' कहने से पहले ही वे बोले "गुड मॉर्निंग, मि. शेरिफ, कैसे हैं आप?"

कोलकाता, 1961 : शेरिफ के रूप में मेरा एक चित्र

पश्चिम बंगाल में मेरी किसी व्यावसायिक संस्था की कोई समस्या होती, तो मैं एक छोटा-सा नोट तैयार करके डॉ. राय के पास पहुँच जाता। वे उस नोट को पढ़ते, और सम्बन्धित अधिकारी को बुलाकर उसी समय मामला सुलझा देते।

1961 में उन्हें राष्ट्र का सर्वोच्च सम्मान 'भारत रत्न' प्रदान किया गया। विधान बाबू जीवन भर अविवाहित रहे। कुछ दिन बीमार रहने के बाद 1 जुलाई, 1962 को उनका देहान्त हो गया, ठीक उसी दिन जिस दिन 1882 में उनका जन्म हुआ था। उनकी शवयात्रा में लगभग दस लाख लोग शामिल हुए। उनके निधन से पश्चिम बंगाल ने एक ऐसा विराट व्यक्तित्व खो दिया जो अपने जीवन-काल में ही एक किंवदन्ती बन गया था।

कालिपाद मुखर्जी

कालिपाद मुखर्जी डॉ. बी.सी. राय के मन्त्रिमंडल के सदस्य थे और सभी लोग उन्हें बहुत पसन्द करते थे। वे कोई भी काम करवाने में बहुत चुस्त और दक्ष थे। वे प्रान्तीय संकीर्णता से ऊपर थे और व्यवसायी समुदाय में बहुत लोकप्रिय थे। हालाँकि उम्र में वे मुझसे बहुत वरिष्ठ थे, लेकिन हम बहुत घनिष्ठ मित्र थे और सभी सामयिक मामलों में हमारे विचार एक-दूसरे से मिलते-जुलते थे। मेरे सामने जब भी कोई समस्या होती, मैं कालिपाद बाबू के

घनश्यामदास बिड़ला के हम तीन पुत्र : लक्ष्मी निवास, मैं और बसंत कुमार 1930 के दशक में

1957 में तत्कालीन राष्ट्रपति डॉ. राजेन्द्र प्रसाद मेरे पिता को पद्‌म विभूषण से सम्मानित करते हुए

1973 में सूखे के दौरान राहत कार्यों के लिए मेरा पिलानी दौरा

पिताजी की अस्थियों को पवित्र गंगा में प्रवाहित करने के बाद मैं, मेरा भाई बसंत कुमार और हमारी पत्नियाँ हर की पौड़ी पर दूध चढ़ाते हुए

जवाहरलाल नेहरू मेरे ताऊजी जे.के. बिड़ला और धार्मिक नेता गोस्वामी गणेश दत्त के साथ बिड़ला मन्दिर के दर्शन करते हुए

1953 में, तत्कालीन प्रधानमन्त्री जवाहरलाल नेहरू के साथ बिट्स, पिलानी में

1976 में खींचा गया इंदिराजी का चित्र, उनके हस्ताक्षरों सहित

दलाईलामा का हस्ताक्षरित चित्र

इंदिराजी हमारे साथ निजी भोजन के लिए हमारे घर आईं तो मेरी पत्नी ने पुष्पमाला से उनका स्वागत किया। मेरी बेटी शोभना भी अत्यधिक प्रसन्न दिखाई दे रही है।

दिसम्बर, 1953 में तत्कालीन प्रधानमन्त्री जवाहरलाल नेहरू के साथ खुली कार में टैक्समैको फैक्टरी का चक्कर लगाते हुए

1950 के दशक में अपनी कोलकाता यात्रा के दौरान हमारे साथ निजी भोजन करते हुए इंदिराजी

जून, 1983 में मेरे पिताजी के स्वर्गवास के बाद राजीव गांधी अपनी मां की तरफ से शोक-संवेदनाएँ प्रकट करते हुए

1956 में तत्कालीन उपराष्ट्रपति एस. राधाकृष्णन् के साथ बिट्स, पिलानी में

डॉ. मनमोहन सिंह, जो तब रिजर्व बैंक ऑफ इंडिया के गवर्नर थे, जून, 1983 में मेरे पिताजी की अस्थियों पर पुष्प चढ़ाकर अपनी श्रद्धांजलि देते हुए

1999 में 'हिन्दुस्तान टाइम्स' की 75वीं वर्षगाँठ के अवसर पर तत्कालीन प्रधानमन्त्री अटल बिहारी वाजपेयी का स्वागत करते हुए

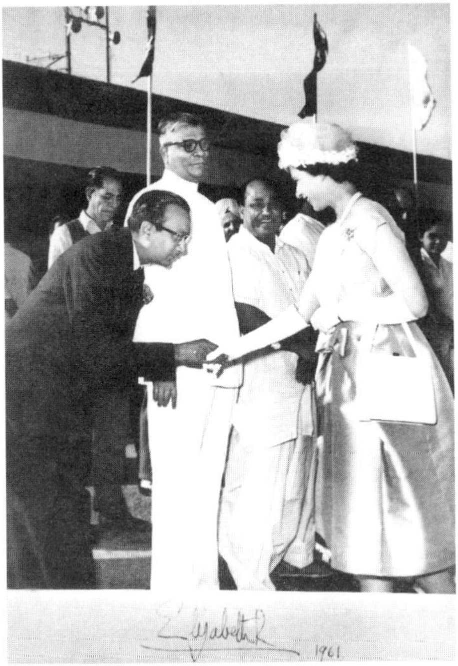

1961 में कोलकाता के शेरिफ के रूप में महारानी विक्टोरिया द्वितीय का स्वागत करते हुए

मार्च, 2000 में तत्कालीन राष्ट्रपति के.आर. नारायणन द्वारा आयोजित पार्टी में राष्ट्रपति बिल क्लिंटन के साथ

1955 में पश्चिम बंगाल के तत्कालीन मुख्यमन्त्री डॉ. बी.सी. रॉय, सोवियत संघ की कम्युनिस्ट पार्टी के सचिव निकिता ख्रुश्चेव और मन्त्री परिषद् के सभापति निकोलाई बुल्गेनिन की कोलकाता यात्रा के दौरान मुझे उनसे मिलवाते हुए। विदेशी अतिथियों द्वारा टेक्समैको फैक्टरी के दौरे के कार्यक्रम को सुरक्षा कारणों से रद्द करना पड़ा।

1974-75 वर्ष के लिए एफ.आई.सी.सी.आई. के अध्यक्ष के रूप में अपने कार्यकाल के दौरान अध्यक्षीय भाषण देते हुए।

पास पहुँच जाता, भले ही वह मामला उनके मन्त्रालय से सम्बन्धित न होता। हम दोनों एक-दूसरे के इतने निकट थे कि वे अन्य मन्त्रालयों से बात करके मेरी मदद करने की कोशिश करते। वे हर किसी की मदद करनेवाले व्यक्ति थे, इसलिए सभी तरह के लोग उनके पास अपनी समस्याएँ लेकर आते रहते थे। दुर्भाग्यवश, वे उक्त रक्तचाप के शिकार थे। उस जमाने में इसका कोई उपयुक्त इलाज नहीं था, इसलिए 1962 में उनकी जीवन-लीला का अन्त हो गया।

प्रफुल्ल चन्द्र सेन

मैं प्रफुल्ल दा को 1950 के दिनों से जानता था। मैं उनके साथ सामयिक विषयों पर चर्चा करने के लिए राइटर्स बिल्डिंग में या उनके घर जाता रहता था। कभी-कभी कोई समस्या होने पर लोग मेरे पास आते थे। अगर मुझे उनका पक्ष न्यायसंगत प्रतीत होता था तो मैं इस सम्बन्ध में प्रफुल्ल दा से बात करता था। वे मेरी सलाह को हमेशा मान लेते थे। उनके मुख्यमन्त्री बनने के बाद भी यही सिलसिला जारी रहा। मुझे ऐसा एक भी मामला याद नहीं आता जब उन्होंने मेरी सलाह को नजरअन्दाज कर दिया हो।

निधन से तीन-चार वर्ष पहले उनका स्वास्थ्य बहुत ज्यादा गिर गया। वे बहुत दुर्बल और क्षीणकाय हो गए। मैं उन दिनों भी उनके पास जाता रहा। उन्होंने मुझसे कभी कोई आर्थिक मदद नहीं माँगी। यह उनकी महानता का हिस्सा था। लेकिन मैं खुद ही कभी-कभी उनकी चिकित्सा और अन्य जरूरतों को देखते हुए कुछ-न-कुछ योगदान कर देता था। उनकी बहुत थोड़ी-सी जरूरतें थीं, और इन जरूरतों का खयाल रखना मैं अपना कर्त्तव्य समझता था। परिवार के कुछ सदस्य उनकी देखभाल कर रहे थे। मैं उन थोड़े-से लोगों में से था जो उन अन्तिम दिनों में उनकी चिन्ता और परवाह करने के लिए शेष रह गए थे।

अतुल्य घोष

अतुल्य घोष या अतुल्य दा, जैसेकि वे आम तौर से जाने जाते थे, पश्चिम बंगाल के एक शक्तिशाली नेता थे। उनसे मेरा परिचय 1955 में हुआ और हमारे सम्बन्ध 1986 में उनकी मृत्यु तक कायम रहे। अतुल्य दा एक मित्र की मदद करने के लिए बहुत आगे तक जा सकते थे। राजनीति से अवकाश लेने से पहले वे पश्चिम बंगाल प्रादेशिक कांग्रेस समिति के लिए और चुनावों के लिए चन्दा इकट्ठा किया करते थे। वे मुझे व्यक्तिगत रूप से बहुत पसन्द करते थे और मेरे साथ बहुत आत्मीयता और सम्मान भरा व्यवहार करते थे।

वास्तव में वे एक राष्ट्रीय नेता थे। हालाँकि वे कभी किसी सरकार में शामिल नहीं हुए, लेकिन उनका बहुत जबरदस्त प्रभाव था। वे लोगों के बीच जाकर काम करनेवाले कार्यकर्ता और जननेता थे। पूरे पश्चिम बंगाल में विस्तृत सम्पर्कों के कारण पार्टी पर उनकी बहुत मजबूत पकड़ थी। अतुल्य दा उन नेताओं में से थे जो अपने हितों से पहले जनता के हितों का ध्यान रखते हैं।

अतुल्य दा पन्द्रह वर्ष की उम्र में अपना स्कूल छोड़कर असहयोग आन्दोलन में कूद पड़े थे। लेकिन औपचारिक शिक्षा की इस कमी को उन्होंने अपने विस्तृत अध्ययन से पूरा

कर लिया था। वे सीधी बात करनेवाले एक प्रभावशाली वक्ता तो थे ही, साथ ही वे एक अच्छे लेखक भी थे। स्वतन्त्रता की पूर्वसन्ध्या पर उन्होंने बंगाल के विभाजन से जुड़े आन्दोलन में बहुत सक्रिय और महत्त्वपूर्ण भूमिका निभाई और एक शक्तिशाली नेता के रूप में उभरकर सामने आए। एक बार मैं और अतुल्य दा एक ही विमान में दिल्ली से कोलकाता की यात्रा कर रहे थे। वे मुझसे आगे की सीट पर बैठे हुए थे। कुछ देर बाद वे पीछे मुड़कर देखने और मुझे अपने पास बुलाने की इच्छा को दबा नहीं सके। मैं उनके पास जा बैठा। उन्होंने बहुत गर्व के साथ मुझे हिन्दी की वह पुस्तक दिखाई जिसे वे पढ़ रहे थे, और बोले, ''कृष्ण कुमार बाबू, मैं हिन्दी सीखने की कोशिश कर रहा हूँ, क्योंकि इस देश में हिन्दी के बिना कोई भी राजनीतिज्ञ एक अच्छा नेता नहीं बन सकता।''

अतुल्य बाबू ने राष्ट्रीय मंच पर भी बहुत महत्त्वपूर्ण भूमिका निभाई। 1967 में पश्चिम बंगाल और अन्य कई प्रान्तों में कांग्रेस की पराजय तक वे अपने राजनीतिक जीवन के शिखर पर रहे। तब तक के. कामराज, एन. संजीव रेड्डी और एस. निजलिंगप्पा की तिकड़ी के साथ–जिन्हें तथाकथित 'सिंडिकेट' के सदस्यों के रूप में जाना जाता था–अतुल्य को भी एक 'किंग-मेकर' के रूप में देखा जाता था। लेकिन यह उनके अन्तर्निहित राजनीतिक बोध का परिचायक था कि 1967 की पराजय के बाद उन्हें यह अहसास हो गया कि स्वातन्त्र्योत्तर कांग्रेस राजनीति का वह दौर समाप्त हो चुका था जिससे वे नजदीक से जुड़े रहे थे। अपना पूरा जीवन राजनीति में गुजार देनेवाले व्यक्ति के लिए राजनीति से संन्यास लेना बहुत दृढ़ इच्छा-शक्ति की माँग करता था। अतुल्य दा ने यही किया। उन्होंने सक्रिय राजनीति से अवकाश लेकर अपने-आपको समाज-सेवा के कार्यों से जोड़ दिया।

12

राष्ट्रीय नेताओं का साथ

मुझे अपने पिताजी के समय के अधिकांश राष्ट्रीय नेताओं के सम्पर्क में आने का सौभाग्य प्राप्त हुआ।

डॉ. राजेन्द्र प्रसाद

डॉ. राजेन्द्र प्रसाद या राजेन्द्र बाबू, जैसेकि वे अपने प्रशंसकों में जाने जाते थे, के साथ मेरे परिचय और सम्बन्धों की नींव 1931 में पड़ी। तब मैं तेरह वर्ष का था और कोलकाता में रहता था। राजेन्द्र बाबू पिताजी के मित्र थे। वे जब भी कोलकाता आते थे तो हमेशा हमारे साथ ही ठहरते थे। राजेन्द्र बाबू जैसी सम्पूर्ण सत्यनिष्ठा और सादगी भरी जीवन-शैली मुझे बहुत कम देखने को मिली है। वे पिताजी के साथ राजनीतिक मामलों पर बहुत गम्भीर चर्चाएँ करते थे, लेकिन परिवार के बच्चों के लिए भी कुछ समय जरूर निकाल लेते थे। वे हमारे साथ कुछ देर टहलते थे और थोड़ी बातचीत के लिए भी समय निकाल लेते थे।

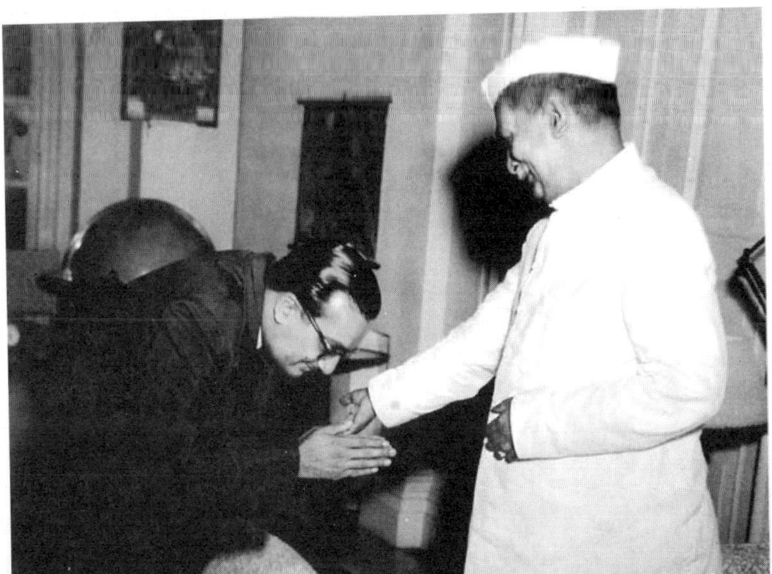

नई दिल्ली, 1950 : डॉ. राजेन्द्र प्रसाद के भारत के प्रथम राष्ट्रपति बनने के बाद उन्हें प्रणाम करते हुए

राजेन्द्र बाबू 1884 में उत्तरी बिहार के एक गुमनाम-से गाँव जीरादेई में पैदा हुए थे। युवावस्था में उन्होंने वकालत का पेशा अपनाया और काफी नाम कमाया। लेकिन बाद में वे गांधीवादी सिद्धान्तों के परम अनुयायी बन गए। वे न तो कुछ ऐसा कहते थे और न करते थे जो गांधीवादी परम्परा से हटकर हो।

सरोजिनी नायडू के शब्दों में कहें तो वे गांधीजी के लिए वही थे जो जॉन ईसा मसीह के लिए थे। स्वयं गांधीजी ने भी एक बार उनके बारे में कहा था–"कम-से-कम एक व्यक्ति तो ऐसा है जो मेरे हाथ से विष का प्याला पीने में भी संकोच नहीं करेगा।"

राष्ट्रपति बनने से पहले राजेन्द्र बाबू पिलानी में हमारे पैतृक घर में भी आया करते थे। वे दमे के रोगी थे। पिलानी की खुश्क और स्फूर्तिदायक जलवायु उनके लिए बहुत अनुकूल साबित होती थी। वे वहाँ कई दिनों तक रहते थे और अपना अधिकांश समय अध्ययन और लोगों से भेंट करने में गुजारते थे। वे शतरंज के भी शौकीन थे और गाँव के मुख्य अध्यापकों के साथ इस खेल का आनन्द लेते थे। राष्ट्रपति बनने के बाद भी राजेन्द्र बाबू दो बार पिलानी आए। इसके अलावा, पिलानी से जब भी उनका कोई परिचित दिल्ली आता था तो वह आसानी से राजेन्द्र बाबू से मिल सकता था। राष्ट्रपति भवन के दरवाजे उन लोगों के लिए हमेशा खुले रहते थे।

राजेन्द्र बाबू को मुझसे बहुत स्नेह था। स्वतन्त्रता से पहले जब वे दिल्ली में बिड़ला हाउस में ठहरा करते थे तो पिताजी के निर्देशन में मैं ही उनकी देखभाल किया करता था। इसलिए हम दोनों बहुत करीब आ गये थे। मैं उनके साथ राजनीति पर चर्चा किया करता था। उनके राष्ट्रपति बन जाने के बाद हम दोनों सामयिक विषयों के साथ-साथ देश की आर्थिक स्थिति के बारे में भी चर्चा किया करते थे। क्योंकि मैं तब सक्रिय राजनीति में नहीं था, इसलिए हमारी ये चर्चाएँ मात्र बातचीत होती थीं। राजेन्द्र बाबू को दूसरों का बहुत खयाल रहता था, इसलिए वे मेरी और मेरे परिवार की कुशलता और मेरे उद्योगों के बारे में हमेशा पूछताछ करते थे। वे ईमानदारी के मसीहा थे और मानवता और दीन-हीनों के लिए उनके मन में भरपूर प्यार था।

पंडित गोविन्द बल्लभ पन्त

पंडित गोविन्द बल्लभ पन्त को मैं बहुत अच्छी तरह से जानता था। वे एक कूटनीतिक, एक राजनेता, एक ऊँचे कद के सांसद और एक विराट व्यक्तित्व के स्वामी थे। वे सितम्बर 1887 में अल्मोड़ा में पैदा हुए थे। उनके पूर्वज महाराष्ट्र के थे और दसवीं शताब्दी में तत्कालीन शासकों के प्रोत्साहन पर उत्तर प्रदेश (अब उत्तराखंड) के कुमाऊँ क्षेत्र में बस गए थे। पन्तजी में नेतृत्व के सभी गुण मौजूद थे।

1937 में उत्तर प्रदेश के विधानसभा-चुनावों में कांग्रेस को भारी बहुमत मिला और पन्तजी सर्वसम्मति से मुख्यमन्त्री चुने गए। मुख्यमन्त्री के रूप में उन्होंने असाधारण प्रशासनिक क्षमता का परिचय दिया और कई महत्त्वपूर्ण सुधारों की शुरुआत की। राज्य से जमींदारी के उन्मूलन का श्रेय उन्हीं को जाता है। दूसरे विश्वयुद्ध की समाप्ति के बाद, जब 1946 में प्रान्तीय सरकारों के लिए चुनाव हुए तो पन्तजी को एक बार फिर विजयी कांग्रेस पार्टी का नेता चुना गया। पन्तजी एक बार फिर उत्तर प्रदेश के मुख्यमन्त्री बने।

सरदार बल्लभ भाई पटेल के असामयिक निधन के बाद जवाहरलाल नेहरू ने पन्तजी से केन्द्रीय मन्त्रिमंडल में शामिल होने का अनुरोध किया। पन्तजी उत्तर प्रदेश को छोड़कर जाना नहीं चाहते थे, लेकिन नेहरूजी के आग्रह के कारण उनके सामने कोई विकल्प नहीं था। वे 1954 में केन्द्रीय मन्त्रिमंडल में शामिल हो गए। उन्हें गृह मन्त्रालय का महत्त्वपूर्ण विभाग सौंपा गया, जिसे उन्होंने छह वर्ष तक सँभाला। अपनी उम्र और अस्वस्थता के बावजूद उन्होंने इस दायित्व को बखूबी निभाया। देश के गृहमन्त्री के रूप में ही 7 मार्च 1961 को उनका निधन हुआ।

नई दिल्ली, 1940 के दशक में : गोविन्दबल्लभ पन्त के साथ,
जब वे बिड़ला हाउस में ठहरने आए

पन्तजी के साथ मेरा परिचय 1930 के दशक से था। वे पिताजी के बहुत निकटस्थ थे और अपने दिल्ली प्रवास के दौरान बिड़ला हाउस में ही ठहरा करते थे। 1939 से मैंने हमारी चीनी की मिलों को देखना शुरू किया तो मुझे अक्सर लखनऊ जाना पड़ता था। मैं कार्लटन होटल में ठहरा करता था। पन्तजी को यह अच्छा नहीं लगता था। लेकिन मुझे मुख्यमन्त्री के बंगले में सिमटे रहना पसन्द नहीं था, क्योंकि मुझे बहुत-से लोगों से मिलना पड़ता था। कई बार बहुत रात भी हो जाती थी। लेकिन पन्तजी मेरा कोई भी बहाना सुनने के लिए तैयार नहीं थे। आखिर मैं उन्हीं के साथ ठहरने लगा।

पन्तजी का यह भी आग्रह था कि अगर मैं किसी मित्र के घर भोजन पर आमन्त्रित नहीं हूँ तो मैं उन्हीं के साथ भोजन करूँ। मैं हर दौरे पर दो या तीन दिन के लिए लखनऊ रुका करता था। पन्तजी का आग्रह रहता था कि मैं कम-से-कम एक बार उनके साथ भोजन जरूर करूँ—वे मुझे इतना चाहते थे। भोजन के दौरान पन्तजी मुझसे तरह-तरह के प्रश्न करते रहते थे। ये प्रश्न आम तौर से चीनी उद्योग से लेकर अर्थव्यवस्था की आम स्थिति और बंगाल (विभाजन से पूर्व) और पश्चिम बंगाल (विभाजन के बाद) की राजनीतिक स्थिति से जुड़े होते थे। वे बंगाल के विभिन्न नेताओं डॉ. बी.सी. राय, पी.सी. सेन, प्रफुल्ल घोष, कालिपाद मुखर्जी इत्यादि के बारे में मेरे विचार जानना चाहते थे। ये सभी लोग बहुत महत्त्वपूर्ण थे और मेरे मित्र थे। ये बहुत ऊँचे चरित्र के लोग थे और मैं इनके बारे में हमेशा बहुत सम्मानपूर्वक बात करता था। उन दिनों कम्युनिस्ट पार्टी का न के बराबर ही अस्तित्व था।

पन्तजी के साथ भोजन करने के कारण मैं उनके बच्चों से भी परिचित हो गया था। मुझे कृष्ण चन्द (के.सी. पन्त) के निकट आने का अवसर मिला, जिन्हें लोग 'राजा' के नाम से पुकारते थे। मैं उनके व्यक्तित्व से बहुत प्रभावित था। वे स्पष्ट विचारों और प्रभावशाली अभिव्यक्तिवाले व्यक्ति थे। वे एक मेधावी युवक थे और निस्सन्देह एक प्रखर राजनीतिज्ञ हैं।

'राजा' का नैनीताल में विवाह हुआ तो पन्तजी ने काफी पहले ही मुझे इसकी सूचना दे दी और आग्रह किया कि मैं विवाह में जरूर शामिल होऊँ। दुल्हन का घर काफी ऊँचाई पर स्थित था। वहाँ कार नहीं जा सकती थी। पन्तजी ने मेरे लिए डोली (डाँडी) या टट्टू का प्रबन्ध करने का प्रस्ताव रखा, लेकिन मैंने उनसे कहा कि इसकी कोई जरूरत नहीं थी। पन्तजी नैनीताल में मेरे ठहरने के लिए किसी जगह का प्रबन्ध करना चाहते थे। लेकिन इसकी भी कोई जरूरत नहीं थी। के.एम. मुंशी, जो उत्तर प्रदेश के तत्कालीन गवर्नर थे, मेरे अच्छे मित्र थे। मैं सरकारी आवास में रहा और विवाह में शामिल होने के बाद दिल्ली लौट आया।

पन्तजी बहुत धार्मिक व्यक्ति थे। जब वे दिल्ली में थे तो लगभग हर पखवाड़े मुझे भोजन पर आमन्त्रित करते रहते थे। मुझे ऐसे ही एक अवसर की विशेष रूप से स्मृति है। मैं उनके घर रात के लगभग नौ बजे पहुँचा था। उन्होंने कहा कि वे थोड़ी थकान महसूस कर रहे थे। उन्होंने कुछ देर मेरे साथ कार में घूमने की इच्छा प्रकट की। हम लोग लौटे तो काफी देर हो चुकी थी। पन्तजी ने कहा कि उन्हें खेद है कि भोजन के लिए इतनी देर हो गई। कार से उतरते समय उन्होंने अचानक आसमान की तरफ देखा और पाया कि चन्द्रमा हमेशा की तुलना में कुछ धुँधला था। उन्होंने अपने सहयोगियों से पूछा कि आज चन्द्रमा को क्या हो गया। पता चला कि उस रात चन्द्र-ग्रहण था। पन्तजी बहुत शर्मिन्दगी महसूस करने लगे, क्योंकि अब भोजन में कुछ और विलम्ब होने की सम्भावना थी। उन्होंने मुझसे पूछा कि क्या मैं एक घंटा और प्रतीक्षा कर सकता हूँ, ताकि चन्द्र-ग्रहण खत्म हो जाए। पक्के धर्मनिष्ठ हिन्दू ग्रहण के दौरान भोजन नहीं करते। उनकी मान्यता है कि राहु और केतु नामक असुर समय-समय पर चन्द्र देवता को प्रताड़ित करते रहते हैं, क्योंकि समुद्र-मन्थन और अमृत की प्राप्ति के दौरान चन्द्र देवता ने उनका भेद खोल दिया था। मैं इस तरह की पौराणिक कथाओं में विश्वास नहीं करता, लेकिन बहुत श्रद्धालु हिन्दू होने

के कारण पन्तजी ग्रहण के दौरान कभी भी भोजन नहीं करते थे। मेरे सामने उनके सुझाव को स्वीकार करने के अलावा कोई विकल्प नहीं था। हमने लगभग आधी रात के आसपास भोजन किया। लेकिन मुझे इस विलम्ब को लेकर किसी तरह की कोई शिकायत नहीं थी, क्योंकि पन्तजी मेरे साथ परिवार के एक सदस्य की तरह व्यवहार करते थे।

पन्तजी का भोजन बहुत सादगी भरा होता था। उसमें तीन सब्जियाँ होती थीं और समोसा, दही-बड़ा या कचौरी जैसी तली हुई वस्तुएँ शामिल नहीं रहती थीं। हाँ, पन्तजी फ्रूट-क्रीम के जरूर शौकीन थे।

मैं यहाँ दलाई लामा के अचानक भारत आगमन से जुड़े एक दिलचस्प प्रसंग का जिक्र करना चाहूँगा। मार्च 1959 में जब दलाई लामा तिब्बत से पलायन करके भारत आ पहुँचे तो भारत सरकार के सामने एक समस्या पैदा हो गई। उन्हें कहाँ ठहराया जाए? जवाहरलाल नेहरू ने, जो तब देश के प्रधानमन्त्री थे, पन्तजी से पूछा कि दलाई लामा के ठहरने के लिए कोई वैकल्पिक व्यवस्था होने तक क्या वे इस उद्देश्य के लिए मसूरी के हमारे आवास-स्थान बिड़ला हाउस के उपयोग की अनुमति ले सकते हैं, बशर्ते कि हमें कोई असुविधा न हो। पन्तजी ने इस सम्बन्ध में पिताजी से बात की। उन्होंने यह भी कहा कि पंडितजी यह निश्चित कर लेना चाहते हैं कि हमें बिड़ला हाउस को छोड़ने में किसी तरह की असुविधा नहीं होनी चाहिए। पिताजी ने पंडितजी को लिखा कि बिड़ला हाउस उनकी बहू (मेरी पत्नी) के नियन्त्रण में था, इसलिए वे उनसे पूछकर उन्हें जवाब देंगे। इसके बाद पिताजी ने मेरी पत्नी से पूछा कि क्या हम लोग बिना किसी असुविधा के बिड़ला हाउस को खाली कर सकते थे।

मेरी पत्नी हर वर्ष मसूरी जाती थी, जैसेकि वह अब भी जाती है, और वहाँ चार महीने रहती थी। घर को खाली करना उसके लिए सचमुच ही बहुत असुविधाजनक था। उसने मुझसे पूछा कि वह पिताजी को क्या जवाब दे। मैंने कहा कि मैं अपना विचार बताने से पहले उसका विचार जानना चाहूँगा। उसने कहा कि दलाई लामा एक शरणार्थी के रूप में इस देश में आए थे, इसलिए हमें धर्मगुरु की मदद करने की कोशिश करनी चाहिए। मैं उसके विचार से पूरी तरह से सहमत था।

हम लोग चार्ल विले होटल में चले गए, जो बाद में 'द एकेडमी' के नाम से जाना जाने लगा। सरकार ने हमें होटल में निःशुल्क ठहराने का प्रस्ताव रखा था। मैंने कहा कि इसकी कोई जरूरत नहीं थी। हमने होटल का एक खंड किराए पर ले लिया और वहाँ स्थानान्तरित हो गए।

दलाई लामा बिड़ला हाउस पहुँचे तो मेरी पत्नी, मेरे चचेरे भाई गंगा प्रसाद की पत्नी के साथ उनसे भेंट करने और उनके प्रति अपनी शुभकामनाएँ और सम्मान प्रकट करने के लिए वहाँ गई। इस भेंट के दौरान विदेश सचिव जे.एस. मेहता भी वहाँ उपस्थित थे। मेरी पत्नी और भाभी के प्रति उनका व्यवहार कुछ अभद्र रहा और उन्होंने लगभग चिल्लाते हुए उन्हें सुरक्षा कारणों से वहाँ से चले जाने के लिए कहा। विदेश सचिव के इस तरह के व्यवहार से मेरी पत्नी को बहुत दुख हुआ और उसने मुझे इस घटना के बारे में बताया। मैं जे.एस. मेहता के पिता मोहन सिंह मेहता को जानता था। वे उदयपुर के एक जाने-माने शिक्षाविद् थे। पन्तजी के साथ अपनी एक भेंट के दौरान मैंने मसूरी की इस घटना का जिक्र किया। पन्तजी क्रोधित हो उठे। उन्होंने तुरन्त अपने सचिव को बुलाया और उससे कहा कि मेहता

को अपनी सुविधानुसार किसी भी दिन उनसे मिलने के लिए कहा जाए। कुछ दिन बाद मेहता पन्तजी से मिलने पहुँचे। पन्तजी ने उनसे कहा कि उन्होंने सुना है कि मसूरी में किसी अधिकारी ने बिड़लाजी की बहुओं के साथ बहुत अभद्र व्यवहार किया है। उन्होंने मेहता को उस अधिकारी के बारे में पता लगाने के लिए कहा।

मसूरी, मार्च 1959 : दलाई लामा मेरी पत्नी के साथ, जब वे बिड़ला हाउस में ठहरने आए, चित्र में नन्ही बच्ची के रूप में मेरी बेटी शोभना और भतीजा चन्द्रकान्त भी दिखाई दे रहे हैं

मेहता बुरी तरह घबरा गए। पन्तजी ने सम्बन्धित अधिकारी का नाम लिए बिना उसके अभद्र व्यवहार की जमकर आलोचना की, और मेहता से कहा कि वे पूरे मामले की छानबीन करके उन्हें रिपोर्ट दें। अगले दिन पन्तजी ने मुझे बुलवाया और मेहता के साथ अपनी उक्त बातचीत के बारे में बताया। तो ऐसे थे पन्तजी–योग्य और चतुर, और निष्पक्ष, लेकिन प्रशासन में किसी तरह की अभद्रता सहन न करनेवाले।

पन्तजी का 7 मार्च 1961 को देहान्त हो गया। वे एक विराट व्यक्ति थे–आत्मीयता और स्नेह भरे। उनका देहान्त नेहरूजी के लिए एक बड़ी क्षति था।

चन्द्रभानु गुप्त

चन्द्रभानु गुप्त अपने मित्रों और प्रशंसकों में 'सी.बी.' के नाम से मशहूर थे। वे 1902 में पैदा हुए थे और लखीमपुर खेरी (उत्तर प्रदेश) से सम्बन्धित थे। युवावस्था में ही वे स्वतन्त्रता आन्दोलन से जुड़ गए थे और अपनी संगठनात्मक क्षमता के कारण नेहरू-युग में उत्तर प्रदेश के एक शीर्ष नेता के रूप में उभरे थे।

वे पार्टी के एक विलक्षण रणनीतिज्ञ और वित्तीय प्रबन्धक के रूप में जाने जाने लगे। पार्टी के अलावा वे 1934 के बिहार भूकम्प जैसी प्राकृतिक आपदाओं, मोतीलाल नेहरू स्मृति सभा और आचार्य नरेन्द्र देव स्मृति पुस्तकालय इत्यादि के लिए भी चन्दा इकट्ठा करते थे।

मैं 1940 के आसपास चन्द्रभानुजी के सम्पर्क में आया। शुरू में हमारा हल्का-फुल्का परिचय मात्र था। भारत छोड़ो आन्दोलन के दौरान अन्य राष्ट्रीय नेताओं की तरह चन्द्रभानुजी को भी कुछ समय जेल में बिताना पड़ा। 1946 में पन्तजी जब दूसरी बार उत्तर प्रदेश के मुख्यमन्त्री बने तो उन्होंने चन्द्रभानुजी को अपना संसदीय सचिव नियुक्त कर लिया। इसके बाद जल्दी ही हम अभिन्न मित्र बन गए। वे जब भी कोलकाता आते तो हमारे घर पर ही ठहरते थे।

चन्द्रभानुजी 1960 से लेकर 1963 के मध्य तक उत्तर प्रदेश के मुख्यमन्त्री रहे। इसके बाद कामराज योजना के अन्तर्गत उन्हें त्याग-पत्र देना पड़ा। अप्रैल 1969 में कांग्रेस का विभाजन हुआ तो वे कांग्रेस (पुरानी) में शामिल हो गए। 1977 में पुरानी कांग्रेस का जनता पार्टी में विलय हो गया और वे पार्टी के कोषाध्यक्ष नियुक्त किए गए। उन्हें मन्त्री-पद का प्रस्ताव दिया गया लेकिन उन्होंने इसे ठुकरा दिया।

चन्द्रभानुजी राजनीति में मध्य-दक्षिणपन्थी व्यक्ति थे। वे नेहरूजी के घोर आलोचक थे, जबकि नेहरूजी उन्हें सन्देह की दृष्टि से देखते थे। इस परस्पर अलगाव का कारण यह था कि चन्द्रभानुजी पंडितजी की समाजवाद की धारणा से सहमत नहीं थे। इसके अलावा, चन्द्रभानुजी एक शक्तिशाली नेता थे और उत्तर प्रदेश के अधिकांश कांग्रेसी विधायक पंडितजी से पहले उन्हें अपनी निष्ठा का केन्द्र मानते थे। पंडितजी के लिए यह एक सहनीय स्थिति नहीं थी, क्योंकि वे भारत के सबसे बड़े प्रान्त उत्तर प्रदेश को अपनी कर्मभूमि के रूप में देखते थे। प्रश्न यह था कि चन्द्रभानुजी से छुटकारा कैसे पाया जाए?

कामराज पंडितजी के बहुत निकट थे और एक चतुर व्यक्ति थे। उन्होंने 1963 में पंडितजी को सुझाव दिया कि कुछ अपवादों को छोड़कर कांग्रेस के सभी मुख्यमन्त्रियों को अपना त्याग-पत्र सौंपने के लिए कहा जाए, ताकि प्रदेश सरकारों का पुनर्गठन किया जा सके। अधिकांश कांग्रेस मुख्यमन्त्री इस कामराज योजना के पक्ष में नहीं थे। चन्द्रभानुजी भी त्याग-पत्र देना नहीं चाहते थे। वे यह बात भाँप चुके थे कि कामराज योजना दरअसल उन मुख्यमन्त्रियों से पीछा छुड़ाने का बहाना था जिन्हें पंडितजी पसन्द नहीं करते थे। उन्होंने त्याग-पत्र देने से इनकार कर दिया। पंडितजी के एक सन्देश-वाहक ने उन्हें भरोसा दिलाया कि त्याग-पत्र मात्र एक औपचारिकता थी, जिसके बाद उन्हें फिर से मुख्यमन्त्री पद के लिए मनोनीत किया जाएगा। चन्द्रभानुजी ने यह बात खुद मुझे बताई थी। उन्होंने अपना त्याग-पत्र सौंप दिया, और जैसाकि उन्हें शुरू से ही अन्देशा था, कांग्रेस आला कमान ने उन्हें दोबारा मनोनीत नहीं किया।

चन्द्रभानुजी 1967 में फिर से मुख्यमन्त्री बने, लेकिन बहुत छोटी-सी अवधि के लिए। चरणसिंह ने कांग्रेस को छोड़कर अपनी अलग पार्टी बना ली और चन्द्रभानुजी की सरकार गिर गई। 1969 में कांग्रेस के विभाजन के बाद उनके राजनीतिक जीवन पर संकट के बादल छा गए। वे मोरारजी देसाई के प्रति निष्ठावान रहे, और मोरारजी और उनके समर्थकों के खिलाफ इन्दिरा गांधी की विजय के बाद कुछ समय के लिए राजनीतिक गुमनामी के दौर

में चले गए। इन्दिरा गांधी के प्रधानमन्त्री-काल के दौरान वे उसी तरह उनके घोर आलोचक रहे जैसे वे जवाहरलालजी के आलोचक हुआ करते थे।

1973 की शुरुआत के आसपास इन्दिरा गांधी ने मुझे बुलवाया और कहा कि चूँकि मैं सी.बी. गुप्त का अभिन्न मित्र हूँ, इसलिए मुझे उन्हें मोरारजी के शिविर से उनके शिविर में लाने का प्रयास करना चाहिए। उन्होंने कहा कि उत्तर प्रदेश की राजनीति में वे उनकी पूरी मदद करेंगी। इन्दिराजी और चन्द्रभानुजी दोनों का मित्र होने के कारण मैंने उनके मतभेद दूर करके उन्हें निकट लाने की कोशिश की। लेकिन चन्द्रभानुजी की विचारधारा इन्दिराजी की विचारधारा से बिलकुल अलग थी, इसलिए उन्होंने मोरारजी के शिविर को छोड़ने से इनकार कर दिया।

मोरारजी देसाई प्रधानमन्त्री बने तो चन्द्रभानुजी एक बार फिर एक शक्तिशाली नेता के रूप में उभरे। मोरारजी ने उनके सामने मन्त्री-पद का प्रस्ताव रखा, लेकिन अपनी अस्वस्थता के कारण उन्होंने इस प्रस्ताव को स्वीकार नहीं किया। 11 मार्च 1980 को उनका देहान्त हो गया।

इन्दिराजी के साथ मेरी निकटता बढ़ने के बाद चन्द्रभानुजी कुछ नाराज तो हुए लेकिन इसका हमारे व्यक्तिगत सम्बन्धों पर कोई प्रभाव नहीं पड़ा। वे दृढ़ और हठधर्मी चरित्र के व्यक्ति थे। वे जीवन भर अविवाहित रहे, लेकिन कभी किसी तरह के अपयश या विवाद के शिकार नहीं हुए। उनमें पार्टी के लिए चन्दा इकट्ठा करने की विलक्षण योग्यता थी, लेकिन यह सारा पैसा पार्टी के लिए होता था। उन पर कभी एक पाई की भी हेराफेरी का आरोप नहीं लगा। वे बहुत सादे वस्त्र पहनते थे और उनकी जीवन-शैली किसी भी तरह के दिखावे या तड़क-भड़क से दूर थी।

मैं जब भी लखनऊ में होता था तो चन्द्रभानुजी के साथ एक बार भोजन जरूर करता था। ऐसे ही एक अवसर पर वे चुटकीले अन्दाज में बोले, ''अरे भई, आपने कुछ सुना? गली-गली में शोर है, सी.बी. गुप्त चोर है।'' और फिर अपनी ही बात पर खूब जोर से हँसने लगे। उन जैसे दृढ़ और अडिग नैतिक चरित्र का व्यक्ति ही अपने बारे में इस तरह का चुटकुला सुना सकता था।

एक मन्त्री और मुख्यमन्त्री के रूप में वे एक अत्यन्त योग्य और न्यायप्रिय प्रशासक साबित हुए। जब भी कोई व्यक्ति अपनी समस्या लेकर उनके पास जाता था, वे तुरन्त उसका समाधान ढूँढ़ने का प्रयास करते थे। जब तक कांग्रेस अविभाजित रही, वे उत्तर प्रदेश में इसके सर्वोच्च नेता बने रहे। लेकिन 1969 में कांग्रेस के विभाजन के बाद उनके समर्थक धीरे-धीरे उन्हें छोड़कर इन्दिराजी के शिविर में शामिल होते चले गए। इसमें कोई आश्चर्य की बात भी नहीं थी, क्योंकि अधिकांश राजनीतिज्ञ विजयी नेता के साथ जुड़ना पसन्द करते हैं। वे जानते हैं कि उनके हित किस पाले में ज्यादा सुरक्षित हैं। चन्द्रभानुजी ने स्वयं को पार्टी की संगठनात्मक गतिविधियों और मोतीलाल नेहरू स्मृति सभा की देखभाल में व्यस्त रखा।

जितने भी राजनीतिज्ञों के सम्पर्क में मैं आया हूँ, उनमें चन्द्रभानुजी को निस्सन्देह सबसे ईमानदार व्यक्तियों में गिना जा सकता है। वे ऊँचे सिद्धान्तों वाले व्यक्ति थे और राजनीतिक लाभ के लिए अपने सिद्धान्तों से हटने में विश्वास नहीं करते थे। वे एक अत्यन्त कुशल प्रशासक थे। उनके साथ मेरे सम्बन्ध दो भाइयों के सम्बन्धों की तरह थे।

मोरारजी देसाई

मोरारजी भाई से मेरा परिचय 1940 के दशक के उत्तरार्द्ध में हुआ था। वे 1952 में बॉम्बे प्रेजिडेंसी (महाप्रान्त) के मुख्यमन्त्री बने तो मुझे उन्हें ज्यादा अच्छी तरह से जानने का अवसर मिला। मुख्यमन्त्री के रूप में मोरारजी भाई ने पुलिस प्रशासन का कायाकल्प कर दिया और भूमि सुधार के क्षेत्र में कई दूरगामी कदम उठाए। वे एक सफल मुख्यमन्त्री थे। जब बॉम्बे प्रेजिडेंसी को विभाजित करके दो प्रान्तों–गुजरात और महाराष्ट्र–में बाँट दिया गया तो मोरारजी भाई गुजरात के मुख्यमन्त्री बनने के इच्छुक नहीं थे। उन्होंने केन्द्रीय मन्त्रिमंडल में शामिल होने की इच्छा प्रकट की और नवम्बर 1956 में पंडितजी ने उन्हें दिल्ली बुला लिया। पंडितजी के प्रधानमन्त्री-काल में उन्होंने कई मन्त्रालय सँभाले।

नवम्बर 1956 : मोरारजी देसाई के साथ मैं, मेरी पत्नी और हमारी बेटियों नंदिनी और ज्योत्सना

किसी भी तरह की निन्दा या आलोचना मोरारजी भाई को अपने किसी पूर्व-निर्धारित कदम को पीछे हटाने या अपने मन की बात कहने से नहीं रोक सकती थी। वे एक निर्भीक व्यक्ति थे और जो ठीक समझते थे, उसे स्पष्ट शब्दों में अभिव्यक्त कर देते थे। वे अपने व्यक्तिगत जीवन में एक तपस्वी व्यक्ति थे और मद्य-निषेध, खादी और योग-विद्या के प्रति पूरी तरह समर्पित थे। उन्हें ईश्वर में पूर्ण आस्था थी। वे कर्मयोग के दर्शन में विश्वास करते थे। एक बार उन्होंने मुझसे कहा था कि अगर उनके साथ कुछ

अनिष्ट घट जाए तो वे इसे अपने कर्मों का ही फल समझेंगे और किसी दूसरे को दोष नहीं देंगे। जीवन के सौवें वर्ष में प्रवेश करने के बाद 10 अप्रैल 1995 को उनका देहान्त हो गया।

1956 में मोरारजी भाई के दिल्ली स्थानान्तरित होने के बाद ही मुझे उन्हें निकट से देखने का अवसर मिला। वे ऊँचे सिद्धान्तों और अडिग विचारधारा वाले व्यक्ति थे। एक बार अपना मत बना लेने के बाद वे शायद ही कभी उससे पीछे हटते थे। उनका यह अड़ियल रवैया कई बार उनके मित्रों को भी उनसे दूर कर देता था। लेकिन वे बिना विचलित हुए अपने विचारों पर अड़े रहते थे। एक समय पिताजी भी मोरारजी भाई के बहुत निकट थे, लेकिन उनके हठपूर्ण स्वभाव के कारण वे उनसे दूर होते चले गए। वे राजनीति में पिताजी से कनिष्ठ थे, इसलिए पिताजी उन्हें अपने वरिष्ठ की तरह देखने के लिए तैयार नहीं थे। पिताजी महात्माजी और सरदार पटेल के निकट थे, इसलिए उनकी दृष्टि में मोरारजी भाई राजनीतिक पदक्रम में उनसे काफी कनिष्ठ थे। मोरारजी भाई को उपदेश देने की आदत थी। यह मेरे जैसों के लिए तो ठीक था लेकिन पिताजी के कद की गरिमा के अनुकूल नहीं था।

बल्कि 1930 के दशक में पिताजी महात्माजी से मिलने अहमदाबाद गए थे तो मोरारजी भाई काफी छोटे स्तर के नेता थे। महात्माजी ने उन्हें पिताजी को रेलवे स्टेशन से लिवाने भेजा था और अहमदाबाद प्रवास के दौरान उनकी सुख-सुविधा का ध्यान रखने का काम सौंपा था। पिताजी रेलवे स्टेशन से तुरन्त महात्माजी के आश्रम में चले गए थे और मोरारजी भाई बाद में उनका सामान लेकर वहाँ पहुँचे थे।

कांग्रेस के विभाजन से पहले मैं मोरारजी भाई के काफी निकट था। 1969 में पार्टी के विभाजन के बाद मैंने चुप्पी साध ली और 1973 तक मैं इन्दिराजी के बहुत निकट जा चुका था।

मैं मोरारजी भाई से अब भी मिलता रहता था, लेकिन वे जानते थे कि मैं इन्दिराजी के निकट था। इसलिए वे मुझे सन्देह की दृष्टि से देखते थे। उनके पुत्र कान्ति भाई मेरे अच्छे मित्र थे। जब भी मेरे उद्योगों के सामने कोई समस्या होती, वे अपने पिताजी से मेरी बातचीत करवाकर मामला सुलझाने में मेरी मदद करते।

1960 के दशक के अन्तिम वर्षों में मैं मोरारजी भाई के पास अपनी एक समस्या लेकर गया। वे तब वित्तमन्त्री थे। यह स्पष्ट रूप से उनके मन्त्रालय द्वारा मुझे नाहक परेशान किए जाने का मामला था। टी.पी सिंह (भूतपूर्व सरकारी अधिकारी एन.के. सिंह के पिता) उस समय वित्त सचिव थे। वे मेरे मित्र थे और कभी-कभी हम इकट्ठे ताश भी खेलते थे। लेकिन इसके बावजूद न जाने क्यों मुझे परेशान किया जा रहा था। मोरारजी भाई ने मेरे सामने ही वित्त सचिव को फोन किया और मामले की छानबीन करने के लिए कहा। अधिकारी-वर्ग में उनका इतना ज्यादा दबदबा था कि अगली बार टी.पी. सिंह मुझे मिले तो वे बिलकुल बदले हुए व्यक्ति थे।

मैं 1970 के दशक के अन्तिम वर्षों में मोरारजी भाई के प्रधानमन्त्री-काल से जुड़ी एक घटना का भी जिक्र करना चाहूँगा। कर्नाटक के बिलिगिरी हिल्स क्षेत्र में हमारा एक कॉफी बागान था। मुख्य प्रभावी का प्रदर्शन अपेक्षाओं के अनुरूप नहीं था। जब बहुत-से अवसर दिए जाने के बाद भी उसके प्रदर्शन में कोई सुधार नहीं हुआ तो उसे त्याग-पत्र देने के लिए

कहा गया। उसने अनिच्छापूर्वक त्याग-पत्र तो दे दिया, लेकिन साथ ही आयकर अधिकारियों के नाम इस आशय का एक पत्र भी भेज दिया कि कॉफी बागान के हमारे हिसाब-किताब में बहुत-सी गड़बड़ियाँ थीं।

अचानक ही केन्द्रीय अन्वेषण ब्यूरो (सी.बी.आई.) ने हमारे कॉफी एस्टेट पर छापा मारकर हिसाब-किताब को जब्त कर लिया। जब मुझे यह खबर मिली तो मैं मोरारजी भाई के पास पहुँचा। मैंने उन्हें समझाया कि कॉफी बागानों को निगमीय करों से पूरी छूट प्राप्त थी। इसके अलावा, अगर हमारे हिसाब-किताब में कोई गड़बड़ी थी तो यह राज्य सरकार का मामला बनता था, क्योंकि हमें कृषि-कर देना पड़ता था। तो फिर सी.बी.आई. का इस मामले में क्या काम? मोरारजी भाई का कहना था कि अगर हिसाब की किताबों में कोई गड़बड़ी थी तो सी.बी.आई. को इसकी जाँच करने का पूरा अधिकार था, भले ही हम आयकर देते हों या न देते हों। अगर कम्पनी को कोई भी कर न देना पड़ता हो, तो भी हिसाब की किताबें सही न होने पर सी.बी.आई. को मामले की जाँच करने का पूरा अधिकार था। मैं मोरारजी भाई के उत्तर से सन्तुष्ट नहीं था, इसलिए मैंने उनसे साफ-साफ कहा कि मुझे व्यर्थ ही परेशान किया जा रहा था और इसका एकमात्र कारण इन्दिराजी के साथ मेरी मित्रता थी। इसके बाद मैं एच.एम. पटेल से मिला जो उस समय वित्तमन्त्री थे। मैं उन्हें उस समय से जानता था जब वे सरकार में वित्त सचिव के पद पर कार्यरत थे। वे मुझसे सहमत थे कि यह स्पष्ट रूप से सिर्फ परेशान किए जाने का मामला था। उन्होंने कहा कि वे मोरारजी भाई से बात करेंगे, और उन्होंने ऐसा किया भी। आखिर सी.बी.आई. ने मामले को वापस ले लिया।

आपातकाल के दौरान विपक्ष के अन्य नेताओं के साथ-साथ मोरारजी भाई को भी गिरफ्तार कर लिया गया था। दो वर्ष बाद, 1977 में, चुनाव हुए तो जनता पार्टी सत्ता में आ गई और मोरारजी भाई देश के प्रधानमन्त्री बने। जब भी मैं उनसे भेंट करने का इच्छुक होता तो वे मुझे तुरन्त समय दे देते। लेकिन उनका व्यवहार कुछ खिंचा-खिंचा-सा रहता। 1979 में उनकी सरकार गिर गई तो वे मुम्बई स्थानान्तरित हो गए। उसके बाद हमारी शायद ही कभी भेंट हुई।

बारह वर्ष बीत गए। इस बीच मोरारजी भाई से मेरा कोई सम्पर्क नहीं हो पाया। 1991 में, जब वे पंचानवे वर्ष के हो चुके थे, तब मैंने उनके देहावसान से पहले एक बार उनके दर्शन करने का फैसला किया। मैंने कान्ति भाई को फोन किया। जैसाकि मैं बता चुका हूँ, वे मेरे मित्र थे। उन्होंने मोरारजी भाई के साथ मेरी भेंट तय कर दी। स्वास्थ्य की दृष्टि से मोरारजी भाई ठीक-ठाक थे, लेकिन उम्र के कारण वे बहुत कमजोर हो चुके थे। वे बिस्तर पर लेटे हुए थे। मैं लगभग दस मिनट तक उनके साथ रहा। वे बहुत क्षीणकाय लग रहे थे, लेकिन उनका मस्तिष्क पहले की तरह ही चुस्ती और स्पष्टता के साथ काम कर रहा था।

मैंने सम्मानपूर्वक उनके पाँव छूए। उनका हालचाल पूछने के बाद मैंने उनसे कहा कि मैं एक विशेष प्रयोजन से उन्हें मिलने आया था। मैंने कहा कि मैं जानता हूँ कि 1972 के बाद से मैं उनका स्नेह खो चुका था, लेकिन मैंने कभी उनसे यह बात छिपाई नहीं थी कि मैं इन्दिराजी का विश्वासपात्र था। मैंने उनसे कहा कि भले ही राजनीतिक स्तर पर मैं इन्दिराजी के साथ था, लेकिन मैं ऊँची नैतिकता और सिद्धान्तों वाले व्यक्ति के रूप में

उनका हमेशा ही सम्मान करता रहा था। मैंने उन्हें हमेशा आदर और श्रद्धा की दृष्टि से देखा था और राजनीति को छोड़कर उनके हर निर्देश का पालन किया था। मैंने कहा कि मैंने अपने जीवन में हमेशा निष्पक्ष और ईमानदार रहने का प्रयास किया था, फिर भी अगर कभी अनजाने में, और किसी भी कारण से, मैं उन्हें नाराज कर बैठा होऊँ तो मैं उनकी क्षमा और उनके आशीर्वाद का अभिलाषी था। ये शब्द मैंने हाथ जोड़कर और अत्यन्त विनीत भाव से पूरी ईमानदारी और सच्चाई के साथ कहे थे। मोरारजी भाई को ये शब्द बहुत गहराई तक छू गए। उन्होंने अपने पूरे हृदय से मुझे आशीर्वाद दिया। विदा लेने से पहले मैंने उनके सम्मुख शीश झुकाकर उनके चरण छुए। वे बार-बार मेरा सिर थपथपाते रहे और मुझे आशीर्वाद देते रहे। मैंने हमेशा ही उन्हें एक महात्मा पुरुष के रूप में देखा था, बहुत ऊँची नैतिकता और सदाचारी व्यक्तित्ववाले एक श्रेष्ठतर मनुष्य के रूप में। इस तरह के विराट व्यक्तित्व का आशीर्वाद प्राप्त करना मेरे लिए अत्यन्त सन्तोषजनक अनुभव था।

लाल बहादुर शास्त्री

जब 1946 में पन्तजी दूसरी बार उत्तर प्रदेश के मुख्यमन्त्री बने तो मुझे लाल बहादुर शास्त्री को भी जानने का अवसर मिला। लाल बहादुरजी तब उनके संसदीय सचिव थे। क्योंकि मैं चीनी उद्योग की समस्याओं के सम्बन्ध में अक्सर लखनऊ जाता रहता था, इसलिए लाल बहादुरजी से भी मेरी भेंट होती रहती थी।

1950 के दशक के पूर्वार्द्ध में लाल बहादुरजी दिल्ली में बस गए तो मुझे उन्हें और ज्यादा नजदीक से जानने का अवसर मिला। जब 1956 में एक रेल-दुर्घटना के बाद उन्होंने अपनी नैतिक जिम्मेदारी स्वीकार करते हुए रेल-मन्त्री के पद से इस्तीफा दे दिया तो उनकी ख्याति एकाएक बहुत बढ़ गई। पंडितजी ने 1957 में उन्हें वापस अपने मन्त्रिमंडल में शामिल कर लिया।

1964 में पंडितजी के निधन के बाद लाल बहादुरजी देश के प्रधानमन्त्री बने। बहुत श्रेष्ठ चरित्र के व्यक्ति होने के बावजूद वे देखने में प्रभावशाली नहीं थे। अपनी दुबली-पतली काया के कारण वे एक कमजोर व्यक्ति प्रतीत होते थे। उस समय अधिकांश भारतीयों का विचार था कि वे एक अच्छे प्रधानमन्त्री साबित नहीं होंगे।

लाल बहादुरजी से मेरा निरन्तर सम्पर्क बना रहा। जब भी मैं उनसे मिलना चाहता, वे अपनी व्यस्तताओं के बावजूद तुरन्त समय दे देते।

उन्हें दिल का दौरा पड़ा तो डॉक्टरों ने उन्हें नियमित रूप से टहलने की सलाह दी। बहुत बार लाल बहादुरजी मुझे इस सैर के दौरान भेंट करने के लिए कहते थे। हम दोनों दस-पन्द्रह मिनट तक पैदल चलते थे और बातचीत करते रहते थे। लाल बहादुरजी के साथ मेरे अनौपचारिक सम्बन्ध थे, जबकि अन्य उद्योगपतियों से वे अपने ड्राइंगरूम में मिलते थे।

लोगों का विचार था कि पंडितजी जैसे विराट व्यक्तित्व का उत्तराधिकारी होने के कारण वे प्रधानमन्त्री के रूप में विशेष प्रभाव नहीं छोड़ पाएँगे। लेकिन 1965 के भारत-पाक युद्ध ने सब कुछ बदलकर रख दिया। युद्ध के दौरान लाल बहादुरजी ने देश का

बहुत प्रेरणादायक नेतृत्व किया और भारत को ऐतिहासिक विजय प्राप्त हुई। इसके बाद लाल बहादुरजी की प्रसिद्धि और लोकप्रियता आसमान को छूने लगी। वे बहुत स्पष्ट मस्तिष्क के व्यक्ति थे और सामाजिक और राजनीतिक समस्याओं को लेकर अपने विचार स्पष्ट और सरल शब्दों में व्यक्त करते थे। इसका देशवासियों पर बहुत गहरा प्रभाव पड़ता था।

जब भी किसी समस्या की बारीकियाँ उनकी समझ में नहीं आती थीं तो वे इसे स्वीकार करने में और सम्बन्धित विषय के बारे में दूसरों से गहराई से जानकारी प्राप्त करने में हिचकिचाते नहीं थे, ताकि वे एक उपयुक्त निर्णय ले सकें।

उनका नेतृत्व किसी सिद्धान्त को लेकर हठधर्मिता की बजाय समस्याओं के व्यावहारिक पहलुओं पर आधारित था। वे निर्धनता और बेरोजगारी की समस्याओं के प्रति अत्यधिक सचेत थे। उन्होंने देश की सुरक्षा को मजबूत बनाने और हल जोतनेवाले किसान को गौरव प्रदान करने पर बहुत ज्यादा जोर दिया।

लाल बहादुरजी अपने व्यवहार और आचरण में अत्यन्त सरल और विनम्र थे; दूसरों के प्रति उदार और सदाशयतापूर्ण थे; और एक धर्मपरायण व्यक्ति थे। वे पार्टी के भीतर की गुटबाजी और झगड़ों से पूरी तरह अलग थे। वे हर किसी की बात सुनते थे और अपना खुद का ठोस निर्णय लेते थे। वे एक मांसाहारी परिवार से थे, लेकिन स्वयं पक्के शाकाहारी थे और सिगरेट-शराब से पूरी तरह दूर थे। वे अपने व्यवहार में इतने सरल थे कि आम जनता उन्हें अपने में से ही एक व्यक्ति के रूप में देखने लगी थी।

लाल बहादुरजी उन थोड़े-से नेताओं में से थे जिन्होंने निर्धनता में जन्म लेकर भी अपनी प्रतिभा और त्याग-भावना के बलबूते ख्याति प्राप्त की। उन्होंने देश की सेवा में अपना सर्वोत्तम अर्पित कर दिया और किसी तरह के प्रचार की कामना नहीं की। नौ वर्षों के जेल प्रवास से लेकर उन्नीस महीने और दो दिन के प्रधानमन्त्री-काल तक उनका व्यक्तिगत और सार्वजनिक जीवन पूरी तरह से निष्कलंक रहा। वे देश की भलाई के लिए निरन्तर जुटे रहे। उनके नेतृत्व में भारतीय जनता में एक पूर्ण और जीवन्त राष्ट्रीयता की भावना पैदा हुई।

जयप्रकाश नारायण

जयप्रकाश नारायण मेरे लिए परिवार के एक सदस्य की तरह थे। मैं लड़कपन में ही उनके सम्पर्क में आ गया था। अपनी शिक्षा पूरी कर लेने के बाद वे किसी नौकरी की तलाश में थे। तब तक उन्होंने राजनीति में प्रवेश नहीं किया था। उनके ससुर बृजकिशोर प्रसाद गांधीजी के अच्छे परिचित थे। गांधीजी ने 2 दिसम्बर 1930 को पिताजी को लिखा था कि जयप्रकाशजी के लिए किसी नौकरी की व्यवस्था की कोशिश करें।

16 दिसम्बर 1930 को गांधीजी ने पूना की जेल से लिखा था—"जयप्रकाशजी ने मुझे सूचित किया है कि हालाँकि अभी आप नए लोगों को नौकरी पर नहीं रख रहे हैं, फिर भी मेरी सिफारिश के कारण आप उन्हें कहीं-न-कहीं रख लेंगे। मैं निश्चित रूप से यह मानता हूँ कि जयप्रकाश एक योग्य नवयुवक हैं, लेकिन मैं यह नहीं चाहता कि कोई रिक्त स्थान न होने पर भी उनके पद की व्यवस्था की जाए।"

1960 के दशक के अंतिम वर्षों में जयप्रकाश नारायण के साथ

गांधीजी के निर्देशों के अनुसार जयप्रकाशजी पिताजी से मिले थे। पिताजी ने उन्हें अपना सचिव नियुक्त कर लिया था। जयप्रकाशजी कुछ वर्षों तक इसी पद पर काम करते रहे।

उन दिनों हम सभी बच्चे थे। जयप्रकाशजी कुछ समय के लिए कोलकाता के हमारे घर बिड़ला हाउस में भी रहे थे। इसलिए हम उन्हें बहुत अच्छी तरह से जान गए थे। जल्दी ही हमें यह अहसास हो गया था कि वे कितने खरे और महत्त्वपूर्ण व्यक्ति थे। हम जानते थे कि अपनी असीम विनम्रता, बालसुलभ सादगी, निर्मल ईमानदारी, ऊँची कर्त्तव्यभावना और प्रगाढ़ राष्ट्र-प्रेम के कारण वे देश की राजनीति पर बहुत गहरा प्रभाव छोड़ेंगे और बहुत ऊपर तक जाएँगे।

पिताजी की नौकरी छोड़ने और राजनीति में प्रवेश करने के बाद भी जयप्रकाशजी के साथ मेरे सम्बन्ध और मित्रता जारी रही। उन्होंने अनेक अवसरों पर मुझे पत्र लिखे, जिनमें से कुछ इस पुस्तक में शामिल हैं।

1977 में इन्दिराजी चुनाव हार गईं और जनता पार्टी सत्ता में आ गई। मोरारजी भाई स्वयं एक सिद्धान्तवादी व्यक्ति थे, लेकिन वे अन्य मन्त्रियों को मुझे परेशान करने से नहीं रोक पाए। मैंने जयप्रकाशजी से इसका हल्का-सा जिक्र भर किया था। वे मेरे साथ खड़े रहे।

जयप्रकाशजी के सक्रिय राजनीति में प्रवेश के बाद भी मैंने उनसे सम्पर्क बनाए रखा था। वे मुझसे बहुत स्नेह करते थे। वे अक्सर कोलकाता आते थे और मुझे हमेशा पहले से सूचना दे देते थे। मैं उनके आवास-स्थान पर उनके दर्शन करने की इच्छा प्रकट करता

था, लेकिन वे मेरे घर आना पसन्द करते थे। जयप्रकाशजी सचमुच 'वसुधैव कुटुम्बम' (पृथ्वी के सभी लोग एक परिवार के सदस्यों की तरह हैं) के दर्शन में विश्वास करते थे। वे अपने हृदय की गहराइयों से एक भले व्यक्ति थे। वे प्रकृति से एक समाजवादी थे और कोई भी व्यक्ति उनका शत्रु नहीं था।

जैसाकि मैं कह चुका हूँ, इन्दिराजी के साथ मेरे पिछले सम्बन्धों के कारण जनता पार्टी के कुछ मन्त्री मुझे परेशान करने के शौकीन थे। मेरे खिलाफ एक गैर-जमानती वारंट जारी किया गया, लेकिन उस समय विदेश में होने के कारण यह वारंट मुझ तक पहुँचाया नहीं जा सका।

मैं जयप्रकाशजी के पास गया और इस सम्बन्ध में उनकी मदद लेनी चाही। मैंने उनसे प्रश्न किया, "क्या सिर्फ इसलिए मुझे परेशान किया जाना चाहिए कि मैं इन्दिराजी का मित्र हूँ?" हमेशा की तरह जयप्रकाशजी मेरे प्रति बहुत उदार और स्नेह भरे थे और मेरी हित की कामना रखते थे। उन्होंने कहा कि मुझे परेशान करने के प्रयासों को जारी रखना जनता पार्टी के सदस्यों या मन्त्रियों की बहुत बड़ी भूल होगी।

वे मुझे परेशान करने के प्रयासों में व्यक्तिगत रूप से हस्तक्षेप नहीं कर पाए, लेकिन इस बात से मुझे बहुत ज्यादा नैतिक राहत और सन्तोष मिला कि उनकी सद्भावनाएँ मेरे साथ थीं। अपने गिरते स्वास्थ्य को देखकर जयप्रकाशजी समझ गए थे कि उनका अन्त निकट आ रहा था। वे 8 अक्टूबर 1979 को परलोक सिधार गए। यह मेरे लिए बहुत सुखद अनुभूति का विषय था कि मैं उनके साथ अपना सम्पर्क आखिरी क्षणों तक जारी रख सका।

डॉ. राम मनोहर लोहिया

डॉ. राम मनोहर लोहिया वैश्य समुदाय से सम्बन्धित थे। उनका परिवार राजस्थान से सम्बन्ध रखता था और उत्तर प्रदेश में बस गया था। वहाँ से उनके पिता मुम्बई स्थानान्तरित हो गए। राम मनोहरजी ने बर्लिन विश्वविद्यालय से पीएचडी की डिग्री प्राप्त की। भारत लौटकर उन्होंने बनारस हिन्दू विश्वविद्यालय में शिक्षक के पद के लिए आवेदन किया। इसमें सफलता न मिलने पर वे मेरे ताऊजी रामेश्वरदास के साथ जुड़ गए और उनके सचिव के रूप में काम करने लगे। ताऊजी उनके व्यक्तित्व और ईमानदारी से बहुत ज्यादा प्रभावित थे।

1934 में ताऊजी ने उन्हें एक प्रबन्धन प्रशिक्षणार्थी के रूप में बिहार के चम्पारण जिले में स्थित हमारी नव स्वदेशी चीनी मिल में भेज दिया, ताकि उन्हें मुख्य प्रभावी के पद के लिए तैयार किया जा सके। वे वहाँ गए, लेकिन कुछ ही दिन बाद उन्होंने राजनीति में प्रवेश करने का मन बना लिया। वे कांग्रेस सोशलिस्ट पार्टी में भर्ती हो गए, जिसकी उसी वर्ष स्थापना हुई थी। वे कई बार गिरफ्तार हुए। उन्होंने भारत छोड़ो आन्दोलन में भी भाग लिया और कुछ समय तक भूमिगत रहे। लेकिन अन्ततः जुलाई 1944 में उन्हें गिरफ्तार कर लिया गया। राम मनोहरजी सक्रिय राजनीति से जुड़े रहे। वे 1963 में लोकसभा के लिए चुने गए। वे नेहरू परिवार के कटु आलोचक थे और एक प्रभावशाली वक्ता और लेखक थे। उन्होंने समाजवाद और देश की सामाजिक स्थितियों के बारे में अनेक निबन्ध और पुस्तकें लिखीं। निर्भीक और दृढ़ धारणाओं वाले राम मनोहरजी का अक्टूबर 1967 में देहान्त हो गया।

मैं 1940 के दशक में राम मनोहरजी के सम्पर्क में आया। मैं उनके इतना निकट कभी नहीं था जितना जयप्रकाशजी के था, लेकिन मैं उनसे अक्सर मिलता रहता था। उनमें लोगों को अपनी तरफ खींचने की क्षमता थी। आज भी राजनीति में ऐसे बहुत-से लोग हैं जो अपने-आपको लोहियावादी कहते हैं। उदाहरण के लिए मुलायम सिंह यादव एक पक्के लोहियावादी हैं।

हालाँकि राम मनोहरजी के साथ मेरा बहुत ज्यादा सम्पर्क नहीं रहा, लेकिन उनके व्यक्तित्व के सम्मोहक प्रभाव को मैं हमेशा महसूस करता था। मैं जब भी उनसे मिलता था, वे बहुत शिष्ट व्यवहार करते थे।

रफी अहमद किदवई

रफी अहमद किदवई ने मोतीलाल नेहरू के निजी सचिव के रूप में अपने जीवन की शुरुआत की थी। वे नेहरू परिवार के एक सदस्य की तरह हो गए थे। उत्तर प्रदेश में पहली लोकप्रिय सरकार की स्थापना 1935 में हुई तो रफी साहब को भू-राजस्व मन्त्री बनाया गया।

मैं 1939 में रफी साहब के सम्पर्क में आया। लेकिन यह परिचय मात्र था। वे केन्द्र में खाद्य और कृषि मन्त्री बने तो मुझे उनके निकट आने का अवसर मिला और जल्दी ही हमारा परिचय मित्रता में बदल गया।

रफी साहब के केन्द्र में आने के बाद मैं उनसे अक्सर मिलता रहता था। वे हमेशा बहुत शिष्टतापूर्वक बात करते थे। लेकिन मैं यह महसूस कर रहा था कि मेरे प्रति उनका व्यवहार कुछ खुश्क था। इसका कारण समझना भी मुश्किल नहीं था।

1935 में उत्तर प्रदेश के विधानसभा-चुनावों में कांग्रेस की भारी बहुमत से विजय के बाद पन्तजी और रफी साहब दोनों ही मुख्यमन्त्री बनने के इच्छुक थे। रफी साहब पंडितजी के ज्यादा नजदीक थे, लेकिन कांग्रेस विधायकों का बहुमत पन्तजी के साथ था। एक सच्चे प्रजातान्त्रिक होने के नाते पंडितजी ने पन्तजी के पक्ष में फैसला किया। रफी साहब उत्तर प्रदेश के मन्त्रिमंडल में शामिल तो हुए लेकिन उनके और पन्तजी के बीच खींचतान जारी रही।

पन्तजी युवा विधायकों में से चन्द्रभानुजी की प्रतिभाओं से बहुत ज्यादा प्रभावित थे। उन्होंने रफी साहब के साथ अपने द्वन्द्व की कमान एक तरह से चन्द्रभानुजी को सौंप दी। मैं पन्तजी के निकट था और चन्द्रभानुजी के और भी ज्यादा निकट था। रफी साहब इन दोनों के साथ मेरी घनिष्ठता के बारे में जानते थे। इसलिए मैं दिल्ली में जब भी उनसे मिलता था तो ऊपरी शिष्टता के बावजूद वे मेरे साथ खिंचे-खिंचे से रहते थे और खुलकर बात नहीं करते थे।

एक दिन इस असहज स्थिति के बारे में मैंने उनके साथ खुलकर बात करने का फैसला कर लिया। मैंने उनसे सीधे-सीधे पूछा कि वे मेरे साथ इतने खुश्क और खिंचे-खिंचे क्यों रहते थे। रफी साहब ने कोई उत्तर नहीं दिया। मैं इसका कारण जानता था, इसलिए मैंने साफ-साफ कहा, "रफी साहब, शायद आप इसलिए मेरे साथ खिंचे-खिंचे रहते हैं क्योंकि मैं पन्तजी और चन्द्रभानुजी के नजदीक हूँ।" रफी साहब ने इस बार भी कोई उत्तर नहीं दिया। मैंने उनसे कहा कि मैं पन्तजी और चन्द्रभानुजी के साथ अपनी मित्रता छोड़ने के

लिए तैयार नहीं था, लेकिन मेरे लिए यह बड़ी खुशी की बात होगी अगर इन दोनों के साथ-साथ मुझे उनकी भी मित्रता प्राप्त हो जाए। मैंने उन्हें भरोसा दिलाया कि मैं उनके और पन्तजी और चन्द्रभानुजी के बीच चुगलखोर की भूमिका नहीं निभाऊँगा। उनका झगड़ा उनका आपसी मामला था। जहाँ तक मेरा सम्बन्ध था, मैं उनके प्रति भी उतना ही निष्ठावान रहूँगा जितना पन्तजी और चन्द्रभानुजी के प्रति था। मैंने उनसे यह भी कहा कि अगर कभी उन्हें लगे कि मैंने उनके विश्वास को ठेस पहुँचाई थी तो वे उसी समय मेरे साथ अपनी मित्रता खत्म कर सकते थे। यह विकल्प उनके सामने हमेशा खुला था। रफी साहब पर मेरी बातचीत का अपेक्षित प्रभाव पड़ा। उन्हें महसूस हो गया कि मैं जो कुछ भी कह रहा था, सच्चाई और ईमानदारी से कह रहा था। हमारे बीच की बर्फीली दीवार ढह गई और जल्दी ही हम अच्छे मित्र बन गए।

मैंने पूरी दृढ़ता के साथ उनके विश्वास को बनाए रखा और कभी भूलकर भी उनकी कोई बात पन्तजी या चन्द्रभानुजी तक नहीं पहुँचाई। इसी तरह, उन दोनों की कोई बात भी मैंने रफी साहब तक नहीं पहुँचाई। मैं न सिर्फ उन तीनों का साझा मित्र बन गया, बल्कि मैंने रफी साहब और चन्द्रभानुजी के बीच सुलह करवाने की भी कोशिशें कीं। लेकिन दुर्भाग्यवश, उनका दृष्टिकोण एक-दूसरे से इतना विपरीत था कि मैं अपनी इन कोशिशों में सफल नहीं हो सका।

धीरे-धीरे रफी साहब के साथ मेरी मित्रता घनिष्ठता में बदल गई। मैं उनसे सप्ताह में एक-दो बार जरूर मिलता था। मैं जब भी उनके पास जाता था तो प्रतीक्षा-कक्ष या उनके सचिव के कमरे में बहुत-से लोग उनसे मिलने के लिए बैठे होते थे। रफी साहब उनमें से कुछ लोगों को मुझसे मिलवाते थे और मुझे उनकी आर्थिक मदद करने या कोई रोजगार देने के लिए कहते थे।

ऐसी ही एक भेंट के दौरान रफी साहब ने मुझे एक युवा महिला से मिलवाया जो उनके सचिव के कक्ष में प्रतीक्षा कर रही थी। उन्होंने उसका परिचय करवाने के बाद मुझे बताया कि वह पुरुषोत्तम दास टंडनजी की निकट सम्बन्धी थी। टंडनजी कांग्रेस के एक जाने-माने नेता थे। रफी साहब ने मुझसे अनुरोध किया कि मैं उस महिला द्वारा चलायी जा रही किसी संस्था की आर्थिक मदद करूँ। मैं मान गया। महिला के जाने के बाद मैंने रफी साहब से पूछा कि वे टंडनजी के सम्बन्धियों की कैसे मदद कर रहे थे, जबकि सभी जानते थे कि सभी राजनीतिक और सामाजिक विषयों पर उनके और टंडनजी के बीच बहुत ज्यादा मतभेद थे। रफी साहब ने कहा कि भले ही वे दोनों अलग-अलग राजनीतिक खेमों से सम्बन्ध रखते थे, लेकिन इससे एक-दूसरे के प्रति सम्मान और प्रशंसा की भावना और उनके व्यक्तिगत सम्बन्धों पर कोई फर्क नहीं पड़ता था। रफी साहब इस तरह के व्यक्ति थे। उनके व्यक्तिगत सम्बन्ध राजनीति से हमेशा ऊपर होते थे और वे अपने पास आनेवाले हर व्यक्ति की मदद करने की कोशिश करते थे।

1952 में रफी साहब खाद्य और कृषि मन्त्री बने तो देश की खाद्यस्थिति काफी विकट थी। उन्होंने आलोचकों के घोर विरोध की परवाह न करते हुए खाद्यान्नों की बिक्री पर लगा नियन्त्रण हटाने का फैसला किया, और अपने उद्‌देश्य की प्राप्ति में काफी हद तक सफल भी रहे। चीनी उद्योग भी खाद्य मन्त्रालय के अन्तर्गत आता था। रफी साहब इस उद्योग से जुड़े मामलों पर अक्सर मेरे साथ विचार-विमर्श करते रहते थे।

एक दिन रफी साहब ने मुझे चीनी उद्योग से जुड़े एक महत्त्वपूर्ण नीतिगत मामले पर चर्चा करने के लिए बुलाया। उन दिनों चीनी एक पूर्णतः नियन्त्रित खाद्य-सामग्री थी। वे चीनी के लिए एक उचित दर निर्धारित करने के मामले में चर्चा करना चाहते थे। रफी साहब जानते थे कि मैं उन्हें सही और ठोस सलाह दूँगा। हालाँकि मैं खुद भी एक उद्योगपति था, लेकिन उन्हें पूरा भरोसा था कि मैं उद्योग और उपभोक्ता दोनों के हितों का ध्यान रखकर सलाह दूँगा। उन्होंने इस मामले में मुझे मन्त्रालय के विचारों के बारे में बताया। मैंने उनसे कहा कि विभाग के सुझावों से चीनी उद्योग पर बहुत प्रतिकूल प्रभाव पड़ेगा। रफी साहब ने कहा कि कोई कदम उठाने से पहले वे एक दिन से अधिक प्रतीक्षा नहीं कर सकते, इसलिए मैं उसी दिन अपने सभी सुझाव एक कागज पर लिखकर उन्हें दे दूँ।

समय बहुत कम था, फिर भी मैं उस दिन के सभी कार्यक्रमों को रद्द करके कागज और कलम लेकर बैठ गया। काम पूरा कर लेने के बाद मैं उसी शाम रफी साहब से उनके घर पर मिला। उन्होंने मेरे द्वारा तैयार किए गए पर्चे को मेरे सामने ही बहुत ध्यान से पढ़ा। वे मेरे सुझावों से बहुत खुश थे। एक या दो सुझावों को छोड़कर उन्होंने शेष सभी को स्वीकार कर लिया। यह मेरा सौभाग्य था कि मैं इस सीमा तक उनका विश्वास और भरोसा जीत सका था।

रफी साहब की मित्रता और स्नेह का जिक्र करते हुए मुझे उनसे जुड़ा एक विचित्र प्रसंग याद आ रहा है, जो एक करुण और दुखद अन्त के साथ खत्म हुआ। यह प्रसंग एक हिन्दू युवक से जुड़ा हुआ था। एक दिन रफी साहब ने मुझे जल्दी-से-जल्दी अपने पास पहुँचने के लिए कहा। मैं एक मीटिंग में था। मैंने जल्दी से मीटिंग खत्म की और रफी साहब के घर पहुँचा। उनके पास एक हताश-सा दिखाई देने वाला युवक बैठा हुआ था। रफी साहब ने मुझसे अनुरोध किया कि मैं उस युवक को अपनी किसी कम्पनी में नौकरी दे दूँ। यह कोई नई बात नहीं थी। इससे पहले भी रफी साहब मुझे कुछ लोगों को नौकरी पर रखने के लिए कह चुके थे। युवक की नौकरी के बारे में बात करने के बाद रफी साहब ने उसे कुछ देर दूसरे कमरे में प्रतीक्षा करने के लिए कहा। उसके जाने के बाद रफी साहब ने बहुत उदास स्वर में कहा कि वे मुझे यह बात बताना जरूरी समझते थे कि वह युवक इससे पहले आत्महत्या की कोशिश कर चुका था और आगे भी ऐसा कर सकता था। मैं यह सुनकर स्तब्ध रह गया। मैंने इस तरह के अस्थिर मस्तिष्क के युवक को अपनी कम्पनी में नौकरी देने में अपनी हिचकिचाहट और असमर्थता व्यक्त की। रफी साहब ने कहा कि वे इस विषय में काफी सोच-विचार कर चुके थे। वे उस युवक की जिन्दगी बचाने के लिए हर सम्भव प्रयास करना चाहते थे, और उनका खयाल था कि उसकी नौकरी का प्रबन्ध कर देना इसका एक रास्ता हो सकता था। रफी साहब ने कहा कि उस युवक की जिन्दगी बचाने के लिए उन्हें मेरी मदद की जरूरत थी। मैंने रफी साहब से उस युवक की आत्महत्या की कोशिश का कारण जानना चाहा। ऐसा लगता था कि वह युवक किसी लड़की से प्रेम करता था। लेकिन वह लड़की किसी दूसरी जाति की थी, इसलिए युवक के माता-पिता उसे उस लड़की से विवाह करने की अनुमति देने के लिए तैयार नहीं थे।

यह चालीस वर्ष पुरानी घटना है, जब हिन्दू समाज वैवाहिक सम्बन्धों को लेकर आज से कहीं ज्यादा दकियानूसी, कठोर और परम्परावादी था। लड़कियों पर कड़ी नजर रखी जाती थी, ताकि प्रेम-विवाहों की सम्भावना ही न पैदा हो। मैंने रफी साहब को सुझाव दिया कि

क्यों न माता-पिता से बात करके उन्हें समझाने की कोशिश की जाए। उन्होंने कहा कि इस तरह के सभी प्रयास किए जा चुके थे, लेकिन माता-पिता अपनी बात पर अड़े हुए थे। मैंने जानना चाहा कि क्या युवक द्वारा आत्महत्या के प्रयास के बाद भी माता-पिता की आँखें नहीं खुली थीं। रफी साहब ने कहा कि इस दुर्घटना के बाद भी माता-पिता का दिल नहीं पसीजा था। उनका कहना था कि दूसरी जाति की लड़की को अपनी बहू बनाने की बजाय वे अपने बेटे को खो देना पसन्द करेंगे। मैंने सोचा कि इससे ज्यादा अतर्कपूर्ण और घृणित और कुछ भी नहीं हो सकता था। मैंने आखिर में रफी साहब से जानना चाहा कि क्या मैं माता-पिता से बात करके देख सकता था। रफी साहब ने कहा कि इससे कुछ भी लाभ नहीं होगा। जब कई वर्षों से माता-पिता को जाननेवाले लोग भी उन्हें समझाने में सफल नहीं हो पाए थे, तो वे एक नए और अनजान व्यक्ति की क्या सुनेंगे? रफी साहब के इस तर्क में सचमुच ही दम था।

यह सब सुन लेने के बाद भी मैंने कहा कि मैं इस तरह के व्यक्ति को नौकरी पर रखना नहीं चाहता। अगर उसने मेरी कम्पनी में काम करने के दौरान आत्महत्या कर ली तो मेरे लिए बहुत अटपटी स्थिति पैदा हो सकती थी। रफी साहब ने कहा कि अगर ऐसी कोई बात घट गई तो मुझे कोई दोष नहीं दिया जाएगा। इस आश्वासन के बाद मैं काफी हिचकिचाहट के साथ उस युवक को नौकरी पर रखने के लिए राजी हो गया।

मैंने युवक को मुझसे कोलकाता में मिलने के लिए कहा। वह मुझे वहाँ मिला तो मैंने उसे उसके काम के बारे में बताया और उससे कहा कि उसे कोई भी परेशानी हो तो वह आसानी से मुझसे मिल सकता था। मैंने उसे कोलकाता की अपनी एक कम्पनी में रख लिया। मैंने कम्पनी के मुख्य प्रभावी से बात की और उसे युवक की पूरी पृष्ठभूमि के बारे में समझाया। मैंने उसे सचेत कर दिया कि वह युवक फिर से आत्महत्या का प्रयास कर सकता था, इसलिए उसके साथ बहुत सावधानी बरतने की जरूरत थी।

मैंने युवक से हर महीने मुझसे मिलते रहने और अपनी परेशानियों के बारे में बताने के लिए कहा। अगर किसी महीने वह मिलने के लिए फोन नहीं करता था तो मैं खुद उसे बुला लेता था। कुछ महीनों तक सब कुछ ठीक-ठाक चलता रहा। बल्कि युवक मेरे साथ एक जुड़ाव महसूस करने लगा था। एक दिन, खुद अपनी इच्छा से, उसने मुझे एक पत्र लिखा और अपनी कम्पनी में काम करने का अवसर देने और उसका इतना खयाल रखने के लिए मेरी भरपूर प्रशंसा की। मैंने उस पत्र को सँभालकर अपनी एक फाइल में रख लिया।

एक दिन, सुबह के छह बजे, कम्पनी के मुख्य प्रभावी ने अचानक मुझे फोन किया और कहा कि वही हुआ जिसका डर था—उस युवक ने आत्महत्या कर ली थी। उसने मुझे यह भी बताया कि मुजफ्फरपुर में युवक के माता-पिता को सूचना दे दी गई थी और उन्होंने युवक के शव को दिल्ली भिजवाने का अनुरोध किया था। मैंने मुख्य प्रभावी को निर्देश दिया कि मृतक के माता-पिता की इच्छा को पूरा करने के लिए सभी अनिवार्य प्रबन्ध किए जाएँ।

यह उन दिनों की बात है जब विमान सेवाओं का राष्ट्रीयकरण नहीं हुआ था। तब कोलकाता–दिल्ली मार्ग पर साहू जैन परिवार की कम्पनी के विमान चलते थे। हमारे मुख्य प्रभावी ने युवक के शव को विमान से दिल्ली भिजवाने की व्यवस्था कर दी।

संयोग से रफी साहब उन दिनों कोलकाता में थे। मैं तुरन्त उनसे मिलने पहुँचा और युवक का वह पत्र भी साथ लेता गया जो उसने मेरी प्रशंसा में लिखा था। मैंने रफी साहब को दुखद घटना की सूचना दी। उन्होंने कहा कि वे इसके बारे में पहले ही सुन चुके थे। मैंने उन्हें युवक का वह पत्र भी दिखाया। रफी साहब ने उसे पढ़ा और कहा कि वह युवक उन्हें भी मेरे उदार और स्नेहपूर्ण व्यवहार के बारे में बता चुका था। मैंने रफी साहब को बताया कि युवक के माता-पिता की इच्छा को ध्यान में रखते हुए उसके शव को दिल्ली भिजवाने की व्यवस्था कर दी गई थी।

लेकिन एक अनपेक्षित व्यवधान के कारण इस योजना के ठप्प होने का खतरा पैदा हो गया। उड़ान से दो घंटे पहले मुख्य प्रभावी ने मुझे सूचित किया कि विमान-सेवा के अधिकारी शव को दिल्ली ले जाने में आनाकानी कर रहे थे। मुझे बहुत अचरज हुआ। मैंने फोन पर रफी साहब से बात की। उन्होंने कहा कि वे खुद जाकर अधिकारियों से बात करेंगे। उन्होंने मुझे भी हवाई-अड्डे पर पहुँचने के लिए कहा। मैं हवाई-अड्डे पर पहुँचा तो रफी साहब पहले से ही वहाँ मौजूद थे। वे मानवीय भावनाओं के प्रति संवेदनशीलता को लेकर विमान-सेवा के अधिकारियों को कड़ा भाषण पिला रहे थे। विमान-सेवा के अधिकारियों ने क्षमायाचना की और शव को दिल्ली ले जाने के लिए तैयार हो गए।

तो यह था रफी साहब के चरित्र का मानवीय पहलू। वे आम लोगों के प्रति इतने संवेदनशील थे मानो वे उनके अपने ही सगे-सम्बन्धी हों।

रफी साहब का स्वास्थ्य ठीक नहीं था। वे हृदय के रोगी थे, लेकिन लोक-सेवा के उत्साह में चिकित्सकों के निर्देशों का पालन नहीं कर पाते थे। अक्टूबर 1954 में साठ वर्ष की उम्र में हृदय-आघात से उनका निधन हो गया। इस तरह आधुनिक भारत के एक ऐसे उत्साही निर्माता का अन्त हो गया, जिसे अपने मित्रों, अनुयायियों और देशवासियों की बहुत ज्यादा चिन्ता रहती थी।

माधवराव सिंधिया

माधवराव सिंधिया ग्वालियर के महाराजा थे और सिंधिया राजघराने के कुल-प्रमुख थे। वे स्वर्गीय महाराजा जीवाजीराव सिंधिया और राजमाता विजया राजे सिंधिया के पुत्र थे। जीवाजीराव महाराजा माधवराव सिंधिया के पुत्र थे।

सिंधिया राजघराने के साथ हमारे सम्बन्ध 1920 के दशक से हैं। मेरे पिताजी तब पच्चीस-तीस वर्ष के युवक थे। वे बहुत ऊर्जाशील व्यक्ति थे और उनके सम्पर्कों का दायरा बहुत विस्तृत था। एक दिन वे एक पार्टी में महाराजा माधवराव सिंधिया से मिले, जो माधो महाराजा के नाम से प्रसिद्ध थे और ग्वालियर के तत्कालीन शासक थे। महाराज पिताजी से बहुत प्रभावित हुए। उन्होंने उन्हें ग्वालियर में कोई उद्योग शुरू करने का निमन्त्रण दिया। पिताजी सहमत हो गए।

ग्वालियर रियासत के लोग बहुत निर्धन थे। फिर भी, ग्वालियर को एक महत्त्वपूर्ण रियासत माना जाता था। 1920 के दशक में जयपुर रियासत की आय लगभग एक करोड़ रुपए थी। इसकी तुलना में ग्वालियर रियासत की आय लगभग तीन करोड़ रुपए थी। इस दृष्टि से ग्वालियर एक 'बड़ी' रियासत थी। माधो महाराजा एक प्रबुद्ध शासक थे और अपनी प्रजा में अत्यन्त लोकप्रिय थे।

ग्वालियर रियासत का सर्वेक्षण करने के बाद पिताजी ने वहाँ एक कपड़ा मिल लगाने का फैसला किया। परिणामस्वरूप 1921 में वहाँ जीवाजीराव कॉटन मिल्स लिमिटेड की स्थापना हुई। इस मिल की स्थापना में माधो महाराजा ने पिताजी को नैतिक और अन्य हर प्रकार का सहयोग दिया। मिल का नाम उनके पुत्र जीवाजीराव के नाम पर रखा गया।

मिल की स्थापना के बाद रियासत की आर्थिक स्थिति में तेजी से सुधार हुआ। पिताजी और माधो महाराजा अच्छे मित्र बन गए। पिताजी तीन-चार महीने में एक बार ग्वालियर जरूर जाते थे। हर बार माधो महाराजा उन्हें अपने साथ भोजन के लिए आमन्त्रित करते थे। पिताजी हमें माधो महाराजा के बारे में बहुत-से प्रसंग सुनाया करते थे। पिताजी ने एक बार माधो महाराजा को एक पत्र लिखा था। जब एक महीने तक भी उन्हें न तो इसकी पावती की सूचना मिली और न कोई जवाब ही आया तो पिताजी को बहुत बुरा लगा। वे आत्मसम्मान वाले व्यक्ति थे, इसलिए उन्होंने महाराजा से मिलना-जुलना बन्द कर दिया। महाराजा को जल्दी ही मित्रता में आए इस व्यवधान का अहसास हो गया। पिताजी को मनाने के लिए उन्होंने उन्हें एक रात भोजन पर आमन्त्रित किया। इस तरह के अवसरों पर महाराजा के कुछ मन्त्री भी उपस्थित रहते थे। भोजन से पहले माधो महाराजा पिताजी को एक तरफ ले जाकर बोले, "बिड़ला जी, आपके पत्र का जवाब न देना मेरी गलती थी। लेकिन आप जैसे वरिष्ठ व्यक्ति को इतनी-सी बात के लिए मुझसे मिलना-जुलना तो नहीं छोड़ देना चाहिए था।" दोनों में फिर से मित्रता हो गई।

पिताजी एक और दिलचस्प प्रसंग सुनाया करते थे। माधो महाराजा के वरिष्ठ अधिकारियों में एक सरदार था जो मामूली-सी गलतियों के लिए लोगों को कठोर यातनाएँ दिया करता था। महाराजा को इसका पता चला। एक दिन उन्होंने एक शिकार अभियान का आदेश दिया। उन दिनों देशी रियासतों के राजा-महाराजाओं में शिकार का खूब चलन था। ग्वालियर रियासत के शिवपुरी क्षेत्र में बाघों की भरमार थी। बाघों का शिकार दो तरह से किया जाता था किसी पेड़ पर मचान बाँधकर या हाथियों पर सवार होकर। मचान से बाघ के शिकार को मर्दानगी का खेल नहीं माना जाता था, लेकिन हाथी पर बैठकर शिकार करना सचमुच चुनौतीपूर्ण था। इसलिए आठ-दस हाथियों के साथ एक शिकार-दल का आयोजन किया जाता था। बाघ बहुत खतरनाक और निश्चित रूप से बहुत शक्तिशाली पशु है। इसलिए जंगल में कोई भी पैदल चलने की हिम्मत नहीं करता था। बाघ की रक्त-पिपासा जाग जाने पर वह बहुत हिंसक और घातक साबित हो सकता था। इसलिए उस दिन उस शिकार अभियान में भी हर कोई हाथी पर सवार था। माधो महाराजा ने सरदार को अपने साथ अपने हाथी पर बिठा रखा था, जो इस बात को लेकर बहुत गर्व से फूला नहीं समा रहा था। घने जंगल में पहुँचकर महाराजा ने अचानक ही सरदार को हाथी से नीचे धकेल दिया। सरदार नीचे जमीन पर जा गिरा और डर के मारे गिड़गिड़ाने लगा, "महाराज, मुझसे क्या गलती हो गई? मुझे किस बात की सजा दी जा रही है?" माधो महाराजा ने उससे कहा, "मैंने सुना है कि तुम लोगों पर जुल्म ढाते हो और उन्हें कठोर यातनाएँ देते हो। अगर तुम एक बलवान और सच्चे मर्द हो तो अब शेर को ललकारकर और उसे डरा-धमकाकर दिखाओ! मैं यह तमाशा अपनी आँखों से देखना चाहता हूँ।" सरदार की घिग्घी बँध गई। वह महाराजा के चरणों में गिरकर क्षमा माँगने लगा और भविष्य

में किसी को भी तंग न करने की कसमें खाने लगा। महाराजा ने उसे वापस हाथी पर बिठा लिया।

एक अन्य प्रसंग ग्वालियर के रेजिडेंट कमिश्नर से सम्बन्धित है। ब्रिटिश राज के दौरान, भारत सरकार के प्रतिनिधि के रूप में हर देशी रियासत में एक रेजिडेंट कमिश्नर होता था, जिसे आमतौर से सिर्फ 'रेजिडेंट' कहा जाता था। उसका काम राज्य में प्रशासन की स्थिति, प्रजा के प्रति महाराजा के व्यवहार, उसकी लोकप्रियता, राज्य की आर्थिक स्थिति इत्यादि के बारे में गोपनीय रिपोर्टें भेजना होता था। साथ ही वह इस बात का भी ध्यान रखता था कि ब्रिटिश तख्त के प्रति महाराजा की कितनी वफादारी थी। सभी महाराजा रेजिडेंट से डरते थे और उसकी नजरों में अच्छा बने रहने की कोशिश करते थे।

हमारी कपड़ा मिल दिन-रात चलती थी, जिसमें चौबीस घंटे में तीन पालियाँ होती थीं। अधिकांश श्रमिक मिल द्वारा बनाए गए क्वार्टरों में रहते थे, जबकि कुछ शहर में रहते थे। श्रमिकों को पाली शुरू होने की सूचना देने के लिए लम्बा भोंपू बजाया जाता था।

रेजिडेंट कमिश्नर का घर मिल से ज्यादा दूर नहीं था। इसलिए जब सुबह की पाली शुरू होने की सूचना देने के लिए भोंपू बजाया जाता था तो उसकी और उसके परिवारवालों की नींद खराब हो जाती थी। उसने महाराजा को सन्देश भिजवाया कि इस सम्बन्ध में कुछ किया जाना चाहिए। पिताजी के साथ एक भेंट के दौरान महाराजा ने यह बात पिताजी के सामने रखी। पिताजी ने कहा कि इस सम्बन्ध में वे कुछ नहीं कर सकते। मिल का भोंपू बजाना ही पड़ेगा, अन्यथा श्रमिकों को कैसे पता चलेगा कि उनकी पाली का समय होनेवाला था? पिताजी ने महाराजा से कहा कि वे इस मामले में दृढ़ता दिखाएँ और रेजिडेंट को स्थिति के बारे में समझाएँ। अगर फिर भी बात न बने तो रेजिडेंट को अपना घर बदलने और शहर के किसी दूसरे कोने में रहने की सलाह दी जा सकती थी। महाराजा पिताजी से सहमत थे। उन्होंने रेजिडेंट को भोंपू की अनिवार्यता के बारे में समझाया। रेजिडेंट की समझ में आ गया कि इस मामले में कुछ नहीं किया जा सकता। उसने स्थिति के साथ समझौता कर लिया। महाराजा ने दृढ़तापूर्वक रेजिडेंट के सामने झुकने से इनकार कर दिया था।

मैंने अपने पिता और माधो महाराजा के सम्बन्धों के बारे में विस्तार से लिखा है, क्योंकि यह सिंधिया घराने के साथ हमारे घनिष्ठ सूत्रों की शुरुआत थी।

माधो महाराजा के देहान्त के बाद उनके पुत्र जीवाजीराव ग्वालियर के महाराजा बने। मैं पिताजी के साथ अक्सर ग्वालियर जाता था। जीवाजीराव से मेरी अनेक भेंटें हुईं। अपने पिता की तरह वे भी एक प्रबद्ध शासक थे। स्वाधीनता के बाद जब राज्यों का पुनर्गठन हुआ तो सरदार पटेल उप-प्रधानमन्त्री थे। पिताजी के साथ उनकी बहुत घनिष्ठ मित्रता थी। जब मध्य प्रदेश के राजप्रमुख का प्रश्न उठा तो पिताजी ने सरदार पटेल को जीवाजीराव का नाम सुझाया। पिताजी के प्रयासों से जीवाजीराव मध्य प्रदेश के राजप्रमुख बन गए। योग्यता के आधार पर भी वे इस पद के अधिकारी थे।

जीवाजीराव के पुत्र माधवराव का जन्म 1945 में हुआ था। उनका नाम उनके दादा के नाम पर रखा गया था। चूँकि वे महाराजा जीवाजीराव के पहले पुत्र थे, इसलिए उन्हें युवराज के नाम से पुकारा जाने लगा। वे ग्वालियर के स्कूल और कॉलेज में पढ़े और फिर उच्च शिक्षा के लिए इंग्लैंड और अमरीका गए। उन्होंने ऑक्सफोर्ड यूनिवर्सिटी से एम.ए. की डिग्री प्राप्त की। इस तरह वे एक 'ऑक्सोनीयन' थे। जीवाजीराव का 1961 में देहान्त

हो गया और उसी वर्ष ग्वालियर के नए महाराजा के रूप में माधवराव का राज्याभिषेक सम्पन्न हुआ।

माधवराव 1971 में पहली बार लोकसभा में चुनकर आए। इसके बाद वे लगातार लोकसभा का हर चुनाव जीतते रहे। यह कोई मामूली उपलब्धि नहीं थी। उनका चुनाव-क्षेत्र या तो ग्वालियर होता था या गुना। आखिरी बार वे 1999 में तेरहवीं लोकसभा में चुनकर आए थे। यह उनका नौवाँ कार्यकाल था। वे इतने लोकप्रिय थे कि एक बार भी चुनाव नहीं हारे। 1971 से लेकर 2001 तक अपने पूरे राजनीतिक कार्यकाल में अविजित रहकर उन्होंने एक तरह का इतिहास रचा।

माधवराव ने अपने राजनीतिक जीवन की शुरुआत जनसंघ से की थी। 1971 में गुना का चुनाव उन्होंने जनसंघ के टिकट पर ही जीता था। लेकिन जनसंघ का साथ उन्हें रास नहीं आया, जिसे वे एक साम्प्रदायिक पार्टी के रूप में देखते थे। वे धीरे-धीरे कांग्रेस की तरफ खिंचने लगे। 1977 का चुनाव उन्होंने कांग्रेस (आई) के समर्थन से एक स्वतन्त्र प्रत्याशी के रूप में जीता। अन्ततः 1980 में वे औपचारिक रूप से कांग्रेस में शामिल हो गए।

माधवराव से मेरी भेंट 1980 के दशक के शुरू में हुई थी। मैं उस समय दिल्ली में था। माधवराव ने सुन रखा था—जैसाकि उन्होंने मुझे बाद में बताया—कि मैं राजनीति में बहुत सक्रिय रुचि रखता हूँ। इसलिए उन्होंने मुझे सन्देश भिजवाया कि वे मुझसे मिलना चाहते हैं। मैंने उन्हें जवाब भिजवाया कि मुझे उनसे मिलकर बहुत खुशी होगी; और उन्हें मेरे घर तक आने का कष्ट उठाने की जरूरत नहीं है, बल्कि मैं खुद ही उनके पास पहुँच जाऊँगा। लेकिन उन्होंने आग्रह किया कि वे मुझे मेरे घर पर ही मिलना पसन्द करेंगे। इस तरह माधवराव बिड़ला हाउस में आए। यह बहुत मधुर भेंट थी। मैं उनसे बहुत ज्यादा प्रभावित हुआ। मुझे तुरन्त ही इस बात का आभास हो गया कि उनके पास एक बहुत सुलझा हुआ मस्तिष्क था। राजनीति पर चर्चा शुरू हुई तो मैंने पाया कि उनका आकलन बहुत स्पष्ट और ठोस था। माधवराव भी मुझे पसन्द करने लगे।

मैं 1984 में राज्यसभा के लिए चुना गया। वह मेरा पहला कार्यकाल था। व्यावहारिक तौर पर मैं एक कांग्रेस (आई) सांसद था और हमेशा पार्टी के पक्ष में मतदान करता था। एक ही पार्टी के होने के कारण हम स्वाभाविक रूप से एक-दूसरे के और ज्यादा निकट आ गए। समय के साथ-साथ हमारे सम्बन्ध इतने गहरे होते चले गए कि हम एक-दूसरे को परिवार के सदस्य की तरह ही समझने लगे। ये सम्बन्ध 30 सितम्बर 2001 को एक विमान-दुर्घटना में उनके असामयिक और दुखद देहान्त तक जारी रहे।

माधवराव ऊँचे सिद्धान्तों और अच्छे चरित्र के व्यक्ति थे। कहा जाता है कि मानवीय स्मृति बहुत अल्पकालिक होती है। इसलिए मैं यहाँ बताना चाहूँगा कि उन्होंने उड्डयन-मन्त्री के रूप में उस समय इस्तीफा दिया जब इसकी बिलकुल भी जरूरत नहीं थी। वे 1991 में नरसिम्हा राव के मन्त्रिमंडल में शामिल हुए थे और विमान-सेवाओं में खुली नीतियों की शुरुआत के लिए जिम्मेदार थे। उनके नेतृत्व में मन्त्रालय बहुत अच्छा काम कर रहा था। लेकिन इस विमान-दुर्घटना के बाद अपनी नैतिक जिम्मेदारी स्वीकार करते हुए उन्होंने अपने पद से इस्तीफा दे दिया। लोग उनकी तुलना स्वर्गीय लाल बहादुर शास्त्री से करने लगे। मैं उस समय दिल्ली में था। उनके इस्तीफे के बारे में सुनते ही मैंने इस विषय में उनसे

बात करनी चाही। मैंने उनसे कहा कि अगर हर रेल-दुर्घटना के बाद रेल-मन्त्री और हर विमान-दुर्घटना के बाद उड्डयन-मन्त्री को इस्तीफा देना पड़ेगा तो कोई भी इन मन्त्रालयों का कार्यभार स्वीकार नहीं करेगा। मैंने उनसे कहा कि वे अपने मन्त्रालय को बहुत कुशलतापूर्वक चला रहे थे। अगर विमान-दुर्घटना के पीछे मानवीय चूक का हाथ था तो उन्हें उत्तरदायी कैसे ठहराया जा सकता था? उन्हें इस्तीफा देने की क्या जरूरत थी? उन्होंने कहा, ''के.के. बाबू, मैंने जानबूझकर इस विषय में आपसे कोई सलाह नहीं ली। अगर मैं इस्तीफा देने से पहले आपसे सलाह करता तो आप मुझे इसकी अनुमति न देते।'' उन्होंने कहा कि यह उनकी अन्तरात्मा की आवाज थी।

नई दिल्ली, 1999 : 'हिन्दुस्तान टाइम्स' के 75 वर्ष पूरे होने के उपलक्ष्य में आयोजित समारोह में सोनिया गांधी, माधवराव सिंधिया और बेटी शोभना के साथ

1995 में नरसिम्हाराव ने उन्हें मन्त्रिमंडल में वापस ले लिया। लेकिन मतभेदों के कारण उन्होंने 1996 में फिर से इस्तीफा दे दिया। नरसिम्हा राव पार्टी के नेता होने के साथ-साथ कांग्रेस (आई) संसदीय दल के प्रमुख भी थे। उन्होंने 1996 के चुनावों में माधवराव को टिकट देने से इनकार कर दिया। माधवराव ने मेरे समेत अपने सभी मित्रों से विचार-विमर्श किया। मैंने उनसे चुनाव लड़ने का आग्रह किया। ''आपकी जीत निश्चित है!'' मैंने कहा। उनके अन्य सभी मित्रों ने भी यही सलाह दी। परिणामस्वरूप माधवराव 1996 के लोकसभा चुनावों में एक स्वतन्त्र प्रत्याशी के रूप में खड़े हुए और हमेशा की तरह विजयी रहे।

एक मन्त्री के रूप में माधवराव का प्रदर्शन अत्यन्त प्रभावशाली था। मेरा उनसे अक्सर सम्पर्क होता रहता था। वे जिस मन्त्रालय में भी रहे और जिस पद पर भी रहे, भरपूर सफल

रहे। 1984-86 की अवधि के दौरान वे रेल विभाग के लिए केन्द्रीय राज्य-मन्त्री थे। उस समय वे पहली बार सरकार में एक राज्य-मन्त्री के रूप में शामिल हुए थे। क्योंकि मेरी एक कम्पनी रेल-डिब्बों के उत्पादन से जुड़ी हुई थी, इसलिए माधव राव के साथ मेरा अक्सर सम्पर्क होता रहता था। वे अपने निर्णयों में हमेशा निष्पक्षता से काम लेते थे। हालाँकि हम बहुत अच्छे मित्र थे, फिर भी वे मेरी कम्पनी के साथ कोई पक्षपात नहीं करते थे। यह एक प्रशंसनीय बात थी। मैं खुद भी ऐसा ही चाहता था। माधवराव ने जिस मन्त्रालय में भी काम किया, उसमें उनके नेतृत्व में बहुत उल्लेखनीय सुधार दिखाई दिए।

1996 में प्रधानमन्त्री के रूप में नरसिम्हा राव का कार्यकाल समाप्त हो गया। कुछ समय तक सीताराम केसरी कांग्रेस (आई) के अध्यक्ष रहे। मार्च 1998 में सोनिया गांधी पार्टी की अध्यक्ष बनीं। वे राजनीति में नई थीं। कुछ समय में अपनी इस नई भूमिका में जम जाने के बाद उन्हें पार्टी के शीर्ष नेताओं में माधवराव एक ऐसे व्यक्ति के रूप में नजर आए जिनकी ईमानदारी और सूझ-बूझ पर वे पूरा भरोसा कर सकती थीं। माधवराव सोनियाजी के बहुत निकट हो गए।

2001 में विमान-दुर्घटना में उनका निधन एक राष्ट्रीय त्रासदी था। इसमें कोई सन्देह नहीं कि अगर वे जीवित रहते तो राजनीति में और ज्यादा ऊँचे शिखरों को छूते। कांग्रेस (आई) के वरीयता क्रम में वे सोनियाजी के बाद सबसे शीर्ष नेताओं में से थे। उनमें प्रधानमन्त्री बनने की सभी योग्यताएँ मौजूद थीं।

राजनीति के अलावा माधवराव क्रिकेट के भी बहुत शौकीन थे। 1990-93 की अवधि के दौरान वे भारत के क्रिकेट कंट्रोल बोर्ड (बी.सी.सी.आई.) के अध्यक्ष थे। बोर्ड के अध्यक्ष पद के लिए माधवराव और जगमोहन डालमिया के बीच बहुत कड़ी टक्कर हुई थी, जो तब बी.सी.सी.आई. के एक सदस्य थे। माधवराव द्वारा चुनाव लड़ने के निर्णय से पहले मैं जगमोहन का समर्थन करने का वायदा कर चुका था, जो माधवराव की तरह ही मेरे बहुत निकट थे। इस समर्थन का सिर्फ सैद्धान्तिक महत्त्व था, क्योंकि मैं किसी भी मतदाता को प्रभावित करने की स्थिति में नहीं था। लेकिन जगमोहन मेरा नैतिक समर्थन चाहते थे और मैं उन्हें इसका वायदा कर चुका था। इसके बाद मुझे पता चला कि माधवराव भी मैदान में उतर रहे थे। वे भी मेरा नैतिक समर्थन चाहते थे। मेरी बेटी शोभना और दामाद श्याम के भी माधवराव के साथ बहुत अच्छे सम्बन्ध थे। उन्होंने मुझसे कहा कि मेरा नैतिक समर्थन माधवराव को मिलना चाहिए। मैं बहुत दुविधा की स्थिति में था। एक तरफ मैं जगमोहन को समर्थन देने का वायदा कर चुका था और दूसरी तरफ माधवराव, जो मेरे उतने ही निकट थे, मेरे समर्थन की माँग कर रहे थे। मैंने शोभना और श्याम के साथ विचार-विमर्श करने के बाद फैसला किया कि ऐसी स्थिति में मेरा तटस्थ रहना ही सबसे अच्छा रास्ता था। मैंने जगमोहन को सन्देश भेजकर उन्हें अपनी स्थिति के बारे में समझाया। मैंने उनसे कहा कि इन परिस्थितियों में मैं उनसे तटस्थ रहने की अनुमति चाहता था। जगमोहन ने खेल-भावना का प्रदर्शन करते हुए मेरे अनुरोध को सहर्ष स्वीकार कर लिया। माधवराव भी मेरे निर्णय से सहमत थे।

अगस्त 1999 में मेरे हृदय की बायपास सर्जरी हुई। मैं तब इक्यासी वर्ष का था, जो कोई युवा उम्र नहीं होती। मैंने पाया कि यह एक पीड़ाजनक शल्यचिकित्सा थी और ऑपरेशन के बाद स्वास्थ्य-लाभ की गति भी बहुत धीमी थी। ऑपरेशन के एक महीने बाद

भी मैं एक घंटे में एक मील की रफ्तार से तेज नहीं चल पाता था। मैं अपने-आप सीढ़ियाँ भी नहीं उतर पाता था। लड़खड़ाकर गिर जाने का खतरा बना रहता था।

ऑपरेशन के बाद मैं ब्रिटिश एयरवेज की एक उड़ान से दिल्ली लौटा। शोभना और श्याम मुझे विमान-तल से लिवाने आए थे। लगभग आधी रात हो चली थी। लेकिन उन दोनों के अलावा माधवराव को भी वहाँ देखकर मैं चकित रह गया। और वे मुझसे मिले कैसे? उन्होंने अपने-आपको एक कोने में छिपाए रखा। श्याम और शोभना से मेरा मिलन हो जाने के बाद वे अचानक प्रकट होते हुए चिल्लाए, "के.के. बाबू!" उन्हें उस घड़ी वहाँ देखकर मुझे बहुत सुखद आश्चर्य हुआ। इस घटना से माधवराव की आत्मीय और स्नेहपूर्ण प्रकृति के साथ-साथ उनकी विनोदप्रियता की भी झलक मिलती है।

चूँकि सोनियाजी के बाद माधवराव कांग्रेस (आई) के सबसे वरिष्ठ नेताओं में से थे, इसलिए उनसे मेरा अक्सर मिलना-जुलना होता रहता था। वे निष्कलंक निष्ठावाले व्यक्ति थे और उनके मित्रों का दायरा भी काफी विस्तृत था। वे एक उत्कृष्ट वक्ता और एक अच्छे लेखक थे। मुझे याद है एक बार एक समारोह के आयोजकों ने मुझे एक सन्देश भेजने के लिए कहा था। इस तरह के अनुरोध मेरे पास अक्सर आते रहते हैं। यह एक औपचारिकता मात्र होती है। इस तरह के मामलों में मैं संस्था में किसी को एक उपयुक्त सन्देश तैयार करने के लिए कह देता हूँ। उस बार मैंने शोभना से अनुरोध किया कि वह एक सन्देश तैयार करवा दे। वह 'हिन्दुस्तान टाइम्स' की वायस-चेयरपर्सन है। मैंने कहा कि मूल खाका तैयार हो जाने के बाद मैं उसमें अपने हिसाब से संशोधन और जरूरत के अनुसार परिवर्तन करके समारोह के आयोजकों को भेज दूँगा। सन्देश पहुँचा तो मैं यह देखकर चकित रह गया कि इसे कितने अच्छे तरीके से तैयार किया गया था। भाषा और विचार दोनों दृष्टियों से यह एक उत्कृष्ट सन्देश था। मैंने शोभना से कहा कि इसे तैयार करनेवाले व्यक्ति तक मेरी प्रशंसा की भावनाएँ पहुँचा दे। शोभना मुस्करा दी। उसने बताया कि उस दिन वह माधवराव के साथ भोजन कर रही थी तो अनायास ही इस सन्देश का जिक्र कर बैठी थी। उसने कहा कि यह सन्देश खुद माधवराव ने तैयार किया था।

माधवराव ने शिक्षा को प्रोत्साहन देने में विशेष रुचि दिखाई। वे सिंधिया स्कूल के संचालक-मंडल के प्रमुख थे। उन्होंने इस स्कूल को देश के सबसे उत्कृष्ट पब्लिक स्कूलों की पंक्ति में ला खड़ा किया। माधवराव को वन्य-जीवन से भी बहुत लगाव था। वे वन्य-जीवन समिति के भी सदस्य थे।

माधवराव के देहान्त के समय मैं अमरीका में था। एक दिन अचानक ही दिल्ली से मेरी सचिव ज्योत्सना सूद ने मुझे फोन किया और कहा कि वह मुझे एक अशुभ समाचार देना चाहती है। इसके बाद उसने मुझे विमान-दुर्घटना के बारे में बताया। मैं स्तब्ध रह गया। मेरे लिए यह एक व्यक्तिगत क्षति थी लेकिन मैंने अपने-आपको सान्त्वना देते हुए सोचा कि ईश्वर की इच्छा के आगे सिर झुकाना पड़ता है। उनका निधन न सिर्फ कांग्रेस (आई) के लिए बल्कि राष्ट्र के लिए भी भारी क्षति थी। उन्होंने सोनियाजी को अमूल्य सहयोग प्रदान किया था। इसमें कोई सन्देह नहीं कि यदि वे जीवित रहते तो पिछले कुछ वर्षों में अच्छा प्रदर्शन करनेवाली पार्टी और भी बेहतर प्रदर्शन करती।

उनके सपुत्र ज्योतिर्यादित्य एक प्रतिभावान नवयुवक हैं। माधवराव के देहान्त के बाद उन्होंने लोकसभा का चुनाव लड़ा और भारी बहुमत से विजयी रहे।

मैं 1918 में पैदा हुआ था तो माधो महाराज जीवित थे और काफी सक्रिय थे। यह मेरे लिए गर्व का विषय है कि माधो महाराज से लेकर ज्योतिर्यादित्य तक सिंधिया राजघराने की चार पीढ़ियों के साथ हमारे बहुत आत्मीय सम्बन्ध रहे हैं। मेरे लिए यह भी बहुत गहरे सन्तोष का विषय है कि सिंधिया घराने के साथ हमारे सम्बन्ध आज भी उतने ही मधुर और घनिष्ठ हैं जितने पिताजी और माधो महाराज के बीच थे।

माधवराव को उनके कुलीन चरित्र, असाधारण प्रशासनिक योग्यता, ऊँचे जीवन-सिद्धान्तों, और अपने कार्यकाल के दौरान विभिन्न क्षेत्रों में उल्लेखनीय योगदान के कारण हमेशा याद किया जाएगा, और स्वतन्त्र भारत के इतिहास में उनका नाम सुनहरे अक्षरों में लिखा जाएगा। यह बहुत दुख का विषय है कि नियति के क्रूर हाथों ने उन्हें जीवन की भरी दुपहरी में हम सबसे छीन लिया। इसमें लेश मात्र भी सन्देह नहीं कि यदि वे जीवित रहते तो राजनीति में बहुत ऊँचे शिखरों को छूते। जब तक मनुष्य स्वार्थहीनता, ईमानदारी और समर्पण जैसी भावनाओं का मान करता रहेगा, उन्हें याद किया जाता रहेगा।

पंडित मदन मोहन मालवीय

मदन मोहन मालवीय या मालवीयजी, जैसाकि उन्हें सम्मानपूर्वक कहा जाता था, 25 दिसम्बर 1861 को इलाहाबाद में पैदा हुए थे। हालाँकि वे एम.ए. की डिग्री प्राप्त करने के इच्छुक थे, लेकिन निर्धनता ने उन्हें नौकरी करने के लिए बाध्य कर दिया। उन्हें अपने ही स्कूल में 40 रुपए माहवार पर अध्यापक की नौकरी मिल गई। जल्दी ही अपने शिष्यों में वे बहुत लोकप्रिय हो गए। उनके मन में सार्वजनिक जीवन के प्रति बहुत गहरा आकर्षण था। उस जमाने में सरकारी कर्मचारियों के राजनीतिक सभाओं में शामिल होने पर प्रतिबन्ध नहीं था, इसलिए अपने संस्कृत के प्राध्यापक पंडित आदित्य राम भट्टाचार्य के साथ उन्होंने 1886 में कोलकाता में आयोजित कांग्रेस के दूसरे अधिवेशन में भाग लिया। उन्होंने इस अधिवेशन में इतना प्रभावशाली भाषण दिया कि श्रोता मन्त्रमुग्ध रह गए। कांग्रेस के महासचिव एच.ओ. ह्यूम ने अपनी वार्षिक रिपोर्ट में इस भाषण का विशेष रूप से उल्लेख किया।

कोलकाता से उनकी वापसी के कुछ समय बाद उन्हें 'हिन्दुस्तान' नामक एक हिन्दी साप्ताहिक के सम्पादन का प्रस्ताव मिला, जो काला कंकर नामक एक छोटे-से कस्बे से प्रकाशित होता था। उनकी तनख्वाह 200 रुपए माहवार थी। बाद में उन्होंने इस अखबार की नौकरी छोड़कर वकालत शुरू कर दी।

1893 में मालवीयजी उच्च न्यायालय के वकील बन गए। अध्ययन-काल में ही उनके पास मुकदमे आने शुरू हो गए थे। देखते ही देखते एक वकील के रूप में उनकी प्रसिद्धि पूरे प्रदेश में फैल गई। लेकिन वे अपने कानूनी काम की तुलना में अपने सार्वजनिक जीवन को हमेशा प्राथमिकता देते रहे। उन्होंने 1909 में वकालत के पेशे से पूरी तरह किनारा कर लिया। इसके बाद वे सिर्फ एक बार 1922 में चौरा-चौरी कांड के 225 अभियुक्तों को मृत्युदंड से बचाने के लिए एक वकील के रूप में न्यायालय में उतरे। उत्तर प्रदेश के गोरखपुर जिले की इस घटना के बाद महात्मा गांधी ने अपना असहयोग आन्दोलन वापस ले लिया था। मालवीयजी 153 व्यक्तियों को फाँसी के फन्दे से बचाने में सफल रहे।

मालवीयजी के साथ पिताजी का सम्पर्क 1920 के आसपास हुआ। वे मालवीयजी की पारदर्शी सच्चाई, सादगी भरे आचरण, ऊँचे नैतिक चरित्र और हिन्दी और संस्कृत के साथ-साथ प्राचीन ग्रन्थों के उनके ज्ञान से बहुत ज्यादा प्रभावित हुए।

मालवीयजी ने 'हिन्दुस्तान टाइम्स' की शुरुआत की। पूरी-की-पूरी धनराशि का प्रबन्ध पिताजी ने किया या करवाया। मालवीयजी अखबार के चेयरमैन बने। अधिकांश शेयर पिताजी ने खरीद लिए थे। कुछ शेयर मालवीयजी के भी पास थे। वे आज भी उन्हीं के नाम दर्ज हैं, क्योंकि उनके देहान्त के बाद किसी ने भी इनके उत्तराधिकार का दावा नहीं किया। मालवीयजी 1927 से लेकर 1946 तक 'हिन्दुस्तान टाइम्स' के चेयरमैन रहे।

1909 में मालवीयजी विधान परिषद में चुने गए और बहुत जल्दी इसके सर्वप्रमुख सदस्यों में गिने जाने लगे। बनारस हिन्दू यूनिवर्सिटी की स्थापना सम्भवतः मालवीयजी की सबसे बड़ी उपलब्धि थी, जो आनेवाली पीढ़ियों को याद दिलाती रहेगी कि युवाओं के मन और मस्तिष्क को ज्ञानवान और प्रकाशवान बनाने की उन्हें कितनी गहरी चाह थी। बनारस हिन्दू यूनिवर्सिटी की स्थापना के विचार के पीछे हिन्दू संस्कृति और हिन्दू धर्म-ग्रन्थों के आध्यात्मिक महत्त्व में उनकी गहरी आस्था ही थी। वे राष्ट्र के आर्थिक विकास को भी बहुत महत्त्व देते थे, इसलिए उन्होंने धार्मिक शिक्षा के साथ विज्ञान और प्रौद्योगिकी की शिक्षा को भी जोड़ने के प्रयास किए। यूनिवर्सिटी की स्थापना के बाद जल्दी ही कृषि, अभियान्त्रिकी, उत्खनन, धातु-विज्ञान और भूविज्ञान के महाविद्यालयों के साथ-साथ एक आयुर्वेदिक महाविद्यालय और एक एलोपैथिक अस्पताल की भी स्थापना की गई। इस अस्पताल का नाम विश्वविद्यालय के पहले उप-कुलपति पंडित सुन्दर लाल के नाम पर रखा गया। इन सब सुविधाओं के कारण यह विश्वविद्यालय उस समय का एक अग्रणी विश्वविद्यालय बन गया।

बनारस हिन्दू विश्वविद्यालय की स्थापना की योजना में मालवीयजी के कई मित्रों के परामर्श के साथ-साथ श्रीमती ऐनी बेसेंट, मेरे पिताजी, दरभंगा के महाराजाधिराज और बनारस के महाराजा के अमूल्य सहयोग का भी हाथ था। विश्वविद्यालय का शिलान्यास 4 फरवरी 1916 को वायसराय लॉर्ड हार्डिंग के हाथों हुआ। 13 सितम्बर 1921 को प्रिंस ऑफ वेल्स (बाद में ड्यूक ऑफ विंडसर) के हाथों विश्वविद्यालय की इमारत का उद्घाटन हुआ। मालवीयजी ने बनारस हिन्दू विश्वविद्यालय की स्थापना के लिए विपुल मात्रा में चन्दा एकत्रित किया था। सभी देशी रियासतों के राजा उन्हें बहुत सम्मान और श्रद्धा की दृष्टि से देखते थे। उनमें से अधिकांश उन्हें अपना गुरु मानते थे और उनके चरण छूते थे। मालवीयजी में चन्दा एकत्रित करने की अनूठी प्रतिभा थी। वे काठमांडू भी गए थे और नेपाल नरेश से चन्दा प्राप्त करने में सफल रहे थे। नरेश से विदा लेते समय उन्होंने उन्हें आशीर्वाद दिया और कहा कि वे रानी को आशीर्वाद देना तो भूल ही गए। नेपाल नरेश उन्हें रानी के पास ले गए और मालवीयजी उनसे भी चन्दा प्राप्त करने में सफल रहे। यह बात मालवीयजी ने खुद मुझे बताई थी। मालवीयजी बनारस हिन्दू यूनिवर्सिटी के उप-कुलपति बने और 1919 से लेकर 1938 तक इस पद पर रहे।

उन्नीसवीं शताब्दी के उत्तरार्द्ध में हिन्दी साहित्य में कई जाने-माने लेखकों का उदय हुआ था—उदाहरण के लिए भारतेन्दु हरिश्चन्द्र, राजा शिवप्रसाद और बाल मुकन्द गुप्ता इत्यादि। हिन्दुओं के लिए यह सांस्कृतिक जागृति का दौर था। मालवीयजी ने भी अपनी

युवावस्था में कविता और निबन्ध लिखे थे। वे हिन्दी को देश की आम जनता को शिक्षित करने के माध्यम के रूप में देखते थे। उस जमाने में उत्तर प्रदेश (जिसे तब नॉर्थ वेस्टर्न प्रोविंस या अवध कहा जाता था) के न्यायालयों में उर्दू भाषा का प्रयोग होता था। मालवीयजी न्यायालयों में फारसी लिपि के साथ-साथ देवनागरी लिपि के भी प्रयोग की वकालत करते थे।

सामाजिक मामलों में मालवीयजी एक रूढ़िवादी व्यक्ति थे। वे वर्णाश्रम धर्म (जाति व्यवस्था) में विश्वास करते थे। वे एक उचित सीमा तक सामाजिक परिवर्तनों के साथ समझौता करने के लिए तैयार थे, लेकिन समाज सुधार के मामलों में हिन्दू समाज के नेताओं और काशी के पंडितों को अपने साथ लेकर चलना चाहते थे। वे दलित वर्गों के मन्दिर-प्रवेश पर रोक को अनुचित और अन्यायपूर्ण मानते थे। 1936 में उन्होंने पंडितों के सम्मुख यह मामला रखा और दलितों के मन्दिर प्रवेश के समर्थन में एक मोर्चा भी निकाला। इस मोर्चे में बनारस के कई विख्यात पंडित और दलित वर्गों के सदस्य भारी संख्या में शामिल हुए। 1920 के दशक में उन्होंने विश्वविद्यालय के प्राच्य विद्या विभाग के पंडितों को राजी करके धर्मान्तरण कर चुके दलितों के पुनः हिन्दू धर्म में लौटने का रास्ता खोला। उन्होंने स्वयं अपने हाथों से उनकी शुद्धि-क्रिया की शुरुआत की, जिसके अन्तर्गत गंगा-स्नान के बाद उन्हें 'श्री राम, जय राम, जय-जय राम' के मन्त्र का जाप करना पड़ता था।

मालवीयजी एक मामूली व्यक्ति के लिए भी आसानी से उपलब्ध थे और उसकी मदद करने की भरसक कोशिश करते थे। यदि वे दुखी व्यक्ति के दुख का निवारण करने की स्थिति में न होते तो धैर्यपूर्वक उसकी बात सुनकर और सहानुभूति के दो शब्द कहकर उसे ढाढ़स बँधाने का प्रयास करते। यदि कोई निर्धन छात्र भले ही वह हिन्दू हो या मुसलमान, अपनी पढ़ाई जारी रखने के लिए आर्थिक मदद के लिए प्रार्थना करता, तो कई बार मालवीयजी विश्वविद्यालय के नियमों का उल्लंघन करके भी उसकी मदद करने की कोशिश करते। एक बार एक मुस्लिम छात्र ने उनसे शिकायत की कि छात्रावास में भोजन की ठीक व्यवस्था नहीं थी। मालवीयजी को यह सुनकर बहुत दुख पहुँचा और उन्होंने उस छात्र से कहा, "मेरे घर का रसोईघर तुम्हारे लिए हमेशा खुला है।"

मैं 1925 के आसपास मालवीयजी के सम्पर्क में आया था, लगभग उसी समय जब मैं गांधीजी के सम्पर्क में आया। मालवीयजी अक्सर पिताजी से मिलने आते रहते थे और कुछ समय बच्चों के साथ जरूर बिताते थे। वे कोलकाता या दिल्ली आते थे तो हमारे साथ ही ठहरते थे। मुझे याद है कि एक बार वे पिताजी से मिलने आए थे तो मुझे, माधवप्रसाद, बसन्त कुमार और गंगाप्रसाद को अपने पास बुलाकर हमारी पढ़ाई के बारे में पूछने लगे थे। इसके बाद उन्होंने मुझे और माधवप्रसाद को बारी-बारी से एक-एक दोहा सुनाने के लिए कहा। यह सिलसिला लगभग आधे घंटे तक चलता रहा। प्रश्न यह था कि किसके दोहों का भंडार पहले खत्म होता है। मालवीयजी हम दोनों में से किसी को भी हारते देखना नहीं चाहते थे। लगभग आधे घंटे बाद उन्होंने हम दोनों को रुकने के लिए कहा और यह कहकर हमें शाबाशी दी कि हमें इतने सारे दोहे याद थे। हम दोनों भी बहुत खुश थे, क्योंकि हमारे रटे हुए दोहे लगभग खत्म होने को थे।

मालवीयजी दिल्ली में हमारे साथ बिड़ला हाउस में ठहरते थे तो मैं उनके साथ प्रतिदिन दस-पन्द्रह मिनट बिताता था। एक बार वे दिल्ली में वायसराय से मिलने के लिए आए।

उन्हें बनारस हिन्दू यूनिवर्सिटी के लिए आर्थिक मदद की सख्त जरूरत थी और वे इसी सम्बन्ध में वायसराय से भेंट करना चाहते थे। उन्होंने मुझसे कहा, "कृष्ण कुमार, अगर तुम व्यस्त नहीं हो तो मैं चाहूँगा कि तुम मेरे साथ चलो। मैं उनसे मिलने भीतर जाऊँगा तो तुम वायसराय के एडीसी के पास रुक जाना।" मैं सहर्ष उनके साथ चल पड़ा। हम वायसरीगल लॉज (आज का राष्ट्रपति भवन) तक इकट्ठे गए। वायसराय ने मालवीयजी से अधिक प्रतीक्षा नहीं करवाई। उन्हें जल्दी ही भीतर बुला लिया गया। मैं एडीसी के पास रुक गया। मालवीयजी लगभग बीस मिनट बाद वापस आए। बाद में कार में बैठने के बाद उन्होंने मुझे बताया कि वे बहुत खुश थे, क्योंकि वे वायसराय से एक बड़ी धनराशि प्राप्त करने में सफल रहे थे।

मैं जब भी बनारस जाता था तो बनारस हिन्दू यूनिवर्सिटी जाकर मालवीयजी से जरूर मिलता था। यह जानते हुए कि वे अत्यन्त धार्मिक प्रवृत्ति के व्यक्ति थे, एक दिन मैंने उनसे पूछा कि क्या कभी उन्हें कोई ईश्वरीय अनुभव या अनुभूति हुई थी। वे एक मिनट तक मौन रहे, और फिर बोले कि एक बार यूनिवर्सिटी के प्रांगण में उन्होंने एक यज्ञ करवाया था। जब हवन की अग्नि में घी डाला जा रहा था तो अचानक उन्होंने सोचा था कि इस तरह के अवसर पर उन्हें देवताओं या प्राचीन ऋषि-मुनियों के दर्शन क्यों नहीं होते। मालवीयजी ने कहा कि जैसे ही यह विचार उनके मन में उठा उन्हें प्राचीन ऋषियों की उपस्थिति का बोध होने लगा, और उन्हें ऐसा महसूस हुआ मानो वे समाधिस्थ अवस्था में हों। वे सभी उनके आसपास के वायुमंडल में ईश्वरीय रूपों में विचरण करते दिखाई दे रहे थे। पूरे यज्ञ के दौरान जब भी पवित्र अग्नि में घी डाला जाता, उन्हें ये पारलौकिक देवी-देवता या प्राचीन ऋषि मुस्कराते हुए दिखाई देते, मानो वे यज्ञ के आयोजन से पूर्णतया प्रसन्न और सन्तुष्ट हों। क्योंकि मालवीयजी एक धर्मात्मा व्यक्ति थे, इसलिए उनके इस कथन पर सन्देह करने की कोई गुंजाइश नहीं थी।

मालवीयजी का 12 नवम्बर 1946 को देहान्त हो गया। उस समय के नेताओं में गांधीजी और मालवीयजी दो ही ऐसे व्यक्ति थे जिनकी ईश्वर में परम और सम्पूर्ण आस्था थी।

टी.टी. कृष्णामाचारी

टी.टी. कृष्णामाचारी या टी.टी.के., जैसाकि उन्हें आमतौर से जाना जाता था, एक वैष्णव ब्राह्मण परिवार में 26 नवम्बर 1899 को पैदा हुए थे। 1936 में उन्होंने राजनीति में प्रवेश करने का फैसला किया। 1942 में वे औपचारिक रूप से भारतीय राष्ट्रीय कांग्रेस के सदस्य बन गए। 1946 में वे संविधान सभा के सदस्य चुने गए और 1946-48 के दौरान उन्होंने इसकी गतिविधियों में भाग लिया।

1950 में भारत एक गणतन्त्र बना तो टी.टी.के. वाणिज्य एवं उद्योग मन्त्री के रूप में केन्द्रीय मन्त्रिमंडल में शामिल हुए। 1956 में वे वित्तमन्त्री बने। भारतीय युनिट ट्रस्ट (यू.टी.आई.) उन्हीं के मस्तिष्क की उपज थी।

वित्तमन्त्री के रूप में उनके कार्यकाल के दौरान दुर्भाग्यपूर्ण मुन्दरा-कांड ने पूरे देश को हिलाकर रख दिया। फिरोज गांधी ने संसद में आरोप लगाया कि टी.टी.के. ने जाली शेयर

बेचनेवाले हरिदास मुन्दरा को अनुचित लाभ पहुँचाया था। इस मामले में गठित एम.सी. चागला आयोग की रिपोर्ट के बाद 1958 में टी.टी.के. को मन्त्रिमंडल से इस्तीफा देना पड़ा। लेकिन उन्होंने पंडित नेहरू का विश्वास नहीं खोया था। कुछ समय बाद उन्हें बिना विभाग के मन्त्री के रूप में फिर भी मन्त्रिमंडल में ले लिया गया।

टी.टी.के. के साथ मेरा सम्पर्क 1952 में उनके वाणिज्य एवं उद्योग मन्त्री बनने के बाद हुआ। वे बहुत गहरी पसन्द और नापसन्दवाले व्यक्ति थे। उन्हें एक अच्छा मित्र और एक बुरा शत्रु माना जाता था। वे बहुत गर्म-मिजाज थे। मैं उनके सम्पर्क में आया तो मैं सिर्फ तैंतीस वर्ष का था। पिताजी अट्ठावन वर्ष के थे। पिताजी और टी.टी.के. लगभग एक ही उम्र के थे। पिताजी टी.टी.के. की कुशाग्र बुद्धि, विश्लेषणपरक मस्तिष्क और उनकी सत्यनिष्ठा और ईमानदारी से बहुत ज्यादा प्रभावित थे। राजनीति में पिताजी उनसे काफी वरिष्ठ थे। टी.टी.के. भी महात्माजी के साथ पिताजी की घनिष्ठ निकटता और सरदार पटेल और पंडितजी के साथ उनकी मित्रता से अवगत थे। वे अच्छे मित्र बन गए। रामनाथ गोयनका उन दोनों के साझे मित्र थे। वे तीनों अक्सर मिलते रहते।

टी.टी.के. मेरे साथ विशेष लगाव महसूस करने लगे। अब प्रश्न यह था कि मैं उन्हें क्या कहकर सम्बोधित करूँ। क्योंकि वे पिताजी के मित्र थे, इसलिए मैं उन्हें 'अंकल' कहना चाहता था। लेकिन रामनाथ गोयनका ने कहा कि अगर मैं उन्हें 'सर' कहकर पुकारूँगा तो उन्हें ज्यादा अच्छा लगेगा। इसलिए मैं उन्हें 'सर' कहने लगा। वे सचमुच ही खुश हुए। क्योंकि वे मुझसे बहुत वरिष्ठ थे, इसलिए मुझे उन्हें 'सर' कहने में कोई आपत्ति भी नहीं थी। वे एकमात्र ऐसे मन्त्री थे जिन्हें मैं 'सर' कहकर सम्बोधित करता था।

सभी सचिव और अधिकारी-तन्त्र के सदस्य उनसे बहुत ज्यादा डरते थे। सबसे पहले तो उन्हें यह पता था कि वे उन्हें बेवकूफ नहीं बना सकते। वे बहुत बुद्धिमान थे और उन्हें अपने विभाग के विषय की पूरी जानकारी रहती थी। दूसरे वे यह भी जानते थे कि वे बहुत दृढ़ निश्चय वाले व्यक्ति थे। उनके पास अपना खुद का दिमाग था और उनका स्वभाव भी काफी गर्म था। एक बार मेरी एक कम्पनी, टेक्समैको, का अपने बैंक 'स्टेट बैंक ऑफ इंडिया' के साथ कुछ विवाद पैदा हो गया। जब मेरे प्रभावियों और बैंक अधिकारी के बीच बातचीत के बाद समस्या सुलझ नहीं पाई तो मेरे मुख्य प्रभावी ने पूरा मामला मेरे सामने रखा। ऐसा प्रतीत होता था कि बैंक के अधिकारी कम्पनी के प्रति अनावश्यक रूप से कठोर रवैया अपना रहे थे। मैंने टी.टी.के. से मिलने का फैसला किया। मैंने पूरा मामला उनके सामने रखा और उन्हें समझाया कि मेरी कम्पनी की आर्थिक स्थिति कुल मिलाकर ठोस थी, लेकिन बाजार में मन्दी की स्थिति के कारण उसे कुछ अस्थायी समस्याओं का सामना करना पड़ रहा था। ऐसी परिस्थितियों में बैंक को कठोर रवैया अपनाने की बजाय कम्पनी का साथ देना चाहिए था। टी.टी.के. मुझे अगले दिन मिलने के लिए कहकर खुद एक मीटिंग में चले गए। इसके दो घंटे बाद ही मुझे स्टेट बैंक ऑफ इंडिया के चेयरमैन का फोन आया। उन्होंने कहा कि अगर उनके कुछ अधिकारी कम्पनी को परेशान कर रहे थे तो मुझे उनसे सम्पर्क स्थापित करना चाहिए था। वे तुरन्त इस मामले को सुलझा देते। इसके बाद बैंक के अधिकारियों के व्यवहार में जमीन-आसमान का अन्तर आ गया। मैंने अगले दिन टी.टी.के. से भेंट करके उन्हें बदली हुई स्थितियों के बारे में बताया तो वे सिर्फ मुस्कराते रहे।

न जाने किस कारण से टी.टी.के. के मन में हिन्दुस्तान मोटर्स के प्रति कुछ कटुता पैदा हो गई थी। मेरे चाचा ब्रजमोहन इसके चेयरमैन थे। चाचाची अक्सर मुझे किसी-न-किसी मामले में टी.टी.के. से बात करने के लिए कहते रहते थे। मैं ऐसा करता भी था। पिताजी भी हिन्दुस्तान मोट्र्स से जुड़े मामलों में टी.टी.के. से बात करते रहते थे। टी.टी.के. की कटुता कुछ कम तो हुई, लेकिन हिन्दुस्तान मोटर्स के प्रति उनका पूर्वाग्रह पूरी तरह खत्म नहीं हो सका।

लाल बहादुर शास्त्री के मन्त्रिमंडल से सेवामुक्त होने के बाद टी.टी.के. चेन्नई (जिसे तब मद्रास कहा जाता था) वापस चले गए, और विमान-तल के नजदीक के अपने घर में रहने लगे। उन दिनों वर्ष में एक-दो बार मुझे चेन्नई जाना पड़ता था। जब भी मैं वहाँ जाता था तो टी.टी.के. से जरूर मिलता था। वे मुझसे बहुत स्नेहपूर्वक मिलते थे, लेकिन बहुत उदास दिखाई देते थे। मुझसे मिलकर उन्हें हमेशा खुशी होती थी। मैं उनसे कहता था कि उन्हें इतना खिन्न और निराश नहीं होना चाहिए। उन्हें सक्रिय रहना चाहिए और अपने से मिलने आनेवाले लोगों का मार्गदर्शन करना चाहिए। लेकिन टी.टी.के. जीने की उमंग खो चुके थे। वे मुझसे कहते थे, "के.के., अब जिन्दगी में रखा ही क्या है?" पंडितजी के मन्त्रिमंडल में विभिन्न मन्त्रालयों का नेतृत्व सँभालने के बाद उन्हें लगता था कि उनके जीवन में कोई महत्त्वाकांक्षा नहीं बची थी। मैं उन्हें ढाढ़स बँधाने और खुश करने की कोशिश करता था। 7 मार्च 1974 को उनका देहान्त हो गया। उन्होंने अपने बहुमूल्य पुस्तकालय की लगभग 5,000 पुस्तकें चेन्नई के विवेकानन्द कॉलेज को दान कर दी थीं।

प्रचुर पूँजी के बल पर कामकाज करनेवाले एक व्यवसायी होने के बावजूद वे अधिकृत रूप से नेहरूजी की समाजवादी नीतियों से जुड़े रहे, और एक वित्तमन्त्री के रूप में भारी मात्रा में सीधे करों वाले बजटों के लिए प्रसिद्ध रहे। मन्त्रिमंडल से विदाई लेते-लेते वे एक कटु व्यक्ति बन चुके थे। वे संसद में सड़कों पर घूमते हुए 'आदमखोरों' की बात करते थे। उन्हें समाजवाद के लबादे में पूँजीवाद की अच्छी-खासी मात्रा के अभ्यास का प्रतीक माना जा सकता है, जिसे पंडितजी की मिश्रित अर्थ-व्यवस्था कहा जाता था।

भाग-2

इन्दिरा गांधी : स्मृतियाँ

13

पारिवारिक सूत्र

पिताजी गांधीजी और सरदार पटेल दोनों के बहुत निकट थे। उन दिनों वे पंडितजी के साथ उतने घनिष्ठ नहीं थे, फिर भी उनमें बहुत मधुर सम्बन्ध थे। पिताजी पंडित मोतीलाल नेहरू को अच्छी तरह से जानते थे। हालाँकि जवाहरलालजी का झुकाव समाजवाद की तरफ था, फिर भी व्यक्तिगत स्तर पर उनमें और पिताजी में बहुत स्नेहपूर्ण सम्बन्ध थे।

पिताजी एक प्रसंग सुनाया करते थे। मेरे दादा-दादी 1918 के आसपास वाराणसी में बस गए थे। परिवार के सभी सदस्य उनसे मिलने के लिए नियमित रूप से इस पुण्य नगरी में जाते रहते थे। 1920 के दशक में ऐसे ही एक अवसर पर पिताजी ने इलाहाबाद जाकर संगम (तीन पवित्र नदियों का मिलन-स्थल) में एक डुबकी लगाने का निश्चय किया। पिताजी एक बौद्धिक व्यक्ति होने के साथ-साथ एक निष्ठावान हिन्दू भी थे। एक श्रद्धालु हिन्दू के लिए संगम की डुबकी एक बड़ी मनोकामना को पूर्ण करनेवाली होती है। पिताजी ने प्रयागराज (इलाहाबाद) जाकर संगम में एक डुबकी लगाई और फिर वाराणसी वापस लौट पड़े। लेकिन इलाहाबाद से बाहर निकलते ही उनकी कार बन्द हो गई। ड्राइवर ने कार को फिर से स्टार्ट करने की भरसक कोशिश की, लेकिन उसे सफलता नहीं मिली। भारत में अधिकांश ड्राइवर अच्छे मैकेनिक नहीं होते और हमारा ड्राइवर भी कोई अलग नहीं था। पिताजी के लिए इलाहाबाद वापस लौटकर किसी दूसरे वाहन की व्यवस्था करने के अलावा और कोई चारा नहीं था। प्रश्न यह था कि क्या उन्हें इलाहाबाद से वाराणसी जाने के लिए कोई दूसरी कार मिल पाएगी। 1920 के दशक में टैक्सियाँ आसानी से उपलब्ध नहीं थीं। पिताजी को अचानक पंडित मोतीलाल नेहरू का खयाल आया, जो इलाहाबाद में ही रहते थे और उनके अच्छे परिचित थे। वे किसी राजा-महाराजा से कम नहीं थे। पिताजी सीधे आनन्द भवन पहुँचे। मोतीलालजी तो नहीं थे लेकिन जवाहरलालजी घर पर मौजूद थे। पिताजी ने चपरासी से कहलवाया कि घनश्यामदास बिड़ला आए हैं और उनसे मिलना चाहते हैं। पंडितजी पिताजी के इस अनायास और अनपेक्षित आगमन पर कुछ चकित महसूस करते हुए तुरन्त ड्राइंगरूम में पहुँचे। पिताजी ने उन्हें अपनी मुसीबत के बारे में बताया और कहा कि उन्हें वाराणसी पहुँचने के लिए एक कार चाहिए, अन्यथा उनके माता-पिता चिन्ता करने लगेंगे। पंडितजी ने एक पल के लिए भी झिझके बिना पिताजी को वाराणसी तक जाने के लिए अपनी कार दे दी।

सरदार पटेल के देहान्त के बाद पिताजी और पंडितजी एक-दूसरे के बहुत निकट आ गए। समय के साथ यह मित्रता इतनी गहरी होती चली गई कि पिताजी के निमन्त्रण पर

पंडितजी तीन बार–1951, 1953 और 1961 में–पिलानी आए। पिताजी के निमन्त्रण पर उन्होंने रेणुकूट में हमारी हिन्डाल्को फैक्टरी का भी दौरा किया।

बिट्स, पिलानी, 1950 : जवाहरलाल नेहरू मेरे पिता के साथ घुड़सवारी करते हुए

पंडितजी के इन सभी दौरों में इन्दिराजी उनके साथ रहती थीं। मैं पिताजी के साथ होता था। पिताजी पंडितजी के साथ बातों में उलझ जाते थे और मैं इन्दिराजी का ध्यान रखने की अपनी तरफ से पूरी कोशिश करता था। मुझे इस बात पर गर्व था कि मुझे इन्दिराजी से बात करने का विशेषाधिकार प्राप्त था।

अपनी पहली पिलानी-यात्रा के अवसर पर पंडितजी इन्दिराजी के साथ विमान से नीचे उतरे तो इन्दिराजी ने मुझे पहचानते हुए अपनी जानी-पहचानी मोहक मुस्कराहट के साथ मेरी तरफ देखा। पिताजी को कुछ आश्चर्य हुआ। उन्होंने मुझसे पूछा कि मैं इन्दिराजी को कैसे जानता था। मैंने कुछ-कुछ गर्व के साथ उन्हें बताया कि पंडितजी के साथ अपनी भेंट के अवसरों पर मैं इन्दिराजी से भी मिलता रहा था।

पंडितजी जब भी पिलानी आते थे तो एक दिन हमारे साथ गुजारते थे। पिताजी खुद सारा इन्तजाम देखते थे, जिसमें मैं और परिवार के अन्य सदस्य उनकी मदद करते थे। चूँकि मैं इन्दिराजी से परिचित था, इसलिए मैं उनसे बात करके पंडितजी की और उनकी अपनी जरूरतों के बारे में पता लगाता रहता था, और इसी के अनुसार पिताजी को सलाह देता रहता था।

इस तरह इन्दिराजी के साथ मेरा परिचय गहरा होता चला गया।

मैं इन्दिराजी से पहली बार 1950 के दशक के शुरू में संयोगवश ही मिला था। मैंने पंडितजी से भेंट करने के लिए समय माँगा था, जो तब देश के प्रधानमन्त्री थे। मैं लगभग

यह मानकर चल रहा था कि मेरे अनुरोध को ठुकरा दिया जाएगा। मैं मात्र तीस-बत्तीस वर्ष का एक युवक था।

पंडितजी और मुझमें एक पीढ़ी का अन्तर था। यूँ भी पिताजी उनसे अक्सर मिलते रहते थे। पंडितजी जानते थे कि परिवार की तरफ से सभी महत्त्वपूर्ण फैसले पिताजी ही करते थे। तो फिर पंडितजी जैसे व्यस्त के लिए, जिनके कन्धों पर पूरे देश का भार था और जो एक अन्तर्राष्ट्रीय हस्ती बन चुके थे, मुझ जैसे 'अनजान' युवक से मिलने का समय ही कहाँ था? यही सब सोचकर मैं उनसे भेंट होने की बहुत कम उम्मीद कर रहा था। लेकिन पंडितजी एक असाधारण व्यक्ति थे और एक सच्चे प्रजातान्त्रिक थे। उन्होंने मेरे अनुरोध को स्वीकार करके मुझे आश्चर्य और खुशी से भर दिया। पंडितजी को अन्तर्राष्ट्रीय प्रतिष्ठा प्राप्त थी। उनके आलोचक भी उनका सम्मान करते थे। अगर उन्होंने मुझसे मिलने से इनकार कर दिया होता तो उनकी स्थिति को समझा जा सकता था। लेकिन उन्होंने मुझसे भेंट करना स्वीकार करके मुझे अपनी उदारता से अभिभूत कर दिया था। और चूँकि पंडितजी मुझसे मिलने के लिए तैयार हो गए थे, इसलिए मेरी नजरों में उनका सम्मान दस गुणा बढ़ गया। शायद इसे स्वार्थ-भावना कहा जाए, लेकिन मैं बिलकुल ऐसा ही महसूस कर रहा था।

भेंट विलिंग्डन क्रीसेंट में स्थित प्रधानमन्त्री आवास में निर्धारित हुई थी। तब एम.ओ. मथई पंडितजी के सचिव थे। मैं सचिव के कक्ष में प्रतीक्षा कर रहा था कि इन्दिराजी भीतर आईं। मथई ने उनसे मेरा परिचय करवाया। मैंने भारतीय परम्परा के अनुसार हाथ जोड़कर उन्हें नमस्कार किया। उन्होंने उत्तर में बहुत लुभावनी मुस्कराहट बिखेरी। यह इन्दिराजी के साथ मेरी पहली भेंट थी।

पंडितजी के साथ मेरी भेंट कुछ मिनट चली। अधिकांशतः मैं ही बोलता रहा। मैं देश की तत्कालीन आर्थिक स्थितियों, उद्योग-जगत के सामने आनेवाली समस्याओं और अन्य सम्बन्धित विषयों पर अपने विचार उनके सामने रखने का प्रयास कर रहा था। वे यह सोचकर मन ही मन मुस्करा रहे होंगे कि कल का लड़का देश के प्रधानमन्त्री को सीख देने की कोशिश कर रहा है। लेकिन जिस तरह वृद्धावस्था सम्मान की पात्र होती है, उसी तरह युवावस्था धैर्य की पात्र होती है। पंडितजी ने उदारता दिखाते हुए बहुत धैर्यपूर्वक मेरी बातें सुनीं। कुछ जगह मेरे द्वारा उठाए गए मुद्‌दों के स्पष्टीकरण के लिए उन्होंने कुछ प्रश्न भी किए। लेकिन इसके अलावा वे मौन ही रहे। मुझे पता चला कि वे कितने अच्छे श्रोता थे। मुझे ऐसा महसूस हुआ कि पंडितजी मुझसे प्रभावित हुए थे। उनसे विदा लेने से पहले मैंने उन्हें मुझे समय देने के लिए धन्यवाद दिया और पूछा कि क्या मैं उनसे दोबारा भी मिल सकता हूँ। उन्होंने एक बार फिर उदारता दिखाते हुए अपनी स्वीकृति दे दी।

अपने-आप पर और अपने प्रदर्शन पर बहुत गर्वान्वित और सन्तुष्ट महसूस करता हुआ मैं मथई के कक्ष में लौटा। मैंने उन्हें पंडितजी के साथ अपनी बातचीत के बारे में बताया। मैंने गर्व के साथ उन्हें यह भी बता दिया कि पंडितजी ने उदारतापूर्वक मुझसे दोबारा मिलने की स्वीकृति दे दी है। मथई यह सुनकर थोड़े नाराज हुए और मुझे एक छोटा-सा भाषण पिलाते हुए बोले कि किसी उचित कारण के बिना पंडितजी जैसे व्यस्त व्यक्ति का समय नष्ट नहीं करना चाहिए। कुछ समय बाद वे शान्त हुए और बोले कि मैं पंडितजी से दोबारा मिल सकता हूँ, लेकिन छह महीने से पहले नहीं। मैंने सोचा कि इतना ही बहुत है। छह महीने बाद मैं पंडितजी से दोबारा मिला। इस बार मैंने मथई से कहा कि मैं इन्दिराजी से

भी मिलना चाहूँगा, सिर्फ उनके प्रति अपना सम्मान व्यक्त करने के लिए। मथई मान गए और उन्होंने इन्दिराजी के साथ मेरी भेंट का प्रबन्ध कर दिया।

इसके बाद हर कुछ महीने बाद पंडितजी से भेंट करना एक नियमित क्रम बन गया। मुझे ऐसा लगता था कि पंडितजी भी मुझे पसन्द करने लगे थे। वे युवा पीढ़ी के लोगों से मिलना और उन्हें प्रोत्साहित करना चाहते थे और मैं उन्हें एक सही व्यक्ति लगा था। अपनी एक भेंट के दौरान मैंने पंडितजी को बताया कि मैंने 'टेक्समैको' नाम से कोलकाता में एक फैक्टरी शुरू की थी। मैंने उनसे इस फैक्टरी का दौरा करने का अनुरोध किया। मुझ आश्चर्य में डालते हुए वे इसके लिए भी राजी हो गए।

घर लौटकर मैंने पिताजी और परिवार के अन्य सदस्यों को इसकी सूचना दी। हमारे परिजनों और मित्रों के दायरे में इस बात को लेकर खुशी की लहर दौड़ गई कि पंडितजी टेक्समैको फैक्टरी का दौरा करने के लिए सहमत हो गए थे। इससे पहले कभी भी पंडितजी ने हमारे समूह की किसी फैक्टरी का दौरा नहीं किया था।

कोलकाता, दिसम्बर, 1953 : जवाहरलाल नेहरू टेक्समैको फैक्टरी का दौरा करते हुए

अपने वायदे के अनुसार, पंडितजी ने अपनी एक कोलकाता-यात्रा के दौरान प्रदेश के मुख्यमन्त्री डॉ. बी.सी. राय के साथ टेक्समैको का दौरा किया। पंडितजी डॉ. राय के साथ राजभवन से एक खुली कार में टेक्समैको फैक्टरी तक पहुँचे, जो कोलकाता के एक उपनगर बेलगड़िया में स्थित है। फैक्टरी तक जानेवाली सड़क के दोनों तरफ लोगों की भारी भीड़ उनके स्वागत के लिए जमा थी। फैक्टरी में मैंने और श्रमिकों के प्रतिनिधियों ने पंडितजी को पुष्पमालाएँ पहनाकर उनका स्वागत किया। पंडितजी ने तेजी से फैक्टरी का एक चक्कर

लगाया और फिर डॉ. राय और मेरे साथ खुली कार में पूरी बस्ती का दौरा किया। हर तरफ 'जय' और 'जिन्दाबाद' के नारे गूँज रहे थे।

मेरे प्रति पंडितजी के विशेष स्नेह की खबर जल्दी ही हर तरफ फैल गई और व्यवसाय जगत और अधिकारी वर्ग में मुझे अधिक सम्मान के साथ देखा जाने लगा। मुझे केन्द्रीय उद्योग सलाहकार परिषद समेत अनेक समितियों में शामिल कर लिया गया। स्टेट बैंक ऑफ इंडिया ने भी मुझे अपने निदेशक मंडल में शामिल होने का निमन्त्रण दिया।

मैं जब भी पंडितजी से मिलने जाता था तो उनके सचिव मथई से इन्दिराजी के साथ भी भेंट का समय ले लेने के लिए कहता था। कभी-कभी ऐसा भी होता था कि कुछ पूर्वनिर्धारित कार्यक्रमों के कारण इन्दिराजी मुझे उस दिन नहीं मिल पाती थीं। ऐसे अवसरों पर वे मुझे अगले दिन का समय दे देती थीं। लेकिन अधिकांश अवसरों पर पंडितजी से भेंट करने के बाद मैं इन्दिराजी से भी मिल लेता था। इस तरह उनके साथ मेरे लम्बे जुड़ाव की शुरुआत हुई।

14

विश्वायतन योगाश्रम ट्रस्ट

इन्दिराजी के साथ अपने अच्छे परिचय के साथ-साथ मैं लाल बहादुर शास्त्री को भी बहुत घनिष्ठता से जानता था।

1961 के वर्ष में एक दिन लाल बहादुरजी ने दिल्ली में मुझे अपने घर पर बुलाया। वे तब वाणिज्य एवं उद्योग मन्त्री थे। कुछ देर तक इधर-उधर की बातचीत और सामान्य औपचारिकताओं के आदान-प्रदान के बाद उन्होंने मुझे विश्वायतन योगाश्रम ट्रस्ट नामक एक योग ट्रस्ट का ट्रस्टी बनने के लिए कहा। उन्होंने कहा कि इस ट्रस्ट के पीछे किन्हीं धीरेन्द्र ब्रह्मचारी की प्रेरणा थी। उन्होंने कहा कि ब्रह्मचारी योग को लोकप्रिय बनाने के प्रयास में जुटे हुए थे और चूँकि विश्वायतन योगाश्रम ट्रस्ट अच्छा काम कर रहा था, इसलिए इसे प्रोत्साहन दिया जाना चाहिए था। उन्होंने कहा कि वे खुद और इन्दिराजी दोनों ही इसके ट्रस्टी थे और मुझे भी इस ट्रस्ट में शामिल होना चाहिए। मुझे इस प्रस्ताव पर आश्चर्य हो रहा था, इसलिए मैंने जानना चाहा कि इसके पीछे किसका विचार था। लाल बहादुरजी ने बताया कि मेरे नाम का सुझाव इन्दिराजी ने दिया था। मैंने अपनी सहमति दे दी।

कुछ समय बाद लाल बहादुरजी ने मुझे फिर से बुलाया। उन्होंने कहा कि इन्दिराजी ट्रस्ट के लिए धनराशि की जरूरत महसूस कर रही थीं, और वे चन्दा इकट्ठा करने के लिए मेरी मदद चाहती थीं। मैं धनराशि जुटाने के लिए राजी हो गया। मैंने जानना चाहा कि लगभग कितनी धनराशि की जरूरत थी। मुझे यह सुनकर आश्चर्य हुआ कि किसी बड़ी राशि की जरूरत नहीं थी। लाल बहादुरजी ने संकेत दिया कि अगर मैं एक लाख रुपए इकट्ठे कर लूँ तो काफी होंगे। मैंने कहा कि इतनी छोटी-सी राशि के लिए मुझे अन्य व्यवसायियों के पास जाने की जरूरत नहीं थी, क्योंकि यह राशि तो मैं खुद भी दे सकता था। लाल बहादुरजी ने कहा कि इन्दिराजी चाहती थीं कि किसी एक व्यक्ति से पूरी राशि लेने की बजाय बहुत-से व्यक्तियों से थोड़ी-थोड़ी राशि एकत्रित की जाए, ताकि अधिक-से-अधिक लोग इस ट्रस्ट के बारे में जान सकें। लाल बहादुरजी ने सुझाव दिया कि इस धनराशि का कुछ अंश मैं खुद दूँ और शेष अन्य व्यवसायियों से एकत्रित करूँ। मैंने उनका यह सुझाव मान लिया और उनसे कहा कि मुझे खुशी होगी अगर वे खुद या इन्दिराजी एक बार कोलकाता आएँ, जहाँ से मैं धनराशि एकत्रित करना चाहता था। मैंने उन्हें अपनी योजना बताते हुए कहा कि मैं उनके या इन्दिराजी के सम्मान में भोज का आयोजन करूँगा और उसी अवसर पर आमन्त्रित मेहमानों से चन्दा इकट्ठा कर लूँगा।

लाल बहादुरजी ने इस विषय में इन्दिराजी से बात की और फिर मुझे उनसे मिलने के लिए कहा। मैंने इन्दिराजी को आश्वस्त करते हुए कहा कि मैं आवश्यक धनराशि एकत्रित कर लूँगा, बशर्ते कि वे एक बार कोलकाता आएँ और इस सम्बन्ध में मुझे अपने हाथ से एक पत्र लिख दें। उनके हस्तलिखित पत्र का मसौदा इस प्रकार था–

प्रधानमन्त्री निवास
नई दिल्ली-11
12 सितम्बर 1961

प्रिय श्री बिड़ला,

आपके 7 सितम्बर के पत्र के लिए धन्यवाद।

यह बहुत अच्छी बात है कि आप योगाश्रम की मदद कर रहे हैं। मैं 25 सितम्बर को कलकत्ता आऊँगी, और 26 सितम्बर के शाम के विमान से दिल्ली लौटूँगी। मैं राजभवन में ठहरूँगी।

दरअसल दिल्ली से बाहर निकलना मेरे लिए आसान नहीं है, क्योंकि मुझे बहुत ज्यादा यात्राएँ करनी पड़ती हैं। लेकिन मुझे आपसे और ट्रस्ट से किया गया अपना वायदा निभाना ही पड़ेगा।

शुभकामनाओं सहित,

इन्दिरा गांधी

पुनश्च : मैं सुबह के विमान से कलकत्ता पहुँचूँगी।

कोलकाता, 1950 का दशक : जब इंदिराजी हमारे घर आईं

इन्दिराजी सितम्बर 1961 में कोलकाता आईं। मैंने उनसे दोबारा पूछा कि वे लगभग कितनी राशि एकत्रित करना चाहती थीं। उन्होंने फिर कहा कि एक लाख रुपए काफी होंगे। विमान-तल पर उनके स्वागत के लिए कुछ लोग जमा थे। मैं इन लोगों का नेतृत्व कर रहा था, क्योंकि मेरे कहने पर ही वे कोलकाता आई थीं। मैंने अपने मित्रों और साथियों के साथ उनका स्वागत किया और उन्हें फूलों का गुच्छा भेंट किया। मैंने इन्दिराजी से अपने घर पर ही ठहरने का अनुरोध किया था, लेकिन उनका खयाल था कि राज्यपाल को यह अच्छा नहीं लगेगा। इसलिए वे राज भवन में ही ठहरीं।

लेकिन इन्दिराजी अपने वायदे के अनुसार मेरे घर भी आईं। मुझे याद नहीं आ रहा कि यह भोजन का आयोजन था या देर शाम की चाय का। मैंने उनसे मिलने के लिए बहुत-से व्यवसायियों को आमन्त्रित किया था। सभी-के-सभी सहर्ष चले आए थे। भला प्रधानमन्त्री की बेटी से कौन नहीं मिलना चाहेगा? एक छोटे-से भाषण में मैंने विश्वायतन योगाश्रम ट्रस्ट के लक्ष्यों और उद्देश्यों के बारे में बताया और उपस्थित मेहमानों को ट्रस्ट के लिए चन्दा देने के लिए कहा। क्योंकि राशि बड़ी नहीं थी, इसलिए सभी ने उसी समय अपनी-अपनी तरफ से योगदान का वायदा कर दिया। मैं एक लाख के लक्ष्य की तुलना में 1,05,701 रुपए एकत्रित करने में सफल रहा। इन्दिराजी पूरी तरह से सन्तुष्ट थीं।

इन्दिराजी मेरे घर से सीधी विमान-तल पर पहुँचीं, जहाँ से उन्हें दिल्ली की उड़ान पकड़नी थी। मुझे वह शाम आज भी अच्छी तरह से याद है। विमान-तल पर पहुँचने पर हमें बताया गया कि उड़ान में काफी विलम्ब होने जा रहा था। इन्दिराजी को कुछ घंटे वी.आई.पी. विश्राम-कक्ष में बिताने थे। लगभग आधे घंटे बाद मैंने इन्दिराजी से कहा कि मैं मुख्य विश्राम-कक्ष में जाकर प्रतीक्षा करता हूँ और वे वी.आई.पी. विश्राम-कक्ष में थोड़ा आराम कर लें। उन्हें सचमुच ही आराम और नींद की जरूरत महसूस हो रही थी। इन्दिराजी ने इस सुझाव के लिए मुझे धन्यवाद दिया, लेकिन साथ ही आग्रह किया कि मैं घर लौट जाऊँ और उनके विमान के छूटने की प्रतीक्षा न करूँ। मैंने इसका विरोध करते हुए कहा कि वे मेरे निमन्त्रण पर ही कोलकाता आई थीं और यह मेरा कर्त्तव्य था कि मैं उन्हें विमान में बिठाकर ही घर लौटूँ। लेकिन इन्दिराजी कुछ भी सुनने के लिए तैयार नहीं थीं। उन्होंने कहा कि वे इस तरह की औपचारिकताओं की परवाह नहीं करतीं और मुझसे घर लौटने का आग्रह करने लगीं, क्योंकि काफी रात हो चुकी थी। राज्यपाल ने उन्हें विमान में बिठाने के लिए अपने एडीसी को विमान-तल पर भेज दिया था। इन्दिराजी ने उससे और विमान-तल पर तैनात पुलिस अधिकारी से बात की, और विमान की रवानगी से पहले उन्हें समय पर जगाने के लिए कहकर सोफे पर लेटकर आराम करने लगीं। मैं घर लौट गया। अगली बार हम लोग दिल्ली में मिले तो उन्होंने कहा कि चन्दा एकत्रित हो जाने से वे बहुत खुश थीं। उन्होंने मेरे प्रयासों की सराहना करते हुए मुझे एक पत्र भी लिखा। उस पत्र की प्रतिलिपि यहाँ प्रस्तुत है।

PRIME MINISTER'S HOUSE.
NEW DELHI-11.

September 30, 1961.

Dear Shri Birla,

Thank you for your letter and even more so for the trouble you took over my visit.

I am glad everything went off well and do hope that your estimate of Rs.1 lac will be proved correct. You will have the blessings and the gratitude of the Ashram.

With kindest regards,

Yours sincerely,

[illegible]

P.S.

[illegible]

मैं यह पत्र पाकर बहुत खुश हुआ, इसलिए भी कि उन्होंने नीचे अपने हाथ से लिखा था। इससे पता चलता था कि वे कितनी अनौपचारिक थीं।

विश्वायतन योगाश्रम ट्रस्ट का किस्सा यहीं खत्म नहीं हुआ। एक दिन लाल बहादुरजी ने मुझे फिर से बुलाया। मैं यह सोचते हुए उनके घर गया कि इस बार न जाने क्या नई बात होगी। लाल बहादुरजी ने कहा कि वे और इन्दिराजी दोनों ही चाहते थे कि मैं विश्वायतन योगाश्रम ट्रस्ट का चेयरमैन बन जाऊँ। यह सुझाव मेरे लिए किसी बम के धमाके से कम न था। अपने-आप पर नियन्त्रण पा लेने के बाद मैंने दृढ़तापूर्वक इस सुझाव

को अस्वीकार कर दिया। मेरी हिचकिचाहट देखकर लाल बहादुरजी ने जल्दी से कहा कि वे और इन्दिराजी दोनों ही ट्रस्ट के ट्रस्टी बने रहेंगे। मैंने कहा कि ट्रस्ट के लिए कितनी भी आर्थिक मदद की जरूरत हो या मेरा कोई और सहयोग चाहिए हो तो मैं हमेशा तैयार था, लेकिन मैं इसके चेयरमैन की जिम्मेदारी निभाने के लिए तैयार नहीं था। मैंने उन्हें समझाया कि अपनी इस अनिच्छा के अलावा मैं उनकी और इन्दिराजी जैसी बड़ी हस्तियों के सामने बहुत छोटा महसूस करूँगा और एक चेयरमैन की भूमिका नहीं निभा पाऊँगा। उनके सुझाव पर मैं इन्दिराजी से मिला और मैंने उन्हें समझाया कि मैं उनके इस प्रस्ताव को क्यों स्वीकार नहीं कर पा रहा था। इन्दिराजी ने मुझे मनाने की कोशिश की लेकिन आखिर में उन्होंने मेरे दृष्टिकोण को स्वीकार कर लिया। ट्रस्ट के साथ मेरा सम्बन्ध कई वर्षों तक जारी रहा।

*　*　*

इन्दिराजी के साथ मेरा जुड़ाव समय के साथ-साथ बढ़ता रहा। 1960 में उनके पति फिरोज गांधी के निधन पर मैंने उन्हें एक शोक-सन्देश भेजा था। मुझे इसके उत्तर में उनके हस्ताक्षर सहित एक छपा हुआ पत्र प्राप्त हुआ। इस पत्र की प्रतिलिपि यहाँ प्रस्तुत की जा रही है।

नई दिल्ली।

आपकी संवेदना और मेरे पति के कार्यों की सराहना के लिये मैं अनुगृहीत हूं।

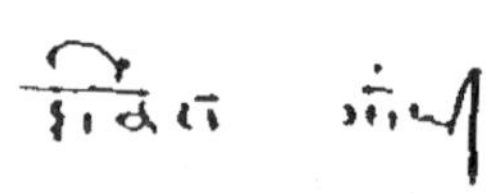

एक बार मैंने उन्हें उनके दादा पंडित मोतीलाल नेहरू के चित्र के बारे में लिखा था। हमारे कुछ संस्थान एसोसिएटिड जर्नल्स नामक एक कम्पनी के प्रमुख शेयर-धारक थे। यह कम्पनी 'द लीडर' नामक एक अखबार का प्रकाशन करती थी। 1920 और 1930 के दशक में 'द लीडर' अपने आपमें एक संस्था था। कम्पनी के संस्थापकों में पंडित मोतीलाल नेहरू भी शामिल थे। कम्पनी के निदेशक मंडल की बैठकों के कुछ विवरण काफी दिलचस्प थे, जिनसे पता चलता था कि वे इन बैठकों में किस तरह भागीदारी करते थे। 'द लीडर' के प्रबन्धकों ने मुझे इन्दिराजी को एक पत्र लिखकर पंडित मोतीलाल नेहरू का एक चित्र उपलब्ध करवाने के लिए कहा। मैंने उन्हें इस सम्बन्ध में एक पत्र लिख दिया। जल्दी ही उनका उत्तर भी आ गया। पत्र पर उनके हस्ताक्षर नहीं थे। शायद पत्र लिखवाने के बाद

वे कहीं बाहर चली गई थीं और उनके सचिव ने उनके हस्ताक्षरों के बिना ही पत्र को प्रेषित कर दिया था। पत्र का मसौदा इस प्रकार था–

प्रधानमन्त्री निवास
नई दिल्ली
5 अप्रैल 1961

प्रिय श्री बिड़ला,

मेरे दादाजी के चित्र के बारे में आपका पत्र। डॉ. बी.सी. राय ने भी मुझे लिखा था।

मेरे पास कोई अच्छा चित्र नहीं है, और जो आनन्द भवन, इलाहाबाद में उपलब्ध थे वे श्री मोहन लाल सक्सेना ले जा चुके हैं। जैसाकि आप शायद जानते होंगे, वे केन्द्रीय समिति के सचिव हैं। इसलिए मैंने आपका अनुरोध उन तक पहुँचा दिया है। उन्होंने श्री अतुल्य घोष को वे चित्र देखने के लिए कहा है।

शुभकामनाओं सहित,

इन्दिरा गांधी

मई 1964 में जवाहरलालजी का देहान्त हो गया। यह देश के लिए एक भारी क्षति थी, बल्कि पूरे विश्व के लिए। उस समय मैं दिल्ली में नहीं था, लेकिन मैंने तुरन्त ही राजधानी लौटकर इन्दिराजी को अपनी शोक-संवेदनाएँ दीं। उन्होंने मेरी भावनाओं की सराहना की। हालाँकि उनके लिए यह एक महान क्षति थी, लेकिन उन्होंने अपना सन्तुलन बनाए रखा। पंडितजी के देहान्त के बाद राष्ट्रीय मंच पर इन्दिराजी का महत्त्व काफी घट गया। यह स्वाभाविक भी था, क्योंकि अब वे प्रधानमन्त्री की बेटी या प्रधानमन्त्री निवास की मेजबान नहीं रही थीं। लेकिन मैंने उनके साथ अपने सम्बन्ध जारी रखे।

पंडितजी के देहान्त के बाद लाल बहादुरजी कांग्रेस पार्टी के नेता चुने गए। तब तक एक प्रशासक या राजनेता के रूप में इन्दिराजी की क्षमता के बारे में किसी को भी मालूम नहीं था। इसलिए उन्होंने प्रतिस्पर्द्धा से बाहर रहने की समझदारी दिखाई। मोरारजी भाई प्रधानमन्त्री के पद के लिए दावा करने के इच्छुक थे, लेकिन सांसदों और राष्ट्र के मिजाज को देखकर उन्होंने चुनाव न लड़ने का फैसला किया। पंडितजी के प्रति राष्ट्र की कृतज्ञता की भावना को देखते हुए, और उनके साथ अपने घनिष्ठ व्यक्तिगत सम्बन्धों के कारण लाल बहादुरजी ने इन्दिराजी को एक मन्त्री-पद देने का फैसला किया। उन्हें सूचना एवं प्रसारण मन्त्रालय सौंपा गया। मेरे समेत अपने सभी मित्रों और शुभचिन्तकों को सुखद आश्चर्य में डालते हुए इन्दिराजी ने इस मन्त्रालय को बहुत अच्छी तरह से सँभाला।

पंडितजी के देहान्त के बाद मैं इन्दिराजी से और ज्यादा मिलने लगा था। मैं हर दो-तीन महीने के बाद उनसे मिल लेता था। इन मुलाकातों में व्यवसाय की कोई बात नहीं होती थी। हमारे बीच राजनीति और सामयिक विषयों को लेकर सामान्य बातचीत होती थी। इन दोनों विषयों में मेरी बहुत गहरी रुचि थी। ये मुलाकातें मूलतः सामाजिक मेल-जोल की प्रकृति की थीं।

इन्दिराजी इस बात से थोड़ी चकित थीं कि पंडितजी के देहान्त के बाद भी मैंने उनके साथ पहले की तरह ही सम्पर्क बनाए रखा था। एक बार इस विषय में टिप्पणी करते हुए

उन्होंने कहा भी था कि पंडितजी के देहान्त के बाद उनसे बहुत कम लोग मिलने आते थे। उदाहरण के लिए पंडितजी के जीवन-काल में उनसे सम्पर्क बनाए रखनेवाले कई मुख्यमन्त्री और मन्त्री अब उनके घर का रास्ता ही भूल गए थे।

यह मनुष्य का स्वभाव है कि वह हमेशा चढ़ते सूरज को प्रणाम करता है, और जिनके हाथ में सत्ता है उन्हें खुश रखने का प्रयत्न करता है। ऐसे लोग हवा का रुख पहचानते हैं। उन्हें दोष भी क्यों दिया जाए? कुछ अपवादों को छोड़कर इसे मानवीय स्वभाव कहा जा सकता है। कौन जानता था कि एक दिन यही इन्दिराजी न सिर्फ देश की प्रधानमन्त्री बनेंगी, बल्कि राष्ट्र और विश्व के लिए उनका योगदान और सेवाएँ उनके पिता की उपलब्धियों की बराबरी करेंगी।

15

इन्दिराजी का प्रधानमन्त्री बनना

इन्दिराजी कुछ समय तक राष्ट्रीय मंच पर एक मद्धिम भूमिका निभाती रहीं। जनवरी 1966 में अचानक यह स्तब्ध कर देने वाला समाचार मिला कि सोवियत संघ (ताशकंद) में लाल बहादुर शास्त्री जी का निधन हो गया था। उस समय मैं जेनेवा में था। जेनेवा में ही मौजूद मेरे एक सम्बन्धी ने मुझे फोन पर यह झकझोर देने वाला समाचार दिया।

मैं लाल बहादुरजी को तब से जानता था जब वे एक विधायक थे और उत्तर प्रदेश में कनिष्ठ स्तर के मन्त्री थे। प्रादेशिक राजनीति में उन्हें पीछे की पंक्ति का नेता माना जाता था। उनके समर्थकों की संख्या बहुत कम थी। न तो उनका व्यक्तित्व प्रभावशाली था और न वे अपने-आपको प्रभावशाली ढंग से प्रस्तुत ही कर पाते थे। लेकिन उनमें कुछ अमूल्य गुण थे–संजीदगी और ईमानदारी। भारत-पाक युद्ध के दौरान उन्होंने जिस तरह से देश पर थोपे गए एक युद्ध का नेतृत्व किया, उसने रातोरात उनकी छवि को बदलकर रख दिया। उन्हें असीम क्षमताओं और अदम्य साहसवाले नेता के रूप में देखा जाने लगा। लाल बहादुरजी के साथ मेरे सम्बन्ध निरन्तर मधुर रहे थे। उनके दिल्ली चले आने के बाद हमारे सम्बन्ध पहले की तरह ही जारी रहे थे। प्रधानमन्त्री बन जाने के बाद भी वे मेरे साथ बहुत अनौपचारिक व्यवहार करते रहे। एक बार जब मैं उनसे मिलने गया तो उन्होंने कहा कि क्यों न ड्राइंग-रूम में बैठने की बजाय बगीचे में टहलते हुए बातचीत की जाए। उन्होंने बताया कि हृदय-आघात के बाद डॉक्टरों ने उन्हें प्रतिदिन कुछ देर तेज चलने की सलाह दी थी।

इसलिए जब मैंने उनके निधन के बारे में सुना तो मुझे बहुत गहरा दुख हुआ। सिर्फ इसलिए नहीं कि मैं एक अमूल्य मित्र खो बैठा था, बल्कि इसलिए कि उनके निधन से देश के सामने अनिश्चितता की स्थिति पैदा हो सकती थी। कम-से-कम उस समय हर कोई ऐसा ही सोच रहा था।

मैं जेनेवा से तुरन्त भारत लौटा और दिल्ली पहुँचा। पार्टी के सबसे वरिष्ठ नेता होने के नाते मोरारजी भाई प्रधानमन्त्री के पद के लिए अपना दावा प्रस्तुत कर चुके थे। दरअसल वे पंडितजी के निधन के बाद ही इस पद के लिए दावा करना चाहते थे, लेकिन लाल बहादुरजी के पक्ष में सर्वसम्मति बनते देखकर उन्होंने अपना विचार बदल लिया था। इस बार उन्हें लगा कि उनके दावे को नजरअन्दाज नहीं किया जा सकता, इसलिए उन्होंने कांग्रेस पार्टी के नेतृत्व के लिए चुनाव लड़ने का फैसला कर लिया।

अधिकांश व्यवसायी मोरारजी भाई के साथ थे। वे सब यह मानकर चल रहे थे कि इस बार वही जीतेंगे। लेकिन कई लोग इस सम्भावना से आशंकित भी थे। उनका कहना

था कि मोरारजी भाई दूसरों को निर्भीक बनने के लिए कहते थे, लेकिन खुद इतने अड़ियल थे कि दूसरों पर अपने विचार थोपने की कोशिश करते थे। इसलिए न तो वे मित्रों की निष्ठा को बरकरार रख पाते थे, और न उनके साथ किसी मतभेद को बर्दाश्त ही कर पाते थे। जब भी कोई उनसे अलग सोचने की कोशिश करता था तो वे उसे तुरन्त चुप करा देते थे। यही कारण था कि गुजरात के अधिकांश नेता, जो कभी-न-कभी उनके समर्थक रह चुके थे, धीरे-धीरे उन्हें छोड़ते चले गए थे।

मैं इन्दिराजी से मिला तो मैंने उनसे पूछा कि प्रधानमन्त्री-पद के लिए चुनाव जीतने की उन्हें कितनी सम्भावनाएँ दिखाई दे रही थीं। उन्होंने कहा कि यह बहुत कड़ा मुकाबला होगा। उन्होंने मुझे कांग्रेस सांसदों में अपने मित्रों से बात करके उनके लिए समर्थन जुटाने के लिए कहा। मैंने उन्हें आश्वासन दिया कि मैं अपनी योग्यता के अनुसार उनकी पूरी मदद करूँगा। लेकिन मैं थोड़ा व्याकुल भी था। मोरारजी भाई को नाराज करना बड़े साहस का काम था। बहुत-से मित्रों ने मुझे सलाह दी कि एक व्यवसायी होने के नाते मुझे इन विवादास्पद मामलों से दूर ही रहना चाहिए। इन्दिराजी के साथ अपनी मित्रता के बावजूद मैं उनके इतना निकट नहीं था जितना बाद में 1970 के दशक में था। फिर भी मेरी निष्ठा उनके साथ थी, इसलिए मैंने उनके शिविर में शामिल होने का फैसला कर लिया। संसद के दोनों सदनों में मेरे कई सांसद मित्र थे। मैंने उन्हें इन्दिराजी का समर्थन करने के लिए राजी करने का फैसला कर लिया। मैं जानता था कि अपने इस निर्णय के कारण मुझे न सिर्फ अपने कई व्यवसायी मित्रों बल्कि अपने परिवार के कुछ सदस्यों से भी विरोध का सामना करना पड़ सकता था। इसलिए मैंने पिताजी से परामर्श करने और उनके साथ खुलकर बात करने का फैसला कर लिया।

जब तक पंडितजी जीवित थे, पिताजी राजनीति में बहुत ज्यादा सक्रिय थे। लेकिन पंडितजी के चले जाने के बाद उनमें बहुत ज्यादा परिवर्तन आ गया। पिताजी को ऐसा महसूस होने लगा कि उनकी पीढ़ी के सभी लोग इस दुनिया से जा चुके थे। वे धीरे-धीरे राजनीतिज्ञों और मन्त्रियों से अपना मेलजोल कम करते चले गए, जिनमें से अधिकांश ने राजनीतिक जीवन में बहुत बाद में प्रवेश किया था।

मैंने पिताजी से कहा कि मैं अपने परिचय के सभी कांग्रेस सांसदों को इन्दिराजी का समर्थन करने के लिए कहने जा रहा था। मैंने उनसे कहा कि यदि वे मोरारजी भाई का समर्थन कर रहे थे तो मैं उनसे क्षमायाचना चाहूँगा, क्योंकि इसका अर्थ होगा कि मैं उनकी इच्छाओं के विरुद्ध जा रहा था। मुझे यह जानकर सुखद आश्चर्य हुआ कि पिताजी का भी यही विचार था कि मोरारजी भाई की बजाय इन्दिराजी का चुना जाना देशहित के लिए बेहतर होगा। उस समय पिताजी और मोरारजी भाई एक-दूसरे के बहुत नजदीक थे। लेकिन पिताजी खुद भी एक दृढ़ निश्चय वाले व्यक्ति थे, इसलिए वे मोरारजी भाई की उपदेश और प्रवचन देने की आदत को पसन्द नहीं करते थे। मैं पिताजी से इसीलिए खुलकर बात कर सका क्योंकि मैं जानता था कि यदि वे मोरारजी भाई का समर्थन कर रहे होंगे तो भी वे इतने सहिष्णु थे कि मुझे इन्दिराजी का समर्थन करने की अनुमति दे देंगे। वे जानते थे कि मैं इन्दिराजी के निकट था। पिताजी महात्माजी के अन्तरंग शिष्य और साथी और पंडितजी और सरदार पटेल के घनिष्ठ मित्र रहे थे, और बहुत उदार-हृदय व्यक्ति थे। उन्होंने मुझे अपने हृदय के आदेश के अनुसार आचरण करने की अनुमति दे दी। मेरे लिए यह बहुत

बड़ी नैतिक प्रेरणा थी कि पिताजी मेरे विचारों से सहमत थे। मुझे पिताजी से सिर्फ नैतिक समर्थन चाहिए था और वह मुझे भरपूर मात्रा में मिला था।

इन्दिराजी जीत गईं। इसके पीछे उनकी अपनी लोकप्रियता तो थी ही, साथ ही सांसदों को यह अहसास हो गया था कि जवाहरलालजी और लाल बहादुरजी के निधन के बाद सिर्फ वे ही देश को कठिनाइयों और संकटों से बचाते हुए आगे ले जा सकती थीं। चुनाव में उनकी जीत के बाद जब मैं उनसे मिला तो उन्होंने उदारता दिखाते हुए मुझे धन्यवाद दिया और कहा कि वे मुख्यतः अपने मित्रों और शुभचिन्तकों के प्रयासों के कारण ही जीती थीं।

* * *

मोरारजी भाई की पराजय के बाद इन्दिराजी 1966 में पहली बार प्रधानमन्त्री बनीं। कुछ समय बाद उन दोनों के बीच एक समझौता हो गया, जिसके अनुसार मार्च 1967 में मोरारजी भाई को उप-प्रधानमन्त्री बना दिया गया। मोरारजी भाई जानते थे कि मेरी पहली निष्ठा इन्दिराजी के प्रति थी और चुनाव में मैंने उनके खिलाफ काम किया था। लेकिन इसके बावजूद मेरे साथ उनके व्यक्तिगत सम्बन्धों पर कोई फर्क नहीं पड़ा। इस मामले में वे सचमुच काफी उदार थे।

सभी लोग जानते थे कि यह समझौता ज्यादा दिनों तक नहीं टिक सकता। 3 मई 1969 को तत्कालीन राष्ट्रपति जाकिर हुसैन के निधन के बाद जब नए राष्ट्रपति के चुनाव का प्रश्न उठा तो इन दोनों गुटों का टकराव खुलकर सामने आ गया। इन्दिराजी ने राष्ट्रपति के चुनाव में वी.वी. गिरी का समर्थन किया, जबकि मोरारजी भाई और उनके साथियों ने एन. संजीव रेड्डी का साथ दिया। यह एक कड़ा और कटु मुकाबला था। वी.वी. गिरी जीत तो गए, लेकिन पार्टी में एक न भर सकनेवाली दरार पड़ गई। इन्दिराजी पार्टी के भीतर विरोधियों को सहन करने के लिए तैयार नहीं थी। आखिर पार्टी के विभाजन को टाला नहीं जा सका। इन्दिराजी ने चुनाव करवाने का फैसला किया। एक अत्यन्त अनपेक्षित और नाटकीय कदम उठाते हुए उन्होंने 13 जुलाई 1969 को एक अध्यादेश जारी करवाकर देश के सभी प्रमुख बैंकों का राष्ट्रीयकरण कर दिया। इन बैंकों की कुल सम्पत्ति 3,307 करोड़ रुपए से ऊपर थी। 50 करोड़ रुपए से अधिक की जमाराशि वाले सभी भारतीय बैंकों का राष्ट्रीयकरण कर दिया गया था। मैं स्तब्ध रह गया था।

बैंकों के राष्ट्रीयकरण के बाद जल्दी ही मैंने इन्दिराजी से मिलकर बिलकुल खुले शब्दों में उनके इस कदम पर अपनी निराशा और चिन्ता व्यक्त की। वे कुछ कहने की बजाय इस विषय पर चर्चा को टालने की कोशिश करती रहीं। मुझे पूरा मामला एक चुनावी स्टंट प्रतीत हो रहा था। बैंकों के राष्ट्रीयकरण के बाद पूरे देश में एक इन्दिरा-लहर बहने लगी थी। इन्दिराजी एक चतुर राजनीतिज्ञ तो थीं ही, उन्होंने हवा का रुख देखकर चुनावों की घोषणा कर दी। ये चुनाव 1971 में हुए।

16

जब मैं चुनाव में उतरा

स्वतन्त्र पार्टी की स्थापना 1959 में हुई थी। इसके संस्थापकों में पीलू मोदी, मीनू मसानी, राजा जी और प्रोफेसर एन.जी. रंगा शामिल थे। मेरे चाचा बी.एम. न तो इसके संस्थापक थे और न इसके सामान्य सदस्य ही थे, लेकिन पार्टी के नेताओं को पता था कि उन्हें उनका समर्थन प्राप्त था। वे उनसे मार्गदर्शन लेते रहते थे और उन्हें पार्टी के संरक्षक के रूप में देखते थे। दरअसल देश के सभी व्यवसायी इस पार्टी के प्रबल समर्थक थे। मैं खुद भी स्वतन्त्र पार्टी का समर्थक था, जिसे एक रूढ़िवादी पार्टी के रूप में देखा जाता था। मैं इसे इन्दिराजी के प्रति अपनी निष्ठाहीनता नहीं मानता था। स्वतन्त्र पार्टी के चुनाव जीतने की कोई सम्भावना नहीं थी। अधिक-से-अधिक यह कुछ सीटें जीत सकती थी, जिसे कांग्रेस पार्टी को कोई खतरा नहीं हो सकता था। इसलिए मेरी दृष्टि में, इन्दिराजी का समर्थक होने और साथ ही स्वतन्त्र पार्टी का भी सदस्य होने में कोई विरोधाभास नहीं था।

स्वतन्त्र पार्टी ने 1962 में लोकसभा का चुनाव लड़ा था। वह सिर्फ अठारह सीटें जीत पाई थी, लेकिन एक नई पार्टी की दृष्टि से इसे काफी अच्छा प्रदर्शन माना गया था। 1967 में हुए अगले चुनावों में पार्टी ने चौवालीस सीटें जीतकर अपनी स्थिति में काफी सुधार कर लिया था। राजस्थान में इसे सभी राजघरानों और व्यवसायियों का समर्थन मिला था और पार्टी ने बहुत अच्छा प्रदर्शन किया था। इसने संसद की आठ और विधानसभा की उनचास सीटें जीत ली थीं।

1971 के चुनावों की बारी आई तो स्वतन्त्र पार्टी अपनी तैयारियों में जुट गई। हालाँकि पार्टी के नेताओं को पता था कि वे सरकार बनाने की कल्पना भी नहीं कर सकते, फिर भी वे अच्छी संख्या में सीटें जीतकर केन्द्र में अपनी आवाज उठा पाने की उम्मीद कर रहे थे। उनके विचार में इतना भी काफी था।

पार्टी के शीर्ष नेताओं ने राजस्थान के झुनझुनु संसदीय-क्षेत्र से, जिसमें पिलानी भी शामिल था, मुझे पार्टी की तरफ से चुनाव लड़ने के लिए कहा। वे पहले पिताजी के पास गए थे, लेकिन उन्होंने कोई दिलचस्पी नहीं दिखाई थी। इसके बाद वे चाचाजी के पास गए। चाचाजी व्यवसायियों के चुनाव लड़ने और राजनीति में सक्रिय भूमिका निभाने के पक्ष में थे। वे राजनीति में मुझे हमेशा सहयोग देते रहे थे और, पिताजी से कहीं ज्यादा, मुझे राजनीति में सक्रिय भूमिका निभाने के लिए प्रोत्साहित करते रहे थे। वे मुझे चाहते भी बहुत थे। उनका सिर्फ कहना ही मेरे लिए काफी था। मैं खुद भी संसद में प्रवेश करने के लिए

उत्सुक था। इसलिए मैंने चुनाव लड़ने और राजनीति में सीधे-सीधे प्रवेश करने का फैसला कर लिया।

चुनावों की घोषणा 19 जनवरी 1971 को हुई। उस समय मैं विदेश में था, लेकिन समाचार सुनते ही मैं भारत लौट आया। जनसंघ (भारतीय जनता पार्टी का पूर्ववर्ती रूप) और स्वतन्त्र पार्टी दोनों ने ही मुझे अपनी पार्टी के बैनर तले चुनाव लड़ने के लिए कहा। हालाँकि जनसंघ में मेरे कई अच्छे, बल्कि घनिष्ठ मित्र थे, लेकिन इसके चुनावी घोषणा-पत्र ने मुझे विशेष प्रभावित नहीं किया। स्वतन्त्र पार्टी को दक्षिणपंथ की रूढ़िवादी पार्टी माना जाता था। यह निजी क्षेत्र को प्रोत्साहन देने और सरकारी नियन्त्रणों को खत्म करने में विश्वास करती थी। मेरे कई मित्र इसके सदस्य थे। इसलिए मैंने इसके प्रत्याशी के रूप में चुनाव लड़ने का फैसला किया।

लेकिन अपना नामांकन पत्र दाखिल करने से पहले मैं इन्दिराजी से मिलना और उनसे परामर्श करना चाहता था, ताकि वे मेरे इरादों को गलत न समझ बैठें। लेकिन जब तक मैं भारत लौटा, वे अपने चुनावी दौरे पर निकल चुकी थीं। इसलिए मैं उनसे मिल नहीं सका। चुनावी दौरों के बीच जब वे संक्षिप्त अवधियों के लिए दिल्ली में थीं, तब भी मैंने दो-एक बार उनसे मिलने का प्रयास किया, लेकिन मैं सफल नहीं हो सका।

मैंने झुनझुनु चुनाव-क्षेत्र में बहुत कर्मठता और उत्साह के साथ अपना प्रचार-अभियान शुरू किया। जनसंघ, स्वतन्त्र पार्टी और कांग्रेस (संगठन) के नेताओं में पहले ही यह तय हो चुका था कि वे एक-दूसरे के खिलाफ अपना उम्मीदवार खड़ा नहीं करेंगे। झुनझुनु जिले में कांग्रेस (संगठन) का कोई विशेष अस्तित्व नहीं था, लेकिन जनसंघ का काफी मजबूत आधार था। उसने मेरा समर्थन किया। इन पार्टियों के कई नेताओं ने मेरे चुनाव-क्षेत्र का दौरा किया और मेरे समर्थन में भाषण दिए। विरोधी दलों के शीर्ष नेताओं में अटल बिहारी वाजपेयी शामिल थे, जो निस्सन्देह हिन्दी के सर्वश्रेष्ठ वक्ता हैं। उन्होंने मेरे चुनाव-क्षेत्र में बहुत प्रभावशाली भाषण दिए। मेरे चुनाव-क्षेत्र का दौरा करनेवाले अन्य नेताओं में तारकेश्वरी सिन्हा, राव वीरेन्द्र सिंह, कुम्भराम आर्य और उदयपुर के महाराणा भागवत सिंह शामिल थे। मैं प्रतिदिन बीस घंटे काम कर रहा था।

इन्दिराजी ने पूरे देश का विस्तृत दौरा किया। वे एक अथक कार्यकर्ता थीं और उनमें अद्भुत ऊर्जा और दबाव सहने की क्षमता थी। वे झुनझुनु भी आईं और अपने प्रत्याशी के समर्थन में बहुत दृढ़तापूर्वक बोलीं। लेकिन उन्होंने एक बार भी मेरी आलोचना नहीं की। अपने साथ मेरे लम्बे जुड़ाव को देखते हुए उन्हें अपने प्रत्याशी के खिलाफ मेरा चुनाव में खड़ा होना अच्छा नहीं लगा था, लेकिन उन्होंने एक बार भी नहीं कहा कि एक 'पूँजीपति' को हराना जरूरी था। जबकि स्थानीय कांग्रेसी इसी तथ्य को अपना मुख्य मुद्दा बनाकर मुझ पर लगातार प्रहार करते रहे थे। चूँकि मैं एक पूँजीपति था, सिर्फ इसलिए एक 'अछूत' था—भले ही अन्य सभी मामलों में मैं एक 'धर्मात्मा' व्यक्ति क्यों न होऊँ!

मैंने बड़ी गम्भीरता के साथ यह चुनाव लड़ा था। लेकिन देश में एक प्रबल इन्दिरा-लहर बह रही थी। इसके पीछे कुछ हद तक उनकी व्यक्तिगत लोकप्रियता थी, लेकिन इसका मुख्य कारण बैंकों का राष्ट्रीयकरण था। इस लहर ने पूरे देश को अपनी चपेट में ले लिया था और विपक्ष को पूरी तरह साफ कर डाला था। उनकी पार्टी की प्रबल बहुमत से विजय हुई।

इस प्रक्रिया में मैं भी हार गया था। स्वतन्त्र पार्टी का देश के राजनीतिक नक्शे से लगभग सफाया ही हो गया था।

मतगणना के समय मैं भी उपस्थित था। मतपेटियों में मत-पत्र बंडलों की शक्ल में आपस में उलझे हुए दिखाई दे रहे थे, जिसका अर्थ था कि काफी बड़े पैमाने पर जाली वोट डाले गए थे। मैंने मतदान के दौरान भी इस तरह की शिकायतें सुनी थीं।

परिणामों की घोषणा के बाद कई मित्रों ने मुझे चुनाव याचिका दायर करने की सलाह दी। लेकिन मैंने ऐसा करने से इनकार कर दिया। मैंने अपनी पराजय को गरिमा के साथ स्वीकार करने का फैसला किया। बसन्त कुमार, सरला और मेरे युवा भतीजे आदित्य ने चुनावों के दौरान मेरी भरपूर मदद की थी। वे जी-जान से मेरे चुनाव-अभियान में जुटे रहे थे और अब मेरी पराजय से बहुत ज्यादा हताश थे। आदित्य विशेष रूप से दुखी था। वह लगभग रो पड़ा और घोषणा करते हुए बोला कि वह उसके जीवन का सबसे उदास दिन था। लेकिन मैंने पराजय को बहुत संयम के साथ लिया और परिवार के सदस्यों, अपने मित्रों और समर्थकों को ढाढ़स बँधाया।

मैं चुनाव के मैदान में बहुत उत्साह और अपेक्षाओं के साथ उतरा था। लेकिन प्रचार-अभियान के दौरान मुझे बहुत ज्यादा निराशा हुई। मुझे पता चला कि वोट पाने के लिए व्यक्ति को मतदाताओं के आगे नत-मस्तक होना पड़ता है। कुछ गिने-चुने दिग्गज नेताओं को छोड़कर, जिनकी विजय सुनिश्चित होती है, अन्य सभी प्रत्याशियों (जिनमें कई मन्त्री भी शामिल होते हैं) को वोटों के लिए भीख माँगनी पड़ती है। यह मेरे स्वभाव के बिलकुल विपरीत था। अपने पूरे जीवन में मैं अहंकार से दूर रहने और हमेशा बहुत विनम्र व्यवहार करने का प्रयास करता रहा हूँ। सिर्फ दूसरे लोग ही बता सकते हैं कि मैं अपने इस प्रयास में कितना सफल रहा हूँ। लेकिन विनम्रता और दीनता दो अलग-अलग चीजें हैं। मैं दूसरों से कृपा-याचना करने में विश्वास नहीं करता।

प्रचार अभियान के दौरान अनेक अवसरों पर मेरे समर्थकों और चुनाव-प्रबन्धकों ने मुझे हाथ जोड़कर गाँवों में घूमने के लिए कहा। ऐसा करना मेरी प्रकृत्ति के विरुद्ध था, इसलिए मैं इस तरह के सुझावों को नजरअन्दाज करता रहा। लेकिन कुछ अवसरों पर, अपनी अनिच्छा के बावजूद, मुझे अपने समर्थकों की इच्छा का पालन करना पड़ा। यह सब देखने के बाद मैं इस ठोस निष्कर्ष पर पहुँचा कि अगर लोकसभा का चुनाव लड़ने के लिए व्यक्ति को इतना दीनता भरा व्यवहार करना पड़ता है। तो मैं ऐसे चुनावों से बाहर ही भला। इसके अलावा, अगर मैं लोकसभा का चुनाव जीत भी लेता तो मेरे चुनाव-क्षेत्र के लोग कभी भी आकर मुझसे मिलने की अपेक्षा रखते। यह भी मेरी प्रकृति से मेल नहीं खाता। मैं अनुशासन में विश्वास करता हूँ, न कि भीड़ के राज में; मैं परिणामों में विश्वास करता हूँ, न कि विफलताओं में; मैं प्रयासों में विश्वास करता हूँ, न कि निष्क्रियता में। इस मामले पर सभी दृष्टियों से विचार करने के बाद मैंने दोबारा कभी भी लोकसभा का चुनाव न लड़ने का फैसला कर लिया। यह मेरे लिए एक नया अनुभव था। बस मुझे इतनी-सी सांत्वना थी।

17

पराजय के बाद इन्दिराजी से भेंट

चुनाव में मेरी पराजय से परिवार के सदस्यों, मेरे मित्रों और समर्थकों के दायरे में गहरा शोक व्याप्त हो गया। मैं भी बहुत हतोत्साहित था, लेकिन मैंने इस पराजय को साहसपूर्वक लिया। मैं पिलानी से दिल्ली लौट आया। सबसे पहला काम मैंने यह किया कि कुछ नेताओं, मन्त्रियों और, निस्सन्देह, इन्दिराजी से मिलने का प्रस्ताव किया।

मन्त्री प्रत्यक्षतः स्नेहपूर्वक मुझसे मिले, लेकिन उनके व्यवहार में एक खास तरह की शुष्कता को अनदेखा नहीं किया जा सकता था। उनमें से अधिकांश मेरे बहुत पुराने मित्र थे, लेकिन इस अवसर पर वे भी मुझे उपदेश देने से बाज नहीं आए। मैंने इन्दिराजी का इतना अच्छा मित्र होते हुए भी पार्टी के खिलाफ चुनाव क्यों लड़ा, मैंने कांग्रेस (आई) का टिकट लेने की कोशिश क्यों नहीं की, जिसके लिए, उन सबके अनुसार, मुझे कहने भर की देर थी?

अन्य कई लोगों के साथ-साथ मैं पी.सी. सेठी और यशवन्तराव बी. चह्वाण से भी मिला। दोनों ही मेरे अन्तरंग मित्र थे। चह्वाण ने कहा कि कांग्रेस (आई) के खिलाफ चुनाव में खड़े होना मेरी मूर्खता थी। अगर मैं जीत जाता तो भी समझ में आता, हालाँकि यह सही तब भी न होता। लेकिन मेरी पराजय ने मेरी प्रतिष्ठा को बहुत गहरा धक्का पहुँचाया था, जो चुनाव से पहले राजनीतिज्ञों और अधिकारी-वर्ग दोनों में ही बहुत ऊँची थी। सेठी ने भी मुझे उपेदश दिया। मुझे लगा कि उनके या अन्य लोगों के साथ तर्क करने का कोई लाभ नहीं था, क्योंकि वे मेरे दृष्टिकोण को, चुनाव में खड़े होने के मेरे कारण को समझ पाने में असमर्थ थे।

मैं सिर्फ इन्दिराजी को अपनी स्थिति समझाने का प्रयास करना चाहता था। इसलिए मैं इन सभी आलोचनाओं को चुपचाप सुनता रहा।

इन सब नेताओं से मिलने के बाद मैंने इन्दिराजी से भेंट का समय माँगा। मेरे अनुरोध की कोई प्रतिक्रिया नहीं हुई। इससे पहले कभी भी उन्होंने मुझसे मिलने से इनकार नहीं किया था। यह बिलकुल स्पष्ट था कि वे मुझसे नाराज थीं। मेरे पास बेहतर समय की प्रतीक्षा करने के अनावा और कोई रास्ता नहीं था। एक बार मेरा मन हुआ कि कोलकाता लौट जाऊँ और उनसे बाद में कभी मिलने का प्रयास करूँ। लेकिन काफी सोच-विचार के बाद मैंने कुछ समय दिल्ली में ही रुकने का फैसला किया।

मैं इस स्थिति को लेकर उलझन में ही था कि अनायास ही कहीं से मदद आ पहुँची। एक दिन सेठी ने अचानक ही मुझे फोन करके मिलने के लिए कहा। मुझे कुछ भी आभास

नहीं था कि उन्होंने मुझे क्यों बुलाया था, लेकिन मैं उनसे मिलने उनके घर जा पहुँचा। उन्होंने बहुत भावुकतापूर्वक बोलते हुए पहले मुझे एक लम्बा प्रवचन दिया। जब वे थक गए तो उन्होंने मुझसे पूछा कि क्या मैं इन्दिराजी से मिलना चाहूँगा। उन्होंने कहा कि वे मेरी तरफ से उनसे बात करेंगे और मुझे खुद उनके पास लेकर जाएँगे। उन्होंने कहा कि हर कोई जिन्दगी में कभी-न-कभी भूल कर बैठता है। उन्होंने कहा कि वे पहले इस भेंट की पृष्ठभूमि तैयार करेंगे और फिर प्रधानमन्त्री निवास 1, सफदरजंग रोड पर इन्दिराजी के साथ मेरी भेंट की व्यवस्था करेंगे।

मुझे नहीं मालूम कि सेठी ने यह बात अपनी तरफ से कही थी या इन्दिराजी का मन पसीज गया था। वे बहुत नरमदिल थीं और मुझे चाहती भी बहुत थीं। शायद उन्हें लगा हो कि चलो मुझे काफी 'सजा' मिल गई, अब मेरा राजनीतिक उद्धार कर देना चाहिए। मैंने इन्दिराजी से या सेठी से कभी भी इस बारे में कुछ नहीं पूछा।

दो दिन बाद सेठी ने मुझे फोन किया और कहा कि उन्होंने भेंट की व्यवस्था कर दी है, लेकिन मुझे सफदरजंग रोड की बजाय 1, अकबर रोड पर इन्दिराजी से मिलना होगा। 1, अकबर रोड इन्दिराजी का दीवान-ए-आम था, जहाँ उनसे सुबह के समय कोई भी बिना पूर्व-सूचना के मिल सकता था। स्पष्ट था कि मुझे कोई भाव नहीं दिया जा रहा था। मुझे 1, सफदरजंग रोड पर उनके साथ निजी भेंट करने की बजाय कतार में खड़े होकर उनसे मिलना होगा। फिर भी, सेठी ने मुझे आश्वस्त किया कि 1, अकबर रोड पर भी वे इन्दिराजी के साथ मेरी निजी भेंट की व्यवस्था कर देंगे। मुझे इसी बात का सन्तोष था कि इन्दिराजी ने मुझसे भेंट करना स्वीकार कर लिया था, भले ही अकबर रोड पर। यूँ भी माँगने वालों को चुनने का अधिकार नहीं होता।

मैं 1, अकबर रोड पर पहुँच गया। सेठी ने वायदे के अनुसार वहाँ पहुँचने की भद्रता दिखाई। हमेशा की तरह वहाँ अच्छी-खासी भीड़ थी। मैं और सेठी एक कोने में बैठ गए।

कुछ समय बाद इन्दिराजी आईं। वे उपस्थित लोगों के सामने से गुजरते हुए एक-एक करके सबसे मिलीं, और अपनी आदत के अनुसार उनकी समस्याओं और कठिनाइयों के बारे में पूछते हुए अपने कर्मचारियों को जरूरी निर्देश देने लगीं। जब वे उस जगह पर पहुँची जहाँ मैं और सेठी खड़े हुए थे तो मैंने उन्हें नमस्कार किया। वे मुस्कराईं, लेकिन उनकी मुस्कराहट में व्यंग्य का पुट था। वे कुछ बोलीं नहीं। मैंने भी कुछ नहीं कहा। लेकिन सेठी ने उनसे कहा कि वे मुझे वहाँ लेकर आए थे और चाहते थे कि प्रधामन्त्री कुछ मिनट के लिए मुझे अकेले में भेंट करने का समय देने की कृपा करें। इन्दिराजी ने हमें प्रतीक्षा करने के लिए कहा। सभी लोगों से मिल लेने के बाद उन्होंने मुझे अपने पीछे आने का संकेत किया और मुझे एक कमरे में ले गईं।

उन्होंने मुझसे हिन्दी में पूछा कि मैं कैसा हूँ। मुझे उनके सही शब्द अब भी याद हैं, "कहिए, कृष्ण कुमारजी, कैसे हैं?" मैंने उन्हें बताया कि मेरा बहुत बुरा हाल था। सिर्फ इसलिए नहीं कि मैं हार गया था, बल्कि इसलिए कि वे मुझसे नाराज थीं। यह इस बात से स्पष्ट था कि उन्होंने मुझसे मिलने तक से इनकार कर दिया था। उन्होंने मुझे डाँटनेवाले अन्दाज में कहा, "आप मेरी पार्टी के खिलाफ चुनाव में क्यों खड़े हुए, खासकर जब मैं अपने राजनीतिक अस्तित्व के लिए संघर्ष कर रही थी?" उनका आशय था कि मुझे उनकी पार्टी के विरोध में खड़े होने की बजाय उन्हें अपना समर्थन देना चाहिए था। उन्होंने यह भी कहा

कि अगर मैंने उनसे टिकट के लिए अनुरोध किया होता तो इस बात की पूरी सम्भावना थी कि पार्टी इस पर अनुकूल दृष्टि से विचार करती।

मैंने कहा, "इन्दिराजी, मैं आपसे बहस करना नहीं चाहूँगा। लेकिन क्या एक क्षण के लिए भी आपको ऐसा लगा था कि स्वतन्त्र पार्टी या विपक्ष के चुनाव जीतने और सरकार बनाने की कोई सम्भावना थी?" मैंने उनसे पूछा कि क्या उन्हें पूरे देश में बह रही इन्दिरा लहर पर कोई सन्देह था? क्या व्यवसायियों को संसदीय चुनाव में खड़े होने और चुने जाने पर देश के विकास के लिए राष्ट्रीय प्रयास में अपना योगदान करने का अधिकार नहीं था? वे मुझे काफी समय से जानती थीं, इसलिए अपने प्रति मेरी व्यक्तिगत निष्ठा और जुड़ाव की भावना पर सन्देह कैसे कर सकती थीं? इससे कुछ भी फर्क नहीं पड़ता था कि मैं किस पार्टी से जुड़ा हुआ हूँ। मैंने उन्हें बताया कि चुनाव से पहले मैंने उनसे मिलने के भरसक प्रयास किए थे। लेकिन अपने चुनावी दौरों के कारण वे दिल्ली में नहीं थीं, इसलिए मैं उनसे भेंट करने में सफल नहीं हो पाया था। क्या इसके लिए मुझे दोष दिया जा सकता था?

मैं इतना भाव-विभोर हो गया था कि देश की प्रधानमन्त्री की उपस्थिति में भी अपने-आपको रोक नहीं पाया था और बहुत भावपूर्ण शब्दों में बोलता चला गया था। सच्चाई और निष्कपटता से बोले गए शब्दों का हमेशा प्रभाव पड़ता है। मैं देख रहा था कि वे भी भाव-विह्वल हो रही थीं और मेरे कथन की सच्चाई को लेकर आश्वस्त महसूस कर रही थीं। हालाँकि इन्दिराजी कभी-कभी एक कठोर बाहरी कवच का भ्रम देती थीं, लेकिन भीतर से वे बहुत नरम दिल और भली स्त्री थीं। मेरी बात सुनने के बाद वे तुरन्त ही पिघल गईं। उनमें एक निश्चित परिवर्तन दिखाई देने लगा। उन्होंने धीरे से कहा कि हर कोई भूल कर बैठता है, लेकिन साथ ही मुझे सचेत करते हुए बोलीं कि मैं इस तरह की भूल दोबारा न करूँ। मैंने उनसे वायदा किया कि मैं हमेशा उनके साथ खड़ा रहूँगा। ईश्वर की मुझ पर कृपा रही। उसने मुझे इतनी शक्ति दी कि मैं अपने वायदे पर अडिग रह सकूँ। मैं हमेशा उनके साथ खड़ा रहा, 1977-79 के दौरान उनके सत्ताच्युत होने की अवधि के दौरान भी। चुनाव के तीन महीने के भीतर मैं फिर से इन्दिराजी का स्नेह और निकटता पाने में सफल रहा था।

18

संजय और उनकी मारुति

1971 तक मैं संजय गांधी को बिलकुल नहीं जानता था। उन्होंने 1971 के चुनावों में कोई भूमिका नहीं निभाई थी। मुझे ठीक से यह भी याद नहीं है कि पहली बार हम कब मिले थे, लेकिन यह 1971 के आखिर या 1972 के शुरू की बात है। पहली भेंट बिलकुल अचानक ही हुई थी। दिल्ली में हमारे एक वरिष्ठ प्रभावी संजय से परिचित थे। उन्होंने एक दिन मुझसे कहा कि संजय गांधी मुझसे मिलना चाहते थे। मुझे इस अनुरोध पर आश्चर्य हुआ। उन दिनों जब मैं दिल्ली में होता था तो ओबराय कॉन्टिनेंटल होटल में ठहरा करता था। हम लोग वहीं मिले।

संजय ने बहुत सादगी भरा परिधान, पाजामा-कुरता पहन रखा था। मैंने पाया कि वे बहुत कम बोलते थे। औपचारिकताओं के आदान-प्रदान के बाद वे जल्दी ही मुख्य मुद्दे पर आ गए। वे मुझे अपनी 'जनता कार' की परियोजना के बारे में बताने लगे। उन्होंने मुझसे पूछा कि क्या हमारी कुछ कम्पनियाँ उनकी इस परियोजना में निवेश कर सकती थीं। मैंने यह कहकर उन्हें हतोत्साहित करने का प्रयास किया कि एक कार-फैक्टरी शुरू करने के लिए बहुत ज्यादा पूँजी चाहिए और जब तक उनकी कार की बहुत ज्यादा माँग न हो और परिणामस्वरूप बड़ी संख्या में कारों के उत्पादन की सम्भावना न हो, उनकी परियोजना का सफल होना बहुत कठिन था। लेकिन संजय एक दृढ़ निश्चय वाले व्यक्ति थे और इस सम्बन्ध में उनके अपने विचार थे। उन्हें अपने-आप पर बहुत ज्यादा विश्वास था। उन्होंने कहा कि उन्होंने जिस तरह से इस परियोजना की परिकल्पना की थी, उसे देखते हुए उन्हें इसकी सफलता पर जरा भी सन्देह नहीं था। जब मैंने देखा कि वे अपनी परियोजना पर आगे बढ़ने के लिए दृढ-संकल्प थे, तो मैंने शुरू में छोटे स्तर पर उन्हें सहयोग देने का आश्वासन दिया। इस तरह संजय के साथ मेरे जुड़ाव की शुरुआत हुई।

पहली भेंट के बाद संजय समय-समय पर मुझसे मिलते रहे। अधिकांशतः वे मेरे होटल में चले आते थे, लेकिन कभी-कभी मैं प्रधानमन्त्री निवास पर भी उनसे मिलता रहता था। हम दोनों के बीच पीढ़ी का अन्तर था, लेकिन हम दोनों एक-दूसरे को पसन्द करने लगे थे। कई बार हमने ओबराय में इकट्ठे खाना भी खाया। धीरे-धीरे हम अच्छे मित्र बन गए।

इन्दिराजी के साथ अपनी एक भेंट के दौरान मैंने संजय के साथ अपनी मुलाकातों का जिक्र करना उचित समझा। उन्होंने कहा कि संजय को व्यवसाय का कोई अनुभव नहीं था। वे उसकी परियोजना की सफलता को लेकर मेरे विचार जानना चाहती थीं। मैंने उन्हें अपनी आशंकाओं के बारे में बताया। मैंने कहा कि सबसे पहले तो एक कार-परियोजना को सफल

बनाने के लिए बहुत बड़ी पूँजी की जरूरत थी। दूसरे, कार की अच्छी-खासी माँग होने पर ही आधुनिक उत्पादन प्रौद्योगिकी को अपनाया जा सकता था। इस तरह की प्रौद्योगिकी के बिना कार की लागत बहुत ज्यादा पड़ने की सम्भावना थी। तीसरे, अकेले अपने दम पर एक नई कार बनाने की कोशिश करने की बजाय संजय को किसी विदेशी कम्पनी का व्यावसायिक सहयोग लेना चाहिए था। इन्दिराजी ने पूछा कि क्या मैं संजय को अपने विचारों और आशंकाओं के बारे में बता चुका था। मैंने कहा कि मैं ऐसा कर चुका था, लेकिन संजय को तमाम बाधाओं के बावजूद अपनी सफलता पर भरोसा था। इन्दिराजी संजय की परियोजना को लेकर परेशान दिखाई दे रही थीं। लेकिन उसे रोकने के लिए वे शायद ही कुछ कर सकती थीं, और वे यह बात जानती थीं। संजय दृढ़ और निश्चित विचारोंवाले व्यक्ति थे, और इतने जिद्दी थे कि सख्ती से मना करने या समझाने-बुझाने पर झुकनेवाले नहीं थे। इन्दिराजी ने कहा कि मैं यथासम्भव उनका मार्गदर्शन करता रहूँ।

एक दिन संजय ने मुझे अपनी फैक्टरी देखने के लिए बुलाया। मैं वहाँ गया, लेकिन जो कुछ मैंने देखा वह बिलकुल प्रभावित करनेवाला नहीं था। इमारतें बहुत बड़ी-बड़ी थीं, लेकिन लगभग खाली। संजय को इस परियोजना में भारी घाटा हो रहा था। समय-समय पर नेताओं की तरफ से संजय और उसकी परियोजना की आलोचना भी हो रही थी। यह बिलकुल साफ था कि इस आलोचना का मुख्य कारण यह था कि संजय प्रधानमन्त्री का बेटा था। मुझे यह न्यायपूर्ण नहीं लग रहा था। एक प्रधानमन्त्री के बेटे को व्यवसाय करने का पूरा अधिकार है। सिर्फ इस बात का ध्यान रखना जरूरी है कि वह अपनी स्थिति का अनुचित लाभ न उठाए। इस सम्बन्ध में इन्दिराजी बहुत ज्यादा सावधान थीं। उन्होंने अपने-आपको मारुति लिमिटेड के मामलों से पूरी तरह अलग रखा था।

एक दिन संजय ने मुझे फोन करके कहा कि वे मुझसे बहुत जरूरी बात करना चाहते थे। हम लोग मिले तो वे बहुत परेशान दिखाई दे रहे थे। उन्होंने कहा कि पार्टी के तीन बड़े नेताओं ने उनकी माँ से मिलकर मारुति कम्पनी को तुरन्त बन्द करने का 'आदेश' देने की सलाह दी थी। उनका कहना था कि मारुति के कारण उनकी माँ की छवि खराब हो रही थी। ये तीन नेता थे—रजनी पटेल, देवकान्त बरुआ और सिद्धार्थशंकर रे। ये तीनों प्रधानमन्त्री के बहुत निकट थे, और संयोग से मेरे भी अन्तरंग मित्र थे। संजय मुझसे सलाह लेना चाहते थे।

मैंने कहा कि प्रधानमन्त्री के बेटे के किसी व्यवसाय में जाने में कोई बुराई नहीं थी, बशर्ते कि उसे अपनी स्थिति के कारण कोई विशेष लाभ न मिले। लेकिन जिस तरह से उनकी फैक्टरी चल रही थी, उससे दूसरों का चिन्तित होना स्वाभाविक था क्योंकि उन्हें बहुत ज्यादा घाटा हो रहा था। मैंने उन्हें सचेत करते हुए कहा कि फैक्टरी के बन्द होने की स्थिति में उनकी माँ का नाम खराब होगा और उनकी अन्तर्राष्ट्रीय छवि को भी धक्का पहुँचेगा। मेरी सलाह के बावजूद संजय हमेशा की तरह आश्वस्त दिखाई दिए। उन्होंने कहा कि कार-परियोजना को सफल बनाने के लिए उन्हें थोड़े और समय की जरूरत थी। उनकी चिन्ता सिर्फ यह थी कि उन तीनों नेताओं की सलाह के बाद इन्दिराजी ने उन्हें फैक्टरी को बन्द करने का निर्देश दे दिया था। संजय बहुत ज्यादा झुंझलाए हुए थे और चाहते थे कि मैं उनकी माँ से बात करके उन्हें फैक्टरी को जारी रखने की अनुमति देने के लिए मना लूँ। संजय ने बहुत जोर डाला तो मैं एक शर्त पर इन्दिराजी से बात करने के लिए राजी

हो गया। मैंने उन्हें फैक्टरी की सफलता के लिए एक समय-सीमा निर्धारित करने के लिए कहा, जिसके पूरा हो जाने पर वे स्वयं ही उसे बन्द कर देंगे। संजय को यह एक तर्कसंगत सुझाव प्रतीत हुआ और वे इससे सहमत भी हो गए।

वायदे के अनुसार मैं इन्दिराजी से मिला और मैंने उनसे अनुरोध किया कि वे संजय को फैक्टरी बन्द करने के लिए बाध्य न करें। मैंने उनसे कहा कि जब तक वे स्वयं कम्पनी के मामलों से दूर रहती हैं—जैसाकि वे करती भी रही थीं—तब तक कोई भी उन पर उँगली नहीं उठा सकता। मैंने उन्हें यह भी बताया कि संजय ने मुझे आश्वासन दिया था कि यदि कुछ महीनों में उनकी फैक्टरी को सफलता न मिली तो वे उसे स्वयं ही बन्द कर देंगे। इन्दिराजी को भी यह तर्कसंगत प्रतीत हुआ और उन्होंने मेरे सुझाव को स्वीकार कर लिया। मारुति चालू रही।

एक दिन अचानक ही संजय को एक 'जबर्दस्त' विचार सूझा। उन्होंने मुझे मारुति कम्पनी के चेयरमैन का पद स्वीकार कर लेने के लिए कहा। तब तक यह पद दक्षिण भारत के एक अग्रणी उद्योगपति और मेरे मित्र एम.ए. चिदम्बरम सँभाल रहे थे। मैं इस तरह का दायित्व सँभालने के लिए बिलकुल भी तैयार नहीं था। मैंने इस प्रस्ताव को ठुकरा दिया, लेकिन संजय को आश्वासन दिया कि उन्हें जब भी मेरी सलाह या सहयोग की जरूरत हो तो उन्हें मुझसे कहने भर की देर थी; जैसाकि मैं तब तक करता भी रहा था।

इसके बाद मैं जब भी दिल्ली में होता तो संजय की इच्छा के अनुसार मारुति फैक्टरी के एक-दो चक्कर लगा लेता और उसे अपनी सलाह देता।

फैक्टरी के ऐसे ही एक दौरे के दौरान संजय ने मुझे अपनी कार का पूर्वप्रारूप (प्रोटो-टाइप) दिखाया। जब मैंने सड़क पर कार के टिकाऊपन के बारे में जानना चाहा तो संजय ने मुझे कार में बैठने के लिए कहा। उन्होंने फैक्टरी के भीतर कारों के परीक्षण के लिए बने ट्रैक पर कार को अंधाधुंध दौड़ा दिया। वे जिस रफ्तार से कार चला रहे थे वह सचमुच बहुत भयावह थी। मैं निश्चित ही घबरा गया था। लेकिन संजय ने अपना सन्तुलन नहीं खोया। सौभाग्यवश, कोई दुर्घटना भी नहीं हुई। कार गति-परीक्षण पर खरी उतरी थी। हम कार से नीचे उतरे तो मैंने संजय से कहा कि मैंने ड्राइविंग के दौरान उन्हें रफ्तार कम करने के लिए नहीं कहा था, क्योंकि बहुत तेज रफ्तार पर चल रहे ड्राइवर को टोकना अक्लमन्दी नहीं होती, लेकिन अब मैं दोबारा कभी भी उस कार में नहीं बैठूँगा जिसे वे चला रहे होंगे। संजय मेरे 'डरपोकपने' पर हँसने लगे।

फैक्टरी का प्रदर्शन सुधारने के लिए चर्चा के दौरान एक दिन मुझे एक विचार सूझा, जिससे कम्पनी के घाटे को कम किया जा सकता था। दरअसल यह विचार अपने चचेरे भाई गंगाप्रसाद (ब्रजमोहन चाचाजी के बेटे) के साथ बातचीत के दौरान मेरे दिमाग में आया था, जो उस समय हिन्दुस्तान मोटर्स के चेयरमैन थे वे एक व्यावहारिक और परिणामवादी व्यक्ति थे। मैंने संजय को सलाह दी कि कम-से-कम कुछ समय के लिए कार के उत्पादन की योजना को रद्द कर देना चाहिए और मारुति फैक्टरी में बसों की बॉडीज बनानी चाहिए। संजय को मेरे सुझाव पर आश्चर्य हुआ। उन्होंने इसमें जरा भी दिलचस्पी नहीं दिखाई। उनका कहना था कि उन्होंने यह फैक्टरी कार बनाने के लिए लगाई थी और वे अपने उद्देश्य से कभी नहीं भटकेंगे। मैंने कहा कि एक व्यवसायी के रूप में उन्हें सबसे पहले अपने घाटे कम करने का प्रयास करना चाहिए, और जरूरत पड़ने पर दूसरे कामों से

भी परहेज नहीं करना चाहिए। मैंने इस बात पर विशेष जोर दिया कि घाटे कम होने से उन्हें बहुत ज्यादा राहत महसूस होगी। बाद में जब बसों के उत्पादन से फैक्टरी को अच्छी कमाई होने लगे तो वे अपनी कार-योजना पर भी आगे बढ़ सकते थे। काफी तर्क-वितर्क और मेरे बहुत ज्यादा समझाने-बुझाने के बाद आखिर संजय बसों की बॉडीज का उत्पादन करने के लिए राजी हो गए (जैसाकि उनका कहना था, 'अपनी खुद की समझ और सूझबूझ के खिलाफ')। उन्होंने मारुति फैक्टरी में बसों की बॉडीज बनानी शुरू कीं। इससे उन्हें कुछ मुनाफा हुआ। संजय व्यवसाय के मामले में ज्यादा समझदार भी हो गए। उन्होंने बसों की बॉडीज का उत्पादन बढ़ा दिया। घाटे काफी हद तक कम हो चुके थे। मैंने कम्पनी के बेहतर संचालन के लिए संजय को प्रबन्धन के कुछ तरीके भी सुझाए। उन्होंने मेरी इस सलाह को भी मान लिया। परिणामस्वरूप मारुति संकट के दौर से उबर गई और अच्छा प्रदर्शन करने लगी।

1977 में जनता पार्टी के सत्ता में आने तक मारुति निरन्तर प्रगति करती रही। 1977 के बाद का समय इन्दिराजी और संजय दोनों के लिए ही बहुत कठिन समय था। कम्पनी एक बार फिर घाटे में चलने लगी। संजय के असामयिक निधन के बाद इसे बन्द कर देना पड़ा। संजय के जीवन-काल में कम्पनी एक भी कार का उत्पादन नहीं कर पाई थी। लेकिन उनके निधन के बाद सुजुकी मोटर्स और भारत सरकार ने मिलकर कम्पनी को फिर से शुरू किया। दिसम्बर 1983 में मारुति उद्योग की पहली कार तैयार होकर बाहर आई।

19

उत्तर प्रदेश के राज्यसभा चुनाव और मेरी पराजय

1971 और 1974 के बीच कुछ भी महत्त्वपूर्ण नहीं घटा। इन्दिराजी और संजय के साथ मेरा जुड़ाव पहले की तरह ही जारी रहा। मैं इन्दिराजी से चार-छह हफ्ते में एक बार मिल लेता था। संजय से मेरी ज्यादा मुलाकातें होती थीं। जब भी मैं दिल्ली में होता था तो हफ्ते में एक-दो बार उनसे मिल लेता था।

1974 में कई राज्यों से राज्यसभा के चुनाव होने थे। संजय राजनीति में मेरी दिलचस्पी से परिचित थे। 1971 में लोकसभा का चुनाव लड़ने के बाद मैं दोबारा कभी भी निचले सदन के लिए चुनाव में न उतरने का फैसला कर चुका था। संजय जानते थे कि मैं राज्यसभा का सदस्य बनने के लिए उत्साहित था।

संजय के साथ एक भेंट के दौरान राज्यसभा के लिए उत्तर प्रदेश से मेरे खड़े होने का प्रश्न उठा। यह सुझाव संजय का ही था। उन्होंने कहा कि कांग्रेस (आई) के पास अतिरिक्त मत नहीं थे, लेकिन अगर विपक्ष में मेरे कुछ मित्र हों और मैं उनकी मदद से जीत सकूँ तो यह बहुत अच्छी बात होगी। मैंने संजय से कहा कि कांग्रेस (संगठन) के नेता सी.बी. गुप्त या चन्द्रभानुजी मेरे बहुत अच्छे व्यक्तिगत मित्र थे। उत्तर प्रदेश में विपक्ष के कई अन्य नेता भी मेरे अच्छे मित्र थे। कुछ उनकी मदद से और कुछ अपने प्रयासों और कांग्रेस (आई) के सहयोग से मेरे चुने जाने की काफी अच्छी सम्भावनाएँ थीं।

संजय ने इस विषय में इन्दिराजी से बात की। इसके बाद वे मुझसे फिर से मिले और अपनी पुरानी बात दोहराते हुए बोले कि अगर मैं विपक्षी सदस्यों का समर्थन जुटा सकता था तो मुझे एक स्वतन्त्र प्रत्याशी के तौर पर निश्चित रूप से चुनाव में खड़ा होना चाहिए। उन्होंने यह भी कहा कि उनकी और उनकी पार्टी की सहानुभूति मेरे साथ होगी, और पार्टी अपनी तरफ से मेरी यथासम्भव मदद करने की कोशिश करेगी। यह एक कठिन काम था, लेकिन मुझे अपने चुने जाने की काफी उम्मीद थी। मैं लखनऊ जाकर चुनाव लड़ने के लिए राजी हो गया। मेरी मदद करने के लिए इन्दिराजी के विश्वासपात्र और पार्टी के एक धुरन्धर कार्यकर्ता यशपाल कपूर को भी लखनऊ रवाना कर दिया गया।

मैंने कड़ी मेहनत की। मैं प्रतिदिन लगभग अठारह घंटे के हिसाब से काम कर रहा था। विपक्षी पार्टियों के मेरे कई मित्रों ने भी मेरी मदद की। चन्द्रभानुजी, जो मेरे सम्पर्क में आनेवाले सबसे साफ-सुथरे राजनीतिज्ञ थे, ने खुलकर मेरा समर्थन किया। लखनऊ में कुछ दिन बिताने के बाद मैंने स्थिति का आकलन किया तो मुझे अपनी जीत सुनिश्चित प्रतीत हो रही थी। लेकिन मैं एक तथ्य पर ध्यान देना भूल गया था—मुख्यमन्त्री हेमवती नन्दन

बहुगुणा की वैमनस्य की भावना। मैं उन्हें 1960 के दशक से जानता था। उन्हें मेरे सम्पर्क में आनेवाले सबसे चतुर राजनीतिज्ञों में गिना जा सकता था। शुरू में हमारे सम्बन्ध काफी मधुर थे। लेकिन किसी कारण से हम दोनों की आपस में जम नहीं पाई। 1974 में यही कटु और शत्रुतापूर्ण बहुगुणा उत्तर प्रदेश में कांग्रेस (आई) के केन्द्र में थे।

चुनाव का दिन 28 मार्च 1974 निश्चित हुआ था। चुनाव से कुछ समय पहले तक बहुगुणा दिल की बीमारी के कारण दिल्ली के एक अस्पताल में भर्ती थे। लेकिन चुनाव से एक पखवाड़ा पहले उन्हें अस्पताल से छुट्टी मिल गई और वे लपककर लखनऊ पहुँचे। वहाँ पहुँचने के बाद उन्होंने लगभग प्रतिदिन मेरे खिलाफ वक्तव्य जारी करने शुरू किए। मुझे हैरानी भी हुई और सदमा भी पहुँचा। मेरे खिलाफ उनके निन्दा अभियान का कोई भी न्यायसंगत आधार नहीं था, सिवा उनकी व्यक्तिगत शत्रुता की भावना के। अगर विपक्ष का कोई प्रत्याशी हार जाता, और मैं एक स्वतन्त्र प्रत्याशी के रूप में जीत जाता, तो यह कांग्रेस (आई) पार्टी के लिए प्रसन्नता की बात होनी चाहिए थी। आखिर विपक्ष के प्रत्याशी की तुलना में एक स्वतन्त्र प्रत्याशी उनके ज्यादा निकट होता। इसलिए बहुगुणा द्वारा मेरा खुलकर विरोध करने का कोई भी तर्कसंगत कारण नहीं था–खासकर यह देखते हुए कि मुझे इन्दिराजी और संजय का समर्थन और विश्वास प्राप्त था। लेकिन अपने व्यक्तिगत पूर्वाग्रहों और वैमनस्य की भावना के कारण बहुगुणा ने मेरे खिलाफ दुष्प्रचार अभियान छेड़ दिया, और इस तरह के वक्तव्य जारी किए कि सभी पार्टियों को मिल-जुलकर मुझे हराने की कोशिश करनी चाहिए।

चुनावों की अवधि के दौरान मैं प्रतिदिन यशपाल कपूर से मिलता रहता था। मैं इस दुष्प्रचार अभियान से इतना स्तब्ध था कि मैंने उनसे पूछा कि यह सब क्या हो रहा था। कांग्रेस पार्टी वायदे के अनुसार मेरा समर्थन कर रही थी या मेरा विरोध कर रही थी? मैंने उनसे कहा कि यदि कांग्रेस (आई) तटस्थ रहे तो भी मैं चुनाव लड़ने के लिए तैयार था। लेकिन यहाँ ऐसी स्थिति थी कि पार्टी खुलकर मेरे प्रति शत्रुता दिखा रही थी। कपूर खुद भी बहुगुणा के मित्रों की सूची में नहीं थे। मेरी तरह वे भी बुरी तरह चकराए हुए थे।

मैं संजय और इन्दिराजी से मिलने के लिए दिल्ली भागा। मैं दिल्ली में एक दिन से अधिक नहीं रुक सकता था, क्योंकि चुनावों की अवधि का हर दिन बहुत महत्त्वपूर्ण था। इतनी संक्षिप्त पूर्व-सूचना पर मैं इन्दिराजी से नहीं मिल पाया। यह बात समझ में भी नहीं आती थी, क्योंकि प्रधानमन्त्री का कार्यक्रम बहुत ज्यादा व्यस्त रहता है। लेकिन मैं अपनी भरसक कोशिशों के बावजूद संजय से भी नहीं मिल पाया। यह बात बिलकुल साफ थी कि वे मुझसे बचने की कोशिश कर रहे थे। दरअसल वे इस पूरी स्थिति को लेकर बहुत ज्यादा शर्मिन्दगी महसूस कर रहे थे। मुझे उनकी तरफ से सिर्फ एक शुभकामनाओं का सन्देश मिला। मैं निराश और हतोत्साहित महसूस करता हुआ लखनऊ लौट गया।

मैंने अपने प्रयासों में कोई कसर नहीं छोड़ी, हालाँकि मैं बहुत ज्यादा खीज महसूस कर रहा था। मुझे अपनी जीत की अब भी पूरी उम्मीद थी। मेरे शिविर में भी आशा और उत्साह का माहौल था। भला विपक्षी दलों के इतने सारे मित्रों द्वारा समर्थन के वायदे के बाद मैं हार कैसे सकता था? फिर भी, मन में कहीं-न-कहीं एक भय था–एक ऐसा पूर्वाभास कि मैं हार जाऊँगा।

चुनाव की पूर्वसंध्या पर मैं मुख्यमन्त्री के रवैये से निश्चित ही बहुत त्रस्त महसूस कर रहा था। मैं मध्यरात्रि के आसपास कपूर से मिला। उनके साथ एक-दो व्यक्ति और भी थे। दिन भर की दौड़-धूप के बाद मैं थकान से चूर हो रहा था। कपूर ने मेरा मनोबल बढ़ाने में मदद करते हुए कहा, "चुनाव से पहले की रात भला एक उम्मीदवार और उसके समर्थकों को नींद कैसे आ सकती है?" हमने अपनी अगले दिन जीत की सम्भावनाओं पर चर्चा की। मैंने उनसे कहा कि मुझे अपनी जीत का पूरा भरोसा था, फिर भी मन में कहीं-न-कहीं एक खटका था कि कुछ अशुभ घटने जा रहा था। उन्होंने मेरा उत्साह बढ़ाने का प्रयास किया और कहा कि चुनावों के बाद मुझे मेरी सफलता के लिए बधाई देनेवाले वे सबसे पहले व्यक्ति होंगे।

अगले दिन मैं बड़े विश्वास से भरा हुआ, लेकिन साथ ही मन में एक बेचैनी महसूस करता हुआ मतदान-स्थल पर पहुँचा। मतदान शुरू हुआ। आधे घंटे के भीतर ही मैं पूरी तरह निराश हो चुका था। मुझे पता चला कि खुला मतदान होने जा रहा था, जो संविधान और इसके द्वारा निर्धारित नियमों के खिलाफ था। ऐसा सन्देह था कि यह बहुगुणा की चाल थी। यह उनका तुरुप का पत्ता था। मुझे हराने की योजना बहुत सोच-समझकर बनाई गई थी। हर मतदाता को अपना मतपत्र पेटी में डालने से पहले उस प्रत्याशी को दिखाना था जिसके समर्थन में उसने मत दिया था। तो फिर विपक्ष के किसी विधायक द्वारा मेरे समर्थन का प्रश्न ही कहाँ उठता था? मैंने इस खुले मतदान के खिलाफ तुरन्त चुनाव आयुक्त से शिकायत की, और कपूर तक भी यह खबर पहुँचा दी कि भीतर क्या तमाशा हो रहा था।

राज्यसभा के चुनावों के लिए प्रदेश सरकारों के न्यायायिक सचिवों को चुनाव आयुक्तों के रूप में नियुक्त किया जाता है। चुनाव के दौरान उनसे स्वतन्त्र अधिकारियों के रूप में काम करने की अपेक्षा की जाती है, जबकि सामान्य स्थितियों में वे अन्य सरकारी अधिकारियों की तरह मन्त्रियों के निर्देशों के अनुसार काम करते हैं। इसलिए वे मन्त्रियों और मुख्यमन्त्री के प्रभाव में होते हैं। चुनाव आयुक्त ने मेरे विरोध पर कोई ध्यान नहीं दिया। मैंने मतदान केन्द्र में उपस्थित अपने कांग्रेसी मित्रों से बात की, साथ ही कपूर को भी सूचित कर दिया। वे आए, लेकिन उन्हें मतदान-स्थल में प्रवेश करने की अनुमति नहीं थी। उन्होंने बाहर से मुझे सन्देश भेजा कि इस मामले में वे कुछ भी नहीं कर सकते। मैं कुछ देर और रुका, लेकिन अब यह पूरी तरह स्पष्ट हो चुका था कि मेरा खुलकर समर्थन करनेवाली कांग्रेस (संगठन) के दस-ग्यारह मतों को छोड़कर मुझे कहीं और से समर्थन मिलने की उम्मीद नहीं थी। जुगुप्सा की बहुत गहरी भावना महसूस करते हुए मैं मतदान-स्थल से उठ खड़ा हुआ और कार्लटन होटल लौट आया, जहाँ मैं ठहरा हुआ था। तब तक मेरे कई समर्थक वहाँ जमा हो चुके थे। हर कोई जानता था कि खुले मतदान के विचार के पीछे किस व्यक्ति का हाथ था, जिसे पूरे देश में किसी राज्यसभा के चुनाव में पहली बार प्रयोग किया जा रहा था, और जो संविधान के निर्देशों के विरुद्ध था। मेरे समर्थक बहुत ज्यादा क्रुद्ध थे। लेकिन वे कुछ भी कर पाने में असमर्थ थे। लखनऊ में मेरे रुकने का भी अब कोई अर्थ नहीं रह गया था। परिणाम की घोषणा की प्रतीक्षा किए बिना मैं शाम का विमान पकड़कर दिल्ली लौट आया।

अगले दिन मैंने इन्दिराजी और संजय से भेंट के लिए समय माँगा। मैं बहुत ज्यादा निराशा और रोष महसूस कर रहा था। संजय मुझसे तुरन्त ही मिले। मैं बहुत ज्यादा उखड़ा

हुआ था। मैंने उन्हें बताया कि लखनऊ में क्या हुआ था। उन्हें बहुगुणा की चालबाजियों की खबर पहले ही मिल चुकी थी। मैंने उनसे पूछा, "अगर प्रदेश के मुख्यमन्त्री को पार्टी के प्रमुख के साथ विश्वासघात करना था, तो मुझे चुनाव में खड़ा होने के लिए प्रोत्साहन देने की क्या जरूरत थी?" संजय के पास इसका कोई जवाब नहीं था। लेकिन उन्हें मेरे साथ गहरी सहानुभूति थी। उन्होंने मुझे सांत्वना देने का प्रयास किया और कहा कि बहुगुणा ने उनकी माँ के साथ विश्वासघात किया था। दरअसल संजय खुद भी बहुत ज्यादा भड़के हुए थे।

मैं उस समय एफ.आई.सी.सी.आई. का उपाध्यक्ष था, और कुछ ही हफ्तों में इसका अध्यक्ष बनने जा रहा था। मैंने बहुत कटु स्वर में संजय से कहा कि अपनी इस हार के बाद मैं इस पद के लिए खड़ा होना नहीं चाहूँगा। मैंने कहा कि मेरी प्रतिष्ठा मिट्टी में मिल चुकी थी और आहत गर्व की कोई औषधि नहीं होती। मेरे जैसे व्यक्ति की प्रतिष्ठा के लिए 1971 की हार ही काफी थी। फिर भी मैं उसे धैर्य के साथ झेल गया था। लेकिन दूसरी बार हारना बहुत ज्यादा अपमानजनक था।

संजय बार-बार मुझे दिलासा देते रहे और कहते रहे कि मैं एफ.आई.सी.सी.आई. की अध्यक्षता ठुकराने की बात भूलकर भी न सोचूँ। उन्होंने यह कहकर मेरी हिम्मत बढ़ाने की कोशिश की कि सभी उद्योगपतियों में सिर्फ मैं ही उनकी माँ के इतना निकट था। उन्होंने मुझे जल्दबाजी में कोई निर्णय न लेने की सलाह दी और मेरी आहत भावनाओं को मरहम लगाने का प्रयास करते रहे।

अगले दिन मैं इन्दिराजी से मिला। मैं अपनी पराजय से बहुत ज्यादा आहत था और अपनी भावनाओं को छिपाने का मैंने कोई प्रयास भी नहीं किया। इन्दिराजी भी इस घटनाक्रम से बहुत दुखी थीं। उन्होंने बहुत सहृदयता और सहानुभूति के साथ मेरी बात सुनी, और मुझे ढाढस बँधाते हुए अपने निरन्तर समर्थन का आश्वासन दिया। उन्होंने कहा कि उन्होंने संजय से सुना था कि मैं एफ.आई.सी.सी.आई. के अध्यक्ष के पद को ठुकरा देने का विचार कर रहा था, जो उपाध्यक्ष होने के कारण स्वाभाविक रूप से मुझे मिलने जा रहा था। संजय की तरह उन्होंने भी बहुत जोर देकर मुझसे इस पद को न ठुकराने का आग्रह किया। बहुगुणा के सम्बन्ध में इन्दिराजी ने कहा कि उन्होंने न सिर्फ मेरे साथ चालबाजी की थी, बल्कि खुद उनके साथ भी विश्वासघात किया था। इन्दिराजी के कोमल और सहानुभूति भरे शब्दों से मेरा आहत मन काफी हद तक शान्त हो गया और मैं यथासम्भव अपनी नियमित दिनचर्या में जुटने का प्रयास करने लगा।

कुछ दिन बाद संजय ने मुझे बुलाया और कहा कि उनकी माँ यह जानना चाहती थीं कि क्या मैं योजना आयोग की सदस्यता स्वीकार करना पसन्द करूँगा! मैं इन्दिराजी के स्नेह और उदारता से अभिभूत महसूस कर रहा था, लेकिन मैंने इस प्रस्ताव को ठुकरा दिया। मैंने कहा कि अगर मुझे एक मन्त्री का पद भी दिया जाए तो भी मैं उसे स्वीकार नहीं कर पाऊँगा। संजय को आश्चर्य हुआ। मैंने उन्हें समझाया कि भले ही मैं राज्यसभा की सदस्यता पाने का इच्छुक था, लेकिन एक मन्त्री के पद को स्वीकार करने के लिए मुझे अपनी व्यावसायिक गतिविधियों को छोड़ना होगा, जो मेरे लिए सम्भव नहीं था। फिर भी, मैंने अपने प्रति उनकी और उनकी माँ की स्नेह और अपनत्व भरी भावनाओं के लिए संजय को हार्दिक धन्यवाद दिया।

संजय दृढ़ इरादे के व्यक्ति थे। वे बहुगुणा द्वारा अपनी माँ की इच्छा के विरोध को निष्ठाहीनता के रूप में देख रहे थे। उन्होंने और इन्दिराजी ने बहुगुणा को कभी क्षमा नहीं किया, और इसके परिणामों का हर किसी को पता है।

राज्यसभा में मेरी पराजय के बाद इन्दिराजी और संजय मुझसे और ज्यादा स्नेह करने लगे थे। मैं उनके और ज्यादा निकट आ गया था। उनकी सलाह के अनुसार मैंने एफ.आई. सी.सी.आई. के अध्यक्ष का पद स्वीकार कर लिया था। इस हैसियत से मैंने देश भर का भ्रमण किया और लगभग हर प्रदेश में गया। हर जगह मैं व्यवसायियों से मिला और उन्हें सम्बोधित किया। मैंने उनकी कठिनाइयों के बारे में जाना, और अनेक प्रदेशों के मुख्यमन्त्रियों के साथ-साथ केन्द्रीय मन्त्रिमंडल के कई मन्त्रियों से मिलकर व्यवसायी समुदाय की समस्याओं को दूर करने का प्रयास किया। मैंने अपना एक वर्ष का कार्यकाल पूरा किया। 1975 के शुरू में संस्था के वार्षिक अधिवेशन के अवसर पर मेरी इच्छा थी कि इन्दिराजी उसका उद्घाटन करें। इन्दिराजी कुछ हिचकिचा रही थीं, क्योंकि प्रतिवर्ष प्रधानमन्त्री द्वारा एफ.आई.सी.सी.आई. के वार्षिक अधिवेशन का उद्घाटन एक औपचारिकता बनता जा रहा था। मैंने आग्रह करते हुए कहा कि कम-से-कम मेरे कार्यकाल के दौरान वे इसका उद्घाटन जरूर करें। वे मुझे निराश करना नहीं चाहती थीं, इसलिए मान गईं। अपने भाषण के शुरू में उन्होंने मेरी प्रशंसा करते हुए कहा, ''हमें सकारात्मक दृष्टि से सोचना चाहिए और बदलते समय के साथ कदम मिलाकर चलने के लिए तैयार रहना चाहिए। श्रीमान अध्यक्ष, आपके विस्तृत भाषण ने मेरा काम आसान कर दिया है क्योंकि कुल मिलाकर यह एक सकारात्मक सोच है।''

मेरे साथ-साथ अन्य सभी व्यवसायी भी इस बात से बहुत प्रसन्न थे कि इन्दिराजी ने मेरे भाषण पर इतनी सकारात्मक प्रतिक्रिया व्यक्त की थी। बहुत-से लोगों का विचार था कि मेरा अध्यक्षीय भाषण विषय-वस्तु, विचार, सार-तत्त्व और भाषा की दृष्टि से काफी अच्छा था। (परिशिष्ट-1 में संलग्न)

20

इलाहाबाद उच्च न्यायालय के मुकदमे में इन्दिराजी की हार

इन्दिराजी के खिलाफ इलाहाबाद उच्च न्यायालय में एक चुनाव याचिका दायर की गई थी। यह याचिका राज नारायण ने दायर की थी, जो एक सनकी प्रकृति के व्यक्ति थे और नेहरू परिवार के प्रति अपनी दुर्भावना के लिए जाने जाते थे। उनकी तरफ से शान्तिभूषण इस मुकदमे की पैरवी कर रहे थे। वे देश के एक नामी वकील थे और जनता पार्टी के शासन-काल में उन्हें कानून-मन्त्री बनाया गया। मुकदमा न्यायाधीश जगमोहन लाल सिन्हा की अदालत में चला। अखबारों में प्रकाशित मुकदमे की कार्रवाई की खबरों से स्पष्ट था कि मुकदमा इन्दिराजी के खिलाफ जा रहा था। मैंने इन्दिराजी से कई बार कहा कि मुकदमा ठीक तरह से नहीं लड़ा जा रहा था। मैंने अपने कानूनी सलाहकारों मैसर्ज खैतान एंड कम्पनी का सहयोग प्राप्त करने का प्रस्ताव भी रखा। लेकिन इन्दिराजी का खयाल था कि पहले से की गई व्यवस्था के साथ छेड़छाड़ करना ठीक नहीं था।

आखिर वह ऐतिहासिक दिन आया जिस दिन इस मुकदमे का फैसला सुनाया जाना था। हर कोई बहुत असमंजस की भावना के साथ, लगभग दिल थामकर इस फैसले की प्रतीक्षा कर रहा था। जैसाकि आशंका थी, फैसला इन्दिराजी के खिलाफ गया और उनके एक सांसद बनने की योग्यता पर छह वर्ष के लिए प्रतिबन्ध लगा दिया गया। इतना कठोर फैसला सुनकर पूरा देश स्तब्ध रह गया था।

मैं उस समय मुम्बई में था। मैंने तुरन्त संजय को एक तार भेजकर इंदिरा जी की पराजय और इसके परिणामस्वरूप उन्हें पहुँचनेवाले आघात को लेकर उन तक अपनी गहरी संवेदनाएँ पहुंचाने के लिए कहा। साथ ही मैं इंदिरा जी और संजय से व्यक्तिगत रूप से मिलकर संकट की इस घड़ी में उनके प्रति अपनी सहानुभूति और समर्थन व्यक्त करने के लिए तुरन्त दिल्ली लौट पड़ा।

इन्दिराजी ने उच्चतम न्यायालय में अपील दायर कर दी और वे फैसले के क्रियान्वयन पर स्थगन आदेश प्राप्त करने में सफल रहीं। इस तरह के मामलों में हमारा कानून बिलकुल स्पष्ट है। स्थगन आदेश मिल जाने के बाद यथापूर्व स्थिति बनी रहती है। इसलिए इन्दिराजी प्रधानमन्त्री बनी रहीं। उच्चतम न्यायालय का फैसला आने तक उन्हें ऐसा करने का पूरा अधिकार था। लेकिन विपक्ष को यह स्वीकार नहीं था। दुर्भाग्यवश, उन्होंने इस मामले को वस्तुनिष्ठ दृष्टि से देखने का प्रयास नहीं किया। उनका एकमात्र

लक्ष्य इन्दिराजी को गद्दी से हटाना था। विपक्षी दलों ने उनके प्रधानमन्त्री बने रहने के विरुद्ध मोर्चे निकाले और विरोध प्रदर्शन किए। उनकी माँग थी कि वे तुरन्त अपने पद से इस्तीफा दें। जयप्रकाशजी जैसे दिग्गज और सम्मानित नेता को भी–जिन्हें मैं एक धर्मात्मा व्यक्ति की दृष्टि से देखता था–विपक्षी दलों ने अपना समर्थन करने के लिए राजी कर लिया।

उस समय कांग्रेस (आई) पार्टी पूरी दृढ़ता के साथ इन्दिराजी के साथ खड़ी रही। उसने उनके समर्थन में रैलियाँ आयोजित कीं। मैं भी पूरी तरह इन्दिराजी के साथ था। मैंने उनसे कहा कि मैं उनके समर्थन में व्यवसायियों का मोर्चा निकालने जा रहा था। मैंने 22 जून 1975 को इस मोर्चे का आयोजन किया, जो प्रधानमन्त्री निवास पर जाकर खत्म हुआ। इसमें दिल्ली की विभिन्न औद्योगिक और व्यापारिक संस्थाओं से जुड़े लगभग 500 व्यवसायियों ने भाग लिया। इन्दिराजी घर से बाहर निकलकर मोर्चे के सदस्यों से मिलीं। तभी बारिश होने लगी। मैं इन्दिराजी के सर पर एक छतरी ताने खड़ा रहा और वे मोर्चे के सदस्यों को सम्बोधित करती रहीं।

सबसे पहले मैंने औद्योगिक और व्यापारिक संस्थाओं की तरफ से उन्हें एक अभिभाषण प्रस्तुत किया। इस अभिभाषण में उनके कार्यकाल के दौरान देश में हुई प्रगति की प्रशंसा की गई थी, और इसका श्रेय उनके सक्षम और ऊर्जाशील नेतृत्व को दिया गया था। अभिभाषण में बांग्लादेश की स्वतन्त्रता के लिए उनकी प्रशंसा की गई थी। उन्हें देश में विज्ञान और प्रौद्योगिकी को प्रोत्साहन देने का भी श्रेय दिया गया था, जिसके परिणामस्वरूप भारत ने अपना पहला परमाणु विस्फोट किया था और आर्यभट्ट उपग्रह को अन्तरिक्ष में भेजा था। अभिभाषण में कहा गया था कि इन सब उपलब्धियों से विश्व में भारत की प्रतिष्ठा बढ़ी थी। उनकी उपलब्धियों का उल्लेख करने के बाद मैंने अभिभाषण के मुख्य मुद्दे पर आते हुए कहा था कि उन्हें विपक्ष के दबाव में आकर किसी भी हालत में त्याग-पत्र नहीं देना चाहिए। उच्चतम न्यायालय इलाहाबाद उच्च न्यायालय के खिलाफ स्थगन आदेश जारी कर चुका था, इसलिए उनके त्याग-पत्र देने का कोई औचित्य नहीं था। मैंने लोगों से, विशेषकर व्यवसायी समुदाय से उनके साथ खड़े रहने की अपील की। इन्दिराजी ने इस अभिभाषण का उपयुक्त उत्तर दिया और संकट की उस घड़ी में उनका साथ देने के लिए मुझे और व्यवसायी समुदाय को धन्यवाद दिया।

विपक्षी दल बहुत बड़े पैमाने पर तरह-तरह के विरोध प्रदर्शन आयोजित कर रहे थे। कानून और व्यवस्था की धज्जियाँ उड़ाई जा रही थीं। मुझे याद है कि एक दिन मैं जयपुर में था तो मैंने सुना कि प्रदर्शनों और सभाओं पर प्रतिबन्ध का उल्लंघन करते हुए जयप्रकाशजी और अन्य नेता एक आम सभा को सम्बोधित करेंगे। लोग जानते थे कि इससे स्थिति के और ज्यादा बिगड़ने की सम्भावना थी। जब लोगों का एक बड़ा समूह कानून और व्यवस्था को चुनौती देता है तो पुलिस और भीड़ के बीच टकराव की स्थिति पैदा हो सकती है, और पुलिस द्वारा गोली चलाने और रक्तपात होने की सम्भावना रहती है। देश में कई जगह बिलकुल ऐसी ही घटनाएँ हुईं।

हमने राष्ट्रपिता के नेतृत्व में नागरिक अवज्ञा आन्दोलनों के माध्यम से अपनी स्वाधीनता प्राप्त की थी। इस लक्ष्य की प्राप्ति के बाद हमें कानून और व्यवस्था के उल्लंघन

को बन्द कर देना चाहिए था, और सिर्फ संसद और विधानभाओं में सरकार का विरोध करना चाहिए था। लेकिन बड़े दुख की बात थी कि कुछ राजनीतिक पार्टियाँ सड़कों पर फैसला करने पर तुली हुई थीं।

देश में अव्यवस्था बढ़ती चली गई। पुलिस को कई जगह बल-प्रयोग का सहारा लेना पड़ा। जब स्थिति नियन्त्रण से बाहर होती दिखाई देने लगी तो प्रधानमन्त्री ने 26 जून 1975 को पूरे देश में आपातकालीन स्थिति की घोषणा कर दी।

21

आपातकाल की घोषणा

मैं कभी भी इमरजेंसी या आपातकाल का प्रशंसक नहीं रहा। किसी को भी नागरिक अधिकारों का हनन और समाज पर अत्यधिक अंकुश अच्छे नहीं लगते। लेकिन जिस तरह से देश में कानून और व्यवस्था की स्थिति बिगड़ रही थी, शायद इन्दिराजी के पास कोई विकल्प नहीं बचा था। लोगों को लगा था कि आपातकाल को कुछ ही महीनों में हटा लिया जाएगा। लेकिन यह दो वर्षों तक जारी रहा।

26 जून 1975 को आपातकाल की घोषणा के बाद विपक्ष के सभी महत्त्वपूर्ण नेताओं को गिरफ्तार कर लिया गया। आश्चर्य की बात यह थी कि इस घोषणा के तुरन्त बाद सार्वजनिक जीवन में शान्ति और सकून लौट आया, कानून और व्यवस्था सामान्य हो गई, जीवन के हर क्षेत्र में अनुशासन देखा जाने लगा, हड़तालें और तालाबन्दियाँ बहुत कम हो गईं, रेलगाड़ियाँ पहले की तुलना में समय पर चलने लगीं, सरकारी कर्मचारी–खासकर रेलवे कर्मचारी–जनता के साथ बहुत शिष्टतापूर्ण व्यवहार करने लगे। काश, आपातकाल की घोषणा के बिना ही यह सब हासिल किया जा सकता!

जयप्रकाशजी एक सत्यनिष्ठ और ऊँची नैतिकता वाले व्यक्ति थे। लेकिन फिर भी उनके कुछ कथन पूर्णतया अव्यावहारिक थे, और अगर जनता इन्हें मान लेती तो पूरे देश में अव्यवस्था फैल जाती। नैतिक मूल्यों के आवरण में उन्होंने सम्पूर्ण क्रान्ति का नारा दिया। उन्होंने पुलिस और सेना को उन निर्देशों का पालन न करने के लिए कहा जो उनकी अन्तरात्मा के विरुद्ध हों। सम्पूर्ण क्रान्ति से उनका अर्थ जीवन के सभी क्षेत्रों में क्रान्ति था। वे एक पार्टीविहीन प्रजातन्त्र की बात कर रहे थे। उन्होंने पूरे देश का दौरा किया और हर जगह भारी भीड़ इकट्ठी करने में सफल रहे। जयप्रकाशजी के कथनों का सही अर्थ यह था कि सेना और पुलिस को उन आदेशों का पालन नहीं करना चाहिए जो उनकी दृष्टि में गैरकानूनी या अन्यायपूर्ण हों। उन्होंने सार्वजनिक रूप से इन्दिराजी के इस्तीफे की माँग भी की।

जयप्रकाशजी के आन्दोलन को देखते हुए इन्दिरा ने महसूस किया कि यदि उन्होंने परिस्थितियों के दबाव के कारण इस्तीफा दे दिया तो देश में अव्यवस्था और अराजकता फैल जाएगी। उन्होंने पश्चिम बंगाल के तत्कालीन मुख्यमन्त्री सिद्धार्थ शंकर रे, गृह मन्त्रालय में उपमन्त्री और अपने बहुत निकट सहयोगी ओम मेहता, संजय, और पार्टी के एक कड़े नेता के रूप में मशहूर हरियाणा के तत्कालीन मुख्यमन्त्री बंसीलाल के साथ विचार-विमर्श किया। तब फखरुद्दीन अली अहमद देश के राष्ट्रपति थे। इन्दिराजी 25 जून 1975 को

उनसे मिलीं। आपातकाल की घोषणा के आदेश का आलेख रे और पी.एन. धर ने मिलकर तैयार किया और राष्ट्रपति ने इस पर हस्ताक्षर किए। इन्दिराजी ने राष्ट्र को सम्बोधित करके आपातकाल लागू करने के कारण बताए। उन्होंने यह वायदा भी किया कि इसे जितनी जल्दी सम्भव होगा, हटा लिया जाएगा। इन्दिराजी की जीवनी लिखनेवाली कैथेरिन फ्रैंक के अनुसार, जिनकी पुस्तक मेरे विचार में इन्दिराजी पर लिखी जानेवाली सर्वश्रेष्ठ पुस्तक है, स्थिति यहाँ तक बिगड़ गई थी कि कांग्रेस (आई) पार्टी में भी विद्रोह के स्वर उभरने लगे थे। इसलिए इन्दिराजी ने फैसला किया कि आपातस्थिति की घोषणा करने के अलावा दूसरा कोई विकल्प नहीं था।

मैं आपातकाल की घोषणा के तुरन्त बाद इन्दिराजी से मिला। उन्होंने कहा कि वे इससे खुश नहीं थीं, लेकिन उनके सामने दूसरा कोई विकल्प नहीं था। मैंने कहा कि मुझे उम्मीद थी कि आपातकालीन शासन ज्यादा दिनों तक जारी नहीं रहेगा और इस स्थिति को जल्दी ही हटा लिया जाएगा। इन्दिराजी ने कहा कि वे खुद भी ऐसा ही चाहती थीं।

शुरू में सब कुछ बहुत अच्छी तरह चला। लेकिन कुछ समय बाद कुछ क्षेत्रों में ज्यादतियाँ होने की खबरें आने लगीं। ऐसी सूचनाएँ थीं कि आबादी की बढ़त को रोकने के लिए जबर्दस्ती नसबन्दी ऑपरेशन किए जा रहे थे। खासकर दिल्ली और पश्चिमी उत्तर प्रदेश में ऐसी घटनाएँ ज्यादा हो रही थीं। कुछ विश्वस्त लोगों ने मुझे बताया कि युवा पुरुषों की भी जबर्दस्ती नसबन्दी की जा रही थी। कुछ मामलों में नवविवाहित युवकों की भी उनकी इच्छा के खिलाफ नसबन्दी कर दी गई थी।

एक दिन हरियाणा के एक गाँव से मेरा एक परिचित मुझसे मिलने आया। उसने बताया कि उसकी पहचान के एक नवयुवक की जबर्दस्ती नसबन्दी कर दी गई थी, हालाँकि उसके विवाह को सिर्फ छह महीने हुए थे। इसका अर्थ था कि अब पति-पत्नी की कोई सन्तान नहीं हो सकती थी। मेरे परिचित के अनुसार, इस घटना के बाद वह नवयुवक बहुत ज्यादा निराश था और उसकी पत्नी को दौरे पड़ने लगे थे। पूरा गाँव इस घटना से स्तब्ध था। उसने मुझसे अनुरोध किया कि मैं इस घटना के बारे में प्रधानमन्त्री को बताऊँ, ताकि कम-से-कम भविष्य में इस तरह की अन्यायपूर्ण नसबन्दियाँ न हो सकें।

मैं जानता था कि परिवार नियोजन का कार्यक्रम संजय के निर्देश पर चलाया जा रहा था। इसलिए मैंने संजय से बात की। इसमें कोई सन्देह नहीं कि उन्हें इस घटना के बारे में सुनकर दुख हुआ। लेकिन उन्होंने कहा कि जब इतने सारे ऑपरेशन किए जा रहे हों तो कुछ अति-उत्साही कर्मचारियों से इस तरह की छिटपुट भूलें होना स्वाभाविक था। मुझे इस उत्तर से सन्तोष नहीं हुआ। मैंने संजय से कहा कि इस घटना की जाँच करवाकर अपराधियों को दंडित किया जाना चाहिए। बाद में, मैंने इस विषय में इन्दिराजी से भी बात की। लेकिन कोई परिणाम नहीं निकला।

लोगों की बाध्यतापूर्वक नसबन्दी करने की धारणा अनैतिक भी है और घृणित भी। दिल्ली के आसपास बड़े पैमाने पर अनधिकृत निर्माणों को तोड़ने का कार्यक्रम भी चलाया गया और किसी को भी बख्शा नहीं गया।

मैं इन्दिराजी से कई बार मिला और मैंने उनका ध्यान इन ज्यादतियों की तरफ दिलाया। दुर्भाग्यवश, इन्हें रोकने के लिए कोई कदम नहीं उठाया गया। मुझे पता चला कि इन्दिराजी को इन ज्यादतियों की पूरी जानकारी नहीं थी। जब मैंने उन्हें अपने पास

पहुँचनेवाली सूचनाओं के बारे में बताया तो उन्होंने कहा कि उन्हें तो कुछ और ही सुनने को मिल रहा था।

आपातस्थिति की घोषणा के बाद कानून और व्यवस्था की स्थिति में सुधार हुआ था। सरकारी कर्मचारियों के रवैये में एक परिवर्तन दिखाई देने लगा था, विशेषकर पुलिस और रेलवे विभाग में। लोगों ने इमरजेंसी का स्वागत किया था। लेकिन जब ज्यादतियाँ होने लगीं तो लोगों में रोष पनपने लगा। दुर्भाग्यवश, सरकार की तरफ से लोगों की आशंकाओं और क्रोध को दूर करने के लिए कोई कदम नहीं उठाए गए। लोग भयभीत हो गए और पहला अवसर मिलते ही इमरजेंसी के खिलाफ विद्रोह करने के लिए संकल्पबद्ध हो गए।

अगर इन्दिराजी ने लगभग तीन महीने बाद आपातस्थिति हटा ली होती और आम चुनाव करवा लिए होते तो वे निश्चित रूप से जीत जातीं। उन्हें इतिहास में एक दृढ़ व्यक्तित्ववाली महिला और भारत की सर्वश्रेष्ठ प्रधानमन्त्री के रूप में याद किया जाता। मेरा अपना खयाल है कि इन्दिराजी कुछ महीने बाद आपातस्थिति हटा लेना चाहती थीं, लेकिन संजय ने उनसे ऐसा न करने का आग्रह किया। संजय के आग्रह के कारण आपातस्थिति जारी रही और इन्दिराजी और संजय की लोकप्रियता घटती चली गई। परिणाम यह हुआ कि जब 1977 में आखिरकार चुनाव हुए तो कांग्रेस (आई) को भारी पराजय का सामना करना पड़ा। इन्दिराजी और संजय दोनों ही हार गए।

* * *

1971 में चुनी गई लोकसभा का कार्यकाल मार्च 1976 में पूरा हो गया था। लेकिन उस समय सरकार चुनाव करवाने की इच्छुक नहीं थी। इसलिए लोकसभा का कार्यकाल एक वर्ष के लिए बढ़ा दिया गया। इस तरह चुनाव मार्च 1977 तक के लिए स्थगित हो गए। संजय चुनावों को और आगे बढ़ाना चाहते थे। लेकिन इन्दिराजी को कई लोगों ने, जिनमें मैं भी शामिल था, ऐसा न करने की सलाह दी। उन्हें अपनी जीत का पूरा भरोसा था। अगर आपातकाल के दौरान ज्यादतियाँ न हुई होतीं—जिनके कारण सरकार अपनी लोकप्रियता खो बैठी—तो इन्दिराजी निश्चित ही जीत जातीं।

चुनावों की घोषणा हुई तो मैं विदेश में था। मैंने 18 जनवरी 1977 की भोर के समय भारत छोड़ा था। उसी शाम चुनावों की घोषणा कर दी गई। मैं ज्यूरिख में था कि पी.सी. सेठी ने मुझे फोन करके मेरे कार्यक्रम के बारे में पूछा। वे एक मन्त्री होने के साथ-साथ कांग्रेस (आई) के कोषाध्यक्ष भी थे। मैंने उनसे कहा कि मैं चुनावों के बारे में सुन चुका था, और अपने कार्यक्रमों में परिवर्तन करके जल्दी भारत लौट रहा था।

चुनाव लड़ने के लिए धनराशि की आवश्यकता होती है। कांग्रेस (आई) लोगों से धनराशि जुटाने के उपायों और साधनों की तलाश में जुट गई। समस्या यह थी कि व्यवसायियों से धनराशि कैसे इकट्ठी की जाए। पार्टी के साथ मेरी सहानुभूति और अपने साथ मेरे निकट सम्बन्धों को देखते हुए इन्दिराजी ने मुझसे चुनाव के लिए धनराशि इकट्ठी करने का अनुरोध किया। इस काम में अग्रणी उद्योगपति और मेरे मित्र रामप्रसाद गोयनका भी मेरे साथ शामिल हो गए।

कम्पनियों के कानून के अनुसार कम्पनियों को राजनीतिक पार्टियों को किसी भी तरह का चन्दा देने की मनाही थी। मुझे लगा कि अगर इस कानून में परिवर्तन किया जा सके तो मैं उन कम्पनियों के पास चन्दे के लिए जा सकता था जिनका प्रबन्धन कांग्रेस-समर्थक था। कम्पनी लॉ बोर्ड ने कुछ स्पष्टीकरण दिए, लेकिन इनसे मुझे सन्तोष नहीं हुआ। मैंने इन्दिराजी को सारी स्थिति समझाई। निगमीय क्षेत्र द्वारा राजनीतिक पार्टियों को चन्दा देने की सम्भावना खत्म हो चुकी थी।

इस बीच अखिल भारतीय कांग्रेस समिति सभी महत्त्वपूर्ण प्रादेशिक भाषाओं में नब्बे विशेष स्मारिकाएँ निकालने का फैसला कर चुकी थी। इसके अलावा प्रदेश कांग्रेस समितियों ने भी अपनी-अपनी स्मारिकाएँ निकालने का फैसला किया था। इन स्मारिकाओं में विज्ञापन देना गैरकानूनी नहीं था। मैंने कुछ प्रमुख कानून विशेषज्ञों से बात की और उन सबका भी यही विचार था। इस मुद्दे पर सन्तुष्ट हो जाने के बाद मैं और राम किसी भी व्यक्ति पर अनावश्यक दबाव डाले बिना इसा काम में पूरी लगन के साथ जुट गए।

चुनावों की घोषणा के तुरन्त बाद जेलों में बन्द सभी प्रमुख विपक्षी नेताओं को रिहा कर दिया गया था। मुझे इन्दिराजी के निकट साथी के रूप में देखा जाता था, इसलिए मुझे उन सबकी कड़ी आलोचना का सामना करना पड़ा। चौधरी चरण सिंह ने अपनी कई जनसभाओं में मुझ पर कड़ा प्रहार किया।

इन्दिराजी ने अपने स्वाभाविक उत्साह के साथ यह चुनाव लड़ा। उन्होंने बहुत कड़ा परिश्रम किया। लेकिन जब परिणाम आने शुरू हुए तो यह स्पष्ट हो गया कि कांग्रेस (आई) बुरी तरह हारने जा रही थी। और यही हुआ भी। कांग्रेस (आई) पूरे बिहार, उत्तर प्रदेश, पंजाब, हरियाणा, हिमाचल प्रदेश और नागालैंड में एक भी सीट नहीं जीत पाई। दक्षिण भारत को छोड़कर लगभग सभी राज्यों में पार्टी की करारी हार हुई। और इसके साथ ही वह हुआ जिसकी कल्पना भी नहीं की जा सकती थी—इन्दिराजी और संजय दोनों ही अपने-अपने चुनाव-क्षेत्रों में हार गए।

इस भारी पराजय के कारणों का मेरा अपना विश्लेषण यह है कि इन्दिराजी सिर्फ एक कारण से यह चुनाव हारीं—आपातकाल के दौरान हुई ज्यादतियाँ। हमारे देश के लोग शान्ति और सुरक्षा पसन्द करते हैं। वे एक ऐसी सरकार चाहते हैं जो उनकी समस्याओं के प्रति सहानुभूति भरा दृष्टिकोण अपनाए। पंजाब के भूतपूर्व मुख्यमन्त्री प्रताप सिंह कैरों अपने बेटों के खिलाफ भ्रष्टाचार के आरोपों के बावजूद अपने प्रदेश में बहुत लोकप्रिय रहे। क्यों? क्योंकि उन्होंने एक अच्छी सरकार दी थी। आपातकाल की घोषणा के तुरन्त बाद लोगों ने भय महसूस किया था। लेकिन कुछ समय बाद जब उन्होंने देखा कि आपातकाल से उनके जीवन में अनुशासन आया था, सरकारी कर्मचारियों का व्यवहार अधिक शिष्टतापूर्ण हो गया था, और भ्रष्टाचार में कमी आई थी, तो उन्होंने न सिर्फ राहत की साँस ली थी बल्कि आपातकाल का स्वागत किया था। लेकिन आपातकाल के दौरान बाध्यतापूर्ण नसबन्दियों और अनधिकृत निर्माणों की बड़े पैमाने पर तोड़-फोड़ के कारण लोग भयभीत हो गए और उनमें विद्रोह की भावना पनपने लगी। अगर इन्दिराजी दक्षिण भारत में चुनाव नहीं हारीं तो सिर्फ इसलिए क्योंकि वहाँ इस तरह की ज्यादतियाँ नहीं हुई थीं।

चुनाव के परिणाम आने शुरू हुए तो मैं कोलकाता में था। मैं निश्चिंत था कि ज्यादतियों के बावजूद इन्दिराजी चुनाव जीत जाएँगी, भले ही काफी कम बहुमत से। लेकिन मेरी

अपेक्षाएँ झूठी साबित हुईं। परिणाम घोषित हुए तो यह स्पष्ट हो गया कि मेरा आकलन पूरी तरह से गलत था और चुनावों में कांग्रेस (आई) की करारी हार होने जा रही थी। मैं तुरन्त दिल्ली के लिए निकल पड़ा। देर शाम को मैं दिल्ली के एयरपोर्ट पर विमान से उतरा तो मैंने सुना कि इन्दिराजी और संजय दोनों ही अपनी-अपनी सीटें हार गए थे। मुझे अपने कानों पर विश्वास नहीं हुआ। उनकी हार पार्टी की हार थी, और क्योंकि मैं इन्दिराजी के निकट था इसलिए मैं इसे अपनी और इन्दिराजी के अन्य सभी समर्थकों की हार के रूप में देख रहा था। मैंने चुनावों के परिणामों को इसी भावना से स्वीकार किया।

मैं विमान-तल से सीधे प्रधानमन्त्री निवास पर जाना चाहता था। लेकिन क्योंकि काफी रात हो चुकी थी और चुनावों के प्रतिकूल परिणामों से मैं भी बुरी तरह हिला हुआ था, इसलिए मैंने अगले दिन सुबह-सुबह इन्दिराजी और संजय से मिलने का फैसला किया। मैं बिना किसी पूर्वसूचना के वहाँ पहुँच गया। यह भेंट के लिए समय लेने का अवसर नहीं था। मैं चुपचाप अन्दर चला गया। मैंने इन्दिराजी के विशेष सहयोगी आर.के. धवन के माध्यम से उन तक सन्देश पहुँचाया कि मैं उनसे मिलना चाहता था। वहाँ कांग्रेसियों और इन्दिराजी के समर्थकों की भारी भीड़ थी और सबके सब बहुत हताश दिखाई दे रहे थे। इन्दिराजी कुछ समय बाद मुझसे मिलीं। पराजय से वे स्तब्ध तो थीं लेकिन उन्होंने अपना संयम नहीं खोया था। मैं इस बात के प्रति सचेत था कि यह समय पराजय के कारणों का विश्लेषण करने का नहीं था। न ही उन्हें यह बताने का कोई अर्थ था कि वे, बल्कि हम सब आपातकाल में हुई ज्यादतियों के कारण हारे थे। यह दोष ढूँढ़ने का समय नहीं था। मैंने इन्दिराजी से कहा कि जब तक वे प्रधानमन्त्री थीं, मैं उनके स्नेह और उदारता का पात्र बना रहा था। अब क्योंकि वे प्रधानमन्त्री का पद खो बैठी थीं, इसलिए उन्हें विश्वास रखना चाहिए कि मैं पहले से भी ज्यादा उनके निकट बना रहूँगा और उनके किसी भी काम आ सकने और उन्हें किसी भी तरह का सहयोग दे पाने को अपना सौभाग्य समझूँगा। वे मेरे इन शब्दों को सुनकर भाव-विह्वल हो उठीं और उनकी आँखों में गहरी प्रशंसा की भावना छलक आई।

मैं संजय से भी मिला और मैंने उन्हें भी अपने निरन्तर सहयोग का आश्वासन दिया। मैंने जो कुछ भी कहा था, पूरी संजीदगी के साथ कहा था। अपनी माँ के विपरीत संजय बहुत ज्यादा हतोत्साहित थे। शायद उन्हें यह अहसास हो गया था कि उनकी माँ की और पार्टी की पराजय का मूल कारण वे खुद थे।

22

विपत्ति के दौर में इन्दिराजी से गहराते सूत्र

इन्दिराजी कुछ दिनों तक अपने निवास—सफदरजंग रोड और अकबर रोड—में रहती रहीं। जनता पार्टी की नई सरकार ने उनके प्रति अपनी कटुता और घृणा की भावना के बावजूद कुछ समय तक उन्हें परेशान नहीं किया। लेकिन चूँकि वे चुनाव हार गई थीं और एक संसद-सदस्य भी नहीं रही थीं, इसलिए कुछ समय बाद उन्हें घर खाली करने के लिए कहा गया। इन्दिराजी ने इस अनुरोध का तुरन्त पालन किया और सरकार द्वारा दिए गए एक छोटे घर 12, विलिंग्डन क्रीसेंट में स्थानान्तरित हो गईं, जो दरअसल कुछ ज्यादा ही छोटा था। विपक्ष का खयाल था कि चूँकि वे चुनाव हार गई थीं, इसलिए सरकार को उन्हें कोई निवास-स्थान उपलब्ध करवाने की जरूरत नहीं थी। लेकिन फिर भी उनके भूतपूर्व पदों को देखते हुए सरकार ने उन्हें एक घर दे दिया था। मेरा अपना व्यक्तिगत विचार था कि उनकी भूतपूर्व सेवाओं और उनके द्वारा सँभाले गए पदों के साथ-साथ उनके पिता की सेवाओं को भी देखते हुए—जिन्हें विपक्ष के नेताओं समेत सभी लोग बहुत सम्मान और श्रद्धा की दृष्टि से देखते थे—जवाहरलाल नेहरू की बेटी को इससे कहीं ज्यादा अच्छा घर दिया जाना चाहिए था।

इन्दिराजी के सत्ताच्युत रहने की पूरी अवधि के दौरान मैं समय-समय पर उनसे मिलता रहा, और उनके साथ मैंने बहुत निकट सम्पर्क बनाए रखा। मेरे कई व्यवसायी मित्र, जो सचमुच मेरे हितैषी थे, मुझे सलाह देते थे कि मैं मूलतः एक व्यवसायी था और मुझे सत्तारूढ़ सरकार की नाराजगी मोल नहीं लेनी चाहिए। वे लन्दन के 'द टाइम्स' का उदाहरण देते थे, जो हमेशा सत्तारूढ़ सरकार का समर्थन करने की परम्परा में विश्वास करता था। मैं इन मित्रों की मैत्री-भावना और अपने हितों को लेकर उनकी स्वाभाविक चिन्ता के लिए उनका आभारी था। लेकिन मैं इन्दिराजी की पराजय के बाद उनका साथ छोड़ देने के लिए तैयार नहीं था। वे सत्ता में थीं तो उन्होंने मेरे साथ हमेशा बहुत उदार और सहयोगपूर्ण व्यवहार किया था। अब वे सत्ता से बाहर थीं तो उनका साथ छोड़ देना कृतज्ञहीनता की पराकाष्ठा थी। मैं जानता था कि इन्दिराजी का साथ देते रहने से सरकार के साथ मेरा टकराव हो सकता था। यह एक सुखद विचार नहीं था, लेकिन मैं परिणामों का सामना करने के लिए तैयार था। इसके अलावा, इन्दिराजी के साथ इतने वर्षों से मेरे निकट सम्बन्ध रहे थे कि मैं परिवार के एक वरिष्ठ सदस्य की तरह उनका आदर करने लगा था। मुझे उनकी आत्मीयता, स्नेह और विश्वास प्राप्त था। तो फिर संकट की इस घड़ी में उनका साथ छोड़ने का प्रश्न ही कहाँ उठता था?

विपक्ष में मेरे कुछ मित्र थे। उन्होंने भी मुझे इन्दिराजी से मिलना-जुलना बन्द करने की सलाह दी। लेकिन मैंने उनकी सलाह को नजरअन्दाज कर दिया। मेरे घर पर पुलिस की निगरानी थी और मेरा फोन भी टेप किया जा रहा था। लेकिन मैंने इन्दिराजी और संजय से मिलना-जुलना जारी रखा।

एक दिन जब मैं संजय से मिला तो उन्होंने मुझसे कहा कि उनके घर की निरन्तर निगरानी की जा रही थी, इसलिए हमें कहीं और मिलना चाहिए। मैं उनके घर जाने से घबराता नहीं था, लेकिन संजय ने आग्रह किया कि हमें पुलिस की नजरों से दूर किसी सुरक्षित जगह पर मिलना चाहिए। उन्होंने सुझाव दिया कि हम अलग-अलग कारों में रोहतक (हरियाणा) की तरफ जाएँगे और रास्ते में किसी सुनसान जगह पर वे मेरी कार में बैठ जाएँगे। इसके बाद हम बिना किसी डर के खुलकर बात कर सकते थे। लेकिन मैंने इस सुझाव को अस्वीकार कर दिया। आखिर यह तय हुआ कि हम एक स्वतन्त्र स्थान पर, यानी संजय की सास श्रीमती आनन्द के घर पर मिला करेंगे। हम हमेशा शाम ढलने के बाद मिलते थे। मैं श्रीमती आनन्द के घर से लगभग एक फर्लांग पहले अपनी कार से उतर जाता था और आगे का रास्ता पैदल चलकर ही तय करता था। इन्दिराजी जब तक सत्ता से बाहर रहीं, संजय के साथ मेरी मुलाकातों की यही व्यवस्था बनी रही।

मैं इन्दिराजी से महीने में एक-दो बार उनके घर पर ही मिलता था। 3 अक्तूबर 1977 को उन्हें मूर्खतापूर्वक गिरफ्तार कर लिया गया। उन्होंने इस स्थिति का बहुत साहस के साथ सामना किया। संयोग से, मैं दो सप्ताह पहले ही उनसे मिला था। उनकी रिहाई के बाद मैं उनसे फिर से मिला। उन पर इस अनुभव का कोई विशेष प्रभाव नहीं पड़ा था। लेकिन देश की जनता उनकी गिरफ्तारी से स्तब्ध रह गई थी। लोगों की समझ में आ गया था कि जनता पार्टी की सरकार इन्दिराजी के खिलाफ बदले की भावना के साथ कार्रवाई कर रही थी। यह घटना और इसी तरह की अन्य मूखर्तापूर्ण कार्रवाइयाँ ही जनता सरकार के पतन का कारण बनीं।

मैं जानता था कि कांग्रेस (आई) कठिनाइयों के दौर से गुजर रही थी। मैं यह भी जानता था कि पार्टी के पास धन की कमी थी। इसलिए मैं समय-समय पर पार्टी के लिए धनराशि का प्रबन्ध करता रहता था। इन्दिराजी इसके महत्त्व को समझती थीं, लेकिन मुझे यह धनराशि अपने पास रखने के लिए कहती थीं, ताकि जरूरत पड़ने पर यह पार्टी के काम आ सके।

मैं इन्दिराजी को 1950 के दशक के शुरू से जानता था। यह परिचय धीरे-धीरे एक आत्मीय और विश्वस्त सूत्र में विकसित होता चला गया था। 1971 में इन सम्बन्धों में एक छोटा-सा व्यवधान आया था, जब मैं लोकसभा के चुनाव में झुनझुनु से स्वतन्त्र पार्टी के टिकट पर खड़ा हुआ था। लेकिन यह व्यवधान लम्बा नहीं चला था और कुछ ही महीनों में हमारे सम्बन्ध फिर से सामान्य हो गए थे। 1974 के बाद इन्दिराजी से मेरी निकटता और ज्यादा बढ़ी थी। 1977 में उनकी पराजय के बाद जब बड़ी संख्या में उनके समर्थकों ने उनका साथ छोड़ दिया तो हमारे सम्बन्ध और ज्यादा गहरे हुए थे और वे मुझे परिवार के एक सदस्य की तरह देखने लगी थीं। ये आत्मीय सम्बन्ध 1984 में उनकी दुखद और नृशंस हत्या तक जारी रहे।

मेरे प्रति इन्दिराजी का व्यवहार हमेशा बहुत उदार और सहयोगपूर्ण रहता था। कई बार वे मुझे अतिरिक्त स्वतन्त्रता भी दे देती थीं। किसी विषय पर मतभेद होने की स्थिति में वे मेरी बेबाक राय का बुरा नहीं मानती थीं। दरअसल, बहुत वर्ष पहले, जब वे प्रधानमन्त्री थीं तो एक दिन मैंने उनसे साफ-साफ कह दिया था कि मुझे अपने मन की बात खुलकर कहने की अनुमति चाहिए। मैंने उनसे कहा कि उनकी 'हाँ' में 'हाँ' मिलाते रहने का कोई अर्थ नहीं था। बेहतर यह होगा कि मैं उनके सामने अपनी सच्ची भावनाएँ रख सकूँ।

नई दिल्ली, 1981 : जब तत्कालीन प्रधानमन्त्री इंदिरा गांधी ने मुझे और मेरी पत्नी को अपने घर चाय पर आमन्त्रित किया।

मैंने उनके वक्तव्यों, भाषणों और कृत्यों को लेकर आम जनता की प्रतिक्रिया के बारे में भी उन्हें साफ-साफ बताने की अनुमति चाही। मैंने उनसे कहा कि जब तक वे मुझे अपना मित्र मानती हैं, उन्हें मेरी स्पष्टवादिता का बुरा नहीं मानना चाहिए—भले ही कभी-कभी मेरे विचार और मेरी सलाह उनके अपने विचारों से मेल न खाएँ। इन्दिराजी को मेरी बात सही लगी और वे मुझे यह अनुमति देने के लिए सहमत हो गईं। वे बहुत उदारवादी और भली थीं और उनकी उपस्थिति में मैं हमेशा बहुत सहज महसूस करता था। कभी-कभी मैं मजाक में कोई छींटाकशी भी कर देता था। वे इन बातों का कभी भी बुरा नहीं मानती थीं और मेरे साथ हमेशा बहुत अनौपचारिक व्यवहार करती थीं।

*　　*　　*

इन्दिराजी के साथ मेरे आत्मीय सम्बन्ध जनता पार्टी के कई शीर्ष नेताओं को पसन्द नहीं थे। ऐसे ही कुछ मन्त्रियों के दबाव के कारण सरकार ने इन्दिराजी के मित्रों और समर्थकों को परेशान करना शुरू कर दिया था।

कोलकाता में मेरे घर पर एक ज्योतिषी आया करते थे। ज्योतिषियों के साथ मेरा मिला-जुला भाग्य रहा है। कुछ अवसरों पर उनकी भविष्यवाणियाँ सही साबित हुई हैं, तो कुछ अवसरों पर वे गलत भी निकली हैं। जुलाई 1977 में एक शाम वे ज्योतिषी मुझसे मिले। मैं अपनी सुरक्षा को लेकर तरह-तरह की अफवाहें सुन रहा था, इसलिए मैंने उत्सुकतावश उनसे अपने भविष्य के बारे में जानना चाहा। उन्होंने मेरी जन्म-पत्री देखी। मेरे प्रश्न का उत्तर देने में वे कुछ संकोच महसूस कर रहे थे। मैंने जोर डाला और सब कुछ साफ-साफ बताने के लिए कहा तो उन्होंने कहा कि बहुत जल्दी मैं अपने संकट-काल में प्रवेश करने जा रहा था। मैं और ज्यादा जानने के लिए उत्सुक था। मैंने उनसे पूछा कि मेरा अशुभ समय कितने दिनों में शुरू होने जा रहा था। उन्होंने कहा कि एक सप्ताह के भीतर ही मेरी विपत्तियों का दौर शुरू हो जाएगा। उनके अनुसार, राजनीतिक मामलों में मेरी गिरफ्तारी के साथ-साथ मेरे जेल जाने का भी अन्देशा था। लेकिन उन्होंने मुझे आश्वस्त करते हुए कहा कि ईश्वर की मुझ पर कृपा थी, इसलिए मैं बुरे ग्रहों के किसी गहरे दुष्प्रभाव से बचा रहूँगा, लेकिन मुझे बहुत-सी कठिनाइयों का सामना करना पड़ सकता था। मेरी पत्नी और परिवार के अन्य सदस्य यह सुनकर बहुत व्यथित हो गए। मैं भी थोड़ा घबरा गया था, लेकिन मैंने उन सबकी हिम्मत बढ़ाते हुए उन्हें ईश्वर में विश्वास रखने के लिए कहा।

इसके बाद जल्दी ही मैं दिल्ली गया। वहाँ मैंने इस तरह की अफवाहें सुनीं कि इन्दिराजी का साथ देनेवाले सभी लोगों को परेशान करने की तैयारी थी। मैंने यह भी सुना कि सरकार का प्रकोप जल्दी ही मुझ पर भी बरसनेवाला था। मैं सामान्य और निश्चिन्त दिखाई देने का प्रयास करता रहा। लेकिन जल्दी ही मुझे पता चला कि मेरे आयकर के मामलों को फिर से खोला जा रहा था। मेरा परेशान होना स्वाभाविक था।

उन मामलों में जहाँ सरकार को एक व्यवसायी के विरुद्ध किसी कानूनी गड़बड़ी का मामला नहीं मिल पाता, लेकिन वह फिर भी उसे परेशान करना चाहती है तो आयकर कानून की आड़ में उसके पिछले हिसाब-किताब की फिर से जाँच करना सबसे आसान उपाय होता है। मेरे खिलाफ भी इसी हथियार का प्रयोग किया गया। मुझे आयकर विभाग की तरफ से एक पत्र प्राप्त हुआ जिसमें तरह-तरह के प्रश्न पूछे गए थे।

मुझसे पूछा गया कि मेरे पिता और उनके भाई जिस हिन्दू संयुक्त परिवार से सम्बन्ध रखते थे, उसका नाम और प्रकार क्या था, उनकी कुल सम्पत्तियों का विवरण क्या था, परिवार का विभाजन कब हुआ था, यह पूर्ण विभाजन था या आंशिक, विभाजन किस तारीख को हुआ था, वगैरह-वगैरह। मुझे अपने पिता के हिन्दू संयुक्त परिवार के सभी सदस्यों के नाम और उनके आयकर क्रमांक बताने के लिए कहा गया। साथ ही मुझे अपने हिन्दू संयुक्त परिवार की उन सभी सम्पत्तियों का विवरण देने के लिए भी कहा गया जो मुझे अपने पिता के हिन्दू संयुक्त परिवार से प्राप्त हुई थीं, जिसे आयकर विभाग ने बड़े संयुक्त परिवार की संज्ञा दी थी। मुझसे यह भी पूछा गया कि क्या इस बड़े हिन्दू संयुक्त परिवार को इससे भी बड़े हिन्दू संयुक्त परिवार से सम्पत्तियाँ प्राप्त हुई थीं, और अगर हुईं थीं तो मुझे उनका विवरण और प्रमाण प्रस्तुत करने के लिए कहा गया। मुझे अपने समूचे फर्नीचर, रेफ्रिजरेटरों, एयरकंडीशनरों और टाइपराइटरों की सूची बनाकर देने के साथ-साथ यह बताने के लिए भी कहा गया कि उन्हें किस-किस तारीख को खरीदा गया था। इसके अलावा मुझे अपने सभी नौकरों, रसोइयों, वेटरों, दरबानों इत्यादि का विवरण देने के साथ-साथ यह बताने के

लिए भी कहा गया कि उनके खाने-पीने की निःशुल्क व्यवस्था थी या उन्हें अपने खाने का खर्च खुद वहन करना पड़ता था। इनके अलावा बहुत-से अन्य प्रश्न भी पूछे गए थे।

मैंने मोरारजी भाई के साथ भेंट का समय माँगा, जो उस समय देश के प्रधानमन्त्री थे। मैंने उन्हें आयकर विभाग द्वारा मुझसे पूछे गए प्रश्नों के बारे में बताया। मैंने उनसे कहा कि इन्दिराजी के समर्थकों के खिलाफ सरकार को बदले की भावना के साथ काम नहीं करना चाहिए। मोरारजी भाई कई अवसरों पर अड़ियल और हठधर्मी होने के बावजूद ऊँचे चरित्र के व्यक्ति माने जाते थे और मुझे उम्मीद थी कि वे आयकर विभाग को मुझे इस तरह नाहक परेशान करने से रोकेंगे। एक बार पहले भी जब वे इन्दिराजी के मन्त्रिमंडल में वित्तमन्त्री थे तो मुझे इसी तरह अकारण परेशान करने की कार्रवाई हुई थी। तब मैं मोरारजी भाई से मिला था और उन्होंने इस मामले में हस्तक्षेप किया था। उन्होंने मेरे सामने ही तत्कालीन वित्त सचिव टी.पी. सिंह को फोन करके उन्हें इस कार्रवाई को तुरन्त बन्द करवाने के लिए कहा था। लेकिन इस बार उन्होंने हस्तक्षेप करने से इनकार कर दिया। उन्होंने मुझसे साफ-साफ कहा कि वे इस मामले में कुछ नहीं करेंगे और कानून को अपना काम करने देंगे। मैंने उनसे बहुत कहा कि एक निर्दोष व्यक्ति को इस तरह परेशान किया जाना ठीक नहीं था, लेकिन वे अपनी बात पर अड़े रहे।

मैं इन्दिराजी से मिला और मैंने उन्हें बताया कि सरकार किस तरह मुझे परेशान कर रही थी। उन्हें मेरी विपदाओं के बारे में जानकर बहुत दुख हुआ। उन्होंने वही कहा जो वे पहले भी कह चुकी थीं—वे एक राजनीतिज्ञ थीं, उनके साथ जो भी होना होगा, वह होगा, लेकिन मुझे अपना और अपने व्यावसायिक हितों का ध्यान रखना चाहिए। मैंने इस सलाह के लिए उनको धन्यवाद दिया, लेकिन पहले की तरह ही इसे नजरअन्दाज कर दिया।

इसके बाद मैंने वित्तमन्त्री एच.एम. पटेल से भेंट के लिए समय माँगा। मैं उन्हें काफी अरसे से जानता था। वे सरकारी नौकरी में थे तो हम लोग अक्सर मिला करते थे। मेरी तरह वे भी पुस्तकों के शौकीन थे और हम लोग अक्सर नई पुस्तकों को लेकर आपस में सूचनाओं का आदान-प्रदान करते थे। वे मुझे उन अच्छी पुस्तकों के बारे में सलाह भी देते रहते थे जिन्हें वे पढ़ चुके होते थे।

सरकारी पद से सेवानिवृत्त होने के बाद पटेल स्वतन्त्र पार्टी में शामिल हो गए थे। चूँकि मैं भी उस पार्टी का सदस्य था, इसलिए हमारे निकट सम्बन्ध बने रहे थे। लेकिन इन्दिराजी के साथ मेरी निकटता बढ़ने के बाद हमारे बीच पहले जैसे सम्बन्ध नहीं रहे थे। फिर भी मैं पटेल का बहुत मान करता था।

मैं पटेल से उनके कार्यालय में मिला। मैंने उन्हें आयकर विभाग का पत्र दिखाया और उनसे कहा कि अन्ततः मुझे आयकर के एपेलिट ट्रिब्युनल या अदालत से न्याय मिलना निश्चित था। लेकिन मैंने उनसे कहा कि सरकार को किसी व्यक्ति को ऐसे प्रश्न पूछकर परेशान नहीं करना चाहिए कि उसके पास कितना फर्नीचर है या उसका खर्च कितना है। मैंने उनसे कहा कि मेरे पिताजी और उनके भाई 1920 के दशक के अन्त में या 1930 के दशक के शुरू में अलग हो गए थे। मैंने यह भी कहा कि आयकर विभाग को आठ वर्ष से अधिक पुराने मामलों को फिर से खोलने का अधिकार नहीं था, इसलिए यह विभाग की परपीड़न की भावना के अलावा और कुछ भी नहीं था कि चालीस या पचास वर्ष पुरानी घटनाओं के बारे में पूछताछ की जाए। मैंने उनसे कहा कि सरकार को अपनी कार्रवाई में

एक न्यूनतम शालीनता और निष्पक्षता का प्रदर्शन करना चाहिए, और एक व्यक्ति को सिर्फ इसलिए दंडित नहीं करना चाहिए क्योंकि वह इन्दिराजी का समर्थक है।

पटेल ने आयकर विभाग का पत्र पढ़ा। मुझे यह जानकर सुखद आश्चर्य हुआ कि वे मेरे विचारों से सहमत थे। उन्होंने कहा कि जो कुछ पूछा गया था, वह पूर्णतया अनावश्यक था। मैंने ईमानदारी से काम लेते हुए उन्हें यह भी बता दिया कि मैं मोरारजी भाई से मिल चुका था, लेकिन उन्होंने इस मामले में हस्तक्षेप करने से मना कर दिया था। मैंने उनसे कहा कि उन्हें यह जानकारी देना मुझे जरूरी लग रहा था, क्योंकि मैं उन्हें अँधेरे में नहीं रखना चाहता था। पटेल ने मेरी साफगोई और ईमानदारी की सराहना की। उन्होंने निष्पक्षता का प्रदर्शन करते हुए कहा कि यह मामला परेशान करने की कार्रवाई के अलावा और कुछ भी नहीं था। इसके बाद उन्होंने फोन उठाया और सी.बी.टी.डी. (सेंट्रल बोर्ड ऑफ डायरेक्ट टैक्सेज़) के चेयरमैन से बात करने की इच्छा प्रकट की। मेरे सामने ही उन्होंने चेयरमैन से कहा कि उन्होंने मुझे भेजा गया पत्र देखा था और उसमें पूछे गए अधिकांश प्रश्न अप्रासंगिक थे। उन्होंने कहा कि सिर्फ मुझे परेशान करने के इरादे से जाँच-पड़ताल की कार्रवाई नहीं होनी चाहिए। उन्होंने चेयरमैन से कहा कि अगर आयकर विभाग के पास मेरे खिलाफ कार्रवाई के लिए वैध और पर्याप्त कारण थे तो कार्रवाई जरूरी होनी चाहिए, लेकिन किसी तरह की विच-हंटिंग नहीं होनी चाहिए। पटेल के इस हस्तक्षेप से मैं पूरी तरह सन्तुष्ट महसूस कर रहा था। वे मोरारजी भाई की तुलना में बहुत छोटे कद के नेता थे, लेकिन उन्होंने प्रधानमन्त्री से कहीं ज्यादा निष्पक्षता की भावना और साहस का प्रदर्शन किया था।

लेकिन मेरी मुसीबतें इसके बाद भी खत्म नहीं हुईं।

गृहमन्त्री चौधरी चरण सिंह द्वारा जल्दी ही मेरे खिलाफ किसी कार्रवाई की अफवाहें उड़ रही थीं। मैं गृह सचिव टी.सी.ए. श्रीनिवास वर्दन से मिला। मैंने उनसे साफ-साफ पूछा कि क्या सरकार के पास मेरे खिलाफ कुछ था। वर्दन का व्यवहार बहुत शिष्ट था, लेकिन एक मँजे हुए सरकारी अधिकारी होने के कारण वे खुलकर जवाब नहीं दे रहे थे। इस तरह के संवेदनशील विषय पर कुछ कहना सचमुच बहुत जोखिम का काम था। उन्होंने खामोश रहना ही बेहतर समझा। उनके संकोच का एक कारण यह भी हो सकता था कि मेरे खिलाफ कार्रवाई के निर्णय में उनका कोई हाथ नहीं था। सम्भवतः वे ऊपर से, यानी चौधरी चरण सिंह की तरफ से आए निर्देशों का पालन मात्र कर रहे थे। इसलिए मैंने स्वयं चौधरी साहब से ही मिलने का फैसला किया।

मैं चौधरी चरण सिंह को 1940 के दशक से जानता था—उस समय से जब वे उत्तर प्रदेश सरकार में एक मन्त्री थे। किसी तरह के धर्मोन्माद के बिना वे एक निष्ठावान हिन्दू थे और हमारी प्राचीन सभ्यता और धरोहर का बहुत मान करते थे। मैं भी धर्मोन्माद के बिना एक निष्ठावान हिन्दू था और अपनी प्राचीन संस्कृति और धरोहर के लिए मेरे मन में भी बहुत सम्मान था। इसलिए हममें कई बातें साझी थीं। चौधरी साहब आर्थिक मामलों में भी पूरी तरह से ईमानदार व्यक्ति थे। उनका व्यक्तिगत जीवन निष्कलंक और सादगी भरा था। निर्धन वर्गों के प्रति, विशेषकर किसानों के प्रति उनके मन में सच्चा प्रेम था। उनके इन गुणों के कारण मैं उन्हें आदर की दृष्टि से देखता था। उनकी एकमात्र दुर्बलता थी सत्ता को लेकर उनकी ऊँची महत्त्वाकांक्षाएँ। महत्त्वाकांक्षी होना बुरा नहीं है। लेकिन चौधरी साहब की यह महत्त्वाकांक्षा उनके अन्य सभी गुणों पर हावी हो जाती थी।

1977 में चुनाव-प्रचार के दौरान चौधरी साहब ने मेरी जमकर आलोचना की थी। 28 फरवरी 1977 को सहारनपुर में दिए गए अपने भाषण में उन्होंने कहा था, "यह घराना नेहरू परिवार के सबसे ज्यादा नजदीक रहा है। इसलिए इसमें कोई आश्चर्य की बात नहीं थी कि इसका एक सपूत उद्योगपतियों के दल का नेतृत्व करता हुआ श्रीमती गांधी के पास पहुँचा, और उन्हें यह भरोसा दिलाया कि इमरजेंसी लगाने के लिए सरकार को उनका पूर्ण समर्थन प्राप्त था।"

13 मार्च 1977 को चौधरी साहब ने दिल्ली में भी यही बात दोहराई, "इसमें कोई हैरानी की बात नहीं है कि 1975 में बिड़ला ने कुछ अन्य उद्योगपतियों के साथ प्रधानमन्त्री के पास जाकर इमरजेंसी के लिए अपना पूरा समर्थन व्यक्त किया।"

मैंने चौधरी साहब से भेंट की तो वे बहुत शिष्टतापूर्वक मुझसे मिले। उन्होंने पहले मुझे एक छोटा-सा भाषण दिया और कहा कि एक व्यवसायी होने के कारण मुझे ज्यादा व्यावहारिक होना चाहिए था, और अपने व्यावसायिक हितों को ध्यान में रखते हुए सभी राजनीतिक पार्टियों को खुश रखना चाहिए था।

इसके बाद चौधरी साहब ने मुझसे पूछा कि मैं इमरजेंसी का समर्थन करने के लिए व्यवसायियों का एक दल लेकर श्रीमती गांधी के पास क्यों गया था। मैंने उनसे कहा कि उनकी जानकारी पूरी तरह से गलत थी और चुनाव-प्रचार के दौरान अपने भाषणों में उन्होंने जो कुछ कहा था, वह भी पूरी तरह से गलत था। मैं व्यवसायियों का एक प्रतिनिधिमंडल लेकर इन्दिराजी के पास जरूर गया था, लेकिन 22 जून 1975 को। जबकि इमरजेंसी 26 जून 1975 को लगाई गई थी। मैंने उनसे कहा कि इलाहाबाद उच्च न्यायालय के फैसले के खिलाफ उच्चतम न्यायालय द्वारा स्थगन आदेश के बाद यह प्रतिनिधिमंडल इन्दिराजी के प्रधानमन्त्रित्व में अपना विश्वास प्रकट करने गया था। चौधरी साहब थोड़ा चौंके, क्योंकि उन्हें पूरा विश्वास था कि मैंने इमरजेंसी के समर्थन में ही व्यवसायियों के मोर्चे का नेतृत्व किया था। मैंने उनसे तथ्यों की जांच करने का अनुरोध किया।

इसके बाद चौधरी साहब ने मुझसे कई प्रश्न किए। मैं राजनीति में इतनी दिलचस्पी क्यों लेता था? मैं अब भी इन्दिराजी का साथ क्यों दे रहा था? क्या अपने व्यवसाय के प्रति मेरा कोई दायित्व नहीं था? क्या कोई व्यवसायी सरकार की नाराजगी मोल लेने का खतरा उठा सकता था?

मैंने चौधरी साहब से कहा कि मौजूदा सरकार से झगड़ा करने का मेरा कोई इरादा नहीं था, लेकिन इन्दिराजी के साथ मेरे सम्बन्ध मेरा व्यक्तिगत मामला था। इन सम्बन्धों का मेरी व्यावसायिक गतिविधियों से कुछ भी लेना-देना नहीं था। मैंने उनसे कहा कि इन्दिराजी के सत्ता में रहने के दौरान उनके साथ खड़ा रहने के बाद उनका साथ छोड़ देना विशुद्ध अवसरवादिता होती। मैं इन्दिराजी को परिवार की एक वरिष्ठ सदस्य की तरह मानता था और उन्हें छोड़कर किसी दूसरे शिविर में जाने का प्रश्न ही नहीं उठता था।

इसके बाद चौधरी साहब ने मुझसे एक चौंका देने वाला प्रश्न पूछा। "क्या आप इन्दिराजी के पैसे के बारे मुझे कोई सुराग दे सकते हैं? उन्होंने इसे कहाँ छिपा रखा है?" यह प्रश्न सुनकर मैं बुरी तरह चौंक गया था। कुछ क्षण खामोश रहने के बाद मैंने उनसे कहा कि उन्हें यह प्रश्न इन्दिराजी से पूछना चाहिए। इसके बाद मैंने कटाक्ष करते हुए कहा कि इन्दिराजी ने अपनी सम्पत्ति या उसे रखने के स्थान के बारे में मुझे कभी विश्वास में

नहीं लिया था। मैंने उनसे यह भी कहा कि यदि इस सम्बन्ध में इन्दिराजी ने मुझे विश्वास में लिया होता तो भी मैं उनका भेद न खोलता, उसी तरह जिस तरह मैंने उनका साथ नहीं छोड़ा था। हमारी भेंट बिना किसी नतीजे पर पहुँचे खत्म हो गई। चौधरी साहब स्वाभाविक तौर पर मेरे उत्तरों से सन्तुष्ट नहीं थे। उनका खयाल था कि मैं इन्दिराजी के बहुत-से 'रहस्यों' से परिचित था, लेकिन उन्हें उनके सामने उगलना नहीं चाहता था। वे मुझसे क्रुद्ध दिखाई दे रहे थे।

चौधरी साहब ने मुझे परेशान करने का एक दूसरा उपाय खोज निकाला। उन्होंने मेरा पासपोर्ट जब्त करवाने का प्रयास किया। लेकिन यह मामला गृह मन्त्रालय के हाथ में नहीं था, क्योंकि पासपोर्ट विदेश मन्त्रालय द्वारा जारी किए जाते हैं। गृह मन्त्रालय से आवेदनकर्ता के बारे में पूछताछ जरूर की जाती है, लेकिन पासपोर्ट जारी करने का अन्तिम निर्णय विदेश मन्त्रालय के हाथ में रहता है।

चौधरी साहब के निर्देशों पर अमल करते हुए गृह मन्त्रालय ने विदेश मन्त्रालय से अनुरोध किया कि मेरा पासपोर्ट जब्त कर लिया जाए। मुझे इसकी भनक मिल गई। मैं तुरन्त अटल बिहारी वाजपेयी से मिला, जो तब विदेश-मन्त्री थे। उन्होंने अपने मन्त्रालय को निर्देश दिया कि इस तरह का कोई कदम न उठाया जाए। आखिर चौधरी साहब ने अटलजी से खुद बात करके मेरा पासपोर्ट जब्त करने के लिए कहा। अटलजी चौधरी साहब की इच्छा का पालन करने के लिए तैयार नहीं थे। उन्होंने कहा कि इस तरह की कार्रवाई के लिए मेरे खिलाफ कोई निश्चित आरोप होना चाहिए। चौधरी साहब ने ज्यादा जोर डाला तो अटलजी ने कहा कि वे ऐसा नहीं कर सकते। अगर चौधरी साहब मेरा पासपोर्ट जब्त करवाना चाहते थे तो इस सम्बन्ध में गृह मन्त्रालय को एक लिखित निर्देश जारी करना चाहिए था।

इससे पहले मैं अटलजी को बता चुका था कि यदि किसी वैध कारण के बिना मेरा पासपोर्ट जब्त किया गया तो मैं न्यायालय में जाने से नहीं झिझकूँगा। हालाँकि अटलजी मेरे मित्र थे, फिर भी मैंने अपना इरादा स्पष्ट कर दिया था। बल्कि इससे चौधरी साहब से निपटने में अटलजी को मदद मिली थी। अगर मेरा पासपोर्ट जब्त करने के सम्बन्ध में गृह मन्त्रालय एक लिखित निर्देश जारी करता तो अदालत में उसे इसका जवाब देना पड़ता।

इसके बाद मैं चौधरी साहब से तीन बार और मिला और उन्हें यह समझाने की कोशिश करता रहा कि इन्दिराजी के समर्थकों के साथ निष्पक्षतापूर्ण व्यवहार होना चाहिए, और उनके खिलाफ किसी तरह की बदले की कार्रवाई नहीं होनी चाहिए। लेकिन, जैसाकि बाद की घटनाओं से साबित हुआ, मेरी सलाह का उन पर कोई असर नहीं हुआ।

मेरे दुर्भाग्य के उन दिनों में जनता पार्टी के सभी महत्त्वपूर्ण नेता मेरे प्रति वैमनस्य का प्रदर्शन कर रहे थे और अक्सर बहुत अभद्र व्यवहार करते थे। लेकिन दो ऐसे नेता भी थे जो इस पूरी अवधि के दौरान पहले की तरह ही मेरे मित्र बने रहे। ये दो नेता थे अटलजी और चन्द्रभानुजी। और तो और, पीलू मोदी जैसे लोग भी, जिनके साथ हमेशा से मेरे मैत्रीपूर्ण सम्बन्ध रहे थे, मुझे देखकर पीठ फेरने लगे थे। पीलू और मैं किसी समय एक ही पार्टी, स्वतन्त्र पार्टी, से जुड़े हुए थे, इसलिए एक-दूसरे के बहुत ज्यादा निकट थे। लेकिन जब जनता शासन के दौरान मैंने पीलू मोदी से भेंट करनी चाही तो वे मुझे मिलने से भी

कतराते रहे। बाद में वे मिलने के लिए सहमत भी हुए तो चोरों की तरह, ताकि दूसरों को पता न चले।

एक अन्य अपवाद थे मधु दंडवते, जो तब रेल-मन्त्री थे। मैं दंडवते को पहले से नहीं जानता था। उनके मन्त्री बनने के बाद ही उनसे मेरा परिचय हुआ। मैं जब भी भेंट के लिए उनसे समय चाहता, वे तुरन्त मुझसे मिलते और बहुत शिष्टता से पेश आते। वे पूरी तरह एक सज्जन व्यक्ति थे।

मैं जानता था कि इन्दिराजी चन्द्रभानुजी को पसन्द नहीं करती थीं। लेकिन उनके साथ मेरी बहुत अच्छी मित्रता थी और 1974 में उत्तर प्रदेश के राज्यसभा के चुनावों में उन्होंने मेरा भरपूर साथ दिया था। मैंने इन्दिराजी को बता दिया था कि जनता सरकार की तरफ से मेरे लिए कठिनाइयाँ पैदा होने की स्थिति में मैं चन्द्रभानुजी की मदद लेता रहता था। मुझे इस मामले में इन्दिराजी को विश्वास में लेना उचित प्रतीत हुआ था।

मेरे बहुत-से उद्योग समस्याओं और कठिनाइयों का सामना कर रहे थे। अधिकारी वर्ग उचित शिकायतों पर भी ध्यान नहीं दे रहा था, क्योंकि उसे पता था कि सरकार मेरे खिलाफ थी। इसलिए मैं कोई समस्या होने पर चन्द्रभानुजी का सहयोग लेता रहता था। उनका व्यवहार मित्रतापूर्ण था, लेकिन वे मेरी कुछ भी मदद नहीं कर रहे थे या कर नहीं पा रहे थे। शायद उम्र और गिरते स्वास्थ्य ने उनकी शक्ति और ऊर्जा को प्रभावित कर दिया था। उन्होंने एक-दो बार मोरारजी भाई से इतना जरूर कहा कि मैं उनका मित्र था। जैसीकि अपेक्षा थी, मोरारजी भाई पर इसका कुछ भी प्रभाव नहीं पड़ा था।

नई दिल्ली, 9 दिसम्बर, 1999 : तत्कालीन प्रधानमन्त्री अटल बिहारी वाजपेयी के साथ

मैं अटलजी को, जो बाद में देश के प्रधानमन्त्री भी बने, 1950 के दशक से जानता था। 1971 में मैंने लोकसभा का चुनाव लड़ा था तो वे मेरे निमन्त्रण पर मेरे चुनाव-क्षेत्र में आए थे, और उन्होंने मेरे समर्थन में दो-तीन जनसभाओं को सम्बोधित किया था। अटलजी पूरी तरह से एक सज्जन व्यक्ति हैं।

जनता सरकार में अटलजी की काफी ऊँची प्रतिष्ठा थी। विदेश-मन्त्री होने के साथ-साथ वे भूतपूर्व जनसंघ के नेता भी थे। मैंने उनसे भेंट की।

अटलजी को इन्दिराजी से मेरी मित्रता का जारी रहना पसन्द नहीं था। लेकिन जब मैंने उन्हें अपना दृष्टिकोण समझाया तो उन्होंने इस बात के लिए मेरी प्रशंसा की कि इन्दिराजी के सत्ता में न रहने के बावजूद मैं उनके साथ खड़ा हुआ था। विरोधी शिविर में होने के बावजूद अटलजी इन्दिराजी को अकारण परेशान किए जाने के प्रयासों से प्रसन्न नहीं थे।

मैंने अटलजी से कहा कि मैं जनता सरकार से किसी कृपा की अपेक्षा या माँग नहीं करता। मैं सिर्फ इतना चाहता था कि मुझे और मेरे व्यवसाय को स्वाभाविक न्याय के अधिकार से वंचित न रखा जाए, और मुझे अकारण परेशान करने की कार्रवाइयों को बन्द किया जाए।

अटलजी ने शायद मेरी परीक्षा लेने के लिए ही मुझसे पूछा कि क्या मैं इन्दिराजी को छोड़कर उनके शिविर में शामिल होने के लिए तैयार था। मैंने उनसे कहा कि यह सम्भव नहीं था। उन्होंने इस बात पर ज्यादा जोर नहीं दिया।

मैं इन्दिराजी से मिला तो मैंने उन्हें अटलजी के विचारों के बारे में बताया। मैंने उनसे यह भी कहा कि अटलजी जनता पार्टी के कुछ नेताओं द्वारा उन्हें सताए जाने से अप्रसन्न थे। इन्दिराजी को अटलजी की निष्पक्षता की भावना के बारे में जानकर खुशी हुई।

मेरा पासपोर्ट जब्त करने की सम्भावित कार्रवाई के मामले में एक अवसर पर मुझे विदेश मन्त्रालय से यह सन्देश मिला कि सरकार मेरे पासपोर्ट की जाँच करना चाहती थी। यह एक विचित्र अनुरोध था। क्योंकि मुझे वर्ष में कई बार देश से बाहर जाना पड़ता था, इसलिए मैं सरकार के इरादों को लेकर चिन्तित हो उठा। मुझे आशंका थी कि मेरे पासपोर्ट की जाँच के पीछे इसे जब्त करने का ही उद्देश्य था। मैंने तुरन्त अटलजी से भेंट के लिए समय माँगा, लेकिन, दुर्भाग्यवश, वे देश से बाहर गए हुए थे। विदेश-मन्त्री होने के कारण वे अक्सर देश से बाहर जाते रहते थे—शायद आवश्यकता से कुछ ज्यादा ही। मैंने उनके निष्ठावान सचिव शिव कुमार को फोन किया और उन्हें पूरी स्थिति समझाई। शिव कुमार ने मन्त्रालय में सम्बन्धित अधिकारियों से बात की और मेरे पासपोर्ट की 'जाँच' का विचार छोड़ दिया गया।

सरकार द्वारा मुझे दंडित किए जाने की एक अन्य घटना भी हुई। मैं आई.सी.आई.सी.आई. (इंडस्ट्रियल क्रेडिट एंड इन्वेस्टमेंट कॉर्पोरेशन ऑफ इंडिया) के निदेशकों में शामिल था। आई.सी.आई.सी.आई. को निजी क्षेत्र में एक औद्योगिक विकास संस्थान के रूप में स्थापित किया गया था। इसने बहुत-सी परियोजनाओं में मदद करके देश के औद्योगीकरण में महत्त्वपूर्ण योगदान दिया था। इसके अधिकांश शेयर निजी क्षेत्र की कम्पनियों या आम जनता के पास थे। इस संस्थान के प्रवर्तकों में पिताजी भी शामिल थे।

1969 में इन्दिराजी ने बैंकों का राष्ट्रीयकरण कर दिया तो आई.सी.आई.सी.आई. का भी स्वरूप बदल गया, क्योंकि इसके बहुत-से शेयर बैंकों के पास थे। बैंकों के

राष्ट्रीयकरण के कारण आई.सी.आई.सी.आई. के बहुसंख्यक शेयर सार्वजनिक क्षेत्र में चले गए। इसके बावजूद, इन्दिराजी के कार्यकाल में भारत सरकार ने इसके निदेशक मंडल के स्वरूप में कोई बड़ा बदलाव नहीं किया, और संस्थान की निजी क्षेत्रीय पहचान को बना रहने दिया।

इन्दिराजी की पराजय के बाद जब जनता पार्टी सरकार मुझे एक अभिशाप की तरह देखने लगी, तो मुझे यह आभास हो गया कि देर-सवेर मुझे आई.सी.आई.सी.आई. से त्यागपत्र देने के लिए कहा जाएगा। और वही हुआ भी।

1979 के शुरू में मैं मुम्बई में आई.सी.आई.सी.आई. की एक बैठक में भाग लेने गया तो आईडीबीआई के तत्कालीन चेयरमैन जगदीश सक्सेना–जो उस हैसियत से आई.सी.आई.सी.आई. के एक निदेशक भी थे–बैठक खत्म होने के बाद मुझे एक तरफ ले गए। सक्सेना एक बढ़िया और सज्जन व्यक्ति हैं और मेरे मित्र भी हैं। उन्होंने कहा कि बेहतर होगा कि मैं आई.सी.आई.सी.आई. के निदेशक मंडल से इस्तीफा दे दूँ। उन्होंने इस सम्बन्ध में कोई प्रश्न न करने का अनुरोध किया। मैं खुद भी उनसे कुछ पूछकर उन्हें शर्मिन्दा करना नहीं चाहता था, क्योंकि यह समझना मुश्किल नहीं था कि उनके इस सुझाव के पीछे किसका हाथ था। मैंने सरकार की इच्छा के अनुसार अपना त्याग-पत्र दे दिया। अगर मैं चाहता तो अपना कार्यकाल पूरा होने तक निदेशक के पद पर बना रह सकता था, और इस बात की पूरी सम्भावना थी कि मुझे फिर से चुन लिया जाता। लेकिन मैं सरकार की इच्छा के खिलाफ बोर्ड में रहना नहीं चाहता था। जनता सरकार के इस कदम से उसकी मानसिक क्षुद्रता और बदले की भावना की झलक मिलती थी।

* * *

जनता पार्टी मार्च 1977 में चुनाव जीती थी। 1977 के उत्तरार्द्ध में उसने मुझ पर दबाव डालना शुरू कर दिया।

जनता पार्टी सत्ता में आई तो बहुत-से लोग मेरे खून के प्यासे हो रहे थे। दरअसल, चुनावों के तुरन्त बाद ही जनता संसदीय दल की एक बैठक में बहुत-से सदस्यों ने मेरी जमकर आलोचना की थी। मेरे विरुद्ध शत्रुता का वातावरण बनाया गया। मुझे इस बात का अहसास था कि अगर वैमनस्य की यह हवा जारी रही तो मुझे बहाकर भी ले जा सकती थी, भले ही अस्थायी तौर पर। मेरी समस्या यह थी कि मुझे अपने सिद्धान्तों के साथ कोई समझौता किए बिना और इन्दिराजी के साथ अपनी मित्रता को छोड़े बिना अपना बचाव करना था। जब स्थिति और ज्यादा बिगड़ गई तो मैंने जयप्रकाशजी से मिलने का फैसला कर लिया।

जयप्रकाशजी के साथ बचपन से ही मेरा बहुत अन्तरंग परिचय रहा था। वे पिताजी के सचिव थे और कोलकाता में हमारे घर पर हमारे साथ ही रहते थे। जयप्रकाशजी के सक्रिय राजनीति में प्रवेश करने और ख्याति अर्जित करने के बाद भी उनके साथ मेरा निरन्तर सम्पर्क बना रहा था। वे कई अवसरों पर मुझे किसी-न-किसी संस्था को चन्दा देने के लिए या लोगों को नौकरी पर रखने के लिए पत्र लिखते रहे थे। वे जब भी कोलकाता आते थे तो मुझसे जरूर मिलते थे। मेरे मन में उनके लिए परम श्रद्धा की भावना थी।

हालाँकि वे जानते थे कि मैं इन्दिराजी के निकट था, फिर भी हमारे सम्बन्ध पहले की तरह ही स्नेहपूर्ण और आत्मीय बने रहे थे।

जनता शासन के दौरान मुझे पता चला कि बहुत-से लोग जयप्रकाशजी के पास जाकर मेरे खिलाफ उनके कान भरने की कोशिश कर रहे थे, ताकि सरकार द्वारा मेरे खिलाफ कोई कार्रवाई होने की स्थिति में वे किसी तरह का हस्तक्षेप न करें। मुझे पता चला कि 'इंडियन एक्सप्रेस' के मालिक रामनाथ गोयनका विशेष रूप से मुझसे क्रुद्ध थे।

मैं रामनाथजी को 1946 से जानता था। वे एक निर्भीक व्यक्ति थे। वे एक अच्छे मित्र और बुरे शत्रु थे। कुछ अवसरों को छोड़कर मैं उनका भरोसा, विश्वास और स्नेह प्राप्त करने में सफल रहा था।

इंडियन आयरन एंड स्टील कम्पनी (इस्को) अपने राष्ट्रीयकरण से पहले बहुत ज्यादा घाटे में चलने लगी थी। कम्पनी के चेयरमैन सर बीरेन मुखर्जी थे। वे एक निडर व्यक्ति थे, लेकिन उनमें व्यवहारकुशलता का अभाव था। दिल्ली के सत्ताधारियों के साथ उनकी दाल नहीं गल सकी। अपने भरसक प्रयासों के बावजूद वे 'इस्को' के आधुनिकीकरण के लिए सहयोग और साधन जुटाने में असफल रहे। परिणामस्वरूप कम्पनी की हालत बिगड़ती चली गई, और साथ ही इसके शेयरधारकों की चिन्ता भी बढ़ती चली गई।

कम्पनी के शेयर के भाव बहुत ज्यादा नीचे गिर गए तो रामनाथजी को वे काफी लुभावने प्रतीत हुए। उन्होंने भारी संख्या में शेयर खरीद लिए। सम्भवतः इसके पीछे उनका बहुत नेक उद्देश्य रहा हो, और उन्होंने सोचा हो कि कम्पनी को खरीद लेने के बाद वे उसका उद्धार करने का प्रयास करेंगे। लेकिन पश्चिम बंगाल में उनके इस कदम को अच्छी नजर से नहीं देखा गया, जहाँ सर बीरेन का बहुत ज्यादा मान-सम्मान था। रामनाथजी और ज्यादा शेयर खरीदते चले गए। अन्त में उन्हें बहुत भारी घाटा उठाना पड़ा, लेकिन वे इसे हँसते हुए झेल गए। अपने इस दाँव को लेकर उन्हें कभी भी पछतावा नहीं हुआ। इससे उनके जीवट का पता चलता है।

आपातकाल के दौरान 'इंडियन एक्सप्रेस' को कठिनाइयों का सामना करना पड़ा और सरकार के साथ उसका टकराव रहा। रामनाथजी एक पारिवारिक मित्र रहे थे। मैं उनके और कांग्रेस (आई) उच्च कमान के बीच एक अनौपचारिक समझौता करवाने में सफल रहा। इस समझौते की एक शर्त यह थी कि समाचार कम्पनियों का चेयरमैन कोई ऐसा व्यक्ति होगा जो रामनाथजी और उच्च कमान दोनों को स्वीकार्य हो। समझौते के अनुसार मुझे इन कम्पनियों का चेयरमैन बना दिया गया। बल्कि मेरे नाम का सुझाव स्वयं रामनाथजी ने ही दिया था। लेकिन यह प्रयोग सफल नहीं रहा। रामनाथजी के साथ मेरे सम्बन्धों में थोड़ी खटास आ गई, हालाँकि कुछ समय बाद वे फिर से सामान्य हो गए। जनता शासन के दौरान ऐसी अफवाहें रहीं कि रामनाथजी भी मुझे मेरे पुराने 'कुकर्मों' के लिए 'दंडित' करवाना चाहते थे।

रामनाथजी जयप्रकाशजी के बहुत निकट थे। सभी सार्वजनिक व्यक्तियों में जयप्रकाशजी उन्हें अपने सबसे निकट मानते थे। मुझे सुनने को मिला कि रामनाथजी ने भी जयप्रकाशजी से मेरी बुराई की थी। ऐसी अफवाहें थीं कि रामनाथजी ने उनसे मेरा बचाव न करने का आग्रह किया और कहा कि वे मुझे 'खत्म' कर डालेंगे। मैंने इन अफवाहों पर विश्वास नहीं किया। लेकिन मैं जानता था कि रामनाथजी जितने अच्छे मित्र थे, उतने ही

बुरे शत्रु भी। मैं निश्चित ही घबरा गया। मैंने इन्दिराजी को इन अफवाहों के बारे में बताया। वे मुझ कोई सलाह दे पाने में असमर्थ थीं। अब क्या किया जाए?

रामनाथजी के पुत्र भगवान के साथ मेरे बहुत अच्छे सम्बन्ध थे। मैंने उन्हें चेन्नई में फोन करके कहा कि वे रामनाथजी को समझाएँ कि वे मुझे कोई हानि न पहुँचाएँ। भगवान और उनकी पत्नी सरोज दोनों ने ही मेरी मदद करने का वायदा किया। भगवान ने निष्पक्षता की असाधारण भावना का प्रदर्शन करते हुए मुझे आश्वासन दिया कि अगर उन्हें पता चला कि उनके पिता मुझे हानि पहुँचाने के प्रयास में थे, तो वे सार्वजनिक रूप से उनका विरोध करेंगे। इसके बाद मैंने रामनाथजी से बात करने का प्रयास किया। लेकिन जैसे ही उन्होंने मेरी आवाज सुनी उन्होंने फोन का रिसीवर नीचे रख दिया। खैर, कुछ महीने बाद उनका गुस्सा ठंडा हो गया और वे फिर से मेरे मित्र बन गए। इसके पीछे भी एक कहानी है।

इसमें कोई सन्देह नहीं कि आपातकाल के दौरान रामनाथजी सरकार की तरफ से सभी तरह के दबावों का सामना कर रहे थे। फिर भी मैंने उनके साथ स्नेहपूर्ण सम्बन्ध बनाए रखने का प्रयास किया था। वे एक पारिवारिक मित्र रहे थे। हमारे राजनीतिक विचारों और निष्ठाओं की भिन्नता के बावजूद मैं उनके साथ हमेशा मधुर सम्बन्धों का इच्छुक रहा था। रामनाथजी इन्दिरा-विरोधी और सरकार-विरोधी थे—मुझसे ठीक उलट।

1976 के अन्तिम दिनों में मुझे पता चला था कि रामनाथजी मुझसे बहुत ज्यादा नाराज थे। उस समय मैंने उनके साथ कुछ पत्र-व्यवहार किया था। अन्ततः उनकी गलतफहमियाँ दूर हो गई थीं और 4 दिसम्बर 1976 को उन्होंने मुझे बहुत प्यारा पत्र लिखा था। वह पत्र कुछ इस तरह था–

> प्रिय कृष्ण कुमार जी,
>
> मैं गत मास की 25 तारीख के आपके पत्र के लिए अत्यन्त आभारी हूँ। मुझे यह जानकर बहुत प्रसन्नता हुई है कि मित्रों और परिचितों द्वारा दी गई यह जानकारी कि 'आप नाराज थे और मैंने आपको निराश किया था' सही नहीं थी। मुझे इस बात का खेद है कि अपने बचाव में मुझे उनसे कहना पड़ा कि जो कुछ आप कह रहे थे वह सच नहीं था।
>
> आज के बाद आप यह मानकर चलिए कि यदि कोई व्यक्ति उपरोक्त वक्तव्य जैसा कोई वक्तव्य देता है, तो मैं उसे अपने काम से काम रखने और मुझसे इस तरह की बातें न करने के लिए कहूँगा।
>
> आपके पत्र ने मुझे पूरी तरह से चिन्तामुक्त कर दिया है। मैं आपको आश्वासन देना चाहता हूँ कि मैं पहले की तरह ही आपका सम्मान करता रहूँगा।
>
> आपका,
>
> आर.एन. गोयनका

इसलिए जब मैंने सुना कि रामनाथजी मेरे प्रति बहुत कटुतापूर्ण शत्रुता की भावना पाले हुए थे, तो मैंने एक साझे मित्र को उनके इस पत्र की एक प्रतिलिपि के साथ उनके पास भेजा। मेरे मित्र ने उन्हें याद दिलाया कि जिस समय वे कठिनाइयों के दौर से गुजर रहे थे, और मैं सरकार और प्रधानमन्त्री के अत्यन्त निकट होने के कारण बहुत शक्तिशाली स्थिति में

था, तो मैंने उनके साथ मित्रतापूर्ण सम्बन्ध बनाए रखने का प्रयास किया था। तो फिर उसके बाद ऐसा क्या हो गया था कि वे मेरे प्रति इतने भड़के हुए थे? मुझे नहीं मालूम कि इस साझे मित्र ने रामनाथजी से सचमुच ये बातें कही थीं या नहीं। लेकिन कुछ समय बाद रामनाथजी का क्रोध शान्त हो गया और हमारे बीच पुरानी मित्रता फिर से स्थापित हो गई। रामनाथजी के दिल में पिताजी के लिए बहुत आदर था। सम्भवतः उनके शान्त पड़ने के पीछे यही कारण रहा हो।

जो भी हो, मैंने जयप्रकाशजी से भेंट की और उनसे कहा कि अगर सरकार ने मुझे परेशान करने का प्रयास किया तो मैं उनका हस्तक्षेप चाहूँगा। जयप्रकाशजी बहुत भले हृदय और स्नेहपूर्ण भावनाओं वाले व्यक्ति थे। वे मेरी मदद करने के लिए सहर्ष तैयार हो गए। लेकिन, वास्तव में, मैंने उनकी मदद लेने का कुछ भी प्रयास नहीं किया।

जनता शासन के दौरान मुझे एक अन्य व्यक्ति के सम्पर्क में आने का भी अवसर मिला। वे थे हरियाणा के जाट नेता चौधरी देवी लाल। उन दिनों उन्हें चौधरी चरण सिंह के बहुत नजदीक माना जाता था। देवी लाल ने मुझसे भेंट करने के लिए समय माँगा। मैं जानता था कि वे चौधरी साहब के बहुत अच्छे मित्र थे, इसलिए मुझे उम्मीद बँधी कि शायद चौधरी साहब और उनके मन्त्रालय द्वारा मुझे अकारण परेशान किए जाने की कार्रवाइयों को रोकने में उनसे कुछ मदद मिल सके। मैं उनसे मिलने के लिए तुरन्त तैयार हो गया।

देवी लाल दिल्ली में मुझे मेरे घर पर मिले। उन्होंने कहा कि उन्होंने मेरी परेशानियों के बारे में सुना था और वे संकट के इस दौर में मेरी मदद करने के लिए तैयार थे, लेकिन एक शर्त पर। मुझे कांग्रेस (आई) के कुछ सांसदों को इन्दिराजी को छोड़कर जनता पार्टी का समर्थन करने के लिए तैयार करना होगा। उन्होंने कहा कि उन्हें यह निश्चित जानकारी थी कि कांग्रेस (आई) संसदीय दल में ऐसे पन्द्रह-बीस सांसद थे जो मेरे बहुत ज्यादा नजदीक थे। उन्होंने जोर देकर कहा कि अब समय आ गया था कि मैं चौधरी साहब को अपने समर्थन का भरोसा दिलाऊँ। उन्होंने कहा कि मुझे इन पन्द्रह-बीस सांसदों के दल को अपने साथ लेकर चौधरी साहब के घर पर जाना चाहिए और उन्हें यह भरोसा दिलाना चाहिए कि इन सांसदों की पहली निष्ठा मेरे साथ थी, और अब वे सब के सब इन्दिराजी को छोड़कर चौधरी साहब को अपना नेता स्वीकार करने के लिए तैयार थे।

मैं देवी लाल के इस भोलेपन पर मन-ही-मन मुस्करा दिया। मैं जानता था कि इस बेतुके प्रस्ताव पर उनके साथ बहस करने का कोई अर्थ नहीं था। मैंने खामोश रहना ही उचित समझा और बातचीत का विषय बदल दिया।

देवी लाल सन्तुष्ट नहीं हुए, और उन्होंने मुझसे दोबारा भेंट करके अपना प्रस्ताव फिर से दोहराया। जब मैंने उनकी 'ठोस सलाह' पर कोई सकारात्मक प्रतिक्रिया व्यक्त नहीं की, तो वे मेरी 'मूर्खता' पर खेद व्यक्त करते हुए वापस चले गए। इसके बाद भी मैं उनसे कई बार मिला। उन्हें हमारे अखबार 'हिन्दुस्तान टाइम्स' से हमेशा शिकायत रहती थी। लेकिन हमारे व्यक्तिगत सम्बन्ध स्नेहपूर्ण बने रहे।

23

भारत से पलायन

जून 1977 से ही इस तरह की अफवाहें थीं कि मैं बहुत गहरे संकट में था और मुझे किसी भी दिन गिरफ्तार किया जा सकता था। इस तरह की सूचनाएँ मुझे कई स्रोतों से मिल रही थीं। मेरा अपराध क्या था? कहा जा रहा था कि मुझे कांग्रेस पार्टी की स्मारिकाओं के लिए विज्ञापनों के प्रबन्ध में मदद करने के अभियोग में गिरफ्तार किया जाएगा। मुझे परेशान करने का वास्तविक कारण निस्सन्देह इन्दिराजी के साथ मेरी निकटता थी। मेरा पूरा परिवार चिन्तित हो उठा। विशेषकर मेरी पत्नी की रातों की नींद हराम हो गई। परिवार में एक गहरे शोक का वातावरण व्याप्त हो गया।

इस तरह की लगातार अफवाहों को देखते हुए मैंने अपने कानूनी सलाहकारों से बात की। उन्होंने मुझे अग्रिम जमानत के लिए आवेदन करने का सुझाव दिया। मैंने इससे इनकार कर दिया। मुझे यह विचार बिलकुल भी नहीं भा रहा था। मेरा खयाल था कि अगर सरकार ने मुझे गिरफ्तार किया तो यह उसकी तरफ से एक गलत कदम होगा। मेरा तर्क था कि अगर सरकार शरारत पर आमादा थी तो उसे पहला गलत कदम उठाने दिया जाना चाहिए। मेरे विचार से इससे सरकार का पर्दाफाश होता और मुझे आम जनता की सहानुभूति मिलने में मदद मिलती। उस समय मैं यह महसूस कर रहा था कि मैं इस मामले को न्यायालय में ले जाकर न्याय प्राप्त कर सकता था। दूसरे शब्दों में, मेरा दृष्टिकोण यह था कि पहल सरकार मुझे गिरफ्तार करे, उसके बाद मैं जमानत के लिए आवेदन करूँगा।

कुछ समय तक मामला इसी तरह लटका रहा। मैं अपने मुख्यालय कोलकाता से दिल्ली गया और सबसे पहले अटलजी से मिला। मैंने उनसे पूछा कि क्या उन्हें इस मामले की ताजा स्थिति के बारे में कोई जानकारी थी। उन्होंने कहा कि स्थिति बहुत गम्भीर थी और मुझे किसी भी दिन गिरफ्तार किया जा सकता था। उन्होंने कहा कि चौधरी (मतलब चरण सिंह) बहुत कड़े व्यक्ति थे और मुझे गिरफ्तार करने के लिए संकल्पबद्ध थे। हालाँकि अटलजी एक मित्र थे, लेकिन उन्होंने इस मामले में अपनी असमर्थता व्यक्त की। उन्होंने कहा कि अगर चौधरी ने मुझे गिरफ्तार कर लिया तो वे मेरे बचाव में शायद ही कुछ कर पाएँ।

मैंने अपने खुद के स्रोतों से और ज्यादा जानकारी प्राप्त करने का प्रयास किया। मुझे पता चला कि मेरी गिरफ्तारी अब कुछ ही दिनों की बात थी। मैंने इन्दिराजी से मिलकर उन्हें स्थिति के बारे में बताया। उन्हें यह जानकार सचमुच बहुत दुख हुआ कि उनके साथ अपने जुड़ाव के कारण मुझे इस तरह से परेशान किया जा रहा था। उन्होंने मुझे अग्रिम जमानत के लिए आवेदन करने की सलाह दी। मैंने उनसे कहा कि मुझे यह विचार पसन्द

नहीं था। जब मैंने उन्हें इसका कारण बताया तो उन्होंने मेरे दृष्टिकोण के साथ अपनी सहमति व्यक्त की, और कहा कि उन्होंने अग्रिम जमानत का सुझाव सिर्फ मेरी घबराहट को दूर करने के लिए दिया था। मैं घबराया हुआ जरूर था, लेकिन ईश्वर में मेरी परम आस्था मेरे साथ थी।

मैंने अपने मित्रों और सलाहकारों से बात की, और जहाँ जरूरत पड़ी, अपने वकीलों से भी। गिरफ्तारी को टालने के लिए सभी रणनीतियों पर चर्चा की गई। सबसे आसान उपाय निस्सन्देह अग्रिम जमानत था। लेकिन मैंने इसे दृढ़तापूर्वक ठुकरा दिया। मेरे विचार में अग्रिम जमानत के लिए आवेदन करना अपने अपराध को स्वीकार करने की तरह था। मैंने कुछ गलत नहीं किया था, तो फिर अग्रिम जमानत के लिए आवेदन करने या किसी तरह की दुर्बलता दिखाने का प्रश्न ही कहाँ उठता था, भले ही सरकार मुझे कटघरे में खींचना चाहती हो? एक अन्य विकल्प था भूमिगत हो जाना और मेरे खिलाफ वारंट जारी हो जाने के बाद जमानत के लिए आवेदन करना। मैंने इस सुझाव को भी ठुकरा दिया। मैं किसी भगोड़े की तरह भूमिगत नहीं होना चाहता था। तीसरा विकल्प था कि मैं कोई भी कदम न उठाऊँ। अपनी गिरफ्तारी होने दूँ और उसके बाद जमानत के लिए आवेदन करूँ। अन्य सभी विकल्पों को ठुकरा देने के बाद मेरे सामने एक यही विकल्प बचा था। राजनीतिक कारणों से जेल जाने पर किसी व्यक्ति की प्रतिष्ठा पर धब्बा नहीं लगा करता। लेकिन मैं यह जरूर स्वीकार करूँगा कि जमानत मंजूर होने से पहले कुछ दिन जेल में बिताने की मेरी कतई इच्छा नहीं थी। इससे भी ज्यादा महत्त्वपूर्ण मेरी पत्नी और मेरे पिता की भावनाओं का प्रश्न था।

मेरी पत्नी का स्वास्थ्य ठीक नहीं रहता था। यूँ भी कोई भी भारतीय पत्नी अपने पति की गिरफ्तारी के खयाल को बर्दाश्त नहीं कर सकती, भले ही इसके पीछे राजनीतिक कारण हों। मैं जानता था कि अगर मुझे गिरफ्तार कर लिया गया तो उसे बहुत भारी मानसिक आघात पहुँचेगा। पिताजी एक निर्भीक और साहसी व्यक्ति थे। लेकिन वे भी अपने बच्चों को किसी तरह की असुविधा या कष्ट पहुँचने के विचार से विचलित हो जाते थे। मैं इसी दुविधा में था कि क्या न करूँ और क्या करूँ, कि एक दिन अचानक अटलजी का फोन आया।

मैं 10 सितम्बर 1977 को अटलजी से मिला। उन्होंने मुझे बताया कि चौधरी जल्दी ही मेरे खिलाफ कार्रवाई करने जा रहे थे। उन्होंने जानना चाहा कि इस खतरे से बचने का मैंने क्या उपाय सोचा था। मैंने उनसे कहा कि मैंने कुछ भी न करने और चौधरी साहब द्वारा कोई गलत कदम उठाए जाने की प्रतीक्षा करने का फैसला किया था। अटलजी ने मुझसे पूछा कि क्या मेरी विदेश जाने की कोई योजना थी। वे एक अनुभवी राजनीतिज्ञ थे, इसलिए यह प्रश्न करते समय उनके दिमाग में कुछ योजनाएँ थीं।

मैंने अटलजी से कहा कि महीने के अन्त में मेरी विदेश जाने की योजना थी। अटलजी ने अपनी योजनाएँ प्रकट कीं। उन्होंने कहा कि अगर मुझे विदेश जाना था तो मैं अभी क्यों न निकल जाऊँ? मैं सोचने लगा कि इससे क्या लाभ होगा। अगर चौधरी साहब मुझे गिरफ्तार करना चाहते थे तो वे मेरी वापसी पर भी ऐसा कर सकते थे–और शायद मेरे देश छोड़ने से पहले भी। लेकिन अटलजी अपनी बात पर जोर देते रहे। वे चाहते थे कि मैं तुरन्त विदेश चला जाऊँ। एक चीज मुझे बहुत ज्यादा परेशान कर रही थी, और वह थी

मेरी प्रतिष्ठा का प्रश्न। मुझे भीरुपन और कायरता से घृणा है। मैं अर्जुन के दर्शन में विश्वास करता हूँ।

अर्जुन ने दो प्रण किए थे—कायरता का प्रदर्शन न करने और युद्ध-भूमि से पलायन न करने के प्रण। मैं सोच रहा था कि क्या देश से पलायन करने के साथ कोई कलंक जुड़ा हुआ था। मैंने इस विषय पर गहराई से विचार किया। मामले के सभी पहलुओं पर सोच-विचार करने और अपने कुछ मित्रों के साथ भी इस विषय में चर्चा करने के बाद मैं इस निष्कर्ष पर पहुँचा कि राजनीतिक उत्पीड़न की परिस्थितियों में देश से पलायन को कायरता नहीं कहा जा सकता; यह एक रणनीति थी। यह एक आम अपराधी के फरार होने जैसी बात नहीं थी। मेरे मित्रों ने मुझे नेताजी सुभाषचन्द्र बोस और जयप्रकाशजी के उदाहरण दिए थे। भारत माँ के इन दो महान सपूतों के विराट व्यक्तित्वों की तुलना में मैं बहुत छोटा-सा आदमी हूँ। लेकिन मेरे मित्रों ने इस दोनों के उदाहरण सिर्फ मुझे यह समझाने के लिए दिए थे कि राजनीतिक उत्पीड़न की स्थितियों में (जो कि वास्तव में थीं ही) देश छोड़कर जाना कायरता नहीं थी। उन्होंने मुझे इन दो महान सपूतों का अनुसरण करने के लिए कहा—जिस रास्ते पर वे चले, उसी रास्ते पर तुम भी चलो।

मैंने अपनी पत्नी, पिताजी और परिवार के अन्य सदस्यों के साथ विचार-विमर्श किया। मैंने उन्हें अटलजी की सलाह के बारे में बताया। पिताजी और मेरी पत्नी दोनों का ही बहुत दृढ़ आग्रह था कि मुझे तुरन्त देश छोड़कर चले जाना चाहिए। बाद की घटनाओं को देखते हुए उनकी सलाह सचमुच बहुत ठोस साबित हुई।

मैं इन्दिराजी से मिला। मैंने उन्हें अटलजी की सलाह के बारे में बताया तो उन्होंने भी अपनी सहमति प्रकट की। परिणामस्वरूप मैंने 22 सितम्बर 1977 के आसपास भारत छोड़ने की तैयारी कर ली। 14 सितम्बर के आसपास अटलजी ने मुझे फिर से बुलवाया और कहा कि उन्होंने सुना था कि 18 सितम्बर के आसपास मेरी गिरफ्तारी की सम्भावना थी। उन्होंने कहा कि कांग्रेस (आई) की स्मारिकाओं के लिए विज्ञापन इकट्ठे करने के आरोप में मेरी गिरफ्तारी के निर्देश जारी किए जा चुके थे। मैंने अटलजी को बताया कि मेरी योजना 22 सितम्बर के आसपास जाने की थी। मेरे साथ अपनी दीर्घकालीन मित्रता के कारण ही अटलजी मेरी सुरक्षा में इतनी दिलचस्पी ले रहे थे। उन्होंने आग्रह किया कि मुझे 22 सितम्बर की बजाय तुरन्त चले जाना चाहिए। मैंने अपनी पत्नी को अटलजी के साथ हुई बातचीत के बारे में बताया। वह सरकार के इरादों के बारे में जानकर बहुत ज्यादा चिन्तित हो उठी। क्योंकि मेरी गिरफ्तारी की तारीख का संकेत मिल चुका था, इसलिए मैंने अपनी पत्नी के साथ 16 सितम्बर को ही भारत छोड़ने की योजना बना ली।

14 सितम्बर के आसपास यह अफवाह फैली कि मुझे अगले दिन 15 सितम्बर को, अर्थात मेरी यात्रा से एक दिन पहले, गिरफ्तार करने की योजना थी। मुझे सुझाव दिया गया कि मैं भूमिगत हो जाऊँ, वारंट जारी होने के बाद जमानत के लिए आवेदन करूँ, और जमानत मिल जाने के बाद फिर से प्रकट हो जाऊँ। लेकिन मैं अपने पुराने निर्णय पर अडिग रहा। मैं किसी तरह की चालबाजी का इस्तेमाल करने के विचार से सहमत नहीं था। लेकिन घर में गहरे शोक का वातावरण व्याप्त था। हम बहुत व्यग्रता से पुलिस के आने की प्रतीक्षा करते रहे। सौभाग्यवश, ऐसा कुछ भी नहीं हुआ। अधिकांश अफवाहों की तरह मेरी गिरफ्तारी की अफवाह भी झूठी साबित हुई।

इसके बाद हमारी रवानगी का दिन आया। विमान-तल पर मेरी गिरफ्तारी की सम्भावना को देखते हुए सभी तरह की तैयारियाँ कर ली गई थीं। पिताजी बहुत अशान्त महसूस कर रहे थे और मेरे साथ विमान-तल पर जाना चाहते थे। मैंने किसी तरह उन्हें ऐसा न करने के लिए मनाया। मैं जानता था कि विमान-तल पर मेरी गिरफ्तारी के दृश्य को वे सहन नहीं कर पाएँगे। उन्होंने मुझे छोड़ने जाने के लिए लोगों का एक बड़ा दल भेजा। इनमें आधा दर्जन वकील, हमारी कम्पनियों के कुछ वरिष्ठ प्रभावी और कुछ जनसम्पर्क अधिकारी शामिल थे। इसके पीछे यह उद्देश्य था कि विमान-तल पर मेरी गिरफ्तारी की स्थिति में जमानत के लिए तुरन्त आवेदन किया जा सके।

हालाँकि मैं अपने मन को समझा चुका था कि देश से पलायन करना एक कायरतापूर्ण कृत्य नहीं था, फिर भी मैं बहुत असहज महसूस कर रहा था। मुझे एक भगोड़े की तरह देश छोड़कर जाना अच्छा नहीं लग रहा था। 15 सितम्बर को अपनी पत्नी के मना करने के बावजूद, मैंने चौधरी साहब और साथ ही गृह सचिव को यह सन्देश भेजा कि मैं अगले दिन देश से बाहर जा रहा था। मैंने उनसे कहा कि अगर वे मुझे गिरफ्तार करना चाहते थे तो विमान-तल पर कोई तमाशा करने की बजाय मुझे मेरे घर पर आकर गिरफ्तार कर लें।

हमारे शिविर में यह आशंका थी कि मुझे विमान-तल पर गिरफ्तार कर लिया जाएगा। लेकिन ऐसा कुछ भी नहीं हुआ। बाद में मुझे पता चला कि मेरी गिरफ्तारी के कागजात समय पर पूरे नहीं हो सके थे, इसलिए मुझे गिरफ्तार नहीं किया जा सका। सरकार में हर काम मन्द गति से होता है। हम व्यवसायी लोग इसके लिए सरकार की आलोचना करते हैं। लेकिन उस अवसर पर यही मन्द गति मेरे लिए लाभदायक साबित हुई।

मैं बिना किसी व्यवधान के विमान में सवार हो गया। वह एयर फ्रांस का विमान था। विमान ने उड़ान भरी तो मेरी पत्नी ने राहत की साँस ली। मैंने पूरी संजीदगी के साथ उससे कहा कि अभी से खुश होने की जरूरत नहीं थी। जब तक विमान भारतीय सीमा के ऊपर उड़ रहा था, उसे भारत सरकार कभी भी दिल्ली लौटने का आदेश दे सकती थी। इसके बाद भारतीय आकाश सीमा से बाहर निकलने के बाद ही मेरी पत्नी के चेहरे की रंगत लौटी। हम दोनों ने विमान में ही ईश्वर को धन्यवाद दिया।

एयर फ्रांस के विमान से हम पैरिस पहुँचे। वहाँ से हम लन्दन और फिर अमरीका गए। मेरी उपस्थिति के दौरान वाशिंगटन में भारत-अमरीका संयुक्त कार्यकारी समिति की एक बैठक होने जा रही थी। मैं इस समिति के भारतीय खंड का चेयरमैन था। मैं इस बैठक में शामिल नहीं हुआ, क्योंकि मैं अपने मित्रों के लिए कोई अटपटी स्थिति पैदा करना नहीं चाहता था।

मेरे देश से जाने के लगभग एक पखवाड़े बाद, 3 अक्तूबर 1977 को, पुलिस ने दिल्ली में मेरे खिलाफ एक प्राथमिकी (एफ.आई.आर.) दर्ज की। बल्कि दिल्ली पुलिस के विशेष दस्तों (स्पेशल पुलिस एस्टेब्लिशमेंट फ्रॉड स्क्वेड्स) ने मेरे खिलाफ दो प्राथमिकियाँ दर्ज कीं। फ्रॉड दस्ता-2 द्वारा दर्ज प्राथमिकी पी.सी. सेठी, डी. पी. चट्टोपाध्याय, के. डी. मालवीय, एच. आर. गोखले, आर. के. धवन, आर. पी. गोयनका, एम. वी. अरुणाचलम, यशपाल कपूर और मेरे खिलाफ थी। मुख्य आरोप विज्ञापन इकट्ठे करना था, जो पुलिस के अनुसार विज्ञापनों के रूप में राजनीतिक चन्दे थे। उसी दिन एक दूसरी प्राथमिकी इन्दिराजी, सेठी,

आर. के, धवन, जीत पाल और कुछ अन्यों के खिलाफ दर्ज की गई, जिन पर राजनीतिक गतिविधियों के लिए जीपें खरीदने का आरोप था। इन्दिराजी, सेठी, धवन और अन्यों के खिलाफ यह आरोप था कि उन्होंने चुनाव-कार्य के प्रयोग के लिए जीपें खरीदने के लिए औद्योगिक संस्थानों पर दबाव डाला था। आमतौर से प्राथमिकियों में किसी परिवादी का नाम होता है। लेकिन इन मामलों में इसका कोई उल्लेख नहीं था। प्राथमिकी दिल्ली स्पेशल पुलिस एस्टेब्लिशमेंट द्वारा जुटाई गई सूचनाओं के आधार पर दर्ज की गई थी। केन्द्रीय जाँच ब्यूरो ने भी मामले की जानकारी की पुष्टि की थी।

फ्रॉड दस्ता-2 द्वारा दर्ज प्राथमिकी का आरोप काफी दिलचस्प था। इसमें कहा गया था कि क्योंकि कम्पनियों के कानून की धारा 293ए के अन्तर्गत कम्पनियों को राजनीतिक चन्दा देने की मनाही थी, इसलिए अभियुक्तों ने अखिल भारतीय कांग्रेस समिति और अनेक प्रादेशिक कांग्रेस समितियों द्वारा प्रकाशित स्मारिकाओं के लिए विज्ञापनों के आवरण में यह राजनीतिक चन्दा बटोरने की योजना बनाई थी। कम्पनियों और संस्थानों को इन स्मारिकाओं के लिए विज्ञापन जारी करने के लिए उत्प्रेरित किया गया, जो कांग्रेस पार्टी और राजनीतिक उद्‌देश्यों के लिए धन जुटाने की एक चाल मात्र थी।

प्राथमिकी में आगे कहा गया था कि इस योजना के अनुसार सेठी और दो अन्य भूतपूर्व केन्द्रीय मन्त्रियों–डी. पी. चट्टोपाध्याय और के. डी. मालवीय–ने विज्ञापनों के माध्यम से पार्टी के लिए धन इकट्ठा किया। इस प्राथमिकी की मूल अंग्रेजी-प्रतिलिपि परिशिष्ट-2 के रूप में संलग्न है।

प्राथमिकी दर्ज की गई तो मैं देश से बाहर था। जैसाकि मैं पहले कह चुका हूँ, मैं अग्रिम जमानत ले सकता था, लेकिन मैं पहला कदम उठाने का इच्छुक नहीं था। मैं पहला कदम सरकार को उठाने देना चाहता था। मैंने अपने-आपसे कहा था, उन्हें गलत कदम उठाने दो। मेरी नजर में, अग्रिम जमानत के लिए आवेदन करना अपने अपराध को स्वीकार करने की तरह था। अब सरकार वह कदम उठा चुकी थी जिसकी मुझे प्रतीक्षा थी। प्राथमिकी दर्ज हो जाने के बाद कोलकाता में मेरे वकीलों ने तुरन्त जमानत के लिए अर्जी दे दी।

मामला 10 अक्तूबर 1977 को कोलकाता उच्च न्यायालय में सुनवाई के लिए आया। मेरी तरफ से सिद्धार्थ शंकर रे पैरवी कर रहे थे।

राज्य का प्रतिनिधित्व करनेवाले वकील ने कहा कि चूँकि याचिकाकर्ता–यानी कि मैं–देश से बाहर था, इसलिए उच्च न्यायालय को अग्रिम जमानत की अर्जी पर विचार नहीं करना चाहिए। न्यायाधीश उनसे असहमत थे। उन्होंने कहा कि उन्हें उनकी दलील में कोई दम नजर नहीं आता। इस निर्णय की मूल-अंग्रेजी प्रतिलिपि परिशिष्ट-3 के रूप में संलग्न है।

जमानत के लिए दो याचिकाएँ दायर की गई थीं। इसका कारण यह था कि सी.बी. आई. ने एक अन्य प्राथमिकी भी दर्ज की थी, जिसमें अभियुक्तों के रूप में इन्दिरा गांधी, पी.सी. सेठी और अन्य का उल्लेख था। प्राथमिकी में अभियुक्तों पर बिना कोई भुगतान किए चुनाव-कार्य के लिए जीपों का प्रबन्ध करने का आरोप लगाया गया था। क्योंकि कांग्रेस (आई) को कुछ जीपें मैंने भी दी थीं, इसलिए मेरे वकीलों की सलाह थी कि इस आरोप के खिलाफ भी अग्रिम जमानत ले लेना उपयुक्त होगा। भले ही दूसरी प्राथमिकी में मेरे नाम का निश्चित उल्लेख नहीं था, लेकिन मेरे वकीलों का कहना था कि 'श्रीमती इन्दिरा गांधी, भारत की भूतपूर्व प्रधानमन्त्री, पी.सी. सेठी और अन्य' में प्रयुक्त 'और अन्य' शब्द के दायरे

में मुझे भी लपेटा जा सकता था। इसलिए सतर्कतावश अग्रिम जमानत के लिए दो अलग-अलग याचिकाएँ दायर करना ही उचित था। ऐसा ही किया भी गया।

कोलकाता उच्च न्यायालय ने, दोनों याचिकाओं को अग्रिम जमानत के लिए विचार के योग्य पाया। याचिका सुनने के बाद न्यायाधीशों ने कहा कि सरकारी वकील के इस तर्क में कोई दम नहीं था कि चूँकि याचिकाकर्ता (यानी मैं) देश से बाहर था, इसलिए इस तरह के आवेदन पर विचार नहीं किया जा सकता था। उच्च न्यायालय ने याचिकाओं को स्वीकार करते हुए मुझे अग्रिम जमानत दे दी।

न्यूयॉर्क में मुझे पता चला कि अटलजी संयुक्त राष्ट्र के एक सम्मेलन में भाग लेने के लिए जल्दी ही वहाँ आनेवाले थे। वे वहाँ आए तो मैं उनसे मिला। मैंने उनकी सलाह और गहरे संकट के दौर में मेरे साथ अपनी मित्रता निभाने के लिए उन्हें धन्यवाद दिया। अटलजी ने मेरे कार्यक्रम के बारे में पूछा। मैं जल्दी ही भारत लौटना चाहता था। उन्होंने एक बार फिर अपनी मित्रता निभाते हुए और मेरी सुरक्षा को लेकर अपनी चिन्ता दर्शाते हुए सलाह दी कि उनकी तरफ से हरी झंडी पाए बगैर मैं भारत न लौटूँ। उन्होंने सुझाव दिया कि उनके दिल्ली लौटने के बाद मैं अपनी कम्पनी के किसी प्रभावी को उनसे भेंट करके स्थिति का पता लगाने के लिए कहूँ।

अटलजी के दिल्ली लौटने के बाद हमारे एक प्रभावी उनसे मिले। अटलजी ने छानबीन करके स्थिति का पता लगाया और यह सुनिश्चित किया कि चौधरी साहब अब मुझे कोई और हानि नहीं पहुँचा सकते थे। विदेश में लगभग सात सप्ताह बिताने के बाद मैं 4 नवम्बर 1977 को भारत लौट आया। उन दिनों वह मेरा सबसे लम्बा विदेश-प्रवास था। मैं अटलजी की उदारता और स्नेह को कभी नहीं भूल सकता। उन्होंने उस समय मेरी मदद की जब मुझे इसकी सबसे ज्यादा जरूरत थी। उन्होंने सिर्फ एक मित्र के नाते मेरी मदद नहीं की, बल्कि इसलिए की क्योंकि उन्हें मालूम था कि एक निर्दोष व्यक्ति को अकारण परेशान किया जा रहा था।

'इंडिया टुडे' ने 16-31 अक्तूबर 1977 के अपने अंक में मेरे देश से भागने की खबर छापी। यह खबर कुछ इस प्रकार थी–

करोड़पति को गुप्त संकेत

माना जाता है कि करोड़पति उद्योगपति को उनकी आसन्न गिरफ्तारी की गुप्त सूचना मिल गई थी। 'व्यावसायिक उद्देश्यों' से उनकी विदेश-यात्रा मात्र एक संयोग प्रतीत नहीं होती। गृहमन्त्री चरण सिंह इस बात से और भी ज्यादा भड़के हुए हैं कि इस उद्योगपति का नाम उन 54 व्यक्तियों की सूची में शामिल था, जिनके पासपोर्ट जब्त किए जाने थे। लेकिन प्रक्रिया के किसी चरण में यह सूची छोटी कर दी गई और वे अपना पासपोर्ट अपने पास रखने में सफल रहे।

उद्योगपति की अनेक फर्मों के कुछ वरिष्ठ प्रभावियों के अलावा उनके स्वामित्ववाले अखबारों के समूह के एक पत्रकार भी उन्हें विमान-तल पर छोड़ने गए। माना जाता है कि इस पत्रकार ने अपने बॉस को सभी तरह की सूचनाएँ उपलब्ध करवाने के लिए अपने प्रभाव का पर्याप्त प्रयोग किया।

4 अक्तूबर, 1977 को आयोजित एक प्रेस कॉन्फ्रेंस में चौधरी साहब ने मेरे बारे में कुछ टिप्पणियाँ कीं। क्योंकि ये टिप्पणियाँ पाठकों को दिलचस्प प्रतीत हो सकती हैं, इसलिए उनके वक्तव्य के कुछ महत्त्वपूर्ण अंश यहाँ प्रस्तुत किए जा रहे हैं–

हिन्दुस्तान टाइम्स

मुख्य कार्यालय से टेलीप्रिन्टर सन्देश

4.10.1977
14.00 बजे

अत्यावश्यक

सेवार्थ श्री शेखर मिश्र,
कोलकाता कार्यालय,

श्री चरण सिंह की प्रेस कान्फ्रेंस से सम्बन्धित हमारे सन्देश का जारी अंश। श्री बिड़ला के बारे में समाचार द्वारा प्रेषित सामग्री इस प्रकार है–

उद्धरित

दिल्ली 15 जन.
गांधी : बिड़ला

नई दिल्ली, 4 अक्तूबर। गृहमन्त्री श्री चरण सिंह ने आज यहाँ कहा कि श्री के. के. बिड़ला को कोई विशेष रियायत नहीं दी गई है। श्री बिड़ला उन उद्योगपतियों में शामिल हैं जिन पर कुछ कांग्रेस नेताओं की मिलीभगत में लोकसभा चुनाव से पहले पार्टी स्मारिकाओं के लिए विज्ञापन इकट्ठे करने का आरोप है।

उन्होंने कहा कि श्री बिड़ला अब विदेश गए हुए हैं, और टिप्पणी की कि 'मेरा खयाल है कि वे जल्दी ही यहाँ आ रहे हैं।'

एक संवाददाता ने पूछा कि क्या श्री बिड़ला विदेश जाने से पहले उनसे मिले थे।

गृहमन्त्री ने 'हाँ' में जवाब दिया और विनोदपूर्वक जोड़ा, "लेकिन मैंने उन्हें देश से बाहर जाने के लिए नहीं कहा। वे मेरे कोई मित्र नहीं हैं।

एक अन्य संवाददाता ने पूछा, "यह देखते हुए कि स्मारिका मामले की छानबीन काफी समय से चल रही है, उनके पासपोर्ट को जब्त क्यों नहीं किया गया?"

गृहमन्त्री ने कहा कि ऐसे कई व्यक्ति थे जिनके खिलाफ छानबीन चल रही थी, लेकिन उनका पासपोर्ट जब्त नहीं किया गया था।

सी.बी.आई. ने श्री बिड़ला, श्री आर. पी. गोयनका, कलकत्ता के डंकन बन्धुओं, मद्रास के एम. वी. अरुणाचलम और यशपाल कपूर के एक सम्बन्धी और व्यवसायी श्री सुधीर सरीन पर इस 'कुत्सित' मामले में मदद करने का आरोप लगाया है।

इस प्रकरण में शामिल कुछ भूतपूर्व मन्त्री हैं–श्री के. डी. मालवीय, श्री एच. आर. गोखले, श्री पी.सी. सेठी और श्री डी. पी. चट्टोपाध्याय। (समाचार)

भारत लौटकर मैं इन्दिराजी से मिला। मैंने उन्हें बताया कि कठिनाई के पूरे दौर में अटलजी ने किस तरह मेरी मदद की थी। 1980 में इन्दिराजी के सत्ता में लौटने के बाद भी मैंने उन्हें साफ-साफ बता दिया था कि मैं संकट-काल में अटलजी की आत्मीयता और स्नेह को देखते हुए उनके साथ अपने सम्पर्क जारी रखना चाहूँगा।

हालाँकि मुझे अग्रिम जमानत मिल चुकी थी (जिसे मैं अपने कानूनी सलाहकारों के निर्देश के अनुसार हर समय अपनी जेब में लिए घूमता था), लेकिन चौधरी साहब आराम से नहीं बैठे हुए थे। जैसाकि मैं पहले कह चुका हूँ, मुझसे जुड़ी कुछ कम्पनियों ने स्मारिकाओं के लिए कुछ विज्ञापन जारी किए थे। मैंने इस सम्बन्ध में अपने कुछ मित्रों से भी बात की थी, जिन्होंने मुझसे परामर्श करने के बाद स्मारिकाओं के लिए विज्ञापन जारी किए थे। चौधरी साहब इस बात से बहुत ज्यादा क्रुद्ध थे। वे इस कृत्य के लिए मुझे 'क्षमा' करने को तैयार नहीं थे। उन्होंने सी.बी.आई. को मामले की जाँच का आदेश दिया।

विदेश से लौटने के बाद मुझे पता चला कि सी.बी.आई. मेरे बारे में पूछताछ कर रही थी। मैंने सी.बी.आई. के निदेशक सी. बी. नरसिम्हा को तुरन्त एक द्रुतगति तार भेजा—"मैं आपको सूचित करना चाहता हूँ कि मैं आज विदेश से भारत लौट आया हूँ विराम मैं आपके द्वारा किसी भी तरह की छानबीन में पूरा सहयोग देने के लिए तैयार हूँ विराम धन्यवाद और शुभकामनाएँ।"

मुझे इस सम्बन्ध में सी.बी.आई. के सम्मुख प्रस्तुत होने का सम्मन मिला। परिणामस्वरूप मैं 14 नवम्बर को संयुक्त निदेशक, पूछताछ, वी. आर. लक्ष्मीनारायणन के सम्मुख प्रस्तुत हुआ।

सी.बी.आई. कार्यालय में जाने से पहले मैंने इन्दिराजी को स्थिति से अवगत करवा दिया था। इस तरह की पूछताछ का मैंने पहले कभी भी सामना नहीं किया था। लेकिन आश्चर्य की बात थी कि इसके बावजूद मैं बिलकुल शान्त और सहज महसूस कर रहा था। मैं जानता था कि मैंने कोई गैर-कानूनी काम नहीं किया था। इन्दिराजी ने भी मुझे अपना सन्तुलन और संयम न खोने के लिए प्रोत्साहित किया था।

लक्ष्मीनारायणन के अलावा वहाँ डी.आई.जी. (अन्वेषण-1) ईश्वर चन्द्र द्विवेदी और सुपरिंटेंडेंट एफ.सी. शर्मा भी मौजूद थे। हालाँकि मुझसे विस्तार से पूछताछ की गई, लेकिन इन तीनों व्यक्तियों का व्यवहार शिष्टतापूर्ण था। मुझे किसी तरह की कोई शिकायत नहीं थी।

मैंने शुरू में ही सी.बी.आई. से कहा कि मैं दो बातों को रेखांकित करना चाहूँगा। पहली यह कि मैं संविधान के अनुच्छेद 20(3) के अन्तर्गत अपने ही खिलाफ गवाह बनने के लिए बाध्य न किए जाने की सुरक्षा गारंटी चाहूँगा, जो हर भारतीय नागरिक को उपलब्ध थी। मैंने उन्हें इस बात को छोड़कर अपनी तरफ से पूरे और निःसंकोच सहयोग का भरोसा दिलाया। दूसरी बात यह कि मुझे उम्मीद थी कि जब मैं उनके चैम्बर से बाहर निकलूँगा तो वे ऐसा महसूस करेंगे कि वे एक सच्चे व्यक्ति से मिले थे।

सी.बी.आई. के अधिकारियों ने हमारी कम्पनियों द्वारा स्मारिकाओं को दिए गए विज्ञापनों के बारे में पूछताछ की। मैंने उन्हें समझाया कि राजनीतिक पार्टियों द्वारा प्रकाशित स्मारिकाओं के लिए विज्ञापन जारी करने से कम्पनी अधिनियम की धारा 293ए का किसी भी तरह से उल्लंघन नहीं होता। मैंने इस सम्बन्ध में एक उच्च न्यायालय के फैसले का सन्दर्भ दिया। साथ ही मैंने कहा कि कम्पनी लॉ बोर्ड और सी.बी.डी.टी. भी समय-समय

पर ये स्पष्टीकरण जारी करते रहे थे कि राजनीतिक पार्टियों की स्मारिकाओं के लिए विज्ञापन देना उन्हें चन्दा देने (जो कि प्रतिबन्धित था) के समतुल्य नहीं था।

सी.बी.आई. अधिकारियों ने इसके बाद पूछा कि क्या मुझे इस तथ्य की जानकारी थी कि हमारी कम्पनियों के लिए खरीदी गई जीपें पी.सी. सेठी की सलाह पर अखिल भारतीय कांग्रेस समिति (ए.आई.सी.सी.) को उधार दी गई थीं और उन्हें तत्कालीन प्रधानमन्त्री के घर भेजा गया था। मैंने जवाब दिया कि मुझे इस तथ्य की जानकारी नहीं थी। मुझे सिर्फ इतना मालूम था कि ए.आई.सी.सी. को एक संक्षिप्त अवधि के लिए जीपों की जरूरत थी, और यह कि हमारी कुछ कम्पनियों ने अपनी जरूरत के अनुसार कुछ जीपें खरीदी थीं और उन्हें एक संक्षिप्त अवधि के लिए ए.आई.सी.सी. को उधार दिया था। सी.बी.आई. अधिकारियों ने पूछा कि क्या मुझे इस तथ्य की जानकारी थी कि चुनाव के उद्‌देश्य के लिए जीपें उधार देना कम्पनी अधिनियम की धारा 293ए का उल्लंघन था, जिसके अनुसार यह कृत्य राजनीतिक उद्‌देश्यों के लिए चन्दा देने के समतुल्य था। मैंने उनसे कहा कि इसके विपरीत मुझे यह सलाह दी गई थी कि इस तरह जीपें उधार देना राजनीतिक पार्टियों को आर्थिक मदद देने के समतुल्य नहीं था। पूछताछ लगभग पचपन मिनट तक चली। इसके बाद घर लौटते ही मैंने अपनी स्मृति से पूछताछ की पूरी प्रक्रिया का एक लिखित रिकॉर्ड तैयार कर लिया। पाठकों की दिलचस्पी के लिए उसे यहाँ प्रस्तुत किया जा रहा है–

श्री के.के. बिड़ला द्वारा दिनांक 14.11.77 को दोपहर 2.30 बजे नई दिल्ली में निम्नांकित अधिकारियों के सम्मुख दिया गया वक्तव्य :

वी.आर. लक्ष्मीनारायणन, संयुक्त निदेशक, सी.बी.आई., ईश्वर चन्द्र द्विवेदी, डी.आई.जी. (अन्वेषण-1), एफ. सी. शर्मा, सुपरिंटेंडेंट

लक्ष्मीनारायणन थोड़े विलम्ब से बैठक में शामिल हुए। इसलिए आई.सी. द्विवेदी और एफ.सी. शर्मा ने पूछताछ का सिलसिला शुरू कर दिया।

के. के. बिड़ला : मैं पूरी तरह आपकी सेवा में हाजिर हूं और किसी तरह की जल्दी में नहीं हूँ। हम लोग आराम से श्री लक्ष्मीनारायणन की प्रतीक्षा कर सकते हैं।

द्विवेदी और शर्मा : हम आपकी इस भावना की कद्र करते हैं। (वी.आर. लक्ष्मीनारायणन लगभग 2.40 पर बैठक में शामिल हुए। पूरी बातचीत लगभग पचपन मिनट तक चली।)

के. के. बिड़ला : मैं समझता हूँ कि आप लोग स्मारिकाओं में छपे विज्ञापनों के बारे में मुझसे सवाल-जवाब करेंगे। मैं शुरू में ही आपके सामने दो बातें रख देना चाहता हूँ। पहली यह कि भारतीय संविधान के अनुच्छेद 20(3) के अन्तर्गत मैं सुरक्षा की माँग करता हूँ, जिसके अनुसार किसी भी व्यक्ति को खुद अपने खिलाफ गवाह बनने के लिए बाध्य नहीं किया जा सकता। इस एक बात को छोड़कर आप पूछताछ के दौरान मेरे पूरे सहयोग का भरोसा कर सकते हैं। दूसरी बात मैं यह कहना चाहता हूँ कि मैं उम्मीद करता हूँ कि जब मैं इस कमरे से बाहर निकलूँ तो आप लोगों पर यह प्रभाव छोड़ने में सफल रहूँ कि आप एक सच्चे व्यक्ति से मिले थे।

लक्ष्मीनारायणन : यह सलाह आपको किसने दी?

के. के. बिड़ला : मेरे वकीलों ने। दूसरी बात मेरी अपनी है।

लक्ष्मीनारायणन : वकीलों ने और क्या कहा?

के. के. बिड़ला : वकीलों ने कहा कि मैं सच के अलावा और कुछ न कहूँ। मैं इस बात से बहुत खुश हूँ, क्योंकि मेरा अपना भी बिलकुल यही दृष्टिकोण है। इसलिए आप जो कुछ भी पूछना चाहेंगे, मैं अपनी तरफ से आपको पूरा-पूरा सहयोग दूँगा।

लक्ष्मीनारायणन : वकीलों को आपको यह भी बताना चाहिए था कि भारतीय साक्ष्य कानून की धारा 25 के अनुसार, जो कि इससे भी पहले का कानून है, किसी व्यक्ति द्वारा दिए गए किसी भी साक्ष्य को उसके खिलाफ प्रयोग नहीं किया जा सकता।

के. के. बिड़ला : मैं आपके इस सद्‌भावना-प्रदर्शन के लिए आभारी हूँ।

लक्ष्मीनारायणन : मिस्टर बिड़ला, मुझे इस बात का दुख है कि आपको अपनी सुरक्षा के लिए कोलकाता से मुझे फोन करना पड़ा, खासकर यह देखते हुए कि मैं कोलकाता में अपने डी.आई.जी. श्री दत्ता के माध्यम से आपकी सुरक्षा की गारंटी दे चुका था।

के. के. बिड़ला : मुझे आपकी बात पर जरा-सा भी सन्देह नहीं था। लेकिन श्री दत्ता ने स्वयं ही मेरी चिन्ता को दूर करने के लिए मुझे आपको फोन करने का सुझाव दिया था।

लक्ष्मीनारायणन : मैं इस बात की कद्र करता हूँ। क्या अब आप हमें संक्षेप में जीपों के मामले में अपनी भूमिका के बारे में बता सकते हैं?

के. के. बिड़ला : जनवरी 1977 के अन्तिम दिनों में पी.सी. सेठी से मेरी भेंट हुई। सेठी ने जीपों के अलावा मुझसे कांग्रेस समिति द्वारा बड़ी संख्या में निकाली जानेवाली स्मारिकाओं के लिए विज्ञापन देने का भी अनुरोध किया। मैंने उनसे कहा कि मुझे इस सम्बन्ध में अपनी फर्मों के प्रभावियों से बात करनी पड़ेगी। इसके बाद मैं कोलकाता चला गया। मैंने स्मारिकाओं के लिए विज्ञापन जारी करने के सम्बन्ध में दिल्ली और कोलकाता में अपने कई प्रभावियों से बात की; लेकिन जहाँ तक जीपों के मामले का सम्बन्ध था, मैंने इसके बारे में सिर्फ एक व्यक्ति श्री एस. एन. गुप्ता के साथ चर्चा की। वे श्री सर्विसेज एंड ट्रेडिंग कम्पनी लिमिटेड नामक एक सर्विस कम्पनी के सचिव हैं।

लक्ष्मीनारायणन : श्री गुप्ता के साथ आपकी क्या बात हुई?

के. के. बिड़ला : श्री गुप्ता ने बातचीत के दौरान इस बात का उल्लेख किया कि राजनीतिक पार्टियों द्वारा निकाली जानेवाली स्मारिकाओं के लिए विज्ञापन देना कम्पनी कानून की धारा 293ए का उल्लंघन नहीं था। जहाँ तक मुझे याद पड़ता है, उन्होंने इसके तीन कारण बताए थे। पहला यह कि इसके बारे में कोलकाता उच्च न्यायालय का एक फैसला आ चुका था। दूसरा यह कि कम्पनी लॉ बोर्ड और केन्द्रीय प्रत्यक्ष कर मंडल (सी.बी.डी.टी.) समय-समय पर इस तरह के स्पष्टीकरण जारी कर चुके थे कि राजनीतिक पार्टियों की स्मारिकाओं के लिए विज्ञापन देना

राजनीतिक चन्दा नहीं था। श्री गुप्ता ने तीसरे कारण के रूप में इस मामले में किसी व्याख्या का हवाला दिया था, जिससे इस विचार की पुष्टि होती थी।

लक्ष्मीनारायणन : श्री गुप्ता कौन हैं?

के. के. बिड़ला : श्री गुप्ता श्री सर्विसेज एंड ट्रेडिंग कम्पनी लिमिटेड के सचिव हैं।

लक्ष्मीनारायणन : मैं श्री सर्विसेज एंड ट्रेडिंग कम्पनी लिमिटेड के बारे में कुछ जानना चाहूँगा।

के. के. बिड़ला : संक्षेप में कहा जाए तो श्री सर्विसेज एंड ट्रेडिंग कम्पनी हमारी बहुत-सी कम्पनियों को कई तरह की सेवाएँ देती है। इनमें करों और कानूनी मामलों में सलाह, कम्पनी कानून के मामले में सलाह, हमारी चीनी मिलों की तरफ से भंडार-घरों की खरीद और चीनी की बिक्री, विज्ञापनों का आबंटन इत्यादि शामिल है।

अब जीपों के मामले में आपके प्रश्न की तरफ लौटें तो मैंने इस सम्बन्ध में श्री गुप्ता से बात की। उन्होंने मुझे सूचित किया कि हमारी चीनी मिलों के लिए हमें समय-समय पर जीपों की जरूरत पड़ती ही रहती है। लेकिन उन्होंने कहा कि डीजल वाली जीपें बेहतर रहती हैं और ईंधन की खपत के मामले में किफायती भी पड़ती हैं। श्री गुप्ता ने कहा कि आमतौर से डीजल जीपों की आपूर्ति बहुत ज्यादा समय ले लेती है, लेकिन अगर हम उन्हें जल्दी प्राप्त कर सकें तो हमें डीजल जीपें ही खरीदनी चाहिए। उन्होंने कहा कि हमारी चीनी मिलों के लिए जीपों की जरूरत थी और हम उन्हें कुछ हफ्तों के लिए कांग्रेस समिति को उधार दे सकते थे। श्री गुप्ता ने पूछा कि श्री सेठी को कितनी जीपों की जरूरत थी। मैंने कहा कि श्री सेठी ने छह-सात जीपों का उल्लेख किया था। श्री गुप्ता ने कहा कि हमारे लिए सात जीपें खरीदना सम्भव था। दिल्ली लौटने के बाद मैंने श्री सेठी को यह बात बताई। उन्होंने कहा कि अगर हम महिन्द्रा एंड महिन्द्रा को डीजल जीपों का आदेश दे दें तो वे उनकी जल्दी आपूर्ति का प्रबन्ध कर सकते थे। मैंने यह सूचना श्री गुप्ता तक पहुँचा दी।

लक्ष्मीनारायणन : क्या श्री गुप्ता और सेठी ने इन शब्दों का प्रयोग नहीं किया कि 'महिन्द्रा को चेक द्वारा भुगतान कर दें'?

के. के. बिड़ला : श्री सेठी ने महिन्द्रा को आदेश देने का उल्लेख किया था। विवरण की बजाय उनकी बात के सार से मेरा अधिक सम्बन्ध था। मुझे याद नहीं पड़ता कि भुगतान के मामले में उन्होंने विशेष रूप से कुछ कहा था।

लक्ष्मीनारायणन : इस मामले में श्री गुप्ता की ठीक-ठीक भूमिका क्या थी?

के. के. बिड़ला : दरअसल दो-तीन दिन पहले ही श्री गुप्ता ने मुझे बताया कि इस मामले में सी.बी.आई. उनसे पूछताछ कर चुकी है। अगर आप अपने सहयोगियों से पता लगाएँ तो आपको जानकारी मिल सकती है कि श्री गुप्ता ने क्या कहा है।

लक्ष्मीनारायणन : श्री गुप्ता से किन अधिकारियों ने बात की थी?

के. के. बिड़ला : मुझे यह सब विवरण मालूम नहीं है। श्री गुप्ता मुझे सिर्फ महत्त्वपूर्ण बातें बताते हैं। जहाँ तक विवरण का सम्बन्ध है, तो यह मैं उन्हीं पर छोड़ देता हूँ।

(लक्ष्मीनारायणन ने अपने अधिकारियों से कहा कि वे पता लगाएँ कि श्री गुप्ता से किन अधिकारियों ने बात की थी और फिर इस सम्बन्ध में उन्हें पूरी रिपोर्ट पेश करें।)

लक्ष्मीनारायणन : क्या आपको इस तथ्य की जानकारी है कि जीपें तत्कालीन प्रधानमन्त्री के घर भेजी गई थीं?

के. के. बिड़ला : श्री सेठी ने मुझे यह नहीं बताया था कि जीपें कहाँ भिजवानी थीं। मेरा सम्बन्ध सिर्फ इस बात से था कि अखिल भारतीय कांग्रेस समिति को एक संक्षिप्त अवधि के लिए जीपों की जरूरत थी, जो बाद में हमें वापस मिल जानेवाली थीं।

लक्ष्मीनारायणन : यह कैसे सम्भव है कि श्री सेठी ने आपको यह न बताया हो कि जीपों का प्रधानमन्त्री के घर पर प्रयोग किया जा रहा था?

के. के. बिड़ला : इस प्रश्न का उत्तर श्री सेठी ही दे सकते हैं कि उन्होंने मुझे यह बात क्यों नहीं बताई।

लक्ष्मीनारायणन : हमारे पास इस बात का निश्चित प्रमाण है कि आपसे जीपों के लिए अनुरोध श्री आर. के धवन ने किया था।

के. के. बिड़ला : यह तथ्य नहीं है।

लक्ष्मीनारायणन : क्या आप श्री धवन से अक्सर मिलते रहते थे?

के. के. बिड़ला : आमतौर से मैं श्री धवन से मिलने के लिए अलग से कोई प्रयास नहीं करता था। जब भी मैं प्रधानमन्त्री या श्री संजय गांधी से मिलने जाता था तो शिष्टाचारवश श्री धवन से भी मिल लेता था। मैं प्रधानमन्त्री से उनके कार्यालय की बजाय उनके घर पर मिलना पसन्द करता था, क्योंकि कार्यालय की तुलना में वहाँ अधिक अनौपचारिक वातावरण होता था। प्रधानमन्त्री के साथ भेंट के लिए समय लेने के लिए मुझे श्री आर. के. धवन से अनुरोध करना पड़ता था।

(लक्ष्मीनारायणन ने एक रजिस्टर निकाला, जिसमें संजय और धवन के साथ मेरी भेंट की तारीखें दर्ज थीं।)

लक्ष्मीनारायणन : जिन तारीखों को आप श्री संजय गांधी और श्री धवन से मिले, वे आपस में मेल नहीं खातीं। इससे पता चलता है कि आप श्री धवन से स्वतन्त्र रूप से भी मिलते रहते थे।

के. के. बिड़ला : कभी-कभी ऐसा हुआ होगा कि मैं सिर्फ श्री धवन से मिला होऊँ। लेकिन ऐसा बहुत कम होता था।

लक्ष्मीनारायणन : श्री धवन के साथ आपकी किस तरह की बातचीत होती थी?

के. के. बिड़ला : जैसाकि मैं पहले कह चुका हूँ, श्री धवन के साथ मेरी अधिकांश मुलाकातें उस समय होती थीं जब मैं प्रधानमन्त्री या श्री संजय गांधी से मिलने जाता था। लेकिन कभी-कभी मैं देश की आर्थिक स्थिति को लेकर प्रधानमन्त्री तक कोई बात या विचार पहुँचाने के लिए श्री धवन से स्वतन्त्र रूप से भी मिल लेता था।

मैं इस बिन्दु को थोड़ा स्पष्ट करना चाहूँगा। मान लीजिए कि मैं प्रधानमन्त्री से किसी महीने की एक तारीख को मिला। अब मेरे लिए यह न्यायसंगत नहीं होगा

कि दस दिन बाद मैं उनसे फिर से भेंट करने के लिए समय माँगू क्योंकि पिछली बार मैं उनसे कोई बात कहना भूल गया था। इस तरह के अवसरों पर मैं श्री धवन से भेंट करके आर्थिक मामलों के बारे में अपने विचार प्रधानमन्त्री तक पहुँचा देता था।

लक्ष्मीनारायणन : इस तरह की भेंटों से आपको कोई व्यक्तिगत लाभ भी होता था।

के. के. बिड़ला : मैं पूरा जोर देकर कहना चाहूँगा, 'नहीं'।

लक्ष्मीनारायणन : क्या आप हमें श्री संजय गांधी के साथ अपने सम्बन्धों के बारे में बता सकते हैं?

के. के. बिड़ला : मैं उन्हें अच्छी तरह से जानता हूँ।

लक्ष्मीनारायणन : आप संजय से कितनी बार मिलते थे?

के. के. बिड़ला : ऐसा कोई बँधा हुआ नियम नहीं था।

लक्ष्मीनारायणन : इन भेंटों में किस तरह की बातचीत होती थी? क्या संसद के चुनावों के बारे में भी उनके साथ आपकी कोई बात हुई थी?

के. के. बिड़ला : श्री संजय गांधी के साथ मेरी बातचीत अधिकतर मारुति से सम्बन्धित होती थी। लेकिन हम अन्य विषयों पर भी बात करते थे।

लक्ष्मीनारायणन : क्या श्री संजय गांधी आपके सुझावों पर ध्यान देते थे?

के. के. बिड़ला : कभी-कभी।

लक्ष्मीनारायणन : तो फिर आपकी सलाह के बावजूद मारुति आर्थिक संकटों का सामना क्यों कर रही है?

के. के. बिड़ला : जब श्री संजय गांधी अपनी छोटी कार की परियोजना को लेकर पहली बार मेरे पास आए थे, तो मैंने उनसे साफ-साफ कह दिया था कि परियोजना का सही रूप में क्रियान्वयन होने पर ही वह लाभदायक साबित हो सकता था। लेकिन ऐसा हो नहीं पाया। बल्कि जब एक विशेष चरण में उन्होंने मुझसे सलाह माँगी थी तो मैंने उन्हें इस विचार को पूरी तरह से छोड़ देने का सुझाव दिया था। (यह बात हल्के-फुल्के अन्दाज में कही गई थी।)

लक्ष्मीनारायणन : अगर पेट्रोल के दाम न बढ़ते तो शायद छोटी कार की परियोजना के सफल होने की सम्भावना थी।

के. के. बिड़ला : हाँ, मैं आपसे सहमत हूँ कि पेट्रोल के दामों में बढ़ोतरी भी एक महत्त्वपूर्ण कारण रही है।

लक्ष्मीनारायणन : क्या मारुति के बारे में आपने श्री संजय गांधी को कोई और सलाह भी दी थी?

के. के. बिड़ला : मैं उनकी फैक्टरी में कई बार गया था। हालाँकि मैं एक तकनीकी व्यक्ति नहीं हूँ, लेकिन एक व्यवसायी के रूप में मेरे मन में यह विचार आया कि फैक्टरी में खाली पड़ी जगह को बसों की बॉडी बनाने के लिए प्रयोग किया जा सकता है। मैंने यह बात श्री गांधी को बताई। मैंने श्री संजय गांधी से यह भी कहा कि फैक्टरी में बहुत-सी मशीनें खाली पड़ी हुई थीं, और मेरे विचार में उनका इस तरह खाली पड़े रहना साधनों की आपराधिक बर्बादी थी।

इसलिए मैंने उन्हें अपने बिक्री विभाग को ज्यादा चुस्त बनाने की सलाह दी, ताकि उनके उत्पादों की बिक्री बढ़ सके और खाली पड़ी मशीनों का उपयोग हो सके।

लक्ष्मीनारायणन : (श्री एस. एन. गुप्ता के मुद्दे पर लौटते हुए) अगर कुछ और पूछताछ की जरूरत पड़ी तो क्या हमारे अधिकारी श्री गुप्ता से फिर से मिल सकते हैं?

के. के. बिड़ला : यदि श्री गुप्ता को समय पर पूर्वसूचना दे दी जाए तो वे बातचीत के लिए हमेशा उपलब्ध हैं।

लक्ष्मीनारायणन : (जीपों के मामले पर लौटते हुए) अखिल भारतीय कांग्रेस समिति द्वारा अभी कितनी जीपें वापस की जानी बाकी हैं।

के. के. बिड़ला : श्री गुप्ता के अनुसार चार जीपें वापस की जा चुकी हैं, जबकि तीन जीपें अभी वापस करनी बाकी हैं।

लक्ष्मीनारायणन : इन जीपों को कहाँ वापस किया गया?

के. के. बिड़ला : उन्हें दिल्ली में वापस किया गया।

लक्ष्मीनारायणन : बाकी जीपों की वापसी के लिए आप क्या कदम उठा रहे हैं?

के. के. बिड़ला : श्री गुप्ता ने इस विषय में मेरे साथ चर्चा की है और इस मामले में पूरी गम्भीरता से कार्रवाई की जा रही है।

लक्ष्मीनारायणन : जहाँ तक मेरी जानकारी है, अखिल भारतीय कांग्रेस समिति ने जीपों की कोई जानकारी होने से इनकार किया है।

के. के. बिड़ला : अगर ऐसी बात है तो मैं श्री गुप्ता को मामले को पुलिस को सौंपने का सुझाव दूँगा।

लक्ष्मीनारायणन : इस तरह के मामलों में पुलिस का क्या सम्बन्ध है?

के. के. बिड़ला : जिस तरह किसी लापता व्यक्ति को ढूँढ़ने में पुलिस की मदद ली जाती है, उसी तरह हम पुलिस से अपनी जीपें चोरी होने की शिकायत करेंगे और उन्हें ढूँढ़ने में उसकी मदद लेंगे।

लक्ष्मीनारायणन : आपको इस सम्बन्ध में श्री सेठी को लिखना चाहिए।

के. के. बिड़ला : जहाँ तक मेरी जानकारी है, श्री सेठी अब अखिल भारतीय कांग्रेस समिति के कोषाध्यक्ष नहीं हैं। लेकिन मैं श्री गुप्ता से कांग्रेस समिति को फिर से लिखने के लिए कहूँगा। अगर उनकी तरफ से नकारात्मक उत्तर मिलता है तो मैं श्री गुप्ता को हमारे कानूनी सलाहकारों से सलाह करने और पुलिस की मदद से जीपों को खोजने और 'गिरफ्तार करने' का सुझाव दूँगा।

लक्ष्मीनारायणन : क्या श्री सेठी ने जीपों का कोई मूल्य-ह्रास देने का भी प्रस्ताव रखा था?

के. के. बिड़ला : नहीं।

लक्ष्मीनारायणन : क्या आप जीपों का कोई किराया ले रहे थे?

के. के. बिड़ला : नहीं।

लक्ष्मीनारायणन : हैरानी की बात है कि आपने किराया नहीं माँगा।

के. के. बिड़ला : अगर हम किराया माँगते तो यह बहुत छोटापन लगता। मान लीजिए कि एक जीप का प्रतिदिन का किराया 50 रुपए होता है। (पेट्रोल और ड्राइवर का खर्च छोड़कर), तो एक जीप का एक महीने का किराया 1500 रुपए हो गया। हम यह मानकर चल रहे थे कि जीपों की ज्यादा-से-ज्यादा दो महीने के लिए जरूरत होगी, इसलिए एक जीप का कुल किराया 3000 रुपए हुआ। सात जीपों का किराया 21,000 रुपए हुआ, जो हमारी कई कम्पनियों में वितरित होना था। इसको लेकर आग्रह करना मेरी तरफ से बहुत छोटापन लगता।

लक्ष्मीनारायणन : क्या आपने जीपों के लिए ड्राइवर भी दिए थे?

के. के. बिड़ला : नहीं, ड्राइवरों की सेवाएँ न तो माँगी गई थीं और न हमने ही अपनी तरफ से ऐसा कोई प्रस्ताव दिया था। अगर हमसे ड्राइवरों के लिए कहा जाता, तो भी हम इनकार कर देते, क्योंकि मैं जानता हूँ कि चुनावों के दौरान ड्राइवरों को कितनी मुसीबतें झेलनी पड़ती हैं।

लक्ष्मीनारायणन : आप कैसे जानते हैं?

के. के. बिड़ला : मैं खुद भी एक चुनाव लड़ चुका हूँ, इसलिए मुझे यह सब मालूम है।

लक्ष्मीनारायणन : (हँसते हुए) तो आपको इस धन्धे के सभी दाँव-पेंच मालूम हैं। अगर आपने ड्राइवर दिए होते तो आपकी जीपें न खोतीं।

के. के. बिडला : शायद यह बात सही हो। लेकिन मुझे अब भी पूरी उम्मीद है कि पुलिस की मदद से हम अपनी जीपें बरामद करने में सफल रहेंगे।

लक्ष्मीनारायणन : मैंने ड्राइवरों के बारे में इसलिए पूछा चूँकि बहुत-सी कम्पनियों ने जीपों के साथ अपने ड्राइवर भी दिए थे।

के. के. बिड़ला : जहाँ तक हमारा सम्बन्ध है, न तो हमसे इस तरह का कोई अनुरोध किया गया और न हमने अपनी तरफ से ही ड्राइवर दिए।

लक्ष्मीनारायणन : क्या आप जानते हैं कि चुनाव उद्देश्यों के लिए जीपें देना कम्पनियों के कानून की धारा 293ए का उल्लंघन है?

के. के. बिड़ला : उलटे मेरा यह दृढ़ मत है कि इससे धारा 293ए का उल्लंघन नहीं होता। इसके अलावा जब मैंने इस विषय में श्री गुप्ता से चर्चा की तो उन्होंने भी स्पष्ट शब्दों में कहा कि जीपें उधार देना राजनीतिक चन्दा देना नहीं था, और इससे धारा 293ए का उल्लंघन नहीं होता था।

लक्ष्मीनारायणन : क्या आपने वे जीपें बेच दीं?

के. के. बिड़ला : जीपों को बेचने का प्रश्न ही नहीं उठता था, क्योंकि हमें उनकी जरूरत है। बल्कि हम इस समय भी उनका उपयोग कर रहे हैं।

लक्ष्मीनारायणन : आपने श्री सेठी को जीपें उधार देने की कृपा क्यों की?

लक्ष्मीनारायणन के सहयोगी (एक साथ बोलते हुए) : मि. बिड़ला, आपको जीपें देने की जरूरत ही क्या थी?

के. के. बिड़ला : यह बड़ी मामूली-सी बात है। जैसाकि मैं कह चुका हूँ, जीपों के मूल्य-ह्रास इत्यादि की राशि इतनी कम बैठती थी कि जब श्री सेठी ने उनके लिए अनुरोध किया तो हम तैयार हो गए।

इस चरण में लक्ष्मीनारायणन ने अपने सहयोगियों से पूछा कि क्या वे कोई और प्रश्न पूछना चाहते थे। उन्होंने कुछ प्रश्नों को दोहराया, जिनका मैंने वही उत्तर दिया जो मैं पहले दे चुका था।

लक्ष्मीनारायणन : आप श्री सेठी से खुद मिलने गए थे या उन्होंने आपको बुलवाया था?

के. के. बिड़ला : संयोग से ऐसा हुआ कि मैं 18 जनवरी 1977 की आरम्भिक घड़ियों में भारत से गया, और उसी शाम लोकसभा चुनावों की घोषणा कर दी गई। मैं ज्यूरिख में था जब श्री सेठी ने मुझे टेलीफोन करके मेरे कार्यक्रम के बारे में पूछा। मैंने उनसे कहा कि मैं चुनावों का समाचार सुन चुका था, और क्योंकि देश में एक बहुत महत्त्वपूर्ण घटना होने जा रही थी, इसलिए मैं अपने कार्यक्रम में बदलाव करके जल्दी-से-जल्दी भारत लौटने का प्रयास कर रहा था।

लक्ष्मीनारायणन : क्या आपको इस तथ्य की जानकारी है कि जीपें फरवरी के तीसरे सप्ताह में किस समय खरीदी गईं?

के. के. बिड़ला : मुझे सही तारीखों का पता नहीं है।

लक्ष्मीनारायणन : ठीक है, मि. बिड़ला, आपके सहयोग के लिए धन्यवाद। हमें और कुछ नहीं पूछना है।

के. के. बिड़ला : आपने स्मारिकाओं में विज्ञापनों के बारे में मुझसे कोई प्रश्न नहीं पूछा।

लक्ष्मीनारायणन : क्योंकि आज आप कोलकाता लौट रहे हैं, इसलिए हम लोग फिर किसी दिन मिलेंगे।

के. के. बिडला : आज भी मेरे पास भरपूर समय है, क्योंकि मेरी शाम की उड़ान है। मैं पूरी तरह आपकी सेवा में हूँ।

लक्ष्मीनारायणन : मैं इस विषय में आपसे फिर किसी दिन पूछना पसन्द करूँगा।

के. के. बिड़ला : क्या मैं दिल्ली के अपने किसी अगले चक्कर के दौरान आपसे फिर से मिल सकता हूँ, अगर मुझे आपसे किसी तरह के सहयोग की जरूरत हो?

लक्ष्मीनारायणन : जब तक यह मामला जारी है, आप मुझसे कभी भी मिल सकते हैं, और मामला खत्म हो जाने के बाद भी।

के. के. बिड़ला : मैं इसके लिए आभारी हूँ। मैं आपकी और आपके साथियों की शिष्टता के लिए आप सबको धन्यवाद देता हूँ।

सरकार द्वारा खोली गई कोई फाइल मामले के पूरा हो जाने के बाद ही बन्द होती है। सी.बी.आई. ने मेरे बारे में भी एक फाइल शुरू की थी और यह मुझसे पूछताछ करने के बाद भी बन्द नहीं की गई थी। हालाँकि मेरे मामले में पूछताछ पूरी हो चुकी थी, लेकिन कुछ अति चतुर अधिकारियों का खयाल था कि अभी और पूछताछ की जरूरत थी। एक वर्ष बाद, 18 नवम्बर 1978 को, सी.बी.आई. ने मुझे फिर से बुलाया। इस बार रामनाथन और मुखर्जी, जो दोनों ही डिप्टी सुपरिंटेंडेंट थे, और इंस्पेक्टर वेल्लिंगिरी ने मुझसे पूछताछ की।

पूछताछ के दौरान मुझसे विज्ञापन इकट्ठे करने में सेठी की भूमिका के बारे में पूछा गया। मुझसे पूछा गया कि क्या उन्होंने विज्ञापनों के लिए मुझ पर दबाव डाला था, स्मारिकाओं के लिए विज्ञापन देना उचित था या अनुचित, और क्या मैंने अपने परिवार के अन्य सदस्यों को भी स्मारिकाओं के लिए विज्ञापन जारी करने की सलाह दी थी।

मैंने जवाब दिया कि विज्ञापनों के लिए मुझ पर किसी तरह का दबाव डाले जाने का प्रश्न ही नहीं उठता था, कि मैंने परिवार के किसी भी सदस्य पर विज्ञापन जारी करने के लिए जोर नहीं डाला था, हालाँकि जब कोई मुझसे पूछता था कि क्या मैंने इन स्मारिकाओं के लिए विज्ञापन दिए थे तो मैं 'हाँ' में जवाब देता था।

सी.बी.आई. यह बात स्थापित करना चाहती थी कि सेठी ने अखिल भारतीय कांग्रेस समिति की स्मारिकाओं के लिए विज्ञापन जुटाने के लिए एक मन्त्री के रूप में अपने पद का दुरुपयोग किया था। उनका इरादा मुझसे असावधानीवश यह उगलवाना था कि सेठी ने सचमुच अपने पद का दुरुपयोग करके विज्ञापन इकट्ठे किए थे। अगर मैंने दबाव में आकर या घबराकर ऐसा कह दिया होता तो मैं सेठी के साथ अन्याय कर बैठता। लेकिन ईश्वर ने मुझे शक्ति दी और मैं सी.बी.आई. अधिकारियों के प्रहार झेलने में सफल रहा। मैंने स्पष्ट किया कि सेठी एक मन्त्री होने के साथ-साथ कांग्रेस (आई) के अवैतनिक कोषाध्यक्ष भी थे, और उन्होंने एक मन्त्री की बजाय उसी हैसियत से मुझसे विज्ञापनों के लिए सम्पर्क किया था।

इस अवसर पर भी मैंने घर लौटते ही पूरी बातचीत का रिकार्ड तैयार कर लिया था, जिसे पाठकों की दिलचस्पी के लिए यहाँ प्रस्तुत किया जा रहा है–

श्री. के. के. बिड़ला से पूछताछ 18 नवम्बर 1978 को दोपहर 3.00 बजे नई दिल्ली में सी.बी.आई. द्वारा संचालित

उपस्थित : 1. श्री रामनाथन, डिप्टी सुपरिंटेंडेंट, सी.बी.आई.
2. श्री वेल्लिंगिरी, इंस्पेक्टर
3. श्री मुखर्जी, डिप्टी सुपरिंटेंडेंट, सी.बी.आई. (विलम्ब से शामिल)

रामनाथन : मिस्टर बिड़ला, मैं आपसे जो भी प्रश्न पूछूँगा वे 1976 और 1977 की अवधि से जुड़े होंगे, मतलब अप्रैल 1977 की अवधि तक।

क्या आप हमें उन कम्पनियों के नाम बता सकते हैं जिनके साथ आप चेयरमैन या निदेशक के रूप में जुड़े हुए हैं?

के. के. बिड़ला : मेरे लिए तुरन्त आपको इस तरह की कम्पनियों की पूरी सूची देना मुश्किल है। अगर आप चाहें तो मैं यह सूची आपको भिजवा सकता हूँ।

रामनाथन : तो क्या आप मुझे उन कम्पनियों के नाम बता सकते हैं जो आपको याद हैं?

के. के. बिड़ला : जिन कम्पनियों के नाम मुझे याद हैं, उनमें से इन कम्पनियों का मैं चेयरमैन हूँ–

1. टेक्समैको लिमिटेड
2. जुवारी एग्रो केमिकल्स लि.
3. बिड़ला कॉटन स्पिनिंग एंड वीविंग मिल्स लि.
4. सतलुज कॉटन मिल्स लि.
5. हिन्दुस्तान टाइम्स लि.
6. उच्च गंगा शुगर मिल्स लि.
7. अवध शुगर मिल्स लि.
8. गोबिन्द शुगर मिल्स लि.
9. न्यू इंडिया शुगर मिल्स लि.
10. भारत शुगर मिल्स लि.
11. न्यू स्वदेशी शुगर मिल्स लि.
12. इंडिया स्टीमशिप कम्पनी लि.
13. रत्नाकर शिपिंग कम्पनी लि.

मैं इन कम्पनियों का निदेशक हूँ–

14. बिड़ला ब्रदर्स (प्रा.) लि.–मैं इसके प्रबन्ध निदेशकों में से एक हूँ।
15. आई. सी. आई. सी. आई.

मैं एक बार फिर कहना चाहूँगा कि अगर आप चाहें तो मैं जल्दी-से-जल्दी आपको पूरी सूची भिजवा दूँगा।

रामनाथन : कृपया ऐसा ही करें। कृपया हमें यह भी बता दें कि आप किन-किन सार्वजनिक निकायों या वाणिज्य मंडलों से जुड़े हुए हैं।

के. के. बिड़ला : मैं निम्नांकित संस्थाओं से जुड़ा हुआ हूँ–

1. भारतीय वाणिज्य एवं उद्योग मंडल संघ, जिसमें मैं एक समिति सदस्य हूँ।
2. भारत-अमरीका संयुक्त व्यवसाय परिषद, जिसमें मैं संयुक्त-चेयरमैन हूँ।
3. मैं व्यापार मंडल (बोर्ड ऑफ ट्रेड) का भी सदस्य रहा हूँ।

रामनाथन : क्या आप अब भी व्यापार मंडल के सदस्य हैं?

के. के. बिड़ला : मेरा खयाल है कि मैं अब इसका सदस्य नहीं हूँ। लेकिन मैं यह उल्लेख करना चाहूँगा कि आमतौर से जब सदस्यता खत्म हो जाती है तो भारत सरकार की तरफ से एक सम्मान-पत्र प्राप्त होता है। मुझे सरकार से इस तरह का पत्र नहीं मिला है। इसका यह अर्थ लगाया जा सकता है कि व्यापार मंडल की मेरी सदस्यता खत्म नहीं हुई है। लेकिन फिर भी, मुझे नहीं लगता कि मैं अब व्यापार मंडल का सदस्य हूँ।

रामनाथन : क्या कुछ और भी कम्पनियाँ हैं जिनके मामलों में आपका कोई प्रभाव है?

के. के. बिड़ला : मैं बहुत-सी कम्पनियों का शेयर-धारक हूँ, लेकिन एक शेयर-धारक के अलावा मैं किसी और हैसियत से उनके मामलों को प्रभावित नहीं कर सकता।

रामनाथन : मेरे प्रश्न का यह आशय था कि क्या किसी कम्पनी में आपके बहुत सारे शेयर हैं, और क्या एक बड़े शेयर-धारक की हैसियत से आप उनके मामलों को प्रभावित कर सकते हैं?

के. के. बिड़ला : ऐसा कोई मामला नहीं है। लेकिन मैं यह उल्लेख करना चाहूँगा कि मैं इन तीन कम्पनियों का प्रभावी भी हूँ—

1. बिड़ला बॉम्बे, (प्रा.) लि.
2. जेनिथ डिस्ट्रीब्यूटर्स एंड एजेंट्स लि.
3. रामेश्वर जूट मिल्स लि.—बिड़ला ग्वालियर खंड

रामनाथन : क्या आप मुझे उन कम्पनियों के नाम बता सकते हैं जिनमें आपके भाई श्री. बी. के. बिड़ला चेयरमन और/या निदेशक हैं?

के. के. बिड़ला : इस प्रश्न का उत्तर मेरा भाई ही दे सकता है। लेकिन जिन कम्पनियों के नाम मुझे याद हैं, वे हैं—

1. केसोराम इंडस्ट्रीज एंड कॉटन मिल्स लि.
2. जयश्री टी एंड इंडस्ट्रीज लि.
3. सेंचुरी एंका लि.
4. सेंचुरी स्पिनिंग एंड मैनुफैक्चरिंग कम्पनी लि.

रामनाथन : 1976 या 1977 में आपने किन परिस्थितियों में कांग्रेस पार्टी की स्मारिकाओं के लिए विज्ञापन जारी किए थे?

के. के. बिड़ला : मुझे बिलकुल याद नहीं पड़ता कि 1976 में ऐसा कुछ हुआ था। इसलिए फिलहाल हम 1977 तक सीमित रहते हैं। मेरे खयाल से जैसी परिस्थितियाँ 1977 में थी, वैसी ही 1976 में भी रही होंगी।

रामनाथन : ठीक है, हम 1977 की बात करते हैं। 1976 के बारे में हम बाद में बात करेंगे। आप श्री पी.सी. सेठी से मिले थे या उन्होंने आपसे सम्पर्क स्थापित किया था?

के. के. बिड़ला : संयोग से, 18 जनवरी 1977 की सुबह मैं विदेश चला गया था। उसी शाम संसद भंग करने और नए चुनाव कराने की घोषणा हुई। इस घोषणा के दो-तीन दिन बाद ही सेठीजी ने मुझे ज्यूरिख में फोन किया।

रामनाथन : सेठीजी ने क्या कहा?

के. के. बिड़ला : सेठीजी ने कहा कि क्या मैंने चुनावों के बारे में सुना था उन्होंने मेरे कार्यक्रम के बारे में जानना चाहा। मैंने उनसे कहा कि चुनाव का समाचार सभी यूरोपीय अखबारों में छपा था, और मैं जल्दी-से-जल्दी भारत लौटने की योजना बना रहा था।

रामनाथन : क्या सेठीजी ने आप पर भारत लौटने के लिए जोर डाला था?

के. के. बिड़ला : इसका प्रश्न ही नहीं उठता था, क्योंकि जैसे ही मैंने आसन्न चुनावों के बारे में सुना, मैंने भारत लौटने का फैसला कर लिया था।

रामनाथन : फिर क्या हुआ?

के. के. बिड़ला : जनवरी 1977 के आखिर में मैं भारत लौटा तो मैं सेठीजी से मिला। सेठीजी ने कहा कि वे अखिल भारतीय कांग्रेस समिति के कोषाध्यक्ष की हैसियत से, और समिति द्वारा प्रकाशित की जानेवाली स्मारिकाओं के लिए विज्ञापन जुटाने के लिए गठित स्मारिका समिति के चेयरमैन की हैसियत से मुझसे बात कर रहे थे। उन्होंने कहा कि कांग्रेस समिति बहुत-सी भाषाओं में बहुत-सी स्मारिकाओं

का प्रकाशन करने जा रही थी, जिन्हें काफी बड़ी संख्या में छापा जाएगा। उन्होंने कहा कि इन स्मारिकाओं में सरकार की हाल की उपलब्धियों के बारे में आलेख होंगे, साथ ही समाजवाद, धर्मनिरपेक्षता और प्रजातन्त्र जैसे विषयों पर भी आलेख होंगे। उन्होंने कहा कि इन स्मारिकाओं के लिए अधिक-से-अधिक विज्ञापन देना मेरी कम्पनियों के हित में होगा।

रामनाथन : क्या सेठीजी ने किसी रकम को लेकर आप पर जोर डाला था?

के. के. बिड़ला : नहीं।

रामनाथन : क्या इन स्मारिकाओं के सम्बन्ध में उन्होंने आपको कोई छपी हुई सामग्री दी थी?

के. के. बिड़ला : ऐसी कोई सामग्री नहीं दी गई। सिर्फ मौखिक अनुरोध किया गया था।

रामनाथन : आपने क्या जवाब दिया?

के. के. बिड़ला : मैंने उनसे कहा कि मैं उन कम्पनियों के प्रभावियों से बात करूँगा जिनसे मैं जुड़ा हुआ था।

रामनाथन : फिर क्या हुआ?

के. के. बिड़ला : मैंने इन प्रभावियों से बात की, जिनमें से कुछ दिल्ली में थे और कुछ कोलकाता में। दिल्ली में सतलुज कॉटन मिल्स लि. के लिए श्री एस. एन. डालमिया से और हिन्दुस्तान टाइम्स लि. के लिए श्री सन्तोष नाथ के साथ इस विषय में मेरी चर्चा हुई। कोलकाता में टेक्समैको के लिए टेक्समैको लि. के महाप्रबन्धक श्री आर. सी. माहेश्वरी और श्री सर्विसेज एंड ट्रेडिंग कम्पनी लि. के सचिव श्री एस. एन. गुप्ता के साथ चर्चा हुई। मैंने इस सम्बन्ध में अपनी चीनी मिलों के लिए श्री सर्विसेज के एक प्रभावी श्री एच. के. पचीसिया के साथ भी चर्चा की।

मैंने उन्हें विज्ञापनों के लिए सेठीजी के अनुरोध के बारे में बताया और उनकी सलाह माँगी। सभी प्रभावियों का विचार था कि कांग्रेस समिति द्वारा प्रस्तावित इन स्मारिकाओं की प्रसार-संख्या काफी ज्यादा होने की उम्मीद थी, इसलिए इनके लिए विज्ञापन देना कम्पनियों के हित में था। उन्होंने कहा कि इस तरह के विज्ञापनों से कम्पनियों के उत्पादों को अच्छा प्रचार मिलेगा और कम्पनियाँ अपने बारे में एक अच्छी छवि प्रस्तुत करने, और परिणामस्वरूप जनता की 'गुडविल' (सद्भावना) अर्जित करने में सफल रहेंगी।

रामनाथन : मैंने इस सर्विस कम्पनी के बारे में सुना था। यह दरअसल क्या काम करती है?

के. के. बिड़ला : यह कई तरह के काम करती है। इनमें हमारी चीनी मिलों के लिए भंडार-घरों की खरीद, चीनी की बिक्री, बैंकों से वित्तीय मदद का प्रबन्ध, दिल्ली में जनसम्पर्क कार्य की देखरेख इत्यादि शामिल हैं। जैसाकि मैंने एक पिछली बैठक में कहा था, स्मारिकाओं के लिए विज्ञापन जारी करने के सम्बन्ध में चर्चा करते हुए श्री गुप्ता ने तीन बातें मेरे सामने रखी थीं। पहली यह कि सी. बी. डी. टी. और कम्पनी लॉ बोर्ड समय-समय पर इस तरह के परिपत्र जारी करते रहे थे

कि राजनीतिक पार्टियों की स्मारिकाओं के लिए विज्ञापन देना विधि-सम्मत था और इसे राजनीतिक चन्दा नहीं माना जा सकता था। दूसरी यह कि एक जाने-माने लेखक श्री रमय्या द्वारा लिखित एक पुस्तक में कम्पनी कानून पर व्याख्याएँ शामिल हैं, और इनके अनुसार विज्ञापन देना राजनीतिक चन्दा देने के समतुल्य नहीं था, इसलिए इससे धारा 293ए का उल्लंघन नहीं होता था। तीसरी यह कि कोलकाता उच्च न्यायालय के 1975 के एक फैसले के अनुसार विज्ञापनों का उद्देश्य व्यवसाय को बढ़ावा देना था और किसी अनुचित या अप्रत्यक्ष उद्देश्य के अभाव में विज्ञापनों पर किए गए खर्च को पूरी तरह और सिर्फ और सिर्फ व्यावसायिक उद्देश्यों के लिए किए गए खर्च के रूप में देखना होगा।

रामनाथन : श्री गुप्ता ने यह विचार उस समय व्यक्त किया था या बाद में?

के. के. बिड़ला : उन्होंने यह विचार दो बार व्यक्त किया था। एक बार जनवरी 1977 के आखिर में हुई बैठक में और दूसरी बार चुनाव-प्रचार के दौरान श्री शान्ति भूषण के उस सार्वजनिक भाषण के बाद, जिसमें उन्होंने कहा था कि राजनीतिक पार्टियों की स्मारिकाओं के लिए विज्ञापन देना राजनीतिक चन्दा था।

रामनाथन : आप कहते हैं कि विज्ञापनों से कम्पनियों को 'गुडविल' अर्जित करने में मदद मिलती है। इससे आपका क्या तात्पर्य है?

के. के. बिड़ला : 'गुडविल' से मेरा तात्पर्य है कि हमारे उत्पाद अपनी गुणवत्ता के कारण जनता में लोकप्रिय हों और साथ-साथ कम्पनी भी अच्छा नाम कमाए।

रामनाथन : मिस्टर बिड़ला, अगर आपको यह बताया जाता कि स्मारिकाओं की बहुत सीमित प्रतियाँ प्रकाशित की जाएँगी, और कुछ मामलों में यह संख्या इतनी कम होगी कि वे सिर्फ विज्ञापनदाताओं को ही वाउचर प्रतियाँ दे सकेंगे, तो क्या आप तब भी इन स्मारिकाओं में विज्ञापन देते?

के. के. बिड़ला : बिलकुल नहीं। ऐसी स्थिति में मैं इन स्मारिकाओं को विज्ञापन जारी करने के लिए कतई राजी न होता। लेकिन मेरे पास सेठीजी की इस बात पर सन्देह करने का कोई कारण नहीं था कि स्मारिकाओं की प्रतियाँ बड़ी संख्या में छापी जाएँगी।

रामनाथन : क्या आपको मालूम था कि प्रकाशित स्मारिकाओं की संख्या, विशेषकर 1976 में प्रकाशित की गई स्मारिकाओं की संख्या बहुत कम थी?

के. के. बिड़ला : मुझे यह बात मालूम नहीं थी, और सम्बन्धित प्रभावियों को भी इसकी कोई जानकारी नहीं थी।

रामनाथन : क्या आपको मालूम था कि उससे पहले भी अखिल भारतीय कांग्रेस समिति द्वारा प्रकाशित की गई स्मारिकाओं का कुछ भी प्रसार नहीं था?

के. के. बिड़ला : मुझे यह जानकारी नहीं है।

रामनाथन : क्या आपने अपने भाइयों और चचेरे भाइयों को विज्ञापनों के बारे में कोई सलाह दी थी?

के. के. बिड़ला : जहाँ तक मुझे याद पढ़ता है, एक या दो बार पारिवारिक मिलन के दौरान मुझसे पूछा गया था कि कांग्रेस समिति की स्मारिकाओं के लिए विज्ञापनों के बारे में मेरा क्या करने का विचार था। मैंने कहा कि मैंने इस विषय में अपनी कुछ कम्पनियों के वरिष्ठ प्रभावियों के साथ परामर्श किया था, और

उन्होंने मुझे सलाह दी थी कि इन स्मारिकाओं के लिए विज्ञापन देना कम्पनी के व्यावसायिक हित में था; इसलिए ये कम्पनियाँ स्मारिकाओं के लिए विज्ञापन जारी कर रही थीं।

रामनाथन : क्या सेठीजी ने आपके भाइयों और चचेरे भाइयों से भी बात की थी?

के. के. बिड़ला : मुझे नहीं मालूम। इस बात की काफी सम्भावना है कि उन्होंने उनसे सम्पर्क स्थापित किया हो।

रामनाथन : विज्ञापन किस आधार पर जारी किए गए थे?

के. के. बिड़ला : विज्ञापन जारी करने के पीछे कई आधार थे, जैसेकि कम्पनी का आकार, विज्ञापित किए जानेवाले उत्पाद इत्यादि। वैसे इस तरह के मामले में कोई निश्चित मापदंड नहीं होता।

रामनाथन : क्या ऐसा भी हुआ था कि सेठीजी के साथ बातचीत के बाद आप एक निश्चित रकम के लिए सहमत हो गए हों, जिसे आपने बाद में अपनी विभिन्न कम्पनियों के नाम बाँट दिया हो?

के. के. बिड़ला : नहीं, ऐसा कुछ भी नहीं हुआ।

रामनाथन : आपके खयाल से आप कितनी बार सेठीजी से मिले होंगे?

के. के. बिड़ला : मैं उनसे अक्सर मिलता रहता था, क्योंकि मैं मात्र जिज्ञासावश चुनावों की स्थिति के बारे में जानने के लिए उत्सुक था। दरअसल उस समय वरिष्ठ नेताओं में से बहुत कम लोग दिल्ली में उपस्थित थे।

रामनाथन : क्या सेठीजी ने आपसे अपने मित्रों से भी विज्ञापनों के लिए अनुरोध करने के लिए कहा था?

के. के. बिड़ला : मैंने किसी पर भी अपने विचार नहीं थोपे। फिर भी, कुछ व्यवसायियों ने इस मामले में मुझसे सलाह माँगी थी। मैंने उनसे कहा कि सम्बन्धित प्रभावियों के साथ परामर्श के बाद मेरी कुछ कम्पनियाँ स्मारिकाओं के लिए विज्ञापन जारी कर रही थीं, क्योंकि प्रभावियों का विचार था कि इस तरह के विज्ञापन कम्पनियों के व्यावसायिक हित में थे। जहाँ तक इस प्रश्न का सम्बन्ध था कि मेरे मित्र विज्ञापन दें या नहीं, मैंने उन्हें अपने विचार बताने के बाद निर्णय उनके खुद के ऊपर छोड़ दिया था।

रामनाथन : क्या आपको यह जानकारी है कि एफ.आई.सी.सी.आई. ने कम्पनियों के कानून की धारा 293ए के बारे में स्पष्टीकरण माँगा था, और क्या आप किसी भी तरह इससे जुड़े हुए थे?

के. के. बिड़ला : मेरा इससे कोई सम्बन्ध नहीं था। मैंने एफ.आई.सी.सी.आई. का परिपत्र इसके जारी किए जाने के बाद ही देखा था।

रामनाथन : एफ.आई.सी.सी.आई. ने पहले कम्पनी कानून मन्त्रालय को एक पत्र भेजा था। इसका कोई जवाब न मिलने पर सीधे कानून-मन्त्री को पत्र लिखा गया था। क्या आपको इसकी जानकारी है?

के. के. बिड़ला : इस प्रश्न का उत्तर सिर्फ एफ.आई.सी.सी.आई. ही दे सकती है।

रामनाथन : क्या आपको 1977 में प्रकाशित स्मारिकाओं के लिए विज्ञापन-दरों की जानकारी थी?

के. के. बिड़ला : मुझे दरों की जानकारी नहीं थी। यह मामला प्रभावियों के जिम्मे था।

रामनाथन : क्या आप जानते हैं कि 1976 और 1977 की विज्ञापन-दरों में बहुत भारी अन्तर है?

के. के. बिड़ला : मुझे यह जानकारी नहीं है।

रामनाथन : यह कैसे हुआ कि विज्ञापन-दरों में इतना भारी अन्तर होते हुए भी आपने 1977 की स्मारिकाओं के लिए विज्ञापन दे दिए?

के. के. बिड़ला : मुझे नहीं लगता कि हमारे प्रभावियों ने इस तरह की कोई तुलना की थी कि 1976 में क्या दरें थीं और 1977 में क्या थीं। लेकिन मैं यह जरूर कहना चाहूँगा कि अगर हमारे प्रभावियों को विज्ञापन-दरें बहुत ज्यादा और अमर्यादित लगी होतीं तो वे कोई कदम उठाते और मेरा परामर्श लेते।

रामनाथन : आप श्री आर. पी. गोयनका को जानते हैं?

के. के. बिड़ला : हाँ, मैं श्री आर. पी. गोयनका को बहुत अच्छी तरह से जानता हूँ।

रामनाथन : क्या आप सेठीजी के साथ उनसे मिलते थे?

के. के. बिड़ला : मैं सेठीजी के साथ होता था तो कभी-कभी आर. पी. गोयनका भी वहाँ चले आते थे, और इसका उलटा भी होता था।

रामनाथन : अब हम 1976 की स्मारिकाओं के लिए विज्ञापन देने की बात पर आते हैं। 1976 में क्या प्रक्रिया अपनाई गई थी?

के. के. बिड़ला : मुझे खेद है कि मैं 1976 के बारे में ठीक-ठीक याद नहीं कर पा रहा हूँ। लेकिन मैं आपको यह बता सकता हूँ कि या तो कोई मेरे पास विज्ञापनों के लिए आया होगा, या हमारे प्रभावियों को इस सम्बन्ध में कोई परिपत्र मिला होगा। वैसे 1976 में भी वही प्रक्रिया रही होगी जो 1977 में थी।

रामनाथन : 1977 में सेठीजी को चेक किसने दिए थे?

के. के. बिड़ला : जहाँ तक मुझे याद है, कुछ अवसरों पर प्रभावियों ने चेक का लिफाफा मुझे पकड़ा दिया होगा और अनुरोध किया होगा कि मैं उसे सेठीजी तक पहुँचा दूँ, क्योंकि मैं अक्सर दिल्ली आता रहता था। यह भी सम्भव है कि कुछ अवसरों पर प्रभावियों ने खुद ही सेठीजी या उनके सचिव को चेक दिया हो।

रामनाथन : हमें पता चला है कि कुछ कम्पनियों ने दो या तीन चेक दिए हैं। क्या इसका मतलब है कि सेठीजी ने और ज्यादा देने के लिए जोर डाला था?

(इससे पहले कि के.के. बिड़ला इस प्रश्न का उत्तर दे पाते, रामनाथन उठकर कमरे से बाहर चले गए और वापसी पर उन्होंने इस प्रश्न को फिर से नहीं उठाया।)

रामनाथन : मिस्टर बिड़ला, मुझे और कुछ नहीं पूछना। अगर आपके कोई प्रश्न हों तो आप उन्हें निःसंकोच पूछ सकते हैं।

के. के. बिड़ला : मेरे विचार से इस मामले को असमंजस में नहीं रहने देना चाहिए। अगर सरकार को लगता है कि उसके पास सम्बन्धित व्यक्तियों के खिलाफ

> कानूनी कार्रवाई करने के लिए एक ठोस मामला है, तो उसे जरूर ऐसा करना चाहिए। लेकिन, दूसरी तरफ अगर उसे लगता है कि कोई भी मामला नहीं बनता तो उसे इस मामले को खत्म कर देना चाहिए।
>
> मुखर्जी इस बैठक में थोड़ा बाद में शामिल हुए थे। उन्होंने अपनी तरफ से कोई अतिरिक्त प्रश्न नहीं पूछा।

पूछताछ के अन्त में मैंने अधिकारियों को सुझाव दिया कि पूछताछ के निष्कर्ष को लेकर असमंजस की स्थिति नहीं रहनी चाहिए। मैंने उनसे कहा कि इस तरह का असमंजस मानसिक व्यथा को जन्म देता है। अगर सरकार को लगता था कि उसके पास मेरे खिलाफ एक ठोस मामला था तो उसे कार्रवाई करनी चाहिए थी। मैं परिणाम भुगतने के लिए तैयार था। लेकिन, दूसरी तरफ, अगर उन्हें लगता था कि मेरे खिलाफ कुछ भी नहीं था तो उन्हें इस मामले को खत्म कर देना चाहिए था। मैंने सी.बी.आई. अधिकारियों को यह समझाने का प्रयास किया कि इस तरह की अनिर्णय की स्थिति और मामले को व्यर्थ ही लटकाए रखना दोनों पक्षों के लिए ठीक नहीं था। लेकिन इसके बावजूद यह मामला लटका रहा। कुछ वर्ष बाद इन्दिराजी के सत्ता में लौटने के बाद ही यह मामला खत्म हुआ।

चौधरी साहब की बात करें तो राजनीति अपनी जगह है। उनके साथ मेरे स्नेहपूर्ण सम्बन्ध बने रहे। बल्कि, 1983 में पिताजी का देहान्त हुआ तो वे शोक प्रकट करने आनेवाले सबसे पहले व्यक्तियों में शामिल थे। उनके भीतर का राजनीतिज्ञ उन्हें कभी-कभी गुमराह कर देता था, अन्यथा वे एक सिद्धान्तवादी और भले और नरमदिल व्यक्ति थे। अपने प्रति उनके उपरोक्त व्यवहार के बावजूद मैं उनका हमेशा सम्मान करता रहा। धीरे-धीरे वे भी नरम पड़ गए और उन्होंने मुझे तंग करना बन्द कर दिया। मानसिक पीड़ा और व्यथा के दौर से गुजरने के बाद धीरे-धीरे मेरी परेशानियाँ खत्म हो गईं। ईश्वर की मुझ पर कृपा रही थी।

24

इन्दिराजी की वापसी

1977 से 1979 तक का समय इन्दिराजी और उनके समर्थकों के लिए भाग्य के फेर का समय था। लेकिन इन्दिराजी ने सभी कठिनाइयों को हँसकर झेला और मुझ जैसे कई दूसरों को उम्मीद न छोड़ने के लिए प्रोत्साहित किया।

1979 के शुरू से ही यह स्पष्ट होने लगा था कि जनता पार्टी संकट की तरफ बढ़ रही थी। पार्टी नेताओं के बीच लगातार कलह जारी थी। बल्कि, 1977 में चुनावों के बाद जनता पार्टी के सत्ता में आते ही प्रधानमन्त्री के पद को लेकर आपस में रस्साकसी शुरू हो गई थी। इस पद के तीन दावेदार थे—मोरारजी देसाई, चरण सिंह और जगजीवन राम (जो पहले कांग्रेस में थे)। सम्भवतः जगजीवन राम तीनों में से सबसे ज्यादा सक्षम साबित होते, लेकिन जयप्रकाश नारायण और कुछ अन्य लोगों के हस्तक्षेप के कारण मुकाबले को टालकर मोरारजी भाई को प्रधानमन्त्री चुन लिया गया।

जनता पार्टी के अधिकांश शीर्ष नेताओं का आग्रह था कि सामूहिक नेतृत्व होना चाहिए। भला सामूहिक नेतृत्व से सरकार को सक्षम और प्रभावी ढंग से कैसे चलाया जा सकता है। यह एक बेतुका विचार है। नेतृत्व सिर्फ एक व्यक्ति द्वारा दिया जाता है, न कि व्यक्तियों के समूह द्वारा। सरकार को शक्तिशाली और प्रभावी होना चाहिए। प्रजातन्त्र में यह तभी सम्भव है जब प्रधानमन्त्री को पार्टी सदस्यों और लोगों का प्रेम, स्नेह, सम्मान और विश्वास प्राप्त हो। एक तरह से यह अच्छा ही हुआ कि 1969 में कांग्रेस का विभाजन हो गया, मोरारजी भाई और कुछ अन्य लोगों ने अपनी अलग पार्टी बना ली, और इन्दिराजी के साथ सिर्फ उनके सच्चे समर्थक रह गए।

सत्तारूढ़ पार्टी के नेता आपस में ही लड़ने लगे। एच. एन. बहुगुणा ने 10 जुलाई 1978 को मोरारजी भाई को एक पत्र लिखा, जिसमें उन्होंने चरण सिंह को एक तानाशाह की संज्ञा दी। उन्होंने कहा कि उनके हाथों में हरिजनों और मुस्लिमों के हित सुरक्षित नहीं थे। चरण सिंह ने मोरारजी भाई के नाम 2 अप्रैल 1979 के अपने पत्र में बहुगुणा को के. जी. बी. (सोवियत गुप्तचर सेवा) का एजेंट ठहराया। हर कोई खुल्लमखुल्ला एक-दूसरे पर कीचड़ उछाल रहा था।

जनता पार्टी की अन्दरूनी कलह बढ़ती चली गई तो ऐसा लगने लगा कि मोरारजी भाई को इस्तीफा देना पड़ेगा। पार्टी में बहुत-से लोग अगला प्रधानमन्त्री बनने का सपना देखने लगे। यह बिलकुल स्पष्ट था कि पार्टी एक संगठित मंच के रूप में ज्यादा दिनों तक नहीं टिक पाएगी।

इन्दिराजी ने, संजय का सहयोग लेते हुए, अपने पत्ते बड़ी होशियारी से खेले। परिणाम यह हुआ कि मोरारजी भाई अपना बहुमत खो बैठे और चरण सिंह नये प्रधानमन्त्री बन गए। कहा जाता है कि तत्कालीन राष्ट्रपति एन. संजीव रेड्डी ने मोरारजी भाई को अपना बहुमत साबित करने का पर्याप्त अवसर नहीं दिया। उन्हें मोरारजी भाई से अपना पुराना हिसाब चुकाना था, क्योंकि 1977 में प्रधानमन्त्री के पद के लिए वे भी एक दावेदार थे। और क्यों न होते? उनका तर्क था कि तब तक दक्षिण भारत से कोई भी व्यक्ति प्रधानमन्त्री नहीं बना था। संजीव रेड्डी अपने दावे को नजरअन्दाज करने के लिए मोरारजी भाई को कभी क्षमा नहीं कर सके।

चरण सिंह भी ज्यादा देर नहीं टिक पाये। लोकसभा भंग कर दी गई और नए चुनावों की घोषणा हो गई। इन्दिराजी और संजय की रणनीति पूरी तरह सफल रही थी। 1977 में बड़े प्रभावशाली ढंग से चुनाव जीतनेवाली जनता पार्टी ताश के पत्तों की तरह बिखर गई थी। शीर्ष नेताओं के बीच मतभेद इस पार्टी के सत्ता में बने रहने की उम्मीदों को ले डूबे थे।

इन्दिराजी ने अपने परम्परागत उत्साह और कर्मठता के साथ चुनावों की तैयारी की। उन्होंने पूरे देश का विस्तृत दौरा किया। यह शुरू में ही स्पष्ट हो गया था कि वे विजयी होने जा रही थीं। मनुष्य की स्मृति अल्पकालीन होती है और हमारे देश के लोग स्वभाव से ही सहनशील हैं। आपातकाल के दौरान कांग्रेस (आई) की ज्यादतियों के प्रति उपजी अपनी वितृष्णा के कारण उन्होंने जनता पार्टी को एक अवसर दिया था। लेकिन जनता पार्टी फ्लॉप साबित हुई थी। लोग शान्ति, स्थिरता और अच्छा प्रशासन चाहते थे। उन्हें यह भी लग रहा था कि इन्दिराजी अब कभी भी इमरजेन्सी की गलती को नहीं दोहराएँगी, इसलिए उन्हें सत्ता में वापस लाने में कोई खतरा नहीं था। परिणामस्वरूप, इन्दिराजी प्रचंड बहुमत से विजयी हुईं।

मैं इन्दिराजी और संजय के निकट सम्पर्क में रहा था। जब पार्टी टिकट बाँटे जाने का प्रश्न उठा तो संजय ने मुझे बुलाया और झुनझुनु चुनाव क्षेत्र से मुझे पार्टी का टिकट दिए जाने का प्रस्ताव रखा। मैंने उनसे कहा कि लोकसभा का चुनाव लड़ने की मेरी बिलकुल इच्छा नहीं थी। संजय मुझ पर जोर डालते रहे। मैं इन्दिराजी से मिला। मैंने उनसे कहा कि मैं इस प्रस्ताव को स्वीकार नहीं कर सकता, क्योंकि मैंने कभी भी लोकसभा का चुनाव न लड़ने का दृढ़ निश्चय कर रखा था। मैंने उन्हें समझाया कि लोकसभा की सीट के लिए खड़े होना मेरी प्रकृति के अनुकूल नहीं था। अन्ततः एक वरिष्ठ नेता सीसराम ओला को उस सीट से खड़े होने के लिए कहा गया। वे उस सीट से लड़े, लेकिन हार गये। उन्हें जीतना चाहिए था, लेकिन कुछ घनिष्ठ मित्रों ने ही उन्हें धोखा दे दिया–जो चुनावों के दौरान कोई अनजानी घटना नहीं है। चुनावों के बाद संजय ने मुझे उस सीट से न लड़ने के लिए कोसा, क्योंकि उनका विचार था कि अगर मैं चुनाव लड़ता तो जरूर जीत जाता। मैंने उनसे कहा कि लोकसभा चुनाव में जीतने या हारने का मेरे लिए कोई महत्त्व नहीं था। 1971 में झुनझुनु के अनुभव के बाद दोबारा कभी-भी लोकसभा का चुनाव न लड़ने का मेरा संकल्प अटल था।

परिणाम आने शुरू हुए तो मैं दिल्ली में था। इन्दिराजी के घर को प्रशंसकों की भारी भीड़ ने घेर रखा था। पुलिस का पर्याप्त प्रबन्ध नहीं था। मैं उन्हें बधाई देने के लिए उनके

घर गया। उन्होंने अपनी जानी-पहचानी आत्मीयता के साथ मेरा स्वागत किया। चूँकि लोग लगातार चले आ रहे थे, इसलिए मुझे याद है कि उन्होंने धवन से एक द्वार को छोड़कर अन्य सभी द्वार बन्द कर देने के लिए कहा था।

अगले दिन मैं और मेरी पत्नी अपनी बेटी शोभना के साथ इन्दिराजी के लिए फूलों के गुच्छे लेकर गए। शोभना भी राजनीति में बहुत रुचि लेती है। इन्दिराजी हम सबके साथ चित्र खिंचवाने के लिए सहर्ष तैयार हो गईं।

इन्दिराजी की विजय पर पूरे देश में उत्सव का माहौल था। संजय भी अपने आपमें एक नेता के रूप में उभरे थे। लेकिन अपनी कीर्ति के चरम शिखर पर वे एक महान त्रासदी की चपेट में आ गए–वे एक विमान-दुर्घटना में चल बसे।

25

संजय का असामयिक निधन

23 जून 1980 को एक विमान-दुर्घटना में संजय की मृत्यु हुई तो मैं दिल्ली में था। मैं अपनी सुबह की सैर से लौटा ही था कि फोन की घंटी बजी। दूसरी तरफ 'हिन्दुस्तान टाइम्स' के एक वरिष्ठ प्रभावी नरेश मोहन थे, जो बाद में कम्पनी के कार्यकारी प्रमुख बने। उन्होंने मुझसे पूछा कि क्या मुझे समाचार मिल चुका था। "कौनसा समाचार?" मैंने लापरवाही से कहा। उन्होंने मुझे संजय की मृत्यु के बारे में बताया। मैं सन्न रह गया। दो दिन पहले ही मैं संजय से मिला था। उसी दोपहर मैं उनसे फिर से मिलनेवाला था।

मैं तुरन्त 1, सफदरजंग रोड पहुँचा। इन्दिराजी और पूरा परिवार अस्पताल में था। मैं भी अस्पताल जाना चाहता था, लेकिन फिर मैंने परिवार को वहाँ परेशान न करने का फैसला किया। इसकी बजाय मैं बिड़ला हाउस लौटकर इन्दिराजी के घर लौटने की प्रतीक्षा करने लगा और हर एक घंटे बाद वहाँ सम्पर्क करता रहा। वे शाम को देर से लौटीं तो मैं उनसे मिलने पहुँचा। घर पर काफी भीड़ थी। लोग सकते की हालत में थे। इन्दिराजी उदारता दिखाते हुए मुझसे अलग से मिलीं। मैंने अपनी हार्दिक शोक-संवदेनाएँ प्रकट कीं और उनसे हिम्मत से काम लेने का अनुरोध किया। मैंने उनसे कहा कि अगर वे खुद टूट जाएँगी तो उनके मित्र और समर्थक भी हिम्मत हार बैठेंगे। मैं और कुछ नहीं कह सका। मैं खुद भी बहुत ज्यादा विचलित था। बल्कि, शोक और विषाद के उस वातावरण में इन्दिराजी ही सबसे ज्यादा संयत दिखाई दे रही थीं। वे मेरे जैसे कई दूसरों को ढाढ़स बँधा रही थीं। मैंने संजय के पार्थिक शरीर पर पुष्पमाला अर्पित की।

दाह-संस्कार 24 जून को सम्पन्न हुआ। शवयात्रा में भारी भीड़ उमड़ने की उम्मीद थी, इसलिए मैंने प्रधानमन्त्री निवास पर फोन करके एक सहायक से बात की। मैंने अन्तिम संस्कार वाले स्थल तक पहुँचने के लिए मार्गदर्शन और सहयोग के लिए अनुरोध किया। सहायक ने प्रधानमन्त्री से बात करने के बाद मुझे वापस फोन किया। मुझे एक मार्गदर्शक की सेवाओं के साथ-साथ दाह-संस्कारवाले स्थल तक जाने के लिए एक विशेष अनुमति-पत्र दे दिया गया।

संजय की मृत्यु से मैं एक मूल्यवान मित्र खो बैठा था। वे निस्सन्देह एक आवेगशील और गहरी रुचियों और अरुचियों वाले व्यक्ति थे। लेकिन वे एक अच्छे मित्र थे। मैं उन्हें 1971 से जानता था। मेरे प्रति उनका व्यवहार हमेशा विनम्र और सहयोगपूर्ण रहा था। उनका निधन मेरे लिए एक व्यक्तिगत क्षति थी।

संजय के साथ मेरा काफी लम्बा जुड़ाव रहा था। मैं उन्हें सुर्खियों में छाने से पहले से जानता था। संजय के गुणों और अवगुणों का सही-सही मूल्यांकन करना आसान नहीं है।

वे जितने अच्छे मित्र थे, उतने ही बुरे शत्रु। वे कठिन-से-कठिन समय में भी मित्रों का साथ नहीं छोड़ते थे, और उनकी मदद करने के लिए कुछ भी कर सकते थे। उनकी रुचियाँ और अरुचियाँ बहुत प्रखर थीं। वे अपनी पसन्द के लोगों को आगे बढ़ाने में कोई कसर नहीं उठा रखते थे, जबकि उनकी नजरों में खटकनेवाला व्यक्ति भारी मुसीबत में पड़ जाता था।

इन्दिराजी के साथ मेरी निकटता और मेरे प्रति उनके विश्वास और स्नेह का बहुत-से लोगों को पता था। लोग अक्सर किसी-न-किसी काम के लिए मेरे पास आते रहते थे। कई अधिकारी भी अपनी किसी कठिनाई या समस्या को सुलझाने के लिए मेरी मदद लेने का प्रयास करते थे। इस तरह के मामलों में मैं बहुत सावधानी बरतता था। मैं सिर्फ उन्हीं मामलों में मदद करता था जहाँ मुझे लगता था कि किसी व्यक्ति के साथ सचमुच अन्याय हुआ था। यूँ भी, इन्दिराजी से भेंट के लिए तुरन्त समय लेना हमेशा सम्भव नहीं हो पाता था। इसलिए कुछ अवसरों पर मैं अपनी बात संजय के माध्यम से इन्दिराजी तक पहुँचा देता था।

एक बार, 1976 में, एक व्यवसायी का भाई मुसीबत में फँस गया। सरकार ने उसे 'कोफपोसा' के अधीन गिरफ्तार करने का फैसला कर लिया। व्यवसायी को इस बात का पता चला तो वह बहुत ज्यादा घबरा गया। वह मेरे पास आने से हिचकिचा रहा था, क्योंकि एक-दूसरे को अच्छी तरह से जानने के बावजूद हम दोनों व्यावसायिक राजनीति के विरोधी खेमों में थे, खासकर एफ.आई.सी.सी.आई. की राजनीति में। उसने आसन्न खतरे को टालने के लिए मित्रों की सलाह माँगी तो उन सबने उसे मेरे पास आने का सुझाव दिया। पहले तो वह मेरा सहयोग लेने से कतराता रहा, लेकिन फिर मिथ्या गर्व को एक तरफ रखकर उसने मुझसे मिलने का फैसला कर लिया। उसकी कहानी सुनकर मैंने उसे आश्वासन दिया कि व्यावसायिक राजनीति की परवाह न करके मैं उसकी मदद करने का पूरा-पूरा प्रयास करूँगा।

इन्दिराजी से मिलना मुश्किल था। इसलिए मैं संजय से मिला और मैंने उनसे अनुरोध किया कि वे उस व्यक्ति की समस्याओं के बारे में इन्दिराजी से बात करें और उसकी गिरफ्तारी को रोकें। संजय जानते थे कि वह व्यक्ति व्यावसायिक राजनीति में मेरा विरोधी था। उन्होंने आश्चर्य व्यक्त करते हुए पूछा कि मैं उस व्यक्ति की पैरवी क्यों कर रहा था। मैंने कहा कि अगर कोई व्यक्ति मुसीबत में हो और वह मदद के लिए मेरे पास आए, तो मैं अपने प्रति उसके पिछले व्यवहार की परवाह न करके उसकी मदद करने का प्रयास करता था। यह मेरा स्वभाव था।

संजय खुद भी उस व्यक्ति को नापसन्द करते थे और उसकी मदद करने के लिए ज्यादा उत्साहित नहीं थे। लेकिन मैंने आग्रह करते हुए कहा कि सम्भवतः उस व्यक्ति की गिरफ्तारी के प्रस्ताव के पीछे कोई गलत सूचना थी। मैंने संजय को भरोसा दिलाया कि अगर उस व्यक्ति पर किसी गम्भीर आर्थिक अपराध का आरोप था, तो भी मैं यह जिम्मेदारी ले लेने के लिए तैयार था कि वह भविष्य में इस तरह का कोई काम नहीं करेगा। मैंने उनसे कहा कि यदि कोई व्यक्ति सुधर गया हो और उसे सबक मिल गया हो तो हमारा उद्देश्य पूरा हो जाता था। ऐसी परिस्थिति में उसे सलाखों के पीछे रखने का कोई अर्थ नहीं था। आखिरकार मैं संजय को इस मामले में हस्तक्षेप करने और इन्दिराजी से बात करने के लिए राजी करने में सफल हो गया। संजय ने ऐसा ही किया और इन्दिराजी को मेरे साथ अपनी

बातचीत के बारे में बताया। परिणाम यह हुआ कि इस मामले को रफा-दफा कर दिया गया और व्यवसायी की जान में जान आई।

एक बार मुझे मुकुन्द आयरन के चेयरमैन और प्रबन्ध निदेशक विरेन शाह के मामले में भी हस्तक्षेप करने के लिए कहा गया। विरेन शाह को 1975 के आसपास जॉर्ज फर्नांडीस के साथ 'मीसा' (आन्तरिक सुरक्षा अधिनियम) के अन्तर्गत गिरफ्तार किया गया था। मैं मुम्बई में था कि शहर के एक प्रमुख व्यवसायी प्रवीण गांधी ने अचानक मुझे फोन किया और मुझसे मिलने की इच्छा प्रकट की। वे विरेन शाह को जेल से छुड़ाने में मेरी मदद चाहते थे। मुझे उनके इस अनुरोध पर थोड़ा आश्चर्य हुआ। मैंने इस मामले में उनकी दिलचस्पी का कारण जानना चाहा। उन्होंने रहस्योद्‌घाटन करते हुए कहा कि वे दरअसल विरेन शाह की पत्नी की तरफ से मुझसे मिलने आए थे, और साथ ही विरेन उनके सम्बन्धी भी थे। प्रवीण ने मुझे आश्वस्त किया कि विरेन निर्दोष थे और उन्हें गलत सूचनाओं के आधार पर गिरफ्तार किया गया था।

विरेन किसी समय स्वतन्त्र पार्टी से जुड़े हुए थे। मैंने इन्दिराजी के साथ अपने निकट सम्बन्धों के बावजूद स्वतन्त्र पार्टी की सदस्यता नहीं छोड़ी थी, जो जनता पार्टी में उसके विलय के बाद ही समाप्त हुई। पार्टी के सभी सदस्यों के प्रति मेरे मन में कोमल भावनाएँ थीं। मैंने प्रवीण से कहा कि सिर्फ दो व्यक्ति विरेन की मदद कर सकते थे—रजनी पटेल या संजय गांधी। मैं इन दोनों के ही निकट था। चूँकि उस समय मैं मुम्बई में था, इसलिए मैंने रजनी पटेल से मिलने का फैसला किया। उस दिन उस क्षेत्र में बिजली नहीं थी। रजनी भाई का फ्लैट एक इमारत की काफी ऊपरी मंजिल पर था और सीढ़ियाँ चढ़ने के अलावा कोई दूसरा रास्ता नहीं था। एकमात्र विकल्प था कि मैं वापस चला जाऊँ। लेकिन मैंने अपने-आपसे कहा कि अगर मैं थोड़ा कष्ट उठाकर जेल में बन्द किसी व्यक्ति की मदद कर सकता हूँ तो यह मेरे लिए सन्तोष की बात होनी चाहिए। मैं सीढ़ियाँ चढ़कर रजनी भाई के फ्लैट में पहुँचा। वे मुझे देखकर हैरान रह गए और पूछने लगे कि बिजली न होने के बावजूद मैं वहाँ कैसे चला आया। मैंने उनसे कहा कि स्थिति की गम्भीरता को देखते हुए मैंने सीढ़ियाँ चढ़ने का कष्ट गवारा कर लिया। मैंने उन्हें विरेन के बारे में बताया और उनसे अनुरोध किया कि वे उन्हें जेल से छुड़ाने में अपने प्रभाव का इस्तेमाल करें। रजनी भाई ने कहा कि वे अपनी तरफ से पूरी कोशिश करेंगे, लेकिन साथ ही उन्होंने मुझे ज्यादा उम्मीद न रखने की सलाह दी। उन्होंने कहा कि वे इससे पहले भी कुछ अन्य लोगों के अनुरोध पर विरेन की रिहाई के लिए प्रयास कर चुके थे, लेकिन असफल रहे थे।

मैं मुम्बई से दिल्ली पहुँचा और संजय गांधी से मिला। जब मैंने उन्हें बताया कि मैं विरेन की रिहाई के लिए अनुरोध करने आया था तो वे गुस्से से भड़क उठे। उन्होंने कहा कि मैं एक ऐसे व्यक्ति की सिफारिश कैसे कर सकता था जिस पर उनकी माँ के खिलाफ आपराधिक षड्यंत्र रचने का सन्देह था। मैंने आग्रह करते हुए कहा कि उनकी सूचना गलत थी, क्योंकि विरेन इस तरह का अपराध नहीं कर सकते थे। मेरे बार-बार अनुरोध करने के बावजूद संजय ने इस सम्बन्ध में इन्दिराजी से बात करने से साफ इनकार कर दिया। मैंने अपने अभियान की विफलता के बारे में प्रवीण को बताया। उन्होंने मेरे प्रयासों के लिए मुझे धन्यवाद दिया, क्योंकि मैं विरेन के लिए जो कुछ भी कर सकता था, मैंने किया था।

विरेन को अन्य राजनीतिक बन्दियों के साथ 1977 में रिहा किया गया। जनता पार्टी के शासन के दौरान वे काफी शक्तिशाली बन गए। वे चाहते तो उस दौरान मेरी मदद कर सकते थे और जनता सरकार को मुझे परेशान करने से रोक सकते थे। जनता पार्टी के नेताओं को इन्दिराजी के साथ मेरी मित्रता की जानकारी थी। मैं उनसे किसी कृपा की अपेक्षा नहीं कर रहा था। मैं सिर्फ इतना चाहता था कि मुझे अकारण परेशान न किया जाए और इस सम्बन्ध में मैं विरेन की मदद की अपेक्षा कर रहा था। उन्होंने मेरी भलाई का बदला इस तरह चुकाया कि मोरारजी भाई को मेरे साथ कोई सम्बन्ध न रखने की सलाह दी। मुझे इस बात का पता चन्द्रभानुजी से चला। जब मैंने उन्हें बताया कि मैंने विरेन के लिए क्या किया था तो उन्हें सचमुच बहुत आश्चर्य हुआ। विरेन को पता चला कि मैं उनसे बहुत ज्यादा नाराज हूँ। एक दिन वे मुझे एफ.आई.सी.सी.आई. की एक बैठक में मिले और मेरे प्रति अपनी सद्भावनाओं का भरोसा दिलाने लगे। लेकिन वे इस बात पर अड़े रहे कि उन्होंने मोरारजी भाई से मेरे खिलाफ जो कुछ भी कहा था, सही कहा था। उन्होंने कहा कि यह उनके सिद्धान्तों का प्रश्न था। तो ये थे विरेन शाह और उनके सिद्धान्त!

विरेन के साथ न्याय करते हुए मैं कहना चाहूँगा कि पश्चिम बंगाल के राज्यपाल के रूप में वे खूब लोकप्रिय रहे। वे 1999 में राज्यपाल बने थे। वे भाजपा के एक सक्रिय सदस्य थे, इसके बावजूद पश्चिम बंगाल सरकार ने उनकी नियुक्ति का समर्थन किया। उन्होंने प्रदेश के सभी हिस्सों का दौरा किया और अधिक-से-अधिक लोगों से मिलने का प्रयास किया। जब भी कोई व्यक्ति उनके पास अपनी शिकायत लेकर जाता था, वे उस पर तुरन्त ध्यान देते थे और सरकार से बात करके उसे दूर करने का प्रयास करते थे।

संजय साम्यवाद के घोर-विरोधी थे। दुनिया की कोई भी ताकत कम्युनिस्टों के प्रति उनकी वितृष्णा को खत्म नहीं कर सकती थी। इसलिए वे साम्यवादी रुझान वाले उन सभी लोगों को भी नापसन्द करते थे जो इन्दिराजी के प्रति निष्ठावान थे। इन्दिराजी के सचिव पी. एन. हक्सर और कश्मीर के एक महत्त्वपूर्ण नेता डी. पी. धर, जो बाद में मन्त्री भी बने, इसी श्रेणी में आते थे। दोनों ही इन्दिराजी के विश्वासपात्र थे और उनके प्रति पूरी तरह निष्ठावान थे। हक्सर की तरह डी. पी. भी एक ऊँचे चरित्र के व्यक्ति थे, लेकिन संजय के मन में इन दोनों के प्रति वितृष्णा पैदा हो गई। परिणामस्वरूप दोनों का ही पत्ता कट गया।

मैं डी. पी. के बहुत ज्यादा निकट था। मैं उन्हें तब से जानता था जब शेख मुहम्मद अब्दुल्ला जम्मू-कश्मीर के मुख्यमन्त्री थे और डी. पी. धर उनके मन्त्रियों में शामिल थे। उसी दौरान वे एक बार दिल्ली में पिताजी से मिले थे, और उन्होंने अपने पिछड़े हुए प्रदेश के लिए उनसे कुछ-न-कुछ करने का अनुरोध किया था। धर चाहते थे कि हम वहाँ किसी उद्योग की स्थापना करें। बाद में, उनके आग्रह पर, पंडितजी ने भी इस विषय में पिताजी से बात की। पिताजी ने धर को मुझसे मिलवाया। परिणामस्वरूप, मैंने जम्मू के पास कठुआ नामक जगह पर एक कताई कारखाने की स्थापना की।

कुछ समय बाद धर और शेख अब्दुल्ला के बीच मतभेद पैदा हो गए। बाद में इन्दिराजी ने उन्हें केन्द्र में बुलाकर अपने मन्त्रिमंडल में शामिल कर लिया। धर एक अच्छे वक्ता थे और भाषा पर उनकी बहुत अच्छी पकड़ थी। दरअसल वे एक बुद्धिजीवी थे।

धर के साथ मेरे बहुत घनिष्ठ सम्बन्ध थे। वे बहुत-से मामलों में मेरी सलाह लेते रहते थे। हमारे बीच इतनी गाढ़ी मित्रता हो गई थी कि कई बार मैं उनके घर जाता था तो वे मुझे नाइट-गाउन पहने अपने शयनकक्ष में मिलते थे। हम दोनों वहीं बैठकर साथ-साथ चाय पीते थे।

डी. पी. ने मुझसे यह बात भी नहीं छिपाई थी कि संजय उन्हें नापसन्द करते थे। एक दिन उन्होंने मुझे बताया कि उन्हें राजदूत के तौर पर सोवियत संघ भेजा जा रहा था। वे इस निर्णय से बहुत खिन्न थे और जाने के लिए जरा भी उत्साहित नहीं थे। वे दिल के मरीज थे और बहुत ठंडे देश में जाने के इच्छुक नहीं थे। उन्होंने मुझसे कहा कि शायद संजय ने उनके खिलाफ इन्दिराजी के कान भर दिए थे, जिसके परिणामस्वरूप उन्हें सोवियत संघ भेजा जा रहा था। उन्होंने मुझसे बीच-बचाव करने और संजय को समझाने का अनुरोध किया। मैंने उनकी तरफ से संजय से बात भी की। लेकिन जैसाकि मैं पहले कह चुका हूँ, संजय गहरी पसन्द और नापसन्द वाले व्यक्ति थे। उन्होंने डी. पी. के बारे में अपनी धारणा नहीं बदली, परिणामस्वरूप डी. पी. को सोवियत संघ जाना पड़ा।

मैं पीछे कह चुका हूँ कि रामनाथ गोयनका को किस तरह आपातकाल के दौरान सरकार के साथ परेशानियों का सामना करना पड़ा। मेरे प्रयासों के कारण सरकार और रामनाथजी में एक अनौपचारिक समझौता हो गया, जिसके परिणामस्वरूप मुझे 'इंडियन एक्सप्रेस' का चेयरमैन बना दिया गया।

चेयरमैन बनने के बाद मेरा पहला कार्य यह था कि अखबार का सम्पादक किसे नियुक्त किया जाना चाहिए। उस समय एस. मूलगांवकर सम्पादक थे, लेकिन वे सरकार को पसन्द नहीं थे। मैं मूलगांवकर का बहुत सम्मान करता था। वे एक सत्यनिष्ठ और निर्भीक पत्रकार थे। उनके हठीले स्वभाव के बावजूद मैं उन्हें पसन्द करता था। उन्होंने पिताजी के साथ और बाद में मेरे साथ भी कई वर्षों तक 'हिन्दुस्तान टाइम्स' में काम किया था। मेरी इच्छा थी कि वे अपने पद पर बने रहें। लेकिन सरकार की तरफ से भी इसका अनुमोदन होना जरूरी था। मैंने इन्दिराजी से बात की। चूँकि वे बहुत ज्यादा व्यस्त थीं, इसलिए उनके पास मूलगांवकर से मिलने का समय नहीं था। उन्होंने यह काम संजय पर छोड़ दिया। मैंने मूलगांवकर को सारी स्थिति समझाई। मैंने उन्हें लचीलेपन और जीवन में एक मध्यमार्गीय दृष्टिकोण के फायदों पर व्याख्यान दिया। मैंने उनकी सत्यनिष्ठा और निर्भीकता की सराहना की, लेकिन साथ ही उनसे यह भी कहा कि देश में आपातस्थिति को देखते हुए थोड़ा सन्तुलन बरतना भी जरूरी था। मेरे समझाने-बुझाने पर वे संजय से मिलने के लिए तैयार हो गए। परिणामस्वरूप मैंने उन दोनों की भेंट करवाई, लेकिन यह भेंट पूरी तरह से विफल साबित हुई। दोनों ही अपने-अपने दृष्टिकोणों पर अड़े रहे। जब दो हठीले व्यक्ति बातचीत की मेज पर बैठे हों तो किसी समझौते पर पहुँचने की सम्भावना ही कहाँ थी?

संजय कम बोलते थे, लेकिन अपनी पसन्द और नापसन्द को बहुत दृढ़ शब्दों में व्यक्त करते थे। आपातकाल के दौरान उन्हें एक अवसर पर 'हिन्दुस्तान टाइम्स' के एक संवाददाता की रपट असन्तुलित और आपत्तिजनक प्रतीत हुई। रपट में सरकार की तीखी आलोचना की गई थी। इस रपट के छपने के बाद मैं संजय से मिला तो वे बहुत क्रुद्ध दिखाई दे रहे थे। उन्होंने मुझे इस संवाददाता की छुट्टी कर देने के लिए कहा। मैंने संजय से कहा कि ऐसा करना अनुचित होगा और कामकाजी पत्रकारों के कानून के अन्तर्गत भी

यह सम्भव नहीं होगा। उनका अगला सुझाव था कि मैं इस रिपोर्टर को मिजोरम या नगालैंड भेज दूँ। मैंने उन्हें समझाया कि इन दोनों ही क्षेत्रों में 'हिन्दुस्तान टाइम्स' का कोई संवाददाता नहीं था। मैं जानता था कि कुछ समय बाद वे अपने-आप शान्त पड़ जाएँगे और यही हुआ भी।

इन्दिराजी पूरी तरह से संजय के प्रभाव में थीं। संजय एक अच्छे मित्र लेकिन उतने ही बुरे शत्रु थे। अगर कोई उनका विरोध करता था तो वे यह मानने के लिए तैयार नहीं होते थे कि वह व्यक्ति सार्वजनिक हित में ऐसा कर रहा था। वे उससे बदला लेने पर उतारू हो जाते थे। जैसाकि मैं पहले बता चुका हूँ, पश्चिम बंगाल के तत्कालीन मुख्यमन्त्री सिद्धार्थ शंकर रे, रजनी भाई, देवकान्त बरुआ—जो लम्बे समय तक कांग्रेस समिति के अध्यक्ष रहे—और पी. एन. हक्सर—जो सचमुच ही बहुत खरे व्यक्ति थे—इन्दिराजी को यह सलाह दे चुके थे कि संजय की मारुति परियोजना के कारण उनकी छवि खराब हो रही थी। संजय को यह बात पता चल गई क्योंकि इन्दिराजी उनसे कुछ भी नहीं छिपाती थीं। यह अहसास करने की बजाय कि इन लोगों की सलाह के पीछे उनकी माँ की छवि को बचाने का नेक उद्देश्य था, संजय इसे अपने प्रति व्यक्तिगत शत्रुता के रूप में देखने लगे। वे रे को मुख्यमन्त्री के पद से हटाना चाहते थे, लेकिन इन्दिराजी उनसे सहमत नहीं हुईं। इन्दिराजी के बहुत निकट माने जानेवाले रजनी भाई को पृष्ठभूमि में धकेल दिया गया। देवकान्त बरुआ के साथ भी ऐसा ही हुआ। हक्सर को भी इन्दिराजी के सचिव का पद छोड़ना पड़ा।

इतना ही नहीं, हक्सर के घर पर आयकर अधिकारियों ने छापा मारा। जब हक्सर से अपनी तिजोरियाँ और अलमारियाँ खोलने के लिए कहा गया तो उन्होंने चाबियों का गुच्छा अधिकारियों के सामने फेंकते हुए चुनौती भरे स्वर में कहा, "आप खुद खोलकर देख लीजिए!" उनके पास कुछ भी आपत्तिजनक नहीं मिला, न ही कोई बिना हिसाब का पैसा मिला। हक्सर की बहुत साफ-सुथरी छवि रही थी। लेकिन उन्हें सार्वजनिक तौर पर अपमानित किया गया। देवकान्त बरुआ अपने एक प्रसिद्ध वाक्य 'इंडिया इज इन्दिरा एंड इन्दिरा इज इंडिया' के लिए काफी चर्चित रहे थे। लेकिन इन्दिराजी को संजय को नियन्त्रण में रखने की सलाह देने के कारण उन्हें भी पृष्ठभूमि में जाना पड़ा।

संजय सिद्धार्थ शंकर रे को नापसन्द करते थे। शायद यह भावना दोनों तरफ से थी। कहा जाता था कि सिद्धार्थ बाबू के मुख्यमन्त्री काल में संजय कोलकाता गए थे तो उन पर पर्याप्त ध्यान नहीं दिया गया था। मेरी अपनी धारणा थी कि संजय को सिद्धार्थ बाबू के प्रति किसी तरह की कटुता की भावना नहीं रखनी चाहिए थी, क्योंकि वे उम्र में उनसे बहुत ज्यादा वरिष्ठ थे और एक छात्र के रूप में उसी संस्थान में पढ़े थे जिसमें उनकी माँ पढ़ी थीं। इसके अलावा, सिद्धार्थ बाबू बहुत भले इरादे से ही इन्दिराजी को कोई सलाह देते थे।

जो भी हो, संजय अपनी माँ से किसी दूसरे व्यक्ति को पश्चिम बंगाल का मुख्यमन्त्री बनाने का आग्रह करने लगे। जब मुझे इसके बारे में पता चला तो मैंने उनसे कहा कि यह एक सही कदम नहीं था। सिद्धार्थ बाबू कुशलतापूर्वक सरकार चला रहे थे और उन्हें हटाना ठीक नहीं था। मैंने संजय को सिद्धार्थ बाबू की पृष्ठभूमि से अवगत करवाया और उन्हें बताया कि उनके नाना सी. आर. दास अपने समय में बंगाल के सबसे बड़े और निर्विवाद

नेता थे। इस तथ्य के अलावा भी सिद्धार्थ बाबू की पश्चिम बंगाल में बहुत अच्छी छवि थी। इसलिए उन्हें मुख्यमन्त्री के पद से हटाना किसी भी तरह उपयुक्त नहीं था। लेकिन संजय अपने हठ पर अड़े रहे, हालाँकि इन्दिराजी ने उनकी सलाह पर अमल नहीं किया।

संजय चाहते थे कि ए.बी. गनी खान चौधरी को पश्चिम बंगाल का मुख्यमन्त्री बना दिया जाए। मैंने संजय से कहा कि गनी खान चौधरी भी मेरे बहुत अच्छे मित्र थे, लेकिन उन्हें पश्चिम बंगाल के लोग मुख्यमन्त्री के रूप में स्वीकार नहीं करेंगे। आखिर संजय ने इन्दिराजी को चौधरी साहब का नाम सुझाना बन्द कर दिया। उन्होंने मुझसे पूछा कि क्या सिद्धार्थ बाबू का कोई और विकल्प हो सकता था। मैंने एक बार फिर संजय को सिद्धार्थ बाबू को न हटाने की सलाह दी। लेकिन जब उन्होंने बहुत जोर डाला तो मैंने कहा कि एक विकल्प के रूप में मैं सिर्फ डॉ. गोपाल दास नाग का नाम सोच पा रहा था। संजय शायद डॉ. नाग से मिल चुके थे, लेकिन वे उन्हें अच्छी तरह से नहीं जानते थे। उन्होंने डॉ. नाग से मिलने की इच्छा व्यक्त की और मुझे इस भेंट की व्यवस्था करने के लिए कहा।

मैंने कोलकाता पहुँचकर डॉ. नाग से बात की। डॉ. नाग मेरी इस धारणा से सहमत थे कि पश्चिम बंगाल में सिद्धार्थ बाबू के कद का कोई भी दूसरा नेता नहीं था। फिर भी वे संजय से मिलने के लिए राजी हो गए। हम दोनों दिल्ली पहुँचे। डॉ. नाग संजय पर काफी अच्छा प्रभाव छोड़ने में सफल रहे। बातचीत के अन्त में संजय ने उनसे पूछा कि उनकी पहली निष्ठा किसके प्रति थी। मैं डॉ. नाग को पहले ही से सचेत कर चुका था कि इस तरह का प्रश्न पूछा जा सकता था। मैंने उन्हें सलाह दी थी कि वे अपनी पहली निष्ठा इन्दिराजी के प्रति व्यक्त करें, बशर्ते कि वे सचमुच ऐसा महसूस करते हों। डॉ. नाग मुझसे सहमत थे। उन्होंने कहा कि उनकी पहली निष्ठा सचमुच ही इन्दिराजी के साथ थी, क्योंकि वे पार्टी की प्रमुख थीं। लेकिन संजय के साथ बातचीत के दौरान डॉ. नाग यह प्रश्न सुनकर थोड़ा घबरा गए, और उनके मुँह से निकल गया कि उनकी पहली निष्ठा सिद्धार्थ शंकर रे के साथ थी। उनके इस उत्तर के बाद भेंट अचानक ही खत्म हो गई। बाद में संजय ने मुझे जमकर फटकारा। अगर कांग्रेस (आई) ने 1977 में पश्चिम बंगाल का चुनाव जीत लिया होता, तो मुझे इसमें कोई सन्देह नहीं है कि संजय सिद्धार्थ बाबू से पीछा छुड़ाने के लिए इन्दिराजी पर बहुत ज्यादा जोर डालते। अपने इस प्रयास में वे कितने सफल होते, यह एक अलग विषय है।

संजय की कमजोरी यह थी कि वे इन्दिराजी से मार्गदर्शन लेने की विशेष परवाह नहीं करते थे। वे बहुत स्वतन्त्र मन के व्यक्ति थे, और अपने-आप पर उन्हें अत्यधिक विश्वास था। अगर उन्होंने इन्दिराजी की बात सुनी होती तो आपातकाल के दौरान ज्यादतियाँ न हुई होतीं। परिणामस्वरूप इन्दिराजी 1977 का चुनाव न हारतीं। मेरा हमेशा से ही दृढ़ मत रहा है कि शक्तिशाली व्यक्ति को विनम्र होना चाहिए।

1980 में 'हिन्दुस्तान टाइम्स' के सम्पादक हिरण्मय कार्लेकर का सेवा-अनुबन्ध समाप्त हो गया। प्रश्न था कि नए सम्पादक के रूप में किसे नियुक्त किया जाए। मेरे दिमाग में कोई नाम नहीं था, इसलिए मैंने बहुत-से मित्रों से सुझाव माँगे। मैंने संजय से भी सलाह माँगी। उन्होंने कहा कि उनके पास एक बहुत अच्छा सुझाव था। जब मैंने उस व्यक्ति का नाम बताने के लिए कहा तो उन्होंने अपनी पत्नी मेनका का नाम लिया। मैं भौंचक्का रह गया। मैंने उनसे पूछा कि क्या वे मजाक कर रहे थे। लेकिन संजय गम्भीर थे। उन्होंने कहा

कि मेनका अखबार को चमका देंगी और अखबार की प्रसार-संख्या में भी वृद्धि होगी। मैंने संजय से कहा कि मुझे उनका प्रस्ताव स्वीकार नहीं था। उन्होंने कारण जानना चाहा। मैंने कहा कि पहली बात तो यह थी कि वे मेरे मित्र थे, इसलिए मैं उनकी पत्नी को सम्पादक के रूप में नियुक्त करना नहीं चाहूँगा। दूसरी बात यह थी कि मेनका आवेगशील प्रकृति की थीं और एक सम्पादक के पद के लिए पर्याप्त परिपक्व नहीं थीं। संजय अब भी मुझसे सहमत नहीं थे। उन्होंने कहा कि मेनका बहुत ऊर्जाशील और प्रतिभाशाली थीं और अखबार को एक नया रूप देने में सक्षम थीं। लेकिन मैं अपने मत पर अड़ा रहा, इसलिए इस बारे में आगे बात नहीं हुई। संजय के साथ न्याय करते हुए मैं कहना चाहूँगा कि उन्होंने मेनका के बारे में मेरे विचारों का बुरा नहीं माना।

संजय का एक उत्कृष्ट गुण था उनका वृक्ष-प्रेम। उनके मार्गदर्शन में अनेक राज्यों में बड़ी संख्या में वृक्ष लगाए गए। खासकर दिल्ली में सड़कों के किनारे जगह-जगह दिखाई देनेवाले वृक्षों के झुंड उन्हीं की देन हैं। संजय की प्रेरणा और देखरेख में विकसित हुई इस हरियाली के लिए हमें उनका आभार मानना चाहिए।

संजय की स्मृति भी बहुत तेज थी। लेकिन अत्यधिक आत्मविश्वास के कारण वे अपने आचरण को व्यवस्थित नहीं कर पाते थे। जब वे अपनी मारुति परियोजना को लेकर बहुत ज्यादा सक्रिय थे तो मैं हर भेंट में उन्हें कोई-न-कोई सुझाव देता रहता था। लेकिन मैं अक्सर देखता था कि वे पहले से दिए गए कुछ सुझावों को भूल चुके होते थे। मैंने संजय को नोट बनाने की आदत डालने और सुझावों की एक फाइल बनाने का सुझाव दिया, ताकि वे समय-समय पर उस फाइल को पलटकर अपनी स्मृति को ताजा कर सकें और यह जान सकें कि कौन-कौन से सुझावों पर अमल किया जा चुका था। लेकिन संजय ने मेरी सलाह को अनसुना कर दिया। उन्हें सिर्फ अपनी स्मृति पर ही निर्भर रहना पसन्द था। उनके साथ भेंट के दौरान मैं अपने पास हमेशा एक फाइल रखा करता था, जिसमें पहले से हो चुकी चर्चाओं के प्रमुख बिन्दु दर्ज रहते थे। लेकिन मैं संजय को यह समझाने में असफल रहा कि यही काम करने का सही तरीका था।

जब हम बहुत अन्तरंग हो गए तो एक दिन संजय ने मुझसे कहा कि उनसे भेंट करने के लिए मुझे पहले से समय लेने की जरूरत नहीं थी। मैं कभी भी उनके घर जाकर उनसे मिल सकता था, और उनके व्यस्त होने की स्थिति में वापस लौट सकता था। मैंने उनकी इस सलाह को नोट कर लिया, लेकिन इस पर कभी अमल नहीं किया। मैं हमेशा पहले से समय लेने के बाद ही उनसे भेंट करता था, और कुछ विकट परिस्थितियों को छोड़कर मेरा यही नियम बना रहा। ऐसी ही एक परिस्थिति 1977 में पैदा हुई थी।

चुनावों की घोषणा के बाद सभी राजनीतिक पार्टियाँ चुनाव अभियान की तैयारियों में जुट गई थीं। एक दिन अपने दिल्ली प्रवास के दौरान मुझे सूचना मिली कि दो व्यवसायी पहले से समय लिए बिना अचानक मुझसे मिलने चले आए थे। उन्होंने मेरी व्यस्तता में व्यवधान डालने के लिए क्षमायाचना की, और कहा कि मामला इतना महत्त्वपूर्ण था कि वे किसी पूर्वसूचना के बिना मुझसे मिलने चले आए। उन्होंने कहा कि उन्होंने सुना था कि प्रधानमन्त्री आनेवाले चुनावों में विजयी होने के इरादे से जूट, वस्त्र, चीनी और कागज समेत बहुत-से उद्योगों का राष्ट्रीयकरण करने जा रही थीं। उन्होंने मुझे इस मामले में तुरन्त ही कोई कदम उठाने के लिए कहा। मैं खुद भी उनकी बात सुनकर बहुत चिन्तित

हो उठा था। मैंने उनसे कहा कि मेरे विचार में उनकी सूचना सही नहीं थी। फिर भी मामले की गम्भीरता को देखते हुए मैंने उन्हें तुरन्त ही कोई कदम उठाने का आश्वासन दिया।

मैं जल्दी से प्रधानमन्त्री के घर पहुँचा। किसी पूर्वसूचना के बिना इन्दिराजी से भेंट करना बहुत कठिन था, इसलिए मैं संजय से मिला। वे मुझे देखकर हैरान रह गए। हालाँकि मैं उनसे अक्सर मिलता रहता था, लेकिन मैं हमेशा पहले से समय लेकर ही मिलता था। मैंने संजय को इन अफवाहों के बारे में बताया और इन्दिराजी के साथ मेरी एक संक्षिप्त भेंट करवाने का अनुरोध किया। मैंने उनसे यह भी कहा कि इस तरह के किसी सम्भावित राष्ट्रीयकरण को रोकने के लिए वे अपने प्रभाव का पूरा-पूरा प्रयोग करें। संजय की निजी क्षेत्र में काफी आस्था थी और वे मध्यमार्गीय नीति में विश्वास करते थे। बल्कि नीति के मामले में उन्हें मध्य-दक्षिणपंथी कहा जा सकता था। समाजवादी दर्शन में उनका बिलकुल भी विश्वास नहीं था। इसलिए उन्होंने बड़ी तत्परता से इन्दिराजी के साथ मेरी भेंट की व्यवस्था कर दी। यह एक संक्षिप्त भेंट थी। मैंने इन्दिराजी को उन अफवाहों के बारे में बताया जो मैं सुन रहा था। उन्होंने बहुत धैर्यपूर्वक मेरी बात सुनी, लेकिन कोई प्रतिक्रिया व्यक्त नहीं की। लेकिन इसके बाद हुआ कुछ भी नहीं, किसी भी उद्योग का राष्ट्रीयकरण नहीं हुआ। सिर्फ ईश्वर ही जानता है कि उन अफवाहों का कोई आधार था या नहीं।

उन एक या दो अवसरों को छोड़कर जब वे मुझसे सचमुच क्रुद्ध हुए थे, संजय मेरा और मेरे विचारों का बहुत सम्मान करते रहे थे। अपनी बहुत-सी सनकों के बावजूद संजय एक अच्छे मित्र थे। वे मेरे प्रति बहुत सहिष्णुता का प्रदर्शन करते थे। मेरे साथ अपने जुड़ाव की पूरे अवधि में वे बहुत दृढ़ता के साथ मेरे साथ खड़े रहे। उनका दुःखद और असामयिक निधन मेरे लिए एक व्यक्तिगत क्षति थी।

26

राजीव का राजनीति में प्रवेश

संजय के निधन के बाद मैं कुछ समय दिल्ली में ही रहा और इन्दिराजी से कई बार मिला। सदमे के पहले प्रभाव से उबरने और जीवन के ढर्रे में फिर से व्यवस्थित हो जाने के बाद इन्दिराजी ने संजय की सम्पत्ति पर आयकर के बारे में मुझसे सामान्य बातचीत की, और इससे जुड़े कुछ अन्य मामलों के बारे में मुझसे कुछ प्रश्न पूछे। मैंने अपनी योग्यता के अनुसार उनके प्रश्नों के उत्तर दिए, लेकिन साथ ही उन्हें यह भी बता दिया कि मैं इस विषय का विशेषज्ञ नहीं था। मैंने उनसे कहा कि हालाँकि आयकर और भू-शुल्क से सम्बन्धित विषयों की मुझे सामान्य जानकारी थी, लेकिन मैं उनके द्वारा उठाए गए मामलों का अध्ययन करके ही उन्हें कोई सलाह दे सकता था। और मैंने यही किया भी।

संजय के निधन के लगभग एक पखवाड़े बाद, इन्दिराजी के साथ अपनी एक भेंट के दौरान मैंने राजीव के इंडियन एयरलाइंस में पायलट की नौकरी को छोड़कर राजनीति में प्रवेश करने का विषय उठाया। ऐसा माना जाता था कि राजीव अपने कार्यक्षेत्र को छोड़कर राजनीति में प्रवेश करने से हिचकिचा रहे थे। मैंने इन्दिराजी से कहा कि अपने एक पुत्र को एक विमान-दुर्घटना में खो देने के बाद उन्हें राजीव को विमान उड़ान जैसा खतरनाक काम छोड़ देने के लिए कहना चाहिए। इन्दिराजी मुझसे सहमत थीं, लेकिन उन्होंने कहा कि राजीव का मन उड़ान में ही था और वह इसे छोड़ने का इच्छुक नहीं था। मुझे यह सुनकर विस्मय हुआ था। इन्दिराजी के पुत्र और जवाहरलालजी के नाती के लिए भविष्य के प्रधानमन्त्री का पद लगभग निश्चित था। लोग सत्ता और पद के लिए लड़ते-झगड़ते हैं, जबकि यहाँ एक ऐसा युवक था जिसे प्रधानमन्त्री के महिमामंडित पद की जरा भी परवाह नहीं थी।

मैंने इन्दिराजी से पूछा कि क्या मैं राजीव से बात कर सकता हूँ। उन्होंने कहा कि वे पहले ही अपने बहुत-से मित्रों को राजीव से बात करने और उसे इंडियन एयरलाइंस की नौकरी छोड़कर राजनीति में प्रवेश करने के लिए मनाने के लिए कह चुकी थीं। उन्होंने कहा कि मुझे भी राजीव से बात करनी चाहिए। मैं राजीव से मिलने और उनसे इस विषय पर बात करने के लिए तैयार हो गया। लेकिन मैं राजीव को जानता नहीं था और मेरा खयाल था कि वे भी मेरे बारे में कुछ नहीं जानते थे। इसलिए मैंने इन्दिराजी से कहा कि राजीव के साथ मेरी भेंट से पहले वे उन्हें मेरे साथ अपने सम्बन्धों और लम्बे जुड़ाव के

बारे में बता दें। वे इसके लिए सहमत हो गईं। उन्होंने मुझे दो दिन बाद राजीव से मिलने की सलाह दी, ताकि इस बीच वे उन्हें मेरे बारे में बता सकें।

मैं दो या तीन दिन बाद राजीव से मिला। उनके साथ वह मेरी पहली औपचारिक भेंट थी। उससे पहले एक बार मैं संजय के साथ बैठा था तो राजीव और सोनियाजी दोनों ही वहाँ चले आए थे। संजय ने उनसे मेरा परिचय करवाया था। उस संक्षिप्त भेंट में औपचारिकताओं के आदान-प्रदान के अलावा हमारे बीच और कोई बात नहीं हुई थी। संजय से कुछ देर बात करने के बाद वे वहाँ से चले गए थे।

राजीव के साथ मेरी भेंट लगभग पन्द्रह मिनट तक चली। थोड़ी हल्की-फुल्की बातचीत के बाद मैंने उन्हें इन्दिराजी के साथ अपनी मित्रता के बारे में बताया। मैंने उनसे कहा कि वे मेरे लिए परिवार के एक वरिष्ठ सदस्य की तरह हैं, और वे भी मुझे हमेशा बहुत स्नेह और सम्मान देती रही हैं।

इस तरह बातचीत की भूमिका बाँधने के बाद मैंने उनसे कहा कि मैं अपने-आपको उनके परिवार के एक सदस्य की तरह समझता हूँ, इसलिए उनसे यह अनुरोध करना चाहता हूँ कि वे पायलट की नौकरी छोड़कर राजनीति में अपनी माँ का हाथ बटाएँ। राजीव मेरे साथ बहुत सम्मान और शिष्टतापूर्वक बात कर रहे थे। उन्होंने कहा कि कई अन्य लोगों ने भी उन्हें यही सलाह दी थी और वे गम्भीरतापूर्वक इस पर विचार कर रहे थे। मुझे लगा कि पहली भेंट की दृष्टि से यह एक अच्छी शुरुआत थी। मैं राजीव से बहुत ज्यादा प्रभावित हुआ था। उनमें विलक्षण मोहकता और आकर्षण था। वे मुझे पूरी तरह से एक सज्जन, चरित्रवान और सत्यनिष्ठ व्यक्ति प्रतीत हुए थे। मुझे उनमें असीम सम्भावनाएँ दिखाई दे रही थीं, और मुझे लगा था कि अगर उन्हें राजनीति में प्रवेश करने के लिए राजी किया जा सके तो देश का भविष्य सुरक्षित रहेगा।

इस पहली भेंट से ही राजीव और संजय के व्यक्तित्वों के बीच भारी अन्तर भी स्पष्ट हो गया था। संजय के लिए लक्ष्य अधिक महत्त्वपूर्ण थे, साधन भले ही कुछ भी हों। लेकिन राजीव के साथ ऐसा नहीं था। संजय के अनुसार, अगर परिवार नियोजन अच्छा और अनिवार्य था, तो इसे प्रभावी ढंग से लागू करने के लिए बल का प्रयोग करने में भी कोई हर्ज नहीं था। दूसरी तरफ, पहली भेंट के बाद राजीव के बारे में मेरी यह धारण बनी—जो बाद में उनके साथ मेरे जुड़ाव के दौरान और ज्यादा दृढ़ हुई—कि उनके लिए भले लक्ष्यों तक पहुँचने के लिए भले साधनों का प्रयोग भी उतना ही आवश्यक था। हमारे धर्मग्रन्थों और सन्त-महात्माओं ने भी हमें यही सिखाया है।

कुछ दिन बाद मैं इन्दिराजी से मिला तो मैंने उन्हें राजीव के साथ अपनी बातचीत के बारे में बताया। उन्होंने कहा कि राजीव ने भी उन्हें मेरे साथ अपनी भेंट के बारे में बताया था। जल्दी ही मैं राजीव से दोबारा मिला। अन्य विषयों पर बात करने के अलावा मैंने राजनीति में उनके प्रवेश का विषय भी छेड़ दिया। इस बार इस सुझाव को लेकर उनकी प्रतिक्रिया अधिक अनुकूल थी। कुछ दिन बाद इन्दिराजी ने मुझे बताया कि राजीव एयरलाइंस की नौकरी छोड़ने के लिए सहमत हो गए थे, लेकिन कुछ समय बाद। वे चाहते थे कि पायलट की नौकरी छोड़ने से पहले वे एयर-बस उड़ाने की योग्यता-प्राप्त कर लें। राजीव के राजनीति में प्रवेश के निर्णय को सुनकर सभी मित्रों और शुभचिन्तकों, बल्कि समूचे राष्ट्र ने राहत महसूस की थी।

नई दिल्ली, 1986 : राजीव गांधी के साथ उनके प्रधानमन्त्री-काल का एक चित्र

राजीव ऊँचे चरित्र के व्यक्ति थे और सच्चे मतभेदों का बुरा नहीं मानते थे। मुझे 1980 के अन्तिम दिनों की एक घटना याद है। 'हिन्दुस्तान टाइम्स' ने सरकार की किसी नीति की आलोचना करते हुए बहुत कड़ा सम्पादकीय लिखा था। इन्दिराजी इस तरह के सम्पादकीयों से अधिक विचलित नहीं होती थी। वे बहुत उदार और भली प्रकृति की थीं और इस तरह की आलोचनाओं पर ज्यादा ध्यान नहीं देती थीं, बशर्ते कि वे सकारात्मक और सदाशयतापूर्ण हों। लेकिन उनके किसी नजदीकी ने सम्पादकीय की आलोचना कर दी। इस व्यक्ति ने मुझे फोन करके कहा कि हमारे अखबार में इस तरह के सम्पादकीय नहीं छपने चाहिए। मैंने उक्त सज्जन के साथ कोई बहस नहीं की। मैं जानता था कि इन्दिराजी के आसपास कुछ खुशामदी लोग भी थे और उनसे बहस करने का कोई लाभ नहीं था। लेकिन राजीव के साथ एक भेंट के दौरान मैंने यह विषय उठाया। मैंने उनसे कहा कि अखबार की नीति इन्दिराजी को सकारात्मक और आलोचनात्मक सहयोग देने की थी। मैंने कहा कि अगर अखबार ऐसे अवसरों पर भी सरकार की आलोचना नहीं करेगा जब उसकी दृष्टि में इस तरह की आलोचना आवश्यक हो, तो अखबार को सरकार के मुखपत्र के रूप में देखा जाने लगेगा। मैंने कहा कि मैं अखबार को इस तरह से नहीं चलाना चाहूँगा। इस तरह की नीति इन्दिराजी के लिए भी सहायक सिद्ध नहीं होगी, क्योंकि आँख मूँदकर सरकार की प्रशंसा करनेवाला अखबार अपनी विश्वसनीयता खो बैठेगा। राजीव मेरे दृष्टिकोण से पूरी तरह सहमत थे। उन्होंने बिलकुल स्पष्ट शब्दों में कहा कि वे खुद भी खुशामदी लोगों को पसन्द नहीं करते थे। उन्होंने कहा कि अखबार एक निष्पक्ष दृष्टिकोण अपनाकर ही सार्थकतापूर्वक अपनी भूमिका निभा सकेगा। मैंने उनसे इस बात की अनुमति चाही कि मैं

उनके विचारों को उपरोक्त सज्जन तक पहुचा सकूँ। राजीव को इसमें कोई आपत्ति नहीं थी। इस प्रसंग से पता चलता है कि दूसरों के विचारों को लेकर राजीव कितने सहिष्णु थे। वे सचमुच ही बहुत खुले दिमाग के व्यक्ति थे।

राजीव में संजय की तरह बहुत तीव्र रुचियाँ और अरुचियाँ नहीं थीं। वे एक सन्तुलित और निष्पक्ष व्यक्ति थे। इसलिए अगर कोई मित्र भी गलती करता था तो राजीव इसे नजर-अन्दाज नहीं करते थे। प्रसिद्ध कहावत है कि एक अच्छे राजा का यह प्रयास होना चाहिए कि शेर और बकरी एक ही घाट का पानी पी सकें। इसे काफी हद तक राजीव पर भी लागू किया जा सकता था। वे किसी मित्र का सिर्फ इसलिए बचाव नहीं करते थे कि वह एक मित्र था। इसी तरह वे किसी व्यक्ति को सिर्फ इसलिए दंड देना या परेशान करना पसन्द नहीं करते थे कि वह एक शत्रु था।

1980 के चुनावों के बाद इन्दिराजी ने मुझे राष्ट्रीय एकीकरण परिषद का सदस्य बना दिया। ऐसा पहली बार हुआ था कि किसी व्यवसायी को इस प्रतिष्ठित संस्था में लिया गया था। ऐसा लगता है कि जब राष्ट्रीय एकीकरण परिषद के पुनर्गठन का प्रश्न उठा था तो इन्दिराजी ने संसदीय मामलों के मन्त्री भीष्म नारायण सिंह को यह सुझाव दिया था कि इस निकाय में कुछ व्यवसायी भी होने चाहिए। मुझे नहीं मालूम कि इन्दिराजी ने मेरे नाम का सुझाव दिया था या भीष्म बाबू ने खुद मुझे चुना था। लेकिन मुझे और जे.आर.डी. टाटा दोनों को ही परिषद में मनोनीत कर दिया गया। मैं इन्दिराजी को धन्यवाद देने गया तो उन्होंने कहा कि उनका खयाल था कि मैं एक अच्छा चयन साबित होऊँगा, इसीलिए उन्होंने पुनर्गठित परिषद में मेरा नाम शामिल कर लिया था। मुझे एशियाई खेल समिति के लिए भी मनोनीत किया गया। यह भी इन्दिराजी के कहने पर ही हुआ।

उन्हीं दिनों कुछ उच्च अधिकारियों ने मुझे बताया कि इन्दिराजी मुझे रिजर्व बैंक के निदेशक मंडल में शामिल करना चाहती थीं। मैंने सोचा कि मेरी उम्र और समाज में मेरी प्रतिष्ठा को देखते हुए, और मेरे प्रति इन्दिराजी के स्नेह और विश्वास को देखते हुए भी, यह पद मेरी आकांक्षाओं के अनुरूप नहीं था। अपने युवा वर्षों में मैं कई वर्षों तक स्टेट बैंक ऑफ इंडिया और आई.सी.आई.सी.आई. का निदेशक रह चुका था। मैं काफी समय तक केन्द्रीय उद्योग सलाहकार परिषद और उद्योग मंडल का भी सदस्य रह चुका था। इसके अलावा मैं कई वर्षों तक वैज्ञानिक और औद्योगिक अनुसन्धान परिषद (सी.एस.आई.आर.) की संचालन समिति में भी रह चुका था। प्रधानमन्त्री इस निकाय की चेयरमैन थीं। बल्कि बहुत-से लोग, जिनमें कई सरकारी अधिकारी भी शामिल थे, अक्सर अपनी समस्याएँ लेकर मेरे पास आते रहते थे और चाहते थे कि मैं उनकी तरफ से प्रधानमन्त्री से बात करूँ। जहाँ भी मुझे लगता था कि कोई अन्याय हुआ था, मैं प्रधानमन्त्री के सामने उनका पक्ष रखने का प्रयास करता था। इसलिए रिजर्व बैंक ऑफ इंडिया के निदेशक का पद मुझे अपनी प्रतिष्ठा के अनुरूप प्रतीत नहीं हो रहा था।

इसके बाद मैंने सुना कि मेरे भतीजे आदित्य विक्रम को इस निकाय के लिए मनोनीत करने की भी बात चल रही थी। मुझे वह इस नामांकन के लिए पूरी तरह योग्य प्रतीत हुआ। मैं इन्दिराजी से मिला और मैंने उनसे कहा कि मेरे लिए यह भावना ही बहुत बड़ा पुरस्कार है कि मुझे उनका इतना स्नेह, भरोसा और विश्वास प्राप्त है। इन्दिराजी मुझे रिजर्व बैंक के बोर्ड में शामिल करने की इच्छुक थीं, लेकिन जब मैंने उन्हें अपना दृष्टिकोण समझाया

तो वे मुझसे पूरी तरह से सहमत हो गईं। इसलिए बोर्ड में मुझे मनोनीत करने के विचार को छोड़ दिया गया और आदित्य को निदेशक बना दिया गया।

1976 में किसी समय संजय ने मुझसे कहा था कि उनकी माँ जानना चाहती थीं कि क्या 'पद्मभूषण' की उपाधि प्राप्त करने में मेरी कोई दिलचस्पी थी। मैंने मना कर दिया। संजय को आश्चर्य हुआ था। मैंने उन्हें समझाया कि मुझे पदकों और उपाधियों का शौक नहीं था। साथ ही मैंने कहा कि 'पद्मभूषण' इतना महत्त्वपूर्ण सम्मान नहीं था कि मैं इसके प्रति आकर्षण महसूस कर सकूँ। संजय ने यह बात अपनी माँ को बताई। सम्भवतः उन्हें ऐसा लगा था कि अगर मुझे ज्यादा ऊँचे सम्मान का प्रस्ताव दिया जाए तो मैं उसे स्वीकार कर लूँगा। इसलिए अगली भेंट में उन्होंने मुझे सुझाव दिया कि फिलहाल मैं 'पद्मभूषण' स्वीकार लूँ, इसके बाद वे एक या दो वर्ष में मुझे 'पद्मविभूषण' दिलवाने की व्यवस्था कर देंगे। मैंने उनके इस प्रस्ताव को भी ठुकरा दिया। मैंने संजय को समझाया कि कुछ वर्ष पूर्व मेरे पिताजी को 'पद्मविभूषण' सम्मान दिया गया था। मेरे लिए उसी पुरस्कार को स्वीकार करना और उनकी बराबरी करते हुए देखे जाना मेरी तरफ से पिताजी के प्रति असम्मान का प्रदर्शन होगा। इसलिए मैंने संजय से अपनी माँ को धन्यवाद देने और मुझे इस सम्मान से दूर ही रखने का अनुरोध किया।

अप्रैल 1980 में एक चौंका देनेवाली घटना हुई, जब किसी व्यक्ति ने इन्दिराजी पर छुरे से प्रहार किया। 15 अप्रैल 1980 को मैंने इस सम्बन्ध में इन्दिराजी को एक पत्र लिखकर अपनी चिन्ता व्यक्त की। इसके जवाब में मुझे उनकी तरफ से 24 अप्रैल 1980 को लिखा गया पत्र प्राप्त हुआ। ये दोनों पत्र इस प्रकार थे–

15 अप्रैल 1980

प्रिय श्रीमती इन्दिराजी,

मैं समाचार-पत्रों में किसी के द्वारा आप पर प्रहार का समाचार पढ़कर स्तब्ध रह गया। मैं नहीं जानता कि यह एक सुनियोजित षड्यन्त्र था या मात्र किसी पागल का अविचारित कृत्य। जो भी हो, यह मेरे लिए भारी राहत की बात है कि आपको कोई क्षति नहीं पहुँची।

देश को आनेवाले कई वर्षों तक आपके नेतृत्व की जरूरत है। मैं सभी देशवासियों के साथ मिलकर आपकी रक्षा करने के लिए ईश्वर के प्रति अपना आभार प्रकट करता हूँ।

हार्दिक शुभकामनाओं सहित,

आपका,
के.के. बिड़ला

24 अप्रैल, 1980

प्रिय श्री बिड़ला,

मैं छुरा फेंकने की घटना को लेकर आपकी चिन्ता के लिए आभारी हूँ। आपकी शुभकामनाओं के लिए धन्यवाद।

इन्दिरा गांधी

इन्दिराजी विदेशी अतिथियों के सम्मान में आयोजित भोजन के अवसरों पर मुझे अक्सर बुलाती रहती थीं। 29 सितम्बर 1982 को ब्रिटेन की प्रधानमन्त्री मारग्रेट थैचर भारत आईं तो इन्दिराजी ने उनके सम्मान में आयोजित भोज पर मुझे भी आमन्त्रित किया। सभी अतिथि समय पर पहुँच गए। कुछ समय बाद इन्दिराजी श्रीमती थैचर के साथ वहाँ आईं और उन्होंने उन्हें सभी अतिथियों से मिलवाया। कुछ अतिथियों ने श्रीमती थैचर को घेर लिया तो कुछ इन्दिराजी के इर्द-गिर्द जमा हो गए। किसी विशिष्ट व्यक्ति से मिलने के लिए धक्का-मुक्की करना मेरे स्वभाव में नहीं है। इसलिए मैं पृष्ठभूमि में ही रहा। इन्दिराजी ने अचानक ही मुझे एक कोने में देखा तो औपचारिकताओं के आदान-प्रदान के बाद उन्होंने मुझसे पूछा कि क्या मुझे श्रीमती थैचर से बात करने का अवसर मिला था। मैंने उनसे कहा कि श्रीमती थैचर को इतने सारे लोगों ने घेर रखा था कि मुझे बीच में घुसना उपयुक्त नहीं लगा। इन्दिराजी खुद मुझे श्रीमती थैचर के पास ले गईं और एक बार फिर मुझे उनसे मिलवाते हुए बोलीं कि मैं बिड़ला परिवार का सदस्य था, जो निजी क्षेत्र में देश के दो सबसे बड़े औद्योगिक घरानों में से एक था। मैं इन्दिराजी के इन शब्दों पर अचम्भित-सा रह गया। मैंने उनकी उदारता का मान करते हुए श्रीमती थैचर से कहा कि मेरे लिए सबसे ज्यादा सन्तोष की बात यह थी कि हमारी प्रधानमन्त्री मेरे प्रति हमेशा बहुत कृपालु रही थीं, और मुझे उनका भरोसा और विश्वास प्राप्त था।

* * *

संजय के निधन के बाद कुछ महीनों का अन्तराल रहा। उसके बाद ही राजीव ने राजनीति में सक्रिय रुचि लेनी शुरू की। वे अपनी माँ के लिए एक अच्छे सहायक साबित हुए। वे बहुत समर्पित भाव से अपनी माँ की अधिक-से-अधिक मदद करने की कोशिश करते थे। इन्दिराजी धीरे-धीरे बहुत-से काम पूरी तरह से उनकी देखरेख में छोड़ने लगीं।

नवें एशियाई खेल या एशियाड एक ऐसा आयोजन था जिसमें राजीव ने बहुत ज्यादा रुचि ली। भारत द्वारा एशियाड के आयोजन की चुनौती को स्वीकार कर लेने के बाद ऐसी आशंकाएँ थीं कि बहुत-से खेलों का सुचारु ढंग से आयोजन नहीं हो पाएगा, और अव्यवस्थता की स्थिति देखने को मिलेगी। लेकिन खेलों का आयोजन सफलतापूर्वक सम्पन्न हो जाने के बाद सभी ने मुक्त कंठ से राजीव की प्रशंसा की। पृष्ठभूमि में रहते हुए भी उन्होंने बहुत कुशलता से इस आयोजन का मार्गदर्शन किया। मैं विशेष समिति के कार्यकारी मंडल का सदस्य था और एशियाई खेलों के आयोजन के लिए गठित समिति का भी सदस्य था। सरदार बूटा सिंह इसके चेयरमैन थे। राजीव इन समितियों की किसी भी बैठक में भाग नहीं लेते थे। लेकिन सभी जानते थे कि मंच के पीछे वही इस आयोजन का संचालन कर रहे थे। राजीव की देखरेख में हर स्टेडियम में हर खेल की दो-तीन रिहर्सलें हो रही थीं। उनके मार्गदर्शन में हर खेल के हर पहलू को ध्यान में रखकर बहुत सावधानीपूर्वक आयोजन की व्यवस्था की जा रही थी। मैं खेलों के आयोजन से जुड़ी समितियों की किसी भी बैठक में राजीव से नहीं मिला था, लेकिन एशियाड से सम्बन्धित कुछ अन्य सामाजिक समारोहों और पार्टियों में उनसे मेरी भेंट होती रहती थी। एशियाड के अन्तिम चरण में ऐसी ही एक पार्टी के दौरान मैंने खेलों के उत्कृष्ट आयोजन के लिए उन्हें बधाई दी। राजीव ने अपनी

जानी-पहचानी विनम्रता के साथ कहा कि उन्हें प्रसन्नता थी कि सब कुछ अच्छी तरह से सम्पन्न हो गया था। मैंने सुना था कि एशियाड की शुरुआत से एक पखवाड़ा पहले वे रात के दो-दो बजे तक काम करते रहे थे। एक सामाजिक समारोह के दौरान मैंने उनसे पूछा कि क्या यह बात सच थी। उन्होंने 'हाँ' में जवाब दिया। बाद में, खेलों के सफल आयोजन के लिए उन्हें बधाई देते हुए मैंने उन्हें एक पत्र लिखा। मैंने उन्हें विदेशी अखबारों की कुछ कतरनें भी भेजीं, जिनमें एशियाड के सफल आयोजन की प्रशंसा की गई थी। मुझे तुरन्त ही अपने पत्र का जवाब मिला, जो इस प्रकार था–

12 जनवरी, 1983

प्रिय श्री बिड़ला,

एशियाई खेलों के सफलतापूर्वक सम्पन्न हो जाने के सम्बन्ध में दिनांक 7 जनवरी 1983 के आपके पत्र और विदेशी अखबारों की प्रशंसात्मक टिप्पणियों के लिए आपका धन्यवाद।

शुभकामनाओं सहित,

आपका,
राजीव गांधी

इसी तरह उन्होंने गुट-निरपेक्ष आन्दोलन के सम्मेलन के आयोजन में भी इन्दिराजी की भरपूर मदद की। उन्होंने उसे भी बहुत सफलतापूर्वक आयोजित किया। पृष्ठभूमि में रहते हुए भी वे अपनी माँ की हर तरह से मदद करते रहते थे।

धीरे-धीरे उनका रुतबा बढ़ने लगा। उनमें एक नेता के गुण थे और वे अपने मोहक व्यक्तित्व से अपने आलोचकों का मन भी मोह लेते थे। किसी तरह की जल्दबाजी के बिना वे कुशलता और प्रदर्शन पर जोर देते थे।

धीरे-धीरे मैं राजीव से अच्छी तरह परिचित हो गया। मुझसे वे हमेशा [illegible] और स्नेहपूर्वक मिलते थे। उनकी व्यस्तता को देखते हुए मैं उनसे बार-बार मिलने का प्रयास नहीं करता था। हालाँकि वे इतने शिष्ट थे कि हर बार मुझसे कहते थे कि मैं जब भी चाहूँ उनसे मिल सकता था।

1980 के बाद पंजाब और कुछ हद तक असम की समस्याओं को छोड़कर देश हर क्षेत्र में निर्विघ्न रूप से आगे बढ़ता रहा, जब तक कि एक भयंकर त्रासदी ने समूचे देश को शोक के पटल में नहीं समेट लिया–इन्दिराजी की दुखद और क्रूर हत्या ने।

27

इन्दिराजी की हत्या

अक्तूबर 1984 में मैं विदेश गया था और 19 अक्तूबर को भारत लौटा था। विदेश में काफी व्यस्त कार्यक्रम के बाद मैं कुछ थकान महसूस कर रहा था, इसलिए मैंने मेघालय की लुभावनी राजधानी शिलांग में कुछ दिन छुट्टियाँ मनाने का कार्यक्रम बनाया। मैं अपनी पत्नी के साथ 29 अक्तूबर की शाम को शिलांग पहुँचा। मैं वहाँ लगभग एक पखवाड़ा बिताने का कार्यक्रम बनाकर गया था। शिलांग के आसपास कार में घूमने के लिए बहुत खूबसूरत जगहें हैं, जो शारीरिक और मानसिक स्वास्थ्य के लिए बहुत स्फूर्तिदायक हैं।

हमने शिलांग में अभी दो दिन ही बिताए थे कि 31 अक्तूबर की सुबह लगभग साढ़े दस बजे मुझे स्तब्ध कर देने वाला समाचार मिला। मैं अपने भतीजे आदित्य विक्रम के साथ मुम्बई में फोन पर बात कर रहा था। बातचीत के दौरान आदित्य ने कहा कि उसके सामने टेलीप्रिंटर पर इन्दिराजी पर प्रहार के सम्बन्ध में कुछ आया था। आदित्य ने कहा कि वह पहला 'फ्लैश' था और अभी समाचार की पुष्टि होनी बाकी थी। मैं सन्न रह गया था। मैं मन-ही-मन प्रार्थना करता रहा कि यह समाचार झूठा साबित हो। लेकिन अन्दर से एक आवाज आ रही थी कि कुछ भयंकर घटने जा रहा था।

मैंने तुरन्त दिल्ली में 'हिन्दुस्तान टाइम्स' के अपने लोगों को फोन किया। उन्होंने समाचार की पुष्टि की। तब तक यह घोषणा नहीं की गई थी कि इन्दिराजी गोलियों से घायल होने के बाद जीवित बची थीं या नहीं। लेकिन 'हिन्दुस्तान टाइम्स' के स्टाफ ने मुझे गोपनीय रूप से बताया कि उनकी सूचना के अनुसार इन्दिराजी अब हमारे बीच नहीं थीं। उन्होंने यह बात बहुत सावधानी बरतते हुए संकेतात्मक ढंग से कही थी। लेकिन इसमें कोई सन्देह नहीं था कि वे अपनी सूचना को लेकर निश्चित प्रतीत हो रहे थे।

मैं अपने-आपको अशुभ घड़ी के लिए तैयार करने लगा। मैंने अपनी पत्नी को बताया कि मैंने अभी-अभी क्या सुना था। हम दोनों इन्दिराजी के जीवन की रक्षा के लिए भगवान से प्रार्थना करने लगे।

मेरी पत्नी इन्दिराजी की परम प्रशंसिका थी। वह मेरे साथ कुछ अवसरों पर इन्दिराजी से मिली थी। हालाँकि इन्दिराजी मेरी पत्नी के बारे में ज्यादा नहीं जानती थीं, लेकिन उन्हें पता था कि उसका स्वास्थ्य ठीक नहीं रहता। वे अक्सर मुझसे उसके स्वास्थ्य के बारे में पूछती रहती थीं। मेरी तरह मेरी पत्नी भी यह सोचकर भाव-विभोर हो उठती थी कि देश की प्रधानमन्त्री को उसके स्वास्थ्य की कितनी चिन्ता थी। हम दोनों ही शोक की गहरी भावना में डूब गए।

शिलांग से दिल्ली के लिए कोई सीधी उड़ान नहीं थी। मैंने इंडियन एयरलाइंस की समय-सारिणी देखी तो पता चला कि उस दिन गोवाहाटी से दिल्ली की उड़ान पकड़ना असम्भव था। गोवाहाटी शिलांग से तीन घंटे की दूरी पर था। इसलिए मैंने अपने सचिव को तुरन्त अगले दिन की उड़ान की टिकटें लाने के लिए कहा।

हम अगली सुबह शिलांग से चले और शाम को दिल्ली पहुँचे। मैं और मेरी पत्नी तुरन्त तीनमूर्ति भवन पहुँचे, जहाँ स्वर्गीय प्रधानमन्त्री का पार्थिव शरीर अन्तिम दर्शनों और श्रद्धांजलि के लिए रखा हुआ था। हमने उनके पार्थिव शरीर पर पुष्पमाला चढ़ाई।

इसके बाद मैंने तुरन्त प्रधानमन्त्री के घर पर सम्पर्क स्थापित करके एक सहायक से बात की। मैंने उससे कहा कि मैं राजीव से मिलकर उन्हें व्यक्तिगत तौर पर अपनी शोक-संवेदनाएँ देना चाहता था। मुझे अन्तिम संस्कार के बाद ऐसा करने की सलाह दी गई।

इन्दिराजी का अन्तिम संस्कार 3 नवम्बर को सम्पन्न हुआ। मैं राजघाट गया। शवयात्रा के पूरे रास्ते में लाखों लोगों की भीड़ जमी थी। लोग अपनी प्रिय नेता को अपनी अन्तिम श्रद्धांजलि देने के लिए भाव-विभोर हो रहे थे। बहुत-से लोग फूट-फूट कर रो रहे थे। राजघाट पर बहुत अच्छा प्रबन्ध किया गया था। इन्दिराजी की अन्त्येष्टि परम्परागत हिन्दू रीति के अनुसार वैदिक मन्त्रों के उच्चारण के साथ सम्पन्न की गई। अन्तिम संस्कार के बाद मैं भारी मन से घर लौट आया।

दुर्भाग्यवश, इन्दिराजी की मृत्यु के तुरन्त बाद दिल्ली, हरियाणा और देश के कई अन्य भागों में सिखों का नरसंहार शुरू हो गया। यह एक भयंकर त्रासदी थी जिसमें बहुत-से निर्दोष सिख भीड़ के क्रोध की भेंट चढ़ गए।

पंडितजी के निधन के बाद जल्दी ही इन्दिराजी देश की सर्वाधिक लोकप्रिय नेता के रूप में उभरी थीं। उन्होंने न सिर्फ अपने पिता द्वारा स्थापित परम्पराओं को आगे बढ़ाया, बल्कि कई अन्य दिशाओं में नए कदम भी उठाए। उन्होंने देश के जीवन में बहुत महत्वपूर्ण भूमिका निभाने के साथ-साथ अन्तर्राष्ट्रीय राजनीति और सम्बन्धों पर भी अपना प्रभाव छोड़ा। वे समाज के सभी वर्गों में अत्यन्त लोकप्रिय थीं। विशेष रूप से स्त्रियों को इस बात पर गर्व था कि उन्हीं की तरह एक स्त्री देश के प्रधानमन्त्री के पद की शोभा बढ़ा रही थी।

इन्दिराजी हर सुबह 1, अकबर रोड पर आम लोगों से भेंट करती थीं। कोई भी व्यक्ति वहाँ पहुँचकर उन्हें अपनी समस्या बता सकता था। वे बड़े ध्यान से उनकी बात सुनती थीं और उनकी हर सम्भव मदद करने का प्रयास करती थीं। शायद कुछ उन्मादी लोगों को छोड़कर सभी लोग, बूढ़े और जवान, और सभी वर्गों, धर्मों और जातियों के लोग उनसे प्यार करते थे। वे सिख भी जो पंजाब के मामलों में उनकी नीति से सहमत नहीं थे, उन्हें सम्मान की दृष्टि से देखते थे।

उनकी हत्या के बाद लोग क्रोध के उन्माद में निर्दोष और असहाय सिखों को अपने हमलों का निशाना बनाने लगे। अपने क्रोध-उन्माद में हिन्दू भूल गए कि कुछ लोगों के अपराध का दोष पूरे समुदाय को नहीं दिया जा सकता। सिख बहुत बहादुर लोग हैं और उनका काफी गौरवशाली इतिहास रहा है। कुल मिलाकर वे बहुत निष्कपट और शान्तिप्रिय लोग हैं। निर्दोष सिखों पर प्रहार करने, उनके घर जलाने या उनके खिलाफ अन्य तरह के घिनौने कृत्य करने से बड़ा अपराध कोई दूसरा नहीं हो सकता था।

जब राजीव को इसकी जानकारी मिली तो उन्होंने स्थिति को नियन्त्रण में लाने के लिए तुरन्त कदम उठाए, बल्कि अन्तिम संस्कार से पहले ही उन्होंने देश के नए प्रधानमन्त्री के रूप में, हिंसा करनेवालों के खिलाफ सख्त कार्रवाई के आदेश दिए। उन्होंने स्थिति की कमान अपने हाथ में लेते हुए सब तरफ निर्देश जारी किए। सभी मुख्यमन्त्रियों को यह सन्देश भेजा गया कि कानून और व्यवस्था बनाए रखने के लिए कड़े कदम उठाए जाएँ। राजीव ने स्वयं दिल्ली के कई इलाकों का दौरा करके निर्दोष लोगों की जान बचाने का प्रयास किया। दिल्ली के लेफ्टिनेन्ट गवर्नर पी. गवई को बदल दिया गया। हालाँकि वे एक अच्छे व्यक्ति थे, लेकिन अपने ढीले स्वास्थ्य के कारण इस चुनौतीपूर्ण दायित्व के साथ न्याय कर पाने में असमर्थ थे। स्थिति एक ज्यादा ऊर्जावान व्यक्ति की माँग करती थी। राजीव ने यही किया। उन्होंने एम. एम. के. वली को दिल्ली का लेफ्निन्ट गवर्नर नियुक्त किया। राजीव के इन चरम प्रयासों के कारण ही स्थिति को नियन्त्रण में किया जा सका और शहर में शान्ति और व्यवस्था लौट सकी।

इन्दिराजी की अन्त्येष्टि के बाद मैं राजीव से मिलकर अपनी शोक-संवेदनाएँ व्यक्त करना चाहता था। मैंने प्रधानमन्त्री के घर पर अपना यह अनुरोध पहुँचा दिया। एक दिन देर शाम को मेरा फोन बजा। किसी ने कहा कि वह प्रधानमन्त्री के घर से बोल रहा था और जानना चाहता था कि क्या मैंने प्रधानमन्त्री से भेंट करने के लिए समय माँगा था। मैंने 'हाँ' में जवाब दिया। मुझसे पूछा गया कि मैं प्रधानमन्त्री का कितना समय लूँगा। यह एक दिलचस्प प्रश्न था। मैंने फोन करनेवाले से कहा कि मैं अपनी शोक-संवेदनाएँ व्यक्त करना चाहता था और मुझे कुछ मिनटों से अधिक समय नहीं चाहिए था। मुझे अगले दिन एक निर्दिष्ट समय पर अकबर रोड पहुँचने के लिए कहा गया।

मैं अगले दिन प्रधानमन्त्री निवास पर पहुँचा। सुरक्षा व्यवस्था बहुत ज्यादा कड़ी कर दी गई थी। मेटल डिटेक्टर लगा दिए गए थे। पूरी तलाशी लेने के बाद ही मुझे अन्दर जाने की अनुमति दी गई। अन्दर काफी भीड़ थी। राजीव से मिलने आने और वापस जानेवालों का ताँता लगा हुआ था। मैं निर्दिष्ट कमरे में पहुँचा। वहाँ आठ-दस लोग खड़े हुए थे। राजीव भी वहीं थे। वे प्रत्येक व्यक्ति से कुछ मिनटों तक बात कर रहे थे। वे मेरे पास आए तो मैंने अपनी शोक-संवेदनाएँ व्यक्त कीं।

उस संक्षिप्त भेंट में राजीव ने मुझसे दो क्षेत्रों में सहयोग करने का अनुरोध किया। पहला अनुरोध यह था कि मैं अपने अखबारों 'हिन्दुस्तान टाइम्स' और 'हिन्दुस्तान' के सम्पादकों से कहूँ कि हिन्दुओं और सिखों के बीच परस्पर विद्वेष पैदा करनेवाला कोई भी समाचार प्रकाशित न किया जाए। राजीव ने कहा कि वे समाचारों को दबाने के पक्ष में नहीं थे, लेकिन जब भावनाएँ बहुत ज्यादा भड़की हुई हों तो थोड़ा संयम बरतना जरूरी था। मैं उनके सुझाव से पूरी तरह सहमत था। उनका दूसरा अनुरोध यह था कि कुछ दिनों तक 'हिन्दुस्तान टाइम्स' का एक दोपहर का संस्करण भी निकाला जाए। उन्होंने कहा कि तरह-तरह की अफवाहें फैलाई जा रही थीं, जिससे लोगों में भय व्याप्त हो रहा था। अगर दोपहर का भी संस्करण निकल सके तो इन अफवाहों का खंडन करने और शहर में शान्ति और विश्वास का माहौल बनाने में बहुत ज्यादा मदद मिलेगी। मैंने राजीव से कहा कि हमारा सन्ध्याकालीन संस्करण पहले से ही प्रकाशित हो रहा था, जो लगभग पाँच बजे आता था। राजीव ने कहा कि उन्हें इस संस्करण की जानकारी थी, लेकिन वे चाहते थे कि दो बजे

के आसपास भी ‘हिन्दुस्तान टाइम्स’ का एक संस्करण आ सके। मैंने उन्हें भरोसा दिलाया कि हम ऐसा ही करेंगे।

घर लौटते ही मैंने अखबार के सम्पादक और अन्य प्रभावियों को बिड़ला हाउस में बुलाया और उन्हें प्रधानमन्त्री के साथ अपनी बातचीत के बारे में बताया। उन्होंने कहा कि दिल्ली और उसके आसपास जारी हिंसा और आगजनी के कारण कार्यालय में कर्मचारियों की उपस्थिति सामान्य की तुलना में मात्र 20 प्रतिशत थी। ऐसी स्थिति में संध्याकालीन संस्करण के साथ-साथ दोपहर का भी संस्करण निकालना अत्यन्त कठिन कार्य था। मैंने कहा कि मैं उनकी कठिनाइयों को समझता था, लेकिन मुझमें प्रधानमन्त्री को अपनी समस्याओं के बारे में बताने का साहस नहीं था। खासकर यह देखते हुए कि वे उपद्रवों को शान्त करने के लिए जी-जान से जुटे हुए थे। मैंने अपने सभी प्रभावियों से अनुरोध किया कि वे दोपहर का संस्करण निकालकर प्रधानमन्त्री के हाथ मजबूत करें। अखबार का स्टाफ प्रधानमन्त्री से प्रेरणा लेते हुए इस कठिन कार्य में जुट गया और अगले दिन से ही अखबार का दोपहर का संस्करण निकलना शुरू हो गया। मैंने राजीव को इस संस्करण की एक विशेष प्रति भिजवाई। जवाब में मुझे उनके सचिव का सन्देश मिला कि उन्हें प्रसन्नता थी कि जो वे चाहते थे, वैसा कर दिया गया था।

* * *

इन्दिराजी बहुत कोमल हृदय की महिला थीं। जब भी देश के किसी हिस्से में कोई प्राकृतिक आपदा आती थी तो उनका हृदय व्यथित हो उठता था। एक बार गुजरात के राजकोट जिले में मोरवी नामक शहर और लीलापुर नामक गाँव बाढ़ की चपेट में आ गए। इन्दिराजी ने तुरन्त बाढ़-प्रभावित क्षेत्रों के लोगों की मदद के लिए सहायता-राशि की अपील की।

इसके उत्तर में मैंने ‘हिन्दुस्तान टाइम्स’ के प्रबन्धन से बाढ़-प्रभावित क्षेत्रों में राहत कार्यों के लिए एक राहत कोष शुरू करने के लिए कहा। मैंने प्रबन्धन को उदारतापूर्वक इस राहत-कोष में योगदान देने के साथ-साथ पाठकों से भी अधिक-से-अधिक मात्रा में सहायता-राशि भेजने का अनुरोध करने के लिए कहा। उन्होंने ऐसा ही किया और परिणामस्वरूप हम लोग दो लाख रुपए एकत्रित करने में सफल रहे। ‘हिन्दुस्तान टाइम्स’ के चेयरमैन के रूप में मैंने इस राशि का एक चेक बनाकर इन्दिराजी को भेजा। उन्होंने पत्र और चेक की पावती की सूचना देते हुए मुझे सहायता-राशि के लिए धन्यवाद दिया। उनके पत्र की प्रतिलिपि यहाँ प्रस्तुत है–

16 जून, 1980

प्रिय श्री बिड़ला,

राजकोट में मोरवी शहर और लीलापुर गाँव के बाढ़ पीड़ितों के पुनर्वास के लिए आपके 2,00,010.40 रुपए के चेक के लिए धन्यवाद। मुझे पूरा विश्वास है कि गुजरात के लोग इस सहायता-राशि की हृदय से सराहना करेंगे।

इन्दिरा गांधी

एक बार मैंने इन्दिराजी से कहा कि उनके साथ मेरे घनिष्ठ सम्बन्धों को देखते हुए मेरी बेटियाँ और दामाद और मेरी पत्नी उनसे मिलने के इच्छुक थे। मैंने उनसे पूछा कि उनके व्यस्त कार्यक्रम को देखते हुए क्या उन सबके साथ उनके घर आना सम्भव था। वे तुरन्त राजी हो गईं, और उन्होंने उसी समय धवन को निर्देश दिया कि वे उन सबको उनके साथ भेंट के लिए समय दे दें। कुछ दिन बाद हम सब एक साथ उनसे मिलने गए। इन्दिराजी सबसे बहुत आत्मीयता से मिलीं। उन्होंने चाय मँगवाई और हर किसी के साथ कुछ मिनटों तक बात करती रहीं। मेरी बेटियों और दामादों की खुशी का कोई ठिकाना नहीं था।

एक बार हमारी चीनी मिलों के पास के बागों में से मेरे पास असाधारण रूप से बड़े आकार के लँगड़े आम आए। मैंने उनमें से कुछ आम इन्दिराजी को भिजवा दिए। वे इतने बड़े आकार के आमों को देखकर आश्चर्यचकित रह गईं। उन्होंने तुरन्त मुझे एक पत्र लिखकर बताया कि वे कितने स्वादिष्ट थे। वह पत्र यहाँ प्रस्तुत है–

17 जुलाई 1982

प्रिय श्री बिड़ला,

लँगड़ों के लिए धन्यवाद।

कल रात मैंने उनमें से एक चखा। वह निस्सन्देह इस वर्ष का सबसे स्वादिष्ट आम था।

इन्दिरा गांधी

संजय का बेटा वरुण पैदा हुआ तो मैं विदेश में था। मैंने तुरन्त एक तार भेजकर इन्दिराजी को बधाई दी। उनकी तरफ से भी तुरन्त जवाब आया और उन्होंने लिखा कि परिवार के नए सदस्य के आगमन से पूरा परिवार कितना प्रफुल्लित था। वह पत्र इस प्रकार था–

17 मार्च 1980

प्रिय श्री बिड़ला,

मेरे पोते के जन्म पर आपके बधाई के तार के लिए धन्यवाद।

हम सब परिवार के इस नवीनतम सदस्य को पाकर अत्यधिक रोमांचित हैं।

शुभकामनाओं सहित,

इन्दिरा गांधी

इन्दिराजी बहुत व्यवहार-कुशल थीं। वे हर काम बहुत सलीके से करना पसन्द करती थीं।

1980 के चुनावों में अपनी विजय के बाद वे राष्ट्रीय एककीरण परिषद को अधिक सक्रिय बनाना चाहती थीं। वे यह भी चाहती थीं कि मुझे परिषद के सदस्यों में शामिल कर लिया जाए। तब तक मैं संसद का सदस्य नहीं था। इन्दिराजी का खयाल था कि परिषद में सिर्फ मुझे शामिल करने से आलोचना होने की सम्भावना थी। अगर वे परिषद में अपनी पसन्द के किसी उद्योगपति को शामिल करना चाहती थीं, तो समझदारी इसी में थी कि कम-से-कम एक अन्य उद्योगपति को भी परिषद में शामिल किया जाए, ताकि किसी तरह

के पक्षपात के आरोप की सम्भावना न रहे। इसलिए जे.आर.डी. टाटा को भी परिषद का सदस्य बनने के लिए आमन्त्रित किया गया।

लेकिन इन्दिराजी जे.आर.डी. को विशेष पसन्द नहीं करती थीं, हालाँकि टाटा घराने के प्रति उनके मन में काफी सम्मान था। जे.आर.डी. भी सरकार को समर्थन देने की अपनी व्यावहारिक-नीति के बावजूद इन्दिराजी के प्रशंसक नहीं थे। उन्होंने अपनी पुस्तक में और 'इलस्ट्रेटेड वीकली ऑफ इंडिया' के साथ अपनी भेंट-वार्ता में इस तथ्य को स्वीकार भी किया था। शायद दोनों ही तरफ एक-दूसरे के लिए नापसन्दगी की भावना थी।

मैं जे.आर.डी. को हमेशा बहुत आदर की दृष्टि से देखता रहा हूँ। हम दोनों ही कई वर्षों तक केन्द्रीय औद्योगिक सलाहकार परिषद के सदस्य रहे थे। समस्याओं के प्रति हमारे दृष्टिकोण अक्सर एक-दूसरे से भिन्न होते थे। हालाँकि जे.आर.डी. को मेरा भिन्न मत रखना पसन्द नहीं था, लेकिन वे उसे सहजतापूर्वक झेल लेते थे। मतभेदों के बावजूद हमारे व्यक्तिगत सम्बन्ध मधुर हो रहे थे। दो अवसरों पर हमने 'हिन्दुस्तान टाइम्स' के भूतपूर्व सम्पादक एस. मूलगांवकर के घर पर साथ-साथ ब्रिज भी खेली थी।

जे.आर.डी. खुले मस्तिष्क के व्यक्ति थे। हमारा परिचय बढ़ने के बाद उन्होंने मुझसे कहा कि मैं उन्हें 'मि. टाटा' की बजाय सिर्फ 'जेह' (उनके प्रथम नाम जहाँगीर का संक्षिप्त रूप) कहकर सम्बोधित किया करूँ। मैंने उनसे कहा कि वे उम्र और प्रतिष्ठा में मुझसे इतने वरिष्ठ थे कि उन्हें 'जेह' कहकर सम्बोधित करना मुझे बहुत अटपटा लगेगा। मैं उन्हें उनके पूरे प्रथम नाम से सम्बोधित करना चाहता था। लेकिन उन्होंने आग्रह किया कि मैं उन्हें सिर्फ 'जेह' कहूँ। उसके बाद मैं बातचीत और पत्र-व्यवहार में उन्हें इसी नाम से सम्बोधित करने लगा।

हम दोनों ने ही राष्ट्रीय एकीकरण परिषद की पहली बैठक में भाग लिया। हमारी सीटें भी अगल-बगल में थीं। इन्दिराजी ने परिषद की अध्यक्ष के रूप में बैठक का संचालन किया। बैठक सुबह जल्दी शुरू हुई और रात के नौ-दस बजे तक जारी रही। इन्दिराजी पूरी बैठक के दौरान बैठी रहीं और उन्होंने बड़ी कुशलता से इसका संचालन किया। हर किसी को बोलने का अवसर दिया गया। वे एक-एक करके वक्ताओं को बुलाती रहीं। अचानक उन्होंने मेरा नाम लिया और कहा, "मि. बिड़ला, मेरा खयाल है कि आपका कोई दूसरा कार्यक्रम है और आपको जल्दी जाना है।" मैं उनके संकेत को समझ गया और बोलने के लिए उठ खड़ा हुआ। इसमें कोई सन्देह नहीं कि जे.आर.डी. हर मामले में मुझसे वरिष्ठ थे और उन्हें मुझसे पहले बोलने का अवसर दिया जाना चाहिए था। लेकिन पहले मुझे बोलने के लिए कहा गया। यह जे.आर.डी. के प्रति इन्दिराजी के उपेक्षापूर्ण रुख का प्रतीक था, जिन्हें दोपहर में काफी बाद में बोलने के लिए कहा गया।

मुझे यह अहसास हुआ कि परिस्थितियों के अनुसार इन्दिराजी कितनी चतुरता से काम ले सकती थीं। लेकिन वे उतनी ही मुँहफट भी हो सकती थीं। संसद में विपक्ष को जवाब देते हुए उनके व्यंग्य-वाण अक्सर काफी तेज धार लिए होते थे।

जनता पार्टी के शासन के दौरान नानी पालखीवाला काफी सक्रिय रहे थे। वे मेरे मित्र थे, लेकिन इन्दिराजी को उनके आक्रामक तेवरों का प्रभाव झेलना पड़ा था। वे देश के सर्वश्रेष्ठ कानूनविदों में गिने जाते थे और टाटा घराने के साथ उनके बहुत घनिष्ठ सम्बन्ध थे। सभी कानूनी मामलों में टाटा उन्हीं की सलाह के अनुसार चलते थे। पालखीवाला एक ईमानदार व्यक्ति थे। वे खुले तौर पर जनता पार्टी की सरकार के साथ थे। एक बार उन्हें

कोई मन्त्री-पद दिए जाने की बात भी उठी थी, लेकिन बाद में उन्हें अमरीका में भारत का राजदूत बना दिया गया। इन्दिराजी का मानना था कि टाटा घराने ने संकट के दौरान उनका साथ छोड़ दिया था।

आपातकाल के दौरान 'इंडियन एक्सप्रेस' सरकार की नीतियों की आलोचना करता रहा था। तब विद्याचरण शुक्ल सूचना और प्रसारण मन्त्री थे। रामनाथ गोयनकाजी और/या उनके बेटे भगवान को कई सन्देश भेजे गए कि अखबार सरकार के रास्ते में रोड़े न अटकाए और आपातस्थिति के दौरान अखबारों के लिए जारी निर्देशों के दायरे में रहे। एक बार तो ऐसा भी लगा था कि सरकार अखबार के खिलाफ बहुत कठोर कदम उठाने जा रही थी। आपातकाल के दौरान सरकार के पास असीमित शक्तियाँ थीं। बाद में सरकार और अखबार के बीच अनौपचारिक समझौता हो गया, जिसमें मेरी भूमिका भी कम महत्त्वपूर्ण नहीं थी। जैसाकि मैं पहले कह चुका हूँ, इस समझौते के अनुसार कम्पनी का चेयरमैन कोई ऐसा व्यक्ति होना चाहिए था जो सरकार और रामनाथजी दोनों को ही स्वीकार्य हो। परिणामस्वरूप रामनाथजी ने मेरा नाम प्रस्तावित किया, जिसे सरकार ने स्वीकार कर लिया।

इस समझौते से पहले कई लोगों का सुझाव था कि रामनाथजी को 'मीसा' के अन्तर्गत जेल में बन्द कर दिया जाए। कुछ शीर्ष नेताओं और अधिकारियों ने भी इन्दिराजी को यही सलाह दी थी। मुझे इस बात का पता चला तो मैं इन्दिराजी से मिला। मैंने उनसे कहा कि रामनाथजी एक पारिवारिक मित्र थे और उन्हें गिरफ्तार करने के बजाय कोई दूसरा रास्ता निकालना चाहिए। इस बात की प्रशंसा करनी होगी कि बहुत-से सलाहकारों के दबाव के बावजूद इन्दिराजी रामनाथजी की गिरफ्तारी को टालती रहीं। वे कोमल हृदय की स्त्री थीं और राजनीतिक मतभेदों के बावजूद दूसरों के साथ हमेशा अच्छे व्यक्तिगत सम्बन्ध बनाए रखने का प्रयास करती थीं। रामनाथजी को गिरफ्तार नहीं किया गया।

* * *

इन्दिराजी की हत्या के बाद शोक की अवधि पूरी होते ही राजीव पूरी तरह एक प्रधानमन्त्री के रूप में काम करने लगे। उनका पहला लक्ष्य और काम आम चुनाव करवाना था, जो जनवरी के पहले सप्ताह से पहले सम्पन्न हो जाने चाहिए थे। राजीव देश को असमंजस की स्थिति में नहीं रखना चाहते थे, इसलिए उन्होंने 24 से 27 दिसम्बर 1984 के बीच चुनाव करवाने की घोषणा कर दी।

चुनावों में कांग्रेस की सफलता के लिए राजीव ने अथक परिश्रम किया। अपनी दिवंगत माँ की तरह उन्होंने भी देश के कोने-कोने का दौरा किया और अधिकांश चुनाव-क्षेत्रों में जाकर जनसभाओं को सम्बोधित किया। वे लगातार और बिना रुके दिन-रात अपने चुनाव-अभियान में जुटे रहे।

जैसीकि अपेक्षा थी, कांग्रेस अभूतपूर्व बहुमत के साथ सत्ता में लौटी। राजीव गांधी और उनकी पार्टी के लिए यह एक भव्य विजय थी। इस विजय में निस्सन्देह इन्दिराजी की छवि और उनकी शहादत का बहुत बड़ा हाथ था, लेकिन साथ ही हमें भारतीय मतदाता की परिपक्वता की भी सराहना करनी होगी। इसमें कोई सन्देह नहीं कि इन चुनावों में भावनाओं की बहुत महत्त्वपूर्ण भूमिका रही थी, लेकिन मतदाताओं को यह भी देखना था कि वे अगले

पाँच वर्षों के लिए देश की बागडोर और एक समस्याओं से घिरे राष्ट्र का भाग्य किसके हाथों में सौंप रहे थे। एक संक्षिप्त अवधि के दौरान प्रधानमन्त्री के रूप में राजीव के कामकाज को देखकर मतदाताओं ने उनकी क्षमताओं का अनुमान लगा लिया था। वे इस निष्कर्ष पर पहुँचे थे कि यदि कोई व्यक्ति देश को सुरक्षित रख सकता था और उसे विकास और समृद्धि के मार्ग पर ले जा सकता था तो वह सिर्फ राजीव गांधी थे।

बहुत कम समय में ही राजीव एक परिपक्व राजनेता के रूप में उभरे, हालाँकि उनकी उम्र अभी ज्यादा नहीं थी। उन्होंने सराहनीय गुणों का प्रदर्शन किया। उनका दृष्टिकोण आधुनिक था और वे किसी भी तरह के अनैतिक आचरण को सख्त नापसन्द करते थे।

1985 के आम चुनावों के बाद राजीव सार्वजनिक जीवन में भ्रष्टाचार के उन्मूलन में जुट गए। वे इसकी शुरुआत राजनीतिक क्षेत्र से करना चाहते थे, जहाँ दुर्भाग्यवश दल-बदल और खासकर राज्यों की विधानसभाओं में विधायकों की खरीद-फरोख्त की घटनाएँ बहुत आम थीं। इसी को देखते हुए 'आयाराम-गयाराम' मुहावरे की रचना हुई थी। राजीव का विचार था कि भ्रष्टाचार के उन्मूलन के लिए देश के राजनीतिक जीवन को स्वच्छ करना परमावश्यक था। इसलिए चुनावों के तुरन्त बाद उन्होंने दल-बदल विरोधी विधेयक प्रस्तुत किया।

सबसे ज्यादा सराहनीय बात यह थी कि विधेयक प्रस्तुत करने से पहले विपक्ष के साथ विचार-विमर्श किया गया, और उसके बहुत-से सुझाव विधेयक में शामिल किए गए। फिर भी राजीव कोई जोखिम उठाना नहीं चाहते थे। इसलिए पार्टी के सभी सांसदों को विधेयक पारित होने तक दिल्ली में ही रहने के लिए कहा गया। मैंने राज्यसभा का चुनाव कांग्रेस (आई) के समर्थन से एक स्वतन्त्र प्रत्याशी के रूप में जीता था। संसदीय मामलों के मन्त्री एच. के. एल. भगत ने मुझसे अनुरोध किया कि अगर सम्भव हो तो मैं दिल्ली से बाहर न जाऊँ। हालाँकि परिवार में एक विवाह था, फिर भी विधेयक पारित होने तक मैं दिल्ली में ही रुका रहा। राजीव के प्रयासों के परिणामस्वरूप विधेयक सर्वसम्मति से पारित हो गया, जो एक उल्लेखनीय और दुर्लभ उपलब्धि थी। सार्वजनिक जीवन में भ्रष्टाचार के उन्मूलन के लिए पहली बार कोई कदम उठाया गया था।

घरेलू क्षेत्र में एक दूसरी उपलब्धि गंगा परियोजना थी, जिसके पीछे गंगा को प्रदूषण-मुक्त करने का उद्देश्य था। यह परियोजना हर दृष्टि से एक उत्कृष्ट परियोजना थी। गंगा के नाम का भारतीय जनमानस पर, विशेषकर हिन्दू जनमानस पर बहुत गहरा प्रभाव है। इस पवित्र नदी का नाम लेते ही मन में अपार श्रद्धा की भावना उमड़ पड़ती है। इस भावना के साथ यह विश्वास भी जुड़ा हुआ है कि गंगा मइया मनुष्य के सभी पापों को धो देती है। गंगा को प्रदूषण-मुक्त करने की परियोजना पूरे देश के हित में थी। इसलिए दुनियाभर में इस परियोजना की प्रशंसा हुई। सभी लोग यह अपेक्षा कर रहे थे कि गंगा परियोजना की सफलता के बाद देश की अन्य प्रमुख नदियों को भी प्रदूषण-मुक्त किया जाएगा।

लेकिन, दुर्भाग्यवश, गंगा परियोजना को विशेष सफलता नहीं मिली। गंगा आज भी अत्यधिक प्रदूषित है। जब तक इस तरह की राष्ट्रीय महत्त्व की परियोजनाओं को देश की जनता का पूरा सहयोग नहीं मिलता और लोगों में यह जागृति पैदा नहीं होती कि प्रदूषण को खत्म करना सरकार के साथ-साथ उनका भी कर्त्तव्य है, तब तक स्थिति में सुधार होने की सम्भावना नहीं है।

28

मेरा राज्यसभा प्रवेश

1980 के लोकसभा चुनावों में संजय गांधी ने मुझे झुनझुनु चुनाव-क्षेत्र से खड़े होने का सुझाव दिया था। मेरे इनकार करने के बाद उन्होंने मुझसे अपने निर्णय पर पुनर्विचार करने का अनुरोध करते हुए एक सन्देश भेजा। लेकिन मैं अपने मन में यह दृढ़-संकल्प कर चुका था कि मैं कभी भी लोकसभा का चुनाव नहीं लड़ूँगा। उनसे भेंट होने के बाद मैंने लोकसभा की सीट के प्रस्ताव के लिए उन्हें धन्यवाद दिया, और साथ ही उनसे कहा कि वे राज्यसभा के चुनावों के समय मुझे जरूर ध्यान में रखें।

1980 में इन्दिराजी की प्रभावशाली विजय के बाद मुझे राजस्थान से राज्यसभा के लिए चुने जाने के अच्छे आसार दिखाई दे रहे थे। राजस्थान में मेरे बहुत अच्छे सम्पर्क थे। मैंने यह बात संजय को भी बताई थी। संजय भी चाहते थे कि मैं यह चुनाव लड़ूँ। उन्होंने मुझे पूरा समर्थन देने का वायदा किया था। लेकिन स्थिति की अन्तिम समीक्षा के लिए उन्होंने मुझसे 23 जून 1980 को दोपहर 2.00 बजे मिलने के लिए कहा था। उसी सुबह उनका निधन हो गया।

राजस्थान में 4 जुलाई 1980 को राज्यसभा के चुनाव होने जा रहे थे। हालाँकि इन्दिराजी ने संजय की क्षति को बहुत साहस के साथ झेला था, लेकिन त्रासदी की उस घड़ी में राज्यसभा की सीट के बारे में बात करना मुझे बहुत ज्यादा स्वार्थपरक प्रतीत हुआ। इसलिए इस सम्बन्ध में संजय के साथ अपनी बातचीत के बारे में इन्दिराजी से कुछ कहने का प्रश्न ही नहीं उठता था। मेरे बहुत-से मित्र, जिनमें राजस्थान की कई विशिष्ट हस्तियाँ भी शामिल थीं, मुझ पर इन्दिराजी से बात करने और राजस्थान से खड़े होने के लिए उनकी सहमति लेने के लिए दबाव डालते रहे। मैंने उन सबको धन्यवाद दिया, लेकिन साथ ही उनसे कहा कि इस समय राज्यसभा की सीट की बात छेड़ना मैं उचित नहीं समझता था। तो बात वहीं खत्म हो गई।

1974 में मेरी पराजय के बाद संजय पहला अवसर मिलते ही मुझे राज्यसभा में लाने के लिए उत्सुक थे। लेकिन सफलता हर बार मुझसे आँखें चुराती रही। राज्यसभा के चुनाव हर दो वर्ष बाद होते हैं। 1976 में मेरे लिए कोई सुरक्षित सीट नहीं थी तो 1978 में इन्दिराजी सत्ता से बाहर थीं। इसलिए मेरे चुने जाने का प्रश्न ही नहीं उठता था। 1980 में दुर्भाग्यवश संजय का निधन हो गया।

राज्यसभा के अगले चुनाव 1982 में होने जा रहे थे। मैंने समय से पूर्व ही इस सम्बन्ध में इन्दिराजी से बात की और उनसे पूछा कि क्या वे राजस्थान से मुझे एक सीट दे सकती

थीं। इन्दिराजी ने कहा कि वे कांग्रेस संसदीय बोर्ड के अपने साथियों से विचार-विमर्श करके राजस्थान के मुख्यमन्त्री को इस सम्बन्ध में एक सन्देश भेजेंगी। उन्हें पूरा विश्वास था कि उनके साथ मेरे निकट सम्बन्धों को देखते हुए संसदीय बोर्ड की स्वीकृति पाने में कोई कठिनाई नहीं होगी। इन्दिराजी के सहयोग को देखते हुए मुझे खुद भी कांग्रेस (आई) का टिकट पाने में या कम-से-कम एक स्वतन्त्र प्रत्याशी के रूप में कांग्रेस का समर्थन प्राप्त करने में कोई अड़चन दिखाई नहीं दे रही थी।

लेकिन जल्दी ही यह स्पष्ट हो गया कि कहीं-न-कहीं कोई ऐसी उलझन थी जो कांग्रेस (आई) का नामांकन पाने के रास्ते में बाधा बन रही थी। नामांकन पत्र भरने की अन्तिम तिथि 19 मार्च 1982 थी। 15 मार्च तक मुझे इस सम्बन्ध में कोई निर्देश नहीं मिला था कि मुझे एक कांग्रेस प्रत्याशी या कांग्रेस-समर्थित स्वतन्त्र प्रत्याशी के रूप में अपना नामांकन-पत्र दाखिल करना था या नहीं। मैं प्रतीक्षा करता रहा, लेकिन कांग्रेस उच्च कमान की तरफ से मुझे कोई भी सन्देश प्राप्त नहीं हुआ। मैं बहुत दुविधा में था। एक तरफ मैं जानता था कि चुनाव में खड़े होने के लिए मुझे इन्दिराजी का समर्थन प्राप्त था, तो दूसरी तरफ मुझे पार्टी की तरफ से कोई निर्देश नहीं मिला था। इसी तरह की अफवाहें थीं कि मुख्यमन्त्री शिवचरण माथुर इस समय राज्यसभा की सीट मुझे सीट दिए जाने के खिलाफ थे और अपनी पसन्द का कोई उम्मीदवार चाहते थे।

नामांकन-पत्र दाखिल करने में सिर्फ एक दिन रह गया तो मैं अधीर हो उठा। मैंने धवन से सम्पर्क स्थापित किया। मैंने उन्हें अपनी दुविधा के बारे में बताया और उनसे इन्दिराजी से मेरी भेंट करवाने का अनुरोध किया। धवन ने मुझसे स्पष्ट शब्दों में कहा कि इन्दिराजी मेरे नाम को हरी झंडी दे चुकी थीं, और मुझे बिना देर किए जयपुर जाकर अपना नामांकन-पत्र दाखिल कर देना चाहिए।

हालाँकि धवन बहुत संजीदगी से बात कर रहे थे, फिर भी मुझे लगा कि सब कुछ ठीक-ठाक नहीं था। मैंने जयपुर में अपने मित्रों को फोन करके स्थिति का पता लगाने के लिए कहा। उन्होंने मुख्यमन्त्री से बात की तो पता चला कि उन्हें मेरे बारे में केन्द्र से कोई निर्देश नहीं मिला था। मुख्यमन्त्री ने कहा कि उन्होंने पार्टी के कुछ लोगों से बात की थी, लेकिन वे मेरे नाम पर विचार किए जाने से प्रसन्न नहीं थे। मुख्यमन्त्री साफ-साफ कुछ भी कहने से बच रहे थे।

यह सूचना पाने के बाद मैं धवन से फिर से मिला। मैंने उनसे अनुरोध किया कि वे प्रधानमन्त्री से पता लगाएँ कि सही स्थिति क्या थी। धवन ने एक बार फिर प्रधानमन्त्री से बात की और मुझे जयपुर जाकर अपना नामांकन-पत्र दाखिल करने की सलाह दी। लेकिन मैं सही स्थिति को लेकर निश्चित हो जाने से पहले जयपुर जाने से हिचकिचा रहा था। धवन ने मुझे प्रणव मुखर्जी से मिलने और इस विषय में उनसे बात करने की सलाह दी।

इन्दिराजी के समय में प्रणव बाबू बहुत शक्तिशाली मन्त्री थे। सभी केबिनेट मन्त्रियों में उन्हें इन्दिराजी के सबसे निकट माना जाता था और इन्दिराजी के बाद केबिनेट में उनका दूसरा स्थान था। उन दिनों उनके साथ मेरे घनिष्ठ सम्बन्ध नहीं थे, हालाँकि हम अच्छे मित्र थे। मैं प्रणव बाबू से मिला और उन्होंने धवन की बात की पुष्टि की। उन्होंने मुझे समय न गँवाने और तुरन्त जयपुर जाने की सलाह दी। उस समय 18 मार्च, 1982 की रात के लगभग 9.00 बज रहे थे। मैंने बिड़ला हाउस लौटकर एक बार फिर जयपुर के अपने मित्रों

को फोन किया, और उन्होंने एक बार फिर मुख्यमन्त्री से बात की। मुख्यमन्त्री का अब भी यही कहना था कि इस विषय में उन्हें कोई स्पष्ट निर्देश नहीं मिला था। मैं एक बार फिर प्रणव बाबू के पास लौटा। तब तक लगभग 10.00 बज चुके थे। प्रणव बाबू ने एक बार फिर इस बात की पुष्टि की कि प्रधानमन्त्रीजी चाहतीं थीं कि मैं राजस्थान से चुनाव लड़ूँ। मुझे ऐसा लगा जैसे मुझे अकारण ही इधर से उधर दौड़ाया जा रहा था।

प्रणव बाबू के साथ अपनी भेंट के दौरान मैंने स्पष्ट शब्दों में कहा कि जब तक मुझे कांग्रेस (आई) के निश्चित समर्थन का भरोसा नहीं दिलाया जाता और इस सम्बन्ध में मुख्यमन्त्री को स्पष्ट निर्देश जारी नहीं किए जाते, मैं जयपुर जाकर अपना नामांकन-पत्र दाखिल करने के लिए तैयार नहीं था। अब दस से भी ऊपर का समय हो चुका था। इतनी रात गए प्रधानमन्त्री से मिलना सम्भव नहीं था। फिर भी मैं उनके घर गया और सौभाग्यवश मुझे वहाँ धवन मिल गए। उस दिन धवन के साथ वह मेरी तीसरी भेंट थी। मैंने धवन से साफ-साफ कहा कि स्थिति स्पष्ट होने से पहले मैं जयपुर जाकर पर्चा भरने के लिए तैयार नहीं था। धवन ने एक बार फिर मुझे यही सलाह दी कि मैं सुबह होते ही जयपुर के लिए निकल जाऊँ और अपना नामांकन-पत्र दाखिल कर दूँ। मैंने धवन से कहा कि पार्टी द्वारा मेरे नामांकन का समर्थन करने के मामले में अनिश्चितता की स्थिति को देखते हुए मैं जयपुर जाना नहीं चाहूँगा। मैंने उनसे कहा कि समाज में मेरी एक विशिष्ट प्रतिष्ठा थी, और जयपुर जाकर खाली हाथ लौटने से व्यर्थ की और अवांछनीय अटकलों को बढ़ावा मिलने की सम्भावना थी। मैं ऐसी स्थिति को टालना चाहता था। धवन ने मेरे सामने ही प्रणव बाबू से फोन पर बात की और उनसे कहा कि मुझे सही स्थिति के बारे में साफ-साफ बता दिया जाना चाहिए। धवन ने उनसे यह भी कहा कि स्थिति स्पष्ट होने से पहले मैं जयपुर जाने के लिए तैयार नहीं था। प्रणव बाबू से बात करने के बाद धवन ने मुझे एक बार फिर उनसे मिलने की सलाह दी।

मैं फिर से प्रणव बाबू के पास गया। अब ग्यारह से भी ऊपर का समय हो चुका था। मैंने उनसे कहा कि मुझे कांग्रेस (आई) का समर्थन मिलने की बात पूरी तरह से स्पष्ट होने से पहले मैं अपना नामांकन-पत्र दाखिल करने के लिए तैयार नहीं था। मैंने उनसे कहा कि वे मुझे साफ-साफ बताएँ कि मुख्यमन्त्री के साथ उनकी क्या बात हुई थी। प्रणव बाबू ने कहा कि राजस्थान से राज्यसभा की तीन सीटों के लिए चुनाव होने जा रहे थे। इनमें से एक सीट के लिए प्रत्याशी का नाम केन्द्र द्वारा प्रस्तावित किया गया था, जबकि दूसरी सीट के लिए प्रत्याशी के चयन का निर्णय मुख्यमन्त्री पर छोड़ दिया गया था। प्रणव बाबू ने कहा कि उन्होंने मुख्यमन्त्री से कहा था कि तीसरी सीट के बारे में भी अन्तिम निर्णय उन्हीं पर छोड़ दिया गया था, लेकिन अगर इस सीट के लिए मुझे एक कांग्रेस (आई) प्रत्याशी या कांग्रेस समर्थित स्वतन्त्र प्रत्याशी के रूप में नामांकित किया जाए तो उच्च कमान को प्रसन्नता होगी। प्रणव बाबू ने कहा कि मुख्यमन्त्री को यह संकेत निश्चित ही समझ में आ जाना चाहिए कि उच्च कमान तीसरी सीट के लिए मुझे नामांकित करना चाहती थी। उन्होंने मुझे तुरन्त जयपुर रवाना होने की सलाह दी।

मैं कार में बैठ रहा था तो प्रणव बाबू ने मुझे वापस बुलाया और कहा कि अगर मुख्यमन्त्री को इस मामलों में कोई सन्देह हो तो वे दिल्ली में उन्हें फोन कर सकते थे। वे फोन पर वही सब दोहरा देंगे जो वे मुझसे कह चुके थे।

मैंने सोचा कि इतना आश्वासन काफी था। मैंने अगले दिन सुबह-सुबह जयपुर जाने का फैसला कर लिया। आधी रात के आसपास मैं घर लौटा और अपने प्रतीक्षारत सहयोगियों को अगली सुबह जल्दी जयपुर निकलने की तैयारी करने के लिए कहकर कुछ घंटों की नींद लेने की कोशिश करने लगा।

अगले दिन सुबह मैं जयपुर के लिए निकल पड़ा। साथ ही मैंने जयपुर में अपने कुछ सहयोगियों को मुख्यमन्त्री के साथ भेंट का समय लेकर रखने का भी निर्देश दे दिया।

जयपुर पहुँचते ही मैं सीधा मुख्यमन्त्री के घर जाकर उनसे मिला। मैंने अपने नामांकन को लेकर स्थिति की जानकारी चाही। उन्होंने कहा कि पहली दो सीटों को लेकर कोई समस्या नहीं थी, लेकिन जहाँ तक तीसरी सीट की बात थी तो निर्णय पूरी तरह उनके हाथ में छोड़ दिया गया था। मैंने उन्हें प्रणव बाबू के साथ अपनी बातचीत के बारे में बताया तो उन्होंने कहा कि उच्च कमान के साथ उनकी ऐसी कोई बात नहीं हुई थी। मैंने उनसे प्रणव बाबू को फोन करने का अनुरोध किया। मुख्यमन्त्री ने हिचकिचाहट का प्रदर्शन किया। वे इस मामले में दिल्ली में किसी से बात करने के इच्छुक नहीं थे। स्पष्ट था कि तीसरी सीट के लिए वे अपने किसी प्रत्याशी को आगे लाना चाहते थे। उन्होंने मुझसे साफ-साफ कहा कि वे दिल्ली में किसी को फोन नहीं करेंगे, लेकिन अगर उच्च कमान के कोई निर्देश थे तो उच्च कमान स्वयं भी फोन पर उनसे सम्पर्क स्थापित कर सकती थी। मेरे बहुत जोर देने पर वे प्रणव बाबू से बात करने के लिए राजी हो गए। मैं जयपुर के अपने आवास में जा पहुँचा। लगभग एक घंटे बाद मैंने एक व्यक्ति को मुख्यमन्त्री के घर यह पता लगाने भेजा कि प्रणव बाबू के साथ उनकी बातचीत का क्या परिणाम निकला था। मैंने इस बार वहाँ खुद जाना उचित नहीं समझा। मुख्यमन्त्री ने संक्षिप्त-सा उत्तर देते हुए कहा कि प्रणव बाबू के साथ उनका सम्पर्क नहीं हो पाया था।

मैं चाहता तो जयपुर से प्रणव बाबू को फोन कर सकता था। लेकिन सोच-विचार के बाद मैं इस निष्कर्ष पर पहुँचा कि यदि मुख्यमन्त्री मेरे नामांकन को लेकर उत्साहित नहीं थे, तो नामांकन-पत्र दाखिल न करना ही बेहतर था। मेरे दिमाग में 1971 का दुर्भाग्यपूर्ण अनुभव था, जब मैं सिर्फ उत्तर प्रदेश के मुख्यमन्त्री एच.एन. बहुगुणा के शत्रुतापूर्ण रवैये के कारण हार गया था। इसलिए मैंने सोचा कि यदि मुख्यमन्त्री राज्यसभा की सीट के लिए मेरे नामांकन के इच्छुक नहीं थे तो चुनाव न लड़ना ही बेहतर था। मैं निराश होकर दिल्ली लौट आया।

दिल्ली पहुँचकर मैं प्रणव बाबू से मिला और उन्हें जयपुर में अपने अनुभव के बारे में बताया। वे अब भी यही कहते रहे कि मुझे नामांकन-पत्र दाखिल कर देना चाहिए था। मैंने उनसे कहा कि मेरे लिए ऐसा करना सम्भव नहीं था, क्योंकि मैं मुख्यमन्त्री का वैमनस्य मोल लेकर चुनाव में उतरने के लिए तैयार नहीं था।

मैं धवन से नहीं मिल पाया क्योंकि वे प्रधानमन्त्री के साथ विदेश गए हुए थे। लेकिन प्रधानमन्त्री की वापसी के बाद मेरी उनसे मुलाकात हुई और मैंने उनसे इन्दिराजी से मेरी भेंट की व्यवस्था करने का अनुरोध किया। उन्होंने ऐसा ही किया। मैंने इन्दिराजी को मुख्यमन्त्री के साथ अपनी बातचीत के बारे में बताया। उन्हें सचमुच ही खेद था कि मैं अपना नामांकन-पत्र दाखिल नहीं कर पाया था। मैंने उनसे कहा कि मुख्यमन्त्री के समर्थन के बिना मैं अपना नामांकन-पत्र दाखिल नहीं करना चाहता था, क्योंकि ऐसी स्थिति में मेरी

पराजय की भी सम्भावना थी। इन्दिराजी ने आश्चर्य व्यक्त किया कि मुख्यमन्त्री उनके स्पष्ट संकेत को समझ पाने में असफल रहे थे। मैंने उनसे कहा कि जो बीत गया था, सो बीत गया था, इसलिए उसके बारे में चिन्ता करने का कोई लाभ नहीं था। लेकिन वे दो वर्ष बाद राज्यसभा के अगले चुनावों के समय मुझे ध्यान में रखें।

इसके बाद जल्दी ही मैं राजीव से भी मिला और मैंने उन्हें पूरे घटना-चक्र के बारे में बताया। मैंने उनसे पूछा कि इस तरह की भ्रान्ति कैसे पैदा हो गई थी। राजीव जानते थे कि सीटों के बँटवारे को लेकर बहुत-सी भ्रान्तियाँ पैदा हुई थीं। उन्होंने मेरे अनुरोध को स्वीकार करते हुए मुझे यह आश्वासन दिया कि 1984 के राज्यसभा चुनावों में वे स्वयं मेरी मदद करेंगे।

मैं शिवचरण माथुर को 1980 से जानता था, लेकिन इस अनुभव के बाद मेरा मन खट्टा हो गया था। मैं अपनी प्रतिष्ठा के प्रश्न को लेकर बहुत ज्यादा संवेदनशील हूँ। इसलिए मैंने उनसे मिलना-जुलना छोड़ दिया। वे कई बार दिल्ली आए, लेकिन मैं उनसे न मिलने के अपने निर्णय पर अडिग रहा। शिवचरणजी मेरी नाराजगी को भाँप गए, क्योंकि इससे पहले मैं उनसे अक्सर मिलता रहता था। कुछ मित्रों को भी इस मन-मुटाव का पता चला तो उन्होंने उनसे कहा कि हम दोनों के बीच यह गलतफहमी दूर होनी चाहिए। इन मित्रों ने हमारे बीच एक भेंट की व्यवस्था की। मैंने शिवचरणजी से कहा कि मैं 1982 के राज्यसभा चुनाव में एक स्वतन्त्र प्रत्याशी के रूप में खड़ा हो सकता था और शायद जीत भी जाता। लेकिन अपने नामांकन को लेकर मुख्यमन्त्री में कोई उत्साह न देखकर मैंने चुनाव न लड़ने का फैसला किया था, क्योंकि मैं कोई जोखिम उठाना नहीं चाहता था। शिवचरणजी कुछ-कुछ क्षमायाचना की मुद्रा में थे। उन्होंने कहा कि नामांकन को लेकर कुछ भ्रान्ति पैदा हुई थी और उन्हें इस सम्बन्ध में स्पष्ट निर्देश नहीं मिले थे। उन्होंने कहा कि यदि उन्हें स्पष्ट निर्देश मिले होते तो वे निश्चित रूप से मेरी मदद करते। प्रणव बाबू का कहना था कि उन्होंने मुख्यमन्त्री को फोन किया था, जबकि मुख्यमन्त्री इस बात से इनकार कर रहे थे। इन दोनों के बीच गलतफहमी कहाँ पैदा हुई थी, इसका अनुमान पाठक खुद लगा सकते हैं।

अगले राज्यसभा चुनाव मार्च 1984 में होने जा रहे थे। मैंने समय से पूर्व ही राजीव से भेंट का समय लिया। अपने व्यस्त कार्यक्रम के बावजूद राजीव मुझसे मिलने के लिए तैयार हो गए। मैंने उनसे पूछा कि यदि मैं उनकी पार्टी के समर्थन से एक स्वतन्त्र प्रत्याशी के रूप में राज्यसभा का चुनाव लड़ूँ, तो क्या उनकी पार्टी मेरी विजय सुनिश्चित करने का प्रयास करेगी। मैंने उन्हें भरोसा दिलाया कि मुझे अपनी विजय का पूरा विश्वास था।

यह लगभग तय था कि विपक्ष की तरफ से भूतपूर्व सांसद राधेश्याम मोरारका या उनके भतीजे कमल मोरारका इस सीट के लिए खड़े होने जा रहे थे। मुकाबला काफी कड़ा था। लेकिन मुझे उम्मीद थी कि कांग्रेस (आई) के अतिरिक्त मतों के साथ-साथ विपक्ष के बहुत-से सदस्यों और कई स्वतन्त्र सदस्यों का भी समर्थन मुझे मिलने की सम्भावना थी, जिनसे मेरा अच्छा परिचय था। राजीव को भी मेरी मदद करने का अपना पिछला वायदा याद था। उन्होंने इन्दिराजी से भी बात की और अगली भेंट में उन्होंने मुझे आवश्यक समर्थन देने का वायदा किया। वे शिवचरणजी से भी बात करने के लिए राजी हो गए।

कांग्रेस संसदीय बोर्ड की बैठक होने तक मैं दिल्ली में ही रहा। बैठक के दिन मैं अपने उद्यान में टहल रहा था कि एक सेवक दौड़ता हुआ मेरे पास आया। मेरे लिए प्रधानमन्त्री के घर से फोन था। फोन पर अरुण नेहरू थे। उन्होंने कहा कि राजीवजी ने मुझे यह सूचना देने के लिए कहा था कि संसदीय बोर्ड ने राजस्थान में सिर्फ दो सीटें लड़ने और तीसरी सीट के सभी अतिरिक्त वोट मेरे पक्ष में डालने का फैसला किया था। मैं खुशी से झूम उठा। मैंने अरुण नेहरू को धन्यवाद दिया और फिर उद्यान में वापस टहलने लगा, जो मेरी नियमित दिनचर्या का हिस्सा रहा है। कुछ मिनट बाद सेवक फिर से दौड़ता हुआ आया और बोला कि प्रधानमन्त्री के घर से एक और फोन था। इस बार फोन पर स्वयं राजीव थे। उन्होंने इस बात की पुष्टि की कि कांग्रेस संसदीय बोर्ड ने तीसरी सीट मेरे लिए छोड़ने का फैसला किया था। राजीव अखिल भारतीय कांग्रेस समिति के महासचिव थे। उन्होंने मुझे शुभकामनाएँ देते हुए कहा कि मुझे यह सीट जीतनी ही चाहिए। मैंने राजीव को बहुत भाव-भीने शब्दों में धन्यवाद दिया। कुछ देर बाद माखनलाल फोतेदार का भी फोन आया और उन्होंने भी मुझे बधाई देते हुए राजीव की बात की पुष्टि की।

दो दिन बाद मैंने जयपुर के लिए प्रस्थान किया। जयपुर के लिए रवाना होने से पहले मैं राजीव से मिलकर व्यक्तिगत तौर पर उनको धन्यवाद देना चाहता था। लेकिन राजीव बहुत व्यस्त थे, इसलिए भेंट नहीं हो पाई। इसके बाद मैंने धवन से सम्पर्क किया और उनसे कहा कि जयपुर जाने से पहले मैं इन्दिराजी की शुभकामनाएँ लेना चाहता था। मैं भावुक प्रकृति का व्यक्ति हूँ। मेरे भीतर से कोई आवाज कह रही थी कि यदि मैं इन्दिराजी की शुभकामनाएँ लिए बिना जयपुर गया तो शायद मुझे सफलता न मिले। मैंने धवन को अपने अन्धविश्वास के बारे में बताया और उनसे इन्दिराजी से मेरी संक्षिप्त भेंट करवाने का आग्रह किया। धवन ने ऐसा ही किया और इन्दिराजी ने चुनाव में विजय के लिए मुझे अपनी शुभकामनाएँ दीं। यह औपचारिकता या शिष्टाचार मात्र नहीं था। उन्होंने बहुत संजीदगी और आत्मीयता के साथ मुझे अपनी शुभकामनाएँ दी थीं। मुझे इसमें जरा भी सन्देह नहीं था कि 1974 में राज्यसभा के चुनाव में मेरी हार से वे भी उतनी ही दुखी थीं जितना कि मैं। इसलिए अब वे उतनी ही प्रसन्न थीं कि आखिरकार मैं राज्यसभा का सदस्य बनने जा रहा था। तीसरी सीट के लिए मेरे नामांकन में उनकी गहरी दिलचस्पी उनके चेहरे पर झलक रही थी।

मैं जयपुर के लिए निकल पड़ा। वहाँ पहुँचते ही मैं सबसे पहले मुख्यमन्त्री शिवचरण माथुरजी से मिला। अपने वायदे के अनुरूप इस बार उनका रवैया बहुत सहयोगपूर्ण था। वे चुनाव को अपनी प्रतिष्ठा के प्रश्न के रूप में देख रहे थे। अगर कांग्रेस सभी तीन सीटें जीत लेती तो यह उनके लिए गर्व की बात होती और उनकी प्रतिष्ठा बहुत बढ़ जाती। उन्होंने तीनों प्रत्याशियों की विजय के लिए कड़ी मेहनत की। मेरी मदद करने के लिए मेरी बेटियाँ और दामाद भी जयपुर पहुँच गए। मुकाबला सचमुच कड़ा था। जल्दी ही मुझे यह अहसास हो गया कि कमल मोरारका एक कठोर प्रतिद्वन्द्वी थे।

हम सभी ने कड़ी मेहनत की। अपने जयपुर प्रवास की पूरी अवधि के दौरान हम 18-18 घंटे तक काम करते रहे। मेरी बेटियों और दामादों के अलावा मेरे कई मित्र, शुभचिन्तक और प्रभावी भी मेरी मदद करने के इरादे से जयपुर में पड़ाव डाले हुए थे।

आखिर मतदान का दिन आया। हम सब चुनाव-स्थल पर पहुँचे। कुछ औपचारिकताओं की खानापूर्ति के बाद मतदान शुरू हुआ। इसके बाद मतगणना का समय आया। उतार और चढ़ाव का माहौल बना हुआ था। सभी लोग दम साधे बैठे हुए थे। कांग्रेस (आई) के दो प्रत्याशियों के अलावा मैं एक स्वतन्त्र प्रत्याशी के रूप में और कमल मोरारका जनता पार्टी के टिकट पर अपना भाग्य आजमा रहे थे। दर्शक कुछ दूर दर्शक-दीर्घा से मतगणना की प्रक्रिया को देख और सुन पा रहे थे। मतगणना के एक चरण में मुझसे पीछे चल रहे कमल मोरारका ने अचानक बढ़त हासिल कर ली और मुझसे आगे निकल गए। मेरी मँझली बेटी ज्योत्सना, जो बहुत ज्यादा भावुक है, इतनी हतोत्साहित हो गई कि दर्शक-दीर्घा में बिलकुल पीछे जाकर बैठ गई। लेकिन जल्दी ही मैं एक बार फिर कमल मोरारका से आगे निकल गया और सूची में सबसे शिखर स्थान पर जा पहुँचा। मतगणना पूरी होने के बाद मुझे सर्वाधिक मतों से विजयी घोषित कर दिया गया। मेरे पक्ष में 53 मत पड़े थे। कांग्रेस प्रत्याशी शान्ति पहाड़िया को भी विजयी घोषित कर दिया गया। अब मुकाबला कांग्रेस प्रत्याशी भीमराज और कमल मोरारका के बीच था। मुझे पहले से सचेत कर दिया गया था कि भीमराज के लिए खतरा था, इसलिए मैंने अपने सभी समर्थकों को अपनी दूसरी वरीयता के मत उनके पक्ष में डालने के लिए कह दिया था। अगर भीमराज हार जाते तो मैं इसे अपनी हार के रूप में देखता और इन्दिराजी को राज्यसभा से अपने इस्तीफे का पत्र सौंप देता। सौभाग्यवश मेरे द्वितीय वरीयता के मतों के कारण अन्ततः भीमराज भी जीत गए।

मेरी विजय के पीछे ईश्वर की कृपा, इन्दिराजी और राजीव का समर्थन, मित्रों की शुभकामनाओं और मुख्यमन्त्री की कड़ी मेहनत का हाथ था। कमल मोरारका कांग्रेस (आई) के दुर्ग में सेंध लगाने में इतने अधिक सफल रहे थे कि अगर उन्हें अपने चुनाव-अभियान के लिए दो दिन और मिल जाते तो शायद वे जीत गए होते और भीमराज को हार का मुँह देखना पड़ता। वह मेरे लिए बहुत दुखद दिन होता। मैं ईश्वर को धन्यवाद देता हूँ कि मेरे साथ-साथ कांग्रेस (आई) के दोनों प्रत्याशी भी विजयी रहे।

मतगणना पूरी होते ही मुख्यमन्त्री ने मुझे आमन्त्रित किया। उन्होंने मुझे बधाई दी और पुष्पमाला पहनाई। मिठाइयों और चाय के दौर के बीच उन्होंने मेरी विजय पर अपनी प्रसन्नता व्यक्त की। उनका व्यवहार अत्यन्त आत्मीय और स्नेहपूर्ण था। अपने तीनों प्रत्याशियों की विजय पर कांग्रेस शिविर में खुशी की लहर दौड़ गई थी।

मुझे मेरे प्रशंसकों ने घेर लिया। मेरे समर्थकों में 'के.के. बिड़ला की जय' या 'के.के. बिड़ला जिन्दाबाद' के नारे लगाने की होड़ लगी हुई थी। मैं घर पहुँचा तो वहाँ भी मेरे अभिवादन के लिए लोगों की अच्छी-खासी भीड़ जमा थी। उनमें से कई झुनझुनु के गाँवों से आए थे। इसके पीछे भी एक कहानी थी। हालाँकि मैं झुनझुनु से 1971 का चुनाव हार गया था, लेकिन मैं तभी से उसे अपने चुनाव-क्षेत्र के रूप में देखता रहा था। सूखे या अकाल की स्थितियों में मैं वहाँ राहत-अभियान में जुट जाता था। राजस्थान में पाँच में से तीन वर्ष सूखे की स्थिति रहती है, इसलिए मुझे झुनझुनु के निवासियों की सेवा करने के बहुत-से अवसर मिले। मैं पूरे क्षेत्र का दौरा करके राहत-कार्यों का निरीक्षण करता था। 1971 के बाद से 321 गाँवों में राहत-अभियान चलाए गए थे। इन गाँवों में स्कूलों और धर्मशालाओं के लिए 235 कमरे बनवाए गए थे, 72 बेकार हो चुके कुओं की मरम्मत कराई गई थी,

46 नए कुएँ खोदे गए थे, दो बड़े जल-कुंडों की मरम्मत की गई थी, जबकि 70 नए छोटे-छोटे जल-भंडार बनाए गए थे। कुछ पुलियाएँ भी बनवाई गई थीं और सूखे के दौरान ढोर-डांगरों के लिए चारे की व्यवस्था की गई थी। इन सभी कार्यों के कारण मुझे झुनझुनु के अनेक गाँवों में जाने और वहाँ के लोगों से मिलने-जुलने का अवसर मिलता रहा था। इन सभी लोगों को इस बात का खेद था कि मैं उनके क्षेत्र से 1971 का लोकसभा चुनाव हार गया था। इसलिए जब उन्हें पता चला कि मैं राज्यसभा के लिए चुनाव लड़ रहा हूँ, तो मतदान वाले दिन वे सब बड़ी संख्या में जयपुर में आ पहुँचे। मेरी जीत सचमुच इन लोगों की अपनी जीत थी, इसलिए वे सब खुशी से झूमते हुए वापस गए।

जयपुर में एक बहुत अच्छे पंडित थे, जो बहुत धार्मिक व्यक्ति थे। उन्होंने मुझे विजयी होने का आशीर्वाद दिया था और मतदान की पूर्वसन्ध्या पर पूरी रात पूजा-पाठ किया था। एक धर्मपरायण हिन्दू होने के नाते मैं चुनाव से पहले कुछ मन्दिरों में गया था। विजयी होने के बाद मैं एक बार फिर इन मन्दिरों में गया और मैंने अपने आराध्य देवी-देवताओं को धन्यवाद दिया। मैं कुछ अन्य पूजा-स्थलों में भी गया।

इसके बाद मैं दिल्ली लौटा और इन्दिराजी से एक संक्षिप्त भेंट करने में सफल रहा। मैंने उनके समर्थन के लिए अपना आभार व्यक्त किया। उन्होंने मुझे मेरी सफलता के लिए बधाई दी। मैं अरुण नेहरू और फोतेदार से भी मिला। उन दोनों ने भी मेरी विजय पर प्रसन्नता व्यक्त की और मुझे बधाई दी। मैं दिल्ली में सिर्फ एक दिन ही रुक पाया। मैं थोड़ा और समय दिल्ली में बिताना चाहता था, लेकिन कोलकाता के मेरे मित्र और सम्बन्धी बड़ी अधीरता के साथ मेरी घर-वापसी की बाट जोह रहे थे। उन सबके साथ-साथ मेरी कम्पनियों के अधिकारी और कर्मचारी भी मुझे मेरी सफलता पर बधाई देने के लिए उतावले हो रहे थे।

राजीव उस समय दिल्ली में नहीं थे, इसलिए उनसे मेरी भेंट नहीं हो पाई। लेकिन मैंने उनके समर्थन के लिए आभार व्यक्त करते हुए उन्हें एक पत्र लिखा। उन्होंने इसका जवाब देते हुए मुझे मेरी सफलता के लिए बधाई दी। उनके पत्र की प्रतिलिपि यहाँ प्रस्तुत है—

30 अप्रैल, 1984

प्रिय श्री के.के. बिड़लाजी,

आपके दिनांक 23 अप्रैल 1984 के पत्र के लिए धन्यवाद। राज्यसभा में आपके चुने जाने के लिए मेरा हार्दिक अभिनन्दन स्वीकार करें।

शुभकामनाओं सहित,

आपका,
राजीव गांधी

कुछ समय बाद मैं राजीव से मिला तो उन्होंने मुझे व्यक्तिगत रूप से बधाई दी।

अगली सुबह मैं कोलकाता लौट गया। विमान-तल पर मेरे स्वागत के लिए भारी संख्या में हमारे कार्यालयों के लोगों के साथ-साथ मेरे शुभचिन्तक, मित्र और परिवार के सदस्य हाथों में पुष्पमालाएँ और फूलों के गुच्छे लिए उपस्थित थे। क्योंकि मैं एक कांग्रेस-समर्थित प्रत्याशी था, इसलिए बहुत-से कांग्रेसजन भी मेरे स्वागत के लिए आए थे। उन्होंने मेरे

संसद-प्रवेश पर मुझे बधाई दी। हर कोई बहुत खुश था। दो पराजयों के बाद मेरी सफलता हर किसी के लिए बहुत सन्तोष और आनन्द का विषय थी।

मुझे एक ही बात का खेद था कि मेरे बी. एम. चाचाजी जीवित नहीं थे। पिताजी एक कर्मयोगी और दार्शनिक थे। वे न तो विजय पर बहुत ज्यादा प्रसन्न होते थे और न पराजय से हताश होते थे। लेकिन चाचाजी मेरी राजनीतिक आकांक्षाओं को लेकर मुझे हमेशा प्रोत्साहित करते रहे थे। वे मुझे एक पुत्र की तरह प्यार करते थे। अपनी विजय की इस घड़ी में मैं उनकी कमी को बहुत ज्यादा महसूस कर रहा था। लेकिन मुझे इस बात में जरा भी सन्देह नहीं था कि वे स्वर्गलोक में निश्चित रूप से प्रसन्न हो रहे होंगे। मुझे पूरा विश्वास है कि पिताजी और चाचाजी दोनों ने ही स्वर्गलोक से मुझे अपना आशीर्वाद दिया था।

29

इन्दिराजी के साथ पत्र-व्यवहार

इन्दिराजी के साथ मेरे पत्र-व्यवहार के कुछ अन्य पत्र यहाँ पाठकों की दिलचस्पी के लिए प्रस्तुत किए जा रहे हैं–

1 सितम्बर, 1955

प्रिय श्री बिड़ला,

आपने मेरी माँ की स्मृति में स्थापित अस्पताल के बारे में सुना होगा–इलाहाबाद का कमला नेहरू अस्पताल। यह अस्पताल बहुत अच्छा काम कर रहा है और अपनी गतिविधियों के प्रसार में जुटा हुआ है। लेकिन पिछले कुछ वर्षों से हम अस्पताल के संचालन में निरन्तर घाटे और अत्यावश्यक विकास-कार्यों के लिए धनराशि की कमी को लेकर चिन्तित हैं। मैं इस पत्र के साथ अस्पताल और इसकी जरूरतों से जुड़े तथ्यों के बारे में एक संक्षिप्त विवरण-पत्र संलग्न कर रही हूँ।

अस्पताल के लिए धन जुटाने के लिए सुप्रसिद्ध गायिका श्रीमती एम. एस. सुब्बालक्ष्मी ने उद्योग मेले के दौरान दिल्ली में एक संगीत समारोह के आयोजन का प्रस्ताव रखा है। यह समारोह शुक्रवार 4 नवम्बर, 1955 की सन्ध्या को दिल्ली की राष्ट्रीय भौतिकीय प्रयोगशाला (एन. पी. एल.) के सभागृह में आयोजित किया जा रहा है।

हम 500 रुपए के मूल्य के बहुत-से अंशदान टिकट जारी कर रहे हैं। मैं इनकी बिक्री में आपके सहयोग के लिए आभारी महसूस करूँगी। आप अधिक-से-अधिक जितने टिकट खरीद सकते हों, खरीदें, और अपने मित्रों और सम्बन्धियों को साथ लाकर इस संगीत-सन्ध्या को सफल बनाने में मदद करें।

कृपया मुझे बताएँ कि आपको कितने टिकट चाहिए। मैं उन्हें आपके पास भिजवा दूँगी। 'कमला नेहरू मेमोरियल अस्पताल फंड' के नाम से चेक बनाकर मेरे पास भेजे जा सकते हैं।

धन्यवाद।

शुभाकांक्षी,
इन्दिरा गांधी

5.9.55

प्रिय श्रीमती इन्दिराजी,

महाद्वीप से अपनी वापसी के बाद मैंने अभी-अभी कमला नेहरू मेमोरियल अस्पताल फंड के बारे में दिनांक 1 सितम्बर का आपका कृपा परिपत्र देखा है। जैसाकि आपने चाहा है, मुझे एक अंशदान टिकट के लिए 500 रुपए का चेक भेजते हुए बहुत प्रसन्नता हो रही है।

टिकट आप मुझे अपनी सुविधानुसार भिजवा सकती हैं।

हार्दिक शुभकामनाओं सहित,

शुभाकांक्षी,
के.के. बिड़ला

6 सितम्बर, 1955

प्रिय श्री बिड़ला,

एक अंशदान टिकट के लिए आपके 500 रुपए के चेक के लिए धन्यवाद। टिकट अभी तैयार नहीं हैं, लेकिन आपको जल्दी ही भेज दिया जाएगा।

आपके तत्काल उत्तर के लिए मैं आभारी हूँ।

शुभाकांक्षी,
इन्दिरा गांधी

भाग-3

बाद के वर्ष

30

श्री राधाकृष्ण मन्दिर

हमारे परिवार ने देश के कई भागों में मन्दिर और धर्मशालाएँ बनवाई हैं। मेरे ताऊजी, जुगल किशोर, बहुत निष्ठावान हिन्दू थे। उन्होंने दिल्ली, पटना, कुरुक्षेत्र और वृन्दावन सहित कई जगह मन्दिर बनवाए। बनारस हिन्दू यूनिवर्सिटी का मन्दिर भी उन्हीं के परामर्श और मार्गदर्शन से बना था। उस मन्दिर की निर्माण-लागत का अधिकांश हिस्सा उन्होंने ही वहन किया था। पिताजी ने पिलानी के बिट्स कैम्पस में माँ सरस्वती के एक अत्यन्त सुन्दर संगमरमर के मन्दिर की स्थापना की। परिवार के अन्य सदस्यों ने भी देश के विभिन्न भागों में मन्दिरों की स्थापना की है। मैंने भी अयोध्या में एक मन्दिर और एक धर्मशाला और रुद्रप्रयाग और विन्ध्याचल की एकमात्र धर्मशालाओं का निर्माण करवाया है। मेरी आकांक्षा थी कि मैं अपने व्यावसायिक मुख्यालय कोलकाता में भी एक मन्दिर बनवाऊँ। इस आकांक्षा को साकार करने में मुझे अपने पिता और पत्नी की तरफ से पूरा-पूरा सहयोग और प्रोत्साहन मिला।

परिणामस्वरूप मेरी पत्नी ने और मैंने कोलकाता में एक मन्दिर की स्थापना का बीड़ा उठाया। इसका निर्माण-कार्य 1970 में शुरू हुआ और पच्चीस वर्षों में पूरा हुआ, जो निस्सन्देह बहुत लम्बा समय था। मन्दिर का निर्माण पाँच से सात वर्ष में पूरा हो जाने की अपेक्षा थी। लेकिन हम इसके निर्माण से जुड़ी कठिनाइयों का सही अनुमान नहीं लगा पाए थे। हमारी इच्छा थी कि यह मन्दिर कलात्मकता और सौन्दर्य का अद्भुत नमूना हो, और कोलकातावासियों और पर्यटकों के लिए 'सिटी ऑफ ज्वाय' के एक प्रतीक-चिह्न की तरह हो। इसीलिए इसके निर्माण में इतना अधिक समय लगा।

निर्माण-कार्य शुरू होने के लगभग एक वर्ष के बाद यह स्पष्ट हो गया था कि इसे पूरा होने में काफी लम्बा समय लगेगा। हम मन्दिर को जल्दी भी तैयार कर सकते थे, बशर्ते कि हम इसके वास्तुशिल्प से जुड़ी कलात्मक बारीकियों का त्याग करने के लिए राजी होते। लेकिन मेरा दृढ़ निश्चय था कि किन्हीं भी परिस्थितियों में इस मन्दिर का निर्माण हमारे प्राचीन मन्दिरों के निर्माण-शिल्प के अनुसार करने के ध्येय के साथ कोई समझौता नहीं होना चाहिए। जगमोहन डालमिया ने, जो क्रिकेट जगत की एक महत्त्वपूर्ण हस्ती हैं और अन्तर्राष्ट्रीय क्रिकेट परिषद के अध्यक्ष रह चुके हैं, इस मन्दिर के निर्माण में बहुत महत्त्वपूर्ण भूमिका निभाई। ईश्वर की कृपा से यह मन्दिर अब कोलकाता का एक प्रतीक-चिह्न बन चुका है। विदेशों में प्रकाशित पर्यटक मार्गदर्शिकाओं में अब इस मन्दिर को कोलकाता के सर्वाधिक दर्शनीय स्थलों की सूची में शामिल किया जाने लगा है।

रात्रि के समय कोलकाता के राधाकृष्ण मन्दिर का एक दृश्य

मन्दिर के निर्माण में मध्यप्रदेश के पन्ना के उत्खनन-क्षेत्रों से प्राप्त पत्थरों का उपयोग किया गया है, और भीतरी परतों के लिए संगमरमर का उपयोग किया गया है।

मुख्य मन्दिर श्री राधाकृष्ण का है। मैं बचपन से ही भगवान कृष्ण का परम भक्त रहा हूँ। गीता में उनके उपदेशों ने पिताजी की तरह मुझे भी अत्यधिक सम्मोहित और प्रेरित किया है। गीता के अध्ययन और पाठ से मुझे हमेशा मानसिक शान्ति और सन्तोष प्राप्त हुआ है और मैंने इसकी शिक्षाओं को अपने जीवन में ढालने का प्रयास किया है। हम देश की एकता के लिए राष्ट्रीय एकीकरण की आवश्यकता की बात करते हैं। राष्ट्रीय एकीकरण तभी सम्भव है जब विभिन्न राज्यों और विभिन्न धार्मिक आस्थाओं, जातियों और वर्गों के लोगों में परस्पर सौहार्दपूर्ण सम्बन्ध होंगे और उनमें एक-दूसरे के प्रति सहिष्णुता की भावना होगी। श्री राधाकृष्ण मन्दिर की स्थापना के पीछे सभी भारतीयों को शान्ति और सौहार्द की भावना के साथ एक-दूसरे के निकट लाने की प्रेरणा रही है।

मन्दिर 160 फुट की भव्य ऊँचाई लिए हुए है, और लगभग 22,000 वर्ग फुट के क्षेत्र में फैला हुआ है। बाहर से झिलमिलाते बलुआ पत्थर और भीतर से संगमरमर से निर्मित इस मन्दिर को कलात्मकता का एक उत्कृष्ट नमूना माना जाता है। इसकी जटिल और सूक्ष्म नक्काशी देखते ही बनती है। कृष्ण और उनकी संगिनी राधा मन्दिर के मुख्य देवी-देवता हैं, जिनके अगल-बगल में दुर्गा और शिव विराजमान हैं। बाहर के विशाल प्रांगण में गणेश, हनुमान और विष्णु के दस अवतारों के मन्दिर हैं।

निर्माण-कार्य 1970 में शुरू हुआ और बुधवार 21 फरवरी, 1996 की सुबह स्वामी चिदानन्दजी महाराज के कर-कमलों से मन्दिर की प्राण-प्रतिष्ठा का कार्यक्रम सम्पन्न हुआ। मन्दिर का उद्घाटन डॉ. कर्ण सिंह ने किया, जो एक सुविख्यात विद्वान हैं और हमारी प्राचीन

संस्कृति, धरोहर और दर्शन के जाने-माने व्याख्याता हैं। यह मन्दिर हमारे धर्म-ग्रन्थों में निहित उस सन्देश का प्रतीक है, जिसे मैंने मन्दिर के प्रवेश-द्वार के निकट संगमरमर की एक शिला पर खुदवा दिया है। यह सन्देश इस प्रकार है–

> इस शुभ अवसर पर समूचे बिड़ला परिवार की प्रार्थना है कि यह मन्दिर वेदों, उपनिषदों, गीता और अन्य धर्म-ग्रन्थों, हमारे सन्तों और हमारे महापुरुषों का सन्देश फैला सके। यह लोगों को भक्ति और ईश्वर के प्रति समर्पण के मार्ग पर ले जा सके।
>
> यह मनुष्यों में मानवतावाद, दीन-दुखियों के प्रति सहानुभूति और परस्पर सौहार्द और सद्भावना के मूल्यों का संचार कर सके।

मेरी पत्नी और बड़ी बेटी नन्दिनी नोपानी मन्दिर की दैनिक सेवा और जरूरतों की देखभाल करती हैं। ऐसा अनुमान है कि प्रतिदिन 1500 से 2,000 श्रद्धालु मन्दिर के दर्शनों के लिए आते हैं। सार्वजनिक छुट्टियों के दिन यह संख्या 80,000 तक पहुँच जाती है, और जन्माष्टमी और नव वर्ष के अवसरों पर श्रद्धालुओं की संख्या 1,25,000 तक पहुँच जाती है।

31

राजीव गांधी की चुनावी पराजय

राजीव गांधी ने 1984 का आम चुनाव प्रचंड बहुमत से जीता था। कांग्रेस (आई) को लोकसभा की 515 सीटों में से 403 सीटें प्राप्त हुई थीं। कांग्रेस (आई) के लिए यह एक रिकॉर्ड विजय थी, जिस पर कुछ टिप्पणी करना जरूरी है।

राजीव ने देश के प्रशासन को काफी अच्छी तरह से चलाया था, लेकिन दुर्भाग्यवश उनके कार्यकाल के दौरान बोफोर्स तोपों की खरीद को लेकर रिश्वत दिए जाने का मामला उठ खड़ा हुआ। विपक्ष ने इस मामले को खूब तूल दी और तोपों के सौदे में 64 करोड़ रुपए की रिश्वत के लेन-देन का आरोप लगाया। सन्देह की सुई ओक्तावियो कात्रोची की तरफ उठ रही थी, जो एक इतालवी नागरिक थे और राजीव और सोनिया के बहुत निकट बताए जाते थे। परिणामस्वरूप 1989 के आम चुनाव में कांग्रेस (आई) को शर्मनाक पराजय का सामना करना पड़ा। भाजपा और वाम दलों के बाहरी समर्थन के बल पर एक मिली-जुली सरकार सत्ता में आ गई, और जनता दल के नेता वी. पी. सिंह राष्ट्रीय मोर्चे के नेता के रूप में देश के नए प्रधानमन्त्री चुने गए। चुनावों में हुई हार के बाद कांग्रेस (आई) पार्टी के कई पुराने वफादार नेता पार्टी को छोड़कर चले गए।

मेरे साथ एक भेंट के दौरान राजीव ने मुझसे पूछा कि मेरे विचार में उनकी पराजय का कारण क्या था। मैं इस उक्ति में विश्वास करता हूँ कि यदि किसी व्यक्ति को अपना विचार व्यक्त करने के लिए कहा जाए तो उसे सच्चाई और स्पष्टवादिता से काम लेना चाहिए, खासकर यदि वह उस व्यक्ति का शुभचिन्तक है। अपने प्रति इन्दिराजी और राजीव की आत्मीयता और सद्भावना मुझे इस बात का अहसास कराती रहती थी कि किसी भी विषय पर मेरी सलाह माँगे जाने पर उन्हें वस्तुस्थिति का बोध कराना मेरा कर्त्तव्य था। इसलिए मैंने उनसे कहा कि बोफोर्स मामलों को लेकर सदन मे विपक्ष के उग्र और सुनियोजित प्रहारों और प्रदर्शनों ने दुर्भाग्यवश उनकी छवि को कलंकित कर दिया था, और उनकी पराजय का एकमात्र यही कारण था। मैंने राजीव से यह भी कहा कि मुझे जरा भी सन्देह नहीं था कि इन आरोपों में लेशमात्र भी सच्चाई नहीं थी और सिर्फ राजनीतिक कारणों से उनके खिलाफ दुष्प्रचार अभियान चलाया जा रहा था। राजीव खुद भी अपनी हार का कारण जानते थे, लेकिन फिर भी उन्होंने मेरे विचार जानने चाहे थे, क्योंकि वे खुशामद और चापलूसी की बजाय विषय की खरी-खरी समीक्षा में विश्वास करते थे।

राजीव ने कहा कि उनका खयाल था कि बोफोर्स मामले को लेकर विपक्षी दल जो शोर मचा रहे थे, वह दिल्ली और/या अन्य प्रमुख शहरों तक सीमित था, जहाँ अखबार पहुँच

रहे थे। उन्होंने कहा कि 75 प्रतिशत भारतीय गाँवों में रहते थे, इसलिए उनका खयाल था कि जब 75 प्रतिशत लोगों को बोफोर्स के बारे में कोई खास जानकारी नहीं थी तो वे चुनाव कैसे हार सकते थे! मैंने राजीव से कहा कि उन्हें इस बारे में पर्याप्त जानकारी नहीं थी। लगभग सभी शहरों में हिन्दी और अन्य भारतीय भाषाओं में अखबार छपते थे और गाँवों में भी पहुँचते थे। इसलिए बोफोर्स मामले से जुड़ा दुष्प्रचार गाँवों में भी पहुँच गया था और हर किसी को लगा था कि बोफोर्स तोपों की खरीद में रिश्वत के रूप में भारी धनराशि का लेन-देन हुआ था। इसलिए कांग्रेस (आई) की हार अनपेक्षित नहीं थी।

फरवरी 2004 में दिल्ली उच्च न्यायालय ने अपने एक फैसले में राजीव को बोफोर्स मामले में पूरी तरह निर्दोष घोषित किया। राजीव बहुत नेक और सम्मानजनक चरित्र के व्यक्ति थे। वे एक ईमानदार और सत्यनिष्ठ व्यक्ति थे। लेकिन राजनीतिज्ञ और प्रसार-माध्यम उनके नाम पर धब्बा लगाने में सफल रहे, जो उनके परिवार के सदस्यों और उनके समर्थकों के लिए बहुत दुख और क्षोभ की बात थी।

राजीव के साथ अपनी एक भेंट के दौरान मैंने अपनी तरफ से कुछ भोजन पार्टियों का आयोजन करने का सुझाव दिया, जिनके माध्यम से मैं उन्हें अपने कुछ पत्रकार मित्रों और बुद्धिजीवियों से मिलवाना चाहता था। मैंने उनसे कहा कि मैं हर महीने इस तरह की एक पार्टी का आयोजन कर सकता था, जिससे उन्हें बोफोर्स मामले को लेकर पत्रकारों की भ्रान्तियों और गलत धारणाओं को दूर करने का अवसर मिल सकता था। 1990 में इस तरह की तीन-चार पार्टियों का आयोजन किया गया। इन डिनर पार्टियों में भाग लेनेवाले अतिथियों में प्रसार-माध्यम से जुड़े कुछ महत्त्वपूर्ण नाम थे 'टेलिग्राफ' के मालिक अबीक सरकार, 'टाइम्स ऑफ इंडिया' के दिलीप पड़गांवकर, 'इंडिया टुडे' के मालिक अरुण पुरी, 'हिन्दू' की मालिनी पार्थसार्थी, 'सनडे' के तत्कालीन सम्पादक वीर संघवी, 'टेलिग्राफ' के तत्कालीन कार्यकारी सम्पादक शेखर भाटिया, गिरी लाल जैन और 'हिन्दुस्तान टाइम्स' के तत्कालीन सम्पादक एच. के. दुआ। इनके अलावा मैंने कुछ सार्वजनिक हस्तियों और कांग्रेस (आई) के कुछ प्रमुख नेताओं को भी आमन्त्रित किया था, जिनमें दिनेश सिंह, वसन्त साठे, पी. चिदम्बरम, एन.के.पी. साल्वे, पी.वी. नरसिम्हाराव, वी. एन. गाडगिल, माधवसिंह सोलंकी, एच. के. एल. भगत और कुछ अन्य शामिल थे।

इन महत्त्वपूर्ण हस्तियों के साथ राजीव की बातचीत उनके नाम पर लगे धब्बे को कुछ हद तक साफ करने में सफल रही। 1991 के संसदीय चुनाव में कांग्रेस (आई) का प्रदर्शन 1989 की तुलना में बेहतर था। राजीव ने कड़ी मेहनत की थी और मुझे इसमें कोई सन्देह नहीं था कि उनकी पार्टी उनके नेतृत्व में अगली सरकार बनाएगी। लेकिन चुनाव-प्रचार के दौरान ही राजीव गांधी की हत्या कर दी गई, जो कांग्रेस (आई) और पूरे देश के लिए एक त्रासदी भरा आघात था।

लोग कहते हैं कि राजीव की हत्या ने सहानुभूति की एक लहर पैदा कर दी, जिससे उनकी पार्टी को मदद मिली। मैं इस धारणा से सहमत नहीं हूँ। कांग्रेस (आई) के बेहतर प्रदर्शन के पीछे इस अवधि के दौरान राजीव के कुशल नेतृत्व का हाथ था।

मुझे कुछ विश्वस्त सूत्रों से राजीव गांधी की हत्या के सम्बन्ध में एक कहानी सुनने को मिली है। कहा जाता है कि कांची कामकोटि पीठम के जगद्गुरु शंकराचार्य श्री चन्द्रशेखरेन्द्र सरस्वती, जिन्हें परमाचार्य कहा जाता था, ने विश्वसनीय सूत्रों के माध्यम से

राजीव के नाम सन्देश भेजा था कि वे चुनाव-प्रचार के दौरान तमिलनाडु का दौरा न करें। उन्होंने यह भी कहा था कि यदि राजीव चुनाव-प्रचार के लिए चेन्नई के आसपास के क्षेत्रों का दौरा करने का फैसला कर ही लें, तो वे सबसे पहले काँचीपुरम आकर उनसे मिलें। निर्मल हृदय और आत्मा वाले राजीव किसी कारणवश परमाचार्य की सलाह का पालन नहीं कर पाए। शायद उनके पास समय की कमी थी। इसके पीछे जो भी कारण रहा हो, लेकिन परमाचार्य के सभी भक्तों का विश्वास है—और इन भक्तों में मैं खुद भी शामिल हूँ—कि यदि चेन्नई जाने से पहले राजीव ने परमाचार्य का आशीर्वाद ले लिया होता तो वे अपने जीवन पर हुए आक्रमण से सुरक्षित बच निकलते।

32

राज्यसभा में मेरा दूसरा और तीसरा कार्यकाल

अप्रैल, 1990 में राजस्थान समेत देश के कई राज्यों में राज्यसभा के चुनाव हुए। एक कांग्रेस-समर्थित स्वतन्त्र सांसद के रूप में मेरा कार्यकाल समाप्त हो रहा था। मैंने राजीव से भेंट की और उनसे कहा कि यदि वे एक सांसद के रूप में मेरे प्रदर्शन से सन्तुष्ट हों तो मैं दूसरी बार राज्यसभा में जाना चाहूँगा। राजीव ने कहा कि वे मेरे प्रदर्शन से बहुत प्रसन्न थे और मुझे निश्चित ही कांग्रेस (आई) के एक संसद के रूप में राज्यसभा में लाना चाहेंगे।

लेकिन कई अन्य विशिष्ट व्यक्ति भी थे जो राज्यसभा में जाने के लिए उत्सुक थे। मैं जानता था कि राजीव मुझे बहुत चाहते थे और अन्ततः मेरे नामांकन को दूसरों की तुलना में वरीयता देंगे। फिर भी, राजीव ने मुझसे मेरे विचार जानने चाहे, क्योंकि कई अन्य लोग भी राज्यसभा के माध्यम से संसद में जाने के इच्छुक थे। मैंने राजीव से कहा कि 1971 में मैंने लोकसभा का चुनाव लड़ा था और इस निष्कर्ष पर पहुँचा था कि यह काम मेरे बस का नहीं था। मेरा स्वभाव कुछ इस तरह का था कि मैं हाथ जोड़कर और गाँव-गाँव जाकर वोटों के लिए प्रार्थना नहीं कर सकता था। मैंने राजीव से कहा कि इसी कारण से 1971 के बाद मैंने कभी भी लोकसभा का चुनाव न लड़ने का फैसला किया था, और यह बात इन्दिराजी और संजय दोनों को मालूम थी। मैंने राजीव को यह भी बताया कि 1980 में इन्दिराजी और संजय मुझे झुनझुनु से लोकसभा का टिकट देने के इच्छुक थे, लेकिन मैं चुनाव न लड़ने के अपने संकल्प पर अडिग रहा था। राजीव को भी इस बात का पता था। फिर भी उन्होंने कहा कि वे नामांकन-पत्र दाखिल किए जाने से कुछ दिन पहले अपना अन्तिम फैसला लेंगे।

इस बीच मैं उन सभी लोगों से मिला जो राज्यसभा का चुनाव लड़ने के लिए उत्सुक थे। उनमें से अधिकांश मेरे मित्र थे। मैं एक-एक करके उनसे मिला और मैंने उनसे कहा कि मैं जानता था कि मेरी तरह वे भी राज्यसभा का चुनाव लड़ने के लिए उत्सुक थे। मैंने उनसे कहा कि हम सबको कांग्रेस (आई) का नामांकन प्राप्त करने का प्रयास करना चाहिए, लेकिन साथ ही यह ध्यान भी रखना चाहिए कि इस प्रयास में हमारे आपसी सम्बन्ध खराब न हों। मैंने उनसे यह भी कहा कि अन्ततः उच्च कमान जिस व्यक्ति को भी नामांकित करने का फैसला करे, हम सबको सौजन्यतापूर्वक उसे चुनाव लड़ने देना चाहिए।

काफी विचार-विमर्श के बाद कांग्रेस कार्यकारी समिति ने मुझे अपने एक प्रत्याशी के रूप में राजस्थान से खड़ा करने का फैसला किया। मैंने जयपुर जाकर अपना नामांकन-पत्र दाखिल किया और मेरे चुने जाने में कोई भी कठिनाई नहीं हुई।

कांग्रेस के टिकट की इच्छा रखनेवालों में नवल किशोर शर्मा भी थे। जब उन्हें नामांकित नहीं किया गया तो उन्होंने इसे खेल-भावना के साथ लिया। मैं उनसे पहले ही बात कर चुका था और वे अपने वायदे पर कायम रहे। मैंने राजेश पायलट से भी बात की थी, जो मेरे मित्र भी थे। वे पार्टी के एक शीर्ष नेता थे और उन्हें बड़ी संख्या में समर्थकों का विश्वास प्राप्त था। मैं उनसे मिला तो उन्होंने कहा कि उनकी हैसियत के व्यक्ति को राज्यसभा की बजाय लोकसभा का चुनाव लड़ना चाहिए। इसके बावजूद, जब मुझे कांग्रेस (आई) प्रत्याशी के रूप में नामांकित किया गया तो उन्होंने इसे सही भावना के साथ नहीं लिया।

1996 के राज्यसभा चुनावों के कुछ दिलचस्प पहलू थे। पी.वी. नरसिम्हाराव प्रधानमन्त्री होने के साथ-साथ कांग्रेस पार्टी के अध्यक्ष भी थे। राज्यसभा में मेरी दूसरी पारी 1990 में शुरू हुई थी, जो 1996 में समाप्त होने जा रही थी। अपने सदस्यों की संख्या को देखते हुए पार्टी इस बार राजस्थान से सिर्फ एक सीट जीत सकती थी।

मैं नरसिम्हाराव से मिला। मैंने उनसे कहा कि पार्टी के अध्यक्ष की हैसियत से उन्हें यह फैसला करना था कि इस एक सीट के लिए किसे नामांकित किया जाए। मैंने उनसे कहा कि तकनीकी तौर पर मैंने एक कांग्रेस सांसद के रूप में राज्यसभा का सिर्फ एक कार्यकाल पूरा किया था। पार्टी की यह परम्परा रही थी कि अच्छा प्रदर्शन करनेवाले सदस्यों को कम-से-कम दो कार्यकाल पूरे करने का अवसर दिया जाता था। मैंने नरसिम्हाराव को बताया कि मैं पूरे वर्ष नियमित रूप से राज्यसभा के सत्रों में उपस्थित रहा था। जहाँ तक मेरे प्रदर्शन का प्रश्न था, मैंने उनसे कहा कि मैं नियमित रूप से बजट पर बोलता रहा था और संशोधनों के लिए सकारात्मक सुझाव देता रहा था। इसके अलावा मैं अन्य महत्त्वपूर्ण विषयों पर भी चर्चा में भाग लेता रहा था। मैं समय-समय पर कई प्रश्न भी उठाता रहा था और कभी-कभी विशेष टिप्पणियाँ भी करता रहा था। मैंने उन्हें यह भी बताया था कि मैं नियमित रूप से पार्टी की बैठकों में भाग लेता रहा था। नरसिम्हाराव सन्तुष्ट प्रतीत हुए और बोले कि पार्टी के प्रत्याशी का चुनाव करते समय वे इन सब बातों का ध्यान रखेंगे। नामांकन-पत्र दाखिल करने की अन्तिम तिथि 9 फरवरी थी। नरसिम्हाराव एक चतुर राजनीतिज्ञ माने जाते रहे हैं। उन्होंने कहा कि वे नामांकन-पत्र दाखिल करने से एक-दो दिन पहले ही अन्तिम निर्णय लेंगे। उन्होंने यह प्रकट नहीं होने दिया कि उनके मन में क्या था।

जब पर्चा दाखिल करने मे सिर्फ तीन दिन रह गए तो मैं नरसिम्हाराव से फिर से मिला। मैंने उनसे उनके निर्णय के बारे में पूछा तो उन्होंने कहा कि उन्होंने अभी तक कोई निर्णय नहीं लिया था। उन्होंने कहा कि वे अगले दिन अपना निर्णय लेंगे। लेकिन उन्होंने मुझसे यह जरूर कहा कि मैं जयपुर जाकर उनके निर्णय की वहीं प्रतीक्षा करूँ। मैंने उनसे साफ-साफ कहा कि मैं इस तरह का खेल खेलने के लिए तैयार नहीं था। मैं उनके द्वारा नामांकित किए जाने के बाद ही जयपुर जाना चाहता था। नरसिम्हाराव ने तब भी मुझे अपने मन की बात नहीं बताई। उन्होंने एक बार फिर मुझे जयपुर जाने की सलाह दी।

वे बार-बार मुझसे जयपुर जाने का आग्रह करते रहे तो मैंने इसका यह अर्थ निकाला कि वे मुझे नामांकित करने जा रहे थे। मैं नामांकन-पत्र दाखिल करने की अन्तिम तिथि से सिर्फ दो दिन पहले जयपुर पहुँचा। अगले दिन, यानी अन्तिम तिथि से सिर्फ दो दिन पहले लोग अटकलें लगाते रहे कि नरसिम्हाराव किसे नामांकित करने जा रहे थे। आखिर शाम को काफी देर गए नरसिम्हाराव की तरफ से यह सन्देश आया कि वे मुझे नामांकित कर रहे थे। इसके बाद सब कुछ बहुत आसान था। मैंने कांग्रेस (आई) के बहुत-से विधायकों और अपने कुछ अन्य मित्रों के साथ जाकर अपना नामांकन-पत्र दाखिल किया, और मुझे बिना किसी तरह की कठिनाई के राज्यसभा के लिए चुन लिया गया।

33

मेरी राज्यसभा पारियों की समाप्ति

मैं राज्यसभा के लिए पहली बार मार्च 1984 में राजस्थान से कांग्रेस के समर्थन से एक स्वतन्त्र प्रत्याशी के रूप में चुना गया था। मेरा कार्यकाल अप्रैल 1990 में समाप्त हो गया था। मेरे पहले कार्यकाल के शुरू के कुछ महीनों तक इन्दिराजी देश की प्रधानमन्त्री थीं। 1977 में चुनाव हार जाने और मोरारजी भाई के प्रधानमन्त्री बनने के बाद उन्होंने मेरे निरन्तर समर्थन और सहयोग को बहुत ज्यादा महत्त्व दिया था। वे मुझे अपने परिवार के एक सदस्य की तरह देखने लगी थीं। राज्यसभा में मेरे दूसरे कार्यकाल के दौरान राजीव गांधी कांग्रेस (आई) पार्टी के नेता थे। जब राज्यसभा के लिए नए चुनावों का समय आया, तो उन्होंने बिना किसी हिचकिचाहट के मुझे राजस्थान की दो में से एक सीट के लिए नामांकित कर दिया।

1996 में राजस्थान से कांग्रेस (आई) की तरफ से सिर्फ एक व्यक्ति को नामांकित किया जाना था। कुछ लोगों ने इस आधार पर मेरा विरोध किया कि मैं राज्यसभा में दो कार्यकाल पूरे कर चुका था। कांग्रेस (आई) पार्टी में यह परम्परा रही थी कि जहाँ तक सम्भव हो एक व्यक्ति को राज्यसभा के सिर्फ दो कार्यकालों के लिए नामांकित किया जाए। लेकिन इस परम्परा के कई अपवाद भी थे। उदाहरण के लिए सीताराम केसरी को पाँच बार नामांकित किया गया था। इसके अलावा, तकनीकी तौर पर मैंने कांग्रेस (आई) के सदस्य के रूप में राज्यसभा का सिर्फ एक कार्यकाल पूरा किया था। अपने पहले कार्यकाल में मैं एक कांग्रेस-समर्थित स्वतन्त्र सांसद था। तत्कालीन प्रधानमन्त्री नरसिम्हाराव मेरे मित्र थे। मुझे उनका विश्वास और भरोसा प्राप्त था। वे जानते थे कि राज्यसभा में एक सांसद के रूप में मेरा प्रदर्शन अच्छे स्तर का रहा था। कुछ सोच-विचार के बाद उन्होंने 1996 में मुझे नामांकित करने का फैसला किया।

जब 2002 में राज्यसभा के चुनावों का समय आया तो मैं सोच में पड़ गया कि क्या मुझे पुनर्नामांकन के लिए प्रयास करना चाहिए। फिर से नामांकन प्राप्त करने के पक्ष में यह तर्क था कि मैंने राज्यसभा के सांसद के रूप में अपने कर्त्तव्यों को ईमानदारी और संजीदगी से निभाया था। मैं राज्यसभा के सत्रों में नियमित रूप से उपस्थित रहा था। सत्रों के दौरान मेरा काफी समय सदन में ही बीतता था। मैं पार्टी के निर्देशों का भी कड़ाई से पालन करता रहा था। जब भी कोई 'व्हिप' जारी की जाती थी तो मैं पूरी नैतिकता के साथ इसका पालन करता था। मुझे याद है, फरवरी 1991 में मेरी पौत्री-भतीजी सुजाता बिड़ला का मुम्बई में विवाह था। मैं सुजाता के पिता अर्थात अपने भतीजे अशोक को सूचित कर

चुका था कि मैं निश्चित रूप से विवाह में शामिल होऊँगा। लेकिन तभी एक महत्त्वपूर्ण मतदान का अवसर आ पहुँचा और राजीव ने मुझ तक यह सन्देश पहुँचाया कि मतदान पूरा होने तक मैं सदन छोड़कर न जाऊँ। अनुशासन हमेशा से ही मेरी जिन्दगी का एक महत्त्वपूर्ण अंग रहा है। यह मेरी प्रकृति में शामिल है। मेरी पार्टी के प्रमुख ने एक निर्देश दिया था और मुझे इसका पालन करना था। मैंने अशोक को फोन करके सारी स्थिति समझाई और साथ ही यह आश्वासन भी दिया कि मतदान पूरा होते ही मैं पहला विमान पकड़कर मुम्बई पहुँच जाऊँगा। मतदान पूरा होने के बाद मैं काफी देर की एक उड़ान से मुम्बई पहुँचा। मेरे बिड़ला हाउस पहुँचने तक न सिर्फ विवाह की सभी रस्में पूरी हो चुकी थीं, बल्कि स्वागत-समारोह भी लगभग खत्म होने को था। अधिकांश अतिथि जा चुके थे, सिर्फ थोड़े ही लोग बचे थे। लेकिन मेरी कठिनाई को देखते हुए अशोक ने इस विलम्ब का जरा भी बुरा नहीं माना।

अब मैं उस विषय पर लौटता हूँ कि राज्यसभा के लिए अपने पुनर्नामांकन को लेकर मेरे मन में किस तरह के विचार उठ रहे थे। पुनर्नामांकन के पक्ष में कुछ अन्य तर्क भी थे। मैं सभी अवसरों पर राज्यसभा की चर्चाओं में भाग लेता था। मैं वित्तीय मामलों से जुड़ी स्थायी समिति का भी सदस्य था और दिल्ली में होनेवाली इसकी बैठकों में सक्रिय रूप से भाग लेता था। मुझे सभी सदस्यों का सम्मान प्राप्त था। अन्य पार्टियों के सदस्य भी मेरा बहुत आदर करते थे। ये सभी राज्यसभा की सदस्यता के सकारात्मक पहलू थे।

मेरे पुनर्नामांकन के विरोध में दो तर्क थे। पहला तर्क मेरी उम्र से जुड़ा हुआ था। 2002 में मैं चौरासी वर्ष का हो चला था। अगले छह वर्षों तक अपने कर्त्तव्यों के साथ न्याय करना इस उम्र में निस्सन्देह काफी कठिन था। लेकिन इससे भी महत्त्वपूर्ण तर्क मेरी पत्नी के स्वास्थ्य से जुड़ा हुआ था। मनोरमा का स्वास्थ्य कभी भी अच्छा नहीं रहा। अक्तूबर 1992 में दिल्ली में उसे दिल का दौरा पड़ा। मैं उस समय वहाँ नहीं था। उसने मेरी बेटी शोभना और दामाद श्याम को फोन किया। इन दोनों की तत्काल और सामयिक मदद के कारण ही मनोरमा को एस्कोर्टस अस्पताल ले जाया जा सका। वह ठीक तो हो गई, लेकिन उसका हृदय थोड़ा क्षतिग्रस्त हो गया। दिसम्बर 2001 में उसे आट्रियल फिब्रिलेशन की शिकायत हो गई, जो एक ऐसी बीमारी है जिसमें नब्ज की रफ्तार बढ़ जाती है और दिल की धड़कन भी असामान्य हो जाती है। यह उसके स्वास्थ्य के लिए एक बड़ा झटका था। उसका इलाज कर रहे डॉक्टर ने कहा कि यह हृदय की जकड़न का मामला था। डॉक्टर ने बड़ी तेजी से उसके हृदय की मालिश की ताकि उसकी श्वास-प्रक्रिया को फिर से चालू किया जा सके। ईश्वर की कृपा से उसका हृदय फिर से काम करने लगा और वह ठीक हो गई। यह सब होने के बाद मैंने अगले चुनावों में राज्यसभा के लिए न खड़े होने का फैसला किया।

विषय के अच्छे-बुरे सभी पहलुओं पर गौर करने के बाद मैंने फैसला किया कि यदि पार्टी मुझे राज्यसभा के लिए फिर से नामांकित करना चाहेगी, तो मैं यह बात स्पष्ट कर दूँगा कि मैं पहले की तरह राज्यसभा की बैठकों में हिस्सा नहीं ले सकूँगा। मेरी उपस्थिति मनोरमा के स्वास्थ्य पर निर्भर करेगी। इस फैसले से मुझे काफी मानसिक राहत मिली। मैं ईश्वर में बहुत ज्यादा विश्वास करता हूँ और मेरा मानना है कि इस फैसले पर पहुँचने में ईश्वर ने मेरी मदद की।

यह फैसला कर लेने के बाद मैंने सोनियाजी से भेंट के लिए समय माँगा। यह दिसम्बर 2001 की बात है, जब राज्यसभा के नए चुनावों में तीन महीने शेष थे। मैं हमेशा स्पष्टवादिता और ईमानदारी में विश्वास करता हूँ। मैंने सोनियाजी से कहा कि यदि वे मझे फिर से नामांकित करने का फैसला करें तो इस बात को दिमाग में रखें कि मैं चौरासी वर्ष का हो चला था, और राज्यसभा में अपने अगले कार्यकाल की समाप्ति तक नब्बे वर्ष का हो जाऊँगा। मैंने उनसे और कुछ भी नहीं कहा। मैं चाहता था कि सोनियाजी खुद अपना फैसला लें, और यदि वे मुझे पुनर्नामांकित करें तो सिर्फ उसी स्थिति में मैं उनसे यह कहूँ कि मेरी उपस्थिति मेरी पत्नी के स्वास्थ्य पर निर्भर करेगी। मैंने सोनियाजी से यह भी कहा कि चुनावों से पहले मैं उन्हें दोबारा नहीं मिलूँगा, क्योंकि मैं नहीं चाहता था कि लोग ऐसा समझें कि अपनी इस उम्र और राज्यसभा में तीन कार्यकाल पूरे कर लेने के बावजूद मैं पुनर्नामांकन के लिए ललचा रहा था।

जैसे-जैसे चुनावों का समय नजदीक आता गया, राज्यसभा में जाने के इच्छुक बहुत-से लोग अपना-अपना राग अलापने लगे। मैंने सोनियाजी से कहा था कि मैं चुनावों से पहले दोबारा नहीं मिलूँगा, लेकिन नामांकन को लेकर ताजा स्थिति जानने के लिए मैंने वीर संघवी और अपनी बेटी शोभना से सोनियाजी के सम्पर्क में रहने के लिए कहा। वीर संघवी 'हिन्दुस्तान टाइम्स' के सम्पादक तो थे ही, साथ ही वे कोलकाता के उन दिनों के मित्र थे जब वे 'संडे' पत्रिका का सम्पादन किया करते थे। 'संडे' आनन्द बाजार पत्रिका समूह का हिस्सा थी। लेकिन मैं अपने इस निश्चय पर दृढ़ था कि यदि सोनियाजी मुझे पुनर्नामांकित करने का फैसला करती हैं तो मैं उनसे कह दूँगा कि राज्यसभा में मेरी उपस्थिति मेरी पत्नी के स्वास्थ्य पर निर्भर करेगी।

सोनियाजी ने इस समस्या पर काफी गहराई से विचार किया। अन्ततः उन्होंने वीर संघवी को बुलवाया और उनसे कहा कि जमीनी सच्चाइयों को देखते हुए, जैसाकि मैंने खुद भी उनसे कहा था, मुझे पुनर्नामांकित न करना ही उचित था।

उस समय मेरे दिमाग में एक बात बार-बार आ रही थी, और वह यह थी कि मेरी जगह मेरी बेटी शोभना को नामांकित किया जा सकता था। अगर ऐसा हो जाता तो मुझे बहुत खुशी होती। लेकिन शोभना 'हिन्दुस्तान टाइम्स' के प्रबन्धन से बहुत गहराई से जुड़ी हुई है और इस विषय पर उसके विचार बिलकुल स्पष्ट थे। उसने कहा कि फिलहाल राज्यसभा में जाने का उसका कोई इरादा नहीं था।

19 मार्च 2002 को राज्यसभा के लिए नामांकन पूरे हो जाने के बाद मैंने सोनियाजी को निम्नांकित पत्र लिखा—

19 मार्च 2002

प्रिय श्रीमती सोनियाजी,

राज्यसभा के सदस्य के रूप में मेरा कार्यकाल 9 अप्रैल 2002 को समाप्त हो रहा है। मैं तीन कार्यकाल पूरे कर लूँगा। अपने पहले कार्यकाल के लिए मैं कांग्रेस के समर्थन से एक स्वतन्त्र प्रत्याशी के रूप में चुना गया था। इसके बाद के दो कार्यकालों के लिए मैं एक कांग्रेस प्रत्याशी के रूप में विजयी हुआ था। इस तरह मुझे एक सांसद के रूप में इन्दिराजी, राजीव और आपके नेतृत्व में काम करने का सुअवसर मिला।

नेहरू-गांधी परिवार के साथ हमारे सम्बन्ध 80 वर्ष पुराने हैं। पिताजी पंडित मोतीलाल को 1926 से जानते थे। एक बार जब वे कोलकाता आए थे तो पिताजी ने उन्हें अपने घर चाय पर आमन्त्रित किया था और मुझे उनसे परिचित करवाया था। मैंने उनके पाँव छूकर उनका आशीर्वाद लिया था। पिताजी की पंडित जवाहरलालजी के साथ भी घनिष्ठ मित्रता थी। पंडितजी के मन में मेरे प्रति भी बहुत कोमल भावनाएँ थीं और वे मेरे निमन्त्रण पर 1950 के दशक में कोलकाता में मेरी इंजीनियरिंग कम्पनी टेक्समैको में आए थे। पंडितजी ने पिताजी के निमन्त्रण पर दो बार पिलानी का भी दौरा किया था। इन दोनों अवसरों पर मैं भी उपस्थित था। मैं इन्दिराजी के बहुत निकट था और आपातकाल के बाद जब उनकी सरकार गिर गई तो मैं उनके साथ रहा। इसके बाद हमारे सम्बन्ध बहुत सुदृढ़ हो गए थे। राजीव भी मेरे प्रति बहुत विनम्र थे और आप भी वैसी ही हैं। मुझे नहीं लगता कि नेहरू-गांधी घराने के सम्बन्धों को छोड़कर किसी अन्य परिवार के साथ आपके परिवार के इतने दीर्घकालीन सम्बन्ध रहे हैं जितने कि हमारे परिवार के साथ।

राज्यसभा के सदस्य के रूप में अपनी सेवा-निवृत्ति की पूर्वसंध्या पर मैं आपके उदार और सौजन्यतापूर्ण व्यवहार के लिए अपनी कृतज्ञता और गहरी सम्मान-भावना व्यक्त करना चाहता हूँ।

विनम्र शुभकामनाओं सहित,

आपका,
के.के. बिड़ला

सोनियाजी के नाम मेरा 19 मार्च का पत्र और मेरे नाम सोनियाजी का 17 मार्च 2002 का पत्र एक-दूसरे से टकराते हुए पहुँचे। सोनियाजी ने मुझे निम्न पत्र लिखा था–

17 मार्च 2002

प्रिय श्री के.के. बिड़ला,

राज्यसभा के सदस्य के रूप में अपने लम्बे कार्यकाल के दौरान आपने जिस विलक्षणता के साथ राष्ट्र, संसद और कांग्रेस पार्टी की सेवा की है, उसके लिए मैं अपना हार्दिक आभार व्यक्त करना चाहती हूँ।

कितने ही क्षेत्रों में आपकी सूझबूझ और योग्यता, आपकी सुविज्ञता और अनुभव हमारे लिए अत्यन्त मूल्यवान रहे हैं और आपके प्रति व्यापक सम्मान और प्रशंसा की भावना पैदा करते रहे हैं। अपने दायित्वों के प्रति अपनी गरिमापूर्ण और समर्पित प्रतिबद्धता से आपने संसद की प्रतिष्ठा और मान में वृद्धि की है।

मुझे आशा है कि आनेवाले कई वर्षों तक हमें आपके सद्परामर्श का लाभ मिलता रहेगा।

आत्मीय और व्यक्तिगत शुभकामनाओं सहित,

सोनिया गांधी

मैंने 23 मार्च को उनके इस पत्र का उत्तर देते हुए लिखा–

23 मार्च 2002

प्रिय श्रीमती सोनियाजी,

आपका दिनांक 17 मार्च का पत्र प्राप्त हुआ। राज्यसभा के सदस्य के रूप में मेरे प्रदर्शन को लेकर आपके प्रशंसापूर्ण शब्दों के लिए मैं आपका धन्यवाद करता हूँ। राज्यसभा में तीन कार्यकाल (18 वर्ष) पूरे कर लेने के बाद मेरे लिए पार्टी की तरफ से इसके अध्यक्ष के इन उदारतापूर्ण शब्दों से बेहतर उपहार कोई दूसरा नहीं हो सकता था। मैं आपका कृतज्ञ हूँ।

राज्यसभा से सेवा-निवृत्त होने के बाद मैं अपना मुख्यालय कोलकाता स्थानान्तरित कर रहा हूँ। लेकिन मैं दिल्ली अक्सर आता रहूँगा और कभी-कभी आपसे भेंट करने का भी अवसर तलाशता रहूँगा। मैं सच्चे मन से आशा करता हूँ कि कि अगले आम चुनावों में भारत के लोग आपके योग्य नेतृत्व में आपकी पार्टी को सत्ता में लाएँगे।

इन्दिराजी मुझे परिवार के एक सदस्य की तरह मानती थीं और आपातकाल के बाद जब मैं उनके साथ रहा तो हमारे सम्बन्ध और भी सुदृढ़ हो गए थे। आपके परिवार के लिए मेरे मन में जो स्नेह और सम्मान है वह कभी नहीं बदल सकता।

हार्दिक शुभकामनाओं सहित,

आपका,
के.के. बिड़ला

कुछ दिन बाद मैंने सोनियाजी से भेंट की। वे मुझसे बहुत आत्मीयता से मिलीं और एक बार फिर उन्होंने एक सांसद के रूप में पार्टी की सेवा करने के लिए मुझे धन्यवाद दिया। मुझे पुनर्नामांकित न किए जाने को लेकर मेरे मन में शुरू से ही एक खटका था कि इसके पीछे जरूर कुछ खास बात थी। मैंने सुना था कि सोनियाजी कांग्रेस शासन के दौरान गृहमन्त्री के पद समेत अनेक पदों पर रह चुके एस. बी. चौहान (अब स्वर्गीय) या उन्हीं की तरह विभिन्न पदों पर रह चुके एन.के.पी. साल्वे को दोबारा राज्यसभा की सीट न देने का निश्चय कर चुकी थीं। उनकी परेशानी यह थी कि इन दो दिग्गजों को सीट न देने की स्थिति में उनके लिए मुझे फिर से नामांकित करना बहुत मुश्किल था। मैंने सोनियाजी से पूछा कि क्या जो कुछ मैंने सुना था वह सच था। उन्होंने मेरे प्रश्न का खंडन नहीं किया। मैंने उन्हें आश्वस्त करते हुए कहा कि उन्होंने जो कुछ किया था, ठीक किया था। मैंने उनसे कहा कि मेरे लिए कांग्रेस पार्टी के कड़े नियमों का पालन करना सम्भव न हो पाता। अगर मैं फिर से चुन लिया जाता तो शायद एक या दो वर्ष बाद अपनी उम्र और अपनी पत्नी के स्वास्थ्य को देखते हुए मैं पहले की तरह अपने दायित्वों का निर्वाह न कर पाता। मैंने सोनियाजी से यह भी कहा कि अब मैं दिल्ली कम आया-जाया करूँगा, लेकिन हर तीन-चार महीने के बाद उनसे जरूर मिलता रहूँगा। मैं यही करता भी रहा हूँ।

34

पिलानी के शिक्षण संस्थान

पिलानी का बिड़ला प्रौद्योगिकी और विज्ञान संस्थान (बिट्स) उच्च शिक्षा के लिए एक विख्यात संस्थान है और एक विश्वविद्यालय की तरह माना जाता है। मैं इस संस्थान के प्रारम्भ से ही इसके साथ जुड़ा रहा हूँ, पहले इसके संचालक-मंडल के एक सदस्य के रूप में और फिर इसके सभापति के रूप में।

पिलानी शिक्षा का एक केन्द्र बन चुका है। मेरे पिता, जिनका जन्म पिलानी में ही हुआ था, जब छह-सात वर्ष के हुए तो उनके दादा शिवनारायण को उनकी पढ़ाई-लिखाई की चिन्ता हुई। शिवनारायण बहुत परोपकारी स्वभाव के व्यक्ति थे। उनके मन में यह विचार आया कि उनके पोते की तरह बहुत-से अन्य बच्चों को भी शिक्षा की सुविधा प्राप्त नहीं थी। इसलिए उन्होंने पिलानी में एक पाठशाला की स्थापना करने का फैसला किया। यह पाठशाला 1901 में सिर्फ एक अध्यापक के साथ शुरू हुई। यहीं मेरे पिता और उनके बड़े भाई अर्थात मेरे ताऊजी रामेश्वर दास की आरम्भिक शिक्षा हुई। इस तरह पिलानी में शिक्षा का पहला बीज बोया गया।

पाठशाला धीरे-धीरे विकसित हुई और 1925 में एक हाईस्कूल में बदल गई। 1929 में यह एक इन्टर महाविद्यालय बन गई। उसी वर्ष बिड़ला एजुकेशन ट्रस्ट (बी.इ.टी. या बेट) की स्थापना हुई, जिसका उद्देश्य मानविकी, विज्ञान और इंजीनियरिंग की शिक्षा देने के लिए महाविद्यालयों की स्थापना करना था। 1943 में इन्टर महाविद्यालय एक डिग्री महाविद्यालय में बदल गया। 1947 में इस महाविद्यालय का स्तर बढ़ाकर इसे एक स्नातकोत्तर महाविद्यालय बना दिया गया। बल्कि तीन अलग-अलग महाविद्यालय शुरू किए गए—कला और विज्ञान, वाणिज्य और औषध-विज्ञान, और सामान्य।

पिताजी बहुत स्पष्ट दृष्टिवाले व्यक्ति थे। उन्होंने सभी महाविद्यालयों को अन्य संकायों से अलग रखना ही उचित समझा और उन्हें एक अलग संस्थान का अंग बना दिया। इस तरह 1964 में 'बिट्स' की स्थापना हुई।

पिताजी की महत्त्वाकांक्षा थी कि बिड़ला प्रौद्योगिकी और विज्ञान संस्थान देश का एक अग्रणी संस्थान बने। यह स्पष्ट था कि तत्कालीन महाविद्यालयों में परिवर्तन या सुधार करके ऐसा कर पाना सम्भव नहीं था। इसके लिए एक नए कैम्पस की जरूरत थी, जहाँ सुनियोजित आधार पर भवनों और संस्थान के विभिन्न खंडों का निर्माण किया जा सके। इसलिए पिलानी में एक विशाल भू-खंड लिया गया और श्रेष्ठतम वास्तु-शिल्पियों द्वारा एक बहु-इमारती संरचना का खाका तैयार किया गया। इस तरह सभी आधुनिक सुविधाओं के

साथ बिड़ला प्रौद्योगिकी और विज्ञान संस्थान (बी. आई. टी. एस. या 'बिट्स') अस्तित्व में आया। जैसे ही कोई व्यक्ति बिट्स कैम्पस में प्रवेश करता है तो इसके विन्यास के अद्भुत सौन्दर्य, आधुनिक होस्टलों और संस्थान की अपनी भव्य इमारत को देखकर दंग रह जाता है।

'बिट्स' की स्थापना से पहले से ही मैं पिताजी की मदद कर रहा था, तब जब 'बेट' (बिड़ला एजूकेशन ट्रस्ट) इंजीनियरिंग कॉलेज का संचालन कर रहा था। 1964 में 'बिट्स' का जन्म हुआ तो पहले दिन से ही मुझे इसके संचालक-मंडल में ले लिया गया। हालाँकि सभी निर्णय पिताजी के सभापतित्व में संचालक-मंडल द्वारा लिए जाते थे, लेकिन संस्थान का विस्तृत प्रबन्धन पिताजी ने मेरे हाथ में छोड़ दिया था।

हम लोगों ने शुरू से ही यह फैसला किया था कि हम संस्थान के खर्चों के लिए केन्द्र या राज्य सरकारों से या विश्वविद्यालय अनुदान आयोग से कोई मदद नहीं लेंगे, ताकि 'बिट्स' के संचालन में किसी तरह के हस्तक्षेप की सम्भावना न रहे। संस्थान सिर्फ कुछ विशेष उद्देश्यों के लिए निर्धारित विशिष्ट मदद को स्वीकार करता है। इस तरह यह पूरी तरह से एक निजी रूप से वित्त-व्यवस्थित और निजी स्वामित्व वाला संस्थान है। यह पूर्णतया आवासीय है और लड़कों और लड़कियों दोनों के लिए है। लड़कियों के लिए अलग होस्टलों की व्यवस्था है।

संस्थान के प्रमुख उद्देश्यों में प्रौद्योगिकी, विज्ञान, मानविकी, उद्योग, व्यवसाय और सार्वजनिक प्रशासन के क्षेत्रों में शिक्षा प्रदान करना या उसे प्रोत्साहन देना, भारत के भौतिक और औद्योगिक विकास और कल्याण को बढ़ावा देनेवाले विचारों, प्रणालियों, तकनीकों और सूचनाओं को एकत्रित और प्रसारित करना; और इन विचारों, पद्धतियों, तकनीकों और सूचनाओं की रचना और क्रियान्वयन के लिए योग्य, सक्षम और उत्साही युवकों और युवतियों को प्रशिक्षित करना शामिल है।

संस्थान को एक संस्था (सोसायटी) के रूप में 13 मई 1964 को पंजीकृत किया गया। इसके बाद 27 जून 1964 को शिक्षा मन्त्रालय ने भारत के राजपत्र में एक अधिसूचना जारी करके यह घोषणा की कि उच्च शिक्षा प्रदान करनेवाले इस संस्थान को एक मान्य विश्वविद्यालय के रूप में देखा जाए। पिताजी के सभापतित्व में इस संस्थान ने दिनांक 1 जुलाई 1964 से काम करना शुरू कर दिया।

पिलानी में एक पब्लिक स्कूल की भी स्थापना की गई। मैं और मेरा भाई बसन्त कुमार 'बेट' और इसके महाविद्यालयों के संचालन में इनकी स्थापना के समय से ही पिताजी की मदद करते रहे थे। 'बिट्स' के पिलानी और गोवा कैम्पसों के लिए प्रवेश की प्रक्रिया प्रतिवर्ष 1 जनवरी को शुरू हो जाती है और प्रतिवर्ष लगभग 1400 छात्रों को प्रवेश दिया जाता है। 'बिट्स' का इतना नाम और ख्याति है कि इन 1400 स्थानों के लिए प्रतिवर्ष लगभग 70,000 छात्र लिखित परीक्षा में भाग लेते हैं। इस प्रवेश-परीक्षा को 'बिटसेट' के नाम से जाना जाता है, जो एक अनूठी कम्प्यूटर-आधारित परीक्षा है और 35 दिनों तक जारी रहती है। प्रत्येक छात्र को अपनी पसन्द का केन्द्र और परीक्षा की तिथि चुनने का अवसर दिया जाता है। परीक्षा-प्रणाली पूरी तरह से पारदर्शी है और परीक्षा के तुरन्त बाद छात्र को उसके द्वारा अर्जित अंक बता दिए जाते हैं। प्रवेश की प्रणाली पूरी तरह योग्यता पर आधारित है, जो 'बिटसेट' में छात्र द्वारा अर्जित अंकों के आधार पर आँकी जाती है। प्रवेश के लिए माँग

इतनी ज्यादा है कि कई मन्त्रियों समेत बहुत ऊँचे पदों पर आसीन लोग मुझसे अपने बच्चों और सम्बन्धियों को प्रवेश देने का अनुरोध करते रहते हैं। प्रवेश की अवधि के दौरान मुझे इस सम्बन्ध में असंख्य पत्र भी प्राप्त होते हैं। मैं इन सबको सिर्फ एक उत्तर देता हूँ—संस्थान के प्रबन्धकों के लिए अलग से कोई कोटा आरक्षित नहीं है और सभी प्रवेश पूरी तरह सिर्फ योग्यता पर आधारित हैं।

पिलानी, 1950 के दशक के आरम्भ में। जब इंदिरा गांधी अपने पिता जवाहरलाल नेहरू के साथ बिट्स के दौरे पर आईं

एक बार आर. के. धवन ने मुझे बुलाया। धवन प्रधानमन्त्री के विशेष सहायक के पद पर थे, लेकिन इन्दिराजी को उन पर इतना ज्यादा विश्वास था कि वे किसी भी मन्त्री से ज्यादा शक्तिशाली बन गए थे। मैं प्रधानमन्त्री के कार्यालय में जाकर उनसे मिला। उनके साथ धीरेन्द्र ब्रह्मचारी भी थे, जो इन्दिराजी को योग सिखाते थे। मैं धीरेन्द्र ब्रह्मचारी को अच्छी तरह से जानता था। उन दोनों ने मुझसे कहा कि प्रधानमन्त्री दो छात्रों को 'बिट्स' में प्रवेश दिलाना चाहती थीं। मैंने धवन को स्थिति समझाते हुए कहा कि इस मामले में मैं पूरी तरह असमर्थ था। धवन ने कहा कि चूँकि मैं संस्थान का चेयरमैन था, इसलिए मेरे अधिकार में कुछ सीटें जरूर होंगी, एक विशेष कोटे के रूप में। धीरेन्द्र ब्रह्मचारी ने भी जोरदार शब्दों में धवन का समर्थन किया और कहा कि इस बात की कल्पना ही नहीं की जा सकती कि किसी संस्थान के चेयरमैन की इच्छा से एक भी छात्र को प्रवेश न दिया जा सकता हो। मुझे लगा कि इस मामले में बहस करने का कोई लाभ नहीं था, क्योंकि वे दोनों सिर्फ प्रधानमन्त्री के निर्देशों का पालन कर रहे थे। मैंने धवन से इन्दिराजी से मेरी भेंट

करवाने का अनुरोध किया, ताकि मैं स्वयं उन्हें सारी स्थिति समझा सकूँ। जल्दी ही इस भेंट की व्यवस्था कर दी गई और मैं इन्दिराजी से मिला। मैंने उन्हें पूरी स्थिति समझाई। उन्होंने इसकी सराहना तो की लेकिन साथ ही मेरी तरफ एक प्रश्न भी उछाल दिया–"क्या इस मामले में कुछ भी नहीं किया जा सकता?" मैंने उनसे कहा, "इन्दिराजी, इस समस्या का एक आसान-सा हल है, बशर्ते कि आप इसे स्वीकार कर लें।" मैंने उनसे कहा कि मैं संस्थान की पाँच सीटें प्रधानमन्त्री के कोटे के रूप में छोड़ने के लिए तैयार था। शर्त सिर्फ यह थी कि इस कोटे के अन्तर्गत प्रवेश लेनेवाले छात्रों ने कोटे के लिए निर्धारित न्यूनतम अंक, मान लीजिए कि 70 प्रतिशत, जरूर अर्जित किए हों। इस आधार पर पाँच छात्रों को संस्थान में प्रवेश दिया जा सकेगा। साथ ही मैंने उनसे कहा, "इन्दिराजी, इन पाँच सीटों के लिए आपको 500 आवेदन-पत्र प्राप्त होंगे।" इन्दिराजी मुस्करा दीं और बोलीं कि मैं बहुत चतुर था क्योंकि मैंने पूरी जिम्मेदारी उन्हीं के ऊपर डाल दी थी।

इंजीनियरी से जुड़े विषयों के अलावा संस्थान में जीव-विज्ञान, रसायन-विज्ञान, अर्थशास्त्र, अंग्रेजी, गणित, भौतिकी और प्रबन्धन जैसे विषयों में भी उच्च शिक्षा प्रदान की जाती है। अन्य संस्थानों के एम.बी.ए. पाठ्यक्रम को पिलानी में एम.एम.एस. के नाम से जाना जाता है।

त्वरित आर्थिक विकास और प्रौद्योगिकीय प्रगति के साथ-साथ स्वतन्त्रता, सामाजिक न्याय और समान अवसरों के मूल्यों पर आधारित सामाजिक व्यवस्था की स्थापना के लिए शिक्षा एक सर्वाधिक महत्त्वपूर्ण कारक है। लोगों के बीच साझी नागरिकता के सूत्र जोड़ने, उनकी ऊर्जाओं को उपयोग में लाने, और देश के सभी भागों में प्राकृतिक और मानवीय संसाधनों के विकास के लिए हो रहे प्रयासों का आधार ये शिक्षा-कार्यक्रम ही हैं। 'बिट्स' में आज हमें जो कुछ दिखाई दे रहा है, वह मेरे पिता और संस्थान के संस्थापक चेयरमैन घनश्यामदास बिड़ला के सपनों के साकार होने की तरह है।

शिक्षा का उद्देश्य सिर्फ ज्ञान प्रदान करना नहीं है, बल्कि विचार और कृत्य की उपयुक्त आदतें डालना और साथ ही छात्रों में सामाजिक दायित्व की भावना का संचार करना भी है। डॉ. एस. राधाकृष्णन के अनुसार, इस शिक्षण को पूर्णता देने के लिए शिक्षा का मानवीय होना आवश्यक है; इसमें सिर्फ बुद्धि का प्रशिक्षण ही नहीं, बल्कि हृदय का परिष्करण और मस्तिष्क और भावना का अनुशासन भी शामिल होना आवश्यक है। पिलानी में हम सिर्फ सैद्धान्तिक ज्ञान और कौशल प्रदान करने की बजाय छात्रों की शारीरिक, बौद्धिक, सौन्दर्य-बोधिक, सामाजिक और आध्यात्मिक शक्तियों का समुचित और सर्वांगीण विकास करने पर जोर देते हैं। हमारे ये प्रयास विश्व भर में स्वीकृत शिक्षा के लक्ष्यों और कार्यों से मेल खाते हैं।

अपने प्रसार के आरम्भिक चरण में बिट्स, पिलानी ने बोस्टन के मैसाच्येट्स इंस्टीट्यूट ऑफ टेक्नोलॉजी (एम.आई.टी.) के साथ सक्रिय व्यावसायिक साझेदारी की थी। दोनों संस्थानों के संकाय सदस्य प्रशिक्षण और विचारों के आदान-प्रदान के लिए एक-दूसरे के कैम्पस में जाते रहते थे। बिट्स ने अमेरिकी शिक्षण-प्रणाली के श्रेष्ठतम पक्षों को अपनाने का प्रयास किया, जिसमें सेमिस्टर सिस्टम, मापदंड पर आधारित और लचीला पाठ्य-क्रम, लगातार और आन्तरिक मूल्यांकन और विश्वविद्यालय और उद्योग-जगत के बीच जुड़ाव इत्यादि शामिल हैं। बिट्स, पिलानी ने दोहरी डिग्री, सभी विषयों के लिए अभ्यास स्कूल और

ऑफ-कैम्पस, सुदूर शिक्षण कार्यक्रम इत्यादि कई अनूठी शिक्षण-पद्धतियों को भी विकसित किया। अभ्यास स्कूल कार्यक्रम सिद्धान्त और अभ्यास के संयोजन पर जोर देता है। हमारे कई छात्र फ्रांस, इटली, जर्मनी और अमरीका में अभ्यास स्कूल के कार्य में जुटे हुए हैं।

आई.आई.टी. और आई.आई.एम. के साथ-साथ बिट्स जैसे निजी संस्थानों द्वारा दी जा रही तकनीकी शिक्षा के ऊँचे स्तर के कारण ही अमरीका, ब्रिटेन और अन्य देशों में बहुत-सी विदेशी कम्पनियाँ अपनी जरूरतों के लिए आउट-सोर्सिंग में दिलचस्पी ले रही हैं। इस तरह की आउट-सोर्सिंग के लिए भारत उनकी पहली पसन्द है। इससे हमारे शिक्षित युवाओं को रोजगार के कहीं अधिक अवसर मिलेंगे, जो देश के लिए निश्चित ही बड़े गर्व की बात है। यदि इस आउट-सोर्सिंग से विदेशी कम्पनियों को अपने उत्पादों को सस्ता करने में मदद मिलती है तो यह उनके लिए भी लाभदायक होगा। अन्तिम उत्पाद की लागत कम होने से उसकी माँग में वृद्धि होगी। अमरीका के वे राज्य जो इस तरह की आउट-सोर्सिंग पर प्रतिबन्ध की माँग कर रहे हैं, पूरे मामले को बहुत संकुचित दृष्टिकोण से देख रहे हैं। बिट्स आज भारत में एकमात्र ऐसा विश्वविद्यालय है जो इन कार्यक्रमों को सफलतापूर्वक चला रहा है। अभ्यास स्कूल कार्यक्रमों के माध्यम से उद्योग-जगत के साथ सूत्र स्थापित करने में मिली सफलता के बाद बिट्स पिलानी ने एक और सफल कदम उठाया। इसने अपने ऑफ-कैम्पस और सुदूर शिक्षण कार्यक्रमों के माध्यम से निगमीय क्षेत्रों के मानव संसाधन विकास कार्यक्रमों में सक्रिय भूमिका निभानी शुरू की। हमने यह कार्यक्रम 1989 में सिर्फ 50 छात्रों से शुरू किया था, और आज लगभग 8,000 छात्र इस कार्यक्रम से जुड़े हुए हैं।

संस्थान का चेयरमैन बनने के बाद मुझे बहुत-से अन्य इच्छुक और योग्य छात्रों को भी संस्थान में प्रवेश देने की जरूरत महसूस हुई। मुझे लगा कि हमारे राष्ट्रीय विकास के लिए यह बहुत महत्त्वपूर्ण था। पाँच वर्ष पहले हमने बिट्स, पिलानी के कुल छात्रों की संख्या 2,500 से बढ़ाकर 4,000 करने का फैसला किया। इस विस्तार-कार्यक्रम के लिए हमने अपने निजी स्रोतों से 30 करोड़ रुपए की धनराशि का निवेश किया। इस विस्तार-कार्यक्रम के अन्तर्गत हमने एक विशाल पुस्तकालय-संकुल का निर्माण किया, जो सम्भवतः भारत के सभी विश्वविद्यालयों में सबसे बड़ा है। पुस्तकालय की इमारत का निर्माण राजस्थानी वास्तुशिल्प के आधार पर किया गया। यह अपने समय की सबसे सुन्दर इमारतों में से एक है। हमने पूरे कैम्पस को नेटवर्क व्यवस्था से आपस में जोड़ दिया है, ताकि हर छात्र या छात्रा को अपने कमरे में और संकाय सदस्यों को अपने-अपने घरों में इन्टरनेट और अन्य संचार सुविधाएँ उपलब्ध हों। यह कम्प्यूटर-सम्पर्क संस्थान और एक अभिनव परियोजना 'बिट्स-कनेक्ट' के संयुक्त प्रयासों का परिणाम है, जिसमें अमरीका स्थित बिट्स के पूर्व स्नातकों की एक बड़ी संख्या शामिल रही है।

सन् 2000 में हमने दुबई में एक कैम्पस की स्थापना करने का फैसला किया। हमें अपनी शिक्षा का प्रसार विदेशों में भी करना आवश्यक लगा। साथ ही हम खाड़ी के लोगों की भी मदद करना चाहते थे। दुबई में भारतीय अप्रवासियों की अच्छी-खासी संख्या है, और हमारे संस्थान के कारण उन्हें अच्छी शिक्षा प्राप्त करने के अवसर उपलब्ध हो गए हैं। हम दुबई में इंजीनियरिंग डिग्रियों के तीन कार्यक्रम चला रहे हैं, और आनेवाले वर्षों में इनमें और बढ़ोतरी करना चाहते हैं। इस समय वहाँ हमारे कैम्पस में लगभग 500 छात्र हैं, और हमें निकट भविष्य में इनकी संख्या दोगुनी हो जाने की आशा है।

गोवा, 5 मई, 2006 : प्रधानमन्त्री मनमोहन सिंह नए बिट्स कैम्पस का उद्घाटन करते हुए

2001 में हमने गोवा में भी बिट्स, पिलानी की तरह एक कैम्पस की स्थापना करने की योजना बनाई। इसे हमारे समूह की एक कम्पनी जुवारी इंडस्ट्रीज से न्यूनतम किराए पर लीज पर लिए गए लगभग 180 एकड़ के क्षेत्र में निर्मित किया गया है। इस कैम्पस में प्रति वर्ष 600 छात्रों को प्रवेश मिल सकेगा। यह एक अति-आधुनिक और स्टेट-ऑफ-द-आर्ट संस्थान है। कक्षाओं के कमरों समेत पूरा संस्थान वातानुकूलित है। यह 100 करोड़ रुपए से भी अधिक की परियोजना है। गोवा कैम्पस ने 2004 से काम करना शुरू कर दिया है। इसका औपचारिक उद्घाटन प्रधानमन्त्री मनमोहन सिंह के हाथों 5 मई 2006 को हुआ। हैदराबाद में भी एक कैम्पस का निर्माण-कार्य शुरू हो चुका है। इसमें प्रतिवर्ष 2,500 छात्र शिक्षा प्राप्त कर सकेंगे। इस कैम्पस के लिए जुलाई 2008 में प्रवेश प्रक्रिया शुरू हो जाएगी। यह सब हमने किसी सरकारी मदद के बिना अपने संसाधनों से किया है।

हम 1964 से भारत में शिक्षा के विकास में अपने योगदान में काफी लम्बी यात्रा तय कर चुके हैं। आज हमारी बहुत ऊँची साख है और जब भी विभिन्न पत्रिकाएँ शिक्षण संस्थानों के बारे में लिखती हैं तो बिट्स का विशेष उल्लेख करती हैं। इन पत्रिकाओं का यह भी कहना है कि बिट्स आई. आई. टी. के समतुल्य है। इससे हमें एक अच्छी ब्रांड-छवि मिलती है, लेकिन हम यह भी जानते हैं कि अपने योगदान से राष्ट्रीय विकास में एक चिरकालिक प्रभाव छोड़ने के लिए हमें अभी बहुत कुछ करना है। हमारे पास प्रतिबद्ध शिक्षक और प्रेरणा से भरे छात्र हैं। मुझे यह कहते हुए खुशी हो रही है कि बिट्स पिलानी में इस तरह का शिक्षण वातावरण है कि हमारे छात्रों में अनुशासन और सहयोग की भरपूर भावना दिखाई देती है। हमारे छात्र तरह-तरह की सांस्कृतिक गतिविधियों में भी भाग लेते हैं, जो हमारे लिए गर्व और सन्तोष का विषय है।

बिट्स की साख इतनी ऊँची है कि छात्रों के स्नातक बनने से पहले ही सार्वजनिक और निजी क्षेत्रों के बहुत-से लोग पिलानी का दौरा करने लगते हैं, और कैम्पस चयन के माध्यम से लगभग 95 प्रतिशत छात्रों को उपयुक्त पदों के लिए चुन लेते हैं। निजी क्षेत्र के सभी महत्त्वपूर्ण व्यावसायिक घराने अपने प्रतिभा-खोजियों को बिट्स भेजते रहते हैं।

35

काँची मठ द्वारा मेरा सम्मान

काँचीपुरम में कामकोटि पीठ शंकराचार्यों की प्राचीन परम्परा का एक अत्यन्त सम्माननीय पीठ है। श्री आदिशंकराचार्य को एक दिव्य पुरुष माना जाता था। वे इस पृथ्वी पर पैदा होनेवाले सबसे सक्षम और विलक्षण मस्तिष्कों में से थे। ईसापूर्व 509 मे जन्मे आदिशंकराचार्य को हिन्दू भगवान शिव का अवतार मानते हैं। उन्होंने पूरे देश का भ्रमण किया और भारत के चारों कोनों में चार प्रमुख मठों की स्थापना की–दक्षिण में श्रींगेरी की शारदा पीठम, उत्तर में हिमालय के क्षेत्र में बद्रीनाथ के पास ज्योतिर्मठ, पूर्व में पुरी में गोवर्द्धनमठ, और पश्चिम में गुजरात में द्वारकामठ। इन चार मठों की स्थापना के बाद आदिशंकराचार्य काँचीपुरम पहुँचे, जहाँ ईसापूर्व 482 में उन्होंने काँची कामकोटि पीठम की स्थापना की और स्वयं ही इस मठ का संचालन देखने लगे। बत्तीस वर्ष की युवा उम्र में, ईसापूर्व 477 में, उन्होंने काँचीपुरम में समाधि प्राप्त की। हालाँकि आदिशंकराचार्य ने चार प्रमुख मठों की ही स्थापना की थी, लेकिन काँची कामकोटि पीठम को भी उतना ही महत्त्व प्राप्त है जितना इन चार प्रमुख मठों को। इस मठ के श्री शंकराचार्य की भी वही पद-प्रतिष्ठा है जो आदिशंकराचार्य द्वारा स्थापित अन्य मठों के श्री शंकराचार्यों को प्राप्त है।

वर्तमान शंकराचार्यों से पहले परमपूज्य श्री चन्द्रशेखरेन्द्र सरस्वती कामकोटि पीठम के शंकराचार्य थे। वे अत्यन्त पावन व्यक्ति थे और बहुत-से लोग उन्हें एक 'जीते-जागते ईश्वर' के रूप में देखते थे। लोग कहते हैं कि आदिशंकराचार्य भगवान शिव के अवतार थे और परमपूज्य श्री चन्द्रशेखरेन्द्र सरस्वती आदिशंकराचार्य के अवतार थे। मुझे अनेक अवसरों पर श्री चन्द्रशेखरेन्द्र सरस्वती के दर्शन करने का सौभाग्य प्राप्त हुआ। जब भी मैं उनके पास जाता था तो मुझे ऐसा महसूस होता था मानो मैं चरम आनन्द, शान्ति और पवित्रता की दुनिया में पहुँच गया हूँ। मैं स्वयं को अत्यन्त हर्षोल्लास की अवस्था में महसूस करता था, और अपने आसपास के वातावरण में एक सर्वोच्च शक्ति की दैवीय उपस्थिति का अहसास मुझे पूरी तरह से मन्त्रमुग्ध कर देता था।

वर्तमान में काँची मठ में दो शंकराचार्य हैं–परमपूज्य श्री जयेन्द्र सरस्वती और परमपूज्य श्री संकरा विजयेन्द्र सरस्वती। इनमें श्री जयेन्द्र सरस्वती प्रमुख शंकराचार्य हैं।

सभी शंकराचार्यों को अत्यन्त सम्मान और श्रद्धा की दृष्टि से देखा जाता है। वे सभी संस्कृत और पवित्र धार्मिक ग्रन्थों के विद्वान हैं।

काँची मठ के वर्तमान शंकराचार्य—श्री जयेन्द्र सरस्वती और श्री संकरा विजयेन्द्र सरस्वती अगस्त 1997 में हरिद्वार आए। बिट्स के निदेशक डॉ. एस. वेंकटेश्वरन भी उस समय वहीं थे। (निदेशक के पद को बदलकर अब उपकुलपति कर दिया गया है। इसी तरह मेरे चेयरमैन के पद को भी बदलकर कुलपति कर दिया गया है।) जब उन्हें हरिद्वार में शंकराचार्यों की उपस्थिति का पता चला तो उन्होंने उनसे भेंट की और उन्हें पिलानी आमन्त्रित किया। दोनों शंकराचार्य नवम्बर 1997 में पिलानी आए। वे वहाँ कुछ दिन रहे और उच्च शिक्षा के प्रसार में संस्थान की भूमिका से बहुत प्रभावित हुए। उन्हें यह जानकर भी प्रसन्नता हुई कि बिट्स की कितनी ऊँची साख थी और इसके अनेक पूर्व-छात्र सरकार और उद्योग-जगत में बहुत ऊँचे पदों पर कार्यरत थे। दोनों शंकराचार्य यह जानकर भी बहुत प्रसन्न हुए कि बिट्स के पूर्व-छात्र बड़ी संख्या में विदेशों में कार्यरत थे और संस्थान का नाम ऊँचा कर रहे थे।

कुछ समय बाद शंकराचार्यों ने डॉ. वेंकटेश्वरन के नाम यह सन्देश भेजा कि वे मुझे किसी तरह का सम्मान प्रदान करने के इच्छुक थे। डॉ. वेंकटेश्वरन ने मुझसे बात की और कहा कि शंकराचार्यों ने यह भी कहा था कि यदि मुझे काँची मठ की यात्रा करने में कोई कठिनाई हो, तो वे मुझे सम्मान प्रदान करने के लिए चेन्नई आ सकते थे। मैंने वेंकटेश्वरन से कहा कि परमपूज्य शंकराचार्यों के चेन्नई आकर मुझे सम्मान प्रदान करने का प्रश्न ही नहीं उठता था। मैं स्वयं काँची मठ जाकर शंकराचार्यों का आशीर्वाद प्राप्त करूँगा। इसके अनुसार, सम्मान प्रदान करने के लिए 13 अगस्त 2002 की तारीख निर्धारित कर दी गई। इस सम्मान को 'विद्या सेवा रत्नम' के नाम से जाना जाता है। समारोह काँची कामकोटि पीठम में आयोजित हुआ, जिसमें बड़ी संख्या में लोगों ने भाग लिया। मुझे यह सम्मान प्रदान करते हुए [illegible] शंकराचार्य ने कहा, "डॉ. बिड़ला जिस तरह पिलानी के बिड़ला प्रौद्योगिकी एवं विज्ञान संस्थान को चलाते रहे हैं, उससे देश के लोगों को उच्च शिक्षा प्रदान करने के प्रति उनकी समर्पण-भावना प्रमाणित होती है। यह एक ऐसा संस्थान है जिसमें दान या किसी तरह की कोई छूट या सिफारिश के लिए कोई जगह नहीं है। वहाँ के इंजीनियरिंग पाठ्य-क्रम सिर्फ किसी एक क्षेत्र में विशेषता से जुड़े हुए नहीं हैं, बल्कि इतने समग्र और परिपूर्ण हैं कि हमें विविध क्षेत्रों में निपुणता-प्राप्त इंजीनियर उपलब्ध हो रहे हैं।"

परमपूज्य शंकराचार्य ने बिट्स के उन अनूठे मापदंडों की प्रशंसा की, जिनके कारण देश को गौरव प्रदान करनेवाले वैज्ञानिक और इंजीनियर पैदा हो रहे हैं। उन्होंने कहा कि काँची मठ द्वारा चलाए जा रहे विश्वविद्यालय को भी बिट्स के साथ अपने जुड़ाव से भरपूर लाभ पहुँचा है। उन्होंने कहा, "न सिर्फ हमारे शिक्षक वहाँ प्रशिक्षण प्राप्त करके आते हैं, बल्कि हमारे पाठ्य-क्रम, शिक्षण-प्रणाली और अन्य महत्त्वपूर्ण शैक्षणिक गतिविधियाँ भी बिट्स के साथ परामर्श के बाद निर्धारित की गई हैं। इससे चन्द्रशेखरेन्द्र सरस्वती विश्वविद्यालय को बिट्स के अनुरूप विकसित होने में मदद मिली है।"

सम्मान के साथ संलग्न प्रशस्ति-पत्र में पिलानी, विशेषकर बिट्स को "प्रतिभा और प्रौद्योगिकी के सबसे बड़े राष्ट्रीय भंडारों में से एक" बनाने के लिए मेरी प्रशंसा की गई। प्रशस्ति-पत्र में आगे कहा गया, "बिड़ला संस्थानों द्वारा दी जा रही शिक्षा जिज्ञासा की भावना को जगाने, अभिनव प्रयोगों को प्रोत्साहन और संरक्षण देने, और जीवन को भलाई के रास्ते पर ले जाने का काम करती है।"

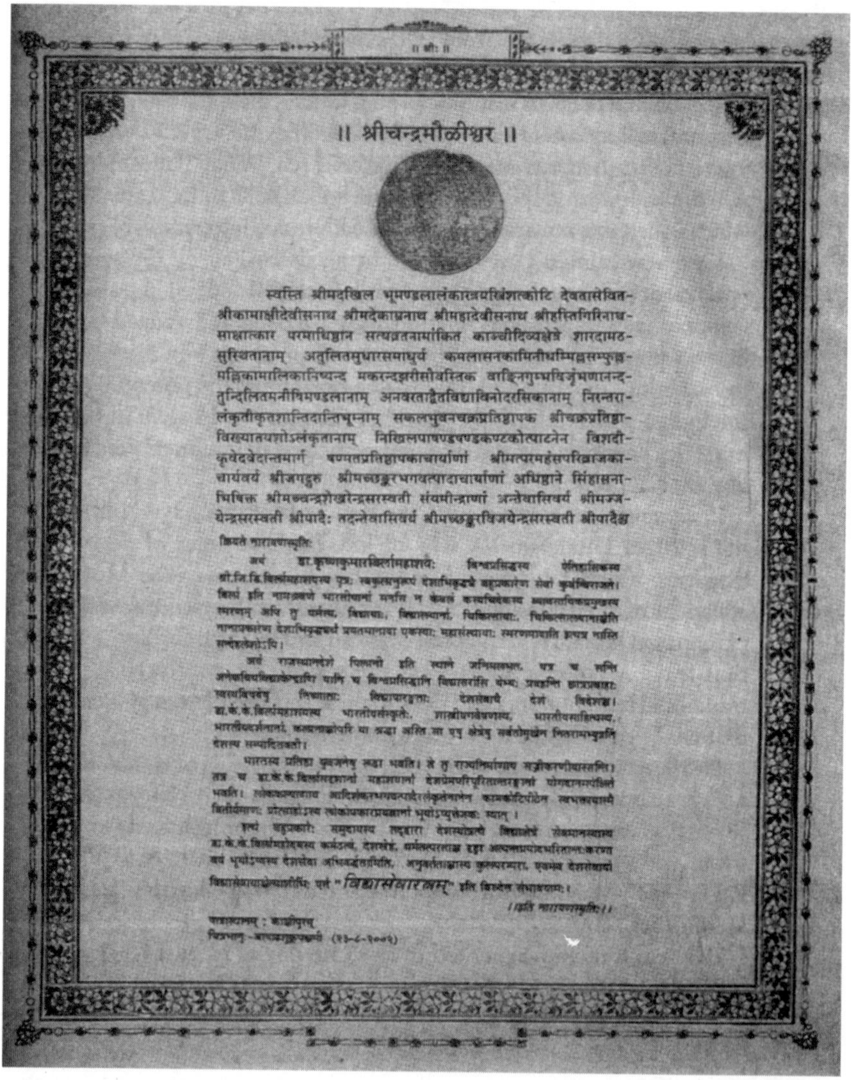
॥ श्रीः ॥

॥ श्रीचन्द्रमौळीश्वर ॥

स्वस्ति श्रीमदखिल भूमण्डलालंकारत्रयस्त्रिंशत्कोटि देवतासेवित-श्रीकामाक्षीदेवीसनाथ श्रीमदेकाम्रनाथ श्रीमहादेवीसनाथ श्रीहस्तिगिरिनाथ-साक्षात्कार परमाधिष्ठान सत्यव्रतनामांकित काञ्चीदिव्यक्षेत्रे शारदामठ-सुस्थितानाम् अतुलितसुधारसमाधुर्य कमलासनकामिनीधम्मिल्लसम्फुल्ल-मल्लिकामालिकानिष्यन्द मकरन्दझरीसौवस्तिक वाङ्निगुम्भविजृंभणानन्द-तुन्दिलितमनीषिमण्डलानाम् अनवरताद्वैतविद्याविनोदरसिकानाम् निरन्तरा-लंकृतीकृतशान्तिदान्तिभूम्नाम् सकलभुवनचक्रप्रतिष्ठापक श्रीचक्रप्रतिष्ठा-विख्यातयशोऽलंकृतानाम् निखिलपाषण्डषण्डकण्टकोत्पाटनेन विशदी-कृतवेदवेदान्तमार्ग षण्मतप्रतिष्ठापकाचार्याणां श्रीमत्परमहंसपरिव्राजका-चार्यवर्य श्रीजगद्गुरु श्रीमच्छङ्करभगवत्पादाचार्याणां अधिष्ठाने सिंहासना-भिषिक्त श्रीमच्चन्द्रशेखरेन्द्रसरस्वती संयमीन्द्राणां अन्तेवासिवर्य श्रीमज्जय-येन्द्रसरस्वती श्रीपादैः तदन्तेवासिवर्य श्रीमच्छङ्करविजयेन्द्रसरस्वती श्रीपादैश्च

क्रियते नारायणस्मृतिः

अयं डा. कृष्णकुमारबिर्लामहाशयः विश्वप्रसिद्धस्य ऐतिहासिकस्य ...

"विद्यासेवारत्नम्"

डॉ. के.के. बिड़ला को पुरस्कृत प्रशस्ति-पत्र

डॉ. कृष्ण कुमार बिड़ला विश्वप्रसिद्ध और इतिहासमान्य श्री घनश्यामदास बिड़ला के सुपुत्र हैं, जो जीवनपर्यन्त राष्ट्र-निर्माण के महान कार्य में जुटे रहे। डॉ. कृष्ण कुमार बिड़ला अपने स्वर्गीय पिता की इस परम्परा को आगे बढ़ाते हुए मिशनरी उत्साह और संकल्प के साथ, और मानवीय विकास को प्रभावित करनेवाली महत्त्वपूर्ण संस्थाओं के माध्यम से, राष्ट्र-निर्माण के महा-अभियान से जुड़े हुए हैं। उन्होंने बिड़ला शिक्षा-न्यास द्वारा संचालित अनेक पाठशालाओं और संस्थानों के माध्यम से अपनी जन्म-स्थली पिलानी (राजस्थान) को विश्व के गौरवशाली स्थानों में ला खड़ा किया है। बिड़ला प्रौद्योगिकी एवं विज्ञान संस्थान (बिट्स) राष्ट्रीय प्रतिभा की प्रौद्योगिकीय क्षमताओं को निखारकर उन्हें देश की प्रगति में महत्त्वपूर्ण योगदान देने के लिए तैयार किया जाता है। बिड़ला संस्थानों द्वारा प्रदत्त शिक्षा छात्रों में जिज्ञासा की भावना का संचार करती है, उन्हें अभिनव विचारों और प्रयोगों के लिए प्रेरित और प्रोत्साहित करती है, और उन्हें उच्चकोटि के नैतिक आचरण के साथ जीना सिखाती है। भारतीय साहित्य, वैज्ञानिक शोध, भारतीय दर्शन, कला और संस्कृति, और खेलकूद में डॉ. के.के. बिड़ला की गहरी रुचि के कारण के.के. बिड़ला अकादमी की स्थापना हुई, जो वैज्ञानिक, सांस्कृतिक और ऐतिहासिक विषयों पर शोध को प्रोत्साहन देती है।

मनुष्यों के बीच वास्तविक और कृत्रिम दीवारों के हटने और विभिन्न बाधाओं के ध्वस्त होने से नई और वृहत् मानवीय सम्भावनाओं का युग आरम्भ हुआ है। अब भूगोल, संधियों और सम्बन्धों की मात्र मानचित्रों पर ही नहीं, अपितु हमारे मस्तिष्कों में भी एक पुनर्व्यवस्था की स्थापना हो रही है—कि हम स्वयं को और दूसरों को किस तरह देखते हैं। भारतीय युवाओं की क्षमताओं और सम्भावनाओं को निखारकर उन्हें भविष्य के इस विश्व के लिए तैयार करने का काम जो संस्थाएँ कर रही हैं, उनके पीछे डॉ. के.के. बिड़ला जैसे व्यक्तियों की अटूट लगन और समर्पण-भावना का ही हाथ है।

कांची मठ अपनी शान्त और मर्यादापूर्ण शैली में हिन्दुत्व की भावना का सच्चर प्रतिनिधित्व करता है, जो एक जीवन-पद्धति है। पतन और विषमता के इस युग में नैतिक पुनर्जागरण ही प्रगति की कुंजी है। मठ इस सम्बन्ध में अपने दायित्व का बोध कराते हुए उन मानवीय प्रयासों को प्रोत्साहन देने का काम करता रहा है जो किसी तरह के लालच और आत्म-प्रचार की भावना के बिना समाज के उत्थान से जुड़े हुए हों। मठ द्वारा ऐसे सामाजिक नेताओं को सम्मान और पदवियाँ प्रदान किए जाने की परम्परा चिरन्तन काल से चली आ रही है।

शिक्षा और स्वास्थ्य के क्षेत्र में डॉ. के.के. बिड़ला के योगदान को देखते हुए परमपूज्य जगद्गुरु शंकराचार्य-द्वय श्री जयेन्द्र सरस्वती स्वामिगल और संकरा विजयेन्द्र सरस्वती स्वामिगल उन्हें 'विद्या सेवा रत्नम्' की पदवी प्रदान करते हैं। हम कामना करते हैं कि उनके ये सद्प्रयास आगे भी जारी रहे और सदैव इसी तरह सफलता प्राप्त करते रहें।

13 अगस्त, 2002 को कांचीपुरम में प्रदत्त नारायण स्मृति।

प्रशस्ति-पत्र में यह भी कहा गया कि "भारतीय साहित्य, वैज्ञानिक शोध, भारतीय दर्शन, कला और संस्कृति, और खेलों में डॉ. बिड़ला की रुचियों के कारण के.के. बिड़ला फाउंडेशन की स्थापना हुई, जो इन क्षेत्रों में असाधारण उपलब्धियों को प्रोत्साहन देती है।"

मूल प्रशस्ति-पत्र, जिसे यहाँ प्रस्तुत किया जा रहा है, संस्कृत में था और इसके साथ इसका अंग्रेजी अनुवाद भी उपलब्ध करवाया गया था। अपने स्वीकृति भाषण में मैंने काँची पीठम को धन्यवाद दिया और कहा कि दुबई, नेपाल, इंडोनेशिया और मलेशिया में अपनी व्यावसायिक भागीदारियों के कारण बिट्स एक पार-राष्ट्रीय संस्था बन चुका था और, भारत में 10,000 से भी अधिक छात्र इसके संस्थानों में शिक्षा प्राप्त कर रहे थे। मैंने मानवतावाद, अध्यात्म और सामाजिक सद्‌भावना का सन्देश फैलाने के लिए शंकराचार्य के प्रयासों की सराहना की। मैंने शिक्षा के माध्यम से राष्ट्रीय पुनर्निर्माण के काम में अपना योगदान देने का वचन दिया। मैंने अयोध्या मामले का कोई शान्तिपूर्ण हल ढूँढ़ने के लिए भी शंकराचार्य के प्रयासों की सराहना की। इसके बाद मैंने दोनों शंकराचार्यों का आशीर्वाद प्राप्त किया।

मुझे यह सम्मान प्रदान किए जाने की घटना को पूरे देश में, विशेषकर तमिलनाडु में, भरपूर प्रचार मिला।

36

के.के. बिड़ला फाउंडेशन

मैंने अनेक परोपकारी ट्रस्टों की स्थापना की है। ये सभी इस अर्थ में निजी ट्रस्ट हैं कि ये चन्दा लेने का प्रयास नहीं करते। यदि कोई स्वेच्छा से देना चाहे तो उसे स्वीकार कर लिया जाता है।

1990 में मैंने एक विविध-आयामी फंड की रचना करने का विचार किया, जो कला और संस्कृति के विविध पहलुओं से जुड़ी गतिविधियों को प्रोत्साहन दे सके। इस उद्देश्य से मैंने के.के. बिड़ला फाउंडेशन की स्थापना की। फाउंडेशन के प्रतीक-चिह्न के रूप में 'संभा-युग' के साँची स्तूप-1 में विद्यमान एक रूपांकन को चुना गया। इसमें एक गमले में एक पूरा खिला हुआ कमल दिखाया गया है, जिसके साथ एक अन्य खिलता हुआ कमल और कुछ पत्ते भी दिखाई देते हैं। केन्द्रीय कमल के ऊपर श्रीवत्स का चिह्न है, जो पौराणिक मान्यताओं के अनुसार भगवान विष्णु के सीने पर विद्यमान रहता है। यह प्रतीक-चिह्न सृजन, ज्ञान और समृद्धि का प्रतीक है।

अनादि काल से भारतीय साहित्य जीवन के आधारभूत मूल्यों को प्रतिपादित करने में अग्रणी भूमिका निभाता रहा है। आज भी, हमारे सांस्कृतिक आन्दोलनों का यह पहलू हमारे बहुभाषी राष्ट्र की विविध भाषाओं के साहित्य में पाया जाता है, और वही जीवनदायिनी शक्ति प्रदान करता है जो प्राचीन साहित्य में पाई जाती थी। हमारी भाषाओं की भिन्न परम्पराओं के बावजूद भारतीय साहित्य की मूल प्रकृति वही रहती है। लेकिन इस सच्चाई को समझने में कुछ व्यावहारिक कठिनाइयाँ सामने आती हैं, जो राजनीतिक और सामाजिक कारणों से और ज्यादा जटिल हो जाती हैं। हम विदेशी साहित्य से तो परिचित हैं, भले ही अंग्रेजी के माध्यम से, लेकिन हम अपनी भाषाओं में साहित्यिक सृजन की मात्रा और विविधता के बारे में बहुत कम जानते हैं। गुरुदेव रवीन्द्रनाथ टैगोर, शरतचन्द्र, प्रेमचन्द और अन्य ऐसे लेखक जिनके सृजन ने भाषा की सीमाओं को पार करके समूचे देश के जनमानस को प्रभावित किया हो, और जिनसे हम सब परिचित हों, बहुत कम देखने में आते हैं। हमारी राष्ट्रीय एकता के लिए यह अत्यन्त आवश्यक है कि हम विभिन्न भाषाओं में अपने उत्कृष्ट साहित्यिक सृजन को संकुचित भाषाई सीमाओं से ऊपर उठाकर उसे एक राष्ट्रीय मंच प्रदान करें।

फाउंडेशन वर्तमान में चार बड़े वार्षिक पुरस्कारों का संचालन कर रही है—

- **सरस्वती सम्मान** : किसी भी भारतीय भाषा में उत्कृष्ट साहित्यिक कृति के लिए।
- **व्यास सम्मान** : हिन्दी साहित्य में उत्कृष्ट कृति के लिए।

- **बिहारी पुरस्कार :** राजस्थान से सम्बन्ध रखनेवाले लेखक के लिए।
- **वाचस्पति पुरस्कार :** संस्कृत में उत्कृष्ट कृति के लिए।

फाउंडेशन अनेक अन्य पुरस्कार और शिक्षावृत्तियाँ भी प्रदान करती है जिनका उल्लेख मैं आगे करूँगा।

उपरोक्त चार सम्मानों में से सरस्वती सम्मान सर्वाधिक प्रतिष्ठापूर्ण है और प्रतिवर्ष भारतीय संविधान की आठवीं सूची में शामिल किसी भी भाषा के भारतीय लेखक को उत्कृष्ट साहित्यिक कार्य के लिए दिया जाता है। इस सम्मान के लिए संविधान में शामिल सभी अठारह भाषाओं में पिछले दस वर्ष में प्रकाशित कृतियों पर विचार किया जाता है।

सम्मान की कुल पुरस्कार-राशि पाँच लाख रुपए है। इस सम्मान की बहुत गहन और सावधानीपूर्ण चयन-प्रक्रिया को देखते हुए, जिसे जहाँ तक मानवीय रूप से सम्भव है तटस्थ और निष्पक्ष रखा जाता है, इसे देश के सबसे बड़े साहित्यिक पुरस्कार के रूप में मान्यता मिल चुकी है।

सरस्वती सम्मान की तरह ही व्यास सम्मान भी प्रतिवर्ष पिछले दस वर्षों में प्रकाशित कृतियों के आधार पर किसी भारतीय नागरिक द्वारा हिन्दी में उत्कृष्ट सृजन के लिए दिया जाता है। इसकी पुरस्कार-राशि ढाई लाख रुपए है।

सरस्वती सम्मान की निष्पक्षता को निश्चित करने के लिए तीन-स्तरीय चयन-प्रक्रिया की व्यवस्था की गई है, जिसके सर्वोच्च अंग चयन परिषद का चेयरमैन हमेशा उच्चतम न्यायालय का अवकाश-प्राप्त मुख्य न्यायाधीश या न्यायाधीश होता है। अन्तिम निर्णय इसी चयन परिषद के हाथ में रहता है।

5 सितम्बर 2003 को महेश एलकुंचवार के सम्मान में आयोजित सरस्वती सम्मान वितरण समारोह के अवसर पर मुख्य अतिथि (भाजपा नेता मुरली मनोहर जोशी, जो स्वयं भी एक वैज्ञानिक हैं) को सम्बोधित करते हुए मैंने निम्नांकित प्रश्न उठाया जो काफी प्रासंगिक है—

> माननीय जोशी जी, आप एक वैज्ञानिक हैं और आपको साहित्य की भी बहुत गहरी समझ है। और यही कारण है कि मैं इस अवसर का लाभ उठाते हुए एक-दो ऐसी बातें दोहराना चाहूँगा जिन्हें मैं हमारे साहित्य के महत्त्व को लेकर कहता रहा हूँ। बीसवीं सदी को विज्ञान और प्रौद्योगिकी के वृहत विकास के लिए जाना जाता है। इन क्षेत्रों में अर्जित की गईं उपलब्धियों और उत्पादकता और भौतिक सुख-सुविधाओं में अत्यधिक वृद्धि के कारण हमारे जीवन का स्तर निश्चित ही बहुत ऊँचा उठा है। लेकिन दुर्भाग्यवश इस प्रगति ने विध्वंस के एक दैत्य को भी जन्म दिया है। क्या यह सच नहीं है कि आज मनुष्य अपने अस्तित्व से भयभीत है और अपनी आस्था को खो रहा है? लेकिन मनुष्य में निहित उस अदम्य भावना की सराहना करनी होगी जिसके कारण वह पराजय को स्वीकार करने को तैयार नहीं हैं; वह भविष्य को लेकर अपनी आशाओं को छोड़ने के लिए तैयार नहीं है। और हमारे इस जीवट का सबसे बड़ा सहयोगी और प्रेरणा-स्रोत है हमारा साहित्य। विज्ञान हमें भौतिक सुविधाएँ प्रदान कर सकता है, लेकिन यह मनुष्य की

> संवेदनशीलता और अन्तरात्मा को जगाने का काम नहीं कर सकता। यह साहित्य में अन्तर्निहित शक्ति ही है जो घने अन्धकार में भी हमारे भीतरी नेत्र को खुला रखती है और हमारी आशाओं को डगमगाने नहीं देती। साहित्य ही मनुष्य को मनुष्य बने रहने की क्षमता प्रदान करता है। विज्ञान एक जीवन-शैली हो सकता है, मूल्य नहीं।

मेरे सामने एक अन्य उद्देश्य भी था। विभिन्न भाषाओं के भारतीय साहित्य के बीच एकसूत्रता स्थापित करने की प्रक्रिया को सुदृढ़ करने की आवश्यकता निरन्तर बढ़ रही है। इस लक्ष्य को ध्यान में रखते हुए मैंने तुलनात्मक भारतीय साहित्य में शोध-कार्य को प्रेरणा और प्रोत्साहन प्रदान करने का प्रयास किया।

उपरोक्त घोषणा के बाद मैंने 1993 में तुलनात्मक भारतीय साहित्य के अध्ययन के लिए शिक्षावृत्तियों की एक योजना की स्थापना की। इस योजना के अन्तर्गत प्रति वर्ष दो शिक्षावृत्तियाँ प्रदान की जाती हैं। साहित्य-जगत ने इस योजना का भरपूर स्वागत किया है। एक अवसर पर एक सरस्वती सम्मान विजेता को पुरस्कृत करते हुए मैंने कहा—

> हमारी भाषाओं के बीच एक सुदृढ़ सूत्र की स्थापना के लिए साहित्य के तुलनात्मक अध्ययन को प्रोत्साहन देना वास्तव में हमारी एक व्यापक नीति का हिस्सा है। इसी पृष्ठभूमि में मैंने कहा था कि हम शोध, अनुवाद, प्रकाशन इत्यादि को लेकर विभिन्न योजनाओं की शुरुआत करना चाहते हैं। मुझे यह कहते हुए प्रसन्नता हो रही है कि इन क्षेत्रों में हमारे कार्यक्रम प्रगति की राह पर हैं। पिछले वर्ष हमने तुलनात्मक भारतीय साहित्य के अध्ययन के लिए एक उच्च-स्तरीय शिक्षावृत्ति की नई योजना शुरू की। हमें अत्यन्त प्रसन्नता है कि इस कार्यक्रम के अन्तर्गत काम करने के लिए कई प्रमुख और जाने-माने साहित्यकार सामने आए, और जिन दो व्यक्तियों को इस शिक्षावृत्ति के लिए चुना गया वे देश की सुविख्यात साहित्यिक विभूतियाँ हैं। इस योजना का साहित्यिक और शैक्षणिक जगत में निश्चित ही भरपूर स्वागत हुआ है।

एक अन्य योजना के अन्तर्गत फाउंडेशन एक भारतीय भाषा से दूसरी भारतीय भाषा में उत्कृष्ट कृतियों के अनुवाद के प्रकाशन में सहयोग प्रदान करती है। इस प्रोत्साहन के परिणामस्वरूप तुलसीदास की 'विनय पत्रिका', जयशंकर प्रसाद की 'कामायनी' और निराला की चुनी हुई कविताओं का अन्य भाषाओं में प्रकाशन हुआ है। इसी तरह बालमणि अम्मा, के. अय्यपा पणिकर और ई. नीलकान्त सिंह जैसे प्रमुख कवियों की कृतियाँ हिन्दी में प्रकाशित हुई हैं। फाउंडेशन के सहयोग से कुल बाइस पुस्तकों का अनुवाद हुआ है।

मेरी समझ के अनुसार साहित्य मानव जीवन के सांस्कृतिक मूल्यों को परिभाषित करता है। यह सिर्फ बौद्धिक रंग ही प्रदान नहीं करता, बल्कि धारणाओं, नैतिक प्रोत्साहन और आत्म-अनुशासन का प्रतिपादन भी करता है। दूसरे शब्दों में कहें तो साहित्य देश के सांस्कृतिक जीवन से बहुत निकटता से जुड़ा हुआ है। इस बात को ध्यान में रखते हुए

फाउंडेशन ने 1992 में आदिशंकराचार्य के नाम पर शंकर पुरस्कार की स्थापना की, जो भारतीय दर्शन, संस्कृति और कला पर हिन्दी में किसी कृति को दिया जाता है।

1991 में फाउंडेशन ने वैज्ञानिक शोध को प्रोत्साहन देने के लिए जी.डी. बिड़ला अवार्ड फॉर सांइटिफिक रिसर्च नामक एक योजना शुरू की। इसका मुख्य उद्देश्य भारत में रहने और काम करनेवाले भारतीय वैज्ञानिकों द्वारा ऊँची क्षमता से जुड़ी वैज्ञानिक शोध को प्रोत्साहन और मान्यता प्रदान करना है। इस पुरस्कार के लिए आमतौर से पचास वर्ष से कम आयुवाले वैज्ञानिकों के पिछले पाँच वर्षों के काम को ध्यान में रखा जाता है। अन्य पुरस्कारों की तरह यह पुरस्कार भी प्रति वर्ष दिया जाता है और इसमें चिकित्सकीय विज्ञान समेत विज्ञान की सभी शाखाओं, सैद्धान्तिक और व्यावहारिक दोनों, को शामिल किया जाता है। इस पुरस्कार का विज्ञान-जगत ने विशेष रूप से स्वागत किया है, क्योंकि ऊँचे स्तर पर वैज्ञानिकों के लिए बहुत-से पुरस्कार हैं, लेकिन उभरते हुए वैज्ञानिकों को प्रोत्साहन देने वाला यह एकमात्र पुरस्कार है।

1991 में फाउंडेशन ने प्रतिभाशाली पत्रकारों को अध्ययन और शोध के माध्यम से अपनी क्षमताओं का विकास करने का अवसर प्रदान करने के लिए एक कार्यक्रम शुरू किया। इसके पीछे यह विचार था कि होनहार पत्रकारों को अपने रोजमर्रा के काम से हटकर अपनी बौद्धिक क्षमताओं को विकसित करने के लिए प्रोत्साहन मिल सके। पत्रकारों के लिए के.के. बिड़ला फाउंडेशन शिक्षावृत्ति नामक इस कार्यक्रम के तीन वर्ग हैं–हिन्दी, अन्य भारतीय भाषाएँ, और अंग्रेजी।

1996 में फाउंडेशन ने अर्थशास्त्र के क्षेत्र में भी शिक्षावृत्ति की योजना शुरू की। इसका उद्देश्य अर्थशास्त्र के विद्वानों, अध्यापकों और केन्द्र और राज्य सरकारों के आर्थिक विभागों से जुड़े लोगों को अर्थशास्त्र के गम्भीर पहलुओं का गहन अध्ययन करने के लिए प्रेरित करना है। शिक्षावृत्ति की अवधि एक वर्ष है।

फाउंडेशन पुस्तकों के प्रकाशन को भी प्रोत्साहन दे रही है, विशेषकर व्यस्क शिक्षा कार्यक्रमों से जुड़ी पुस्तकों के प्रकाशन को। इस उद्देश्य के लिए फाउंडेशन ने विगत वर्षों में नेशनल बुक ट्रस्ट को तीन लाख रुपए दिए हैं। फाउंडेशन की मदद से अब तक इस कार्यक्रम के अन्तर्गत विभिन्न भाषाओं में 114 पुस्तकें प्रकाशित हो चुकी हैं।

फाउंडेशन दो वार्षिक व्याख्यान-मालाओं का भी आयोजन करती है। एक व्याख्यान-माला हिन्दी में किसी भारतीय विद्वान द्वारा और दूसरी किसी विदेशी लेखक या विद्वान द्वारा प्रस्तुत की जाती है।

1991 में के.के. बिड़ला फाउंडेशन खेल पुरस्कार के नाम से एक अन्य योजना भी शुरू की गई, जिसका उद्देश्य खिलाड़ियों को उत्कृष्ट प्रदर्शन के लिए प्रोत्साहन देना है। इसकी चयन समिति के अध्यक्ष भूतपूर्व क्रिकेट खिलाड़ी सुनील गावस्कर हैं।

इन पुरस्कारों के अलावा फाउंडेशन ने अटलांटा ओलम्पिक में देश के लिए कांस्य पदक जीतने के लिए टेनिस खिलाड़ी लिएंडर पेस को ढाई लाख रुपए का विशेष पुरस्कार दिया। इसी तरह 1999 में पेप्सी चैलेंज ट्रॉफी के दूसरे टेस्ट की दूसरी पारी में दिल्ली में पाकिस्तान के खिलाफ सभी दस विकेट लेकर उत्कृष्ट प्रदर्शन करने के लिए अनिल कुम्बले को भी फाउंडेशन ने डेढ़ लाख रुपए का पुरस्कार दिया। फाउंडेशन ने दो सर्वकालिक महान खिलाड़ियों हॉकी के जादूगर स्वर्गीय ध्यानचन्द और क्रिकेट जगत में एक किंवदन्ती

बन चुके सुनील गावस्कर को भी विशेष पुरस्कार प्रदान किए। इसी तरह, शतरंज चैम्पियन विश्वनाथ आनन्द को भी फाउंडेशन ने एक विशेष पुरस्कार से सम्मानित किया। ये सभी चयन स्वर्गीय माधवराव सींधिया की अध्यक्षता में एक विशेष चयन समिति द्वारा किए गए।

संस्कृति के प्रसार और संरक्षण को समर्पित एक स्वतन्त्र संस्था 'द इंडियन सेंटर फॉर फिलैन्थ्रॉफी' ने फाउंडेशन के बारे में निम्नांकित टिप्पणी की है–

> के.के. बिड़ला फाउंडेशन इस तरह के निजी परोपकारी कार्य का एक उदाहरण है। भारत के एक अग्रणी व्यावसायिक घराने द्वारा स्थापित यह संस्था एक निजी पारिवारिक न्यास है, और देश के कुछ गिने-चुने बड़े न्यासों में से एक है। यह न्यास साहित्य, शिक्षा, साक्षरता, उच्चस्तरीय अध्ययन, शोध और खेलों को प्रोत्साहन देने के उद्देश्य के प्रति समर्पित है।
>
> न्याय द्वारा स्थापित चार उच्चस्तरीय साहित्यिक पुरस्कार और एक भारतीय दर्शन, संस्कृति और कला से जुड़ा पुरस्कार इन क्षेत्रों में सबसे प्रतिष्ठित पुरस्कारों में गिने जाते हैं। पुरस्कारों के लिए एक कर्मठ और निष्पक्ष चयन-प्रक्रिया और योग्य कृतियों के लिए विस्तृत खोजबीन के कारण भी इन पुरस्कारों की प्रतिष्ठा में वृद्धि हुई है। इसके अलावा न्यास पत्रकारिता, तुलनात्मक भारतीय साहित्य और अर्थशास्त्र के क्षेत्रों में शिक्षावृत्तियाँ भी प्रदान करता है।
>
> बिड़लाओं ने सिर्फ अपने गृह-क्षेत्र पिलानी में ही नहीं, बल्कि उस हर जगह निवेश किया है जहाँ उन्हें रहने कस अवसर मिला है।
>
> भारत में ऐसे बहुत कम परिवार हैं जिन्होंने बिड़लाओं की तरह इतने बड़े पैमाने पर जन-कल्याण और विकास से जुड़ी गतिविधियों के साथ-साथ साहित्य और संस्कृति को भी प्रोत्साहन देने का काम हाथ में लिया है। बिड़लाओं को इस बात का भी श्रेय जाता है कि "उनकी सेवाएँ किसी एक समुदाय, नस्ल या क्षेत्र तक सीमित नहीं है। नए-पुराने सैकड़ों संस्थानों को उनकी उदारतापूर्ण आर्थिक मदद का लाभ मिला है, जो उनकी इस समर्पण भावना के जीवन्त स्मारक हैं।

फाउंडेशन के मुख्य लक्ष्य परोपकारी और जन-कल्याण की गतिविधियों से जुड़े हुए हैं, खासकर शिक्षण, उच्च-स्तरीय अध्ययन, साहित्य और संस्कृति, कला और संगीत, वैज्ञानिक शोध, अर्थशास्त्र, पत्रकारिता और खेलों इत्यादि के क्षेत्र में। फाउंडेशन का मानना है कि इन क्षेत्रों में सुनियोजित कार्यक्रमों का सफल क्रियान्वयन देश की शैक्षणिक और सांस्कृतिक प्रगति में महत्त्वपूर्ण योगदान दे सकेगा।

जैसाकि पहले कहा जा चुका है, सरस्वती सम्मान फाउंडेशन का सबसे गौरवशाली पुरस्कार है और प्रति वर्ष संवैधानिक सूची में शामिल अट्ठारह भारतीय भाषाओं में से किसी भी भाषा के लेखक को उसके पिछले दस वर्षों के काम के आधार पर दिया जाता है। फाउंडेशन की स्थापना के बाद से सरस्वती सम्मान से पुरस्कृत साहित्यकारों की सूची इस प्रकार है–

वर्ष	लेखक	पुस्तक
1991	डॉ. हरिवंशराय बच्चन	आत्मकथा (हिन्दी : चार खंडों में)
1992	रमाकान्त रथ	श्री राधा (ओड़िया : काव्य)
1993	विजय तेंडुलकर	कन्यादान (मराठी : नाटक)
1994	डॉ. हरभजन सिंह	रुख ते ऋषि (पंजाबी : काव्य)
1995	बालमणि अम्मा	निवेद्यम (मलयालम : काव्य)
1996	श्मसुर रहमान फारूक़ी	शेर-ए-शोर अंगेज (उर्दू : साहित्यिक समालोचना)
1997	मनुभाई पांचोली	कुरुक्षेत्र (गुजराती : उपन्यास)
1998	संखा घोष	गन्धर्व कविता गुच्छ (बंगाली : काव्य)
1999	डॉ. इन्दिरा पार्थसारथी	रामानुजर (तमिल : नाटक)
2000	मनोज दास	अमृत फल (उड़िया : उपन्यास)
2001	डॉ. दलीप कौर टिवाणा	कथा कहो उर्वशी (पंजाबी : उपन्यास)
2002	महेश एलकुंचवर	युगान्त (मराठी : नाटक)
2003	प्रो. गोविन्द चन्द्र पांडे	भागीरथी (संस्कृत : काव्य)
2004	सुनील गंगोपाध्याय	प्रथम आलो (बंगला : उपन्यास)
2005	प्रो. के. अय्यपा पणिकर	अय्यपापणिकरुदे कृतिकाल (मलयालम : कविताएँ)
2006	डॉ. जगननाथ प्रसाद दास	परिक्रमा (ओड़िया : कविताएँ)

फाउंडेशन का मानना है कि इन कार्यक्रमों की सफलता विश्वविद्यालयों और उच्च शिक्षा से जुड़े अन्य संस्थाओं, प्रतिष्ठित विद्वानों, शिक्षकों, साहित्यिक, सांस्कृतिक, वैज्ञानिक और खेलों से जुड़ी संस्थाओं की मदद और सहयोग पर निर्भर करती है। इस मामले में हमारा अनुभव बहुत सुखद और उत्साहवर्द्धक रहा है।

37

मेरी बेटियाँ और दामाद

मेरी तीन बेटियाँ हैं। ईश्वर की कृपा से वे सभी सुखी वैवाहिक जीवन जी रही हैं। दोनों बड़ी बेटियाँ–नन्दिनी और ज्योति–कोलकाता में रहती हैं, जबकि सबसे छोटी बेटी, शोभना, दिल्ली में रहती है।

सबसे बड़ी बेटी नन्दिनी जाने-माने नोपानी परिवार के विमल कुमार नोपानी से विवाहित है। नोपानी परिवार ने अनेक परोपकारी संस्थानों के साथ-साथ राँची में एक पब्लिक स्कूल और कोलकाता में नोपानी विद्यालय नामक एक हाई स्कूल की स्थापना की है, जिसे पश्चिम बंगाल सरकार ने राज्य के सर्वश्रेष्ठ स्कूल के रूप में मान्यता दी है। नन्दिनी में जन्मजात नेतृत्व के गुण हैं। वह कोलकाता के एक अग्रणी नर्सिंग होम बेले व्यू क्लीनिक और बिड़ला प्लैनेटोरियम से जुड़ी हुई है। नन्दिनी अपनी माँ के मार्गदर्शन में कोलकाता के श्री राधाकृष्ण मन्दिर की भी देखरेख करती है, और कुछ अन्य परोकारी ट्रस्टों के साथ-साथ हमारे समूह की सबसे बड़ी चीनी मिल अपर गंगा शुगर एंड इंडस्ट्रीज लिमिटेड की देखरेख का काम भी उसी के हाथों में है। तीनों बेटियों को एक-दूसरे से बहुत गहरा लगाव है। सबसे बड़ी होने के कारण नन्दिनी आपसी मामलों में उन दोनों पर हुक्म चलाती है। उसके एक बेटा और एक बेटी है।

मेरी दूसरी बेटी ज्योति खेलों की शौकीन है। खासकर वह क्रिकेट की दीवानी है। उसने 'क्रिकेटिंग मेमोरिज' नामक एक पुस्तक भी निकाली है। इसमें मुश्ताक अली, इयान चैपल, डेनिस क्रॉम्पटन और विश्व के अन्य जाने-माने क्रिकेटरों के लेख और संस्मरण हैं। इसमें देश के कुछ प्रमुख कार्टूनिस्टों द्वारा रचित बहुत खूबसूरत व्यंग्य-चित्र भी हैं, जिनमें आर.के. लक्ष्मण, मारियो मिरांडा और सुधीर दर जैसे प्रख्यात नाम भी शामिल हैं। इस पुस्तक पर काम करने के दौरान ज्योति को संयोगवश ऑस्ट्रेलिया जाने का अवसर मिला। अवसर का लाभ उठाते हुए उसने विश्व के सर्वश्रेष्ठ क्रिकेटर सर डोनाल्ड ब्रैडमैन से मिलने का प्रयास किया। लेकिन ब्रैडमैन की तरफ से सन्देश मिला कि अपनी वृद्धावस्था के कारण उन्होंने अपने अन्तरंग मित्रों को छोड़कर अन्य लोगों से मिलना-जुलना बन्द कर दिया था। इसके बाद ज्योति ने उन्हें अपनी पुस्तक की एक नमूना-प्रति भिजवाई और उनसे पुस्तक की प्रस्तावना लिखने का अनुरोध किया। सर डोनाल्ड ने कहा कि वे पुस्तकों की प्रस्तावनाएँ लिखना भी छोड़ चुके थे, लेकिन वे ज्योति से मिलने के लिए राजी हो गए। वे पुस्तक की सामग्री और ज्योति के व्यक्तित्व से बहुत प्रभावित हुए। इस भेंट के बाद वे पुस्तक की प्रस्तावना लिखने के लिए भी राजी हो गए।

ज्योति ने उभरते हुए क्रिकेट खिलाड़ियों को उचित प्रशिक्षण के अवसर प्रदान करने के लिए एक ट्रस्ट की भी स्थापना की, ताकि वे उत्कृष्ट खिलाड़ियों के रूप में विकसित हो सकें। यह ट्रस्ट देश भर में युवा और होनहार खिलाड़ियों को ढूँढकर उन्हें प्रशिक्षण के लिए आर्थिक मदद देता है। सचिन तेंडुलकर भी ऐसा ही एक होनकार और गुमनाम खिलाड़ी था, जिसकी ज्योति के ट्रस्ट ने मदद की थी। सचिन पर एक पुस्तक 'द मेकिंग ऑफ ए क्रिकेटर : फॉर्मेटिव ईयर्स ऑफ सचिन तेंडुलकर इन क्रिकेट' में उनके भाई अजित तेंडुलकर लिखते हैं, "सचिन ने 1988 और 1989 में स्टार सी.सी. के साथ इंग्लैंड का दो बार दौरा किया था। पहले वर्ष में बिड़ला ट्रस्ट द्वारा स्थापित कोलकाता की युवा क्रिकेटर्स संस्था ने उनके इस दौरे को प्रायोजित किया था। इस प्रायोजन की पहल ज्योत्सना पोद्दार (ज्योति) ने की थी।"

कोलकाता, 10 दिसम्बर, 1977 : मेरी सबसे छोटी बेटी शोभना का श्याम भरतिया के साथ विवाह का चित्र, गंगा प्रसाद और उनकी पत्नी निर्मला ने कन्यादान किया और मेरी सबसे बड़ी बेटी नंदिनी ने बन्धनी की रस्म अदा की

शोभना हिन्दुस्तान टाइम्स लिमिटेड की वाइस-चेयरपर्सन और संपादकीय निदेशक है, लेकिन उसका निर्देश है कि उसे किसी तरह का प्रचार न दिया जाए। इसलिए अखबार उसका उल्लेख तभी करता है जब अत्यधिक आवश्यक हो। अखबार के व्यवसाय में होने के कारण और साथ ही अपने स्वभाव के कारण भी समाज के सभी वर्गों में उसके असंख्य मित्र हैं। अमरीका में भी उसके बहुत-से मित्र हैं, जहाँ वह पत्रकारिता में हो रही प्रगति के सम्पर्क में रहने के लिए वर्ष में एक बार जरूर जाती है। उसमें संगठनात्मक गतिविधियों

1942 में बिड़ला हाउस, नई दिल्ली, में विश्राम करते हुए डॉ. राजेन्द्र प्रसाद

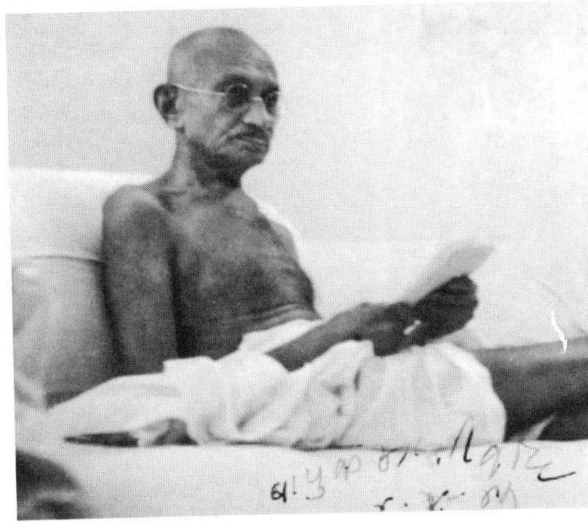

मेरे द्वारा 1945 में खींचा गया महात्मा गांधी का चित्र

1930 में अपने पिताजी और चाचाजी के साथ सरदार वल्लभभाई पटेल का यह चित्र भी मैंने खींचा था।

1950 के दशक में बाबू जगजीवन राम के साथ एक समारोह में

अशोक मेहता के साथ एक समारोह में

1950 के दशक में अमृतसर के दुर्गियाना मन्दिर में मेरा स्वागत कुछ यूँ हुआ

1962 में बिड़ला संस्थान के 100 वर्ष पूरे होने के उपलक्ष्य में एक समारोह में। मेरे पिता और ताऊजी आर.डी. बिड़ला के साथ महाराष्ट्र के तत्कालीन मुख्यमन्त्री यशवंत राव चव्हाण बैठे दिखाई दे रहे हैं।

9 सितम्बर, 1990 को मेरे पिताजी के एक स्मारक का उदघाटन करते हुए तत्कालीन राष्ट्रपति आर. वेंकटरमन

फरवरी, 1996 में कोलकाता के राधाकृष्ण मन्दिर का उद्घाटन। मैं और मेरी पत्नी हमारी बेटी नंदिनी के साथ पूजा करते हुए

कुश्ती के सुप्रसिद्ध गुरु गुरु हनुमान एक समारोह में मेरा स्वागत करते हुए

के लिए अच्छी योग्यता है और उसमें बहुत ऊँची क्षमताएँ हैं। अपने इन गुणों के कारण ही वह इतने सारे मित्रों, परिचितों और अपनी संस्थाओं के अधिकारियों और कर्मचारियों का प्रेम और स्नेह प्राप्त करने में सफल रही है।

मेरे तीनों दामाद भी मेरे प्रति उतने ही समर्पित हैं जितनी कि मेरी बेटियाँ। हरेक का अपना अलग व्यक्तित्व और पहचान है। विमल को इस बात का गर्व है कि वह अपने बेटे और बेटी को उच्चतम शिक्षा प्रदान करने में सफल रहा है, और उसका यह गर्व सही भी है। उन दोनों ने विदेशी विश्वविद्यालयों से एम.बी.ए. की डिग्रियाँ प्राप्त की हैं। बेटे चन्द्रशेखर ने पिट्सबर्ग की कार्नीज मैलन यूनिवर्सिटी से यह डिग्री प्राप्त की है, तो बेटी श्रुति ने जेनेवा की यूरोपीयन यूनिवर्सिटी से। संयोग से चन्द्रशेखर की पत्नी शालिनी, जो बड़ी योग्य लड़की है, ने भी एम.बी.ए. किया है। जिन दिनों चन्द्रशेखर पिट्सबर्ग की कार्नीज मैलन यूनिवर्सिटी में पढ़ रहा था, उन्हीं दिनों शालिनी यूनिवर्सिटी ऑफ पिट्सबर्ग से एम.बी.ए. कर रही थी। शालिनी राय बहादुर गुज्जरमल मोदी की पोती और सतीश और आभा मोदी की बेटी है।

मेरे दूसरे दामाद सरोज कुमार पोद्दार के भारत के व्यवसायियों के साथ-साथ विदेशी व्यवसायियों के साथ भी बहुत विस्तृत सम्पर्क हैं। वह एक सफल व्यवसायी है और कई विश्वस्तरीय और बहुराष्ट्रीय कम्पनियों में हिस्सेदार है। वह जिलेट इंडिया लिमिटेड का चेयरमैन है। उसके विस्तृत सामान्य ज्ञान को देखते हुए मैं उसे 'एंसाइक्लोपीडिया' कहता हूँ। उसके असाधारण विश्वकोशीय ज्ञान के कारण ही एक भूमंडलीय महारथी जी.ई.सी. एल्सटॉम ने, जिसे अब एरेवा टी एंड डी इंडिया लिमिटेड के नाम से जाना जाता है, उसे भारत में अपनी सहायक कम्पनी का चेयरमैन बना दिया है।

2005-06 की अवधि के दौरान सरोज एफ.आई.सी.सी.आई. के अध्यक्ष के पद पर था। अपने इस कार्यकाल के दौरान उसने उल्लेखनीय प्रदर्शन किया। इस संस्था के अध्यक्ष के रूप में उसने दस देशों की यात्रा की थी, जिनमें से कुछ महत्त्वपूर्ण यात्राएं इस प्रकार थीं–

1. जब प्रधानमन्त्री मनमोहन सिंह ने व्यवसायियों के एक समूह के साथ बहुत-से देशों की यात्रा की तो एफआईसीसीआई के अध्यक्ष के रूप में सरोज व्यवसायियों के इस प्रतिनिधिमंडल के नेता थे।
2. इसी तरह जब वाणिज्य और उद्योग मन्त्री श्री कमलनाथ व्यवसायियों के दल के साथ कुछ देशों में गए तो सरोज इस दल में शामिल थे।
3. एफआईसीसीआई के अध्यक्ष के रूप में सरोज ने कई विदेश-यात्राओं पर व्यवसायियों के प्रतिनिधिमंडल का नेतृत्व किया। उसने कुल मिलाकर सत्ताइस राष्ट्र-प्रमुखों से भेंट की, राष्ट्रपतियों और प्रधानमन्त्रियों से, भारत में या उनके अपने देशों में।

पिछले बीस वर्षों में एफआईसीसीआई का कोई भी दूसरा अध्यक्ष फेडरेशन के माध्यम से और अपने निजी प्रयासों से व्यवसायी समुदाय के लिए इतना कुछ नहीं कर सका जितना कि सरोज ने किया है।

मेरा सबसे छोटा दामाद श्याम सुन्दर भरतिया एक अत्यधिक सफल व्यवसायी है। उसने शून्य से शुरू करके वाम ऑर्गैनिक केमिकल्स की स्थापना की, जो अब जूबिलेंट आर्गेनोसिस लिमिटेड के नाम से अपने प्रकार की भारत की सबसे बड़ी कम्पनियों में से एक है। वह सिर्फ पच्चीस वर्ष की उम्र में वाम ऑर्गैनिक केमिकल्स का प्रबन्ध निदेशक बन गया था। कम्पनी की स्थापना के बाद उसने संयन्त्र लगाने के लिए ऋण की व्यवस्था के लिए वित्तीय संस्थाओं और बैंकों से सम्पर्क किया। सभी वित्तीय संस्थाएँ इतनी कम उम्र के प्रबन्ध निदेशक वाली कम्पनी को ऋण देने से हिचकिचा रही थीं। उन्होंने श्याम से उसकी उम्र को लेकर अपनी आशंकाएँ प्रकट कीं। श्याम ने उनसे कहा कि वे कम्पनी के बारे में उससे कोई भी प्रश्न पूछ सकते थे, और यदि वे उसके उत्तर से असन्तुष्ट महसूस करें तो वे उसके बारे में अपनी अन्तिम धारणा बनाने के लिए स्वतन्त्र थे। श्याम से कम्पनी के बारे में गहराई से बातचीत करने के बाद वे उससे इतना ज्यादा प्रभावित हुए कि उन्होंने उसे कम्पनी के प्रबन्ध निदेशक के रूप में स्वीकार कर लिया। मैं कई बार उसके बारे में हँसते हुए कहता हूँ कि वह किसी चीज को भी छूकर पैसा बना सकता है। उसके पास सचमुच ही वह गुण है जिसे हम 'मिडाज टच' कहते हैं।

मैं सौभाग्यशाली हूँ कि मुझे प्रतिभावान बेटियाँ और सक्षम दामाद मिले हैं। मेरे छह नाती-नातिनें हैं–चार लड़के और दो लड़कियाँ। मुझे अपने सभी नाती-नातिनों पर गर्व है। मेरे सात परनाती-परनातिनें भी हैं, चार लड़के और तीन लड़कियाँ। वे सभी भी बहुत प्यारे और होशियार हैं।

38

मेरे हृदय की शल्य-चिकित्सा

मैं सिर्फ एक बार अस्वस्थता के कारण अपने कार्यालय नहीं जा पाया हूँ। यह 1942 की बात है। ऐसा नहीं कि मैं कभी बीमार नहीं हुआ। कभी-कभी मुझे हल्का बुखार हो जाता है, जो दो-तीन दिन तक रहता है। लेकिन इससे मेरा काम प्रभावित नहीं होता और मैं अपनी नियमित दिनचर्या को जारी रखता हूँ। एक बार मैं हमारी एक चीनी मिल के दौरे पर गया तो मुझे तेज बुखार हो गया। तापमान 102 डिग्री तक जा पहुँचा। लेकिन चूँकि मुझे कुछ महत्त्वपूर्ण काम निबटाने थे, इसलिए मैं एक एस्प्रीन लेकर अपनी सामान्य गतिविधियों में लगा रहा।

मैं प्रतिदिन लगभग पैंतीस मिनट तक पैदल चलता हूँ और लगभग बारह मिनट तक नियमित रूप से व्यायाम करता हूँ। इस व्यायाम में दो योगासन भी शामिल हैं। परिणामस्वरूप मेरा शारीरिक संविधान काफी मजबूत है। इसलिए जब मुझे हृदय की शिकायत हुई तो यह न सिर्फ मेरे लिए बल्कि मेरे सभी सम्बन्धियों, मित्रों और शुभचिन्तकों के लिए भी अचम्भे की बात थी।

समस्या के पहले संकेत मुझे अपनी एक लन्दन-यात्रा के दौरान मिले। 4 जून 1999 को मैं गपर्गर स्क्वेयर के पार्क में तेज चाल से चल रहा था कि अचानक मुझे अपनी बाईं बाँह में पीड़ा महसूस हुई। मुझे कुछ बचना-सा होने लगा। पार्क में बहुत-सी बेंचे हैं। लेकिन मैं बैठने के बजाय एक बेंच की पीठ को पकड़कर खड़ा रहा। मुझे लगा कि शायद किसी मांसपेशी की पीड़ा है। दो-तीन मिनट बाद पीड़ा खत्म हो गई। मैं फिर से चलने लगा। इस बार मैं जानबूझकर काफी तेज चलने लगा। पीड़ा फिर से लौट आई। लेकिन धीमी गति से चलने पर पीड़ा नहीं होती थी। मैं समझ गया कि निश्चित रूप से इस पीड़ा का सम्बन्ध हृदय से था। मैं अपने भारतीय चिकित्सकों से सलाह लेने से पहले लन्दन के चिकित्सकों या हृदय-विशेषज्ञों से नहीं मिलना चाहता था। मैं जब भी भारत से बाहर होता हूँ तो मेरी पत्नी प्रतिदिन मुझे फोन करती है। मैंने उसे इस पीड़ा के बारे में कुछ भी नहीं बताया, क्योंकि मुझे डर था कि वह बहुत ज्यादा घबरा जाएगी। वह खुद भी हृदय की रोगी है। इसके बाद मैं लगभग एक पखवाड़े तक लन्दन में रहा और 19 जून को भारत लौटा। मेरी पत्नी, जो इस बीच मसूरी में थी, तब तक कोलकाता लौट आई थी, क्योंकि मेरी सबसे बड़ी बेटी नन्दिनी के पोता और मेरी मँझली बेटी ज्योत्सना के पोती हुई थी। मैंने अपनी पत्नी को अपनी समस्या के बारे में अब भी कुछ नहीं बताया।

मेरी पत्नी गर्मियों के महीने आम तौर से मसूरी में बिताती है। जून के तीसरे सप्ताह के आसपास मैं भी वहाँ पहुँच जाता हूँ और लगभग साढ़े तीन सप्ताह अपनी पत्नी के साथ मसूरी में ही बिताता हूँ। इस बार मैं 26 जून को अपनी पत्नी के साथ ही मसूरी गया। मैंने उसे अपनी पीड़ा के बारे में कुछ भी नहीं बताया। इस पूरी अवधि के दौरान मुझे सिर्फ तेज चलते हुए पीड़ा महसूस होती थी। इसके बारे में कोलकाता में अपने चिकित्सकों या अपनी पत्नी को न बताना निश्चित रूप से मेरी मूर्खता ही थी। मुझे अपने स्वास्थ्य को लेकर अत्यधिक आत्मविश्वास था। क्योंकि धीमे चलते हुए मुझे यह पीड़ा महसूस नहीं होती थी, इसलिए मैंने इसे उतनी गम्भीरता से नहीं लिया था जितना कि मुझे लेना चाहिए था।

20 जुलाई को मैंने अपनी पत्नी के साथ-साथ मसूरी के हमारे दो नियमित चिकित्सकों–डॉ. सुनील सनोन और डॉ. आदित्य प्रसाद–को इस पीड़ा के बारे में बताया। ये दोनों बहुत सक्षम डॉक्टर हैं। डॉ. सनोन एक सामान्य चिकित्सक होने के साथ-साथ एक अच्छे हृदय-विशेषज्ञ भी हैं। डॉ. आदित्य प्रसाद स्वर्गीय डॉ. ज्वाला प्रसाद के पुत्र हैं, जिन्हें हम 1949 से जानते थे। मेरी पूरी कहानी सुनने के बाद उन्होंने मुझे कोलकाता लौटते ही तुरन्त ट्रेडमिल परीक्षण करवाने की सलाह दी। मैंने कोलकाता में अपने पारिवारिक चिकित्सक को फोन करके इस परीक्षण के लिए समय लेकर रखने के लिए कहा। मैं 26 जुलाई को कोलकाता लौटा और 27 जुलाई को मेरे परीक्षण हुए। पहला परीक्षण ईकोकार्डियोग्राफी था। इसके परिणाम सामान्य पाए गए तो डॉक्टरों को उम्मीद बँधी कि ट्रेडमिल परीक्षण में भी हृदय में कोई बड़ा दोष नहीं पाया जाएगा। लेकिन मैं इस परीक्षण को पूरा नहीं कर पाया क्योंकि डॉक्टरों ने बीच में ही मशीन को रोक दिया। उन्हें इस बात के पर्याप्त प्रमाण मिल गए थे कि मेरे हृदय में कुछ गड़बड़ थी।

उसी शाम मेरे चिकित्सकों और दो हृदय-विशेषज्ञों के बीच एक बैठक हुई। वे ट्रेडमिल परीक्षण की रिपोर्ट देख चुके थे। उन सबने मुझे तुरन्त लन्दन जाकर बायपास सर्जरी करवाने की सलाह दी। मैंने उनसे कहा कि अगस्त के अन्त से पहले मेरा भारत से बाहर जाना असम्भव था, क्योंकि मुझे अपनी कम्पनियों के बारे में कई महत्त्वपूर्ण निर्णय लेने थे। मैंने उन्हें समझाया कि ये निर्णय सिर्फ मैं ले सकता था और मेरे अचानक लन्दन चले जाने से मेरी कम्पनियों के प्रदर्शन पर अगले कई महीनों तक बुरा प्रभाव पड़ सकता था।

चीनी मिलों से जुड़े कई निर्णय मुझे तुरन्त लेने थे। इन मिलों का संचालन मौसम के अनुसार होने के कारण ये निर्णय समय पर लेने जरूरी थे। मेरी पत्नी और मेरे डॉक्टरों ने मुझसे एक प्रश्न किया–अधिक मूल्यवान क्या था? मेरा काम या मेरा जीवन? मैंने उन्हें समझाया कि यह मेरे जीवन का प्रश्न नहीं था; वास्तविक प्रश्न यह था कि यदि निर्णायक घड़ी में मनुष्य अपने दायित्वों का निर्वाह न कर पाए तो ऐसे जीवन का क्या लाभ? मैंने उनसे कहा कि मेरे अचानक विदेश चले जाने से मेरी कम्पनियों के प्रदर्शन पर बुरा प्रभाव पड़ेगा और उनकी छवि को धक्का लगेगा। मैं इस तरह के अपयश से मृत्यु को अधिक पसन्द करूँगा। मेरे इस संकल्प को देखकर मेरे डॉक्टरों, मेरी पत्नी और मेरे परिजनों ने मुझ पर जोर डालना बन्द कर दिया।

चिकित्सकों ने बड़ी सावधानी से मेरे लिए एक कार्यक्रम बना दिया, ताकि लन्दन पहुँचने तक मेरी स्थिति और ज्यादा खराब न हो। उन्होंने मेरे हृदय की सुरक्षा के लिए और रक्त को पतला रखने के लिए मुझे बहुत-सी दवाएँ दीं। उन्होंने मुझे एक स्प्रे भी दिया ताकि बाईं

बाँह या सीने में पीड़ा उठते ही मैं तुरन्त इस स्प्रे का प्रयोग कर सकूँ। मैंने अपनी पत्नी से कहा कि मैं 30 अगस्त के आसपास शल्य-चिकित्सा के लिए लन्दन जा सकता था। मेरे हृदय ने मुझे ज्यादा परेशान नहीं किया, सिवा तेज चलने की स्थिति में। मेरी पत्नी ने कहा कि जब इतनी प्रतीक्षा की है तो हम चार-पाँच दिन बाद भी जा सकते थे, ताकि हम 2 सितम्बर को कोलकाता के अपने मन्दिर में कृष्ण-जन्माष्टमी मना सकें। मैं उससे सहमत था। लन्दन में हृदय-विशेषज्ञ के साथ मेरी भेंट के लिए 6 सितम्बर की तारीख निश्चित कर दी गई। ऑपरेशन के लिए 7 सितम्बर की तारीख निर्धारित कर दी गई।

आश्चर्य की बात थी कि 4 जून से लेकर 20 जुलाई तक मुझे तेज चलने के अवसरों को छोड़कर अपनी बाँह में कोई पीड़ा महसूस नहीं हुई थी। लेकिन जुलाई के अन्त के आसपास मुझे उस समय भी पीड़ा महसूस होने लगी जब मैं चल नहीं रहा होता था। चारों चिकित्सकों से एक बार फिर परामर्श किया गया। वे इस स्थिति से प्रसन्न नहीं थे। अब मैं भी कुछ सतर्क हो गया था।

मुझे दिल्ली में कुछ जरूरी काम था। मैं 18 अगस्त को दिल्ली गया। अब पीड़ा लगभग हर समय ही रहने लगी थी। अपने हृदय की सुरक्षा के लिए मुझे हर दस-पन्द्रह मिनट बाद स्प्रे छिड़कना पड़ता था। मैंने मसूरी से डॉ. आदित्य प्रसाद को अपने पास बुला लिया। मैंने कोलकाता के अपने चिकित्सकों की सलाह भले ही नहीं मानी थी, लेकिन ऐसी हर सावधानी बरतनी जरूरी थी जिससे लन्दन पहुँचने तक मेरी स्थिति को नियन्त्रण में रखा जा सके। फिर भी मेरे हृदय की दशा दिन-प्रतिदिन बिगड़ती चली गई।

दिल्ली में ही एक दिन मुझे अपने सीने में भी पीड़ा महसूस होने लगी। डॉ. आदित्य प्रसाद ने कहा कि पीड़ा बाँह में हो या सीने में, एक ही बात थी और इसका सम्बन्ध सिर्फ हृदय से था।

अपने हृदय की बिगड़ती स्थिति को देखकर मैं बहुत चिन्तित हो उठा था। परिवार के सभी सदस्य भी घबरा गए थे। जब तक हृदय प्रभावित नहीं हो रहा था, ऑपरेशन में विलम्ब [illegible] थी। मैं चाहता था कि हृदय के प्रभावित होने से पहले ही ऑपरेशन हो जाए। अब मुझे हर दस मिनट बाद स्प्रे का प्रयोग करना पड़ रहा था। मुझे इस बात का अहसास था कि यदि ऑपरेशन में विलम्ब के कारण मेरा हृदय प्रभावित हो गया तो मुझे शेष पूरा जीवन अत्यधिक सतर्कता बरतनी होगी। मेरी बिगड़ती स्थिति को देखकर मेरी पत्नी, सभी बेटियाँ, दामाद और नाती-नातिनें दिल्ली आ पहुँचे। मेरी पत्नी अपने साथ डॉ. अनिल मिश्रा को भी लेती आई थी, जो कोलकाता में मेरे हृदय-विशेषज्ञों में से एक हैं और बी.एम. बिड़ला हार्ट रिसर्च सेंटर के प्रधान हृदय-विशेषज्ञ हैं। डॉ. मिश्रा ने मेरी जाँच की और कहा कि मेरे हृदय की स्थिति को देखते हुए मुझे तुरन्त लन्दन जाना होगा। उन्होंने कहा कि इसमें एक दिन की देरी भी नहीं होनी चाहिए। मैंने अपने चिकित्सकों से कहा कि अब मेरे लिए 26 अगस्त को लन्दन जाना कठिन नहीं होगा, क्योंकि मैं अपने अधिकांश काम निबटा चुका था और कुछ बचे-खुचे काम अगले दो दिनों में पूरे कर लेनेवाला था। अब समस्या थी इतने कम समय में हवाई-यात्रा और होटल का आरक्षण करवाने की। मेरी बेटियों ने बहुत परिश्रम करके इन सबकी व्यवस्था की और हम लोग 26 अगस्त को लन्दन के लिए निकल पड़े। मेरी बेटियाँ और दामाद भी लगभग उसी समय अलग-अलग विमानों से लन्दन के लिए निकल पड़े।

मेरा छोटा भाई बसन्त कुमार और उसकी पत्नी सरला भी हमारे साथ-साथ ही लन्दन पहुँच गए। मेरे स्वर्गीय चचेरे भाई माधवप्रसाद की पत्नी प्रियम्वदा देवी बिड़ला भी वहाँ आ पहुँचीं। मेरे एक दूसरे चचेरे भाई गंगा प्रसाद को अमरीका जाना था। उसने भी अपना कार्यक्रम इस तरह से बनाया कि ऑपरेशन के तुरन्त बाद वह अपनी पत्नी निर्मला देवी के साथ लन्दन में था। उसने मेरे साथ रहने के लिए डॉ. मिश्रा को भी लन्दन भेजने की व्यवस्था कर दी थी। अनिल लगभग दस दिन तक वहाँ रहे और अस्पताल से मुझे छुट्टी मिलने के बाद ही भारत लौटे। हालाँकि हम सब सगे और चचेरे भाई व्यावसायिक रूप से कुछ वर्ष पहले अलग-अलग हो गए थे, लेकिन हमारे बीच परस्पर स्नेह और आत्मीयता का सूत्र जरा भी कमजोर नहीं पड़ा था। ऑपरेशन के दौरान हमारा लगभग पूरा परिवार लन्दन में था। मैं पारिवारिक सहानुभूति के इस अभूतपूर्व प्रदर्शन से अभिभूत महसूस कर रहा था।

हम 26 अगस्त की शुरुआती घड़ियों में लन्दन पहुँचे थे। मेरे चारों भारतीय चिकित्सक भी हमारे साथ थे। इनमें से तीन विमान में मेरे साथ ही भारत से आए थे, जबकि डॉ. राजीव शर्मा मुम्बई से सीधे लन्दन पहुँचे थे। विमान में मेरे साथ यात्रा करनेवाले तीनों चिकित्सक बहुत-सी औषधियाँ और कई ऑक्सीजन सिलिंडर साथ लेकर चल रहे थे, ताकि कोई संकट पैदा होने की स्थिति में वे विमान में ही मेरा उपचार कर सकें। लेकिन सौभाग्यवश विमान में ऐसा कुछ भी नहीं हुआ और हम लोग सुरक्षित लन्दन पहुँच गए। उसी दोपहर डॉ. एंथनी रिकर्ड्स के साथ मेरी भेंट निर्धारित थी, जो लन्दन के एक अग्रणी हृदय-विशेषज्ञ हैं और पूरी दुनिया में उनका नाम है। मेरी बेटियाँ, दामाद और चारों चिकित्सक भी इस भेंट के दौरान मेरे साथ थे।

डॉ. रिकर्ड्स ने मेरी जाँच की और यह सुनने के बाद कि कुछ सप्ताह पहले शुरू हुई पीड़ा के अलावा मैं पूरी तरह से स्वस्थ महसूस करता रहा था, उन्हें लगा कि शायद मुझे शल्य-चिकित्सा की जरूरत न पड़े। उन्होंने कहा कि मेरी उम्र को देखते हुए—मैं उस समय इक्यासी वर्ष का था—वे यह प्रयास करेंगे कि बायपास सर्जरी की बजाय एंजियोप्लास्टी से काम चल जाए। लेकिन सब कुछ एंजियोग्राफी के परिणाम पर निर्भर करता था, जिसके लिए अगले दिन सुबह का समय निर्धारित किया गया था।

लन्दन के लिए रवाना होने से पहले, बल्कि ट्रेडमिल परीक्षण के तुरन्त बाद, हम सबमें यह विचार-विमर्श हुआ था कि ऑपरेशन लन्दन में होना चाहिए या क्लीवलैंड में। क्लीवलैंड विश्व के श्रेष्ठतम हृदय-केन्द्र के रूप में जाना जाता है। लेकिन पूरा परिवार, और स्वयं मैं भी, लन्दन के पक्ष में था। पहला कारण यह था कि लन्दन हम सबके लिए ज्यादा घर जैसा और जाना-पहचाना था, दूसरे यह भारत से अधिक नजदीक भी था, तीसरे हमें लन्दन के चिकित्सकों की योग्यता पर पूरा भरोसा था, जो बहुत सावधानी और सुरक्षा बरतने के लिए जाने जाते हैं। किसी ने यह सुझाव भी दिया था कि स्विट्जरलैंड के डॉक्टर और सर्जन भी बहुत अच्छे हैं। लेकिन अन्ततः हमने लन्दन जाने का फैसला किया।

सिंगापुर के व्यवसायियों के एक समूह ने, जिसे ग्लेन ईगल ग्रुप के नाम से जाना जाता था, लन्दन में एक विशेष अस्पताल की स्थापना की थी। इसका नाम हार्ट अस्पताल है। लन्दन के कुछ चिकित्सकों ने भी इसमें पैसा लगाया था, जिनमें डॉ. रिकर्ड्स भी शामिल थे। अगले दिन मैं इसी अस्पताल में गया। मेरे सभी चिकित्सक, बेटियाँ और दामाद भी मेरे साथ थे। मैंने इस अस्पताल को इसकी ख्याति के अनुरूप एक उत्कृष्ट अस्पताल पाया।

एंजियोग्राफी के दौरान मुझे शामक दवाओं के प्रभाव में रखा गया। एंजियोग्राफी का परिणाम बहुत भयानक था। मुख्य धमनी 99 प्रतिशत अवरुद्ध हो चुकी थी, दूसरी धमनी 95 प्रतिशत, तीसरी 75 प्रतिशत और चौथी 50 प्रतिशत प्रभावित हो चुकी थी। इससे पहले बायपास सर्जरी को टालने का विचार कर रहे डॉ. रिकर्ड्स ने कहा कि एंजियोप्लास्टी का प्रश्न ही नहीं उठता था। उन्होंने कहा कि यह आश्चर्य की बात थी कि हृदय को रक्त की इतनी कम आपूर्ति होने पर भी मुझे कोई भयानक दौरा नहीं पड़ा था। लेकिन, सौभाग्यवश उन्होंने मेरे हृदय को काफी अच्छी अवस्था में पाया था। फिर भी उन्होंने कहा कि ऑपरेशन तुरन्त और उसी दिन करना आवश्यक था।

हृदय-रोपण के बाद बायपास सर्जरी को सबसे बड़ा ऑपरेशन माना जाता है। जब इससे पहले डॉ. रिकर्ड्स ने कहा था कि शायद एंजियोप्लास्टी से ही काम चल जाए तो मैं बहुत खुश हो गया था। लेकिन अब जब अचानक ही मुझे बताया गया कि तुरन्त ऑपरेशन करना होगा तो मैं हक्का-बक्का रह गया और बहुत हताश महसूस करने लगा। मैंने डॉक्टर से अनुरोध किया कि इतने बड़े ऑपरेशन के लिए अपने-आपको मानसिक रूप से तैयार करने के लिए मुझे तीन दिन का समय चाहिए। डॉ. रिकर्ड्स ने कहा कि वे मुझे चार घंटे दे सकते थे, वह भी इसलिए कि किसी पूर्वसूचना के बिना तत्काल ऑपरेशन करने के लिए उन्हें किसी सर्जन की व्यवस्था करनी थी। उन्होंने कहा कि इन चार घंटों के लिए भी मुझे तुरन्त आपातकालीन विभाग में भेजा जा रहा था। मैंने एक बार फिर तीन दिन दिए जाने का आग्रह किया तो उन्होंने कहा कि वे सिर्फ एक शर्त पर मेरी बात मान सकते थे—यह पूरा समय मुझे इंटेंसिव केयर यूनिट (आई.सी.यू.) में चौबीसों घंटे की निगरानी के बीच गुजारना होगा, ताकि कोई आपातस्थिति पैदा होने पर तुरन्त ऑपरेशन किया जा सके।

ब्रिटिश चिकित्सकों के प्रति मेरे मन में हमेशा से ही बहुत सम्मान रहा है। वे अत्यधिक समर्पित लोग हैं। इसलिए मैं डॉ. रिकर्ड्स की सलाह को नजरअन्दाज नहीं कर सकता था। इसे एक तरह का अल्टीमेटम मानते हुए मैंने अपने परिवार और पारिवारिक चिकित्सकों से परामर्श किया और यह निर्णय लिया कि अपरिहार्य को टालने का कोई अर्थ नहीं था। ऑपरेशन 27 अगस्त को शाम पाँच बजे हुआ। शल्य-चिकित्सक थे डॉ. चार्ल्स डब्ल्यू. पैटीसन, जो लन्दन के शीर्ष हृदय शल्य-चिकित्सकों में से एक हैं। डॉक्टरों ने मुझसे कहा था कि ऑपरेशन में चार से साढ़े चार घंटे तक लगेंगे, लेकिन ऑपरेशन तीन घंटों में ही पूरा हो गया।

ऑपरेशन की अवधि के दौरान भारत में मेरे सभी सम्बन्धी और अधिकांश वरिष्ठ प्रभावी जागते रहे। मुझे ब्रिटिश समय के अनुसार रात के 9 बजे आई.सी.यू. में स्थानान्तरित किया गया था, जिसका अर्थ था कि उस समय भारत में रात के 1.30 बज रहे थे। ऑपरेशन के सफलतापूर्वक सम्पन्न हो जाने की सूचना पाने के बाद ही ये लोग आश्वस्त हुए और इन्हें नींद आई। मैं परिवार के सभी सदस्यों, अपने प्रभावियों और सचिवों द्वारा प्रदर्शित आत्मीयता की इस भावना से बहुत भाव-विभोर महसूस करता रहा।

भारत से रवाना होने से पहले मेरे कुछ मित्रों ने, जो स्वयं भी बायपास सर्जरी करवा चुके थे, मुझे आश्वस्त किया था कि एक बड़ा ऑपरेशन होने के बावजूद मुझे इस ऑपरेशन को लेकर किसी तरह का भय महसूस नहीं करना चाहिए। उन्होंने कहा था कि ऑपरेशन के बाद दो दिन तक मुझे निश्चेतक दवाओं के प्रभाव में आई.सी.यू. में रखा जाएगा, और

तीसरे दिन मुझे अस्पताल के अपने कमरे में स्थानान्तरित कर दिया जाएगा। एक बार अपने कमरे में पहुँच जाने के बाद मैं काफी अच्छा महसूस करूँगा।

ऑपरेशन से पहले मैंने आई.सी.यू. का एक चक्कर लगाया था, जहाँ मुझे दो दिनों तक रहना था। मैंने उस कमरे को भी देख लिया था जहाँ मुझे बाद में स्थानान्तरित किया जाना था। कमरे का परिवेश बहुत मनोरम और घर जैसा था। आई.सी.यू. एक बहुत बड़ा हॉल था। इसमें एक भी खिड़की नहीं थी, इसलिए बाहर का कोई दृश्य दिखाई नहीं देता था। मैं बन्द जगहों में बेचैनी महसूस करने लगता हूँ। मुझे आई.सी.यू. का माहौल उदास और रूखा-रूखा-सा प्रतीत हुआ। लेकिन, जैसाकि भारत में मेरे मित्रों ने बताया था, मुझे आई. सी.यू. में ये दो दिन निश्चेतक अवस्था में गुजारने थे, इसलिए वहाँ के वातावरण से कोई अन्तर नहीं पड़ता था।

ऑपरेशन के बाद जब निश्चेतक दवाओं का प्रभाव खत्म हो गया तो मेरी नींद टूट गई। मुझे यह बोध था कि मैं आई.सी.यू. में हूँ। लगभग आधी रात का समय था। मैंने पाया कि मैं अकेला था और मेरे पास कोई नर्स नहीं थी। बाद में मुझे बताया गया कि एक नर्स दो रोगियों की देखभाल करती है। कुछ देर बाद नर्स आई और पाँच मिनट तक वहाँ रही। मैं उससे यह अनुरोध करना चाहता था कि मुझे नींद की दवा दे दी जाए। लेकिन मैंने पाया कि मैं अपनी आवाज खो बैठा था। मैं सिर्फ फुसफुसा रहा था, बोल नहीं पा रहा था। मैं दस-पन्द्रह मिनट तक जाग्रत अवस्था में रहा होऊँगा। बन्द माहौल से जुड़ी घबराहट के कारण, जिसे क्लास्ट्रोफोबिया कहते हैं, मैं बहुत परेशान महसूस कर रहा था। लेकिन मैं जानता था कि इस सम्बन्ध में कुछ भी नहीं किया जा सकता था। मैंने अपनी मानसिक पीड़ा को साहस से झेलने का प्रयास किया। कुछ देर बाद मेरी आँख लग गई, लेकिन रात में दो-तीन बार फिर से मेरी आँख खुलती रही। अगली सुबह मेरी पत्नी और परिवार के सदस्य मुझे देखने आए। उन्होंने कहा कि ऑपरेशन सफल रहा था और मेरी हालत काफी अच्छी थी। डॉक्टर ने रविवार को मुझे मेरे कमरे में स्थानान्तरित करने की अनुमति दे दी थी।

इस बीच ऑपरेशन की गम्भीरता और महत्त्व को देखते हुए मेरी पत्नी और परिजनों ने कोलकाता में बहुत-सी प्रार्थना सभाओं और पूजा-पाठ के कार्यक्रमों की भी व्यवस्था की थी। मेरी पत्नी 'महा मृत्युंजय जाप' नामक प्रार्थना वीडियो अपने साथ लेती आई थी जिसे इसके नाम के अनुरूप जीवन और मृत्यु के बीच संघर्ष कर रहे व्यक्ति के लिए सबसे प्रभावकारी प्रार्थना माना जाता है। मेरी पत्नी ने ऐसी व्यवस्था की कि मुझे ऑपरेशन थिएटर में ले जाने से लेकर अपने कमरे में स्थानान्तरित किए जाने की पूरी अवधि के दौरान इस जाप का वीडियो बिना रुके लगातार बजता रहा। पूरी दुनिया में प्रार्थनाओं के प्रभाव को स्वीकार किया जाता है। यह कोई अन्धविश्वास नहीं है। टेनिसन ने कहा था कि हमारी कल्पनाओं से कहीं ज्यादा चीजें हमारी प्रार्थनाओं की उपज हैं। जो भी हो, मैं और मेरी पत्नी दोनों ही इस बात में बहुत गहरा विश्वास करते हैं कि सच्चे मन से ईश्वर से की गई प्रार्थना हमेशा प्रभावकारी होती है।

ऑपरेशन के बाद मैं सामान्य गति से स्वास्थ्य लाभ करता रहा। मुझे मेरे कमरे में स्थानान्तरित करने के बाद मेरे शल्य-चिकित्सक और हृदय-विशेषज्ञ ने मुझे चलना शुरू करने की सलाह दी थी। मेरी ही तरह वहाँ एक और व्यक्ति भी था, जिसकी उसी दिन हृदय

शल्य-चिकित्सा हुई थी। उसका कमरा मेरे कमरे के काफी नजदीक था। जब भी मैं सुबह-शाम टहलता तो उसे अभिवादन करता और वह भी मेरे अभिवादन का उत्तर देता। मैं इस बात से थोड़ा चकित था कि वह हमेशा इतना खुश क्यों दिखाई देता था! उसकी दूसरी बार बायपास सर्जरी हुई थी। एक दिन मैं टहलते-टहलते उसके कमरे में जा पहुँचा। मैंने उससे पूछा कि वह हमेशा इतना खुश क्यों रहता था, जबकि मैं अपने आपको कुछ उदास-सा महसूस कर रहा था। उसने फुसफुसाते हुए कहा कि वह मुझे एक रहस्य की बात बताने जा रहा था। उसने कहा कि उसकी खुशी का कारण यह था कि उसकी पत्नी हर रात उसके लिए व्हिस्की की बोतल लेकर आती थी।

शल्य-चिकित्सा के बाद मैं बहुत कमजोर हो गया था। मांसपेशियाँ अपनी शक्ति और सामान्य काम करने की क्षमता खो बैठी थीं। पहले छह हफ्तों तक मैं अपनी सामान्य रफ्तार की एक चौथाई रफ्तार से ही चल पाया। लेकिन फिर धीरे-धीरे मेरी स्थिति में सुधार हुआ। मेरे स्वास्थ्य-लाभ की रफ्तार काफी धीमी थी। डॉक्टरों का कहना था कि इस प्रकार के ऑपरेशन के बाद मुझे 'दिनों' की बजाय 'हफ्तों' के हिसाब से अपनी प्रगति को देखना चाहिए।

फिर भी मेरे स्वास्थ्य-लाभ की रफ्तार कुल मिलाकर सन्तोषजनक थी। मेरे पारिवारिक चिकित्सकों की सलाह थी कि मुझे ऑपरेशन के बाद पाँच सप्ताह से पहले भारत नहीं लौटना चाहिए।

हृदय की बायपास सर्जरी मेरे जीवन की एक बड़ी घटना और अनुभव है। अब मैं पीछे मुड़कर देखता हूँ और इस ऑपरेशन के बारे में सोचता हूँ तो डॉ. रिकर्ड्स के शब्दों को याद करके काँप उठता हूँ। उन्होंने कहा था कि एक सप्ताह का विलम्ब भी मेरे लिए भयानक हृदय-आघात का कारण बन सकता था। मुझे अब इस बात का अहसास होता है कि ईश्वर मेरे प्रति कितना कृपालु और दयालु रहा है।

पूरी स्थिति का पुनरावलोकन करते हुए मैं कह सकता हूँ कि सिर्फ ईश्वर के आशीर्वाद और मेरी पत्नी, बेटियों, दामादों, भाइयों, चचेरे भाइयों और उनकी पत्नियों और परिवार के अन्य सदस्यों द्वारा मेरी स्नेह भरी देखभाल के साथ-साथ मेरे मित्रों, स्टाफ के सदस्यों और शुभचिन्तकों की शुभकामनाओं और मेरे आत्मविश्वास ने ही जीवन के इस बड़े संकट से उबरने में मेरी मदद की।

39

एक सांसद के रूप में मेरा जीवन

मैं तीन कार्यकालों तक राज्यसभा का सदस्य (सांसद) रहा। 1984 से लेकर 1990 तक मैं एक कांग्रेस-समर्थित स्वतन्त्र सांसद था, और बाद के दो कार्यकालों में मैं कांग्रेस का सांसद था।

किसी भी सत्र में मैं राज्यसभा की बैठकों से दो-तीन दिन से ज्यादा अनुपस्थित नहीं रहा, वह भी कोई अत्यावश्यक काम पड़ जाने के कारण।

राज्यसभा में मेरी उपस्थिति की समय-सारिणी थी सुबह 11.00 से दोपहर 1.00 बजे तक सदन के भीतर उपस्थित रहना, 1.00 से 2.00 बजे तक केन्द्रीय सभागृह में अन्य सांसदों या पूर्व-सांसदों के साथ चाय या कॉफी पीना, और 2.00 से 4.00 बजे के बीच एक बार फिर सदन में उपस्थित रहना।

किसी महत्त्वपूर्ण सांसद या मन्त्री द्वारा भाषण के अवसरों पर मेरी पूरी दोपहर राज्यसभा में ही गुजरती थी।

इन तीन कार्यकालों के दौरान मैं बहुत-से विषयों पर बोला। केन्द्रीय बजट और अन्य वित्तीय मामलों पर मैं हमेशा ही बोलता था। अनेक अवसरों पर मैं रेलवे बजट और अन्य विषयों पर भी बोला। जिन चर्चाओं में मैंने भाग लिया उनमें से कुछ की सूची मैं नीचे दे रहा हूँ–

कश्मीर की स्थिति	26 जुलाई, 1984
राष्ट्रपति को धन्यवाद का प्रस्ताव	4 मार्च, 1986
देश की आर्थिक स्थिति	3 दिसम्बर, 1986
सूखे की स्थितियाँ	6 अगस्त, 1987
बोफोर्स पर प्रस्ताव	11 अगस्त, 1987
विदेशी व्यापार के लिए बहुत-से देशों द्वारा उठाए गए संरक्षणात्मक कदम	27 अप्रैल, 1989
राजस्थान में हीरों के भंडार	28 अप्रैल, 1989
विदेश मन्त्रालय का कामकाज	28 अप्रैल, 1989

मैंने कई विषयों पर विशिष्ट टिप्पणियाँ भी कीं–

भारत-पाक और भारत-बांग्लादेश सीमाओं पर तस्करी की गतिविधियाँ	4 मार्च, 1986

दिल्ली में बरसाती नाले में दो बच्चों की मृत्यु की खबर	11 मार्च, 1986
पाठ्य-पुस्तकों में गलत और अप्रासंगिक सूचनाएँ	25 अप्रैल, 1986
सती मामलों में बढ़ोतरी की खबरें	17 नवम्बर, 1986
डोर्नियर विमानों के समय-पूर्व इंजिन खराब होने की खबर	10 मार्च, 1987
दिल्ली में पानी की भारी कमी	6 मई, 1987
अमरीका में भारतीयों को आतंकित किया जाना	8 मार्च, 1988
दिल्ली में पानी का भारी संकट	25 अप्रैल, 1988
रुपए का लगातार अवमूल्यन	19 दिसम्बर, 1988

मैंने अधिकांश ध्यानाकर्षण प्रस्तावों में भी भाग लिया। इनमें से कुछ थे–

गुजरात की घटनाएँ	29 अप्रैल, 1985
अल्बामा में भाड़े के आतंकवादियों का स्कूल	25 जुलाई, 1985
देश में बाढ़ और सूखे की स्थितियाँ	6 नवम्बर, 1986

मेरे पहले और दूसरे कार्यकाल के दौरान मेरे द्वारा सदन में दिए गए सभी महत्त्वपूर्ण भाषण पुस्तकों के रूप में प्रकाशित हो चुके हैं। पहली पुस्तक में एक संसद-सदस्य के रूप में 1984 से 1990 तक के मेरे कार्यकाल के भाषण हैं। इस पुस्तक की प्रस्तावना पी. शिवशंकर ने लिखी थी, जो तब राज्यसभा में कांग्रेस के नेता थे। मैं इसके कुछ पैरे उद्धृत कर रहा हूँ–

"राज्यसभा की चर्चाओं में श्री बिड़ला का योगदान आर्थिक मामलों तक सीमित नहीं था। जब भी जनता के हित से जुड़े अन्य महत्त्वपूर्ण विषयों पर चर्चा होती थी, वे अपने सुविचारित आकलनों को प्रस्तुत करने के लिए तत्पर रहते थे। वे संसदीय चर्चाओं की मिल को सामग्री प्रदान करते थे। यह बात उन लोगों के लिए आश्चर्यजनक हो सकती थी जो उन्हें सिर्फ एक उद्योगपति के रूप में देखते थे, लेकिन मुझे विविध क्षेत्रों में उनकी सक्रिय रुचि की जानकारी थी। कश्मीर, गोरखालैंड, फिजी जैसे मामलों पर उनके विचार विविध विषयों में उनकी गहरी रुचि का सकारात्मक प्रमाण हैं।

"बिड़लाजी के निष्कपट और सादगी भरे स्वभाव ने उन्हें सदन में सभी वर्गों का प्रिय बना दिया है। मुँह में चाँदी का चम्मच लेकर पैदा होने के बावजूद वे सच्ची विनम्रता के उदाहरण हैं।

"बिड़लाजी के चुनिन्दा भाषणों की यह प्रस्तावना लिखते हुए मैं राज्यसभा में उत्कृष्ट प्रदर्शन के लिए उन्हें बधाई देता हूँ, और आनेवाले कई वर्षों तक इसी तरह एक सफल संसदीय जीवन जीने के लिए उन्हें शुभकामनाएँ देता हूँ। मुझे जरा भी सन्देह नहीं है कि पीछे मुड़कर देखने पर वे अपने-आपसे सन्तुष्ट महसूस करेंगे।"

1990 से 1996 तक के अपने दूसरे कार्यकाल के दौरान मैंने 27 अप्रैल 1992 को रूसी राष्ट्रपति द्वारा भारत को रॉकेट-तकनीक के हस्तान्तरण को स्थगित करने के

निर्णय से लेकर देश में ऐतिहासिक स्मारकों के संरक्षण की आवश्यकता तक अनेक विषयों पर भाषण दिए।

मुझे यह जानकर बहुत दुख हुआ कि पश्चिम एशियाई देशों में भारतीय लड़कियों और स्त्रियों को रोजगार दिलाने के नाम पर उनका शोषण किया जा रहा था। मैंने 22 दिसम्बर 1992 को इस सम्बन्ध में एक विशेष टिप्पणी की। मैं जिन अन्य विषयों पर बोला उनमें 23 दिसम्बर 1993 का थार मरुस्थल के प्रसार का खतरा, 26 अप्रैल, 1994 को रक्षा मन्त्रालय का कामकाज, और 16 अगस्त, 1995 को तिहाड़ जेल में नशीले पदार्थों की तस्करी जैसे विषय शामिल थे।

दूसरे कार्यकाल के दौरान मेरे महत्त्वपूर्ण भाषणों से सम्बन्धित पुस्तक की प्रस्तावना डॉ. मनमोहन सिंह ने लिखी थी। वे उस समय राज्यसभा में विपक्ष के नेता थे। मुझे जिस बात से सबसे ज्यादा प्रसन्नता हुई वह यह थी कि उन्होंने मेरे द्वारा भेजे गए सभी भाषणों को पढ़ा। यह बात उनकी प्रस्तावना से भी स्पष्ट होती है, जिसमें उन्होंने मेरे बहुत-से भाषणों के सन्दर्भ दिए हैं। इस प्रस्तावना को पूरा-का-पूरा यहाँ प्रस्तुत किया जा रहा है :

प्रस्तावना

मुझे इस पुस्तक की प्रस्तावना लिखते हुए अत्यन्त प्रसन्नता हो रही है, जो दिग्गज उद्योगपति और विशिष्ट सांसद श्री के.के. बिड़ला द्वारा राज्यसभा में दिए गए कुछ महत्त्वपूर्ण भाषणों का दूसरा संकलन है।

श्री के.के. बिड़ला राज्यसभा को उद्योग-जगत के एक शीर्ष नेता के प्रचुर ज्ञान और सूझ-बूझ का लाभ प्रदान करते रहे हैं। इसलिए हमारी अर्थ-व्यवस्था के प्रबन्धन और खासकर उद्योग और व्यापार की समस्याओं को लेकर उनके विचार गहरी सार्वजनिक रुचि का विषय हैं।

इस पुस्तक में 1990 से 1996 की अवधि के दौरान श्री बिड़ला द्वारा राज्यसभा में दिए गए कुछ महत्त्वपूर्ण भाषण संकलित हैं, जो सामयिक बृहत-आर्थिक विषयों पर सूचनाओं और आकलनों का एक विस्तृत भंडार हैं। इस संकलन के पाठकों को केन्द्रीय सरकार के आम बजट, रेलवे बजट और वित्त विधेयक पर श्री बिड़ला के भाषण विशेष रूप से ज्ञानवर्द्धक प्रतीत होंगे। ये भाषण श्री बिड़ला की विश्लेषणात्मक क्षमता के साथ-साथ सामाजिक और आर्थिक विकास की प्रक्रिया को तेज करने से जुड़े उनके सरोकार और प्रतिबद्धता को भी उजागर करते हैं। श्री बिड़ला इस बात पर बिलकुल सही जोर देते हैं कि तेजी से विकसित होती अर्थ-व्यवस्था के माध्यम से ही हम आम जनता की निर्धनता की समस्या का कोई अर्थपूर्ण समाधान ढूँढ़ सकते हैं। 1991 से 1996 तक के केन्द्रीय बजटों पर उनके भाषण इस अवधि के दौरान हमारी अर्थ-व्यवस्था के सामने आनेवाली चुनौतियों को दर्शाते हैं, और यह भी कि हमने इन चुनौतियों का सामना किस प्रकार किया। 90 के दशक में भारतीय अर्थ-व्यवस्था के विकास में गहरी रुचि रखनेवाले छात्र इन भाषणों को बहुत शिक्षाप्रद पाएँगे।

इस संकलन के पाठक 8 अगस्त 1990 को श्री बिड़ला द्वारा राज्यसभा में मँहगाई पर दिए गए भाषण से भी अत्यधिक लाभान्वित होंगे। इस भाषण में श्री बिड़ला ने अर्थ-व्यवस्था पर मँडराते हुए संकट को पहले ही भाँप लिया था, जिसने कुछ महीने बाद हमारे देश को अपनी चपेट में ले लिया था। इसी तरह 15 जुलाई, 1991 को बिजली के संकट पर उनके भाषण में भी अनेक उपयोगी सुझाव हैं, जो आज भी उतने ही प्रासांगिक हैं।

भारत की आर्थिक समस्याओं के बारे में श्री के.के. बिड़ला की गहरी जानकारी की बात देश में सभी को पता है। लेकिन वे एक बहुमुखी व्यक्ति हैं और जनहित को प्रभावित करनेवाले बृहत सामाजिक विषयों के बारे में भी वे उतनी ही गहराई से सोचते हैं। देश के ऐतिहासिक स्मारकों के संरक्षण की आवश्यकता पर 26 नवम्बर 1992 के उनके भाषण में देश की विपुल सांस्कृतिक धरोहर के संरक्षण और बचाव को लेकर उनकी चिन्ता स्पष्ट रूप से झलकती है। 23 दिसम्बर 1993 को थार मरुस्थल के प्रसार के खतरे पर उनके भाषण से पर्यावरण और इकोलॉजी को लेकर उनकी चिन्ता प्रकट होती है। इसी तरह, इस संकलन में शामिल अन्य भाषणों में स्त्रियों और बच्चों के कल्याण और नशीले पदार्थों की तस्करी को लेकर श्री बिड़ला के सरोकारों की झलक मिलती है। 6 अप्रैल 1994 को रक्षा मन्त्रालय के कामकाज पर राज्यसभा में उनके भाषण से हमारे सार्वजनिक प्रशासन के कामकाज को लेकर श्री बिड़ला की बृहत रुचियों का एक और संकेत मिलता है।

श्री के.के. बिड़ला 1984 में राज्यसभा में आए थे। अब वे सदन के एक अति वरिष्ठ और सम्मानित सदस्य हैं। उनके अनुभवों, ज्ञान और सूझबूझ के विशाल भंडार को देखते हुए सार्वजनिक मामलों के विभिन्न पहलुओं पर उनके विचार सभी लोगों के लिए गहरी दिलचस्पी का विषय होने चाहिए। इसलिए मुझे अति प्रसन्नता है कि श्री बिड़ला ने यह संकलन निकाला है। मैं उन सभी को यह संकलन पढ़ने का परामर्श देता हूँ जिनको 90 के दशक में भारत की आर्थिक नीतियों को समझने में दिलचस्पी है।

30 सितम्बर 1998

मनमोहन सिंह
राज्यसभा में विपक्ष के नेता

1996 से 2002 तक अपने तीसरे और अन्तिम कार्यकाल के दौरान मैं संसद में प्रस्तुत होने वाले सभी केन्द्रीय बजटों और अधिकांश रेलवे बजटों पर बोला। मैं 9 जुलाई 1998 को विदेश मन्त्रालय के कामकाज पर, 9 दिसम्बर, 1998 को शक्कर नीति पर, और 16 अगस्त, 2001 को अर्थ-व्यवस्था की विकास-दर के धीमे पड़ने पर भी बोला। अर्थ-व्यवस्था की धीमी विकास-दर पर मेरे भाषण को बहुत ज्यादा पसन्द किया गया ।

एक सांसद के रूप में मेरा जीवन बहुत परिश्रम भरा था। जब भी मुझे कोई भाषण देना होता था तो मुझे काफी अध्ययन करना पड़ता था। कोई प्रश्न पूछने से पहले भी मुझे अपने-आपको पूरी तरह तैयार करना पड़ता था, जो मैं अकसर पूछता रहता था।

परिणामस्वरूप मेरे सोने का समय घटकर सिर्फ पाँच घंटे प्रतिदिन रह गया था। मैं लगभग सवा बारह बजे सोता था और सवा पाँच बजे उठ जाता था। तैयार होने के बाद मैं लगभग डेढ़ घंटे तक सभी संसदीय मामलों का अध्ययन करता था और 11.00 बजे संसद में पहुँच जाता था।

जब राजीव गांधी प्रधामन्त्री थे तो उन्होंने 12 मार्च 1930 के दिन महात्माजी की ऐतिहासिक दांडी-यात्रा की स्मृति में मार्च 1988 में एक दांडी-यात्रा आयोजित की थी। महात्माजी की दांडी-यात्रा 6 अप्रैल, 1930 को समाप्त हुई थी। यह भारत के तत्कालीन वायसराय लॉर्ड इर्विन द्वारा नमक पर कर लगाने की घोषणा के विरोध में आयोजित की गई थी। वायसराय के इस निर्णय से नमक का उत्पादन ब्रिटिश कम्पनियों का एकाधिकार बनने जा रहा था। गांधीजी ने साबरमती से लेकर दांडी तक 365 किलोमीटर की पदयात्रा की थी। दांडी गुजरात के तट के पास एक छोटा-सा मछुआरों का गाँव है। गांधीजी और उनके साथियों ने यह पदयात्रा तेईस दिनों में पूरी की थी।

राजीव गांधी की दांडी यात्रा सांकेतिक थी। यह महात्माजी के साबरमती आश्रम से लेकर चन्दोला तक की एक दिन की पदयात्रा थी, जहाँ गांधीजी ने पहले दिन की पदयात्रा के बाद विश्राम किया था।

राजीव ने पार्टी के सभी सांसदों समेत कांग्रेस के समर्थकों को इस पदयात्रा में शामिल होने के लिए आमन्त्रित किया। लेकिन साथ ही उन्होंने यह भी कहा कि इस पदयात्रा में वही लोग शामिल हों जिनका स्वास्थ्य उन्हें इसे पूरी करने की अनुमति देता हो। मैं तब सत्तर वर्ष का था। बहुत-से लोगों ने मुझे इस पदयात्रा में शामिल न होने की सलाह दी। लेकिन चूँकि मेरा स्वास्थ्य अच्छा था और मैं नियमित रूप से व्यायाम करता था, इसलिए मुझे इस पदयात्रा को पूरी कर लेने का भरोसा था। मैंने अपने साथ एक जोड़ी अतिरिक्त जूते रख लिए, क्योंकि कई बार लम्बी पदयात्रा के दौरान जूते काटने लगते हैं। गर्मी और धूप को देखते हुए मैंने गहरे रंग के वस्त्र न पहनने का फैसला किया, क्योंकि गहरे रंग गर्मी को ज्यादा सोखते हैं। इस पदयात्रा में हजारों लोग शामिल हुए थे और सभी उत्साह से भरे हुए थे। लेकिन गर्मी के कारण बहुत-से लोग बीच में ही साथ छोड़ते गए। मेरे साथ मेरे कुछ मित्रों में शिवशंकरजी और अमर सिंह भी शामिल थे, जो तब कांग्रेस में थे और अब समाजवादी पार्टी में हैं। मैंने सावधानी बरतते हुए अपनी कार के ड्राइवर को कार में पीछे-पीछे आने के लिए कहा था, ताकि अगर मैं यात्रा पूरी न कर सकूँ तो अपनी कार में अहमदाबाद लौट सकूँ। लेकिन मैं विफल न होने के लिए दृढ़ संकल्प था। मैं बीच-बीच में अपने कंठ को ठंडा रखने के लिए पानी के कुछ घूँट भर लेता था। सौभाग्यवश, मैं इस पदयात्रा को पूरी करने मैं सफल रहा।

मैंने अपना तीसरा कार्यकाल 9 अप्रैल, 2002 को पूरा किया। मैं तब चौरासी वर्ष का था। एक सांसद के रूप में जीवन काफी कठोर था। हर सप्ताह तीन-चार ऐसे समारोह होते थे जिनमें मुझे शामिल होना पड़ता था। कभी-कभी पार्टी के नेता की तरफ से पार्टियाँ होती रहती थीं। हर सत्र में उपराष्ट्रपति द्वारा सभी सांसदों के लिए एक पार्टी का आयोजन होता था। किसी सांसद के परिवार में विवाह होता और उसने मुझे आमन्त्रित किया होता तो मैं उसमें भी शामिल होता, भले ही उस सांसद के साथ मेरे निकट के सम्बन्ध न हों। कभी-कभी कोई ऐसा सांसद भी जिसे मैं जानता न होता, मुझे निमन्त्रण-पत्र भेजकर

आने के लिए जोर डालता तो मैं वहाँ भी जाता। एक बार दिल्ली से लगभग तीस किलोमीटर दूर एक सांसद के किसी बेटे की शादी थी। मुझे वहाँ आने-जाने में ही दो घंटे लग गए। मेरी जाने की इच्छा नहीं थी, लेकिन सांसद के जोर डालने पर मैं इनकार न कर सका।

जब भी कोई विदेशी अतिथि आता था तो राष्ट्रपति और प्रधानमन्त्री द्वारा लंच और डिनर पार्टियाँ दी जाती थीं। इनमें अधिकांश अवसरों पर मुझे भी आमन्त्रित किया जाता था। जब अमेरिकी राष्ट्रपति बिल क्लिंटन भारत आए तो उनके सम्मान में एक डिनर पार्टी दी गई। इस पार्टी में आमन्त्रित किए जाने के लिए बहुत-से सांसदों और अन्य अतिविशिष्ट लोगों ने काफी प्रयास किया। मैं ऐसे निमन्त्रण के लिए प्रयास करना अपनी गरिमा के विरुद्ध समझता हूँ। सौभाग्यवश, राष्ट्रपति ने मुझे इस डिनर पर आमन्त्रित किया और मैं सहर्ष इसमें शामिल भी हुआ। भोजन से पहले जलपान के दौरान आमन्त्रितों को आए हुए मेहमानों से भेंट करने का अवसर मिलता है। मैं भोजन से पहले राष्ट्रपति क्लिंटन से कुछ देर बात करने में सफल रहा। उनके द्वारा दोनों सदनों को सम्बोधित किए जाने के दौरान भी मैं उपस्थित रहा। वे अच्छे वक्ता थे और भारत की प्रशंसा करते नहीं थकते थे। उन्होंने भारतीय जनता पर बहुत गहरा प्रभाव डाला। इसी तरह, जब पाकिस्तान के जनरल परवेज मुशर्रफ भारत आए तो राष्ट्रपति द्वारा आयोजित रात्रि-भोज में मुझे भी आमन्त्रित किया गया।

जब भी मेरी पार्टी के नेता कोई सार्वजनिक भाषण देते थे तो मैं उस समारोह में जरूर शामिल होता था। मैंने सोनियाजी द्वारा सम्बोधित बहुत-सी जनसभाओं में भाग लिया। मुझे याद है एक बार गर्मियों में उन्होंने ऐसी ही एक जनसभा को सम्बोधित किया था। मैं इस अवसर पर भी उपस्थित था। मैंने अपनी जेब में पानी की एक बोतल रख ली थी और थोड़ी-थोड़ी देर बाद इसके कुछ घूँट भरता रहता था। राजीव जब विपक्ष के नेता थे तो, एक बार किसी मुद्दे पर उन्होंने फैसला किया कि कांग्रेस के सभी सांसद अपना विरोध प्रकट करने के लिए बारह घंटे तक बाहर खुले में धरना देंगे। इस पूरी अवधि के दौरान भोजन या जलपान करने के लिए जाने या शौचालय जाने के अलावा किसी को उठना नहीं था। वहाँ कुर्सियाँ भी नहीं थीं। हर किसी को दरियों पर बैठना था। यह काफी कड़ा अनुभव था। बहुत-से लोग जो इसे बर्दाश्त नहीं कर पाए, सात-आठ घंटे बाद कोई-न-कोई बहाना करके वहाँ से खिसक गए। लेकिन मेरा किसी तरह की 'बेईमानी' करने का कोई इरादा नहीं था। मैं पूरे समय तक वहाँ बैठा रहा।

इस सबके अलावा, 2001 में मेरी पत्नी के स्वास्थ्य को काफी भारी झटका लगा। वह एक बार हृदय की जकड़न की भी शिकार हुई, लेकिन सौभाग्यवश उस समय एक डॉक्टर उपस्थित था जो मेरी पत्नी के सीने की मालिश करके उसके हृदय की धड़कन को फिर से चालू करने में सफल रहा। मुझे ऐसा महसूस होने लगा कि पिछले अठारह वर्षों से मैं जिस तरह का जीवन जी रहा था, वह अब कठिनतर होता जा रहा था। मेरा स्वास्थ्य काफी अच्छा था, लेकिन मुझे लगता था कि मैं इस तरह की जीवन-शैली को अधिक-से-अधिक दो वर्ष तक और चला पाऊँगा। इन सब बातों को ध्यान में रखते हुए मैं सोनियाजी से मिला और मैंने उनसे कहा कि यदि मुझे पुनर्नामांकित किया गया तो मैं अपना अगला कार्यकाल पूरा होने तक नब्बे वर्ष का हो जाऊँगा। और यह भी कि शायद डेढ़ या दो वर्ष बाद मैं एक

अनुशासित सदस्य का जीवन नहीं जी पाऊँगा और संसद में मेरी उपस्थिति भी अनियमित रहेगी। अपना तीसरा कार्यकाल पूरा करने के बाद मैं 9 अप्रैल, 2002 को सेवा-निवृत्त हुआ। सम्भवतः यह मेरे जीवन का सर्वश्रेष्ठ समय था। एक सांसद के रूप में मुझे अपना काम बहुत पसन्द था और मुझे कम-से-कम यह सन्तोष तो है ही कि राज्य सभा में मेरी उपस्थिति का स्तर बहुत ऊँचा था और मैं सदन की गतिविधियों में सक्रिय रूप से भाग लेता था। सन्तोष का एक दूसरा कारण यह है कि मुझे पार्टियों की सीमाओं से ऊपर उठकर अन्य सांसदों का भरपूर प्रेम, स्नेह और सम्मान मिला।

40

मेरी व्यावसायिक गतिविधियाँ

मैंने 1938 में हमारे समूह की चीनी मिलों की देखरेख के साथ अपने व्यावसायिक जीवन की शुरुआत की थी। इस समय मेरे अधीन चीनी की सात ईकाइयाँ हैं। जब 1940 के दशक में मैंने उनका नियन्त्रण अपने हाथ में लिया था तो वे बहुत छोटी ईकाइयाँ थीं। उदाहरण के लिए, हमारी सबसे बड़ी इकाई–अपर गंगा शुगर एंड इंडस्ट्रीज लिमिटेड–प्रतिदिन लगभग 1300 टन ईख की क्षमतावाली एक छोटी-सी फैक्टरी थी। आज यह 10,000 टन की क्षमतावाली एक अच्छी बड़ी इकाई है। इसी तरह अन्य सभी ईकाइयों की क्षमता में भी आठ से दस गुणा वृद्धि हुई है।

मेरे पिताजी ने 1930 के दशक में ओकारा में हमारी कपड़ा इकाई की शुरुआत की थी। यह एक अत्यन्त सुनियोजित इकाई थी। पिताजी ने स्विट्जरलैंड की एक विख्यात कम्पनी रेटर से इस इकाई के लिए मशीनें खरीदी थीं। देश के विभाजन के बाद ओकारा पाकिस्तान का हिस्सा बन गया। तब बहुत-से लोगों ने पिताजी को इस मिल को बेच देने की सलाह दी। लेकिन पिताजी उनसे सहमत नहीं हुए और मिल को चलाते रहे। वहाँ के सभी हिन्दू कर्मचारियों को सुरक्षित भारत पहुँचा दिया गया था। मिल के जनरल मैनेजर गजानन्द जालानिया नागर एक व्यक्ति थे। भारत सरकार की सलाह पर वे कुछ समय के लिए मिल को छोड़कर भारत चले आए। लेकिन कुछ दिनों के बाद ही हमने उन्हें वापस ओकारा भेज दिया। वे इतने साहसी थे कि उन्होंने इस प्रस्ताव को सहर्ष स्वीकार कर लिया और बिना किसी भय के पाकिस्तान चले गए। वहाँ हमारे बहुत-से मुस्लिम अधिकारी भी थे। उन्होंने मिल को कुशलतापूर्वक चलाने के लिए हमें पूरा सहयोग देने का वायदा किया। भारत सरकार के आग्रह पर पाकिस्तान सरकार मिल को पूरी सुरक्षा प्रदान करने के लिए राजी हो गई। गजानन्द हर किसी की मदद करनेवाले व्यवित थे और अपने क्षेत्र में खूब लोकप्रिय थे। उन्होंने सरकारी अधिकारियों से मिलना शुरू किया। वे ओकारा जिले में और राजधानी में सभी शीर्ष लोगों से मिले। मिल काफी कुशलतापूर्वक चलती रही और अच्छा लाभांश देती रही। विदेशी मुद्रा की कमी के कारण पाकिस्तान सरकार इस लाभांश को हमारे पास भारत भेजने की खुली छूट नहीं दे पाई। हम तक लाभांश पहुँचे जरूर, लेकिन काफी विलम्ब के बाद। 1971 में बांग्लादेश को लेकर भारत-पाक युद्ध तक मिल ठीक-ठाक चलती रही। युद्ध के बाद पाकिस्तान की सरकार ने मिल को शत्रु की सम्पत्ति के रूप में जब्त कर लिया।

मेरे विचार में भारत सरकार ने पर्याप्त साहस नहीं दिखाया। 1971 के युद्ध के बाद पाकिस्तान हमारी मुट्ठी में था। हम पाकिस्तान के साथ सभी मामलों को सुलझा सकते थे।

मैं चाहता था कि पाकिस्तान से भेजी गई कुछ धनराशि से सतलुज इंडस्ट्रीज भारत में एक कताई कारखाना शुरू करे। काफी सोच-विचार के बाद हमने राजस्थान में झालावाड़ जिले के भवानी मंडी नामक स्थान पर एक कारखाने की स्थापना का फैसला किया। इस संयन्त्र में 1960 के दशक के मध्य में उत्पादन शुरू हुआ। हमने इस संयन्त्र के लिए आधुनिकतम मशीनें आयात की थीं। यह इकाई काफी अच्छा प्रदर्शन कर रही है।

श्रीनगर, 1979, बिड़ला सराय के शिलान्यास के अवसर पर जम्मू और कश्मीर के तत्कालीन मुख्यमन्त्री शेख मोहम्मद अब्दुल्ला

कुछ समय बाद हमने इस कताई इकाई के विस्तार का फैसला किया। इस सम्बन्ध में योजनाएँ बन रही थीं कि संयोग से कश्मीर के मुख्यमन्त्री शेख अब्दुल्ला पिताजी से मिलने बिड़ला हाउस आ पहुँचे। उन्होंने हमसे अनुरोध किया कि हम जम्मू और कश्मीर में भी किसी उद्योग की स्थापना करें। इसके बाद शेख अब्दुल्ला के साथ मेरी कई स्वतन्त्र भेंटें हुईं और हमने काठुआ नामक स्थान पर एक कताई कारखाना शुरू करने का फैसला किया। हमने इसका नाम चिनाब टेक्सटाइल मिल्स रखा, जिसका सुझाव स्वयं शेख अब्दुल्ला ने दिया था। यह इकाई अब काफी विस्तार कर चुकी है। चूँकि जम्मू और कश्मीर राज्य में यह पहली बड़ी औद्योगिक इकाई थी, इसलिए शेख अब्दुल्ला ने हमारे प्रयासों की भरपूर सराहना की। जब भी हमें कोई समस्या होती तो हमें सिर्फ मुख्यमन्त्री से सम्पर्क करना होता। शेख साहब और उनकी पत्नी बेगम साहिबा मेरे अच्छे मित्र बन गए। उन्होंने कहा कि मुझे जब भी कोई समस्या हो तो मुझे शेख साहब को स्वयं फोन करने की जरूरत नहीं थी, हमारा मुख्य प्रभावी सीधे उनसे मिल सकता था। शेख साहब और बाद में उनके सुपुत्र फारूक हमारी इकाई के सामने आनेवाली समस्याओं को सुलझाने में हमेशा मदद करते रहे। हमने इस इकाई का

विस्तार किया और आज यह देश की एक प्रमुख कपड़ा इकाई बन चुकी है। जम्मू और कश्मीर की सरकार हमेशा मददगार साबित होती रही है।

सतलुज इंडस्ट्रीज देश की सर्वाधिक सुव्यवस्थित कपड़ा ईकाइयों में से एक है। एक छोटी-सी इकाई के रूप में शुरू होकर आज यह एक बड़ी कम्पनी बन चुकी है। इसकी दो कपड़ा ईकाइयाँ हैं–एक भवानी मंडी में और दूसरी काठुआ में। इसके पास 1,55,000 तकलियों की क्षमता है। साथ ही इसके पास प्रति वर्ष 42 लाख मीटर कपड़े का उत्पादन करने की क्षमतावाले करघे भी हैं। 2006-07 में इसकी कुल आय 719.53 करोड़ रुपए थी।

टेक्समैको में 1940 के आसपास उत्पादन शुरू हुआ था। दुर्भाग्यवश, इससे पहले कि हम कुछ खास कर पाते, दूसरा विश्वयुद्ध शुरू हो गया। टेक्समैको के पास कुछ अत्यन्त सक्षम मशीनें थीं। सरकार ने आग्रह किया कि हम इस कम्पनी में सैन्य उपकरणों का उत्पादन करें। हमारे पास सरकार के निर्देश का पालन करने के अलावा कोई रास्ता नहीं था। लेकिन युद्ध खत्म होने के बाद टेक्समैको में टेक्सटाइल मशीनरी का उत्पादन होने लगा। हम रेलवे के लिए डिब्बे भी बनाने लगे। कम्पनी में उतार-चढ़ाव आते रहे। लेकिन जब भी कोई संकट पैदा होता, हम इसे बचाने का कोई-न-कोई उपाय ढूँढ लेते। धीरे-धीरे टेक्सटाइल मशीनरी के उत्पादन का व्यवसाय फलने-फूलने लगा। हमने 'होवा' नामक एक जापानी कम्पनी के साथ गठबन्धन कर लिया।

बाद में, वस्त्र-उत्पादन की मशीनों की माँग काफी कम हो गई। कम्पनी पर संकट के बादल मँडराने लगे, और अन्ततः हमें औद्योगिक एवं वित्तीय पुनर्निर्माण मंडल (बी.आई.एफ.आर.) के पास जाना पड़ा, जिसे सरकार ने बीमार ईकाइयों की मदद के लिए गठित किया था। मैंने इस मामले में व्यक्तिगत रुचि ली, लेकिन बी.आई.एफ.आर. के साथ हमारा अनुभव बहुत अनर्थकारी रहा। मैंने अपने प्रमुख प्रभावी के साथ बी.आई.एफ.आर. के साथ कई बैठकों में भाग लिया। पीठ के सदस्यों का व्यवहार बहुत रूखा और अफसरी झाड़नेवाला था। मैंने अपने लोगों से कहा कि हम बहुत ऊँची आकांक्षाओं के साथ बी.आई.एफ.आर. के पास गए थे, लेकिन उनके अधिकारियों के व्यवहार में सहानुभूति का नाम तक न था। हमने बी.आई.एफ.आर. से अपना पल्ला झाड़ने का फैसला किया। इसके लिए हमें 1995 में कोलकाता उच्च न्यायालय में जाना पड़ा। हम मुकदमा जीत गए और हमारा पीछा छूटा। दुर्भाग्यवश, जब हमें बैंकों और वित्तीय संस्थाओं से सहानुभूति की जरूरत थी तो हमने उनके रवैये को बहुत कठोर पाया। मैंने माहेश्वरी को इन संस्थाओं के प्रमुखों से मिलने के लिए भेजा और उन्हें यह कहलवाया कि यदि वे समझते थे कि हमारा प्रबन्धन अच्छा था तो उन्हें हमारी मदद करनी चाहिए। मैंने माहेश्वरी को इन संस्थाओं तक यह बात पहुँचाने के लिए कहा कि हर उद्योग में संकट की अवधियाँ आती रहती हैं। अगर इन संस्थाओं को लगता था कि हम सही रास्ते पर चल रहे थे तो इन्हें हमारी मदद करनी चाहिए।

इस चरण में मैंने अपने दामाद सरोज कुमार पोद्दार को भी शामिल कर लिया था। सरोज को प्रबन्ध निदेशक और माहेश्वरी को कार्यकारी अध्यक्ष की भूमिका निभानी थी। सरोज एक कुशाग्र-बुद्धि व्यक्ति है। कानूनी और वित्तीय मामलों का उसे बहुत गहरा ज्ञान है। उसमें नेतृत्व के भी गुण हैं। मैं चेयरमैन के रूप में इन दोनों के साथ लगभग हर महीने बैठकें करता था। अन्ततः, अपने इन प्रयासों से हम कम्पनी को पटरी पर लाने में सफल रहे। हमने कम्पनी की गतिविधियों में विविधता लाने का भी फैसला किया। आज यह

कम्पनी रेल के डिब्बों, निर्माण-ढाँचों, चीनी मिलों की मशीनों, बॉयलरों और हाइड्रो-डैम द्वारों इत्यादि का उत्पादन कर रही है। यह एक बार फिर फल-फूल रही है और एक उज्ज्वल भविष्य की ओर अग्रसर है।

टेक्समैको के पास इस्पात की ढलाई के लिए एक उत्कृष्ट ढलाईखाना भी है। इसकी क्षमता लगभग 9,000 टन है, जिसमें और ज्यादा वृद्धि की जा रही है। हम विश्वस्तर का माल तैयार करना चाहते हैं। कम्पनी उर्वरक कम्पनियों के लिए एग्रो-मशीनों का उत्पादन भी करती है।

1953 में मुझे यह विचार सूझा था कि मुझे देश के तत्कालीन प्रधानमन्त्री पंडित जवाहरलाल नेहरू को टेक्समैको में आमन्त्रित करना चाहिए, और उन्हें यह दिखाना चाहिए कि विदेशी सहयोग के बिना हम क्या कुछ कर रहे थे। मैंने इस सम्बन्ध में पिताजी से बात की। उन्हें मेरा विचार अच्छा लगा और उन्होंने मुझे पंडितजी से मिलने की सलाह दी। उस समय एम.ओ. मथई पंडितजी के सचिव थे। उनसे मेरी अच्छी मित्रता थी और उन्होंने पंडितजी के साथ मेरी भेंट की व्यवस्था कर दी। थोड़ा जोर देने के बाद पंडितजी फैक्टरी में आने के लिए राजी हो गए। मैंने यह बात पिताजी को बताई तो वे मेरी सफलता पर बहुत प्रसन्न हुए। मैंने उनसे कहा कि इस अवसर पर उन्हें भी उपस्थित रहना चाहिए। लेकिन पिताजी इतने महान व्यक्ति थे कि उन्होंने कहा, "बिलकुल नहीं! यह फैक्टरी तुम्हारी सन्तान है और तुम्हें ही पंडित को इसके दर्शन करवाने चाहिए।" अपने वायदे के अनुसार पंडितजी ने 14 दिसम्बर, 1953 को फैक्टरी का दौरा किया। इस अवसर पर लोगों का भारी हजूम जमा था। तब डॉ. बिधान चन्द्र राय पश्चिम बंगाल के मुख्यमन्त्री थे।

कोलकाता, दिसम्बर, 1953 : जवाहरलाल नेहरू को टेक्समैको फैक्टरी दिखाते हुए

पंडितजी, विधान बाबू और मैं एक कार में बैठे। पंडितजी की पसन्द का ध्यान रखते हुए एक खुली छतवाली कार का प्रबन्ध किया गया था। उन दिनों ऐसी बहुत-सी कारें होती थीं जिनकी छत को खोला जा सकता था। टेक्समैको फैक्टरी के क्षेत्र में पहुँचते ही पंडितजी अपनी आदत के अनुसार कार में खड़े हो गए और एकत्रित भीड़ का अभिवादन स्वीकार करने लगे। वे पीछे की सीट पर एक तरफ बैठे हुए थे। मैं दूसरी तरफ बैठा था। बिधान बाबू हम दोनों के बीच में थे। जब पंडितजी खड़े हुए तो शिष्टाचारवश मैं भी उठ खड़ा हुआ। लेकिन बिधान बाबू ने मुझे बैठने के लिए कहा। मैंने उनसे कहा कि ऐसा करना पंडितजी के प्रति असम्मान प्रदर्शित करना होगा। लेकिन उन्होंने जोर देते हुए बंगाली में कहा, "बोसो, बोसो, बोसो!" इसके बाद मैं बैठ गया। पंडितजी रास्ते में दोनों तरफ लोगों की भारी भीड़ का अभिवादन स्वीकार करते रहे। उनका यह दौरा मेरे लिए महान प्रेरणा का स्रोत था। फैक्टरी को देखने में उन्होंने काफी समय बिताया और मशीनों और कर्मचारियों के काम का निरीक्षण किया।

टेक्समैको ने अपने प्रबन्धन और श्रम-सम्बन्धों के लिए अच्छा नाम कमाया। फैक्टरी काफी विस्तृत क्षेत्र में थी और आसपास भरपूर हरियाली थी। इसकी उत्कृष्टता का एक प्रमाण यह भी था कि जब भी कोई विदेशी अतिथि कोलकाता आता था तो उसे टेक्समैको के दर्शन करवाए जाते थे। जब सोवियत संघ की मन्त्री-परिषद के सभापति निकोलाई बुल्गेनिन और वहाँ की कम्युनिस्ट पार्टी के सचिव निकिता ख्रुश्चेव 1955 में कोलकाता आए तो पश्चिम बंगाल सरकार ने उन्हें टेक्समैको फैक्टरी दिखाने का भी प्रावधान रखा। लेकिन पूरे रास्ते में सड़क के दोनों तरफ इतनी ज्यादा भीड़ जमा हो गई कि सुरक्षा कारणों से इस कार्यक्रम को रद्द करना पड़ा। लेकिन बिधान बाबू ने इन दोनों विशिष्ट अतिथियों से मेरी भेंट का प्रबन्ध कर दिया। मैं उनसे गवर्नमेंट हाउस में मिला और मैंने उन्हें टेक्समैको की गतिविधियों के बारे में बताया। उसी वर्ष इथियोपिआ के सम्राट हेल सिलासी ने भी फैक्टरी का दौरा किया।

टेक्समैको रेल के डिब्बों और हाइड्रो-मैकेनिकल उपकरणों की भारत में सबसे बड़ी निर्माता है। यह विदेशी निविदाओं में भी भाग लेती है और अपने उत्पादों का एक अच्छा-खासा हिस्सा निर्यात करती है। भारतीय रेलवे के हर चार डिब्बों में से एक डिब्बा टेक्समैको द्वारा निर्मित होता है। परिणामस्वरूप, बाजार में इसका सबसे बड़ा हिस्सा है। यह एकमात्र ऐसी इंजीनियरिंग कम्पनी है जो जटिल-से-जटिल रेल-डिब्बों का भी निर्माण कर सकती है। टेक्समैको ने मूलभूत तन्त्र के विकास में महत्त्वपूर्ण योगदान दिया है–विद्युत-उत्पादन, सिंचाई, कृषि और बाढ़-नियन्त्रण। यह अन्तर्राष्ट्रीय स्तर के और विविध प्रकार के प्रक्रिया-उपकरणों के साथ-साथ सर्वाधिक ठोस औद्योगिक बॉयलरों के उत्पादन के लिए विख्यात है। इसके पास एक विशाल कैम्पस है और इसने एक एस्टेट स्कूल की भी स्थापना की है। इसके क्लब में टेनिस से लेकर आधुनिक तारांगण तक अनेक सुविधाएँ उपलब्ध हैं।

रमेश माहेश्वरी का विशेष उल्लेख करना आवश्यक है। वे 1962 में मेरे साथ जुड़े थे। मेरे किसी भी दूसरी प्रभावी ने हमारी संस्था में इतने वर्ष नहीं बिताए। माहेश्वरी एक साझे मित्र के माध्यम से मेरे पास आए थे। उनका ज्योतिष में बहुत गहरा विश्वास है और वे स्वयं भी एक कुशल ज्योतिषी माने जाते हैं। उन्होंने इस साझे मित्र के माध्यम से मुझसे

अनुरोध किया कि मैं उनसे सिर्फ एक विशिष्ट समय पर मिलूँ, जो उनके ज्योतिष के अनुसार अत्यन्त शुभ था। मैं यह बात सुनकर मुस्करा दिया, लेकिन मैं माहेश्वरी से उन्हीं के द्वारा निर्धारित समय पर मिला। उन्होंने मेरी संस्था में एक मध्य स्तर के प्रभावी के रूप में प्रवेश किया, लेकिन अपने परिश्रम और योग्यता से वे कुछ समय बाद मुख्य प्रभावी बन गए। मुझे माहेश्वरी बहुत ऊर्जाशील और अत्यन्त सक्षम प्रभावी लगे। वे अच्छा लिख भी लेते हैं और बोल भी लेते हैं। उनके पास बहुत सुलझा हुआ मस्तिष्क है और वे श्रमिकों को प्रसन्न रखने की कला भी जानते हैं। पिछले चालीस वर्षों में टेक्समैको में कोई बड़ी श्रमिक-समस्या पैदा नहीं हुई। जब अन्य उद्योग यह बात सुनते हैं तो उन्हें आश्चर्य होता है, क्योंकि पश्चिम बंगाल में वाम मोर्चे के सत्ता में आने के बाद कुछ लोगों ने 'घेराव' की रणनीति खोज निकाली थी।

टेक्समैको में पिछली बड़ी श्रमिक-समस्या 1968 में पैदा हुई थी, जब लगभग चार महीनों (अप्रैल-अगस्त) तक श्रमिकों की हड़ताल चली थी। उस समय कम्पनी का श्रमिक संघ ज्योति बसु के मार्गदर्शन में काम करता था। यह उनके पश्चिम बंगाल के मुख्यमन्त्री बनने से पहले की बात है। हमारी कम्पनी में बहुत-से श्रमिक संघ थे, लेकिन अधिकांश श्रमिक 'सीटू' से जुड़े हुए थे। हमेशा की तरह किसी मामूली बात को लेकर विवाद पैदा हुआ था। ऐसा लगता था कि श्रमिक हड़ताल करने पर तुले हुए थे। लगभग चार महीने बाद उनकी सहनशीलता जवाब दे गई। टेक्समैको को भी भारी वित्तीय संकट का सामना करना पड़ा। लेकिन मैंने कहा कि हम अपनी शर्तों को छोड़कर श्रमिकों के साथ कोई समझौता करने की स्थिति में नहीं थे।

जब भी ऐसी हड़तालें होती हैं तो हमेशा कुछ ऐसे लोग होते हैं जो मध्यस्थों की भूमिका निभाते हैं। एक दिन ऐसा ही एक व्यक्ति मेरे पास आया और बोला कि अगर ज्योति बसु और मैं किसी साझे मित्र के घर पर मिलें तो बहुत अच्छा रहेगा। स्नेहांशु आचार्य नामक एक प्रसिद्ध वकील थे, जो कम्युनिस्ट पार्टी से जुड़े होने के बावजूद बहुत उदार विचारोंवाले व्यक्ति थे। अधिकांश उद्योगपति उनके मित्र थे। आचार्य मेरे भी अच्छे मित्र थे। इस भेंट की व्यवस्था उन्हीं के घर पर की गई। बल्कि उनके घर पर ज्योति बसु के साथ मेरी तीन बार भेंट हुई, और हर बार हमारे बीच एक घंटे से अधिक समय तक बातचीत हुई। मेरे साथ हमेशा माहेश्वरी भी होते थे। मुझे ज्योति बसु बहुत तर्कसंगत व्यक्ति लगे। एक ऐसा श्रमिक नेता जो सिर्फ श्रमिकों के हितों को देखता है और प्रबन्धन के दृष्टिकोण की तरफ ध्यान नहीं देता, कभी सफल नहीं होता। ज्योति बसु श्रमिकों का दृष्टिकोण प्रस्तुत करने के साथ-साथ हमारे दृष्टिकोण और हमारी भुगतान कर पाने की क्षमता को भी देखने का प्रयास करते थे। अन्ततः हम एक समझौते पर पहुँच गए।

ज्योति बसु के साथ यह मेरा पहला सम्पर्क था। इसके बाद मैं उनसे अकसर मिलता रहा और कई बार मैं उनके घर भी चला जाता था। उनके मुख्यमन्त्री बनने के बाद भी हमारी मित्रता जारी रही। तब मैं उनसे राइटर्स बिल्डिंग में मिला करता था। बाद में, सक्रिय राजनीति में शामिल होने और एक संसद-सदस्य बनने के बाद भी मैंने ज्योति बसु के साथ सम्पर्क बनाए रखा। हम अधिकतर सॉल्टलेक के उनके निवास-स्थान पर मिला करते थे।

मेरे समूह में चीनी की सात ईकाइयाँ हैं—चार उत्तर प्रदेश में और तीन बिहार में। 1930-35 तक भारत को चीनी आयात करनी पड़ती थी। यह सारी चीनी जावा से आती थी, जो तब डच साम्राज्य का हिस्सा था। जावा की चीनी ईकाइयाँ साम्राज्य के अधीन थीं और बहुत कुशलतापूर्वक चलाई जा रही थीं। जावा भारत के लिए चीनी का सबसे बड़ा निर्यातक था। 1925-30 के आसपास यह माँग उठने लगी थी कि भारत जैसे विशाल देश को चीनी की आपूर्ति के लिए विदेशों पर क्यों निर्भर रहना चाहिए, और इसे इसका उत्पादन खुद क्यों नहीं करना चाहिए। विशेषज्ञों की राय थी कि उत्तर प्रदेश, बिहार, कर्नाटक, तमिलनाडु और महाराष्ट्र समेत लगभग पूरा देश गन्ने की खेती के लिए अत्यन्त उपयुक्त था। इन राज्यों की भूमि और जलवायु गन्ने के उत्पादन के अनुकूल थी। देश की जनता की इस भावना को देखते हुए सरकार ने चीनी पर आयात-शुल्क बढ़ा दिया, ताकि देश में बड़े पैमाने पर गन्ने की खेती हो सके और चीनी मिलें स्थापित की जा सकें। इस तरह, 1930 के दशक में देश में बड़े पैमाने पर चीनी ईकाइयों की स्थापना हुई, और सरकार के संरक्षण की मदद से पाँच वर्ष के भीतर ही भारत चीनी के मामले में आत्म-निर्भर हो गया। उसी समय हमने भी उत्तर प्रदेश और बिहार में चीनी ईकाइयों की स्थापना की।

इन चीनी ईकाइयों की स्थापना से भारत की समूची अर्थ-व्यवस्था बदल गई। ग्रामीण क्षेत्रों के आर्थिक विकास में चीनी उद्योग की बहुत महत्त्वपूर्ण भूमिका रही है। मेरा समूह देश के निजी क्षेत्र में चीनी का सबसे बड़ा उत्पादक है। हमारी सभी ईकाइयाँ गन्ने की गुणवत्ता में सुधार लाने का प्रयास करती रहती हैं, और गन्ने की कृषि के विकास पर भारी राशि खर्च करती है।

चीनी ईकाइयों में उतार-चढ़ाव आते रहे हैं। ऐसे दौर भी आए जब चीनी पर सरकार का पूरा नियन्त्रण था। तब गन्ने और चीनी के दाम सरकार द्वारा निर्धारित किए जाते थे। उत्तर प्रदेश और बिहार की सरकारों की नीति थी कि गन्ना पैदा करनेवाले किसानों को अधिकतम मूल्य दिया जा सके, जबकि उपभोक्ताओं को कम-से-कम मूल्य पर चीनी उपलब्ध हो। इन अवधियों के दौरान उद्योग को संकट का सामना करना पड़ा।

बिहार में चीनी ईकाइयों की स्थिति बहुत अच्छी नहीं है। अन्य बातों के अलावा, उत्तरी बिहार में हर वर्ष बाढ़ आ जाती है, क्योंकि नेपाल में भारी वर्षा के कारण पानी नीचे की तरफ बहने लगता है। एक बार जब चीनी उद्योग भारी संकट का सामना कर रहा था तो कुछ चीनी ईकाइयाँ किसानों को समय पर भुगतान नहीं कर पाईं। बिहार में तत्कालीन मुख्यमन्त्री कर्पूरी ठाकुर मेरे मित्र थे। वे बहुत दृढ़ समाजवादी विचारधारा वाले व्यक्ति थे। एक दिन अचानक ही उन्होंने अपने राज्य की चीनी ईकाइयों का राष्ट्रीयकरण करने का फैसला कर लिया। उन्होंने इस सम्बन्ध में उद्योग के साथ कोई बातचीत नहीं की, और 29 अक्टूबर, 1978 को सीधे-सीधे एक लोकप्रियतावादी कदम उठाते हुए बिहार की चीनी ईकाइयों के राष्ट्रीयकरण की अधिसूचना जारी कर दी।

मैं कोलकाता के अपने घर में सुबह का अखबार पढ़ रहा था। जैसे ही मुझे पटना में अपने लोगों से यह सूचना मिली तो मैं सच्चाई का पता लगाने के लिए वहाँ पहुँचा। मैं कर्पूरी ठाकुर से मिला और उद्योग के साथ परामर्श किए बिना यह कदम उठाने के लिए मैंने उनकी भर्त्सना की। मैंने उनसे कहा कि मेरे साथ अपने मधुर सम्बन्धों को देखते हुए उन्हें इस

तरह का जल्दबाजी भरा कदम उठाने की बजाय चीनी उद्योग को लेकर राज्य या किसानों की समस्याओं के बारे में मुझसे बातचीत करनी चाहिए थी। लम्बी बातचीत के बाद कर्पूरी ठाकुर को अहसास हो गया कि उन्होंने यह कदम जल्दबाजी में उठा लिया था। "लेकिन अब मैं क्या करूँ?" उन्होंने कहा, "जो हो गया, सो हो गया?" मैंने उनसे कहा कि हम इस मामले को अदालत में ले जाएँगे, और मैं उनसे सिर्फ इसलिए मिला था ताकि उन्हें अपना प्रतिशोधात्मक दृष्टिकोण छोड़ने के लिए मना सकूँ।

पटना जाते समय मैं अपने कानूनी सलाहकारों को साथ लेता गया था। बिहार की सभी चीनी ईकाइयों के मालिक मेरे साथ-साथ पटना पहुँच गए थे। वे नेतृत्व के लिए और बिहार के चीनी उद्योग को बचाने के लिए मेरी तरफ देख रहे थे। पटना में मामले का अध्ययन करने के बाद मैं कोलकाता लौट आया। हमने कोलकाता उच्च न्यायालय में एक याचिका दायर कर दी और सरकार के निर्णय के खिलाफ स्थगन आदेश प्राप्त कर लिया। इस बीच बिहार सरकार को भी अपनी गलती का अहसास हो चुका था। सरकार जानती थी कि वह मुकदमा हार जाएगी। अन्ततः अधिसूचना वापस ले ली गई।

मेरे समूह में दो उर्वरक ईकाइयाँ हैं–एक जुवारी नगर, गोवा में, और दूसरी राजस्थान में कोटा के पास गठेपान नामक स्थान में। मेरे द्वारा शुरू की गई पहली उर्वरक कम्पनी-जुवारी एग्रो केमिकल्स लिमिटेड (अब जुवारी इंडस्ट्रीज लिमिटेड) थी। यह 1967 में शुरू की गई थी और 1973 से इसमें उत्पादन होने लगा था। कम्पनी को कुछ शुरुआती समस्याओं का सामना करना पड़ा, खासकर प्रदूषण को लेकर। लेकिन हमने उपयुक्त कदम उठाए और आज गोवा में स्थित जुवारी इंडस्ट्रीज के प्रदूषित जल की एक बूँद भी समुद्र में नहीं गिरती। कम्पनी अच्छा प्रदर्शन कर रही है।

1985 में मैंने चम्बल फर्टिलाइजर्स की स्थापना की। इससे लगभग चार वर्ष पूर्व इन्दिराजी ने, जो तब प्रधानमन्त्री थीं, एक दिन मुझे मिलने के लिए बुलाया। उन्होंने कहा कि उर्वरकों के मामले में भारत की आवश्यकताएँ अत्यन्त विस्तृत थीं, और इस क्षेत्र में देश आत्म-निर्भर होना पसन्द करेगा। इन्दिराजी जानती थीं कि जुवारी इंडस्ट्रीज कितनी अच्छी तरह से चलाई जा रही थी, और देश में धन-सम्पदा और रोजगार के अवसर पैदा करने में इसका कितना योगदान था। उन्होंने मुझे एक और उर्वरक संयन्त्र लगाने के लिए कहा। उन्होंने मुझे आश्वासन दिया कि मुझे उत्तर प्रदेश, पंजाब, हरियाणा और राजस्थान समेत पूरे उत्तर भारत में कहीं भी इस संयन्त्र की स्थापना की अनुमति मिल जाएगी। मैंने राजस्थान का चुनाव किया और गदेपां नामक स्थान पर इस संयन्त्र की स्थापना की गई। हमें केन्द्र और राज्य सरकारों से पूरा सहयोग मिला। चम्बल का उर्वरक संयन्त्र विश्व स्तर का है। मैं इसे देश की सर्वोत्तम औद्योगिक ईकाइयों में से एक बनाने का इच्छुक था। इसलिए वास्तुकार से क्षेत्र में भरपूर हरियाली का प्रावधान करने के साथ-साथ एक ऐसा विन्यास तैयार करने के लिए कहा गया जिस पर पूरे देश को गर्व महसूस हो। हमने सर्वश्रेष्ठ वास्तुकारों का चयन किया और उद्यान की रूपरेखा तैयार करने के लिए उद्यान-विशेषज्ञों की सलाह ली। मैं यह कहने का साहस कर सकता हूँ कि चम्बल का संयन्त्र न केवल देश में बल्कि सम्भवतः पूरे विश्व में सर्वोत्तम ले-आउट वाला संयन्त्र है। इस संयन्त्र की प्रगति और देश में उर्वरकों की बढ़ती जरूरतों को देखते हुए हमने इसी कैम्पस में एक और संयन्त्र की स्थापना की।

कोटा, राजस्थान, जनवरी 2001 : चम्बल फर्टिलाइजर्स एंड केमिकल्स फैक्टरी के एक दौरे के दौरान ग्रामवासियों के साथ

हमने मोरक्को की एक कम्पनी ऑफिस चेरिफीन द फॉस्फेट्स (ओ.सी.पी.) के साथ मिलकर सरकार से पैरादीप फॉस्फेट्स लिमिटेड को भी खरीद लिया, जो देश में फॉस्फोरिक एसिड और डी-अमोनियम फॉस्फेट्स (डी.ए.पी.) का सबसे बड़ा उत्पादक है। उड़ीसा में स्थित यह संयन्त्र सार्वजनिक क्षेत्र का एक बीमार संयन्त्र था, जो सरकार की विनिवेशीकरण नीति के अन्तर्गत हमारे समूह के पास आ गया। समूह के दोनों संयन्त्र उत्तर और दक्षिण भारत के लगभग सभी राज्यों की उर्वरकों की जरूरत को पूरा कर रहे हैं। अब पैरादीप फॉस्फेट्स के योगदान के बाद हम लगभग पूरे देश को उर्वरकों की आपूर्ति कर पाएँगे।

मेरी सभी उर्वरक ईकाइयाँ एच.एस. बावा की देखरेख में चल रही हैं। वे 1979 में मेरे समूह में शामिल हुए थे। वे बहुत योग्य व्यक्ति हैं और मैं उन्हें देश के शीर्ष प्रभावियों की सूची में शामिल करूँगा।

मेरी कम्पनियाँ अपने शेयर-धारकों, उपभोक्ताओं, कर्मचारियों इत्यादि के प्रति निगमीय आचरण के अन्तर्राष्ट्रीय मापदंडों का पालन करने के लिए निरन्तर प्रत्यनशील रहती हैं। मेरी कम्पनियाँ एक ऐसी संस्थागत उत्कृष्टता प्राप्त करने में विश्वास करती हैं, जो कर्मचारियों और उपभोक्ताओं को अधिक सन्तोष और शेयर-धारकों को उनके निवेश का अधिक मूल्य प्रदान करने के साथ-साथ अपने-अपने क्षेत्र के लोगों की सेवा का माध्यम भी बन सके।

निगमीय प्रशासन का मुख्य उद्देश्य जहाँ एक तरफ एक ऐसी निगमीय संस्कृति का विकास और पालन करना है जिसमें विवेक और चेतना, पारदर्शिता और खुलेपन का समावेश हो, वहीं दूसरी तरफ मूल्य-सृजन के लक्ष्य के लिए क्षमताओं का विकास और अवसरों की

पहचान करना भी। मेरी ईकाइयाँ अपने निगमीय सामाजिक दायित्वों के निर्वाह के प्रति पूरी तरह प्रतिबद्ध हैं।

मेरे सभापतित्व के अधीन सभी औद्योगिक ईकाइयाँ सूखे की स्थितियों को टालने के लिए जल-संरक्षण और वृक्ष-रोपण के प्रति भी गहराई से समर्पित हैं। वे ग्रामीण विकास, जल-संरक्षण, सामुदायिक सेवा, स्वास्थ्य-रक्षा, शिक्षा, और अपने क्षेत्र के लोगों के आम जीवन में सुधार को लेकर अत्यधिक सचेत और प्रयत्नशील रहती हैं। हमारी ईकाइयाँ गाँवों में स्वास्थ्य सेवाएँ प्रदान करने, मूल्य सुविधाओं के विकास और खेलों और सांस्कृतिक और सामाजिक गतिविधियों को प्रोत्साहन देने के लिए भी हमेशा प्रयत्नशील रहती हैं। इन गतिविधियों में गाँवों में नए हैंडपम्प लगाना, ट्यूब-वेलों को गहरा करना और उनकी देखभाल करना, जल-संग्रहण टैंकों की व्यवस्था करना और रोक-बाँधों का निर्माण करना इत्यादि भी शामिल हैं। राजस्थान में हर पाँच वर्ष में तीन वर्ष सूखे की स्थिति रहने के कारण पेयजल का अभाव एक गम्भीर समस्या है। हम इस तरफ विशेष ध्यान दे रहे हैं।

इस तरह मेरे समूह की सभी ईकाइयाँ—उर्वरक ईकाइयाँ, चीनी मिलें, कपड़ा ईकाइयाँ और मेरा अग्रणी इंजीनियरिंग काम्पलेक्स टेक्समैको—अपने सामाजिक दायित्वों का समुचित निर्वाह कर रही हैं। वे अपनी तरफ से श्रेष्ठतम प्रयास कर रही हैं।

ईश्वर मेरे प्रति बहुत कृपालु रहा है। मेरी सभी ईकाइयाँ अच्छी चल रही हैं। उद्योग में उतार-चढ़ाव आते ही रहते हैं। मेरी सभी ईकाइयों को समय-समय पर संकटों की अवधियों का सामना करना पड़ा है। लेकिन उचित मार्गदर्शन और शीर्ष प्रभावियों के सुप्रयासों के कारण वे कुल मिलाकर अच्छा प्रदर्शन कर रही हैं।

भाग-4

कुछ शब्द-चित्र, कुछ झलकियाँ

हमारे शीर्ष प्रभावी

हमारे पास ऐसे कई शीर्ष प्रभावी हैं जिन्हें नेतृत्व के उत्कृष्ट गुणों और व्यावसायिक गतिविधि के हर क्षेत्र की गहरी परख के कारण अखिल भारतीय स्तर के अधिकारियों की श्रेणी में शामिल किया जा सकता है। कुशल और सक्षम नेतृत्व के लिए एक प्रभावी में अनेक गुणों का होना आवश्यक है। किसी प्रभावी की नियुक्ति करते समय मैं इन गुणों पर विशेष ध्यान देना चाहता हूँ—ईमानदारी, सामर्थ्य, दृष्टि, चरित्र-बल, अनुशासन, मानवीय स्पर्श और परिश्रम करने की क्षमता।

मैं अपने प्रभावियों को एक बड़े परिवार के सदस्यों की तरह मानता हूँ। मैं उनमें से कुछ के बारे में टिप्पणयाँ करना चाहूँगा।

पिताजी के वरिष्ठतम प्रभावी थे दुर्गाप्रसाद मंडेलिया। वे पिलानी से थे। उनके पिता गौरीदत्त मंडेलिया 1920 के दशक में राँची में हमारी जमींदारी देखा करते थे। तब हम बच्चे थे। गौरीदत्तजी बहुत प्यारे व्यक्ति थे और हम सब उन्हें बहुत चाहते थे।

पिताजी अच्छे और कुशल लोगों को चुनने की कला जानते थे, जिनमें विकसित होने की पर्याप्त सम्भावनाएँ हों। उन्होंने दुर्गाप्रसाद को चुना और उन्हें अपनी छत्रछाया में रखा। दुर्गाप्रसाद को पहले ग्वालियर में हमारी कपड़ा मिल की देखरेख का काम सौंपा गया, जिसे जियाजीराव कॉटन मिल के नाम से जाना जाता है। उनका प्रदर्शन अति उत्तम रहा। बाद में, जब पिताजी वृद्धावस्था की तरफ बढ़ने लगे तो उन्होंने अपनी सभी कम्पनियों का प्रबन्धन दुर्गाप्रसाद को सौंप दिया। दुर्गाप्रसाद ने इन सभी कम्पनियों को बहुत कुशलतापूर्वक सँभाला। उन्हें पिताजी के दाएँ हाथ के रूप में देखा जाता था। लोग कहते थे कि जिस तरह हनुमान पूरी तरह भगवान राम के प्रति समर्पित थे, उसी तरह दुर्गाप्रसाद पिताजी के प्रति समर्पित थे।

ताराचन्द बाबू भी पिताजी के समय में एक वरिष्ठ प्रभावी थे। वे भी पिलानी से सम्बन्धित थे। वे बिड़ला जूट मिल की देखभाल करते थे, जो अब बिड़ला कॉर्पोरेशन का अंग है। वे बहुत लोकप्रिय व्यक्ति थे। पिताजी के साथ अपने जुड़ाव के साथ-साथ वे मेरे बड़े भाई लक्ष्मी निवास के भी घनिष्ठ मित्र थे।

एक अन्य शीर्ष प्रभावी मुरलीधर डालमिया ने बिड़ला जूट मिल में उस समय प्रवेश किया था जब मैं पन्द्रह वर्ष का या शायद इससे भी छोटा था। उन्हें मिल के भंडार विभाग की देखरेख का काम सौंपा गया था। थोड़े ही समय में मिल का भंडार विभाग अपनी स्वच्छता, सुव्यवस्था और कुशलता के लिए जाना जाने लगा। बहुत-से लोग सिर्फ मिल के भंडार-घरों को देखने के लिए ही बिड़ला जूट मिल में आते थे, और कहते थे कि यह एक तरह से मिल का ड्राइंग-रूम था।

मुरलीधर को अचानक ही दिल्ली की बिड़ला कॉटन मिल में स्थानान्तरित कर दिया गया। यह कुछ इस प्रकार हुआ।

बिड़ला कॉटन मिल के मुख्य प्रभावी ज्वालाप्रसाद मंडेलिया नामक एक व्यक्ति थे। 1935 में किसी बीमारी से अचानक उनका देहान्त हो गया। उन दिनों पिताजी के मार्गदर्शन में लक्ष्मी निवास बिड़ला कॉटन मिल की देखरेख कर रहे थे। भाई जी ने पिताजी को एक तार भेजा, जो उन दिनों लन्दन में थे, और उनसे सलाह माँगी कि स्वर्गीय ज्वालाप्रसाद की जगह वे किसे नियुक्त करें। पिताजी के मन में मुरलीधर के बारे में बहुत ऊँची धारणा थी, इसलिए उन्होंने तुरन्त उत्तर दिया कि मिल का प्रभार उन्हें सोंप दिया जाए। भाई जी को मुरलीधर को लेकर कुछ आपत्ति थी, लेकिन पिताजी ने उनकी आपत्ति को निरस्त करते हुए दृढ़तापूर्वक कहा कि मुरलीधर को तुरन्त बिड़ला कॉटन मिल का मुख्य प्रभावी नियुक्त कर दिया जाए। ऐसा ही किया गया और बिड़ला कॉटन मिल, जो कुछ समय से बीमार चल रही थी, जल्दी ही सुधरने लगी और देखते-ही-देखते समूह की एक स्वस्थ इकाई बन गई।

मुरलीधर ने मिल का कार्यभार सँभाला था तो मैं हिन्दू कॉलेज में पढ़ रहा था। मेरा अक्सर उनसे सम्पर्क होता रहता था। मुझे वे एक व्यक्ति के रूप में अच्छे लगने लगे और मैं उनकी क्षमताओं का भी प्रशंसक बन गया। 1938 में मैं बीमार पड़ा और महात्माजी की सलाह पर पाँच महीने अल्मोड़ा में रहा, तो मुरलीधर भी अल्मोड़ा आए और लगभग एक महीना मेरे साथ रहे। उनका अपना स्वास्थ्य भी उन दिनों ठीक नहीं चल रहा था और मेरी तरह उन्हें भी बदलाव की जरूरत थी।

अपनी अस्वस्थता के कारण मुरलीधर को कुछ वर्षों के लिए अपने काम से अवकाश ग्रहण करना पड़ा। पिताजी ने उन्हें ठीक होने तक पूरे वेतन के साथ अवकाश पर जाने के लिए कहा था। इसके साथ ही पिताजी ने बिड़ला कॉटन मिल की देखरेख का काम मुझे सौंप दिया था। यह 1940 के दशक के अन्तिम वर्षों की बात है। उस समय रामप्रसाद पोद्दार एक वरिष्ठ प्रभावी के रूप में मिल में काम कर रहे थे। मैंने मिल का प्रभार सँभाल लिया, लेकिन मुरलीधर की अस्वस्थता के बावजूद मैं मिल के प्रबन्धन और महत्त्वपूर्ण निर्णयों को लेकर नियमित रूप से उनसे परामर्श लेता रहा।

पिताजी की व्यवस्था-प्रणाली बहुत सरल थी। अपनी कपड़ा ईकाइयों में वे दो मुख्य प्रभावियों को समान पद पर नियुक्त करते थे। एक उत्पादन, गुणवत्ता नियन्त्रण, भंडार-घरों, समय नियन्त्रण-कक्ष और जनसम्पर्क समेत इकाई के सभी तकनीकी पहलुओं का ध्यान रखता था, जबकि दूसरा कपास की खरीद, कपड़े की मार्केटिंग और वित्त-व्यवस्था जैसे व्यावसायिक पहलुओं को देखता था।

कुछ समय बाद जब मुरलीधर ठीक हो गए तो उन्होंने फिर से मुख्य प्रभावी का कार्यभार सँभाल लिया। तब पोद्दार को सेंचुरी स्पिनिंग एंड मैन्युफैक्चरिंग कम्पनी लिमिटेड में स्थानान्तरित कर दिया गया, जो समूह की एक अन्य प्रमुख कम्पनी है। वे भी बहुत सक्षम व्यक्ति साबित हुए। वे बहुत ऊँचे सिद्धान्तों वाले व्यक्ति थे। मुरलीधर ने बिड़ला मिल का प्रभार सँभाल लिया तो वे सीधे मेरे अधीन आ गए।

आपातकाल के दौरान मुरलीधर को कुछ कठिनाइयों का सामना करना पड़ा। इतना ही नहीं, उन्हें जेल भी जाना पड़ा। हरियाणा के तत्कालीन मुख्यमन्त्री चौधरी बंसीलाल किसी

मामूली बात को लेकर मुरलीधर से चिढ़ गए। मुरलीधर बिड़ला कॉटन मिल का कार्यभार सँभालने के साथ-साथ भिवानी की हमारी कपड़ा मिल को भी देख रहे थे। भिवानी में वस्त्र एवं विज्ञान प्रौद्योगिकी संस्थान (टी.आई.टी.) नामक एक महाविद्यालय भी है, जहाँ वस्त्र प्रौद्योगिकी में छात्रों को शिक्षा और डिग्री प्रदान की जाती है। बंसीलाल इसी संस्थान से जुड़ी किसी घटना को लेकर मुरलीधर से क्रुद्ध हो गए। उन्होंने मुरलीधर को एक सन्देश भेजकर संस्थान के प्रधानाचार्य के विरुद्ध कार्रवाई करने का अनुरोध किया। हरियाणा के अधिकांश लोग मुख्यमन्त्री के अनुरोध को एक आदेश की तरह देखते थे। लेकिन मुरलीधर ने साहस दिखाते हुए बंसीलाल की इस इच्छा का पालन नहीं किया, क्योंकि उन्हें लगता था कि प्रधानाचार्य ने कोई गलती नहीं की थी। बंसीलाल भड़क उठे और मुरलीधर को गिरफ्तार करने पर तुल गए। मुरलीधर को कानून की अच्छी समझ थी, इसलिए वे इस मामले को उच्चतम न्यायालय तक ले गए। लेकिन उच्चतम न्यायालय में वे हार गए और उन्हें हरियाणा पुलिस के सम्मुख आत्म-समर्पण करना पड़ा। उन्हें जेल में रखा गया, लेकिन उनके साथ राजनीतिक बन्दियों जैसा व्यवहार किया गया। इस तरह वे भी आपातकाल का शिकार होने वाले लोगों की सूची में शामिल हो गए।

मुरलीधर एक उत्कृष्ट ब्रिज खिलाड़ी हैं। 1984 में, जब मैं राज्यसभा के लिए चुन लिया गया और दिल्ली मेरा मुख्यालय बन गया, तो मैं शनिवार, रविवार और छुट्टियों के दिनों में नियमित रूप से ब्रिज खेलता था। मुरलीधर दिल्ली ब्रिज एसोसिएशन के अध्यक्ष थे और मेरे लिए खेल का आयोजन करते रहते थे।

मुरलीधर विविध गुणों और रुचियों वाले व्यक्ति हैं। उनका मस्तिष्क बहुत सुलझा हुआ है। नब्बे वर्ष से अधिक होने पर भी वे अपनी उम्र को देखते हुए चुस्त-दुरुस्त हैं। उनका मस्तिष्क और स्मृति पूरी तरह से सामान्य है। वे उन योग्यतम प्रभावियों में से हैं जिन्होंने पिताजी और मेरे दोनों के अधीन काम किया।

रामप्रसाद पोद्दार ने मेरे साथ थोड़े ही समय काम किया। वे बहुत सक्षम व्यक्ति थे। इसके अलावा, वे अत्यन्त धार्मिक और सत्यनिष्ठ व्यक्ति थे। सेंचुरी मिल के मुख्य प्रभारी के रूप में उन्होंने बहुत लगन से काम किया और कम्पनी अपने उत्पादों के लिए विख्यात होती चली गई। इसके उत्पादों की गुणवत्ता इतनी अच्छी थी कि उनमें से अधिकांश निर्यात कर दिए जाते थे।

सेंचुरी मिल में काम करने के दौरान पोद्दार को अपनी मृत्यु का पूर्वबोध हो गया था। उन्होंने अपने बेटों को बुलाया और उनसे कहा कि कम्पनी द्वारा उन्हें प्रदान किया गया घर उनकी मृत्यु के एक महीने के भीतर वापस कर दिया जाना चाहिए। उनकी मृत्यु के बाद उनके बेटे मेरे छोटे भाई बसन्त कुमार के पास आए, जो सेंचुरी मिल के चेयरमैन हैं। उन्होंने उन्हें अपने पिता के निर्देश के बारे में बताया, लेकिन साथ ही उनसे अनुरोध किया कि अगर इस अवधि को बढ़ा दिया जाए तो वे आभारी महसूस करेंगे। बसन्त कुमार सहर्ष सहमत हो गए। पोद्दार बहुत नेक चरित्र के व्यक्ति थे।

जब 1938 में मैंने व्यवसाय में कदम रखा तो मेरे बी.एम. चाचाजी ने मुझे हमारी चीनी मिलों का कार्यभार सौंप दिया। उनके प्रबन्धन में तीन चीनी मिलें थीं, जिनमें से सिहोरा की अपर गंगा शुगर मिल सबसे बड़ी थी। मैं दिसम्बर 1939 में सिहोरा गया तो गोपीचन्द धारीवाल मिल के प्रभारी थे। सहायक सचिव दानी का उनके बाद दूसरा स्थान था। मैं

रेलगाड़ी से सिहोरा पहुँचा तो मिल के सभी वरिष्ठ प्रभावी मेरे स्वागत के लिए स्टेशन पर आए हुए थे। उनमें दानी भी शामिल थे।

दानी एक योग्य प्रभावी थे। वे बहुत हँसमुख स्वभाव के थे। वे एक लोकप्रिय व्यक्ति थे और उनमें एक ऐसा चुम्बकीय आकर्षण था कि लोग मित्रता करने के लिए उनकी तरफ खिंचे चले आते थे। समय आने पर मैंने उन्हें मिल का मुख्य प्रभावी नियुक्त कर दिया। उन्होंने बड़ी लगन से काम किया। वे एक सच्चे खिलाड़ी थे और उनके पास अच्छी बातचीत और हँसने-हँसाने की कला थी। उनके कोई सन्तान नहीं थी। उन्होंने काम में खपे रहने की बजाय एक शान्त और निश्चिन्त जीवन जीने का फैसला किया और जल्दी अवकाश-प्राप्त करने के लिए आग्रह किया। मैंने उन्हें समझा-बुझाकर ऐसा न करने से रोका और वे कुछ और वर्षों तक हमारे साथ काम करते रहे। उन्होंने कहा कि वे मेरे अनुरोध को टाल नहीं सकते, लेकिन उनका मन अब उनके काम में नहीं रह गया था। अन्ततः मैंने उन्हें अवकाश ग्रहण करने की अनुमति दे दी। लेकिन उनके परामर्श के महत्त्व को देखते हुए मैंने उन्हें अपने समूह की चीनी कम्पनियों का सलाहकार नियुक्त कर दिया। जब भी मैं भारत में कहीं छुट्टियाँ मनाने जाता था तो दानी को अपने साथ चलने के लिए कहता था। वे इतने प्यारे व्यक्ति थे कि उन्हें मेरी पत्नी, मेरी बेटियाँ, मेरे दामाद सभी पसन्द करते थे।

दानी का 26 अगस्त 1993 को हृदय-रोग से देहान्त हो गया। हृदय की समस्या के कारण उन्हें अस्पताल में दाखिल करवाना पड़ा था। अस्पताल में भर्ती होने से एक रात पहले वे मेरे साथ भोजन करने के लिए दिल्ली के मेरे निवास-स्थान पर आए। मुझे ऐसा पूर्वबोध हुआ कि दानी अस्पताल से जीवित नहीं लौट पाएँगे। मैं उनके साथ अपने लम्बे जुड़ाव के बारे में बातें करने लगा। दानी भी भावुक हो उठे और मेरे प्रति अपनी निष्ठा को अभिव्यक्त करते रहे। अस्पताल में भर्ती होने के दो दिन बाद ही उनकी मृत्यु हो गई। उनका अन्तिम संस्कार गढ़ मुक्तेश्वर में किया गया। इसके कुछ दिन बाद ही मैं और मेरी पत्नी उनकी पत्नी और परिवार के अन्य सदस्यों से मिलने मुरादाबाद गए।

चीनी मिलों के प्रभावियों में मोहन खंडेलिया सर्वाधिक सक्षम थे। मैंने उन्हें 1949 में न्यू इंडिया शुगर मिल के लिए रखा था। वे सत्ताइस वर्षों तक बिहार में हमारी चीनी मिल में काम करते रहे। 1976 में उन्हें अपर-गंगा शुगर मिल में स्थानान्तरित कर दिया गया। मोहनलाल बहुत ईमानदारी और लगन से काम करते थे। बाद के वर्षों में उनके हृदय का एक वाल्व क्षतिग्रस्त हो गया। इसके बाद उन्हें बहुत सँभलकर जीना पड़ा। बाद में उन्हें वाल्व का ऑपरेशन करवाने की सलाह दी गई।

उन्होंने चेन्नई के एक विख्यात अस्पताल में शल्य-चिकित्सा करवाने का फैसला किया। मुझे ऐसा पूर्वबोध हो रहा था कि शायद मोहनलाल इस ऑपरेशन में न बच पाएँ। चेन्नई जाने से पहले मोहनलाल मुझसे मिलने आए। हम पुराने दिनों के बारे में बातें करते रहे। मेरा मन हुआ कि मैं उन्हें घर के मुख्यद्वार तक छोड़कर आऊँ। ऐसा मैंने पहले कभी भी नहीं किया था। मोहनलाल भी इस पर गौर किए बिना न रह पाए। वे समझ गए कि मुझे कोई चिन्ता सता रही थी। जैसीकि मुझे आशंका थी, मोहनलाल ऑपरेशन के दौरान बच नहीं पाए। उनके परिवार के सदस्य अस्पताल में उचित देखभाल के अभाव को लेकर बहुत खिन्न थे।

मेरे साथ अपने जुड़ाव की पूरी अवधि के दौरान मोहनलाल न सिर्फ हमारी चीनी मिलों के मामले में बल्कि अन्य मामलों में भी मेरी समस्याओं को सुलझाने में मदद करते रहे। जब मैंने 1984 और 1990 में राजस्थान से राज्यसभा का चुनाव लड़ा, तो इन दोनों अवसरों पर मोहनलाल मेरे साथ थे। उनकी असमय मृत्यु मेरे लिए एक बड़ी क्षति थी।

मेरी व्यवस्था-प्रणाली में बहुत-सी शक्तियाँ प्रभावियों के पास रहती हैं। मेरी प्रमुख कम्पनियों को तीन समूहों में बाँटा जा सकता है। ये तीन समूह हैं–

- **उर्वरक :** भारत में ऐसी तीन ईकाइयाँ हैं–चम्बल फर्टिलाइजर्स एंड केमिकल्स लिमिटेड, जुवारी इंडस्ट्रीज लिमिटेड, और पैरादीप फॉस्फेट्स लिमिटेड। मोरक्को स्थित एक इकाई इंडो मैरोक फॉस्फोर एस.ए. (आई.एम.ए.सी.आई.डी.) में हमारी मोरक्को सरकार की एक कम्पनी ऑफिस चेरिफीन द फॉस्फेट्स (ओ.सी.पी.) के साथ 50:50 की भागीदारी है।
- **कताई ईकाइयाँ :** कताई ईकाइयाँ मेरी कम्पनी सतलुज इंडस्ट्रीज लिमिटेड के अधीन हैं। वे राजस्थान में भिवानी मंडी और जम्मू और कश्मीर में काठुआ में स्थित है। हिमाचल प्रदेश में बद्दी नामक स्थान पर स्थित एक अन्य कताई इकाई चम्बल फर्टिलाइजर्स के अधीन है। लेकिन बेहतर प्रशासन के लिए इसका प्रबन्धन सतलुज इंडस्ट्रीज को सौंप दिया गया है।
- **चीनी मिलें :** मेरे समूह में सात चीनी ईकाइयाँ हैं, चार उत्तर प्रदेश में और तीन बिहार में। वे उत्तर प्रदेश में बिजनौर, लखीमपुर खेरी, सीतापुर और शाहजहाँपुर जिलों और बिहार में गोपालगंज, चम्पारण और दरभंगा जिलों में स्थित हैं।
- इनके अलावा, पश्चिम बंगाल में टेक्समैको नामक एक प्रमुख इंजीनियरिंग कम्पनी भी है।

इन सभी कम्पनियों के अपने-अपने प्रमुख प्रभावी हैं, जिन्हें प्रबन्ध निदेशक (मैनेजिंग डायरेक्टर) या कार्यकारी अध्यक्ष (एक्जिक्यूटिव प्रेजिडेंट) कहा जाता है। इन कम्पनियों के प्रत्येक समूह का अपना एक प्रमुख भी है।

मेरी व्यवस्था-प्रणाली

मैं विकेन्द्रीकरण में विश्वास करता हूँ। एक बार मैंने पंडित गोविन्दवल्लभ पन्त से पूछा था, जो तब उत्तर प्रदेश के मुख्यमन्त्री थे, कि प्रशासन पर उनकी कितनी दृढ़ पकड़ थी। ''कृष्ण कुमार'', उन्होंने कहा था, ''मेरे राज्य में मेरी अनुमति के बिना एक पत्ता भी नहीं हिलता।'' उन्होंने ठीक ही कहा था। राज्य बिलकुल नहीं हिला, जबकि शेष भारत आगे बढ़ता चला गया।

किसी संस्था का प्रशासन एक कला है। मेरी कार्य-प्रणाली के अनुसार, प्रबन्धन को उपयुक्त ढंग से संगठित करने के लिए मुख्य प्रभावियों को पर्याप्त शक्तियाँ देना आवश्यक है। मूलस्रोत पर विकेन्द्रीकरण का सिद्धान्त है। मैं इस सिद्धान्त पर बहुत ज्यादा विश्वास करता हूँ।

हर तीन महीने बाद मैं सम्बन्धित कम्पनी की एक बैठक करता हूँ, और लगभग चार-पाँच घंटे इकाई के प्रदर्शन, उसकी भविष्य की योजनाओं, आर्थिक स्थिति, मार्केटिंग और श्रम सम्बन्धों के बारे में गहराई से जानने में बिताता हूँ। इन बैठकों में इकाई के सभी वरिष्ठ प्रभावी शामिल होते हैं। इसके बाद सर्वसम्मति से निर्णय लिए जाते हैं। यदि किसी अवसर पर सर्वसम्मति न बन पाए तो मैं स्वयं अन्तिम निर्णय लेता हूँ। लेकिन ऐसा बहुत दुर्लभ अवसरों पर होता है।

निर्णय ले लेने के बाद सम्बन्धित प्रभावियों से उन्हें कार्यान्वित करने और परिणाम हासिल करने के लिए कहा जाता है। स्वीकृत बजट की सीमाओं के भीतर उन्हें उपकरणों को खरीदने, मूल्य को लेकर मौल-भाव करने और खरीद के लिए अन्तिम आदेश देने की स्वतन्त्रता रहती है। (अधिक महँगे उपकरणों के लिए मेरी सहमति ली जाती है।) यदि कोई स्थान रिक्त होता है तो स्वीकृत सीमाओं के भीतर उन्हें इसे करने की अनुमति रहती है। वरिष्ठ पदों के लिए प्रत्याशियों का मैं साक्षात्कार लेता हूँ।

ये सभी औपचारिकताएँ पूरी हो जाने के बाद प्रभावियों को हर इकाई के प्रदर्शन की व्यवस्था करने और मुझे परिणाम दिखाने के लिए स्वतन्त्र छोड़ दिया जाता है। अगली बैठक तीन महीने बाद होती है। इस बीच प्रबन्धन सभी महत्त्वपूर्ण गतिविधियों को लेकर मुझे एक दैनिक रपट भेजता रहता है, ताकि मैं इकाई के सम्पर्क में रहूँ। तीन महीने बाद हम फिर से मिलते हैं और वास्तविक परिणामों की अनुमानित लक्ष्यों के साथ तुलना करते हैं।

इस प्रणाली के कई लाभ हैं। पहला यह कि मैं प्रभावी को अपना प्रदर्शन दिखाने का अवसर देता हूँ। दूसरा, मैं उससे बार-बार मिलने के लिए कहकर उसका और अपना समय नष्ट नहीं करता। मेरे सामने अनुमानित लक्ष्यों और अन्य महत्त्वपूर्ण निर्णयों की फाइल प्रतियाँ रहती हैं। कम्पनी के प्रदर्शन पर मेरी निरन्तर नजर रहती है। तीसरे, प्रभावी को मालूम रहता है कि उसे अपने प्रदर्शन से मुझे सन्तुष्ट करना है। उसे यह भी पता होता है कि यदि वह कोई स्पष्टीकरण देगा तो उसकी बारीकी से जाँच की जाएगी। मैं अपने प्रभावियों से कहता हूँ कि मुझे उनसे परिणाम चाहिए, न कि स्पष्टीकरण।

मेरे प्रभावी मुझे बताते हैं कि उन्हें जितनी स्वतन्त्रता प्राप्त है उतनी दूसरी किसी भी संस्था में नहीं मिलती। मैं यह भी पाता हूँ कि इस तरह की व्यवस्था-प्रणाली मुझे अच्छे परिणाम दे रही है। और फिर, इस प्रणाली से काम का क्रियान्वयन काफी सरल हो जाता है। मैं चम्बल फर्टिलाइजर्स जैसी अपनी प्रमुख कम्पनियों पर हर तीन महीने में पाँच से छह घंटे खर्च करता हूँ। इस तरह, यदि मेरे समूह में कई अन्य कम्पनियाँ भी जोड़ दी जाएँ तो मुझे कोई परेशानी नहीं होगी। मुझे हर कम्पनी पर हर तीन महीने में पाँच-छह-घंटे खर्च करने हैं और उसके बाद उसकी प्रगति पर नजर भर रखनी है। लेकिन इस व्यवस्था-प्रणाली की एक शर्त है। यह प्रणाली तभी काम करती है जब शीर्ष प्रभावी बहुत योग्य और सक्षम व्यक्ति हों। इसलिए मैं अपने शीर्ष प्रभावियों को बहुत अच्छा वेतन देता हूँ और इन पदों के लिए श्रेष्ठतम उपलब्ध व्यक्तियों का चुनाव करता हूँ। मेरे कुछ शीर्ष प्रभावी हैं–

एच.एस. बावा : वे मेरी उर्वरक ईकाइयों के वरिष्ठतम प्रभावी हैं। बावा बहुत उच्च योग्यता-प्राप्त और व्यावसायिक व्यक्ति हैं। वे ऊँची क्षमताओं वाले एक ईमानदार व्यक्ति हैं। मेरी दृष्टि में वे देश के श्रेष्ठतम प्रशासकों में से एक हैं।

नवरत्नमल गुप्ता : वे मेरी कताई ईकाइयों के वरिष्ठतम प्रभावी हैं। मेरी तरह वे भी माहेश्वरी समुदाय से हैं। मैं नहीं जानता कि उन्होंने गुप्ता कुलनाम क्यों अपना लिया, जोकि एक माहेश्वरी कुलनाम नहीं है। गुप्ता कुलनाम का प्रयोग अग्रवाल घरानों द्वारा किया जाता है। नवरत्नमल बहुत सक्षम और कुशल व्यक्ति हैं। वे वित्त और वाणिज्य के विशेषज्ञ हैं। फिर भी उन्हें तकनीकी पक्षों की भी अच्छी-खासी जानकारी है। उनकी प्रबन्धन-क्षमता और कौशल के कारण मेरे समूह की सभी कताई ईकाइयाँ सफलतापूर्वक चल रही हैं। उन्हें कताई ईकाइयों में सर्वश्रेष्ठ प्रशासकों में गिना जाता है।

सुरेश खंडेलिया : सुरेश खंडेलिया मोहनलाल खंडेलिया के सुपुत्र हैं। वे एक चार्टर्ड एकाउंटेंट हैं और एक विलक्षण प्रशासक हैं। नवरत्नमल के व्यापक नियन्त्रण में वे काठुआ और बद्दी की दो इकाईयों को देखते हैं।

चाँदबिहारी पटोडिया : चांदबिहारी पटोडिया मेरी चीनी ईकाइयों के मुख्य प्रभावी हैं। वे वाणिज्य और वित्त विशेषज्ञ हैं। एक तकनीकी व्यक्ति न होने के बावजूद उन्होंने चीनी प्रौद्योगिकी का बहुत गहराई से अध्ययन किया है। परिणामस्वरूप चीनी प्रौद्योगिकी का कोई भी विशेषज्ञ उन्हें मूर्ख नहीं बना सकता। बल्कि अगर कोई इकाई ठीक से काम न कर रही हो, तो वे तकनीशियनों को यह बता पाने में भी समर्थ हैं कि कहाँ गड़बड़ है और इकाई के प्रदर्शन को सुधारने के लिए क्या किया जा सकता है। मेरी दृष्टि में, वे चीनी उद्योग में सर्वश्रेष्ठ मुख्य प्रभावी हैं।

रमेश माहेश्वरी : रमेश माहेश्वरी एक असाधारण प्रशासक हैं। प्रशिक्षण की दृष्टि से वे एक वकील हैं, और उनके पास अद्भुत सहज बुद्धि है। वे एक अच्छे वक्ता हैं और बातचीत भी बहुत बढ़िया करते हैं। वे एक बहुत अच्छे ज्योतिषी भी हैं। उनमें मेरे प्रति बहुत गहरी निष्ठा-भावना है, और मेरी इंजीनियरिंग इकाई टेक्समैको के मुख्य प्रभावी के रूप में उनका प्रदर्शन सराहनीय रहा है।

माहेश्वरी ने 1962 में टेक्समैको में प्रवेश किया था। मेरे साथ अपने लम्बे जुड़ाव और समर्पण-भावना के कारण वे परिवार के एक सदस्य की तरह हो गए हैं। उनके प्रबन्धन में टेक्समैको ने उल्लेखनीय प्रगति की है। माहेश्वरी के साथ-साथ मेरे दूसरे दामाद सरोज कुमार पोद्दार ने भी टेक्समैको की सफलता में मूल्यवान योगदान दिया है। आज इस संस्था के इतनी सफलतापूर्वक चलने का कारण यह है कि सरोज और माहेश्वरी संस्था के गैर-कार्यकारी चेयरमैन के रूप में मुझसे प्रमुख मामलों में परामर्श करते हैं। इसके बाद सरोज माहेश्वरी के निरन्तर सम्पर्क में रहता है, जिन्हें कम्पनी को चलाने में पूरी स्वतन्त्रता प्राप्त है। इससे टेक्समैको को भरपूर लाभ पहुँचा है।

डॉ. एस. वेंकटेश्वरन

बिड़ला प्रौद्योगिकी और विज्ञान संस्थान के संचालन में उपकुलपति डॉ. एस. वेंकटेश्वरन का बहुत महत्त्वपूर्ण योगदान रहा है। वे बत्तीस वर्षों से पिलानी में थे और 1989 में उन्होंने बिट्स, पिलानी के निदेशक का पदभार सँभाला। बाद में, 'संचालक मंडल के सभापति' के पद को 'कुलपति' के पद में बदल दिया गया, तो सितम्बर 1993 से वेंकटेश्वरन संस्थान के 'उपकुलपति' बन गए। वेंकटेश्वरन एक सक्षम और ईमानदार व्यक्ति होने के साथ-साथ व्यवस्था के मामले में भी अत्यन्त कुशल हैं। जुलाई 2006 में वे उपकुलपति के पद से सेवा-निवृत्त हो गए। लेकिन उनके अनुभव और योग्यताओं को देखते हुए उन्हें अवकाश-प्राप्त प्राध्यापक एवं सलाहकार नियुक्त कर दिया गया है।

दिल्ली के पुलिस कमिश्नर से टकराव

जिन दिनों मैं दिल्ली के हिन्दू कॉलेज का छात्र था, मुझे कार चलाने का बहुत शौक था। मैं अपनी कार से ही कॉलेज जाया करता था। एक नौकर मेरी बगल में बैठा रहता था। मैं काफी तेज चलाता था, लेकिन मैं एक अच्छा ड्राइवर था। मैंने सत्रह या अट्ठारह वर्ष की उम्र से ही कार चलाना शुरू कर दिया था। पचहत्तर वर्ष का हो जाने के बाद ही मैंने इसे छोड़ा, क्योंकि मुझे लगा कि इस उम्र में प्रतिवर्ती क्रियाएँ पूरी सतर्कता के साथ संचालित नहीं होतीं और कोई दुर्घटना होने की सम्भावना रहती है। मैं भीड़ भरे रास्तों में बहुत सावधानीपूर्वक ड्राइव करता था, लेकिन खुली सड़क पर काफी तेज चलाता था।

1936 में, एक दिन कॉलेज जाते समय मुझे अपने आगे एक दूसरी कार दिखाई थी। मुझे यह समझने में देर नहीं लगी कि वह एक सरकारी कार थी। मैं अपनी कार को आसानी से उस कार से आगे निकाल सकता था, लेकिन प्रश्न यह था कि मुझे ऐसा करना चाहिए या नहीं। मैं जानता था कि यह एक सरकारी कार थी, लेकिन मैंने सोचा कि उससे आगे निकलने का प्रयास न करना कायरता होगी। मेरा नौकर क्या सोचेगा–कि उसका मालिक सरकारी कार से आगे निकलने से डरता है! इन सभी पहलूओं पर विचार करने के बाद मैंने एक्सीलेटर पर अपने पाँव का दबाव बढ़ाया और अपनी कार को उस कार से आगे निकाल ले गया। लेकिन जल्दी ही वह कार तेजी से हॉर्न बजाते हुए मुझसे आगे निकलकर रुक गई। उसके ड्राइवर ने नीचे उतरकर मुझे रुकने के लिए कहा। स्वतन्त्रता से पहले के दिनों में सभी महत्त्वपूर्ण पद अंग्रेजों के पास होते थे। उस कार से एक ब्रिटिश अफसर नीचे उतरकर बोला कि वह दिल्ली का पुलिस कमिश्नर था और वह मुझ पर गति-सीमा से अधिक तेज कार चलाने का आरोप लगाने जा रहा था। एक छात्र होने के कारण मैं उत्साह से भरा हुआ था। मैं उससे बहस करने लगा। लेकिन वह कुछ भी सुनने के लिए तैयार नहीं था। उसने मेरा ड्राइविंग लाइसेंस देखा और एक पर्चे पर कुछ जानकारियाँ नोट करते हुए बोला कि जल्दी ही मुझे एक सम्मन भेजा जाएगा। उसने मेरा पता पूछा। मैंने बिड़ला कॉटन मिल का पता बता दिया। अपनी युवावस्था के उत्साह में मैं जरा-भी भयभीत महसूस नहीं कर रहा था और सम्मन पहुँचने पर स्थिति का सामना करने के लिए तैयार था।

सम्मन पहुँचे तो मैंने मुरलीधर डालमिया से परामर्श किया। उन्होंने देखा कि सम्मन अधूरे थे। मुझे सिर्फ 'बिड़ला, सुपुत्र घनश्यामदास जी' के नाम से सम्बोधित किया गया था। इसलिए मैं नियत तारीख को न्यायालय में नहीं गया। मेरी बजाय बिड़ला कॉटन मिल के प्रतिनिधि के रूप में एक वकील को भेजा गया। उसने कहा कि बिड़ला कॉटन मिल अभियुक्त नहीं थी और न ही उसे अभियुक्त ठहराया जा सकता था। यह स्पष्ट नहीं था कि अभियुक्त कौन था। न्यायाधीश ने सरकारी वकील से अभियुक्त का पूरा नाम पूछा। सरकारी वकील इसका कोई उत्तर नहीं दे सका और परिणामस्वरूप मुकदमे को खारिज कर दिया गया।

उस्ताद बिस्मिल्लाह खान

भारतरत्न उत्साद बिस्मिल्लाह खान भारत के सर्वश्रेष्ठ शहनाई वादक थे। शहनाई आमतौर से शादियों या स्वागत समारोहों में बजाई जाती है। शहनाई पर शास्त्रीय धुनें बजाना अत्यधिक कठिन कार्य है। वाराणसी के उस्ताद बिस्मिल्लाह खान यह कर दिखाने में सफल रहे।

मैं उस्ताद बिस्मिल्लाह खान को 1960 के दशक से जानता था। मैं एक असाधारण कलाकार के रूप में उनका अगाध प्रशंसक था। एक बार मैंने भी अपनी एक बेटी के विवाह के स्वागत-समारोह में उन्हें शहनाई बजाने के लिए आमन्त्रित किया था।

17 जुलाई 2002 को उस्ताद बिस्मिल्लाह खान ने मुझे अपनी पौत्री मनीषा रजा के बारे में लिखा। उन्होंने लिखा कि उसने हॉयर सेकेंडरी की परीक्षा पास कर ली थी और उनका यह अनुरोध था कि उसे बिट्स, पिलानी में प्रवेश दे दिया जाए। मैंने 21 जुलाई को उनके इस पत्र का उत्तर देते हुए लिखा कि मुझे उनकी पौत्री की मदद करके असीम प्रसन्नता होती, क्योंकि वह इतने जाने-माने घराने से सम्बन्ध रखती थी और उसके दादा ने अपने अभूतपूर्व शहनाई वादन से न सिर्फ देश की सेवा की थी बल्कि विदेशों में भी धूम मचाकर देश के सम्मान में वृद्धि की थी। मैंने उन्हें लिखा, "मैं चालीस वर्षों से भी अधिक समय से आपकी शहनाई सुन रहा हूँ और आपका प्रशंसक हूँ।"

इसके बाद मैंने उन्हें लिखा कि बिट्स पिलानी में सभी प्रवेश सिर्फ योग्यता के आधार पर दिए जाते थे और मैं उनकी पौत्री के लिए इस सम्बन्ध में कुछ भी विशेष कर पाने की स्थिति में नहीं था। मैंने उन्हें सुझाव दिया कि कर्नाटक और तमिलनाडु में कुछ ऐसे स्कूल थे जो प्रतिछात्र शुल्क (कैपिटेशन फीस) देने पर छात्रों को प्रवेश दे देते थे। मैंने इस शुल्क की कुछ राशि अपनी तरफ से देने का वायदा किया। मैंने उनसे यह भी कहा कि दुबई में भी हमारा बिट्स पिलानी नामक एक संस्थान है, जिसकी बहुत ऊँची-प्रतिष्ठा है। मैंने उन्हें यह भी बताया कि वहाँ लड़कों और लड़कियों के लिए अलग-अलग होस्टल हैं। मैंने उनकी पौत्री को वहाँ प्रवेश दिलवाने का प्रस्ताव रखा और साथ ही कहा कि मैं उसकी शिक्षा का पूरा खर्च वहन करने के लिए तैयार था। उस्ताद बिस्मिल्लाह खान ने उत्तर दिया कि वे अपनी पौत्री को बंगलौर में प्रवेश दिलवाना चाहते थे। मैंने इसके उत्तर में उनसे कहा कि मैं उसकी शिक्षा के लिए डेढ़ लाख रुपए दूँगा। उनकी पौत्री ने मुझे धन्यवाद का पत्र लिखा।

मुझे उस्ताद बिस्मिल्लाह खान की तरफ से भी एक बहुत प्यारा पत्र प्राप्त हुआ। उनके पत्रों की प्रतिलिपियाँ यहाँ प्रस्तुत हैं–

8 अगस्त, 2002

प्रिय बिड़ला साहब,

आदाब अर्ज

इन कुछ पंक्तियों से आपके व्यस्त कार्यक्रम में विघ्न डालने के लिए क्षमा करें।

मैंने अपनी पौत्री को बंगलौर के आर.वी.सी.ई. या एम.वी.आई.टी. मैं दाखिल करवाने का फैसला किया है। आप जानते हैं कि मैं एक साधनहीन कलाकार हूँ, जिसने भारतीय शास्त्रीय संगीत को दुनिया के कोने-कोने में फैलाया है। मैं इस बात से सचमुच बहुत मायूस हूँ कि मनीषा को पिलानी में दाखिला नहीं मिला। लेकिन मुझे पूरा भरोसा है कि आप उसे बंगलौर के आर.वी.सी.आई. या एम.वी.आई.टी. में दाखिला दिलवाने में पूरी-पूरी मदद करेंगे। मैं आपसे गुजारिश करता हूँ कि उसकी कैपिटेशन फीस के लिए कुछ रकम देकर उसकी मदद करें। मैं आपका बहुत शुक्रगुजार होऊँगा। मैं आपके नरमदिल जवाब का बेसब्री से इन्तजार कर रहा हूँ।

शुभकामनाओं के साथ,

बिस्मिल्लाह खान

25 सितम्बर 2002

प्रिय बिड़ला साहब,

नमस्कार

कृपया मुझे इन कुछ पंक्तियों से अपने व्यस्त समय में बाधा डालने के लिए क्षमा करें।

मनीषा रजा के लिए आपके डेढ़ लाख रुपए के ड्राफ्ट के लिए धन्यवाद। मैं बिड़ला परिवार के साथ गुजरे अत्यन्त मर्मस्पर्शी और भाव-भीने क्षणों को कभी नहीं भूल सकता। मैं अल्लाह से दुआ करता हूँ कि वह आपको लम्बी और तन्दुरुस्त जिन्दगी दे। आपको इस कष्ट में डालने के लिए क्षमा चाहता हूँ।

एक बार फिर बहुत-बहुत धन्यवाद के साथ,

आपका शुभाकांक्षी,
बिस्मिल्लाह खान

महात्मा गांधी का अन्तिम संस्कार

गांधीजी का देहान्त 30 जनवरी, 1948 को बिड़ला हाउस, दिल्ली में हुआ था। पिताजी और मैं एक दिन पहले ही पिलानी गए थे, ताकि पंडित गोविन्द बल्लभ पन्त और उनके सुपुत्र के.सी. पन्त (राजा) को बिट्स संस्थान के दर्शन करवा सकें। वहीं हमने गांधीजी की हत्या

का दुखद और स्तब्ध कर देने वाला समाचार सुना। पिताजी, पन्त जी और राजा तुरन्त विमान से दिल्ली के लिए निकल पड़े। विमान छोटा होने के कारण हम सब-के-सब उसमें नहीं बैठ सकते थे। मैं कुछ अन्य लोगों के साथ कार से दिल्ली लौटा। सुबह से ही लाखों लोग बिड़ला हाउस के आसपास जमा होने लगे थे, ताकि महात्माजी के अन्तिम संस्कार में शामिल हो सकें। इस भारी भीड़ को देखते हुए अन्तिम संस्कार के लिए किए गए प्रबन्ध अपर्याप्त प्रतीत होने लगे। मैं तब लगभग तीस वर्ष का था। मैंने सोचा कि यदि मैं अन्तिम संस्कार में शामिल होने के अपने इरादे के बारे में पिताजी को सूचित करूँगा तो वे मुझे वहाँ जाने से रोकने का प्रयास करेंगे, क्योंकि भाव-विह्वल भीड़ के विशाल आकार को देखते हुए पुलिस और प्रशासन द्वारा किए गए प्रबन्ध सचमुच पर्याप्त नहीं थे। इसलिए मैं चुपके से घर से निकलकर शवयात्रा में शामिल हो गया। यह फैसला किया गया था कि कुछ शीर्ष नेताओं को छोड़कर अन्य सभी लोग पैदल ही दाह-संस्कार के स्थल तक पहुँचेंगे, जो बिड़ला हाउस से लगभग साढ़े चार मील की दूरी पर था। शवयात्रा में शामिल लोग कछुए की रफ़्तार से आगे बढ़ रहे थे। यह अनपेक्षित भी नहीं था। राजघाट तक पहुँचने में हमें दो घंटे से भी अधिक लग गए।

चिता को अग्नि दिए जाने के बाद लोग धीरे-धीरे राजघाट से वापस लौटने लगे। मैंने बिड़ला कॉटन मिल के एक वरिष्ठ प्रभावी को चिता-स्थल पर एक कार भेज देने के लिए कहा था, ताकि मैं कार द्वारा वापस लौट सकूँ। लेकिन वे वरिष्ठ प्रभावी इस सम्बन्ध में आवश्यक निर्देश देना भूल गए। परिणामस्वरूप अन्त्येष्टि के बाद जब लोग धीरे-धीरे वापस लौटने लगे तो मैंने पाया कि मुझे वापस ले जाने के लिए वहाँ कोई भी कार उपलब्ध नहीं थी।

शवयात्रा में हम तीन-चार लोग साथ-साथ थे, जिनमें बसन्त कुमार के ससुर स्वर्गीय बृजलाल बियानी भी शामिल थे। वे बेरार केसरी के नाम से प्रसिद्ध थे। उनके पास भी वापसी के लिए कोई वाहन नहीं था। हम दोनों और तीन-चार अन्य व्यक्ति पैदल ही वापस चल पड़े। रास्ते में एक जगह हमें एक ताँगा मिल गया। हम लोग शवयात्रा के लिए घर से निकलने के पाँच-छह घंटे बाद बिड़ला हाउस वापस लौटे।

मेरे जाने की कुछ ही देर बाद पिताजी को पता चल गया था कि मैं बिड़ला हाउस में नहीं था। उन्होंने चिन्तित होकर मेरे बारे में पूछताछ की थी, लेकिन किसी को भी पता नहीं था कि मैं कहाँ था। फिर भी पिताजी समझ गए थे कि मैं शवयात्रा में शामिल होने के लिए निकल गया था। जब कई घंटे बाद भी मैं घर नहीं लौटा तो पिताजी की चिन्ता बढ़ गई। उन्होंने हमारे कई प्रभावियों से विभिन्न अस्पतालों में पता लगाने के लिए कहा, लेकिन मैं किसी भी अस्पताल में नहीं मिला। पिताजी बहुत घबरा गए। जब काफी देर बाद शाम को मैं ताँगे से घर लौटा तो पिताजी एक दर्जन से भी अधिक सेवकों और प्रभावियों के साथ बिड़ला हाउस के मुख्य-द्वार पर खड़े मेरी राह देख रहे थे। मुझे देखकर उनकी जान में जान तो आई, लेकिन किसी को कुछ बताए बिना इस तरह घर से चले जाने के लिए उन्होंने मुझे खूब डाँटा। उन्होंने कहा कि मुझे उचित व्यवस्था करने के बाद ही इस तरह की अव्यवस्थित शवयात्रा में शामिल होना चाहिए था। मैंने पिताजी को बताया कि मैंने इस सम्बन्ध में हमारे एक वरिष्ठ प्रभावी को सूचित कर दिया था। पिताजी ने छानबीन की तो पता चला कि वे वरिष्ठ प्रभावी रात भर जागते रहे थे, इसलिए

मेरे साथ हुई बातचीत के बारे में पूरी तरह भूल गए थे। वे इतने थक गए थे कि घर जाते ही गहरी नींद में सो गए थे। पिताजी बृजलाल पर भी नाराज हुए। उन्होंने कहा, "बृजलाल जी, कृष्ण तो इस तरह के खतरनाक काम करता ही रहता है, लेकिन आप जैसे सयाने व्यक्ति को तो उसके समय पर घर लौटने का ख्याल रखना चाहिए था।" बृजलाल ने उन्हें समझाने का प्रयास किया कि सड़क पर भीड़ के रेले के कारण कोई भी वाहन उपलब्ध नहीं था। कुछ ही मिनट बाद पिताजी का गुस्सा ठंडा हो गया और वे सामान्य हो गए।

महात्माजी की शवयात्रा बिड़ला हाउस से आरम्भ होकर राजघाट पहुँची

भारत के राष्ट्रपति

मैं 9 अप्रैल 1984 से लेकर 8 अप्रैल, 2002 तक राज्यसभा का सदस्य रहा। अठारह वर्ष की इस अवधि के दौरान भारत के चार राष्ट्रपति हुए—ज्ञानी जैल सिंह, आर. वेंकटरमण, डॉ. शंकर दयाल शर्मा और के. आर. नारायणन। इन सभी के साथ मेरे बहुत मधुर सम्बन्ध रहे। लेकिन मैं वेंकटरमण के सबसे ज्यादा नजदीक था, क्योंकि मैं उन्हें उस समय से जानता था जब वे एक मन्त्री थे। उन्होंने अपने राजनीतिक जीवन की शुरुआत मद्रास (अब तमिलनाडु) में कांग्रेस के एक सक्रिय सदस्य के रूप में की थी। मद्रास के उद्योग और श्रम मन्त्री के रूप में उन्होंने बहुत उल्लेखनीय कार्य किया। जब भी किसी औद्योगिक इकाई को केन्द्र से सम्बन्धित किसी समस्या का सामना करना पड़ता था, तो वेंकटरमण स्वयं दिल्ली

जाकर और सम्बन्धित मन्त्रालयों से मिलकर उस समस्या को जल्दी-से-जल्दी सुलझाने का प्रयास करते थे।

1980 में केन्द्र में जाने के बाद वे पहले वित्त मन्त्री और फिर रक्षा मन्त्री बने। वित्त मन्त्री के रूप में उन्होंने अत्यन्त सराहनीय और असाधारण कार्य किया। अगस्त 1984 में वे उपराष्ट्रपति और जुलाई 1987 में राष्ट्रपति बने।

मेरी तरह वेंकटरमण भी काँची के परमाचार्य के पक्के भक्त थे। जब भी काँची के कामकोटिपीठम से सम्बन्धित कोई कार्यक्रम होता तो वेंकटरमण मुझे इस भले कार्य के लिए अपना योगदान देने के लिए कहते। मैं उनकी इस इच्छा का हमेशा पालन करता।

एक बार मैंने काँची मठ के एक समारोह में भाग लेने का निर्णय किया। मैंने वेंकटरमण से कहा कि मैं पहले चेन्नई जाऊँगा और वहाँ से काँची मठ पहुँचूँगा। तब तक वे राष्ट्रपति के पद से सेवा-निवृत्त हो चुके थे। सरकार ने उन्हें चेन्नई में एक उचित निवास-स्थान के साथ-साथ कुछ सुरक्षाकर्मियों और एक सरकारी कार की सुविधा उपलब्ध करवा रखी थी। वेंकटरमण को यह जानकर अति प्रसन्नता हुई कि मैं शंकराचार्य के दर्शन करने जा रहा था। वे स्वयं भी मेरे साथ चलने के लिए तैयार हो गए। उन्होंने मुझे अपने साथ अपनी कार में चेन्नई से काँची मठ तक की यात्रा करने का निमन्त्रण दिया, जिसे मैंने सहर्ष स्वीकार कर लिया।

मैं चेन्नई पहुँचकर वेंकटरमण के घर गया। उनकी सरकारी कार में हमने काँची मठ तक की यात्रा बहुत कम समय में तय कर ली। हमने शंकराचार्य के दर्शन किए और फिर भोजन के लिए अतिथि-गृह में पहुँचे। दक्षिण भारतीयों की, विशेषकर वहाँ के ब्राह्मणों की एक उल्लेखनीय विशिष्टता यह है कि बहुत ऊँची पद-प्रतिष्ठा हासिल करने के बाद भी वे अपनी प्राचीन संस्कृति को नहीं भूलते। वे परम्पराओं का पालन करने में गर्व का अनुभव करते हैं। वेंकटरमण भी एक धर्मपरायण ब्राह्मण हैं। उन्होंने मेरे साथ बहुत सादगी भरा भोजन किया। चावल और दही दक्षिण भारतीय भोजन के अनिवार्य अंग हैं। मैं हर तरह का भोजन पसन्द करता हूँ, बशर्ते कि वह घी में तैयार किया गया हो और उसमें लहसुन और प्याज का प्रयोग न किया गया हो। मैंने वेंकटरमण के साथ भोजन का आनन्द लिया। उसके बाद हम चेन्नई लौट आए।

मैं वेंकटरमण से अब भी मिलता रहता हूँ। हालाँकि अब वे लगभग 97 वर्ष के हो चले हैं, लेकिन उनका स्वास्थ्य और स्मृति अब भी काफी अच्छे हैं। मैं पिछली बार उनसे 2003 में मिला था। वे मुझसे गले लगकर मिले और मुझे देखकर बहुत खुश हुए। उन्होंने काँची मठ के बारे में मुझसे एक-दो अनुरोध किए, जिन्हें मैंने सहर्ष स्वीकार कर लिया।

स्वर्गीय के. आर. नारायणन के साथ भी मेरे बहुत अच्छे सम्बन्ध थे। वे अत्यन्त सादे स्वभाव के व्यक्ति थे और उनमें अहं जैसी कोई चीज नहीं थी। मैं डॉ. शंकर दयाल शर्मा के भी काफी निकट था। नारायणन राष्ट्रपति बनने से पहले उपराष्ट्रपति के पद पर भी रहे थे, लेकिन राष्ट्रपति के रूप में उनके कार्यकाल के दौरान मुझे उन्हें नजदीक से जानने का अधिक अवसर मिला। मैं राष्ट्रपति भवन में उनसे अक्सर मिलता रहता था। मैं इसी तरह डॉ. शंकर दयाल शर्मा से भी मिलता रहता था।

शंकर दयाल जी बहुत भावुक व्यक्ति थे। जब वे उपराष्ट्रपति के रूप में राज्यसभा के अध्यक्ष थे तो एक दिन एक सांसद ने उनकी निष्पक्षता के सम्बन्ध में कोई कठोर टिप्पणी की। शंकर दयाल जी की आँखों से आँसू छलक पड़े। बहुत-से सांसद उन्हें सान्त्वना देने के लिए उनके पास जा पहुँचे, जिनमें मैं भी शामिल था। कुछ देर बाद वे शान्त हुए तो उन्होंने कहा कि यदि उनकी निष्पक्षता पर कोई प्रश्न-चिह्न लगाया जा रहा था तो वे अपनी कुर्सी पर बने रहना पसन्द नहीं करेंगे। सभी पार्टियों के सदस्यों द्वारा उनके प्रति सम्पूर्ण निष्ठा का आश्वासन दिये जाने के बाद ही वे सामान्य हुए।

मैं नारायणन का बहुत ज्यादा सम्मान करता था। वे देश के श्रेष्ठतम राष्ट्रपतियों में से थे। उनके कार्यकाल के दौरान एक दिलचस्प घटना हुई। इसके बारे में कुछ कहने की बजाय मैं 18 फरवरी, 1999 को उन्हें लिखे गए अपने एक पत्र की प्रतिलिपि प्रस्तुत कर रहा हूँ।

व्यक्तिगत एवं गोपनीय

18 फरवरी, 1999

प्रिय श्री नारायणन,

यह पत्र एक व्यक्तिगत मामले से जुड़ा हुआ है, जिसके बारे में मैं आपको लिखने की स्वतन्त्रता ले रहा हूँ।

जबसे हमने स्वतन्त्रता प्राप्त की है, मैं राष्ट्रपतियों से मिलता रहा हूँ—स्वतन्त्र भारत के प्रथम राष्ट्रपति श्री राजेन्द्र बाबू से लेकर डॉ. शंकर दयाल शर्मा तक। मैं सभी राष्ट्रपतियों से 3-4 महीने में एक बार भेंट करता रहा हूँ। इसका कारण यह है कि मैं सभी राष्ट्रपतियों को इस उच्च पद पर आसीन होने से पहले से जानता रहा हूँ।

आपके राष्ट्रपति बनने के बाद मैं आपसे भी भेंट करना चाहता था। लेकिन, दुर्भाग्यवश, मुझे अब तक भेंट के लिए समय नहीं दिया गया है।

मैं राज्यसभा में आपकी अध्यक्षता में कार्य करता रहा हूँ। जब आज उपराष्ट्रपति थे तो भी मैं समय-समय पर आपके कार्यक्रम और निवास-स्थान पर आपसे भेंट करता रहता था। आप के.के. बिड़ला फाउंडेशन द्वारा आयोजित एक-दो समारोहों की अध्यक्षता करने की भी कृपा कर चुके हैं। इसलिए मेरे अनुरोध के बावजूद मुझे आपसे भेंट करने का समय नहीं दिया गया तो मुझे कुछ आश्चर्य होना स्वाभाविक था।

मैं विशुद्ध शिष्टाचारवश आपसे भेंट करना चाहता था। आपके राष्ट्रपति बनने के बाद मैंने कम-से-कम आठ-दस बार आपसे भेंट करने का प्रयास किया होगा, लेकिन आपके कार्यालय से मुझे अपने किसी भी अनुरोध का कोई उत्तर नहीं मिला। मेरी सचिव ने इस सम्बन्ध में कई बार पूछताछ की। उनसे कहा गया कि आपसे भेंट करने के समय के बारे में बाद में सूचित किया जाएगा। लेकिन मुझे कभी भी इस भेंट के लिए समय नहीं दिया गया।

मुझे ऐसा लगा कि आप इतने अधिक व्यस्त थे कि आपके पास संसद के सदस्यों से मिलने का भी समय नहीं था। इसलिए मैं इस अनुभव को लेकर खामोश रहा। बाद में मेरे कुछ मित्रों ने विचार व्यक्त किया कि सम्भवतः आपसे भेंट के लिए मेरे अनुरोध आप तक पहुँचे ही न हो, और आपके सचिवालय के कुछ लोगों ने यह निर्णय करने का अधिकार अपने ऊपर ले लिया हो कि आपके पास मुझसे भेंट करने का समय नहीं था। इन परिस्थितियों में मुझे आपको इस मामले से अवगत करवाना उचित लगा।

यह बात मुझे सचमुच विचित्र प्रतीत होती है कि एक राष्ट्रपति के पास एक वरिष्ठ संसद-सदस्य और उद्योगपति से भेंट करने का समय न हो। लेकिन इस सम्बन्ध में कोई निर्णय लेना आपके अपने ऊपर है। यदि आप सचमुच अत्यधिक व्यस्त हैं तो मैं आपके व्यस्त कार्यक्रम में विघ्न डालनेवाला आखिरी व्यक्ति होऊँगा। लेकिन यदि कि आपके सचिवालय के लोग मेरे अनुरोधों पर उचित ध्यान नहीं दे रहे हैं तो मुझे लगता है कि आपको यह बात मालूम होनी चाहिए।

शुभकामनाओं सहित,

आपका,
के.के. बिड़ला

इसके बाद जल्दी ही मुझे राष्ट्रपति के सचिवालय से यह सन्देश मिला कि मैं अपनी सुविधानुसार उनसे कभी भी भेंट कर सकता था। इसके बाद मुझे राष्ट्रपति से मिलने में कभी भी कठिनाई नहीं हुई। इतना ही नहीं, जब भी वे विशिष्ट विदेशी अतिथियों के सम्मान में पार्टियों का आयोजन करते थे तो मुझे इन अवसरों पर अवश्य आमन्त्रित करते थे। मुझे उनके द्वारा आयोजित डिनर पार्टियों में राष्ट्रपति बिल क्लिंटन और राष्ट्पति परवेज मुशर्रफ से भेंट करने का अवसर मिला।

मुशर्रफ से भेंट होने पर मैंने उनसे कहा, "मान्यवर राष्ट्रपति, मैंने अपनी ऑनर्स की डिग्री पंजाब यूनिवर्सिटी, लाहौर से प्राप्त की थी।" यह सुनते ही उनकी उत्सुकता जाग उठी और वे बहुत दिलचस्पी लेते हुए मुझसे बातचीत करने लगे। मैंने उन्हें पाकिस्तान के मोंट्गोमेरी जिले में ओकारा नामक स्थान पर स्थित हमारी कपड़ा मिल के बारे में बताया, जिसे हम विभाजन के बाद भी बेचने की बजाय सफलतापूर्वक चलाते रहे थे। मैंने उन्हें बताया कि मुख्य प्रभावी और एक-दो अन्य लोगों को छोड़कर हमारे अन्य सभी वरिष्ठ प्रभावी और कर्मचारी मुसलमान थे। जनरल ने जानना चाहा, "मि. बिड़ला, क्या आप अब भी इस कपड़ा मिल को चला रहे हैं?" मैंने जवाब दिया, "नहीं, श्रीमान राष्ट्रपति। 1971 में बांग्लादेश के युद्ध के बाद पाकिस्तान सरकार ने हमारी मिल को शत्रु की सम्पत्ति घोषित करते हुए जब्त कर लिया था। हमें इस मिल के छिन जाने का सचमुच बहुत अफसोस था, क्योंकि यह मिल न सिर्फ सफलतापूर्वक चल रही थी, बल्कि हमें पाकिस्तान सरकार से भी पूरा-पूरा सहयोग मिलता रहा था।" मैंने उन्हें बताया कि हमारे मुख्य प्रभावी का नाम गजानन्द डालमिया था। वे बहुत बहादुर व्यक्ति थे और पाकिस्तान में रहने के लिए राजी हो गए थे। वे अपने कर्मचारियों और सरकारी अधिकारियों में बेहद लोकप्रिय थे। मुशर्रफ को यह सब सुनकर बहुत प्रसन्नता हुई।

कन्हैयालाल मानेकलाल मुंशी

कन्हैयालाल मानेकलाल का जन्म दक्षिण गुजरात के भरूच नामक शहर में एक उच्च-मध्यवर्गीय भार्गव ब्राह्मण परिवार में हुआ था। उनकी प्रारम्भिक शिक्षा अपनी माँ तापीबेन की देखरेख में घर पर ही हुई, जिसके बाद उन्होंने भरूच के खान बहादुर दलाल हाई स्कूल में उच्च-माध्यमिक शिक्षा प्राप्त की। 1901 में मैट्रिक पास करने के बाद वे बड़ौदा कॉलेज में भर्ती हुए। 1906 में उन्होंने बी. ए. की डिग्री प्राप्त की और फिर 1910 में बम्बई यूनिवर्सिटी से एल. एल. बी. की परीक्षा उत्तीर्ण की।

श्री अरबिन्द, गांधीजी, सरदार पटेल और भूलाभाई देसाई का मुंशी जी के विचारों और जीवन-शैली पर बहुत गहरा प्रभाव पड़ा। वे वैदिक और प्राचीन संस्कृत साहित्य से भी बहुत ज्यादा प्रभावित थे। उन्होंने अंग्रेजी, फ्रांसीसी और जर्मन साहित्य के साथ-साथ अनेक देशों के इतिहास का भी बहुत गहराई से अध्ययन किया था। अपने विस्तृत और गहन ज्ञान के कारण उन्होंने राजनीतिक, सामाजिक, शैक्षणिक, सांस्कृतिक और धार्मिक क्षेत्रों में बहुत गहरा प्रभाव छोड़ा।

आध्यात्मिक चिन्तन का मार्ग चुनने से पहले श्री अरबिन्द एक क्रान्तिकारी थे। वे उसी बड़ौदा कॉलेज में प्राध्यापक थे जहाँ मुंशी जी पढ़ रहे थे। मुंशी जी क्रान्तिकारी आन्दोलन की तरफ आकर्षित हुए और बम बनाने की तकनीक में भी रुचि लेने लगे। लेकिन 1915 के आसपास मुम्बई पहुँचने के बाद वे होम रूल लीग की तरफ खिंच गए और इसके सचिव बन गए। 1927 में वे विश्वविद्यालय चुनाव-क्षेत्र से मुम्बई विधान परिषद के लिए चुने गए।

1928 में बरदोली-सत्याग्रह के दौरान मुंशीजी गांधीजी की राजनीति की तरफ आकर्षित हुए। बरदोली मुद्दे पर उन्होंने विधान परिषद से त्याग-पत्र दे दिया। वे कांग्रेस में शामिल हो गए और 1930 में नमक सत्याग्रह में भाग लेने के बाद गिरफ्तार कर लिए गए। दिसम्बर 1933 में उन्होंने कांग्रेस की संसदीय शाखा की स्थापना के लिए आन्दोलन शुरू किया और अगले वर्ष संसदीय मंडल के सचिव नियुक्त किए गए। 1937 में मुम्बई के बी.सी. खेर मन्त्रिमंडल में उन्होंने गृहमन्त्री का कार्यभार सँभाला। 1940 में उन्होंने व्यक्तिगत सत्याग्रह किया, जिसके बाद उन्हें गिरफ्तार कर लिया गया। अगले वर्ष, 1941 सालों में, वे अखंड हिन्दुस्तान के अभियान पर देश-यात्रा पर निकल पड़े। इसी वर्ष आत्म-रक्षा के लिए हिंसा के प्रयोग को लेकर मतभेदों के कारण उन्होंने कांग्रेस से त्याग-पत्र दे दिया। 1943 से 1945 के बीच उन्होंने भारत छोड़ो आन्दोलन से जुड़े कई मामलों की पैरवी की।

1946 में गांधीजी की सलाह पर वे एक बार फिर कांग्रेस में शामिल हो गए और संविधान सभा के लिए चुने गए। जवाहरलाल नेहरू ने उन्हें भारत का संविधान तैयार करनेवाली विशेष समिति का सदस्य नियुक्त कर दिया। इसके बाद 1948 में उन्हें हैदराबाद के लिए भारत सरकार का एजेन्ट-जनरल नियुक्त किया गया। उन्होंने हैदराबाद के भारत में विलय से जुड़ी अत्यन्त खतरनाक और भावावेशपूर्ण स्थितियों को बड़ी सूझबूझ के साथ सँभाला। 1952 में उन्हें केन्द्र सरकार में खाद्य मन्त्री नियुक्त किया गया। लेकिन पंडितजी को उन पर भरोसा नहीं था, इसलिए जल्दी ही उन्हें उत्तर प्रदेश का राज्यपाल नियुक्त कर

दिया गया। वे 1953 से लेकर 1958 तक इसी पद पर रहे। 1960 में वे कांग्रेस से त्याग-पत्र देकर स्वतन्त्र पार्टी में शामिल हो गए। उन्हें पार्टी का उपाध्यक्ष नियुक्त किया गया।

भारतीय विद्या भवन की स्थापना को देश के शैक्षणिक और सांस्कृतिक जीवन में मुंशी जी के सबसे बड़े योगदान के रूप में देखा जा सकता है। 1938 में स्थापित इस संस्था की देश भर में ही नहीं, बल्कि विदेशों में भी कई शाखाएँ हैं। यह संस्था कला, विज्ञान, इंजीनियरिंग, पत्रकारिता इत्यादि विषयों से जुड़े महाविद्यालयों की स्थापना में मदद करने के साथ-साथ संस्कृत, नृत्य, नाटक और संगीत की शिक्षा को प्रोत्साहन देने का काम करती है। संस्था गीता के अध्ययन के लिए विशेष पाठ्यक्रमों का संचालन करती है। भारतीय विद्या भवन ने कुछ जाने-माने इतिहासकारों की मदद से 'हिस्ट्री एंड कल्चर ऑफ द इंडियन पीपुल्स' नामक एक शोध परियोजना को भी प्रायोजित और प्रकाशित किया है। आज यह संस्था विश्व की शीर्ष सांस्कृतिक संस्थाओं में से एक है और शिक्षा और संस्कृति के विकास और पुस्तकों के प्रकाशन में गहरी रुचि ले रही है। मुंशी जी साहित्य संवाद, गुजराती साहित्य परिषद और हिन्दी साहित्य सम्मेलन से भी जुड़े रहे।

मुंशी जी एक संयुक्त भारतीय संस्कृति के समर्थक थे, जिसमें परम्परा और आधुनिकता दोनों का समावेश हो। उनका मानना था कि पारम्परिक मूल्यों और एक उदारवादी और विकासोन्मुखी दृष्टिकोण के बीच एक मधुर तालमेल स्थापित किया जा सकता है। सनातन धर्म (रूढ़िवादी हिन्दू धर्म) के अनुयायी होने के बावजूद वे कैथलिक रुचियों के प्रशंसक थे और सहिष्णुता और सद्‌भावना पर आधारित धार्मिक दृष्टिकोण में विश्वास रखते थे।

मुंशी जी भारत की एकता के समर्थक थे और भाषा के आधार पर राज्यों के पुनर्गठन के विरुद्ध थे। उनका मानना था कि इससे भारत की एकता और अखडता को आघात पहुँचने की सम्भावना थी।

मुंशी जी युवावस्था से ही पत्रकारिता में रुचि लेते रहे थे। उनके आरम्भिक लेख 'ईस्ट एंड वेस्ट' और 'हिन्दुस्तान रिव्यू' में छपे थे। 1912 में उन्होंने 'भार्गव' नामक एक गुजराती पत्रिका शुरू की, जो एक जाति-केन्द्रित पत्रिका थी। 1915 में वे 'यंग इंडिया' के संयुक्त सम्पादक बने। 1922 में उन्होंने 'गुजरात' नामक एक सचित्र गुजराती मासिक शुरू किया। 1936 में उन्होंने 'द हंस लिमिटेड' की स्थापना की, जिसका उद्‌देश्य विभिन्न भाषाओं में हो रहे साहित्यिक सृजन को हिन्दी के माध्यम से देश भर में फैलाना था। 1940 में उन्होंने 'सोशल वेलफेयर' नामक एक अंग्रेजी साप्ताहिक की शुरुआत की, और अन्ततः 1954 में उन्होंने 'द भवनज़ जनरल' का प्रकाशन शुरू किया। 'द भवनज़ जनरल' कई भाषाओं में प्रकाशित किया जाता है।

मुंशी जी एक कुशल वक्ता भी थे। बनारस हिन्दू विश्वविद्यालय, सागर विश्वविद्यालय, ओसमानिया विश्वविद्यालय और वल्लभ विद्यापीठ, आनन्द ने उन्हें डॉक्टरेट की मानद उपाधि प्रदान की थी।

वे बहुत शान से जीते थे। उनकी जीवन-शैली जितनी भव्य थी, उतनी ही सुसंस्कृत भी। उन्होंने अंग्रेजी में बहुत-सी पुस्तकें लिखीं, लेकिन उन्हें गुजराती भाषा के उपन्यासकार

के रूप में विशेष लोकप्रियता मिली। वे ऐतिहासिक उपन्यास और सामाजिक नाटक लिखा करते थे।

मुंशी जी देश के अग्रणी वकीलों में से थे और धीरे-धीरे एक प्रमुख कानूनविद के रूप में जाने जाने लगे। अपनी व्यावसायिक पृष्ठभूमि के कारण वे आयकर से जुड़े मामलों की बहुत गहरी समझ रखते थे, जो किसी भी व्यवसाय को बनाने या बिगाड़ने की क्षमता रखते हैं। हम अपनी कम्पनियों के सभी कर-सम्बन्धी मामलों में उनकी सलाह लेते थे। मुंशी जी आयकर न देने के खिलाफ थे, क्योंकि यह कानून की दृष्टि में एक अपराध था। वे हमें आयकर कानून की उन धाराओं की मदद लेने की सलाह देते थे, जिनके सही प्रयोग से हम अनावश्यक कर देने से बच सकते थे। हम उनकी सलाह का हमेशा पालन करते थे। हालाँकि कभी-कभी, कुछ दुर्लभ अवसरों पर, आयकर अधिकारी कम्पनी के इस प्रयास पर आपत्ति प्रकट करते थे, लेकिन अपील करने पर कम्पनी की हमेशा विजय होती थी।

भारतीय विद्या भवन एक विशाल और प्रतिष्ठित संस्थान के रूप में विकसित हो चुका है। 1950 के दशक के शुरू में जब मुंशी जी खाद्य मन्त्री बने तो हम दोनों एक-दूसरे के बहुत निकट आ गए। मुंशी जी ने मुझे भवन के बारे में बताया और मुझसे इस संस्थान के लिए धनराशि जुटाने का अनुरोध किया। मैंने उनसे कहा कि मैं सिर्फ कोलकाता के मामले में उनकी मदद कर सकता था। मैंने कोलकाता के बहुत से उद्योगपतियों की एक सूची तैयार की और मुंशी जी से अनुरोध किया कि वे दो दिनों के लिए कोलकाता आकर इन उद्योगपतियों से मिलें। वे कोलकाता पहुँचे तो मैं उनके साथ शहर के प्रमुख उद्योगपतियों के पास गया। हमने लगभग एक दर्जन उद्योगपतियों से भेंट की। इसके बाद मैंने एक डिनर-पार्टी का आयोजन किया, जिसमें मैंने कई अन्य उद्योगपतियों को भी आमन्त्रित किया। मैंने कुछ मिनटों के लिए अतिथियों को सम्बोधित किया और उन्हें मुंशी जी से परिचित करवाते हुए भारतीय विद्या भवन की गतिविधियों के बारे में बताया। अतिथियों की प्रतिक्रिया हमारी अपेक्षाओं के अनुरूप और सकारात्मक रही।

मुंशी जी चाहते थे कि मैं भवन की गतिविधियों में और अधिक रुचि लूँ। बल्कि उनका सुझाव था कि मैं धीरे-धीरे भवन के संचालन को अपने हाथ में ले लूँ। लेकिन मैंने इस सुझाव को अस्वीकार कर दिया, क्योंकि मेरी गतिविधियाँ कोलकाता से दिल्ली तक फैली हुई थीं, और मुम्बई में स्थित भारतीय विद्या भवन जैसे बड़े संस्थान की देखभाल करना व्यावहारिक नहीं था। लेकिन मैंने भवन का एक ट्रस्टी बनना स्वीकार कर लिया। मुंशी जी जब तक जीवित रहे, मैं ट्रस्ट की बैठकों में नियमित रूप से भाग लेता रहा। उनके निधन के बाद मैंने इन बैठकों में जाना बन्द कर दिया। मैं 2004 तक भवन का ट्रस्टी रहा। भारतीय विद्या भवन हमेशा यह याद दिलाता रहेगा कि मुंशी जी में एक उत्कृष्ट संस्थान की स्थापना करने की अद्‌भुत क्षमता थी। आज इस संस्थान को अन्तर्राष्ट्रीय ख्याति प्राप्त है, और यह मुंशी जी की दूरदर्शिता का एक स्थायी स्मारक है।

भारत और मोरक्को

चम्बल फर्टिलाइजर्स एंड केमिकल्स ने मोरक्को में वहाँ की एक सरकारी कम्पनी ओ. सी. पी. के साथ मिलकर इंडो-मारोक फॉस्फोर एस. ए. (आई. एम. ए. सी. आई. डी.) नामक एक संयुक्त निगम की स्थापना की। मैं इस संयुक्त उद्यम के शुभारम्भ के अवसर पर अप्रैल 1998 में रबात, मोरक्को गया। मैं वहाँ के प्रधानमन्त्री और कई अन्य मन्त्रियों से भी मिला। मोरक्को के समाचार-पत्रों मे मेरी इस यात्रा की भरपूर चर्चा रही।

इसके बाद जब भी मोरक्को के राजदूत को भारत सरकार के साथ किसी मामले में कोई समस्या होती तो वे मेरी मदद लेने का प्रयास करते। उनके साथ ऐसी ही एक भेंट के बाद मैंने 6 जुलाई 1998 को तत्कालीन विदेश राज्यमन्त्री वसुन्धरा राजे को एक पत्र लिखा, जिसे यहाँ प्रस्तुत किया जा रहा है–

व्यक्तिगत

6 जुलाई, 1998

प्रिय वसुन्धरा,

मैं समझता हूँ कि भारत सरकार और मोरक्को सरकार के बीच पारस्परिक व्यवस्था और निवेशों की सुरक्षा को लेकर एक समझौते के लिए बातचीत चल रही है। मैं यह भी समझता हूँ कि इस समझौते में अनावश्यक विलम्ब हो रहा है, क्योंकि इमारी सरकार के वित्त मन्त्रालय को कुछ मुद्दों पर स्पष्टीकरण की आवश्यकता थी, और इसमें अनावश्यक विलम्ब हो रहा है।

जैसाकि आप जानती हैं, हम मोरक्को में फॉस्फोरिक एसिड के उत्पादन के लिए एक संयंत्र लगा रहे हैं। मोरक्को एक मित्र देश है। यह एक स्थिर देश भी है। मुझे पूरा विश्वास है कि समय के साथ कुछ अन्य उद्योगपति भी मोरक्को में उद्यमों की स्थापना करेंगे। इसलिए यह इन दोनों देशों के साथ-साथ भारत के उद्योगपतियों के भी हित में है कि इस तरह का समझौता जल्दी-से-जल्दी लागू हो जाए।

मैं आपकी टिप्पणी के लिए आभारी होऊँगा।

शुभकामनाओं सहित,

आपका,
के.के. बिड़ला

वसुन्धरा की तरफ से कोई उत्तर न मिलने पर मैंने 5 अगस्त को उन्हें एक स्मरण-पत्र भेजा, जिसका मुझे तुरन्त उत्तर मिला। दिनांक 17 अगस्त 1998 के उनके इस उत्तर को इन पृष्ठों पर प्रस्तुत किया जा रहा है।

राजदूत द्वारा मेरे सम्मुख रखी गई समस्याओं का समाधान हो गया। मुझे मोरक्को के राजदूत की तरफ से धन्यवाद का पत्र प्राप्त हुआ। दिनांक 12 अगस्त 1998 के इस पत्र को इन पृष्ठों पर प्रस्तुत किया जा रहा है।

NO. V. 456/MOS (VR)/98

VASUNDHARA RAJE

MINISTER OF STATE FOR EXTERNAL AFFAIRS
INDIA
विदेश राज्य मंत्री
भारत

August 17, 1998

Shri Birla ji

I have received your letter of August 5, 1998 regarding relationship between India and Morocco.

An Agreement regarding reciprocal arrangement and protection of investments between India and Morocco has been signed recently. It is heartening to know that you are starting a chemical unit in Morocco and it sounds well that the relationship between India and Morocco will go a long way. We would, on our part, provide all required assistance towards strengthening the bond of friendship between India and Morocco.

Yours sincerely,

Vasundhara Raje

(Vasundhara Raje)

Shri K.K.Birla.
Member of Parliament (RS)
Birla House,
7, Tees January Marg,
New Delhi 110 011.

यह समाचार मोरक्को के नरेश हसन द्वितीय तक भी पहुँचा। दुर्भाग्यवश जुलाई, 1999 में उनका देहान्त हो गया। कुछ समय बाद, फरवरी 2001 में, जब उनके वारिस नरेश मोहम्मद षष्टम भारत की यात्रा पर आए तो उन्होंने मुझे दो प्रतिष्ठित पदकों से सम्मानित किया।

Embassy of the
Kingdom of Morocco
New Delhi

سفارة المملكة المغربية
نيودلهي

No 588/98

August 12, 1998.

Mr.K.K.Birla ,
Chairman,
Birla Group of Companies,
7 Tees January Marg,
New Delhi – 110 011.

Dear Sir,

With reference to your letter dated July 6,1998, I am pleased to inform you that the Agreement between the Government of the Kingdom of Morocco and the Government of the Republic of India regarding the Promotion and Protection of Investments has been finalised in Rabat and initialed during the end month of June 1998.

I would like to take this opportunity to thank you for your valuable support and cooperation.

Thanking you,

Yours sincerely,

Mohammed Belmahi
Ambassador

CC: Mr Mourad Cherif
Director-General, OCP

33, GOLF LINKS, NEW DELHI - 110 003. INDIA. TEL. : 91-11-4636920/21/23/24 FAX : 91-11-4636925
E-mail : sifamand@giasdl01.vsnl.net.in

टाटा घराने के साथ मेरे सम्बन्ध

टाटा घराने के साथ मेरे हमेशा बहुत मधुर सम्बन्ध रहे हैं। मैं जे. आर. डी. टाटा और नवल टाटा को 1940 के दशक से जानता था। जे. आर. डी. बहुत नेक इन्सान थे। उनके आग्रह पर ही मैंने उन्हें उनके प्रथम नाम 'जेह' से सम्बोधित करना शुरू किया। नवल के साथ मेरी मित्रता और भी गहरी थी, क्योंकि आधिकारिक निकायों की बैठकों में हमारा अक्सर सम्पर्क होता रहता था।

मैं यहाँ दिनांक 18 अप्रैल 2004 को रतन टाटा को लिखे अपने पत्र और दिनांक 23 अप्रैल 2004 के उनके उत्तर को प्रस्तुत कर रहा हूँ। ये दोनों पत्र पाठकों को काफी दिलचस्प प्रतीत हो सकते हैं।

18 अप्रैल 2004

प्रिय रतन,

यह पत्र आपको दिलचस्प प्रतीत हो सकता है। लेकिन पहले मैं कुछ आरम्भिक टिप्पणियाँ करना चाहूँगा।

मुझे नहीं लगता कि मैं आपसे तीन या चार बार से अधिक मिला हूँ। पिछली बार मैं आपसे कई वर्ष पहले श्री जसवंत सिंह के घर पर मिला था, जो आज वित्त मन्त्री हैं। श्री जसवंत सिंह तब एक संसद सदस्य थे और मैं उनसे मिलने उनके घर पर गया था। यदि मुझे ठीक से याद है, तो उस दिन उनके घर पर नुस्ली वाडिया भी मौजूद थे। जसवंत सिंह जी ने मुझे आपसे और नुस्ली से परिचित करवाया था। मैंने उनसे कहा था कि इसकी कोई आवश्यकता नहीं थी, क्योंकि मैं आप दोनों को पहले से जानता था।

आपके पिता नवल टाटा मेरे प्रिय मित्र थे। हम एक-दूसरे को अपने प्रथम नामों से बुलाते थे। मैं श्री जे. आर. डी. टाटा को भी बहुत अच्छी तरह से जानता था। जब श्रीमती इन्दिरा गांधी प्रधानमन्त्री थीं तो हम दोनों ने कई प्रतिनिधिमंडलों में साथ-साथ भाग लिया। इसके अलावा, कई बार जब जे. आर. डी. दिल्ली आते थे तो हमारे अखबार 'हिन्दुस्तान टाइम्स' के तत्कालीन सम्पादक श्री एस. मूलगाँवकर अपने घर पर ब्रिज का आयोजन किया करते थे। ताश के इस खेल के बाद सब लोग साथ-साथ भोजन करते थे। मूलगाँवकर इन अवसरों पर मुझे और जे. आर. डी. को भी आमन्त्रित करते थे। इस तरह, मूलगाँवकर के घर पर मैंने और जे. आर. डी. ने कई बार ब्रिज खेली और साथ-साथ भोजन किया। जे. आर. डी. इतने खुले दिल के व्यक्ति थे कि हमारा परिचय गहरा होते ही वे मुझसे अपने लिए 'मिस्टर टाटा' के बजाय 'जेह' के सम्बोधन का प्रयोग करने का आग्रह करने लगे, हालाँकि हमारे बीच एक पीढ़ी का अन्तर था। मैं उनसे अन्तिम बार उनके निधन के कुछ ही सप्ताह पहले मिला था। हम दोनों मुम्बई से दिल्ली साथ-साथ यात्रा कर रहे थे। दिल्ली एयरपोर्ट पर पहुँचने के बाद मैं इंडियन एयरलाइन्स की बस में सवार हुआ तो मुझे यह देखकर बहुत आश्चर्य हुआ कि जे. आर. डी. भी उसी बस में थे। मैंने उनसे कहा, "जेह, मुझे यह देखकर अचम्भा हो रहा है कि आप जैसे रुतबे के व्यक्ति के लिए इंडियन एयरलाइन्स ने कार का प्रबन्ध नहीं किया।" जे. आर. डी. बड़ी नेक आत्मावाले

व्यक्ति थे। उन्होंने सिर्फ इतना कहा, "के.के., मैं अपने लिए कभी भी कार की मांग नहीं करता।" मैंने कहा, "आप जो कुछ कह रहे हैं वह आपके ऊँचे चरित्र के अनुरूप हैं, लेकिन इंडियन एयरलाइन्स को बिना कहे ही आपके लिए कार का प्रबन्ध कर देना चाहिए था।"

जैसाकि आप जानते होंगे, मैं एक सांसद के रूप में राज्यसभा में तीन कार्यकाल पूरे करने के बाद 2002 में सेवा-निवृत्त हो गया हूँ। अब मैं अपने छयासीवें वर्ष में हूँ और एक अर्ध-अवकाशप्राप्त जीवन जी रहा हूँ। लेकिन शारीरिक और मानसिक तौर पर मैं पूरी तरह स्वस्थ हूँ। इसलिए मैं अब भी अपने समूह की कई कम्पनियों का चेयरमैन हूँ। मैं बिड़ला प्रौद्योगिकी एवं विज्ञान संस्थान (बिट्स), पिलानी का कुलपति भी हूँ। अपनी इस हैसियत से मुझे यह कहते हुए प्रसन्नता हो रही है कि टाटा घराना हमारे छात्रों को बड़ी संख्या में रोजगार प्रदान कर रहा है। वह देश के कई अन्य उद्योगपतियों की तरह अपने प्रतिनिधियों को कैम्पस साक्षात्कारों के लिए पिलानी भेजता रहता है। इस वर्ष हमारे 83 छात्रों को टाटा घराने द्वारा संचालित कम्पनियों में रोजगार मिला है। आपको यह पत्र लिखने के विचार के पीछे निम्नलिखित कारण हैं :

मेरे पिता स्वर्गीय जी. डी. बिड़ला पर बहुत-सी पुस्तकें लिखी गई हैं। हाल ही में उनके बारे में मेधा एम. कुदेसिया द्वारा लिखित एक पुस्तक भी प्रकाशित हुई है। मेधा एम. कुदेसिया सिंगापुर की नेशनल यूनिवर्सिटी में प्राध्यापक या सह-प्राध्यापक हैं। इन महोदया ने ऑक्सफोर्ड यूनिवर्सिटी प्रेस द्वारा प्रकाशित इस पुस्तक को लिखने से पहले पिताजी पर विस्तृत और गहन शोध की है। उनकी इस शोध में मेरे छोटे भाई बसन्त कुमार और उनकी पत्नी सरला ने भी पूरा सहयोग दिया है, जिनके पास पिताजी के अधिकांश पुराने और महत्त्वपूर्ण पत्र मौजूद हैं। कुदेसिया द्वारा उद्घाटित कई तथ्यों की उनको पहले भी जानकारी नहीं थी।

कुदेसिया ने पिताजी के जीवन के सार को निम्नलिखित शब्दों में बाँधते हुए अपनी पुस्तक का समापन किया है–

"उनका जीवन बीसवीं सदी की कुछ अत्यन्त महत्त्वपूर्ण घटनाओं द्वारा गढ़ा गया जीवन था। जैसाकि वे स्वयं भी कहते थे कि वे विक्टोरिया युग में पैदा हुए थे और भारत के परमाणु-युग में प्रवेश करने तक जीवित रहे। व्यवसाय के क्षेत्र में उनके असाधारण नेतृत्व, उनकी राजनीतिक सूझबूझ, उनकी बहुआयामी परोपकारी गतिविधियों, और सबसे बढ़कर भारत के विकास के लिए उनकी दूरदृष्टि और अथक प्रयासों के कारण उन्हें निस्सन्देह बीसवीं सदी के महानतम भारतीयों की श्रेणी में रखा जाना चाहिए।"

पिताजी के जीवन पर आधारित इस पुस्तक में टाटा घराने और जे. आर. डी. का कई जगह उल्लेख है। मैं उनमें से कुछ चुनिन्दा उल्लेखों को इस पत्र के साथ संलग्न कर रहा हूँ। मेरे मन में आपको यह पत्र लिखने का विचार इसीलिए आया क्योंकि इस पुस्तक में दिए गए कई तथ्य आपको बहुत दिलचस्प प्रतीत हो सकते हैं।

शुभकमनाओं सहित,

सस्नेह,

के.के. बिड़ला

23 अप्रैल, 2004

प्रिय डॉ. बिड़ला,

आपके दिनांक 18 अप्रैल के पत्र के लिए बहुत-बहुत धन्यवाद। मैं यह सोचकर बहुत भाव-विभोर महसूस कर रहा हूँ कि आपने इतना समय देकर मुझे इतना आत्मीय और दिलचस्प पत्र लिखा, जिसमें आपने मेरे पिता और जेह के साथ अपनी गहरी मित्रता का जिक्र किया है। मेरे पिता आपके बारे में अक्सर बात करते रहते थे।

मैं सुश्री कुदेसिया की पुस्तक में टाटाओं से सम्बन्धित अंशों को भेजने के लिए भी आपका धन्यवाद करना चाहता हूँ।

आपका अपना जीवन भी उपलब्धियों और सार्वजनिक जीवन में योगदान से भरा हुआ है। आपका यह पत्र पाकर मैं बहुत सौभाग्यशाली महसूस कर रहा हूँ।

व्यक्तिगत सद्भावनाओं और शुभकामनाओं सहित,

आपका,
रतन

रतन के नाम अपने पत्र के साथ मैंने मेधा एम. कुदेसिया की पुस्तक से जे. आर. डी. या टाटा घराने के उल्लेखों के कुछ अंश भी प्रेषित किए थे। मैं यहाँ इन अंशों का सारांश प्रस्तुत कर रहा हूँ–

- टाटा आयरन एंड स्टील कम्पनी लिमिटेड (टिस्को) की स्थापना सन् 1907 में श्री जमशेदजी नौशेरवानजी टाटा द्वारा की गई थी। अपनी स्थापना के समय से ही इसे विदेशी आयातों से संरक्षण प्राप्त था। 1927 में भारत सरकार ने इस संरक्षण को सात वर्ष के लिए और आगे बढ़ाने के लिए एक विधेयक प्रस्तुत किया। लेकिन इसके साथ ही साम्राज्यीय प्राथमिकता के सिद्धान्त को भी प्रस्तुत किया गया, जिसमें अन्य देशों से आयात की तुलना में ब्रिटिश इस्पात पर कम आयात-शुल्क का प्रावधान था। पिताजी तब केन्द्रीय विधान सभा के सदस्य थे जिसके सदस्यों को एम. एल. ए. कहा जाता था, लेकिन उनका दर्जा आज के सांसदों के बराबर था। पिताजी और उनके साथियों ने सदन में खूब हंगामा किया और जल्दी ही साम्राज्यीय प्राथमिकता का विरोध उनका प्रमुख मुद्दा बन गया। पिताजी ने इस विरोध-अभियान का नेतृत्व किया और साम्राज्यीय प्राथमिकता के खिलाफ पूरी दृढ़ता से लड़ने की वकालत की। उन दिनों सदन में पारित प्रस्ताव को भी सरकार खारिज कर सकती थी। इसलिए पिताजी को लाला लाजपतराय और पंडित मोतीलाल नेहरू का भरपूर समर्थन मिलने के बावजूद साम्राज्यीय प्राथमिकता के सिद्धान्त को लागू कर दिया गया।
- 14 जुलाई, 1942 को मुम्बई में हुई कांग्रेस कार्यकारिणी समिति की बैठक में भारत छोड़ो प्रस्ताव पारित कर दिए जाने के बाद देश के सभी शीर्ष नेताओं–महात्माजी, जवाहरलाल नेहरू, सरदार पटेल, राजेन्द्र बाबू, इत्यादि–को गिरफ्तार कर लिया गया। पिताजी चाहते थे कि देश के व्यवसायियों का एक प्रतिनिधिमंडल वायसराय लॉर्ड लिन्लिथगो से भेंट करे। लेकिन वायसराय ने इस प्रतिनिधिमंडल को भेंट का समय देने से इनकार कर दिया। इसके बाद पिताजी ने जे. आर. डी. और सर

पुरुषोत्तम दास ठाकुरदास समेत कुछ अन्य व्यवसायियों के साथ मिलकर वायसराय को बहुत दृढ़ शब्दों में एक विरोध पत्र भेजा।

- 1943 तक पिताजी इस बात को लेकर आश्वस्त हो चुके थे कि भारत में ब्रिटिश राज के दिन पूरे हो चुके थे। उन्हें यह भी विश्वास था कि व्यवसायी समुदाय को भारत की युद्धोत्तर अर्थव्यवस्था में महत्त्वपूर्ण भूमिका निभाने के लिए आमन्त्रित किया जाएगा। इन परिस्थितियों को देखते हुए 11 दिसम्बर 1942 को टाटाओं के मुम्बई कार्यालय में पिताजी, जे. आर. डी., कस्तूर भाई, लाल भाई, लाला श्रीराम, सर पुरुषोत्तमदास ठाकुरदास, ए. डी. श्रॉफ और कुछ अन्य व्यवसायियों की एक बैठक हुई। इस बैठक में भविष्य की आर्थिक योजनाओं पर विचार-विमर्श किया गया, जिसे मुम्बई योजना के नाम से जाना जाता है। स्वाधीनता के बाद नेहरू जी द्वारा आरम्भ की गई पंचवर्षीय योजना का प्रेरणा-स्रोत यही मुम्बई योजना थी। इस योजना को देश के शीर्ष व्यवसायियों ने काफी विचार-विमर्श के बाद तैयार किया था और देश भर में इसका भरपूर स्वागत हुआ था।
- महात्माजी की दुखद हत्या के बाद जवाहरलाल नेहरू और सरदार पटेल ने पिताजी से सम्पर्क स्थापित किया और उन्हें गांधी मेमोरियल फंड नामक एक नवस्थापित कोष के लिए देश के व्यवसायी समुदाय से चन्दा जुटाने का अनुरोध किया। उनके सामने 5 करोड़ रुपए का लक्ष्य रखा गया था। पिताजी ने सभी महत्त्वपूर्ण उद्योगपतियों से मिलकर इस काम में अपना योगदान देने का अनुरोध किया। पिताजी ने जे. आर. डी. से भी भेंट की और उनसे अनुरोध किया कि वे अपने समूह की तरफ से योगदान देने के साथ-साथ इस्पात उद्योग से जुड़े अन्य उद्योगपतियों से भी चन्दा उगाहने में उनकी मदद करें। जे. आर. डी. ने पिताजी का पूरा-पूरा साथ दिया। चन्दे के रूप में कुल मिलाकर 5.27 करोड़ रुपए की राशि एकत्रित की गई, जो निर्धारित लक्ष्य से कुछ ज्यादा ही थी।

धर्मार्थ न्यासों के विरुद्ध एक कठोर प्रस्ताव

28 फरवरी, 2002 को तत्कालीन वित्त मन्त्री यशवंत सिन्हा द्वारा प्रस्तुत बजट में चेरिटेबल ट्रस्टों के प्रति काफी कठोर रुख अपनाया गया था। तब तक इस तरह के धर्मार्थ न्यासों को अपनी वार्षिक आय का 75 प्रतिशत खर्च करके शेष 25 प्रतिशत को अपने पास बचाकर रखने की अनुमति थी। लेकिन वित्त मन्त्री द्वारा प्रस्तुत बजट में इस नए प्रस्ताव के अनुसार न्यासों के लिए अपनी सम्पूर्ण वार्षिक आय को खर्च करना अनिवार्य था। वे 25 प्रतिशत आय को भविष्य के लिए बचाकर नहीं रख सकते थे।

यह प्रस्तावित कदम धर्मार्थ न्यासों के लिए बहुत कठोर साबित हो सकता था। एफ. आई. सी. सी. आई. और सी. आई. आई. (कॉन्फेडरेशन ऑफ इंडियन इंडस्ट्रीज) जैसी कुछ शीर्ष व्यावसायिक संस्थाओं ने इस प्रस्ताव के विरोध में सरकार के पास अपने प्रतिनिधिमंडल भेजे। मैं तब राज्यसभा का सदस्य था। देश के अनेक व्यवसायियों ने पत्र लिखकर मुझसे यह अनुरोध किया कि मुझे इस सम्बन्ध में प्रधानमन्त्री अटल बिहारी वाजपेयी से बात करनी चाहिए। मैं अटलजी से मिला और मैंने उन्हें इस प्रस्ताव के कारण

न्यासों के सामने आने वाली समस्याओं के बारे में बताया। मैंने उनसे कहा कि सरकार को लोगों और कम्पनियों को इस तरह के न्यासों की स्थापना करने के लिए प्रोत्साहन देना चाहिए, जबकि बजट में प्रस्तावित कदम से न सिर्फ वर्तमान न्यासों को आघात पहुँच सकता था, बल्कि लोग भविष्य में धर्मार्थ न्यासों की स्थापना को लेकर हतोत्साहित हो सकते थे। प्रधानमन्त्री ने सहानुभूतिपूर्वक मेरी बातों को सुना।

इसके बाद, 15 अप्रैल 2002 को मैंने प्रधानमन्त्री के प्रमुख सचिव ब्रजेश मिश्र के नाम एक पत्र लिखा, जिसे नीचे प्रस्तुत किया जा रहा है। परिणामस्वरूप, मामले को सन्तोषजनक ढंग से सुलझा लिया गया।

15 अप्रैल, 2002

प्रिय श्री ब्रजेश जी,

28 फरवरी को वित्त मन्त्री द्वारा प्रस्तुत केन्द्रीय बजट में कुछ ऐसे प्रस्ताव रखे गए हैं जो धर्मार्थ न्यासों की स्थापना और संचालन के लिए अत्यन्त हानिकारक होंगे। मैं स्थिति को स्पष्ट करना चाहूँगा।

वित्त विधेयक 2002 में प्रस्तावित संशोधन से पहले धर्मार्थ न्यासों के लिए अपनी वार्षिक आय का 75 प्रतिशत खर्च करने और शेष 25 प्रतिशत अपने पास जमा रखने का प्रावधान था। न्यासों को यह छूट भी थी कि यदि किसी कारणवश 75 प्रतिशत आय खर्च न की जा सके तो आयकर विभाग की कुछ औपचारिकताओं को पूरा करने के बाद बची हुई राशि को अगले वर्ष खर्च किया जा सकता था। वित्त विधेयक 2002 में न्यासों की हर वर्ष की आय का 100 प्रतिशत उसी वर्ष खर्च करने का प्रस्ताव रखा गया है। यह संशोधन न्यासों के लिए बहुत कठोर साबित होगा। मैं इस सम्बन्ध में निम्नलिखित टिप्पणियाँ करना चाहूँगा–

यह प्रश्न कि एक धर्मार्थ न्यास को अपनी आय का 100 प्रतिशत खर्च करना चाहिए या 75 प्रतिशत काफी लम्बे समय से चर्चा का विषय बना रहा है। 1974 तक धर्मार्थ न्यासों को अपनी आय का 100 प्रतिशत खर्च करना पड़ता था। इससे न्यासों के लिए बहुत-सी कठिनाइयाँ पैदा हो जाती थीं। आयकर कानून (संशोधन) 1975 में यह प्रावधान रखा गया कि न्यासों के लिए अपनी वार्षिक आय का सिर्फ 75 प्रतिशत खर्च करना आवश्यक है। 1975 के बाद से यह प्रावधान हर किसी के लिए सन्तोषजनक साबित होता रहा है।

1975 में यह संशोधन काफी सोच-विचार के बाद लाया गया था। अब वित्त मन्त्री अचानक ही चाहते हैं कि न्यासों को अपनी 100 प्रतिशत आय उसी वर्ष खर्च करनी चाहिए। इसके कारण काफी विचित्र स्थिति पैदा हो गई है।

यदि न्यास अपनी आय से अधिक खर्च करता है तो उसका कोष खाली हो जाता है। यदि न्यास आय का 100 प्रतिशत खर्च नहीं कर पाता तो उसे आयकर भरना पड़ता है। दोनों ही स्थितियाँ न्यास के लिए हानिकारक हैं।

न्यायों की आय पर कर लगाना उचित नहीं है। यदि सार्वजनिक भावना से प्रेरित व्यक्ति या निगम अपने प्रबन्धन के अधीन धर्मार्थ न्यासों की स्थापना करने के इच्छुक हैं, तो सरकार को ऐसे व्यक्तियों और निगमों को न्यासों की स्थापना करके जनता

की सेवा करने के लिए प्रोत्साहित करना चाहिए। और फिर इस प्रस्तावित कदम से सरकार की आय में कोई वृद्धि भी नहीं होगी। तो फिर इस तरह का कठोर कदम उठाने की क्या आवश्यकता है?

धर्मार्थ न्यास समाज-सेवा के कामों में महत्त्वपूर्ण भूमिका निभा रहे हैं। अस्पतालों और शैक्षणिक, कला और शोध संस्थानों के संचालन के अलावा ये न्यास सूखे और बाढ़ जैसी प्राकृतिक आपदाओं के दौरान भी बहुत महत्त्वपूर्ण भूमिका निभाते हैं। छोटे-बड़े सभी सार्वजनिक न्यास देश के हित में हैं। इसलिए प्रस्तावित संशोधन देश के हित में नहीं है। इस प्रस्ताव से जुड़ी कुछ कठिनाइयों का मैं यहाँ उल्लेख करना चाहूँगा–

(1) यदि एक धर्मार्थ न्यास को अपनी 25 प्रतिशत आय का संचय करने की अनुमति नहीं दी जाएगी तो न्यास के लिए अपनी भविष्य की जरूरतों और आपातस्थितियों के लिए पर्याप्त धनराशि का प्रबन्ध कर पाना सम्भव नहीं होगा।

(2) यदि 25 प्रतिशत आय के संचय की अनुमति नहीं दी जाएगी तो धर्मार्थ न्यासों के लिए अपनी भविष्य की जरूरतों और सामाजिक संकटों से निपटना और अपना विकास करना अत्यन्त दुष्कर कार्य हो जाएगा। वे परिमाप के अर्थशास्त्र का लाभ उठाने से वंचित रह जाएँगे। चिकित्सकीय या शैक्षणिक न्यासों जैसे कुछ न्यासों को पुराने यन्त्रों को बदलने, इमारतों और होस्टलों इत्यादि का निर्माण करने, या फर्नीचर और पुस्तकें इत्यादि खरीदने के लिए काफी बड़ी पूँजी की आवश्यकता होती है। यदि आय का संचय करने की अनुमति नहीं दी जाएगी तो न्यास इस तरह के भारी पूँजीगत खर्चों को किस तरह वहन कर पाएँगे?

(3) प्रत्येक व्यक्ति, संस्था या किसी अन्य कर-योग्य इकाई के मामले में भविष्य के लिए बचत करने पर जोर दिया जाता है। इसी तरह धर्मार्थ न्यासों को भी अपनी 25 प्रतिशत आय को भविष्य और संकट-काल के लिए बचाकर रखने के लिए प्रोत्साहन मिलना चाहिए।

(4) प्राकृतिक आपदाओं या आर्थिक मन्दी जैसी स्थितियों में किसी वर्ष यह सम्भावना भी रहती है कि वर्ष भर में न्यास को कुछ भी आय या चन्दा प्राप्त न हो। यदि न्यास के पास संचित जमाराशि नहीं होगी तो ऐसी परिस्थितियों में न्यास की परोपकारी गतिविधियाँ अचानक ठप्प पड़ सकती हैं।

इन सभी तथ्यों को ध्यान में रखते हुए मेरा अनुरोध है कि धर्मार्थ न्यासों को अपनी आय का 25 प्रतिशत अंश संचित करने की छूट पहले की तरह ही जारी रहने दी जाए। मुझे आशा है कि आप इस मामले पर सहानुभूतिपूर्वक विचार करने की कृपा करेंगे।

शुभकामनाओं सहित,

आपका,
के.के. बिड़ला

अच्छा और बुरा भाग्य

1970 के दशक के अन्तिम वर्षों में एक ऐसी अवधि आई जब मेरा कोई भी काम सही नहीं हो रहा था। एक के बाद एक विफलताओं के बाद मैंने अपनी पत्नी और मित्रों की सलाह पर कोलकाता के कुछ ज्योतिषियों से परामर्श किया। ज्योतिषियों ने मुझे बताया कि मेरे बुरे समय के पीछे शनि ग्रह का हाथ था। उन्होंने कहा कि लगभग प्रत्येक व्यक्ति के जीवन में एक ऐसा समय आता है जब उस पर शनि ग्रह के कोप की छाया मँडराने लगती है। शनि ग्रह का यह दुष्प्रभाव काफी लम्बे समय तक रहता है–साढ़े सात वर्ष तक। हिन्दी भाषी प्रदेशों के ज्योतिषियों के अनुसार इसे 'शनि की दशा साढ़े साती' कहा जाता है। मैं ज्योतिष में बहुत ज्यादा विश्वास नहीं करता, हालाँकि मेरे बारे में कुछ भविष्यवाणियाँ बिलकुल सही साबित हुई हैं। जो भी हो, जब पिताजी को पता चला कि मैं संकट के दौर से गुजर रहा था तो उन्होंने मुझे आर्थर हग क्लों द्वारा रचित निम्नलिखित कविता भेजी–

For while the tired waves, vainly breaking,
Seem here no painful itch to gain,
Far back, through creeks and inlets making,
Comes silent, flooding in, the main.
And not by eastern windows only,
When daylight comes, comes in the light,
In front, the Sun climbs slow, how slowly,
But westward, look, the land is bright.

(थकान से चूर निर्बल लहरों के पास
यहाँ भले ही कोई उत्कंठा न बची हो,
किन्तु पार्श्व में, खाड़ियों-उपखाड़ियों के माध्यम से
एक मौन और प्रबल प्रवाह का आना जारी है।
मात्र पूर्व की खिड़कियों से नहीं,
जब दिन का उजाला आता है तो हर तरफ से आता है,
सामने सूर्य कितना धीरे-धीरे उदय हो रहा है,
किन्तु पश्चिम में देखो, पृथ्वी कितनी उज्ज्वल है।)

इस कविता को पढ़ने के बाद मुझे बड़ी राहत महसूस हुई और यह सोचकर भी मुझे बहुत सांत्वना मिली कि पिताजी मेरे बुरे समय को लेकर कितने चिन्तित थे।

नियाग्रा फॉल्स की यात्रा

1954 में मैं और मेरी पत्नी पहली बार अमरीका गए। मुझे वहाँ के दर्शनीय स्थलों में नियाग्रा फॉल्स को भी शामिल करने की सलाह दी गई थी। जब हम नियाग्रा फॉल्स नामक शहर में पहुँचे तो हमने होटल के अधिकारियों से फॉल्स के दर्शन करने के सम्बन्ध में पूछताछ

की। उन्होंने हमें पूरा-पूरा सहयोग दिया। नियाग्रा फॉल्स की मोहकता का वर्णन करते हुए उन्होंने हमें बताया कि कनाडा की तरफ से इसका कहीं अधिक सुन्दर दृश्य दिखाई देता है। हमें हमारे ट्रेवल एजेन्ट ने यह बात नहीं बताई थी, इसलिए हमारे पास कनाडा का वीजा नहीं था। हमारे अमरीकी वीजा के अनुसार हमें सिर्फ एक बार अमरीका में प्रवेश करने का अधिकार था। उन दिनों अधिकांश वीजा इसी प्रकार के होते थे। होटल के अधिकारियों ने मुझे सलाह दी कि हमें आप्रवासन अधिकारियों के साथ अपना भाग्य आजमाकर देखना चाहिए। वे हमें कनाडा में प्रवेश करके नियाग्रा फॉल्स के दर्शन करने और फिर वापस अमरीका में प्रवेश करने के लिए परमिट जारी कर सकते थे। हमने सीमा के पास जाकर सम्बन्धित अधिकारियों से बात की। जिस विशेष अधिकारी से हमारी बात हुई वह कुछ अड़ियल किस्म का था। उसने हमसे साफ शब्दों में कह दिया कि यदि हमने सीमा को पार किया तो हमें किसी भी स्थिति में अमरीका में पुनर्प्रवेश की अनुमति नहीं दी जाएगी।

मैंने उक्त अधिकारी से बहस करते हुए कहा कि मैं और मेरी पत्नी पर्यटकों के रूप में वहाँ आए थे और कनाडा की सीमा से नियाग्रा फॉल्स के दर्शन न कर पाना हमारे लिए बहुत निराशाजनक होगा। लेकिन वह अधिकारी अपनी बात पर अड़ा रहा। मैंने उससे यह भी कहा कि वह हमारे पासपोर्ट अपने पास रख सकता था और नियाग्रा फॉल्स के दर्शन करके लौटने के बाद हमें वापस कर सकता था। मैंने उससे कहा कि कनाडा की सीमा में हम पैंतालीस मिनट से अधिक नहीं बिताएँगे। बाद में मुझे पता चला कि अधिकांश अधिकारी इस मामले में ढील बरतना पसन्द करते थे, लेकिन वह विशेष अधिकारी किसी खच्चर की तरह अड़ियल था। उसने व्यंग्यात्मक स्वर में कहा, "कनाडा जाना या न जाना आपकी अपनी इच्छा पर है, लेकिन आपकी वापसी मेरे हाथ में हैं। आप नौजवान हैं—मैं आपको चेतावनी दे रहा हूँ कि मैं किसी भी स्थिति में आपको अमरीका में पुनर्प्रवेश की अनुमति नहीं दूँगा।"

मैं और मेरी पत्नी निराश होकर होटल लौट आए। मैंने होटल के मैनेजर से मिलकर पूछा कि क्या वह इस मामले में हमारी कोई मदद कर सकता था। मैनेजर को अचानक एक युक्ति सूझी। उसने कहा कि एक भारतीय मूल का डॉक्टर अमरीका में बसा हुआ था और उसके कस्टम अधिकारियों के साथ बहुत अच्छे सम्बन्ध थे। उसने डॉक्टर का पता बताते हुए मुझे अपना भाग्य आजमाने के लिए कहा। डॉक्टर से पहले से भेंट का समय लेने के लिए समय नहीं था, इसलिए मैं सीधा उसके घर पर चला गया। शाम के छह या सात बजे का समय था। मैंने दरवाजे की घंटी बजाई। डॉक्टर घर पर ही था और कुछ ही देर पहले अपने काम से लौटा था। मैंने उसे अपनी समस्या के बारे में बताया। उसका रवैया बहुत सहानुभूतिपूर्ण था। उसने कहा कि वह कुछ कस्टम अधिकारियों को बहुत अच्छी तरह से जानता था।

डॉक्टर ने एक अधिकारी को फोन किया। सबसे पहले उसने पता लगाया कि शिफ्ट कब समाप्त होती थी और अधिकारियों की नई टीम कब आप्रवासन विभाग में आती थी। पूरी जानकारी प्राप्त करने के बाद डॉक्टर ने कहा कि यदि हम रात दस बजे के बाद नियाग्रा फॉल्स के दर्शन करने के लिए राजी हों तो वह हमारी मदद कर सकता था। मैं और मेरी पत्नी यह सुनकर खुशी से उछल पड़े। कनाडा की सीमा में प्रवेश करने से पहले मैंने डॉक्टर से अनुरोध किया कि इस सम्बन्ध में आप्रवासन विभाग की अनुमति लेने के बाद ही हम निश्चिन्त होकर नियाग्रा फॉल्स के दर्शन कर सकेंगे। मैंने उससे कहा कि मैं ऐसी किसी

स्थिति से बचना चाहूँगा कि सीमा पार करने के बाद हम न उधर के रहें और न इधर के। डॉक्टर का रवैया बहुत सहयोगपूर्ण था। उसने मेरे सामने ही चुंगी और आप्रवासन विभाग के अधिकारियों से बात की। वे इस प्रस्ताव के लिए राजी हो गए। डॉक्टर ने कनाडा के सीमा-क्षेत्र से नियाग्रा फॉल्स के दर्शन करने में हमारी पूरी-पूरी मदद की। लौटते समय अमरीका की सीमा-रेखा में पुर्नप्रवेश करने में हमें जरा भी कठिनाई नहीं हुई। मैंने डॉक्टर का हार्दिक धन्यवाद किया। उसने कहा कि अगर इतने छोटे से मामले में भी वह एक भारतीय की मदद न कर सके तो वह कैसे खुश रह सकता था।

पाइक्स पीक

अमरीका का एक दर्शनीय स्थल कोलोरेडो के नजदीक का क्षेत्र है। कोलोरेडो रॉकी माउंटेंस की तलहटी पर स्थित है, और इस पर्वत-शृंखला की सबसे ऊँची चोटी का नाम पाइक्स पीक है। इसकी ऊँचाई 14,110 फुट है। मैंने और मेरी पत्नी ने पाइक्स पीक जाने के लिए किराए की एक कार की व्यवस्था कर ली थी। हमने अभी आधी दूरी ही तय की थी कि बर्फ पड़ने लगी। यह कोई अनोखी बात नहीं थी, क्योंकि पहाड़ी क्षेत्रों में बर्फ पड़ना बहुत आम बात है।

लेकिन हमारा शोफर बर्फ के टायर साथ लेकर चलना भूल गया था। कार के लिए आगे बढ़ना असम्भव हो गया। हम दोनों को ही घोर निराशा हुई, खासकर मुझे, क्योंकि मुझे प्राकृतिक सौन्दर्य से बहुत ज्यादा लगाव है। मैंने अपनी पत्नी से कार में बैठे रहने के लिए कहा, ताकि मैं खुद कार से नीचे उतरकर पैदल ही कुछ दूर तक जा सकूँ और प्राकृतिक दृश्यावली का आनन्द ले सकूँ। मैं अभी कुछ ही दूर गया था कि एक कार में दो व्यक्ति मेरे पास से गुजरे और मुझे पैदल चलते देखकर रुक गए। उन्होंने मुझसे पूछा कि मैं वहाँ क्या कर रहा था। मैंने उन्हें बताया कि मैं और मेरी पत्नी भारत से आए थे और कार में पाइक्स पीक के दर्शनों के लिए निकले थे। लेकिन हमारी कार में बर्फ के टायर न होने के कारण हम रास्ते में ही फँस गए थे। इस तरह के मामलों में अमरीकी हमेशा बहुत मददगार साबित होते हैं। चालक की सीट पर बैठे व्यक्ति ने कहा कि उनकी कार में बर्फ के टायर लगे हुए थे और वह मुझे पाइक्स पीक तक ले जा सकता था। मैंने उससे कहा कि मैं अकेला उनके साथ नहीं जा सकता था, क्योंकि मेरी पत्नी पीछे बर्फ में फँसी कार में बैठी हुई थी। चालक ने मुझे पीछे की सीट पर बैठने के लिए कहा और मेरी पत्नी को भी साथ में लेकर चलने के लिए कार को पीछे मोड़ दिया। मेरी पत्नी को यह जानकर बहुत खुशी हुई कि हमें पाइक्स पीक तक जाने के लिए 'लिफ्ट' मिल गई थी। उन दो सहृदय सहयात्रियों के कारण ही हम पाइक्स पीक के दर्शन कर सके।

पाइक्स पीक पर पहुँचने के बाद कार का चालक 15-20 मिनट तक हमें आसपास की दृश्यावली दिखाता रहा। इसके बाद मैंने उन्हें हमारे साथ जलपान करने का निमन्त्रण दिया। हमने एक रेस्तरां में बैठकर थोड़ा नाश्ता किया और चाय पी। इसके बाद मैंने कार के चालक से हमें हमारी कार तक वापस छोड़ आने का अनुरोध किया। उसने हमारे अनुरोध को सहर्ष स्वीकार कर लिया। हमने उसका हार्दिक धन्यवाद किया। मैंने उसे बख्शीश के रूप में 20 डॉलर भी देने चाहे। चालक ने बहुत विनम्रतापूर्वक कहा कि इसकी कोई आवश्यकता

नहीं थी। मैंने एक बार फिर से उसका धन्यवाद किया और हम अपनी कार में कोलोरेडो की तरफ लौट पड़े। रास्ते में मैंने हमारे शोफर को बताया कि उस कार का चालक कितना सज्जन व्यक्ति था। उसने न सिर्फ हमें पाइक्स पीक पर पहुँचाकर पूरा क्षेत्र घुमाकर दिखाया था, बल्कि हमारे अनुरोध करने पर हमें हमारी कार तक वापस भी छोड़ दिया था। इतना ही नहीं, उसने 20 डॉलर की बख्शीश लेने से भी इनकार कर दिया था, जो उन दिनों काफी बड़ी रकम थी। यह सचमुच ही बहुत आश्चर्य की बात थी। हमारे शोफर ने हमें बताया कि उस कार के चालक ने हमसे बख्शीश लेने से क्यों इनकार कर दिया था। वह सज्जन व्यक्ति कोई और नहीं, बल्कि उस शहर का शेरिफ था। अपने शोफर के मुँह से यह बात सुनकर हम और भी ज्यादा आश्चर्यचकित रह गए।

इंगलैंड में कार का पेट्रोल खत्म हो जाने का अनुभव

1950 के दशक के शुरू में मुझे लन्दन में बहुत दिलचस्प अनुभव हुआ। उन दिनों इंगलैंड के किसी उत्तरी शहर में, शायद मानचेस्टर में, कोई प्रदर्शनी चल रही थी। तब मैं अपनी कार खुद चलाया करता था। हमने एक कार किराए पर ली और एक सप्ताह के लिए दूर-दराज के शहरों की यात्रा पर निकल पड़े, जिनमें स्कॉटलैंड का लॉच लोमोंड भी शामिल था।

हमने किसी होटल में कमरे आरक्षित करवाने चाहे। लेकिन मानचेस्टर के किसी भी होटल में जगह उपलब्ध नहीं थी। प्रदर्शनी के कारण सभी होटल खचाखच भरे हुए थे। हमें मानचेस्टर से लगभग तीस मील की दूरी पर स्थित एक होटल में ठहरने का फैसला करना पड़ा। हम मानचेस्टर में दो दिन गुजारना चाहते थे, इसलिए हमने उस होटल में एक डबल बेडरूम आरक्षित करवा लिया।

होटल में अपने प्रवास के दूसरे दिन हम शाम के लगभग छह बजे मानचेस्टर के लिए निकले। मैंने अपनी पत्नी से कहा कि कार में पेट्रोल नहीं था, इसलिए आगे जाने से पहले हमें टंकी को पूरा भरवा लेना चाहिए। हम कोई पेट्रोल पम्प ढूँढ़ ही रहे थे कि सड़क के किनारे खड़े दो व्यक्तियों ने अपना अँगूठा ऊपर उठाकर हमसे लिफ्ट माँगी। उन दिनों हिच-हाइकिंग बहुत आम बात थी। आजकल अनजान व्यक्तियों को अपनी कार में बिठाना बहुत खतरनाक हो गया है। इस तरह के मामलों में अक्सर अपराधी तत्वों का शिकार बनने की सम्भावना रहती है। लेकिन 1950 के दशक में इंगलैंड एक सुरक्षित शहर था। हमने उन दोनों को अपनी कार में बिठा लिया। मैंने उनसे कहा कि आगे बढ़ने से पहले हमें अपनी कार में पेट्रोल भरवाना होगा। उन दोनों ने कहा कि हमें चिन्ता करने की आवश्यकता नहीं थी, क्योंकि रास्ते में ही दो पेट्रोल पम्प थे। उनकी सलाह पर अमल करते हुए हम आगे बढ़ गए।

अभी हम थोड़ी दूर ही गए थे कि एक पेट्रोल पम्प दिखाई दिया। मैंने कार को वहीं रोक दिया। लेकिन पेट्रोल पम्प पर मौजूद कर्मचारी ने कहा कि दुर्भाग्यवश पेट्रोल खत्म हो गया था और वह हमारी मदद कर पाने में असमर्थ था। उसके मुँह से यह बात सुनकर मैं बहुत घबरा गया। लेकिन मेरे दोनों साथियों ने मुझे आश्वस्त करते हुए कहा कि तीन-चार मील की दूरी पर ही एक दूसरा पेट्रोल पम्प था। हम अभी दो मील ही चले थे कि कार बन्द पड़ गई। पेट्रोल बिल्कुल खत्म हो गया था। मैंने उन दोनों से पूछा कि अब हमें क्या

करना चाहिए। उन्होंने कहा कि दूसरा पेट्रोल पम्प मुश्किल से एक मील की दूरी पर था और हम अपनी कार (जो एक छोटी कार थी) को धक्का देकर वहाँ तक ले जा सकते थे। मेरी पत्नी ड्राइविंग जानती थी, हालाँकि उसे इसका अधिक अभ्यास नहीं था। मैंने अपनी पत्नी को ड्राइविंग-सीट पर बैठने के लिए कहा और मैं और मेरे दोनों साथी कार को धक्का लगाने लगे। लगभग आधा मील चलने के बाद ही हम पेट्रोल पम्प पर जा पहुँचे। फिर भी हम बुरी तरह थक गए थे। पेट्रोल पम्प पर पहुँचने के बाद हमने पाया कि उसका मालिक पेट्रोल पम्प को बन्द करके रात्रि विश्राम के लिए जा चुका था। पेट्रोल पम्प पर कोई भी नहीं था। तब तक रात के लगभग ग्यारह बज चले थे।

अब हमारे सामने रात गुजारने के लिए कोई सुरक्षित जगह ढूँढ़ने के अलावा कोई और विकल्प नहीं था। मैंने अपने साथियों से कहा कि वे भी हमारे साथ उसी होटल में ठहर सकते थे जहाँ हम ठहरने जा रहे थे। उन्होंने कहा कि सड़क के उस पार एक छोटा-सा होटल था, जहाँ हमें रात भर के लिए आश्रय मिल सकता था। लेकिन हमारे साथ उस होटल में ठहरने की बजाय उन दोनों ने आगे का रास्ता पैदल ही तय करके अपनी मंजिल तक पहुँचने की इच्छा प्रकट की। स्पष्ट था कि वे अपने घर से दूर किसी होटल में रात गुजारने के पक्ष में नहीं थे। हमने उन दोनों से विदा ली।

मैंने कार को लॉक कर दिया और अपनी पत्नी के साथ सड़क के उस पार स्थित छोटे-से होटल में पहुँचा। हमने होटल के दरवाजे की घंटी बजाई। थोड़ी देर बाद एक स्थूल स्त्री ने दरवाजा खोला, जो चालीस वर्ष से कुछ अधिक उम्र की दिखाई दे रही थी। हमने उसे अपनी मुसीबत के बारे में बताया और हमें रात भर के लिए अपने होटल में आश्रय देने का अनुरोध किया। उसने कहा कि होटल में कोई भी कमरा खाली नहीं था। फिर भी मैंने अन्दर घुसते हुए कहा कि हम होटल की लॉबी में बैठकर पूरी रात गुजार लेंगे। बाहर बर्फीली ठंड थी और हमारे पास लॉबी में बैठे-बैठे रात गुजारने के अलावा दूसरा कोई रास्ता नहीं था।

तब तक वह स्त्री, जो उस होटल की मालकिन थी, हमारा अच्छी तरह से निरीक्षण कर चुकी थी। शुरू में शायद उसे लगा था कि पता नहीं हम किस तरह के लोग थे। रात के उस वक्त आवारा किस्म के लोग भी होटलों में शरण लेने का प्रयास करते थे। लेकिन अब उसकी समझ में आ गया था कि हम आवारा नहीं थे, और इससे भी महत्त्वपूर्ण बात यह थी कि हमने शराब नहीं पी रखी थी। उसने कहा कि होटल में एक कमरा खाली था। वह हमें उस कमरे में ले गई। अगली सुबह होटल के बिल का भुगतान करने के बाद हम अपनी कार के पास पहुँचे। पेट्रोल पम्प खुल चुका था। हमने पेट्रोल भरवाया और अपने गन्तव्य की ओर निकल पड़े।

राजीव गांधी के खिलाफ मुकदमा

दिल्ली उच्च न्यायालय में बोफोर्स तोपों को लेकर राजीव गांधी और कुछ अन्य लोगों के खिलाफ मुकदमा चल रहा था। फरवरी 2004 में न्यायालय ने इस मामले में राजीव गांधी को निर्दोष घोषित कर दिया। मैंने इस अवसर पर सोनियाजी को एक पत्र लिखा। मेरा यह पत्र और उनके द्वारा भेजा गया उत्तर यहाँ प्रस्तुत है।

5 फरवरी 2004

प्रिय श्रीमती सोनियाजी,
मैं इन दिनों लन्दन में हूँ और अपने दिल्ली कार्यालय के माध्यम से आपको यह फैक्स-पत्र भेज रहा हूँ।

मैं इस बात से अत्यन्त प्रसन्न हूँ कि दिल्ली उच्च न्यायालय ने स्वर्गीय राजीव गांधी को पूरी तरह निर्दोष घोषित कर दिया है। मुझे इस तथ्य को लेकर कभी भी कोई सन्देह नहीं था कि राजनीतिक और स्वार्थपरक कारणों से राजीव को बदनाम करने के प्रयास किए गए थे। यह हम सबके लिए एक महान दिन है कि उन्हें बोफोर्स मामले से जुड़े सभी आरोपों से बरी कर दिया गया है। इस अवसर पर मैं आपकी प्रसन्नता को बाँटने का इच्छुक हूँ।

आपका,
के.के. बिड़ला

12 फरवरी, 2004

प्रिय डॉ. बिड़ला,
दिल्ली उच्च न्यायालय द्वारा बोफोर्स मामले में राजीवजी को निर्दोष घोषित करने के सम्बन्ध में आपके कोमल शब्दों ने मेरे हृदय को छू लिया है।

यह निर्णय सत्य, मेरे पति के सम्मान और हमारे प्रजातन्त्र के आधारभूत सिद्धान्तों की विजय है। हमें यह न्याय पाने में 17 वर्षों का लम्बा समय लगा, लेकिन मेरे पति का हमेशा से ही यह दृढ़ विश्वास था कि अन्ततः सच्चाई की विजय होगी।

मैं आपकी शुभकामनाओं और सहयोग का हृदय से गान करती हूँ।

शुभकामनाओं सहित,

सोनिया गांधी

श्रीपेरुम्बुदूर में राजीव गांधी स्मारक

राजीव गांधी की 21 मई 1991 को श्रीपेरुम्बुदूर में हत्या कर दी गई। वह आम चुनावों का समय था और वे कांग्रेस के लिए चुनाव-प्रचार कर रहे थे। भारत के इस महान सपूत की स्मृति को अमर रखने के लिए राजीव गांधी निनैवकम नामक एक स्मारक की स्थापना की गई। इस स्मारक की स्थापना श्रीपेरुम्बुदूर में की गई है। इस अवसर पर एक अत्यन्त सुन्दर स्मृति पुस्तिका का प्रकाशन किया गया।

मैं इस प्रकाशन की एक प्रति लेकर सोनियाजी के पास गया। उन्होंने इस पर अपने हस्ताक्षर करते हुए निम्नलिखित शब्द लिखे–

डॉ. के.के. बिड़ला के लिए
आत्मीय और सम्मानपूर्ण शुभकामनाओं सहित

सोनिया गांधी
24.6.02

अवकाश-प्राप्ति के बाद जीवन

अवकाश ग्रहण करने के बाद मैंने अपनी बढ़ती उम्र को देखते हुए अधिक छुट्टियाँ मनाना शुरू कर दिया। मैं लगभग साढ़े तीन महीने विदेश में और लगभग दो महीने भारत में छुट्टियों पर जाता हूँ। शेष समय मैं पहले की तरह ही पूरे परिश्रम के साथ काम करता हूँ।

मैं बहुत-सी पत्रिकाएँ पढ़ता हूँ—राजनीतिक और आर्थिक दोनों ही तरह की। जब कभी सामयिक विषयों पर कोई पुस्तक प्रकाशित होती है तो मैं उसे भी पढ़ने का प्रयास करता हूँ।

मैं अपने स्वास्थ्य को दुरस्त रखता हूँ और प्रतिदिन लगभग पैंतीस मिनट तक तेज चाल से चलता हूँ। इसके अलावा मैं प्रतिदिन दस मिनट तक योगासन और हल्का व्यायाम भी करता हूँ। ईश्वर की मुझ पर कृपा रही है। मैं एक स्वस्थ जीवन जीने में विश्वास करता हूँ। इस मामले में मैं काफी भाग्यशाली रहा हूँ। 1941 के बाद से, अपने ऑपरेशन की अवधि को छोड़कर, मैं सिर्फ एक दिन अस्वस्थता के कारण अपने कार्यालय नहीं जा सका। मैं इसे ईश्वर का आशीर्वाद मानता हूँ।

खेलों में मेरी दिलचस्पी

खेलों में मेरी बहुत ज्यादा दिलचस्पी है, खासकर फुटबाल और टेनिस में। फुटबाल बंगाल का सर्वाधिक लोकप्रिय खेल रहा है और तीस वर्ष की युवा उम्र से ही मैं इसमें दिलचस्पी लेता रहा हूँ। मैं मोहन बागान का प्रशंसक था और कोलकाता में मौजूद होने पर कभी भी इसका कोई अच्छा मैच देखने से नहीं चूकता था।

बाद में मैं कोलकाता के राजस्थान क्लब में दिलचस्पी लेने लगा। इस क्लब की शुरुआत 1920 के दशक में मेरे पिताजी ने की थी। उन दिनों इसे मारवाड़ी क्लब कहा जाता था। इस क्लब में अपनी दिलचस्पी बढ़ने के बाद मैंने इसका नाम बदलकर राजस्थान क्लब कर दिया। उन दिनों यह चौथी डिवीजन में था। फुटबाल में सक्रिय रुचि रखनेवाले तीन-चार अन्य मित्रों की मदद से हम इसे पहले तीसरी, फिर दूसरी और अन्ततः प्रथम डिवीजन में ले आए।

हमारी यह महत्त्वाकांक्षा थी कि राजस्थान क्लब को आई. एफ. ए. शील्ड जीतनी चाहिए। हमने कई प्रयास भी किए, लेकिन हमारे सामने इतनी सारी मजबूत टीमें थीं कि हम सफल नहीं हो सके। आखिर 1955 में राजस्थान क्लब को आई. एफ. ए. शील्ड जीतने में सफलता मिली। इसके बाद राजस्थान क्लब का राजनीतिकरण शुरू हो गया। दुर्भाग्यवश यह हमारे भारतीय समाज की चारित्रिक विशिष्टता है। हम जिस क्षेत्र में भी होते हैं उसमें राजनीति शुरू कर देते हैं। यही कारण है कि आज लोकसभा में चवालीस पार्टियाँ हैं। यह चारित्रिक दोष विदेशों में बसे भारतीयों में भी देखने में आता है। ब्रिटेन में बहुत सारी भारतीय संस्थाएँ हैं। कुछ गुजरात से आनेवाले अप्रवासी भारतीयों के हितों का ध्यान ख्याल रखती हैं तो कुछ पंजाब से आनेवालों का। इसी तरह अन्य प्रान्तों से आनेवाले भारतीयों की भी अलग-अलग संस्थाएँ हैं।

राजस्थान क्लब द्वारा आई. एफ. ए. शील्ड जीतने के बाद कई लोग क्लब पर अपना नियन्त्रण स्थापित करने की होड़ में शामिल हो गए। मेरी इस तरह की राजनीति में कोई दिलचस्पी नहीं थी। इसलिए मैंने अगले वर्ष ही क्लब को हमेशा के लिए छोड़ दिया।

मैं टेनिस में भी बहुत दिलचस्पी लेता था। तब कोलकाता का साउथ क्लब देश की टेनिस गतिविधियों का केन्द्र था। जब भी कोई महत्त्वपूर्ण टूर्नामेंट होता था, हम लगभग दो बजे कार्यालय से निकल जाते थे और मैच खत्म होने के बाद लौट आते थे। उस जमाने में गौस मुहम्मद देश के सर्वोच्च टेनिस खिलाड़ी थे। वे लगातार पाँच-छह वर्षों तक भारतीय टेनिस के शिखर पर रहे।

मैं आमतौर से एक धर्मनिरपेक्ष दृष्टिकोण वाला व्यक्ति हूँ। राज्यसभा में प्रवेश के बाद बहुत से मुस्लिम सांसदों के साथ मेरी अच्छी मित्रता रही। लेकिन जब लगातार कई वर्षों तक गौस मुहम्मद टेनिस के चैम्पियन रहे और मुस्लिम दर्शकों द्वारा जोर-शोर से प्रोत्साहित किए जाते रहे, तो हम यह चाहने लगे कि कोई हिन्दू खिलाड़ी भी उभर कर सामने आए और गौस मुहम्मद को पराजित करे। सुमन्त मिश्र ऐसे दर्शकों के चहेते खिलाड़ी थे। उनके पिता सर एल. पी. मिश्र हिन्दुस्तान मोटर्स के जनरल मैनेजर थे। सुमन्त एक उत्कृष्ट खिलाड़ी थे। उनमें सिर्फ यह दोष था कि वे बहुत मूडी स्वभाव के थे। लेकिन उनके खेलने की शैली आधुनिक शैली थी। जहाँ गौस मुहम्मद बेस-लाइन से खेलना पसन्द करते थे, वहीं सुमन्त मिश्र आगे बढ़कर खेलने के शौकीन थे। 1946 में गौस मुहम्मद और सुमन्त मिश्र दोनों ही एक राष्ट्रीय टूर्नामेंट के फाइनल में पहुँचे। हम साउथ क्लब में यह यादगार मैच देखने गए। दोनों के बीच काँटे की टक्कर रही, लेकिन अन्ततः सुमन्त मिश्र गौस मुहम्मद को पराजित करने में सफल रहे। हम सब उनका अभिवादन करने और उन्हें बधाई देने के लिए उनके पास जा पहुँचे। गौस मुहम्मद का जादू टूट चुका था।

कई वर्ष बाद मैं अखिल भारतीय लान टेनिस संस्था (ए. आई. एल. टी. ए.) का अध्यक्ष बना और 1980 से लेकर 1985 तक इस पद पर रहा। इस हैसियत से मैंने टेनिस में बहुत सक्रिय रुचि ली। डेविस कप के लिए टीम के चयन में मैं महत्त्वपूर्ण भूमिका निभाता था। खिलाड़ियों को नियन्त्रण में रखना काफी कठिन कार्य था, क्योंकि उनमें से अधिकांश मूडी स्वभाव के थे। लेकिन मैं उनका विश्वास प्राप्त करने और संस्था में एक अच्छा वातावरण बनाने में सफल रहा।

मुझे ब्रिज का भी बहुत शौक है, जिसे मैं शनिवार, रविवार और सार्वजनिक छुट्टियों के दिनों में नियमित रूप से खेलता हूँ।

बजट 1998 और शैक्षणिक और चिकित्सकीय संस्थान

1998 के केन्द्रीय बजट में शैक्षणिक और चिकित्सकीय संस्थानों के प्रति बहुत कठोर रुख अपनाया गया। इससे पहले व्यवसायी संस्थाओं द्वारा स्थापित समितियों द्वारा चलाए जानेवाले संस्थानों को आयकर का ब्यौरा देने की आवश्यकता नहीं थी। यह व्यवस्था स्वाधीनता से लेकर 31 मार्च 1998 तक सुचारू रूप से काम करती रही थी। लेकिन 1998

के बजट में वित्त मन्त्री ने इस व्यवस्था में संशोधन करते हुए इन संस्थानों द्वारा भी आयकर का ब्यौरा दाखिल करने और अतिरिक्त आय पर कर का भुगतान करने का प्रावधान रखा। व्यवसायी इस बात को लेकर अत्यधिक खिन्न थे कि संस्थानों की अतिरिक्त आय का निवेश निजी क्षेत्र में करने की स्थिति में ही आयकर का प्रावधान रखा गया था, जबकि सार्वजनिक क्षेत्र में निवेश करने पर आयकर में छूट दी गई थी। मैंने 21 दिसम्बर 1999 को इस सम्बन्ध में अटलजी को एक पत्र लिखा, जो उस समय देश के प्रधानमन्त्री थे।

इसके बाद मैंने प्रधानमन्त्री और वित्त मन्त्री से भेंट भी की। इन प्रयासों के बाद वित्त मन्त्री ने प्रस्तावित कानून में कुछ और संशोधन करके इसकी कठोरता को काफी हद तक कम कर दिया।

मेरे ताऊजी और चाचाजी

जुगल किशोर जी और जुहरी देवी : जुगल किशोर मेरे बड़े ताऊ थे। अपनी पीढ़ी के वरिष्ठतम सदस्य होने के कारण उन्हें 'बड़ा बाबूजी' कहा जाता था। उन्होंने सिर्फ तेरह वर्ष की उम्र में कोलकाता में अपना व्यवसाय शुरू किया था। उन दिनों व्यापार राजस्थान के परिवारों का मुख्य व्यवसाय था। व्यापार के लिए संगठित मंडियाँ थीं, जहाँ तुरन्त आपूर्ति या वायदे के आधार पर माल खरीदा जा सकता था।

बड़ा बाबूजी ने कोई औपचारिक शिक्षा प्राप्त नहीं की थी। वे हिन्दी और साधारण गणित जानते थे और हिसाब-किताब में काफी तेज थे। धीरे-धीरे उन्होंने अपनी हिन्दी में सुधार किया और अपने धार्मिक रूझान के कारण संस्कृत (देव भाषा) का भी मूलभूत ज्ञान प्राप्त कर लिया।

बड़ा बाबूजी एक कुशल व्यापारी थे। वे सोना, चाँदी, तेलहन, कपास, जूट और शेयरों समेत बहुत-सी वस्तुओं का व्यापार करते थे। वे धारा के साथ बहना पसन्द करते थे। अगर बाजार उछाल पर हो तो वे खरीदना पसन्द करते थे, और अगर गिरावट पर हो तो बेचने में विश्वास रखते थे। वायदा बाजार का मुख्य सिद्धान्त धारा के साथ बहना है, न कि इसके खिलाफ। इस सम्बन्ध में एक निपट अनाड़ी का किस्सा प्रचलित है। उसने स्टॉक-एक्सचेंज से कुछ शेयर खरीदे और कुछ अन्य शेयर जरूरत से ज्यादा बेच दिए। बाजार में उछाल आया तो उसे खरीदे गए शेयरों पर फायदा हुआ और बेचे गए शेयरों पर नुकसान। कुल मिलाकर परिणाम यह रहा कि उसे न तो फायदा हुआ न घाटा। उसने अपने-आपसे कहा, "मुझे खरीदे गए शेयरों पर अच्छा लाभ मिला है। मुझे इस लाभ से और शेयर खरीद लेने चाहिए।" उसने ऐसा ही किया। उसने कहा, "जहाँ तक शेयरों पर नुकसान की बात है तो मैं आगे से स्थिति पर नजर रखूँगा।"

बाबूजी को अपने भाइयों और भतीजों से अत्यधिक लगाव था, लेकिन उन्हें पिताजी पर सबसे ज्यादा विश्वास था। बाबूजी बहुत कोमल हृदय के व्यक्ति थे और उनकी पत्नी, मेरी बबड़ी माँ भी ऐसी ही थीं। बड़ी माँ बाबूजी की तरह ही धार्मिक प्रवृत्ति की थीं। उनकी सलाह पर बाबूजी ने हमारी पिलानी की हवेली के मैनेजर को यह निर्देश दे रखा था कि गाँव में कोई भी व्यक्ति भूखा न रहे। हर शाम सुर्जन दास नामक एक व्यक्ति,

जो मन्दिर के महन्त का शिष्य था, गाँव में घूमकर पता लगाता था कि कोई व्यक्ति भूखा तो नहीं था। इसके बाद सभी भूखे व्यक्तियों को हवेली में खाना खिलाया जाता था।

बाबूजी में बचपन से ही दीन-दुखियों के प्रति दया की भावना दिखाई देने लगी थी। उम्र के साथ-साथ वे और अधिक धार्मिक होते चले गए। वे अपना पूरा समय हिन्दू धर्म के उत्थान और प्रचार में व्यतीत करते थे, और हिन्दू समुदाय के विभिन्न पन्थों के बीच एकता की भावना स्थापित करने के प्रयास में जुटे रहते थे। एक पक्के हिन्दू होने के बावजूद वे धर्मोन्मादी नहीं थे। हिन्दू धर्म की उनकी परिभाषा अत्यन्त उदारवादी थी, जिसमें हिन्दुत्व के झंडे तले सभी पंथों के अनुयायियों के लिए स्थान था। वे अपने विचारों के व्यापक आधार के लिए जाने जाते थे। वे इस देश में विकसित होनेवाले सभी धर्मों—जैन धर्म, बौद्ध धर्म, सिख धर्म—को आर्य धर्म नामक एक विराट वृक्ष की शाखाओं के रूप में देखते थे। बाबूजी की यह दृढ़ धारणा थी कि हिन्दू धर्म अस्पर्श्यता का समर्थन नहीं करता। वे इस कुप्रथा का उन्मूलन करने, अछूतों समेत सभी हिन्दुओं के लिए सभी मन्दिरों के द्वार खोलने और अछूतों के साथ अन्य हिन्दुओं की तरह ही व्यवहार करने में विश्वास रखते थे।

क्योंकि बाबूजी बौद्ध धर्म को हिन्दू धर्म के ही एक अंग के रूप में देखते थे, इसलिए वे शिंतो और बौद्ध दोनों धर्मों में विश्वास करनेवाले जापानियों समेत चीनियों, थाइयों और श्रीलंकाइयों को अपने बहुत नजदीक मानते थे। इसी तरह सिखों के लिए भी उनके मन में बहुत आदर था, जो हिन्दुओं की रक्षा के लिए बहुत बहादुरी से लड़े थे। बाबूजी ने ऐसे कई मन्दिरों की स्थापना की जिनमें अछूतों (जिन्हें गांधीजी ने हरिजन का नाम दिया) को प्रवेश करने की खुली अनुमति थी।

बाबूजी ने दिल्ली में लक्ष्मीनारायण मन्दिर बनवाया, जो बिड़ला मन्दिर के नाम से प्रसिद्ध है। उन्होंने पटना, कुरुक्षेत्र और वृन्दावन में भी मन्दिर बनवाए। ये मन्दिर अपनी स्वच्छता के लिए भी जाने जाते रहे हैं। बाबूजी ने इनमें से अधिकांश मन्दिरों में धर्मशालाएँ भी बनवाईं। हिन्दुओं के साथ-साथ अन्य धर्मों के लोग भी इन मन्दिरों में आ-जा सकते थे। इसी तरह जात-पात के भेदभाव के बिना इन धर्मशालाओं में सभी तरह के हिन्दू ठहर सकते थे। लक्ष्मीनारायण मन्दिर का उद्घाटन महात्माजी के हाथों हुआ था, जो बाबूजी का बहुत मान करते थे। उन्हें इस बात की भी प्रसन्नता थी कि यह मन्दिर सभी धर्मों के लोगों के लिए खुला था।

दूसरे विश्वयुद्ध के दौरान बाबूजी दिल्ली स्थानांतरित हो गए और 1967 में अपने देहान्त तक वहीं रहे। दोपहर 3 बजे के बाद सभी तरह के लोग उनसे भेंट करने के लिए आने लगते थे। बहुत-से लोग उनसे मदद माँगने के लिए भी आते थे। वे आर्य समाज, सनातन धर्म से जुड़ी संस्थाओं और गुरुकुलों के प्रतिनिधियों और हिन्दू-समर्थक राजनीतिज्ञों से घिरे रहते थे। वे प्रतिदिन तीन घंटे लोगों से मिलने में बिताते थे।

बाबूजी के देहान्त के समय उनके पास उपस्थित लोगों के अनुसार जीवन की आखिरी घड़ियों में कोमा में होने के बावजूद उनके हाथ प्रार्थना की मुद्रा में ऊपर उठ गए थे। बहुत-से लोगों का विश्वास है कि जीवन की आखिरी घड़ियों में उन्हें भगवान के दर्शन हो गए थे।

रामेश्वर दास और शारदा देवी : मेरे छोटे ताऊ रामेश्वर दास, जिन्हें हम 'बाबूजी' कहा करते थे, बहुत नर्म दिल व्यक्ति थे। वे परार्थवाद में विश्वास करते थे–दूसरों के कल्याण के लिए निस्वार्थ भावना से काम करने में। वे एक वित्त-विशेषज्ञ भी थे। पिताजी को जब भी कोई नई कम्पनी शुरू करनी होती या किसी वर्तमान कम्पनी के लिए धन की व्यवस्था करनी होती, तो वे हमेशा बाबूजी की सलाह लेते थे। बाबूजी को पिताजी से अत्यधिक लगाव था। वे पिताजी से तीन वर्ष बड़े थे और बचपन से ही पिताजी को बहुत चाहते थे।

बाबूजी बचपन से ही हृष्ट-पुष्ट थे, जबकि पिताजी शारीरिक दृष्टि से कुछ कमजोर थे। बाबूजी पिताजी को इतना ज्यादा चाहते थे कि जब वे दोनों अपने दादाजी द्वारा स्थापित पाठशाला में पढ़ने के लिए जाते थे, तो बाबूजी पिताजी को अपने कन्धों या पीठ पर बिठा लेते थे। पिताजी के प्रति बाबूजी का यह असीम प्रेम जीवन की अन्तिम घड़ियों तक कायम रहा।

बाबूजी को मुम्बई का पूरा व्यवसायी समुदाय बहुत आदर की दृष्टि से देखता था। कोई समस्या उत्पन्न होने पर हमेशा उनकी सलाह ली जाती थी। उनकी आर्थिक सूझबूझ का लोहा माना जाता था। मूलतः वे एक व्यापारी थे, लेकिन उन्होंने कुछ औद्योगिक ईकाइयों की भी स्थापना की थी।

समाज के लिए उनका सबसे बड़ा योगदान बॉम्बे अस्पताल है। बाबूजी चाहते थे कि मुम्बई जैसे बड़े शहर में एक आधुनिक अस्पताल होना चाहिए। उन्होंने राजस्थानी व्यवसायियों की एक विशाल बैठक बुलाई और उनके सामने इस प्रस्तावित अस्पताल के बारे में अपने विचार प्रकट किए। सभी ने उनकी योजना का समर्थन किया और अस्पताल के निर्माण में अपना योगदान देने का आश्वासन दिया। इस चन्दे में अधिकतम योगदान स्वयं बाबूजी ने और परिवार के अन्य सदस्यों ने दिया। अस्पताल का निर्माण पूरा हो जाने के बाद यह सुझाव दिया गया कि अस्पताल का नाम मारवाड़ी अस्पताल रखा जाना चाहिए, क्योंकि इसके निर्माण में पूरी तरह से मारवाड़ी समुदाय का हाथ था। इस सुझाव के पीछे अस्पताल को सिर्फ मारवाड़ी समुदाय के लिए आरक्षित करने का विचार नहीं था, बल्कि सिर्फ यह संकेत देना था कि इस अस्पताल की स्थापना मारवाड़ी समुदाय द्वारा आम जनता की भलाई के लिए की गई थी। लेकिन सरदार पटेल ने सलाह दी कि अस्पताल को कोई सामुदायिक पहचान न देकर इसका नाम सिर्फ बॉम्बे अस्पताल रख दिया जाए।

सरदार पटेल निष्कलंक ईमानदारी वाले व्यक्ति थे। देश के उप-प्रधानमन्त्री बनने के बाद वे जब भी मुम्बई आते थे तो अपने इकलौते बेटे दया भाई की बजाय हमेशा बाबूजी के साथ हमारे घर पर ठहरते थे। जीवन के अन्तिम दिनों में उन्हें गुर्दे का रोग हो गया था। वे चिकित्सकों से परामर्श करने के लिए मुम्बई आए और बाबूजी के साथ ठहरे। उनका देहान्त मुम्बई में बिड़ला हाउस में हुआ।

मेरी ताईजी, शारदा देवी, बाबूजी की दूसरी पत्नी थीं। बाबूजी की पहली पत्नी बहुत कम उम्र में चल बसी थीं। तब बाबूजी लगभग तीस वर्ष के थे। हम ताईजी को बड़ी माँ कहकर बुलाते थे। वे परोपकारी प्रकृति की स्त्री थीं। वे बाबूजी के प्रति और बाबूजी उनके प्रति बहुत ज्यादा समर्पित थे।

मुझे बाबूजी और बड़ी माँ दोनों का ही स्नेह और आशीर्वाद प्राप्त करने का सौभाग्य प्राप्त हुआ। मैं यहाँ अपने नाम बाबूजी के एक पत्र को प्रस्तुत कर रहा हूँ। सम्भवतः अपने देहान्त से पहले परिवार के किसी भी सदस्य के नाम यह उनका अन्तिम पत्र था। इस पत्र में उन्होंने मुझे आशीर्वाद देते हुए लिखा है कि ईश्वर की मुझ पर हमेशा कृपा बनी रहेगी। मैं इससे अधिक और क्या वरदान माँग सकता था?

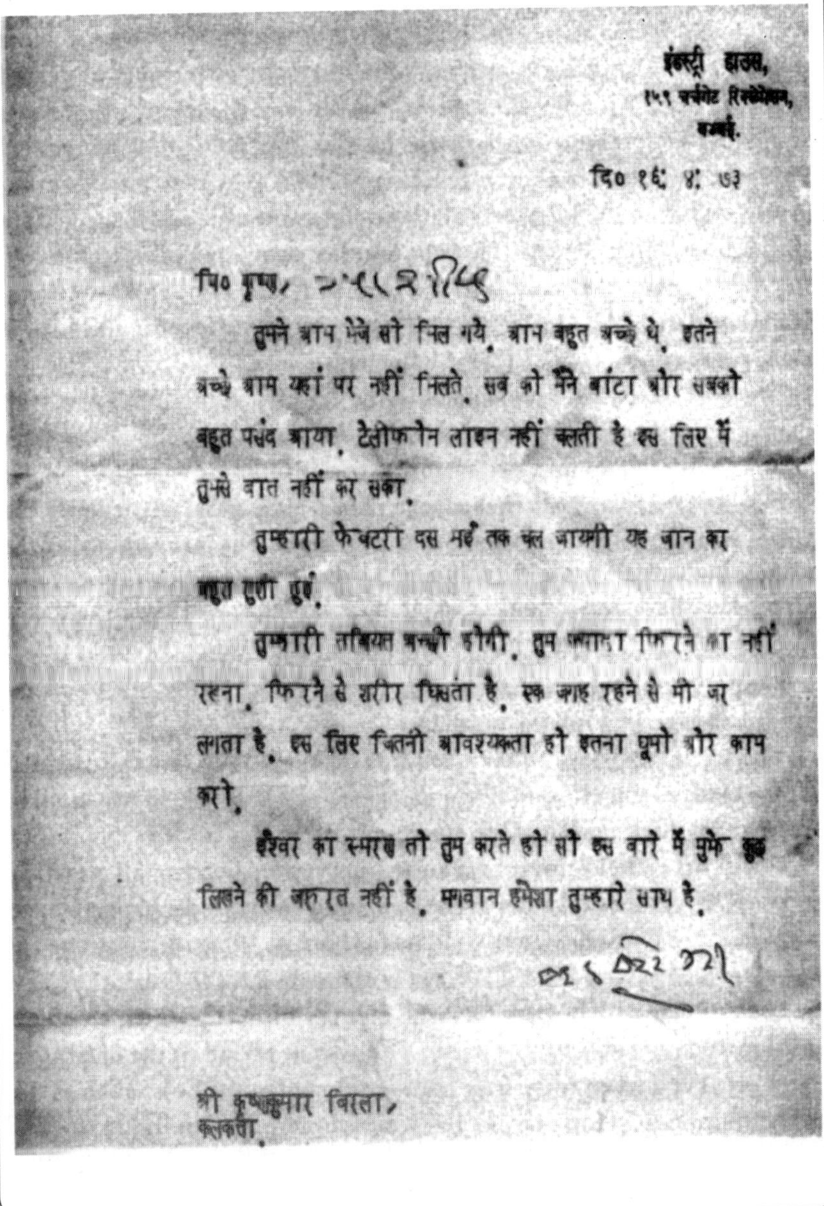

इंडस्ट्री हाउस,
१५९ चर्चगेट रिक्लेमेशन,
बम्बई.

दि० १६. ४. ७३

चि० कृष्ण, आशीर्वाद

तुमने आम भेजे सो मिल गये. आम बहुत अच्छे थे. इतने अच्छे आम यहां पर नहीं मिलते. सब को मैंने बांटा और सबको बहुत पसंद आया. टेलीफोन लाइन नहीं चलती है इस लिए मैं तुमसे बात नहीं कर सका.

तुम्हारी फेक्टरी दस मई तक चल जायगी यह जान कर बहुत खुशी हुई.

तुम्हारी तबियत अच्छी होगी. तुम ज्यादा फिरने का नहीं रखना. फिरने से शरीर घिसता है. एक जगह रहने से भी जर लगता है. इस लिए जितनी आवश्यकता हो इतना घूमो और काम करो.

ईश्वर का स्मरण तो तुम करते हो सो इस बारे में मुझे कुछ लिखने की जरूरत नहीं है. भगवान हमेशा तुम्हारे साथ है.

[signature]

श्री कृष्णकुमार बिरला,
कलकत्ता.

बी. एम. बिड़ला और रुकमणि देवी : ब्रजमोहन मेरे इकलौते चाचा थे, जिन्हें हम प्यार से 'अंकल बी. एम.' कहकर सम्बोधित करते थे। मुझे असाधारण सीमा तक उनका प्रेम और स्नेह पाने का सौभाग्य प्राप्त हुआ। हमारी पीढ़ी में छह लड़के थे–सगे और चचेरे भाई–जिनमें उनका बेटा गंगाप्रसाद भी शामिल था। चाचाजी मुझे उतना ही प्यार करते थे जितना गंगाप्रसाद को। बल्कि जब मैंने अपने व्यावसायिक जीवन की शुरुआत की तो उन्होंने पिताजी से बात करके मुझे अपनी छत्रछाया में ले लिया। हमारे समूह में उनके अधीन तीन चीनी मिलें थीं–सिद्धवालिया (सारण जिला), हसनपुर (दरभंगा) और सिहोरा (बिजनौर) में। मुझे प्रारम्भिक प्रशिक्षण देने के बाद उन्होंने इन तीनों मिलों को मेरी देखरेख में छोड़ दिया। वे इन कम्पनियों के चेयरमैन थे, लेकिन उनका दिल इतना बड़ा था कि कुछ समय बाद उन्होंने आग्रह किया कि मैं उनका यह पद सँभाल लूँ। मेरे विरोध के बावजूद, उन्होंने तीनों कम्पनियों के निर्देशक-मंडल से त्याग-पत्र दे दिया। उन्होंने गंगाप्रसाद को ओरियंट पेपर मिल का दायित्व सौंप दिया। एक अन्य कम्पनी, एन. ई. आई., को उन्होंने अपने अधीन रखा। लेकिन उनके द्वारा स्थापित सबसे बड़ी कम्पनी हिन्दुस्तान मोटर्स थी। 1942 में स्थापित यह कम्पनी भारत की सबसे पुरानी ऑटोमोबाइल कम्पनी है। इस दृष्टि से वे भारत में मोटर-गाड़ियों के निर्माण के क्षेत्र में एक पथ-प्रदर्शक थे।

उस समय देश में इस तरह का सामाजिक-राजनीतिक वातावरण था कि अधिकांश नवयुवक और नवयुवतियाँ समाजवाद की बात करना पसन्द करते थे, यह समझे बगैर कि वास्तविक समाजवाद क्या था। समाजवाद के बारे में लोकप्रिय धारणा यह थी कि सरकार को सभी प्रमुख उद्योगों को, विशेषकर मूल उद्योगों को, अपने नियन्त्रण में ले लेना चाहिए। देश के व्यवसायी जानते थे कि कांग्रेस सरकारों की नीतियाँ देश को विकास की राह पर नहीं ले जा रही थीं। इसी कांग्रेस सरकार ने पी.वी. नरसिम्हाराव के प्रधानमन्त्री बनने के बाद अपनी नीतियों में मूलभूत परिवर्तन किए। इसे निजी क्षेत्र के महत्त्व और उपयोगिता का अहसास हो गया और इसने इसके विकास पर जोर देना शुरू कर दिया।

कांग्रेस का समर्थक होने के बावजूद चाचाजी इस नीति से सहमत नहीं थे। उन्होंने एक ऐसी पार्टी की आवश्यकता महसूस की जिसकी विचारधारा मध्य-दक्षिणपंथी हो। परिणामस्वरूप स्वतन्त्र पार्टी का जन्म हुआ।

चाचाजी ने इस पार्टी में कभी भी कोई पद नहीं सँभाला, लेकिन व्यावहारिक तौर पर वे इस पार्टी के संरक्षक की तरह थे। उनकी प्रेरणा से स्वतन्त्र पार्टी ने काफी अच्छा प्रदर्शन किया। इस पार्टी का जन्म 1959 में हुआ था और 1977 तक यह एक स्वतन्त्र दल के रूप में जीवित रही। 1977 मे इसका जनता पार्टी में विलय हो गया।

चाचाजी से प्रेरणा पाकर बहुत-से व्यवसायी पार्टी के प्रत्याशियों के रूप में चुनाव-मैदान में उतरे। 1967 का चुनाव पार्टी का सबसे सुनहरी दौर था, जब इसके चवालीस प्रत्याशी विजयी होकर लोकसभा में पहुँचे। लेकिन 1971 में पूरे देश में बह रही इन्दिरा लहर ने स्वतन्त्र पार्टी का लगभग सफाया कर दिया। 1971 के चुनावों में मैं भी पार्टी के एक प्रत्याशी के रूप में खड़ा हुआ था और हार गया था।

चाचाजी की मानसिक क्षमताएँ अत्यन्त प्रखर थीं। वे देश की स्थिति और इसकी आर्थिक समस्याओं को लेकर हमेशा चिन्तित रहते थे। लेकिन उनकी इकलौती आवाज नक्कारखाने में तूती बनकर रह जाती थी। चाचाजी मेरे पिता से बारह वर्ष छोटे थे। उन दोनों के बीच बहुत गहरा लगाव था और चाचाजी पिताजी के प्रति पूरी तरह समर्पित थे।

सामाजिक क्षेत्र में चाचाजी के अनेक योगदानों में से दो सर्वाधिक विशिष्ट रहे। इनमें से एक था राँची में बिड़ला प्रौद्योगिकी संस्थान की स्थापना, जो अब एक स्वायत्तता प्राप्त विश्वविद्यालय है और बहुत अच्छा प्रदर्शन कर रहा है। उनका दूसरा विशिष्ट योगदान रहा कोलकाता में कलकत्ता अस्पताल की स्थापना, जो आज देश का एक अग्रणी अस्पताल बन चुका है।

1970 के दशक में चाचाजी हृदय-आघात के शिकार हुए। उनकी उम्र बहुत ज्यादा नहीं थी, लेकिन चिकित्सकों ने उन्हें कम सक्रिय जीवन जीने की सलाह दी। इसके बावजूद 1980 तक चाचाजी काफी सक्रिय जीवन जीते रहे। 1981 के अन्तिम महीनों में उनके हृदय की स्थिति काफी बिगड़ गई।

यह जानते हुए भी कि उनका अन्त अब निकट था, चाचाजी दूसरों की चिन्ता में लगे रहे। वे इतने भले स्वभाव के थे। वे जानते थे कि मेरी एक कम्पनी कठिनाइयों का सामना कर रही थी। अपनी मृत्यु-शैय्या पर लेटे हुए भी वे अपने पुत्र गंगाप्रसाद और पौत्र चन्द्रकान्त से यह कहना नहीं भूले कि वे मेरी मदद करने की कोशिश करें। उनके निधन के बाद उन दोनों ने मुझे यह बात बताई। चाचाजी सचमुच बहुत नेक आत्मा वाले व्यक्ति थे।

यह दुखद घटना 11 जनवरी 1982 को घटी। पिताजी को अंकल बी. एम. से इतना गहरा लगाव था कि उनके लिए उन्हें पल-पल मृत्यु की तरफ बढ़ते देखना एक असहनीय यातना की तरह हो गया। हम सब जानते थे कि यदि पिताजी कोलकाता में रहेंगे तो दिन-प्रतिदिन चाचाजी की बिगड़ती स्थिति को देखकर और उनके बारे में चिन्ता करते रहने से पिताजी के अपने स्वास्थ्य पर भी बुरा प्रभाव पड़ेगा। पिताजी तब लगभग अठासी वर्ष के थे। हम सबने उन्हें दिल्ली या किसी दूसरी जगह जाने की सलाह दी। पिताजी भी जानते थे कि वे अपने छोटे भाई को अपनी आँखों के सामने दम तोड़ते नहीं देख पाएँगे। इसलिए वे चाचाजी के शान्तिपूर्वक आँखें मूँदने तक कोलकाता से बाहर ही रहे। मैं खुद भी एक यात्रा पर था। लेकिन मुझे मानो चाचाजी का अन्तिम समय आ जाने का पूर्वबोध हो गया और मैं कोलकाता लौट पड़ा। मेरे कोलकाता पहुँचने के एक दिन बाद ही उन्होंने अपनी आखिरी सांस ली।

इस तरह एक महान व्यक्तित्व का अन्त हो गया। एक ऐसा व्यक्तित्व जिसने व्यावसायिक, आर्थिक, राजनीतिक और सामाजिक क्षेत्रों में अत्यन्त सक्रिय जीवन जिया था; जिसके पास इस देश की आवश्यकताओं को लेकर एक स्पष्ट दूरदृष्टि थी; और जिसने व्यवसायी समुदाय और अपने देशवासियों के लिए बहुत कुछ किया था। मैं यहाँ 8 जुलाई 1930 को चाचाजी द्वारा मुझे लिखे गए एक पत्र की प्रतिलिपि प्रस्तुत कर रहा हूँ–

8 जुलाई, 1930

मेरे प्यारे माधो कृष्ण,

बहुत समय से तुम्हारा कोई पत्र नहीं आया। क्या बात है? क्या मसूरी की ठंडी जलवायु में तुम्हें इतनी गहरी नींद आ गई है कि तुम्हें जागने में कठिनाई हो रही है?

कम-से-कम कलकत्ता में हम इतना अच्छा समय नहीं गुजार रहे हैं। कलकत्ता ने भी 'देखो और प्रतीक्षा करो' की अपनी नीति को त्याग दिया है और गांधीजी के आन्दोलन का खुलकर समर्थन कर रहा है। विदेशी कपड़ा बेचना लगभग असम्भव हो गया है। अन्य विदेशी वस्तुओं का भी यही हाल है। प्रतिदिन लोगों की भावनाएँ और ज्यादा जागृत हो रही हैं और उनका उत्साह देखते ही बनता है।

मसूरी में तुम्हारा उत्साह कैसा है? क्या तुम सबका वजन बढ़ गया है और मोटे भी हो रहे हो? या सबके सब कृष्ण की तरह पुस्तकें पढ़-पढ़ कर अपनी आँखें खराब कर रहे हो?

और मंकी का क्या हाल है? क्या वह अब भी चंकी कहता है या चन्द्रकला पर उतर आया है?

आशा है तुम सब कुशल होगे। सभी को मेरा बहुत-बहुत प्यार।

सस्नेह,
ब्रजमोहन

मेरी पीढ़ी के अन्य सगे-सम्बन्धी

पिछले अध्यायों में मैंने अपने दादा, दादी, पिता, ताऊओं और चाचा के बारे में लिखा है। इसके पीछे उनके जीवन का वर्णन करने की बजाय उनके व्यक्तित्व और चरित्र की झलक प्रस्तुत करने का उद्देश्य था। पिताजी एक ऐसे व्यक्ति थे, जिन्होंने जो भी काम किए उनमें महानता अर्जित की। मेरे ताऊ और चाचा भी अपने-अपने दायरे में महान उपलब्धियाँ अर्जित करने में सफल रहे।

मेरे पिता के तीन भाई थे। जुगलकिशोर ताऊजी की कोई सन्तान नहीं थी। मेरे छोटे ताऊजी रामेश्वर प्रसाद की चार बेटियाँ—सावित्री, सत्यवती, लक्ष्मी और राधा—और दो बेटे—गजानन और माधवप्रसाद—थे। गजानन खेलों में बहुत अच्छे थे। वे एक उत्कृष्ट टेनिस खिलाड़ी थे और किसी समय देश के दस सर्वश्रेष्ठ खिलाड़ियों में गिने जाते थे। अपनी आदतों में भी वे खेल-भावनावाले व्यक्ति थे और समाज के विशिष्ट वर्गों में उनके बहुत विस्तृत सम्पर्क थे। उनकी व्यवसाय में कोई विशेष दिलचस्पी नहीं थी। वे कोलकाता की एक लोकप्रिय हस्ती थे और एक उदार हृदयव्यक्ति माने जाते थे। 1969 में उनका देहान्त हो गया।

लक्ष्मी निवास मेरे बड़े भाई थे और मेरे छोटे भाई बसन्त कुमार मुझसे दो वर्ष छोटे हैं। लक्ष्मी निवास, जिन्हें हम 'भाई जी' कहा करते थे, साधू-सन्तों जैसी प्रकृति के व्यक्ति थे। वे पिताजी के अत्यधिक आज्ञाकारी थे और उनके हर आदेश का पालन करने के लिए हमेशा तत्पर रहते थे। उनका सुदर्शन नाम का एक सुपुत्र है जो 'एस. के.' के नाम से

अधिक प्रसिद्ध है। सुदर्शन के भी बहुत विस्तृत सम्पर्क हैं। बसन्त कुमार में व्यवसाय की अद्भुत सूझबूझ है। मेरी तीन बहनें भी थीं–चन्द्रकला, अनुसुइया और शान्ति। चन्द्रकला मुझसे बड़ी थी तो अन्य दो बहनें मुझसे छोटी थीं। पिछले पाँच वर्षों में चन्द्रकला और अनुसुइया का निधन हो चुका है। मेरी सभी बहनें बहुत स्नेहमयी और मिलनसार स्वभाव की रही हैं।

मैं यहाँ भाई जी के एक पत्र की प्रतिलिपि प्रस्तुत कर रहा हूँ, जिसे उन्होंने दिवाली के अवसर पर मसूरी से लिखा था। उस वर्ष उन्होंने मसूरी में ही दिवाली मनाई थी। इसी पत्र में गंगा प्रसाद और मेरी भाभी स्वर्गीय सुशीला भाभी ने भी दिवाली की शुभकामनाएँ भेजी थीं। भाभी के पत्र से ऐसा प्रतीत होता है कि उस समय सुदर्शन मात्र दो वर्ष का बालक रहा होगा। इसका अर्थ है कि यह पत्र उनहत्तर वर्ष पहले लिखा गया होगा। पत्र पर कोई तारीख अंकित नहीं है।

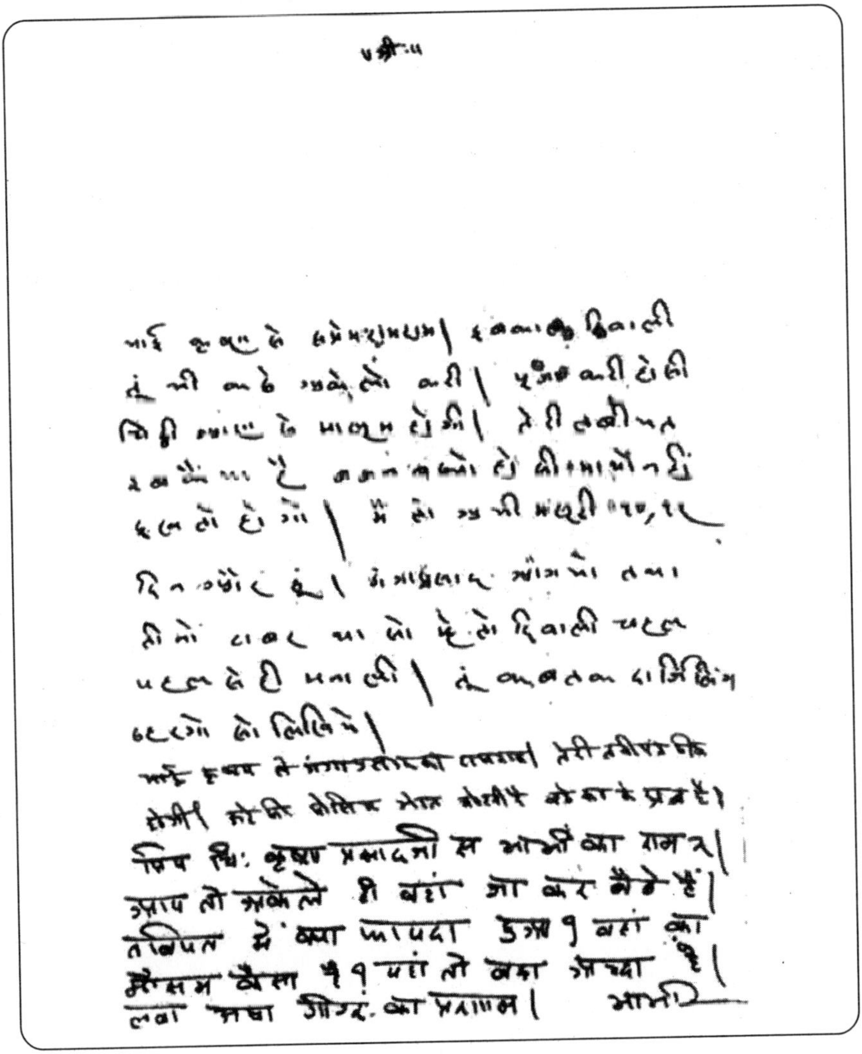
प्रिय चि॰ कृष्ण प्रसाद जी से भाभी का नमस्ते। आप तो अकेले ही वहां जा कर बैठे हैं। तबियत में क्या फायदा हुआ। वहां का मौसम कैसा है? यहां तो बड़ा अच्छा है। [illegible] का प्रणाम। भाभी

हम तीन भाइयों में पिताजी बसन्त कुमार को सबसे ज्यादा चाहते थे। इसके कई कारण थे। पहला कारण यह था कि वह सबसे छोटा था और माँ के असामयिक देहान्त के बाद हर किसी का ध्यान और स्नेह स्वाभाविक रूप से उसकी तरफ मुड़ गया था। दूसरा कारण यह था कि वह बहुत सुन्दर था और हर कोई सहज ही उसकी तरफ आकर्षित हो जाता था। वह खूब तन्दरुस्त और गोल-मटोल बच्चा था। बसन्त कुमार और मेरे बीच हमेशा से ही बहुत गहरा स्नेह रहा है।

बसन्त कुमार की पत्नी का नाम सरला है। उनकी सगाई और विवाह को महात्माजी और जमनालाल बजाज का आशीर्वाद प्राप्त था। पिताजी भी इस विवाह से बहुत प्रसन्न थे। सरला बृजलाल बियानी की बेटी है, जो बहुत साहसी और सदाचारी व्यक्ति थे। वे राजस्थान के थे, लेकिन अपनी निस्वार्थ सेवा और नेतृत्व के गुणों के कारण बेरार के अविवादित नेता बन गए थे। बसन्त कुमार का विवाह 30 अप्रैल 1942 को अकोला में हुआ था। बृजलाल इतने लोकप्रिय थे कि इस विवाह में हजारों लोग शामिल हुए थे, जिनमें से कई दूर-दराज के शहरों से आए थे।

बारात के अकोला के लिए प्रस्थान करने से कुछ ही देर पहले मुझे बहुत तेज बुखार हो गया। मैं बहुत खुले स्वभाव का व्यक्ति हूँ, लेकिन इस तथ्य को मैंने छिपाकर रखना ही उचित समझा। अकोला के लिए रेलगाड़ी में बैठने के बाद ही मैंने अपने पिताजी और चाचाजी को इस सम्बन्ध में सूचित किया। तापमान को कम करने के लिए मैं एस्प्रिन लेता रहा, और यात्रा को पूरा करने और विवाह में सक्रिय रूप से भाग लेने में सफल रहा।

अपने पिता की तरह सरला भी एक जन्मजात नेत्री है और खूब लोकप्रिय है। परिवार के सभी सदस्य उसका बहुत सम्मान करते हैं। अपने सशक्त व्यक्तित्व के कारण वह बसन्त कुमार के लिए हमेशा एक प्रेरणा-स्रोत रही हैं।

व्यवसाय के अलावा बसन्त कुमार ने कई संस्थानों की स्थापना भी की। इनमें से एक महत्त्वपूर्ण संस्थान है कोलकाता का संगीत कला मन्दिर, जो संगीत, नृत्य और हमारी प्राचीन संस्कृति के संरक्षण के लिए विख्यात हो चुका है और सम्भवतः देश में इस प्रकार का श्रेष्ठतम संस्थान है। दूसरा महत्त्वपूर्ण संस्थान है कोलकाता में ही स्थित बिड़ला कला एवं संस्कृति अकादमी। बसन्त कुमार को भारतीय पेंटिंगें खरीदने का शौक था, जिन्हें उसने इस संस्थान को दान कर दिया है। सरला इन दोनों संस्थानों से बहुत सक्रिय रूप से जुड़ी हुई है। मैं यहाँ 3 जुलाई 2001 को अपने विवाह की हीरक जयन्ती के अवसर पर बसन्त कुमार और सरला द्वारा मुझे और मेरी पत्नी को लिखे गए एक पत्र की प्रतिलिपि प्रस्तुत कर रहा हूँ। साथ ही अपने पच्चासीवें जन्मदिन के अवसर पर उनके पत्र की प्रतिलिपि और अपना उत्तर भी।

ॐ

स्नेही भाई कृष्ण - भाभी मनोरमा :
सप्तपदी के आलोक में दो पवित्र प्राणों -
दो निर्मल जलधाराओं के संगम जैसा
दो अन्तरात्माओं की मिलन यात्रा का
स्नेह निर्झर साठ शरद, साठ हेमन्त,
एवं साठ वसन्त के सान्निध्य में
कृष्ण-मेघ की तरह अमृत वर्षण करता हुआ
सुमन-श्री के छन्द रचता हुआ
दाम्पत्य जीवन की षष्टि-पूर्ति पर
निरन्तर स्नेह-सम्बद्ध मधुमास हो
"शतं जीव शरदो वर्धमानः
शतं हेमन्तान्
शतं वसन्तान् —
वर्धमानशील सौ शरद, सौ हेमन्त और
सौ वसन्त ऋतुओं तक दीर्घायु-शतायु
होने की शुभकामनाओं सहित
प्रांजलि प्रणति

भाई वसन्त
सरला
3 जुलाई 2009

ॐ

My dear Bhai Krishna

Our best wishes and Pranams to you on the happy and auspicious occasion of your completing 85 years of very happy fruitful and successful life. You are the head of the Birla family. There is complete affinity love and affection amongst the family members. For this the credit goes to the whole family, specially to Bhabhi and you. All the members of the family have great love respect and confidence for both of you.

Our sincere prayers to God to give many many more years of active and healthy life to you.

पु-श्री भाभीजी को हमारे सादर प्रणाम।

भाई वसन्त 9.11.07

23 अक्तूबर, 2003

प्रिय बसन्त और सरला,

तुम दोनों की तरफ से अत्यन्त आत्मीय और स्नेह भरा पत्र प्राप्त हुआ।

ईश्वर की कृपा से बिड़ला परिवार के सभी सदस्यों के बीच बहुत स्नेहपूर्ण सम्बन्ध हैं। हम चारों–सरला, तुम, मनोरमा और मैं–प्रेम और स्नेह के बहुत दृढ़ सूत्र में बँधे हुए हैं। तुम और सरला हमेशा से ही हम दोनों के लिए असीम शक्ति का स्रोत रहे हो।

तुम दोनों की जोड़ी एक विशिष्ट जोड़ी है। तुम दोनों ने कला, संस्कृति (बिड़ला अकादमी, संगीत कला मन्दिर), शिक्षा के प्रचार (अनेक स्कूलों की स्थापना की), धर्म के प्रचार (हमारे धार्मिक गुरुओं स्वामी चिन्मयानन्द, स्वामी अखंडानन्द जी, राम किंकरजी इत्यादि के साथ तुम्हारे घनिष्ठ सम्बन्ध) और हिमालय के क्षेत्र में अनेक तीर्थ स्थलों पर धर्मशालाओं की स्थापना के रूप में जो योगदान दिया है वह सचमुच अत्यन्त विशिष्ट है।

मैं जल्दी ही अपने जीवन के छयासीवें वर्ष में प्रवेश करने जा रहा हूँ। कुछ समय पहले मैंने चन्द्रकला बाई और लख्मी बाई से कहा था कि इस उम्र में उन्हें किसी पूर्वसूचना के बिना इस दुनिया को छोड़ने के लिए पूरी तरह तैयार रहना चाहिए। यही बात मुझ पर भी लागू होती है। मैं जब भी ईश्वर का आदेश होगा इस दुनिया को छोड़ने की पूरी तैयारी कर चुका हूँ। मैं ईश्वर से सिर्फ दो प्रार्थनाएँ करता हूँ। पहली यह कि मेरे पास जितना भी समय बचा है, मैं उसे शान्तिपूर्वक गुजार सकूँ। मेरी दूसरी प्रार्थना यह है कि सत्य के मार्ग पर चलने और अपनी राह से न भटकने के लिए वह उसी तरह मेरा मार्गदर्शन करता रहे जैसे कोई चरवाहा अपनी बकरियों का मार्गदर्शन करता है।

सस्नेह,
कृष्ण

गंगा प्रसाद बिड़ला : गंगा प्रसाद बिड़ला प्रौद्योगिकी संस्थान, राँची, कलकत्ता चिकित्सकीय अनुसन्धान संस्थान, बी. एम. बिड़ला हृदयरोग अनुसन्धान केन्द्र, कोलकाता और बी. एम. बिड़ला विज्ञान एवं प्रौद्योगिकी केन्द्र, जयपुर के चेयरमैन हैं। वे एक विलक्षण व्यक्ति हैं और उन्हें बहुत-से रचनात्मक कार्यों का श्रेय जाता है। ये सभी कार्य उनकी सामाजिक चेतना और दूरदृष्टि के प्रतीक हैं। उन्होंने जयपुर, हैदराबाद और भोपाल में मन्दिरों की स्थापना की है। ये मन्दिर बहुत विशिष्ट स्थलों पर स्थित हैं और पूरे वर्ष श्रद्धालुओं की भारी संख्या को आकर्षित करते हैं। गंगा प्रसाद ने हैदराबाद, चेन्नई और जयपुर में तारांगणों की स्थापना भी की है। साथ ही उन्होंने बहुत-से अनुसन्धान केन्द्र भी स्थापित किए हैं। विभिन्न क्षेत्रों में उनकी इन सेवाओं को देखते हुए भारत सरकार ने 2006 में उन्हें पद्मभूषण से सम्मानित किया। इस सम्मान और इसके साथ संलग्न प्रशस्ति-पत्र की प्रतिलिपियाँ इन पृष्ठ पर प्रस्तुत की जा रही हैं।

SHRI GANGA PRASAD BIRLA

Shri Ganga Prasad Birla has been spearheading various organisations actively involved in promotion of education, including for weaker sections, medical welfare, scientific and economic research, development of industry, preservation of culture & heritage and social welfare.

2. Born in August 1922, Shri Birla is a Science graduate from Calcutta University. After his retirement from active participation in business, Shri Birla is devoting time to social welfare and cultural activities. The Trusts and Societies with which he is closely associated as Chairman/President have established various institutions for promoting public welfare, include: Birla Institute of Technology, Ranchi (B.I.T.), a deemed University, having extension centres at various places within the country and abroad; Birla Institute of Science Research, Jaipur which has been conducting multi-disciplinary research at its different Centes including research in Bio-technology and Water Management; The Calcutta Medical Research Institute, Kolkata and B.M. Birla Heart Research Institute, Kolkata, Premier Medical Centres in Eastern India; Modern High School for Girls, Kolkata and Rukmani Birla Modern High School, Jaipur, renowned educational centres; Birla Archaeological & Cultural Research Institute, Hyderabad which conducts research in the fields of Archaeology, Museology and Science. Various Trusts with which Shri Birla is associated have taken up projects for slum clearance, building houses for weaker sections, schools for education of the children of slum dwellers and in rural areas; establishing places of public worship which have architectural beauty; and renovation of ancient historical monuments of archaeological importance, maintaining original ambience at different places in India.

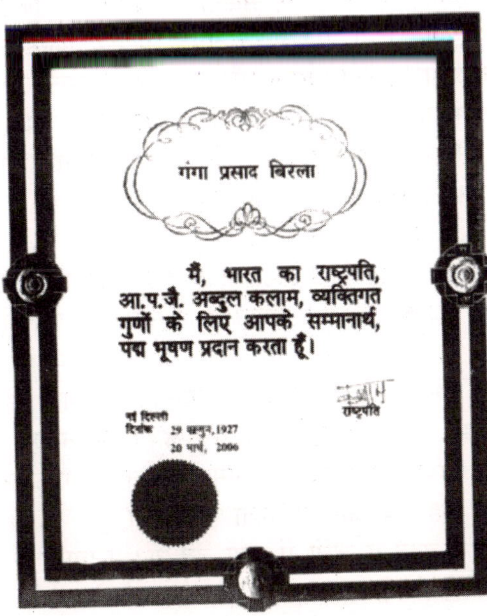

गंगा प्रसाद बिरला

मैं, भारत का राष्ट्रपति,
आ.प.जै. अब्दुल कलाम, व्यक्तिगत
गुणों के लिए आपके सम्मानार्थ,
पद्म भूषण प्रदान करता हूँ।

राष्ट्रपति

नई दिल्ली
दिनांक 29 फाल्गुन, 1927
20 मार्च, 2006

उनके बेटे का नाम चन्द्रकान्त है। वह बहुत मधुर और मिलनसार-स्वभाव का युवक है। वह हिन्दुस्तान मोटर्स का चेयरमैन है, जो उसकी सबसे प्रमुख कम्पनी है। वह बहुत विनम्र युवक है और बड़ों का बहुत ज्यादा सम्मान करता है। खासकर मेरा वह बहुत ज्यादा आदर करता है। वह स्वभाव से ही बहुत स्नेहशील और दूसरों की मदद के लिए हर समय तत्पर रहनेवाला व्यक्ति है। उसकी पत्नी अमीता लार्ड आर. के. बागड़ी की बेटी है, जो लन्दन में बसे एक अत्यन्त सफल भारतीय व्यवसायी हैं।

सुदर्शन के बेटे का नाम सिद्धार्थ है, जो बड़ी तेजी से एक सफल व्यवसायी के रूप में उभर रहा है। वह बहुत स्पष्टवादी, बेबाक और निष्ठावान युवक है और मुझे सबसे ज्यादा पसन्द है।

बसन्त कुमार के बेटे का नाम आदित्य था, जिसका उल्लेख मैं पीछे कर चुका हूँ। उसमें प्रचुर मात्रा में नेतृत्व के गुण थे। पिताजी अपनी प्रमुख कम्पनियाँ आदित्य के नाम कर गए थे, जिन्हें उसने बहुत कुशलतापूर्वक सँभाला। मेरे विचार में, पिताजी के बाद वह हमारे परिवार का सबसे प्रतिभावान व्यक्ति था। दुर्भाग्यवश वह युवा उम्र में ही चल बसा।

हालाँकि हम सभी सगे और चचेरे भाई 1930 के दशक में ही अलग हो गए थे, लेकिन हमारे बीच एक-दूसरे की कम्पनियों के शेयर-धारक होने का सूत्र हमेशा बना रहा था। पिताजी के देहान्त के बाद हमने इस परम्परा का अन्त करने का फैसला किया। परिणामस्वरूप परिवार के हर सदस्य ने दूसरे सदस्यों से अपनी कम्पनियों के सभी शेयर वापस खरीद लिए। इस देश के व्यवसायी समुदाय ने इस घटना को बिड़ला परिवार में बँटवारे के रूप में देखा। इसे भले ही बँटवारा या कुछ और कह लें, लेकिन वास्तव में यह पारिवारिक समूहों के बीच शेयरों और निवेशों का पुनः आबंटन था। सबसे उल्लेखनीय बात यह थी कि इस समूची परिवर्तन प्रक्रिया में किसी तरह की हिचकिचाहट या कटुता का समावेश नहीं था। हम सगे और चचेरे भाइयों ने शेयरों के मूल्यों को लेकर भले ही अलग-अलग विचार व्यक्त किए हों, लेकिन समूची प्रक्रिया किसी लड़ाई-झगड़े के बिना शान्तिपूर्वक सम्पन्न हो गई। अन्य परिवारों में इस तरह के मामलों में खुलकर लड़ाई-झगड़े देखे जाते हैं। परिणाम यह रहा कि इस तथाकथित बँटवारे के बावजूद परिवार के सदस्यों के बीच प्यार और स्नेह का मधुर सूत्र पहले की तरह ही कायम है। बिड़ला परिवार आज भी एकता के एक अटूट सूत्र में बँधा हुआ है।

भाई माधव प्रसाद : माधवप्रसाद, जिन्हें हम 'माधो बाबू' कहा करते थे, चचेरे भाई होने के बावजूद मेरे सगे भाई की तरह थे। हम बचपन से ही साथ-साथ पले-बढ़े। 30 जुलाई 1990 को उनके देहान्त के साथ हमारा यह वर्षों पुराना साथ छूट गया।

लड़कपन में हम दोनों के बीच हमेशा कड़ी प्रतियोगिता चलती रहती थी—पढ़ाई हो या खेलकूद या फिर साझी दिलचस्पी का कोई अन्य क्षेत्र। लेकिन एक-दूसरे से बढ़-चढ़कर प्रदर्शन करने की इस भावना के बावजूद हम प्रेम और स्नेह के एक मधुर सूत्र में बँधे रहे। बल्कि समय के साथ यह सूत्र और दृढ़ होता चला गया।

हेयर स्कूल में हम बहुत-से खेलों में भाग लेते थे। फुटबाल के हम कुछ ज्यादा ही शौकीन थे। फुटबाल खेलने के अलावा हमें इस खेल को देखने में भी मजा आता था।

मोहन बागान हमारी चहेती टीम थी। मुझे याद है एक बार कोलकाता फुटबाल लीग में मोहन बागान और ब्रिटिश सेना की टीम डुरहम्स के बीच एक महत्त्वपूर्ण मैच था। हमें आशंका थी कि इस मैच के टिकट मिलना बहुत मुश्किल होगा, क्योंकि हजारों दर्शक इस मैच को देखने के लिए उत्सुक थे। हम लगभग चार घंटे पहले ही मैदान में जा पहुँचे और टिकट-खिड़की के खुलने की प्रतीक्षा करने लगे। तो हम फुटबाल के इतने दीवाने थे।

माधो बाबू का और मेरा एक ही परिवार में विवाह हुआ—तपूरिया परिवार में—जो कोलकाता के सबसे पुराने परिवारों में से है और अपनी संस्कृति और सुरुचिपूर्ण जीवन-शैली के कारण सम्मान की दृष्टि से देखा जाता है। माधो बाबू का विवाह मंगतुलाल तपूरिया की बेटी प्रियम्वदा देवी से हुआ। मंगतुलाल जी अपनी उत्कृष्ट और सुरुचिपूर्ण जीवनशैली के लिए जाने जाते थे। वे एक सच्चे रईस माने जाते थे। मेरा विवाह उनकी पौत्री मनोरमा से हुआ। स्कूल की पढ़ाई खत्म होने के बाद माधो बाबू और मेरे बीच चल रही प्रतियोगिता भी खत्म हो गई थी। सिर्फ प्रेम और स्नेह का अटूट सूत्र शेष रह गया था। हमारे विवाहों के बाद यह सूत्र और ज्यादा मजबूत होता चला गया।

समय बीतता गया। हमारे लड़कपन के दिन पीछे छूट गए। हम युवा हुए, फिर पौढ़, और अन्ततः अपने जीवन की सन्ध्या में प्रविष्ट हुए।

1982 के बाद माधो बाबू में भारी परिवर्तन आ गया। वे बहुत धार्मिक और सहिष्णु हो गए। वे अपने सहकर्मियों और पदाधिकारियों का बहुत ज्यादा ध्यान रखने लगे। उनके पास हर किसी के लिए मीठे शब्द होते थे। अपने गिरते स्वास्थ्य के कारण वे धीरे-धीरे व्यवसाय से अवकाश ग्रहण करते चले गए। लेकिन प्रियम्वदा समय की कसौटी पर खरी उतरीं और सफलतापूर्वक उनका कामकाज देखने लगीं। यह न सिर्फ माधो बाबू बल्कि पूरे परिवार के लिए बहुत सन्तोष और प्रसन्नता का विषय था।

माधो बाबू हृदय-रोग से पीड़ित थे। हम उनसे उनके स्वास्थ्य के बारे में बात नहीं करते थे। लेकिन इस बीमारी के दौरान उनकी छठी इन्द्री विकसित हो गई और उन्हें यह अहसास हो गया कि उनकी जिन्दगी के अब अधिक दिन शेष नहीं थे। उन्होंने बड़े साहस के साथ और हँसते-हँसते अपनी मृत्यु का सामना किया, जो जीवन का अन्तिम सत्य है। कोई सन्त-महात्मा ही इस तरह के संयम के साथ मृत्यु का सामना कर सकता है। वे अक्सर गीता का एक प्रसिद्ध श्लोक सुनाया करते थे, जिसका अर्थ है, "मनुष्य पुराने वस्त्र त्यागकर नए वस्त्र धारण करता है; इसी तरह आत्मा पुरानी देह को त्यागकर नई देह धारण करती है।"

गीता से प्रेरणा पाकर इस दार्शनिक और संयमी दृष्टिकोण को अपना लेने के कारण वे जीवन को एक वियोगी की तरह देखने लगे। साथ ही वे मेरी बेटियों के प्रति बहुत गहरा लगाव महसूस करने लगे। उन्हें उनका साथ इतना अच्छा लगता कि दिन ढलने के बाद वे अपने घर लौट जातीं तो वे बहुत अकेले महसूस करते। वे मेरे और मेरी पत्नी के साथ भी बहुत गहरा जुड़ाव महसूस करने लगे।

माधो बाबू परोपकारी प्रकृति के व्यक्ति थे। कोलकाता का बैले-व्यू क्लीनिक और बिड़ला प्लैनेटेरियम इस शहर और इसके निवासियों के प्रति उनके प्रेम और सरोकार के प्रतीक हैं। ये दोनों संस्थान सफलतापूर्वक चल रहे हैं और शहर के जाने-पहचाने प्रतीक

चिन्हों में शामिल हो चुके हैं। ये संस्थान माधो बाबू की स्मृति को हमेशा अमर रखेंगे। उनके देहान्त के बाद उनकी पत्नी प्रियम्वदा देवी ने एम. पी. बिड़ला समूह की बहुत-सी कम्पनियों को अपने हाथ में ले लिया। 3 जुलाई 2004 को गुर्दे की बीमारी से उनका देहान्त हो गया।

कुमार मंगलम् बिड़ला : कुमार मंगल मेरा पौत्र-भतीजा है। वह बसन्त कुमार का पोता और मेरे स्वर्गीय भतीजे आदित्य का सुपुत्र है। अपने दादा और स्वर्गवासी पिता की तरह वह भी एक अत्यन्त सक्षम व्यक्ति है। वह बहुत आत्मीयता भरा, प्रसन्नचित्त प्रकृति का, मृदुभाषी और ऊँचे सिद्धान्तों वाला व्यक्ति है। उसकी सभी औद्योगिक ईकाइयाँ बहुत अच्छी चल रही हैं। उसने अपने समूह का नाम अपने पिता के नाम पर आदित्य बिड़ला ग्रुप रखा है। मेरे नाम उसके एक पुत्र को इन पृष्ठों पर प्रस्तुत किया जा रहा है। इस पत्र को पढ़कर यह स्पष्ट हो जाएगा कि कुमार मंगलम् ने मुझे कितना मोहक पत्र लिखा था।

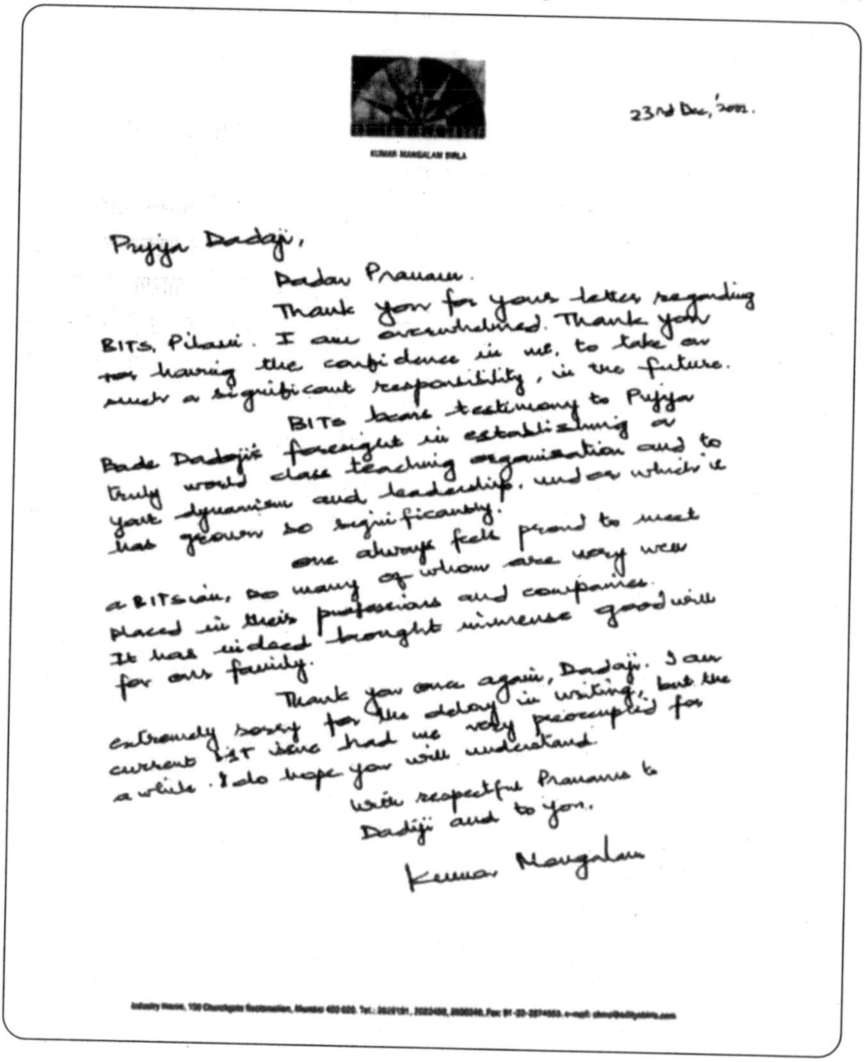
KUMAR MANGALAM BIRLA

23rd Dec, 2002.

Pujya Dadaji,

Dadaji Pranam.

Thank you for your letter regarding BITS, Pilani. I am overwhelmed. Thank you for having the confidence in me, to take on such a significant responsibility, in the future.

BITS bears testimony to Pujya Bade Dadaji's foresight in establishing a truly world class teaching organisation and to your dynamism and leadership, under which it has grown so significantly.

One always feels proud to meet a BITSian, so many of whom are very well placed in their professions and companies. It has indeed brought immense goodwill for our family.

Thank you once again, Dadaji. I am extremely sorry for the delay in writing, but the current [illegible] here had me very preoccupied for a while. I do hope you will understand.

With respectful Pranams to Dadiji and to you.

Kumar Mangalam

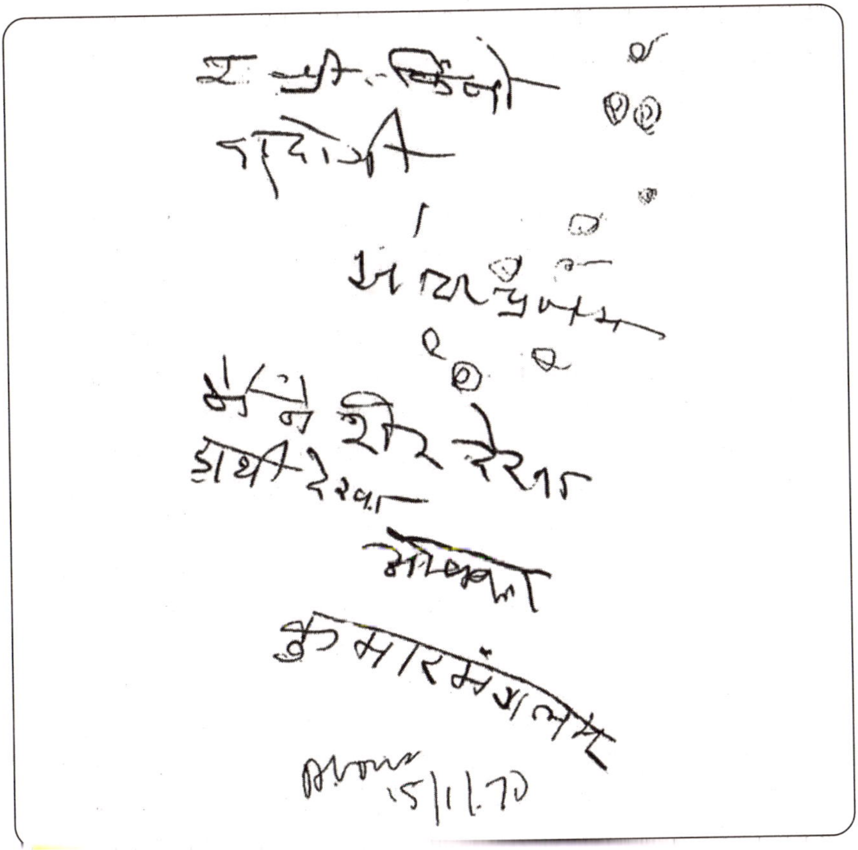

मैं अपने नाम उसके एक अन्य पत्र को भी प्रस्तुत कर रहा हूँ, जो उसने मात्र तीन-चार वर्ष की उम्र में लिखा था। वह तब कॉर्बेट नेशनल पार्क की सैर के लिए गया था और वहीं से उसने मुझे यह पत्र लिखा था। मैं जब भी इस पत्र को पढ़ता हूँ तो मेरा मन दौड़कर उसके पास जाने और उसे अपनी बाँहों में भरने के लिए मचल उठता है।

खुशवंत सिंह

खुशवंत सिंह मई 1980 से लेकर अप्रैल 1983 तक 'हिन्दुस्तान टाइम्स' के सम्पादक रहे। उनका नाम मुझे इन्दिराजी ने सुझाया था। मैंने खुशवंत सिंह से मुझसे भेंट करने के लिए कहा। मैं तब उनके बारे में ज्यादा नहीं जानता था, हालाँकि मैं उनसे पहले भी दो-तीन बार मिल चुका था। मुझे बताया गया था कि वे बहुत कर्तव्यनिष्ठ व्यक्ति थे और निर्भीक होकर लिखते थे।

'हिन्दुस्तान टाइम्स' से जुड़ने के बाद खुशवंत सिंह ने एक नया साप्ताहिक स्तम्भ शुरू किया–'विद मैलिस टुवर्ड्स वन एंड ऑल'–जो अत्यन्त लोकप्रिय हुआ। तीन वर्ष बाद अखबार की नौकरी छोड़ देने के बाद भी वे नियमित रूप से यह स्तम्भ लिखते रहने के लिए राजी हो गए।

एक बार उन्होंने इस स्तम्भ में मेरे और हमारे परिवार के बारे में भी लिखा था। मैं उनकी उन पंक्तियों को यहाँ प्रस्तुत कर रहा हूँ—

किसी शोर-शराबे के बिना

आर. एन. जाजु द्वारा लिखित दो पुस्तकें 'जी. डी. बिड़ला' और 'एलोक्वेंट रिफ्लेक्शंस ऑफ सरला बिड़ला' पढ़ने के बाद मुझे यह अहसास हुआ कि उस परिवार के बारे में मैं कितना कम जानता हूँ जिसके साथ मैं बीस से भी अधिक वर्षों से जुड़ा रहा हूँ—पहले के.के. बिड़ला के 'हिन्दुस्तान टाइम्स' के सम्पादक के रूप में, और फिर एक सिंडिकेटिड स्तम्भकार के रूप में। जहाँ तक मेरी जानकारी है, मुझसे पहले और बाद में आए इस अखबार के दर्जन भर सम्पादकों में से सिर्फ एक व्यक्ति को 'बॉस का मित्र' कहा जा सकता है, और वे थे स्वर्गीय श्री मूलगाँवकर। वे हर किसी के साथ बहुत शिष्ट व्यवहार करते थे, कभी-कभी किसी को डिनर पर भी आमन्त्रित कर लेते थे (शाकाहारी, शुद्ध घी में बना हुआ, मदिरापान-रहित), विभाग के कर्मचारियों को अपने केबिन में बुलाते थे तो उनके लिए चाय-कॉफी मँगवाते थे, और दफ्तर से जाते समय उन्हें उनकी कार तक छोड़कर आते थे।

बिड़ला लगभग एक शताब्दी से देश के तीन सबसे बड़े औद्योगिक घरानों में से हैं। उनका परिवार हमेशा से एक रुढ़िवादी और बहुत घनिष्ठता से गुंथा हुआ परिवार रहा है। उनका नाम कभी भी किसी आर्थिक घपले से नहीं जुड़ा। वे अपने कर्मचारियों के साथ अच्छा व्यवहार करते हैं और उनकी निष्ठा अर्जित करना पसन्द करते हैं। वे अपने मन्दिरों, स्कूलों, कॉलेजों, अस्पतालों और बागानों को लेकर कोई शोर-शराबा नहीं करते। संक्षेप में, बहुत कम लोग उनकी निजी जिन्दगियों के बारे में जानते हैं।

बिड़ला घराने के साथ मेरी निकटतम मित्रता का अनुभव मंजुश्री खैतान के साथ मेरे संक्षिप्त जुड़ाव के रूप में रहा। वह बी. के. और सरला बिड़ला की बेटी और आदित्य बिड़ला की बहन है। आदित्य बिड़ला भारतीय उद्योग के शिखर पर पहुँचने की प्रक्रिया में थे कि पाँच वर्ष पहले मृत्यु ने उनके जगमगाते कैरियर पर विराम-चिन्ह लगा दिया। जाजु की पुस्तक आदित्य बिड़ला की माँ सरला के बारे में है। जैसीकि मेरी अपेक्षा थी, यह पुस्तक उक्त महिला के बारे में हमें कुछ भी नहीं बताती। यह पुस्तक सिर्फ विभिन्न विषयों और विभिन्न जगहों पर अंग्रेजी और हिन्दी में उनके द्वारा दिए गए भाषणों का संग्रह भर है। पाठकों को यह अन्दाजा तो जरूर हो जाएगा कि वे क्या सोचती थीं, लेकिन यह नहीं कि वे खुद क्या थीं।

इसके बाद, 1 अगस्त, 2002 को मैंने खुशवंत सिंह को एक पत्र लिखा, जिसका मुझे तुरन्त ही उत्तर मिला। ये दोनों पत्र यहाँ प्रस्तुत हैं।

1 अगस्त, 2002

प्रिय खुशवंत सिंह,
मैंने 29 जुलाई के आपके 'मैलिस' स्तम्भ में बड़ी दिलचस्पी के साथ अपने परिवार के बारे में आपकी संक्षिप्त और प्रशंसात्मक टिप्पणी पढ़ी। मुझे आपका यह कथन भी बहुत दिलचस्प लगा कि सिर्फ स्वर्गीय मूलगाँवकर को 'बॉस का मित्र' कहा जा सकता था। यह सच है कि स्वर्गीय मूलगाँवकर के प्रति मेरे मन में अत्यधिक स्नेह और सम्मान था। मैं मूलगाँवकर को उनके निर्भीक लेखन और दृढ़ चरित्र के कारण पसन्द करता था। वे अक्सर मुझे अपने घर पर भोजन और ब्रिज के लिए आमन्त्रित करते रहते थे। उन्हें इस खेल के मामले में देश के चोटी के खिलाड़ियों में रखा जा सकता था। उनके घर पर दो अवसरों पर मैंने श्री जे. आर. डी. टाटा, जिन्हें मैं 'जेह' कहा करता था, के साथ भी ब्रिज खेली।

लेकिन आपके साथ भी मेरे बहुत मधुर सम्बन्ध रहे हैं और मैं आपका भी हमेशा बहुत मान करता रहा हूँ। मुझे आपका 'मैलिस' कॉलम पढ़ना हमेशा बहुत आनन्द देता रहा है। खासकर अपने पाठकों को इस भ्रम में रखने का प्रयास कि आप सुन्दर स्त्रियों और शराब के रसिया हैं, मुझे बहुत दिलचस्प प्रतीत होता है। आपने इस तरह की छवि बनाने का प्रयास किया है मानो आप सांसारिक सुखों में मग्न रहना पसन्द करते हों। लेकिन लोग आपके इस झाँसे में नहीं आए हैं और आपको बहुत सम्मान की दृष्टि से देखते हैं। जहाँ तक मेरा सम्बन्ध है, तो मैं हमेशा से ही आपके सिद्धान्तवादी जीवन का प्रशंसक रहा हूँ।

मैं कामना करता हूँ कि ईश्वर आपको एक लम्बा और स्वस्थ जीवन प्रदान करे, ताकि आप इसी तरह अपने लेखनों और हास्य-विनोद से लोगों की सेवा करते रहें।

शुभकामनाओं सहित,

आपका,
के.के. बिड़ला

4 अगस्त, 2000

प्रिय अन्नदाता,
जब मैं एच. टी. का सम्पादक था तो आपको इसी तरह सम्बोधित किया करता था। मैं आज भी आपको इसी रूप में देखता हूँ, क्योंकि मेरी आजीविका आज भी आपके कारण एच. टी. से चल रही है।

आपकी मित्रता का दावा करना मेरे लिए छोटे मुँह बड़ी बात होगी। लेकिन मैं आपसे सम्मोहित अवश्य ही हूँ। यह आपकी उदारता है कि आपने मेरे बारे में के. की पुस्तक में और आपकी भाभी पर जाजु की पुस्तक पर मेरी टिप्पणी के बारे में मुझे लिखने की कृपा की। मुझे खुशी होती अगर उन्होंने (इस पुस्तक के लिए) और ज्यादा छानबीन की होती।

आशा है स्वस्थ एवं सकुशल होंगे।

आपका,
खुशवंत सिंह

मेरिलबोन के लॉर्ड पॉल

मैं लॉर्ड पॉल को लगभग चालीस वर्ष से जानता हूँ। मैं और मेरी पत्नी दोनों ही लॉर्ड पॉल, जिन्हें हम स्वराज पॉल जी कहते हैं, और उनकी पत्नी लेडी पॉल या अरुणा जी को बहुत पसन्द करते हैं। अरुणा जी कोलकाता में जन्मी और पली-बढ़ी थीं। उन्होंने अपनी शिक्षा लड़कियों के जाने-माने स्कूल और कॉलेज लॉरेटो हाउस में प्राप्त की थी, जो शायद न सिर्फ कोलकाता में बल्कि पूरे देश में लड़कियों के लिए सर्वश्रेष्ठ शैक्षणिक संस्थान है। लॉरेटो हाउस के साथ हमारे सम्बन्ध लगभग पचहत्तर वर्ष पुराने हैं, जहाँ सबसे पहले मेरी चचेरी बहन गंगा ने अपनी शिक्षा प्राप्त की थी। तब से बिड़ला परिवार की सभी लड़कियाँ, जिनमें मेरी तीनों बेटियाँ भी शामिल हैं, इसी संस्थान में शिक्षा प्राप्त करती रही हैं। मेरी बेटियों की बेटियों की शिक्षा भी वहीं हुई और अब मेरी परनातियाँ भी इसी संस्थान में पढ़ रही हैं। इसलिए मेरी सभी बेटियाँ अरुणा जी को बहुत अच्छी तरह से जानती हैं।

बहुत वर्ष पहले लन्दन में अपनी बेटी के दुखद निधन के बाद स्वराज पॉल हमेशा के लिए वहीं बस गए। वह बहुत कम उम्र में ल्यूकेमिया से चल बसी थी। स्वराज पॉल ने लन्दन में अपना औद्योगिक साम्राज्य खड़ा किया और आज वे ब्रिटेन के चोटी के उद्योगपतियों में शामिल हैं। अमरीका समेत अनेक देशों में उनके इस्पात संयंत्र भी हैं। भारत में भी उन्होंने काफी बड़े पैमाने पर शुरुआत की, जहाँ उनकी ईकाइयाँ ऑटोमोबाइल उद्योग के लिए कल-पुर्जों का निर्माण करती हैं और सफलतापूर्वक चल रही हैं। एक व्यवसायी होने के बावजूद वे ब्रिटेन की लेबर पार्टी के समर्थक रहे हैं और उनके अधिकांश मित्र इस पार्टी के सदस्य हैं। समय के साथ उन्हें 'पीयर' बनाए जाने का सम्मान प्राप्त हुआ। उन्हें 'लॉर्ड पॉल ऑफ मेरिलबोन' के रूप में जाना जाता है।

स्वराज पॉल एक महान परोपकारी भी हैं। उन्होंने अनेक संस्थानों को खुले दिल से चन्दा दिया है। एक बार लन्दन का चिड़ियाघर आर्थिक संकट में था। ब्रिटिश प्रेस का कहना था कि यदि कहीं से बड़ी मात्रा में सहायता-राशि उपलब्ध नहीं हुई तो चिड़िया घर को बन्द करना पड़ सकता था। लन्दन के चिड़िया घर के दो खंड हैं—एक प्रमुख खंड और दूसरा बच्चों का चिड़िया घर। बच्चों के चिड़िया घर में सभी प्रकार के जीव-जन्तु हैं, लेकिन हर श्रेणी के सिर्फ एक या दो जीव। स्वराज पॉल चिड़िया घर की मदद के लिए आगे आए। उन्होंने बच्चों के चिड़िया घर के लिए एक मोटी रकम (शायद दस लाख पौंड) सहायता-राशि के रूप में दी। इस चिड़ियाघर को उनकी स्वर्गीय बेटी अम्बिका की स्मृति में एक नया नाम दे दिया गया।

हाउस ऑफ लॉर्ड्स के एक सदस्य के रूप में स्वराज पॉल अपने काम को पूरी गम्भीरता से लेते हैं। वे शायद ही किसी सत्र को चूकते हैं और सदन की सभी बैठकों में उपस्थित रहते हैं। वे सभी चर्चाओं में खुलकर भाग लेते हैं। मैं और मेरी पत्नी जब भी लन्दन जाते हैं तो स्वराज पॉल के साथ हाउस ऑफ लॉर्डस में चाय पीना नहीं भूलते। ऐसी ही एक लन्दन यात्रा के बाद उन्होंने 18 दिसम्बर 1999 को मुझे एक बहुत प्यारा पत्र लिखा। मैं उस पत्र को यहाँ प्रस्तुत कर रहा हूँ।

प्रिय के.के. जी,

मैं सचमुच नहीं जानता कि कहाँ से शुरू करूँ। हमारे पहुँचने के क्षण से ही मुझे और अरुणा को कितना आदर-सत्कार, स्नेह और सम्मान मिला है।

सबसे पहले तो, आपको इतनी अच्छी फॉर्म में देखना बहुत अच्छा लगा। एच. टी. की पचहत्तरवीं वर्षगाँठ का समारोह और कल रात का डिनर अद्भुत था। आपका इतने सारे लोगों का एक साथ ध्यान रखना हमारे लिए एक सबक की तरह है। मेरी नजरों में आप एक महापुरुष हैं और मुझे आपके साथ अपनी मित्रता पर गर्व है।

सबसे विशिष्ट समय वह होता है जो हम लन्दन में खामोशी से गुजारते हैं। आपका बहुत-बहुत धन्यवाद। हम नए वर्ष की 7 जनवरी को आपको लन्दन में देखने की बाट जोह रहे हैं।

शोभना और श्याम से मिलकर बड़ी खुशी हुई। शोभना नाम कमा रही हैं और उन्हें देखकर पता चलता है कि वे कितनी जिम्मेदारी का काम कर रही हैं। कृपया हमारी शुभकामनाएँ उन तक पहुँचा दें।

वीर के रूप में आपने अच्छा चयन किया है। वे आपके लिए वह गौरव अर्जित करेंगे जिसके आप सच्चे अधिकारी हैं।

हार्दिक सद्भावनाओं और सहस्त्राब्दि के लिए ढेरों शुभकामनाओं सहित।

स्वराज पॉल

प्रोफेसर पी. लाल

प्रोफेसर पी. लाल कोलकाता और भारत की एक जानी-मानी साहित्यिक हस्ती हैं। उन्होंने 'राइटर्स वर्कशॉप' नामक एक संस्था की स्थापना की है। यह वर्कशॉप हर रविवार की सुबह साहित्यिक सत्रों का आयोजन करती है। इन सत्रों में मुल्क राज आनन्द, पर्ल एस. बक, निराद सी. चौधरी, डब्ल्यू नॉर्मन ब्राउन और कर्ण सिंह जैसी जानी-मानी साहित्यिक विभूतियाँ भाग ले चुकी हैं। यह संस्था 1958 से लेकर अब तक 2,500 से भी अधिक पुस्तकें प्रकाशित कर चुकी है। पी. लाल एक कवि भी हैं। उनके मार्गदर्शन में वर्कशॉप ने श्रीमद् भगवदगीता का भी प्रकाशन किया है। इसमें उड़ीसा के लोक कलाकारों द्वारा रचित 56 मौलिक चित्र भी हैं। मैं प्रोफेसर लाल को पच्चीस वर्षों से भी अधिक समय से जानता हूँ। उन्होंने मेरी बेटी नन्दिनी को पढ़ाया भी है। मैं प्रोफेसर लाल के विस्तृत ज्ञान और ऊँचे सिद्धान्तों के कारण उन्हें बहुत सम्मान की दृष्टि से देखता हूँ।

मैंने उन्हें अपनी इस आत्मकथा के दो-तीन अध्याय भेजकर उनके विचार जानने चाहे थे। उन्होंने इन पर टिप्पणी करते हुए 16 नवम्बर 1999 को मुझे एक पत्र लिखा। उनकी टिप्पणी इस पुस्तक के आवरण के साथ-साथ यहाँ भी प्रस्तुत की जा रही है–

> क्या परिवार है! सरल और जटिल, परम्परागत और आधुनिक, धार्मिक और तर्कसंगत, धनोपार्जक और धन-विमुख, स्वदेशी और अन्तर्राष्ट्रीय, घोर व्यक्तिवादी और प्रेरणाप्रद निष्ठावान और पारिवारिक।

मैं आपकी शैली की संक्षिप्तता से बहुत प्रभावित हुआ हूँ। यह बेधड़क, ईमानदार और स्पष्ट है। आप एक भी फालतू शब्द का प्रयोग नहीं करते। बर्नार्ड शॉ ने कहा था कि 'कथन का प्रभाव ही शैली का आदि और अन्त है'। मैं आपकी शैली-रहित शैली की नग्न हाड़-मांस जैसी सादगी से सीखने का प्रयास कर रहा हूँ। आप पाएँगे कि मैंने जहाँ-जहाँ भी परिवर्तन किए हैं, बहुत सम्मानपूर्वक किए हैं, ताकि आपकी प्रस्तुति के पारदर्शी अन्दाज के स्तर को बनाए रखा जा सके।

पी. लाल

मुझे उनका एक अन्य पत्र भी प्राप्त हुआ। 24 अक्तूबर 2006 को लिखे गए इस पत्र को इन पृष्ठों पर प्रस्तुत किया जा रहा है। पाठकों को यह पत्र भी बहुत दिलचस्प प्रतीत होगा।

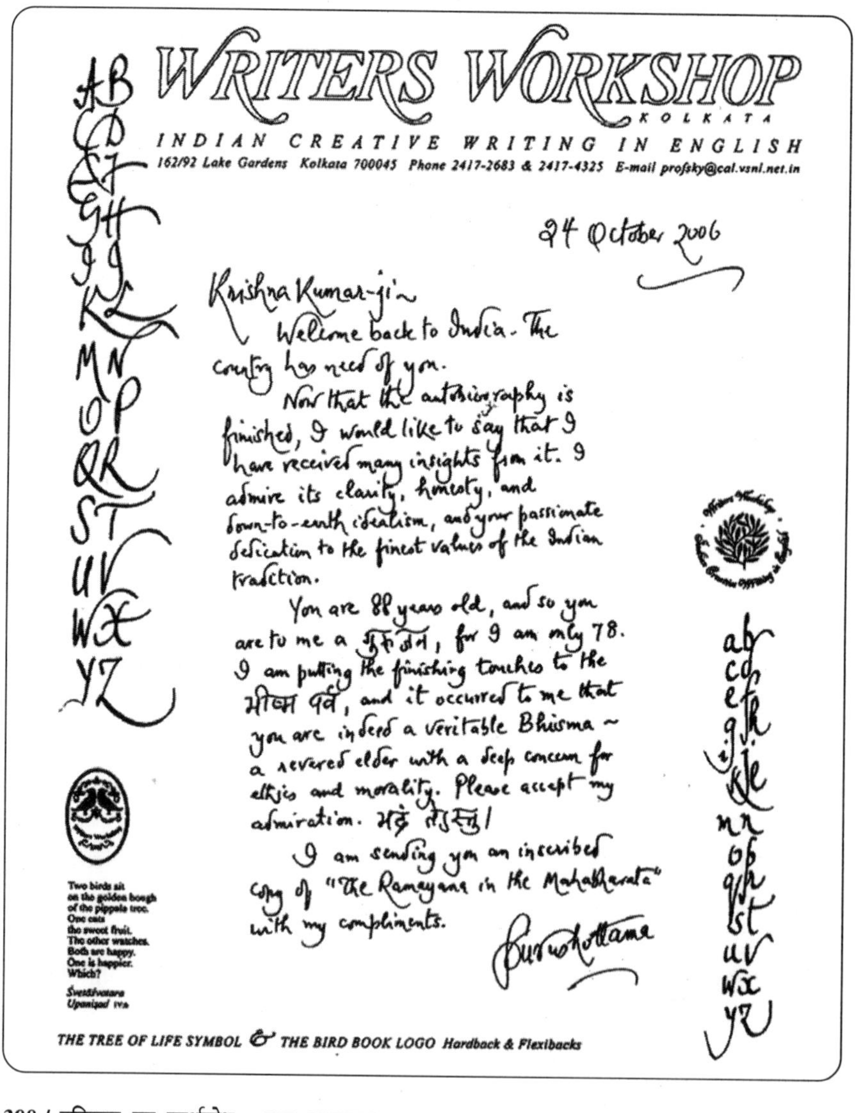

WRITERS WORKSHOP
KOLKATA
INDIAN CREATIVE WRITING IN ENGLISH
162/92 Lake Gardens Kolkata 700045 Phone 2417-2683 & 2417-4325 E-mail profsky@cal.vsnl.net.in

24 October 2006

Krishna Kumar-ji,

Welcome back to India. The country has need of you.

Now that the autobiography is finished, I would like to say that I have received many insights from it. I admire its clarity, honesty, and down-to-earth idealism, and your passionate dedication to the finest values of the Indian tradition.

You are 88 years old, and so you are to me a गुरुजन, for I am only 78. I am putting the finishing touches to the भीष्म पर्व, and it occurred to me that you are indeed a veritable Bhisma – a revered elder with a deep concern for ethics and morality. Please accept my admiration. भद्रं ते ऽस्तु!

I am sending you an inscribed copy of "The Ramayana in the Mahabharata" with my compliments.

Purushottama

Two birds sit on the golden bough of the pippala tree. One eats the sweet fruit. The other watches. Both are happy. One is happier. Which?

Śvetāśvatara Upaniṣad IV.6

THE TREE OF LIFE SYMBOL & THE BIRD BOOK LOGO Hardback & Flexibacks

दलाई लामा

मैं पीछे महामहिम दलाई लामा के बारे में लिख चुका हूँ। चीनी सरकार की धमकियों से परेशान होकर वे तिब्बत छोड़कर भारत चले आए। वे एक वर्ष से भी अधिक समय तक मसूरी के हमारे घर में रहे।

जब भारत सरकार ने धर्मशाला में उनके ठहरने का स्थायी प्रबन्ध कर दिया, तो उन्होंने 29 अप्रैल 1960 को मुझे एक स्नेह भरा पत्र लिखा। मैं इस पत्र को यहाँ प्रस्तुत कर रहा हूँ।

निजी

बिड़ला हाउस
मसूरी
29 अप्रैल, 1960

प्रिय श्री बिड़ला,

मसूरी छोड़कर धर्मशाला के अपने नए निवास-स्थान पर जाने की पूर्वसन्ध्या पर, मैं पिछले वर्ष हमारे भारत आगमन पर आपके उदारतापूर्ण आथित्य के लिए अपनी और अपनी पार्टी के सदस्यों की तरफ से आपका और आपके परिवार का हार्दिक आभार व्यक्त करना चाहता हूँ। समय बहुत तेजी से बीत गया है और यह अभी कल की ही बात प्रतीत होती है कि हमें बहुत दुखद परिस्थितियों में तिब्बत को छोड़कर भारत आना पड़ा था। लेकिन हमें यहाँ आए और आपके इस सुन्दर और सुविधाजनक घर और परिवेश में रहते हुए वर्ष से भी अधिक हो चुका है। आपने और आपके परिवार ने जिस विनम्रता और उदारता का परिचय दिया है, और हमारे लिए जो कुछ किया है, उसके प्रति अपनी कृतज्ञता व्यक्त करने के लिए हमारे पास पर्याप्त शब्द नहीं हैं। लेकिन हम आपके इस आथित्य की स्मृतियों को हमेशा सहेजकर रखेंगे, और आपके और आपके परिवार के उज्जवल भविष्य के लिए कामना करेंगे।

हार्दिक शुभकामनाओं सहित,

आपका
दलाई लामा

गांधी स्मारक निधि

गांधीजी की मृत्यु के बाद जवाहरलाल नेहरू और सरदार पटेल ने उद्योगपतियों से एक बड़ी धनराशि इकट्ठी करके एक गांधी स्मारक निधि की स्थापना करने का विचार किया। पिताजी ने देश के बड़े-बड़े उद्योगपतियों को आमन्त्रित किया और नेहरू और पटेल ने उन्हें सम्बोधित किया। इस बैठक में व्यवसायी समुदाय से 5 करोड़ रुपए की धनराशि इकट्ठी करने का निर्णय लिया गया। पिताजी ने उद्योगपतियों से अनुरोध किया कि वे दिल खोलकर इस निधि में योगदान दें। इस काम में कस्तूर भाई लाल भाई ने भी पिताजी को पूरा-पूरा सहयोग दिया। यह फैसला किया गया कि उद्योगों के हिसाब से धनराशि इकट्ठी की जाएगी, इसलिए सभी उद्योगों के लिए एक कोटा निर्धारित कर दिया गया। पिताजी ने चीनी

उद्योग से धनराशि इकट्ठी करने का काम मुझे सौंप दिया, जिसके लिए 50 लाख रुपए का लक्ष्य निर्धारित किया गया था। उस समय हमारा समूह देश में चीनी का सबसे बड़ा उत्पादक था और मैं इंडियन शुगर सिंडिकेट लिमिटेड का उप-सभापति था। यह सिंडिकेट एक मर्यादित निकाय था, जिसे उत्तर प्रदेश और बिहार में चीनी उद्योग के एकमात्र प्रतिनिधि के रूप में इन दोनों प्रान्तीय सरकारों की मान्यता प्राप्त थी। 1940 के दशक के मध्य तक ये दोनों प्रदेश देश की 80 प्रतिशत चीनी का उत्पादन करते थे।

पिताजी का निर्देश पाने के बाद मैं पूरी कर्मठता से धनराशि के संग्रह में जुट गया। मैंने प्रत्येक ईकाई की क्षमता के आधार पर अपनी नीति तैयार की। अधिकांश चीनी ईकाइयों ने अपने लिए निर्धारित राशि का भुगतान कर दिया, जिसे चीनी उद्योग के सभी नेताओं के साथ परामर्श करने के बाद अन्तिम रूप दिया गया था। लेकिन कुछ ईकाइयों ने मेरे द्वारा निर्धारित राशि का भुगतान करने में हिचकिचाहट दिखाई। इसके पीछे मात्र उनकी ईर्ष्या थी। मुझ जैसे युवा उद्योगपति को इतनी महत्त्वपूर्ण भूमिका दिए जाने की बात उनके गले नहीं उतर रही थी। मैं तब मात्र इकत्तीस वर्ष का था। लेकिन मैं जानता था कि इस तरह के विरोधियों से कैसे निपटना था। उत्तर प्रदेश के मामले में मैंने अन्तिम उपाय के रूप में पन्तजी की मदद ली, जो तब प्रदेश के मुख्यमन्त्री थे। मैं यहाँ पन्तजी के नाम दिनांक 17 फरवरी 1949 का अपना पत्र को प्रस्तुत कर रहा हूँ।

इंडियन शुगर सिंडिकेट लिमिटेड

8 रायल एक्सचेंज प्लेस,
कलकत्ता

पूज्य श्री पन्तजी,

हम उत्तर प्रदेश की निम्नलिखित फैक्टरियों से गांधी स्मारक निधि की बकाया राशि प्राप्त करने में अत्यन्त कठिनाई महसूस कर रहे हैं :

(क)	लॉर्ड कृष्णा शुगर मिल्स लि., सहारनपुर (जिला सहारनपुर)	रु. 49,506-14-0
(ख)	सेठ शिवप्रसाद बनारसीदास शुगर मिल्स लि., बिजनौर (जिला बिजनौर)	रु. 45,970-6-0
(ग)	डायमंड शुगर मिल्स लि., पिपरीच (जिला गोरखपुर)	रु. 11,970-5-0

यदि आप जिला अधिकारियों से यह धनराशि इकट्ठी करने के लिए कह सकें तो मैं आपका अति आभारी होऊँगा। मैं निश्चित रूप से जानता हूँ कि जिला अधिकारियों द्वारा दबाव डाले जाने पर ये तीनों फैक्टरियाँ गांधी स्मारक निधि के लिए अपने योगदान का भुगतान कर सकती हैं। वे धामपुर की तरह आर्थिक तंगी में नहीं हैं। मुझे खेद है कि मैं आपको यह कष्ट दे रहा हूँ। आपने हमारे कठिन काम में हमारी मदद करने का वायदा किया था, और पूज्य श्री सरदार जी चाहते हैं कि धनराशि शीघ्र भिजवाई जाए, इसलिए आपको यह कष्ट देने के अलावा मेरे पास कोई दूसरा विकल्प नहीं है।

यू. पी. और बिहार में अब तक 32 फैक्टरियों ने अपने योगदान का भुगतान नहीं किया है। आपको अन्य नाम देने से पहले मैं स्वयं ही उनसे यह धनराशि एकत्रित करने का प्रयास कर रहा हूँ।

आदर सहित,

आपका,
के.के. बिड़ला

यह निधि एक भले कार्य के लिए थी और सरदार पटेल इसके संरक्षक थे, इसलिए लगभग सभी लोगों ने मेरे साथ पूरा-पूरा सहयोग दिया। जहाँ तक उन लोगों का सम्बन्ध था जो मेरे द्वारा निर्धारित धनराशि का भुगतान करने के इच्छुक नहीं थे, तो पन्तजी ने उनके खिलाफ तुरन्त कार्रवाई की। परिणामस्वरूप चीनी उद्योग अपने कोटे से भी अधिक धनराशि इकट्ठी करने में सफल रहा।

पिताजी ने कुल मिलाकर 5.27 करोड़ रुपए इकट्ठे किए। उस जमाने में यह बहुत बड़ी राशि थी। पिताजी को इस बात की प्रसन्नता थी कि नेहरू जी और सरदार पटेल द्वारा निर्धारित लक्ष्य से अधिक धनराशि इकट्ठी की जा सकी थी।

एम.ओ. मथई

एम. ओ. मथई 1946 से लेकर 1959 तक पंडित जवाहरलाल नेहरू के विशेष सहायक रहे। उनका जन्म केरल में हुआ था और वे बहुत प्रतिभाशाली व्यक्ति थे। नेहरू जी के सहायक के रूप में उनकी नियुक्ति होने के बाद जल्दी ही उनके साथ मेरा परिचय हो गया था। नेहरू जी के सड़सठवें जन्मदिन के अवसर पर मैंने उन्हें बधाई भेजी थी। हालाँकि मैं नेहरू जी को जानता था, फिर भी मैंने इस सम्बन्ध में मथई को पत्र लिखना उचित समझा। मुझे पूरा भरोसा था कि वे यह पत्र नेहरू जी को जरूर दिखाएँगे। 12 नवम्बर 1955 के इस पत्र को मैं यहाँ प्रस्तुत कर रहा हूँ।

12 नवम्बर, 1955

प्रिय श्री मथई,

यदि आप पंडितजी के 67वें जन्मदिन के सुखद और शुभ अवसर पर उन तक मेरी हार्दिक बधाई पहुँचाने की कृपा करें तो मैं अति आभारी होऊँगा।

यह मेरे लिए गर्व और सम्मान का विषय है कि मैं दुनिया भर में फैले पंडितजी के उन असंख्य शुभचिन्तकों, मित्रों और प्रशंसकों में शामिल हूँ जो ईश्वर से उनके दीर्घायु होने और न सिर्फ हमारे देश बल्कि पूरी दुनिया की मानवता को अपना मार्गदर्शन और नेतृत्व देते रहने के लिए सच्ची और विनम्र प्रार्थना कर रहे हैं।

शुभकामनाओं सहित,

स्नेहपूर्वक,
के.के. बिड़ला

धीरे-धीरे मैं मथई के बहुत निकट आ गया। वे नेहरू जी के अत्यन्त निकट थे और परिवार के एक सदस्य की तरह थे।

पंडितजी ने 'नेशनल हेराल्ड' नामक एक अखबार शुरू किया था। इसका प्रबन्धन अच्छा नहीं था, इसलिए यह हमेशा आर्थिक कठिनाइयों में रहता था। मथई 'नेशनल हेराल्ड' के लिए विशेष विज्ञापन जारी करने का अनुरोध लेकर हमारे पास आए। मैं अपने नाम दिनांक 20 नवम्बर 1956 के उनके पत्र के अंश प्रस्तुत कर रहा हूँ।

निजी और व्यक्तिगत

प्रिय कृष्ण कुमार,

हम जब आज सुबह मिले थे तो मैंने आपको ब्रजमोहन जी और घनश्यामदास जी की तरफ से मदद के बारे में बताया था, जो कैलेंडर वर्ष 1956 के लिए 'नेशनल हेराल्ड' के लिए विशेष विज्ञापनों के रूप में दी जा रही है। वास्तव में, ब्रजमोहन जी ने विशेष विज्ञापनों के रूप में अपनी अधीनस्थ कम्पनियों से दो लाख रुपए की व्यवस्था की है, और घनश्यामदास जी ने भी अपनी बम्बई और कलकत्ता की कम्पनियों से इतने ही रुपयों की व्यवस्था की है...

आपके लिए सबसे अधिक उपयुक्त यह रहेगा कि आप मुझे अपनी सम्बन्धित कम्पनियों के नाम और उनके द्वारा विशेष विज्ञापनों के रूप में दी जाने वाली धनराशि का ब्यौरा भेज दें। इसके बाद मैं आपको इनके बिल भिजवा दूँगा। इन बिलों की प्राप्ति के बाद आप मुझे एसोसिएटिड जनरल्स लिमिटेड, लखनऊ के नाम चेक भिजवाने की कृपा करें। तदोपरान्त मैं आपके माध्यम से इन कम्पनियों को औपचारिक रसीदें भिजवा दूँगा। पिछले वर्ष भी हमने यही प्रक्रिया अपनाई थी।

मुझे 'नेशनल हेराल्ड' में प्रकाशित कुछ सम्पादकियों या लेखों के बारे में आपके विचार काफी दिलचस्प लगे, जो आपके अनुसार केन्द्र सरकार की नीतियों के विरुद्ध थे। कृपया मुझे इनकी कतरनें भिजवा दें। खुद मुझे अखबारों को विस्तार से पढ़ने के लिए बहुत कम समय मिल पाता है। आपसे इन कतरनों की प्राप्ति के बाद मैं इस सम्बन्ध में सम्पादक से बात करूँगा, जो एक अच्छे और योग्य व्यक्ति हैं। किन्तु कोई भी व्यक्ति दोषों या गलतियों से मुक्त नहीं होता, जैसेकि दुर्गादास भी नहीं हैं...

स्नेहपूर्वक,
एम. ओ. मथई

मुझे मथई बहुत आत्मीय और फुर्तीले व्यक्ति लगे। जब भी मेरे सामने कोई समस्या आती थी तो वे निष्पक्ष भाव से उसका निरीक्षण करते थे, और यदि उन्हें यह विश्वास हो जाता था कि वह मामला प्रधानमन्त्री के ध्यान में लाने के योग्य था तो वे उसे पंडितजी के सामने रख देते थे।

पंडितजी के साथ अपनी निकटता के कारण मथई को कई लोगों की शत्रुता भी झेलनी पड़ी। उनका मानना था कि आलोचकों के प्रहारों के खिलाफ पंडितजी सार्वजनिक रूप से

उनकी रक्षा करेंगे। लेकिन पंडितजी ने मथई और उनके आलोचकों के झगड़े में किसी का पक्ष लेना उचित नहीं समझा। अन्ततः मथई को पंडितजी की सेवा से मुक्त होना पड़ा। इसके बाद वे एक कटु व्यक्ति बन गए, जिसकी झलक उनकी आत्मकथा में देखी जा सकती है।

कोलकाता का शेरिफ

मुझे 20 दिसम्बर 1960 को कोलकाता का शेरिफ बना दिया गया। इसके पीछे पश्चिम बंगाल के तत्कालीन मुख्यमन्त्री डॉ. बी. सी. राय का हाथ था।

शेरिफ के रूप में मेरे कार्यालय के दौरान ब्रिटेन की महारानी एलिजाबेथ द्वितीय ने शहर का दौरा किया। मुझे इस सम्बन्ध में पश्चिम बंगाल की सरकार के अवर-सचिव एन.के. सेनगुप्ता की तरफ से दिनांक 13 फरवरी 1961 का पत्र प्राप्त हुआ। इस पत्र में मुझे 17 फरवरी 1961 को महारानी और प्रिंस फिलिप, एडिनबर्ग के ड्यूक, के स्वागत के लिए विमान-तल पर उपस्थित रहने के लिए कहा गया था। मैं उस पत्र को यहाँ प्रस्तुत कर रहा हूँ।

> श्रीमान,
>
> मुझे आपको यह बताने का निर्देश दिया गया है कि हर मैजेस्टी महारानी एलिजाबेथ द्वितीय एडिनबर्ग के ड्यूक हिज रायल हाइनेस प्रिंस फिलिप और अपने साथियों के साथ 17 फरवरी 1961 को 15.40 बजे पानागढ़ से दमदम एयरपोर्ट पर पहुँच रही हैं। वे 19 फरवरी 1961 को 12.30 बजे दमदम एयरपोर्ट से मद्रास के लिए रवाना होंगी।
>
> मुझे आपसे यह अनुरोध करने के लिए कहा गया है कि आप 17 फरवरी 1961 को राजसी अतिथियों के आगमन पर उनके स्वागत के लिए और फिर 19 फरवरी 1961 को उनकी रवानगी के समय उन्हें विदा करने के लिए एयरपोर्ट पर उपस्थित रहें।
>
> आप 17 फरवरी को 15.00 बजे और 19 फरवरी को 11.15 बजे एयरपोर्ट पर पहुँचने की कृपा करें।
>
> आपकी जानकारी के लिए पानागढ़ और दमदम एयरपोर्टों पर आगमन और वापसी पर समारोहों के कार्यक्रम, कारों के काफिले, बैठने की व्यवस्था, दल के संयोजन इत्यादि के बारे में सूचना-पत्र की एक प्रति इस पत्र के साथ संलग्न की जा रही है।
>
> आपके उपयोग के लिए एक कार पार्क स्टिकर भी भेजा जा रहा है।
>
> आपकी निष्ठा में,
> एन. के. सेनगुप्ता

मैं तब ब्यालीस वर्ष का था। शेरिफ के रूप में मेरा एक कर्तव्य यह भी था कि मैं उच्च न्यायालय के न्यायाधीश के साथ न्यायालय में जाऊँ। न्यायाधीश की बगल में शेरिफ के

लिए भी एक सीट होती थी। शेरिफ के कार्यालय के कई पुराने दस्तावेज ट्रंकों में भरे पड़े थे। जगह की कमी के कारण उन्हें अलमारियों में नहीं रखा जा सकता था। मैंने अपने कर्मचारियों की उपस्थिति में वे ट्रंक खुलवाए और अपने हाथ में आनेवाले सभी पत्रों और उल्लेखों को ध्यान से पढ़ा। सबसे पुराने दस्तावेजों में मई 1874 की एक याचिका भी शामिल थी, जिस पर कोलकाता के अनेक नागरिकों के हस्ताक्षर थे। एक प्रस्ताव में यह सुझाव दिया गया था कि जस्टिस द्वारकानाथ मित्तर की स्मृति में एक स्मारक स्थापित किया जाए। इसका समर्थन करनेवालों में पंडित ईश्वरचन्द्र विद्यासागर और डब्ल्यू. सी. बनर्जी भी शामिल थे। ये दोनों ही राष्ट्रीय ख्याति के व्यक्ति थे।

राष्ट्रीय एकीकरण परिषद

1980 में इन्दिराजी ने मुझे राष्ट्रीय एकीकरण परिषद का सदस्य बना दिया। 9 अक्टूबर 1980 को मुझे इस सम्बन्ध में एक निमन्त्रण-पत्र प्राप्त हुआ, जिसे मैं यहाँ प्रस्तुत कर रहा हूँ।

> प्रिय श्री बिड़ला,
>
> देश के अनेक भागों में उभर रहे भाषाई और क्षेत्रीय तनाव, और साम्प्रदायिक और जातीय झगड़ों का फिर से सिर उठाना विभाजनकारी और विध्वंसक शक्तियों की सक्रियता के सूचक हैं। इसी तरह की एक स्थिति में 1961 में राष्ट्रीय एकीकरण समिति के रूप में एक स्थायी मंच की स्थापना करने का निर्णय लिया गया था, जिसमें विभिन्न श्रेणियों और विचारों के लोग आपस में चर्चा करके साम्प्रदायिकता, जातिवाद और क्षेत्रवाद जैसी देश की एकता और अखंडता को कमजोर करने वाली बुराइयों के खिलाफ लड़ने के उपाय सुझा सकें। 1968 में इस परिषद को पुनर्गठित करके इसे और अधिक विस्तृत आधार दिया गया। परिषद के कामकाज के बारे में संक्षिप्त जानकारी संलग्न है।
>
> संसद में यह माँग उठी है कि इस परिषद को पुनर्जीवित किया जाए। इसलिए परिषद को मोटे तौर पर इसके पुराने ढाँचे के आधार पर, किन्तु इस बीच राष्ट्रीय परिदृश्य में आए परिवर्तनों को ध्यान में रखते हुए, पुनर्गठित करने का प्रस्ताव है। राष्ट्रीय एकीकरण परिषद के सदस्यों की सूची संलग्न है।
>
> मुझे आपको राष्ट्रीय एकीकरण परिषद का सदस्य बनने का निमन्त्रण देते हुए अति प्रसन्नता हो रही है। मैं परिषद को एक उपयोगी और प्रभावी संस्था बनाने के लिए आपका सहयोग चाहती हूँ। परिषद के कार्यक्षेत्र और कामकाज को लेकर आपके सुझावों का स्वागत है। हम परिषद के काम के कार्यक्रम को लेकर इसकी पहली बैठक में निश्चित ही विस्तार से चर्चा करेंगे, जिसे मैं शीघ्र ही बुलाने की आशा करती हूँ।
>
> शुभकामनाओं सहित,
>
> इन्दिरा गांधी

व्यवसायी समुदाय की तरफ से इस परिषद में सिर्फ दो सदस्य थे–जे. आर. डी. टाटा और मैं।

जे. आर. डी. बहुत स्पष्टवादी व्यक्ति थे। वे बहुत सम्मानित व्यक्ति थे और व्यवसायी समुदाय के नेता के रूप में उन्हें अन्तर्राष्ट्रीय ख्याति प्राप्त थी। उनमें और मुझमें एक पीढ़ी का अन्तर था। इसलिए मैं अपनी सीमाएँ जानता था। मैं जानता था कि वे दृढ़ और आलोचनात्मक शब्दों का प्रयोग करने का साहस कर सकते थे, जबकि मुझे उसी बात को विनम्र और संयत ढंग से प्रस्तुत करना था।

इन्दिराजी अक्सर मुझे जे. आर. डी. से पहले बोलने के लिए कहती थीं। मुझे बहुत अटपटा लगता था, लेकिन मैं जानता था कि इन्दिराजी उन्हें विशेष पसन्द नहीं करती थीं।

संसद के बाद राष्ट्रीय एकीकरण परिषद देश की सबसे महत्त्वपूर्ण संस्था है। जैसाकि पत्र के साथ संलग्न सूची से स्पष्ट था, केन्द्र के तीन महत्त्वपूर्ण मन्त्रियों के अलावा सभी मुख्यमन्त्री और राजनीतिक दलों के सभी महत्त्वपूर्ण नेता इसके सदस्य थे। मैंने राष्ट्रीय एकीकरण परिषद में दो कार्यकाल पूरे किए।

डॉ. मनमोहन सिंह द्वारा सरकार बनाने के बाद मुझे एक बार फिर परिषद में शामिल होने का निमन्त्रण दिया गया।

पिताजी की स्मृति में डाक-टिकट

भारत सरकार ने पिताजी की स्मृति में एक डाक-टिकट जारी किया। इसके पीछे मेरे प्रयासों का हाथ था। यहाँ इस डाक टिकट के प्रथम दिवस आवरण को प्रस्तुत किया जा रहा है।

कम्प्यूटर सीखने का अनुभव

कम्प्यूटर एक क्रान्तिकारी विकास है, जिसने कार्यालयों, बिक्री-केन्द्रों इत्यादि के कामकाज का कायाकल्प कर दिया है। किसी कम्पनी द्वारा शेयर-धारकों को प्रस्तुत किए जानेवाले

सभी विवरण लाभ और हानि के विवरण और पक्का चिट्ठा इत्यादि आजकल कम्प्यूटर पर तैयार किए जाते हैं। इसमें बहुत कम समय लगता है। बही-खातों के काम में भी सुधार हुआ है। अब निजी क्षेत्र के भंडार घरों में किसी भी समय यह पता लगाया जा सकता है कि वहाँ हर वस्तु का कितना भंडार मौजूद है। कुल मिलाकर हर क्षेत्र में सर्वांगीण विकास हुआ है।

मैंने कम्प्यूटर का कामकाज सीखने का प्रयास किया था, लेकिन पचहत्तर वर्ष की उम्र में कोई नई चीज सीखना मुझे एक कठिन कार्य लगा। भले ही मैं स्वयं कम्प्यूटर का प्रयोग करना नहीं जानता हूँ, लेकिन मैं यह जरूर जानता हूँ कि इसके क्या-क्या लाभ हैं। इसलिए मैंने अपनी सभी कम्पनियों का बड़े पैमाने पर कम्प्यूटरीकरण कर दिया है, ताकि प्रतिस्पर्द्धा भरी इस दुनिया में हम किसी से पीछे न रहें।

मुझे पता चला कि मेरी सभी बेटियाँ, नाती-नातिनें और पौत्र-वधूएँ कम्प्यूटर पर काम करना सीख चुकी थीं। अपने स्कूल और कॉलेज में मैं एक मेधावी छात्र रहा था। कोलकाता विश्वविद्यालय से अपनी मैट्रिक की परीक्षा में मैं ग्यारहवें स्थान पर, दिल्ली विश्वविद्यालय से इंटर साइंस की परीक्षा में पाँचवें स्थान पर, और पंजाब विश्वविद्यालय से हिन्दी प्रभाकर (ऑनर्स) की परीक्षा में भी पाँचवें स्थान पर रहा था। इसलिए मैंने सोचा कि अगर मैं कम्प्यूटर-साक्षरता प्राप्त करने का प्रयास करूँ, तो मुझ जैसा मेधावी व्यक्ति इसे बहुत कम समय में सीख सकता था। लेकिन जिस तरह भगवान श्रीकृष्ण के इस दुनिया से विदा हो जाने के बाद अर्जुन अपनी युद्ध-कला भूल गया था और यादव परिवारों की स्त्रियों की रक्षा करने में असमर्थ हो गया था, उसी तरह मैंने पाया कि जीवन के अस्सीवें वर्ष की तरफ बढ़ते हुए कम्प्यूटर सीखना अत्यंत कठिन कार्य था। भरसक प्रयास के बाद मैं मात्र कम्प्यूटर का मूलभूत प्रयोग ही सीख पाया; मैं इस पर कोई जटिल कार्य करने में सक्षम नहीं था।

एक दिन शोभना और उसका पति श्याम मेरे साथ भोजन के लिए आए तो मैंने उनसे कहा कि बड़े पैमाने पर कम्प्यूटरीकरण के कारण ही मेरी कम्पनियाँ इतना अच्छा प्रदर्शन कर रही थीं; लेकिन दूसरी तरफ निराशाजनक बात यह थी कि कम्प्यूटर की मूलभूत जानकारी के अलावा मैं और कुछ भी सीख नहीं पा रहा था।

मेरी सभी बेटियाँ मुझसे बहुत स्नेह करती हैं और मेरी मदद करने के लिए हमेशा तत्पर रहती हैं। शोभना ने कहा कि उसका छोटा बेटा शमित मुझे हफ्ते भर में ही कम्प्यूटर सिखा देगा। इसके बाद मुझे सिर्फ अभ्यास करते रहना था। यह एक अच्छा प्रस्ताव था और मैं अपने नाती से शिक्षा प्राप्त करने के लिए राजी हो गया।

शमित ने चार-पाँच दिनों तक मुझे कम्प्यूटर का प्रयोग सिखाने का प्रयास किया। मैं कुछ ज्यादा नहीं सीख सका। मेरा सम्मान करने के कारण शमित मुझसे यह नहीं कह सका कि मेरा मस्तिष्क चुस्त नहीं था। छठे दिन, जब उसने देखा कि मैं कोई खास प्रगति नहीं कर पाया था, तो उसने बहुत विनम्रतापूर्वक कहा, "नानाजी, आपको कम्प्यूटर का प्रयोग सीखने की जरूरत नहीं है। आप पहले ही अपनी सभी कम्पनियों में कम्प्यूटर लगा चुके हैं। इतना काफी है। यह आपके मैनेजरों और सचिवों का काम है कि आपको जिन जानकारियों की भी जरूरत हो, उन्हें वे कम्प्यूटर से निकालकर आपके सामने रख दें। आपके पद के व्यक्ति के लिए कम्प्यूटर का प्रयोग सीखने की आवश्यकता नहीं है। आखिर आपका सम्बन्ध अन्तिम परिणामों से है। आपको कम्प्यूटर पर काम करना सीखने में अपना समय

गँवाने की क्या आवश्यकता है? अगर आपको कम्प्यूटर पर खुद काम करना है तो मैनेजर और सेक्रेटरी किसलिए हैं?

मुझे यह अहसास हुआ कि मेरा नाती जो कुछ कह रहा था वह मोटे-तौर पर बिल्कुल सही था। मैंने कहा, "बेटा, मुझे यह अहसास है कि तुम ठीक कह रहे हो। मुझे यह बताओ कि मैं अब इस इतने महँगे कम्प्यूटर का क्या करूँ जो तुम्हारी मम्मी ने मेरे लिए खरीदा है? क्या मैं उससे यह कहूँ कि इसे उस स्टोर में वापस भिजवाकर अपने पैसे वापस ले ले?" शमित ने कहा, "नानाजी, यह अच्छा नहीं लगेगा। यह कम्प्यूटर पन्द्रह दिन पहले खरीदा गया था और इसे आप और मैं इस्तेमाल कर चुके हैं।" "तो फिर मैं इसका क्या करूँ, बेटा?" मैंने पूछा। उसने कहा, "नानाजी, मैं इसे लेने के लिए तैयार हूँ ताकि आपका इन झंझटों और परेशानियों से पीछा छूटे।" तो इस तरह मैंने कम्प्यूटर के कामकाज के बारे में सीखा।

राष्ट्रपतियों के सन्देश

जब भी राष्ट्रपति को उस राज्य का दौरा करना होता था जिसका मैं राज्यसभा में प्रतिनिधि था, तो वे मुझे इस सम्बन्ध में सूचित कर देते थे, ताकि मैं उनके दौरे से सम्बन्धित किसी समारोह में भाग लेना चाहूँ तो ऐसा कर सकूँ। डॉ. शंकर दयाल शर्मा इसका विशेष रूप से ध्यान रखते थे। वे प्रत्येक राज्य के सदस्यों को अपने साथ नाश्ता करने के लिए आमन्त्रित करते थे। मेरे जन्मदिन पर भी वे हमेशा अपनी शुभकामनाएँ भेजते थे। दिनांक 11 अक्टूबर 1994 का उनका एक पत्र यहाँ प्रस्तुत है।

11 अक्टूबर, 1994

प्रिय श्री बिड़ला,
12 अक्टूबर 1994 को आपके जन्मदिन के शुभ अवसर पर मैं अपनी बधाई और शुभकामनाएँ भेज रहा हूँ। ईश्वर आपको दीर्घ और स्वस्थ जीवन दे, ताकि आप इसी तरह लोगों की सेवा करते रहें।

शुभकामनाओं सहित,

आपका,
शंकर दयाल शर्मा

के. आर. नारायणन जी मेरे जन्मदिन पर मुझे पत्र लिखने का ध्यान रखते थे। 3 जुलाई 2001 को हमारे विवाह की हीरक जयन्ती के अवसर पर भी उन्होंने मुझे एक बहुत प्यारा पत्र लिखा। मैं उस पत्र को यहाँ प्रस्तुत कर रहा हूँ।

2 अगस्त, 2001

प्रिय डॉ. बिड़ला,
आपके 31 जुलाई, 2001 के पत्र के लिए मैं आपका धन्यवाद करता हूँ।

ऊषा को और मुझे यह जानकार अति प्रसन्नता हुई कि 3 जुलाई को आपके विवाह की हीरक जयंती का समारोह मनाया गया।

हम आपको और आपकी पत्नी को हार्दिक बधाई भेज रहे हैं और इस दिन के बार-बार लौटने की कामना करते हैं। देश की प्रगति में आपके योगदान को राष्ट्र हमेशा याद रखेगा।

शुभकामनाओं सहित,

आपका,
के. आर. नारायणन

नारायणन जब भी किसी विशिष्ट विदेशी अतिथि के स्वागत में भोजन पार्टी का आयोजन करते थे तो मुझे अवश्य आमन्त्रित करते थे। मैं दिल्ली में होता था तो इन पार्टियों में अवश्य शामिल होता था। कभी किसी अति विशिष्ट अतिथि को आना होता तो मैं अपने कार्यक्रम में परिवर्तन करके उस समय दिल्ली में उपस्थित रहता था। उदाहरण के लिए, 14 जुलाई 2001 को श्री नारायणन ने पाकिस्तान के राष्ट्रपति जनरल परवेज मुशर्रफ और बेगम साहिबा मुशर्रफ के सम्मान में रात्रि-भोजन का आयोजन किया था और इस अवसर पर मुझे भी आमन्त्रित किया था। कभी-कभी मैं उन्हें अपने बागों के फल या अपनी पत्नी द्वारा तैयार किया गया शरबत या ठंडाई भिजवाता था तो वे मुझे अपने हाथ से धन्यवाद का पत्र लिखते थे। एक बार इसी सम्बन्ध में उन्होंने मुझे एक संक्षिप्त पत्र लिखा था, जिस पर कोई तिथि अंकित नहीं है। मैं यहाँ उस पत्र की प्रतिलिपि प्रस्तुत कर रहा हूँ–

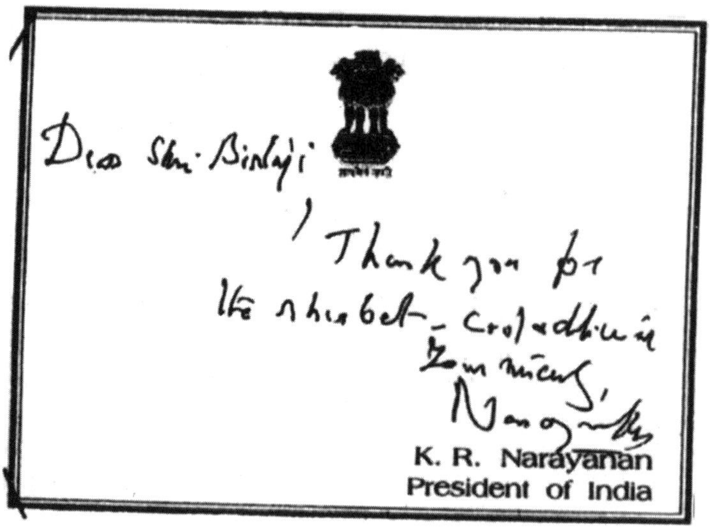
Dear Shri Birlaji

Thank you for the sherbet

Yours sincerely,

K. R. Narayanan
President of India

श्री नारायणन ने 21 मार्च 2000 को राष्ट्रपति क्लिंटन के सम्मान मे आयोजित डिनर-पार्टी में भी मुझे आमन्त्रित करने की उदारता दिखाई थी। इस पार्टी का निमन्त्रण पाने के लिए बहुत-से लोग प्रयासरत थे। लेकिन मैं इस तरह के किसी प्रयास को अपनी अस्मिता के विरुद्ध मानता हूँ। श्री नारायणन न केवल इस तरह के सभी महत्त्वपूर्ण समारोहों में मुझे आमन्त्रित करते थे, बल्कि बैठने की व्यवस्था में मुझे बहुत ऊँचा स्थान देने का भी ध्यान रखते थे। लन्दन में मेरी बायपास सर्जरी के बाद भी उन्होंने मुझे एक पत्र लिखा था।

2 नवम्बर, 1999

प्रिय डॉ. के.के. बिड़ला,

यह जानकर अत्यधिक राहत और प्रसन्नता महसूस हो रही है कि अपनी बायपास सर्जरी के बाद आप धीरे-धीरे स्वास्थ्य लाभ कर रहे हैं। मैं आपके शीघ्र अच्छे होकर अपने सामान्य स्वास्थ्य की तरफ लौटने की कामना करता हूँ।

शुभकामनाओं सहित,

आपका,
के. आर नारायणन

नारायणन एक महान मानवतावादी थे। सम्भवतः पिछले बीस वर्षों में वे देश के सर्वश्रेष्ठ राष्ट्रपति थे।

डॉ. ए. पी. जे. अब्दुल कलाम भी मुझे भोजन पर आमन्त्रित किया करते थे, लेकिन तब तक मैं एक सांसद के रूप में सेवा-निवृत्त हो चुका था। मैंने पाया कि बैठने की व्यवस्था में मुझे काफी नीचे का स्थान दिया जाता था। मैंने इस सम्बन्ध में पूछताछ की तो पता चला कि पूर्व-सांसदों को कोई विशेष विशेषाधिकार प्राप्त नहीं थे। एक सांसद के रूप में अति विशिष्ट व्यक्तियों के निकट बैठने का अनुभव प्राप्त कर चुकने के बाद मुझे मेज पर इतने नीचे के स्थान पर बैठना रास नहीं आ रहा था। मैंने राष्ट्रपति के सचिव को यह सन्देश भिजवा दिया कि मुझे इस तरह के आयोजनों में आमन्त्रित न किया जाए। इसके बाद मैंने राष्ट्रपति की भोजन-पार्टियों में जाना बन्द कर दिया।

प्रधानमन्त्रियों के साथ पत्र-व्यवहार

पी. वी. नरसिम्हाराव : 21 मई 1991 को लोकसभा चुनावों के लिए प्रचार-अभियान के दौरान राजीव गांधी की हत्या कर दी गई। उन चुनावों में कांग्रेस को लोकसभा की 516 सीटों में से 221 सीटें प्राप्त हुईं। हालाँकि कांग्रेस थोड़े-से अन्तर से बहुमत प्राप्त करने में चूक गई थी, फिर भी अकेली सबसे बड़ी पार्टी होने के कारण उसे सरकार बनाने के लिए आमन्त्रित किया गया। राजीव गांधीजीवित होते तो निस्सन्देह वे एक बार फिर से प्रधानमन्त्री बनते। उनकी हत्या के बाद इस पद के दो दावेदार थे—नरसिम्हाराव और शरद पवार। अन्ततः नरसिम्हाराव को प्रधानमन्त्री के रूप में चुना गया। आम धारणा थी कि उन्हें सोनिया गांधी का समर्थन और शुभकामनाएँ प्राप्त थीं।

मैं नरसिम्हाराव के काफी निकट था और उनसे अक्सर मिलता रहता था। जब भी कोई उद्योग किसी कठिनाई में होता था, तो मुझसे उद्योग की स्थिति और तथ्यों को प्रधानमन्त्री की जानकारी में लाने का अनुरोध किया जाता था। जुलाई 1991 में कुछ व्यवसायियों ने मुझे सूचित किया कि सरकार अनुद्धृत शेयरों के मूल्यांकन की पद्धति में परिवर्तन करने पर विचार कर रही थी। मैंने 1 अगस्त 1991 को नरसिम्हाराव को एक पत्र लिखकर उनका ध्यान सरकार के इस कदम से जुड़ी कठिनाइयों की तरफ आकर्षित किया। मैंने उन्हें लिखा कि सम्पदा कर कानून की अनुसूची 3 के नियम 12 में संशोधन करके शेयरों का भाग-दर-भाग मूल्यांकन करने की पद्धति अपनाने पर विचार किया जा रहा था, जिससे करदाताओं के लिए भारी कठिनाइयाँ पैदा होने की सम्भावना थी। मैं उस पत्र को यहाँ प्रस्तुत कर रहा हूँ।

1 अगस्त, 1991

प्रिय श्री नरसिम्हाराव जी,

यह पत्र अनुद्धृत शेयरों की मूल्यांकन पद्धति में प्रस्तावित परिवर्तनों के सम्बन्ध में है। मैंने आपको बताया था कि इस तरह के परिवर्तन इन कम्पनियों के शेयर-धारकों के लिए भारी कठिनाइयाँ पैदा कर देंगे। आपने इस मामले की जाँच करने के लिए अपनी सहमति प्रदान करते हुए मुझे एक नोट लिखकर देने के लिए कहा था।

तद्नुसार, मैं इस पत्र के साथ एक नोट संलग्न कर रहा हूँ।

शुभकामनाओं सहित,

आपका,
के.के. बिड़ला

नरसिम्हाराव ने दिनांक 9 अगस्त 1991 के अपने पत्र में मेरे इस पत्र की पावती की सूचना दी। मूल्यांकन पद्धति में प्रस्तावित परिवर्तनों को रद्द कर दिया गया। उनका वह पत्र यहाँ प्रस्तुत है।

9 अगस्त, 1991

प्रिय बिड़ला जी,

अनुद्धृत शेयरों के मूल्यांकन के सम्बन्ध में दिनांक 1 अगस्त 1991 के आपके पत्र के लिए धन्यवाद।

मैं वित्त मन्त्रालय को आपके सुझावों को ध्यान में रखते हुए मामले की जाँच करने के लिए कह रहा हूँ।

आपका,
नरसिम्हाराव

16 जुलाई 1992 को मैंने नरसिम्हाराव को पत्र लिखकर राजस्थानी को भी एक भाषा के रूप में संविधान की आठवीं सूची में शामिल करने का अनुरोध किया। मैंने उन्हें लिखा–

16 जुलाई, 1992

प्रिय श्री नरसिम्हाराव जी,

राजस्थान के एक सांसद के रूप में आपको निम्नलिखित सुझाव देने की स्वतन्त्रता ले रहा हूँ। आशा है आप इस पर सहानुभूतिपूर्वक विचार करने की कृपा करेंगे।

समय-समय पर मेरे पास इस तरह के प्रतिनिधित्व आते रहे हैं कि मैं भारत सरकार से राजस्थानी को संविधान की आठवीं सूची की भाषाओं में शामिल करने का अनुरोध करूँ। मैंने पूर्व में इस दिशा में कुछ प्रयास भी किए हैं, लेकिन मुझे कोई सफलता नहीं मिली।

मैंने सुना है कि भारत सरकार शीघ्र ही मणिपुरी और नेपाली समेत कुछ अन्य भाषाओं को भी संविधान की आठवीं सूची में शामिल करने विचार कर रही है। राजस्थान की जनसंख्या मणिपुर से कहीं ज्यादा है। राजस्थानी एक समृद्ध भाषा है

और इसमें कई पुस्तकें लिखी जा चुकी हैं और अब भी लिखी जा रही हैं। इसलिए मैं आपसे अनुरोध करता हूँ कि मणिपुरी और नेपाली के साथ-साथ राजस्थानी को भी संविधान की आठवीं सूची में शामिल किया जाए।

यदि राजस्थानी को संविधान की आठवीं सूची में एक भाषा के रूप में मान्यता दे दी जाती है, तो राजस्थान के लोगों के लिए यह अत्यन्त प्रसन्नता की बात होगी और राजस्थान में हमारी सरकार की छवि पर भी बहुत अच्छा प्रभाव पड़ेगा। हर दृष्टि से यह कदम सही दिशा में एक कदम होगा।

इस विषय पर सहानुभूतिपूर्वक ध्यान देने के लिए मैं अत्यन्त कृतज्ञ महसूस करूँगा।

शुभकामनाओं सहित,

आपका,
के.के. बिड़ला

यह पत्र भेजने के बाद मैंने नरसिम्हाराव से भेंट भी की। उन्होंने कहा कि राजस्थानी को एक राष्ट्रीय भाषा के रूप में मान्यता देने में कोई कठिनाई नहीं थी, किन्तु इस मामले में राजस्थान सरकार की तरफ से पहल होनी चाहिए। दुर्भाग्यवश मेरे बार-बार लिखने के बाद भी राजस्थान सरकार ने इस सम्बन्ध में कोई कदम नहीं उठाया।

1994 के शुरू में महाराष्ट्र में भीषण भूकम्प आया। नरसिम्हाराव ने प्रधानमन्त्री के राष्ट्रीय राहत कोष में सहायता-राशि देने का आह्वान किया। मैंने अपने अधीन बहुत-सी कम्पनियों से धनराशि इकट्ठी करके इस राहत कोष में योगदान दिया। मैंने नरसिम्हाराव को 75 लाख रुपए का चेक भेजा था। इसके प्रत्योत्तर में उनका दिनांक 6 अप्रैल 1994 का पत्र यहाँ प्रस्तुत है।

6 अप्रैल, 1994

प्रिय श्री बिड़ला,
5 अप्रैल 1994 के आपके पत्र और इसके साथ संलग्न प्रधानमन्त्री के राष्ट्रीय राहत कोष के लिए 75 लाख रुपए के चेक के लिए आपका धन्यवाद।

महाराष्ट्र के भूकम्प पीड़ितों की सहायता के लिए इस उदारतापूर्ण योगदान के लिए सभी दानकर्त्ताओं तक मेरा हार्दिक आभार पहुँचाने की कृपा करें।

शुभकामनाओं सहित,

आपका,
पी.वी. नरसिम्हाराव

निस्सन्देह, नरसिम्हाराव स्वाधीनता के बाद देश के सर्वश्रेष्ठ प्रधानमन्त्रियों में से थे।

एच. डी. देवगौड़ा : देवगौड़ा दस महीनों की संक्षिप्त अवधि के लिए देश के प्रधानमन्त्री रहे–जून 1996 से लेकर अप्रैल 1997 तक। मैं देवगौड़ा को उनके प्रधानमन्त्री बनने से पहले

से जानता था। मैंने कई बार उन्हें जलपान के लिए अपने घर पर भी आमन्त्रित किया था। वे इन निमन्त्रणों को विनम्रतापूर्वक स्वीकार कर लेते थे। प्रधानमन्त्री के पद से त्याग-पत्र देने के बाद उन्होंने मुझे एक बहुत प्यारा पत्र-लिखा, जिसे मैं यहाँ प्रस्तुत कर रहा हूँ।

प्रिय श्री बिड़ला,

भारत के प्रधानमन्त्री के पद से त्याग-पत्र देने की पूर्वसन्ध्या पर मैं विगत दस महीनों में आपके अमूल्य सहयोग के लिए अपनी गहरी कृतज्ञता की भावना व्यक्त करना चाहता हूँ।

जून 1996 में संयुक्त मोर्चा सरकार ने कार्य-भार सँभाला था, तो हमने भारत की जनता से कुछ वायदे किए थे। हमने अपनी धर्मनिरपेक्ष प्रकृति की धरोहर को संरक्षित रखने, शान्तिपूर्ण सहयोग की शक्तियों को सुदृढ़ करने, सामाजिक न्याय के साथ द्रुत गति आर्थिक प्रगति की ओर बढ़ने, और भारत की जनता को एक ऐसी दायित्वपूर्ण और संवेदनशील सरकार देने जो अपने निर्णय लेने की प्रक्रिया में खुली और पारदर्शी हो, संकल्प लिया था। आज मैं न्यायोचित गर्व के साथ कह सकता हूँ कि मेरी सरकार इन संकल्पों पर खरी उतरने में बड़ी हद तक सफल रही है।

लगभग दस माह पूर्व मुझे एक बड़ा दायित्व सौंपा गया था। मैंने अपनी योग्यता के अनुसार, और सदन के भीतर और बाहर आपसे मिलने वाले सहयोग से, इस दायित्व को निभाने का पूरा-पूरा प्रयास किया। मैं इस अवधि के दौरान अपने नेतृत्व में आपके विश्वास और निरन्तर सहयोग के लिए आपका धन्यवाद करता हूँ। मैं इस विश्वास के साथ आपसे विदा ले रहा हूँ कि हमारा यह महान देश प्रगति की राह पर इसी तरह आगे बढ़ता रहेगा और इसके सभी नागरिकों को स्वतन्त्रता का सुख भोगने, न्याय पाने और एक ऊँचे स्तर का जीवन जीने के अवसर उपलब्ध होंगे।

आपका,

एच.डी. देवगौड़ा

अटल बिहारी वाजपेयी : अटल बिहारी वाजपेयी पहली बार 16 मई 1996 को प्रधानमन्त्री बने थे। उनके साथ मेरे सम्बन्ध हमेशा से मधुर रहे हैं। मुझे अटलजी को पैंतीस वर्षों से भी अधिक समय से जानने का सौभाग्य प्राप्त है। जब 1971 में मैंने स्वतन्त्र पार्टी की तरफ से झुनझुनु से लोकसभा का चुनाव लड़ा था तो वे मेरे प्रचार के लिए पिलानी आए थे। उन दिनों भाजपा जनसंघ के नाम से जानी जाती थी।

हमारी मित्रता तभी से जारी है। प्रधानमन्त्री बन जाने के बाद भी अटलजी किसी तरह की अहं-भावना से मुक्त रहे। उन्होंने अपनी विनम्रता बनाए रखी और हर किसी के प्रति उनका व्यवहार बहुत शिष्ट और मधुर रहा। वे बहुत भले स्वभाव के व्यक्ति हैं। इन पृष्ठों पर मेरे नाम उनके दिनांक 14 जनवरी 1999 के पत्र की प्रतिलिपि प्रस्तुत की जा रही है। यह पत्र सरस्वती सम्मान से सम्बन्धित है, जो पिछले दस वर्षों में भारत में प्रकाशित सर्वश्रेष्ठ पुस्तक पर दिया जाता है। अटलजी का इस समारोह में शामिल होना मेरे लिए बहुत सम्मान की बात थी।

1999 में कारगिल युद्ध के दौरान मैंने राष्ट्रीय रक्षा कोष के लिए अपने अधीन कम्पनियों से धनराशि एकत्रित की। इस सम्बन्ध में 10 अगस्त 1999 को अटलजी को भेजा गया पत्र यहाँ प्रस्तुत है।

प्रधान मंत्री
PRIME MINISTER

नई दिल्ली
11 जनवरी, 1999

प्रिय डॉ. बिरला,

श्री मनुभाई पांचोली को 'सरस्वती सम्मान' दिये जाने के संबंध में आपका 7 दिसम्बर, 1998 का पत्र मिला, धन्यवाद।

मुझे इस समारोह में सम्मिलित होकर खुशी होगी। समारोह का आयोजन 15 मार्च, 1999 को सांय 6.00 बजे किया जा सकता है।

शुभकामनाओं सहित,

आपका

(अटल बिहारी वाजपेयी)

डॉ. कृष्ण कुमार बिरला
संसद सदस्य
बिरला हाउर्स
7, तीस जनवरी मार्ग
नई दिल्ली - 110 011

10 अगस्त 1999

प्रिय श्री अटलजी,
जैसाकि 22 जुलाई को आपके साथ भेंट के दौरान मैंने आपसे उल्लेख किया था, मेरे समूह की दो प्रमुख कम्पनियों—मेसर्स चम्बल फर्टिलाइजर्स एंड केमिकल्स लिमिटेड और जुवारी इंडस्ट्रीज लिमिटेड ने राष्ट्रीय रक्षा कोष के लिए क्रमशः 30 लाख और 10 लाख रुपए का योगदान दिया है। यह हमारे उन बहादुर जवानों के परिवारों के कल्याण के लिए है, जिन्होंने कारगिल युद्ध के दौरान अपने देश पर अपने प्राण

न्यौछावर कर दिए, और साथ ही उन जवानों के लिए भी जो इस युद्ध के कारण अपाहिज हो गए।

मैंने आपसे यह उल्लेख भी किया था कि मैं कुछ और योगदान का भी प्रबन्ध करूँगा। मुझे प्रसन्नता है कि मैं इस कोष के लिए दस लाख रुपए और जुटा सका हूँ। इसमें 2.50 लाख रुपए मेरी तरफ से, 1 लाख रुपए मेरी पत्नी मनोरमा देवी की तरफ से और ढाई लाख रुपए मेरे एक ट्रस्ट की तरफ से हैं।

चम्बल फर्टिलाइजर्स, जुवारी इंडस्ट्रीज और कुछ अन्य कम्पनियों के पदाधिकारियों और कर्मचारियों ने भी लगभग 7.50 लाख रुपए का योगदान दिया है। इन सभी धनराशियों के चेक दाताओं के नामों की सूची के साथ इस पत्र के साथ संलग्न हैं।

यदि इन सभी योगदानों की रसीदें मुझे भिजवाई जा सकें, तो मैं अनुग्रहित महसूस करूँगा ताकि मैं उन्हें सम्बन्धित दाताओं तक पहुँचा सकूँ।

शुभकामनाओं सहित,

आपका,
के.के. बिड़ला

मैंने अटलजी से भेंट का समय लिया और उन्हें ये चेक थमा दिए। इसी तरह उड़ीसा के महा-चक्रवात के बाद भी मैंने प्रधानमन्त्री के राष्ट्रीय राहत कोष में योगदान दिया। इसके प्रत्योत्तर में अटलजी का दिनांक 24 दिसम्बर 1999 का पत्र यहाँ प्रस्तुत है।

24 दिसम्बर 1999

प्रिय डॉ. बिड़ला,

चम्बल फर्टिलाइजर्स एंड केमिकल्स लिमिटेड, जुवारी इंडस्ट्रीज, सतलुज इंडस्ट्रीज और हिन्दुस्तान वेलफेयर ट्रस्ट की तरफ से प्रधानमन्त्री के राष्ट्रीय राहत कोष में आपके योगदान के लिए धन्यवाद। मैं दाताओं की उदार भावनाओं का सम्मान करता हूँ। यह धनराशि उड़ीसा में महा-चक्रवात से प्रभावित लोगों के लिए शुरू की गईं विभिन्न राहत योजनाओं को आगे बढ़ाने में सहयोग देगी।

शुभकामनाओं सहित,

आपका,
अटल बिहारी वाजपेयी

कुल्लू में हमारा सेबों का बाग है। हम वहाँ दोनों किस्मों के सेब उगाते हैं—लाल और सुनहरा। इसी तरह उत्तर प्रदेश में हमारी एक चीनी की फैक्टरी में भी एक बाग है, जहाँ ऊँची श्रेणी के लंगड़ा आम पैदा होते हैं। हमारी एक चीनी मिल में बहुत उम्दा गुड़ भी बनाया जाता है। मैं अपने अनेक मित्रों को, जिनमें कई मन्त्रियों के साथ-साथ पार्टी अध्यक्ष सोनिया गांधी भी शामिल हैं, सेब, लंगड़ा आम, गुड़ और अपनी पत्नी द्वारा तैयार किया गया चन्दन शरबत और ठंडाई भिजवाता रहता हूँ। कुछ मन्त्रियों ने मुझे कोई उत्तर देने या धन्यवाद का पत्र लिखने की जरूरत नहीं समझी। फिर भी मैं पिछले तीस वर्षों से इस परम्परा का अनुसरण कर रहा हूँ और आज भी इसे जारी रखे हुए हूँ, हालाँकि अप्रैल 2002 में राज्यसभा

से सेवा-निवृत्त होने के बाद मैं एक अर्द्ध-अवकाश प्राप्त जीवन जी रहा हूँ। जब भी मैं ये उपहार अटलजी को भिजवाता था तो वे हमेशा इनकी पावती की सूचना देते हुए मुझे धन्यवाद का पत्र लिखते थे। दिनांक 24 अगस्त 2001 के इसी तरह के एक पत्र की प्रतिलिपि यहाँ प्रस्तुत की जा रही है–

प्रधान मंत्री

Prime Minister

नई दिल्ली

24 अगस्त, 2001

प्रिय डॉ. बिड़ला

सप्रेम नमस्कार।

आपके द्वारा भेजे गए सेब प्राप्त हुए। सेब बहुत मीठे एवं स्वादिष्ट थे। आपका बहुत-बहुत धन्यवाद।

शुभकामनाओं सहित,

आपका,

(अटल बिहारी वाजपेयी)

डॉ. के.के. बिड़ला,
संसद सदस्य,
7, तीस जनवरी मार्ग,
नई दिल्ली - 110 011.

अटलजी भारत के महानतम राजनेता हैं, बल्कि उन्हें विश्व स्तर का राजनीतिज्ञ और कूटनीतिज्ञ माना जाता है। मैं उनके साथ अपने मित्रतापूर्ण और आत्मीय सम्बन्धों को अपना सौभाग्य समझता हूँ।

डॉ. मनमोहन सिंह : मनमोहन सिंह 22 मई 2004 को प्रधानमन्त्री बने। वे बहुत पुराने मित्र हैं और मैं उन्हें लगभग चालीस वर्ष से जानता हूँ। राज्यसभा के सदस्य के रूप में मेरे दूसरे कार्यकाल के भाषणों की पुस्तक प्रकाशित हुई तो उन्होंने ही इसकी प्रस्तावना लिखी थी।

जब भारत और एशिया के कई अन्य देशों में 'सूनामी' नामक तूफान ने तबाही मचाई तो मैंने अपनी अनेक कम्पनियों से एक बड़ी धनराशि एकत्रित करके प्रधानमन्त्री के राष्ट्रीय राहत कोष में कुल मिलाकर 84,02,837 रुपए का योगदान दिया। इस सम्बन्ध में

डॉ. मनमोहन सिंह के नाम मेरा दिनांक 2 फरवरी 2005 का पत्र और दिनांक 8 फरवरी 2005 का उनका उत्तर यहाँ प्रस्तुत है।

प्रिय डॉ. मनमोहन सिंह जी,

जब एशिया के कई देशों पर सूनामी का प्रहार हुआ तो मैं चिकित्सकीय जाँच के लिए लन्दन गया हुआ था। यह मात्र एक राष्ट्रीय आपदा नहीं थी, बल्कि एक एशियाई त्रासदी थी। मैंने तुरन्त अपनी बहुत-सी कम्पनियों से निदेशक-मंडल की स्वीकृति लेकर प्रधानमन्त्री के राष्ट्रीय राहत कोष में योगदान करने के लिए कहा। उस समय मेरी पत्नी भी मेरे साथ लन्दन में थी। हम दोनों ने ही यह महसूस किया कि इस तूफान ने मानवता के एक बड़े हिस्से को प्रभावित किया था, और हम दोनों को व्यक्तिगत योगदान भी करना चाहिए था। इसलिए मैंने अपने योगदान के रूप में दस लाख रुपए और मेरी पत्नी ने पाँच लाख रुपए प्रधानमन्त्री के राष्ट्रीय राहत कोष में देने का फैसला किया। मैंने अपनी अनेक कम्पनियों से भी सहायता-राशि के चेक एकत्रित किए हैं।

हमारी उर्वरक कम्पनियों—मैसर्स जुवारी इंडस्ट्रीज लिमिटेड और चम्बल फर्टिलाइजर्स एंड केमिकल्स लिमिटेड—के पदाधिकारियों और कर्मचारियों ने भी कुछ योगदान किया है। इसी तरह, हमारे अधीन एक अन्य कम्पनी पैरादीप फॉस्फेट्स लिमिटेड के पदाधिकारियों और कर्मचारियों ने भी अपना योगदान दिया है। मेरे समूह की दो अन्य कम्पनियों—जुवारी सीड्स लिमिटेड और साइमन इंडियन लिमिटेड—और उनके कर्मचारियों ने भी मदद के लिए आगे आने में बहुत उत्साह दिखाया है।

ये सभी चेक कुल मिलाकर 84,02,837 रुपए के मूल्य के हैं, जिनका विवरण इस पत्र के साथ संलग्न है।

यदि आप मुझे इन कम्पनियों और ट्रस्टों के नाम रसीदें भिजवाने की कृपा कर सकें तो मैं आभारी महसूस करूँगा।

शुभकामनाओं सहित,

आपका,
के.के. बिड़ला

8 फरवरी 2005

प्रिय डॉ. बिड़ला,

प्रधानमन्त्री के राष्ट्रीय राहत कोष में उदारतापूर्वक योगदान करने के लिए मैं आपका और आपकी पत्नी का और आपके समूह की अनेक कम्पनियों के पदाधिकारियों और कर्मचारियों का धन्यवाद करता हूँ।

आपकी यह मदद आपदा-प्रभावित क्षेत्रों में जारी राहत और पुनर्वास कार्यों में योगदान देगी।

हार्दिक शुभकामनाओं सहित,

आपका,
मनमोहन सिंह

गुज्जरमल मोदी : गुज्जरमल मोदी एक स्व-निर्मित व्यक्ति थे। उनका परिवार मूलतः हरियाणा से था। बाद में वे पटियाला में बस गए। वहाँ से उनका परिवार मोदी नगर स्थानान्तरित हो गया, जहाँ गुज्जरमल जी ने एक चीनी फैक्टरी की स्थापना की। हालाँकि उन्होंने ऊँची शिक्षा प्राप्त नहीं की थी, लेकिन वे बहुत व्यावहारिक और ऊर्जावान व्यक्ति थे। बहुत मामूली शुरुआत करके उन्होंने मोदी नगर में एक साम्राज्य खड़ा कर दिया। जब तक वे जीवित रहे, उनके द्वारा स्थापित अनेक उद्योग सफलतापूर्वक चलते रहे। मोदी नगर बहुत सघन हो गया तो गुज्जरमल जी ने मोदीपुरम नामक एक नए शहर की स्थापना की, जहाँ उन्होंने नए उद्योगों की शुरुआत की।

गुज्जरमल जी एक निर्भीक व्यक्ति थे। एक बार चीनी उद्योग के एक प्रतिनिधिमंडल को तत्कालीन प्रधानमन्त्री मोरारजी देसाई से मिलना था। मुझे इस प्रतिनिधि मंडल का नेतृत्व करने के लिए कहा गया। लेकिन मोरारजी भाई के स्वभाव को जानते हुए मैंने गुज्जरमल जी का नाम सुझाया। उन्होंने इसे सहर्ष स्वीकार कर लिया। मैंने उन्हें पहले से ही सचेत कर दिया कि बहुत ईमानदार और ऊँचे चरित्र के व्यक्ति होने के बावजूद मोरारजी भाई को उपदेश देते रहने की आदत थी। गुज्जरमल जी ने कहा कि मैं इस बारे में कोई चिन्ता न करूँ। मैं इन दोनों 'योद्धाओं' के बीच 'द्वन्द्व' की उत्सुकतापूर्वक प्रतीक्षा करने लगा। जब प्रतिनिधिमंडल मोरारजी भाई से मिलने पहुँचा तो हमेशा की तरह उन्होंने उपदेश देना शुरू कर दिया। लेकिन गुज्जरमल जी उन्हें बार-बार टोकते रहे। कुछ देर तक इसी तरह चलता रहा। मोरारजी भाई आसानी से हार माननेवाले व्यक्ति नहीं थे। आखिर गुज्जरमल जी ने कहा, "श्रीमान प्रधानमन्त्री, हम मोरारजी भाई से मिलने नहीं आए हैं। हम प्रधानमन्त्री की कुर्सी पर बैठे व्यक्ति से मिलने आए हैं। हम कुर्सी को सलाम करते हैं। जब तक आप इस कुर्सी पर हैं हम आपको भी सलाम करते रहेंगे। लेकिन कुर्सी छोड़ देने के बाद हम कभी भी आपसे मिलने नहीं आएँगे।" मोरारजी भाई को मानो अपनी जोड़ी का व्यक्ति मिल गया था। वे खामोश हो गए।

गुज्जरमल जी को मसूरी बहुत पसन्द था, जहाँ उनका अपना एक घर भी था। वे लगभग हर वर्ष वहाँ जाते थे। क्योंकि मैं स्वयं भी हर वर्ष मसूरी जाता था, इसलिए वे अक्सर मुझे चाय पर आमन्त्रित करते रहते थे। वे एक भरोसेमंद मित्र थे। गुज्जरमल जी के देहान्त के बाद उनका परिवार अलग हो गया। गुज्जरमल जी के पाँच बेटे थे। उनके छोटे भाई केदारनाथ मोदी भी बहुत प्रतिष्ठित और प्रभावशाली व्यक्ति थे। वे भी मेरे अच्छे मित्र थे। मेरा सबसे बड़ा नाती चन्द्रशेखर नोपानी गुज्जरमल जी के बेटे सतीश मोदी की बड़ी बेटी शालिनी से विवाहित है। वह भी बहुत गुणसम्पन्न युवती है।

अशोक मेहता : मैं अशोक मेहता को 1940 के दशक के शुरू से जानता था। अशोक मेहता और जयप्रकाश नारायण दोनों ही पक्के समाजवादी थे और किसी समय कांग्रेस पार्टी के सदस्य थे। 1932 में नागरिक अवज्ञा आन्दोलन के दौरान अशोक भाई को ढाई वर्ष के लिए जेल जाना पड़ा। जेल में ही उनकी जयप्रकाशजी, डॉ. राम मनोहर लोहिया और अच्युत पटवर्धन से भेंट हुई। 1934 में कांग्रेस में विभाजन के बाद समाजवादी खेमे ने 'कांग्रेस सोशलिस्ट पार्टी' के नाम से अपनी एक अलग पार्टी बना ली। अशोक भाई, जयप्रकाशजी और लोहियाजी इस पार्टी के नेता थे। इनमें से प्रत्येक अपनी-अपनी जगह एक महान नेता था।

1960 के दशक में अशोक भाई केबिनेट मन्त्री बने तो मुझे उनके सम्पर्क में आने के अधिक अवसर मिले। वे उर्वरक मन्त्री थे। तब हम गोवा में अपनी फैक्टरी जुवारी एग्रो

केमिकल्स को शुरू करने की प्रक्रिया में लगे हुए थे। अशोक भाई ने मुझे बुलाया और कहा कि वे इस संयंत्र को जल्दी-से-जल्दी स्थापित होते देखना चाहेंगे, और यदि इसमें कोई कठिनाई या समस्या हो तो मैं तुरन्त उनसे सम्पर्क करूँ। उन्होंने यह बात पूरी गम्भीरता के साथ कही थी। इसके बाद मैं उनसे अक्सर मिलने लगा। उनके साथ सबसे उल्लेखनीय बात यह थी कि जब भी मेरे सामने कोई समस्या आती थी तो वे मुझे पूरा समय देते थे और उस समस्या को समझने का प्रयास करते थे। इसके बाद वे उसी समय अपना निर्णय ले लेते थे।

शुरू में दो-तीन बार उन्होंने अपने सचिव के साथ परामर्श किया। लेकिन इसके बाद उन्हें भरोसा हो गया कि मैं उनके सामने हमेशा सही तसवीर रखता था और तथ्यों को बढ़ा-चढ़ाकर बताने या छिपाने का प्रयास नहीं करता था। इसके बाद वे मेरे शब्दों पर भरोसा करने लगे और तुरन्त अपने निर्णय लेने लगे। जुवारी को शुरू करने में छह महीने का विलम्ब जरूर हुआ, लेकिन अगर अशोक भाई न होते तो यह विलम्ब दस महीने तक खिंच सकता था।

अशोक भाई एक अच्छे वक्ता और एक कुशल सांसद थे। उनके आचरण से हमेशा ईमानदारी टपकती थी। एक बार पंडितजी ने उन्हें एक महत्त्वपूर्ण विषय पर बोलने के लिए कहा। अशोक भाई ने पंडितजी से कहा कि उन्होंने कोई तैयारी नहीं की थी, इसलिए वे चर्चा में भाग लेने की स्थिति में नहीं थे। इसके बावजूद पंडितजी ने उनसे बोलने के लिए कहा तो वे उठकर तीन-चार मिनट तक बोले और फिर बीच में ही रुककर अचानक बैठ गए। उन्होंने पंडितजी से क्षमायाचना करते हुए कहा कि वे चर्चा में अपना योगदान देने की स्थिति में नहीं थे। तो उनमें इस तरह की ईमानदारी थी।

स्वास्थ्य अच्छा न रहने के कारण अशोक भाई सक्रिय राजनीति से अलग हो गए और पटियाला की महारानी के घर पर रहने लगे। वे एक-दूसरे को बहुत पसन्द करते थे और महारानी उनका पूरा ध्यान रखती थीं।

मैं अशोक भाई का बहुत आदर करता था, इसलिए उनसे अक्सर मिलने जाता रहता था। अशोक भाई भी मुझे बहुत चाहते थे। उनकी मृत्यु से कुछ सप्ताह पहले ही मैंने उनसे अन्तिम भेंट की थी। उनके गिरते स्वास्थ्य को देखकर मैं समझ गया था कि वे कुछ ही हफ्तों के मेहमान थे। लेकिन वे एक निर्भीक व्यक्ति थे और मृत्यु का उन्हें जरा-भी डर नहीं था। मैंने बहुत सम्मान और विनम्रता के साथ उनसे पूछा, "अशोक भाई, मैं आपके जल्दी ठीक होने की कामना करता हूँ। मैं नहीं जानता कि अब मैं दोबारा आपसे कब मिलूँगा। आप बहुत ऊँचे सिद्धान्तोंवाले व्यक्ति हैं, इसलिए मैं आपका अत्यधिक सम्मान करता हूँ। मेरे लिए आपकी अन्तिम शिक्षा क्या है?" मैंने 'अन्तिम' शब्द का प्रयोग किया था। वे भी इसे समझ गए थे। उन्होंने कहा, "कृष्ण कुमार, तुम मुझे अच्छे लगते हो। मेरे पास तुम्हें देने के लिए सिर्फ एक परामर्श है। जीवन में हमेशा ऊँचे सिद्धान्तों पर अडिग रहो। उन्हें कभी न छोड़ो। यदि तुम्हारे साथ प्रधानमन्त्री भी बात कर रहा हो तो अपने सिद्धान्तों के साथ कभी कोई समझौता न करो। यदि तुम्हें इसके परिणामस्वरूप कष्ट भी भोगना पड़े तो उसे शान्तिपूर्वक भोगो।" अशोक भाई की इस सलाह ने मुझे भीतर तक छू लिया। कुछ ही महीने बाद उनका देहान्त हो गया। मैं उनकी अन्तिम सलाह को हमेशा याद रखता हूँ। वे एक महान व्यक्ति थे।

सोनिया गांधी और उनके साथ मेरा पत्र-व्यवहार

एक बार जब मैं संजय गांधी के साथ बैठा था तो राजीव और सोनियाजी अचानक उस कमरे में चले आए। यह इन्दिराजी के हाथ से सत्ता छिन जाने के कुछ ही दिन पहले की बात है। संजय ने मुझे उनसे मिलवाया। मैंने उन दोनों से कुछ मिनटों तक बात की। मैंने राजीव को 'तुम' कहकर ही सम्बोधित किया, जैसाकि मैं संजय के साथ करता था। सोनियाजी के साथ वह मेरी पहली भेंट थी। हालाँकि मैंने राजीव के लिए अधिक अनौपचारिक 'तुम' शब्द का प्रयोग किया था, लेकिन सोनियाजी के लिए मैंने अधिक औपचारिक 'आप' शब्द का प्रयोग किया।

संजय के निधन के बाद मैंने राजीव को अधिक निकट से जाना। धीरे-धीरे हमारे बीच मित्रता विकसित होने लगी। वे पूरी तरह एक सज्जन व्यक्ति थे। लेकिन उन दिनों मुझे सोनियाजी से मिलने का अवसर नहीं मिला।

1991 में चुनाव-प्रचार के दौरान राजीव की हत्या के बाद कांग्रेस सत्ता में आई तो पार्टी के सभी सांसद सोनियाजी को प्रधानमन्त्री के रूप में देखना चाहते थे। लेकिन सोनियाजी ने इस दायित्व को स्वीकार करने से इनकार कर दिया और नरसिम्हाराव प्रधानमन्त्री बने। वे अखिल भारतीय कांग्रेस समिति के अध्यक्ष भी चुन लिए गए। इसके बाद मैंने सोनियाजी से नियमित रूप से मिलना शुरू कर दिया। अपनी विदेश यात्राओं की अवधि को छोड़कर मैं उनसे हर महीने मिलता रहता था।

1996 के लोकसभा चुनाव में कांग्रेस बुरी तरह पराजित हो गई। नरसिम्हाराव को अपना पद छोड़ना पड़ा।

1998 में सोनियाजी अ. भा. कां. स. की अध्यक्ष चुनी गईं। इसके साथ ही उन्हें संसद में कांग्रेस पार्टी के नेता के रूप में भी चुन लिया गया। वे हर सत्र के दौरान कांग्रेस सांसदों को एक या दो बार सम्बोधित करती थीं। मैं इन सभी बैठकों में शामिल रहता था। वे राजधानी में किसी सार्वजनिक सभा को सम्बोधित करती थीं तो भी मैं पार्टी के सांसद के रूप में इन सभाओं में उपस्थित रहता था। सोनियाजी का व्यक्तित्व जितना मोहक है, वे उतनी ही सक्षम भी हैं। उनके हर कृत्य में औचित्य और न्यायप्रियता की भावना रहती है।

एक सांसद के रूप में अवकाश ग्रहण करने के बाद भी मैं सोनियाजी से मिलता रहा हूँ। वे संयुक्त प्रगतिशील गठबंधन की सभापति हैं। मुझे वे हमेशा एक सम्मोहक व्यक्तित्व लगी हैं। वे समानता और निष्पक्षता की नीति पर चलने का प्रयास करती हैं।

1991 में राजीव की हत्या के बाद उनकी स्मृति में राजीव गांधी संस्थापन की स्थापना की गई थी। यह एक बड़ी संस्था है और बहुत अच्छा काम कर रही है। सोनियाजी इसकी चेयरमैन हैं। हालाँकि उन्होंने कभी भी इस संस्थापन के लिए सहायता-राशि की माँग नहीं की है, लेकिन मैं समय-समय पर इसमें अपना योगदान देता रहा हूँ। 29 नवम्बर 1991 को मैंने उन्हें 25 लाख रुपए की सहायता राशि भेजी। इसके प्रत्योत्तर में उन्होंने 13 दिसम्बर 1991 को मुझे बहुत प्यारा पत्र लिखा–

13 दिसम्बर 1991

प्रिय श्री बिड़ला,

राजीव गांधी संस्थापन के लिए आपके कृपालु और उदार योगदान के लिए धन्यवाद। हम संस्थापन के लक्ष्यों और उद्देश्यों के सम्बन्ध में एक सूचना-पत्रिका संलग्न कर

रहे हैं। एक नए और आधुनिक भारत की राजीव गांधी की परिकल्पना को साकार करने में आपका योगदान अत्यन्त मूल्यवान सिद्ध होगा। हम आपके निरन्तर सहयोग और प्रोत्साहन की अपेक्षा करते हैं।

शुभकामनाओं सहित,

सोनिया गांधी

इन्दिराजी और राजीव के साथ मेरे अनौपचारिक सम्बन्ध रहे थे। धीरे-धीरे सोनियाजी के साथ भी मेरे सम्बन्ध अधिक अनौपचारिक होते चले गए।

एक बार कांग्रेस संसदीय दल की एक बैठक के बाद एक चपरासी ने मेरे पास आकर कहा कि सोनियाजी संसदीय भवन के अपने कक्ष में मुझसे मिलना चाहती थीं। मैं तुरन्त उनके कक्ष में पहुँच गया। सोनियाजी के सामने मेज पर 'हिन्दुस्तान टाइम्स' का दो-तीन दिन पहले का अंक रखा हुआ था। उसमें एक लेख में कांग्रेस की आलोचना की गई थी। सोनियाजी ने मुझे वह लेख दिखाया और हमारे अखबार में इस तरह का लेख छपने पर अपनी नाराजगी व्यक्त की, "बिड़ला जी, आप कांग्रेस पार्टी के सदस्य हैं। आपके अखबार को अधिक सन्तुलित दृष्टिकोण अपनाना चाहिए था।" मैंने सोनियाजी को बताया कि चेयरमैन होने के नाते मैंने एक नीति निर्धारित कर रखी थी और अखबार इस नीति का अनुसरण करता था। इस नीति के दायरे के भीतर सम्पादक को सम्पादकीय लिखने और लेख प्रकाशित करने की पूरी-पूरी स्वतन्त्रता थी। मैंने कहा, "सोनियाजी, मैं सम्पादक के काम में हस्तक्षेप नहीं करता, बशर्ते कि मेरे सभापतित्व में निदेशक-मंडल द्वारा निर्धारित नीति का पालन किया जा रहा हो। अगर हम सम्पादक के काम में हस्तक्षेप करने लगेंगे और अखबार में सिर्फ कांग्रेस-समर्थक लेख छपेंगे तो अखबार की विश्वसनीयता खत्म हो जाएगी। सोनियाजी, मैं हमेशा इसी सिद्धान्त पर अमल करता रहा हूँ।" मैंने उनसे यह भी कहा कि मैं उनके विचार हमारे सम्पादक वीर संघवी तक पहुँचा दूँगा।

बाद में मैंने वीर संघवी और अपनी बेटी शोभना से बात की, जो वाइस-चेयरमैन होने के साथ-साथ अखबार की सम्पादकीय-निदेशक भी हैं। वीर सिर्फ एक उत्कृष्ट सम्पादक ही नही हैं, बल्कि बहुत ईमानदार और निष्पक्ष व्यक्ति भी हैं। वे मेरे मित्र भी हैं। वे सोनियाजी से मिले और उन्होंने उनसे अपने अनूठे अन्दाज में कहा कि मुझ जैसे वरिष्ठ व्यक्ति के साथ उन्हें अधिक शिष्टतापूर्वक बात करनी चाहिए थी। सोनियाजी को मेरे साथ कुछ-कुछ कठोर लहजे में बात करने का सचमुच ही अफसोस था। उन्होंने मुझे तुरन्त फोन किया और कहा कि अगर उन्होंने मेरी भावनाओं को किसी भी तरह ठेस पहुँचाई हो तो वे अपनी क्षमायाचना को स्वीकार किए जाने का अनुरोध करती हैं। यह उनकी महानता थी।

फरवरी 1992 में 'हिन्दुस्तान टाइम्स' ने युवा व्यंग्यकारों के व्यंग्य-चित्रों की एक प्रदर्शनी आयोजित की। मैंने इन व्यंग्य-चित्रों की पुस्तक की एक प्रति सोनियाजी को भिजवाई। इसके प्रत्योत्तर में उन्होंने दिनांक 28 फरवरी 1992 को मुझे एक पत्र लिखा। उस पत्र की प्रतिलिपि यहाँ प्रस्तुत की जा रही है–

1993 में गर्मियों के मौसम के शुरू में मैंने उन्हें शरबत और ठंडाई भिजवाई। यह शरबत और ठंडाई मेरी पत्नी मनोरमा की निगरानी में विशेष रूप से तैयार किए जाते हैं, जिन्हें मैं अपने अधिकांश मित्रों को भिजवाता हूँ। इन ठंडे पेयों को तैयार करने में बहुत विशिष्ट विधियों का प्रयोग किया जाता है। मेरे बहुत-से राजनीतिक

मित्र यह उपहार पाकर कोई प्रतिक्रिया व्यक्त करने की भी जरूरत नहीं समझते। लेकिन सोनियाजी हर बार अपनी प्रतिक्रिया भेजती हैं। इसी सम्बन्ध में दिनांक 26 अप्रैल 1993 के उनके पत्र को मैं यहाँ प्रस्तुत कर रहा हूँ।

राजीव गांधी संस्थापन

RAJIV GANDHI FOUNDATION

Sonia Gandhi
Chairperson

February 28, 1992

Dear Shri Birla,

Thank you for your letter of 24th February. The books of cartoons and caricatures are delightful. The Hindustan Times has evidently made an excellent efforts to encourage cartoonists.

I send you and the Hindustan Times my warm good wishes.

Yours sincerely,

Sonia Gandhi

ShriKK Birla
M.P. (Rajya Sabha)
Birla House
7, Tees January Marg
New Delhi - 110 011

जवाहर भवन, डा. राजेन्द्र प्रसाद मार्ग, नई दिल्ली-110 001.

JAWAHAR BHAWAN DR. RAJENDRA PRASAD ROAD NEW DELHI 110 001 INDIA

26 अप्रैल 1993

प्रिय श्री एवं श्रीमती बिड़ला,
आपने इतने स्नेहपूर्वक जो शरबत भिजवाया, उसके लिए आपका धन्यवाद। हम सभी ने इसका आनन्द लिया।

शुभकामनाओं सहित,

सोनिया गांधी

दिनांक 25 अक्तूबर 1994 के अपने एक पत्र में सोनियाजी ने मुझे राजीव गांधी संस्थापन की तरफ से आयोजित एक समारोह में एक वक्ता के रूप में भाग लेने के लिए आमन्त्रित किया। यह 'साक्षर बालक-बालिका : एक संकल्प को साकार करने की ओर' पर एक कार्यक्रम था और विज्ञान भवन में आयोजित किया जा रहा था। सोनियाजी के अलावा अन्य अनेक वक्ताओं में प्रधानमन्त्री, भारत के मुख्य न्यायाधीश और वित्त मन्त्री शामिल थे। उनका वह पत्र यहाँ प्रस्तुत है।

25 अक्टूबर 1994

प्रिय श्री बिड़ला,

जैसाकि आप जानते हैं, राजीव गांधी संस्थापन मेरे स्वर्गीय पति के जन्मदिन की 50वीं वर्षगाँठ के उपलक्ष्य में अनेक कार्यक्रमों का आयोजन कर रहा है, जिनके माध्यम से एक सशक्त और आत्म-निर्भर भारत की उनकी दृष्टि पर प्रकाश डाला जाएगा।

उनका एक प्रमुख लक्ष्य था सभी बच्चों के लिए प्राथमिक शिक्षा उपलब्ध करवाना और इसे अनिवार्य बनाना। इसलिए संस्थापन ने वर्ष 2000 तक भारत में सार्विक प्राथमिक शिक्षा की स्थापना के लिए जवाहर भवन ट्रस्ट, यूनिसेफ और मानव संसाधन विकास मन्त्रालय की मदद लेने का निर्णय लिया है।

इस दिशा में पहले कदम के रूप में एक दस्तावेज तैयार किया जा रहा है, जो भारत के बच्चों के प्रति हमारी संयुक्त प्रतिबद्धता की अभिपुष्टि करेगा। इस दस्तावेज को जवाहरलाल नेहरू की जन्म वर्षगाँठ के अवसर पर 14 नवम्बर को 16:00 बजे विज्ञान भवन में लोकार्पित किया जाएगा।

इस समारोह को एक सार्थक आयोजन बनाने के लिए हम आपको एक वक्ता के रूप में आमन्त्रित कर रहे हैं। जैसाकि आप संलग्न कार्यक्रम में पाएँगे, अन्य वक्ताओं में वित्त मन्त्री डॉ. मनमोहन सिंह, मानव संसाधन विकास मन्त्री श्री अर्जुन सिंह, मुख्य न्यायाधीश अहमदी, और औद्योगिक, शैक्षणिक, गैर-सरकारी संस्थाओं और प्रसार माध्यमों इत्यादि क्षेत्रों से जुड़े अनेक विख्यात व्यक्ति शामिल हैं।

विविध क्षेत्रों के व्यक्तियों का एक मंच पर आकर इस महत्त्वपूर्ण लक्ष्य के प्रति अपनी प्रतिबद्धता की अभिपुष्टि करना सार्विक प्रथमिक शिक्षा को सर्वाधिक महत्त्वपूर्ण विकास अनिवार्यता के रूप में स्थापित करने में मदद करेगा। मुझे आपके उत्तर की प्रतीक्षा रहेगी।

सोनिया गांधी
सभापति

मैंने इस समारोह में भाग लिया और लगभग दस मिनट का संक्षिप्त भाषण दिया। क्योंकि उस भाषण को श्रोताओं और सोनियाजी द्वारा बहुत पसन्द किया गया था, इसलिए उसे यहाँ प्रस्तुत किया जा रहा है–

14 नवम्बर 1994 को विज्ञान भवन, नई दिल्ली में 'साक्षर बालक-बालिका : एक संकल्प को साकार करने की ओर' विषय पर दिया गया भाषण

श्रीमती सोनियाजी, सम्मानित मन्त्रीगण, सह-सांसदो और मित्रो,

मुझे बहुत प्रसन्नता है कि राजीव गांधी संस्थापन राजीव गांधी की 50वीं जन्म वर्षगाँठ के स्मरणोत्सव को अत्यन्त उपयुक्त ढंग से मनाते हुए एक सशक्त और आत्म-निर्भर भारत के लिए उनकी दृष्टि पर प्रकाश डालने का प्रयास कर रहा है। मैं सोनियाजी का आभारी हूँ कि उन्होंने मुझे इस विशिष्ट सभा को सम्बोधित करने का अवसर दिया। सिर्फ इसलिए नहीं कि आज की चर्चा का विषय इतना महत्त्वपूर्ण है, बल्कि इसलिए भी कि हम अपने उन महान नेताओं द्वारा किए गए कामों का गम्भीरतापूर्वक आकलन कर सकें, जिन्होंने अपने सपनों के भारत की नींव रखी—एक ऐसे भारत की नींव जहाँ अब समृद्धि और ज्ञान निर्धनता और अज्ञान की जगह ले रहे हैं।

सोनियाजी, आपने आज के वक्ताओं के नाम अपने पत्र में बिल्कुल सही कहा है कि श्री राजीव गांधी का मुख्य लक्ष्य प्राथमिक शिक्षा को उपलब्ध करवाना, बल्कि अनिवार्य बनाना था, ताकि भारत एक सशक्त राष्ट्र बन सके। भारत के नागरिक देश की आनेवाली पीढ़ियों के लिए इससे अधिक श्रेष्ठ संकल्प नहीं ले सकते।

भारत ने सभी क्षेत्रों में अभूतपूर्व प्रगति की है, चाहे वह आर्थिक क्षेत्र हो या वैज्ञानिक या फिर सामाजिक। हम उन मुट्ठी भर राष्ट्रों में शामिल हैं जिन्होंने किसी उपग्रह-कार्यक्रम को सफलतापूर्वक कार्यान्वित किया है। क्रय-शक्ति के मामले में हम विश्व में छटे स्थान पर हैं। हमारी वैज्ञानिक प्रतिभाओं का स्रोत अब विश्व का दूसरा सबसे बड़ा स्रोत है। हमारी पूँजी मार्केट एक जीवन्त मार्केट है, जिसमें 6500 से भी अधिक सूचीबद्ध कम्पनियाँ हैं। यह विश्व में दूसरी सबसे बड़ी सूची है। हम विश्व के सबसे बड़े उत्पादकों में भी शामिल हैं। हमारे उत्पादन-क्षेत्रों में उत्पादन गतिविधियों के लगभग सभी क्षेत्र शामिल हैं।

समृद्धि और शक्ति की दिशा में देश का विकास इसके शैक्षणिक कार्यक्रमों से जुड़ा हुआ है। राजीव गांधी संस्थापन ने इस लक्ष्य को रेखांकित करने के लिए इस समारोह का आयोजन करके सही दिशा में कदम उठाया है।

हालाँकि भारत आज तकनीकी प्रशिक्षण प्राप्त मानव-शक्ति के मामले में गुणवत्ता और संख्या दोनों दृष्टियों से विश्व के अग्रणी देशों में शामिल है, लेकिन सार्विक प्राथमिक शिक्षा के क्षेत्र मे हमें अभी लम्बी यात्रा तय करनी है। यह एक अन्तर्राष्ट्रीय स्तर पर स्वीकृत धारणा है कि 'प्रत्येक बच्चे को अपने मस्तिष्क और शरीर का समुचित विकास करने और अपनी प्रकृतिदत्त प्रतिभाओं का श्रेष्ठतम प्रयोग करने का उचित अवसर मिलना चाहिए।' एक साक्षर बच्चा ही भारत को उपलब्धियों और गौरव की नई ऊँचाइयों पर ले जाने की उम्मीद जगा सकता है। शिक्षा और साक्षरता प्राप्त करना सभी बच्चों का अधिकार है। यह इस दृष्टि से और भी अधिक अनिवार्य है क्योंकि हमारे सामने अकाट्य प्रमाण हैं कि आधुनिक आर्थिक विकास में मानवीय पूंजी की सबसे महत्त्वपूर्ण और उत्प्रेरक भूमिका है।

हमारे महान ऋषि-मुनि और सन्त-महात्मा हमेशा से ही सार्विक शिक्षा पर बल देते रहे हैं। वर्ग या जाति के भेदभाव के बिना सभी के लिए शिक्षा का प्राचीन प्रचलन इस तथ्य से स्पष्ट है कि श्रीकृष्ण, जो एक युवराज थे और सुदामा, जो एक निर्धन बालक थे, एक ही गुरुकुल में पढ़े थे।

शिक्षा निर्धनता और सामाजिक बुराइयों का अन्त करती है। यदि पाँच वर्ष से छोटी उम्र के बच्चे माँ की शिक्षा में एक अतिरिक्त वर्ष बिताएँ तो उनकी मृत्यु-दर में 90 प्रतिशत कमी देखी जाती है। अधिक शिक्षित माँओं के बच्चे अधिक स्वस्थ पाए जाते हैं।

20वीं शताब्दी समाप्त होने को है। इसे सभी पराधीन देशों द्वारा स्वतन्त्रता प्राप्त करने की शताब्दी के रूप में याद किया जाएगा। हम अब 21वीं शताब्दी की दहलीज पर खड़े हैं। हमारे देश ने जिस तरह से प्रगति की है, और जिस तरह यह प्रगति की राह पर अग्रसर है, उसे देखते हुए मैं अपेक्षा करता हूँ कि 8 से 10 वर्षों में, जब 21वीं शताब्दी अपने शैशव-काल में होगी, उपभोग की सभी वस्तुओं की माँग दोगुनी हो चुकी होगी। इस माँग को पूरा करना देश के लिए एक बड़ी चुनौती है। यह शिक्षा के क्षेत्र में और विज्ञान और प्रौद्योगिकी के क्षेत्र में समुचित विकास के बिना सम्भव नहीं हो सकता। हमें एक ऐसे विशाल पूल की रचना करनी होगी जिसमें से अपने-अपने क्षेत्रों के विशेषज्ञ उभर कर सामने आ सकें। यदि यह पूल इतना विशाल नहीं होगा कि इसमें जीनियस पैदा हो सकें तो किसी न्यूटन या आइंस्टाइन, सी. वी. रमण या टैगोर को पाना सम्भव नहीं है। इससे हम इसी निष्कर्ष पर पहुँचते हैं कि सभी बच्चों के लिए प्राथमिक शिक्षा अनिवार्य होनी चाहिए।

हमारे राष्ट्रीय नेता सामाजिक विकास के इस पहलू के प्रति पूरी तरह सचेत थे। संविधान में 'राजकीय नीति के निदेशक सिद्धान्त' के अध्याय में 14 वर्ष की उम्र तक के सभी बच्चों के लिए निःशुल्क एवं अनिवार्य शिक्षा को एक संवैधानिक कर्तव्य के रूप में समाविष्ट किया गया था। इस लक्ष्य की प्राप्ति के पहले चरण के रूप में ग्यारह वर्ष की उम्र तक के सभी बच्चों को सार्विक शिक्षा उपलब्ध करवाई जानी चाहिए, और दूसरे चरण में इस आयु-सीमा को चौदह वर्ष तक बढ़ा दिया जाना चाहिए।

भारतीय उद्योगों और व्यवसायी उद्यमों को सरकार के इस प्रयास में प्रभावपूर्ण ढंग से हाथ बँटाना चाहिए। बल्कि मुझे अपने सह-उद्यमियों से यह आह्वान करते हुए अत्यन्त प्रसन्नता होगी कि वे अपने उद्योगों के आसपास कुछ विशेष क्षेत्रों को चुनकर सरकारी, गैर-सरकारी संस्थाओं और स्थानीय समुदाय की भागीदारी में प्राथमिक शिक्षा की योजनाओं को प्रोत्साहन दें।

जहाँ सार्विक प्राथमिक शिक्षा उपलब्ध करवाना अत्यन्त आवश्यक है, वहीं, मेरी दृष्टि में, शिक्षा को परिभाषित करना भी इस प्रयास का एक महत्त्वपूर्ण अंग होना चाहिए। सिर्फ अपने हस्ताक्षर करने की क्षमता प्राप्त कर लेने से ही कोई व्यक्ति शिक्षित नहीं हो जाता। प्राथमिक शिक्षा की ऐसी नींव तैयार करनी चाहिए, जो न सिर्फ साक्षरता प्राप्त करने में बल्कि शिक्षित होने में व्यक्ति की मदद करे। बच्चों की शिक्षा उनके चरित्र-निर्माण से भी जुड़ी होनी चाहिए।

यदि हम ऐसा कर पाए तो यह भारत के लिए एक गौरवशाली दिन होगा।

सोनियाजी की बेटी प्रियंका के विवाह के अवसर पर मुझे उनकी तरफ से दिनांक 6 फरवरी 1997 को पत्र प्राप्त हुआ। उस दिलचस्प पत्र की प्रतिलिपि यहाँ प्रस्तुत है—

SONIA GANDHI
10 Janpath, New Delhi-110 011

February 06, 19[illegible]

Dear Birla ji,

It is with great pleasure that I write to you to convey the good news of my daughter's wedding. Priyanka is getting married to Robert Vadra, who is the son of Rajinder and Maureen Vadra. The wedding is to take place on 18th February, 1997. Though it is my desire to share my happiness with all the friends and well-wishers of my family, in particular those who have given us so much affection and support through the years, I believe that such events ought to be held on a moderate and intimate scale. I therefore plan to have a small celebration with a limited number of close family members from each side. I trust that you will understand my sentiments and that Priyanka and Robert will have your good wishes and blessings for their new life together.

with warm regards

Sonia Gandhi

Mr K K Birla
Birla House
7, Tees January Marg
New Delhi - 110 011

सोनियाजी का दिनांक 30 अक्टूबर 1999 का पत्र भी पाठकों को बहुत दिलचस्प प्रतीत होगा। मैं उस पत्र के साथ-साथ अपना उत्तर भी प्रस्तुत कर रहा हूँ।

30 अक्टूबर 1999

प्रिय श्री बिड़ला,

दिवाली के शुभ अवसर पर मैं आपको और आपके परिवार को अपनी शुभकामनाएँ भेज रही हूँ।

रोशनियों का यह खूबसूरत त्यौहार कठिनाइयों के दौर में निष्ठा और भाइचारे, दृढ़ता और निस्वार्थ, और साहस और सौजन्यता का भी त्यौहार है। आइए, हम सब इस दिवाली पर अपने-आपको इन मूल्यों और हमारे राष्ट्र, हमारी पार्टी और हमारे धर्मनिरपेक्ष और प्रजातान्त्रिक आदर्शों के प्रति पुनर्समर्पित करें।

हम सभी संसद-सदस्यों को एक पवित्र भरोसे का मान रखना है–जनता द्वारा हमारे प्रति व्यक्त की गई आस्था और विश्वास का। हमें उनके इस भरोसे पर खरा उतरने और उनकी आवश्यकताओं और आकांक्षाओं को पूरा करने के लिए हर सम्भव प्रयास करने का भी संकल्प लेना होगा।

सोनिया गांधी

8 नवम्बर 1999

प्रिय सोनियाजी,

आपका दिनांक 30 अक्टूबर का पत्र और दिवाली के शुभ अवसर पर आपकी शुभकामनाएँ प्राप्त हुईं। मैं आपकी इस बधाई के लिए आभारी हूँ और अपनी तरफ से भी आपको हार्दिक बधाई देता हूँ। कुछ दिन पहले मैंने आपको दिवाली की बधाई का कार्ड भेजा था, जो आपको मिल चुका होगा।

भले ही हमारी पार्टी चुनावों में बहुमत प्राप्त नहीं कर सकी, फिर भी परिस्थितियों को देखते हुए इसका प्रदर्शन बुरा नहीं रहा। विपक्ष की प्रमुख पार्टी के रूप में हमारी पार्टी को बहुत महत्त्वपूर्ण भूमिका निभानी है। मुझे पूरा विश्वास है कि आपके सक्षम नेतृत्व में पार्टी और अच्छा प्रदर्शन करेगी।

मैं कुछ सप्ताह पहले लन्दन में हुई बायपास सर्जरी के बाद स्वास्थ्य-लाभ कर रहा हूँ। लन्दन जाने से पहले मैंने आपसे भेंट की थी। ऑपरेशन सफल रहा, हालाँकि मुझे पूरी तरह ठीक होने में अभी चार महीने और लग जाएँगे।

अगली बार दिल्ली आने पर मैं आपसे अवश्य भेंट करूँगा।

शुभकामनाओं सहित,

आपका,
के.के. बिड़ला

कुछ महीने के बाद मैंने सोनियाजी को एक और पत्र लिखा, जो काफी दिलचस्प है–

17 मार्च 2000

प्रिय श्रीमती सोनियाजी,
मेरे विचार में, हमारी पार्टी में लोकसभा के पराजित प्रत्याशियों को दो वर्ष तक राज्यसभा का टिकट न देने की वर्तमान प्रथा पर पुनर्विचार की आवश्यकता है।

जब दो व्यक्ति चुनाव लड़ते हैं तो एक की हार निश्चित है। प्रश्न यह है कि पराजय का अन्तर क्या है। यदि यह अन्तर बहुत अधिक है तो इसका अर्थ है कि यह घोर पराजय है। ऐसे प्रत्याशी के लिए दो वर्ष तक राज्यसभा के लिए नामांकन से वंचित रहकर 'प्रायश्चित' करना उचित है। लेकिन यदि मुकाबला बहुत कड़ा रहा है, तो ऐसे प्रत्याशियों के राज्यसभा के नामांकन से वंचित नहीं रखा जाना चाहिए। पराजय के बाद प्रत्याशियों को राजनीतिक जीवन को भारी झटका लगता है। वे अपनी पार्टी के लिए लड़ते हैं और यदि वे थोड़े से अन्तर से हार जाते हैं तो इसका यह अर्थ नहीं है कि उनका प्रदर्शन अच्छा नहीं रहा। इस तरह के प्रत्याशियों की पीठ थपथपाई जानी चाहिए। उन्हें यह सन्तोष होना चाहिए कि भले ही वे हार गए हों, किन्तु पार्टी पूरी दृढ़ता के साथ उनके साथ खड़ी हुई है। ऐसे प्रत्याशियों को राज्य सभा के टिकट से वंचित रखना उन्हें दोहरा दंड देने की तरह है।

नामांकन के लिए पराजय का अन्तर कितना होना चाहिए, यह एक खुला प्रश्न है। यह फैसला आपको करना है। मेरे विचार में यह प्रतिशत 80 से 90 के बीच होना चाहिए। इसका अर्थ है कि यदि किसी चुनाव में विजेता को 10 लाख मत मिले हैं और कांग्रेस प्रत्याशी को 9 लाख मत मिले हैं तो वह निश्चित ही राज्यसभा के लिए नामांकन के योग्य है। इस प्रश्न पर भी विचार किया जा सकता है कि यह संख्या 9 लाख होनी चाहिए या 8 लाख। मेरी बात का सार-तत्व यह है कि बहुत थोड़े अन्तर से हारे हुए प्रत्याशियों को राज्यसभा-नामांकन की दौड़ से बाहर नहीं रखा जाना चाहिए।

शुभकामनाओं सहित,

आपका,
के.के. बिड़ला

इसके प्रत्योत्तर में मुझे सोनियाजी का दिनांक 28 मार्च 2000 का पत्र मिला–

28 मार्च 2000

प्रिय श्री बिड़ला,
आपके दिनांक 17 मार्च के पत्र के लिए धन्यवाद। जैसाकि आप जानते हैं, मैं आपके विचारों का बहुत मान करती हूँ मैं पराजित प्रत्याशियों के राज्यसभा के लिए नामांकन को लेकर आपके सुझावों को निश्चित ही ध्यान में रखूँगी।

हार्दिक शुभकामनाओं सहित,

सोनिया गांधी

अगस्त 2000 में प्रियंका ने एक बेटे को जन्म दिया, जिसके सम्बन्ध में मैंने 29 अगस्त 2000 को सोनियाजी को एक संक्षिप्त पत्र लिखा। इसके उत्तर में उन्होंने मुझे बहुत प्यारा पत्र लिखा। दिनांक 2 सितम्बर 2000 का वह पत्र यहाँ प्रस्तुत है।

2 सितम्बर 2000

प्रिय डॉ. बिड़ला,

मेरे नाती के जन्म पर आपके कृपा पत्र के लिए धन्यवाद। हमारी खुशी में आपका यूँ शामिल होना मुझे भीतर तक छू गया।

प्रियंका और बच्चा दोनों अच्छे हैं और वह और उसका पति अभिभावक बनने पर प्रसन्नता और आश्चर्य से फूले नहीं समा रहे हैं।

एक नवजात शिशु हमें सदैव जीवन के उपहार के प्रति आशा और गहरी कृतज्ञता की भावना से भर देता है। नानी बन जाने पर मैं बहुत धन्य और प्रसन्न महसूस कर रही हूँ। मैं सिर्फ यह कामना करती हूँ कि काश राजीवजी भी हमारी इस खुशी को बाँटने के लिए हमारे साथ होते।

सोनिया गांधी

सोनियाजी के जन्मदिन पर मैंने उन्हें बधाई का पत्र भेजा तो उन्होंने इसके उत्तर में मुझे दिनांक 10 दिसम्बर 2000 का यह पत्र भेजा—

10 दिसम्बर 2000

प्रिय डॉ. बिड़ला,

आपके बधाई के कृपा पत्र के लिए धन्यवाद।

अपने जन्मदिन पर इतना स्नेह और आशीषें पाकर मैं अभिभूत महसूस कर रही हूँ।

सोनिया गांधी

मैं सोनियाजी के नाम दिनांक 14 दिसम्बर 2001 के अपने पत्र और दिनांक 18 दिसम्बर 2001 के उनके उत्तर को प्रस्तुत कर रहा हूँ।

प्रिय श्रीमती सोनियाजी,

डॉ. मनमोहन सिंह, जो राज्यसभा में हमारी पार्टी के नेता हैं, ने कुछ दिन पूर्व मुझे और कांग्रेस संसदीय दल के अन्य सदस्यों को कांग्रेस अध्यक्ष के रूप में प्रधानमन्त्री के नाम आपके पत्रों, और कांग्रेस मुख्यमन्त्रियों के नाम आपके कुछ अन्य पत्रों की प्रतिलिपियाँ भेजी थीं। मेरा दृढ़ विश्वास है कि यह कदम संसद में हमारी पार्टी के सांसदों के विचारों में सामंजस्य स्थापित करेगा।

प्रधानमन्त्री और कांग्रेस-शासित प्रदेशों के मुख्यमन्त्रियों के नाम आपके सभी पत्र बहुत अच्छे लिखे हुए थे। मैंने लोकसभा में आपके भाषणों का भी अध्ययन किया है, जो उतने ही सटीक और औचित्यपूर्ण थे। प्रधानमन्त्री के नाम आपके ढेरों पत्रों से स्पष्ट है कि आपने राष्ट्रीय महत्त्व से जुड़े सभी मामलों में प्रधानमन्त्री के सम्मुख अपना दृष्टिकोण रखा है। मेरी हार्दिक बधाई स्वीकार करें।

परन्तु मुझे यह मालूम नहीं है कि आपके सुझावों के बारे में प्रधानमन्त्री की क्या प्रतिक्रिया रही। बेहतर होता कि पार्टी के सांसदों को इस सम्बन्ध में भी जानकारी दे दी जाती। मनमोहन सिंह जी द्वारा भेजे गए पत्रों में प्रधानमन्त्री का सिर्फ एक पत्र शामिल है, जो उन्होंने 12 अक्तूबर को लिखा था।

मुझे इसमें जरा भी सन्देह नहीं है कि आपके ऊर्जावान नेतृत्व में पार्टी एक जिम्मेदार विपक्ष के रूप में इतना ही अच्छा प्रदर्शन करती रहेगी।

शुभकामनाओं सहित,

आपका,

के.के. बिड़ला

प्रिय डॉ. बिड़ला,

दिनांक 14 दिसम्बर 2001 के आपके पत्र के लिए धन्यवाद। मैंने इसकी सामग्री पर समुचित ध्यान दिया है। मुझे प्रसन्नता है कि मेरे पत्र-व्यवहार की प्रतिलिपियाँ आपको उपयोगी लगीं। मेरे बहुत से पत्रों पर कोई ठोस प्रतिक्रिया आनी बाकी है।

सोनिया गांधी

मेरे छोटे भाई बसन्त कुमार और उसकी पत्नी सरला ने 'इम्मोरटल आइकॉन्स' नामक एक पुस्तक निकाली थी। इसमें पिताजी का अपने समय के अनेक नेताओं के साथ पत्र-व्यवहार था, जिनमें मोतीलाल नेहरू, जवाहरलाल नेहरू, मदन मोहन मालवीय और लाला लाजपतराय जैसे शीर्ष राष्ट्रीय नेता शामिल थे। मैंने इस पुस्तक के बारे में सोनियाजी को बताया था। उन्होंने मुझे पुस्तक की एक प्रति भिजवाने के लिए कहा। प्रति मिलने के बाद उन्होंने मुझे निम्न पत्र लिखा—

प्रिय डॉ. बिड़ला,

दिनांक 27 मार्च 2002 के आपके पत्र और इसके साथ संलग्न 'इम्मोरटल आइकॉन्स' नामक पुस्तक की एक प्रति के लिए धन्यवाद, जिसमें आपके पिता श्री जी. डी. बिड़ला का महत्त्वपूर्ण पत्र-व्यवहार है। मैं इसे बहुत दिलचस्पी से पढ़ने की प्रतीक्षा कर रही हूँ।

शुभकामनाओं सहित,

सोनिया गांधी

मुझे पता चला कि राजीव गांधी संस्थापन की आय में गिरावट आ रही थी और उनके निवेश पर्याप्त रूप से ठोस नहीं थे। कुछ सरकारी कम्पनियों में लगाई गई पूँजी पर पर्याप्त लाभ नहीं हो रहा था और संस्थान गम्भीर आर्थिक संकट का सामना कर रहा था। मैंने सोनियाजी को इस सम्बन्ध में एक पत्र लिखा। उन्होंने न सिर्फ मेरे पत्र पर समुचित ध्यान दिया, बल्कि संस्थापन के महासचिव मोनी मल्होत्रा को मुझसे भेंट करने के लिए कहा। इस सम्बन्ध में दिनांक 10 अप्रैल 2003 का उनका पत्र यहाँ प्रस्तुत है।

प्रिय डॉ. बिड़ला,
आपके दिनांक 29 मार्च के पत्र के लिए धन्यवाद। राजीव गांधी संस्थापन को लेकर आपकी चिन्ता के लिए मैं आभारी हूँ। संस्थापन के पास अब एक वित्तीय सलाहकार के साथ-साथ एक निवेश-समिति भी है, जिसमें इसके चार ट्रस्टी–डॉ. मनमोहन सिंह, श्री पी. चिदम्बरम, श्री आर. पी. गोयनका और वी. कृष्णमूर्ति–शामिल हैं।

फिर भी मैं हमारी निवेश नीति और वर्तमान निवेशों के पोर्टफोलियो के बारे में आपकी सलाह का स्वागत करूँगी। मैंने संस्थापन के महासचिव श्री मोनी मल्होत्रा को आपसे व्यक्तिगत रूप से मिलकर निवेशों के विवरण दिखाने के लिए कहा है। क्या आपका कार्यालय उन्हें फोन करके इस भेंट के लिए परस्पर सुविधाजनक समय तय करने की कृपा कर सकता है?

शुभकामनाओं सहित,

सोनिया गांधी

मैंने विशेषज्ञों की एक समिति से इन निवेशों का अध्ययन करवाया। इस समिति में मेरे अपने समूह के कुछ उच्च अधिकारी भी शामिल थे। इसके बाद मैंने इस सम्बन्ध में सोनियाजी को विस्तार से एक पत्र लिखा, जिसके प्रत्योत्तर में दिनांक 29 मई 2003 का उनका पत्र यहाँ प्रस्तुत है।

प्रिय डॉ. बिड़ला जी,
आपके द्वारा राजीव गांधी संस्थापन के निवेश पोर्टफोलियो के अध्ययन और इस सम्बन्ध में आपकी टिप्पणियों के बारे में दिनांक 24 मई का आपका पत्र प्राप्त हुआ। आपने जो कष्ट उठाया है, मैं उसके लिए अत्यन्त आभारी हूँ। मैं आपके सुझावों को संस्थापन के महासचिव तक पहुँचा रही हूँ।

शुभकामनाओं सहित,

सोनिया गांधी

मुझे सोनियाजी के दो अन्य महत्त्वपूर्ण पत्र भी प्राप्त हुए। पहला पत्र उन्होंने दिनांक 6 जून 2003 को लिखा था, जबकि दूसरा इस बीच कुछ और पत्र-व्यवहार के बाद, उन्होंने 17 जनवरी 2004 को लिखा था। ये दोनों पत्र यहाँ प्रस्तुत हैं।

6 जून 2003

प्रिय डॉ. बिड़ला,
रा. गा. सं. के निवेश-पोर्टफोलिया के सम्बन्ध में दिनांक 24 मई के आपके पत्र के लिए धन्यवाद। पोर्टफोलियो का इतने विस्तार से अध्ययन करने और अपना परामर्श देने के लिए मैं आपकी और आपके वित्त प्रभावियों की आभारी हूँ। मैं हमारी निवेश समिति को आपके सुझावों पर सावधानीपूर्वक विचार करने के लिए कह रही हूँ।

शुभकामनाओं सहित,

सोनिया गांधी

17 जनवरी 2004

प्रिय डॉ. बिड़ला,

सन्तुलित म्युचुअल फंडों के आपके हाल के अनुभवों की रोशनी में रा. गां. सं. के निवेशों के सम्बन्ध में दिनांक 22 दिसम्बर के आपके पत्र के लिए धन्यवाद।

मैंने हमारी निवेश समिति का ध्यान आपके इस पत्र की ओर दिलाया है। बाजार की वर्तमान तेजी को देखते हुए वे सभी सतर्कता बरतने की आपकी सलाह से सहमत हैं, किन्तु वे इस मामले की समीक्षा करते रहेंगे।

मैं आपकी निरन्तर रुचि और सलाह के लिए आभारी हूँ।

शुभकामनाओं सहित,

सोनिया गांधी

दिल्ली उच्च न्यायालय ने बोफोर्स मामले में राजीव गांधी को निर्दोष घोषित किया तो मैंने इस सम्बन्ध में सोनियाजी को एक पत्र लिखा। इसके प्रत्योत्तर में उन्होंने दिनांक 12 फरवरी 2004 को मुझे बहुत प्यारा पत्र लिखा–

12 फरवरी 2004

प्रिय डॉ. बिड़ला,

दिल्ली उच्च न्यायालय द्वारा बोफोर्स मामले में राजीवजी को निर्दोष घोषित करने के सम्बन्ध में आपके विनम्र शब्दों ने मेरे मन को छू लिया है।

यह फैसला सत्य, मेरे पति के सम्मान और हमारे प्रजातन्त्र के आधारभूत सिद्धान्तों की विजय है। हमें यह न्याय पाने में 17 वर्षों का लम्बा समय लगा, लेकिन मेरे पति का हमेशा से ही यह दृढ़ विश्वास था कि अन्ततः सत्य की विजय होगी।

मैं आपकी शुभकामनाओं और सहयोग का अत्यधिक मान करती हूँ।

शुभकामनाओं सहित,

सोनिया गांधी

2006 में सोनियाजी ने 'लाभ का पद' के मुद्दे पर लोकसभा से त्याग-पत्र दे दिया। संयुक्त प्रगतिशील गठबन्धन की सभापति के रूप में उन्हें कुछ सुविधाएँ प्राप्त थीं, और उनका ख्याल था कि इन्हें लाभ के पद से जोड़कर देखा जा सकता था।

लगभग सभी पार्टियों का विचार था कि संसद के दोनों सदन एक विधेयक पारित करके बहुत से पदों को लाभ के पदों की सूची से अलग कर सकते थे। यह जानते हुए भी कि उनका त्याग-पत्र देना आवश्यक नहीं था, सोनियाजी ने अपने ऊँचे सिद्धान्तों का परिचय देते हुए स्वयं ही अपने पद से त्याग-पत्र दे दिया। इसके बाद उन्होंने 8 मई 2006 को अपने चुनाव-क्षेत्र रायबरेली से फिर से चुनाव लड़ा और अभूतपूर्व अन्तर से विजयी हुईं। मैंने उनकी विजय पर उन्हें बधाई का पत्र भेजा। इसके उत्तर में उन्होंने मुझे निम्नलिखित पत्र लिखा–

22 मई 2006

प्रिय डॉ. बिड़ला,

आपके आत्मीयता भरे बधाई-पत्र ने मेरे मन को छू लिया। रायबरेली के मतदाताओं ने जिस तरह एक बार फिर मेरे प्रति अपनी निष्ठा प्रकट की है, उससे

मैं भाव-विभोर हो उठी हूँ। उनके समर्थन ने मेरे इस विश्वास को और सुदृढ़ कर दिया है कि हमारा बुद्धिमान मतदाता राजनीतिक जीवन में ऊँचे सिद्धान्तों और नैतिक आचरण के मूल्यों को समझता है और समुचित प्रतिक्रिया व्यक्त करता है।

शुभकामनाओं सहित,

सोनिया गांधी

अति-अतिविशिष्ट व्यक्तियों के निमन्त्रण

जब भी कोई महत्त्वपूर्ण विदेशी अतिथि भारत आता था तो राष्ट्रपति या प्रधानमन्त्री उनके सम्मान में आयोजित भोज पर मुझे भी आमन्त्रित करते थे। 1984 में जब वर्तमान अमरीकी राष्ट्रपति जॉर्ज बुश के पिता जॉर्ज डब्ल्यू. बुश भारत आए, जो तब अमरीका के उप-राष्ट्रपति थे, तो इन्दिराजी ने उनके सम्मान में एक भोजन-पार्टी का आयोजन किया और मुझे भी आमन्त्रित किया। इस अवसर पर बैठने की व्यवस्था की एक प्रतिलिपि यहाँ प्रस्तुत की जा रही है।

TABLE PLAN

14 May 1984

Shri M. H. Ansari

Mr. Marion V. Creekmore, Jr.	Mr. George Kenney
Dr. Narayana Menon	Ms. Shirin Tahir Kheli
Ms. Jennifer A. Fitzgerald	Mr. Donald P. Gregg
Shri K. S. Bajpai	Smt. Sarla Grewal
Dr. P. C. Alexander	Admiral Daniel J. Murphy (Ret.)
Shri K. K. Birla	Shri G. Parthasarthi
Shri V. N. Gadgil	H.E. Mr. Harry G. Barnes, Jr.
MRS. BARBARA BUSH	Smt. Pupul Jayakar
THE PRIME MINISTER	SHRI P. V. NARASIMHA RAO
H.E. MR. GEORGE BUSH	Mrs. Elizabeth Barnes
Shri L. K. Jha	Shri Justice V. Balakrishna Eradi
Smt. Margaret Alva	Prof. Sukhamoy Chakravarti
Mr. Richard W. Murphy	Smt. Amrita Pritam
General A. S. Vaidya	Shri M. Rasgotra
Smt. Sushila Rohatgi	Mr. Geoffrey T. H. Kemp
Mr. Peter Teeley	Smt. Bajpai
Mr. Daniel Sullivan	Mr. Rufus Grant Smith

ENTRANCE

नवम्बर 1986 में इटली के प्रधानमन्त्री बेटिनो क्रैक्सी भारत आए तो राजीवजी ने मुझे उनके स्वागत में दिए गए भोज पर आमन्त्रित किया। इस अवसर पर अन्य अतिथियों में बी. जी. देशमुख, कृष्णा साही, के. सी. पन्त, सरला गरेवाल, बी. के. मोदी, एस. एस. गरेवाल, के. पी. सिंह देव, अर्जुन सिंह, बलराम जाखड़, अशोक गहलौत, आर. प्रभु, प्रो. एम.जी. के. मेनन और एस. वेंकटरमणन शामिल थे। नीदरलैंड के प्रधानमन्त्री आर. एफ. एम. लुबर्स के भारत आगमन पर भी राजीवजी ने मुझे उनके साथ भोजन के लिए आमन्त्रित किया। अप्रैल 1990 में, तत्कालीन राष्ट्रपति आर. वेंकटरमण ने मुझे जापान के प्रधानमन्त्री तोशिकी केफु के स्वागत में दिए गए भोज पर आमन्त्रित किया। दिसम्बर 1991 में जब चीन के प्रधानमन्त्री ली पेंग भारत आए तो एक बार फिर उन्होंने मुझे भोज पर आमन्त्रित किया। अगले राष्ट्रपति डॉ. शंकर दयाल शर्मा ने मुझे दिसम्बर 1993 में नेपाल नरेश वीरेन्द्र वीर विक्रमशाह देव के स्वागत में और मार्च 1995 में श्रीलंका की राष्ट्रपति श्रीमती चन्द्रिका भंडारनायके के स्वागत में आयोजित भोज में आमन्त्रित किया।

TABLE PLAN

15th April, 1981.

Mr. Ranjit Mathrani.	Mr. Tim Lankester.
Shrimati Ansari.	Shri J. R. Hiremath.
Mr. M. K. Ewans.	Prof. R. N. Dogra.
Shri R. D. Sathe.	Shri Sita Ram Singhania.
Shri Hari Krishna Shastri.	Shrimati Khurana.
Shri K. K. Birla.	Shri Mohd. Shafi Qureshi.
Shri Rajiv Gandhi.	Shri B. P. Maurya.
Shrimati Jha.	Shrimati Pupul Jayakar.
H.E. Sir John Thomson	Shri Frank Anthony.
Shrimati C. P. N. Singh.	Shrimati Maneka Gandhi.
Shri Y. B. Chavan.	Dr. V. A. Syeid Muhammad.
Shrimati Sheila Kaul.	Dr. Charanjit Chanana.
Shri L. K. Jha.	Shri Pranab Mukherjee.
MR. DENIS THATCHER.	Miss Carol Thatcher.
THE PRIME MINISTER.	Shri Bal Ram Jakhar.
THE RT. HON'BLE MARGARET THATCHER MP.	Shri R. Venkataraman.
Shri P. V. Narasimha Rao.	Shrimati Saroj Khaparde.
Shrimati Gurbrinder Kaur Brar.	Shri C. P. N. Singh.
Shri S. L. Khurana.	Shrimati Mukherjee.
Shrimati Chanana.	Shri Mohd. Yunus.
Shri Jagan Nath Kaushal.	Shrimati Sonia Gandhi.
Shrimati Anthony.	Sir John Graham.
Shri C. R. Krishnaswamy Rao Sahib.	Shri Ebrahim Sulaiman Sait.
Mr. Bernard Ingham.	Shrimati Sathe.
Shrimati Dogra.	Shri Madan Bhatia.
Shri H. D. Bhalla.	Dr. V. N. Tiwari.
Shri M. H. Ansari.	Mr. Michael Alexander.
	Shri C. R. Gharekhan.

ENTRANCE

इन्दिराजी उन दिनों भी मुझे इस तरह के निमन्त्रण भेजती रहती थीं जब मैं राज्यसभा का सदस्य नहीं था। 15 अप्रैल 1981 को उन्होंने मुझे ब्रिटेन की प्रधानमन्त्री मारग्रेट थैचर के स्वागत में दिए गए भोज पर आमन्त्रित किया। इस अवसर पर अन्य अतिथियों में आर. वेंकटरमण, नरसिम्हाराव, वाई. वी. चौहान, राजीव और सोनियाजी, प्रणव मुखर्जी और बलराम जाखड़ शामिल थे। इस अवसर पर बैठने की व्यवस्था (टेबल-प्लान) की प्रतिलिपि इन पृष्ठों पर प्रस्तुत की जा रही है।

यह बहुत महत्त्वपूर्ण डिनर था। श्रीमती मारग्रेट थैचर को ब्रिटेन में जन्म लेनेवाले तीन महानतम राजनीतिज्ञों में गिना जाता है। अन्य दो थे महारानी एलिजाबेथ प्रथम और चर्चिल। श्रीमती थैचर ने देश में शान्ति और अनुशासन बनाए रखने के लिए कई ऐसे कानून बनाए, जिन्होंने वहाँ के सामाजिक वातावरण का कायाकल्प कर दिया। एक संसद-सदस्य न होते हुए भी इतने महत्त्वपूर्ण भोज में आमन्त्रित किया जाना मेरे लिए बहुत सम्मान की बात थी।

25 फरवरी 1968 को राजीव और सोनियाजी के विवाह के अवसर पर भी इन्दिराजी ने मुझे आमन्त्रित किया था। निमन्त्रण-पत्र पर कुछ श्लोक भी अंकित थे, जो सम्भवतः हमारे वेदों से उद्धृत थे। यहाँ उस निमन्त्रण-पत्र की एक प्रतिलिपि प्रस्तुत की जा रही है–

मेरे सुपुत्र राजीव का विवाह सोनिया माइनो से
२५ फरवरी १९६८ को होना निश्चित हुआ है। हम
आपके आशीर्वाद के अभिलाषी हैं।

इन्दिरा गांधी

१ सफदर जंग रोड नई दिल्ली

मधु वाता ऋतायते मधु क्षरन्ति सिन्धवः। माध्वीर्नः सन्त्वोषधीः॥६॥
मधु नक्तमुतोषसि मधुमत्पार्थिवꣳ रजः मधु द्यौरस्तु नः पिता॥७॥
मधुमान्नो वनस्पतिर्मधुमाꣳ अस्तु सूर्यः। माध्वीर्गावो भवन्तु नः॥८॥

आपातकाल और मेरी लन्दन-यात्रा

मैं उन व्यक्तियों में शामिल था जिन्होंने आपतस्थिति की घोषणा का समर्थन किया था। लेकिन मैं शुरू से ही यह मानता रहा था कि इसे सिर्फ तीन, और अधिक-से-अधिक छह माह तक जारी रहना चाहिए। शुरू के कुछ महीनों के बाद मैं इन्दिराजी से बार-बार आपातस्थिति हटाने का अनुरोध करता रहा। वे ऐसा करना भी चाहती थीं, लेकिन संजय का आग्रह था कि इसे जारी रखना चाहिए।

एक दिन इन्दिराजी ने मुझे बुलाया और कहा कि वे मुझे लन्दन भेजना चाहती थीं। उन्होंने कहा कि ब्रिटेन के लोग आपातस्थिति की घोषणा और इससे पूर्व की परिस्थितियों

को ठीक से समझ नहीं पा रहे थे। इन्दिराजी के मन में ग्रेट ब्रिटेन के लिए बहुत सम्मान था। वे चाहती थीं कि वहाँ के व्यवसायियों और राजनीतिज्ञों को यह बात समझाई जाए कि आपातस्थिति की घोषणा से पूर्व वे किस तरह की स्थितियों का सामना कर रही थीं और देश किस तरह अराजकता की ओर बढ़ रहा था। उन्होंने कहा कि यदि स्थिति को और ज्यादा बिगड़ने दिया जाता और आपातस्थिति लागू न की जाती तो देश पाकिस्तान की राह पर चला जाता, और सम्भव था कि सेना देश का शासन अपने हाथ में ले लेती।

मैं इन्दिराजी से सहमत नहीं था। जुलाई 1976 में भी मैंने वही बात दोहराई जो मैं बार-बार कहता रहा था कि उनके लिए सबसे अच्छा रास्ता यह होता कि आपातस्थिति लागू करने के तीन-चार महीने बाद वे चुनावों की घोषणा कर देतीं। लेकिन अब आपातस्थिति की घोषणा को तेरह महीने बीत चुके थे।

इन्दिराजी मुझसे सहमत थीं, लेकिन उन्होंने कहा कि संजय आपातस्थिति को हटाने के पक्ष में नहीं थे। मैंने इन्दिराजी से कहा कि वे देश की प्रधानमन्त्री थीं, न कि संजय। संजय अभी युवा थे और उनमें उनके जैसी परिपक्वता नहीं थी। मैंने एक बार फिर इन्दिराजी से आपातस्थिति हटाने का आग्रह किया। उन्होंने कहा, "पहले आप लन्दन जाइए और वहाँ के लोगों को स्थिति समझाने का प्रयास कीजिए। इसके बाद आप वापस आकर मुझे अपनी रिपोर्ट दीजिए।"

उनके निर्देश का पालन करते हुए मैं लन्दन गया। तब बी. के. नेहरू लन्दन में भारत के उच्चायुक्त थे। वे मेरे पिता की उम्र के थे, लेकिन इसके बावजूद हम अच्छे मित्र थे। मैं बी. के. का बहुत आदर करता था, और उन्हें भी मुझसे बहुत लगाव था। 9 अगस्त 1976 को ग्रेट ब्रिटेन के भारतीय वाणिज्य मंडल ने मेरे सम्मान में एक लंच-पार्टी का आयोजन किया। इसमें लगभग सत्तर-अस्सी लोग उपस्थित थे। बी. के. ने मुझे अनेक मन्त्रियों और सांसदों से भी मिलवाया। मैं निम्नलिखित व्यक्तियों से भेंट करने में सफल रहा—

- एडमंड डेल, व्यापार राज्य-सचिव
- इवान लुआर्ड, विदेश राज्यमन्त्री
- रेजिनाल्ड मूडलिंग, प्रति विदेश सचिव (विपक्ष के प्रतिनिधि)
- लॉर्ड लिमेरिक, अध्यक्ष, ब्रिटिश वाणिज्य मंडल संघ
- सर रेल्फ बेटमैन, सी. बी. आई के पदमुक्त अध्यक्ष
- लॉर्ड नेल्सन, स्टेफोर्ड, जनरल इलेक्ट्रिक के चेयरमैन
- लॉर्ड इंचकेप, चेयरमैन, इंचकेप
- ए. डब्ल्यू. बी. हेवर्ड, चेयरमैन और प्रबन्ध-निदेशक, शॉ वैलेस कं.
- डब्ल्यू. बॉवी, प्रबन्ध निदेशक, पोर्ट ऑफ लन्डन ऑथोरिटी
- सर माइकल पारसंस, प्रबन्ध निदेशक, इंचकेप एंड कं. लिमिटेड
- ए. बी. मार्शल, प्रबन्ध निदेशक, पी एंड ओ. एस. एन. कम्पनी
- लॉर्ड बार्नेटसन, चेयरमैन, युनाइटिड न्यूजपेपर्स लिमिटेड;
चेयरमैन, रायटर्स;
चेयरमैन काउंसिल ऑफ कॉनवेल्थ प्रेस यूनिट,
और अनेक औद्योगिक कम्पनियों के चेयरमैन
- एविलीन डी रॉथशील्ड, चेयरमैन, 'द इकोनॉमिस्ट'
- पी. सी. रॉबर्ट्स, डिप्टी-चेयरमैन और प्रमुख प्रभावी, 'मिरर' समूह

- ए. वी. हेयर, प्रबन्ध निदेशक, 'फाइनेन्शियल टाइम्स'
- एम. जे. हस्सी, प्रबन्ध निदेशक और प्रमुख प्रभावी, टाइम्स न्यूजपेपर्स लिमिटेड
- इयान सी. ट्रैफोर्ड, प्रबन्ध निदेशक, 'द इकोनोमिस्ट'
- ब्रायन निकल्सन, प्रबन्ध निदेशक, 'ईवनिंग स्टैंडर्ड'; निदेशक, वीवर ब्रूक न्यूजपेपर्स लिमिटेड
- एच. एम. स्टीफन, प्रबन्ध निदेशक, 'डेली टेलिग्राफ'
- एच. सी. थॉम्पसन, निदेशक और महाप्रबन्धक, टाइम्स न्येजपेपर्स लिमिटेड
- डगलस लॉन्ग, उप-प्रमुख-प्रभावी, 'मिरर' समूह
- फ्रैंक बार्लो, निदेशक और महाप्रबन्धक, वेस्टमिनस्टर प्रेस लि.
- एन्ड्रयू नाइट, सम्पादक, 'द इकोनॉमिस्ट'
- राय राइट, सम्पादक, 'डेली एक्सप्रेस'

सूची काफी लम्बी थी। अधिकांश अतिथियों ने मेरे बारे में सुन रखा था। वे यह भी जानते थे कि मैं इन्दिराजी का मित्र था। इस पार्टी को इंग्लैंड में अच्छा प्रचार मिला। एक अखबार ने लिखा, "लन्दन में किसी असार्वजनिक व्यक्ति को सुनने के लिए इतनी विशिष्ट भीड़ नहीं देखी गई।" मुझसे प्रेस-सेंसरशिप के बारे में पूछा गया। मैंने कहा, "जैसाकि आपातकाल के दौरान कहीं भी एक सामान्य बात है, ब्रिटेन में भी, इसे हमारे यहाँ भी लागू किया गया था। लेकिन अब इसमें ढील देकर इसे सेल्फ-सेंसरशिप में बदल दिया गया है।" मुझसे यह भी पूछा गया कि आपातस्थिति कब हटाई जा रही थी। मैंने कहा, "श्रीमती गांधी ने सार्वजनिक तौर पर कहा है कि जैसे ही विपक्ष संविधान के अनुसार व्यवहार करने के लिए सहमत हो जाएगा, वे आपातस्थिति को हटा लेंगी।" व्यापार मन्त्री एडमंड डेल ने कहा कि वे भारत के आन्तरिक मामलों पर कोई टिप्पणी करना नहीं चाहेंगे, लेकिन उन्होंने विगत कुछ महीनों में हुई उल्लेखनीय आर्थिक प्रगति पर भारत को बधाई दी। उन्होंने आपातकाल से पहले और बाद की स्थितियों का स्पष्ट चित्र प्रस्तुत करने के लिए मुझे भी बधाई दी। डेल ने अपने भाषण का समापन करते हुए कहा कि वे भारत की उल्लेखनीय प्रगति से प्रभावित थे और भविष्य में और अधिक समृद्धि के लिए अपनी शुभकामनाएँ देना चाहते थे। बी. के. ने कहा कि एक असार्वजनिक व्यक्ति के रूप में मेरे आकलनों का उनकी तुलना में कहीं अधिक प्रभाव पड़ेगा, क्योंकि वे एक आधिकारिक प्रतिनिधि थे। वे मेरे कथनों से पूरी तरह सहमत थे। उन्होंने मेरे पिता, जिन्हें वे बहुत अच्छी तरह से जानते थे, का उल्लेख करते हुए कहा कि उन्होंने आधी सदी से भी अधिक अवधि तक अपना जीवन और अपना काम भारत के विकास के लिए समर्पित कर दिया, हालाँकि उन्हें हमेशा वह मान्यता नहीं मिल पाई जिसके वे अधिकारी थे।

मैं वापस लौटकर इन्दिराजी से मिला। उन्होंने कहा कि वे मेरी यात्रा से अत्यन्त प्रसन्न थीं। उन्हें बी. के. से पूरी रिपोर्ट मिल चुकी थी, जिसमें उन्होंने मेरी और मेरे प्रदर्शन की खूब सराहना की थी। बी. के. ने उन्हें यह भी बताया था कि ब्रिटिश अखबारों में मेरे भाषण का भरपूर स्वागत हुआ था। मैंने इन्दिराजी से कहा कि ब्रिटेन में आम भावना यह थी कि आपातस्थिति को जल्दी-से-जल्दी हटा लिया जाना चाहिए। इन्दिराजी ने मेरे सुझावों पर ध्यान देने का वायदा किया। लेकिन वास्तव में आपातस्थिति 21 मार्च 1977 को ही हटाई गई। इसके तुरन्त बाद हुए चुनावों में पार्टी बुरी तरह से हार गई। यदि आपातस्थिति को छह महीने बाद ही हटा लिया जाता तो कहानी कुछ और ही होती।

महात्मा गांधी के साथ कुछ पत्र-व्यवहार

मेरे विवाह पर महात्माजी ने भी मुझे अपना आशीर्वाद भेजा था। उनके पत्र की प्रतिलिपि नीचे प्रस्तुत है।

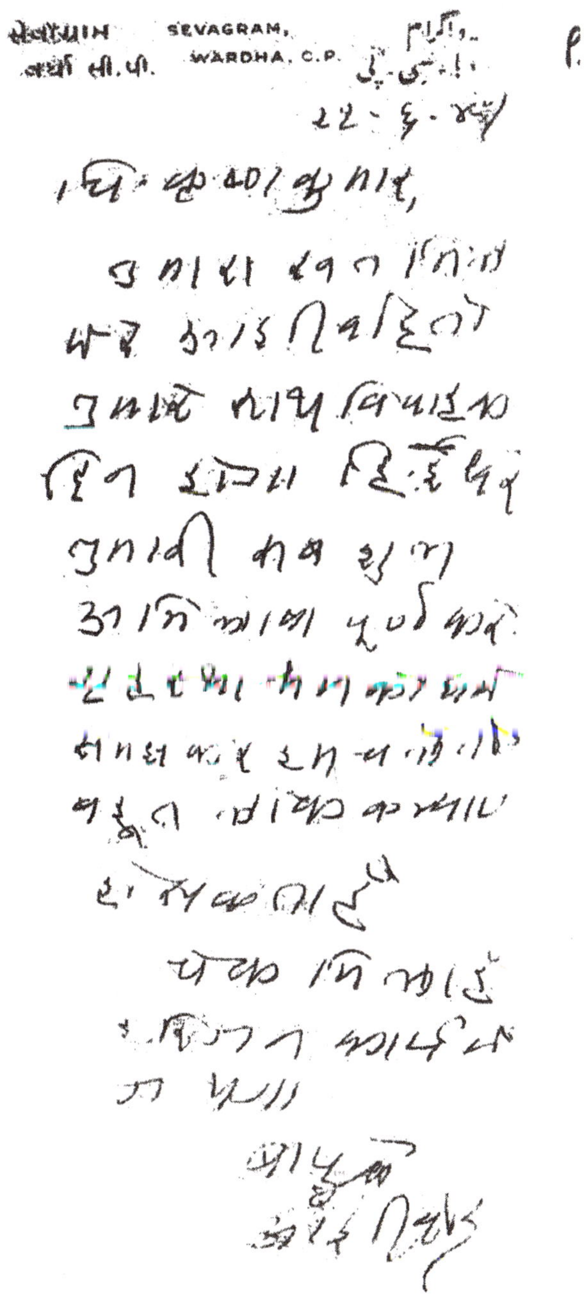
सेवाग्राम SEVAGRAM,
वर्धा सी.पी. WARDHA, C.P.

२२-६-४७

चि. कृष्णकुमार,

महात्माजी के हस्तलेख को आसानी से पढ़ा जा सकता है। फिर भी उस पत्र की सामग्री को यहाँ प्रस्तुत किया जा रहा है–

21 जून 1941

चि. कृष्ण कुमार,

तुम्हारा खत मिला। मेरा आशीर्वाद तो तुम्हारे साथ विवाह के दिन होगा ही। ईश्वर तुम्हारी सब शुभ अभिलाषा पूर्ण करे। गृहस्थ आश्रम को धर्म समझकर हम चलें तो बहुत लोक कल्याण हो सकता है।

चेक मिला है। हरिजन कार्य में जाएगा।

बापू का
आशीर्वाद

मैंने महात्माजी को 25 अगस्त 1938 को भी एक पत्र लिखा था। यह पत्र अहिंसा के बारे में उनके विचार जानने के सम्बन्ध में था। तब मैं सिर्फ बीस वर्ष का था। महात्माजी मुझसे परिचित थे, क्योंकि वे जब भी दिल्ली में बिड़ला हाउस में ठहरते थे तो पिता जी के निर्देशों के अनुसार सभी प्रबन्ध मैं ही करता था। यह बापू की महानता थी कि उन्होंने मुझे जैसे कमउम्र युवक के पत्र का उत्तर देने की आवश्यकता समझी। अपने व्यस्त कार्यक्रम के कारण वे तुरन्त उत्तर नहीं दे सके। उन्होंने नौ महीने बाद मेरे पत्र का उत्तर दिया, जिसे इन पृष्ठों पर प्रस्तुत किया जा रहा है।

पहले पृष्ठ पर गांधीजी ने रंगून (जिसे अब यांगोन कहा जाता है) की किसी घटना के बारे में लिखा है। मैं इस पर कोई टिप्पणी नहीं कर रहा हूँ, परन्तु उनका कहना है कि अहिंसा इस तरह के मामले में भी प्रभावी सिद्ध हो सकती है। यह अहिंसा अपने साथ जुड़े अन्य गुणों के साथ मिलकर बहुत ऊँचे स्तर की होनी चाहिए। बापू कहते हैं कि वे अभी अहिंसा के इन ऊँचे मापदंडों को प्राप्त नहीं कर पाए थे, परन्तु "लाने की चेष्टा" कर रहे थे, जो "ईश्वर कृपा से ही आ सकती है।" महात्माजी अहिंसा और इसके साथ जुड़े अन्य गुणों को प्राप्त करने में सफल रहे। वे एक ऐसे संत-महात्मा और कर्मयोगी थे जो एक हजार वर्ष में एक बार पैदा होते हैं। यह उनकी विनम्रता ही थी कि उन्होंने लिखा कि वे अभी अहिंसा के ऊँचे मापदंडों तक नहीं पहुँच पाए थे और ईश्वर की कृपा से इन्हें प्राप्त करने की चेष्टा कर रहे थे।

इस पत्र में बापू ने लिखा है कि भगवान राम और रावण के बीच युद्ध को अहिंसक मानना चाहिए। इसकी सही व्याख्या के लिए वे 'लंका कांड' पढ़ने के लिए कहते हैं। मेरे विचार में, उनके कहने का वही अर्थ था जो भगवान श्रीकृष्ण ने अर्जुन से कहा था–

- तुम्हारा हर कृत्य सद्-उद्देश्य के लिए होना चाहिए। तुम्हें स्थिरप्रज्ञा की भावना के साथ लड़ना चाहिए।
- कृत्य करते समय तुम्हें परिणाम की चिन्ता नहीं करनी चाहिए।
- तुम्हें सद् और न्यायोचित उद्देश्य के लिए लड़ना चाहिए।
- यदि तुम सद्-उद्देश्य के लिए लड़ते हो तो तुम कोई पाप नहीं करते।

बापू कहते हैं, "यदि मुझमें सच्ची अहिंसा है तो मुझे देखते ही सिंह (मेरे साथ) एक पालतू बछड़े की तरह व्यवहार करेगा।" बापू के इस पत्र पर 10 मई 1939 की तारीख अंकित है। यह मेरे 5 अगस्त 1938 के पत्र का उत्तर था। बापू लिखते हैं कि बहुत अधिक व्यस्तता के कारण वे मुझे पहले उत्तर नहीं दे पाए।

मैंने बापू को एक अन्य पत्र भी लिखा था। यह उस तरह का पत्र था जैसे कोई युवक अपने पिता और दादा को अपनी कुशलता के बारे में लिखता है। इस पत्र के उत्तर में **महात्माजी के दिनांक 31 जनवरी 1942 के पत्र की प्रतिलिपि इस पृष्ठ पर प्रस्तुत की जा** रही है। इस पत्र में उन्होंने लिखा था–

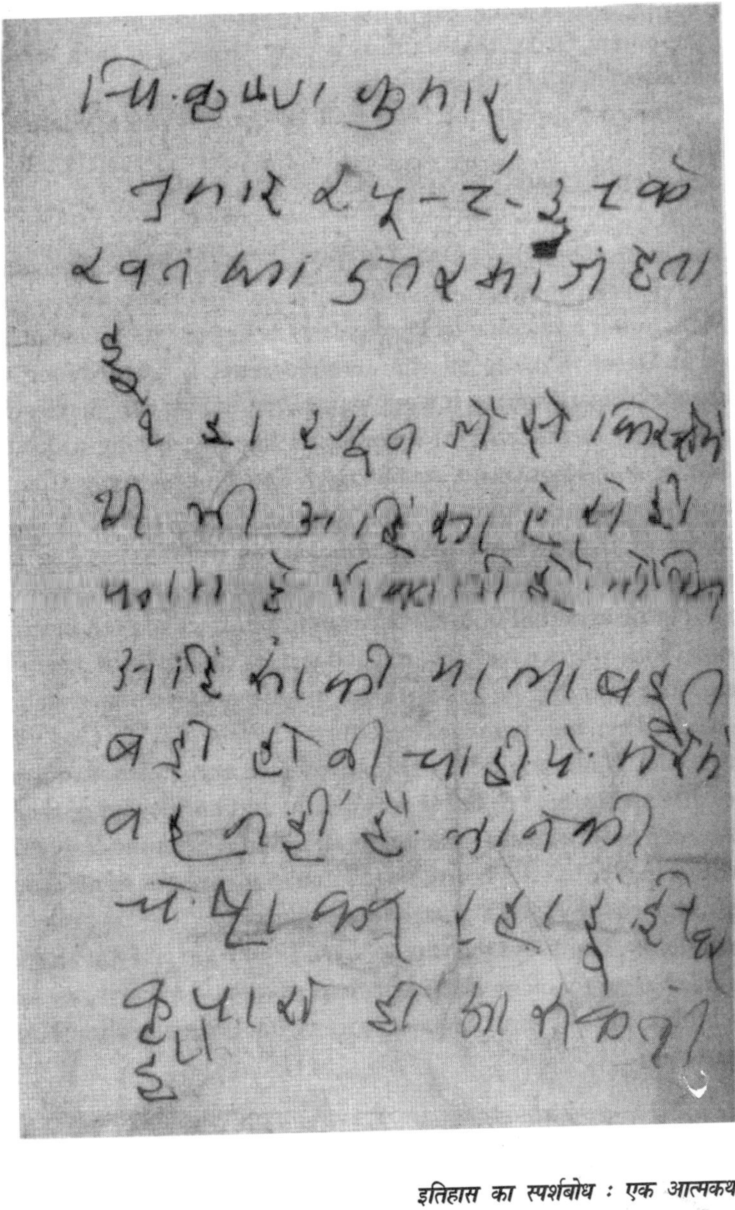

चि. कृष्णकुमार

तुमारे २५-१-४२ के खत का उत्तर आज देता हुं

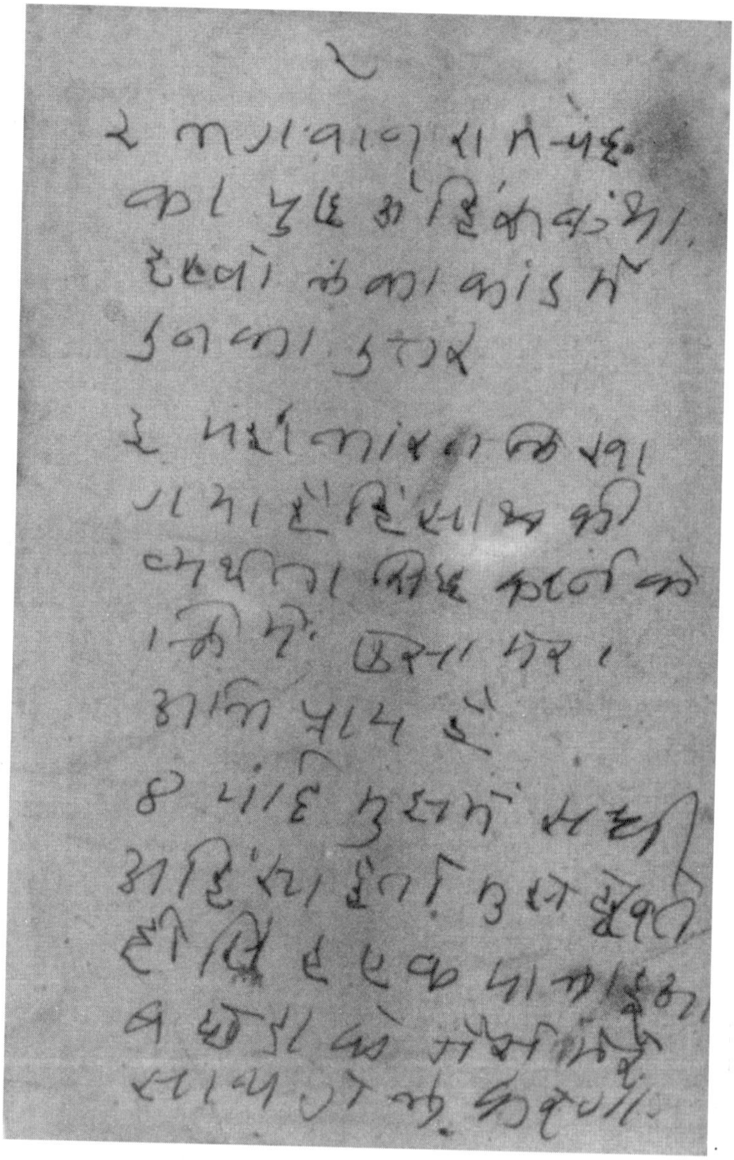

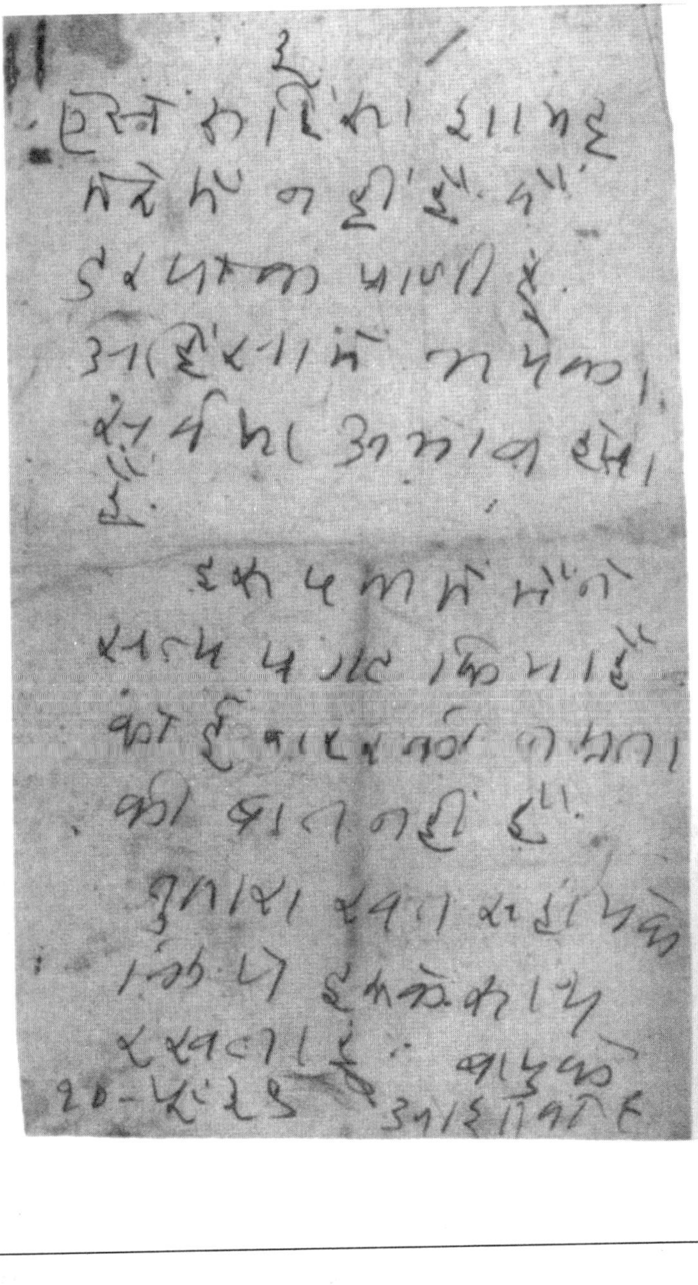

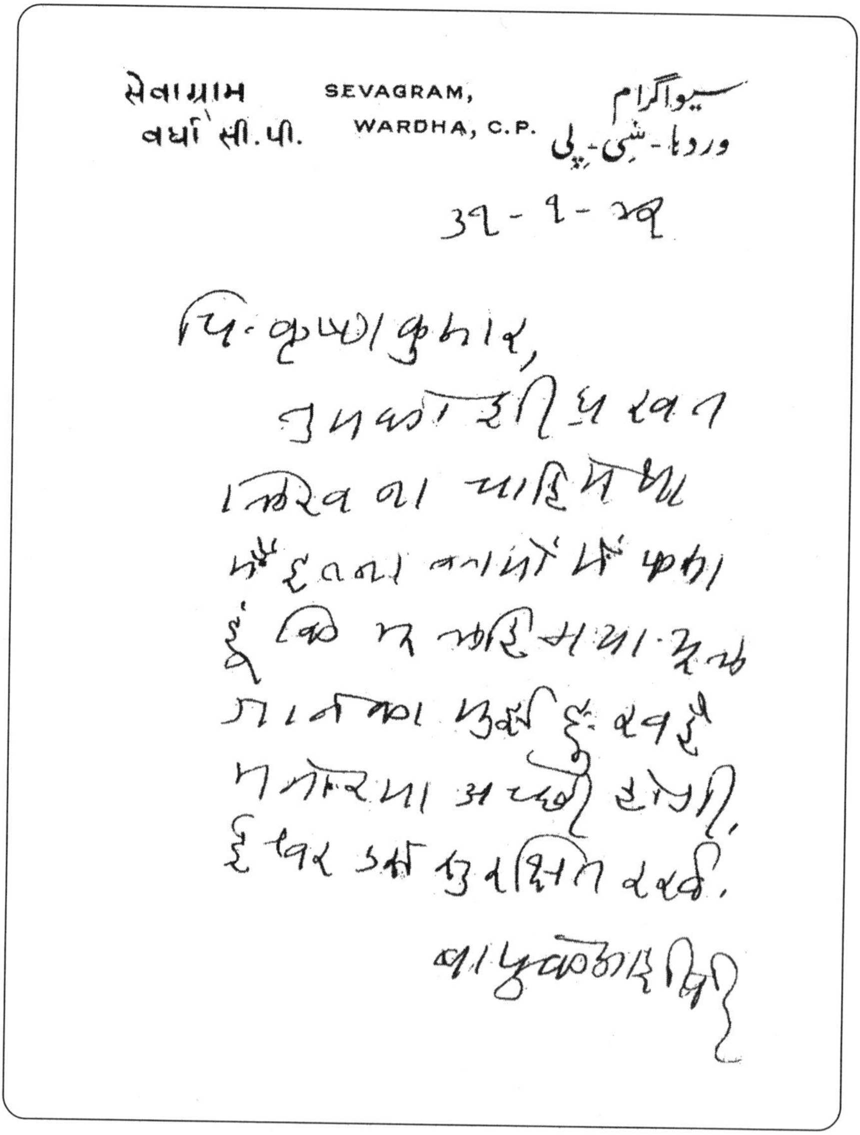
सेवाग्राम SEVAGRAM, سیواگرام
वर्धा सी.पी. WARDHA, C.P. وردھا-سی-پی

३१-१-४१

चि. कृष्णकुमार,

तुमको शीघ्र खत लिखना चाहिए था। मैं इतना कामों में फँसा हूँ कि भूल ही गया। भूल जाने का मुझे दुख है। मनोरमा अच्छी होगी। ईश्वर उसे सुरक्षित रखे।

बापु के आशीर्वाद

चि. कृष्ण कुमार,

तुमको शीघ्र खत लिखना चाहिए था। मैं इतना कार्यों में फँसा हूँ कि भूल ही गया। भूल जाने का मुझे दुख है। मनोरमा अच्छी होगी। ईश्वर उसे सुरक्षित रखे।

बापू के आशीर्वाद

उन्होंने उत्तर देने में विलम्ब के लिए दुख व्यक्त किया। यह महात्माजी की महानता ही थी।

पांडिचेरी की यात्रा

एक तरह से मेरी पांडिचेरी-यात्रा मात्र एक संयोग थी। मेरे एक बहुत अच्छे मित्र लोकनाथ धनढानिया भागलपुर में रहते थे। एक साधनसम्पन्न व्यक्ति होने के साथ-साथ वे कला और संस्कृति में भी रुचि रखते थे। उन्हें बागवानी का भी शौक था। उनके दो बेटे थे। उनका छोटा बेटा किशोरी लाल पांडिचेरी की मदर के प्रभाव में आ गया। उसने वहीं जाकर रहने और मदर की संस्था में भर्ती होने की घोषणा कर दी। लोकनाथ अपने बेटे के इस निर्णय से अत्यधिक विचलित हो उठे। वे मेरे पास आए और मुझसे यह अनुरोध करने लगे कि मैं पांडिचेरी जाकर उनके बेटे से बात करूँ और उसे समझा-बुझाकर आश्रम को छोड़कर अपने घर लौटने और अपना पारिवारिक व्यवसाय सँभालने के लिए मनाने का प्रयास करूँ। लोकनाथ ने कहा कि यदि मैं इस सम्बन्ध में मदर से मिलने की जरूरत समझूँ तो उनसे भी मिल लूँ। मैंने लोकनाथ से कहा कि पांडिचेरी जाने और मदर से मिलने में कोई कठिनाई नहीं थी, लेकिन मुझे सन्देह था कि उनका बेटा भागलपुर या कोलकाता लौटने और अपना पारिवारिक व्यवसाय करने के लिए सहमत होगा। फिर भी, लोकनाथ की व्यथा को देखते हुए मैं वहाँ जाने के लिए राजी हो गया।

पांडिचेरी में मैं उनके बेटे से मिला। हमारे बीच काफी लम्बी बातचीत हुई। उसने कहा कि वह पटना, भागलपुर या कोलकाता लौटने का बिल्कुल भी इच्छुक नहीं था। लेकिन मेरे बहुत जोर देने पर वह इस बात के लिए राजी हो गया कि अगर स्वयं मदर उसे आश्रम से जाने के लिए कहेंगी तो वह भागलपुर लौट जाएगा।

मैंने मदर के साथ भेंट का समय ले लिया था। मैं उनसे मिला और उनके व्यक्तित्व, सम्मोहन और चुम्बकीय आकर्षण से अत्यधिक प्रभावित हुआ। मैंने उन्हें उस लड़के, उसके पिता लोकनाथ और उनके परिवार की पृष्ठभूमि के बारे में बताया और उनसे अनुरोध किया वे वे लड़के को घर लौटकर अपना पारिवारिक व्यवसाय करने की अनुमति दे दें। मदर ने कहा कि यदि लड़का जाना चाहता था तो वे उसका रास्ता नहीं रोकेंगी, लेकिन वे स्वयं उसे वहाँ से जाने के लिए नहीं कहेंगी। वह एक स्वतन्त्र आत्मा थी और अपना भला-बुरा सोचने में सक्षम थी।

इस तरह एक विचित्र स्थिति पैदा हो गई। किशोरी लाल का कहना था कि मदर के निर्देश के बिना वह घर लौटकर, पारिवारिक व्यवसाय नहीं सँभालेगा, जबकि मदर ने जाने या न जाने का निर्णय उसकी अपनी इच्छा पर छोड़ दिया था। मेरे लिए अब कोलकाता लौटने के सिवा और कोई चारा नहीं था। मैं उठ खड़ा हुआ। तभी मदर ने मेरे साथ पन्द्रह मिनट का समय और बिताने की इच्छा प्रकट की। हम दोनों बिना किसी निष्कर्ष पर पहुँचे पिछले पैंतालीस मिनट से किशोरी लाल के बारे में बात कर रहे थे, इसलिए मुझे आश्चर्य हुआ कि आखिर अगले पन्द्रह मिनटों में क्या होने जा रहा था। मैं नहीं जानता था कि उन्होंने ऐसा क्यों कहा था। लेकिन उनकी इच्छा का पालन करते हुए मैं उनके सामने बैठ गया। मदर ने मुझे अपनी आँखों में झाँकने के लिए कहा और मेरी तरफ एकटक देखने लगीं। मदर से मेरी भेंट होने से पहले उनके बहुत-से भक्तों ने मुझे यह जानकारी दे दी थी कि वे मुझे अपनी आँखों में झाँकने के लिए कह सकती थीं। उन सबका कहना था कि यदि ऐसा हुआ तो मुझे अपने-आपको सौभाग्यशाली समझना चाहिए, क्योंकि इसका अर्थ

यह होगा कि मदर मुझे वरदान देना चाहती थीं। किन्तु इस मामले में मेरे अपने अलग विचार थे। मदर ने मुझे अपनी आँखों में झाँकने के लिए कहा तो मैं तुरन्त समझ गया कि उनके पास हिप्नोटिज्म की शक्ति थी। मैं हिप्नोटिज्म के बारे में बहुत कुछ पढ़ चुका था और जानता था कि बहुत-से लोगों के पास दूसरों को हिप्नोटाइज या सम्मोहित करने की शक्ति होती है। लेकिन मेरा सम्मोहित होने का कोई इरादा नहीं था। इसलिए कुछ देर तक उनकी आँखों में झाँकने के बाद मैं कुछ क्षणों के लिए दूसरी ओर देखने लगता। पन्द्रह से बीस मिनट तक इसी तरह चलता रहा। इसके बाद सम्भवतः मदर की समझ में आ गया कि मुझे हिप्नोटाइज करना बहुत कठिन काम था।

एक बार लन्दन में एक चिकित्सक ने मुझसे कहा था कि कुछ रोगों के लिए हिप्नोटिज्म बहुत अच्छी दवा है। एक दिन मात्र उत्सुकतावश मैं अपनी पत्नी के साथ एक हिप्नोटिस्ट के पास चला गया। मैंने उसे मुझे हिप्नोटाइज करने की चुनौती दी। वह आधे घंटे तक कोशिश करता रहा और फिर हथियार डालते हुए बोला कि मुझे हिप्नोटाइज करना उसके वश से बाहर था। इसलिए जब मैं मदर से मिला तो मुझे पूरा भरोसा था कि वे मुझे हिप्नोटाइज नहीं कर पाएँगी। लेकिन इसके साथ ही मुझे उनके शक्तिशाली व्यक्तित्व का भी अहसास था। आध्यात्मिक दृष्टि से भी वे बहुत ऊँचे स्तर पर थीं। लेकिन क्योंकि मैं हिप्नोटाइज होना नहीं चाहता था, इसलिए मैंने अपने तरीके से इस खेल को खेला था।

मैंने कोलकाता लौटकर लोकनाथ को सविस्तार सब कुछ बताया। उन्हें यह सुनकर दुख हुआ कि मदर उनके बेटे को उनके पास लौटने देना नहीं चाहती थीं। फिर भी, मेरे प्रति उन्होंने अपना आभार व्यक्त किया। उन्होंने यह भी कहा, "बाबू, यह मेरा सौभाग्य था कि मदर आपको हिप्नोटाइज नहीं कर सकीं।" मैंने उन्हें बताया कि जैसे ही मदर ने मुझे अपनी आँखों में झाँकने के लिए कहा था, मैं आशंकित हो उठा था और बहुत ज्यादा सावधान हो गया था।

डी. लिट का सम्मान

मुझे पांडिचेरी विश्वविद्यालय से यह सन्देश मिला कि वे लोग मुझे डॉक्टर ऑफ लेटर्स (ऑनरिस कॉजा) की डिग्री से सम्मानित करना चाहते थे। इसके लिए 10 सितम्बर 1997 को एक समारोह का आयोजन किया गया था। मैंने पांडिचेरी जाने की पूरी तैयारी कर ली थी, लेकिन कुछ अपरिहार्य कारणों से मुझे अन्तिम क्षणों में अपने कार्यक्रम को रद्द करना पड़ा। डॉ. ए. नानम विश्वविद्यालय के उप-कुलपति थे। मैं पूरा प्रशस्ति-पत्र उद्धृत करने की बजाय उसमें से मात्र दो पैरे यहाँ प्रस्तुत करना चाहूँगा–

शैक्षणिक विकास में श्री बिड़ला का योगदान राष्ट्र के औद्योगिक विस्तार में उनके योगदान से लेष मात्र भी कम नहीं है। उनकी सतर्क देखरेख में पिलानी का बिड़ला एजुकेशन ट्रस्ट अनेक आवासीय और गैर-आवासीय स्कूल चला रहा है। पिलानी का बिड़ला विज्ञान एवं प्रौद्योगिकी संस्थान इंजीनियरिंग और विज्ञान में उत्कृष्ट उच्च शिक्षा प्रदान करता है। के. के. बिड़ला अकादमी नई दिल्ली और के.के. बिड़ला फाउंडेशन क्रमशः शोध और भारतीय संस्कृति के संरक्षण को प्रोत्साहन देने का काम कर रहे हैं।

बिड़ला एक व्यक्ति के रूप में भी उतने ही सम्मोहक हैं जितने कि एक उद्योगपति के रूप में। वे एक सादे और शालीन व्यक्ति हैं, जिनके लिए विनम्रता ही बुद्धिमत्ता है। वे अपना हर काम मिशनरी भावना के साथ करना पसन्द करते हैं और उन्यासी वर्ष की उम्र में भी प्रतिदिन अठारह घंटे काम करते हैं। वे अपने उद्योगों की देखरेख करने, खेलकूद और ललित कलाओं को प्रोत्साहन देने, धर्म, अर्थ-व्यवस्था, और सामयिक राजनीतिक और सामाजिक विषयों पर व्याख्यान देने और पुस्तकें लिखने के साथ-साथ एक संसद-सदस्य के रूप में अपनी गतिविधियों में व्यस्त रहते हैं। वे देश के एक शीर्ष उद्योगपति हैं और अपने-आपमें अप्रतिम हैं।

गजानन्द डालमिया

गजानन्द डालमिया बहुत साहसी व्यक्ति थे। वे पाकिस्तान के ओकारा नामक क्षेत्र में हमारी सतलुज कपड़ा मिल की एक ईकाई के प्रबन्धक थे। मई 1958 में उन्हें मिल के दो अन्य भारतीय पदाधिकारियों के साथ गिरफ्तार कर लिया गया। उन पर मिल की आय छिपाने और पाकिस्तान सरकार के राजस्व को घाटा पहुँचाने का आरोप लगाया गया। पूरा मामला राजनीति से प्रेरित था। मिल के कुछ पाकिस्तानी पदाधिकारी यह बात हजम नहीं कर पा रहे थे कि मिल की देखरेख भारतीय अधिकारियों के हाथ में हो। वे किसी पाकिस्तानी अधिकारी को मिल के महाप्रबन्धक के रूप में देखना चाहते थे। हमने पाकिस्तान सरकार के पास अपना अभिवेदन भेजा। मैं यहाँ उस अभिवेदन के तीन पैरे उद्धृत कर रहा हूँ–

> If, however, unknown to the Company or its Managing Agents, there has occurred any breach of any law or regulation by any employee of the Company or there has been any loss of revenue to the Government of Pakistan by any act of contravention by any employee of the Company such as by way of incorrect packing and/or marketing, sale of stores and/or other consumable goods, under-invoicing etc., then in view of these circumstances and in view of the most sympathetic attitude of the authorities concerned and the declared benevolent policy of the Government of Pakistan, the Company offers a sum of Rs. 2,50,000/- [Rupees two lacs fifty thousand only] as a gesture of its goodwill, sincerity and cooperation. A cheque for this amount is being enclosed herewith.
>
> The Company submits that the Central Board of Revenue, Government of Pakistan, will be kind enough to accept this amount on the understanding that the Company and/or its Managing Agents are absolved of all consequences of any contravention of the rules and regulations prevalent in Pakistan, in case any such contraventions have taken place.

The Company and the Managing Agents assure the Government of Pakistan that they are always prepared to give their utmost cooperation and to take all such steps as are possible for the observance of all rules and regulations of Pakistan.

इससे पहले हमने अपने कुछ लोगों को पाकिस्तान भेजा था, जो सम्बन्धित अधिकारियों से मिलकर एक समझौते पर पहुँचने में सफल रहे थे। इस समझौते के परिणामस्वरूप ही पाकिस्तान सरकार को यह अभिवेदन भेजा गया था।

हरीश साल्वे के साथ पत्र-व्यवहार

हरीश साल्वे आज उच्चतम न्यायालय के चोटी के वकीलों में से हैं। उन्होंने राजेन्द्र लोढ़ा मामले में हमारी तरफ से मुकदमा लड़ना स्वीकार कर लिया था। लेकिन बाद में उन्होंने हमारा मुकदमा वापस कर दिया और हमारे खिलाफ लोढ़ा की वकालत करने का फैसला कर लिया। हमारे कानूनी सलाहकारों का कहना है कि उनकी जानकारी में यह ऐसा पहला मामला है जिसमें किसी वकील ने एक पक्ष का मुकदमा स्वीकार करने के बाद लौटा दिया हो और उसी के खिलाफ विरोधी पक्ष का मुकदमा लड़ना स्वीकार कर लिया हो।

लोढ़ा मामले में हरीश के साथ मेरा कुछ दिलचस्प पत्र-व्यवहार हुआ। पाठकों की जानकारी के लिए मैं उन पत्रों को यहाँ प्रस्तुत कर रहा हूँ।

निजी एवं गोपनीय

25 जुलाई 2005

प्रिय हरीश,

मैं तुम्हें यह पत्र तुम्हारे और सुश्री गौरी रसगोत्रा के बीच हाल के पत्र-व्यवहार के सम्बन्ध में लिख रहा हूँ। गौरी के नाम 18 जुलाई के अपने अन्तिम पत्र में तुमने लिखा है, "मैं श्री बिड़ला से निश्चित रूप से मिलूँगा—यद्यपि जहाँ तक रिटेनरशिप का सम्बन्ध है, यह मेरा अन्तिम निर्णय है।" मैं तुम्हारे निर्णय को बदलने का किसी भी तरह का कोई प्रयास नहीं कर रहा हूँ। यदि तुम निर्णय ले चुके हो तो यह अध्याय बन्द हो चुका है। लेकिन फिर भी मैंने दो कारणों से तुम्हें यह पत्र लिखने का विचार किया।

पहला कारण यह है कि तुम्हारे साथ हाल की विनिमय-वार्त्ताओं के दौरान मैंने एक महत्त्वपूर्ण भूमिका निभाई थी। इसलिए जो कुछ तुमने गौरी को लिखा है उस पर कुछ टिप्पणियाँ आवश्यक हैं। फिर भी यदि मेरे दिमाग में सिर्फ यही बात होती तो भी मैं यह पत्र न लिखता। इससे कहीं अधिक महत्त्वपूर्ण एक अन्य पहलू भी है, जिसके कारण मैं तुम्हें यह पत्र लिखने के लिए प्रेरित हुआ हूँ। उस पहलू को मैं इस पत्र में आगे स्पष्ट करूँगा।

जहाँ तक मेरी भूमिका से जुड़े पहले पहलू का प्रश्न है, मैं निम्नलिखित वक्तव्य देना चाहूँगा।

यह पहली जुलाई की बात है, जब मैं मसूरी में छुट्टियाँ मना रहा था। हमारे लोगों ने उस दिन कोलकाता से मुझे फोन करके कहा कि श्री राजेन्द्र लोढ़ा लन्दन में थे, कि तुम भी लन्दन मे थे, और राजेन्द्र तुम्हें हमारा मुकद्मा छोड़ने के लिए राजी करने के बहुत गम्भीर प्रयास कर रहे थे। यह सब सुनने के बाद मैंने अपने सचिव से तुम्हारा पता लगाने और तुमसे फोन पर बात करने के लिए सुविधाजनक समय लेने के लिए कहा। मुझे बताया गया कि मुझे भारतीय समय के अनुसार तुम्हें रात को 11.00 बजे फोन करना चाहिए। तदानुसार, मैंने 1 जुलाई को रात के 11.00 बजे तुम्हें मसूरी से फोन किया। अपना परिचय देने के बाद मैंने तुमसे पूछा कि लोढ़ा मामले की क्या स्थिति थी। तुमने मुझे बताया कि आजकल तुम ऐसे मामलों में पैरवी नहीं करते हो जहाँ पार्टी की तरफ से चार-पाँच वकील खड़े हो रहे हों। मैंने तुम्हारे विचारों की सराहना करते हुए अपनी स्थिति स्पष्ट की। मैंने तुम्हें बताया कि हमने लोढ़ा के खिलाफ दीवानी और फौजदारी दोनों तरह के मामलों में मुकदमे दायर किए थे। दीवानी मामलों में हमारी तरफ से सिर्फ दो वकील थे—श्री अरुण जेटली और तुम। तुमने कहा कि तुम्हें अरुण के साथ काम करने में कोई कठिनाई नहीं थी। मैंने तुम्हें यह ठोस आश्वासन दिया कि यदि हम कोई तीसरा वकील करेंगे तो तुम्हारी सहमति लेने के बाद ही ऐसा करेंगे, और तुम्हारी पूर्व-सहमति के बिना हम अपनी तरफ से कोई भी वकील नहीं करेंगे। तुमने कहा कि यह बिल्कुल ठीक था। मैंने हमारे बीच हुई इस बातचीत को सन्तोषजनक मानते हुए कोलकाता में अपने लोगों को इसकी जानकारी दे दी।

13 जुलाई को अचानक ही मुझे यह सूचना मिली कि तुम इस मामले पर पुनर्विचार कर रहे हो। मुझे बताया गया कि तुम्हारे और गौरी के बीच कुछ पत्र-व्यवहार हुआ था। यह समाचार सुनने के बाद मैंने एक बार फिर टेलिफोन पर तुमसे सम्पर्क स्थापित किया। तुमने एक बार फिर वही बात दोहराई जो तुमने मुझे मसूरी में कही थी, कि तुम ऐसे मुकदमे लड़ना पसन्द नहीं करते जिनसे बहुत-से वकील जुड़े हुए हों। मैंने भी वही मसूरीवाली बात दोहराई, कि हमारी तरफ से दीवानी मामले में सिर्फ दो वकील होंगे—तुम और अरुण। 13 जुलाई को बुधवार था। मुझे ऐसे लगा जैसे तुम पूरी तरह से सन्तुष्ट नहीं हुए थे। इसलिए मैंने तुमसे कहा कि मैं अगले सप्ताह शनिवार और रविवार को दिल्ली में होऊँगा और तुम्हें तुम्हारे घर पर मिलूँगा। तुमने कहा कि ठीक है। मैं अपने मन में आश्वस्त था कि जब मैं तुम्हें दिल्ली में मिलूँगा तो तुम्हारे सभी सन्देह दूर कर दूँगा। तदनुसार मैंने दिल्ली में अपनी सचिव से कहा कि तुम्हारी सुविधा के अनुसार 23 या 24 जुलाई को तुम्हारे घर पर तुम्हारे साथ भेंट का समय ले ले। मेरी सचिव ने इस भेंट का समय जानने के लिए अगले दिन तुम्हारे सचिव को फोन किया तो कहा गया कि भेंट का समय कुछ दिन बाद बताया जाएगा।

हमारी बातचीत के बाद मैंने अपने लोगों से तुम्हारे और गौरी के बीच हुआ सारा पत्र-व्यवहार मेरे सामने रखने के लिए कहा। गौरी के नाम अपने एक पत्र में तुमने ऐसे बहुत-से वकीलों का नाम लिया था जिनकी सेवाएँ ली गई थीं। खैतान एंड कम्पनी ने तुम्हें आश्वस्त किया कि हमारी तरफ से सिर्फ दो वकील होंगे। इस पर तुम्हारी प्रतिक्रिया-अगर मैंने तुम्हें ठीक-से समझा था तो—यह थी कि ऐसा करना

रीटेनरशिप का उल्लंघन करना होगा। साथ-ही-साथ तुमने यह भी कहा कि हमारी तरफ से स्वाभाविक रूप से वरिष्ठतम वकील नेतृत्व करेगा और यह तुम्हें स्वीकार्य नहीं था। यही वह बात थी जिसके बारे में मैं तुम्हारे साथ चर्चा करके तुम्हारे मन के सन्देहों को दूर करने जा रहा था। हमारा विचार सिर्फ दो वकील करने का था। जहाँ तक उन अन्य वकीलों का सम्बन्ध था जिन्हें हम रिटेनरशिप फीस भेज चुके थे, तो इस समस्या को हल करना हमारा काम था।

तुमने गौरी को जो सूची भेजी है, उसमें कई ऐसे नाम हैं जिनके साथ हमारा कोई सम्बन्ध नहीं है और जिन्हें कोई रीटेनरशिप फीस नहीं दी गई है। उदाहरण के लिए हमने सर्वश्री सोली सोराबजी, मुकुल रोहतगी, वीरेन्द्र तुल्जापुरकर और जनक द्वारकादास की सेवाएँ नहीं ली हैं, जिनके नाम का उल्लेख तुमने गौरी के नाम 7 जुलाई के अपने ई-मेल में किया है। इस पत्र में तुमने यह भी लिखा है कि तुम्हें बताया गया है कि बिड़ला मामला अब मेरी बजाय मेरे छोटे भाई बसन्त कुमार के हाथ में है। गौरी ने इस पत्र का उत्तर दे दिया है, लेकिन मैं स्वयं भी यह स्पष्ट करना चाहूँगा कि तुम्हारी सूचना सही नहीं है। हम सगे और चचेरे भाई एक-दूसरे के साथ विचार-विमर्श करके ही काम कर रहे हैं। हम सभी का आपस में बहुत गहरा स्नेह और लगाव है। परिवार के सभी सदस्यों को समान समझा जाता है। मैं इस समय बिड़ला परिवार का प्रधान हूँ और इस दृष्टि से इन समान सदस्यों में सर्वप्रथम हूँ। जो भी हो, वास्तविकता यह है कि मेरी सहमति के बिना परिवार या हमारे वकीलों द्वारा कोई भी महत्त्वपूर्ण कदम नहीं उठाया जाता।

तुम्हें यह पत्र लिखने के पीछे मेरा यह उद्देश्य है : जब हमारे बीच एक समझौता हो चुका था, पहले जब 1 जुलाई को मैंने तुम्हें मसूरी से फोन किया था, और दूसरी बार जब 13 जुलाई को मैंने तुम्हें कोलकाता से फोन किया था, तो क्या तुम्हारा गौरी को यह लिखना उचित था कि तुमने जो निर्णय लिया था वह अन्तिम था? मैं तुम्हारे साथ किसी विवाद में पड़ना नहीं चाहूँगा। मैं यह मामला तुम्हारे विवेक पर छोड़ता हूँ।

जैसाकि मैंने इस पत्र के शुरू में लिखा था, तुम्हें यह पत्र लिखने के पीछे दो कारण थे। दूसरा कारण अधिक महत्त्वपूर्ण है और उसी ने मुझे तुम्हें यह पत्र लिखने के लिए प्रेरित किया है। अध्याय बन्द हो जाने के बाद भी तुम्हें यह पत्र लिखने का कारण यह है कि तुम्हारे पिता एन.के.पी. साल्वे के साथ मेरे बहुत विशिष्ट सम्बन्ध थे। इसलिए मैं तुम्हें एक मुवक्किल के रूप में नहीं बल्कि तुम्हारे पिता के घनिष्ठ मित्र के रूप में यह पत्र लिख रहा हूँ। श्री एन.के.पी. साल्वे और मैं तीन कार्यकालों अर्थात् 18 वर्ष तक राज्यसभा में साथ-साथ रहे। इतना ही नहीं, मैं तुम्हारे पिता को 1984 में उनके राज्यसभा में प्रवेश से पहले से जानता था। मैं उन्हें 70 के दशक के अन्तिम वर्षों से जानता हूँ, जब वे मेरे निमन्त्रण पर बिड़ला हाउस में आकर मेरे साथ चाय पीने की कृपा किया करते थे। राज्यसभा में हम एक-दूसरे के अत्यधिक निकट थे। लगभग सभी मामलों पर हमारे विचार मिलते-जुलते थे, इसलिए हमारे बीच मित्रता का बहुत गहरा सूत्र स्थापित हो गया था। भोजन के लिए अवकाश-काल के दौरान हम अक्सर केन्द्रीय हॉल में साथ-साथ नाश्ता करते थे या कॉफी पीते थे। अगर तुम साल्वे साहब से बात करोगे तो वे मेरी इन बातों की पुष्टि करेंगे।

यही वह कारण है–कि श्री एन.के.पी. साल्वे के सुपुत्र ने मेरी भावनाओं को ठेस पहुँचाई है और उसने हमारा मुकदमा छोड़कर लोढ़ा का मुकदमा स्वीकार कर लिया है–जिसने मुझे तुम्हें यह पत्र लिखने के लिए प्रेरित किया है। जब मैंने 18 जुलाई का तुम्हारा पत्र पढ़ा, जिसे तुमने ई-मेल से गौरी को भेजा है, और जिसमें तुमने लिखा है कि अगर मैं चाहूँ तो तुम मुझे मेरे घर पर मिलने के लिए तैयार हो, लेकिन मुकदमा छोड़ने का तुम्हारा निर्णय अन्तिम है, तो मुझे बहुत दुख हुआ। अब जो स्थिति सामने आई है, उससे मुझे बहुत ज्यादा ठेस पहुँची है।

क्योंकि तुम मुकदमा छोड़ने के सम्बन्ध में अन्तिम निर्णय ले चुके हो, इसलिए मैं तुम्हें तुम्हारे निर्णय से डिगाने का कोई प्रयास नहीं करूँगा। परन्तु मैं तुम्हें अपने विचारों से अवगत करवाने की इच्छा को नहीं रोक पाया हूँ।

शुभकामनाओं सहित,

के.के. बिड़ला

उनका उत्तर इस प्रकार था–

29 जुलाई 2005

प्रिय बिड़ला जी,

सबसे पहले मैं यह कहने की अनुमति चाहूँगा कि मैं आपके पत्र में अन्तर्निहित भावनाओं को समझता हूँ और उनका सम्मान करता हूँ।

राष्ट्र-निर्माण में आपके योगदान को देखते हुए और अपने पिता के साथ आपकी मित्रता के कारण भी मेरे मन में आपके लिए हमेशा बहुत ऊँचा सम्मान रहा है और आज भी है। पिछले एक वर्ष की घटनाओं ने जिस स्थिति को जन्म दिया है उससे मैं सचमुच बहुत खिन्न हूँ।

मैं कानूनी सलाह को 'ब्लॉक' करने के इस अपेक्षाकृत नए चलन की सार्वजनिक तौर पर निन्दा करता रहा हूँ। इससे हमारे व्यवसाय का नाम खराब होता है और हमें बिकाऊ वस्तुओं की तरह दिखने पर बाध्य कर देता है।

इसमें अब कोई सन्देह नहीं रहा है कि जहाँ मुझे (सॉलिसिटरों द्वारा) यह आश्वासन दिया गया था कि रीटेनरशिप सिर्फ उन वरिष्ठ वकीलों तक सीमित रहेगी जिन्हें वास्तव में मुकदमा लड़ना है, वहीं अब यह स्पष्ट हो चुका है कि 'परिवार' की तरफ से अन्य लोगों को भी रीटेनरशिप दी जा रही थी।

आपने ठीक ही कहा है कि इस विवाद की बागडोर परिवार के किसी एक सदस्य के हाथ में समझना उपयुक्त नहीं है–यह परिवार से जुड़ा हुआ मामला है और परिवार के वरिष्ठतम सदस्य होने के कारण इस मामले में आपकी निर्णायक भूमिका होना बहुत स्वाभाविक है। दरअसल यही कारण था कि मैं इस स्पष्टीकरण से सन्तुष्ट नहीं हो पाया कि परिवार के कुछ सदस्यों ने ये रीटेनरशिपें दी थीं।

जब 'इंडिया टुडे' के लेख ने कहा कि बहुत-से लोगों को रीटेनरशिप दी जा रही थी तो मैंने स्पष्टीकरण माँगा और मुझसे कहा गया कि यह सब झूठ था।

अब पहली बार यह बात खुलकर स्वीकार की गई है कि दूसरों को भी रीटेनरशिप दी गई है, जिनमें कुछ ऐसे वरिष्ठ वकील भी शामिल हैं जो मुझसे भी वरिष्ठ हैं।

अपने काम को सीमित रखने के लिए मैं इस नियम का बहुत निष्ठापूर्वक पालन करता हूँ कि मैं दूसरे स्थान की पैरवियाँ नहीं लेता—मुझे लगता है कि 1999-2002 की अवधि के दौरान मुझे जिस ऊँचे पद पर रहने का सौभाग्य प्राप्त हो चुका है, उसकी गरिमा को देखते हुए भी ऐसा करना उपयुक्त है।

जैसाकि मैंने आपको फोन पर संक्षेप में समझाने का प्रयास किया था, इस तरह की रीटेनरशिपों से अपने व्यावसायिक सहकर्मियों की नजरों में मेरी स्थिति बहुत अटपटी हो जाती है।

आपसे मसूरी में बात करने के बाद मैंने कुछ और छानबीन की थी और व्यक्तिगत रूप से इस बात की पुष्टि की थी कि श्री सोली सोराबजी समेत कई अन्य वरिष्ठों को बिड़ला परिवार की तरफ से रीटेनरशिप दी गई थी।

इसके बाद यह विषम स्थिति पैदा हो गई कि या तो कोई अन्य वरिष्ठ वकील भी इस मामले की पैरवी करेगा, या फिर रीटेनरशिप को तोड़ा जाएगा। ऐसी स्थिति में भले ही उनसे कुछ भी क्यों न कहा जाता, वे इस अनुबन्ध-भंग के लिए मुझे ही जिम्मेदार ठहराते।

सबसे महत्त्वपूर्ण बात यह है कि यह स्थिति मुझे दिए गए आश्वासन के उलट थी और साफतौर पर ऐसा लग रहा था कि मुझे जान-बूझकर गलत सूचना दी गई थी। यहाँ मैं यह भी जोड़ना चाहूँगा कि आपने व्यक्तिगत रूप से मुझे इस तरह की कोई सूचना नहीं दी थी, किन्तु तथ्य यह है कि इस मामले में धोखे में रखे जाने के बाद ही मैंने रीटेनरशिप स्वीकार की थी।

इसी सन्दर्भ में मैंने गौरी को सूचित किया था कि स्थिति अब अपरिवर्तनीय हो चुकी थी और मेरे सामने रीटेनरशिप वापस करने के अलावा कोई दूसरा विकल्प नहीं था।

मैं आपसे व्यक्तिगत भेंट होने पर आपको सब कुछ विस्तार से समझाने का इच्छुक था। मुझे पूरा विश्वास था कि आप मेरी स्थिति को समझ सकेंगे, क्योंकि इसके साथ कुछ ऐसी बारीकियाँ भी जुड़ी हुई थीं जिन्हें कागज पर न उतारना ही उचित है।

मुझे प्रसन्नता है कि आपने अपने विचारों को पत्र के माध्यम से व्यक्त किया, और अब मेरे द्वारा भी ऐसा करने से दिलों को साफ करने में मदद मिलेगी।

शुभकानाओं सहित,

हरीश एन. साल्वे

निजी एवं गोपनीय

10 अगस्त 2005

प्रिय हरीश,

कृपया इसे दिनांक 29 जुलाई के अपने पत्र के सन्दर्भ में पढ़ें। राष्ट्र के निर्माण में बिड़ला परिवार के योगदान के लिए तुमने जो प्रशंसा भरे शब्द कहे हैं, उनके लिए मैं तुम्हारा आभार व्यक्त करता हूँ। मैं 25 जुलाई के अपने पत्र में उठाई गई बातों

का समग्रतापूर्वक उत्तर देने के लिए भी तुम्हारी सराहना करता हूँ। तुम्हारे इस पत्र के साथ मैं इस पत्र-व्यवहार को बन्द कर देना चाहता था; किन्तु तुम्हारे पत्र में कुछ ऐसी बातें उठाई गई हैं जिनका स्पष्टीकरण आवश्यक है। इसलिए मैं निम्नलिखित टिप्पणियाँ करना चाहूँगा :

जहाँ तक किसी वकील को 'ब्लॉक' करने के नए चलन और वकीलों को वस्तुओं की तरह देखने का प्रश्न है, मैं बहुत दृढ़ शब्दों में कहना चाहूँगा कि हमारा ऐसा कोई इरादा नहीं था। हमने जो कुछ किया, मात्र अपनी आवश्यकता को देखते हुए किया। हमने सिर्फ निम्नलिखित चार वरिष्ठ वकीलों को रिटेनर-शुल्क दिया था :

1. स्वयं तुम
2. श्री अरुण जेटली
3. श्री एफ.एस. नरिमन
4. श्री के.के. वेणुगोपाल

लोढ़ा मामला कोलकाता उच्च न्यायालय में है। इसके बाद यह उच्चतम न्यायालय में जाएगा। अन्तिम फैसला होने में कुछ और वर्ष लग सकते हैं। जब हमने कुछ वकीलों को अनुबन्धित रखने का निर्णय लिया था तो हमने दूर की सोचकर ही ऐसा किया था। इतने महत्त्वपूर्ण मामले में चार वकील करना किसी अनहोनी की सम्भावना को देखते हुए एक बुद्धिमत्तापूर्ण कदम था।

आज जिस तरह की स्थिति सामने आई है, उसे देखते हुए चार वकील करने का हमारा निर्णय बिल्कुल सही साबित हुआ है। क्योंकि तुम हमारा आदेश-पत्र (ब्रीफ) लौटाने का निर्णय ले चुके हो, इसलिए अब हमारे पास सिर्फ तीन वरिष्ठ वकील बचे हैं—अरुण, फली और वेणुगोपाल।

मैं अपने पिछले पत्र में पहले ही लिख चुका हूँ कि तुमने जिन चार वकीलों के नामों का उल्लेख किया था, उनसे हमने कभी भी सम्पर्क नहीं किया। ये चार नाम थे :

1. श्री सोली सोराबजी
2. श्री मुकुल रोहतगी
3. श्री वीरेन्द्र तुल्जापुरकर
4. श्री जनक द्वारकादास

मैं यहाँ यह भी कहना चाहूँगा कि लोढ़ाओं ने भी चार वरिष्ठ वकीलों को अनुबन्धित किया है। वे हैं :

1. श्री शान्तिभूषण
2. श्री गोपाल सुब्रामण्यम
3. श्री अनिल दीवान
4. श्री सी.ए. सुन्दरम

हमारी जानकारी के अनुसार तुम लोढ़ा का ब्रीफ स्वीकार कर चुके हो। मैं समझता हूँ कि श्री शान्ति भूषण और श्री अनिल दीवान दोनों ही तुमसे वरिष्ठ हैं।

इसलिए बहुत विचित्र स्थिति उत्पन्न हो गई है। मैं यह कहने के लिए क्षमा चाहूँगा कि मेरी सूचनाओं के अनुसार पिछले तीस वर्षों में ऐसा एक भी मामला सामने नहीं आया है जिसमें किसी वकील ने एक मुवक्किल का मुकदमा लौटा दिया हो और फिर उसी मुवक्किल के खिलाफ लड़ने के लिए विरोधी पक्ष का मुकदमा स्वीकार कर लिया हो।

किसी वकील को एक 'वस्तु' के रूप में देखने का प्रश्न ही नहीं उठता। वकीलों को हमारे समाज में बहुत ऊँचा दर्जा प्राप्त है। बिड़ला परिवार के हम सभी सदस्य स्वभाव से ही बहुत विनम्र हैं। हम जीवन में विनयशीलता को बहुत महत्त्व देते हैं और अहं की भावना से मुक्त हैं। हम अपने वकीलों का अत्यधिक सम्मान करते हैं। जैसाकि मैं ऊपर कह चुका हूँ, हमने चार वकीलों को अत्यन्त सावधानी की दृष्टि से ही अनुबन्धित किया था।

अपने पत्र में तुमने लिखा है कि तुमने "व्यक्तिगत रूप से इस बात की पुष्टि की थी कि श्री सोली सोराबजी समेत कई अन्य वरिष्ठों को बिड़ला परिवार की तरफ से रीटेनरशिप दी गई थी।" मुझे खेद है कि तुम्हारी सूचना गलत है। परिवार के किसी भी सदस्य की तरफ से श्री सोली सोराबजी की सेवाएँ नहीं ली गईं।

तुमने लिखा है कि तुमने गौरी के नाम अपने पत्र में लिखा था कि "स्थिति अब अपरिवर्तनीय हो चुकी थी और मेरे सामने रीटेनरशिप वापस करने के अलावा कोई दूसरा विकल्प नहीं था।" मैं एक बार फिर क्षमा चाहते हुए कहना चाहूँगा कि जब मैं बिड़ला परिवार के प्रमुख (वरिष्ठतम सदस्य) के रूप में तुमसे फोन पर एक बार नहीं बल्कि दो बार बात कर चुका था तो तुम्हें गौरी को कुछ लिखने की आवश्यकता ही क्या थी? जब उच्चतम स्तर पर बातचीत चल रही थी–तुम्हारे और मेरे बीच–तो गौरी के साथ कोई चर्चा नहीं होनी चाहिए थी। मेरा यह मानना है।

तुमने पत्र में लिखा है कि "मैं आपसे व्यक्तिगत भेंट होने पर आपको सब कुछ विस्तार से समझाने का इच्छुक था।" मैं इस सम्बन्ध में निम्नलिखित वक्तव्य देना चाहूँगा :

मैंने 13 जुलाई को तुम्हें कोलकाता से फोन किया था, और हमने कुछ ही दिनों में मिलने का फैसला किया था। अगले दिन, अर्थात् 14 जुलाई को मैंने अपने सचिव से तुम्हारे सचिव को फोन करके तुम्हारी सुविधानुसार 23 या 24 जुलाई को भेंट का समय लेने के लिए कहा। इसकी बजाय तुमने 19 जुलाई को, अर्थात् भेंट के सम्भावित दिन से सिर्फ चार दिन पहले, गौरी को यह लिख भेजा कि जहाँ तक रीटेनरशिप का सम्बन्ध था, तुम्हारे द्वारा लिया गया निर्णय तुम्हारा अन्तिम निर्णय था।

यदि तुम मुझसे भेंट करने के इच्छुक थे तो तुम अवश्य ही चार दिनों तक और प्रतीक्षा कर सकते थे। यहाँ मैं पूरी ईमानदारी के साथ कहना चाहूँगा कि मैं सचमुच ही तुमसे भेंट करने के लिए उत्सुक था। परन्तु यह भेंट तभी सार्थक होती यदि तुम खुले दिमाग के साथ मुझसे मिलना चाहते। यदि तुम पहले ही पूर्ण और अन्तिम निर्णय ले चुके थे तो फिर इस भेंट की तुक ही क्या थी?

मैं अब यह कहना चाहूँगा कि मेरे मन में कोई कटुता नहीं है और मैं इस अध्याय को समाप्त मानकर चल रहा हूँ। भले ही यह एक सुखद अन्त नहीं है, किन्तु मेरे मन में तुम्हारे लिए हमेशा स्नेह रहेगा, क्योंकि आखिर तुम मेरे पुराने मित्र श्री एन.के.पी. साल्वे के सुपुत्र हो। इन शब्दों के साथ मैं यह पत्र-व्यवहार बन्द कर रहा हूँ।

शुभकामनाओं सहित,

तुम्हारा,
के.के. बिड़ला

मेरी बेटी शोभना का संसद-सदस्य बनना

मैं पिछले अध्यायों में अपनी सबसे छोटी बेटी शोभना के बारे में लिख चुका हूँ। वह 1957 में पैदा हुई थी। शोभना और उसका पति श्याम दोनों ही अपने-अपने क्षेत्र में मेधावी हैं। श्याम एक अत्यन्त सफल व्यवसायी है। शोभना भी अपने-आपमें एक अत्यन्त सक्षम प्रशासक साबित हुई है। वह प्रचार से दूर रहना पसन्द करती है। वह बहुत सिद्धान्तवादी लड़की है।

जिन दिनों अटलजी प्रधानमन्त्री थे, गुजरात सूखे की चपेट में आ गया था। मैंने प्रधानमन्त्री के राष्ट्रीय राहत कोष के लिए अपनी सभी कम्पनियों से सहायता-राशि एकत्रित की थी। इनमें 'हिन्दुस्तान टाइम्स' भी शामिल था, जिसका मैं चेयरमैन हूँ। मैंने शोभना से कहा कि हम दोनों साथ-साथ जाकर प्रधानमन्त्री को ये चेक भेंट करेंगे। उस अवसर पर एक फोटोग्राफर भी उपस्थित था। प्रधानमन्त्री के घर पर ऐसे अवसरों पर एक फोटोग्राफर हमेशा उपलब्ध रहता है। चेक भेंट करने के बाद शोभना ने कहा कि वह चित्र नहीं खिंचवाना चाहती और वह एक तरफ हट गई। तो वह इस तरह की लड़की है।

शोभना ने यह भी कहा कि वह 'हिन्दुस्तान टाइम्स' द्वारा एकत्रित की गई धनराशि को प्रधानमन्त्री के राष्ट्रीय राहत कोष में नहीं देना चाहती थी, बल्कि अखबार की तरफ से एक गाँव को गोद लेकर उसके विकास-कार्य के लिए इस धनराशि का उपयोग करना चाहती थी। इसलिए जब हमने प्रधानमन्त्री से मिलकर सहायता-राशि के चेक भेंट किए तो उनमें 'हिन्दुस्तान टाइम्स' द्वारा एकत्रित की गई धनराशि नहीं थी। बाद में 'हिन्दुस्तान टाइम्स' ने एक गाँव को गोद लेकर उसका पुनर्निर्माण किया। परिणामस्वरूप वह गाँव एक अनूठा गाँव बन गया और गाँववालों ने शोभना की मुक्त कंठ से प्रशंसा की।

2002 में जब मेरा राज्यसभा का कार्यकाल समाप्त हुआ तो इस बात की पूरी सम्भावना थी कि थोड़ा प्रयास करने पर सोनियाजी मेरी जगह शोभना को नामांकित करने के लिए राजी हो जाएँ। लेकिन शोभना ने दृढ़तापूर्वक कहा कि भावनात्मक कारणों से वह उस वर्ष चुनाव लड़ना नहीं चाहती थी और मेरे द्वारा रिक्त की गई सीट के लिए किसी और व्यक्ति को चुना जाना चाहिए। चुनाव के बाद मैंने सोनियाजी से बात की और उन्होंने कहा कि वे जल्दी-से-जल्दी शोभना के लिए कोई सीट ढूँढ़ने का प्रयास करेंगी। शोभना 2004 में राजस्थान से खड़ी हो सकती थी, क्योंकि सन्तोष वागड़ोदिया राज्यसभा में अपने दो

कार्यकाल पूरे कर चुके थे और मुझे लग रहा था कि शोभना के पास कांग्रेस पार्टी का नामांकन पाने का अच्छा अवसर था। लेकिन मैं सोनियाजी से मिला तो उन्होंने कहा कि बगरोड़िया का कहना था कि पहली बार वे एक सांसद के निधन के कारण रिक्त हुई सीट के लिए चुने गए थे, इसलिए उनका वह कार्यकाल पूरे छह वर्ष का नहीं था। सोनियाजी ने कहा कि वे उन्हें फिर से नामांकित करने का वायदा कर चुकी थीं। मैंने इस बात पर अधिक जोर नहीं दिया, हालाँकि मैंने सोनियाजी से इतना जरूर कहा कि बगरोड़िया तीसरे कार्यकाल के योग्य थे। बाद में मुझे पता चला कि बगरोड़िया का पहला कार्यकाल छह वर्ष से मात्र दो माह कम था।

मैंने शोभना से कहा कि 2006 में उसके राजस्थान से चुने जाने की सम्भावना नहीं थी। राजस्थान विधानसभा में अपनी घटी हुई संख्या के कारण कांग्रेस राज्यसभा की सिर्फ एक सीट जीत सकती थी। वह सीट राम गोयनका को दिए जाने की सम्भावना थी। वे सोनियाजी के बहुत निकट थे और उन्होंने राज्यसभा में सिर्फ एक कार्यकाल पूरा किया था। इसलिए मैंने उस वर्ष शोभना के राज्यसभा में प्रवेश के लिए कोई प्रयास नहीं किया।

स्वयं शोभना ने राज्यसभा की सीट के लिए कभी कोई प्रयास नहीं किया। मैं सोनियाजी से अक्सर मिलता रहता था। मेरे एक मित्र ने मुझे बताया था कि सोनियाजी मेरा बहुत सम्मान करती थीं और वे मेरे इस मित्र के सम्मुख अपनी इन भावनाओं को व्यक्त कर चुकी थीं। सोनियाजी ने कहा था कि वे जानती थीं कि मैं इन्दिराजी के बहुत निकट था और जब वे सत्ता से बाहर थीं तो दृढ़तापूर्वक उनके साथ खड़ा रहा था। सोनियाजी यह भी जानती थीं कि मैं राजीव के भी बहुत निकट था। मेरे प्रति सोनियाजी की भावनाओं का अन्दाज इसी बात से लगाया जा सकता है कि उन्होंने यह विशेष निर्देश दे रखा था कि 10, जनपथ में प्रवेश करते समय मेरी सुरक्षा जाँच न की जाए। इसकी बजाय एक कार मेरी प्रतीक्षा में रहती थी और मुझे सीधे सोनियाजी के पास ले जाती थी। सिर्फ इतना ही नहीं, उनसे भेंट करने के बाद जब मुझे वापस लौटना होता था तो वे हमेशा मुझे दरवाजे तक छोड़ने आती थीं और इस बात का ख्याल रखती थीं कि मुझे 10 जनपथ के मुख्यद्वार तक पहुँचाने के लिए एक कार पहले से ही तैयार खड़ी हो। सोनियाजी ने मुझसे यह भी कहा था कि उन्हें शोभना से बहुत लगाव था और वे चाहती थीं कि वह राज्यसभा में प्रवेश करके उनकी मदद करे।

आजकल मैं कोई महत्त्वपूर्ण बैठक होने पर ही दिल्ली जाता हूँ। इस दृष्टि से दिल्ली अब मेरा मुख्यालय नहीं रह गया है। एक दिन सोनियाजी ने शोभना को बुलाया और उससे कहा कि वे उसकी योग्यता, व्यक्तित्व और विनम्र स्वभाव से बहुत प्रसन्न थीं। उन्होंने कहा, "मैंने तुम्हारे पिता से वायदा किया था कि मैं तुम्हें जल्दी-से-जल्दी राज्यसभा में लाने का प्रयास करूँगी। अपने इस वायदे को पूरा करने के लिए मैंने प्रधानमन्त्री से अनुरोध किया है कि तुम्हें राष्ट्रपति की तरफ से राज्यसभा का सदस्य मनोनीत किया जाए। कृपा करके अपने पिता को यह सूचना दे दो कि मैं तुमसे बहुत खुश हूँ और मैंने अपना वायदा पूरा कर दिया है। शोभना ने सोनियाजी का धन्यवाद किया और यह शुभ समाचार मुझ तक पहुँचा दिया। मैं खुशी से झूम उठा। मैंने शोभना से कहा कि उसके नामांकन की प्रक्रिया पूरी होते ही मैं सोनियाजी से भेंट करूँगा।

चुनाव लड़कर संसद में पहुँचना एक राजनीतिज्ञ का काम है। मैं एक राजनीतिज्ञ था। मैंने राज्यसभा में तीन कार्यकाल पूरे किए थे। इस अवधि के दौरान मैंने कांग्रेस संसदीय दल अर्थात सोनियाजी, और उनसे पहले राजीव के निर्देशों का बहुत समर्पण-भावना के साथ पालन किया था। जब भी सोनियाजी दिल्ली में किसी सार्वजनिक सभा को सम्बोधित करती थीं तो मैं हमेशा उपस्थित रहने का प्रयास करता था। एक बार राजीव ने फैसला किया कि महात्माजी की 1930 की दांडी-यात्रा की स्मृति में सभी संसद-सदस्य गांधीजी की यात्रा के पहले पड़ाव तक एक सांकेतिक दांडी-यात्रा करेंगे। मैंने इसमें भी भाग लिया था और अहमदाबाद से लेकर महात्माजी की यात्रा के पहले पड़ाव तक पैदल चला था।

दूसरी तरफ शोभना ने एक राजनीतिज्ञ की तरह चुनाव लड़ने की बजाय राष्ट्रपति द्वारा मनोनीत सदस्य के रूप में राज्यसभा में प्रवेश किया था, जिसके पीछे जन-कल्याण के क्षेत्र में उसकी सेवाओं का हाथ था। यह एक बहुत बड़ा सम्मान था और पूरे परिवार के लिए यह अत्यन्त प्रसन्नता और गर्व की बात थी। मैंने उसके शपथ-ग्रहण समारोह को उसके पति श्याम, दोनों बेटों और पुत्रवधू के साथ दर्शक-दीर्घा से देखा।

शपथ-ग्रहण के दिन मैंने 'हिन्दुस्तान टाइम्स' के सम्पादकीय विभाग के एक वरिष्ठ सदस्य के साथ गुपचुप बातचीत की। मैंने उन्हें एक फोटोग्राफर और एक संवाददाता को संसद भवन के द्वार-संख्या 12 पर भेजने का सुझाव दिया (जहाँ से राज्यसभा के सदस्य संसद में प्रवेश करते हैं)। मैंने उनसे यह भी कहा कि वे इस बात को अपने तक ही सीमित रखें, क्योंकि हम दोनों ही जानते थे कि शोभना किसी तरह का प्रचार पसन्द नहीं करती। मैंने उनसे कहा कि मैं राज्यसभा के प्रतीक्षा-कक्ष तक शोभना के साथ आऊँगा। उसके बाद वह सदन में प्रवेश कर जाएगी और मैं दर्शक-दीर्घा में चला जाऊँगा। पूरी व्यवस्था बहुत गुपचुप तरीके से की गई। मैंने उनसे यह भी कह दिया था कि वे इस बारे में शोभना से एक शब्द भी न कहें।

उसी शाम उक्त पदाधिकारी ने मुझे फोन करके कहा, "सर, श्रीमती भारतीय ने निर्देश दिया है कि अखबार में उनके राज्यसभा में प्रवेश करने का चित्र न छापा जाए, और जहाँ तक शपथ-ग्रहण समारोह का प्रश्न था तो इस समाचार को कम-से-कम प्रचार के साथ प्रकाशित किया जाए।"

कुछ समय बाद मैंने सोनियाजी के साथ भेंट का समय लिया और शोभना के प्रति यह उदारता दिखाने के लिए उनका आभार व्यक्त किया।

बिट्स – गोवा कैम्पस

पिलानी के बिड़ला प्रौद्योगिकी एवं विज्ञान संस्थान (बिट्स) को एक विश्वविद्यालय के समान मान्यता प्राप्त है। यह देश के शीर्ष इंजीनियरिंग संस्थानों में से एक है। इसे आई.आई.टी. के समतुल्य माना जाता है। इस संस्थान की स्थापना 1964 में की गई थी।

बिट्स के गोवा कैम्पस का उद्घाटन करने के लिए मैंने डॉ. मनमोहन सिंह को आमन्त्रित किया और उन्होंने बहुत विनम्रतापूर्वक इस निमन्त्रण को स्वीकार कर लिया। यहाँ मैं इस अवसर पर अपने भाषण के कुछ अंशों को प्रस्तुत कर रहा हूँ–

पिलानी कैम्पस को अनेक विशिष्ट व्यक्तियों के दर्शनार्थ भ्रमण का आशीर्वाद प्राप्त है। इनमें तत्कालीन प्रधानमन्त्री पंडित जवाहरलाल नेहरू (1950, 1953, 1960), तत्कालीन राष्ट्रपति डॉ. राजेन्द्र प्रसाद (1951), तत्कालीन उप-राष्ट्रपति डॉ. एस. राधाकृष्णन (1956) और तत्कालीन राष्ट्रपति डॉ. आर. वेंकटरमण (1990) प्रमुख रहे हैं। अब हमारे नव-स्थापित गोवा कैम्पस के पहले विशिष्ट अतिथि के रूप में प्रधानमन्त्री मनमोहन सिंह को अपने बीच पाकर हम बहुत सौभाग्यशाली महसूस कर रहे हैं।

आपके नेतृत्व में भारत बहुत तेजी से एक शक्तिशाली राष्ट्र के रूप में उभर रहा है—राजनीतिक और आर्थिक दोनों दृष्टियों से। यह बहुत सन्तोष और प्रसन्नता का विषय है कि आज विश्व के सभी देश—अमरीका, रूसी संघ, यूरोपीय संघ और एशिया और अफ्रीका के देश—भारत के साथ मित्रतापूर्ण सम्बन्धों के इच्छुक हैं।

भारतीय समाज में हमेशा से ही शिक्षा की बहुत ऊँची प्रतिष्ठा रही है। इसका आरम्भ इतिहास-पूर्व काल के वेदों और उपनिषदों और सभी प्रकार के ज्ञान के अपार भंडार से होता है। हमारे यहाँ गुरुकुल प्रणाली की व्यवस्था थी, जहाँ धनवान और निर्धन, कृष्ण और सुदामा किसी भेदभाव के बिना एक ही गुरु के चरणों में बैठकर शिक्षा ग्रहण करते थे। प्राचीन भारत में जब मगध सम्राटों ने एक हजार से अधिक वर्षों तक देश पर शासन किया था, तो हमारे यहाँ नालन्दा विश्वविद्यालय था। इसमें 10,000 से भी अधिक छात्र विभिन्न विषयों में शिक्षा ग्रहण करते थे। शिक्षा प्रदान करने के लिए संस्थान में 1500 से भी अधिक शिक्षक थे।

हमारे धर्मग्रन्थों में कहा गया है—

मातृ देवो भवः
पितृ देवो भवः
गुरु देवो भवः

अर्थात् माँ, पिता और गुरु ईश्वर के समान हैं। हमारी यह परम्परा आज भी जारी है। आज का भारतीय भी ज्ञान प्राप्त करने का इच्छुक है।

प्रधानमन्त्री डॉ. मनमोहन सिंह जी, मैं आपको हमारे दर्शन और लक्ष्यों के बारे में बताना चाहूँगा। मैं यह भी बताना चाहूँगा कि भारतीय प्रसार-माध्यम वर्षों से बिट्स, पिलानी को आई. आई. टी. के समकक्ष मानता रहा है। परन्तु इस सम्बन्ध में मैं बाद में विस्तार से बताऊँगा।

बिट्स के बारे में एक उल्लेखनीय तथ्य यह है कि सभी प्रवेश अखिल भारतीय स्तर पर और विशुद्ध योग्यता के आधार पर दिए जाते हैं। योग्यता की परख के लिए देश भर में फैले अनेक केन्द्रों में एक अनूठी और पारदर्शी कम्प्यूटर-आधारित ऑन-लाइन परीक्षा आयोजित की जाती है—जो देश में अपनी तरह की इकलौती परीक्षा है।

हमारा मुख्य उद्देश्य देश के आर्थिक और औद्योगिक विकास को नेतृत्व प्रदान करने और देश के भाग्य के निर्माण के लिए राजनीतिक क्षेत्र में रचनात्मक भूमिका निभाने के लिए नवयुवकों और नवयुवतियों को तैयार करना है। हमें इस बात पर गर्व है कि बिट्स, पिलानी के छात्रों को समाज में बहुत सम्मान के साथ देखा जाता है, और सिर्फ अपने देश में ही नहीं बल्कि विदेशों में भी वे विभिन्न क्षेत्रों में ऊँचे पदों पर विराजमान हैं। केन्द्र और राज्यों के सरकारी कर्मचारियों में ही नहीं, अपितु सांसदों और विधायकों में भी बिट्स के पूर्वछात्र शामिल हैं। यह हमारे लिए बहुत गर्व का विषय है। आज अनेक देशों में बिट्स के पूर्व छात्रों को पाया जा सकता है। हमारे कुछ पूर्व छात्र हमारे जन-कल्याण के कामों के लिए हमें समय-समय पर योगदान-राशि भी भेजते रहते हैं।

प्रधानमन्त्री मनमोहन सिंह जी, हम बिट्स में उच्चस्तरीय शिक्षा प्रदान करने के साथ-साथ अनुसन्धान और विकास के कई कार्यक्रम भी चला रहे हैं। पिलानी कैम्पस में विज्ञान और इंजीनियरिंग के सभी क्षेत्रों के लिए अनुसन्धान-शालाएँ मौजूद हैं।

प्रधानमन्त्री जी, बिट्स पिलानी की शुरुआत बहुत वर्ष पहले, 1901 में, मेरे परदादा श्री शिवनारायण जी ने एक छोटी-सी पाठशाला के रूप में की थी। उनका उद्देश्य अपने दो पोतों, मेरे ताऊ रामेश्वरदास जी और मेरे पिता श्री घनश्यामदास जी को शिक्षा दिलवाना था। समय के साथ यह छोटी-सी पाठशाला बिड़ला एज्युकेशन ट्रस्ट के तत्त्वाधान में कला, विज्ञान-वाणिज्य एवं औषध-निर्माण और इंजीनियरिंग के तीन अलग-अलग महाविद्यालयों में विकसित हो गई। पिताजी ने देश में वैज्ञानिक सोच को प्रोत्साहन देने के लिए एक आधुनिक और अन्तर्राष्ट्रीय स्तर के संस्थान की स्थापना करने का सपना देखा था। इसलिए 1964 में इन तीनों विद्यालयों को मिलाकर वर्तमान बिड़ला प्रौद्योगिकी एवं विज्ञान संस्थान की स्थापना की गई, जिसे विश्वविद्यालय अनुदान आयोग (यू.जी.सी.) के अन्तर्गत तुरन्त एक विश्वविद्यालय के समान संस्थान के रूप में मान्यता दे दी गई। मुझे अपने पिता के सपने को चरण-दर-चरण साकार होते देखने का अवसर मिल रहा था, क्योंकि मैं और मेरा छोटा भाई बसन्त कुमार पुराने बिड़ला महाविद्यालयों और फिर बिड़ला संस्थान के संचालन में इसकी स्थापना के समय से ही पिताजी का हाथ बँटाते रहे थे। हम बिड़ला एज्युकेशन ट्रस्ट (बेट) द्वारा स्थापित अन्य शैक्षणिक संस्थाओं का भी कामकाज देखते थे। वास्तव में बसन्त कुमार के मार्गदर्शन में चल रहा यह ट्रस्ट देश में निजी क्षेत्र में सबसे बड़ा शैक्षणिक ट्रस्ट है।

डॉ. मनमोहन सिंह जी, संस्थान का चेयरमैन और फिर कुलपति बनने के बाद मैंने यह महसूस किया कि बहुत-से अन्य योग्य और प्रतिभावान छात्रों को प्रवेश देने के लिए संस्थान का विस्तार करने की आवश्यकता थी। हमने बिट्स, पिलानी में छात्रों की कुल संख्या को 2500 से बढ़ाकर 4,000 कर दिया है। इस विस्तार योजना के लिए हमने स्वयं अपने साधनों से लगभग 30 करोड़ रुपए की धनराशि का प्रबन्ध किया है।

सन् 2000 में हमने दुबई में बिट्स, पिलानी-दुबई नामक एक कैम्पस की स्थापना करने का फैसला किया। इसके पीछे अपनी शिक्षा का विदेशों में प्रसार करने के साथ-साथ भारत और खाड़ी के देशों के बीच सद्भावनापूर्ण सम्बन्धों को बढ़ावा देने का भी उद्देश्य था। उस पूरे क्षेत्र में बिट्स, पिलानी-दुबई कैम्पस बहुत नाम कमा रहा है। मुझे यह कहते हुए बहुत प्रसन्नता हो रही है कि पाकिस्तान और बांग्लादेश से भी कुछ छात्र इस संस्थान में पढ़ने आते हैं।

अब मैं गोवा के इस कैम्पस के बारे में कुछ कहना चाहूँगा। हमने 130 करोड़ रुपए की इस परियोजना को पिछले वर्ष स्वयं अपने साधनों से पूरा किया है। जुवारी इंडस्ट्रीज द्वारा लीज पर लिए गए 188 एकड़ से भी अधिक भू-भाग पर फैले इस कैम्पस में अनेक आधुनिक इमारतें हैं। मैं जुवारी इंडस्ट्रीज का चेयरमैन हूँ। मुझे यह कहते हुए गर्व महसूस हो रहा है कि इस कैम्पस का प्राकृतिक सौन्दर्य और इसके आसपास की मनोरम दृश्यावली इसका एक अनूठा पहलू है। जुवारी नदी, चट्टानें, नहर, वन-प्रदेश और अन्य प्राकृतिक दृश्यावलियाँ कैम्पस को एक मनोरम परिवेश प्रदान करते हैं। सुविधाओं की दृष्टि से यह कैम्पस सम्भवतः देश का सर्वश्रेष्ठ कैम्पस है। होस्टल को छोड़कर पूरी इमारत वातानुकूलित है। साथ ही, पिलानी की तरह, गोवा कैम्पस में भी होस्टल के सभी कमरों समेत सभी विभाग, कक्षाओं के कमरे और संकाय इंटरनेट के माध्यम से आपस में जुड़े हुए हैं। इस समय इस कैम्पस में 1200 छात्र हैं और दो वर्ष में पहले जत्थे के छात्रों के स्नातक बनते ही इसके छात्रों की संख्या 2500 तक पहुँच जाएगी।

परिणामस्वरूप, बिट्स के तीनों कैम्पसों–पिलानी, दुबई और गोवा के छात्रों की कुल संख्या 8,000 तक पहुँच जाएगी। इस अवसर पर मुझे यह घोषणा करते हुए प्रसन्नता हो रही है कि आन्ध्र प्रदेश के मुख्यमन्त्री श्री राजशेखर रेड्डी के निमन्त्रण पर हम हैदराबाद में भी एक कैम्पस की स्थापना करने की योजना बना रहे हैं। इस उद्देश्य के लिए हम आन्ध्र प्रदेश सरकार से 200 एकड़ का एक भू-भाग भी प्राप्त कर चुके हैं। इस कैम्पस के शुरू होने के बाद हमारे छात्रों की कुल संख्या लगभग 11,000 तक पहुँच जाएगी।

हमारे पास 10,000 अन्य छात्र भी हैं, जो ऑफ-कैम्पस और व्यावसायिक साझेदारी के अन्तर्गत विभिन्न कार्यक्रमों के माध्यम से उच्चस्तरीय शिक्षा प्राप्त कर रहे हैं। हमारे छात्रों की कुल संख्या जल्दी ही 18,000 तक पहुँच जाएगी, और दो वर्ष के भीतर बिट्स पिलानी प्रति वर्ष 5,000 नए स्नातक तैयार करने लगेगा, जिनमें से 90 प्रतिशत इंजीनियर होंगे। पाँच वर्षों में हमारे छात्रों की कुल संख्या 30,000 से अधिक हो जाएगी, और प्रति वर्ष 7,000 नए स्नातकों में से 90 प्रतिशत इंजीनियर होंगे।

प्रधानमन्त्री जी, मैं यहाँ यह भी जोड़ दूँ कि हमारा विश्वविद्यालय एकमात्र ऐसा विश्वविद्यालय है जहाँ दोनों सेमिस्टरों में प्रवेश दिया जाता है, जो निजी धनराशि से चल रहा है, और जहाँ छात्रों से इतना शुल्क लिया जाता है जिसे

वे आसानी से वहन कर सकते हैं। एक बार प्रवेश लेने के बाद छात्रों को पाठ्यक्रम पूरा होने तक समान शुल्क देते रहना पड़ता है। संस्थान अपने खुद के बजट में से 22 प्रतिशत छात्रों को छात्रवृत्तियाँ भी प्रदान करता है।

संस्थान देश भर से सर्वश्रेष्ठ मस्तिष्कों को आकर्षित करता है। देश के 26 परीक्षा-बोर्डों में से 17 बोर्डों की परीक्षाओं में शीर्ष स्थान प्राप्त करने वाले छात्र बिट्स में प्रवेश पाना पसन्द करते हैं। संस्थान की शिक्षा प्रणाली का एक अनूठा पहलू यह है कि स्नातक की डिग्री प्राप्त करने से पहले छात्र लगभग सात महीने का समय उद्योगों में इंटर्न के रूप में गुजारते हैं—जो चिकित्सा-क्षेत्र के इन्टर्न डॉक्टरों की तरह होते हैं। यह अभिनव कार्यक्रम प्रेक्टिस स्कूल के माध्यम से चलाया जाता है। इस उद्देश्य के लिए संस्थान ने देश भर में लगभग 100 औद्योगिक ईकाइयों के साथ विशेष व्यवस्था कर रखी है।

संस्थान की लोकप्रियता का अनुमान इस तथ्य से लगाया जा सकता है कि पिछले वर्ष 1400 सीटों (800 पिलानी में और 600 गोवा में) के लिए 48,000 छात्र प्रवेश-परीक्षा में बैठे। अर्थात् प्रत्येक सीट के लिए 34 प्रत्याशी थे, जिनमें 25 प्रतिशत लड़कियाँ थीं।

डॉ. मनमोहन सिंह जी, पिछले चालीस वर्षों से मुझे आपकी मित्रता का सौभाग्य प्राप्त है। इसलिए मैं कुछ शब्दों में अपनी व्यक्तिगत भावनाओं और बिट्स के भविष्य को लेकर अपने विचारों को व्यक्त करने की अनुमति चाहूँगा।

सबसे पहले डॉ. मनमोहन सिंह जी मैं यह कहना चाहूँगा कि बिड़ला प्रौद्योगिकी एवं विज्ञान संस्थान और इसके कैम्पसों के चेयरमैन और फिर कुलपति के रूप में मुझे जो सन्तोष प्राप्त हुआ है वह मेरी औद्योगिक ईकाइयों से प्राप्त होनेवाले सन्तोष से कहीं बढ़कर है।

डॉ. मनमोहन सिंह जी, मुझे आशा है कि ईश्वर की कृपा से, मित्रों की शुभकामनाओं से और आपके आशीर्वाद से मैं अगले पाँच वर्षों में हैदराबाद के अलावा दो अन्य कैम्पसों की स्थापना करने में भी सफल रहूँगा। यह मेरे लिए अपार प्रसन्नता और सन्तोष की बात होगी।

श्रीमद भगवद् गीता के अनुसार मानवता की सेवा करना जीवन का सर्वोच्च लक्ष्य होना चाहिए। मैं गीता में अत्यधिक श्रद्धा रखता हूँ। डॉ. मनमोहन सिंह जी, बिट्स, पिलानी के विस्तार के पीछे जन-सेवा और राष्ट्र-सेवा की ही भावना रही है। जैसाकि मैं विस्तार से बता चुका हूँ, मैंने संस्थान का संचालन सँभाला था तो हमारे पास सिर्फ 2500 छात्र थे। आज यह संख्या हमारी 'ऑफ कैम्पस' योजना के छात्रों को मिलाकर 18,000 तक पहुँच गई है। अगले पाँच वर्षों में यह संख्या कम-से-कम दोगुनी हो जाने की अपेक्षा है। साथ ही मेरा यह भी लक्ष्य है कि बिट्स के शैक्षणिक स्तर में और अधिक सुधार किया जाए।

डॉ. मनमोहन सिंह जी, सृष्टि का नियम है कि पुरानी पीढ़ी चली जाती है और नई पीढ़ी उसकी जगह ले लेती है। जैसाकि कवि टेनिसन ने कहा है, "पुरानी व्यवस्था बदलकर नई व्यवस्था को जगह देती है।" यही सनातन सत्य है। इसलिए अपनी बढ़ती उम्र को देखते हुए शायद मैं इन आकांक्षाओं के पूरा होने तक बिट्स को अपना व्यक्तिगत मार्गदर्शन न दे पाऊँ। मेरा पौत्र-भतीजा कुमार मंगलम्, जो बिट्स का प्रति-कुलपति है और बहुत सक्षम और सफल युवक है, मेरे सेवानिवृत्त होने के बाद बिट्स का संचालन सँभालेगा। मुझे पूरा विश्वास है कि वह मेरे सपनों को साकार करेगा। बिट्स की हर नई उपलब्धि मेरे श्रद्धेय पिताजी की कीर्ति में और अधिक वृद्धि करेगी।

मैं सच्चे हृदय से प्रार्थना करता हूँ कि परम शक्तिवान ईश्वर हम सब पर अपनी कृपा बनाए रखें और हमें सद्मार्ग पर आगे बढ़ते रहने के लिए अपना मार्गदर्शन प्रदान करते रहें–

असतो मा सद्गमय।
(मुझे असत्य से सत्य की ओर ले चलो)
तमसो मा ज्योतिर्गमय।
(मुझे अन्धकार से प्रकाश की ओर ले चलो)
और परिणामस्वरूप हम वेदों में वर्णित
लक्ष्य को प्राप्त कर सकें–
मृत्योर्माऽमृतंगमय।
(मुझे नश्वरता से अमरत्व की ओर ले चलो)

प्रधानमन्त्री का लिखित भाषण तीन पृष्ठों का था, परन्तु गोवा में उन्होंने जो कुछ देखा उससे वे इतने अधिक प्रभावित हुए कि भाषण के शुरू के कुछ पैरे पढ़ने के बाद वे अपने-आप बोलते चले गए। उनका भाषण बहुत विद्वतापूर्ण था। सभी ने इसे बहुत ध्यान से सुना। हमने इस भाषण को टेप कर लिया था, जिसके कुछ अंश मैं यहाँ प्रस्तुत कर रहा हूँ–

बिड़ला प्रौद्योगिकी एवं विज्ञान संस्थान के उद्घाटन के शुभ अवसर पर गोवा आकर मुझे बहुत प्रसन्नता हुई है। श्री के.के. बिड़ला ने अभी-अभी हमें याद दिलाया है कि लगभग सौ साल पहले किस तरह उनके दादा और परदादा ने पिलानी में एक पाठशाला की शुरुआत की थी। उन्होंने एक बीज बोया था जो बहुत वर्ष पहले ज्ञान के एक वटवृक्ष के रूप में विकसित हो चुका है। मैं उन महान राष्ट्र-निर्माताओं और बिट्स नामक इस महान संस्थान की स्थापना में उनकी मदद करनेवालों की स्मृति को नमन करता हूँ।

मुझे बहुत प्रसन्नता है कि पिलानी में अपनी श्रेष्ठता प्रमाणित करने के बाद, और दुबई में ख्याति अर्जित करने के बाद, आपने इस सुन्दर राज्य में एक नए कैम्पस की स्थापना की है। मुझे यह जानकर और भी अधिक

प्रसन्नता हुई है कि अपनी इन उपलब्धियों के बाद सुस्ताने की बजाय आप हैदराबाद में भी एक कैम्पस की स्थापना करने जा रहे हैं। आज हमारे देश को 21वीं सदी की चुनौतियों का सामना करने के लिए ऐसी ही दृष्टि की आवश्यकता है।

हम एक ऐसे युग में जी रहे हैं जहाँ मनुष्य का ज्ञान अभूतपूर्व गति से विकसित हो रहा है। राष्ट्र की शक्ति और समृद्धि दिन-प्रति-दिन ज्ञान की उपलब्धता और इसके उपयोग पर निर्भर होती जा रही है, विशेषकर विज्ञान और प्रौद्योगिकी के ज्ञान पर।

विंस्टन चर्चिल ने एक बार कहा था कि भविष्य के साम्राज्य मस्तिष्क के साम्राज्य होंगे। यदि हमें मस्तिष्क के इन साम्राज्यों को जीतना है, उनकी स्थापना करनी है, तो ज्ञान की उपलब्धता और प्राप्ति हमारे राष्ट्र की सबसे प्रमुख आवश्यकता है। इसलिए वे सभी लोग जो राष्ट्र-निर्माण और राष्ट्र के ज्ञान के आधार को दृढ़ता प्रदान करने के महान अभियान में जुटे हुए हैं, अपनी तरह के महान राष्ट्र-निर्माता हैं।

मैं कुलपति डॉ. के.के. बिड़ला की प्रशंसा करता हूँ, जो इस महान संस्थान की प्रेरणा-शक्ति हैं। उच्च शिक्षा के राष्ट्रीय उद्देश्य को आगे बढ़ाने में आपका योगदान निजी क्षेत्र की पहल का एक उत्कृष्ट उदाहरण है। स्वर्गीय श्री घनश्यामदास बिड़ला ऐसी शिक्षा प्रदान करना चाहते थे जो मतान्धता और पूर्वाग्रहों से मुक्त हो, जो जीवन के प्रति एक वैज्ञानिक दृष्टिकोण को प्रोत्साहन दे, और छात्रों को सत्य की चिरंतन खोज के लिए समर्पित रहने के लिए प्रेरित करे। मुझे प्रसन्नता है कि बिट्स संस्थान इस दृष्टि पर खरा उतरा है और देशवासियों और राष्ट्र के प्रति अपने दायित्व को उसने कर्तव्य-भावना के साथ निभाया है। आपने एक सुनहरी उदाहरण प्रस्तुत करके दिखाया है कि देश में प्रौद्योगिकी और मानव-शक्ति के विकास के लिए निजी क्षेत्र क्या-क्या कर सकता है।

शिक्षा के क्षेत्र में निजी पहल के हमारे देश में कई उत्कृष्ट उदाहरण हैं। बिट्स, मनिपाल अकादमी और टाटा संस्थानों जैसे कई संस्थान हमारी युवा पीढ़ी को उच्चस्तरीय शैक्षणिक सुविधाएँ प्रदान करते रहे हैं। मैं डॉ. के.के. बिड़ला को उनकी दूरदृष्टि के लिए, और इस दूरदृष्टि को इतने भव्य ढंग से साकार करने के लिए बधाई देता हूँ। निजी क्षेत्र की तरफ से इस तरह की बड़ी पहल देश के सामाजिक और आर्थिक विकास को गति देने में एक उत्प्रेरक की भूमिका निभाएगी।

बिट्स, पिलानी पिछले कई वर्षों से उच्च शिक्षा के क्षेत्र में निजी क्षेत्र के महत्त्वपूर्ण योगदान का प्रतीक बना हुआ है। जहाँ हमें आई. आई. टी. और इसी तरह के अन्य सरकारी संस्थानों पर गर्व है, वहीं हमें निजी क्षेत्र के इन संस्थानों पर भी गर्व है।

मनिपाल, वेल्लोर, बैंगलोर, पुणे और अन्य कई स्थानों पर निजी क्षेत्र ने ऐसे संस्थानों की स्थापना की है जो अन्तर्राष्ट्रीय प्रतिष्ठा अर्जित कर चुके हैं। मुझे पूरी

उम्मीद है कि अधिक-से-अधिक व्यवसायी समूह हमारी ज्ञान अर्थ-व्यवस्था में निवेश करने के लिए आगे आएँगे।

हमारी शिक्षा व्यवस्था को प्रसार और सुधार दोनों की आवश्यकता है। मैं यह बात बार-बार कहता रहा हूँ कि हमारी सरकार सामाजिक व्यवस्था के सभी स्तरों पर शिक्षा की उपलब्धता बढ़ाने के प्रति वचनबद्ध है। साथ ही हम उत्कृष्टता को प्रोत्साहन देने और अपने छात्रों और शिक्षकों को विश्व के श्रेष्ठतम मापदंडों की कसौटी पर खरा उतरने की क्षमता प्रदान करने के लिए भी वचनबद्ध हैं। इन दोनों लक्ष्यों की प्राप्ति में किसी तरह का विरोधाभास नहीं है। चीन जैसे कुछ देशों ने सफलतापूर्वक ऐसा करके दिखाया है। मैं एक ऐसे भारत का सपना देखता हूँ जो पूरी तरह साक्षर है।

अन्त में, मैं एक बार फिर बिट्स के प्रबन्धन और शिक्षकों की प्रशंसा करना चाहूँगा। देश के ज्ञान-आधार को मजबूत करने के महान उद्‌देश्य के साथ वे जिस समर्पण-भावना और प्रतिबद्धता के साथ जुड़े हुए हैं, वह सचमुच प्रशंसनीय हैं। मैं इस अवसर पर आप सबके साथ मिलकर डॉ. बिड़ला की लगन और दृढ़-संकल्प को, और उनके जीवन का मूल-मन्त्र बन चुकी सदाशयता और प्रचंड देशभक्ति की भावना को, नमन करता हूँ। उनका यह उदाहरण आनेवाली पीढ़ियों को सच्ची प्रेरणा देता रहे। मैं आपके संस्थान की भविष्य की परियोजनाओं के लिए अपनी शुभकामनाएँ देता हूँ। आपका मार्ग प्रशस्त हो।

पिताजी के पत्र

व्यवसाय से जुड़े मामलों के अलावा सामान्य विषयों पर भी पिताजी के साथ मेरा काफी पत्र-व्यवहार हुआ था। लेकिन दुर्भाग्यवश मैं उनके अधिकांश पत्रों को सँभालकर नहीं रख सका। मेरे पास उनके सिर्फ दो पत्र हैं, जिन्हें **आगे के पृष्ठों** पर प्रस्तुत किया जा रहा है।

पहले पत्र में पिताजी ने कोई तारीख नहीं डाली है, लेकिन पत्र की सामग्री से स्पष्ट है कि यह पत्र हेयर स्कूल में आठवीं कक्षा की परीक्षा में मुझे अच्छे अंक प्राप्त होने के बाद लिखा गया था। यह मार्च-अप्रैल 1933 की बात है। यह पत्र हल्के-फुल्के अन्दाज में लिखा गया है।

दूसरे पत्र पर 18 अक्तूबर 1938 की तारीख है। इस पत्र में पिताजी ने पूछा था कि मैं अपने बाल कटवाने के लिए कोलकाता की पार्क स्ट्रीट में स्थित जापानी सैलून में क्यों जाता था। ब्रिटिश-काल में पार्क स्ट्रीट पर एक ऊँचे स्तर का जापानी सैलून था। मुझे वहाँ जाने में कोई संकोच नहीं होता था। लेकिन महात्माजी के साथ अपनी निकटता के कारण पिताजी इसे स्वदेशी संस्कृति के विरुद्ध मानते थे। उन्होंने अपने पत्र में यही बात लिखी थी।

मेरे बड़े ताऊ अर्थात् बड़ा बाबूजी बौद्ध धर्म में विश्वास रखनेवाले जापानियों को आर्य संस्कृति का ही अंग मानते थे। उन्हें मेरे जापानी सैलून में जाने पर कोई आपत्ति नहीं थी।

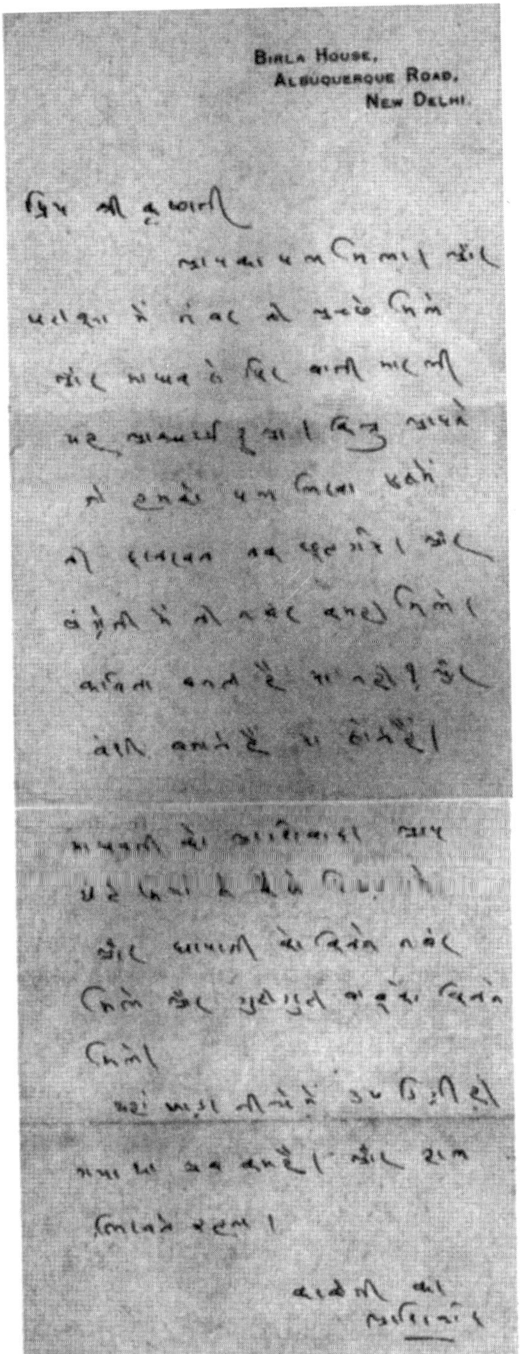

BIRLA HOUSE,
ALBUQUERQUE ROAD,
NEW DELHI.

प्रिय श्री कृष्णाजी

आपका पत्र मिला। और

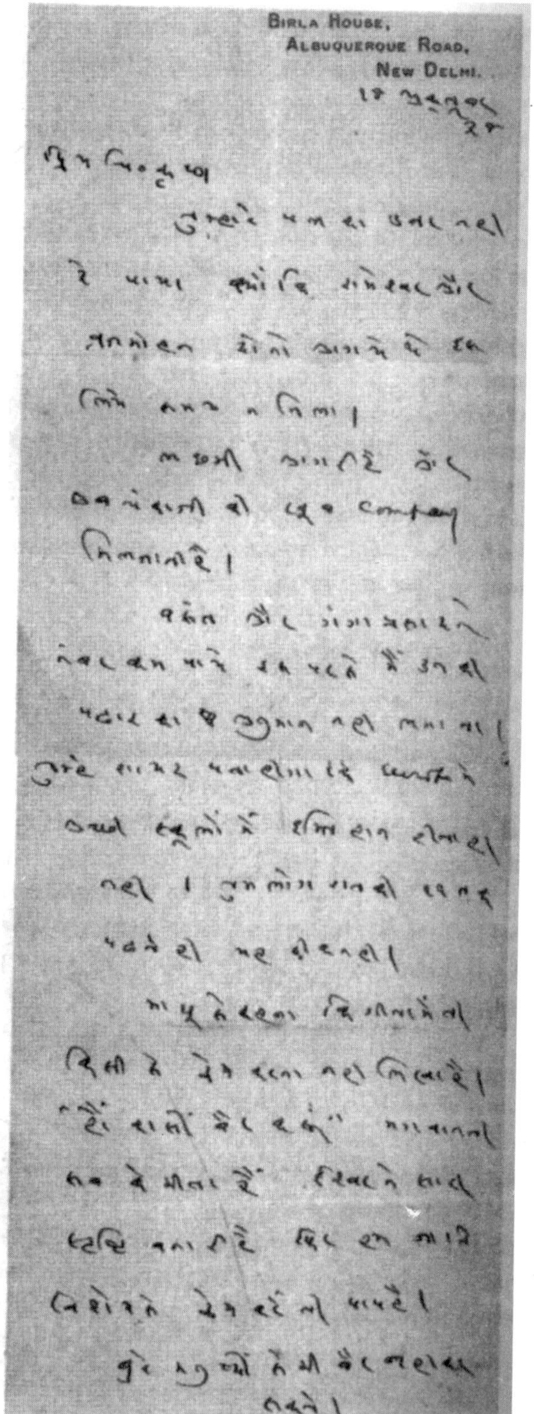

BIRLA HOUSE,
ALBUQUERQUE ROAD,
NEW DELHI.

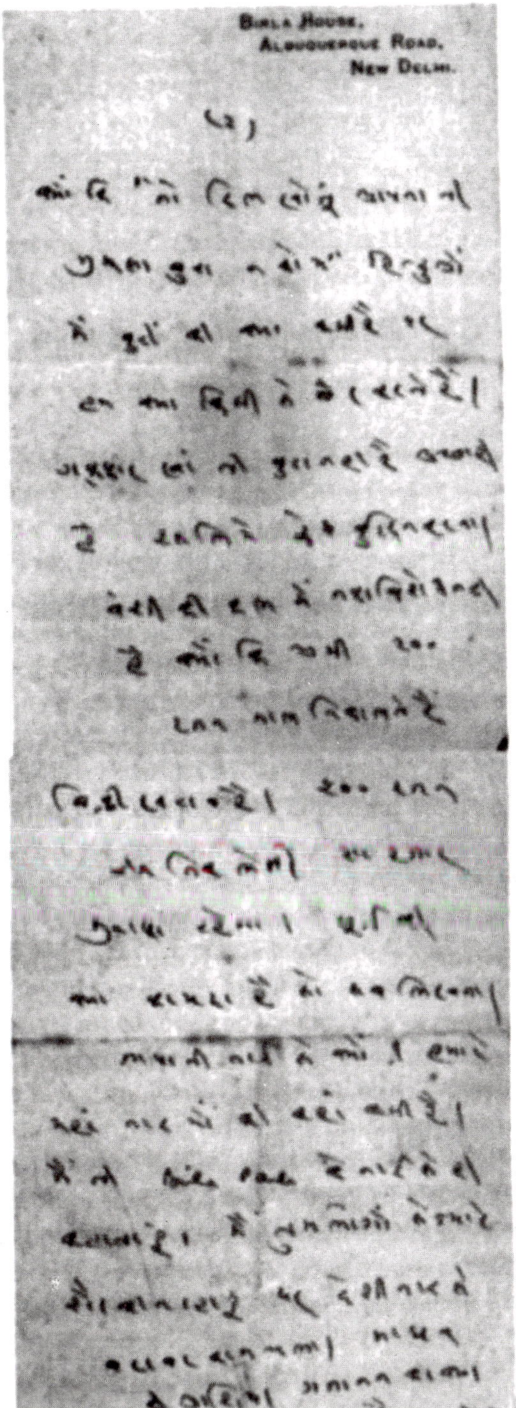

BIRLA HOUSE,
ALBUQUERQUE ROAD,
NEW DELHI.

(२)

प्रमाण-पत्र

मैंने दिल्ली के हिन्दू कॉलेज से अपनी इन्टर की परीक्षा पास की थी। मैं पूरे विश्वविद्यालय में सातवें स्थान पर रहा था। मैंने बँटवारे से काफी पहले, 1939 में, लाहौर विश्वविद्यालय से हिन्दी ऑनर्स की परीक्षा भी पास की थी। मैं पहले सात छात्रों में रहा था। यहाँ मैं पंजाब विश्वविद्यालय द्वारा मुझे भेजे गए प्रमाण-पत्र की प्रतिलिपि प्रस्तुत कर रहा हूँ–

Roll No. 604.

The University of the Panjab.

ORIENTAL FACULTY.

SESSION 1939

EXAMINATION IN HINDI LANGUAGE AND LITERATURE.

This is to certify *that* Krishan Kumar Birla, *son of* Ghanshyam Das Birla, *of the* Montgomery District (*Regd. No.* 39.z.3229), *passed the* **Prabhakar** (*Honours in Hindi Language and Literature*) *Examination of this University in* First *Division.*

SENATE HALL,
LAHORE :
The 1st August, 1939.

CONTROLLER OF EXAMINATIO'
University of the Panjab.

सरदार विट्ठलभाई पटेल और पिताजी

सरदार विट्ठलभाई पटेल सरदार वल्लभभाई पटेल के बड़े भाई थे। यद्यपि उनका व्यक्तित्व अपने छोटे भाई जितना प्रभावशाली नहीं था, वे केन्द्रीय विधान परिषद के सदस्य थे और एक अच्छे सांसद थे।

पिताजी ने 1926 में केन्द्रीय विधान परिषद का चुनाव लड़ा था और विजयी हुए थे। विट्ठलभाई सदन के अध्यक्ष थे। वे बहुत कुशलतापूर्वक सदन का संचालन करते थे और अत्यन्त अनुशासनप्रिय थे। केन्द्रीय विधान परिषद द्वारा पारित प्रत्येक कानून को भारत सरकार की स्वीकृति की आवश्यकता होती थी। वायसराय की कार्यकारी परिषद को केन्द्रीय

विधान परिषद द्वारा पारित किसी भी कानून को निरस्त करने का अधिकार था। इसके लिए उसे अपने वीटो-अधिकार का प्रयोग करना पड़ता था। क्योंकि इस अधिकार का बार-बार प्रयोग करने से सरकार की छवि खराब होती थी, इसलिए सरकार का यह प्रयास रहता था कि इस तरह की स्थितियाँ पैदा ही न हों। सरकार चाहती थी कि केन्द्रीय विधान परिषद में कोई ऐसा कानून पारित न किया जाए, जिसे निरस्त करने के लिए वायसराय को अपने वीटो-अधिकार का प्रयोग करना पड़े। ऐसा करने से भारत में ही नहीं बल्कि अन्तर्राष्ट्रीय स्तर पर ऐसा प्रभाव पैदा होता था कि केन्द्रीय विधान परिषद एक शक्तिहीन संस्था थी। इसलिए सरकार का यह भरसक प्रयास रहता था कि केन्द्रीय विधान परिषद में उसे हार का मुँह न देखना पड़े।

एक बार कांग्रेस सदन में एक महत्त्वपूर्ण प्रस्ताव ला रही थी। हमेशा की तरह प्रस्ताव पर चर्चा और फिर मतदान के लिए समय निर्धारित कर दिया गया था। संयोगवश, पिताजी ने वायसराय से किसी दिन भेंट के लिए समय माँग लिया। वायसराय ने चालाकी से काम लेते हुए उन्हें उसी दिन का समय दे दिया, और वह भी वही समय जो सदन में मतदान के लिए निर्धारित किया गया था। उनकी चाल यह थी कि पिताजी, जो परिषद के एक महत्त्वपूर्ण सदस्य थे, मतदान के लिए सदन में समय पर न पहुँच पाएँ। प्रत्येक वोट का महत्त्व था, और इस बात की सम्भावना थी कि कांग्रेस और उसकी समर्थक पार्टियों के एक सदस्य की भी अनुपस्थिति से पलड़ा सरकार के पक्ष में झुक सकता था। पिताजी को जब भेंट के समय का पता चला तो वे वायसराय की चाल को समझ गए। परन्तु उनके सामने इसे स्वीकार करने के अलावा कोई दूसरा विकल्प नहीं था। वायसराय द्वारा दिए गए समय को स्वीकार न करना या उन्हें दूसरा समय देने के लिए कहना अशिष्टता होती। पिताजी ने तुरन्त विट्ठलभाई से भेंट की और उन्हें वायसराय की चाल के बारे में बताया। विट्ठलभाई ने अपनी आदत के अनुसार पिताजी को एक छोटा-सा भाषण पिलाया और कहा कि उन्हें मतदान वाले दिन वायसराय से भेंट का समय माँगने की क्या जरूरत थी। पिताजी ने कहा कि उन्होंने किसी भी दिन भेंट का समय माँगा था। उन्हें क्या पता था कि वायसराय चाल चलते हुए उन्हें उसी दिन भेंट का समय दे देंगे।

पिताजी ने विट्ठलभाई से हँसते हुए कहा कि बहस या उपदेश के लिए कोई और दिन रख लेना चाहिए और फिलहाल समस्या का हल ढूँढ़ना चाहिए। परस्पर विचार-विमर्श के बाद एक युक्ति सोची गई। विट्ठलभाई ने सुझाया कि पिताजी पंडित मदन मोहन मालवीय से अनुरोध करें कि वे सदन में मतदान से सिर्फ पन्द्रह मिनट पहले बोलना शुरू करें, और तब तक बोलते रहें जब तक कि पिताजी वायसराय से भेंट करने के बाद सदन में वापस न पहुँच जाएँ। विट्ठलभाई ने कहा कि वे मालवीय जी को टोकेंगे और उन्हें मतदान की याद दिलाएँगे। किन्तु मालवीय जी इस पर ध्यान न देकर अपना भाषण जारी रखेंगे। वे देश के एक शीर्ष और सम्मानित नेता थे, इसलिए विट्ठलभाई उन पर अपना अनुशासन लागू नहीं कर सकते थे।

यह योजना पूरी तरह से सफल रही। वायसराय ने पिताजी को ठीक उस समय बुलाया था जब सदन में मतदान होना था। वायसराय पिताजी से बहुत देर तक बात करते रहे। आमतौर से वायसराय आधे घंटे या चालीस मिनट से अधिक देर तक भेंट नहीं करते थे, परन्तु उस दिन उन्होंने पिताजी को एक घंटे तक बिठाए रखा और उनसे विभिन्न विषयों

पर बात करते रहे। वायसराय को पूरा भरोसा था कि पिताजी मतदान में भाग नहीं ले सकेंगे। पिताजी उनसे अनुमति लेकर सदन में लौटे तो योजना के अनुसार मालवीय जी का लम्बा भाषण जारी था। वे ब्रिटिश राज की बुराइयों पर बोल रहे थे। उन्होंने अंग्रेजों के व्यापारियों के रूप में भारत आने के समय से अपने भाषण की शुरुआत की थी और तब तक उन्नीसवीं सदी के महान नेता बाल गंगाधर तिलक के समय तक पहुँचे थे। तिलक को अपने कुछ लेखनों के लिए ब्रिटिश सरकार का प्रकोप झेलना पड़ा था, जिनमें उनका प्रसिद्ध वाक्य "स्वराज मेरा जन्मसिद्ध अधिकार है" भी शामिल था।

सदन के अध्यक्ष सरदार विट्ठलभाई पटेल हर दो-तीन मिनट बाद घंटी बजा रहे थे, परन्तु मालवीय जी का बोलना जारी था। वे भारतीयों पर अंग्रेजों के अन्याय का वृत्तान्त सुना रहे थे। उन्होंने पिताजी को सदन में प्रवेश करते देखा तो उनके चेहरे पर सन्तोष के भाव उभर आए। वे दस मिनट तक और बोलते रहे, और फिर यह कहकर कि सदन मतदान की जल्दी में था, इसलिए वे इस महत्त्वपूर्ण विषय पर फिर किसी दिन बोलेंगे, वे अपनी सीट पर बैठ गए। इसके बाद प्रस्ताव पर मतदान की घोषणा की गई और कांग्रेस पार्टी जीत गई, भले ही बहुत थोड़े अन्तर से।

लोढ़ा विवाद

माधवप्रसाद का 30 जुलाई 1990 को देहान्त हो गया। वे मुझसे तीन महीने बड़े थे। पहले वे बहुत कठोर अनुशासन में विश्वास रखते थे और एक कड़े प्रशासक थे। उनकी कम्पनियों के लोग निस्सन्देह उनकी निष्पक्षता और न्यायप्रियता के कारण उनका सम्मान करते थे, परन्तु वे उनसे डरते भी थे। 1980 के दशक के शुरू में माधवप्रसाद में यकायक बहुत बड़ा परिवर्तन आ गया। एक कड़े प्रशासक की बजाय वे बहुत विनम्र और मृदुभाषी व्यक्ति बन गए। किसी व्यक्ति में इतना अधिक परिवर्तन आ जाना बहुत कठिन है, परन्तु इतिहास में इस तरह के उदाहरण देखे जा सकते हैं। उदाहरण के लिए, कलिंग के युद्ध में विजय प्राप्त करने के बाद सम्राट अशोक में भी अनायास बहुत बड़ा परिवर्तन आ गया था।

माधवप्रसाद में आए परिवर्तन के लिए उनके जीवन की किसी एक घटना को श्रेय नहीं दिया जा सकता। बासठ वर्ष की उम्र में एक दिन उन्हें यह अहसास हुआ कि वे पहले ही, 1979 में, अपने हृदय की बायपास सर्जरी करवा चुके थे और चिकित्सकों ने उन्हें चेतावनी दी थी कि दस वर्ष बाद उनकी धमनियाँ फिर से अवरुद्ध हो जाएँगी। चिकित्सकों ने उन्हें यह सलाह भी दी थी कि यदि वे फिर से बायपास सर्जरी करवाना चाहते हों तो उन्हें दसवें वर्ष से काफी पहले ही यह ऑपरेशन करवा लेना चाहिए। 1986 के आसपास माधवप्रसाद इस दुविधा में रहे कि उन्हें अपने हृदय की दूसरी बायपास सर्जरी करवानी चाहिए या नहीं।

क्योंकि उनकी कोई सन्तान नहीं थी, इसलिए पति-पत्नी ने आपस में सलाह करके फैसला किया कि मृत्यु के बाद वे अपना सब कुछ परोपकार के लिए छोड़ जाएँगे। तदनुसार, 1981 में, दोनों ने परस्पर (म्यूचुअल) वसीयतें तैयार करवाईं। बाद में, 1983 के शुरू के महीनों में, माधवप्रसाद ने मुझे बताया कि उन दोनों ने अपनी पुरानी वसीयतें बदल दी थीं और 1982 में नई वसीयतें बनाकर अपना सब कुछ परोपकार के लिए छोड़ दिया था। माधवप्रसाद की 1982 की वसीयत में मुझे भी एक निष्पादक बनाया गया था।

साझी वसीयत एक ऐसी वसीयत होती है जिसे पति और पत्नी मिलकर बनाते हैं और उनका अन्तिम लक्ष्य एक ही होता है। माधवप्रसाद और प्रियम्वदा देवी की वसीयतों की बिल्कुल एक जैसी भाषा थी। दोनों वसीयतों में कहा गया था कि यदि उनमें से एक की मृत्यु हो जाती है तो सारी सम्पत्ति दूसरे को मिल जाएगी, और दूसरे की भी मृत्यु के बाद इस सम्पत्ति का परोपकार के लिए उपयोग किया जाएगा। (कुछ गहनों को छोड़कर जिन्हें मेरी बेटियों के नाम कर दिया गया था)। इस तरह माधवप्रसाद की वसीयत और प्रियम्वदा देवी की वसीयत की एक ही भाषा थी।

उस समय माधवप्रसाद की सम्पत्तियों का मूल्य लगभग 5,000 करोड़ रुपए था। आज इनका मूल्य 20,000 से 25,000 करोड़ रुपए तक हो सकता है। भारत के इतिहास में कभी भी किसी व्यक्ति ने अपनी पूरी सम्पत्ति परोपकार के कामों के लिए नहीं छोड़ी। इतिहास में ऐसा एकमात्र अन्य उदाहरण भामाशाह का है, जिन्होंने हल्दीघाटी में महाराणा प्रताप की हार के बाद अपनी पूरी सम्पत्ति उनके चरणों में ढेर कर दी थी, ताकि वे अकबर से लड़ने के लिए नई सेना तैयार कर सकें। महाराणा प्रताप ने ऐसा ही किया और वे चित्तौड़ को छोड़कर अपने सभी किले वापस जीतने में सफल रहे।

1980 के दशक के शुरू के वर्षों से ही माधवप्रसाद का स्वास्थ्य गिरने लगा था। 1980 के दशक के अन्तिम वर्षों में वे जब भी मेरी बेटियों से मिलते थे—वे प्रतिदिन उनके घर जाती थीं और उनके साथ दो-तीन घंटे बिताती थीं—तो वे गीता का यह प्रसिद्ध श्लोक दोहराते थे—

वासांसि जीर्णानि यथा विहाय
नवानि गृहणानि नरोऽपराणि।
यथा शरीराणि विहाय जीर्णा-
न्यन्यानि संयाति नवानि देही॥

...कर नए वस्त्र धारण करता है, उसी

अर्थात् जिस तरह मनुष्य पुराने ...रण करती है। मृत्यु से पहले उनका स्वभाव
तरह आत्मा पुराना शरीर त्यागकर ...न्होंने शान्तिपूर्वक इस संसार से विदा ली।
बिल्कुल साधू-सन्तों जैसा ...ने उनकी सम्पत्ति की देखभाल करने लगीं। बाद में
...में चलाते हैं, प्रियम्वदा देवी से नियमित रूप से मिलने लगे।

उनकी मृत्यु के ...न गए और एम.पी. बिड़ला समूह की कम्पनियों के प्रबन्धन में
राजेन्द्र लोढ़ा, ...म्वदा देवी का 3 जुलाई 2004 को देहान्त हो गया। उनकी मृत्यु के
वे उनके ...ढ़ा ने मेरे पास यह सन्देश भिजवाया कि उनके पास प्रियम्वदा देवी की
...सीयत थी और वे मुझे इसके बारे में बताना चाहते थे। परिणामस्वरूप, मैंने एक
...श्चित करके परिवार के सभी सदस्यों को बुला लिया। लोढ़ा आए और उन्होंने वह
...थाकथित वसीयत पढ़कर सुनाई, जिसके अनुसार प्रियम्वदा देवी अपनी सारी सम्पत्ति उनके
...नाम कर गई थीं।

परिवार के सभी सदस्य इस वसीयत को सुनकर स्तब्ध रह गए, जो लोढ़ा के अनुसार ...8 अप्रैल 1999 को बनाई गई थी। वे सभी वितृष्णा और क्रोध की भावना से भर उठे।

परस्पर विचार-विमर्श के बाद परिवार के सभी सदस्यों ने लोढ़ा द्वारा पढ़कर सुनाई गई इस तथाकथित वसीयत को न्यायालय में चुनौती देने का फैसला किया। उन सबका मानना था कि यह असली वसीयत नहीं हो सकती।

परिवार के सदस्यों ने खैतान एंड कम्पनी के नन्द गोपाल खैतान को बुलाकर यह मामला उनके सुपुर्द कर दिया। नन्द गोपाल ने कुछ अन्य वकीलों से विचार-विमर्श किया। धर्मार्थ कार्यों के साथ दम्पती के लम्बे जुड़ाव और सारी परिस्थितियों को देखते हुए सभी का मानना था कि 1999 की इस तथाकथित वसीयत को कई ठोस आधारों पर चुनौती दी जा सकती थी, जिनमें माधवप्रसाद और प्रियम्वदा देवी की 1982 की परस्पर वसीयतें सर्वप्रमुख थीं। हम इस मामले की जितनी ज्यादा गहराई से छानबीन करते गए, उतना ही ज्यादा यह स्पष्ट होता चला गया कि यह कथित वसीयत लोढ़ा की कारीगरी थी, जिन्होंने प्रियम्वदा देवी की जायदाद हड़पने के उद्देश्य से मात्र खुशामद और चापलूसी से उनकी कृपादृष्टि प्राप्त कर ली थी।

1999 की वसीयत को चुनौती देने के हमारे निश्चय के पीछे सिर्फ माधवप्रसाद की भावनाओं का सम्मान करने का उद्देश्य था, जो अपनी सारी सम्पत्ति धर्मार्थ कार्यों के लिए दान कर देना चाहते थे।

एम.पी. बिड़ला समूह में काम कर चुके एक योग्य और अनुभवी चार्टेड एकाउन्टेंट आर.पी. ...पारी, जो अब अर्न्स्ट एंड यंग से जुड़े हुए थे, भी अत्यधिक क्रुद्ध थे। माधवप्रसाद के प्रति अपन... पुरानी निष्ठा के कारण वे न सिर्फ हमारे साथ अपनी जानकारियाँ बाँटने के लिए तैयार हो... जो लोढ़ा के खिलाफ कई मामलों में कानूनी कार्रवाई के लिए बहुत महत्त्वपूर्ण थीं, बल्कि ...ने पूरे मामले का व्यापक निरीक्षण अपने हाथ में लेने की भी इच्छा व्यक्त की। युवा और प्र...ासम्पन्न सॉलिसिटर नन्द गोपाल खैतान को कानूनी कार्रवाई की कमान सौंपी गई। इन... अलावा, दिन-प्रति-दिन के मार्गदर्शन के लिए परिवार के एक सदस्य की भी आवश्यकता थी... एक निकट सम्बन्धी देवेन्द्र मन्त्री इस दायित्व को वहन करने के लिए राजी हो गए...

इस तरह इस मुकदमे की शुरुआत हुई।

से भरे हुए थे। जैसाकि गोस्वामी तुलसीदास ने ...वार के सभी सदस्य आत्म-विश्वास

जानकीनाथ सहाय करे जब
कौन बिगाड़ करे नर तेरो।

अर्थात् जब भगवान राम तुम्हारी मदद कर रहे हों तो कोई कुछ नहीं बि... मामला कई अदालतों में चल रहा है। क्योंकि यह मामला न्यायालय के अ... इसलिए मैं कोई और टिप्पणी नहीं करूँगा।

भाग-5

पत्र-व्यवहार

रफी अहमद किदवई

जैसाकि मैं पहले कह चुका हूँ, मैं रफी अहमद भाई के बहुत निकट था। मैं यहाँ उनके साथ अपने पत्र-व्यवहार में से कुछ चुने हुए पत्रों को प्रस्तुत कर रहा हूँ, जो पाठकों की दिलचस्पी का केन्द्र हो सकते हैं।

5 अगस्त 1952

प्रिय श्री रफी साहब,

आपने अपनी हाल की कोलकाता यात्रा के दौरान हमारे घर आकर बहुत कृपा की। आप जिस तरह अनौपचारिक ढंग से हमारे घर पर चले आए, वह मेरे लिए अत्यन्त प्रसन्नता की बात थी। निस्सन्देह, आप जहाँ भी जाते हैं, मित्रों का मन जीत लेते हैं।

धन्यवाद और शुभकामनाओं सहित,

आपका,
के.के. बिड़ला

खाद्य एवं कृषि मन्त्री,
17 सिम्बर 1952

प्रिय श्री कृष्ण कुमार,

यह पत्र मोहेन्द्र दत्त शर्मा के बारे में है, जो बनारस विश्वविद्यालय से विद्युत इंजीनियरिंग में बी.एस.सी हैं। वे व्यावहारिक प्रशिक्षण के लिए किसी इंजीनियरिंग फर्म में भर्ती होना चाहते हैं। उनका नौकरी करने का कोई इरादा नहीं है, क्योंकि वे अपनी खुद की वर्कशॉप खोलना चाहते हैं। मुझे उम्मीद है कि आप उन्हें हिन्दुस्तान मोटर वर्क्स में प्रशिक्षणार्थी के रूप में रख सकेंगे, ताकि वे आपकी फर्म में होनेवाले सभी तरह के इंजीनियरिंग कामों के व्यावहारिक पक्ष का अध्ययन कर सकें। मुझे उम्मीद है कि आपको इसमें कोई कठिनाई नहीं होगी। श्री शर्मा का पता है–बाबा खाकी, मेरठ।

आपका,
रफी अहमद किदवई

19 सितम्बर 1952

प्रिय श्री रफी साहब,

आपका 17 सितम्बर का कृपा पत्र प्राप्त हुआ। मोहेन्द्र दत्त शर्मा के हिन्दुस्तान मोटर्स में भर्ती होने में कोई कठिनाई नहीं होगी। परन्तु यदि वे टेक्समैको में भर्ती हों तो सम्भवतः उन्हें विविध प्रकार का प्रशिक्षण मिल सकेगा। हमारे पास भारी और हल्की दोनों तरह की मशीनें हैं। परन्तु मैं आपकी सलाह के अनुसार चलना चाहूँगा। कृपया मुझे इस सम्बन्ध में सूचित करें।

हार्दिक शुभकामनाओं सहित,

आपका,
के.के. बिड़ला

के.एम. मुंशी

मैं मुंशी जी के भी बहुत निकट था और उनके साथ मेरा भरपूर पत्र-व्यवहार हुआ। मैं यहाँ उनमें से कुछ पत्र प्रस्तुत कर रहा हूँ।

खाद्य एवं कृषि मन्त्री
18 दिसम्बर 1950

प्रिय के.के.,

मैं अपने दौरे से आज ही लौटा हूँ और आपका दिनांक 13 दिसम्बर का पत्र मैंने अभी-अभी पढ़ा है, जिसमें आपने चीनी के उत्पादन को लेकर 107 प्रतिशत फार्मूले के बारे में लिखा है। मैं मामले की जाँच करूँगा और आपको फिर से पत्र लिखूँगा।

शुभकामनाओं सहित,

आपका,
के. एम. मुंशी

6 अप्रैल 1951

प्रिय कृष्ण कुमार,

वेरावल में होनेवाले सोमनाथ महोत्सव के सम्बन्ध में मैं देश भर में निमन्त्रण-पत्र जारी कर रहा हूँ। क्योंकि देश के कई भागों में प्रभास पट्टन के विवरण की जानकारी नहीं होगी, मैंने विस्तृत जानकारी के लिए सम्पर्क करने के लिए निमन्त्रण-पत्र पर आपका नाम भी दे दिया है, ताकि यदि कोई पूछताछ के लिए आपसे सम्पर्क करे तो आप उसे वेरावल पहुँचने का सुगमतम मार्ग बता सकें, और यदि कोई जानकारी आपके पास उपलब्ध न हो तो आप उसके बारे में मुझसे पता लगाकर बता सकें। मैं आशा करता हूँ कि आप इस सम्बन्ध में मेरे साथ सहयोग करने की कृपा करेंगे, ताकि यह समारोह सफलतापूर्वक सम्पन्न हो सके।

आपका,
के. एम. मुंशी

11 अप्रैल 1951

प्रिय श्री मुंशी जी,

आपके 6 अप्रैल के कृपा पत्र के लिए धन्यवाद। मुझे यह जानकर बहुत प्रसन्नता हुई कि आपने सोमनाथ महोत्सव के सम्बन्ध में अतिरिक्त जानकारी के लिए सम्पर्क करने के लिए मेरा नाम भी दिया है। मुझे किसी भी सामाजिक या धार्मिक कार्यक्रम से जुड़कर हमेशा बहुत प्रसन्नता महसूस होती है, विशेषकर यदि उस कार्यक्रम से आप भी जुड़े हुए हों। कृपया मुझे समारोह के बारे में पूरा विवरण और इस सम्बन्ध में प्रकाशित की गई सामग्री भिजवा दें, ताकि जहाँ तक सम्भव हो मैं आपको कोई कष्ट दिए बिना पूछताछ करनेवालों को सन्तुष्ट कर सकूँ। जिन-जिन लोगों को निमन्त्रण-पत्र भेजे गए हैं, यदि उनके नामों की सूची भी मुझे भिजवा सकें तो और भी अच्छा होगा।

मेरी शुभकामनाएँ स्वीकार करें।

आपका विनीत,
के.के. बिड़ला

19 अप्रैल 1951

प्रिय के.के.,

आपके 11 अप्रैल 1951 के पत्र के लिए धन्यवाद। सोमनाथ लिंग के प्रतिष्ठापन का समारोह 11 मई को सुबह 9.47 बजे होगा, जिसमें डॉ. राजेन्द्र प्रसाद शामिल होंगे। दोपहर 2.30 बजे अखिल भारतीय संस्कृत सम्मेलन का आयोजन किया जाएगा, जिसका उद्घाटन त्रावणकोर-कोचीन के राजप्रमुख हिज हाइनेस की अध्यक्षता में कांग्रेस-अध्यक्ष श्री पुरुषोत्तमदास टंडन करेंगे। उसी दिन सन्ध्याकाल में देहोत्सर्ग स्मारक के शिलान्यास का समारोह होगा, जो हिज हाइनेस जाम साहब के कर-कमलों से सम्पन्न होगा।

कार्यक्रम 8 तारीख को सुबह शुरू होंगे और 12 तारीख की दोपहर तक चलेंगे। मैं स्मारिका के तैयार होते ही इसे आपको भिजवाने की व्यवस्था कर दूँगा और इसी तरह की अन्य आवश्यक सामग्री भी।

इस समय जो निर्णय लिया गया है, उसके अनुसार सभी केबिनेट मन्त्रियों, राज्य मन्त्रियों, उप-मन्त्रियों, उच्चतम न्यायालय के न्यायाधीशों, सभी राज्यों के सभी मन्त्रियों, सभी कुलपतियों, सभी उच्च सदनों के सभापतियों और अध्यक्षों, सभी रियासतों के नरेशों, और धार्मिक संस्थाओं के प्रमुखों को निमन्त्रण-पत्र जारी किए जा रहे हैं। व्यवसायी समुदाय के लिए भी एक सौ निमन्त्रण-पत्र जारी किए जाएँगे,
...वितरण के लिए घनश्यामदास जी के पास भेजा जाएगा। सौराष्ट्र के
... व्यवसायी समुदाय में से एक सौ व्यवसायियों के नामों की
... सूची भेजना सम्भव नहीं हो पाएगा, किन्तु
... जाएगा कि किन लोगों को

रेलवे ने संस्कृत सम्मेलन में भाग लेनेवालों के लिए एक तरफ से किराए में छूट देने की बात मान ली है। उन दिनों बम्बई और वेरावल के बीच एक विशेष स्टीमर-सेवा चलेगी। बम्बई से केशोड तक विमान-सेवा भी उपलब्ध है, जहाँ से रेल या सड़क द्वारा दो घंटे में वेरावल पहुँचा जा सकता है।

आशा है इतनी जानकारी पर्याप्त होगी।

आपका,
के. एम. मुंशी

निजी

राज्यपाल, उत्तर प्रदेश
10 जुलाई, 1952

प्रिय कृष्ण कुमार,

मैंने घनश्यामदास जी को 'लीडर' के बारे में लिखा था, जिसके बारे में मैंने सुना था कि वह बन्द होने जा रहा है। उत्तर प्रदेश के इस सबसे पुराने पत्र का बन्द होना राज्य के लिए बहुत बड़ी त्रासदी होगी। घनश्यामदास जी का कहना है कि इस मामले को आप देख रहे हैं। आप इस सम्बन्ध में क्या कर रहे हैं?

क्या इधर किसी दिन आपका लखनऊ आने का कार्यक्रम है? मैं 16 तारीख को लखनऊ पहुँच रहा हूँ।

शुभकामनाओं सहित,

आपका,
के. एम. मुंशी

2 फरवरी, 1953

प्रिय श्री मुंशी जी,

आपने उस दिन 'लीडर' के सम्बन्ध में मुझ पर फोन पर बात करने की कृपा की थी। छात्रों के दृष्टिकोण को इतना अधिक और अनुचित प्रचार देकर उन लोगों ने अच्छा नहीं किया। दुर्भाग्यवश, हमारे देश के छात्र गलत राह पर जा रहे हैं, और इसमें दो राय नहीं हो सकती कि अनुशासन स्थापित करने के लिए इस मामले से दृढ़तापूर्वक निबटना होगा।

मैंने तुरन्त 'लीडर' के लोगों को फोन किया, जिन्होंने मुझे यह आश्वासन दिया कि इस आन्दोलन का समर्थन करने का उनका कोई इरादा नहीं था। सम्भवतः उनकी बात सही है किन्तु उन्हें छात्र संगठनों और उनके समर्थकों के वक्तव्यों को इतना अधिक प्रचार नहीं देना चाहिए था। मैं इस मामले को खत्म कर रहा हूँ और यदि किसी अन्य तरीके से हम आपके साथ सहयोग कर सकें तो मुझे सूचित करने की कृपा करें।

रामेश्वरजी नेवटिया के नाम मेरे पत्र की प्रति संलग्न है।

आप

11 दिसम्बर, 1955

प्रिय के.के.,

दिनांक 7 और 9 दिसम्बर के आपके पत्र मिले।

आपके साथ भोजन करके मुझे निस्सन्देह प्रसन्नता होगी। मेरे सचिव आपको तारीख के सम्बन्ध में सूचित कर रहे हैं।

आपके साथ भेंट की उत्सुकतापूर्वक प्रतीक्षा करते हुए,

आपका,
के. एम. मुंशी

5 मई, 1956

प्रिय श्री मुंशी जी,

भारतीय इतिहास पर भारतीय विद्या भवन द्वारा प्रकाशित पहली तीन पुस्तकें मुझे मिल चुकी हैं। परन्तु चौथी पुस्तक 'इम्पीरियल कन्नौज' मुझे अभी तक प्राप्त नहीं हुई है, यद्यपि मैं इसके लिए आदेश भेज चुका हूँ।

मैं इन पुस्तकों के बारे में एक सुझाव देना चाहूँगा। इन पुस्तकों की जिल्दें और आकार एक समान नहीं हैं। यह बात समझ में आती है कि कुछ पुस्तकें मोटी हैं और कुछ अपेक्षाकृत कम पृष्ठों की हैं। परन्तु कागज के आकार और आवरण के रंग में क्यों अन्तर होना चाहिए? जब पुस्तकों को एक साथ रखा जाता है तो वे बहुत अटपटी प्रतीत होती हैं। मैं आशा करता हूँ कि आप इस सम्बन्ध में प्रकाशकों से बात करेंगे, ताकि कम-से-कम भविष्य में एकरूपता बनाए रखी जा सके। मुझे खेद है कि इन पुस्तकों को एक साथ शो-केस में नहीं रखा जा सकता।

आशा है नैनीताल में आपका समय अच्छा कट रहा होगा। मेरे योग्य कोई सेवा।

शुभकामनाओं सहित,

आपका विनीत,
के.के. बिड़ला

निजी

13 मार्च, 1957

प्रिय कृष्ण कुमार,

मैं आपको भवन की नवीनतम स्थितियों की जानकारी देता रहूँगा जिनके सम्बन्ध में हमें अपने प्रभाव का पूरा-पूरा प्रयोग करना होगा।

भारत सरकार के पास निजी संस्थाओं द्वारा इंजीनियरिंग महाविद्यालयों को प्रायोजित किए जाने की एक स्कीम है। अपनी पिछली परिषदीय बैठक में भवन ने एक इंजीनियरिंग महाविद्यालय की स्थापना की अपनी स्कीम को आगे बढ़ाने का निर्णय लिया था, बशर्ते कि इसे भारत सरकार और बम्बई सरकार की पूरी-पूरी मदद मिले।

इस स्कीम के बारे में बम्बई सरकार से विस्तार से चर्चा की जा चुकी है और अब भारत सरकार से भी इसके बारे में बातचीत होने जा रही है। हमें कुछ सप्ताह में परिणाम मिल जाने की उम्मीद है। परिषद के सम्मुख रखी गई स्थिति इस प्रकार है–

हमारे अँधेरी कैम्पस में एक इंजीनियरिंग महाविद्यालय की स्थापना पर 64 लाख रुपए की लागत आएगी। भारत सरकार अनावर्ती खर्च के लिए हमें 32 लाख रुपए देगी और शेष राशि हमें स्वयं जुटानी होगी। हम अपनी भूमि में से 10 से 15 लाख रुपए मूल्य का एक भू-खंड आसानी से निकाल सकते हैं। परिणामस्वरूप, हमें अपने हिस्से के रूप में बीस लाख रुपए का और प्रबन्ध करना होगा।

हम बम्बई सरकार से बात कर रहे हैं और मेरा खयाल है कि सरकार इस पूरे अनावर्ती घाटे को वहन करने के लिए सहमत हो जाएगी।

इसलिए, स्थिति यह है कि यदि हम बीस या पच्चीस लाख रुपए का प्रबन्ध कर लेते हैं तो हम देश के सबसे बड़े और बम्बई के एकमात्र इंजीनियरिंग महाविद्यालय की स्थापना कर पाने में सफल हो जाएँगे। हमारी सम्पत्तियों का मूल्य दुगुना हो जाएगा, अर्थात् हमारी वर्तमान सत्तर लाख की सम्पत्ति लगभग दुगुनी हो जाएगी।

भवन के लिए यह एक अच्छा अवसर है और मैं चाहता हूँ कि आप इस प्रश्न पर विचार करें, क्योंकि हमें अपने हिस्से के बीस लाख का प्रबन्ध करना ही होगा। यदि यह किसी एक व्यक्ति से दान में मिल जाता है तो महाविद्यालय का नाम दानकर्ता के नाम पर रखा जा सकता है–निस्सन्देह ट्रस्ट और परिषद के नियमों का पालन करते हुए, जिनमें इसकी अनुमति है। यदि ऐसा नहीं हो पाता तो हमें पूरा जोर लगाकर यह धनराशि इकट्ठी करनी होगी। परन्तु यह ईश्वर प्रदत्त अवसर प्रतीत हो रहा है, और यदि हम अपनी तरफ से पूरा जोर नहीं लगा पाए तो हम अपना दायित्व निभाने से चूक जाएँगे।

इसलिए मैं शीघ्र ही आपकी प्रतिक्रिया जानना चाहता हूँ क्योंकि मुझे लगता है कि यदि हम सबने पूरा जोर नहीं लगाया तो इस योजना को कार्यान्वित कर पाना असम्भव होगा।

शुभकामनाओं सहित,

आपका,
के. एम. मुंशी

निजी

20 मार्च, 1957

प्रिय श्री मुंशी जी,

आपका दिनांक 13 मार्च का कृपा पत्र मिला। इंजीनियरिंग महाविद्यालय की आपकी प्रस्तावित परियोजना के बारे में जानकर अति प्रसन्नता हुई। जैसाकि आप जानते हैं, मैं सदैव आपकी सेवा में उपस्थित हूँ और आपके द्वारा प्रस्तावित किसी भी ध्येय से जुड़कर मुझे अत्यन्त प्रसन्नता होगी।

परन्तु मैं साथ ही यह भी कहना चाहूँगा कि वर्तमान स्थितियों को देखते हुए मुझे आपकी परियोजना के लिए उतनी धनराशि जुटा पाने की उम्मीद नहीं है जितनी कि आप सोच रहे हैं। मैंने पूँजी बाजार को कभी भी इतनी तंगी में या लोगों को इतनी कठिन आर्थिक स्थितियों से गुजरते नहीं देखा। सम्भवतः पिछले बीस वर्षों में यह हमारे सबसे बड़े आर्थिक संकट का दौर है। ऐसा लगता है कि न मध्यवर्ग के पास पैसा है और न धनवानों के पास। कम्पनियाँ भी भयंकर आर्थिक कठिनाइयों का सामना कर रही हैं और पुनर्स्थापना या आधुनिकीकरण के लिए भी धन नहीं जुटा पा रही हैं। वर्तमान स्थिति मुख्यतः ऊँची कर दरों का परिणाम है और यदि कर कम नहीं किए गए तो बचत को प्रोत्साहन नहीं मिल सकता और परिणामस्वरूप, पूँजी-बाजार की दशा में कोई सुधार नहीं हो सकता।

इसके अलावा, शेयर बाजार भी भारी मूल्यह्रास का सामना कर रहा है। शेयरों के मूल्य लगभग 40 प्रतिशत गिर गए हैं, जिसका अर्थ है कि लोगों को इसी सीमा तक घाटा हुआ है। एक वर्ष पहले भारत के सभी बाजारों में शेयरों और स्टॉकों का कुल मूल्य 2500 करोड़ रुपए के आसपास था। मूल्यों में गिरावट के कारण इसमें से लगभग 1000 करोड़ रुपए अदृश्य हो गए हैं। इन परिस्थितियों को देखते हुए, मेरे विचार में अच्छे समय की प्रतीक्षा करना बेहतर होगा।

इसके अलावा आप जानते हैं कि मेरे सभी सम्पर्क कोलकाता और यू. पी. में हैं। मुझे नहीं लगता कि इन जगहों के लोग बम्बई के एक महाविद्यालय के लिए चन्दा देने में रुचि लेंगे। इसलिए धनराशि इकट्ठी करने के प्रयासों को बम्बई और अहमदाबाद तक सीमित रखना होगा। बम्बई के लिए आर. डी. ताऊजी सबसे उपयुक्त व्यक्ति हो सकते हैं। फिर भी यदि बम्बई में मेरी जरूरत हो तो आप जब भी चाहेंगे मैं वहाँ पहुँच जाऊँगा। किन्तु बम्बई में मेरे सम्पर्क बहुत कम हैं।

शुभकामनाओं सहित,

आपका विनीत,
के.के. बिड़ला

निजी

3 मई, 1957

प्रिय कृष्ण कुमार,
भवन की दिल्ली की इमारत का उद्घाटन इस महीने की 16 तारीख को प्रधानमन्त्री के कर-कमलों द्वारा सम्पन्न होने जा रहा है। आशा है आप इसमें शामिल होने की कृपा करेंगे। भवन के जीवन में यह एक महत्त्वपूर्ण क्षण है और मैं निश्चित रूप से आपको वहाँ देखना चाहूँगा।

शुभकामनाओं सहित,

आपका,
के. एम. मुंशी

होटल न्यू वेस्टन,
मेडिसन एवेन्यू एट फिफ्टीयथ स्ट्रीट,
न्यूयॉर्क 22, एन. वाई.
27 जून, 1958

प्रिय कृष्ण कुमार,

मैं और मेरी पत्नी यहाँ बहुत सुहाने और व्यस्तता भरे दिन गुजार रहे हैं। हमें आशा है कि जून के अन्त तक अमरीका का हमारा दौरा पूरा हो जाएगा और हम 2 जून को क्वीन मैरी से साउथैम्पटन के लिए निकल सकेंगे। ऐसा लगता है कि हम अनजाने में एक ही तरह के शहरों में घूम रहे हैं। एल. एन. भी अपनी पत्नी के साथ यहाँ हैं और हम कुछ समय साथ-साथ गुजार चुके हैं।

मैं नहीं जानता कि देवदास के देहान्त के बाद 'हिन्दुस्तान टाइम्स' को कौन देख रहा है। शायद आपको याद होगा कि भवन बुक यूनिवर्सिटी (1951 में स्थापित) की पहली पुस्तक राजा जी की 'महाभारत' थी, जो पहले 'हिन्दुस्तान टाइम्स' में छपी थी। उस समय हमें पुस्तक में 'हिन्दुस्तान टाइम्स' का आभार व्यक्त करते हुए इसे प्रकाशित करने की अनुमति मिल गई थी। इसके बाद हमने 'महाभारत' की जोड़ी की पुस्तक के रूप में राजा जी की 'रामायण' भी प्रकाशित की थी।

अब भवन अपनी बुक यूनिवर्सिटी सीरीज में राजा जी की 'फैटल कार्ट एंड अदर स्टोरीज़' के प्रकाशन की अनुमति चाहता है, जो कुछ वर्ष पहले 'हिन्दुस्तान टाइम्स' ने छापी थी और जो अब सम्भवतः अनुपलब्ध (आउट ऑफ प्रिंट) है। राजा जी को इसमें कोई आपत्ति नहीं है। यदि आप 'फैटल कार्ट एंड अदर स्टोरीज़' के प्रकाशन की अनुमति दे दें तो हमारी सीरीज में राजा जी की 'स्टोरीज़ एंड फेबल्स' के दो खंड हो जाएँगे, जिनमें 'फैटल कार्ट' पहले खंड के रूप में और राजा जी द्वारा भेजी गयी कहानियों का नया संकलन दूसरे खंड के रूप में प्रकाशित होगा।

क्या आप इस मामले पर ध्यान देने और आवश्यक कदम उठाने की कृपा करेंगे? यदि आप मुझे बम्बई में भवन के पते पर लिखेंगे तो वे लोग उस पत्र को उस जगह भिजवा देंगे जहाँ मैं उस समय होऊँगा।

हम दोनों की तरफ से हार्दिक शुभकामनाओं सहित,

आपका,
के. एम. मुंशी

29 जुलाई, 1958

प्रिय श्री मुंशी जी,

आपका 27 जून का कृपा पत्र मिला। मुझे यह जानकर बहुत प्रसन्नता हुई थी कि आप विश्व-भ्रमण पर जा रहे हैं। मैं आपसे लगभग तीन सप्ताह आगे था। जहाँ मैं साढ़े तीन महीने के दौरे के बाद 2 जुलाई को भारत लौटा हूँ, वहीं आपके दौरे के बारे में ऐसा लगता है कि यह और अधिक लम्बा होगा।

जहाँ तक भारतीय विद्या भवन द्वारा श्री सी. राजगोपालचारी जी की पुस्तक 'फैटल कार्ट एंड अदर स्टोरीज' के पुनर्मुद्रण की बात है, तो मैं समझता हूँ कि पिछली

बार 'हिन्दुस्तान टाइम्स' ने सभी तरह की बिक्री पर 15 प्रतिशत रायल्टी के आधार पर भारतीय विद्या भवन को राजा जी की 'महाभारत' के पुनर्मुद्रण की अनुमति दी थी। हमारे यहाँ यह परम्परा रही है कि प्रकाशक से प्राप्त होने वाली यह समूची रायल्टी पुस्तक के लेखक अर्थात् राजा जी को दे दी जाती है। इसलिए आपके द्वारा उल्लेखित पुस्तक पर भी यही शर्तें लागू की जा सकती हैं। यदि इस विषय में कुछ और कहना चाहते हों तो मुझे पत्र लिखने की कृपा करें।

आपका पता न मालूम होने के कारण मैं इस पत्र को बम्बई के पते पर भेज रहा हूँ। आशा है वे लोग इसे आप तक पहुँचा देंगे।

हार्दिक शुभकामनाओं सहित,

आपका विनीत,
के.के. बिड़ला

*शिविर : भारतीय विद्या भवन,
नई दिल्ली,
21 नवम्बर, 1950*

प्रिय कृष्ण कुमार,

मैं इस माह के प्रथम सप्ताह में मद्रास गया था। आपको यह जानकर प्रसन्नता होगी कि वहाँ भवन को लेकर बहुत ज्यादा उत्साह है। हम वहाँ एक बहुत प्रभावशाली प्रोविजनल कमेटी की स्थापना करने में सफल रहे हैं। आपकी जानकारी के लिए प्रोविजनल कमेटी के सदस्यों की सूची की एक प्रति संलग्न कर रहा हूँ।

हमने राजा जी की 'महाभारत' की 1,00,000 वीं प्रति और 'रामायण' की 50,000वीं प्रति के लोकार्पण समारोह के अवसर पर मद्रास में एक बढ़िया कार्यक्रम किया। इन दोनों पुस्तकों के साथ-साथ बुक यूनिवर्सिटी सीरीज के पांच नए प्रकाशनों का भी लोकार्पण किया गया।

कुछ माह पूर्व आपने 'हिन्दुस्तान टाइम्स' द्वारा प्रकाशित राजा जी की 'फैटल कार्ट एंड अदर स्टोरीज' के भवन की बुक यूनिवर्सिटी सीरिज में प्रकाशन की अनुमति दिलवाई थी। राजा जी इसे अब दोबारा लिख रहे हैं।

जब मैं मद्रास में था तो राजा जी ने यह उल्लेख भी किया था कि कुछ समय पूर्व 'हिन्दुस्तान टाइम्स' द्वारा प्रकाशित उनकी पुस्तक 'हिन्दुइज्म : डॉक्टरीन एंड वे ऑफ लाइफ' (हिन्दुत्व : सिद्धान्त और जीवन-शैली) अब अनुपलब्ध (आउट ऑफ प्रिंट) थी, इसलिए वे चाहेंगे कि भवन अपनी बुक यूनिवर्सिटी सीरीज में इसका पुनर्प्रकाशन करे। हम निस्सन्देह उनके साथ वही शर्तें तय करेंगे जो आप करते रहे हैं। क्या आप इस सम्बन्ध में 'हिन्दुस्तान टाइम्स' के लोगों को लिखकर आवश्यक अनुमति दिलवाने की कृपा करेंगे?

मैं इस माह की 26 तारीख को बम्बई लौटूँगा, ताकि भवन के 21वें स्थापन दिवस समारोह के लिए समय पर पहुँच सकूँ, जो 1 दिसम्बर को शुरू हो रहा है। कुछ ही दिनों में मुझे स्थापना दिवस समारोह के कार्यक्रम के विवरण की प्रति प्राप्त हो जाएगी। क्या 1 से 9 दिसम्बर के बीच आपके बम्बई में होने की सम्भावना है?

'हिन्दुस्तान टाइम्स' सात वर्षों तक हर दूसरे सप्ताह मेरे 'कुलपतिज़ लैटर्स' छापता रहा है, जो देश भर में काफी लोकप्रिय रहे हैं। परन्तु इधर कुछ समय से मैं 'हिन्दुस्तान टाइम्स' की कृपा दृष्टि क्यों खो बैठा हूँ और मेरे पत्र छपने बन्द क्यों हो गए हैं?

हम दोनों की तरफ से हार्दिक शुभकामनाएँ,

आपका,
के. एम. मुंशी

10 दिसम्बर, 1958

प्रिय श्री मुंशी जी,

दिनांक 21 नवम्बर के आपके कृपापत्र के लिए धन्यवाद। मुझे खेद है कि मैं इसका पहले उत्तर नहीं दे सका।

मुझे यह जानकर अत्यन्त प्रसन्नता हुई कि भारतीय विद्या भवन राजा जी की पुस्तक 'हिन्दुइज़्म : डॉक्टरीन एंड वे ऑफ लाइफ' का पुनर्प्रकाशन करने का विचार कर रहा है, जो कुछ समय पहले 'हिन्दुस्तान टाइम्स' ने प्रकाशित की थी। 'हिन्दुस्तान टाइम्स' को भारतीय विद्या भवन द्वारा इस पुस्तक के पुनर्प्रकाशन पर किंचित भी आपत्ति नहीं है। मैं भारतीय विद्या भवन को अपनी संस्था मानता हूँ और उनके द्वारा इस पुस्तक के प्रकाशन से मुझे हार्दिक प्रसन्नता होगी।

जहाँ तक 'कुलपतिज़ लैटर्स' का सम्बन्ध है, तो यह हमेशा ही 'हिन्दुस्तान टाइम्स' की रविवारीय पत्रिका का एक लोकप्रिय अंग रहा है। परन्तु हमें न चाहते हुए भी इसका प्रकाशन बन्द करना पड़ा, क्योंकि न्यूजप्रिंट के अभाव के कारण रविवारीय पत्रिका का आकार आठ पृष्ठों से चार पृष्ठों का करना पड़ा है। जैसे ही न्यूजप्रिंट की स्थिति में सुधार होगा, हम इस फीचर को फिर से शुरू करना चाहते हैं। परन्तु ईश्वर ही जानता है कि न्यूजप्रिंट की स्थिति में कब सुधार होगा।

मुझे खेद है कि 21वें स्थापना दिवस समारोह के दौरान मैं बम्बई नहीं जा पाऊँगा।

आपको और श्रीमती मुंशी को हार्दिक शुभकामनाओं सहित,

आपका विनीत,
के.के. बिड़ला

अतुल्य घोष

अतुल्य घोष अनेक वर्षों तक पश्चिम बंगाल प्रदेश कांग्रेस समिति के अध्यक्ष रहे। उन्होंने कभी भी प्रदेश का मुख्यमन्त्री बनने की अभिलाषा नहीं की। किन्तु डॉ. बी. सी. राय को छोड़कर वे अन्य सभी मुख्यमन्त्रियों से अधिक शक्तिशाली रहे। उनके साथ मेरे बहुत मधुर सम्बन्ध थे। यहाँ प्रस्तुत किए जा रहे कुछ पत्र पाठकों की दिलचस्पी का केन्द्र हो सकते हैं।

27 नवम्बर, 1952

प्रिय श्री कृष्ण कुमार,

मैं आपको हमारे पुस्तकालय से सम्बन्धित सभी महत्त्वपूर्ण पत्र भेज रहा हूँ जिसके लिए बृजमोहन जी ने कुछ पुस्तकें भिजवाने के लिए लिखा है।

यह पत्र आपके ध्यानाकर्षण और आवश्यक कार्यवाई के लिए है।

आपका,
अतुल्य घोष

22 मार्च, 1957

प्रिय श्री अतुल्य बाबू,

चुनावों में आपकी सफलता के बारे में जानकर मुझे अपार प्रसन्नता हुई। जहाँ तक आपका सम्बन्ध है, इन परिणामों को लेकर जरा भी सन्देह नहीं था। परन्तु फिर भी यह जानकर हार्दिक प्रसन्नता हुई कि जनता ने आपको संसद में अपने प्रतिनिधि के रूप में चुना है। एक बार फिर आपको बहुत-बहुत बधाई।

आपका,
के.के. बिड़ला

25 सितम्बर, 1958

प्रिय के.के.,

सम्भवतः आपको यह जानकारी होगी कि इस वर्ष मिदनापुर, 24 परगना, मालदा, कूच बिहार और पश्चिम दिनाजपुर के जिले बाढ़ और तूफान से गम्भीर रूप से प्रभावित हुए हैं और हजारों लोग बेघरबार हो गए हैं। स्थानीय कांग्रेस समिति ने राहत अभियान शुरू कर दिया है जिसके लिए बड़ी मात्रा में धनराशि और अन्य अनिवार्य वस्तुओं की आवश्यकता है। प्रदेश कांग्रेस समिति ने इस उद्देश्य के लिए धन और सामग्री एकत्रित करने का फैसला किया है। पश्चिम बंगाल के लोग हमेशा से ही मानवतावादी कार्यों के लिए बढ़-चढ़कर योगदान देते रहे हैं और मुझे आशा है कि इस बार भी वे विपदा के शिकार लोगों की मदद में अपना हाथ बटाएँगे। कृपया अपनी सुविधानुसार अपना योगदान शीघ्र-से-शीघ्र भिजवाने की कृपा करें ताकि प्रभावित लोगों को राहत पहुँचाई जा सके।

धन्यवाद।

आपका,
अतुल्य घोष

लाल बहादुर शास्त्री

1964 में पंडित जवाहरलाल नेहरू के देहान्त के बाद लाल बहादुर शास्त्री भारत के दूसरे प्रधानमन्त्री बने। यद्यपि कामराज और मोरारजी देसाई जैसे नेता भी इस पद के दावेदार थे परन्तु लाल बहादुर शास्त्री सर्वसम्मत नेता के रूप में उभरे। 1965 के भारत-पाक युद्ध

में भारत की विजय के बाद उनकी प्रसिद्धि शिखर पर पहुँच गई। जनवरी 1966 में वे सोवियत-रूस के राष्ट्र-प्रमुख कोसिगिन के निमन्त्रण पर पाकिस्तान के राष्ट्रपति जनरल मुहम्मद अयूब खाँ के साथ शिखर-वार्ता के लिए ताशकन्द गए। पाकिस्तान के साथ सन्धि-पत्र पर हस्ताक्षर करने के बाद उन्हें दिल का दौरा पड़ा और वहीं उनका देहान्त हो गया। केन्द्र सरकार में शामिल होने से पहले वे उत्तर प्रदेश की राजनीति से जुड़े रहे थे और कई वर्षों तक राज्य सरकार में मन्त्री रहे थे। उनके साथ मेरे पत्र-व्यवहार के कुछ पत्र यहाँ प्रस्तुत हैं।

निजी

परिवहन एवं रेल मन्त्री,
भारत सरकार,
1, यार्क प्लेस, नई दिल्ली,
15 जनवरी, 1956

प्रिय कृष्ण कुमार जी,

नमस्कार। श्री राधेश्याम पाठक जी प्रयाग के रहनेवाले हैं। उन्होंने अपनी कन्या का विवाह पिछली अप्रैल या मई के महीने में किया था। उसमें वह कर्जदार हो गए हैं। उन्होंने पहले भी मुझसे इस सम्बन्ध में कहा था, परन्तु मैंने आपको कष्ट देना नहीं चाहा। इधर उनके दो पत्र लगातार मिले हैं जिन्हें मैं इसके साथ भेज रहा हूँ। अब वह कुछ अधिक परेशानी में पड़ रहे हैं। ऐसी स्थिति में मैंने आपको यह पत्र लिखना उचित समझा। श्री राधेश्याम जी इलाहाबाद में सन् 1930 से कांग्रेस में काम करते रहे हैं। यद्यपि पिछले कुछ वर्षों से वह प्रजा-समाजवादी दल में चले गए हैं, परन्तु उससे हम लोगों के व्यवहार में कोई अन्तर नहीं आया। साधारणतः वह एक अच्छे स्तर से रहते हैं और उन्हें अपने लिए कहने में स्वभावतः संकोच होता है। सम्भवतः उन्होंने कुछ अधिक ही कर्ज लिया होगा। आप उनके पास यदि सीधे ही चेक अथवा रुपया जो ठीक समझें, गोपनीय रूप से भेज दें तो कृपा होगी। आपको कष्ट तो दे रहा हूँ, परन्तु राधेश्यामजी की आवश्यकता को देखकर ही ऐसा कर रहा हूँ। श्री राधेश्याम जी का पता नीचे दे रहा हूँ।

श्री राधेश्याम जी पाठक
जीरो रोड, इलाहाबाद

विश्वास है आप स्वस्थ और प्रसन्न हैं।

आपका,
लाल बहादुर

श्री कृष्ण कुमार जी बिरला,
बिरला भवन, नई दिल्ली,

20 जनवरी, 1956

प्रिय श्री लाल बहादुर जी,
सादर नमस्कार,
आपका 15 तारीख का कृपा पत्र मिला। श्री पाठकजी के बारे में आपने लिखा, आप जैसा उचित समझेंगे वैसा मैं करूँगा। मैं दिल्ली आ ही रहा हूँ, सो आपसे इस विषय में बात कर लूँगा।

आपका विनीत,
कृष्ण कुमार

माननीय श्री लाल बहादुरजी शास्त्री,
परिवहन एवं रेलमन्त्री,
भारत सरकार,
नई दिल्ली।

अखिल भारतीय कांग्रेस समिति,
नई दिल्ली,
20 मार्च, 1957

प्रिय श्री कृष्ण कुमार जी,
लोकसभा में मेरे चुनाव पर आपके कृपा सन्देश के लिए मैं आभारी हूँ। कृपया मेरा हार्दिक धन्यवाद स्वीकार करें।

शुभकामनाओं सहित,

आपका,
लाल बहादुर

संचार मन्त्रालय,
नई दिल्ली,
30 अप्रैल, 1957

प्रिय श्री कृष्ण कुमार जी,
आपके सन्देश के लिए बहुत-बहुत धन्यवाद। अपने कर्त्तव्य का पालन करने में मित्रों और शुभचिन्तकों की शुभकामनाएँ हमेशा प्रेरणा और शक्ति प्रदान करती हैं। मुझे प्रसन्नता है कि मुझे सौंपे गए इस नए दायित्व के अवसर पर आपका स्नेह और सद्भावनाएँ मेरे साथ हैं।

एक बार फिर धन्यवाद सहित,

आपका,
लाल बहादुर

वाणिज्य एवं उद्योग मन्त्री,
नई दिल्ली,
5 सितम्बर, 1960

प्रिय कृष्ण कुमार जी,
आपका 2 सितम्बर 1960 का पत्र मेरे सामने हैं। मुझे खेद है कि आप केन्द्रीय उद्योग सलाहकार परिषद की बैठक में शामिल नहीं हो पाएँगे। हमें इसकी तारीख आगे बढ़ानी पड़ी क्योंकि राष्ट्रीय विकास परिषद की बैठक 12 सितम्बर को निर्धारित की गई है। मैं आपको अमरनाथ जाने से नहीं रोकना चाहूँगा। मैं जानता हूँ कि यदि आपके जाने में विलम्ब हुआ तो फिर आप जा ही नहीं पाएँगे। मुझे पत्र लिखने के लिए आपका बहुत-बहुत धन्यवाद।

आपका,
लाल बहादुर

वाणिज्य एवं उद्योग मन्त्री, भारत,
नई दिल्ली,
10 अक्तूबर, 1960

प्रिय कृष्ण कुमार जी,
नमस्कार। आपका पत्र मिला। यह जानकर प्रसन्नता हुई कि आप अमरनाथ यात्रा सफलतापूर्वक पूरी कर आए। आपने बड़े साहस से काम लिया। आप सबको इस पवित्र यात्रा से स्वभावतः बड़ा सन्तोष मिला होगा।

आपको कुछ दिन अवश्य श्रीनगर में रहना चाहिए। इससे आप सबको आवश्यक विश्राम भी मिल जाएगा।

आपका,
लाल बहादुर

श्री कृष्ण कुमार जी बिरला,
जोबी राय पैलेस होटल,
श्रीनगर (कश्मीर)

निजी एवं गोपनीय

24 जून, 1961

प्रिय श्री लाल बहादुर जी,
मुझे प्रसन्नता है कि आप असम के मामलों में रुचि ले रहे हैं। मैं आपको मुस्लिम घुसपैठ की समस्या के बारे में लिखना चाहता हूँ। मुझे अखबारों से पता चला है कि आप इस समस्या पर ध्यान दे रहे हैं।

पिछले 20-25 वर्षों से बंगाल के मुसलमान धीरे-धीरे असम में घुसपैठ करते रहे हैं। देश के विभाजन के बाद यह अपेक्षा थी कि शायद इस तरह की घुसपैठ रुक जाएगी। परन्तु दुर्भाग्यवश ऐसा नहीं हो पाया। असम में घुसपैठ करनेवाले

पाकिस्तानी मुसलमानों को सीमा के पास रहनेवाले भारतीय मुसलमानों से हर तरह का सहयोग और प्रोत्साहन मिलता रहा है। एक बार संसद सदस्य श्री प्रभुदयाल हिमतसिंका समेत असम के कुछ लोगों ने सरदार पटेल का ध्यान इस तरफ खींचा था। परन्तु उस समय असम के नेता इस खतरे को लेकर उदासीन थे। इसलिए कुछ भी नहीं हो पाया।

मैं लगभग हर वर्ष शिलांग जाता रहा हूँ और मैंने असम के कई मन्त्रियों का ध्यान घुसपैठ की इस समस्या की तरफ खींचा था। परन्तु दुर्भाग्यवश मैं भी कुछ नहीं कर पाया। अब हैलाकंडी की घटना के बाद असम सरकार अचानक गहरी नींद से जागी है।

यह हर किसी के लिए बहुत सन्तोष का विषय है कि आप इस मामले में व्यक्तिगत रुचि ले रहे हैं। मुझे पूरा विश्वास है कि आपकी क्षमता को देखते हुए यह काफी खतरनाक समस्या भी हल हो जाएगी।

मैं विनम्रतापूर्वक यह सुझाव देना चाहूँगा कि यदि सीमा के पास हमारी खाली जमीनों पर पंजाबी और सिख शरणार्थियों को बसा दिया जाए तो यह समस्या स्थायी रूप से हल हो सकती है। देखा जाए तो सीमाओं पर निरन्तर निगरानी रखना सम्भव नहीं है, खासकर घुसपैठियों के प्रति स्थानीय मुसलमानों की सहानुभूति को देखते हुए। इसलिए इन क्षेत्रों में पंजाबी हिन्दू और सिख शरणार्थियों को बसाना एक स्थायी समाधान हो सकता है। वे जुझारू लोग हैं और मुझे पूरा विश्वास है कि वे इस तरह के अवैध अप्रवास को रोकेंगे। मुझे आपको यह सुझाव भेजना उचित प्रतीत हुआ।

हार्दिक शुभकामनाओं सहित,

आपका विनीत,
के.के. बिड़ला

4 जुलाई, 1961

प्रिय श्री लाल बहादुर जी,

आपके सुपुत्र श्री हरिकृष्ण के विवाह के निमन्त्रण-पत्र के लिए धन्यवाद। कृपया इस शुभ अवसर पर दूल्हे और दुल्हन तक मेरी हार्दिक बधाई और एक दीर्घ, सुखी और समृद्ध वैवाहिक जीवन के लिए मेरी हार्दिक शुभकामनाएँ पहुँचा दें।

शुभकामनाओं सहित,

आपका विनीत,
के.के. बिड़ला

डॉ. बी. सी. राय

जैसाकि मैं पहले कह चुका हूँ, डॉ. बी. सी. राय एक विलक्षण व्यक्ति थे। राजनीति में प्रवेश करने से पहले वे हमारे पारिवारिक चिकित्सक और मित्र थे और परिवार के सभी सदस्यों के साथ उनके बहुत मधुर सम्बन्ध थे। वे एक असाधारण चिकित्सक थे। उन्हें पश्चिम बंगाल के सर्वश्रेष्ठ मुख्यमन्त्रियों की सूची में शामिल किया जा सकता है।

अन्य पत्रों के अलावा विधान बाबू का दिनांक 20 जुलाई, 1950 का पत्र काफी दिलचस्प है, विशेष रूप से उनकी यह पंक्ति कि "आप जैसे सीधे व्यक्ति के लिए वकील बहुत घाघ साबित हो सकते हैं।"

मुख्यमन्त्री,
पश्चिम बंगाल
20 जुलाई, 1950

प्रिय कृष्ण कुमार,

प्रबन्धक के नाम के हिज्जे और पता इस प्रकार है–

ए. सी. सेन,
बिजली हाउस,
शिलांग

मैं आपका पत्र पढ़ चुका हूँ। मुझे यह पता लगाना होगा कि पत्र परिवादी के वकीलों के हाथ में कैसे पड़ गया। मैं यह भी सोचता रहा हूँ कि आप जैसे सीधे व्यक्ति के लिए वकील बहुत घाघ साबित हो सकते हैं।

आपका,
बी. सी. राय

14 अक्तूबर, 1950

प्रिय डॉ. राय,

श्री भूपति मजूमदार को गलत रिपोर्ट दिए जाने के सम्बन्ध में आज सुबह मुझे फोन करके आपने बहुत अच्छा किया। हमारे स्टाफ के जो लोग क्षेत्रीय बल के सदस्य हैं, उनकी स्थिति इस प्रकार है–

कुछ समय पहले भारत सरकार के रक्षा मन्त्रालय ने वाणिज्य मंडल के माध्यम से हमसे सम्पर्क स्थापित किया था और हमें भारतीय क्षेत्रीय बल के लिए भर्तियों में सरकार की मदद करने के लिए कहा था। इस सम्बन्ध में स्टाफ के सदस्यों को जो सरक्युलर जारी किया गया था, उसकी एक प्रति इस पत्र के साथ संलग्न है। हमारे इस नोटिस से आपको यह अन्दाजा लग जाएगा कि हमने अपने स्टाफ को क्षेत्रीय बल में भर्ती होने के लिए किस तरह प्रोत्साहित किया है।

हमारी टेक्समैको फैक्टरी के स्टाफ के चार सदस्य क्षेत्रीय बल में भर्ती हुए। इसके अलावा कुछ श्रमिक भी क्षेत्रीय बल में भर्ती हुए, परन्तु उन्होंने यह कदम स्वयं अपनी इच्छा से उठाया। जैसाकि आप जानते हैं, आजकल प्रबन्धन का श्रमिकों पर कोई नियन्त्रण नहीं होता। इसलिए हमने यह सरक्युलर विशेष रूप से स्टाफ के सदस्यों के लिए जारी किया था, न कि श्रमिकों के लिए।

हमारे स्टाफ के जो चार सदस्य हमारे जोर देने पर क्षेत्रीय बल में भर्ती हुए, उन्हें भी परेड इत्यादि में शामिल होना काफी कठिन काम लगा।

कुछ समय पहले क्षेत्रीय बल के लेफ्टिनेंट कर्नल एस. एन. शर्मा हमारे महासचिव श्री रत्नलाल से मिले थे। वे चाहते थे कि हम अपने स्टाफ के सदस्यों और श्रमिकों

को क्षेत्रीय बल के राँची शिविर में भर्ती होने के लिए राजी करें। श्री रत्नलाल ने उन्हें समझाया कि जहाँ तक श्रमिकों का सम्बन्ध था, वे अपने श्रम अधिकारी से उनसे सम्पर्क करने के लिए कहेंगे, परन्तु अपने स्टाफ के सदस्यों से वे स्वयं बात करेंगे।

श्रमिकों ने राँची शिविर में भर्ती होने से साफ इनकार कर दिया और यह सूचना लेफ्टिनेंट-कर्नल शर्मा तक पहुँचा दी गई। जहाँ तक स्टाफ के सदस्यों का सम्बन्ध था, तो वे भी वहाँ जाने से हिचकिचा रहे थे। उन्हें प्रोत्साहित करने के उद्‌देश्य से हमने शिविर में भर्ती होनेवाले प्रत्येक सदस्य को 100 रुपए देने का प्रस्ताव रखा। परन्तु दुर्भाग्यवश, इसके बाद भी उनकी प्रतिक्रिया निराशाजनक रही।

हमारी सभी कम्पनियों के स्टाफ के कुल 37 सदस्य भारतीय क्षेत्रीय बल में भर्ती हुए हैं, और मेरे ख्याल से इनमें से सिर्फ 13 या 14 शिविर में जा रहे हैं।

इसलिए कृपा करके यह देखने का प्रयास करें कि क्षेत्रीय बल में भर्ती होने के सम्बन्ध में हमारा रवैया शुरू से ही अत्यन्त प्रोत्साहन भरा रहा है। कृपया यह बात भी ध्यान में रखें कि यह एक तरह की स्वैच्छिक संस्था है और हमारे लिए अपने स्टाफ के सदस्यों को इसमें और अधिक रुचि लेने के लिए बाध्य करना सम्भव नहीं है।

आशा है आप श्री भूपति मजूमदार को हमारी स्थिति समझाने की कृपा करेंगे।

शुभकामनाओं सहित,

आपका,
के.के. बिड़ला

4 जुलाई, 1952

प्रिय डॉ. राय,

मैं कल दोपहर को दिल्ली के लिए निकल रहा हूँ, और लगभग एक पखवाड़े तक वहाँ रहूँगा। इस बीच मुझे आशा है कि आप श्री सेन से बात करने की कृपा करेंगे, ताकि मुझे पूजा पर आपका घर उपलब्ध हो सके। इस वर्ष पूजा 26 सितम्बर को आरम्भ हो रही है। इसलिए मैं लगभग इसी दौरान जाऊँगा और मध्य नवम्बर तक शिलांग में ठहरूँगा।

हार्दिक धन्यवाद और शुभकामनाओं सहित,

आपका,
के.के. बिड़ला

कलकत्ता
8 जुलाई, 1952

प्रिय कृष्ण कुमार,

आपका 4 जुलाई, 1952 का पत्र मिला।

मैंने श्री सेन से कह दिया है और जैसाकि आप चाहते हैं, आपको घर उपलब्ध हो जाएगा।

आपका,
बी. सी. राय

शिविर : बनारस
15 सितम्बर, 1955

प्रिय श्री विधान बाबू,
आपके साथ कल मेरी बातचीत के सन्दर्भ में मैं यह पुष्टि करने की अनुमति चाहूँगा कि प्रस्तावित इंजीनियरिंग फोरमैन कॉलेज के लिए हमारी तरफ से 15 अक्तूबर तक साढ़े तीन लाख रुपए का चन्दा देना सम्भव हो सकेगा। जैसाकि मैंने आपको समझाया था, कम्पनियों की तरफ से कोई चन्दा देने से पहले सम्बन्धित कम्पनियों के निदेशक-मंडलों की स्वीकृत आवश्यक होती है। आपने इस बात की सराहना भी की थी। परन्तु मुझे पूरा भरोसा है कि 15 अक्तूबर से पहले हम सभी औपचारिकताएँ पूरी कर लेंगे और हम उस समय तक अपनी तरफ से उपरोक्त योगदान भेज सकेंगे।

मैं वापस लौटते ही आपसे सम्पर्क स्थापित करूँगा, ताकि इस योजना को अन्तिम रूप देकर इस पर काम शुरू किया जा सके।

शुभकामनाओं सहित,

आपका,
के.के. बिड़ला

26/27 सितम्बर, 1955

प्रिय कृष्ण कुमार,
आपको रंगमहल थिएटर में आयोजित धर्मार्थ कार्यक्रम की 100 रुपए मूल्य वाली टिकटें खरीदनी हैं, जो उड़ीसा के बाढ़-पीड़ितों की मदद के लिए आयोजित किया जा रहा है। आप अपने आदमी को कलकत्ता के पूर्व मेयर श्री नरेशनाथ मुखर्जी के पास भेज सकते हैं।

आपका,
बी. सी. राय

16 अप्रैल, 1956

प्रिय डॉ. राय,
पता नहीं आपको मालूम है या नहीं कि मैं खेलों में भी रुचि रखता हूँ। मैं और मेरे कुछ मित्र राजस्थान क्लब चला रहे हैं, जिसने इस राज्य में फुटबाल को प्रोत्साहन देने के लिए बहुत कुछ किया है। पिछले वर्ष यह क्लब अत्यन्त प्रतिष्ठापूर्ण फुटबाल ट्राफी आई. एफ. ए. शील्ड जीतने में भी सफल रहा।

मैं और मेरे कुछ मित्र कलकत्ता में एक अन्य घेरेबन्द मैदान की आवश्यकता को लेकर आपकी सुविधानुसार किसी भी दिन आपसे भेंट करना चाहेंगे। मेरे साथ निम्नलिखित सज्जन होंगे–

1. श्री एम. दत्ता राय, सचिव, इंडियन फुटबाल एसोसिएशन
2. श्री धीरेन डे, सहायक सचिव, मोहन बगान क्लब
3. श्री जी. एन. खैतान, सचिव, राजस्थान क्लब

यदि आप अपनी सुविधानुसार हमें भेंट के लिए समय दे सकें तो हम अत्यन्त आभारी होंगे।

शुभकामनाओं सहित,

आपका,
के.के. बिड़ला

18 अप्रैल, 1956

प्रिय कृष्ण कुमार,

आपका 16 अप्रैल का पत्र।

हम 23 अप्रैल 1956 को सुबह 11 बजे खेलों के बारे में मेरे कार्यालय में चर्चा कर सकते हैं।

आपका,
बी. सी. राय

25/26 अप्रैल, 1956

प्रिय के.के.,

मैं आपको वेद प्रचार समिति के कामकाज के बारे में कुछ सूचना भेज रहा हूँ। वे वैदिक पांडुलिपियों पर शोध के मामले में बहुत अच्छा काम कर रहे हैं। मुझे प्रसन्नता होगी यदि आप 5,000 रुपए से उनकी मदद कर सकें।

मैं इस सम्बन्ध में सभी आवश्यक पत्र संलग्न कर रहा हूँ।

आपका,
बी. सी. राय

27 अप्रैल, 1956

प्रिय श्री विधान बाबू,

आपका दिनांक 25/26 अप्रैल 1956 का कृपापत्र मिला। मैं हमारी कम्पनियों की तरफ से चार चेक संलग्न कर रहा हूँ, जिनका कुल मूल्य 5,000 रुपए है। यदि आप इन कम्पनियों के नामों से रसीदें भिजवा सकें तो आपकी बड़ी कृपा होगी।

शुभकामनाओं सहित,

आपका,
के.के. बिड़ला

शिविर : नई दिल्ली
26 सितम्बर, 1957

प्रिय कृष्ण कुमार,

मैं आपको सेनगुप्ता का विवरण भेज रहा हूँ, जो बायलर्स इन्स्पेक्टर हैं और जिन्हें आप अपने यहाँ नियुक्त करना चाहते हैं। यद्यपि वे पश्चिम बंगाल की सेवा में हैं, परन्तु इस समय वे डेप्युटेशन पर भारत सरकार के निर्माण, आवास एवं आपूर्ति

मन्त्रालय में प्रमुख तकनीकी सलाहकार (बायलर्स) के रूप में कार्यरत हैं। वे 31 दिसम्बर, 1959 को सेवा-निवृत्त हो रहे हैं, इसलिए उनकी सिर्फ डेढ़ वर्ष की सरकारी सेवा शेष है।

जैसाकि आप जानते हैं, वे सरकारी सेवा में हैं, इसलिए उन्हें एक निश्चित आधार पर पेंशन और ग्रेच्युटी का अधिकार है। वे इस समय 1785 रुपए ले रहे हैं, जिसमें सभी भत्ते शामिल हैं। परन्तु यदि आप उनकी सेवाएँ चाहते हैं तो आपको उन्हें ज्यादा देना होगा।

हमारे लिए सर्वोत्तम उपाय यह है कि हम उन्हें भारत सरकार की सेवा में वापस बुला लें और फिर आपको उनकी सेवाएँ उधार दे दें, इस शर्त के साथ कि आप उनके पेंशन और ग्रेच्युटी के अधिकार को सुरक्षित रखते हुए उन्हें जो भी वेतन देना चाहेंगे, देंगे। मैं कलकत्ता लौटने पर आपसे भेंट करूँगा।

आपका,
बी. सी. राय

14/15 सितम्बर, 1960

प्रिय श्रीमान,
मुझे विश्वसनीय अधिकारियों से ज्ञात हुआ है कि आप शीघ्र ही अपने स्टाफ में कई नई नियुक्तियाँ करने जा रहे हैं। मैं आपके सामने यह प्रस्ताव रखना चाहता हूँ कि आप मैसर्स मैक्निनॉन, मकेंजी एंड कम्पनी की नीति में परिवर्तन के कारण छँटनी किए गए व्यक्तियों को अपनी कम्पनी में अवसर देने पर विचार करें। मैं आशा करता हूँ कि आप इन व्यक्तियों के मामले पर सहानुभूतिपूर्वक विचार करेंगे।

आपका,
बी. सी. राय

11 मई, 1961

प्रिय कृष्ण कुमार,
मुझे आपके सुपरिंटेंडेंटिंग टेकनोलॉजिस्ट प्रो. जे. एम. साहा की तरफ से एक टिप्पणी प्राप्त हुई है, जो हमारी फैक्टरी को देखने आए थे। उन्होंने काफी लम्बी टिप्पणी भेजी है, परन्तु उन्होंने उस बिन्दु को छुआ तक नहीं है जिसके बारे में मैं उनके विचार जानना चाहता था। मैं चाहता था कि वे मुझे यह बताएँ कि क्या खंसारी चीनी से शुद्ध चीनी तैयार करना सम्भव है, और यदि है तो संयंत्र और उत्पादन की लागत को मिलाकर इसका अर्थशास्त्र क्या है।

क्या आप उनसे इस सम्बन्ध में मुझे पूरा विवरण भेजने के लिए कहने की कृपा करेंगे?

आपका,
बी. सी. राय

निजी

12 मई, 1961

प्रिय श्री विधान बाबू,

आपका दिनांक 11 मई का कृपापत्र प्राप्त हुआ। मैं आपके द्वारा उठाए गए प्रश्नों पर प्रो. साहा को एक पूरक टिप्पणी तैयार करने के लिए लिख रहा हूँ। प्रो. साहा लखनऊ के पास हमारी चीनी फैक्टरी में रहते हैं। मुझे लगभग दस दिनों के भीतर उनकी पूरक टिप्पणी मिल जाने की आशा है। फिर भी, यदि आप उनके साथ व्यक्तिगत रूप से चर्चा करने की आवश्यकता समझें तो मैं आपकी सुविधानुसार उन्हें कभी भी आपके पास भेज सकता हूँ।

शुभकामनाओं सहित,

सस्नेह,

के.के. बिड़ला

सी. बी. गुप्ता

सी. बी. गुप्ता बहुत ईमानदार और ऊँचे चरित्र के व्यक्ति थे। वे उत्तर प्रदेश के सर्वश्रेष्ठ मुख्यमन्त्रियों में से थे। हमारे लिए वे परिवार के एक सदस्य की तरह थे। परन्तु पंडितजी और इन्दिराजी को वे विशेष पसन्द नहीं थे। चन्द्रभानु जी अपने सिद्धान्तों पर अडिग रहनेवाले व्यक्ति थे। उनके और मेरे बीच ढेरों पत्रों के आदान-प्रदान में से कुछ चुने हुए पत्र यहाँ प्रस्तुत हैं।

20 नवम्बर, 1950

प्रिय श्री चन्द्रभानु जी,

मैं आपको यह पत्र चीनी उद्योग के बारे में हमारे बीच हुई बातचीत के सन्दर्भ में लिख रहा हूँ। जैसाकि मैंने आपको पहले भी समझाया था, इस समय फैक्टरियाँ दूर-दूर स्थित आन्तरिक क्षेत्रों के गन्ने का प्रयोग नहीं कर पा रही हैं। इसका कारण यह है कि गन्ने को फैक्टरी तक लाने की लागत इतनी अधिक है कि उसका प्रयोग करना आर्थिक दृष्टि से व्यावहारिक नहीं है। जब तक मिलों को दूर-दराज के इन क्षेत्रों से गन्ने की ढुलाई के लिए कोई प्रलोभन नहीं दिया जाता, तब तक चीनी के उत्पादन में वृद्धि नहीं हो सकती। इसी बात को ध्यान में रखते हुए उद्योग ने उप-कर (सेस) में यह संशोधन करने का सुझाव दिया था कि इसे वर्तमान तीन आने की समान दर की बजाय बाहर के स्टेशनों पर एक आना और प्रवेश-द्वार पर चार आने कर दिया जाए। बाहर के स्टेशनों पर सेस में कमी से जहाँ गन्ने की ढुलाई पर होनेवाले अतिरिक्त खर्च की भरपाई हो पाएगी, वहीं राज्य के राजस्व पर भी इसका कोई प्रतिकूल प्रभाव नहीं पड़ेगा, क्योंकि कुल गन्ने का सिर्फ 30 प्रतिशत भाग बाहरी स्टेशनों से आता है। सरकार को बाहर के स्टेशनों पर सेस को 3 आने से 1 आना करके राजस्व का जो घाटा होगा, उसकी भरपाई प्रवेश-द्वार पर इस कर को तीन आने से बढ़ाकर चार आना करके हो जाएगी।

इसलिए मुझे आशा है कि आप इस मामले पर गम्भीरता से और सहानुभूतिपूर्वक विचार करेंगे और उद्योग की इस सर्वथा उचित माँग को पूरी करने का प्रयास करेंगे।

मैं इस सम्बन्ध में आपको निम्नलिखित तार भेजने की भी पुष्टि करना चाहता हूँ–

"सन्दर्भ आपके साथ मेरी बातचीत, सेस में संशोधन गेट पर चार आने और बाहरी स्टेशनों पर एक आना कृपया तार करें।"

शुभकामनाओं सहित,

आपका,
के.के. बिड़ला

स्वास्थ्य एवं नागरिक आपूर्ति मन्त्री,
उत्तर प्रदेश, लखनऊ
23 नवम्बर, 1950

प्रिय कृष्ण कुमार जी,

आपका दिनांक 20 नवम्बर, 1950 का पत्र और शुगर सेस के सम्बन्ध में आपका तार प्राप्त हुआ। मैंने इन्हें आवश्यक कार्यवाई के लिए माननीय पन्तजी को सौंप दिया है।

आपका,
सी. बी. गुप्ता

लखनऊ,
25 नवम्बर, 1952

प्रिय कृष्ण कुमार जी,

भारतीय विज्ञान सम्मेलन के चालीसवें सत्र के आयोजन के सम्बन्ध में आपके साथ हुई बातचीत के सन्दर्भ में मैं आपसे इस सत्र पर होने वाले खर्च के साथ-साथ विश्वविद्यालय में एक होस्टल और रसायनशालाओं के निर्माण के उद्देश्य के लिए एकत्रित की जा रही धनराशि में अपने योगदान के रूप में 25,000 रुपए का चेक भेजने का अनुरोध कर रहा हूँ। मैं इस सम्बन्ध में विज्ञान के संरक्षकों के नाम जारी की गई अपनी अपील की एक प्रति भी संलग्न कर रहा हूँ। आप एक संरक्षक बनने के लिए सहमत हो चुके हैं और मैं आशा करता हूँ कि 2 जनवरी, 1953 को इस सम्मेलन के शुभारम्भ और प्रधानमन्त्री पंडित जवाहरलाल नेहरू द्वारा इसके उद्घाटन के अवसर पर आप अवश्य उपस्थित रहेंगे।

आपका,
सी. बी. गुप्ता

लखनऊ,
3 दिसम्बर, 1955

प्रिय कृष्ण कुमार जी,

आपका दिनांक 28 नवम्बर, 1955 का पत्र मिला। मैंने चर्क फैक्टरी में आपके दो अधिकारियों के दौरे के सम्बन्ध में सम्बन्धित अधिकारियों को आवश्यक निर्देश दे दिए हैं। श्री थिरानी आपके निर्देश के अनुसार अनेक प्रश्नों पर मुझसे सलाह लेने

के लिए मिलने आए थे। कागज फैक्टरी की स्थापना के लिए भारत सरकार द्वारा नियुक्त समिति के सुझावों की प्रतीक्षा करनी होगी, जिसे इस तरह की परियोजना के लिए स्रोतों की उपलब्धता पर विचार करने के लिए गठित किया गया है। समिति की रिपोर्ट मिलते ही हम आपके मामले पर अत्यन्त सहानुभूतिपूर्वक विचार करेंगे।

आशा है आप स्वस्थ एवं सकुशल होंगे।

आपका सस्नेह,
सी. बी. गुप्ता

लखनऊ
18 मई, 1957

प्रिय कृष्ण कुमार जी,
आपका दिनांक 14 मई, 1957 का पत्र प्राप्त हुआ। मेरे विचार में बिड़ला होस्टल की स्थापना के लिए मोतीलाल स्मारक सभा को आपके द्वारा दिए गए चन्दे का 2,56,000 का आँकड़ा सही नहीं हैं, जिसे आपने अपने पत्र में उद्धृत किया है। मैंने सभा के लेखाकार को भेंट के लिए बुलाया था, और इस सम्बन्ध में सभा के महासचिव श्री गोपीकृष्ण टंडन से भी मेरी बात हुई थी। उनका कहना है कि अब तक सिर्फ 2,26,000 रुपए प्राप्त हुए हैं, यद्यपि होस्टल के निर्माण पर अब तक कुल 3,18,894 रुपए खर्च हो चुके हैं।

होस्टल की इमारत अभी पूरी नहीं हुई है। अभी कम्युनिटी कक्ष, डाइनिंग-कक्ष और रसोई घर के साथ-साथ सेवकों के क्वार्टरों, बाहरी स्नानघरों और शौचालयों का निर्माण बाकी है। सम्भवतः उन पर 1,25,000 रुपए और खर्च होंगे।

अब तक अतिरिक्त व्यय के लिए यूनाइटेड कमर्शियल बैंक के ओवरड्राफ्ट से काम चलाया जाता रहा है। इसका अर्थ यह हुआ कि अब तक 93,000 रुपए अतिरिक्त खर्च किए जा चुके हैं। इसलिए होस्टल का निर्माण-कार्य पूरा करने के लिए आपसे 93,000 रुपए के इस अतिरिक्त व्यय के अलावा 1,25,000 रुपए प्राप्त करने आवश्यक हैं।

बिड़लाओं ने जहाँ कहीं भी सार्वजनिक इमारतों का निर्माण किया है, उत्तर प्रदेश की राजधानी लखनऊ में होनेवाले इस व्यय से कहीं अधिक व्यय किया है। हम बिड़लाओं की युवा पीढ़ी से कहीं अधिक की अपेक्षा करते हैं और कोई कारण नहीं है कि वे अपने वरिष्ठों को पीछे छोड़ने का प्रयास न करें।

बच्चों को मेरा प्यार दें और श्रीमती बिड़ला तक मेरा अभिवादन पहुँचा दें।

आपका सस्नेह,
सी. बी. गुप्ता

लखनऊ,
14 जुलाई, 1958

प्रिय कृष्ण कुमार जी,
दिनांक 8 जुलाई, 1958 के आपके पत्र के लिए धन्यवाद। यह जानकर अत्यन्त प्रसन्नता हुई कि आप वापस लौट आए हैं। मुझे पूरी उम्मीद और विश्वास है कि

इस यात्रा ने व्यावसायिक क्षेत्र के आपके अनुभवों में अनेक नए अनुभवों की वृद्धि हुई होगी। मुझे आशा है कि निकट भविष्य में जब भी आप अपनी फैक्टरियों के दौरे पर इस तरफ आएँगे तो हमारी अवश्य भेंट होगी।

शुभकामनाओं सहित,

आपका सस्नेह,
सी. बी. गुप्ता

लखनऊ,
5 सितम्बर, 1958

प्रिय कृष्ण कुमार जी,
आपका दिनांक 2 सितम्बर, 1958 का पत्र मिला। आपका बहुत-बहुत धन्यवाद। मैं 13 तारीख को लखनऊ में होऊँगा। आप उस दिन मेरे साथ दोपहर का भोजन ले सकते हैं।

शुभकामनाओं सहित,

आपका सस्नेह,
सी. बी. गुप्ता

लखनऊ
12 अक्तूबर, 1958

प्रिय कृष्ण कुमार जी,
यह पत्र आपको अपने एक पुराने निजी सचिव श्री राजेश्वर नाथ के भाई की नौकरी के सम्बन्ध में कष्ट देने के लिए लिख रहा हूँ। श्री राजेश्वर नाथ अब डिप्टी कलेक्टर हैं और यहाँ एक उप-तहसील के प्रभारी हैं। आवेदनकर्त्ता का नाम कामेश्वर नाथ है, जिनका आवेदन-पत्र इस पत्र के साथ संलग्न है। वे लखनऊ विश्वविद्यालय से बी. कॉम. और एल. एल. बी. हैं और एक आर्टिकल क्लर्क के रूप में दो वर्ष तक चार्टेड एकाउंटेंट कोर्स का व्यावहारिक प्रशिक्षण भी प्राप्त कर चुके हैं। वे आपके अधीन किसी उपयुक्त नियुक्ति के इच्छुक हैं।

मेरी उनमें बहुत गहरी दिलचस्पी है और मुझे पूरा भरोसा है कि आप इस नवयुवक को अपनी किसी कम्पनी में जगह देने का प्रयास करेंगे, बेहतर होगा कि उत्तर प्रदेश या दिल्ली में।

आशा है आप स्वस्थ एवं सकुशल होंगे।

सस्नेह,
सी. बी. गुप्ता

लखनऊ,
15 मार्च, 1959

प्रिय कृष्ण कुमार जी,
दिनांक 10 मार्च, 1959 के आपके पत्र और इसके साथ अवध शुगर मिल्स लिमिटेड की तरफ से 10,000 रुपए के चेक के लिए आपका धन्यवाद। इसकी औपचारिक

रसीद के साथ आयकर में छूट का प्रमाण-पत्र आपको यथाशीघ्र भिजवा दिया जाएगा। मैंने आपका चेक मोतीलाल स्मारक सभा के महासचिव को सभा के खाते में जमा करने के लिए भेज दिया है।

शुभकामनाओं सहित,

आपका सस्नेह,
सी. बी. गुप्ता

लखनऊ,
1 जून, 1959

प्रिय कृष्ण कुमार जी,

शायद आपको याद होगा कि मैंने आपसे अपने संसदीय सचिव श्री बनारसी दास जी का उल्लेख किया था। पिछले आम चुनावों में वे उत्तर प्रदेश की विधानसभा के लिए नहीं चुने जा सके। वे एक कर्मठ व्यक्ति हैं और अपना पूरा समय जन-कार्यों में व्यतीत करते हैं। ऐसी स्थिति में उन्हें अपना भरा-पूरा परिवार चलाने के लिए थोडी मदद की जरूरत है। वे आपकी कुछ फैक्टरियों की तरफ से कागज की एजेंसी लेने के सम्बन्ध में अपनी इच्छा प्रकट कर चुके हैं। शायद आप किसी कागज मिल के मालिक हैं और उनका विचार है कि यदि उन्हें इस मिल का एजेंट नियुक्त कर दिया जाए, तो वे अपनी आजीविका चला सकते हैं। वे इस तरह के एजेंट के रूप में नियुक्ति के लिए कम्पनियों के नियमों के अनुसार जमानत राशि इत्यादि का प्रबन्ध करने के लिए तैयार हैं।

मुझे उम्मीद और भरोसा है कि आप उनमें दिलचस्पी लेंगे। शायद आपकी बजाय माधवजी या एल. एन. जी कागज मिल की देखरेख कर रहे हैं और उनकी मदद कर सकते हैं।

शुभकामनाओं सहित,

आपका सस्नेह,
सी. बी. गुप्ता

निजी एवं गोपनीय

लखनऊ
17 जून, 1959

प्रिय कृष्ण कुमार जी,

आपके दिनांक 8 जून, 1959 के पत्र के लिए धन्यवाद। मैं अल्मोड़ा जिले में स्थित बिन्साड़ से कल ही लौटा हूँ, इसलिए आपके पत्र का पहले उत्तर नहीं दे सका। मुझे यह जानकर खेद हुआ कि आप श्री बनारसी दास जी को कागज की एजेंसी नहीं दे पाएँगे। फिर भी, आपने अन्य तरह से उनकी मदद करने का जो प्रस्ताव रखा है, उसका लाभ उठाया जाएगा, ताकि उन्हें अपनी वर्तमान चिन्ताओं से मुक्ति मिल सके। मैं इस विषय में आपको बाद में लिखूँगा।

शुभकामनाओं सहित,

आपका सस्नेह,
सी. बी. गुप्ता

20 मार्च, 1961

प्रिय चन्द्रभानु जी,

मैं उत्तर प्रदेश में श्री श्याम सुन्दर कनौरिया की कास्टिक सोडा परियोजना के सम्बन्ध में आपको यह पत्र लिखने की स्वतन्त्रता ले रहा हूँ। श्याम सुन्दर मेरे बहुत अच्छे मित्र हैं और इस योजना के सफल क्रियान्वयन के बारे में मुझसे समय-समय पर सलाह लेते रहे हैं। अब वे कुछ बाधाओं का सामना कर रहे हैं और उन्होंने इस सम्बन्ध में आपकी मदद के लिए मुझसे यह पत्र लिखने का अनुरोध किया है। श्याम सुन्दर द्वारा दिए गए तथ्य इस प्रकार हैं–

कनौरिया ने कास्टिक सोडा की इस परियोजना पर फरवरी, 1960 में काम शुरू किया था। क्योंकि कास्टिक सोडा विद्युकीय उद्योग है, इसलिए इसकी उत्पादन-लागत में बिजली की बहुत महत्त्वपूर्ण भूमिका होती है। संयंत्र के अर्थशास्त्र पर इस बात का बहुत अधिक प्रभाव पड़ा है कि बिजली किस दर पर उपलब्ध है। इस संयंत्र में लगभग 10,000 कि. वा. बिजली की खपत का अनुमान है। कनौरिया ने मुझे बताया है कि उत्तर प्रदेश सरकार ने उन्हें यह लिखित आश्वासन दिया था कि सरकार संयंत्र की इस आवश्यकता को उचित दामों पर पूरा करेगी। यह आश्वासन मिलने के बाद ही उन्होंने संयंत्र के लिए एक वैकल्पिक जगह के रूप में उड़ीसा का विचार छोड़ दिया था, यद्यपि उड़ीसा सरकार उन्हें कम दामों पर बिजली उपलब्ध करवाने के लिए तैयार थी। साथ ही संयंत्र को नमक के नजदीक होने का अतिरिक्त लाभ भी मिलता, जो कास्टिक सोडा के उत्पादन का एक अन्य महत्त्वपूर्ण अंग है।

संयंत्र की 10,000 किलोवाट की आवश्यकता को पूरा करने के लिए कनौरिया को रिहंद पावर से 5,000 किलोवाट 2 नए पैसे की दर से और महू से 5,000 किलोवाट थर्मल पॉवर 5 नए पैसे की दर से देने का प्रस्ताव दिया गया है। यह बिजली उन्हें 1962 में उपलब्ध होगी। उन्होंने मुझे यह सूचना भी दी है कि 1964 में 5,000 किलोवाट थर्मल पॉवर के स्थान पर उन्हें ओब्रा हाइडल पॉवर से बिजली दी जाएगी, जिसकी लागत 2 नए पैसे से कुछ ही अधिक होगी। कनौरिया की समस्या यह है कि इस प्रस्ताव के अनुसार उन्हें 1962 से लेकर 1964 तक की दो वर्षों की अवधि के दौरान बहुत ऊँचे दामों पर 5,000 किलोवाट थर्मल पॉवर लेनी होगी। बिजली की इस दर को देखते हुए वे दक्षिण भारत के इसी तरह के संयंत्रों के साथ प्रतिस्पर्द्धा नहीं कर पाएँगे, जिन्हें बहुत कम दामों पर बिजली उपलब्ध है। कनौरिया के अनुसार, इस कठिनाई से उबरने का एक रास्ता यह है कि उन्हें रिहंद से 5,000 किलोवाट की बजाय 7,500 किलोवाट बिजली दी जाए। शेष 2,500 किलोवाट बिजली वे दो वर्ष तक महू से ऊँचे दामों पर लेने के लिए तैयार हैं। कनौरिया इस सम्बन्ध में आपसे पहले ही भेंट कर चुके हैं, और उनका विचार है कि इस भेंट के दौरान आपकी अनुकूल प्रतिक्रिया को देखते हुए उनके अनुरोध को स्वीकार किए जाने की पूरी-पूरी सम्भावना है।

कनौरिया ने आई. सी. आई. सी. आई. में ऋण के लिए आवेदन किया है। मैं स्वयं भी इस संस्था के निदेशकों में शामिल हूँ। उनका मामला अभी विचाराधीन है,

परन्तु मोटे तौर पर हम कह सकते हैं कि आई. सी. आई. सी. आई. किसी औद्योगिक उपक्रम की मदद करने से पहले उसकी प्रतिस्पर्द्धा क्षमता को लेकर आश्वस्त होना पसन्द करती है। इन परिस्थितियों में, यदि आई. सी. आई. सी. आई. को उत्तर प्रदेश सरकार द्वारा प्रस्तावित दरें ऊँची प्रतीत होती हैं तो वह इस मामले में कोई सकारात्मक निर्णय लेने में संकोच कर सकती है।

मुझे पूरा भरोसा है कि उत्तर प्रदेश के औद्योगिक विकास में अपनी गहरी रुचि के कारण और उपरोक्त तथ्यों की रोशनी में आप इस मामले में सहानुभूतिपूर्ण और अनुकूल निर्णय लेकर उत्तर प्रदेश में इस फैक्टरी की स्थापना में सहयोग देंगे। मुझे यह मामला आपके ध्यान में लाने के योग्य प्रतीत हुआ और मैंने यह पत्र लिखने का निर्णय लिया।

व्यक्तिगत शुभकामनाओं सहित,

आपका,
के.के. बिड़ला

मुख्यमन्त्री, उत्तर प्रदेश,
लखनऊ,
30 मार्च, 1961

प्रिय कृष्ण कुमार जी,

आपका दिनांक 20 मार्च, 1961 का पत्र प्राप्त हुआ, जिसमें आपने श्री कनौरिया द्वारा उत्तर प्रदेश में कास्टिक सोडा संयंत्र की स्थापना के बारे में लिखा है। श्री कनौरिया स्वयं भी इस सम्बन्ध में मुझसे कई बार मिल चुके हैं।

मैं आपको सूचित करना चाहूँगा कि सरकार इस पूरी योजना की जाँच कर रही है।

सादर,
सी. बी. गुप्ता

टिप्पणी : श्याम सुन्दर कनौरिया मेरे पुराने मित्र हैं। इस सिफारिश के परिणामस्वरूप कनौरिया केमिकल्स की स्थापना हुई, जो आज एक फलती-फूलती कम्पनी है।

1 मई, 1961

प्रिय श्री चन्द्रभानु जी,

मैं श्री भगवती प्रसाद बजोरिया और श्री काशीनाथ तपूरिया से आपका परिचय करवाना चाहूँगा। ये दोनों कलकत्ता के अग्रणी व्यवसायी हैं। श्री भगवती प्रसाद बजोरिया जाने-माने सूरजमल नागरमल घराने से सम्बन्धित हैं। वे श्री सी. एल. बजोरिया के छोटे भाई हैं, जो देश की एक प्रमुख व्यवसायी संस्था मैसर्स मैकलियोड एंड कम्पनी के चेयरमैन हैं। श्री काशीनाथ तपूरिया मैसर्स रॉबर्ट्स मैकलीन एंड कम्पनी के प्रबन्ध निदेशक होने के साथ-साथ कलकत्ता की अनेक कम्पनियों के निदेशक मंडलों में शामिल हैं। वे मेरी पत्नी के सम्बन्धी भी हैं।

ये दोनों सज्जन बी. आई. सी. के प्रबन्धन के सम्बन्ध में आपसे कुछ बातचीत करना चाहते हैं। यदि आप अपने बहुमूल्य समय में से कुछ मिनट इन्हें दे सकें और धैर्यपूर्वक इनकी बात सुन सकें तो आपकी बड़ी कृपा होगी।

शुभकामनाओं सहित,

आपका सस्नेह,
के.के. बिड़ला

शिविर : बिड़ला निवास,
मसूरी,
3 जून, 1961

प्रिय श्री चन्द्रभानु जी,
मेरे ख्याल से आपका 17 तारीख को मसूरी आना निश्चित हो चुका है, जहाँ आप 19 तारीख तक ठहरेंगे। मैं 18 की सुबह को कलकत्ता के लिए निकल रहा हूँ। परन्तु 17 को मैं यहीं हूँ।

मुझे 17 तारीख को आपके दोपहर के भोजन के कार्यक्रम की जानकारी नहीं है। इसके बहुत-से दावेदार होंगे। परन्तु यदि आपको कोई असुविधा न हो तो मेरा सुझाव है कि आप 17 को दोपहर का भोजन हमारे परिवार के साथ करें। मेरी पत्नी और बच्चे यहीं हैं और आपसे मिलने के लिए उत्सुक हैं। मैं किसी बाहरी व्यक्ति को नहीं बुलाऊँगा। हाँ, दानी अवश्य ही यहाँ होंगे।

यदि आप पहले ही कोई दूसरा कार्यक्रम बना चुके हैं तो मैं आपको बाध्य नहीं करूँगा। परन्तु यदि 17 को आप फुर्सत में हैं तो मैं चाहूँगा कि आप हमारे साथ भोजन करके हमें कृतार्थ करें।

हार्दिक शुभकामनाओं सहित,

आपका सस्नेह,
के.के. बिड़ला

लखनऊ,
6 जून, 1961

प्रिय कृष्ण कुमार जी,
आपके 3 जून, 1961 के पत्र के लिए धन्यवाद। मुझे खेद है कि मैं आपकी इच्छा को पूरा नहीं कर पाऊँगा, क्योंकि मैं 17 तारीख को मसूरी में नहीं होऊँगा। मैं वहाँ 20 जून को पहुँच रहा हूँ।

आपका सस्नेह,
सी. बी. गुप्ता

लखनऊ
27 जून, 1961

प्रिय बिड़ला जी,
कृपया इसे दिनांक 29 मई, 1961 के अपने पत्र के सन्दर्भ में देखें।

भारत सरकार तीसरी पंचवर्षीय योजना के दौरान उत्तर प्रदेश में एक कम्पोजिट टेक्सटाइल मिल के लिए लाइसेंस दे सकती है। इसलिए मैं आपको एक कम्पोजिट इकाई के लाइसेंस के लिए आवेदन करने का परामर्श दूँगा। सम्भवतः इसे स्वीकृति मिल जाए। मैं मनुभाई शाह से बात करके पता लगाने का प्रयास करूँगा कि क्या आपको उत्तर प्रदेश में एक कम्पोजिट इकाई के लिए लाइसेंस देना सम्भव है?

आपका,
सी. बी. गुप्ता

7 दिसम्बर, 1961

प्रिय श्री चन्द्रभानु जी,
आपका 30 नवम्बर का कृपा पत्र मिला। मुझे यह जानकर बहुत दुख हुआ कि आप 'लीडर' की सम्पादकीय नीति में एक नकारात्मक परिवर्तन महसूस कर रहे हैं। मैं स्वयं 'लीडर' नहीं पढ़ता हूँ, परन्तु हमारे द्वारा निर्धारित नीति के अनुसार अखबार को सरकार को आलोचनात्मक समर्थन देना चाहिए। इसका अर्थ है कि जहाँ कुल मिलाकर हम सरकार का समर्थन करते हैं, वहीं यह समर्थन विवेकपूर्ण होने की बजाय तर्क और गुण-दोष पर आधारित होना चाहिए। जैसाकि आप जानते हैं, 'हिन्दुस्तान टाइम्स' भी इसी नीति का अनुसरण कर रहा है।

ठाकुर 'लीडर' के सम्पादक नहीं हैं। वे महाप्रबन्धक हैं और उनका अखबार की सम्पादकीय नीति से कुछ भी सम्बन्ध नहीं है। यदि, जैसाकि आपने लिखा है, कोई चूक हुई है तो यह सम्पादक की तरफ से हुई है, जो श्री आर. एन. जुत्शी हैं। वे पिछले तीस वर्षों से इस अखबार से जुड़े हुए हैं और मुझे यह जानकर बहुत अफसोस हुआ है कि उनके हाल के लेखों से आप खुश नहीं हैं। आपने इस सम्बन्ध में मुझसे पहले भी बात की थी। तब आपने कहा था कि आप कुछ खास मुद्दों पर अखबार के अनुचित रवैये को दिखाने के लिए मुझे कुछ कतरनें भेजेंगे। यदि आप कृपा करके मुझे वे कतरनें भेज सकें तो मैं आभारी महसूस करूँगा और उन्हें स्वयं पढ़ सकूँगा।

फिर भी मैं एक बात का उल्लेख करना चाहूँगा। ठाकुर लगभग चार-पाँच वर्ष पहले अखबार से चले गए थे। बाद में वे क्षमायाचना करके अखबार से फिर से जुड़ गए। उनकी अनुपस्थिति में हमने बहुत से लोगों को प्रबन्धक के रूप में आजमाया, जिनमें गुंठे नाम के एक व्यक्ति भी शामिल थे। वे उससे पहले हिन्दी साहित्य सम्मेलन के लिए काम कर रहे थे। कुछ समय बाद हमने पाया कि वे बहुत ईमानदार व्यक्ति नहीं थे, इसलिए हमने उनके साथ अपने सम्बन्ध खत्म कर लिए। इस बीच ठाकुर क्षमायाचना कर चुके थे, इसलिए हम उन्हें वापस ले आए। ऐसा लगता है कि गुंठे प्रतिशोधी स्वभाव के व्यक्ति हैं और वे न सिर्फ ठाकुर के विरुद्ध बल्कि अखबार के विरुद्ध भी दुष्प्रचार अभियान चला रहे हैं। वे श्रीमती इन्दिराजी को भी जानते हैं और दूसरों के खिलाफ उनके कान भरते रहते हैं। मैं इन्दिराजी से यदा-कदा मिलता रहता हूँ, इसलिए एक भेंट के दौरान उन्होंने 'लीडर' और ठाकुर के विरुद्ध लगाए जा रहे आरोपों की तरफ मेरा ध्यान खींचने की कृपा की। मैं उन्हें सच्चाई से अवगत करवाने में सफल रहा। मैंने उन्हें यह भी समझाया कि गुंठे किस प्रकार अखबार और ठाकुर

के विरुद्ध दुष्प्रचार अभियान में जुटे हुए हैं। मेरे ख्याल से इन्दिराजी मेरे उत्तर से सन्तुष्ट हो गई थीं। इस बात की भी सम्भावना है कि आपको मिली रिपोर्ट के पीछे भी गुंठे का ही हाथ हो। मुझे इन तथ्यों को आपकी जानकारी में लाना उपयुक्त लगा।

शुभकामनाओं सहित,

आपका सस्नेह,
के.के. बिड़ला

जयप्रकाश नारायण

मेरे पास जयप्रकाशजी के अनेक पत्र हैं। इनमें से कुछ दिलचस्प पत्र यहाँ प्रस्तुत हैं।

द्वारा—श्रीमती सुमिता एस. मोरारजी,
सिंधिया हाउस,
बलार्ड एस्टेट,
बम्बई,
25 मई, 1955

सर्वोदय आश्रम,
सोखोदेवरा,
(जिला-गया, बिहार)

प्रिय कृष्ण कुमार जी,

आज से एक महीना पहले जब पटने से रवाना हो रहा था तब आपका पत्र और पाँच-पाँच हजार के तीन चेक मिले था। चेक मैंने उसी समय सर्व सेवा संघ को भेजवा दिए थे। उनकी रसीदें मिल चुकी होंगी। आपके दान की सूचना हाल में पत्रों में भी प्रकाशित करा दी थी।

शांतिप्रसाद जी की तरफ से भी 15000 रु. अभी मिले हैं : ऐहनास इंडस्ट्रीज के 5000 रु. और श्रीकृष्णा ज्ञानोदय सुगर के 10000 रु.। दो-चार दिनों में शांतिप्रसाद जी को देखने जाऊँगा, तब अपील निकालने के विषय में चर्चा करूंगा।

आप दो को छोड़कर अभी तक और किसी चीनी मिल मालिक की ओर से दान नहीं मिला है। यदि आप अपने नजदीक के लोगों से दो शब्द कह देते तो बड़ी कृपा होती। इस सिलसिले में भागीरथ जी को भी लिखा है।

आशा है आप सकुशल होंगे।

सस्नेह,
जयप्रकाश

कैम्प : मदुराई,
20 मई, 1959

प्रिय कृष्ण कुमार जी

आपने अखबारों में देखा होगा कि कुछ सप्ताह हुए सीतामढ़ी सब-डिवीजन में अकस्मात हिन्दू-मुसलमान दंगा शुरू हो गया। दंगे का समाचार मिलते ही सर्वोदय

नेता श्री वैद्यनाथ चौधरी के नेतृत्व में शांति सैनिक घटना-स्थल पर पहुँच गए। शांति सैनिकों ने उस इलाके में बहुत अच्छा काम किया है। वहाँ इस काम के संचालन के लिए एक शांति सैनिक शिविर की स्थापना हुई है। इसी शिविर की आर्थिक सहायता के लिए यह पत्र लिख रहा हूँ। दंगे से जो लोग पीड़ित हुए हैं, उनकी सहायता बिहार सरकार तथा बिहार खादी ग्रामोद्योग संघ जैसी संस्थाएँ कर रही हैं। परन्तु शांति सैनिक शिविर के लिए सरकार से सहायता लेना उचित नहीं माना गया है। शिविर के खर्च के लिए बिहार में कुछ फंड इकट्ठा किया गया है, परन्तु अभी कुछ कमी रह गई है। इसलिए आपसे प्रार्थना है कि 1000 रु. इस काम के लिए देने की कृपा करें। रुपए श्री वैद्यनाथ चौधरी, बिहार राज्य भूदान-यज्ञ कमेटी, कदम कुआँ, पटना 3, बिहार को सीधे भेज दें।

आशा है आप कुशलपूर्वक होंगे।

आपका सस्नेह,
जयप्रकाश

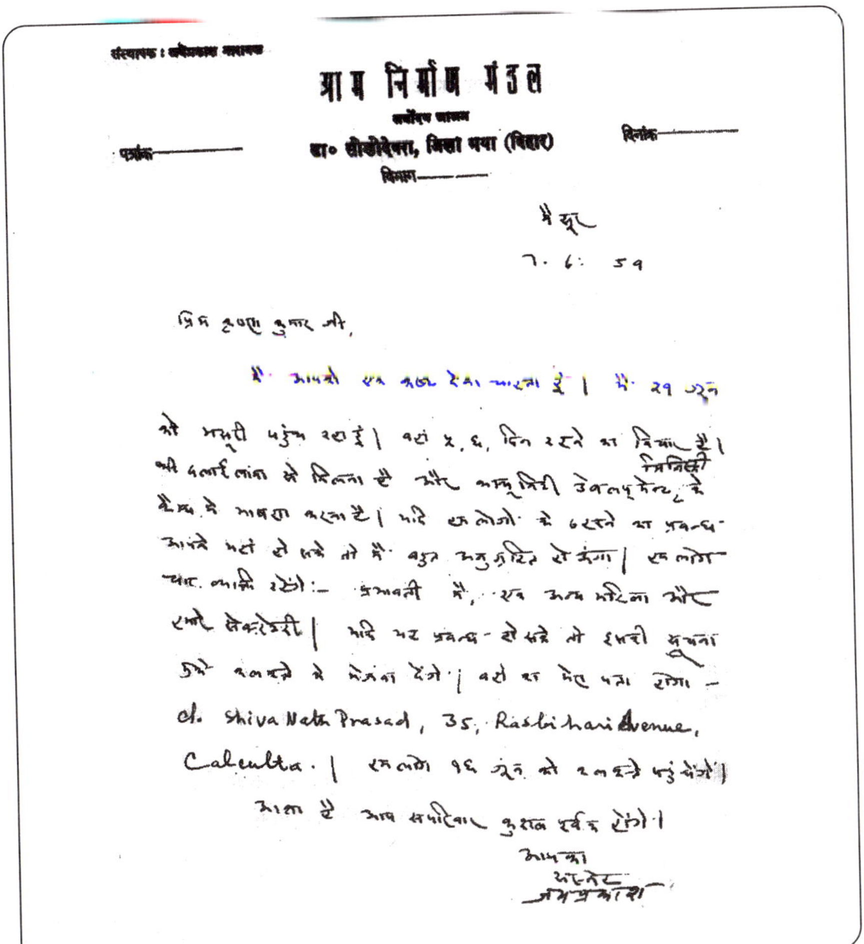

ग्राम निर्माण मंडल

मैसूर
7. 6. 59

प्रिय कृष्ण कुमार जी,

मैं आपको एक कष्ट देना चाहता हूँ। मैं 21 जून को मसूरी पहुँच रहा हूँ। वहाँ 5, 6, दिन रहने का विचार है। श्री [illegible] से मिलना है और कम्युनिटी डेवलपमेन्ट मिनिस्ट्री के [illegible] के मामले बात करना है। यदि हम लोगों के रहने का प्रबन्ध आपके यहाँ हो सके तो मैं बहुत अनुगृहीत होऊँगा। हम लोग चार व्यक्ति होंगे:- प्रभावती मैं, एक अन्य महिला और हमारे सेक्रेटरी। यदि यह प्रबन्ध हो सके तो इसकी सूचना मुझे कलकत्ते के पते पर भेज देंगे। वहाँ का मेरा पता होगा - C/o. Shiva Nath Prasad, 35, Rashbihari Avenue, Calcutta. हम लोग 16 जून को कलकत्ते पहुँचेंगे।

आशा है आप सपरिवार कुशल पूर्वक होंगे।

आपका
सस्नेह
जयप्रकाश

मैसूर,
7.6.1959

प्रिय कृष्ण कुमार जी

दो-तीन बातों के सम्बन्ध में आपको लिख रहा हूँ। पहली बात अपने सम्बन्ध में है। मैं 21 जून को मसूरी पहुँच रहा हूँ, वहाँ 5-6 दिन रहने का विचार है। श्री दलाई लामा से मिलना है और कम्युनिटी डेवलपमेंट मिनिस्ट्री के एक कैम्प में भाषण करना है। यदि हम लोगों के ठहरने का प्रबन्ध आपके यहाँ हो सके तो मैं बहुत अनुगृहित होऊँगा। हम लोग चार व्यक्ति रहेंगे–प्रभावती, मैं, एक अन्य महिला और हमारे सेक्रेटरी। यदि यह प्रबन्ध हो सके तो इसकी सूचना मुझे कलकत्ते में भिजवा देंगे। वहाँ का मेरा पता होगा–द्वारा श्री शिवनाथ प्रसाद, 35, रासबिहारी एवेन्यू, कलकत्ता। हम लोग 16 जून को कलकत्ते पहुँचेंगे। दूसरी बात विजय कुमार सिंह के सम्बन्ध में है। उनके सम्बन्ध में काफी दिन हुए एक पत्र लिखा था, उसका उत्तर भी आपकी तरफ से गया था। अभी हाल में जब मैं कलकत्ते गया था तो विजय कुमार सिंह मिलने आए थे। उन्हें अभी तक पिछले महीनों का वेतन नहीं मिला है। आपने लिखा था कि उनके लिए दो सौ रुपए मासिक निश्चित किया गया था, परन्तु अभी तक एक मास का भी वेतन उन्हें नहीं मिला है। वे बहुत कष्ट में हैं। उनके भविष्य के सम्बन्ध में आपने मुझे धर्म संकट में डाल दिया हे। आपके यहाँ यदि उनके लिए कोई काम न हो तो मैं कैसे आग्रह करूँ, दूसरी तरफ उस नवयुवक और उसके परिवार के भरण-पोषण का प्रश्न है, इसलिए निर्णय आप ही पर छोड़ना चाहता हूँ। अपने विशाल संगठन में कोई-न-कोई काम विजय कुमार के लिए निकाल सकें तो मुझे बड़ा सन्तोष होगा।

एक तीसरी बात अभी ध्यान में आई है, जो स्वर्गीय अनुग्रह बाबू के स्मारक के सम्बन्ध में है। आपको स्मरण होगा कि मैंने आपसे कुल मिलाकर 15000 रुपए के लिए प्रार्थना की थी, उसमें से साढ़े सात या दस हजार रुपए आप श्री बाबू के द्वारा भिजवा चुके हैं। मेरी प्रार्थना है कि बाकी रकम भी कृपा करके उनके पास भिजवा दें। चेक अनुग्रह स्मारक निधि के नाम से होना चाहिए।

आशा है आप सपरिवार कुशलपूर्वक होंगे।

आपका सस्नेह,
जयप्रकाश

3 अप्रैल, 1959

माननीय श्री जयप्रकाशजी,

सादर प्रणाम।

आपका 28 मार्च का कृपा पत्र मिला। श्री विजय कुमार सिन्हा के विषय में आपने लिखा, उनका वेतन पहले नियुक्त नहीं किया गया, कारण उनकी कार्यकुशलता के विषय में हम लोग अनभिज्ञ थे। आपका पत्र आने पर मैंने उनके विषय में जाँच की है। उनकी योग्यता के विषय में अभी तक जो हम लोग निर्णय कर पाए हैं, उसके अनुसार उनका वेतन 200 रुपए माहवार नियुक्त किया जा रहा है।

हम लोगों के विभागों में आवश्यकता से अधिक आदमी इस समय हो रहे हैं। अधिक आदमियों की भर्ती करने से काम तो खराब होता ही है, साथ-साथ नए आदमियों को क्या काम दें, इसका प्रश्न रहता है। अतः श्री विजय कुमार सिंहा के पास भी काम नहीं के बराबर है। ऐसी दशा में एक सुझाव यह भी है कि श्री विजय कुमार सिन्हा को काम से हटा दिया जाए। अतः यदि आपका आग्रह रहा तब तो बात दूसरी, नहीं तो हम उन्हें हटाने का ही विचार कर रहे हैं। बाकी जैसी आपकी आज्ञा होगी, वैसा ही मैं करूँगा।

आपका विनीत,
के. के. बिड़ला

28 मई, 1959

माननीय श्री जयप्रकाशजी,
सादर नमस्कार,
आपका 20 तारीख का कृपा पत्र मिला। आपके सुझाव के अनुसार मैं 1000 रु. श्री वैद्यनाथ चौधरी को भिजवाने का प्रबन्ध कर रहा हूँ। कृपया लिखिएगा कि चेक श्री वैद्यनाथ चौधरी के नाम से भिजवाना है या किसी संस्था के नाम से। मेरे विचार से किसी संस्था के नाम से भिजवाना ठीक रहेगा।

आशा है आप सकुशल होंगे।

आपका विनीत,
के. के. बिड़ला

15 जून, 1959

माननीय श्री जयप्रकाशजी,
सादर प्रणाम।
आपका 7 ता. का कृपा पत्र मिला। मसूरी में हम लोगों का एक मुख्य मकान है तथा दो छोटे मकान हैं। यह तीनों मकान ही श्री दलाई लामा के लिए हम लोगों ने खाली कर दिए। मैं स्वयं तीन दिन पहले ही मसूरी से लौटा हूँ। वहाँ कुछ दिन के लिए गया था। हमें भी होटल में ठहरना पड़ा। यदि मकान हमारे पास रहते तो आपको ठहराने में हमें बड़ी प्रसन्नता होती।

श्री विजय कुमार सिन्हा के बारे में आपने लिखा, यद्यपि उनके लिए अभी कोई काम नहीं है, लेकिन साथ-साथ आपका आग्रह मैं कभी टाल भी नहीं सकता। अतः श्री विजय कुमार सिन्हा को स्थायी रूप से काम देने का प्रबन्ध करवा रहा हूँ। उन्हें अभी तक वेतन नहीं दिया गया था, कारण जब मेरे 13 अप्रैल के पत्र का उत्तर नहीं मिला तो मैं निर्णय नहीं कर सका कि उनके विषय में क्या करना है। किन्तु बीच-बीच में उन्हें खर्चे के लिए रुपए उनके वेतन के पेटे बराबर दिए जाते रहे हैं।

मैंने चीनी विभाग के अध्यक्ष को कह दिया है कि वह श्री विजय कुमार सिन्हा को कह दें कि उन्हें वेतन 200 रुपए मासिक के हिसाब से मिल जाएगा। किन्तु हमारे यहाँ वेतन दो प्रकार से मिलता है, कुछ तो प्रति मास और कुछ वर्ष के अन्त में बोनस

के रूप में। श्री विजय कुमार सिन्हा को कितना वेतन प्रतिमाह मिलेगा और कितना साल के अन्त में यह चीनी विभाग के अध्यक्ष उनसे बात कर लेंगे। किन्तु साल के अन्त में उन्हें 200 रुपए मासिक की औसत पड़ जाए इसका प्रबन्ध करवा रहा हूँ।

अनुग्रह बाबू के स्मारक के विषय में आपने लिखा, इस बारे में एकाध दिन में ही आपको पत्र लिख रहा हूँ। चेक भी आपको ही भिजवा दूँगा।

आशा है आप सकुशल होंगे। मेरे योग्य कार्य अवश्य लिखें।

आपका विनीत,
के. के. बिड़ला

16 जून, 1959

माननीय जयप्रकाशजी,
सादर प्रणाम।
अनुग्रह स्मारक निधि के लिए चार हजार रुपए के चेक आपको भिजवा रहा हूँ। कृपया रसीदें कम्पनियों के नाम भिजवाने का प्रबन्ध करवा दीजिएगा।

साढ़े तीन हजार रुपए के चेक आपको सितम्बर में भिजवा दूँगा।

आपका विनीत

साथ में 4 चेक

कैम्प, नई दिल्ली,
28 जून, 1959

प्रिय कृष्ण कुमार जी,
आपका 16 जून का पत्र मिला और साथ-साथ चार चेक–कुल मिलाकर चार हजार रुपए के। ये चेक स्मारक निधि के दफ्तर भिजवा रहा हूँ। वहाँ से रसीदें कम्पनियों के पास चली जाएँगी। आपको बहुत-बहुत धन्यवाद।

आपका सस्नेह,
जयप्रकाश

कदम कुआँ,
पटना,
2.10.1959

प्रिय कृष्ण कुमार जी,
आपका पत्र यथासमय मिला था। उत्तर में विलम्ब हुआ, क्षमा करेंगे।

अनुग्रह बाबू के स्मारक के सम्बन्ध में श्री बाबू से आपकी जो बातें हुईं, वह जानकर अत्यन्त हर्ष हुआ। आप अवश्य रुपए उन्हीं के पास भेजें। यह सर्वथा उचित होगा। परन्तु रकम के बारे में फिर निवेदन करना चाहता हूँ कि 10,000 रु. आप लोगों के लिए थोड़ा होगा। चीनी मिल उद्योग के सम्बन्ध में आपने जो कुछ लिखा है वह ठीक है, परन्तु आप लोगों का बड़ा ऊँचा स्थान है। आप श्री इन्द्र कुमार करनानी को जानते होंगे। उनके पास मैं कलकत्ते में गया था। उनसे पुराना परिचय है। उन्होंने

20,000 रु. देने का वादा किया। 10,000 रु. झरिया और 10,000 कलकत्ते के कोटे में। आपको इस हिसाब से 25,000 रु. से कम नहीं देना चाहिए। आप विचार कर लें।

श्री मंगेश्वर शर्मा के विषय में आपने जो कुछ लिखा है वह जानकर भी बड़ी खुशी हुई।

इस पवित्र दिवस पर आप सबकी शुभकामना करता हूँ।

आपका सस्नेह
जयप्रकाश

शिविर : पटना,
30 अक्टूबर, 1966

प्रिय कृष्ण कुमार जी,

मैं यह पत्र आपसे बिहार राहत समिति का सदस्य बनने का अनुरोध करने के लिए लिख रहा हूँ। आपके सहयोग से बहुत मदद मिलेगी। मुझे आशा है आप इस अनुरोध को स्वीकार करने की कृपा करेंगे।

सस्नेह,
जय प्रकाश नारायण,
अध्यक्ष, बिहार राहत समिति

पुनश्च : अलग से एक और पत्र भेज रहा हूँ।

शिविर : पटना,
3 नवम्बर, 1966

प्रिय कृष्ण कुमार जी,

आपको समाचार-पत्रों से बिहार की भयंकर आपदा के बारे में पता चला होगा। क्योंकि बाढ़ और सूखे की घटनाएँ हमारे देश में बहुत आम हो चली हैं, इसलिए इस वर्ष बिहार के अकाल को भी एक सामान्य मामले की तरह देखे जाने का खतरा है। वहाँ ऐसी स्थिति है कि हजारों जानें जाने की आशंका पैदा हो गई है। इसलिए मैं आपको यह बताने के लिए व्यग्र हूँ कि यह एक ऐसी अभूतपूर्व आपदा है जैसी इससे पहले मानव-स्मृति में कभी नहीं देखी गई।

बिहार सरकार और केंन्द्र सरकार स्थिति पर नियन्त्रण पाने के लिए हर सम्भव प्रयास करेंगी, परन्तु इतने बड़े पैमाने की आपदा से निबटने के लिए सिर्फ सरकारी प्रयास काफी नहीं हैं। यह ऐसा समय है जब देश के हर नागरिक को, वह धनवान हो या निर्धन, अपने देशवासियों को काल का ग्रास बनने से बचाने के लिए अपना सहयोग देना होगा। मैं इसी उद्‌देश्य से आपको और आप जैसी स्थितिवाले कुछ अन्य मित्रों को यह पत्र लिख रहा हूँ।

जैसाकि आप जानते होंगे, प्रदेश की सभी राजनीतिक पार्टियों और स्वयंसेवी संस्थाओं ने, प्रदेश सरकार के पूर्ण समर्थन से, मुझे एक राहत समिति के गठन और अध्यक्षता के लिए चुना है। तदनुसार एक राहत समिति की स्थापना की गई है। समिति के अध्यक्ष के रूप में मैं कुछ ही दिनों में एक सार्वजनिक अपील जारी करूँगा। फिर भी मेरा ख्याल है कि व्यावसायिक क्षेत्र के नेताओं से व्यक्तिगत रूप से अपील करने से वे स्थिति की गम्भीरता को बेहतर ढंग से समझ सकते हैं।

हमें सभी तरह की वस्तुओं की आवश्यकता है—धन, अनाज, अन्य खाद्य सामग्रियाँ, वस्त्र, कम्बल, दवाइयाँ। ये और इसी तरह की अन्य वस्तुएँ हमें दान में चाहिए। परन्तु वाटर-लिफ्टिंग सेट (डीजल और इलेक्ट्रिकल), हाथ से चलने वाले साधारण किस्म के बोरिंग प्लांट और चट्टानों को काटने वाले अच्छी किस्म के उपकरण कुछ ऐसी वस्तुएँ हैं जिन्हें रियायती या बाजार के दामों पर उपलब्ध करवाया जा सकता है। इनके अतिरिक्त कुछ ऐसी निजी एजेन्सियों की भी जरूरत है जो खुदाई और ट्यूब-वेलों की स्थापना का काम हाथ में ले सकें।

राहत समिति केन्द्र और प्रदेश सरकार के साथ एकमत है कि अकाल के बावजूद इस बात की हर सम्भव कोशिश होनी चाहिए कि कम-से-कम समय में जितनी भी फसल सम्भव हो सके, उसे प्रोत्साहन दिया जाना चाहिए। कुछ दिनों बाद बिहार के कई हिस्सों में पेयजल का भी अभाव हो जाएगा। ऐसी स्थिति में पेयजल का प्रबन्ध करने के लिए उपरोक्त मशीनें आवश्यक हैं।

राहत समिति शीघ्र ही इन विविध आवश्यकताओं की एक समुचित सूची तैयार करेगी, जिसे आप और अन्य सम्बन्धित व्यक्तियों को भेज दिया जाएगा। इस बीच, मैं आशा करता हूँ कि आप इस मामले पर गम्भीरता से सोचेंगे। मैं आपकी सलाह और सुझावों के लिए आभारी रहूँगा।

पत्र को समाप्त करने से पहले मैं आपको सूचित करना चाहूँगा कि जमशेदपुर के टाटा उद्योग पहले ही राहत कोष में 2,00,000 रुपए का योगदान कर चुके हैं। उन्होंने 3,00,000 रुपए और देने का भी वायदा किया है। मैं आशा करता हूँ कि अन्य उद्योग और व्यावसायिक घराने भी इसी तरह उदारतापूर्वक योगदान करेंगे।

शुभकामनाओं सहित,

आपका सस्नेह,
जयप्रकाश नारायण

पुनश्च : हिन्दी में एक पत्र लिख चुका हूँ।

9 नवम्बर, 1966

प्रिय श्री जयप्रकाशजी,

आपका 30 अक्टूबर का कृपा पत्र मिला। मैं आमतौर से कलकत्ता, बम्बई और दिल्ली के बीच यात्राएँ करता रहता हूँ। इसलिए मेरे लिए बिहार राहत समिति की किसी बैठक में हिस्सा ले पाना कठिन होगा। फिर भी यह उद्देश्य इतना पवित्र है कि मैं समिति का सदस्य बनने से इनकार नहीं कर पा रहा हूँ, खासकर आपकी इच्छा को देखते हुए। मेरा सुझाव है कि आप मारवाड़ी रिलीफ सोसायटी के सचिव श्री के. पी. मोदी को एक वैकल्पिक सदस्य के रूप में शामिल कर लें, ताकि मेरी जगह वे इन बैठकों में हिस्सा ले सकें।

शुभकामनाओं सहित,

आपका विनीत,
के.के. बिड़ला

दिनांक : 11 नवम्बर, 1966

प्रिय कृष्ण कुमार जी,
पत्र के लिए धन्यवाद। मुझे बड़ी खुशी होगी यदि मारवाड़ी रिलीफ सोसाइटी ही बिहार रिलीफ के लिए कलकत्ते में धन तथा सामान के संग्रह का काम करे तथा वही उनका वितरण अथवा उनके द्वारा रिलीफ का अन्य आवश्यक काम करे। मेरी कमिटी सोसाइटी को पूरा सहयोग देगी।

परन्तु एक बात का ध्यान रखा जाए। उत्तर प्रदेश तथा मध्य प्रदेश की क्या सिथति है, मुझे निश्चित रूप से मालूम नहीं, परन्तु बिहार की तो भयंकर स्थिति है और बिगड़ती ही जानेवाली है। इसका अर्थ है कि अब तक जिस पैमाने पर रिलीफ का काम देश में होता रहा है उससे काम न चलेगा। लाखों के मरने की भी स्थिति आ सकती है–भूख और प्यास दोनों से ही। इसलिए सोसाइटी को बड़ी योजना बनानी होगी।

जब मोदीजी यहाँ आए थे तो तीन क्षेत्रों में काम करने की सोच रहे थे–एक-एक क्षेत्र के दो-दो या तीन-तीन प्रखंडों में। तो क्या बाकी अकालग्रसित प्रखंडों में–जिनकी संख्या सैकड़ों में है–कलकत्ते के व्यापारियों की सहायता नहीं मिलेगी? कलकत्ते से तो एक करोड़ रुपए की सहायता की अपेक्षा है। रुपयों में ही सहायता चाहिए, ऐसी बात नहीं। कपड़े चाहिए और कम्बल, जीप, ट्रक, दवाएँ, कंट्रोल के बाहर के अनाज, पम्पिंग सेट, बोरिंग प्लांट, तरह-तरह के स्पेयर पार्ट, चलते वार्कशाप आदि-आदि। यह सब सोसाइटी करे तो बड़ी अच्छी बात होगी।

टेलीफोन पर आपसे एक चलते वर्कशॉप (Mobile repair workshop) की याचना की थी। टाटा इंडस्ट्रीज एक दे रहे हैं–अब तक 4,10,000 रु. तो वे दे ही चुके हैं। आपके लिए यह बिलकुल आसान बात है। रिलीफ के काम के समाप्त होने पर वह लौटा दिया जाएगा। और यही बात बाकी सामान के लिए भी लागू है जो दान में मिलेंगे।

सिद्धराज जी को तो पहले ही तार दे चुका था और वे 15 नवम्बर को सुबह तूफान से पहुँच रहे हैं। आपके यहाँ आने की प्रतीक्षा उत्सुकता से कर रहा हूँ।

आपका सस्नेह,
जयप्रकाश नारायण

पुनश्च : रिलीफ कमेटी के आफिस के लिए यदि आप एक हिन्दी और अंग्रेजी रेमिंटन टाइपराइटर और एक विद्युत-चालित गेस्टेटनर दान में या कर्ज दे सकें, तो बड़ा आभार मानूँगा।

जयप्रकाश नारायण

7 मई, 1967

प्रिय कृष्ण कुमार जी,
मैं आपको पटना के साप्ताहिक 'ग्रामोदय' के प्रबन्धक श्री धर्मवीर सिंह से परिचित करवाना चाहता हूँ।

‘ग्रामोदय’ बिहार सर्वोदय प्रकाशन समिति’ द्वारा प्रकाशित किया जाता है। मैं इस समिति का अध्यक्ष हूँ।

यह साप्ताहिक 1963 से नियमित रूप से प्रकाशित हो रहा है और इसकी प्रसार-संख्या लगभग 4,000 प्रतियाँ हैं। यह एक गम्भीर-वैचारिक पत्रिका है और आज के सस्ते पत्रकारिता के युग में इससे अधिक प्रसार-संख्या की अपेक्षा नहीं की जा सकती।

श्री धर्मवीर सिंह ‘ग्रामोदय’ के लिए विज्ञापन जुटाने के लिए मेरी तरफ से कलकत्ता आ रहे हैं। यह पत्र इस रचनात्मक और मूल्यवान कार्य में सहयोग के लिए आपसे व्यक्तिगत अनुरोध करने के लिए है।

आपका सस्नेह,
जयप्रकाश नारायण

29 मई, 1967

प्रिय श्री कृष्ण कुमार जी,
‘ग्रामोदय’ साप्ताहिक में आपके सहयोग के लिए मैं आपका धन्यवाद करता हूँ।

आपका सस्नेह,
जयप्रकाश नारायण

नवम्बर, 1967

प्रिय कृष्ण कुमार जी,
मुझे विश्वास है कि आप पश्चिम बंगाल गांधी स्मारक निधि द्वारा किए जा रहे अच्छे काम के बारे में अवश्य जानते होंगे, जिसके संचालक श्री शक्ति बोस हैं। पश्चिम बंगाल गांधी स्मारक निधि ने अखिल भारतीय खादी और ग्रामोद्योग आयोग, आदिम जाति सेवक संघ, कस्तूरबा स्मारक न्यास और पश्चिम बंगाल सर्वोदय मंडल के साथ मिलकर सिलीगुड़ी तहसील के अशान्त क्षेत्र में बड़े पैमाने पर रचनात्मक कार्य शुरू किया है। इस काम को कुशलतापूर्वक करने के लिए उन्हें अन्य वस्तुओं के अलावा कुछ मोटर वाहनों की आवश्यकता है। श्री शक्ति बोस ने एक पुरानी जीप का सौदा किया है, जिस पर मरम्मत, रख-रखाव और चालक के एक वर्ष के वेतन समेत (पेट्रोल को छोड़कर) 15,000 रुपए की लागत आ रही है। मैं आपको यह पत्र इस उद्देश्य के लिए 1,000 रुपए का योगदान देने के लिए लिख रहा हूँ। चेक गांधी स्मारक निधि (पश्चिम बंगाल) के नाम बनाया जा सकता है, और धनराशि या चेक सीधे श्री शक्ति बोस, सचिव, गांधी स्मारक निधि (पश्चिम बंगाल), डाकघर बैरकपुर, जिला 24 परगना को भेजा जा सकता है।

शुभकामनाओं सहित,

सस्नेह,
जयप्रकाश नारायण

4 नवम्बर, 1968

प्रिय कृष्ण कुमार जी,

मैं यह पत्र मनोरंजन कुमार श्रीवास्तव द्वारा अपनी पढ़ाई पूरी करने के लिए आर्थिक मदद के सम्बन्ध में भेजे गए आवेदन-पत्र की सिफारिश में लिख रहा हूँ। मैं उनके पिता श्री मंगल प्रसाद श्रीवास्तव को जानता हूँ जो मोतीहारी, चम्पारण के हैं। मंगल प्रसाद एक पुराने स्वतन्त्रता सेनानी हैं, जिनका जीवन त्याग और कष्टों से भरा रहा है। इसलिए मैं आशा करता हूँ कि आप दरंभंगा मैडिकल कॉलेज से एम. बी. बी. एस. की पढ़ाई पूरी करने में इस नवयुवक की मदद करेंगे।

सस्नेह,

जयप्रकाश नारायण

शिविर : कलकत्ता,
13 फरवरी, 1973

प्रिय कृष्ण कुमार जी,

मैं यह पत्र स्टूडेंट्स हेल्थ होम, कलकत्ता (142/2, आचार्य जगदीश बोस रोड, कलकत्ता-14, फोन-242866) के लिए आपका प्रोत्साहन और आर्थिक सहयोग प्राप्त करने के उद्देश्य से लिख रहा हूँ।

कलकत्ता की स्टूडेंट्स हेल्थ होम जैसी संस्थाएँ हमारे देश में बहुत दुर्लभ हैं। बीस वर्षों से भी पहले यह संस्था छात्रों के सेल्फ-हेल्प प्रयासों से शुरू हुई थी। इस संस्था ने अपने उदाहरण से यह प्रमाणित कर दिया है कि आम नागरिकों की अपनी मदद स्वयं करने की भावना और स्वैच्छिक सहकारी प्रयासों के आधार पर विकास और राष्ट्र निर्माण की कितनी अधिक सम्भावनाएँ हैं। जैसाकि एस. एच. एच. के एक प्रकाशन में कहा गया है, "होम का यह मानना है कि लोगों की पहल से ही विकास गतिविधियाँ सम्भव हो सकती हैं और उनकी जागरूकता ही उन्हें जारी रख सकती है।"

होम पिछले बीस वर्षों से अस्वस्थ छात्रों की मदद कर रहा है। अब यह केवल छात्रों के उपयोग के लिए 100 बिस्तरों वाले एक अस्पताल का निर्माण करने का प्रयास कर रहा है। इस अस्पताल की पहली तीन मंजिलें पूरी हो चुकी हैं, जहाँ एक आधुनिक पोली-क्लीनिक और 10 बिस्तरों वाला एक वार्ड पहले ही काम करना शुरू कर चुका है।

होम इन दिनों 'वॉक फॉर फुल्लर लाइफ' के रूप में एक अनूठा कार्यक्रम आयोजित कर रहा है। यह पदयात्रा इस महीने की 25 तारीख को दमदम जंक्शन से टॉलीगंज तक आयोजित की जा रही है, इसका मार्ग प्रस्तावित भूमिगत रेलवे ट्रैक के लगभग साथ-साथ होगा। यह कार्यक्रम राष्ट्रीय सेवा योजना, पश्चिम बंगाल के साथ संयुक्त रूप से आयोजित किया जा रहा है। होम के फोल्डर के अनुसार, "यह पदयात्रा एक 'अधिक सम्पूर्ण जीवन के लिए पदयात्रा' होगी, और इसमें भाग लेकर छात्र और युवा इस समय जारी विकासोन्मुखी और रचनात्मक गतिविधियों के साथ अपने जुड़ाव और समर्थन का प्रदर्शन करेंगे। हम सभी वर्गों के लोगों को अपने साथ

लेकर चलना चाहते हैं—पत्रकारों, अध्यापकों, खिलाड़ियों, लेखकों, अभिनेताओं, सामाजिक कार्यकर्ताओं और महान कलकत्ता समाज के सभी अन्य वर्गों और समुदायों को।"

यह इस अच्छी संस्था का परिचय मात्र है। इस पत्र के साथ आपसे भेंट करने वाले छात्र आपको और ज्यादा जानकारी देंगे। मुझे आशा है कि आप इस बात से सहमत होंगे कि यह एक ऐसा उद्देश्य और गतिविधि है, जो आप और आप जैसी प्रतिष्ठा वाले अन्य लोगों के प्रोत्साहन और उदारतापूर्ण मदद के सर्वथा योग्य है।

धन्यवाद और शुभकामनाओं सहित,

आपका सस्नेह,
जय प्रकाश नारायण

13 मार्च, 1973

प्रिय श्री जयप्रकाश जी,

आपका दिनांक 13 फरवरी का पत्र प्राप्त हुआ। यद्यपि हमारे पास अनेक माँगें आती रहती हैं, फिर भी मैं अच्छे उद्देश्यों के लिए मदद करने का हमेशा प्रयास करता हूँ। इसलिए मैं स्टूडेंट्स हेल्थ होम के लिए भी कुछ-न-कुछ सहायता राशि अवश्य ही दूँगा। साथ ही मैं यह उम्मीद भी करता हूँ कि इस होम के पीछे ईमानदार और सच्चे लोग हैं। कभी-कभी, अगर किसी संस्था के साथ अच्छे लोग न जुड़े हुए हों तो उस संस्था को कठिनाइयों का सामना करना पड़ता है। इसलिए मैं आशा करता हूँ कि आप संस्था के इस पहलू को लेकर सन्तुष्ट हो चुके होंगे।

शुभकामनाओं सहित,

आपका विनीत,
के.के. बिड़ला

31 मार्च, 1973

प्रिय कृष्ण कुमार जी,

आपके 13 मार्च के पत्र के लिए धन्यवाद, जो मुझे प्रभावती के साथ बम्बई से अपनी वापसी पर प्राप्त हुआ।

मुझे यह जानकर प्रसन्नता हुई कि आप स्टूडेंट्स हेल्थ होम के लिए कुछ-न-कुछ सहायता राशि दे रहे हैं। मैं यथोचित रूप से आश्वस्त हूँ कि होम कलकत्ता में अच्छा काम कर रहा है और उसे मदद और प्रोत्साहन की आवश्यकता है।

बम्बई से वापसी के बाद प्रभावती की स्थिति 'स्थिर' बताई जा रही है। बम्बई और पटना के डॉक्टरों द्वारा तय की गई चिकित्सा-प्रक्रिया का आपसी सहमति के बाद अनुसरण किया जा रहा है और ऐसा प्रतीत होता है कि इससे कम-से-कम इस समय रोग के विकार का बढ़ना रुका हुआ है।

शुभकामनाओं सहित,

आपका सस्नेह,
जयप्रकाश नारायण

शिविर हरशा,
28 जनवरी, 1974

प्रिय कृष्ण कुमार जी,
मैं आपसे श्री सत्येश भट्टाचार्य की थोड़ी-सी मदद करने का अनुरोध कर रहा हूँ, जो पश्चिम बंगाल के नादिया जिले के एक वयोवृद्ध स्वतन्त्रता सेनानी हैं। सत्येश बाबू मेरी पिछली वाराणसी यात्रा के दौरान मुझसे मिले थे और उन्होंने मुझे सक्रिय जीवन से अवकाश ग्रहण करने के बाद अपनी जिजीविषा के संघर्ष की दुख भरी कहानी सुनाई थी। सत्येश बाबू का कोई परिवार नहीं है। उनकी पत्नी की लगभग 40 वर्ष पूर्व मृत्यु हो गई थी। वे मेरे साथ ही राजनीति से निवृत्त हो गए थे, जिसके बाद उन्होंने काठमांडू के एक स्कूल में अध्यापक की नौकरी कर ली थी। अवकाश प्राप्त करने के बाद वे अपने जीवन के अन्तिम वर्ष बिताने के लिए वाराणसी चले गए। उनके पास जो थोड़ी-बहुत जमा पूँजी थी वह धीरे-धीरे खत्म होती चली गई। अब उनके पास कुछ भी नहीं बचा है। वे एक बंगाली मित्र द्वारा दिए गए एक कमरे में अकेले रहते हैं। वे अपना खाना स्वयं पकाते हैं और अपने कपड़े भी स्वयं धोते हैं। वे 79 वर्ष के हैं और अपने जीवन का सर्वश्रेष्ठ समय देशसेवा में समर्पित कर देने वाले इस वयोवृद्ध व्यक्ति के कष्टों का आप अन्दाजा लगा सकते हैं। मैंने उनसे पूछा कि उन्होंने स्वतन्त्रता सेनानियों को मिलनेवाली पेंशन के लिए आवेदन क्यों नहीं किया। उन्होंने कहा कि वे राष्ट्र के लिए किए गए अपने कामों के बदले में कुछ पाने के इच्छुक नहीं थे। उनके इस दृष्टिकोण ने मेरे मन को छू लिया। मैंने तुरन्त गांधी शिक्षा संस्थान से एक हजार रुपए उधार लेकर उन्हें दिए, जिनसे मई अन्त तक के लिए उनका काम चल जाएगा। उसके बाद मैंने उनके लिए और रुपए जुटाने का वायदा किया है। परन्तु उन्होंने कहा कि शायद और रुपयों की जरूरत के लिए वे जीवित ही न रहें। जो भी हो, मेरा आपसे अनुरोध है कि आप गांधी शिक्षा संस्थान को 1000 रुपए भिजवाने की कृपा करें, ताकि मेरा कर्ज चुक जाए। चेक गांधी शिक्षा संस्थान के नाम बनाना होगा और सीधे निदेशक, प्रो. सुगत दास गुप्ता, गांधी शिक्षा संस्थान, राजघाट, वाराणसी-1 को भेजना होगा। मैं यह भी जोड़ दूँ कि इस संस्थान को दी गई दान-राशि पर आयकर में छूट का प्रावधान है। आपको रसीद के साथ सम्बन्धित प्रमाण-पत्र भी भेज दिया जाएगा। एक निर्धन, वृद्ध और स्वाभिमानी स्वतन्त्रता सेनानी की इस थोड़ी-सी मदद के लिए मैं आपका अति आभारी होऊँगा।

शुभकामनाओं सहित,

सस्नेह,
जयप्रकाश नारायण

24 मई 1977

प्रिय श्री जयप्रकाश जी,
मुझे समाचार-पत्रों में यह पढ़कर अत्यन्त प्रसन्नता हुई कि सीटल में आपका ऑपरेशन सफल रहा है। मेरे फोन करने पर श्री इब्राहिम ने भी इसकी पुष्टि की। ईश्वर आपको दीर्घ आयु दे।

मैं स्वयं आकर आपसे मिलना चाहता था, परन्तु कुछ अपरिहार्य कारणों से मैं जून के आरम्भ में ही बम्बई पहुँच पाऊँगा। मुझे आशा है कि मैं आपसे भेंट कर पाऊँगा।

इस बीच मैं अपनी एक कम्पनी के अधिकारी को आपसे भेंट करने के लिए भेज रहा हूँ। मुझे आशा है कि आप उन्हें कुछ मिनटों का समय देने की कृपा करेंगे।

शुभकामनाओं सहित,

आपका विनीत,
के.के. बिड़ला

प्रिय कृष्ण कुमार जी,

यह पत्र श्री सुरेश सिंह के सम्बन्ध में है। वे श्री शालीग्राम सिंह के सुपुत्र हैं, जो एक बहादुर स्वतन्त्रता सेनानी थे और जिन्होंने 1942 में जेल से भागने के बाद हजारी बाग के जंगलों में मेरा मार्गदर्शन किया था।

इस लड़के ने बिहार आन्दोलन में सक्रिय रूप से भाग लिया था और इसे जेल भी जाना पड़ा था। इसने पिछले वर्ष आई. एस. सी. की परीक्षा द्वितीय श्रेणी में पास की है। अब यह इंजीनियरिंग पढ़ना चाहता है और बिड़ला प्रौद्योगिकी संस्थान, मेसरा में दाखिला चाहता है। यदि आप इस मामले में कुछ कर सकें तो मैं बहुत प्रसन्न और कृतज्ञ महसूस करूँगा।

जहाँ तक मेरे स्वास्थ्य का सम्बन्ध है, मैं पहले से बेहतर महसूस कर रहा हूँ। आशा है आप भी स्वस्थ होंगे।

शुभकामनाओं सहित,

आपका सस्नेह,
जय प्रकाश नारायण

14 जुलाई, 1978

प्रिय श्री जयप्रकाश जी,

श्री शालीग्राम सिंह के सुपुत्र सुरेश सिंह के सम्बन्ध में आपका 5 जून का कृपा पत्र प्राप्त हुआ। लड़के के पिता मुझसे मिलने आए थे। दुर्भाग्यवश पता चला कि लड़के ने बी. आई. टी., मेसरा में प्रवेश के लिए आवेदन नहीं किया था। आवेदन-पत्र दाखिल करने की तारीख बहुत पहले निकल चुकी है और प्रवेश-परीक्षाएँ भी पूरी हो चुकी हैं। इसलिए उसे यह समझा दिया गया है कि इस मामले में अब कुछ नहीं किया जा सकता। उससे यह भी कहा गया है कि यदि अगले वर्ष वह समय पर आवेदन-पत्र दाखिल कर देगा तो उसके मामले पर पूरी सहानुभूति के साथ विचार किया जाएगा, विशेषकर आपकी सिफारिश को देखते हुए।

मैंने इब्राहिम को फोन किया था। उन्होंने मुझे बताया कि अब आप बेहतर महसूस कर रहे हैं।

शुभकामनाओं सहित,

आपका विनीत,
के.के. बिड़ला

16 फरवरी, 1979

प्रिय कृष्ण कुमार जी,

मैं यह पत्र अपने सचिव इब्राहिम की कुछ आर्थिक मदद के लिए अनुरोध करने के लिए लिख रहा हूँ। वे यह पत्र लेकर आपके पास आ रहे हैं और आप उनसे अच्छी तरह से परिचित हैं। वे पिछले पन्द्रह वर्षों से मेरे साथ काम कर रहे हैं। वे अपनी माँ की गम्भीर बीमारी को लेकर बहुत ज्यादा चिन्तित हैं और उन्हें इलाज के लिए केरल ले जा रहे हैं। आप उनकी जो भी आर्थिक मदद कर सकेंगे, उसके लिए मैं कृतज्ञ महसूस करूँगा।

आप विगत में बिना मेरे कहे मेरी मदद करते रहे हैं, परन्तु यह एक विशेष अनुरोध है और मुझे भरोसा है कि आप इब्राहिम की कुछ ठोस मदद करेंगे।

श्री घनश्यामदास जी की अति कृपा थी कि उन्होंने विगत दिसम्बर में मुझसे भेंट करने के लिए पटना आने का कष्ट उठाया। मैं उनका और आपका अत्यन्त कृतज्ञ महसूस कर रहा हूँ।

शुभकामनाओं और हार्दिक स्नेह सहित,

आपका,
जयप्रकाश नारायण

22 फरवरी, 1979

प्रिय श्री जयप्रकाशजी,

आपका दिनांक 16 फरवरी का कृपा पत्र मिला। इब्राहिम बहुत अच्छे व्यक्ति हैं और बहुत गहरी निष्ठा और समर्पण-भावना के साथ आपकी सेवा करते रहे हैं। मैं उनके साथ उनकी समस्याओं के बारे में चर्चा करूँगा और जो भी आवश्यक होगा, करूँगा। आप इस बारे में बिल्कुल चिन्ता न करें।

आशा है आप अब बेहतर महसूस कर रहे होंगे। मैं पिछली बार आपके साथ भेंट के बाद पटना नहीं आया हूँ। इस बीच यदि मेरे योग्य कोई भी सेवा हो तो मुझे लिखने में संकोच न करें।

शुभकामनाओं सहित,

आपका विनीत,
के.के. बिड़ला

पटना,
3 मार्च, 1979

प्रिय कृष्ण कुमार जी,

यह पत्र सुनील कुमार सिन्हा के सम्बन्ध में है, जो मेरी अपनी ही बहन का पोता है। उसने 1976 में बिहार विश्वविद्यालय से प्रथम श्रेणी में आई. एस. सी. की परीक्षा पास की है और अब बिड़ला प्रौद्योगिकी संस्थान, मेसरा (राँची) में प्रवेश लेने का इच्छुक है।

लड़का इतना बुद्धिमान है कि बी. एस. सी. चरण में राज्य सरकार की तरफ से छात्रवृत्ति प्राप्त करने के योग्य है। यदि आप इस सम्बन्ध में उसके लिए कुछ कर सकें तो मैं अति आभारी महसूस करूँगा। उसका बायो-डाटा संलग्न है।

शुभकामनाओं और स्नेह सहित,

आपका,
जयप्रकाश नारायण

पटना,
5/7 मार्च, 1979

प्रिय कृष्ण कुमार जी,
मेरे 16 फरवरी, 1979 के पत्र के तत्काल उत्तर के लिए आपका धन्यवाद। इब्राहिम की आर्थिक मदद के लिए मैं आभारी हूँ।

स्वास्थ्य की दृष्टि से मैं बेहतर महसूस कर रहा हूँ।

शुभकामनाओं सहित,

आपका सस्नेह,
जयप्रकाश नारायण

पटना,
17 मार्च, 1979

प्रिय कृष्ण कुमार जी,
यह पत्र श्री सुरेश चन्द्र भटनागर के सम्बन्ध में है, जो एक प्रतिभाशाली पत्रकार हैं और जिन्हें इस क्षेत्र में बीस वर्ष का अनुभव है। दुर्भाग्यवश वे बेरोजगार हैं और अपनी योग्यताओं और अनुभवों के अनुरूप किसी उपयुक्त नौकरी की तलाश में हैं। वे श्री बी. पी. कोइराला के सुपुत्र श्री प्रकाश कोइराला के माध्यम से मेरे पास आए हैं, जिनकी वे विभिन्न प्रकार से मदद करते रहे हैं।

मैं यह पत्र आपसे यह अनुरोध करने के लिए लिख रहा हूँ कि कृपया देखें कि क्या श्री भटनागर को 'हिन्दुस्तान टाइम्स' में लिया जा सकता है। मुझे आशा है कि वे आपके प्रतिष्ठित पत्र के लिए एक योग्य व्यक्ति प्रमाणित होंगे, जैसाकि इस पत्र के साथ संलग्न उनके अनुभवों के विवरण से स्पष्ट है।

यदि आप उनके लिए कुछ कर सकें तो मैं बहुत प्रसन्न और आभारी महसूस करूँगा।

शुभकामनाओं सहित,

आपका सस्नेह,
जयप्रकाश नारायण

5 मई, 1979

प्रिय श्री जयप्रकाश जी,
आपका दिनांक 3 मार्च का कृपा पत्र मिला। सबसे पहले मैं यह कहना चाहूँगा कि जिस चमत्कारिक ढंग से आप अपनी बीमारी से उबरे हैं, उससे पूरे देश ने खुशी और राहत की सांस ली है। यह ईश्वर की कृपा, लोगों की प्रार्थनाओं और आपके अपने

सद्‌गुणों का ही प्रभाव है कि आपको एक नया जीवन मिला है। मैं आपके स्वास्थ्य की स्थिति के बारे में निरन्तर जानकारी प्राप्त करता रहा हूँ। एक बार मैंने इब्राहिम को भी फोन किया था, परन्तु अधिकांशतः मैं अपने विभिन्न सूत्रों से आपके स्वास्थ्य के बारे में पता लगाता रहा हूँ।

राँची के इंजीनियरिंग कॉलेज की देखरेख मेरी बजाय मेरे चचेरे भाई गंगा प्रसाद कर रहे हैं। मैंने उनसे आपकी बहन के पोते श्री सुनील कुमार सिन्हा के मामले की बहुत जोरदार सिफारिश की है। मुझे आशा है कि जो भी सम्भव होगा, वे जरूर करेंगे।

शुभकामनाओं सहित,

आपका विनीत,
के.के. बिड़ला

प्रभावती देवी

प्रभावती देवी जयप्रकाश नारायण की पत्नी थीं। मैं जयप्रकाशजी और प्रभावती देवी दोनों को ही बहुत अच्छी तरह से जानता था। उनके दिनांक 20 जनवरी, 1958 के एक पत्र और दिनांक 23 जनवरी, 1958 के मेरे उत्तर को यहाँ प्रस्तुत किया जा रहा है।

महिला चर्खा समिति,
कदम कुआँ, पटना-3
20.1.1958

भाई कृष्ण कुमार जी,
नमस्कार।
आशा है आप सकुशल होंगे। हम लोग भी अच्छे हैं। कष्ट दे रही हूँ, क्षमा करेंगे। इस पत्र के साथ जयप्रकाशजी की अपील है, पढ़ने से सब हाल मालूम होगा। मैं आशा करती हूँ आप अपना (आशीर्वाद स्वरूप एक सौ रुपया 100/-) ऊपर लिखे पते पर जल्दी से भिजवाने की कृपा करेंगे।

पत्रोत्तर की आशा रखती हूँ।

आपकी बहन,
प्रभावती

23 जनवरी, 1958

प्रिय प्रभावती बहन,
सादर नमस्कार।
आपका 20 तारीख का पत्र मिला। कमला नेहरू शिशु विहार के लिए सौ रुपए भिजवाने के लिए कलकत्ता पत्र लिख रहा हूँ।

आशा है आप प्रसन्न होंगी।

आपका विनीत
कृष्ण कुमार

मोरारजी देसाई

मोरारजी भाई एक पारिवारिक मित्र थे। किसी समय वे पिताजी के बहुत निकट थे। परन्तु मोरारजी भाई इतने हठीले स्वभाव के व्यक्ति थे कि वे दूसरों के विचारों को कोई महत्त्व नहीं देते थे। उनका मानना था कि जो कुछ वे कह रहे थे, वही सही था। अपने इस अड़ियल स्वभाव के अलावा मोरारजी भाई बहुत सिद्धान्तवादी व्यक्ति थे। वे 1977 से 1979 तक भारत के प्रधानमन्त्री रहे। आन्तरिक मतभेदों के कारण उनकी सरकार लम्बे समय तक नहीं चल पाई। उनके और मेरे बीच हुआ कुछ पत्र-व्यवहार यहाँ प्रस्तुत है।

मुख्यमन्त्री,
बम्बई सरकार, बम्बई,
18 मार्च, 1953

प्रिय श्री बिड़ला,

आपके 13 मार्च के पत्र और बम्बई में टेक्समैको लिमिटेड के शो-रूम का उद्घाटन करने के लिए मुझे आमन्त्रित करने के लिए मैं आपका धन्यवाद करता हूँ। परन्तु मुझे खेद है कि मैं आमतौर से निजी कम्पनियों के उद्घाटन समारोह नहीं करता हूँ, इसलिए मैं आपके निमन्त्रण को स्वीकार नहीं कर पाऊँगा।

आपका,
मोरारजी देसाई

21 मार्च, 1953

पूज्य श्री मोरारजी भाई,

आपके 18 मार्च के कृपा पत्र के लिए धन्यवाद। मैं आपके दृष्टिकोण की सराहना करता हूँ, परन्तु साथ ही यह आशा करता हूँ कि निम्नलिखित तथ्यों को सामने रखते हुए आप अपने निर्णय पर पुनर्विचार करेंगे।

टेक्समैको एक निजी स्वामित्व वाली कम्पनी नहीं है। यह एक पब्लिक लिमिटेड कम्पनी है। इसके शेयर जनता में वितरित हैं, जिनका एक बड़ा अंश विभिन्न ट्रस्टों के पास है। इस कम्पनी की शुरुआत राष्ट्र-सेवा के उद्देश्य से की गई थी। बिड़ला बन्धु इसके प्रबन्ध एजेन्ट भले ही हों, परन्तु पिछले तेरह वर्षों से सिर्फ एक वर्ष को छोड़कर हम प्रबन्ध-एजेन्टों के रूप में अपना पूरा कमीशन छोड़ते रहे हैं। टेक्समैको को बहुत कठिन परिस्थितियों से जूझना पड़ा है, क्योंकि ब्रिटिश उत्पादकों ने एक तरह का गठबन्धन बनाकर इस क्षेत्र में एकाधिकार स्थापित कर रखा था। यदि टेक्समैको निजी स्वामित्व वाली एक आम कम्पनी होती तो मैं स्वयं ही आपसे ऐसा अनुरोध न करता। बल्कि इसी कारण आपसे अनुरोध करने से पहले मैंने पिताजी की सलाह ली थी। मुझे विश्वास है कि इन तथ्यों को ध्यान में रखते हुए आप शो-रूम का उद्घाटन करने के लिए अपनी स्वीकृति देने की कृपा करेंगे।

शुभकामनाओं सहित,

आपका सस्नेह,
के.के. बिड़ला

मन्त्री, वाणिज्य एवं उद्योग,
नई दिल्ली,
18 मार्च, 1957

प्रिय कुमार,

सूरत जिले से लोकसभा के चुनाव में अपनी विजय पर बधाई के लिए मैं आपका बहुत-बहुत धन्यवाद करता हूँ।

ईश्वर मुझे जनता के विश्वास पर खरा उतरने की शक्ति दे।

आपका,
मोरारजी देसाई

निजी

5 अक्टूबर 1957

पूज्य श्री मोरारजी भाई,

बिहार कांग्रेस में एकता स्थापित करके मेरे विचार में आपने एक असम्भव काम कर दिखाया है। यह निस्सन्देह एक बड़ी उपलब्धि है। परन्तु मेरे मन में जो प्रश्न उठ रहा है वह यह है कि यह एकता कब तक कायम रहेगी? दुर्भाग्यवश, भारत में क्षेत्रवाद और जातिवाद जगह-जगह दिखाई देता है, और जैसाकि आप अब तक जान चुके होंगे, बिहार इस सम्बन्ध में एक चरम मामला है। खासकर जातिवाद ने इस राज्य को बहुत हानि पहुँचाई है। इसलिए इसके पुनः सर उठाने का खतरा है। इसे रोकने का एकमात्र उपाय है कि आप समय-समय पर राज्य का दौरा करते रहें और वहाँ की गतिविधियों के सम्पर्क में रहें। आपके व्यक्तिगत स्पर्श के बिना मुझे बिहार का कोई भविष्य दिखाई नहीं देता। इसलिए मैं आशा करता हूँ कि आपने जो उल्लेखनीय परिणाम हासिल किए हैं, उन्हें और अधिक जोरदार आकार दिया जाएगा।

यदि 'सर्चलाइट' के सम्बन्ध में कोई सुझाव हो तो मैं सदैव आपकी सेवा में उपस्थित हूँ।

शुभकामनाओं सहित,

आपका सस्नेह,
कृष्ण कुमार

10 अक्टूबर, 1957

प्रिय कृष्ण कुमार,

आपके 5 अक्टूबर के पत्र के लिए धन्यवाद, जो मेरे पास आज ही पहुँचा है। यह प्रश्न कि बिहार कांग्रेस में जो एकता स्थापित होनी शुरू हुई है, वह सचमुच स्थापित हो सकेगी और क्या यह लम्बे समय तक टिक सकेगी, एक स्वाभाविक प्रश्न है; क्योंकि इससे पहले कई बार इस कठिन समस्या को हल करने के प्रयास किए गए हैं, अस्थायी तौर पर एकता स्थापित की गई है, परन्तु अन्ततः स्थिति और अधिक उलझती रही है। इसलिए मैं यह नहीं कह सकता कि वर्तमान प्रयासों से स्थायी

परिणाम हासिल कर लिए गए हैं। परन्तु इस बार दो ऐसी बातें हुई हैं जो पिछले अवसरों पर देखने में नहीं आई थीं। इस बार दोनों गुटों के बीच जो समझौता हुआ है उसमें किसी तरह की शर्त नहीं रखी गई है, और यह समझौता एक गुट द्वारा दूसरे गुट के दावों को मान्यता देने या स्वीकार करने पर आधारित नहीं है। बिहार कांग्रेस के तीस प्रमुख नेताओं ने, जिन्हें काफी हद तक पार्टी की इस दशा के लिए जिम्मेदार ठहराया जा सकता है, एक वक्तव्य पर हस्ताक्षर करके बिहार की वर्तमान स्थिति के लिए अपनी जिम्मेदारी स्वीकार की है। इन दो महत्त्वपूर्ण तथ्यों से यह उम्मीद बँधती है कि यह एक वास्तविक समझौता है और लम्बे समय तक टिक पाएगा। फिर भी, बहुत कुछ इस बात पर निर्भर करता है कि श्री बाबू अब आगे अपना कामकाज कैसे चलाते हैं। मुझे ऐसा लगता है कि वे बहुत उदार हृदय हैं और प्रतिशोध की भावना में विश्वास नहीं रखते। मुझे पूरी उम्मीद है कि वे सभी के साथ निष्पक्ष व्यवहार करेंगे और सभी वर्गों का विश्वास प्राप्त करने के लिए हर सम्भव प्रयास करेंगे।

जातिवाद समस्या का मूल कारण नहीं था। समस्या का मूल कारण गुटबाजी था, जो नेतृत्व के लिए व्यक्तिगत प्रतिद्वन्द्विता के कारण पैदा हुई थी। यदि यह गुटबाजी खत्म हो जाती है तो जातिवाद से भी सफलतापूर्वक निबटा जा सकता है। जो भी हो, मैंने बिहार के सभी लोगों के सामने यही बात रखी, और उन सभी के साथ न्याय करते हुए मुझे यह कहना पड़ेगा कि उन्होंने किसी तरह की हिचकिचाहट के बिना मेरे साथ पूरा-पूरा सहयोग किया। इन चर्चाओं के बाद वहाँ बहुत अच्छा माहौल बन चुका है। फिर भी स्थिति पर सतर्कतापूर्वक नजर रखनी होगी और कम-से-कम एक वर्ष तक इस समझौते को बहुत सूझबूझ के साथ सींचना होगा। इसके बाद ही हम स्थायी परिणामों की आशा कर सकते हैं। अन्ततः सब कुछ ईश्वर के हाथ मे है। मनुष्य सिर्फ एक ईमानदार प्रयास कर सकता है।

आशा है आप सब सकुशल होंगे। कृपया परिवार के सभी सदस्यों तक मेरी शुभकामनाएँ पहुँचा दें।

हार्दिक मंगल-कामनाओं सहित,

आपका सस्नेह,
मोरारजी भाई देसाई

8 अगस्त, 1958

पूज्य श्री मोरारजी भाई,

मैं टेक्सटाइल मशीनरी के निर्यात से जुड़ी एक गम्भीर समस्या की तरफ आपका ध्यान खींचना चाहता हूँ। यह समस्या इसलिए पैदा होती है क्योंकि विदेशी खरीददार अक्सर कई वर्षों के क्रेडिट पर माल लेने का आग्रह करते हैं। उदाहरण के लिए, टेक्समैको ने हाल ही में इथियोपिया की एक कपड़ा मिल के लिए रिंग-फ्रेमों की आपूर्ति के लिए टेंडर भरा था। यह मिल हम इथियोपियों सरकार के साथ साझेदारी में स्थापित कर रहे हैं। क्योंकि हमारी दरें काफी प्रतियोगी हैं, इसलिए हमें यह टैंडर मिलने का पूरा भरोसा है, बशर्ते कि हम उन्हें तीन वर्ष के क्रेडिट के आधार पर ये मशीनें दे सकें। मूल्य का 25 प्रतिशत हमें दस्तावेजों के साथ दे दिया जाएगा और शेष 75 प्रतिशत

तीन समान किश्तों में पहले, दूसरे और तीसरे वर्ष के अन्त में दिया जाएगा। इस ऑर्डर का मूल्य लगभग 10 लाख रुपए है, इसलिए हमें लगभग 7½ लाख का क्रेडिट देना होगा।

यदि हमें यह टेंडर मिल जाता है तो यह टेक्सटाइल मशीन निर्यात करने का भारत के लिए पहला अवसर होगा। टेक्समैको इस क्षेत्र में बहुत आगे जाना चाहता है। परन्तु क्रेडिट की समस्या आड़े आ रही है। यदि हम क्रेडिट का प्रबन्ध नहीं कर पाए तो यह टेंडर जापानी फर्मों को मिल जाएगा, जो तीन की बजाय पाँच वर्ष के लिए क्रेडिट देने के लिए तैयार हैं।

वर्तमान चलन के अनुसार, बैंक अधिकतम छह महीने की अवधि के लिए क्रेडिट देते हैं, क्योंकि स्वयं उन्हें भी रिजर्व बैंक ऑफ इंडिया से सिर्फ तीन महीने की अवधि तक के बिलों पर क्रेडिट की सुविधा उपलब्ध है। मैंने रिजर्व बैंक से अनुरोध किया है कि इसे एक विशिष्ट मामला मानकर और बैंकों को अधिक लम्बी अवधि तक बिलों को डिस्काउंट करने की अनुमति देकर टेक्समैको की मदद की जाए। रिजर्व बैंक ने निर्यात को प्रोत्साहन देने के महत्त्व को तो स्वीकार किया, परन्तु साथ ही यह भी कहा कि रिजर्व बैंक ऑफ इंडिया कानून की धारा 17 के अनुसार उसके हाथ बँधे हुए हैं और वह इस मामले में कुछ नहीं कर सकता। इस धारा के प्रावधानों के अनुसार, सिर्फ 90 दिनों की अवधि तक के बिलों के डिस्काउंट पर रिजर्व बैंक री-डिस्काउंट की सुविधा प्रदान कर सकता है या उन्हें जमानत के रूप में रख सकता है। इसलिए टेक्सटाइल मशीनरी के निर्यात के लिए टेक्समैको द्वारा तीन वर्ष के क्रेडिट पर दिए गए बिलों पर रिजर्व बैंक को शेड्यूल्ड बैंकों को क्रेडिट देने की अनुमति नहीं है।

मैं इस निर्यात को कार्यान्वित करने के लिए अन्य स्रोत ढूँढ़ रहा हूँ और सम्भवतः मुझे सफलता भी मिल जाएगी। परन्तु टेक्सटाइल मशीनरी के निर्यात में यह समस्या बार-बार आने वाली है। हाल ही में चीन की सरकार ने टेक्समैको से बड़ी संख्या में बॉयलरों, टैंक-वैगनों इत्यादि की खरीद के बारे में पूछताछ की है। इस बात की सम्भावना है कि वे भी क्रेडिट के आधार पर आपूर्ति का आग्रह करेंगे। जैसाकि आप जानते हैं, अन्य देशों में इस मशीनरी के निर्यातक इस स्थिति में हैं कि वे लम्बी अवधि के क्रेडिट पर आपूर्ति कर सकें, क्योंकि स्वयं उन्हें भी अपनी सरकारों के बैंकों से यह सुविधा उपलब्ध है। यदि भारतीय मशीनरी निर्यातकों को अन्तर्राष्ट्रीय बाजार की प्रतिस्पर्द्धा में भाग लेना है, तो उन्हें विदेशी निर्यातकों की तरह अपने ग्राहकों को क्रेडिट-सुविधाएँ देने में सक्षम होना चाहिए। इसलिए ऐसा प्रतीत होता है कि जब तक रिजर्व बैंक ऑफ इंडिया कानून में यथोचित संशोधन नहीं किया जाएगा, तब तक इस समस्या का कोई सन्तोषजनक या स्थायी समाधान सम्भव नहीं है।

क्योंकि देश में विदेशी मुद्रा की वर्तमान स्थिति को देखते हुए निर्यात का प्रश्न अत्यन्त महत्त्वपूर्ण है, इसलिए मैं यह मामला आपके सामने रख रहा हूँ और आशा करता हूँ कि आप इस पर विचार करने की कृपा करेंगे।

सादर प्रणाम सहित,

आपका सस्नेह,
कृष्ण कुमार

16 अगस्त, 1958

पूजनीय श्री मोरारजी भाई,

सादर प्रणाम।

मैं कल सुबह देहली से वापस लौटा, वहाँ केवल दो दिन के लिए गया था। 14 तारीख की शाम को मेरा विचार आपके यहाँ घर पर आने का था। मुझे काम तो कुछ नहीं था, केवल आपको प्रणाम करने के लिए जाना चाहता था। शाम को साढ़े सात बजे पन्तजी के यहाँ हम लोगों की एक मीटिंग थी। हम लोगों को आशा थी कि मीटिंग आधे घंटे में समाप्त हो जाएगी किन्तु पन्तजी कार्यवश बाहर चले गए और इसलिए पौने नौ बजे के बाद हम लोगों की मीटिंग प्रारम्भ हुई। मीटिंग को समाप्त होते-होते साढ़े नौ बज गए। 15 तारीख की सुबह मैं चला आया। आने से पहले मैंने प्रणाम करने के लिए टेलीफोन किया था किन्तु आप लाल किला गए हुए थे, इसलिए पत्र द्वारा क्षमायाचना कर रहा हूँ।

आपका विनम्र,
के. के. बिड़ला

वित्तमन्त्री, भारत,
20 अगस्त, 1958

भाई श्री कृष्ण कुमार,

तुम्हारा ता. 16 का पत्र मिला। ता. 14 और ता. 15 को तुम मुझे मिल नहीं सके इसमें तुम्हारा कोई कसूर नहीं था, इसलिए क्षमायाचना का पत्र लिखना जरूरी नहीं था।

ता. 26 की रात को मैं बम्बई पहुँचूँगा और ता. 27 की रात को लंदन के लिए निकलूँगा।

सब कुशल होंगे।

तुम्हारा,
मोरारजी देसाई

वित्तमन्त्री, भारत,
18 दिसम्बर, 1958

16 दिसम्बर को अपने ऑपरेशन के बाद श्री मोरारजी देसाई सन्तोषजनक ढंग से स्वास्थ्य लाभ कर रहे हैं। उन्हें काम शुरू करने में कुछ समय लगेगा। वे अपने स्वास्थ्य के बारे में आपकी सहानुभूतिपूर्ण पूछताछ और अपने तीव्र स्वास्थ्य-लाभ के लिए आपकी शुभकामनाओं के लिए आपका बहुत-बहुत धन्यवाद करते हैं।

अशोक मेहता

अशोक मेहता जयप्रकाश नारायण के साथ सोशलिस्ट पार्टी के संस्थापकों में से थे। ये सभी सोशलिस्ट पहले कांग्रेस के सदस्य थे।

मैंने पीछे कहीं लिखा है कि अशोक मेहता बहुत सिद्धान्तवादी व्यक्ति थे। जब जुवारी इंडस्ट्रीज लिमिटेड के रूप में एक उर्वरक संयंत्र की स्थापना की गई तो अशोक मेहता केन्द्र सरकार में उर्वरक मन्त्री थे। मैं जब भी कोई समस्या लेकर उनके पास जाता था तो वे हमेशा मेरी मदद करते थे। उनके साथ मेरे पत्र-व्यवहार के कुछ पत्र यहाँ प्रस्तुत हैं।

18 दिसम्बर, 1958

प्रिय श्री बिड़ला,
क्या मैं आपसे न्यू इंडिया शुगर मिल द्वारा खरीदे गए गन्ने के वजन के लिए महनाड़ रोड स्टेशन पर एक धर्मकाँटा स्थापित करने का अनुरोध कर सकता हूँ? इस क्षेत्र के प्रतिनिधियों का सुझाव है कि महनाड़ रोड स्टेशन पर इस तरह की सुविधा उन सभी उत्पादकों के लिए अत्यन्त उपयोगी होगी जिन्हें फैक्टरी पर निर्भर रहना पड़ता है।

आपका,
अशोक मेहता

20 दिसम्बर, 1958,

प्रिय श्री मेहता,
आपका दिनांक 18 दिसम्बर का कृपा पत्र मिला। मैंने महनाड़ स्टेशन के सम्बन्ध में छानबीन की है। मुझे पता चला है कि इस स्टेशन पर इतना गन्ना नहीं होता कि वहाँ धर्मकांटे की स्थापना को सही ठहराया जा सके। फिर भी, आपकी इच्छा और हमसे इस अपेक्षा को देखते हुए कि हमें गन्ने की बढ़ोत्तरी में हाथ बँटाना चाहिए, मैंने इस सम्बन्ध में आवश्यक निर्देश जारी कर दिए हैं।

मुझे आशा है कि आप इस व्यवस्था से सन्तुष्ट महसूस करेंगे।

शुभकामनाओं सहित,

आपका,
के.के. बिड़ला

30 दिसम्बर, 1958

प्रिय श्री मेहता,
मैंने हसनपुर की हमारी चीनी मिल को निर्देश दिया था कि वे महनाड़ रोड से गन्ने की खरीद शुरू कर दें। परन्तु तोल सेतु (वे-ब्रिज) को लेकर एक अनपेक्षित समस्या पैदा हो गई है। किसी गन्ना-केन्द्र में तोल सेतु की स्थापना के लिए बिहार सरकार के तोल-विभाग की स्वीकृति अनिवार्य होती है। यह विभाग संशोधित प्रकार के तोल-सेतुओं को तरजीह देता है, जिनके लीवर में खाँचे बने होते हैं। स्लाइडर खाँचे में फिट हो जाने के बाद हिलता-डुलता नहीं है। साधारण प्रकार के तोल-सेतुओं में खाँचे नहीं होते। परन्तु जहाँ तक सही तोल का प्रश्न है, इन दोनों में कोई विशेष अन्तर नही होता। परन्तु खाँचोंवाला तोल-सेतु ज्यादा भरोसेमन्द होता है, क्योंकि इसमें स्लाइडर अच्छी तरफ फिट हो जाता है, जबकि साधारण तोल-सेतु में स्लाइडर थोड़ा-बहुत इधर-उधर हिल सकता है।

बिहार सरकार आमतौर से साधारण तोल-सेतु को मंजूरी नहीं देती और खाँचों वाले तोल-सेतु के लिए आग्रह करती है। दुर्भाग्यवश, हमारे सभी खाँचों वाले तोल-सेतु खत्म हो चुके हैं, क्योंकि हमारी हसनपुर मिल में बड़ी संख्या में वजन घर हैं, जो कुल मिलाकर 25 हैं। परन्तु हमारे पास कुछ साधारण प्रकार के तोल-सेतु हैं। हम बिहार सरकार से यह अनुमति लेने का प्रयास कर रहे हैं कि महनाड़ रोड को एक विशिष्ट मामला मानते हुए साधारण तोल-सेतु के प्रयोग की छूट दे दी जाए। परन्तु, जैसाकि आप जानते हैं, सरकारी मशीनरी बहुत धीमी रफ्तार से चलती है, और मात्र औपचारिकताएँ पूरी करने में ही इतना समय लग सकता है कि तोल-सेतु को समय पर लगाना सम्भव न हो पाए। यदि आप इस मामले में कुछ सहयोग कर सकें तो यह काम थोड़ा जल्दी हो सकता है। मुझे आपको स्थिति से अवगत करवाना उपयुक्त लगा।

शुभकामनाओं सहित,

आपका,
के.के. बिड़ला

एम. ओ. मथई

एम. ओ. मथई जवाहरलाल नेहरू के निजी सचिव थे। बाद में, बहुत-से लोग उनके शत्रु बन गए और उन्हें अपना पद छोड़ना पड़ा। फिर भी, वे मेरे बहुत निकट थे। जब भी मैं पी.एम.ओ. से किसी मदद के लिए उनके पास जाता था तो वे निष्पक्षतापूर्वक मामले का अध्ययन करते थे, और मेरा पक्ष सही होने की स्थिति मे मेरी मदद करने का प्रयास करते थे।

29 अगस्त, 1952

प्रिय श्री मथई,

आप मेरे पास जो अत्यन्त सुन्दर गणेश लैम्पों का जोड़ा छोड़ गए हैं, उन्हें लेकर मैं बहुत दुविधा में हूँ। क्योंकि मैं समझ नहीं पा रहा हूँ कि मैं इनका क्या मूल्य दूँ। आपका अनुमान मेरे अनुमान से बेहतर होता, परन्तु आपने पूरा मामला मुझ पर छोड़कर इस पहेली को और उलझा दिया है। यद्यपि इस तरह के सच्चे कलात्मक काम का सही मूल्यांकन करना अति कठिन है, फिर भी मैं इस जोड़े के लिए 2,000 रुपए भेज रहा हूँ, और आशा करता हूँ कि आप इन्हें स्वीकार करने की कृपा करेंगे। इतनी सुन्दर कलाकृतियों से बिछुड़ने के लिए तैयार होने के लिए मैं आपका हार्दिक धन्यवाद करता हूँ।

एक बार फिर धन्यवाद सहित,

आपका,
के.के. बिड़ला

प्रधानमन्त्री सचिवालय, नई दिल्ली,
2 सितम्बर, 1952

प्रिय श्री बिड़ला,

प्रधानमन्त्री को आपका 4 अगस्त का पत्र प्राप्त हुआ है। उन्होंने मुझे आपको सूचित करने के लिए कहा है कि उन्हें अत्यन्त खेद है कि वे इसकी पावती के बारे में पहले नहीं लिख पाए। वे आपके द्वारा उल्लिखित नई औद्योगिक उपलब्धि अर्थात् पहले औद्योगिक बॉयलर के उत्पादन के महत्त्व को भली-भाँति समझते हैं। परन्तु उन्हें खेद है कि काम के अत्यधिक बोझ के कारण वे औपचारिक समारोह के लिए यात्रा नहीं कर पाएँगे।

मैंने उन्हें आज आपके साथ हुई अपनी बातचीत के बारे में और फायरिंग समारोह दिल्ली में किए जाने की सम्भावना के बारे में बताया। उन्होंने किसी तरह का वायदा नहीं किया। मेरा विचार है कि जब आप अगली बार दिल्ली आएँ तो प्रधानमन्त्री से भेंट कर लें। सिर्फ इस काम के लिए दिल्ली न आएँ। किसी और काम के सिलसिले में दिल्ली आना हो, तभी उनसे मिलें। प्रधानमन्त्री 11 से 16 सितम्बर तक दिल्ली से बाहर रहेंगे। वे उस समय इन्दौर में होंगे।

शुभकामनाओं सहित,

आपका,
एम. ओ. मथई

5 सितम्बर, 1952

प्रिय श्री मथई,

आपके 2 सितम्बर के पत्र के लिए मैं आपका धन्यवाद करना चाहूँगा। मेरा विचार है कि प्रधानमन्त्री से दिल्ली में मिलना सबसे अच्छा रहेगा। मैं श्री रफी अहमद किदवई द्वारा बुलाई गई चीनी उद्योग की एक बैठक में भाग लेने के लिए दिल्ली पहुँच रहा हूँ। इस अवसर पर मैं प्रधानमन्त्री से भेंट के लिए आपको फोन करूँगा।

आशा है आपको मेरा पिछला पत्र 2000 रुपयों के साथ मिल गया होगा।

शुभकामनाओं सहित,

आपका,
के.के. बिड़ला

17 जनवरी, 1953

प्रिय श्री मथई,

मैं आपका समय नष्ट करने के लिए क्षमा चाहूँगा, परन्तु मैं आपकी सलाह को बहुत मूल्यवान समझता हूँ, इसलिए आशा करता हूँ कि आप इस कष्ट का बुरा नहीं मानेंगे। आपको याद होगा कि जब मैं नवम्बर में दिल्ली आया था तो मैंने आपको कुछ व्यक्तियों की पक्षपातपूर्ण नीति के कारण भारत एयरवेज के साथ हो रहे घोर अन्याय के बारे में बताया था। मैं आपको बहुत खेद के साथ सूचित कर रहा हूँ कि

विमान सेवाओं के राष्ट्रीयकरण के समय भी इसी नीति का अनुसरण किया जा रहा है।

जैसाकि आप जानते हैं, विमान सेवाओं के राष्ट्रीयकरण के लिए सम्बन्धित कम्पनियों को कुछ हर्जाना देना पड़ता है। इस उद्देश्य के लिए कई तरह के फार्मूले अपनाए जा सकते हैं। कोई फार्मूला एक कम्पनी के लिए अनुकूल हो सकता है तो कोई किसी दूसरी कम्पनी के लिए। यह एक विचित्र संयोग है कि जो फार्मूला अपनाया जा रहा है वह जहाँ एक विशेष कम्पनी के बहुत ज्यादा अनुकूल है, वहीं अन्य कम्पनियों के साथ न्याय और समान व्यवहार की आवश्यकता की पूर्णतया अवहेलना करता है। आपको यह जानकर आश्चर्य होगा कि इस फार्मूले के परिणामस्वरूप जहाँ एक वाइकिंग विमान के लिए चार लाख रुपए का हर्जाना निर्धारित किया गया है, वहीं इससे कहीं श्रेष्ठतर चार इंजिनों और कहीं अधिक यात्री-क्षमता वाले स्काई-मास्टर विमान के लिए मात्र पाँच लाख रुपए का हर्जाना रखा गया है। इससे अधिक बेहूदा बात भला और क्या हो सकती है? मैं यहाँ यह भी जोड़ दूँ कि एक वाइकिंग विमान का वर्तमान बाजार मूल्य मात्र पाँच लाख रुपए है, जबकि एक स्काई-मास्टर विमान का वर्तमान बाजार मूल्य बीस से बाइस लाख रुपए है। इस तरह, जहाँ वाइकिंग विमानों वाली कम्पनियों को बाजार मूल्य का 80 प्रतिशत मिलेगा, वहीं भारत एयरवेज को अपने स्काई-मास्टर विमानों पर बाजार मूल्य का मात्र 20 प्रतिशत मिलेगा। इससे अधिक पक्षपातपूर्ण और क्या हो सकता है? मैं आपको यह पत्र लिखकर यह बात आपके ध्यान में लाना चाहता था।

शुभकामनाओं सहित,

आपका,
के.के. बिड़ला

21 मार्च, 1953

प्रिय श्री मथई,

मैं इस पत्र के साथ भारत के माननीय प्रधानमन्त्री के नाम भारत एयरवेज लिमिटेड के दिनांक 19 मार्च के अभिवेदन की एक प्रति संलग्न कर रहा हूँ। निस्सन्देह, आपको अब तक आपका यह अभिवेदन मिल चुका होगा, परन्तु मैं आपके तुरन्त सन्दर्भ के लिए एक अतिरिक्त प्रति भेज रहा हूँ। प्रधानमन्त्री के समय के मूल्य की पर्याप्त जानकारी के बावजूद यह पत्र उन्हें सम्बोधित किया गया है, ताकि मामले के महत्त्व को देखते हुए उचित न्याय किया जा सके। मेरा विचार है कि इस मामले में व्यक्तिगत बातचीत बहुत उपयोगी होगी। आप जब भी इस मामले पर चर्चा करना चाहें मैं आपसे मिलने के लिए तैयार हूँ।

शुभकामनाओं सहित,

आपका,
के.के. बिड़ला

भारत एयरवेज लिमिटेड,
कलकत्ता,
19 मार्च, 1953

माननीय प्रधानमन्त्री,
नई दिल्ली।

विषय : विमान सेवाओं का राष्ट्रीयकरण

महोदय,
हम आपके मूल्यवान समय में व्यवधान डालने के लिए क्षमा चाहते हैं। परन्तु इसके पीछे एकमात्र कारण यह है कि विमान सेवाओं के आसन्न राष्ट्रीयकरण से शेयर-धारकों के व्यापक हितों पर प्रभाव पड़ता है, जिनके प्रति सरकार का और हमारा एक स्वाभाविक कर्तव्य है। इसलिए इस मामले पर समुचित और सहानुभूतिपूर्वक ध्यान देने की आवश्यकता है।

हम समझते हैं कि हर्जाना तय करने के लिए सरकार ने दो वैकल्पिक पद्धतियाँ अपनाई हैं, जो इस प्रकार हैं–

(क) सम्पत्तियों का मूल्यांकन, जो सम्पत्तियों के किताबी मूल्य में से मूल्यह्रास के रूप में कुछ विशेष प्रतिशत घटाकर तय किया जाता है;
(ख) कम्पनी के शेयरों की खरीद, जिनका मूल्य जून, 1952 से पहले की एक विशेष अवधि के दौरान शेयरों के औसत मूल्य के आधार पर आँका जाता है।

हमने स्कीम-क पर आपत्ति जताई है, क्योंकि इसे लागू करने पर असंगत और अनुचित परिणाम मिलते हैं। उदाहरण के लिए, एक स्काई-मास्टर विमान का अन्तर्राष्ट्रीय बाजार-मूल्य लगभग 25 लाख रुपए है। स्कीम 'क' हमें इस अन्तर्राष्ट्रीय बाजार-मूल्य का लगभग 17 प्रतिशत देगी। दूसरी तरफ, इसी तरह के और लगभग हमारे साथ ही खरीदे गए विमानों वाली एक दूसरी कम्पनी को–जिसके विमान हमारे विमानों जैसी अच्छी अवस्था में भी नहीं हैं–को हमसे लगभग 60 प्रतिशत अधिक हर्जाना मिलेगा।

1948 में, तत्कालीन माननीय संचार मन्त्री भारत से सुदूरपूर्व के लिए एक विमान-सेवा शुरू करने के इच्छुक थे। उन्होंने हमारे साथ वेस्टर्न रूट्स की तरह का एक समझौता करने का वायदा किया था। परन्तु बाद में, कुछ आर्थिक कठिनाइयों के कारण हमारे साथ वह समझौता नहीं किया जा सका और हमें भारी घाटा उठाना पड़ा।

हमने 1948 मे तीन स्काई-मास्टर आयात किए थे। हमने किसी नए अन्तर्राष्ट्रीय रूट पर विमान-सेवा शुरू करने के सभी आवश्यक प्रबन्ध कर लिए थे। मई, 1949 में एयर-ट्रांसपोर्ट लाइसेंसिंग बोर्ड से इस रूट के लिए लाइसेंस मिल जाने के बाद हमने कलकत्ता से बैंकॉक और हांगकांग के लिए उड़ानें शुरू कर दीं।

इस रूट की विकास अवधि के दौरान हमें भारी घाटा उठाना पड़ा। विमान उड़ानों पर होने वाले घाटे और विकास पर होनेवाले घाटे को मिलाकर काफी बड़ी राशि बन गई। इसलिए हम इस घाटे की भरपाई के लिए सरकार से हमें आर्थिक मदद की माँग कर रहे थे। अन्ततः एयर ट्रांसपोर्ट इन्क्वारी कमिटी की सिफारिश पर सरकार हमें कुछ सब्सिडी देने के लिए राजी हो गई, जो अक्टूबर 1950 से कलकत्ता-बैंकाक और सिंगापुर के बीच हमारी विमान सेवाओं पर लागू होने जा रही थी।

सरकार द्वारा निर्धारित सब्सिडी इतनी अपर्याप्त थी कि इससे सिर्फ सेवाओं का कुछ घाटा पूरा हो पा रहा था, जबकि विकास का पूरा घाटा हमें स्वयं वहन करना पड़ रहा था। फिर भी हमने इसे स्वीकार कर लिया था, क्योंकि हमें अगले दस वर्षों में इस घाटे की भरपाई करके कुछ लाभ कमाने की उम्मीद थी। परन्तु इन सेवाओं के शुरू होने के तीन वर्ष बाद ही इनका राष्ट्रीयकरण किया जा रहा है, परिणामस्वरूप हम अपनी दीर्घकालीन योजनाओं से प्राप्त होने वाले लाभ से वंचित रह जाएँगे।

यदि विमान सेवाओं का राष्ट्रीयकरण राष्ट्र के हित में है तो हमें न केवल इस पर कोई आपत्ति है, बल्कि हम सरकार को अपनी तरफ से पूरा-पूरा सहयोग देने के लिए तैयार हैं। परन्तु दूसरी तरफ हम यह निवेदन भी करना चाहते हैं कि यदि सरकार हमारे निगम को अपने नियन्त्रण में लेती है, तो हमारे उन घाटों की भरपाई होनी चाहिए जिन्हें हम दस वर्षों के लाइसेंस के आश्वासन के अन्तर्गत एक व्यावसायिक गतिविधि के शुरू के जोखिमों के रूप में वहन कर रहे थे, और अपनी 'दीर्घकालीन योजनाओं के अन्तर्गत और विकास-अवधि के पूरा हो जाने के बाद लाभ में बदलने की अपेक्षा कर रहे थे।

यदि हमारे स्काई-मास्टर विमानों को स्कीम-क के अन्तर्गत खरीदना पड़ता है, और उनके वर्तमान अन्तर्राष्ट्रीय बाजार-मूल्य को या हमारे द्वारा वहन किए गए आरम्भिक घाटों को ध्यान मे नहीं रखा जाता, तो यह बहुत अनुचित और अन्यायपूर्ण होगा। यदि सरकार किसी व्यक्ति या कम्पनी की सम्पत्तियों को अपने नियन्त्रण में लेना चाहती है, तो हर्जाना तय करते समय इस बात का ध्यान रखा जाना चाहिए कि यदि उस व्यक्ति या कम्पनी के पास अपनी सम्पत्तियों को खुले बाजार में बेचने का विकल्प होता तो उसे क्या प्राप्त होता।

स्कीम-ख, जिसके अनुसार सरकार कम्पनी के शेयर खरीदकर उसे एक चालू कम्पनी के रूप में अपने नियन्त्रण में ले सकती है, इससे कहीं बेहतर है। परन्तु सरकार इस स्कीम को भारत एयरवेज पर लागू करने में कठिनाई महसूस कर रही हैं, क्योंकि कम्पनी के 100 रुपए मूल्य के प्रत्येक प्रिफ्रेंस शेयर के साथ इससे सम्बन्धित कुछ अधिकार और कम्पनी के बन्द होने तक की अवधि के ब्याज जुड़े हुए हैं। सरकार की इस कठिनाई को दूर करने के लिए हम सरकार और प्रिफ्रेंस शेयर-धारकों के बीच इन शेयरों का एक उचित मूल्य तय करने के लिए समझौता करवाने के लिए तैयार हैं। हमारा निवेदन है कि यह बहुत आसान है और दोनों पक्षों के लिए सन्तोषजनक होगा।

यदि भारत एयरवेज पर स्कीम-क लागू की जाती है तो हमें दी जाने वाली समूची धनराशि प्रिफ्रेंस शेयर-धारकों के विशेष अधिकारों के कारण उनके बीच में ही बँट जाएगी। हमारी कम्पनी के लगभग 25,000 सामान्य शेयर-धारक हैं, जो अपने निवेश को लेकर उतने ही उत्साहित हैं। परन्तु इस स्कीम के कारण वे अपने पूरे निवेश से हाथ धो बैठेंगे, जिसे उन्होंने हम पर भरोसा करते हुए निवेशित किया है। उनका पूरा निवेश लुप्त हो जाने में कम्पनी का कोई दोष नहीं होगा, बल्कि उपरोक्त परिस्थितियाँ जिम्मेदार होंगीं।

हमें विश्वास है कि उपरोक्त तथ्यों को ध्यान में रखते हुए आप समानता के आधार पर हर्जाना तय किए जाने की आवश्यकता पर गम्भीरता से विचार करेंगे।

धन्यवाद सहित,

आपकी निष्ठा में,
भारत एयरवेज लिमिटेड,
प्रो. बिड़ला ब्रदर्स लिमिटेड,
मैनेजिंग एजेंट

पंडे, परदादाजी और दादाजी

हमारे तीर्थस्थलों के पंडाओं के पास इन तीर्थस्थलों की यात्रा करनेवाले अपने यजमानों का पूरा लेखा-जोखा सुरक्षित रखने की एक अद्‌भुत विधि है। मैं यहाँ उस जमाने के एक पंडा का लेखा प्रस्तुत कर रहा हूँ जब मेरे परदादा द्वारका की यात्रा पर गए थे। इस लेखे पर सम्वत् 1947 अर्थात् सन् 1891 की तारीख पड़ी हुई है।

पृ. 70

श्री

सेठ शिवनारायण माहेश्वरी बेटा शोभाराम का पोता उदयराम का गोत्र बिड़ला पिलानी का जिला जयपुर सेठ शिवनारायण, बेटा बलदेव तथा बलदेव का बेटा जुगलकिशोर तथा शिवनारायण का कबीला साथ में कुदणाबाई दोनों जन द्वारका जाकर आए साथ में दूसरे ब्राह्मण मनसुखराम गौड़ बेटा मोतीराम का गरडू भाई ईश्वर बेटा सूरज तथा ईश्वर बेटा जानकी संवत् 1947 चैत्रवदी तीज वार सोम को डाकोरजी को आए जब पंडा मेहता अमृतराम मोतीराम तथा दबे रणछोड़ कुबेर को माना है।

(सही मारवाड़ी में) शिवनारायण

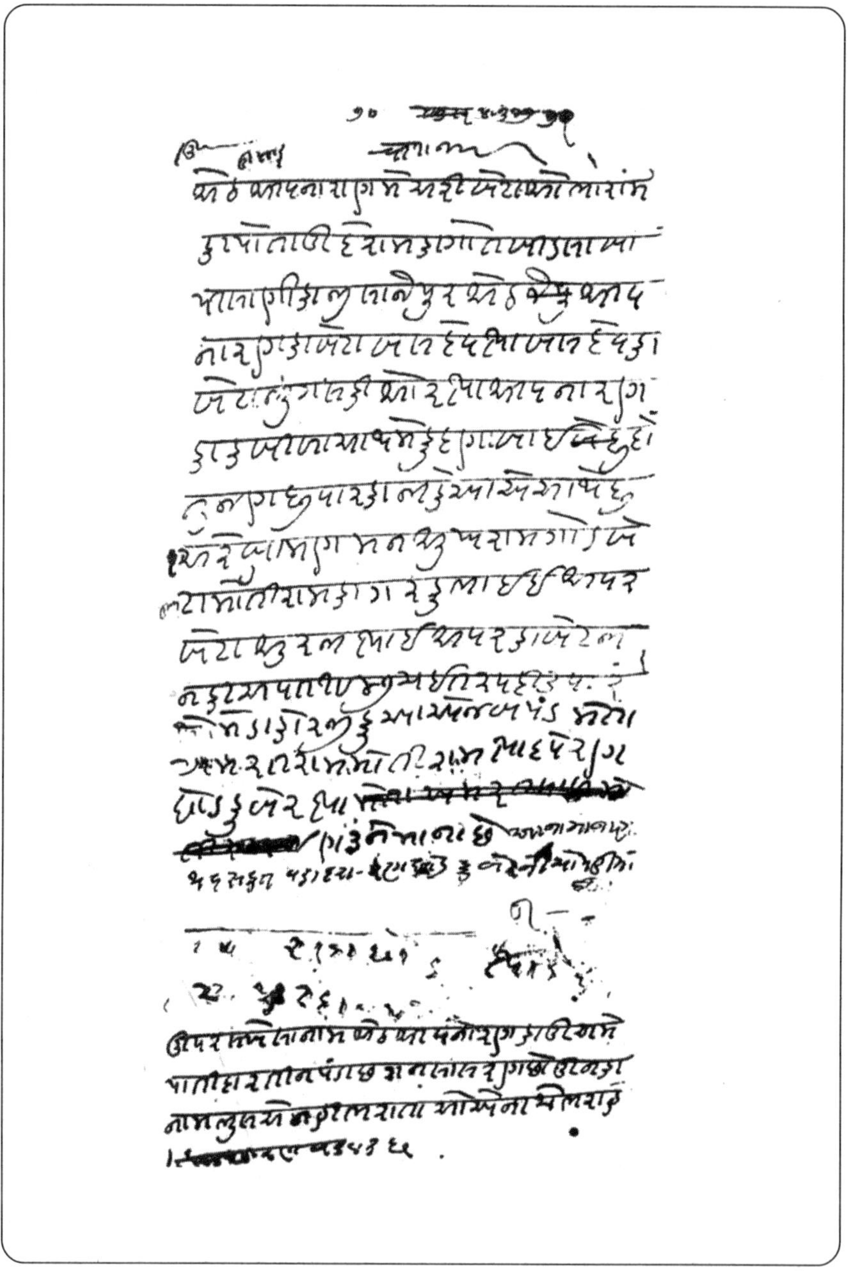

दूसरा लेखा मेरे दादाजी की द्वारका-यात्रा के समय का है। इस पर सम्वत् 1978 अर्थात् 1922 की तारीख है।

पृ. 92

श्री रणछोड़ राय जी

गाम पिलानी जिला जयपुर वर्तमान बम्बई तथा कलकत्ता के माहेश्वरी बनिया गोत्र बिड़ला सेठ रायबहादुर बलदेवदास जी पुत्र शिवनारायण जी का, पोता शोभाराम जी का, परपोता उदयराम जी का तथा साथ में बेटा रामेश्वर तथा रामेश्वर का बेटा गजानन्द तथा रामेश्वर की माता जी तथा घर में बेटा जुगलकिशोर तथा रामेश्वर तथा घनश्यामदास तथा ब्रिजमोहन तथा रामेश्वर का बेटा गजानन्द तथा माधुप्रसाद तथा घनश्याम का बेटा लक्ष्मीदास तथा किशनप्रसाद तथा राधाकिशन तथा साथ में ब्राह्मण शास्त्री सत्याचरण तथा रामकुमार पंडित तथा नौकर-चाकर साथ श्री डाकोरजी आए द्वारका जाकर। पंडा भवानीशंकर नारणजी तथा माणकलाल अमृतलाल तथा बाबर कुबेर को माना है और हमारे वंश कुटुम्ब के जो आवें वे भी मानें।

संवत् 1978 का वैशाख सुदी 9 शुक्रवार।

(सही मारवाड़ी में) बलदेवदास

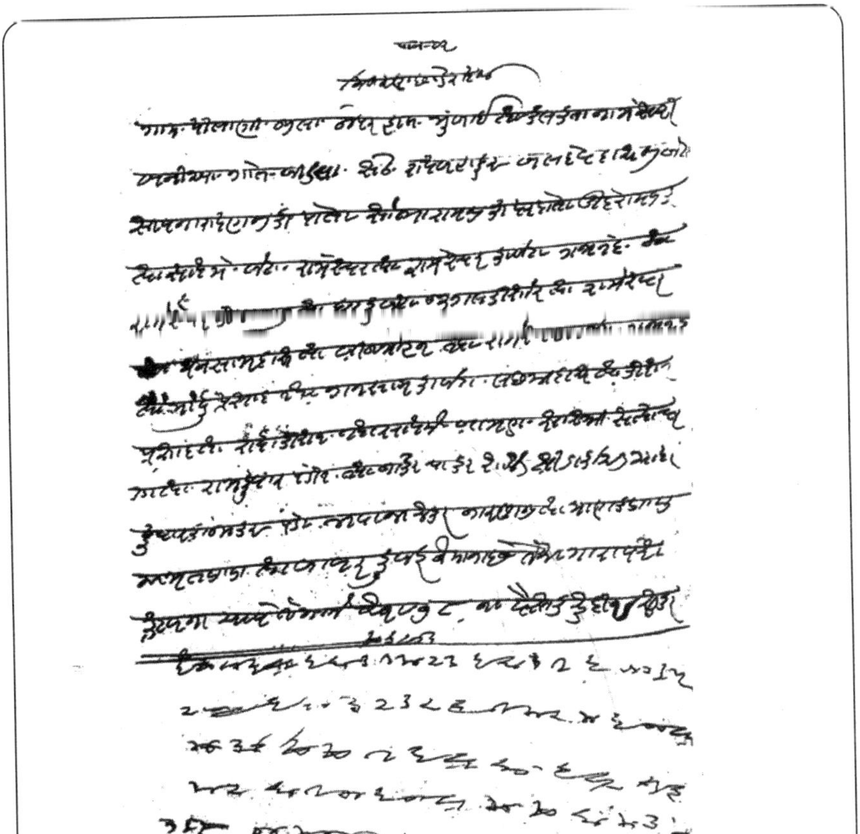

इसी तरह जब मेरे परदादा हरिद्वार गए तो उन्होंने अपनी यह यात्रा वहाँ के पंडा की बही में दर्ज करवाई, जिसे नीचे प्रस्तुत किया जा रहा है। इस पर बैशाख कृष्ण 4, सम्वत् 1952 अर्थात् सन् 1896 की तारीख है।

My great-grandfather's (Shri Shiv Narayanji] writings in the Panda's '*Bahi*' after his visit to Hardwar Dated : Samvat 1952 or year 1896 AD]

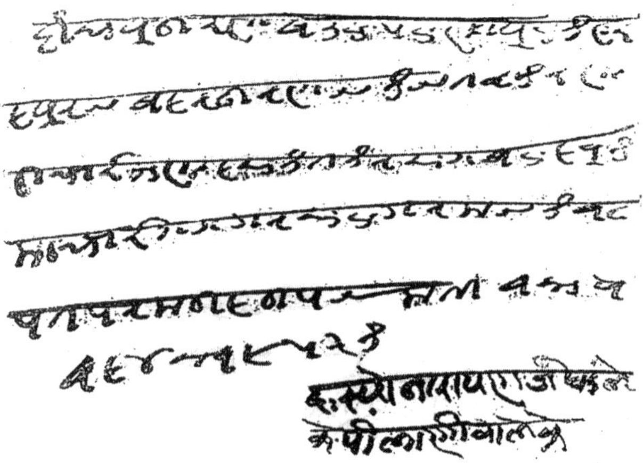

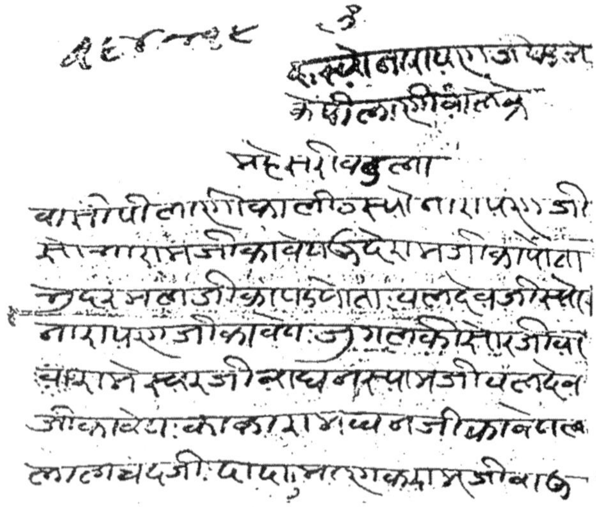

देवानजीबाराम मसुखजी रूपसजीकाबेटा
स्योजीरामजीका मोहनराम जीकाबेटा गुम
ने गरामजी म रामकरामजीकाबेटा मो
च रामजीबाराम नखनदासजी जेदेराम
जीकाबेटा कुमसींदासजी रामसुखपद [illegible]
जीका बेटा हीरानंदजीका जैसराजजी [illegible]
स्योजीरामजीकाबेटा रतननाथजी मोहन
रामजीकाबेटा गुमानीरामजी बैनपोल
मोहनरामजीके गंगादासजी कुमसी [illegible]
सजीकाबेटा कृष्णदेसजी बारामचंद्रजी के
सराजजीकाबेटा रामचंद्रजी हीरानंदजी के
पोल कृपारामजी सुखदेवजीकाबेटा बाल
कसजीका गुमानसुखसजी रामचंद्रजी
काबेटा स्योनारायणजी गंगाजी [illegible] सगाजी
दा परुष आदी कुरसीनामा [illegible]
[illegible]
[illegible] सजी [illegible]
[illegible] सागर [illegible]
[illegible]

स्यो [illegible] संवत १८५२ [illegible]
दी [illegible] नाथको

कमलापति त्रिपाठी

मैं श्री कमलापति त्रिपाठी को 1950 के दशक के शुरुआती वर्षों से जानता था। वे कुछ समय तक उत्तर प्रदेश की सरकार में मन्त्री रहे; बाद में वे मुख्यमन्त्री बन गए। वे केन्द्र सरकार में एक केबिनेट मन्त्री भी रहे। उनके साथ मेरे पत्र-व्यवहार के कुछ पत्र काफी दिलचस्प हैं।

शिक्षामन्त्री, उत्तर प्रदेश
लखनऊ,
अक्टूबर 10, 1958

प्रिय श्री बिरलाजी,
आपका दिनांक 29 सितम्बर, 1958 का पत्र मिला। धन्यवाद। श्री दानी, जब मैंने आपको फोन किया उसके दूसरे ही दिन मिल गए। धन्यवाद।

आशा है आप प्रसन्न हैं।

आपका,
कमलापति त्रिपाठी

3 फरवरी, 1959

प्रिय श्री कमलापति जी,
आपके कृपा प्रयासों से बाबूजी ने 'प्रधान' को हरगाँव आबंटित किया था। परन्तु इस आबंटन के बाद कुछ ऐसा हुआ जिसके परिणामस्वरूप बाबूजी ने अपने निर्णय पर पुनर्विचार करने का निर्णय किया। यह बहुत विचित्र बात है। चीनी उद्योग के इतिहास में पहले कभी भी किसी अपील पर लिए गए निर्णय के बाद इतनी जल्दी उस पर पुनर्विचार नहीं किया गया। मैं आशा करता हूँ कि आप इस मामले में कुछ करने की कृपा करेंगे। हमें आप पर पूरा भरोसा और विश्वास है।

मैं हरगाँव जाते हुए 9 फरवरी को लखनऊ पहुँच रहा हूँ और आपसे उसी दिन या हरगाँव से अपनी वापसी पर 12 तारीख को मिलूँगा।

इस बीच, हार्दिक शुभकामनाओं सहित,

आपका,
के.के. बिड़ला

20 फरवरी, 1959

प्रिय श्री कमलापति जी,
प्रधान के सम्बन्ध में आपके कृपा प्रयासों के लिए मैं अत्यन्त आभारी हूँ। मैं आपको सिर्फ इतना आश्वासन दे सकता हूँ कि आपने एक न्यायोचित मामला उठाया है। बाबूजी का निर्णय न्यायपूर्ण और निष्पक्ष है और मुझे इसमें जरा भी सन्देह नहीं है कि इसके पीछे आपकी ठोस और न्यायोचित सलाह का हाथ है।

एक बार फिर बहुत-बहुत धन्यवाद!

आपका,
के.के. बिड़ला

बनारसी दास चतुर्वेदी

बनारसी दास चतुर्वेदी एक जाने-माने हिन्दी लेखक थे। कुछ समय के लिए वे सरकार द्वारा मनोनीत राज्यसभा सदस्य भी रहे। मैं यहाँ उनके द्वारा भेजे गए एक पत्र के साथ अपना उत्तर भी प्रस्तुत कर रहा हूँ।

सांसद : राज्यसभा,
99, नॉर्थ एवेन्यू,
नई दिल्ली,
10/9/1958

श्रीमान कृष्ण कुमार जी,
सादर वन्दे।
जैसाकि मैंने आपके सेक्रेटरी श्री रामकृष्णजी से फोन पर कहा था, अमर शहीद रामप्रसाद बिस्मिल की बहन श्रीमती शास्त्री देवी (पता : पी-6, कोसमा, जिला-मैनपुरी, उ.प्र.) फाके कर रही हैं। उनके विषय में एक अपील मैंने पत्रों में छपाई है। उसकी प्रति साथ में भेजता हूँ। उनके पाँच बीघा खेत है जो 400 रुपए में गिरवी रख दिया गया है। मेरी आपसे करबद्ध प्रार्थना है कि आप जो कुछ भी उनके लिए दे सकें, दें। आप सीधे मनीआर्डर से उन्हें भेज दें या फिर मुझे ही भेज दें, तो मैं उन्हें रवाना कर दूँगा।

उनका स्थान कोसमा मेरे घर फीरोजाबाद (आगरा) से 36 मील की दूरी पर है। मैं खुद उनके घर की तीर्थयात्रा शीघ्र ही करना चाहता हूँ।

कृपा बनी रहे।

विनीत,
बनारसीदास चतुर्वेदी

बिस्मिल का आत्मचरित अभी मैंने छपवाया है। आप इस समय जल्दी में हैं इसलिए उसे कलकत्ता रवाना करा दूँगा। वैसे वह ढाई रुपए में आत्माराम एंड संस, कश्मीरी गेट से मिल सकता है।

11 सितम्बर, 1958

माननीय श्री बनारसी दास जी,
सादर नमस्कार।
आपका 10 ता. का कृपा पत्र मिला, मेरे सेक्रेटरी ने भी आपसे हुए वार्तालाप का जिक्र मुझे कर दिया था। श्रीमती शास्त्री देवी को 250 रुपए मनीआर्डर भिजवाने का प्रबन्ध करा रहा हूँ।

आपका विनीत,
के. के. बिड़ला

गुलजारी लाल नन्दा

गुलजारी लाल नन्दा कुछ समय के लिए केन्द्रीय मन्त्री थे। वे मेरे अच्छे मित्र थे। उन्हें ज्योतिष में बहुत ज्यादा विश्वास था। एक बार एक ज्योतिषी ने उन्हें एक शंख दिया और कहा कि यह वही प्रसिद्ध पंचजन्य शंख है जो भगवान श्रीकृष्ण के पास था। नन्दा जी प्रतिदिन इसकी पूजा करते थे। हमारे बीच हुए पत्र-व्यवहार में से कुछ पत्र पाठकों को रोचक प्रतीत हो सकते हैं।

श्रम मन्त्री,
नई दिल्ली
30 अगस्त, 1958

प्रिय कृष्ण कुमार जी,
मैं इसके साथ बृजमोहन जी के नाम अपने पत्र की एक प्रति संलग्न कर रहा हूँ, जो मैंने उन्हें आज ही लिखा है।

मैं यह पत्र आपसे भारत सेवक समाज की गतिविधियों में व्यक्तिगत रुचि लेने का निवेदन करने और इस संस्था के लिए अत्यन्त आवश्यक धनराशि के संग्रहण में आपका सहयोग प्राप्त करने के लिए लिख रहा हूँ।

शुभकामनाओं सहित,

आपका,
जी. एल. नन्दा

29 सितम्बर, 1958

प्रिय श्री नन्दाजी,
अपने पत्र के परिपेक्ष्य में मैं हमारी कुछ कम्पनियों की तरफ से भारत सेवक समाज के नाम चार चेक भेज रहा हूँ, जिनका कुल मूल्य 4,000 रुपए है।

शुभकामनाओं सहित,

आपका,
के.के. बिड़ला

4 अक्तूबर, 1958

प्रिय कृष्ण कुमार जी,
आपका 29 सितम्बर 1958 का पत्र और इसके साथ संलग्न चेक प्राप्त हुए। भारत सेवक समाज में आपकी गहरी रुचि के लिए और समय-समय पर इसकी गतिविधियों के लिए आपकी तरफ से मिलनेवाली मदद के लिए मैं आपका आभारी हूँ।

शुभकामनाओं सहित,

आपका,
जी.एल. नन्दा

हुमायूँ कबीर

हुमायूँ कबीर बहुत गहरी राष्ट्रीय विचारधारा वाले व्यक्ति थे। वे मेरे अच्छे मित्र थे। वे मौलाना अबुल कलाम आजाद के सचिव थे, जो अनेक वर्षों तक भारत सरकार में मन्त्री रहे। बाद में हुमायूँ कबीर स्वयं भी भारत सरकार में एक मन्त्री रहे।

मौलाना आजाद बहुत कर्तव्यनिष्ठ और ईमानदार व्यक्ति थे। वे बहुत बड़े विद्वान भी थे। यहाँ प्रस्तुत हुमायूँ कबीर के साथ मेरा पत्र-व्यवहार काफी दिलचस्प प्रतीत हो सकता है। यह बहुत आश्चर्यजनक बात है कि वकीलों ने उनके वारिस नूरुद्दीन को यह नोटिस कैसे भेज दिया कि अबुल कलाम आजाद ने 1,486.68 रुपए के एक बिल का भुगतान नहीं किया था। मैंने इस धनराशि का प्रबन्ध कर दिया तो हुमायूँ कबीर ने मुझे एक बहुत प्यारा पत्र लिखा, जिस पर 25 अगस्त, 1958 की तारीख अंकित है।

मन्त्री, वैज्ञानिक अनुसन्धान एवं सांस्कृतिक मामले
नई दिल्ली
25 अगस्त, 1958

प्रिय श्री बिड़ला,

आशा है कि आपको मेरा 22 अगस्त, 1958 का पत्र मिल चुका होगा, जिसमें मैंने आपको सूचित किया था कि 25 जून, 1958 का चेक नं. ओ.पी.एम. 6544 ओरिएंट पेपर मिल द्वारा जारी किया गया था। मैंने उस पत्र में यह उल्लेख भी किया था कि ऋणदाता श्री नूरुद्दीन पर जल्दी भुगतान के लिए जोर डाल रहे हैं। बल्कि श्री नूरुद्दीन को मैसर्स कमला भेल एंड कम्पनी प्रा. लिमिटेड, सिंधिया हाउस, नई दिल्ली की तरफ से एक कानूनी नोटिस भी जारी कर दिया गया है। इसमें उन्हें स्वर्गीय मौलाना आजाद को पेट्रोल की सप्लाई के लिए रुपए 1486.68 न. पै. का भुगतान करने के लिए कहा गया है। मैं इस नोटिस की एक प्रति संलग्न कर रहा हूँ और आशा करता हूँ कि आप कार के खरीद मूल्य में से रुपए 7786.98 न.पै. के विभिन्न ऋणों का शीघ्र भुगतान करवाने की कृपा करेंगे। आपको यह कष्ट देते हुए मुझे बहुत खेद हो रहा है, परन्तु आप इस बात से सहमत होंगे कि स्वर्गीय मौलाना आजाद के खिलाफ ऋणों के लिए मुकदमा दायर होना अत्यन्त अशोभनीय होगा।

शुभकामनाओं सहित,

आपका,
हुमायूँ कबीर

मन्त्री, वैज्ञानिक अनुसन्धान एवं सांस्कृति मामले, भारत
नई दिल्ली
28 अगस्त 1958

प्रिय श्री बिड़ला,

दिनांक 26 अगस्त, 1958 के आपके पत्र और श्री नूरुद्दीन अहमद के नाम रुपए 7,786.98 के चेक के लिए आपका बहुत-बहुत धन्यवाद। मैं इस मामले को सुलझाने में आपकी तत्परता और सौजन्यता की हार्दिक सराहना करता हूँ।

आपका,
हुमायूँ कबीर

आचार्य विनोबा भावे

आचार्य विनोबा भावे को किसी परिचय की आवश्यकता नहीं है। यहाँ प्रस्तुत कुछ पत्र दिलचस्प प्रतीत हो सकते हैं।

5 जुलाई, 1958

पूजनीय श्री विनोबाजी,

सादर प्रणाम,

आपका 18 तारीख का कृपा पत्र पिताजी के नाम का मिला। पिताजी, जैसाकि शायद पता होगा, विदेश गए हुए हैं। उनकी अनुपस्थिति में उनके सारे पत्र मेरे पास ही आ रहे हैं।

आपने ब्रह्मचारी ब्रह्मदेवजी के बारे में लिखा, मैं उन्हें सौ रुपया प्रति मास की सहायता की स्वीकृति भिजवा रहा हूँ। इतना ही रुपया इन्होंने माँगा था। बारह माह के बाद इनका किस प्रकार काम चलता है यह देखकर आपकी जैसी आज्ञा होगी तदनुसार कार्य किया जाएगा।

आशा है आप सकुशल होंगे।

आपका परम विनीत,
के. के. बिड़ला

मुक्काम : वेडछी, गुजरात,
25 अगस्त, 1958

लोकनागरीलीपी

श्री कृषूण कुमारजी,

आपका तारीख 5 जुलाई, 1958 का पत्र ओीसके साथ है। बूरह्मचारी बूरह्मदेव जी के लीओे सहायता देने की सीफारीश मैंने कीसी पत्र में आपके पीताजी को की थी, ओैसा मुझे याद नहीं है। यहां मैं ओीतना और जोड़ दूं की ओीस पर्कार की वूयक्तीगत सीफारीश करने का मेरा रीवाज ही नहीं। कृपया तलाश करके क्या बात है, मुझे लीखीओेगा। अभी 3-4 महीने मेरी यात्रा गुजरात में चलेगी।

मेरा पता :
मार्फत : 'भूमिपुत्र'
रावपुरा, बरोडा,
बंबई राज्य

विनोबा का
जय जगत्

9 अक्टूबर, 1958

पूजनीय श्री विनोबाजी,

सादर प्रणाम,

आपका पत्र मिला। उसके पहले आपके नाम से जो पत्र आया था, वह आपको भिजवा रहा हूँ। इस पत्र के अनुसार ब्रह्मचारी ब्रह्मदेवजी को 100 रुपए भिजवा दिए

गए थे। इसके बाद ब्रह्मचारीजी के विचार में परिवर्तन हो गया और मासिक सहायता की जगह उन्होंने नौकरी के लिए निवेदन किया। इतना ही नहीं बल्कि 100 रुपए जो उन्हें भिजवाए गए थे, वे भी उन्होंने वापस कर दिए। चूँकि कोई जगह खाली नहीं थी इसलिए मैंने उन्हें तुरन्त नौकरी देने में असमर्थता प्रकट की थी। अब आपके कृपा पत्र से मालूम हुआ कि सारी चीज जाली है।

आप जैसे महापुरुष के नाम का भी लोग अपनी स्वार्थ सिद्धि के लिए दुरुपयोग करते हैं वो आश्चर्य की बात तो नहीं है परन्तु दुख की बात है।

मेरे योग्य सेवा लिखें।

आपका परम विनीत,
के. के. बिड़ला

•

सर सी. डी. देशमुख

सर चिन्तामन देशमुख अत्यन्त सक्षम वित्त मन्त्री थे। इससे पहले वे रिजर्व बैंक ऑफ इंडिया के गवर्नर थे। मैंने उन्हें अपनी कम्पनी टेक्समैको लिमिटेड को किसी तरह का संरक्षण दिए जाने के सम्बन्ध में एक पत्र भेजा था, जो तब कपड़ा मिलों में प्रयोग होने वाले कताई के रिंग-फ्रेम बनाती थी। वे मेरे चाचाजी बी.एम. बिड़ला के मित्र थे। वे संस्कृत के विद्वान थे और 1941 में मेरे विवाह के अवसर पर उन्होंने अपनी बधाई संस्कृत के श्लोकों के रूप में भेजी थी। मैं यहाँ उनके नाम अपना एक पत्र और उनका उत्तर प्रस्तुत कर रहा हूँ, जो काफी दिलचस्प हैं।

कलकत्ता,
14 नवम्बर, 1950

प्रिय सर चिन्तामन,
चाचाजी ने मुझे लन्दन से आपके साथ टेक्समैको के सम्बन्ध में अपनी बातचीत के बारे में लिखा था। उन्होंने मुझे इस विषय में आपको एक संक्षिप्त नोट भेजने के लिए भी कहा था। परन्तु उनका पत्र मेरी शिलांग रवानगी की पूर्वसन्ध्या पर यहाँ पहुँचा, जहाँ से मैं कुछ दिन पहले ही लौटा हूँ। इसलिए मुझे खेद है कि इन परिस्थितियों में मैं आपको इस विषय में नहीं लिख सका।

जैसाकि आप चाहते थे, मैं इस पत्र के साथ टेक्समैको का एक ब्रोश्योर संलग्न कर रहा हूँ, जिसमें कम्पनी के संक्षिप्त इतिहास और इसकी पृष्ठभूमि के सम्बन्ध में जानकारी है।

हमारी मुख्य समस्या बिक्री की कमी को लेकर है। पिछले वर्ष यह प्रश्न टैरिफ बोर्ड के सामने रखा गया था तो उसने आयात-शुल्क को 5 प्रतिशत से बढ़ाकर 10 प्रतिशत करने और (विदेशी मुद्रा की कठिनाई को देखते हुए) आयात पर कुछ अंकुश लगाने का सुझाव दिया था। उसने यह भी कहा था कि विदेशी विनियम की कठिनाइयाँ दूर होने और आयात पर प्रतिबन्ध हटाने के बाद टेक्सटाइल मशीनरी उद्योग को भारी सब्सिडी दी जाए। इन सुझावों के परिणामस्वरूप पिछले वर्ष से

रिंग-फ्रेमों, करघों और अन्य सम्बन्धित उपकरणों के आयात पर प्रतिबन्ध लगा हुआ है।

कपड़ा उद्योग के एक वर्ग ने आयात पर प्रतिबन्ध को लेकर भारी आपत्ति जताई। कपड़ा उद्योग के तीन प्रमुख केन्द्र हैं—अहमदाबाद, बम्बई और कोयम्बटूर। कुछ गुटों के विरोध के बावजूद अहमदाबाद मिल मालिक संघ का रवैया कुल मिलाकर सहानुभूतिपूर्ण रहा। कोयम्बटूर का उद्योग दो हिस्सों में बँटा हुआ था, परन्तु बहुमत हमारे पक्ष में था। बम्बई मिल मालिक संघ आयात प्रतिबन्धों का विरोध कर रहा था, हालाँकि वहाँ भी कुछ समूहों की यह दृढ़ धारणा थी कि राष्ट्रीय टेक्सटाइल मशीनरी उद्योग को जीवित रखने का प्रयास किया जाना चाहिए।

आयात पर प्रतिबन्ध लगाकर स्वदेशी टेक्सटाइल मशीनरी उद्योग की मदद करने का विरोध करनेवाले गुटों को तीन वर्गों में बाँटा जा सकता है—पहले वर्ग में वे लोग आते हैं जो किसी भी स्वदेशी वस्तु को हाथ लगाना पसन्द नहीं करते और जिनके लिए भारतीय माल एक 'टैबू' की तरह है। दूसरे वर्ग में वे लोग हैं जिनके मन में भारतीय माल को लेकर कोई पूर्वाग्रह तो नहीं है, परन्तु वे इन्हें आजमाकर देखने के इच्छुक नहीं है, जब तक कि वे अपना ट्रेडमार्क स्थापित न कर लें।

इन दोनों वर्गों में यह अन्तर है कि जहाँ पहला वर्ग भारतीय माल को तब तक छूना नहीं चाहता जब तक कि कोई बाध्यता न हो, वहीं दूसरा वर्ग सस्ते दामों पर उपलब्ध होने पर इन्हें आजमाकर देखने के लिए तैयार है।

तीसरा वर्ग—जो बहुत सशक्त और प्रभावशाली है—किन्हीं दूसरे कारणों से विरोध कर रहा है। उनकी दिलचस्पी 'नेशनल मशीनरी मैन्युफैक्चरर्स' में है, जो 'एन.एम.एम.' के नाम से प्रसिद्ध है। यह कम्पनी ब्रिटिश उत्पादकों के व्यावसायिक सहयोग से स्थापित की गई है, जिन्हें काफी बड़ी संख्या में इसके शेयर बिलकुल निःशुल्क दिए गए हैं। मेरा खयाल है कि आप उनके साथ इनके समझौते के बारे में जानते होंगे। एन.एम.एम. शुरू के दो-तीन वर्षों में उत्पादन की बजाय एक तरह से कल-पुर्जों को जोड़ने का काम करेगी। वे सिर्फ कुछ कल-पुर्जों का उत्पादन करेंगे और शेष कल-पुर्जे आयात किए जाएँगे। इस तरह इसका मुख्य काम इन कल-पुर्जों को छोड़कर फ्रेमों में बिठाना होगा। जबकि टेक्समैको कुछ थोड़े से कल-पुर्जों को छोड़कर अन्य सभी कल-पुर्जों का उत्पादन स्वयं कर रही है। इस तरह आप देखेंगे कि हम वास्तव में इन मशीनों के उत्पादक हैं, जबकि एन.एम.एम. विभिन्न कल-पुर्जों को जोड़ने और अधिक से अधिक आयात करने में दिलचस्पी ले रही है। परिणामस्वरूप हमारे हितों में सीधा टकराव हो रहा है।

आयात प्रतिबन्धों का विरोध करने वाले इन तीनों वर्गों के पास वाणिज्य मन्त्री के इस निर्णय का विरोध करने का सबसे आसान रास्ता यह था कि भारतीय माल की गुणवत्ता की आलोचना की जाए। यह मामला वाणिज्य मन्त्रालय और उद्योग मन्त्रालय द्वारा अगस्त के पहले सप्ताह में आयोजित एक बैठक में उठाया गया, जिसमें मैंने और श्री लालचन्द ने टेक्सटाइल मशीनरी उद्योग का और श्री वाडिया और श्री नन्ददास हरिदास ने टेक्सटाइल उद्योग का प्रतिनिधित्व किया। हमने निवेदन किया कि स्वदेशी माल की गुणवत्ता की टैरिफ बोर्ड द्वारा बहुत सावधानीपूर्वक जाँच

की गई है। उसने अपने निरीक्षकों को न सिर्फ हमारे कारखानों में बल्कि उन मिलों में भी भेजा जहाँ हमारे रिंग फ्रेमों का उपयोग हो रहा था। इतना ही नहीं, अहमदाबाद के एक प्रमुख मिल मालिक श्री वडीलाल ने टैरिफ बोर्ड के सामने व्यक्तिगत रूप से इस बात की पुष्टि की कि स्वदेशी उत्पादों की गुणवत्ता विशेषकर टेक्समैको के उत्पादों की गुणवत्ता पूरी तरह विश्वसनीय थी। यद्यपि उन्होंने टेक्समैको द्वारा निर्मित तकलियों और कताई चरखियों की कटु आलोचना की, इस तथ्य के ब्रावजूद कि उन्होंने अपनी मिलों में टैक्समैको द्वारा निर्मित इनमें से किसी भी उपकरण को आजमाकर नहीं देखा था। फिर भी मैंने यह सुझाव रखा कि टैरिफ बोर्ड निरीक्षालय द्वारा बारीकी से जाँच किए जाने के बावजूद हम उद्योग मन्त्रालय द्वारा अपनी तकलियों और कताई चरखियों की फिर से जाँच करवाने के लिए तैयार हैं।

इस बैठक का कुल मिलाकर परिणाम यह निकला कि टेक्सटाइल उद्योग और टेक्सटाइल मशीनरी उद्योग दोनों के प्रतिनिधि आयात को प्रतिबन्धित किए जाने के सिद्धान्त से सहमत थे; और स्वदेशी टेक्सटाइल मशीनरी द्वारा माँग को सन्तोषजनक ढंग से पूरा न किए जाने की स्थिति में ही आयात की अनुमति दिए जाने के पक्ष में थे। परन्तु मेरे बम्बई लौटते ही एक विचित्र बात हुई। श्री वाडिया अपनी संस्था को इस फार्मूले से सहमत नहीं कर पाए, और जैसाकि मुझे बताया गया है, इस मामले को फिर से खोले जाने के प्रयास में पत्र पर पत्र लिखते रहे।

परिणामस्वरूप मामला फिर से खोला गया, जो अन्ततः केबिनेट की आर्थिक उप-समिति के पास चला गया। 9 अक्तूबर, 1950 को इसकी एक बैठक हुई, जिसमें मुझे भी बुलाया गया। इस बैठक में छह मन्त्री और योजना आयोग के तीन सदस्य उपस्थित थे। ये छह मन्त्री थे—श्री राजा जी, श्री श्रीप्रकाश, डॉ. अम्बेडकर, श्री के. एम. मुंशी, श्री वी.एन. गाडगिल और श्री गोपालास्वामी आयंगर। योजना आयोग के तीन सदस्य थे—श्री जी.एल. मेहता, श्री जी.एल. नन्दा और श्री वी.टी. कृष्णामचारी।

मुझसे हमारे उत्पादों की गुणवत्ता और हमारे माल के खिलाफ पूर्वाग्रहों इत्यादि के सम्बन्ध में लगभग डेढ़ घंटे तक प्रश्न पूछे जाते रहे। इसके बाद क्या हुआ, आप भलीभाँति जानते होंगे। लगभग उसी रूप रेखाओं पर एक फार्मूला तैयार किया गया, जिसके अनुसार असन्तोषजनक माँग आपूर्ति की सीमा के भीतर ही आयात की अनुमति दिए जाने का प्रावधान रखा गया। संक्षेप में, इस समय यही स्थिति है।

जहाँ तक गुणवत्ता का प्रश्न है, तो सबसे पहले तो हम इसकी उच्चस्तरीयता के पक्ष में बड़ी संख्या में प्रमाण-पत्र प्रस्तुत कर सकते हैं। दूसरे, जैसाकि मैं ऊपर कह चुका हूँ, मैं टैक्समैको द्वारा निर्मित तकलियों और कताई चरखियों की दोबारा जाँच के लिए सहमत था। तद्नुसार, ब्रिटिश माल के नमूने अलीपुर परीक्षण गृह में भेजे गए। जहाँ तक टैक्समैको के माल के नमूनों का प्रश्न था, तो जब सरकारी निरीक्षक हमारी फैक्टरी में आए तो हमने उन्हें अपनी कुछ हजार तकलियों और हमारे कताई चरखियों का पूरा भंडार दिखाया और उनसे अनुरोध किया कि हमारी बजाय वे स्वयं

इस भंडार में से अपनी इच्छानुसार नमूने चुन लें, ताकि बाद में यह न कहा जा सके कि हमने उन्हें विशेष रूप से तैयार किए गए नमूने दिए थे। निरीक्षक हमारे सुझाव से बहुत प्रसन्न हुए। उन्होंने हमारे विशाल भंडार में से अपनी इच्छानुसार नमूनों का चुनाव कर लिया। इन नमूनों को भी अलीपुर परीक्षण गृह में भेजा गया। अलीपुर परीक्षण गृह की रिपोर्ट डी.जी.आई.एस., भारत सरकार को सौंपी जा चुकी है और हमने इसकी एक प्रति के लिए आवेदन किया है। हमारे पास यह मानने के कारण हैं कि टैक्समैको द्वारा निर्मित तकलियाँ और चरखियाँ आयातित तकलियों और चरखियों से बेहतर गुणवत्ता की पाई गई हैं। यदि आप चाहें तो मैं रिपोर्ट के मिलते ही उसे आपके पास भेज दूँगा।

यदि आप टैक्समैको के बारे में कुछ और जानना चाहें तो आपको यह जानकारी देकर मुझे अत्यन्त प्रसन्नता होगी।

टेक्समैको में इतनी दिलचस्पी लेने के लिए मैं वास्तव में आपका आभारी हूँ, और यदि अपनी अगली कलकत्ता यात्रा के दौरान आप टैक्समैको का दौरा करने की कृपा करें तो मैं अत्यन्त कृतज्ञ महसूस करूँगा।

शुभकामनाओं सहित,

आपका,
के.के. बिड़ला

17 नवम्बर, 1950

प्रिय बिड़ला,

आपके 14 नवम्बर के पत्र और टैक्समैको के बारे में आपके नोट के लिए धन्यवाद, जिसे मैंने बहुत दिलचस्पी के साथ पढ़ा है। अलीपुर परीक्षण गृह की रिपोर्ट मैं आई एंड एस मन्त्रालय से प्राप्त कर लूँगा।

यदि अगली किसी कलकत्ता यात्रा के दौरान मेरे पास पर्याप्त समय हुआ तो मैं अवश्य ही आपकी फैक्टरी का दौरा करना पसन्द करूँगा।

शुभकामनाओं सहित,

आपका,
सी. डी. देशमुख

वियोगी हरि

वियोगी हरि हिन्दी के विख्यात कवि थे। इसके अतिरिक्त, वे बहुत ऊँचे चरित्र वाले और महात्मा प्रवृति के व्यक्ति थे। जब महात्माजी ने पिताजी को अछूतों या हरिजनों, जैसाकि बापू उन्हें कहा करते थे, की सेवा और उद्धार के प्रति समर्पित संस्था हरिजन सेवक संघ के सभापति का पद सँभालने के लिए कहा, तो पिताजी ने वियोगी हरि से दिल्ली में संस्था के हस्तकला शिक्षण विभाग की देखरेख करने का अनुरोध किया। वे हमारे लिए परिवार के एक सदस्य की तरह थे। मेरे पास उनके जो दो पत्र हैं, उन्हें यहाँ प्रस्तुत किया जा रहा है।

हरिजन उद्योगशाला

(अ.भा. हरिजन-सेवक-संघ द्वारा संचालित)

हरिजन-निवास, किंग्सवे,
20.11.1950

चि. प्रिय कृष्ण कुमार,

शुभाशीष!

तुम्हारा 15-11-50 का पत्र मिला। श्री टंडनजी के जाली हस्ताक्षर का जो पत्र तुमने भेजा था उसे तथा श्री सम्पूर्णानन्दजी के जाली पत्र की प्रतिलिपि लौटा रहा हूँ। श्री टंडनजी को भी इस जालसाली का कुछ-कुछ पता चल गया है। बम्बई के श्री नारायण लाल पित्ती ने सीधे श्री टंडनजी के पास एक हजार का चेक भेजा था और उन्होंने वह चेक वापस पित्तीजी के पास भेज दिया। टंडनजी ने यह भी कहा कि शायद वह आदमी गिरफ्तार भी हो गया हो। इन दोनों पत्रों की नकलें भी टंडनजी ने अपने पास रख ली हैं।

तुम्हें आगे इस तरह के धूर्तों के जाल में नहीं फँसना चाहिए। बहुत सोच-समझकर, जाँच-पड़ताल के बाद रुपया देना चाहिए। संस्थाओं के नाम पर ठगनेवाले धूर्त आजकल देश में चारों ओर फैले हुए हैं, इनसे बहुत सावधान रहना चाहिए।

आशा है तुम स्वस्थ और प्रसन्न होंगे।

तुम्हारा सस्नेह,
वियोगी हरि

हरिजन-सेवक-संघ,
पटना,
17.4.51

प्रिय कृष्ण कुमार,

सस्नेह नमस्कार।

14 तारीख से बिहार प्रान्त के दौरे पर हूँ। मुँगेर-भागलपुर से आज पटना आया हूँ। तूफानी दौरा है—1 मई को दिल्ली वापस पहुँचूँगा।

वह रुपया दिल्ली में मिल गया था। 2500/- सेफ में जमा करा दिया है, जिसे मैं अपने विवेक से अत्यावश्यक कामों पर समय-समय पर खर्च करता रहूँगा। शेष 2500/- चि. मोती लाल की दोनों बहनों की शादियों में तथा एकाध इसी तरह के काम में खर्च कर दूँगा।

तुम्हारे प्रति मेरा जो स्नेह-भाव है उससे प्रेरित होकर बहुत दिनों से एक लम्बा पत्र लिखना चाहता हूँ—आगे कुछ दिनों बाद लिखूँगा। ईश्वर तुम्हें स्वस्थ और चिरायु करे—अभी इतनी ही कामना और प्रार्थना। सो. मनोरमा की कैसी तबीयत है लिखना। कष्ट कुछ तो कम हुआ होगा।

चि. गंगा प्रसाद को सान्त्वना का पत्र लिख दिया था। धैर्यपूर्वक, प्रभु की लीला समझकर सब कुछ समझना ही चाहिए।

तुम पटना कब आओगे?

आशा है, तुम्हारा स्वास्थ्य अच्छा होगा।

तुम्हारा सस्नेह,
वियोगी हरि

जी.डी. मालपाणी

गोविन्द दास मालपाणी मेरे चचेरे भाई श्री गजानन बिड़ला के चचेरे ससुर थे। वे अनेक वर्षों तक संसद सदस्य रहे। वे तब मध्य प्रदेश में कांग्रेस के शीर्ष नेताओं में से थे। उनके साथ हुआ एक पत्र-व्यवहार यहाँ प्रस्तुत है।

राजा गोकुलदास पैलेस,
जबलपुर,
तारीख 17-7-50

प्रियवर कृष्ण कुमार जी,

ता. 8 के कृपा पत्र के लिए धन्यवाद।

मेरा यह कह सकना सम्भव नहीं है कि दो हजार रुपया कौनसी मिल के बाकी रह गए हैं। तेरह हजार रुपया जहाँ-जहाँ से आया है उसकी सूची इस पत्र के साथ भेज रहा हूँ। रहे हुए दो हजार कहाँ से पाना है, यह निर्णय आप ही कर सकते हैं।

विश्वास है आप प्रसन्न हैं। कष्ट के लिए क्षमाप्रार्थी हूँ।

भवदीय,
गोविन्द दास

साथ में :–
1 लिस्ट

प्राप्त राशि की सूची

1. हिन्दुस्तान मोटर्स लि., कलकत्ता	रु. 1,000.00
2. बिड़ला जूट मैनुफैक्चरिंग कं.लि., कलकत्ता	रु. 2,000.00
3. श्री केशोराम कॉटन मिल्स, लि.	रु. 2,000.00
4. बिड़ला कॉटन स्पिनिंग एंड वीविंग मिल्स लि., दिल्ली	रु. 2,000.00
5. अपर गंगा शुगर मिल्स लि., कलकत्ता	रु. 1,000.00
6. भारत शुगर मिल्स लि., कलकत्ता	रु. 1,000.00
7. न्यू इंडिया शुगर मिल्स लि., कलकत्ता	रु. 1,000.00
8. न्यू स्वदेशी शुगर मिल्स लि., कलकत्ता	रु. 2,000.00
9. रूबी जनरल इंश्योरेंस कं.लि., कलकत्ता	रु. 1,000.00
	रु. 13,000.00

बी.जी. खेर

स्वाधीनता के बाद, बी.जी. खेर बम्बई राज्य के पहले मुख्यमन्त्री बने। मैं उनके काफी निकट था। यहाँ दिनांक 5 दिसम्बर, 1950 का उनका एक पत्र प्रस्तुत किया जा रहा है, जो पाठकों के लिए दिलचस्प होगा। उन्होंने मुझे बड़े भाई की तरह सम्बोधित किया है।

मुख्यमन्त्री
बम्बई सरकार,
5 दिसम्बर, 1950

बम्बई,
5.12.1950

भाईश्री।

आपका 30 नवम्बर का खत मिला। पूज्य दादाजी ने मुझे याद कर 'दार्शनिक विचार' नाम की एक अध्यात्मिक पुस्तक भेज दी है, यह सुनकर बड़ी खुशी हुई। पुस्तक अभी तक मिली नहीं। मिलने पर जरूर पढ़ूँगा और उम्मीद है कि उसको पढ़कर लाभ होगा। श्री दादाजी को मेरे प्रणाम विदित कीजिए।

आपका,
बी.जी. खेर

एच.के. महताब

एच.के. महताब 1940 और 1950 के दशक में उड़ीसा के निर्विवाद नेता थे। कुछ समय के लिए वे उड़ीसा के मुख्यमन्त्री भी रहे। बाद में वे केन्द्र में चले गए और प्रधानमन्त्री पंडित जवाहरलाल नेहरू के मन्त्रिमंडल में शामिल हो गए। मेरे पास उनके बहुत-से पत्र हैं, जिनमें से एक यहाँ प्रस्तुत है।

उद्योग एवं आपूर्ति मन्त्री,
28 अगस्त, 1950

प्रिय कृष्ण कुमार जी,

मुझे खेद है कि मिलने के लिए समय तय करने के बावजूद मैं आपसे कलकत्ता में नहीं मिल सका। मैं इस बार भी दिल्ली लौटने की जल्दी में था, इसलिए आपसे भेंट नहीं हो पाई। आशा है आप बुरा नहीं मानेंगे। अगली बार मैं वहाँ आऊँगा तो आपसे भेंट और चर्चा करने का पूरा ध्यान रखूँगा। जहाँ तक आपकी टैक्समैको का सम्बन्ध है तो आपकी मदद करने के सभी प्रयास किए जा रहे हैं। परन्तु जैसाकि आप जानते हैं, अनेक कपड़ा मिलों ने शिकायत की है कि आपका माल अच्छे स्तर का नहीं है। मुझे नहीं मालूम कि इस शिकायत की किस प्रकार जाँच की जाए। परन्तु मेरा खयाल

है कि आपके पास ऐसी सामग्रियाँ होंगी जिनसे यह प्रमाणित हो सके कि आपका माल विदेशी माल जितना ही अच्छा है।

आशा है आप सकुशल होंगे,

आपका,
एच.के. महताब

निजी

पिलानी,
11 फरवरी, 1951

प्रिय श्री हरेकृष्ण जी,

जैसाकि आप देख रहे हैं, मैं इस समय पिलानी में हूँ। महामहिम राजप्रमुख 9 तारीख को यहाँ बिड़ला एजुकेशन ट्रस्ट के स्वर्ण जयन्ती समारोह का उद्‌घाटन करने के लिए आए थे। इस समय राष्ट्रपति और श्री के. एम. मुंशी यहाँ उपस्थिति हैं। राष्ट्रपति महाविद्यालय की नई इमारत का शुभारम्भ कर रहे हैं, जो 5,50,000 वर्ग फुट से भी अधिक क्षेत्र में फैली देश की सबसे बड़ी शैक्षणिक इमारत है।

मैं सिर्फ दो दिनों के लिए दिल्ली में था, 6 तारीख से 7 तारीख की दोपहर तक। इस अवधि में मैंने आठ बार आपसे सम्पर्क करने का प्रयास किया, परन्तु मुझे सफलता नहीं मिली। मुझसे कहा गया कि आप लंच कर रहे हैं, या ब्रेकफास्ट में व्यस्त हैं, या आपसे कोई मिलने आया हुआ है। हर बार कोई-न-कोई बहाना सुनने को मिलता रहा। मैंने आपके घर में उपस्थित लोगों से यह भी कहा कि यदि इस समय आप बहुत व्यस्त हैं तो आप तक यह सन्देश पहुँचा दिया जाए कि मेरा फोन आया था और जब भी आपको सुविधा हो, आपका सहायक आपसे मेरी बात करवा सकता है। परन्तु दुर्भाग्यवश इसका भी कोई परिणाम नहीं निकला। मैं आपको व्यक्तिगत रूप से पिलानी आमन्त्रित करने का इच्छुक था और आपके साथ कुछ अन्य मामलों पर भी बातचीत करना चाहता था। साफ-साफ कहूँ तो आठ बार प्रयास करने के बाद मैं आपसे सम्पर्क हो पाने की उम्मीद खो बैठा और मैंने मामले को वहीं छोड़ दिया।

मैं यह सब शिकायत की भावना से नहीं लिख रहा हूँ। आपके साथ हमारे सम्बन्ध मित्रता से ऊपर हैं। मैं सिर्फ इतना चाहता था कि आपको उन बातों की जानकारी रहे जो शायद आपके ध्यान में न आ पाई हों। हम जब अन्य मन्त्रियों से बात करना चाहते हैं तो उनके व्यस्त होने की स्थिति में हमें बता दिया जाता है कि हम किस समय उनसे सम्पर्क कर सकते हैं। परन्तु दुर्भाग्यवश आपसे सम्पर्क कर पाना या आपके लिए कोई सन्देश भी छोड़ पाना लगभग असम्भव है। कृपया इस बात की कल्पना करें कि यदि हम जैसे सुपरिचित लोगों के साथ इस तरह का व्यवहार किया जाता है तो अपेक्षाकृत अपरिचित लोगों की क्या दशा होगी।

आजकल लोगों को बात-बेबात मन्त्रियों से मिलने की आदत पड़ गई है। मैं बहुत सावधानीपूर्वक इससे बचने का प्रयास करता हूँ। इसीलिए टैक्समैको के मामले

सन्तोषजनक ढंग से निपट जाने के बाद मैंने आपको कष्ट देने का प्रयास नहीं किया और मात्र धन्यवाद का पत्र भेज दिया। परन्तु इस बार मेरा काम अधिक महत्त्वपूर्ण था।

मैं जल्दी ही दिल्ली लौट रहा हूँ, परन्तु अपने पिछले अनुभव के कारण आपसे सम्पर्क करते हुए हिचकिचा रहा हूँ।

शुभकामनाओं सहित,

आपका,
के.के. बिड़ला

23 फरवरी, 1951

प्रिय कृष्ण कुमार जी,

आपका 11 फरवरी का पत्र।

मुझे अत्यन्त खेद है कि जैसाकि आपने लिखा है, आपके द्वारा आठ बार प्रयास करने के बाद भी हमारी भेंट नहीं हो पाई। यदि मुझे किसी तरह इसका पता चल जाता तो मैं आपसे अवश्य ही मिलता। भविष्य के लिए मैं आपसे अनुरोध करूँगा कि सिर्फ इतना निश्चित कर लें कि मैं घर पर हूँ या कार्यालय में और किसी भी समय मुझसे मिलने चले आएँ। आपको किसी तरह की औपचारिकताएँ निभाने की आवश्यकता नहीं है। मैं आशा करता हूँ कि जो कुछ भी हुआ है, आप उसका बुरा नहीं मानेंगे। मैं भले ही अब एक मन्त्री हूँ, परन्तु हम लोग मित्र हैं और हमें किसी तरह की औपचारिकताओं के बिना अधिक से अधिक मिलना चाहिए। मैं यहाँ यह पता लगाने का प्रयास कर रहा हूँ कि मुझे आपके सम्बन्ध में सूचना क्यों नहीं मिल पाई।

आपके पत्र से ऐसा लगता है कि आप मेरे साथ कुछ महत्त्वपूर्ण मामलों पर बात करना चाहते थे। क्या आप उनके बारे में लिखने की कृपा करेंगे, ताकि मैं उन पर ध्यान दे सकूँ?

आपका,
हरेकृष्ण

जस्टिस एस.आर. दास

जस्टिस एस.आर. दास उच्चतम न्यायालय के न्यायाधीश थे, जिसे तब फेडरल कोर्ट भी कहा जाता था। अशोक सेन, जो एक प्रतिभावान वकील होने के साथ-साथ कुछ समय के लिए केन्द्र सरकार में एक मन्त्री भी थे, जस्टिस एस.आर. दास के दामाद थे। मैं जस्टिस दास को पिलानी के दौरे पर ले गया था।

बाद में, जस्टिस दास भारत के मुख्य न्यायाशीध बन गए। उनके साथ मेरे सम्बन्ध पहले की तरह ही अंतरंग बने रहे। उनके साथ मेरे पत्र-व्यवहार के कुछ पत्र यहाँ प्रस्तुत हैं।

31 मार्च, 1951

प्रिय कृष्ण कुमार जी,

27 का आपका पत्र। अपना पिछला पत्र लिखने के बाद मुझे रजिस्टर्ड डाक से चित्रों का पैकेट प्राप्त हुआ है। वे सचमुच बहुत दिलचस्प हैं और हमारी पिलानी यात्रा की यादगार हैं। इन्हें मुझे भिजवाने का कष्ट उठाने के लिए आपका बहुत-बहुत धन्यवाद।

प्रभुदयाल अपनी अस्वस्थता से उबर चुके हैं। मैं उनसे मिलने गया तो आपके प्रिय पिताजी से भी मिला। आज फेडरेशन ऑफ इंडियन चैम्बर्स ऑफ कामर्स एंड इंडस्ट्री का वार्षिक सत्र था, जिसमें मैंने भी भाग लिया।

आशा है आप सकुशल होंगे। शुभकामनाओं सहित,

आपका,
एस.आर. दास

भारत के मुख्य न्यायाधीश,
उच्चतम न्यायालय,
नई दिल्ली,
8 जनवरी, 1959

प्रिय के.के.,

टैक्समैको डायरी भेजने के लिए बहुत-बहुत धन्यवाद। गेट-अप् अति उत्तम है और भीतर दी गई जानकारियाँ अत्यन्त उपयोगी हैं। मैं जहाँ आपकी इस भेंट को स्वीकार करके अत्यन्त प्रसन्न हूँ, वहीं इसे भेजने के पीछे आपकी भावना से और भी सम्मोहित हूँ।

मुझे यह जानकर बहुत दुख हुआ कि आपकी दादी माँ दुर्घटनावश गिर जाने के कारण घायल हो गई थीं। मुझे विश्वास है कि अब वे खतरे से बाहर और सकुशल होंगी।

शुभकामनाओं सहित,

आपका,
एस.आर. दास

13 जनवरी, 1959

प्रिय चीफ जस्टिस,

आपका 8 जनवरी का कृपा पत्र मिला। यह जानकर खुशी हुई कि आपको डायरी अच्छी लगी।

पूज्य दादी माँ अब बेहतर हैं। वे अचानक गिर गई थीं और उनकी टाँग की एक हड्डी टूट गई थी। परन्तु आश्चर्य की बात है कि इस उम्र में भी उनकी हड्डी चिकित्सकीय उपचार की बहुत अच्छी प्रतिक्रिया दे रही है। बल्कि डॉक्टरों का कहना है कि उनकी प्रतिक्रिया उतनी ही सन्तोषजनक है जितनी किसी बच्चे की होती है। हम इसे उनकी धार्मिक प्रवृति का वरदान मानते हैं कि ईश्वर उन पर इतना कृपालु है।

हार्दिक शुभकामनाओं सहित,

आपका,
के.के. बिड़ला

के.बी. सहाय

के.बी. सहाय बिहार के एक बहुत अच्छे मन्त्री थे। उनके साथ मेरे बहुत मधुर सम्बन्ध थे। हमारे बीच बहुत-से पत्रों का आदान-प्रदान हुआ। मैं यहाँ उनमें से कुछ थोड़े से पत्र ही प्रस्तुत कर रहा हूँ, जो रोचक प्रतीत होते हैं।

9 जनवरी, 1956

प्रिय श्री कृष्ण बल्लभ जी,

आशा है आपको याद होगा कि आपने मुझसे श्री ब्रजकिशोर स्मारक का उल्लेख किया था। तदोपरान्त, आचार्य बद्रीनाथ वर्मा भी पिताजी से मिले थे। वे राष्ट्रपति की तरफ से एक पत्र भी लाए थे।

मैंने आपको इस मामले की पूरी स्थिति के बारे में समझाया था। परन्तु हमारी पिछली बातचीत और शहर में आचार्य बद्रीनाथ वर्मा के आगमन के कारण हमने इस पवित्र उद्देश्य के लिए 10,000 रुपए की दान-राशि देने का निर्णय किया है। कृपया सूचित करें कि चेक किस नाम से बनाने हैं।

विनम्र शुभकामनाओं सहित,

आपका,
के.के. बिड़ला

पटना,
14 जनवरी, 1956

प्रिय श्री कृष्ण कुमार,

आपका दिनांक 09.01.1956 का पत्र मिला। आपकी इस दान-राशि के लिए आपका बहुत-बहुत धन्यवाद। चेक आचार्य बद्रीनाथ वर्मा के नाम से बनाए जा सकते हैं।

आपका,
के.बी. सहाय

शिविर : नई दिल्ली,
22 जनवरी, 1956

प्रिय श्री कृष्ण बल्लभ जी,

आपका 14 जनवरी का कृपा पत्र मिला।

पिताजी की राष्ट्रपति से फिर से बात हुई थी और अब हम ब्रजकिशोर शास्त्री स्मारक के लिए अपनी दान-राशि को बढ़ाकर 20,000/- कर रहे हैं। इस धनराशि का चेक हम यहाँ राष्ट्रपति को सौंप रहे हैं।

विनम्र शुभकामनाओं सहित,

आपका,
के.के. बिड़ला

18/22 मई, 1956

प्रिय श्री कृष्ण कुमार बिड़ला,

आपका 12 मई, 1956 का पत्र मिला। मुझे खेद है कि कलकत्ता में हुई हमारी बातचीत से आपने जो निष्कर्ष निकाला है कि बिहार सरकार सीलिंग सम्बन्धी विधेयक को आगे बढ़ाने के प्रति उत्साहित नहीं है, वह पूर्णतया गलत है। मैं आपको विश्वास दिलाता हूँ कि मैं इसे लेकर अत्यधिक उत्साहित हूँ। मैंने आपको सिर्फ बताया था कि न तो श्री धेबर ने, न श्री एस.एम. अग्रवाल ने और न श्री नंदाजी ने इस बात के लिए जोर डाला था कि गन्ना फैक्टरी फार्मों को सीलिंग से छूट दी जाए।

आपका,

बी.के. सहाय

हजारी बाग,

मई, 1956

प्रिय श्री के.के. बिड़ला,

मैंने पिछले वर्ष अप्रैल में एम्बेसडर कार खरीदी थी, जो अठारह हजार मील चल चुकी है और अच्छी अवस्था में है। फिर भी मैं चाहता हूँ कि मुझे इसके बदले में एक नई एम्बेसडर कार मिल जाए। मैं अपनी वर्तमान कार के साथ अतिरिक्त धनराशि देने के लिए तैयार हूँ।

क्या इस तरह की व्यवस्था सम्भव है?

आपका,

के.बी. सहाय

मैल्कम मैकडॉनल्ड

मैल्कम मैकडॉनल्ड भारत में ब्रिटेन के उच्चायुक्त थे। वे सर रामसे मैकडॉनल्ड के सुपुत्र थे, जो ब्रिटेन के पहले लेबर प्रधानमन्त्री थे। मैं उन्हें पिलानी के दौरे पर ले गया था। वे बहुत भद्र व्यक्ति थे और बहुत मिलनसार और हँसमुख थे। मेरे नाम उनके दो पत्रों को यहाँ प्रस्तुत किया जा रहा है।

यूनाइटेड किंगडम उच्चायुक्त कार्यालय,

18 फरवरी, 1956

प्रिय श्री बिड़ला,

पिलानी के उस शानदार दौरे के लिए मुझे थोड़ा पहले आपका धन्यवाद करना चाहिए था; परन्तु सप्ताहांत के कुछ अत्यावश्यक कामों में उलझ गया।

इस तरह के दौरे की व्यवस्था करना आपके पिताजी की और आपकी उदारता थी, और फिर इस व्यवस्था के साथ-साथ सहयात्रियों की इतनी सुखद संगति की व्यवस्था करना भी। मुझे सचमुच बहुत आनन्द आया।

यह कहने की आवश्यकता नहीं है कि मैं पिलानी के विभिन्न शैक्षणिक संस्थानों से और उनके हर पक्ष से अत्यधिक प्रभावित हुआ। बिड़ला वहाँ बहुत बड़ा काम कर

रहे हैं, खासकर भारत के युवाओं के लिए, और इसलिए भारत के भविष्य के लिए। कुछ समय बाद मैं वहाँ फिर से जाना चाहूँगा और आपके उस विशाल वृक्ष पर और अधिक फूल और फल खिलते हुए देखना चाहूँगा।

यात्रा के दौरान हमारे पथ-प्रदर्शक, दार्शनिक और मित्र की भूमिका निभाने के लिए समय निकालना आपकी विशिष्ट सौजन्यता थी। आपसे फिर से भेंट करना एक सुखद अनुभव था।

हार्दिक शुभकामनाओं सहित,

आपका,
मैल्कम मैकडॉनल्ड

7 अक्तूबर, 1958

प्रिय श्री बिड़ला,
कल मुझे और श्रीमती मैकडॉनल्ड को इतने सुन्दर फलों की टोकरी भेजना आपकी सौजन्यता और उदारता थी। वे सचमुच बहुत अच्छे हैं और हम उनका खूब स्वाद ले रहे हैं। इस आत्मीयता और उपहार के लिए बहुत-बहुत धन्यवाद।

शुभकामनाओं सहित,

आपका,
मैल्कम मैकडॉनल्ड

मेजर जनरल डब्ल्यू.एच.ए. बिशप

यूनाइटेड किंगडम उच्चायुक्त
कलकत्ता,
10 दिसम्बर, 1958

प्रिय श्री बिड़ला,
आपके 8 दिसम्बर के पत्र के लिए धन्यवाद। श्री मैकडॉनल्ड को और मुझे कल आपसे भेंट का अवसर खो देने का अत्यन्त खेद है, और यह जानकर हमें और भी अधिक खेद हुआ है कि पिछले कुछ दिनों से आपका स्वास्थ्य ठीक नहीं है।

हम दोनों ही पूरे मन से आशा करते हैं कि आप बहुत जल्दी फिर से स्वस्थ हो जाएँगे।

शुभकामनाओं सहित,

आपका,
डब्ल्यू.एच.ए. बिशप

मणिबेन पटेल

मणिबेन पटेल सरकार वल्लभभाई पटेल की सुपुत्री थीं। वे बड़ी लगन से उनकी देखभाल करती थीं। मणिबेन ने मुझे कई पत्र लिखे थे। उनके साथ मेरे पत्र-व्यवहार के कुछ पत्र यहाँ प्रस्तुत हैं।

बिरला हाउस,
नई दिल्ली,
11 अप्रैल, 1956

चि. भाई कृष्ण कुमार जी,

आपका पत्र मिला था परन्तु दादाजी की तबीयत ठीक नहीं थी सुना, इसलिए तुरन्त उत्तर न दिया। बाद में तो उनका स्वर्गवास हो गया, इसलिए थोड़े दिन रुक गई।

मैं तो दादाजी के दर्शन कर न पाई, न आशीर्वाद के लिए भाग्यशाली थी। यह मुझे सदा खलेगा।

चि. सौ. मनोरमा तारीख 18 को आती है, ऐसा काशी कहता था। मुझे तो तारीख 18 को मोरारजी भाई के साथ अहमदाबाद जाना है, सो मिलना नहीं होगा। आशा है अब तबीयत बिलकुल ठीक होगी। ज्वर नहीं रहता होगा।

मावलंकर की बाल्टी तब साथ दिल्ली भेज देना। उनकी पत्नी उनकी जगह पर लोकसभा में ली गई हैं और कोई खड़ा नहीं रहा। श्री विट्ठल कन्या विद्यालय के बारे में मैं क्या चाहती हूँ आपने पूछा है। क्या बताऊँ? हमने तो जून से शिक्षिकाओं को तैयार करने के लिए अध्यापन मन्दिर (Training College) खोलने का तय किया है। अगर आप पढ़ सके हों तो उसमें वो सब दिया ही है। हो सके तो छोटी-मोटी रकम कई लोगों से लेकर पचास हजार से लाख तक दे सको तो अच्छा। इतना नहीं बन सके तो जो कुछ हो सके तो कर दीजिए। इस अध्यापन मन्दिर के लिए ही डेढ़ लाख तक का खर्च होने का अन्दाज है।

आज मुरली धरजी को टेलीफोन करके 1500 रुपए भेजने को कहा है। चि. विपिन एक महीने के लिए चाहता है। उसकी रकम एक मास में आ जाएगी, तब वापस दे देगा। आपको आज इस बारे में लिख दूँगी, यह भी मुरली धरजी को मैंने कह दिया था।

आप राजी होंगे। कब आओगे?

आपकी,
मणिबेन

17 अप्रैल, 1956

पूज्य मणिबेन,

सादर प्रणाम, आपका 11 ता. का कृपा पत्र मिला। दादाजी अचानक चले गए, हम लोग भी समय पर नहीं पहुँच सके, उनका स्वास्थ्य तो मार्च के अन्तिम सप्ताह में ही ढलना शुरू हो गया था किन्तु हम लोगों ने यह मान रखा था कि शायद वे ठीक हो जाएँगे। चाचाजी ठीक समय पर पहुँच गए थे तथा उन्हें उनका आशीर्वाद भी मिल गया था, कुछ दिन और यदि हमें उनका आशीर्वाद मिलता रहता तो अच्छा रहता किन्तु परमात्मा की मर्जी कुछ और थी।

मनोरमा की तबीयत आशा है मसूरी जाकर ही पूर्णतया ठीक होगी, वह तो 19 ता. को आपसे मिलने के लिए बहुत उत्सुक हो रही थी।

दादा साहब की बाल्टी मैं मनोरमा के साथ नहीं भिजवा रहा हूँ। कारण वह प्लेन से जा रही है और उसका सामान सीधा देहरादून चला गया। किन्तु मैं मई के पहले सप्ताह में दिल्ली पहुँच रहा हूँ। उस समय बाल्टी लेता आऊँगा।

श्री विट्ठल कन्या विद्यालय के बारे में मैंने आपसे पूछा उसके जवाब में आपने लिखा है कि छोटी-मोटी रकम सभी लोगों से कुछ ले लिया जाए, कलकत्ता में अहमदाबाद के लिए कोई दे सकेगा, यह कहना जरा कठिन है। जिसके पास हम लोग जाएँगे वह यही कहेगा, अहमदाबाद में काफी मिलवाले हैं वे क्यों नहीं दे देते! मैंने इस विषय में बसन्त कुमार से बात की थी। उसका भी यही कहना है, हम दोनों भाई इस संस्था के लिए ढाई-ढाई हजार रुपया देना चाहते हैं। यह चेक श्री विट्ठल कन्या विद्यालय के नाम में बनवाकर आपके पास भिजवा दूँ या किसी और नाम से चेक बनवाने होंगे। इसके अलावा बसन्त कुमार कह रहा था कि जब आप अहमदाबाद में हों, उस समय वह हाडा आपके साथ-साथ और कई मिलवालों के पास एक बार चक्कर काट ले ताकि वहाँ से कुछ रुपया इकट्ठा हो सके। मेरे विचार से कस्तूरभाई को इस विषय में याद दिलाना अच्छा रहेगा।

विपिन के बारे में लिखा वह तो छोटी-सी बात थी। इसके विषय में लिखने की क्या आवश्यकता थी।

पत्र आपको बिरला हाउस के ठिकाने से ही भिजवा रहा हूँ।

आपका

श्रीमती मणिबेन पटेल,
नई दिल्ली

12 मई, 1959

प्रिय मणिबेन,
मैं हमारे एक मित्र मंगतुराम जयपुरिया के पुत्र सीताराम जयपुरिया के एक पत्र की प्रति सलग्न कर रहा हूँ। सीताराम ने बिपिन के बारे में जो कुछ लिखा है, उसे पढ़कर मुझे बहुत दुख हुआ है। मैं उन्हें इसका उपयुक्त उत्तर भेज रहा हूँ, परन्तु मेरा विचार है कि जब आप बिपिन से मिलें तो उससे इस सम्बन्ध में बात करें। मुझे नहीं मालूम कि इन बातों में कहाँ तक सच्चाई है, परन्तु यदि उसने पीना शुरू कर दिया है तो यह बहुत दुर्भाग्यपूर्ण है। फिर भी मुझे पूरा भरोसा है कि आप इस सम्बन्ध में आवश्यक कदम उठाएँगी।

आपका सस्नेह,
के.के. बिड़ला

डॉ. राजेन्द्र प्रसाद

डॉ. राजेन्द्र प्रसाद को किसी परिचय की आवश्यकता नहीं है। मैंने पिछले अध्यायों में लिखा है कि वे पिताजी के और मेरे कितने निकट थे। मैं उनके नाम 6 फरवरी, 1950 का अपना एक पत्र प्रस्तुत कर रहा हूँ। मेरे पास राजेन्द्र बाबू का 30 जनवरी, 1950 का पत्र नहीं है, परन्तु मेरे पत्र से मेरे प्रति उनके स्नेह और अनुराग की झलक मिल सकती है।

6 फरवरी, 1950

पूज्य श्री राजेन्द्रबाबू,

आपका ता. 30 जनवरी का कृपा पत्र मिला। आपका पत्र इतना विनय और नम्रता से भरा हुआ है कि उसे पढ़कर संकोच मालूम होता है। जो हो पत्र आपके बड़प्पन के अनुसार ही है। मैं तो घर का ही आदमी हूँ, अतः इस पत्र की आवश्यकता भी नहीं थी।

मैं यहाँ कुछ दिन पहले आया था और बीच में चीनी की मिल की तरफ गया था। अब दिल्ली 4-5 दिन हूँ और बिना आपके दर्शन किए नहीं जाऊँगा।

आपका विनीत,

पंडित जवाहरलाल नेहरू

देश के पहले प्रधामन्त्री पंडित जवाहरलाल नेहरू महात्माजी के बाद देश के शीर्षतम नेता थे। महात्माजी ने अपने जीवन-काल में ही उन्हें अपना उत्तराधिकारी घोषित कर दिया था। जवाहरलाल जी और उनके पिता पंडित मोतीलाल नेहरू दोनों ही पिताजी के बहुत निकट थे। मैं उस समय इतनी कम उम्र का था कि मुझे उनके साथ भेंट का समय मिल पाने की आशा नहीं थी। परन्तु पंडितजी सही अर्थों में एक सच्चे प्रजातान्त्रिक थे। वे युवाओं को हमेशा प्रोत्साहित करते थे। इसी कारण मैंने जब भी उनसे भेंट करनी चाही, उन्होंने मुझे हमेशा समय दिया। परन्तु मैं इस बात का ध्यान रखता था कि अगली भेंट के लिए छह महीने से पहले समय न लूँ। उनके साथ मेरे पत्र-व्यवहार के कुछ पत्र यहाँ प्रस्तुत हैं, जो पाठकों के लिए दिलचस्प हो सकते हैं।

4 अगस्त, 1952

आदरणीय पंडितजी,

आपका अमूल्य समय नष्ट करने के लिए मैं क्षमा चाहूँगा, विशेषकर यह देखते हुए कि संसद का सत्र जारी है और आप बहुत महत्त्वपूर्ण मामलों में व्यस्त हैं। परन्तु देश के औद्योगिक विकास में आपकी गहरी रुचि को देखते हुए मैंने यह पत्र लिखने का विचार किया है।

कलकत्ता में 'द टेक्सटाइल मशीनरी कार्पोरेशन लिमिटेड' नामक ('टेक्समैको' के नाम से प्रसिद्ध) हमारी एक कम्पनी है, जिसके निदेशक मंडल का मैं चेयरमैन हूँ। इसके दो अलग-अलग कारखाने हैं–एक में कताई मशीनों का उत्पादन होता है और दूसरे में रेलवे और उद्योगों के लिए भारी उपकरणों का उत्पादन होता है। दूसरे कारखाने में, जिसे देश में अपनी तरह का आधुनिकतम और सर्वाधिक विकसित कारखाना माना जाता है, हम लोकोमोटिव और इंडस्ट्रीयल बॉयलरों के साथ-साथ रेलवे के लिए पेट्रोल टेंक वैगनों, ट्रामकारों और अन्य अनेक भारी उपकरणों का उत्पादन करते हैं।

बॉयलर और भाप उत्पन्न करनेवाले अन्य उपकरण आधुनिक औद्योगिक संस्थानों का एक अनिवार्य अंग हैं। परन्तु भारत अब तक इन आधारभूत वस्तुओं के लिए आयात पर निर्भर करता रहा है, और इसी कारण हमारी औद्योगिक प्रगति अपेक्षाकृत धीमी रही है। ऊपर दूसरे पैरे में उल्लेखित संयंत्र बॉयलरों और अन्य भाप पैदा करनेवाले उपकरणों के उत्पादन के लिए एक ब्रिटिश कम्पनी मैसर्स बैंकॉक एंड विलकॉक्स की तकनीकी साझेदारी में स्थापित किया गया है। यह विख्यात ब्रिटिश कम्पनी विशेष रूप से रेलवे और उद्योगों के लिए अन्य भारी उपकरणों के उत्पादन के मामले में अपनी तरह की विश्व की सबसे बड़ी कम्पनियों में से है।

यद्यपि लोकोमोटिव बॉयलर भारत में टाटा और स्वयं रेलवे द्वारा भी बनाए जा रहे हैं, परन्तु औद्योगिक बॉयलरों के उत्पादन का प्रयास टैक्समैको से पहले किसी ने भी नहीं किया है। इसलिए पहले औद्योगिक बॉयलर का उत्पादन हमारे देश के औद्योगिक विकास में एक नया कीर्तिमान है। मेरी बहुत प्रबल इच्छा है, और यह पूरी तरह से उपयुक्त भी है, कि आप अपने व्यस्त कार्यक्रम में से थोड़ा-सा समय निकालकर देश में निर्मित पहले औद्योगिक बॉयलर की फायरिंग-सर्विस सम्पन्न करें।

मुझे इस बात का पूरा अहसास है कि आपके मूल्यवान समय पर कितना अधिक दबाव है, परन्तु फिर भी मुझे विश्वास है कि आज इस फायरिंग-सर्विस को सम्पन्न करने के निमन्त्रण को स्वीकार करके हम सबको सम्मानित करेंगे। इससे हमारे देश की जनता को यह अहसास करवाने में भी मदद मिलेगी कि देश के औद्योगिकरण की दिशा में हमने कितना बड़ा कदम उठाया है। यदि हमें इस नियन्त्रण की स्वीकृति का सौभाग्य प्राप्त होने जा रहा है तो कृपया अपनी सुविधानुसार इस आयोजन के लिए कोई तिथि निश्चित कर दें। आपसे यह भी अनुरोध है कि कृपया हमें इस तिथि के बारे में लगभग एक महीने पहले बता दें, ताकि हम इसके लिए आवश्यक तैयारी कर सकें।

मैं आपसे व्यक्तिगत रूप से मिलकर यह अनुरोध करना चाहता था, परन्तु फिर यह सोचकर कि आप राष्ट्रीय मामलों में पहले ही अत्यधिक व्यस्त हैं, मुझे आपका समय नष्ट करना उचित नहीं लगा।

आदर सहित,

आपका विनीत,
के.के. बिड़ला

14 नवम्बर, 1952

आदरणीय पंडितजी,

अपने जन्मदिन के शुभ अवसर पर कृपया मुझे अपनी विनम्र शुभकामनाएँ प्रस्तुत करने की अनुमति दें। हम आशा और प्रार्थना करते हैं कि यह दिन बार-बार आता रहे और आप आनेवाले अनेक वर्षों तक देश के भाग्य-निर्माण में अपना मार्गदर्शन देते रहें। मैं आपको व्यक्तिगत रूप से मिलकर अपनी शुभकामनाएँ देना चाहता था,

परन्तु अत्यधिक महत्त्वपूर्ण मामलों में आपकी व्यस्तता को देखते हुए मुझे आपका समय नष्ट करना उचित नहीं लगा।

सादर,

आपका विनीत,
के.के. बिड़ला

19 नवम्बर, 1952

प्रिय के.के.,

मेरे 63वें जन्मदिन पर आपकी शुभकामनाओं के सन्देश के लिए मैं अत्यन्त आभारी हूँ। देश और विदेश में इतने सारे मित्रों द्वारा स्नेहपूर्ण याद किया जाना एक भाव-विभोर कर देने वाला विचार है। साथ ही इससे शक्ति भी मिलती है, क्योंकि मन में यह भावना जागती है कि हम इतने सारे लोग एक साझे उद्देश्य के सूत्र में जुड़े हुए हैं। मैं आशा करता हूँ कि हम सभी, हम जहाँ कहीं भी हों, अपनी पूरी क्षमता के साथ भारत और मानवता की सेवा करने के इस साझे उद्देश्य के प्रति समर्पित रहेंगे।

मुझे इस बात की विशेष रूप से प्रसन्नता है कि मेरे जन्मदिन को बाल-दिवस के रूप में मनाया जाने लगा है। हमारे बच्चे न सिर्फ हमें बहुत प्रिय हैं बल्कि वे हमारे राष्ट्र की सच्ची सम्पत्ति हैं। हमें इस खजाने की रक्षा करनी है।

धन्यवाद।

जवाहरलाल नेहरू

22 नवम्बर, 1955

मेरे जन्मदिन की वर्षगाँठ पर आपकी शुभकामनाओं के लिए कृपया मेरा धन्यवाद स्वीकार करें। अपने देशवासियों और विदेशी मित्रों के इस उदारतापूर्ण स्नेह और सद्भावनाओं के लिए मैं हृदय से आभारी हूँ।

जवाहरलाल नेहरू

सत्यनारायण सिन्हा

सत्यनारायण सिन्हा के साथ मेरा भरपूर पत्र-व्यवहार हुआ। मैं इन पत्रों में से सिर्फ कुछ पत्र यहाँ प्रस्तुत कर रहा हूँ।

मन्त्री, संसदीय मामले,
नई दिल्ली
शिविर : पटना,
14 अक्टूबर, 1950

प्रिय कृष्ण कुमार जी,

मैं यहाँ परसों पहुँचा हूँ। मेरे आगमन के समय यहाँ माहौल बहुत तनावपूर्ण था। ईश्वर की कृपा है कि तनाव के ये बादल हमारे पक्ष में छँट गए हैं, और हम दो-तिहाई बहुमत से चुनाव जीत गए हैं, जो एक बहुत बड़ी सफलता है।

मैंने चीनी के मूल्य के बारे में सरदार से बात की थी। वे इस सम्बन्ध में आवश्यक कदम उठाएँगे।

मैं आज सुबह घर के लिए निकल रहा हूँ और इस महीने की 25 तारीख तक दिल्ली लौटने की उम्मीद कर रहा हूँ। यदि आप मुझे कुछ भी लिखना चाहें तो मेरे घर के पते–विल और पोस्ट ऑफिस शम्भुपति–पर लिख सकते हैं।

आपका सस्नेह,
सत्यनारायण

23 दिसम्बर, 1950

प्रिय कृष्ण कुमार जी,
सरदार के अचानक देहान्त से मुझे इतना गहरा झटका लगा है कि मैं इससे अभी पूरी तरह उबर नहीं पाया हूँ। कल संसदीय सत्र समाप्त हो गया है और मुझे थोड़ी राहत मिली है। मुझे कश्मीर एम्पोरियम से एक शातुश प्राप्त हुई है और काशी ने इसके बिल का भुगतान कर दिया है। मेरे खयाल से जो तुश आपने भेजी थी, उसे कलकत्ता वापस भेज दिया गया था। कृपया अगले सोमवार रात को 8 और 9 बजे के बीच मुझसे फोन पर बात करें–या दिन में थोड़ा पहले भी। मैं इस समय कुछ और लिखने की स्थिति में नहीं हूँ।

शुभकामनाओं सहित,

आपका सस्नेह,
सत्यनारायण

16 अगस्त, 1952

प्रिय कृष्ण कुमार जी,
आपके 26 जुलाई 1952 के पत्र के लिए बहुत-बहुत धन्यवाद, जो मुझे समय पर मिल गया था।

क्योंकि संसद का वर्तमान सत्र समाप्त हो चुका है, इसलिए मैं इस अवकाश-काल का सदुपयोग करने का विचार कर रहा हूँ।

समाचार-पत्रों में यह पढ़कर बहुत अच्छा लगा कि आपने पिलानी से हिमालय के लिए एक पर्वतारोहण दल भेजने के लिए बड़े उत्साह के साथ काम किया। मेरी कामना है कि भविष्य में ऐसे कई और दल वहाँ जाएँ। परन्तु साथ ही मैं यह भी कहना चाहूँगा कि इस समय चोटियों पर चढ़ना उतना दिलचस्प नहीं है जितना कि तिब्बत की सीमा-रेखा से जुड़ी हिमालय की समूची 1500 लम्बी श्रृंखला को खंगालना। यह काम राष्ट्र की सुरक्षा की दृष्टि से आवश्यक है और बहुत गम्भीरता से लिया जाना चाहिए।

मेरा विचार है कि एक उत्साही युवक होने के कारण आप हमारी सुरक्षा और वर्तमान राजनीतिक प्रवृत्तियों के अध्ययन में गहरी रुचि लेंगे। हमारा देश एक गहरे संकट के दौर से गुजर रहा है, और यदि कुछ उत्साही लोग नहीं होंगे तो उज्ज्वल भविष्य की कामना करना बहुत कठिन है।

अगले सप्ताह सम्भवतः हम कश्मीर, लद्दाख और तिब्बत की तरफ बढ़ेंगे। कोई विशेष महत्त्व की बात दिखाई दी तो मैं आपको सूचित करूँगा। लौटने के बाद मैं अपने चुनाव-क्षेत्र में जाने की सोच रहा हूँ, दूसरे शब्दों में कहें तो मरहोड़ा। आशा है श्री अग्निहोत्री से फिर से भेंट होंगी और मौसम कुछ अच्छे चाकलेट बनाने के अनुकूल होगा। वह निस्सन्देह मेरे लिए बहुत अच्छा है, और मैं इसके लिए आपका आभारी हूँ।

आशा है जल्दी ही मैं अधिक मधुर राग अलाप सकूँगा। मुझे शिकायत करना अच्छा नहीं लगता, पर जैसाकि आज देश के हर नवयुवक के साथ हो रहा है, इस समय अपना उत्साह बनाए रखना अत्यन्त कठिन है।

एक बार फिर धन्यवाद। शुभकामनाओं सहित,

आपका
सत्यनारायण

17 अक्टूबर, 1955

प्रिय श्री सत्यनारायण बाबू,

आपका 14 अक्टूबर का पत्र मिला। यहाँ सब सकुशल है। मनोरमा का पाँव पलस्तर में है और मेरा खयाल है इस महीने के अन्त तक पलस्तर उतर जाएगा।

हाँ, पिताजी यहीं हैं और हम सब बहुत सुखद समय गुजार रहे हैं। बड़े गुलाम अली के दो सत्र हुए थे। उन्होंने अद्भुत गाया। वे सचमुच एक उस्ताद कलाकार हैं और मेरे विचार में ओंकारनाथ या पटवर्द्धन से कहीं बेहतर हैं। एक अवसर पर श्री टी.टी.के. भी उपस्थित थे।

हाँ, जीतेन्द्र बाबू कलकत्ता में मुझे मिले थे और मेरे विचार में उन्होंने इस सम्बन्ध में आपको लिखा भी होगा। उनके साथ मेरी बहुत सन्तोषजनक बातचीत हुई और वे पूरी तरह से सन्तुष्ट होकर गए। उन्हें तरक्की के साथ वापस ले लिया जाएगा। उन्हें अब संयुक्त सम्पादक कहा जाएगा। सम्पादक को उन्हें प्रशिक्षण देने का भी निर्देश दिया जाएगा ताकि समय आने पर वे इस पद को सँभाल सकें। उनके मन में बिन्दा को लेकर कुछ गलतफहमियाँ थीं, परन्तु मेरा खयाल है कि अब वे उन्हें बिलकुल बदला हुआ पाएँगे।

इस महीने के अन्त तक मेरे दिल्ली की तरफ आने की सम्भावना नहीं है। परन्तु मुझे उम्मीद है कि मैं अगले महीने किसी समय वहाँ आऊँगा।

शुभकामनाओं सहित,

आपका सस्नेह,
कृष्ण कुमार

14 दिसम्बर, 1955

प्रिय सत्यानारायण बाबू,

'कल्याण में 'तुलसी के राम' नामक आपका लेख देखकर सुखद आश्चर्य हुआ। यह बहुत अच्छा लेख है। मुझे आश्चर्य है कि आपने मुझे यह उस समय क्यों नहीं

दिखाया जब मैं दिल्ली आया था। भविष्य में जब भी आप कोई लेख लिखें तो उसे मुझे भेजना न भूलें।

शुभकामनाओं सहित,

आपका सस्नेह,
कृष्ण कुमार

9 अप्रैल, 1956

प्रिय कृष्ण कुमार जी,

कुछ दिन पहले जी.डी. ने मुझे लन्दन से फोन किया था। मैंने उन्हें सलाह दी थी कि वे अपना कार्यक्रम पूरा किए बिना भारत न लौटें, क्योंकि उस महान आत्मा की भौतिक देह अब इस संसार में नहीं है और अपने कार्यक्रम में विघ्न डालकर भारत आने का अब कोई अर्थ नहीं है। मुझे प्रसन्नता है कि आर.डी. और बी.एम. ने भी उन्हें यही सलाह दी थी, जैसाकि मुझे उनके पत्रों से पता चला है। मैंने बी.एम. को एक पत्र भेजा था, जिसकी एक प्रति मैं आपको भेज रहा हूँ। कृपया इसे एम.पी., बी.के. और जी.पी. को पढ़कर सुनाएं।

आशा है मनोरमा अब बिलकुल ठीक हो गई होंगी। मैं उनकी दवा तैयार कर रहा हूँ।

प्रेम सहित,

आपका सस्नेह,
सत्यनाराण,

टिप्पणी : यह पत्र पूज्य दादाजी के स्वर्गवास के बाद लिखा गया था। मुझे अंकल बी.एम. को भेजे गए सत्यनारायण बाबू के पत्र की प्रति नहीं मिल रही है।

11 अप्रैल, 1956

प्रिय श्री सत्यनारायण बाबू,

आपका 9 अप्रैल का कृपा पत्र मिला। चाचाजी के नाम आपका पत्र सचमुच बहुत मर्मस्पर्शी है।

मेरा शुरू में यह मानना था कि पिताजी के लिए भारत लौट आना उचित होता। परन्तु पिताजी ने कहा कि वे बिलकुल वही करेंगे जो दादीजी चाहती थीं। जब यह प्रश्न दादीजी के सामने रखा गया तो उन्होंने कहा कि यदि पिताजी को भारत आकर फिर से यूरोप लौटना था तो भारत आने का कोई अर्थ नहीं था; परन्तु यदि उन्हें यहाँ आने के बाद यूरोप वापस जाने की आवश्यकता नहीं थी तो उन्हें तुरन्त चले आना चाहिए। कितनी व्यावहारिक सलाह थी!

दादाजी भी पूरी तरह से एक व्यावहारिक व्यक्ति थे। यह बहुत आश्चर्यजनक बात है कि कोई व्यक्ति वृद्धावस्था में किस तरह अपने-आपको परिस्थितियों के अनुसार ढाल सकता है। परन्तु दादाजी ने बिलकुल यही किया। अपनी देह त्यागने से दो-तीन दिन पहले ही उन्होंने पिताजी को तार भेजकर कहा था कि वे भारत

लौटने की चिन्ता न करें, बल्कि वहाँ अपना काम पूरा करें। हम सबकी यही इच्छा थी कि दादाजी कुछ वर्ष और हमारे बीच रहकर हमें अपना आशीर्वाद देते रहें। किन्तु ईश्वर की कुछ और इच्छा थी। दादाजी ने जीवन के शिखर पर पहुँचकर यह संसार त्यागा। अब हम सबको उनके इस भव्य उदाहरण का अनुसरण करने का प्रयास करना है।

आप जैसे मित्रों के आशीर्वाद और शुभकामनाओं से मनोरमा अब बिलकुल ठीक हो गई है। परन्तु उसकी पुरानी बीमारी अब भी जारी है। न जाने किस कारण उसे हल्का-सा बुखार रहता है। वह जल्दी ही मसूरी जा रही है और उम्मीद है कि वहाँ की अच्छी जलवायु उसके लिए लाभदायक साबित होगी।

शुभकामनाओं सहित,

आपका सस्नेह,
कृष्ण कुमार

20 दिसम्बर, 1958

प्रिय श्री सत्यनारायण बाबू,

कुछ समय पहले मैंने आपको हमारे द्वारा बिहार विकास ऋण को दी गई मदद के बारे में लिखा था। मैं आपको कोई कष्ट देना नहीं चाहता था और मात्र आपकी जानकारी के लिए इसका उल्लेख कर बैठा था। परन्तु हमेशा की तरह मेरे प्रति अपने स्नेह और कृपादृष्टि के कारण आप चुप नहीं बैठे, और परिणाम यह है कि मुझे मुख्यमन्त्री की तरफ से अत्यन्त प्रशंसा भरा पत्र प्राप्त हुआ है।

क्योंकि आप समस्तीपुर से हैं और उस क्षेत्र से भली-भाँति परिचित हैं, इसलिए सिर्फ आपकी जानकारी के लिए मैं मुख्यमन्त्री को भेजे गए 13 नवम्बर, 1958 के अपने पत्र की प्रति संलग्न कर रहा हूँ। जैसाकि आप इसमें पाएँगे–हसनपुर फैक्टरी के साथ बहुत बड़ा अन्याय किया गया है। मेरा खयाल है कि कुछ समय पहले जब आप शम्भू पट्टी गए थे तो आपसे मिलने आए क्षेत्र के कुछ प्रमुख व्यक्तियों ने आपसे हसनपुर फैक्टरी के साथ हो रहे अन्याय का भी उल्लेख किया था। समस्तीपुर फैक्टरी के साथ हमारे हमेशा बहुत मधुर सम्बन्ध रहे हैं। परन्तु प्रबन्धन में परिवर्तन के बाद वे इस तरह की छेड़खानियाँ करने लगे हैं। ऐसी अफवाह है कि महेश बाबू के दामाद किसी तरह की हिस्सेदारी के आधार पर फैक्टरी पर नियन्त्रण प्राप्त करने के प्रयास में हैं। शायद आपको पहले से ही इसकी जानकारी हो।

श्री बाबू को पत्र भेजने के बाद मैं उनसे फोन पर भी बात करना चाहता था। इसलिए मैंने उनके लिए लाइन बुक कर ली थी। वे पटना में थे, परन्तु ऐसा लगता है कि वे मुझसे बात करने से बचना चाहते थे। परिणाम यह हुआ कि उनके सचिव ने यह निश्चित कर लेने के बाद कि फोन पर कौन व्यक्ति है, कुछ समय तक प्रतीक्षा की और फिर कहा कि मुख्यमन्त्री उपलब्ध नहीं थे। कहने की आवश्यकता नहीं है कि मुझे इस पत्र का कोई उत्तर नहीं मिला।

मैं इस मामले में श्री बाबू को दोबारा नहीं लिखना चाहता। यदि वे कुछ सुनने के लिए तैयार नहीं हैं तो मैं अनावश्यक ही अपने-आपको गिराना नहीं चाहता। यह निश्चित है कि यह कार्रवाई उन्हीं के निर्देश पर की गई है, क्योंकि झुनुक बाबू और उद्योग सचिव श्री बी.एन. सिन्हा जैसे सभी सम्बन्धित अधिकारियों ने अनौपचारिक रूप से हमारे प्रतिनिधियों को बताया है कि वे इस मामले में असहाय हैं। यदि इस समस्या का कोई समाधान नहीं है तो न सिर्फ हमारी हसनपुर फैक्टरी को हर वर्ष काफी घाटा होता रहेगा, बल्कि हम क्षेत्र के किसानों का अग्रिम भुगतान करने की स्थिति में भी नहीं रहेंगे।

मैं नहीं जानता कि इसका कोई हल सम्भव है या नहीं, परन्तु मैं इन बातों को आपके ध्यान में लाना चाहता था।

सद्भावनाओं सहित,

आपका सस्नेह,
कृष्ण कुमार

1 जनवरी, 1959

प्रिय कृष्ण कुमार जी,

मैं 8-9 दिनों के लिए दिल्ली से बाहर था। मैं ग्वालियर गया था जहाँ से मैं कल रात ही लौटा हूँ। आज सुबह मुझे आपका 20 दिसम्बर, 1958 का पत्र प्राप्त हुआ, जो हसनपुर फैक्टरी को नरहान क्षेत्र से गन्ने की आपूर्ति के सम्बन्ध में है। मैं इस बारे में सब कुछ विस्तार से जानता हूँ। बल्कि कुछ समय पहले मैंने आपसे इसका उल्लेख भी किया था। यह एम.एस.एम. शर्मा की आलोचना के कारण सीधा-सीधा प्रतिशोधात्मक मामला है। आपसे भेंट होने पर मैं इस सम्बन्ध में चर्चा करूँगा। यदि सम्भव हो तो यह पत्र मिलने के बाद मुझे फोन करें। इस बीच मैं इस मामले पर सोच विचार करके देखता हूँ कि इन परिस्थितियों में अपनी गरिमा को खोए बिना क्या किया जा सकता है।

आपका सस्नेह,
सत्यनारायण

29 मई, 1962

प्रिय कृष्ण कुमार जी,

इस पत्र के साथ संलग्न पत्र मुझे सम्बोधित है। पत्र अपनी बात स्वयं कह देगा। दरअसल, जब मैं पिछली बार पटना गया था तो सदाकत आश्रम में कुछ लोगों ने मेरा ध्यान राजेन्द्र बाबू के बारे में कुछ अश्लील लेखों की तरफ खींचा था। मैं पत्र में दी गई दोनों तिथियों की कतरनें प्राप्त करने का प्रयास कर रहा हूँ। इस बीच मैं आपसे अनुरोध करूँगा कि आप 'सर्चलाइट' के सम्पादक को मेरे पत्र का भावार्थ समझाते हुए उनसे पूछें कि सही स्थिति क्या है। यदि सम्पादक राजेन्द्र बाबू के खिलाफ व्यक्तिगत दुष्प्रचार करने पर तुले हुए हैं तो उन्हें बिना किसी बिलम्ब के तुरन्त इस पद से हटा दिया जाना चाहिए।

बिहार के मुख्यमन्त्री अपने कुछ सहकर्मियों के साथ यहाँ आ रहे हैं। मैं उनसे भी इस मामले की चर्चा करके पता लगाने का प्रयास करूँगा कि इस सबके पीछे वास्तव में क्या है।

आशा है आपकी खाँसी ठीक हो गई होगी। शेष अगले पत्र में।

प्रेम सहित,

आपका सस्नेह,
सत्यनारायण

'रमण'

गुलजारबाग (पटना)
26 मई, 1962

आदरणीय श्री सत्यनारायण बाबू,
सादर प्रणाम।
गत 13 और 20 मई के 'सर्चलाईट' को देखने का कष्ट कीजिए, तो पता चलेगा कि भारतरत्न राजेन्द्र बाबू पर किस तरह कीचड़ उछाला गया है। बिहारवासी जानना चाहेंगे कि क्या इसीलिए उस तपस्वी को बिहार लाया गया है? जहाँ उनके घर ही पर एक अशिष्ट सर-फिरा आदमी उन्हें अपमानित करने की हिम्मत करे?

लोगों का खयाल है, आप जितना प्रधानमन्त्री के समीप हैं, उतना ही धन्नासेठ बिड़ला के। इसका क्या प्रायश्चित् होगा–बिड़लाजी स्वयं तय करें तो अच्छा होगा। बिहार के सत्ताधारी आज तक चुप हैं, और चुप ही रहेंगे–ऐसी आशंका हो रही है। यदि यह असभ्य तथाकथित पत्रकार बिहार से वापस नहीं बुला लिया गया तो परिस्थिति वहाँ बेहद बिगड़ सकती है।

विशेष, आपके औचित्य पर,

आपका,
रमण

बिड़ला निवास,
मसूरी,
1 जनवरी, 1962

प्रिय श्री सत्यनारायण बाबू,
आपका 29 मई का कृपा पत्र मिला। पत्र के विषय के बारे में जानकर अत्यन्त दुख हुआ।

राजेन्द्र बाबू हर दृष्टि से एक विराट व्यक्ति हैं। उन्होंने देश को जो सेवाएँ दी हैं, वे बहुत महान हैं। इसलिए उन्हें अत्यन्त आदर की दृष्टि से देखा जाता है। यदि 'सर्चलाइट' ने उन पर कीचड़ उछालने का प्रयास किया है तो यह बहुत दुर्भाग्यपूर्ण है। क्या आप मुझे कुछ कतरनें भेज सकते हैं, ताकि मैं उन्हें पढ़ सकूँ? इस बीच, मैं सम्पादक को लिख रहा हूँ; परन्तु कतरनें प्राप्त होने के बाद मैं उन्हें दोबारा लिखूँगा। दूसरा पत्र निस्सन्देह बहुत कड़ा होगा, और यदि आपको जो कुछ बताया गया है वह सही है, तो सम्पादक को जाना होगा।

वर्तमान सम्पादक कल्हन हैं। वे पहले 'हिन्दुस्तान टाइम्स' में थे। दरअसल, वे मात्र कार्यकारी सम्पादक हैं। उनसे पहले शारदा बहुत अच्छे सम्पादक थे। वे एक अमूल्य रत्न थे। परन्तु काफी कम आयु में ही उनका निधन हो गया और उनकी जगह अभी तक भरी नहीं जा सकी है। हम किसी ऐसे व्यक्ति की तलाश में हैं जो पत्र की प्रतिष्ठा में वृद्धि कर सके। परन्तु योग्य लोगों की बहुत कमी है, इसलिए हमें अब तक कोई उपयुक्त व्यक्ति नहीं मिल सका है।

यह रमण कौन है? मुझे नहीं मालूम कि वह कोई अनजान व्यक्ति है या आप उसे जानते हैं। यदि वह कोई अनजान व्यक्ति है, तो उस पर ध्यान देने की आवश्यकता नहीं है। परन्तु यदि वह आपका परिचित है, तो उसे साफ-साफ शब्दों में बता दिया जाना चाहिए कि हमसे जुड़े किसी अखबार में कुछ छपने का यह अर्थ नहीं है कि इसमें हमारा हाथ है। बल्कि हमारी नीति यह है कि एक बार अखबार की व्यापक नीति निर्धारित कर देने के बाद हम उससे दूर ही रहते हैं। हमारे लिए अखबार के दिन-प्रतिदिन के मामलों को देखना न तो व्यावहारिक है और न शोभनीय। मुझे आश्चर्य है कि राजेन्द्र बाबू के साथ हमारे निकट सम्बन्धों को देखते हुए श्री रमण ने यह विश्वास कैसे कर लिया कि 'सर्चलाइट' में जो कुछ छपा है, उसमें हमारा कोई हाथ है।

शुभकामनाओं सहित,

आपका सस्नेह,
कृष्ण कुमार

गगन विहारी एल. मेहता

गगन विहारी एल. मेहता मेरे घनिष्ठ मित्र थे। वे 'कोलकाता ऑफ सिंधिया' नामक एक शिपिंग कम्पनी के महानिदेशक हुआ करते थे, जो श्री वालचन्द हीराचन्द की कम्पनी थी। गगन विहारी एल. विलक्षण व्यक्ति थे। सिंधिया को छोड़ने के बाद वे भारत के राजदूत के रूप में अमरीका गए और बाद में कई वर्षों तक आई.सी.आई.सी.आई. के चेयरमैन रहे। हमारे बीच हुए पत्र-व्यवहार के कुछ पत्र यहाँ प्रस्तुत हैं।

निजी

16 जुलाई, 1952

प्रिय कृष्ण कुमार,

मैं सोच रहा था कि क्या आपके पास कोई प्रशिक्षित रसोइया है जो हमारे साथ वाशिंगटन चल सके। कोई जरूरी नहीं कि उसे पश्चिमी शैली का खाना बनाना आता हो, परन्तु उसे टेबल-मैनर्स वगैरह जरूर आते हों। मैंने देखा है कि बम्बई और कलकत्ता के आपके दफ्तरों में और दिल्ली में आपके घर में भी ऐसे कुछ लोग हैं, इसीलिए यह प्रश्न कर रहा हूँ। अगर उस व्यक्ति को थोड़ी अंग्रेजी भी आती हो तो और भी अच्छा है। परन्तु उसे दो-तीन वर्ष के लिए विदेश में रहने के लिए राजी होना चाहिए। अंग्रेजी या अमरीकी शैली का खाना बनाने के लिए मैं एक दूसरे व्यक्ति को ले जा रहा हूँ, और बीच-बीच में किसी स्थानीय रसोइए की भी सेवाएँ लेता रहूँगा। परन्तु मैं हमारी शैली का खाना

बनानेवाले व्यक्ति की तलाश में हूँ। कृपया सूचित करें कि क्या कोई विशेष कष्ट उठाए बिना आप इस मामले में मेरी कोई मदद कर सकते हैं।

मैं यह भी सोच रहा था कि क्या आपने यहाँ अपने किसी आदमी को मेरा फर्नीचर और सामान रखने का प्रबन्ध करने के बारे में कोई निर्देश दिया है। ऐसी कोई आवश्यकता होने पर ही मैं उसे कष्ट दूँगा।

मैंने अपने कार्यक्रम में बदलाव किया है और अब मैं अगस्त के अन्त में विमान द्वारा यू.के. होते हुए जा रहा हूँ। अगस्त के पहले सप्ताह में मैं बम्बई जा सकता हूँ, परन्तु अपनी रवानगी से पहले मुझे यहाँ लौटना पड़ सकता है। अगली बार दिल्ली आएँ तो फोन करके पता कर लें कि मैं यहाँ हूँ या नहीं।

शुभकामनाओं सहित,

आपका,
गगन विहारी मेहता
सदस्य, योजना आयोग

निजी

भारतीय दूतावास,
वाशिंग्टन, डी.सी.,
10 दिसम्बर, 1955

प्रिय कृष्ण कुमार,

अपने एक पत्र में आपने जिक्र किया था कि आप अपनी अमरीका यात्रा और यहाँ के दूतावास के बारे में कुछ लिखने जा रहे हैं, और जब ये लेख छपेंगे तो आप मुझे 'सर्चलाइट' और 'लीडर' की प्रतियाँ भेजेंगे। मैं सोच रहा हूँ कि क्या आपने सचमुच कुछ लिखा है, और अगर ऐसा है तो मैं इन लेखों को देखना चाहूँगा।

मैंने डा कोस्टा को पहली नवम्बर को एक पत्र लिखा था, जिसमें मैंने उन लोगों की सूची भेजी थी जिन्हें इंडियन इंस्टीट्यूट ऑफ पब्लिक ओपीनियन की 'क्वार्टरली इकोनोमिक रिपोर्ट' भेजी जा सकती थी। मैंने एक दूसरी सूची लक्ष्मी निवास को भी दी थी। मुझे डॉ. कोस्टा की तरफ से कोई प्रतिक्रिया नहीं मिली है, जिसे लेकर मैं बहुत हैरान हूँ। मुझे नहीं मालूम कि वह पत्र खो गया है या डा कोस्टा टूर पर गए हुए हैं। क्या आप इस बारे में पता लगाकर उसे मुझे सूचित करने के लिए कहेंगे?

मुझे नहीं मालूम कि क्या आप दिल्ली गए थे और क्या डॉ. धर से आपकी भेंट हो पाई थी।

अब तक यहाँ सर्दी बहुत भीषण नहीं है, परन्तु यह सिर्फ शुरुआत भर है। तीन-चार बार हल्की बर्फबारी हो चुकी है।

आशा है आप और आपकी पत्नी स्वस्थ होंगे।

शुभकामनाओं सहित,

आपका,
गगन विहारी मेहता

पुनश्चः यह पत्र भेज ही रहा था कि आपका 4 दिसम्बर का पत्र प्राप्त हुआ, जिसके लिए मेरा धन्यवाद स्वीकार करें। मुझे नहीं मालूम कि श्रीमती मेहता को आपका पत्र मिला या नहीं। मैं पता लगाकर आपको सूचित करूँगा। श्रीमती मेहता ने आपको शिमला से लिखा था, परन्तु दुर्भाग्यवश आपको वह पत्र नहीं मिला।

3 जनवरी, 1956

प्रिय श्री मेहता,
आपका 10 दिसम्बर का कृपा पत्र मिला। मैं 8 नवम्बर के 'लीडर' की कतरनें संलग्न कर रहा हूँ। मुझे खेद है कि मैं इन्हें पहले नहीं भेज सका, क्योंकि मैं देश में इधर-उधर यात्राओं पर था। 'सर्चलाइट' में भी यही लेख छपा है। लेख के लिए सारी सामग्री मैंने ही दी थी, परन्तु इसकी भाषा और प्रस्तुति की शैली मेरी नहीं है। आशा है लेख आपको अच्छा लगेगा। कृपया मुझे अपनी टिप्पणी अवश्य भेजें।

यह जानकर बहुत खेद हुआ कि आपको डा कोस्टा की तरफ से कोई उत्तर नहीं मिला। मैं उन्हें इसकी याद दिलाने जा रहा हूँ।

जल्दी ही मेरे दिल्ली जाने की सम्भावना है और मैं डॉ. धर से अवश्य मिलूँगा।

श्रीमती मेहता कैसी हैं? मुझे शिमला से उनका कोई पत्र प्राप्त नहीं हुआ। शायद डाक में खो गया है। कृपया उन तक मेरा अभिवादन पहुँचा दें।

शुभकामनाओं सहित,

आपका,
के.के. बिड़ला

एस.के. पाटील

एस.के. पाटील अपने दिनों में बहुत प्रसिद्ध व्यक्ति थे। मुम्बई और बाहरी मुम्बई में उनका बहुत प्रभाव था, और उन्हें इन क्षेत्रों का निर्विवाद नेता माना जाता था। वे एक कड़े नेता थे और महाराष्ट्र में सरदार वल्लभभाई पटेल के आदमी माने जाते थे। कुछ समय के लिए वे केन्द्र सरकार में भी मन्त्री रहे। उनके साथ मेरे पत्र-व्यवहार के कुछ पत्र यहाँ प्रस्तुत हैं।

17 अप्रैल, 1957

माननीय पाटील साहब,
समाचार-पत्रों में यह पढ़कर अत्यन्त प्रसन्नता हुई कि आपने केन्द्र सरकार में सिंचाई और विद्युत मन्त्री का पदभार सँभाल लिया है। कृपया अपने इस चयन पर मेरी हार्दिक बधाई स्वीकार करें, क्योंकि आप पूरी तरह इसके अधिकारी हैं। मेरा विश्वास है कि आप जैसी क्षमता और वृहत अनुभव वाले व्यक्ति के शामिल होने से केन्द्रीय मन्त्रीमंडल की प्रतिष्ठा में और वृद्धि होगी।

आपका,
के.के. बिड़ला

18 अक्टूबर, 1958

माननीय पाटील साहब,

हमने पिलानी में एक ग्लाइडिंग क्लब शुरू किया है। जैसाकि आप जानते हैं, पिलानी एक शैक्षणिक केन्द्र बन चुका है, और यह क्लब छात्रों को ग्लाइडिंग सीखने की सुविधा प्रदान करनेवाला सम्भवतः देश का एकमात्र क्लब है। समय के साथ हम इसे एक महत्त्वपूर्ण फ्लाइंग क्लब बनाना चाहते हैं।

यद्यपि क्लब आरम्भ हो चुका है, परन्तु हमने अब तक इसका औपचारिक उद्घाटन नहीं किया है। आजकल उदघाटन समारोह किसी संस्था के आरम्भ होने के कुछ दिन बाद रखने का चलन चल पड़ा है, ताकि औपचारिक अवसर पर इसके कामकाज की झलक मिल सके। मुझे यह कहते हुए बहुत प्रसन्नता हो रही है कि पिलानी प्रगति की राह पर अग्रसर है, और अब हम चाहते हैं कि इस क्लब का उद्घाटन आपके हाथों सम्पन्न हो। आपकी स्वीकृति के लिए मैं अत्यन्त आभारी होऊँगा।

आजकल अवकाश के कारण महाविद्यालय बन्द है। परीक्षाएँ निकट होने के कारण नवम्बर और दिसम्बर छात्रों के लिए व्यस्त महीने होते हैं। इसलिए मैं यह उद्घाटन समारोह जनवरी में किसी दिन रखने का प्रस्ताव रख रहा हूँ। वास्तविक तिथि आपकी सुविधा के अनुसार बाद में निर्धारित की जा सकती है। आपकी सहमति के लिए मैं आभारी रहूँगा।

शुभकामनाओं सहित,

आपका,
के.के. बिड़ला

27 अक्टूबर, 1958

प्रिय के.के. बिड़ला

आपका 18 अक्टूबर, 1958 का पत्र मिला। जैसीकि आपकी इच्छा है, पिलानी के ग्लाइडिंग क्लब का उद्घाटन करके मुझे बहुत प्रसन्नता होगी। इसके लिए आगामी जनवरी में हम दोनों की सुविधा के अनुसार कोई तिथि निश्चित की जा सकती है।

आशा है स्वस्थ एवं प्रसन्नचित्त होंगे।

व्यक्तिगत शुभकामनाओं सहित,

आपका,
एस.के. पाटील

टिप्पणी : उन्होंने बिट्स, पिलानी में बहुत बढ़िया भाषण दिया।

25 अप्रैल, 1962

प्रिय के.के.,

आपके भाव-भीने बधाई सन्देश ने मुझे अभिभूत कर दिया है। खाद्य और कृषि मन्त्री के रूप में अपनी पुनर्नियुक्ति को मैं एक अत्यन्त महत्त्वपूर्ण क्षेत्र में देश की सेवा करने

के दुर्लभ अवसर के रूप में देख रहा हूँ। इस महान कार्य में मुझे आप जैसे मित्रों और शुभचिन्तकों की आशीषों और शुभकामनाओं की आवश्यकता है।

आपकी दिनोंदिन बढ़ती कृपा और स्नेह के लिए मैं हमेशा कृतज्ञ रहूँगा।

व्यक्तिगत शुभकामनाओं सहित,

आपका,
एस.के. पाटील

जस्टिस एस.सी. लाहिरी

मैं यहाँ कलकत्ता उच्च न्यायालय के मुख्य न्यायाधीश जस्टिस एस.सी. लाहिरी के नाम अपना एक पत्र उनके उत्तर के साथ प्रस्तुत कर रहा हूँ। उन दिनों मैं कलकत्ता का शेरिफ था।

22 मई, 1961

प्रिय जस्टिस लाहिरी,

यह जानकर अत्यन्त प्रसन्नता हुई कि सुश्री पद्मजा नायडू की अनुपस्थिति में आप पश्चिम बंगाल के राज्यपाल का पदभार सँभाल रहे हैं। कृपया मेरा सम्मान भरा अभिवादन स्वीकार करें।

शुभकामनाओं सहित,

आपका,
के.के. बिड़ला

25 मई, 1961

प्रिय शेरिफ,

आपके 22 मई, 1961 के पत्र और श्रीमती पद्मजा नायडू की अनुपस्थिति के दौरान राज्यपाल के रूप में कार्य करने के लिए मेरी नियुक्ति पर आपकी बधाई के लिए बहुत-बहुत धन्यवाद। मैं आशा और प्रार्थना करता हूँ कि मैं सन्तोषजनक ढंग से अपने कर्तव्यों को वहन कर सकूँगा।

मैं इस अवसर पर पिछले शुक्रवार के रात्रि-भोजन और मेरे और मेरे सहकर्मियों के प्रति आपके द्वारा प्रदर्शित उदारता के लिए भी आपका धन्यवाद करना चाहूँगा।

एक बार फिर धन्यवाद सहित,

आपका,
एस.सी. लाहिरी

शंकर बनर्जी

शंकर बनर्जी एक प्रख्यात वकील थे। वे मेरे अच्छे मित्र थे। मैं यहाँ 27 जून, 1961 का उनका एक पत्र प्रस्तुत कर रहा हूँ, जो उन्होंने मुझे कलकत्ता के शेरिफ के रूप में लिखा था।

27 जून, 1961

प्रिय श्री बिड़ला,

मुझसे कुछ मन्त्रियों ने अनुरोध किया है कि मैं आपसे स्वर्गीय अमरेन्द्र लाल दास शर्मा के उत्तराधिकारियों को कुछ धनराशि देने का अनुरोध करूँ। आप मुझसे सहमत होंगे कि यह अत्यन्त दुर्भाग्यपूर्ण मामला था। स्वर्गवासी अपने पीछे दो अविवाहित बहनें छोड़ गए हैं, जो पूरी तरह उन पर आश्रित थीं। वे जीवित रहते तो स्वयं उनका विवाह करते, परन्तु उनके असामयिक निधन ने बहुत विकट स्थिति पैदा कर दी है। मैं समझता हूँ कि मेरे सम्मानित मित्र श्री प्रफुल्ल चन्द्र सेन ने भी आपसे मुआवजे की बजाय परोपकार के रूप में परिवार की मदद करने का अनुरोध किया है। 15,000/- (पन्द्रह हजार रुपए) की राशि से टैक्समैको को कुछ भी अन्तर नहीं पड़ेगा। आपसे अनुरोध है कि इस मामले पर सहानुभूतिपूर्वक विचार करें।

आपका,
एस. बनर्जी

कमलनयन बजाज

वे श्री जमनालाल बजाज के सुपुत्र और राहुल बजाज के पिता थे। मैं उनके बहुत निकट था। मैं यहाँ उनका एक पत्र प्रस्तुत कर रहा हूँ।

शिविर : नई दिल्ली,
26 मार्च, 1957

प्रिय कृष्ण कुमार जी,

लोकसभा के लिए मेरे चुनाव पर आपकी हार्दिक बधाई और शुभकामनाओं के लिए बहुत-बहुत धन्यवाद। यह पिताजी के लिए लोगों के गहरे सम्मान और स्नेह के कारण ही सम्भव हुआ है। उन्होंने मुझे अभिभूत कर दिया है और मैं ऐसा महसूस कर रहा हूँ कि इसी कारण मेरी जिम्मेदारी बहुत बढ़ गई है। लोकसभा में अपने कर्तव्यों का वहन करने और लोगों की अपेक्षाओं के अनुरूप कार्य करने के लिए मुझे मित्रों की शुभकामनाओं की अत्यन्त आवश्यकता है।

शुभकामनाओं सहित,

आपका,
कमलनयन बजाज

सी.सी. देसाई

सी.सी. देसाई एक आई.सी.एस. अधिकारी थे और बहुत योग्य व्यक्ति थे। वे अनेक मन्त्रालयों में सचिव के पद पर रहे। अवकाश ग्रहण करने के बाद उन्होंने पाकिस्तान में भारत के उच्चायुक्त का पद सँभाला। वे जब भी कोलकाता आते थे तो मेरे साथ ठहरते थे। मैं यहाँ उनके दो पत्रों को प्रस्तुत कर रहा हूँ।

कराची,
11 मार्च, 1957

प्रिय के.के.,
शनिवार को नोमाँ मुझसे मिलने आए थे और हमारे बीच काफी लम्बी बातचीत हुई। वे जल्दी ही कलकत्ता आ रहे हैं और आपसे अवश्य भेंट करेंगे। ओकारा की सतलुज कॉटन मिल के लिए कुछ अतिआवश्यक मशीनरी का आयात लाइसेंस प्राप्त कराने में वे बहुत मददगार साबित हुए हैं। मेरा विश्वास है कि उनके प्रयत्नों, प्रभाव और दृढ़-संकल्प के बिना यह काम नहीं हो सकता था। मैं पाकिस्तान में आपकी व्यावसायिक गतिविधियों के प्रसार के बारे में भी उनके साथ चर्चा करता रहा हूँ। मेरा विचार है कि यहाँ अपार सम्भावनाएँ हैं और आपको राजनीतिक माहौल या यहाँ कभी-कभी दिखाई पड़नेवाली भेदभाव की नीति से घबराना नहीं चाहिए। मुझे इस बात से लेकर बहुत कम सन्देह है कि यह एक अस्थायी दौर है और देर-सवेर हमारे सम्बन्ध सामान्य हो जाएँगे और हमें पाकिस्तान में उपेक्षा की दृष्टि से नहीं देखा जाएगा। और फिर आपके साथ पूँजी के आधिक्य की भी समस्या है जिसकी तरफ व्यावहारिक ध्यान देने की आवश्यकता है। मेरा खयाल है कि पूर्वी पाकिस्तान में 200 करघों वाली एक रेयन मिल को लाइसेंस दिए जाने की सम्भावना है, जो पूरी तरह आपकी पहुँच और अनुभव के भीतर है। इसके लिए थोड़ी-सी पूँजी की आवश्यकता है। साथ ही आपको पूर्वी पाकिस्तान में औद्योगिक प्रसार के लिए पाँव जमाने का भी अवसर मिलेगा। पश्चिमी पाकिस्तान में कैसी भी भावनाएँ क्यों न हों, परन्तु पूर्वी पाकिस्तान में हमें हमेशा मैत्रीपूर्ण सहयोग मिलेगा। लाहौर से ढाका में पूँजी का स्थानान्तरण भी कठिन नहीं होगा, क्योंकि दोनों जगहें एक ही देश में हैं। इसलिए मैं आपसे बहुत आग्रहपूर्वक विनती करूँगा कि इस प्रस्ताव को स्वीकार कर लें और पूर्वी पाकिस्तान में किसी सुविधाजनक क्षेत्र में 200 करघों की रेयन मिल की स्थापना के लिए आवेदन कर दें। इसके अलावा एक चीनी मिल के लिए भी लाइसेंस मिलने की सम्भावना है—एक पश्चिमी पाकिस्तान में खैरपुर के लिए और एक पूर्वी पाकिस्तान में कोमिला के लिए। यह भी आपकी अपनी लाइन है, इसलिए मैं आपसे इस पर गम्भीरता से विचार करने का अनुरोध करूँगा। मैं यह सुझाव बिलकुल नहीं दे रहा हूँ कि इन योजनाओं में निवेश के लिए भारत से पूँजी निर्यात की जाए या पाकिस्तान में पहले से ही निवेशित पूँजी पर लाभांश के रूप में भारत भेजी जानेवाली धनराशि में कोई कटौती की जाए। मेरा सुझाव सिर्फ अतिरिक्त पूँजी के उपयोग तक सीमित है, ताकि किसी तरह की वित्तीय अड़चन या आपत्ति की सम्भावना न हो। जब तक मैं यहाँ हूँ, मैं स्वयं भी इस बात का पूरा प्रयास करूँगा कि ये लाइसेंस सतलुज कॉटन मिल को ही मिलें। हम अतिरिक्त लाइसेंस प्राप्त करने का भी प्रयास कर रहे हैं, ताकि ओकारा संयंत्र में कुछ संतुलन आए। हमारे ये प्रयास जारी रहेंगे।

2. इस सम्बन्ध में मैं आपके ध्यान में इस तथ्य को भी लाना चाहूँगा कि पाकिस्तान में भ्रष्टाचार का इतना बोलबाला है कि मुट्ठी गर्म किए बिना कोई भी फाइल एक मेज से दूसरी मेज तक नहीं हिलती। आपको इस स्थिति को ध्यान में

रखना होगा। मुझे विश्वास है कि जाजूजी से भी आपको यही जानकारी मिली होगी। इन उद्देश्यों पर खर्च करने के लिए उन्हें थोड़ी छूट देनी होगी। आपसे भेंट होने पर मैं आपको और बातें भी बताऊँगा।

3. अन्त में, नोमां के ससुर जस्टिस सिद्दिकी 28-ए, अमीर अली एवेन्यू, कलकत्ता में रहते हैं। वे भारतीय हैं और कभी भी पाकिस्तान नहीं आए। वे पहले लेबर ट्रिब्यूनल के चेयरमैन थे, इसलिए उन्हें श्रम कानूनों और सम्बन्धित मामलों का काफी अनुभव है। नोमां चाहते हैं और मेरा खुद का भी सुझाव है कि आप किसी बिड़ला संस्था के लिए जस्टिस सिद्दिकी की विशेष प्रतिभा और अनुभव का उपयोग करें। जी.डी. से अपनी अगली भेंट में आप इस सम्बन्ध में उनसे भी चर्चा कर सकते हैं।

4. मुझे इस महीने के तीसरे सप्ताह में वहाँ आना था, परन्तु 14 तारीख को जारिंग मिशन के यहाँ पहुँचने के कारण मुझे अपने कार्यक्रम को रद्द करना पड़ा है। यहाँ विचार-विमर्श के लिए मेरी आवश्यकता है। अब मैं इन व्यस्तताओं से मुक्त होने के बाद कुछ समय बाद का कार्यक्रम बनाऊँगा।

5. मैंने शंकर लाल के माध्यम से जाजूजी को पाँच पुस्तकें भेजने के लिए कहा था। यहाँ कुछ गोपनीय कार्य के लिए मुझे उनकी आवश्यकता है। आशा है उन्होंने उनसे बात की होगी।

6. मुझे खेद है कि मैं काफी लम्बा पत्र लिख बैठा हूँ, किन्तु आशा करता हूँ कि आप बुरा नहीं मानेंगे।

आशा है आप स्वस्थ एवं सकुशल होंगे।

सदैव आपका,
चन्दुलाल

16 मई, 1957

प्रिय के.के.

यह पत्र अपने एक मित्र ए.बी. हबीबुल्ला का परिचय देने के लिए है, जो दोनों देशों के बीच व्यापार बढ़ाने के इच्छुक हैं, खासकर चीनी के मामले में। वे एक ऐसी फर्म से जुड़े हुए हैं जो इस देश में अत्यन्त प्रभावशाली है। वे माल की आपूर्ति करने के लिए देश की किसी भी दूसरी कम्पनी से बेहतर स्थिति में हैं। इससे आपको श्री हबीबुल्ला के महत्त्व और प्रभाव का अन्दाजा लग जाएगा। मैंने उन्हें रास्ते में कलकत्ता रुकने और अब और भविष्य में भारत से पाकिस्तान को चीनी निर्यात करने की सम्भावनाओं के बारे में आपसे बातचीत करने के लिए कहा है। मैं आशा करता हूँ कि आप इस सम्बन्ध में उनसे विस्तार से चर्चा करेंगे। आप उन पर पूरा भरोसा कर सकते हैं।

हार्दिक शुभकामनाओं सहित,

सदैव आपका,
चन्दुलाल

वी.वी. गिरि

मैं वी.वी. गिरि को अच्छी तरह जानता था। वे थोड़े समय तक केन्द्र सरकार में मन्त्री रहे और 1969 में कांग्रेस के विभाजन का रास्ता साफ करते हुए देश के राष्ट्रपति चुने गए। उनके साथ मेरे पत्र-व्यवहार के कुछ पत्र यहाँ प्रस्तुत हैं।

निजी

राज्यपाल, उत्तर प्रदेश
15 फरवरी, 1959

प्रिय श्री कृष्ण कुमार बिड़ला,

मैं आपको अपने भानजे वी.वी. प्रसाद से मिलवाना चाहता हूँ, जो पिछले सोलह वर्ष से पत्रकारिता से जुड़े हुए हैं और दिल्ली के दायरों में बहुत सक्षम माने जाते हैं।

यदि आप उन्हें अवसर दें तो वे आपके भरोसे पर खरे उतरेंगे। वे स्वयं अपना पूरा लेखा-जोखा देकर आपको पूरी तरह से सन्तुष्ट कर सकते हैं। यदि उनमें अन्य सभी समानताएँ हों तो आप उनके बारे में विचार कर सकते हैं और उनके लिए जो कुछ सम्भव हो कर सकते हैं।

शुभकामनाओं सहित,

आपका,
वी.वी. गिरि

•

30 मार्च, 1959

प्रिय श्री गिरि,

आपका 15 फरवरी का कृपा पत्र मिला। मैं आपके पत्र की एक प्रति 'हिन्दुस्तान टाइम्स' के सम्पादक श्री मूलगाँवकर को भेज रहा हूँ। मुझे नहीं मालूम कि कोई उपयुक्त रिक्त स्थान है या नहीं। परन्तु मैं श्री मूलगाँवकर को इस मामले पर विचार करने और जो भी सम्भव हो करने के लिए कह रहा हूँ।

हार्दिक शुभकामनाओं सहित,

आपका,
के.के. बिड़ला

डॉ. के.एन. काटजु

डॉ. के.एन. काटजु उत्तर प्रदेश के थे। वे एक योग्य वकील थे और इलाहाबाद उच्च न्यायालय में वकालत करते थे। उन्हें पश्चिम बंगाल का राज्यपाल नियुक्त किया गया और बाद में वे मध्य प्रदेश के मुख्यमन्त्री भी बने। यहाँ उनके साथ मेरे पत्र-व्यवहार के कुछ पत्र प्रस्तुत हैं।

निजी

9 जुलाई, 1950

प्रिय कृष्ण कुमार जी,

आप जानते हैं कि मैं संयुक्त राहत और कल्याण परिषद् का अध्यक्ष हूँ, जिस पर अपने सीमित साधनों के भीतर पूर्वी बंगाल के शरणार्थियों को राहत पहुँचाने और इन शरणार्थियों की मदद के लिए काम कर रही विभिन्न समाज-सेवी संस्थाओं के बीच समन्वय स्थापित करने का दायित्व है। परिषद् ने हाल ही में शरणार्थियों की घनी आबादीवाले अनेक क्षेत्रों में महिलाओं के लिए कामकाजी केन्द्र स्थापित करने का निर्णय लिया है, ताकि वे बुनाई और कताई का काम सीखकर अपनी आजीविका चला सकें। शरणार्थी महिलाएँ बड़ी संख्या में पहले से ही परिषद को दान में मिले वस्त्रों से बच्चों के वस्त्र तैयार करने का काम कर रही हैं, जिसके लिए उन्हें निःशुल्क सिलाई मशीनें प्रदान की गई हैं। इस काम से जुड़ी महिलाओं को परिषद की तरफ से अपने काम की मजदूरी मिलती है और उनके द्वारा बनाए गए वस्त्रों को शरणार्थी बच्चों में निःशुल्क उपहार के रूप में बाँट दिया जाता है। यह योजना बहुत सन्तोषजनक ढंग से चल रही है और अब इसका विस्तार करके बड़ी संख्या में महिलाओं को आजीविका के साधन उपलब्ध करवाने का प्रस्ताव है। इसलिए परिषद को ऐसे अनेक केन्द्रों में निःशुल्क वितरण के लिए बड़ी संख्या में सिलाई मशीनों की आवश्यकता है, जिनके लिए यह मुख्यतः उदार जनता के उपहारों पर निर्भर है। मुझे आशा है कि बिड़ला परिवार की महिलाएँ जो अपनी परोपकारी गतिविधियों के लिए विख्यात हैं, इस नेक उद्देश्य में अपना हाथ बँटाएगी और शरणार्थी महिलाओं में निःशुल्क वितरण के लिए परिषद को बड़ी संख्या में सिलाई मशीनें उपलब्ध करवाएँगी। मैं आशा करता हूँ कि आप स्वयं भी इस महान मानवतावादी कार्य में व्यक्तिगत रुचि लेंगे।

शुभकामनाओं सहित,

आपका,
के.एन. कात्जु

15 जुलाई, 1950

प्रिय श्री कात्जु जी,

आपका 9 जुलाई का कृपा पत्र मिला। सच्चाई यह है कि हम लोग स्वयं भी महिला शरणार्थियों के लिए सिलाई मशीनें दान करने की सोच रहे थे। मुझे अब आपको 5000 रुपए का यह चेक भेजते हुए अत्यन्त प्रसन्नता हो रही है। जैसीकि आपकी इच्छा है, इस धनराशि से सिलाई मशीनें खरीदी जा सकती हैं।

शुभकामनाओं सहित,

आपका,
के.के. बिड़ला

19 जुलाई, 1950

प्रिय कृष्ण कुमार जी,

आपके 15 तारीख के पत्र के लिए बहुत-बहुत धन्यवाद। सिलाई मशीनें खरीदने और उन्हें जरूरतमन्द महिलाओं तक पहुँचाने के लिए परिषद के नाम आपके 5000 रुपए के उदार उपहार के लिए मैं अत्यन्त आभारी हूँ। आशा है आप सकुशल होंगे।

शुभकामनाओं सहित,

आपका,
के. एन. काटजु
मुख्यमन्त्री, मध्य प्रदेश,

6 अक्टूबर, 1960

प्रिय कृष्ण कुमार जी,

आपके 29 सितम्बर के कृपा पत्र के लिए बहुत-बहुत धन्यवाद। यह जानकर अत्यन्त प्रसन्नता हुई कि आप अमरनाथ की अपनी तीर्थयात्रा से सफलतापूर्वक और सकुशल लौट आए हैं। आपके अपने इतिहास में यह यात्रा हमेशा एक कीर्तिमान की तरह रहेगी।

मेरी समझ में नहीं आ रहा कि अमरनाथ में मुझे स्मरण करने और मेरी तरफ से फूल चढ़ाने के लिए मैं आपका कैसे धन्यवाद करूँ। ईश्वर आपका भला करे।

क्या मैं निकट भविष्य में आपके भोपाल आने की आशा कर सकता हूँ। हमें बहुत-सी बातें करनी हैं।

शुभकामनाओं सहित,

आपका,
के. एन. काटजु

टिप्पणी : वे तब मध्य प्रदेश के मुख्यमन्त्री थे।

श्रीकृष्ण सिन्हा

मैं श्रीकृष्ण सिन्हा को अच्छी तरह से जानता था। स्वाधीनता के बाद उन्होंने बिहार के मुख्यमन्त्री का पदभार सँभाला था। उन दिनों बिहार में दो शीर्ष नेता थे—श्रीकृष्ण सिन्हा, जिन्हें श्री बाबू कहा जाता था, भूमिहार थे; और अनुग्रह नारायण सिन्हा, जिन्हें अनुग्रह बाबू कहा जाता था, राजपूत थे। मैं अनुग्रह बाबू के बहुत निकट था। पटना में हमारा 'सर्चलाइट' नाम का एक अखबार था। इस अखबार को स्वतन्त्रता से पहले डॉ. राजेन्द्र प्रसाद और कुछ अन्य नेताओं ने शुरू किया था। क्योंकि अखबार बहुत अधिक घाटे में चल रहा था, इसलिए राजेन्द्र बाबू ने पिताजी से इसे अपने हाथ में ले लेने का अनुरोध किया था। उनके इस अनुरोध को स्वीकार करते हुए हमने अखबार को अपने अधिकार में ले लिया। अगस्त 1956 में 'हिन्दुस्तान टाइम्स' ने 'सर्चलाइट' को अपने नियन्त्रण में ले लिया और यह 'हिन्दुस्तान टाइम्स, पटना एडीशन' के नाम से प्रकाशित होने लगा।

उन दिनों 'सर्चलाइट' के सम्पादक एम. एम. शर्मा नामक एक व्यक्ति थे। वे एक तेज-तर्रार लेखक थे और बहुत ईमानदार पत्रकार थे। वे श्री बाबू के बहुत कड़े आलोचक थे। श्री बाबू अकसर उनके खिलाफ मुझसे शिकायत करते रहते थे। उनकी इन शिकायतों के परिणामस्वरूप मैंने कई बार शर्मा से बात की। स्वतन्त्र रूप से जाँच-पड़ताल करवाने के बाद मैं इस निष्कर्ष पर पहुँचा कि अनेक मामलों में शर्मा द्वारा व्यक्त किए गए विचार गलत नहीं थे, भले ही वे मुख्यमन्त्री को पसन्द न आए हों। श्री बाबू अपने दाएँ हाथ महेश बाबू के साथ कई बार मेरे पास आए और 'सर्चलाइट' की नीति बदलने का आग्रह करते रहे। मैंने उन्हें समझाया कि उनकी शिकायत 'सर्चलाइट' की नीति के खिलाफ नहीं थी, बल्कि 'सर्चलाइट' में छपनेवाले उन लेखों के खिलाफ थी जो मुख्यमन्त्री के खिलाफ होते थे। मैंने उनसे कहा कि उन लेखों में भले ही उनकी आलोचना रहती हो, परन्तु वे बिलकुल ठीक लेख थे।

उनके साथ मेरे पत्र-व्यवहार के कुछ दिलचस्प पत्र यहाँ प्रस्तुत हैं।

29 जुलाई/1 अगस्त, 1958

प्रिय कृष्ण कुमार जी,

आपका 15 अगस्त का पत्र मिला। यह जानकर प्रसन्नता हुई कि आप विदेश से लौट आए हैं। मैं स्वयं भी यही महसूस करता हूँ कि वार्षिक सम्मेलन बहुत महत्त्वपूर्ण उद्देश्य को पूरा करता है, जैसाकि आपने अपने पत्र में लिखा है। मैं अपने उद्योग सचिव से सम्मेलन के आयोजन की तिथि निर्धारित करने का अनुरोध करूँगा।

आपका,

एस.के. सिन्हा

13 नवम्बर, 1958

प्रिय श्रीकृष्ण बाबू,

विभिन्न चीनी मिलों को ईख की सप्लाई के लिए क्षेत्रों का आबंटन हमेशा की तरह कई महीने पहले किया गया था। अब जब सीजन शुरू होने को है तो ऐसा माना जा रहा है कि सैंट्रल शुगर कम्पनी, समस्तीपुर अप्रत्यक्ष रूप से अपना क्षेत्र बढ़वाने के प्रयास में है, जिसका घाटा हमारी एक मिल, न्यू इंडिया शुगर मिल, हसनपुर को उठाना पड़ेगा। समस्तीपुर मिल के इस परोक्ष प्रयास से हमारी मिल के लिए चिन्ता की स्थिति पैदा हो गई है, इसलिए मुझे इस सम्बन्ध में आपको लिखना पड़ रहा है। आशा है आप अपने अमूल्य समय को नष्ट करने का बुरा नहीं मानेंगे।

सूखे की स्थितियों के कारण दरभंगा जिले में, जहाँ पिछली बार गन्ने की फसल बहुत कमजोर रही थी, इस बार और भी कम फसल होने की आशंका है। खराब फसल के सूचनांक के तौर पर मैं दरभंगा जिले में स्थित हमारी मिल न्यू इंडिया शुगर मिल को मिलनेवाली ईख की मात्रा का ब्यौरा दे रहा हूँ–

पेराई का सीजन	प्राप्त होनेवाली ईख की मात्रा (लाख मनों में)
1956-57	51.5
1957-58	36.9
1958-59	30.0 (अपेक्षित)

जिले की अन्य मिलें भी इसी प्रकार प्रभावित हैं। परन्तु जहाँ तक हसनपुर से जुड़े समस्तीपुर की सेंट्रल शुगर कम्पनी का मामला है, तो उनकी इस स्थिति के कई अतिरिक्त कारण भी हैं जिनके लिए वे स्वयं जिम्मेदार हैं। इन मिलों ने हसनपुर की मिलों की तरह अपने क्षेत्र के गन्ना किसानों की बीज और खाद की आपूर्ति, ट्यूबवेलों की खुदाई और ट्रैक्टरों की खरीद जैसे मामलों में पर्याप्त मदद नहीं की। पिछले वर्ष उन्होंने गन्ने के मूल्य का भी समय पर भुगतान नहीं किया। इस असहयोगपूर्ण रवैये के कारण अन्य क्षेत्रों की तुलना में समस्तीपुर में जुताई में अधिक गिरावट आई है। परन्तु अपनी नीति को बदलकर अधिक जुताई के लिए किसानों की मदद करने के बजाय समस्तीपुर की मिलें अपना घाटा पूरा करने के लिए अनुचित रास्तों का प्रयोग करने का प्रयास कर रही हैं। ऐसा कहा जा रहा है कि वे हसनपुर के मूल्य पर अपना क्षेत्र बढ़वाने के लिए गन्ना विभाग पर जोर डाल रहे हैं। सही-सही कहा जाए तो वे हसनपुर को नरहान नामक अपने एक खरीद केन्द्र से वंचित करना चाहते हैं, जो पिछले बीस से भी अधिक वर्षों से हसनपुर के पास है। मुझे पूरा भरोसा है कि हसनपुर के साथ किसी तरह का अन्याय नहीं किया जाएगा, फिर भी मैं इस स्टेशन से जुड़े कुछ महत्त्वपूर्ण तथ्यों को आपकी कृपा दृष्टि में लाना चाहता हूँ–

1. नरहान, हसनपुर और समस्तीपुर के बीच रेलवे लाइन पर स्थित है। यह हसनपुर से 13 कि.मी. और समस्तीपुर से 15 कि.मी. दूर है। इस तरह यह समस्तीपुर की तुलना में हसनपुर के अधिक निकट है, और हसनपुर के आरक्षित क्षेत्र के अन्तर्गत आता है।
2. हसनपुर और नरहान के बीच सभी स्टेशन पूरी तरह सिर्फ हसनपुर के पास हैं। इसी तरह नरहान और समस्तीपुर के बीच सभी स्टेशन सिर्फ समस्तीपुर के पास हैं। परन्तु नरहान शुरू से ही दोनों मिलों का संचालन क्षेत्र रहा है। हसनपुर 1936-37 से नियमित रूप से इस स्टेशन का संचालन करता रहा है, जिसमें सिर्फ युद्ध आपातकाल के कारण 1942-43 से 1946-47 तक पाँच वर्षों का व्यवधान पड़ा था।
3. नए सीजन के लिए क्षेत्रों के आरक्षण की घोषणा जुलाई, 1958 में की गई थी, जिसमें नरहान के मामले में यथास्थिति को बनाए रखा गया था। तब समस्तीपुर ने नियमों के अनुसार इस घोषणा के एक महीने के भीतर किसी तरह की अपील दाखिल नहीं की थी। और अब, जैसाकि मुझे ज्ञात हुआ है, वे उच्चतम स्तर पर दबाव डालकर परोक्ष रूप से पूरे नरहान क्षेत्र को अपने क्षेत्र में शामिल करवाने का प्रयास कर रहे हैं।
4. हसनपुर के क्षेत्र में अतिक्रमण करने के लिए समस्तीपुर के पास सिर्फ एक बहाना है, और वह है गन्ने की कमी। परन्तु स्वयं हसनपुर भी गन्ने की कमी का सामना कर रहा है। बल्कि हसनपुर पर इस कमी का अधिक प्रभाव पड़ेगा, क्योंकि केन्द्र और राज्य सरकारों के सुझाव पर इन मिलों ने लगभग 20 लाख रुपए खर्च करके अपनी क्षमता 50 प्रतिशत बढ़ा ली है। हसनपुर की मिलें पहले ही 100 मील तक की दूरी से गन्ने की ढुलाई कर रही हैं, और उन्हें यह अपेक्षा थी कि उनकी बढ़ी हुई क्षमता को देखते हुए उन्हें नरहान स्टेशन के समूचे उपयोग के अधिकार समेत

अधिक बड़ा क्षेत्र दिया जाएगा। परन्तु इस सम्बन्ध में हसनपुर के अधिवेदनों का कोई परिणाम नहीं निकला है। उलटे अब उन्हें समस्तीपुर को सन्तुष्ट करने के लिए अपने वर्तमान क्षेत्र में भी कटौती किए जाने का खतरा दिखाई दे रहा है। जैसाकि मैं पहले कह चुका हूँ, समस्तीपुर की मिलें अपने क्षेत्र में गन्ने की कमी के लिए काफी हद तक स्वयं जिम्मेदार है। इस समय वे हसनपुर की 100 मील तक की ढुलाई तुलना में सिर्फ 20 मील तक की दूरी से ढुलाई कर रही हैं। इसलिए कोई कारण नहीं है कि हसनपुर की पहले से ही अपर्याप्त सप्लाई में से अनुचित हिस्सा माँगने की बजाय उन्हें हसनपुर की तरह लम्बी दूरी से ढुलाई क्यों नहीं करनी चाहिए। और फिर, यदि उनके पास कोई ठोस तर्क था तो उन्हें आरक्षणों की घोषणा के एक महीने के भीतर कानूनी रूप से अपील दायर करनी चाहिए थी।

मुझे आशा है कि हसनपुर की आशंकाएँ निराधार साबित होंगी। परन्तु यदि इस तरह का कोई प्रश्न उठता है, तो मुझे विश्वास है कि उपरोक्त तथ्य एक न्यायपूर्ण निर्णय लिए जाने में मदद करेंगे।

आपको कष्ट देने के लिए क्षमा चाहूँगा।

शुभकामनाओं सहित,

आपका,
के.के. बिड़ला

15 नवम्बर, 1958

प्रिय कृष्ण कुमार जी,

बिहार प्रदेश विकास ऋण 1970 के लिए आपकी भरपूर मदद के लिए बहुत-बहुत धन्यवाद, जो जारी किए जाने के कुछ ही घंटों के भीतर हाथों-हाथ बिक गया। हमें यह जानकर बहुत प्रसन्नता हुई कि युनाइटिड कमर्शियल बैंक लि. ने इस इश्यु की खरीद में सबसे अधिक, 55 लाख रुपए का योगदान दिया है। कृपया जी.डी. बिड़ला तक मेरा हार्दिक आभार पहुँचा दें।

आपका,
एस.के. सिन्हा

टिप्पणी : पिताजी उस समय युनाइटिड कमर्शियल बैंक लि. के चेयरमैन थे।

8 जनवरी, 1959

प्रिय श्रीकृष्ण बाबू,

जैसाकि आप भली-भाँति जानते होंगे, बिहार का चीनी उद्योग फैक्टरियों के आसपास अच्छी सड़कें न होने के कारण बाधाओं का सामना कर रहा है। इस तरह की सड़कों के विकास से जुड़े लाभों को गिनाने की आवश्यकता नहीं है। यदि गन्ना-उत्पादकों को अच्छी सड़कें उपलब्ध हों तो वे गन्ने को सुविधापूर्वक फैक्टरियों तक ला सकते हैं, और चीनी के उत्पादन में वृद्धि करने और उसके निर्यात से मूल्यवान विदेशी मुद्रा अर्जित करने में मदद कर सकते हैं। यह एक सर्वविदित तथ्य है कि अच्छी सड़कों के

अभाव में कई जगहों से गन्ना फैक्टरियों तक नहीं पहुँच पाता और किसान या तो उसका गुड़ बनाने या चारे के रूप में उसे पशुओं को खिलाने के लिए बाध्य हो जाते हैं।

इन कठिनाइयों को दूर करने के लिए भारत सरकार ने दूसरी पंचवर्षीय योजना के दौरान चीनी फैक्टरियों के आसपास सड़कों के विकास की एक योजना बनाई थी। इस योजना के अन्तर्गत पक्की सड़कों के निर्माण पर आनेवाली लागत का एक तिहाई हिस्सा केन्द्र सरकार द्वारा, एक तिहाई राज्य सरकार द्वारा और सम्बन्धित फैक्टरियों और उत्पादकों द्वारा वहन किए जाने का प्रस्ताव है। इस योजना का सभी ने स्वागत किया था।

कुछ समय पहले एक सदस्य फैक्टरी ने शुगर मिल्स एसोसिएशन को सूचित किया था कि आयकर विभाग इस योजना के अन्तर्गत सड़क निर्माण में उनके योगदान को आयकर उद्देश्यों के लिए व्यय मानने के लिए तैयार नहीं है। एसोसिएशन ने यह मामला केन्द्रीय राजस्व मंडल के सामने रखा और अनुरोध किया कि इस योगदान को व्यय के रूप में देखा जाना चाहिए। दुर्भाग्यवश, केन्द्रीय राजस्व मंडल ने इस अनुरोध को ठुकरा दिया है। परन्तु उसने इस तरह के योगदान को आयकर कानून की धारा 15 बी के अन्तर्गत दान के रूप में देखे जाने का प्रस्ताव रखा है। क्योंकि कम्पनियों द्वारा दिए जानेवाले दान पर आयकर उद्देश्यों के लिए एक सीमा निर्धारित है और हर फैक्टरी को अन्य उद्देश्यों के लिए दान देना ही पड़ता है, इसलिए केन्द्रीय राजस्व मंडल के इस रवैये से फैक्टरियों को कोई राहत मिलने की बहुत कम सम्भावना है। इन परिस्थितियों में सड़क निर्माण को गहरा धक्का पहुँचने की सम्भावना है।

यदि आप यह मामला केन्द्रीय राजस्व मंडल के साथ उठाने की कृपा करें ताकि सड़क विकास योजना के अन्तर्गत फैक्टरियों द्वारा दिए जानेवाले योगदान को व्यय के रूप में देखे जाने की अनुमति दी जा सके—तो उद्योग आपका आभारी होगा।

शुभकामनाओं सहित,

आपका,
के.के. बिड़ला

जनवरी, 1959

प्रिय कृष्ण कुमार जी,
आपका 8 जनवरी का पत्र मिला, जिसमें आपने सड़क विकास योजना के अन्तर्गत चीनी फैक्टरियों द्वारा दिए जानेवाले योगदान पर आयकर के बारे में लिखा है। मैं देखूँगा कि इस मामले में क्या किया जा सकता है।

आपका,
एस.के. सिन्हा

7 अगस्त, 1960

प्रिय बिड़ला जी,
पिछले वर्ष की तरह इस वर्ष भी हम 3 करोड़ के ऋण-पत्र जारी कर रहे हैं, जो 29 अगस्त, 1960 को जारी किए जाएँगे। आप मेरे राज्य के पिछड़ेपन से भली-भाँति परिचित हैं। आप यह भी जानते हैं कि हमें आबंटित की गई विकास योजना को पूरा

करना हमारे लिए कितना महत्त्वपूर्ण है। यह वर्ष पंचवर्षीय योजना का अन्तिम वर्ष है और हमें विकास कार्यक्रमों पर लगभग 47 करोड़ रुपए खर्च करने हैं, ताकि हम राज्य के लिए दूसरी पंचवर्षीय योजना को पूरी तरह कार्यान्वित कर सकें। इस धनराशि का एक बड़ा अंश उत्पादक और लाभकारी योजनाओं पर खर्च किया जाएगा। आपने इस राज्य के विकास में हमेशा बहुत रुचि ली है और इसके ऋणों के सबस्क्रिप्शन खरीदते रहे हैं। मेरा आपसे अनुरोध है कि इस वर्ष आप और भी अधिक उदारता दिखाएँ, क्योंकि पिछले किसी भी वर्ष की तुलना में इस वर्ष हमें एक बड़ी विकास योजना को कार्यान्वित करने के लिए अधिक धनराशि की आवश्यकता है।

आपका,
एस.के. सिन्हा

26 सितम्बर, 1960

प्रिय बिड़ला जी,

बिहार प्रदेश विकास ऋण, 1969 के लिए युनाइटिड कमर्शियल बैंक लि. द्वारा 5 लाख रुपए के योगदान के लिए आपका धन्यवाद। कृपया जी.डी. बिड़ला तक भी मेरा धन्यवाद पहुँचा दें।

आपका,
एस.के. सिन्हा

जगजीवन राम

मैं जगजीवन बाबू के बहुत निकट था। हमारे बीच ढेर सारे पत्रों का आदान-प्रदान हुआ। मैं यहाँ उनमें से सिर्फ कुछ दिलचस्प पत्र प्रस्तुत कर रहा हूँ।

रेलवे मन्त्री,
नई दिल्ली
9 दिसम्बर, 1957

प्रिय कृष्ण कुमार,

मैं आपको सूचित करना चाहता हूँ कि मैं 13 दिसम्बर को सुबह 10.00 बजे कालका-हावड़ा मेल से कलकत्ता पहुँच रहा हूँ और 15 दिसम्बर की रात को 8.40 बजे रांची एक्सप्रेस से मरी रवाना हो रहा हूँ। मेरे कार्यक्रम की प्रति संलग्न है।

आशा है आपसे भेंट हो सकेगी,

आपका,
जगजीवन राम

23 दिसम्बर, 1958

प्रिय श्री जगजीवन राम जी,

आपका 19 दिसम्बर का कृपा पत्र मिला। यह जानकर अति प्रसन्नता हुई कि आप सोमवार 29 दिसम्बर को कालका मेल से कलकत्ता पहुँच रहे हैं और 30 दिसम्बर को विमान से मद्रास रवाना हो रहे हैं।

मेरा विश्वास है कि आप गवर्नमेंट हाउस में ठहरेंगे। यदि आप अपनी सुविधानुसार भेंट के लिए उपयुक्त समय के बारे में सूचित कर सकें तो अति कृपा होगी, ताकि मैं आपसे मिलने आ सकूँ। मेरे लिए दोपहर में कोई भी समय ठीक रहेगा।

मैं स्टेशन पर आने का भी प्रयास करूँगा, परन्तु इधर कुछ दिनों से मेरा स्वास्थ्य ठीक नहीं चल रहा है। परिणामस्वरूप मैं 12.30 या 1.00 बजे से पहले अपने दफ्तर भी नहीं जा पा रहा हूँ। इसलिए यदि मैं स्टेशन पर नहीं पहुँच सका तो क्षमा चाहूँगा।

शुभकामनाओं सहित,

आपका,
के.के. बिड़ला

ग्वालियर के महाराजा

सिंधिया राजघराने के साथ हमारे बहुत पुराने सम्बन्ध रहे हैं। पुस्तक के पिछले अध्यायों में मैंने उनके साथ हमारे सम्बन्धों के बारे में विस्तार से बताया है। सिंधिया घराने के साथ हमारे ये सम्बन्ध सन् 1920 के आसपास से चले आ रहे हैं। यहाँ मैं महाराजा के एक पत्र की प्रतिलिपि प्रस्तुत कर रहा हूँ।

No. 789

H. H. The Maharaja Scindia of Gwalior

Jai Vilas,
Gwalior.

8th November, '57.

My dear Mr. Birla

Many thanks for your letter dated the 2nd November, 1957.

I feel grateful for your kindly according the necessary facilities for the training of Students of the Madhav Engineering College, in the workshop of Central India Machinary Manufacturing Co., Ltd., Birla Nagar, Gwalior.

With kind regards.

Yours sincerely
J. Scindia

MSS:

श्रीप्रकाश

वाराणसी में जनमे श्रीप्रकाश स्वतन्त्रता आन्दोलन की उपज थे। वे एक यशस्वी पिता, जाने-माने दार्शनिक और जननेता डॉ. भगवान दास के सुपुत्र थे। उनका परिवार साह खानदान से सम्बन्धित था, जो अट्ठारहवीं सदी के मध्य से ईस्ट इंडिया कम्पनी के बैंकर रहे थे।

पिताजी ने 1927 में केन्द्रीय विधानसभा का चुनाव लड़ा था तो श्रीप्रकाश जी उनके विरोध में खड़े हुए थे। पिताजी जीत गए थे, परन्तु इससे श्रीप्रकाश जी के साथ हमारे पारिवारिक सम्बन्धों पर कोई प्रभाव नहीं पड़ा था। वे जीवन पर्यन्त हमारे पारिवारिक मित्र रहे। श्रीप्रकाश बहुत ऊँचे चरित्र और विनम्र और हंसमुख स्वभाव के व्यक्ति थे। उनके साथ मेरे पत्र-व्यवहार के कुछ पत्र यहाँ प्रस्तुत हैं।

निजी

राज्यपाल, बम्बई,
18 मार्च, 1957

प्रिय कृष्ण कुमार जी,

आपकी बम्बई यात्रा के सम्बन्ध में आपका 7 मार्च का कृपा पत्र प्राप्त हुआ, जिसके लिए बहुत-बहुत धन्यवाद। मुझे यह कहना पड़ेगा कि आपके पत्र में यह पढ़कर कि आप जैसे लोगों का मेरे गले पड़ना न्यायसंगत नहीं है, मुझे थोड़ा आघात पहुँचा। मैं आपको या आपके महान परिवार के किसी भी सदस्य को 'मेरे जैसे लोगों' में शामिल नहीं कर सकता। आप 'आप' हैं। आपके परिवार के हर सदस्य से मुझे जो प्यार और मान मिला है, उसके कारण आप सभी लोग, कम-से-कम मेरी नजरों में, एक अलग श्रेणी में शामिल हैं।

इसलिए मैं आपसे अनुरोध कर रहा हूँ कि अपनी बम्बई यात्रा के बारे में मुझे पहले से सूचित करने की कृपा करें, इसके बाद यह देखना मेरा काम होगा कि मैं इस बार भी आपसे भेंट करने से वंचित न रह जाऊँ। पिछली बार आपसे भेंट न हो पाने को लेकर मैं अत्यधिक खिन्न हूँ। मैं आपके परिवार के सभी सदस्यों को बहुत अच्छी तरह से जानता हूँ, इसलिए यह बहुत खेद का विषय है कि मैं आपसे सिर्फ एक या दो अवसरों पर मिला हूँ।

मुझे याद है कि राजाजी की अध्यक्षता में दिल्ली में हुई एक बैठक में आपने बहुत प्रतिकूल परिस्थितियों में भी रिंग-फ्रेमों को लेकर जोरदार बहस की थी। मैं उस बैठक में वाणिज्य मन्त्री के रूप में उपस्थित था। मैं स्वयं भी इस प्रश्न को लेकर बहुत दुविधा में था कि आपके द्वारा निर्मित 17,000 रुपए के रिंग-फ्रेम को 25,000 रुपए के विदेशी रिंग-फ्रेमों से अधिक पसन्द क्यों नहीं किया जाना चाहिए। मुझे बम्बई के उद्योगपतियों पर बहुत क्रोध आया था जब उन्होंने मुझसे रिंग-फ्रेमों के आयात पर लगे सभी तरह के प्रतिबन्ध हटा लेने के लिए कहा था, क्योंकि उनके अनुसार आपके द्वारा निर्मित रिंग-फ्रेम उपयुक्त नहीं थे।

वह अब एक पुरानी कहानी बन चुकी है, परन्तु मुझे सब कुछ स्पष्ट रूप से याद है। मेरा खयाल है कि अब वह समस्या दूर हो चुकी है और आपके रिंग-फ्रेमों की जबर्दस्त माँग है। मेरे खयाल से वे आपकी ग्वालियर की फैक्टरी में बनाए जाते हैं। मुझे लगता है कि मैं वहाँ गया भी था, परन्तु हाल की दुखद घटनाओं के कारण मेरी स्मृति कुछ धुँधला गई है, इसलिए हो सकता है कि मैं भूल रहा होऊँ।

मुझे खेद है कि बम्बई का मौसम मुझे रास नहीं आता। मैं यह पत्र इलाहाबाद से लिख रहा हूँ, जो गर्म और खुश्क है, और बम्बई की उमस और चिपचिपेपन की तुलना में मेरे स्वास्थ्य को अधिक रास आता है। वैसे मैं अब करीब 67 वर्ष का हो चुका हूँ और मेरा स्वास्थ्य अधिक चिन्ता की बात नहीं है। फिर भी इस विषय में आपकी चिन्ता और पूछताछ के लिए मैं आभारी हूँ। जीवन में आए हाल के दुखद शोक ने मुझे पूरी तरह तोड़कर रख दिया है।

आशा है उधर सब कुशल-मंगल है।

आपका,
श्रीप्रकाश

19 सितम्बर, 1958

प्रिय श्रीप्रकाश जी,

आज आपके आदरणीय पिताजी के दुखद निधन का समाचार सुनकर मुझे बहुत गहरा आघात पहुँचा है। देश ने एक महान विद्वान और अपने एक महान सपूत को खो दिया है। इस दुखद अवसर पर कृपया मेरी भाव-भीनी श्रद्धांजलि स्वीकार करें।

आपका,
के.के. बिड़ला

29 अक्टूबर, 1958

प्रिय कृष्ण कुमार जी,

अपनी प्रिय माताजी, भाई चन्द्रभाल, परिवार के अन्य सदस्यों और अपनी तरफ से मैं पूज्य पिताजी के स्वर्गवास पर आपकी सहानुभूति और शोक-सन्देश के लिए हार्दिक आभार व्यक्त करता हूँ। निस्सन्देह, एक असाधारण व्यक्ति मंच से उठ गया है। मेरे लिए, मानो एक प्रकाश-पुंज हमेशा के लिए बुझ गया है। इस शोक-संतप्त अवसर पर मैं और क्या लिख सकता हूँ?

देश भर से असंख्य पुरुषों और महिलाओं ने मेरे और मेरे परिवार के प्रति अपना स्नेह और सहानुभूति प्रकट की है। मैं सिर्फ यह आशा कर सकता हूँ कि हमारे देशवासी पिताजी के जीवन और दर्शन से शिक्षा लेने का प्रयास करेंगे, और मैं और हमारे परिवार के अन्य सदस्य स्वयं को आपके विश्वास और कृपा के योग्य सिद्ध कर सकेंगे।

हार्दिक आभार सहित,

आपका,
श्रीप्रकाश

एच.एन. बहुगुणा

एच.एन. बहुगुणा उत्तरांचल के थे और एक सक्षम व्यक्ति थे। वे कुछ वर्षों तक केन्द्र सरकार में केबिनेट मन्त्री रहे, और उत्तर प्रदेश के मुख्यमन्त्री भी बने। जब 1974 में इन्दिरा गांधी और संजय ने मुझे उत्तर प्रदेश से राज्यसभा का चुनाव लड़ने के लिए कहा तो प्रदेश के मुख्यमन्त्री के रूप में एच.एन. बहुगुणा ने मेरा भरपूर विरोध करते हुए खुला मतदान करवाने की चाल चली, जो कि संविधान के विरुद्ध था। परिणामस्वरूप मैं हार गया और वे हमेशा के लिए इन्दिराजी और संजय का विश्वास खो बैठे। उनके साथ मेरे पत्र-व्यवहार के कुछ पत्र यहाँ प्रस्तुत हैं।

लखनऊ,
21 नवम्बर, 1961

प्रिय श्री के.के.,
मैं आवेदन कर्त्ता श्री गंगा प्रसाद उपाध्याय के सम्बन्ध में आपको थोड़ा कष्ट देने के लिए क्षमा चाहूँगा, जिनमें मेरी बहुत ज्यादा रुचि है। लड़का एम.ए. (सामाजिक विज्ञान) और श्रम में विशेषज्ञता के साथ एम.एस.डब्ल्यू. है। वह श्रम से जुड़े पदों के लिए पूरी तरह से योग्य है, और यदि आप अपनी महान संस्था में उसे कोई उपयुक्त नौकरी दे सकें तो मैं अत्यन्त आभारी महसूस करूँगा।

आशा है स्वस्थ एवं सकुशल होंगे।

शुभकामनाओं सहित,

आपका,
एच.एन. बहुगुणा

लखनऊ,
30 मई, 1962

प्रिय श्री के.के.,
मैं इंटक की एक बैठक के सम्बन्ध में कलकत्ता आ रहा हूँ। मैं वहाँ दिल्ली से विमान द्वारा 7 जून, 1962 को सुबह 9.45 बजे पहुँचूँगा और 10 जून, 1962 को 5 अप हावड़ा-अमृतसर मेल से लखनऊ रवाना होऊँगा। क्या आपसे भेंट हो पाना सम्भव होगा, क्योंकि हो सकता है कि आप किसी हिल स्टेशन पर छुट्टियाँ मना रहे हों? यदि आप शहर में हुए तो मैं कलकत्ता पहुँचते ही आपसे सम्पर्क स्थापित करूँगा।

शुभकामनाओं सहित,

आपका,
एच.एन. बहुगुणा

सम्पूर्णानन्द

सम्पूर्णानन्द उत्तर प्रदेश की एक प्रमुख हस्ती थे। वे एक महान विचारक, सक्षम प्रशासक और बहुत ऊँचे दर्जे के विद्वान थे। उनका झुकाव समाजवादी विचारधारा

की तरफ था। उन्होंने भारतीय दर्शन और संस्कृति पर अनेक पुस्तकें लिखीं। इसके अलावा उन्होंने इतिहास, ज्योतिष-शास्त्र, समाजवाद और अन्य विषयों पर भी कई पुस्तकें लिखीं।

सम्पूर्णानन्द जी उत्तर प्रदेश में कांग्रेस पार्टी के सक्रिय सदस्य थे। वे बहुत ईमानदार और ऊँचे चरित्र के व्यक्ति थे। वे बहुत निर्भीक भी थे। जब कभी भी वे पंडित जवाहरलाल नेहरू के विचारों से असहमत होते थे तो वे इस सम्बन्ध में उन्हें लिखने से घबराते नहीं थे। वे एक सम्मानित कायस्थ परिवार से सम्बन्धित थे, इसलिए सभी लोग उन्हें बाबू सम्पूर्णानन्द जी कहकर सम्बोधित करते थे। स्वतन्त्रता के बाद वे उत्तर प्रदेश सरकार में मन्त्री रहे, और फिर मुख्यमन्त्री बने।

उनके साथ मेरे पत्र-व्यवहार के कुछ दिलचस्प पत्र यहाँ प्रस्तुत हैं।

मुख्यमन्त्री, उत्तर प्रदेश
30 अक्तूबर, 1958

प्रिय कृष्ण कुमार जी,

मैं समझता हूँ कि शीघ्र ही 'हिन्दुस्तान टाइम्स' में कुछ फेर-बदल होने जा रहे हैं और अब आप इस मामले को देख रहे हैं। मैं आपके सम्मुख श्री कपिल वर्मा का मामला रखना चाहता हूँ। वे लगभग दस वर्षों से पत्रकारिता में हैं। इस पूरी अवधि के दौरान वे अमृत बाजार पत्रिका और इस समूह से जुड़े समाचार-पत्रों के लखनऊ कार्यालय के प्रभारी रहे हैं। वे समाचारों के साथ-साथ व्यावसायिक विभाग को भी देख रहे हैं। पिछले तीन वर्षों से वे बीच-बीच में 'स्टेट्समैन' का भी काम देखते रहे हैं। इस अवधि में वे कांग्रेस के अनेक अधिवेशनों की रिपोर्टिंग कर चुके हैं और युवा आन्दोलन के नेता के रूप में यूरोप भी जा चुके हैं। मेरे विचार में वे एक पूरी तरह विश्वसनीय युवक हैं और अपने पत्र के प्रति निष्ठावान होने के साथ साथ पत्रकारिता के ऊँचे आदर्शों का पालन करने वाले पत्रकार हैं। इस पूरी अवधि में सरकार के साथ उनके बहुत अच्छे सम्बन्ध रहे हैं और उनकी टिप्पणियाँ राज्य की समस्याओं को लेकर उनकी गहरी समझ और सहानुभूति दृष्टिकोण का परिचय देती रही हैं।

यदि आप किसी अच्छे पत्रकार की तलाश में हैं, जिसे आप 'हिन्दुस्तान टाइम्स' के लखनऊ कार्यालय का प्रभार सौंप सकें, तो मैं पूरे विश्वास के साथ श्री कपिल वर्मा का नाम सुझा सकता हूँ। आप जब भी चाहें, वे सहर्ष आपसे भेंट करने के लिए तैयार हैं।

आपका,
सम्पूर्णानन्द

3 नवम्बर, 1958

प्रिय श्री सम्पूर्णानन्द जी,

आपका 30 अक्तूबर का कृपा पत्र मिला। श्री कपिल वर्मा के सम्बन्ध में मैं 'हिन्दुस्तान टाइम्स' के मुख्य सम्पादक श्री दुर्गादास से पता लगा रहा हूँ कि क्या

उन्हें लखनऊ में किसी व्यक्ति की आवश्यकता है। आप इस बात को लेकर निश्चिंत रहें कि यदि हमें लखनऊ में किसी की आवश्यकता होगी तो हम निश्चित ही श्री कपिल वर्मा को अवसर देंगे। परन्तु अच्छा रहेगा कि आप श्री कपिल वर्मा को अपनी योग्यताओं और अनुभव इत्यादि के विवरण सहित मुझे एक पत्र लिखने के लिए कहें।

मुझे पत्र लिखने की कृपा के लिए धन्यवाद।

शुभकामनाओं सहित,

आपका,
के.के. बिड़ला

22 नवम्बर, 1958

प्रिय श्री बाबू जी,
आपको याद होगा कि मैंने आपसे हरगाँव शुगर मिल की गन्ने की निराशाजनक स्थिति का उल्लेख किया था और इस सम्बन्ध में श्री कमलापतिजी और गौतमजी को एक नोट भी भेजा था। जो आरक्षण आदेश जारी किया गया है, उससे मुझे घोर आश्चर्य हुआ है। हरगाँव शुगर मिल में गन्ने की निराशाजनक स्थिति को देखते हुए कोई राहत देने की बजाय इस आदेश में फैक्टरी के आबंटन में और भी कटौती कर दी गई है। मैं सचमुच ऐसा महसूस कर रहा हूँ कि इस आदेश में हरगाँव शुगर मिल के साथ घोर अन्याय किया गया है। इस तरह के आदेश का कोई आधार समझ में नहीं आ रहा है। मुझे नहीं मालूम कि ऐसा किसी बड़ी गलती के कारण हुआ है या हमारे खिलाफ कोई प्रतिशोधात्मक भावना काम कर रही है। मैंने हरगाँव शुगर मिल से इस आदेश के खिलाफ एक अधिकृत अपील दायर करने के लिए कहा है। परन्तु मैं चाहता हूँ कि आप व्यक्तिगत रूप से इस मामले को देखने की कृपा करें, ताकि आप इस आदेश के कारण हरगाँव शुगर मिल के लिए पैदा होने वाली कठिनाइयों से अवगत हो सकें और उसे न्याय दिलाने में सफल हो सकें।

शुभकामनाओं सहित,

आपका,
के.के. बिड़ला

20 फरवरी, 1959

प्रिय श्री बाबू जी,
प्रधान गन्ने के मामले में आपके कृपालु निर्णय की मुझे अभी-अभी जानकारी मिली है। मुझे बहुत राहत महसूस हो रही है और मैं इतना भाव-विभोर हूँ कि आपके प्रति अपनी कृतज्ञता व्यक्त करने से अपने-आपको रोक नहीं पा रहा हूँ। प्रधान और देवकली, हरगाँव शुगर मिल के जीवन-प्राण हैं और संशय की यह अवधि मेरी असीम व्यग्रता का कारण बनी रही है। मुझे अत्यन्त प्रसन्नता है कि आपने इस मामले की स्वयं जाँच करने की कृपा की और हमारे अधिवेदन को सही पाया।

आपने यह भी देखा होगा कि हरगाँव और गोला की गन्ने की स्थिति को लेकर हमारा अनुमान बिल्कुल सही था; और जहाँ हरगाँव अन्तिम निर्णय की प्रतीक्षा में गन्ने की कमी का सामना करती रही, वहीं गोला के पार तब भी इसकी प्रचुर मात्रा थी।

एक बार फिर आपके कृपा निर्णय और मामले की छानबीन करने का कष्ट उठाने के लिए बहुत-बहुत धन्यवाद।

शुभकामनाओं सहित,

आपका,
के.के. बिड़ला

6 मई, 1959

प्रिय कृष्ण कुमार जी,
मैं एक अत्यन्त महत्वपूर्ण मामला आपके ध्यान में लाना चाहता हूँ। मेरे प्रति 'हिन्दुस्तान टाइम्स' ने लगातार जो नीति अपना रखी है, पता नहीं आपने उस पर ध्यान दिया है या नहीं। लखनऊ में इसका संवाददाता एक ऐसा व्यक्ति है जिसे मेरी और वर्तमान उत्तर प्रदेश सरकार की निन्दा करने वाली और प्रदेश की राजनीति में हमारे वर्तमान विरोधियों की पीठ थपथपाने वाली खबरें गढ़ने में आनन्द आता है। गलत और तोड़-मरोड़कर प्रस्तुत की गई खबरों को मोटी-मोटी सुर्खियों के साथ छापा जाता है। मैं नहीं जानता कि आप अखबार की नीति को किस हद तक प्रभावित करने की स्थिति में हैं। यदि आप इस स्थिति में नहीं हैं या कोई प्रभावी कार्यवाई करने के इच्छुक नहीं हैं तो मैं आपसे विनती करूँगा कि आप कुछ न करें। कोई प्रभावहीन कदम उठाने का परिणाम यह होगा कि यहाँ के संवाददाता को इसका पता चल जाएगा और वह अपने लेखों में और अधिक कड़वाहट भरने का प्रयास करेगा। सम्पादक भी बिल्कुल यही करेगा।

आपका,
सम्पूर्णानन्द

निजी एवं गोपनीय

9 मई, 1959

प्रिय बाबू जी,
आपका 6 मई का कृपा पत्र मिला। आपने 'हिन्दुस्तान टाइम्स' के संवाददाता के रवैये के बारे में जो कुछ लिखा है, उसे पढ़कर बहुत दुख हुआ। मेरा यह नियम है कि मैं अखबार की दिन-प्रतिदिन की नीति के मामले में हस्तक्षेप नहीं करता। परन्तु यह सम्पादक के मामले में हस्तक्षेप करने की बात नहीं है। यह एक संवाददाता का मामला है, जो आपके अनुसार खबरों को तोड़-मरोड़कर प्रस्तुत करने का अपराध कर रहा है। मैं इस तरफ न सिर्फ सम्पादक का ध्यान आकर्षित करूँगा, बल्कि उन पर जोर डालूँगा कि वे इस तरह के मामलों पर तुरन्त रोक लगाएँ। फिर भी, यदि आप मुझे

कुछ ऐसी कतरनें भेज सकें जिन्हें मैं सम्पादक को दिखा सकूँ तो मैं आभारी महसूस करूँगा। इस समय श्री एस. मूलगाँवकर अखबार के सम्पादक हैं। दुर्गाप्रसाद, जो मुख्य सम्पादक हैं, शीघ्र ही सेवा-निवृत्त हो रहे हैं। फिलहाल इस सूचना को कृपया गुप्त ही रखें।

यह मामला मेरे ध्यान में लाने के लिए मैं कृतज्ञ हूँ।

शुभकामनाओं सहित,

आपका,
के.के. बिड़ला

गोपनीय

18 मई, 1959

प्रिय कृष्ण कुमार जी,

आपका 9 मई का पत्र मिला। इसके उत्तर में मैं आपको सुझाव दूँगा कि आप अपने जनसम्पर्क अधिकारी से 'हिन्दुस्तान टाइम्स' के पिछले चार महीने के अंकों को पलटकर देखने के लिए कहें। जहाँ भी कोई समाचार अखबार के विशेष संवाददाता द्वारा भेजे गए समाचार के रूप में छपा है, उसमें तथ्यों को तोड़-मरोड़कर विरोधियों की पीठ थपथपाई गई है और सरकार से जुड़े व्यक्तियों की, विशेषकर मेरी, निन्दा की गई है। सरकार को छोड़कर जाने वाले व्यक्तियों को मसीहाओं के रूप में प्रस्तुत करने का प्रयास किया गया है। कभी-कभी इन प्रयासों का हास्यात्मक पक्ष भी सामने आता है, जिसकी तरफ आपके संवाददाता का ध्यान नहीं जा पाता। श्री चरण सिंह ने एक महीने पहले सरकार से त्याग-पत्र दे दिया था, और अब वे खुलेआम शिकायत करते फिर रहे हैं कि रिहंद डैम से पैदा होने वाली बिजली का एक बड़ा हिस्सा बिड़लाओं को दिया जा रहा है। आपका संवाददाता भूल जाता है कि वह स्वयं भी एक बिड़ला कर्मचारी है और इन भाषणों और वक्तव्यों को मोटी-मोटी सुर्खियों के साथ प्रस्तुत करता है। मैं सिर्फ संवाददाता को दोष नहीं दे सकता। वह यह सब इसलिए कर रहा है क्योंकि उसे पूरा भरोसा है कि सम्पादक को यही सब पसन्द है और इसे बिना कुछ पूछे छाप दिया जाएगा। आपके दिल्ली के स्टाफ में शर्मा नाम के एक सज्जन हैं। वे सम्पादकीय विभाग में किसी महत्वपूर्ण पद पर हैं। पन्तजी ने एक-दो बार उनसे अखबार के पक्षपातपूर्ण रवैये के बारे में बात की है। या तो शर्मा ने पन्तजी की बातों पर कोई ध्यान नहीं दिया था या फिर वे इतने प्रभावशाली नहीं हैं कि इस मामले में कुछ कर सकें। जैसाकि मैंने अपने पहले पत्र में लिखा था, यदि अखबार की सम्पादकीय नीति में हस्तक्षेप करके कोई प्रभावी कदम उठाना आपके लिए कठिन हो, तो कृपया इस पत्र को अनदेखा कर दें। यदि परिस्थितियों ने बाध्य किया तो मुझमें अखबार के इस मोर्चे पर लड़ने की पर्याप्त क्षमता है।

आपका,
सम्पूर्णानन्द

प्रिय श्री बाबू जी,

आपका 18 मई का कृपा पत्र मिला। लखनऊ में 'हिन्दुस्तान टाइम्स' का विशेष संवाददाता पी. चक्रवर्ती नाम का एक व्यक्ति है। मुझे आपको यह सूचना देते हुए प्रसन्नता हो रही है कि सम्पादक ने उसे वापस बुलाने का फैसला किया है। हम किसी दूसरे व्यक्ति को इस सख्त निर्देश के साथ लखनऊ भेज रहे हैं कि उसे सिर्फ खबरों की रिपोर्टिंग करनी हैं, और किसी भी चीज को रंगीन चश्मे से नहीं देखना है। मुझे आशा है कि इस नए प्रबन्ध से आपको शिकायत का अवसर नहीं मिलेगा।

जहाँ तक शर्मा नाम के व्यक्ति का सम्बन्ध है, मैंने इस सम्बन्ध में जाँच-पड़ताल की है। 'हिन्दुस्तान टाइम्स' के सम्पादकीय विभाग में इस नाम का सिर्फ एक व्यक्ति है। उसका पूरा नाम सत्यनारायण शर्मा है और वह एक उपसम्पादक-कम-रिपोर्टर है। उसके बारे में हमारी गुप्त रिपोर्ट विशेष उत्साहजनक नहीं है। परन्तु वह इतने छोटे पद पर है कि मुझे नहीं लगता कि वह हमारे लखनऊ संवाददाता को प्रभावित कर सकता है। न ही मुझे ऐसा लगता है कि वह पन्तजी के सम्पर्क में आया है। परन्तु मैं उसके बारे में कुछ और जाँच-पड़ताल कर रहा हूँ और आपको शीघ्र ही इस सम्बन्ध में लिखूँगा।

मैं सम्पादक के सम्बन्ध में आपकी धारणा में संशोधन करने की अनुमति चाहूँगा। अब तक दुर्गादास मुख्य सम्पादक थे। वे शीघ्र ही सेवा-निवृत्त हो रहे हैं और इस समय भी भारत से बाहर हैं। इसलिए सारी जिम्मेदारी श्री एस. मूलगाँवकर निभा रहे हैं, जो इस समय सम्पादक के पद पर हैं और दुर्गादास के सेवानिवृत्त होने के बाद मुख्य सम्पादक का पद सँभालेंगे। मूलगाँवकर एक स्पष्टवादी और ईमानदार व्यक्ति है। आपको नीचा दिखाने का उनके पास कोई कारण नहीं है। जब आपने यह उल्लेख किया था कि सम्पादक पक्षपात कर रहे हैं तो सम्भवतः आप दुर्गाप्रसाद की बात कर रहे थे। यद्यपि मैं यह भी नहीं कह सकता कि दुर्गाप्रसाद पक्षपात कर रहे थे। परन्तु क्योंकि वे अब सेवा-निवृत्त हो रहे हैं, इसलिए आशा है कि अब आपको 'हिन्दुस्तान टाइम्स' से कोई शिकायत नहीं होगी।

शुभकामनाओं सहित,

आपका,
के.के. बिड़ला

3 दिसम्बर, 1960

प्रिय श्री बाबू जी,

पिछले कुछ समय से उत्तर प्रदेश में चल रहे राजनीतिक विवाद को लेकर मैं काफी चिन्तित रहा हूँ, जिसका परिणाम अब आपके त्याग-पत्र के रूप में सामने आया है। सक्रिय राजनीति से आपके संन्यास का समाचार अत्यन्त दुखद है, क्योंकि आप जैसी महत्ता और क्षमता वाले नेता का मार्गदर्शन खो बैठना देश के हित में नहीं है। आपके साथ बीस वर्ष लम्बे जुड़ाव के दौरान मैंने अपने प्रति आपके व्यवहार को हमेशा

अत्यन्त शिष्टतापूर्ण पाया है, जिसके लिए मैं आपका कृतज्ञ हूँ। मैं आशा करता हूँ कि भविष्य में भी मुझे आपके विद्वतापूर्ण मार्गदर्शन और परामर्श का सौभाग्य प्राप्त होता रहेगा।

शुभकामनाओं सहित,

आपका,
के.के. बिड़ला

6 दिसम्बर, 1960

प्रिय कृष्ण कुमार जी,

आपके कृपा पत्र के लिए धन्यवाद। इस समूचे प्रसंग में मुझे सिर्फ एक बात का खेद है। एक अग्रणी लेख को छोड़कर 'हिन्दुस्तान टाइम्स' का रवैया पूरी तरह द्वेषपूर्ण रहा। कारण जो भी रहा हो, परन्तु जो कुछ भी उन्होंने लिखा और जिस तरह से उन्होंने खबरों को गलत ढंग से और तोड़-मोड़कर प्रस्तुत किया, उससे ऐसा प्रतीत होता था मानो उनकी मुझसे कोई व्यक्तिगत शत्रुता हो। सभी लोग आश्चर्यचकित थे। आपकी फर्म के साथ बिजली के समझौते के दौरान मैंने स्वयं अपनी इच्छा से जो बदनामी मोल ली थी, उसे देखते हुए अधिक भद्र व्यवहार की अपेक्षा थी। पर मैं कोई शिकायत नहीं कर रहा हूँ। मैं सिर्फ तथ्यों को आपके सामने रख रहा हूँ।

आपका,
सम्पूर्णानन्द,

10 दिसम्बर, 1960

प्रिय श्री बाबू जी,

आपका 6 दिसम्बर का कृपा पत्र मिला। यदि 'हिन्दुस्तान टाइम्स' ने खबरों को गलत ढंग से और तोड़-मरोड़कर छापा है तो यह मेरे लिए अत्यन्त दुख की बात होगी। मैं 'हिन्दुस्तान टाइम्स' को काफी नियमित रूप से पढ़ता हूँ। आमतौर से मैं सम्पादकीय और राष्ट्रीय मामले, आर्थिक मामले जैसे कुछ फीचर पढ़ता हूँ। परन्तु मैं स्वीकार करूँगा कि मै़ं प्रादेशिक राजधानियों से भेजी गई खबरें नहीं पढ़ता हूँ। जहाँ तक सम्पादकीयों का सम्बन्ध है, एक निश्चित ही कुछ ज्यादा कठोर था, परन्तु एक अन्य सम्पादकीय में अखबार ने चन्द्रभानुजी की भी आलोचना की थी। मैं उस सम्पादकीय की बात कर रहा हूँ जिसमें प्र. का. सं. के चुनाव से पहले त्याग-पत्र दे देने की बार-बार घोषणा करने के बावजूद आपके त्याग-पत्र में हुए विलम्ब पर टिप्पणी की गई थी। मुझे व्यक्तिगत रूप से सम्पादकीय कुछ कठोर लगा, परन्तु स्पष्ट है कि सम्पादक के विचार मुझसे अलग थे। फिर भी मैं मूलगाँवगार को पत्र लिख रहा हूँ और आपको इस मामले पर उनके विचारों से सूचित करूँगा।

आपने हमारी एल्युमीनियम फैक्टरी को बिजली की आपूर्ति के सम्बन्ध में हुए समझौते का जिस तरह दृढ़तापूर्वक बचाव किया, उसके लिए हम आपके अत्यन्त

आभारी हैं। आपका निर्णय एक सही निर्णय था और मेरा विचार है कि सही सोच वाले सभी लोगों ने आपके इस कदम की सराहना की थी।

हार्दिक शुभकामनाओं सहित

आपका,
के.के. बिड़ला

3 अप्रैल, 1962

प्रिय श्री बाबू जी,
राजस्थान के राज्यपाल के रूप में आपकी नियुक्ति का समाचार पढ़कर अत्यन्त प्रसन्नता हुई। कृपया मेरा सादर अभिवादन स्वीकार करें।

यह राजस्थान का सौभाग्य है कि उसे समृद्धि की राह पर आगे बढ़ते रहने के लिए आप जैसी महता और क्षमता वाले नेता का मार्गदर्शन प्राप्त हुआ है।

हार्दिक शुभकामनाओं सहित,

आपका,
के.के. बिड़ला

17 अप्रैल, 1962

प्रिय कृष्ण कुमार जी,
आपके कृपा सन्देश की प्राप्ति की सूचना देने में थोड़ा विलम्ब हो गया है। कृपया मेरा हार्दिक धन्यवाद स्वीकार करें।

आपका,
[illegible]

मोहन लाल सुखाड़िया

मोहनलाल सुखाडिया राजस्थान के सर्वश्रेष्ठ मुख्यमन्त्रियों में से थे। मैं उनके साथ अपने पत्र-व्यवहार के कुछ पत्र प्रस्तुत कर रहा हूँ।

27 अक्तूबर, 1958

प्रिय श्री सुखाड़िया जी,
आशा है आपको स्मरण होगा कि हमने हमारी माँ की स्मृति मैं सरदारशहर में एक महिला अस्पताल की स्थापना की है, जो उसी शहर की थीं। अस्पताल का नाम उन्हीं के नाम पर रखा गया है। यद्यपि अस्पताल कुछ समय पहले चालू हो चुका है, परन्तु हमने अब तक इसका उद्घाटन समारोह नहीं किया है। आजकल उद्घाटन समारोह संस्थाओं के आरम्भ होने के कुछ दिन बाद रखे जाते हैं, ताकि इस अवसर पर आमन्त्रित अतिथियों को उनके कामकाज की झलक मिल सके। मुझे आपको यह

बताते हुए प्रसन्नता हो रही है कि अस्पताल बहुत सन्तोषजनक ढंग से चल रहा है और कुशलतापूर्वक जनता की सेवा कर रहा है। अब हम आपके हाथों इसका उद्घाटन करवाने के इच्छुक हैं। कृपया हमारे इस अनुरोध को स्वीकार करके हमें कृतार्थ करें। हम इस आयोजन के लिए जनवरी या फरवरी में आपकी सुविधानुसार कोई तिथि निर्धारित करना चाहेंगे। इस बीच आपकी स्वीकृति पाकर हम अत्यन्त आभारी महसूस करेंगे।

धन्यवाद और शुभकामनाओं सहित,

आपका,
के.के. बिड़ला

5 नवम्बर, 1958

प्रिय श्री बिड़ला,
यह पत्र सरदारशहर में महिला अस्पताल के उद्घाटन समारोह को लेकर आपके 27 अक्तूबर के पत्र के सन्दर्भ में है। मुझे यह उद्घाटन करके अपार प्रसन्नता होगी, जिसके लिए आप जनवरी 1959 में कोई तिथि निर्धारित कर सकते हैं। आपसे इस सम्बन्ध में जानकारी मिलने के बाद मैं तिथि की पुष्टि कर दूँगा।

शुभकामनाओं सहित,

आपका,
मोहन लाल सुखाड़िया

16 फरवरी, 1959

प्रिय श्री बिड़ला,
आपके 26 जनवरी, 1959 के पत्र के लिए धन्यवाद, जिसमें आपने सरदारशहर के महिला अस्पताल का उद्घाटन समारोह मार्च के आरम्भ में रखने का सुझाव दिया है। जैसाकि आप जानते हैं, उस समय विधानसभा का बजट सत्र जारी होगा। इसलिए यदि अस्पताल का उद्घाटन समारोह अप्रैल में किसी दिन रखा जाए तो मेरे लिए अधिक उपयुक्त रहेगा।

आशा है उत्तर में विलम्ब के लिए क्षमा करेंगे।

आपका,
मोहनलाल सुखाड़िया

21 फरवरी, 1959

प्रिय श्री सुखाड़िया जी,
आपका 16 फरवरी का कृपा पत्र मिला। अप्रैल में राजस्थान में धूल-मिट्टी वाला मौसम हो सकता है। यद्यपि अप्रैल मेरे लिए पूरी तरह उपयुक्त है, परन्तु धूल भरे वातावरण में शायद आयोजन अच्छा न हो पाए। इन परिस्थितियों में उद्घाटन समारोह को जुलाई तक विलम्बित करना उचित होगा। यदि आप इस सुझाव से

सहमत हों तो हम कुछ समय बाद इसके लिए तिथि निर्धारित कर सकते हैं। कृपया मुझे अपने विचार बताने की कृपा करें।

शुभकामनाओं सहित,

आपका,
के.के. बिड़ला

2 मार्च, 1959

प्रिय बिड़ला जी,

आपके 21 फरवरी के पत्र के लिए धन्यवाद।

जैसाकि आपका सुझाव है, हम इस समारोह को जुलाई में किसी दिन रख सकते हैं। आप समय आने पर इस सम्बन्ध में अपनी सुविधानुसार कोई तिथि निश्चित करके मुझे सूचित कर दें।

शुभकामनाओं सहित,

आपका,
मोहनलाल सुखाड़िया

30 मार्च, 1962

प्रिय श्री सुखाड़िया जी,

मैं यह पत्र सरदारशहर में हमारे द्वारा निर्मित महिला अस्पताल के सम्बन्ध में लिख रहा हूँ। आशा है आपको इसका स्मरण होगा क्योंकि मैं समय-समय पर इसके सम्बन्ध में आपकी मदद लेता रहा हूँ। अस्पताल का निर्माण करने के बाद हमने इसका प्रभार राजस्थान सरकार को सौंप दिया था। यह सरकार के साथ हमारे समझौते का एक अंग था। इसलिए इस समय यह अस्पताल राजस्थान सरकार द्वारा चलाया जा रहा है।

मुझे अस्पताल के प्रबन्धन और संचालन के सम्बन्ध में कभी-कभी प्रतिकूल प्रतिक्रियाएँ मिलती रही हैं। परन्तु मैंने आपको कष्ट देना उचित नहीं समझा, क्योंकि मुझे आशा थी कि समय के साथ सब ठीक हो जाएगा।

शायद आप जानते होंगे कि रामेश्वर तांतिया भी सरदारशहर के हैं। दो दिन पहले वे हमारे यहाँ भोजन पर आए और उन्होंने हमें बताया कि अस्पताल अत्यन्त शोचनीय अवस्था में है। रख-रखाव बेहद खराब है। कई खिड़कियों के शीशे टूट चुके हैं और उनकी मरम्मत नहीं करवाई गई है। अस्पताल बहुत अस्वच्छ अवस्था में है और सबसे बड़ी बात है कि इस समय वहाँ न कोई नर्स है और न महिला डॉक्टर। कुछ समय पहले वहाँ एक महिला डॉक्टर थी, परन्तु उसने किसी कारण त्याग-पत्र दे दिया। तब से इस पद को भरा नहीं गया है।

अस्पताल की बगल में एक पुरुषों का अस्पताल है, और वहाँ का डॉक्टर कुछ समय के लिए महिला अस्पताल का भी दौरा कर लेता है। परन्तु यह व्यवस्था सन्तोषजनक नहीं है, क्योंकि एक महिला अस्पताल में एक पूर्ण-कालिक महिला डॉक्टर का होना अनिवार्य है।

आशा है आप इस मामले की समुचित जाँच करवाने और अस्पताल में पर्याप्त मात्रा में कर्मचारियों की नियुक्ति के लिए निर्देश जारी करने की कृपा करेंगे।

रामेश्वर जी का यह भी कहना था कि यदि अस्पताल के संचालन में राजस्थान सरकार को कोई कठिनाई आ रही है तो सरदारशहर की नागरिक समिति अस्पताल की देखरेख करने के लिए तैयार है, बशर्ते कि सरकार घाटे की पूर्ति करने के लिए राजी हो।

इस मामले में आपके विचार जानकर मैं अत्यन्त कृतज्ञ महसूस करूँगा।

शुभकामनाओं सहित,

आपका,
के.के. बिड़ला

3 अप्रैल, 1962

प्रिय कृष्ण कुमार जी,

सरदारशहर के महिला अस्पताल के सम्बन्ध में आपका दिनांक 30 मार्च, 1962 का पत्र प्राप्त हुआ। मैं चिकित्सा एवं स्वास्थ्य विभाग के सचिव को मामले की जाँच करने और अस्पताल के रख-रखाव, प्रबन्धन और महिला डॉक्टर और अन्य कर्मचारियों की नियुक्ति के लिए आवश्यक कदम उठाने के लिए कह रहा हूँ।

शुभकामनाओं सहित,

आपका,
मोहनलाल सुखाड़िया

सर श्रीराम

सर श्रीराम देश के एक अग्रणी उद्योगपति थे। उन्होंने 1927 में सर पुरुषोत्तम दास ठाकुरदास और मेरे पिताजी घनश्यामदास बिड़ला के साथ मिलकर एफ. आई. सी. सी. आई. की स्थापना की थी। सर श्रीराम मुझे बहुत चाहते थे और मुझे अक्सर भोजन पर आमन्त्रित करते रहते थे। उनके साथ मेरे पत्र-व्यवहार के कुछ पत्र यहाँ प्रस्तुत हैं।

एक्सप्रेस तार

16 अप्रैल, 1951

सर शंकर लाल के दुखद और असामयिक देहान्त का समाचार पढ़कर असीम आघात और दुख पहुँचा। इस दुख की घड़ी में कृपया मेरी शोक सम्वेदनाएँ स्वीकार करें और उन्हें परिवार के अन्य सदस्यों तक भी पहुँचा दें।

कृष्ण कुमार बिड़ला

प्रिय कृष्ण कुमार जी,
आपकी शोक-संवदेनाओं का पत्र मिला। कृपया मेरा हार्दिक धन्यवाद स्वीकार करें। ईश्वर मेरी परीक्षा ले रहा है। मेरा अपने मित्रों से अनुरोध है कि वे प्रार्थना करें कि मैं इस कठिन परीक्षा में विफल न होऊँ। ईश्वर की जैसी इच्छा।

सस्नेह अभिवादन,

आपका,
श्रीराम

13 फरवरी, 1953

प्रिय कृष्ण कुमार जी,
जैसाकि मैं आपसे व्यक्तिगत रूप से अनुरोध कर चुका हूँ, कृपया कल दोपहर 1.15 बजे मेरे घर भोजन पर मुझे अपनी सुखद संगति का सौभाग्य प्रदान करके कृतार्थ करें। मैंने इस अवसर पर अपने कुछ मित्रों को रिजर्व बैंक के केन्द्रीय मंडल के कुछ गवर्नरों और निदेशकों के साथ भेंट के लिए आमन्त्रित किया है।

शुभकामनाओं सहित;

आपका,
श्रीराम

26 फरवरी, 1953

प्रिय कृष्ण कुमार जी,
मैं टैक्समैको ग्वालियर लिमिटेड, ग्वालियर के नाम हमारे एक पत्र की प्रति संलग्न कर रहा हूँ। यदि आप उनसे हमें शीघ्र-से-शीघ्र सप्लाई करने के लिए हर सम्भव प्रयास करने के लिए कह सकें तो आपकी अति कृपा होगी।

शुभकामनाओं सहित,

आपका,
श्रीराम

27 फरवरी, 1953

आदरणीय सर श्रीराम,
माननीय श्री टी. टी. कृष्णामचारी द्वारा 24 तारीख को आयोजित बैठक में आपने जिस तरह टेक्सटाइल मशीनरी उद्योग के प्रति अत्यन्त सहानुभूतिपूर्ण और तर्कसंगत दृष्टिकोण का प्रदर्शन किया, उसके लिए मैं आपका हार्दिक आभार व्यक्त करना चाहता हूँ। जहाँ वस्त्र उद्योग के कुछ सदस्यों ने दुर्भाग्यवश एक खुला दृष्टिकोण अपनाने की बजाय चीजों को अत्यन्त संकुचित कोण से देखने का प्रयास किया, वहीं आपका तर्कपूर्ण रवैया विशेष रूप से सन्तोष प्रदान करने

वाला था, जिसके लिए मैं आपका धन्यवाद करता हूँ। आशा है आप टेक्सटाइल मशीनरी उद्योग के प्रति हमेशा यही दृष्टिकोण बनाए रखने की कृपा करेंगे। किसी भी तरह के सुधार के सम्बन्ध में आपके सुझावों पर मैं बहुत बारीकी से ध्यान दूँगा।

शुभकामनाओं सहित,

आपका,
के.के. बिड़ला

अनुग्रह नारायण सिन्हा

अनुग्रह नारायण सिन्हा बिहार सरकार में वित्त, आपूर्ति और श्रम मन्त्री थे। वे मेरे बहुत अच्छे मित्र थे। मेरे पास अनुग्रह बाबू के बहुत-से पत्र हैं, जिनमें से सिर्फ कुछ यहाँ प्रस्तुत हैं।

पटना,
7 अगस्त, 1952

प्रिय कृष्ण कुमार जी,

आपको यदा-कदा कष्ट देते हुए संकोच तो होता है, परन्तु कोई उपाय नहीं है।

मुझे अभिमन्यु का पत्र प्राप्त हुआ है, जिसमें उसने लिखा है कि वह आपसे मिला था और आपने उसके आवेदन-पत्र के सम्बन्ध में निदेशक मंडल से सिफारिश करने की कृपा की है। उसकी डकोटा ट्रेनिंग सितम्बर में शुरू होगी और तब तक उसे खाली बैठना पड़ेगा। वह डी. जी. सी. ए. से मिला था, जिन्होंने उसे सलाह दी है कि ट्रेनिंग शुरू होने तक की अवधि के लिए उसे सुपरन्यूमरी पायलट के रूप में अपनी नियुक्ति करवा लेनी चाहिए। मैं समझता हूँ कि इस तरह के अनेक पायलट भारत एयरवेज में काम कर रहे हैं। क्या आप उसे इस अवधि के दौरान सुपरन्यूमरी पायलट नियुक्त कर सकते हैं। मुझे नहीं मालूम कि आपके लिए ऐसा करना सम्भव है या नहीं, परन्तु मैं सिर्फ इतना चाहता हूँ कि आप इस सुझाव पर अत्यन्त सहानुभूतिपूर्वक विचार करने की कृपा करें।

शुभकामनाओं सहित,

आपका,
अनुग्रह नारायण सिन्हा

पटना,
8 अप्रैल, 1956

प्रिय श्री कृष्ण कुमार जी,

अपनी दिल्ली यात्रा के दौरान आपके श्रद्धेय और महात्मा समान दादाजी के स्वर्गवास का समाचार सुनकर गहरा आघात पहुँचा, और मैंने तुरन्त श्री बृजमोहन जी को एक

पत्र लिखा। मैं विश्वास करता हूँ कि आप इस अपूरणीय क्षति को झेलने के लिए पर्याप्त साहस और सहनशक्ति जुटा पाएँगे।

श्री खन्ना के सम्बन्ध में आपका पिछला पत्र मिला था। मैंने उनसे बात की है और उन्हें आपकी इच्छा का पालन करने में कोई आपत्ति नहीं है। स्वयं मुझे भी कोई आपत्ति नहीं है। सचिव का कहना था कि उत्तर प्रदेश सरकार का सन्दर्भ दिया जा सकता था, परन्तु इस पर पुनर्विचार करने के बाद मुझे इसकी कोई आवश्यकता नहीं लगी। यदि आप एक कर्मचारी की बजाय एक निजी व्यवसायी के रूप में उनकी सेवाएँ लेना चाहते हैं तो मुझे उनकी सेवाएँ न देने का कोई कारण दिखाई नहीं देता। यदि आप उनकी सेवाएँ चाहते हो तो कृपया मुझे सूचित कर दें।

शेष सब कुशल है। शुभकामनाओं सहित,

आपका,
अनुग्रह नारायण सिन्हा

पटना
5 मई, 1956

प्रिय श्री कृष्ण कुमार जी,
आपका 3 मई का नोट मिला। यह सच है कि मैं व्यस्त हूँ, परन्तु 'सर्चलाइट' के लिए मेरे पास हमेशा समय है, विशेषकर यदि अनुरोध आपकी तरफ से हो।

आपका,
अनुग्रह नारायण सिन्हा

7 मई, 1956

प्रिय श्री अनुग्रह बाबू,
आपका 5 मई का कृपा पत्र मिला। यह जानकर प्रसन्नता हुई कि आप 'सर्चलाइट' के निदेशक बनने के लिए सहमत हो गए हैं। अब मैं इस सम्बन्ध में आवश्यक कार्यवाई करने जा रहा हूँ।

हार्दिक शुभकामनाओं सहित,

आपका,
के.के. बिड़ला

पटना,
21 मई, 1956

प्रिय श्री कृष्ण कुमार जी,
पिछले वर्ष मैंने राँची के इंजीनियरिंग कॉलेज में एक सीट के लिए आपके पूजनीय पिताजी से सिफारिश की थी, और उन्होंने इसे मान लेने की कृपा की थी। इस वर्ष भी, उनकी अनुपस्थिति में, मैं इस कॉलेज में एक सीट के लिए आपसे सिफारिश कर रहा हूँ। यह लड़का भी गया के एक प्रतिष्ठित घराने से सम्बन्धित है। इसका

नाम बीरेन्द्र कुमार है। यह गया महाविद्यालय के सचिव श्री बलवीर प्रसाद का बेटा है।

आशा है आप सकुशल होंगे। शुभकामनाओं सहित,

आपका,
अनुग्रह नारायण सिन्हा

राजकुमारी अमृत कौर

राजकुमारी अमृत कौर कपूरथला के राजघराने से सम्बन्धित थीं। परन्तु वे सिख नहीं, बल्कि ईसाई थीं। वे पंडित जवाहरलाल नेहरू के केबिनेट में मन्त्री थीं। वे मुझे बहुत चाहती थीं और परिवार के एक सदस्य की तरह थीं। वे जब भी कोलकाता आती थीं तो हमारे साथ ठहरती थीं। उनके साथ मेरे पत्र-व्यवहार के कुछ पत्र यहाँ प्रस्तुत हैं।

निजी

स्वास्थ्य मन्त्री,
नई दिल्ली,
18 सितम्बर, 1955

चि. कृष्ण कुमार,
यह जानकर बहुत खुशी हुई कि आप दोनों सही-सलामत पहुँच गए हैं और सकुशल हैं। आप दिल्ली आएँगे तो आपसे मिलकर मुझे बड़ी खुशी होगी। परन्तु मैं इस महीने की 27 तारीख को चीन जा रही हूँ, इसलिए जाने से पहले यहाँ मेरे पास थोड़ी ही दिन बचे हैं।

आपके प्रिय पिताजी जिस तरह कर्नल पसरीचा की मदद के लिए झट से तैयार हो गए, उसके लिए मैं उनकी कृतज्ञ हूँ। मैं उनकी ईमानदारी और इंग्लैंड के चिकित्सा जगत में उनके बहुत अच्छे सम्पर्कों का वचन देती हूँ। मुझे नहीं मालूम कि उन्हें कितना काम करना पड़ेगा और कितनी बार लन्दन आना-जाना पड़ेगा, क्योंकि मेरा ख्याल है कि उन्होंने ईलिंग या उसके आसपास किसी उपनगर में एक घर खरीद लिया है। यदि उन्हें प्रतिदिन लंदन आकर कुछ घंटे काम करना है तो मैं कुछ वाहन भत्ते के साथ 500 पौंड या, जैसाकि आपका सुझाव है, 400 पौंड देने का अनुरोध करूँगी। मुझे पूरा विश्वास है कि किसी भी अतिरिक्त मदद के लिए वे कृतज्ञ महसूस करेंगे।

आप सभी को प्यार और आशीष,

सस्नेह,
अमृत कौर

निजी

नई दिल्ली,
8 नवम्बर, 1955

चि. कृष्ण कुमार,

1000/- रुपए के चेक के लिए बहुत-बहुत धन्यवाद। आप सचमुच बहुत दयालु हैं। मुझे पूरा विश्वास है कि आपकी इस उदार मदद से हम एक अच्छी खेलकूद पत्रिका निकाल पाएँगे।

मेरी चीन यात्रा बहुत ज्ञानवर्द्धक और रोचक रही। मैंने इस सम्बन्ध में प्रधानमन्त्री को एक लम्बी डायरी सौंपी है। आप अगली बार दिल्ली आएँगे तो आपको भी एक प्रति दूँगी। परन्तु पत्र में अपनी भावनाएँ उड़ेलने के लिए समय नहीं निकाल पा रही हूँ।

आप सभी को मेरा प्यार और आशीष,

आपकी सस्नेह,
अमृत कौर

निजी एवं गोपनीय

नई दिल्ली,
25 मार्च, 1956

चि. कृष्ण कुमार,

मैं इस पत्र के माध्यम से आपको एक उपकार करने के लिए कह रही हूँ। आशा है आप इस पर सहानुभूतिपूर्वक विचार करेंगे।

दिल्ली का एन. एस. सी. आई. क्लब हाउस अपना खर्च नहीं उठा पा रहा है। इसके कमरे वातानुकूलित न होने के कारण गर्मियों के महीनों में खाली पड़े रहते हैं, जबकि कर्मचारियों की संख्या कम करना सम्भव नहीं हो पाता। इसलिए खर्चे उतने ही रहते हैं। क्षेत्रीय समिति का विचार है कि यदि ऊपरी मंजिल के 19-20 कमरों को वातानुकूलित बना दिया जाए तो ये कमरे वर्ष भर भरे रहेंगे। मैं भी इस विचार से सहमत हूँ। मैंने इस बारे में अनुमानित लागत का पता लगवाया है। हमें सबसे सस्ता टेंडर स्पेंसर का पड़ेगा। वे हमें सिंगल एयर कंडीशनिंग यूनिट देंगे, जिनके मूल्य और लगाने का खर्च मिलाकर हमें कुल 50,000/- रुपए देने होंगे। अब प्रश्न यह है कि यह पैसा आएगा कहाँ से? इसलिए मेरा आपसे अनुरोध है कि आप हमें 50,000/- रुपए का ऋण देने के प्रस्ताव पर सहानुभूतिपूर्वक विचार करें। क्लब को पूरा भरोसा है कि वह प्रतिवर्ष 10,000 रुपए के हिसाब से पाँच वर्षों में यह ऋण लौटा देगा। इस बीच, यदि क्लब के लिए कुछ धनराशि उगाहने के मेरे प्रयास सफल रहे तो हम यह ऋण पहले भी लौटा सकते हैं। क्योंकि ये वातानुकूलित

ईकाइयाँ तुरन्त लगनी चाहिए, इसलिए आपके शीघ्र उत्तर के लिए मैं अति आभारी होऊँगी।

मुझे आशा है कि आपको अपने प्रिय पिताजी की तरफ से शुभ समाचार मिला होगा और पहले यूरोप और फिर अमरीका की जलवायु उनके स्वास्थ्य के लिए लाभप्रद रही होगी। मई के अन्तिम सप्ताह में मैं स्वयं भी एक-डेढ़ महीने के लिए अमरीका जा रही हूँ। यदि वे संयोग से उस समय वहीं हुए तो मैं उनसे अवश्य मिलूँगी।

आप दोनों को मेरा प्यार और आशीष। आशा है मनोरमा अब पूरी तरह से स्वस्थ होगी और उसका पाँव ठीक हो गया होगा।

आपकी सस्नेह,
अमृत कौर

निजी

29 मार्च, 1959

आदरणीय राजकुमारी जी,

आपके 25 मार्च के कृपा पत्र के लिए धन्यवाद। एन. एस. सी. आई. क्लब के बारे में आपने जो कुछ लिखा है, उसे पढ़कर बहुत खेद हुआ। मैं युनाइटिड कमर्शियल बैंक से क्लब के लिए ऋण का प्रबन्ध करने का प्रयास करूँगा। क्या आप मुझे क्लब की बैलेंस-शीट, जिसमें इसकी सम्पत्तियों और देनदारियों का विवरण हो, भेज सकती हैं? मुझे उम्मीद है क्लब ने किसी अन्य बैंक से ऋण नहीं ले रखा होगा। मुझे यह भी उम्मीद है कि ऋण की वापसी तक क्लब अपनी सम्पत्ति को बैंक के पास गिरवी रख सकेगा। रिजर्व बैंक ऑफ इंडिया इस औपचारिकता की माँग करता है।

पिताजी इस समय यूरोप में हैं। वे अप्रैल में अमरीका जाएँगे और मई के पहले या दूसरे सप्ताह तक यूरोप लौट आएँगे। आपकी रवानगी के समय मैं आपको उनके कार्यक्रम के बारे में सूचित कर दूँगा।

हम दोनों की तरफ से सादर प्रणाम,

आपका,
के.के. बिड़ला

4 फरवरी, 1959

आदरणीय राजकुमारी जी,

कृपया इसे पिताजी के नाम आपके 29 जनवरी के पत्र के सन्दर्भ में पढ़ें।

जैसाकि आपको कृष्णन के पत्र से पता चला होगा, वह दक्षिण में कोई ऐजेंसी चाहता है। परन्तु मुझे खेद है कि एजेंसी का कोई ऐसा काम नहीं है जो हम उसे दे सकें। जहाँ तक हमारी किसी संस्था में नौकरी का प्रश्न है, तो दक्षिण

में हमारा कोई उद्योग न होने के कारण हम उसे वहाँ नौकरी नहीं दे सकते। परन्तु हम उसे तीन वर्ष के लिए प्रति माह 150 रुपए से 200 रुपए तक दे सकते हैं। उसे कोई विशेष काम नहीं करना होगा, इसलिए वह अपना पूरा समय अपना टेनिस सुधारने में लगा सकता है। मुझे आशा है कि तीन वर्षों के भीतर कृष्णन अपने लिए कोई-न-कोई उपयुक्त काम ढूँढ़ लेगा।

कृपया सूचित करें कि इस मामले में आपकी क्या सलाह है।

सादर प्रणाम।

आपका,
के.के. बिड़ला

नई दिल्ली,
9 फरवरी, 1959

चि. कृष्ण कुमार,
आपके 4 तारीख के पत्र के लिए धन्यवाद। मैंने इस पत्र की एक प्रति कृष्णन को भेज दी है। आशा है वह इस मदद को स्वीकार कर सकेगा और साथ-साथ मद्रास में कोई पार्ट-टाइम काम भी करता रहेगा।

मैं अति कृतज्ञ हूँ।

आप सभी को प्यार और आशीष।

आपकी सस्नेह,
अमृत कौर

डॉ. एस. राधाकृष्णन

डॉ. एस. राधाकृष्णन आधुनिक काल में भारत के सर्वश्रेष्ठ दार्शनिकों में से थे। बाद में वे भारत के उपराष्ट्रपति बने, और फिर 1962 से लेकर 1967 तक उन्होंने राष्ट्रपति का सर्वोच्च पद सँभाला। मैं उनके बहुत निकट था। हमारे बीच अनेक पत्रों का आदान-प्रदान हुआ। मैं इनमें से सिर्फ कुछ पत्र यहाँ प्रस्तुत कर रहा हूँ।

24 दिसम्बर, 1955

आदरणीय श्री राधाकृष्णन,
आशा है आपको स्मरण होगा कि पिताजी ने पिलानी में बिड़ला शिक्षा न्यास द्वारा बनाए जा रहे मन्दिर के शिलान्यास समारोह के बारे में आपसे बात की थी। आपने इस आयोजन को सम्पन्न करने के सम्बन्ध में अपनी सहमति देने की भी कृपा की थी। हमने शुभ मुहूर्त के बारे में पता किया है। यह शुभ मुहूर्त 27 फरवरी को पड़ रहा है और इसके लिए संध्या का समय बताया गया है। इसलिए हम लोग 27 तारीख को पिलानी जाकर 28 तारीख को वहाँ से वापस आ सकते हैं। आशा है यह दिन

और समय आपके लिए ठीक होगा। आपकी स्वीकृति मिलने के बाद मैं पिलानी में आवश्यक प्रबन्ध करने प्रारम्भ कर दूँगा।

शुभकामनाओं सहित,

आपका,
के.के. बिड़ला

नई दिल्ली,
1 जनवरी, 1956

प्रिय कृष्ण कुमार,

आपका 24 दिसम्बर, 1955 का पत्र मेरे सामने है।

जैसीकि आपकी इच्छा है कि मैं 27 फरवरी की संध्या को वहाँ होऊँ, मैं यहाँ से दोपहर 1.00 बजे निकल सकता हूँ क्योंकि 11.00 से 1.00 के बीच मुझे संसद में उपस्थित रहना है, और अगले दिन सुबह 7.30 बजे वहाँ से रवाना हो सकता हूँ, ताकि मैं 28 तारीख को 11.00 बजे संसद-कार्य के लिए उपस्थित रह सकूँ।

शुभकामनाओं सहित,

आपका,
एस. राधाकृष्णन

टी. टी. कृष्णामचारी

टी. टी. कृष्णामचारी एक उत्कृष्ट सांसद थे। पंडित जवाहरलाल नेहरू के केबिनेट में उन्होंने अनेक पद सँभाले। उनका सबसे महत्वपूर्ण पद वित्त मन्त्री का था। पंडितजी उन्हें बहुत पसन्द करते थे। वे पिताजी के भी बहुत अच्छे मित्र थे और मुझे बहुत चाहते थे। मैं यहाँ उनका एक छोटा-सा पत्र प्रस्तुत कर रहा हूँ।

क्लेरिजिज होटल,
नई दिल्ली,
18 जून, 1962

प्रिय मित्र,

भारत सरकार में मुझे एक संवेदनशीलता और कठिन दायित्व सौंपे जाने पर आपकी बधाई और शुभकामनाओं के लिए धन्यवाद। आपकी सद्‌भावनाओं के इस संकेत के लिए मैं आपका आभारी हूँ।

आपका,
टी. टी. कृष्णामचारी

अशोक सेन

अशोक सेन एक प्रतिभाशाली वकील थे। बाद में वे भारत के कानून मन्त्री बने। यहाँ उनका एक पत्र प्रस्तुत है।

21 मई, 1962

प्रिय कृष्ण कुमार,
आपको श्री सोमेन्द्रनाथ दत्ता का मामला याद होगा, जो एक मामूली कर्मचारी का बेटा है। सोमेन्द्रनाथ बिड़ला प्रौद्योगिकी संस्थान 56, बी. टी. रोड में प्रवेश पाने का इच्छुक है। मैं 16 तारीख को उसके पिता द्वारा आपको लिखे गए पत्र की प्रति संलग्न कर रहा हूँ। यदि आप बिड़ला प्रौद्योगिकी संस्थान में प्रवेश पाने में इस लड़के की कुछ मदद कर सकें तो मुझे अति प्रसन्नता होगी।

आपका,
ए. के. सेन

जस्टिस एच. एन. भगवती

जस्टिस भगवती उच्चतम न्यायालय के सुविख्यात न्यायाधीश थे। बाद में वे भारत के मुख्य न्यायाधीश भी बने। यहाँ मैं उनके नाम अपने एक पत्र के साथ उनका एक पत्र भी प्रस्तुत कर रहा हूँ।

16 दिसम्बर, 1958

आदरणीय जस्टिस भगवती,
यह पत्र पिताजी के नाम आपके 11 दिसम्बर के पत्र और उनके 12 दिसम्बर के उत्तर के सन्दर्भ में है। मुझे खेद है कि मैं आपको पहले नहीं लिख सका, क्योंकि मुझे यह पता लगाने में कुछ समय लग गया कि हमारी किसी मिल के पास कोई स्टेशन-वैगन है या नहीं।

मैं आपकी सेवा में एक स्टेशन-वैगन प्रस्तुत करना चाहता था, क्योंकि मैंने पाया है कि इस तरह की कारें हमेशा बहुत सुविधाजनक और उपयोगी होती हैं। इनमें बहुत-सा सामान रखा जा सकता है और बैठने के लिए भी काफी जगह रहती है। परन्तु दुर्भाग्यवश हमें कोई स्टेशन-वैगन उपलब्ध नहीं है। हमारी एक मिल में एक स्टेशन-वैगन है, परन्तु वह बहुत पुरानी है और बिल्कुल भी भरोसेमन्द नहीं है। वास्तव में इस समय यह काम भी नहीं कर रही है और इसे ठीक करवाने के लिए कम-से-कम एक महीने का समय चाहिए।

हमारे पास एक हिन्दुस्तान यूटिलिटी कार है, परन्तु मुझे नहीं मालूम कि लम्बी यात्राओं के लिए यह कितनी भरोसेमंद है। मैं कुछ जानकार व्यक्तियों से इसका पता लगा रहा हूँ। यदि यह उपयुक्त पाई गई तो ठीक है, अन्यथा मैं एक स्टुडबेकर को आपकी सेवा में हाजिर कर दूँगा।

मैंने आज इस सम्बन्ध में अपने चचेरे भाई गिरधर से भी बात की है। वे भी आपको एक पत्र लिखेंगे। मैंने गिरधर से यह पता लगाने के लिए भी कहा है कि आप यहाँ कब पहुँच रहे हैं और क्या पहली की शाम को आप हमारे साथ भोजन करने के लिए समय निकाल पाएँगे। आपकी स्वीकृति पाने के बाद मैं इस अवसर पर अपने कुछ मित्रों को आमन्त्रित करना चाहूँगा।

हार्दिक शुभकामनाओं सहित,

आपका,
के.के. बिड़ला

नई दिल्ली,
17 दिसम्बर, 1958

प्रिय श्री कृष्ण कुमार,
आपका 16 दिसम्बर, 1958 का तार प्राप्त हुआ, जो इस प्रकार है–

'सन्दर्भ पिताजी को आपका पत्र स्टुडबेकर या हिन्दुस्तान यूटिलिटी कार का प्रबन्ध कर रहा हूँ सादर–कृष्ण कुमार'

बहुत-बहुत धन्यवाद। हमारी यात्रा का कार्यक्रम पहले ही श्री जी. डी. बिड़ला को भेजा जा चुका है। मैं इसकी एक प्रति श्री जी. पी. बिड़ला को भेज रहा हूँ, जिन्होंने अपने पत्र में इस सम्बन्ध में जानकारी माँगी है। हम शनिवार, 20 दिसम्बर 1958 को सुबह 8.45 बजे कालका-हावड़ा मेल से हावड़ा के लिए रवाना होंगे, और वहाँ रविवार, 21 दिसम्बर, 1958 को सुबह लगभग 10.50 बजे पहुँचेंगे।

आशा है आप सकुशल होंगे। शुभकामनाओं सहित,

आपका,
एच. एन. भगवती

काका साहेब कालेलकर

काका साहेब कालेलकर पक्के गांधीवादी थे। स्वतन्त्रता के बाद वे कुछ समय के लिए संसद के सदस्य भी रहे। हमारे बीच पत्र-व्यवहार के कुछ पत्र यहाँ प्रस्तुत हैं।

नई दिल्ली,
5 जून, 1959

प्रिय श्री बिड़ला (के.के.)
मेरे पुत्र डॉ. बी. डी. कालेलकर ने आपका 31 मई का पत्र मुझे भेज दिया है, जो कुमारी शारदामणि देवी के आवेदन-पत्र के सम्बन्ध में है।

मैं कुमारी शारदामणि को कई वर्षों से जानता हूँ। वे श्रीमती रत्नामयी देवी दीक्षित की सुपुत्री हैं; जो वर्धा में हमारे महिला आश्रम विद्यालय में सेवा करती रही हैं।

यहाँ दिल्ली विश्वविद्यालय में कुमारी शारदामणि एक मेधावी छात्रा रही हैं। उन्हें इंग्लैंड में उच्च शिक्षा प्राप्त करने के लिए एक वर्ष के लिए भारत सरकार की तरफ से छात्रवृत्ति प्राप्त हो चुकी है। वे ऊँचे नैतिक चरित्र और सच्ची लगन वाली एक कर्मठ और परिश्रमी छात्रा हैं। मैं जानता हूँ कि वे किसी भी तरह की मदद का श्रेष्ठतम उपयोग करेंगी और अपनी सेवाएँ लेने वाले किसी भी संस्थान के लिए मूल्यवान सिद्ध होंगी।

आपका,
काका कालेलकर

7 जून, 1959

प्रिय काका साहेब,

आपका 5 जून का कृपा पत्र प्राप्त हुआ। कुमारी शारदामणि देवी के सम्बन्ध में आपकी राय के लिए धन्यवाद। मैं उन्हें आगे पढ़ाई करने के लिए अनुदान के रूप में एकमुश्त कुछ धनराशि दे रहा हूँ।

शुभकामनाओं सहित,

आपका,
के.के. बिड़ला

अरुणा आसफ अली

अरूणा आसफ अली दिल्ली की एक सुप्रसिद्ध नेत्री थीं। वे हिन्दू थीं और एक मुस्लिम से विवाहित थीं। मैं उन्हें काफी अच्छी तरह से जानता था। यहाँ हमारे बीच हुए पत्र-व्यवहार के कुछ पत्र प्रस्तुत हैं।

30 अप्रैल, 1959

प्रिय श्रीमती आसफ अली,

यह पत्र मौलाना अबुल कलाम आजाद के पोर्ट्रेट के सम्बन्ध में पिताजी के नाम आपके 24 अप्रैल के पत्र के सन्दर्भ में है। मैं बिड़ला हाउस के मैनेजर से पहले ही बात कर चुका हूँ और उन्हें आपको यह कलाचित्र भिजवाने के लिए कह चुका हूँ। जहाँ तक अभिलेखन का सम्बन्ध है, तो कृपया यह काम आप स्वयं अपनी इच्छानुसार करवा लें और मुझे इसका बिल भिजवाने की कृपा करें।

क्योंकि पिताजी अमरीका जा रहे हैं, इसलिए उन्होंने आपका 25 अप्रैल का दूसरा पत्र मुझे भेज दिया है। मैं 'हिन्दुस्तान टाइम्स' की कतरन के साथ इस पत्र की एक प्रति सम्पादक श्री मूलगाँवकर को भेज रहा हूँ। मैं आपसे पूरी तरह से सहमत हूँ कि गलत रिपोर्टिंग नहीं होनी चाहिए। मैं श्री मूलगाँवकर को मामले की जाँच करने और फिर आपको पत्र लिखने के लिए कह रहा हूँ।

शुभकामनाओं सहित,

आपका,
के.के. बिड़ला

मेयर, दिल्ली,
5 मई, 1959

प्रिय कृष्ण कुमार,
आपके 30 अप्रैल के पत्र के लिए बहुत-बहुत धन्यवाद। स्वर्गीय मौलाना आजाद के कलाचित्र का अनावरण समारोह 5 मई, 1959 की संध्या को 6.30 बजे उपराष्ट्रपति डॉ. एस. राधाकृष्णन के हाथों सम्पन्न होने जा रहा है।

'हिन्दुस्तान टाइम्स' के संवाददाता द्वारा मेरे एक वक्तव्य को गलत ढंग से प्रस्तुत करने के सन्दर्भ में मेरी शिकायत पर सम्पादक श्री मूलगाँवकर का ध्यान आकर्षित करने के लिए मैं आपकी आभारी हूँ।

मुझे विश्वास है कि उन्होंने इस तरह की गलती को दोबारा न दोहराए जाने के लिए उपयुक्त कदम उठाए होंगे।

शुभकामनाओं सहित,

आपकी,
अरुणा आसफ अली

15 मई, 1959

प्रिय श्रीमती आसफ अली,
यह पत्र स्वर्गीय मौलाना आजाद के पोर्ट्रेट के लिए 2900 रुपए के भुगतान के सम्बन्ध में संसदीय मामलों के सचिव श्री कैलाश चन्द्र के पत्र के सन्दर्भ में है। मैं इस मामले पर ध्यान दे रहा हूँ।

शुभकामनाओं सहित,

आपका,
के.के. बिड़ला

19 जून, 1959

प्रिय श्रीमती आसफ अली,
मैं 'मौलाना आजाद पोर्ट्रेट कमेटी' के नाम कुल 2900 रुपए की धनराशि के 5 चेक संलग्न कर रहा हूँ। आशा है आप मुझे सम्बन्धित कम्पनियों के नाम रसीदें भिजवाने की कृपा करेंगी।

शुभकामनाओं सहित,

आपका,
के.के. बिड़ला

बिनोदानन्द झा

बिनोदानन्द झा बिहार के एक प्रसिद्ध व्यक्ति थे। श्री श्रीकृष्ण सिन्हा के मुख्यमन्त्री काल में वे एक मन्त्री भी थे। मैं उनके नाम अपना एक पत्र प्रस्तुत कर रहा हूँ।

अध्यक्ष
8, इंडिया एक्सचेंज प्लेस,
कलकत्ता,
31 मार्च, 1959

भारतीय चीनी मिल संघ
बिहार शाखा।

प्रिय श्री बिनोदानन्द जी,

आपके 20 फरवरी, 1956 के कृपा पत्र के लिए मैं अत्यन्त आभारी हूँ। मुझे खेद है कि मैं आपको पहले नहीं लिख सका, क्योंकि मैं 1957-58 के वर्ष के लिए बोनस का समझौता हो जाने के बाद ही आपको लिखना चाहता था, जिसके बारे में दोनों पक्षों के बीच बातचीत जारी थी।

बोनस के मामले में उद्योग जगत के एक समझौते का सरकार ने जिस तरह से स्वागत किया है, वह हमारे लिए बहुत उत्साहवर्द्धक बात है। 5 जनवरी, 1959 के अपने पिछले पत्र में आपने यह विचार व्यक्त किया था कि इंडियन नेशनल शुगर मिल वर्क्स फेडरेशन को बोनस के मामले में सिर्फ इस कारण से इंडियन शुगर मिल्स एसोसिएशन के साथ किसी समझौते पर पहुँचने में हिचकिचाहट नहीं दिखानी चाहिए कि अन्य श्रमिक संघ इसका विरोध कर सकते हैं। आपने यह भी लिखा था कि श्रम विभाग अन्य श्रमिक संघों को बोनस के मामले में यही फार्मूला अपनाने के लिए राजी नहीं कर पाया, क्योंकि कई मिल मालिक पहले ही अपनी-अपनी मजदूर यूनियनों के साथ अधिक बोनस के लिए समझौता कर चुके थे। इसलिए आपका विचार था कि पूरे उद्योग की तरफ से एक समझौता तभी सफल हो सकता है यदि मिल-मालिक अपनी-अपनी मजदूर यूनियनों के साथ अलग से कोई समझौता न करें।

परन्तु मैंने कभी भी यह अपेक्षा या कामना नहीं की कि सरकार स्वयं अपनी तरफ से इस तरह की सलाह दे। मैं समझता हूँ कि सरकार के लिए ऐसा करना ठीक भी न होता। बिहार सरकार से हम किस तरह की न्यायोचित मदद की अपेक्षा कर सकते हैं, इसका उल्लेख मैं आगे करूँगा।

आपने दो फैक्टरियों का विशेष रूप से उल्लेख किया है—बिहता और मोतीपुर—जहाँ अधिक ऊँचे बोनस के लिए मजदूर यूनियन के साथ अलग से समझौता किया गया है। जहाँ तक हमारी जानकारी है, यह सत्य है कि बिहता फैक्टरी का प्रबन्धन इस विषय में अलग विचार रखता है और अपनी इच्छा से अधिक बोनस देने के लिए सहमत हुआ है। परन्तु मेरे विचार में उन्होंने पूरे उद्योग की भलाई के बारे में सोचने की बजाय वैयक्तिक शैली में काम किया है। बिहता फैक्टरी के संचालन की लम्बी अवधि, लाभ और समृद्धि इत्यादि को देखते हुए उनके मामले में बोनस की अधिक ऊँची दर उचित हो सकती है। परन्तु यदि हर फैक्टरी अपनी क्षमता के अनुसार बोनस तय करने लगेगी तो पूरे उद्योग के लिए एक समान आधार निर्धारित कर पाना सम्भव नहीं है। ऐसी स्थिति में व्यक्तिगत सौदेबाजी को बढ़ावा मिलेगा और अन्ततः उद्योग में अराजकता की स्थिति पैदा हो जाएगी। अधिक शक्तिशाली यूनियनों वाली फैक्टरियाँ जहाँ अधिक बोनस प्राप्त करने में सफल हो

जाएँगी, वहीं कमजोर यूनियनों वाली फैक्टरियों के श्रमिकों के साथ न्याय नहीं हो पाएगा। इसीलिए, मेरे विचार में, यदि हम किसी बड़ी समस्या को हल करने का प्रयास कर रहे हैं तो हमें वैयक्तिक शैली से सोचने की बजाय पूरे उद्योग के हितों को ध्यान में रखना होगा। इस पृष्ठभूमि में, हम बिहता फैक्टरी द्वारा उठाए गए कदम की सराहना नहीं कर सकते। जहाँ तक मोतीपुर का प्रश्न है, हमारी जानकारी के अनुसार यह फैक्टरी पूरे उद्योग के लिए निर्धारित दरों से अधिक बोनस देने की इच्छुक नहीं थी, परन्तु अपना सीजन खराब करने की बजाय यूनियन के साथ शान्ति स्थापित करने के इरादे से यह अधिक बोनस देने के लिए राजी हो गई। मेरे विचार में फैक्टरी को अधिक साहस और दृढ़ता दिखानी चाहिए थी। परन्तु क्योंकि वे कोई जोखिम उठाने के लिए तैयार नहीं थे, इसलिए उन्होंने वीरता की बजाय विवेक से काम लेना उचित समझा।

मैं गो-स्लो के प्रश्न पर सरकार के दृष्टिकोण को लेकर आपके स्पष्टीकरण के लिए विशेष रूप से आभारी हूँ। उद्योग में शान्तिपूर्ण सम्बन्ध बनाए रखने के लिए श्रम विभाग के प्रयासों को लेकर आपका आश्वासन सचमुच बहुत उत्साहवर्द्धक है।

आपको यह जानकर प्रसन्नता होगी कि हम बोनस के मामले में फेडरेशन के साथ अन्तिम समझौते पर पहुँचने में सफल रहे हैं। आपकी जानकारी के लिए मैं इस समझौते की एक प्रति संलग्न कर रहा हूँ। यह समझौता बिहार की 50 प्रतिशत फैक्टरियों पर लागू होगा। यह अपने-आपमें एक प्रमाण है कि इस समझौते का आधार न्यायपूर्ण और उचित है। हम आशा करते हैं कि अन्य श्रमिक महासंघ भी समझौते के इस आधार को स्वीकार कर लेंगे। परन्तु यदि कोई फेडरेशन अलग दृष्टिकोण अपनाती है और समझौते के इस न्यायपूर्ण आधार को स्वीकार नहीं करती, तो हम सरकार से अपेक्षा करेंगे कि उद्योग में शान्ति बनाए रखने के लिए सरकार अपने प्रभाव का प्रयोग करेगी।

जैसाकि आपका परामर्श था, शुगर मिल्स एसोसिएशन के उन सदस्यों से जिनकी मजदूर यूनियनें अन्य फेडरेशनों से जुड़ी हुई हैं यह अनुरोध किया गया है कि वे अधिक ऊँचे बोनस के लिए अपनी मजदूर यूनियनों से कोई वैयक्तिक समझौता न करें। आशा है कोई भी फैक्टरी अपनी इच्छा से इस तरह का कोई समझौता नहीं करेगी। परन्तु कुछ ऐसे मामले हो सकते हैं जहाँ मजदूर यूनियनें इस तरह के समझौते के लिए बाध्य करें। मैं इस तरह की सम्भावना को टालने के लिए सरकार की मदद लेना चाहूँगा। यदि सरकार फैक्टरियों में विश्वास का वातावरण पैदा करे और इस बात का ध्यान रखे कि उनमें से किसी को भी उनकी इच्छा के विरुद्ध अधिक बोनस देने के लिए बाध्य न किया जाए, तो यह समस्या हल हो सकती है।

शुभकामनाओं सहित,

आपका,
के.के. बिड़ला

इंडियन शुगर मिल्स एसोसिएशन, बिहार शाखा और इंडियन नेशनल शुगर मिल वर्कर्स फेडरेशन के मध्य 23 मार्च, 1959 को कलकत्ता में हुए समझौते का विज्ञप्ति-पत्र।

उपस्थित

श्री के.के. बिड़ला	प्रतिनिधि, आई.एस.एम.ए., बिहार शाखा
श्री आर.एल. नोपानी	
श्री सुरेंन्द्र प्रसाद सिन्हा	प्रतिनिधि, आई.एन.एस.एम. डब्ल्यू.एफ.

इस समझौते के अनुसार आई.एन.एस.एम.डब्ल्यू.एफ. से सम्बद्ध मजदूर यूनियनोंवाली बिहार की चीनी फैक्टरियाँ वर्ष 1957-58 के लिए बोनस की संलग्न सामान्य-दरों का 65 प्रतिशत बोनस देंगी।

2. फैक्टरियाँ अप्रैल, 1959 के अन्त तक या पिराई के मौसम के समाप्त होने से पहले, जो भी पहले हो इस राशि का भुगतान कर देंगी। परन्तु यह भुगतान किसी भी स्थिति में 7 अप्रैल, 1959 से पहले नहीं किया जाएगा।

3. यदि उपरोक्त फैक्टरियों में से कोई फैक्टरी घाटे, कम मुनाफे या आर्थिक दृष्टि से अलाभप्रद संचालन के कारण बोनस के भुगतान में छूट दिए जाने की अनुमति चाहे तो वह 10 अप्रैल, 1959 तक समिति के सम्मुख इस सम्बन्ध में आवेदन कर सकती है। इस समिति में एसोसिएशन और फेडरेशन दोनों का एक-एक प्रतिनिधि होगा, और इसका निर्णय सभी पक्षों को मान्य होगा। यह समिति छूट के सभी मामलों को जल्दी-से-जल्दी और हर हाल में समझौते की तिथि से दो महीने के भीतर निपटारा कर देगी।

ह. के.के. बिड़ला   ह. आर.एल. नोपानी   ह. एस.पी. सिन्हा

बोनस की सामान्य दरें

चीनी के एक लाख मन तक उत्पादन पर	कुछ नहीं
चीनी के 1 लाख से 2 लाख मन उत्पादन पर	2 आने प्रति मन
चीनी के 2 लाख मन से 3.5 लाख मन उत्पादन पर	4 आने प्रति मन
चीनी के 3.5 लाख मन से 5 लाख मन उत्पादन पर	6 आने प्रति मन

स्वर्ण सिंह

स्वर्ण सिंह मेरे अच्छे मित्र थे। वे पंडित जवाहरलाल नेहरू के केबिनेट में रेलवे मन्त्री थे। यहाँ मैं उनके नाम अपना एक पत्र और उनका उत्तर प्रस्तुत कर रहा हूँ।

11 अप्रैल 1962

प्रिय सरदार स्वर्ण सिंह जी,

मैंने बहुत दिलचस्पी के साथ यह समाचार पढ़ा कि अब आप रेलवे मन्त्री हैं। जब आप इस्पात, खदान और ईंधन मन्त्री थे तो मुझे कभी-कभी आपसे भेंट करने का सौभाग्य प्राप्त होता रहा है। इस टेक्समैको में रेलवे के लिए बैगन बनाते हैं, इसलिए मुझे प्रसन्नता है कि आपके नए विभाग के कारण मुझे आपसे भेंट करने के अधिक अवसर मिलेंगे। मैं सच्चे मन से आशा करता हूँ, आप अपनी इस नई भूमिका को अत्यन्त सफलतापूर्वक निभाएँगे।

हार्दिक शुभकामनाओं सहित,

आपका,
के.के. बिड़ला

20 अप्रैल 1962

प्रिय श्री के.के. बिड़ला,

रेलवे मन्त्री का कार्य-भार सँभालने पर आपकी शुभकामनाओं के लिए धन्यवाद। मुझे शायद यह कहने की आवश्यकता नहीं है कि नए विभाग का दायित्व सँभालने के इस अवसर पर आपके उदार और सद्भावनाओं भरे उद्‌गारों का मैं कितना मान करता हूँ।

एक बार फिर धन्यवाद,

आपका,
स्वर्ण सिंह

पंडित गोविन्द बल्लभ पन्त

पंडित गोविन्द बल्लभ पन्त अनेक वर्षों तक उत्तर प्रदेश के मुख्यमन्त्री रहे। बाद में पंडितजी ने उन्हें केन्द्रीय केबिनेट में बुला लिया। पन्तजी और मेरे बीच ढेरों पत्रों का आदान-प्रदान हुआ। वे मुझे बहुत चाहते थे और मुझ पर अत्यधिक भरोसा करते थे। यहाँ मैं हमारे बीच हुए पत्र-व्यवहार के कुछ पत्र प्रस्तुत कर रहा हूँ।

लखनऊ,
8 सितम्बर 1952

प्रिय कृष्ण कुमार जी,

मेरे जन्म दिवस पर आपका बधाई सन्देश प्राप्त हुआ। आपके इस अमूल्य स्नेह और सद्भावनाओं की अभिव्यक्ति के लिए मैं आपका धन्यवाद करता हूँ।

आपका,
गोविन्द बल्लभ पन्त

नैनीताल
31 मई 1953

प्रिय कृष्ण कुमार,
आपका 23 मई का पत्र पाकर बहुत प्रसन्नता हुई। आप जिस तरह गोविन्द शुगर मिल का पुनरोद्धार करने जा रहे हैं, मुझे विश्वास है कि यह सभी के लिए फलदायक और लाभकारी सिद्ध होगा। मुझे इस सम्बन्ध में आपके साथ लखनऊ में हुई बातचीत याद है। मैं जो भी मदद कर सकूँगा, अवश्य करूँगा। परन्तु वित्त विभाग से परामर्श करने से पहले मेरे लिए आपको कोई निश्चित उत्तर दे पाना बहुत कठिन है। उनसे इस सम्बन्ध में बातचीत की जा रही है। आशा है मैं आपको यह बता पाने की स्थिति में होऊँगा कि आवश्यक राशि, तीन लाख रुपए, उपलब्ध हो जाएँगे या नहीं। आपने शर्तों का उल्लेख नहीं किया है, यद्यपि पैसे उपलब्ध होने की स्थिति में उन्हें तय करना कठिन नहीं होगा।

लगभग सभी जगह तापमान बहुत बढ़ गया है, और हमारे प्रदेश में कुछ जगह तो यह 116° तक पहुँच गया है। इन दिनों नैनीताल बहुत सुहाना और लगभग अपने पूरे निखार पर होता है। मेरी इच्छा है कि आप थोड़े बदलाव के लिए कुछ समय निकाल सकें, और अपने प्रतिदिन के व्यवसाय से अवकाश लेकर कुछ दिन आराम कर सकें।

आपका सस्नेह,
गोविन्द बल्लभ पन्त

आ नो भद्राः क्रतवो वन्तु विश्वतोऽदब्धासो अपरीतास उद्भिः
देवा नो यथा सदमिदवृधे असन्नप्रायोवो रक्षितारो दिवे दिवे॥

20 जून	प्रस्थान बारात	8 बजे सायंकाल
	पाणिग्रहण	रात्रिकाल
21 जून	जलपान	5 बजे अपराह्न

उपहार न लाने की सविनय प्रार्थना है।

सस्नेह अभिवादन
मेरे पुत्र चिरंजीव कृष्ण चन्द्र का विवाह श्री गोविन्द बल्लभ पांडे जी की कन्या आयुष्मती इला के साथ 20 जून, 1957 को नैनीताल में होना निश्चित हुआ है। निवेदन है कि इस शुभ कार्य में सम्मिलित होकर वर-वधू को आशीर्वाद देने की कृपा करें।

विनीत
गोविन्द बल्लभ पन्त

लखनऊ,
11-12 सितम्बर 1953

प्रिय कृष्ण कुमार,
कुमारी निर्मला जोशी के सम्बन्ध में आपके 9 सितम्बर के पत्र के लिए धन्यवाद। मैंने उन्हें आपसे दिल्ली में मिलने के लिए कहा था, परन्तु दुर्भाग्यवश उनके वहाँ पहुँचने से पहले ही आप मसूरी के लिए निकल चुके थे। मुझे इसमें कोई सन्देह नहीं है कि आप उनकी हर सम्भव मदद करेंगे और वे आपकी सहानुभूति की पात्रा हैं। मेरे विचार में प्रस्तावित प्रबन्ध से उनके मन को अपनी वर्तमान दुविधाओं और चिन्ताओं से मुक्ति मिल सकेगी।

आपका,
गोविन्द बल्लभ पन्त

लखनऊ,
9 जनवरी 1954

प्रिय कृष्ण कुमार,
आपके 4 और 5 तारीख के पत्रों के लिए धन्यवाद।

मुझे बहुत प्रसन्नता है कि ईश्वर दत्त ने इलाहाबाद में 'लीडर' का कार्यभार सँभाल लिया है। मैंने आपके पत्र के साथ संलग्न कतरन देखी है। यह एक बड़े परिवर्तन का प्रतीक है और बेहतरी के लिए है। जुत्शी बहुत कर्तव्यनिष्ठ और जिम्मेदार व्यक्ति थे और हैं, परन्तु वे कुछ पुरातनपंथी विचारधाराओं से चिपके हुए हैं और कुछ हद तक उन्हीं में उलझकर रह गए हैं। मुझे पूरा विश्वास है कि ईश्वर दत्त अखबार में नई ऊर्जा का संचार करेंगे और इसे एक नया और स्वस्थ रूप देंगे। वे यहाँ आएँगे तो मुझे उनसे मिलकर निश्चित ही बहुत प्रसन्नता होगी।

आपके पत्र के साथ मुझे आपका नोट भी प्राप्त हुआ है, जिसमें सन् 1952-53 के लिए राज्य की चीनी फैक्टरियों के लिए बोनस की गणना के आधार का उल्लेख है। मैं स्वीकार करूँगा कि मुझे इस सबकी जानकारी नहीं थी। मुझे पता चला था कि उद्योग और श्रमिकों के प्रतिनिधियों ने संयुक्त रूप से यह दर निर्धारित की थी। यह जानकर बहुत सन्तोष हुआ था कि दोनों पक्षों के बीच पूर्ण सहमति थी और सभी निर्णय सर्वसम्मति से और प्रत्येक सदस्य की सहमति के बाद लिए गए थे। यह खेद का विषय है कि इसमें आपके समूह का प्रतिनिधित्व नहीं था। मैं नहीं जानता कि यह कैसे हुआ। आप भी वहाँ होते तो अच्छा रहता। जो भी हो, अगले वर्ष हमें अधिक सावधानी बरतनी पड़ेगी। मैंने आपकी टिप्पणी को बहुत ध्यान से पढ़ा है और मुझे विश्वास है कि इस मामले पर यथोचित ध्यान दिया जाएगा। अगले वर्ष अन्तिम घड़ी की प्रतीक्षा करने की बजाय प्रमुख बातों को पहले ही सुलझा लिया जाएगा। कुछ अन्य मामलों को लेकर भी इस समय कुछ असन्तोष है, और मैं प्रमुख उद्योगपतियों के साथ इनके बारे में चर्चा करने के लिए अवसर की ताक में हूँ।

मुझे 19 तारीख को कलकत्ता पहुँचने की उम्मीद है।

सभी को अभिवादन सहित,

आपका सस्नेह,
गोविन्द बल्लभ पन्त

लखनऊ,
5 मार्च 1954

प्रिय कृष्ण कुमार,

आपके 26 और 28 फरवरी के पत्र पाकर प्रसन्नता हुई। इस बीच आपसे भेंट करने का भी सौभाग्य प्राप्त हो चुका है। बजट के सम्बन्ध में आपके विचार जानकर प्रसन्नता हुई। राज्य की, सम्भवतः कुछ धीमी, परन्तु निरन्तर प्रगति को लेकर आपकी भावनाओं का मैं सम्मान करता हूँ। हमें अनेक बाधाओं और एक के बाद एक कठिनाइओं का सामना करना पड़ा है, परन्तु सभी सम्बद्ध व्यक्तियों के सक्रिय सहयोग और सद्‌भावनाओं से हम जनता की आर्थिक स्थिति में सुधार लाने का प्रयास कर रहे हैं, और मेरे विचार में हमें कुछ सफलता भी मिली है। अब हम औद्योगिक वित्त निगम की स्थापना के लिए तेजी से कदम उठा रहे हैं। आपका आश्वासन पाकर मुझे हार्दिक प्रसन्नता हुई और मैं इस मामले में आपके सहयोग के प्रस्ताव पर अवश्य अमल करूँगा।

मैं जगत सिंह बोरा को जानता हूँ, लेकिन बहुत अच्छी तरह से नहीं। वे एक-दो बार मेरी कलकत्ता यात्राओं के दौरान मुझसे मिले हैं। वे मुझे अच्छे इरादोंवाले ऊर्जाशील व्यक्ति प्रतीत हुए हैं। शायद वे कभी-कभी समाचार-पत्रों के लिए लिखते रहते हैं, परन्तु मुझे उनकी प्रतिभा या क्षमता का सही-सही अन्दाजा नहीं है। मुझे अपने साथ किसी सिम्पोज़ियम को जोड़े जाने का विचार विशेष पसन्द नहीं है, परन्तु क्या इससे काफी लाभ होने की सम्भावना है? मैंने जगत सिंह से प्रस्तावित तुलसी स्मारक में दिलचस्पी लेने और बड़ा बाजार और अन्य छोटे क्षेत्रों के निवासियों का सहयोग प्राप्त करने के लिए कहा था। हमारे सामने काफी व्यस्त कार्यक्रम हैं और मेरी हार्दिक इच्छा है कि हम शीघ्र ही इसे एक अच्छा आरम्भ देने की स्थिति में हों।

आशा है आपसे यहाँ फिर भेंट होगी।

आपका सस्नेह,
गोविन्द बल्लभ पन्त

लखनऊ,
15 मार्च 1954

प्रिय कृष्ण कुमार,

आपका 7 तारीख का पत्र पाकर प्रसन्नता हुई और यह जानकर बहुत सन्तोष हुआ कि हरगाँव फैक्टरी पचास लाख मन गन्ने की पिराई के अंक को पार करने जा रही है। मैं इस तथ्य से भी बहुत प्रभावित हूँ कि पिछले वर्ष बोनस की ऊँची दरें निर्धारित

किए जाने के बावजूद आप पचास लाख की सीमा को पार करने से पीछे नहीं हटे हैं। परन्तु मैं समझता हूँ कि अतीत में बोनस हमेशा सभी पक्षों की सर्वसम्मति से निर्धारित किया जाता रहा है। मुझे यह भी नहीं मालूम कि आपने अपने एक पत्र में जो कुछ कहा था, उसकी तरफ उनका ध्यान दिलाया गया है या नहीं। परन्तु मेरा विश्वास है कि अगली बार बोनस की दर निर्धारित करते समय इस मामले पर अवश्य विचार किया जाएगा।

मैं 18 तारीख को आपके यहाँ आने की उम्मीद कर रहा हूँ। कृपया घनश्यामदास जी और इस अवसर पर उपस्थित परिवार के अन्य सभी सदस्यों को मेरी तरफ से होली की शुभकामनाएँ दें।

सस्नेह,
गोविन्द बल्लभ पन्त

लखनऊ,
1 अप्रैल 1954

प्रिय कृष्ण कुमार,

मेरे सचिव आपके पत्रों की पावती की सूचना पहले से भेज चुके हैं। आपने अपनी चिर-परिचित तत्परता के साथ तुलसी स्मारक के लिए धनराशि के संग्रह का काम अपने हाथ में ले लिया है, जिसके बारे में कलकत्ता में और पिछली बार आपके यहाँ आगमन पर आपके साथ मेरी चर्चा हुई थी। आपको अपील की कुछ प्रतियाँ भेजी जा चुकी हैं। जैसाकि मैंने आपको बताया था, हम पहले चरण में इक्कीस लाख का संग्रह करना चाहते हैं। ऐसे बहुत-से स्थान हैं जो तुलसीदासजी के साथ अपने जुड़ाव के कारण पवित्र स्थलों का रूप ले चुके हैं। इन सभी स्थानों पर एक उपयुक्त स्मारक न केवल लोगों को उनके उत्कृष्ट गुणों, सदाचारी चरित्र और निःस्वार्थ और समर्पित जीवन की याद दिलाता रहेगा, अपितु अन्य तरीकों से भी जनता की सेवा करेगा। यदि मैं इस योजना की रूपरेखा की कुछ प्रतियाँ जुटा पाया तो आपको अलग से भिजवा दूँगा। अपील में कुछ ऐसे सदस्यों के नाम हैं जिन्होंने इस पर हस्ताक्षर किए हैं। मैं बोर्ड का चेयरमैन हूँ और हमारे एक उपमन्त्री चतुर्भुज शर्मा महासचिव हैं। यदि मेरी उपस्थिति आवश्यक हुई तो मैं एक दिन के लिए आने का प्रयास करूँगा, परन्तु मुझे सन्देह है कि इससे कुछ अन्तर पड़ेगा। मेरा विश्वास है कि मूलचन्द जी और कुछ अन्य मित्र भी इस मामले में दिलचस्पी ले रहे हैं, और यदि इससे कुछ मदद मिलती हो तो आप उनसे भी बात कर सकते हैं।

मुझे प्रसन्नता है कि आप बाजपुर में फैक्टरी लगाने के प्रश्न पर गम्भीरता से विचार कर रहे हैं। वहाँ की जनता आपके इस निर्णय का स्वागत करेगी और आपको उनकी तरफ से पूरा सहयोग और मदद मिलेगी।

सस्नेह,
गोविन्द बल्लभ पन्त

लखनऊ,
7 अप्रैल 1954

पूज्य श्री पन्तजी,

आपका 1 अप्रैल का कृपा पत्र मिला। आपके निजी सचिव ने मुझे तुलसी स्मारक फंड के सम्बन्ध में आपकी अपील की दस प्रतियाँ भेजी हैं।

यदि व्यय का लक्ष्य 21 लाख रुपए है तो हमें इसे प्राप्त करने के लिए बहुत कर्मठता से प्रयास करना होगा। इसके लिए मैं निम्नलिखित उपायों का सुझाव दूँगा–

(क) मेरे विचार में कुछ भारत सरकार और उन राज्यों की सरकारों की तरफ से आना चाहिए जहाँ हिन्दी अच्छी तरह समझी जाती है। हम इस तरह की राज्य सरकारों की सूची बना सकते हैं।

(ख) हमें प्रमुख उद्योगों से धनराशि के संग्रह के लिए समितियाँ बनानी होंगी, और प्रमुख शहरों के लिए भी।

(ग) हमें कुछ प्रमुख समाचार-पत्रों की अच्छी साख का उपयोग करना होगा और उनके माध्यम से अपील करने और धनराशि इकट्ठी करने का प्रयास करना होगा। मेरा अनुभव है कि कई बार समाचार-पत्रों के माध्यम से भी अच्छी धनराशि एकत्रित की जा सकती है।

जहाँ तक चीनी उद्योग और कलकत्ता का सम्बन्ध है, मैं अपनी तरफ से पूरा प्रयास करूँगा। परन्तु मुझे किसी तरह के अधिकार-पत्र की आवश्यकता होगी, क्योंकि औपचारिकताओं का पालन करना पड़ता है। कृपया मुझे सूचित करें कि क्या मैं सही दिशा में सोच रहा हूँ। मुझे इस विषय में अपने सुझाव देने की भी कृपा करें।

आपके यहाँ आने से बहुत मदद मिलेगी, परन्तु उससे पहले पृष्ठभूमि तैयार करना आवश्यक है।

जहाँ तक बाजपुर का प्रश्न है, मुझे हमारे सिहोरा के सचिव दानी से आरम्भिक रिपोर्ट मिल चुकी है। उनकी रिपोर्ट उत्साहवर्द्धक नहीं है। उनके अनुसार, गन्ने की गुणवत्ता बहुत खराब है, और इसकी गुणवत्ता और मात्रा में सुधार लाने में कुछ समय लग सकता है। मिल को पहले चार-पाँच वर्षों में 8.5 से अधिक लाभ मिलने की अपेक्षा नहीं की जा सकती। उनका यह भी कहना है कि क्षेत्र के किसानों में अत्यधिक अनुशासनहीनता है और वे साम्यवादी विचारधारा से प्रभावित हैं। उन्होंने किच्चा फैक्टरी के मालिकों की नाक में दम कर रखा है। दानी की रिपोर्ट से ऐसा लगता है कि इस क्षेत्र की प्रति एकड़ उत्पादकता अधिक होगी, परन्तु चीनी की मात्रा कम रहेगी। दूसरे शब्दों में, यह क्षेत्र उत्पादकों की दृष्टि से अच्छा है परन्तु उद्योग की दृष्टि से खराब है। मैं कोई समाधान नहीं सोच पाया हूँ। परन्तु यदि गन्ने में चीनी की मात्रा सुधारने तक उत्पादक कम मूल्य के लिए राजी हो जाएँ तो शायद समाधान

निकल सकता है। यदि आप इस सम्बन्ध में कुछ प्रकाश डाल सकें तो मैं आभारी महसूस करूँगा।

सादर,

आपका विनीत,
के.के. बिड़ला

31 मई 1954

पूज्य श्री पन्तजी,

मैं धनराशि इकट्ठी करने के उद्देश्य से आपके और अन्य प्रमुख नेताओं के हस्ताक्षरों के साथ एक अपील जारी करना चाहता हूँ। यह अपील उन सभी राज्यों में प्रकाशित होगी जहाँ हिन्दी समझी जाती है। संग्रह समाचार-पत्रों के माध्यम से होगी। मैं एक प्रारम्भिक ड्राफ्ट भेज रहा हूँ, परन्तु मुझे आशा है कि आप इसमें आवश्यकतानुसार सुधार और संशोधन करेंगे।

मैं मंगतु राम जी की कानपुर से वापसी की अब भी प्रतीक्षा कर रहा हूँ। मैं 5 तारीख को यहाँ से नैनीताल रवाना हो रहा हूँ और जाने से पहले अपने कुछ मित्रों से मिलना चाहता हूँ।

सादर प्रणाम,

आपका विनीत,
के.के. बिड़ला

तुलसीदास स्मारक

भारतवासियों को तुलसीदास का परिचय देने की आवश्यकता नहीं है। उनका अमर महाकाव्य 'रामायण' परम श्रद्धा के साथ धनवानों और निर्धनों द्वारा समान रूप से पढ़ा जाता है, और इस पुस्तक की एक प्रति लगभग हर घर में एक अमूल्य धरोहर मानी जाती है। हिन्दुओं के लिए यह कृति उतना ही महत्त्व रखती है जितना कि ईसाइयों के लिए बाइबल।

तुलसीदास का आविर्भाव उस समय हुआ जब मुगल साम्राज्य भारत में दृढ़तापूर्वक स्थापित हो चुका था। इससे पूर्वकाल के अतिक्रमणों और राज्य-विस्तारों से पैदा हुई सैन्य तैयारी के स्थान पर लोगों में सुरक्षा की भावना पनपने लगी थी। उस समय के साहित्य में भी इस निश्चिंतता और शिथिलता की झलक देखी जा सकती है। यह एक ऐसा समय था जब सामाजिक स्तर को ऊपर उठाने के लिए किसी उद्धारक की आवश्यकता थी। तुलसीदास ने एक ऐसी भाषा और शैली में यह काम कर दिखाया जिसे आम जनता भी सरलता से समझ और सराह सकती थीं। उनकी रचनाओं को न कवेल साहित्य के अमूल्य रत्नों के रूप में सराहा गया, अपितु उन्हें सामाजिक और नैतिक आचार-संहिता के ऐसे प्रतिमानों के रूप में देखा जाने जाने लगा जो अनन्तकाल तक प्रत्येक सजग मनुष्य के जीवन का लक्ष्य बने रहेंगे।

तुलसीदास अपनी कृतियों के माध्यम से भारतीयों के हृदय में रसे-बसे हुए हैं। भारतीय जनमानस पर उनकी कृतियों का अद्भुत प्रभाव है। जाने-माने इतिहासविद् विन्सेंट ए. स्मिथ तुलसीदास के बारे में लिखते हैं, "वह हिन्दू अपने युग का महानतम व्यक्ति था, अकबर से भी अधिक महान्, क्योंकि इस कवि ने लाखों-करोड़ों स्त्री-पुरुषों के हृदय और मस्तिष्क पर जो विजय प्राप्त की, वह युद्ध के मैदान में सम्राट की किसी भी विजय से अनन्त रूप से अधिक दीर्घकालीन और महत्त्वपूर्ण थी।"

यह बहुत खेद का विषय है कि एक स्वाधीन भारत ने इस महापुरुष की सेवाओं को अब तक कोई भौतिक मान्यता नहीं दी है, यद्यपि उनके द्वारा प्रयुक्त भाषा, हिन्दी, को राष्ट्रीय भाषा के रूप में अपना लिया गया है। तुलसीदास की महानता के स्मरण में एक उपयुक्त स्मारक की स्थापना करना हम सबके लिए एक पुण्य कर्तव्य की तरह है। हम देश के सभी नागरिकों से अपील करते हैं कि वे इस उद्देश्य के लिए गठित निधि में बढ़-चढ़ कर अपना योगदान देते हुए इस पावन कर्तव्य को निभाएँ।

शिविर मुम्बई,
24 नवम्बर 1954

पूज्य श्री पन्तजी,

आपके केन्द्रीय केबिनेट में शामिल होने का समाचार मेरे लिए एक आश्चर्य तो रहा ही, साथ ही मैं दुख और प्रसन्नता की मिली-जुली भावनाओं से भर उठा हूँ। मुझे इस बात की प्रसन्नता है कि आप जैसे महारथी के केबिनेट में शामिल होने से भारत सरकार को अत्यधिक दृढ़ता मिलेगी। परन्तु मुझे दुख इसलिए है कि क्योंकि आपने उत्तर प्रदेश को एक सूत्र में पिरो रखा था, और आपके सक्षम और कल्याणकारी प्रशासन के कारण राज्य को देश के सर्वाधिक सुशासित राज्यों में गिना जाने लगा था। मैं अपने लखनऊ दौरों को अत्यन्त उत्सुकता और उत्साह की भावना के साथ देखता रहा हूँ, क्योंकि लखनऊ जाने का अर्थ होता था आपसे भेंट करना। परन्तु मेरे विचार में आपने जो निर्णय लिया है वह देश के हित में है, यद्यपि आपकी अनुपस्थिति उत्तर प्रदेश के लिए एक बड़ी क्षति है।

मैं भविष्य में दिल्ली आने पर आपसे अवश्य मिलता रहूँगा। आशा है मुझे पहले की तरह ही आपका विश्वास और स्नेह प्राप्त होता रहेगा।

हार्दिक शुभकामनाओं सहित,

आपका विनीत,
के.के. बिड़ला

लखनऊ,
8 दिसम्बर 1954

प्रिय कृष्ण कुमार,

आपके 24 नवम्बर के पत्र के लिए धन्यवाद। मैं आपके द्वारा व्यक्त की गई भाव-भीनी भावनाओं के लिए आपका आभारी हूँ। मेरे असंख्य मित्र, सहयोगी और

उत्तर प्रदेश के आम लोग मेरे प्रति सदैव अत्यन्त उदार रहे हैं। उनका स्नेह और सद्भावनाएँ मेरे लिए शक्ति का एक अविरल स्रोत हैं। मैं नहीं जानता कि मुझे कहाँ तक सफलता मिलेगी, परन्तु अपनी बढ़ती हुई शारीरिक बाधाओं पर विजय प्राप्त करके दिल्ली में दूसरों के साथ एक भारी दायित्व वहन कर पाने की क्षमता के लिए मैं इसी शक्ति पर निर्भर हूँ।

लखनऊ में आप कभी भूले-भटके ही चक्कर लगाते थे, परन्तु आशा है कि अब दिल्ली में आपसे अधिक मिलना होगा।

सस्नेह,
गोविन्द बल्लभ पन्त

गृहमन्त्री,
नई दिल्ली,
25 जनवरी 1956

प्रिय कृष्ण कुमार,

तुलसी स्मारक समिति के सम्बन्ध में आपके 19 जनवरी के पत्र के लिए धन्यवाद। आपने जो नाम सुझाए हैं वे ठीक हैं और आप इस प्रस्ताव के अनुसार सत्यनारायण सिन्हा को आगे बढ़ने के लिए कह सकते हैं। मेरा ख्याल था कि काफी धनराशि इकट्ठी हो चुकी होगी, परन्तु आपके पत्र से लगता है कि अभी पहले पड़ाव को ही पार नहीं किया गया है। विश्वास है आप हर तरह से प्रयास करके इस मंथर गति को तीव्र करने की आवश्यकता को समझेंगे। आशा है आपके दिल्ली आगमन पर आपसे भेंट होगी।

सस्नेह,
गोविन्द बल्लभ पन्त

30 अगस्त 1956

पूज्य श्री पन्त जी,

मेरा विचार है कि हमें अब विभिन्न समाचार-पत्रों 'हिन्दुस्तान टाइम्स', 'लीडर', 'सर्चलाइट', 'इंडियन नेशन', 'पायोनियर' इत्यादि को चन्दे के संग्रह के लिए अपील भेज देनी चाहिए। मैंने इस अपील का एक ड्राफ्ट तैयार करके आपके हस्ताक्षरों के लिए संग्रह समिति के चेयरमैन श्री सत्यनारायण बाबू को भेज दिया है। आशा है आप हमें अनुगृहीत करने की कृपा करेंगे। क्या आप टंडनजी इत्यादि कुछ अन्य लोगों के हस्ताक्षर लेने की भी सलाह देंगे? निस्सन्देह, सत्यनारायण बाबू इस पर अवश्य ही हस्ताक्षर करेंगे।

सादर,

आपका विनीत,
कृष्ण कुमार

12 दिसम्बर 1957

प्रिय कृष्ण कुमार,
आपके 2 दिसम्बर के पत्र के लिए धन्यवाद। मेरे विचार में यदि आप चीफ इंजीनियर, लोक निर्माण विभाग, उत्तर प्रदेश, लखनऊ को 50,000 रुपए प्रेषित कर दें तो ठीक रहेगा। आयोजकों का विचार है कि राजापुर में तुलसी स्मारक का शिलान्यास समारोह फरवरी के पहले सप्ताह में किसी दिन रखा जाए। विश्वास है आप इसमें अवश्य शामिल होंगे।

आपका सस्नेह,
गोविन्द बल्लभ पन्त

17 दिसम्बर 1958

प्रिय कृष्ण कुमार,
चतुर्भुज शर्मा ने मुझे लिखा है कि राजपुर में तुलसी स्मारक की स्थापना का कामकाज देख रहे सुपरिंटेंडेंट इंजीनियर के अनुसार पूरे निर्माण कार्य पर 2,80,500/- रुपए की लागत आने का अनुमान है। इसमें से 50,000/- रुपए आप पहले ही भेज चुके हैं। यद्यपि सुपरिंटेंडेंट इंजीनियर ने उन्हें 2,30,500/- रुपए की बकाया राशि तुरन्त जमा करवाने के लिए कहा है, परन्तु चतुर्भुज का कहना है कि दूसरी किस्त के रूप में कम-से-कम 50,000/- रुपए जमा कर देने चाहिए, ताकि निर्माण कार्य निर्बाध रूप से चलता रहे। विश्वास है आप इसकी व्यवस्था करने की कृपा करेंगे।

स्मारक से जुड़े लोगों का विचार है कि शिलान्यास समारोह फरवरी के प्रथम सप्ताह के आरम्भ में होना चाहिए। तिथि निश्चित होते ही मैं आपको सूचित कर दूँगा। आशा है आप इस अवसर पर अवश्य उपस्थित होंगे।

विश्वास है आप सब सकुशल होंगे।

सस्नेह,
गोविन्द बल्लभ पन्त

5 जनवरी 1959

प्रिय कृष्ण कुमार,
आपका 23 दिसम्बर का पत्र मैं दो दिन पहले दौरे से लौटने पर ही देख पाया हूँ। यह जानकर बहुत चिन्ता हुई कि आपका स्वास्थ्य ठीक नहीं चल रहा है। विश्वास है कोई गम्भीर बात नहीं होगी और आपके चिकित्सक द्वारा सुझाए गए दुग्ध आहार ने प्रशांतक का काम किया होगा और आपके पेट को आराम मिला होगा। राजपुर में तुलसी स्मारक के शिलान्यास की तिथि अभी निश्चित नहीं हो पाई है, परन्तु सभी सम्बन्धित लोगों का विचार है कि पहली फरवरी सभी के लिए सुविधाजनक रहेगी।

सभी को नववर्ष की शुभकामनाओं सहित,

सस्नेह,
गोविन्द बल्लभ पन्त

15 जनवरी 1959

पूज्य श्री पन्तजी,

आशा है आप अपने अमूल्य समय में विघ्न डालने के लिए क्षमा करेंगे। परन्तु क्योंकि उत्तर प्रदेश और बिहार की चीनी मिल एसोसिएशनें मुझसे इस मामले को उठाने का आग्रह कर रही हैं, इसलिए मैं सड़कों के निर्माण को लेकर उनके सामने आनेवाली समस्याओं के बारे में आपको संक्षेप में लिख रहा हूँ।

उत्तर प्रदेश के मुख्यमन्त्री के रूप में आपने प्रदेश के विकास कार्य में जिस तरह गहरी दिलचस्पी दिखाई थी, उसे हम सब कृतज्ञता की भावना के साथ याद करते हैं। आपने जिन मामलों पर विशेष ध्यान देने की कृपा की थी, उनमें से एक चीनी फैक्टरियों के आसपास सड़कों के विकास से जुड़ा हुआ था। इस तरह की सड़कों के विकास से जुड़े लाभों को गिनाने की आवश्यकता नहीं है। यदि गन्ना उत्पादकों को अच्छी सड़कें उपलब्ध हों तो वे गन्ने को सुविधापूर्वक फैक्टरियों तक ला सकते हैं, और चीनी के उत्पादन में वृद्धि करने और उसके निर्यात से मूल्यवान विदेशी मुद्रा अर्जित करने में मदद कर सकते हैं। यह एक सर्वविदित तथ्य है कि अच्छी सड़कों के अभाव के कारण कई जगहों से गन्ना फैक्टरियों तक नहीं पहुँच पाता और किसान या तो उसका गुड़ बनाने या चारे के रूप में उसे पशुओं को खिलाने के लिए बाध्य हो जाते हैं।

इन कठिनाइयों को दूर करने के लिए भारत सरकार ने दूसरी पंचवर्षीय योजना के दौरान चीनी फैक्टरियों के आसपास सड़कों के विकास की एक योजना बनाई थी। इस योजना के अन्तर्गत पक्की सड़कों के निर्माण पर आनेवाली लागत का एक तिहाई हिस्सा केन्द्र सरकार द्वारा, एक तिहाई राज्य सरकार द्वारा और शेष सम्बन्धित फैक्टरियों और उत्पादकों द्वारा वहन किए जाने का प्रस्ताव है। इस योजना का सभी ने स्वागत किया था।

कुछ समय पहले एक सदस्य फैक्टरी ने शुगर मिल्स एसोसिएशन को सूचित किया था कि आयकर विभाग इस योजना के अन्तर्गत सड़क निर्माण में उनके योगदान को आयकर उद्देश्यों से व्यय मानने के लिए तैयार नहीं है। एसोसिएशन ने यह मामला केन्द्रीय राजस्व मंडल के सामने रखा और अनुरोध किया कि इस योगदान को व्यय के रूप में देखा जाना चाहिए। दुर्भाग्यवश, केन्द्रीय राजस्व मंडल ने इस अनुरोध को ठुकरा दिया है। परन्तु उसने इस तरह के योगदान को आयकर कानून की धारा 15 बी. के अन्तर्गत दान के रूप में देखे जाने का प्रस्ताव रखा है। क्योंकि कम्पनियों द्वारा दिए जानेवाले दान पर आयकर उद्देश्यों के लिए एक सीमा निर्धारित है, और हर फैक्टरी को अन्य उद्देश्यों के लिए दान देना ही पड़ता है, इसलिए केन्द्रीय राजस्व मंडल के इस रवैये से फैक्टरियों को कोई राहत मिलने की बहुत कम सम्भावना है। इन परिस्थितियों में सड़क निर्माण योजना को गहरा धक्का पहुँचने की सम्भावना है।

मैंने इस विषय में पूज्य श्री मोराराजी भाई को नहीं लिखा है। मैं इस मामले को आपके ध्यान में लाना चाहता था, क्योंकि आपने इस काम में बहुत ज्यादा दिलचस्पी

ली थी, और आप उत्तर प्रदेश और बिहार में चीनी उद्योग की स्थिति से भली-भाँति परिचित हैं।

सादर प्रणाम सहित,

आपका विनीत,
कृष्ण कुमार

3 फरवरी 1959

प्रिय कृष्ण कुमार,

आपका 29 जनवरी का पत्र प्राप्त हुआ। मुझे खेद है कि आपके हाल के दिल्ली दौरे के दौरान आपसे भेंट नहीं हो पाई। अच्छा होता अगर किसी दिन आप चले आते। मुझे कटिबात की हल्की शिकायत हो गई थी, परन्तु अब यह लगभग ठीक हो चला है। जब तक रहता है, बहुत परेशान करता है। यह जानकर खेद हुआ कि आपका स्वास्थ्य अभी पूरी तरह ठीक नहीं हुआ है और आप खाने-पीने में अभी भी परहेज बरत रहे हैं। विश्वास है आप शीघ्र ही पूरी तरह स्वस्थ हो जाएँगे। आपका जब भी दिल्ली आना होगा तो आपसे भेंट करके मुझे अति प्रसन्नता होगी।

शुभकामनाओं सहित,

आपका सस्नेह,
गोविन्द बल्लभ पन्त

13 फरवरी 1959

प्रिय कृष्ण कुमार,

आपका 15 जनवरी का पत्र प्राप्त हुआ। मैंने वित्त मन्त्रालय के अधिकारियों से चीनी फैक्टरियों द्वारा सड़क निर्माण पर किए जानेवाले व्यय के सम्बन्ध में बात की है। उनका कहना है कि इस व्यय को आयकर उद्देश्यों से एक सामान्य व्यय मानना सम्भव नहीं है, परन्तु सड़कों के विकास पर होनेवाले व्यय में फैक्टरियों के योगदान को पूँजी निवेश के रूप में देखा जा सकता है, जिस पर मूल्यह्रास की सामान्य दरें लागू होंगी।

फैक्टरियों के आसपास सड़कों के विकास की योजना एक अच्छी योजना है, और मुझे विश्वास है कि आयकर के पहलुओं की परवाह न करके फैक्टरियाँ इसमें अपना योगदान देना जारी रखेंगी, क्योंकि यह फैक्टरियों और उत्पादकों दोनों के लिए लाभदायक है।

शुभकामनाओं सहित,

आपका सस्नेह,
गोविन्द बल्लभ पन्त

24 अगस्त 1959

पूज्य श्री पन्तजी,

मुझे समाचार-पत्रों से ज्ञात हुआ है कि राष्ट्रपति अयूब 1 सितम्बर को या उसके आसपास प्रधानमन्त्री से भेंट कर रहे हैं। मैं सोच रहा था कि क्या आप प्रधानमन्त्री तक यह बात पहुँचाने की कृपा कर सकते हैं कि वे राष्ट्रपति अयूब के सामने डालमिया मामले का उल्लेख मात्र कर दें। मैं समझता हूँ कि हमारे उच्चायुक्त ने विदेशी मामलों के मन्त्रालय को इस सम्बन्ध में बहुत ठोस रिपोर्ट भेजी है कि किस तरह डालमिया और सतलुज कॉटन मिल के दो अन्य कर्मचारियों की निर्दोष होते हुए भी भारी सजाएँ सुना दी गई हैं। यदि आप इस मामले से जुड़े तथ्यों को संक्षेप में जानना चाहें तो मैं आपको एक नोट भेज दूँगा। परन्तु मैं समझता हूँ कि उच्चायुक्त पहले ही इस मामले का सारांश भेज चुके हैं। हमने अपने कुछ विशिष्ट अधिकारियों को पाकिस्तान भी भेजा है, जो कराची की कई प्रमुख हस्तियों से इस मामले में हस्तक्षेप करने का अनुरोध कर रहे हैं। हमारी सूचना के अनुसार राष्ट्रपति अयूब और उनके साथ आनेवाले विदेश मन्त्री श्री मंजूर कादिर को इस मामले की जानकारी है, और मैं समझता हूँ कि उनका भी यही ख्याल है कि डालमिया और उनके दो सहकर्मियों के मामले में न्याय-प्रक्रिया में कहीं-न-कहीं चूक हो गई है। इसलिए माहौल अच्छा है। मेरे विचार में यदि प्रधानमन्त्री उनसे सिर्फ इतना कह दें कि इस मामले में भारत सरकार का भी यही विचार है कि न्याय में कहीं-न-कहीं चूक हो गई है तो पर्याप्त होगा।

यदि आपको लगता है कि मुझे प्रधानमन्त्री को पत्र लिखकर या उनसे भेंट करके उनसे यह अनुरोध करना चाहिए तो मैं इसके लिए भी तैयार हूँ। परन्तु मेरा विचार है कि यदि आप उनसे नहीं कहेंगे तो वे राष्ट्रपति अयूब के साथ यह मामला उठाने पर विचार नहीं करेंगे।

सादर प्रणाम।

आपका विनीत,
के. के. बिड़ला

निजी

29 अगस्त, 1959

प्रिय कृष्ण कुमार,

आपका 24 अगस्त का पत्र मिला। सतलुज कॉटन मिल के मैनेजर को लेकर आपकी चिन्ता को मैं समझ सकता हूँ। परन्तु मुझे खेद है कि राष्ट्रपति अयूब के सम्मुख इस मामले का उल्लेख करना प्रधानमन्त्री के लिए उपयुक्त नहीं होगा, और इतना समय भी नहीं होगा क्योंकि यह बहुत संक्षिप्त भेंट होगी। इसलिए मुझे नहीं लगता कि आपको इस सम्बन्ध में प्रधानमन्त्री को लिखना चाहिए।

सस्नेह,
गोविन्द बल्लभ पन्त

निजी

11 अक्तूबर 1959

प्रिय कृष्ण कुमार,

कराची में हमारे उच्चायुक्त ने हाल ही में राष्ट्रपति अयूब खाँ से भेंट की थी और उनके सामने सतलुज कॉटन मिल का मामला रखा था। उन्होंने मुझे सूचित किया है कि राष्ट्रपति ने उन्हें पूरा मामला विस्तार से समझाने का अवसर दिया और उनकी बातें बहुत ध्यान से सुनीं। यद्यपि अभी अन्तिम निष्कर्ष के बारे में कुछ कहना सम्भव नहीं है, परन्तु उच्चायुक्त का विचार है कि मामले पर समुचित ध्यान दिए जाने की बहुत अच्छी सम्भावना है। घनश्याम जी विगत दिनों यहाँ आए थे तो मैंने उन्हें उच्चायुक्त का पत्र दिखाया था।

सस्नेह,

गोविन्द बल्लभ पन्त

16 अक्तूबर 1959

पूज्य श्री पन्तजी,

आपका 11 अक्तूबर का कृपा पत्र मिला। यह जानकर अत्यन्त प्रसन्नता हुई कि कराची में हमारे उच्चायुक्त ने सतलुज मिल के मामले में राष्ट्रपति अयूब खाँ से भेंट की थी। आपने शुरू से ही इस मामले में बहुत गहरी रुचि ली है और मुझे अभी-अभी यह शुभ समाचार मिला है कि डालमिया और अन्य व्यक्तियों को रिहा कर दिया गया है। इस पूरे मामले में आपके सहानुभूतिपूर्ण प्रयासों के कारण ही यह सम्भव हो पाया है।

सादर प्रणाम।

आपका विनीत,

कृष्ण कुमार

टिप्पणी : मैंने इस पुस्तक के पिछले अध्यायों में लिखा है कि पाकिस्तान के ओकारा नामक स्थान पर स्थित सतलुज कॉटन मिल के महाप्रबन्धक गजानन्द डालमिया बहुत साहसी व्यक्ति थे। विभाजन के दिनों में भी, जब सभी हिन्दू पाकिस्तान से भाग रहे थे, वे इस मिल में डटे रहे और विभाजन से सिर्फ दो-तीन दिन पहले ही भारत आए। वे शीघ्र ही वहाँ वापस चले गए और उन्होंने फिर से मिल का प्रभार सँभाल लिया।

3 मई 1960

प्रिय कृष्ण कुमार,

आपका 28 अप्रैल का पत्र मिला। आपने जिस तत्परता से तुलसी स्मारक के लिए 50,000/- रुपए की अतिरिक्त धनराशि जुटाने का बीड़ा उठाया है, उसके लिए मैं

आपका धन्यवाद करता हूँ। चतुर्भुज शर्मा भी कुछ दिन पहले यहाँ आए थे और मैंने उनसे भी कहा है कि अधिक-से-अधिक धनराशि इकट्ठी करने के लिए विशेष प्रयास करें। यह एक राष्ट्रीय स्मारक है और मैं कम-से-कम हमारे समुदाय के उस वर्ग से बढ़-चढ़कर योगदान करने की अपेक्षा कर रहा था, जो इस तरह के सभी उद्देश्यों के लिए दिल खोलकर मदद करते हैं। यह जानकर अत्यन्त खेद हो रहा है कि वे उदासीनता का प्रदर्शन कर रहे हैं। यह उनकी परोपकारी प्रकृति पर एक दुखद टिप्पणी है। परन्तु काम हर हाल में पूरा करना है। अपील पर हस्ताक्षर करनेवालों का विशेष दायित्व है और हम सभी को आवश्यक धनराशि जुटाने का हर सम्भव प्रयास करना है। यह काम जितना जल्दी हो जाए उतना ही अच्छा।

विश्वास है आप सकुशल होंगे।

आपका सस्नेह,
गोविन्द बल्लभ पन्त

10 सितम्बर 1960

पूज्य श्री पन्तजी,

आपका 4 सितम्बर का कृपा पत्र प्राप्त हुआ। मैं स्वयं भी तुलसी स्मारक के लिए 50,000/- रुपए इकट्ठे करने के लिए अत्यन्त उत्सुक हूँ। आपके साथ बातचीत के बाद मैंने इस दिशा में प्रयास किए हैं और कुछ मित्रों से सम्पर्क स्थापित किया है। वे सभी समिति की योजना के बारे में और अधिक जानकारी चाहते हैं। तदनुसार, मैंने 1 जुलाई को शर्माजी को योजना की एक दर्जन प्रतियाँ भेजने के लिए लिखा था। शर्माजी ने 11 जुलाई को मेरे पत्र का उत्तर देते हुए लिखा था कि वे कुछ प्रतियाँ भेजेंगे। परन्तु वे प्रतियाँ मुझे अभी तक नहीं मिली हैं। मैंने अपनी तरफ से 2 सितम्बर को शर्माजी को फिर याद दिलाया है और उनसे शीघ्र से शीघ्र प्रतियाँ भेजने का अनुरोध किया है। ये प्रतियाँ मिलते ही मैं इन मित्रों से दोबारा सम्पर्क करूँगा।

मैं पिछले कुछ समय से दिल्ली नहीं गया हूँ, परन्तु आज शाम जा रहा हूँ। मैं दिल्ली में सिर्फ दो दिन रहूँगा, परन्तु आशा है कि इस बार आपके साथ अपना नियमित भोजन कर सकूँगा।

सादर प्रणाम।

आपका विनीत,
कृष्ण कुमार

17 अक्तूबर 1960

पूज्य श्री पन्तजी,

मैं श्रीनगर में छुट्टियाँ मनाकर कल रात ही यहाँ वापस लौटा हूँ। मुझे खेद है कि दिल्ली मैं न रुकने के कारण आपसे भेंट नहीं हो सकी। मेरा विमान श्रीनगर से दोपहर के 4.00 बजे दिल्ली पहुँचा था और 6.30 बजे मुझे कलकत्ता का विमान

पकड़ना था। मेरे पास सिर्फ इतना समय था कि बिड़ला हाउस जाकर नहा-धोकर वापस लौट सकूँ। अब मैं तुलसी स्मारक समिति का कार्य शुरू कर रहा हूँ और आशा है आपके आशीर्वाद से शीघ्र ही 50,000/- रुपए इकट्ठे हो जाएँगे, जैसाकि आपका सुझाव है। मैं आपको कार्य की प्रगति के सम्बन्ध में अवगत करवाता रहूँगा।

सादर,

आपका विनीत,
कृष्ण कुमार

शिविर : रायपुर
31 अक्तूबर 1960

प्रिय कृष्ण कुमार,

आपके 17 तारीख के पत्र के लिए धन्यवाद। यह जानकर प्रसन्नता हुई कि आप अवकाश पर गए थे। विश्वास है आपका कश्मीर प्रवास आपके लिए लाभप्रद रहा होगा। तुलसी स्मारक का कामकाज देख रहे एक्जीक्यूटिव इंजीनियर ने मुझे लिखा है कि पैसों की कमी के कारण ठेकेदार ने काम लगभग रोक दिया है। विश्वास है आप जितनी शीघ्र सम्भव हो आवश्यक धनराशि भेज सकेंगे।

शुभकामनाओं सहित,

आपका सस्नेह,
गोविन्द बल्लभ पन्त

1 नवम्बर, 1960

पूज्य श्री पन्तजी,
सादर प्रणाम।

तुलसी स्मारक समिति के लिए मैंने आपसे पचास हजार रुपए इकट्ठा करने का वायदा किया था। इसमें से 21 हजार रुपए भाई माधवप्रसाद ने उसके नीचे जो कम्पनियाँ हैं उनकी ओर से भिजवा दिए हैं। और रुपया इकट्ठा करने की हम दोनों भाई चेष्टा कर रहे हैं। आशा है आपकी कृपा से यह रुपया इकट्ठा हो जाएगा।

आपका विनीत,
के. के. बिड़ला

गृह मन्त्री,
भारत सरकार
5 नवम्बर, 1960

प्रिय कृष्ण कुमार,

1 नवम्बर का पत्र मिला। माधवप्रसाद का भेजा हुआ 21 हजार रुपए का चेक मैंने चतुर्भुज के पास भेज दिया है। तुलसी स्मारक का काम जो स्थगित हो गया था

वह चालू हो जाएगा पर, जैसा तुम्हें विदित ही है, हमारी योजना तो 10 लाख की है। मैंने माधवप्रसाद को भी लिखा है कि अगर तुम दोनों भाई इस काम में लगन से जुट जाओ तो इस धनराशि को इकट्ठा करने में अवश्य सफलता मिलेगी। स्मारक का बनना तो नितान्त अनिवार्य है और हम लोग तो एक तरह से वचनबद्ध हैं। चतुर्भुज भी अपनी तरफ से चन्दा इकट्ठा करने में लगे हुए हैं, पर उनके साधन तो सीमित हैं।

सस्नेह,
गोविन्द बल्लभ पन्त

टिप्पणी : तुलसी स्मारक समिति के लिए आवश्यक धनराशि अन्ततः मैंने इकट्ठी करके पन्तजी को भिजवाई थी।

परिशिष्ट

परिशिष्ट-1

अड़तालीसवाँ वार्षिक अधिवेशन 1975
अध्यक्ष श्री के.के. बिड़ला द्वारा सम्बोधन
25 अप्रैल, 1975
भारतीय वाणिज्य एवं उद्योग मंडल महासंघ, नई दिल्ली

प्रधानमन्त्री महोदया, महानुभावो, शिष्टमंडल के सदस्यों, महिलाओं और सज्जनो,

महासंघ के 48वें वार्षिक अधिवेशन में आप सबका हार्दिक स्वागत करते हुए मुझे अत्यन्त प्रसन्नता हो रही है।

2. प्रधानमन्त्री महोदया, मैं आपका विशेष रूप से आभारी हूँ कि अपने बहुमूल्य समय पर अत्यधिक दबाव होने के बावजूद आपने आज सुबह हमारे अधिवेशन का उद्घाटन करने का निमन्त्रण स्वीकार करने की कृपा की। इस पूरे वर्ष के दौरान आप समय-समय पर मुझे और मेरे सहकर्मियों को भेंट का समय देने की भी कृपा करती रही हैं, और हम देश के सामने आनेवाली कुछ ज्वलन्त आर्थिक समस्याओं के सम्बन्ध में आपको अपने विचारों से अवगत करवाते रहे हैं। हमारे इन वार्षिक सभा में आपकी उपस्थिति हमेशा बहुत उत्साहवर्धक और प्रेरणादायक होती है। हमारा यह दृढ़ विश्वास है कि इस मंच से दिया गया आपका सन्देश समूचे व्यवसायी समुदाय तक पहुँचता है और राष्ट्र के आर्थिक प्रयासों को एक दिशा प्रदान करता है।

3. यह वर्ष हमारे गणतन्त्र की पच्चीसवीं वर्षगाँठ का वर्ष है। अनेक तरह के दबावों और तनावों के बावजूद यह चौथाई सदी हमारी कई उल्लेखनीय और सकारात्मक उपलब्धियों की प्रतीक रही है। हमें सूखों और युद्धों, हिंसा और अव्यवस्था, हड़तालों और तालाबन्दियों का सामना करना पड़ा है, जिसके कारण हमें निराशा और चिन्ता के क्षणों से से गुजरना पड़ा है। परन्तु हम इन सभी विपत्तियों से उबरकर एक परिपक्व और प्रजातान्त्रिक मूल्यों के प्रति समर्पित राष्ट्र के रूप में सामने आए हैं। यदि यह हमारे नेताओं की दूरदर्शिता और उनके द्वारा स्थापित और सिंचित संस्थाओं के प्रति हमारी सच्ची श्रद्धांजलि नहीं है तो और क्या है? प्रधानमन्त्री महोदया, कल्पनाशील नेतृत्व की इस निरन्तर परम्परा के कारण ही कश्मीर की उलझी हुई समस्या का समाधान ढूँढ़ने और गुजरात में चुनावों के मुद्दे और सिक्किम के प्रजातान्त्रिक संघर्ष के मामले में

सही कदम उठाने में मदद मिली है। यह पूरे राष्ट्र के लिए गर्व का विषय है कि पिछले वर्ष प्रौद्योगिकी के क्षेत्र में बहुत उल्लेखनीय प्रगति हुई है, जिससे हमारे विकास कार्यक्रमों को एक नई गतिशीलता प्राप्त हुई है। मई 1974 के परमाणु विस्फोट के बाद बम्बई की समुद्र परियोजना का शुभारम्भ हुआ। इतना ही नहीं, हमने अन्तरिक्ष युग में भी प्रवेश किया और हमारा वैज्ञानिक उपग्रह 'आर्यभट्ट' पृथ्वी की परिक्रमा कर रहा है। ये सभी घटनाएँ आपके साहसी और दूरदर्शी नेतृत्व की उपलब्धियों का उदाहरण हैं। हमारे राष्ट्र ने ऊँची आकांक्षाएँ रखने का साहस किया है–"मनुष्य का प्रयास उसकी पहुँच से अधिक होना चाहिए, अन्यथा स्वर्ग किसलिए है?"

4. परन्तु फिर भी यह एक कठिन वर्ष रहा है। लगभग हर देश ऊँचे उतार-चढ़ावों का शिकार रहा है–मुद्रास्फीति की ऊँची दर से लेकर मन्दी के दौर तक। विश्वभर में मुद्रास्फीति और मन्दी का यह सिंड्रोम समृद्ध देशों के अतिरेकपूर्ण उपभोक्तावाद का परिणाम है। इस अहसास ने कि विश्व के प्राकृतिक स्रोत असीमित नहीं है, उन्हें एक तरह की भय की भावना से जकड़ लिया है। परिणामस्वरूप, उनकी नीतियाँ कुछ हद तक अन्तरोन्मुखी हो गई हैं।

5. तेल के मूल्यों में ऊँची और नाटकीय वृद्धि का ही उदाहरण लें। विकासशील देशों पर इसका बहुत भीषण, लगभग पंगु कर देने वाला प्रभाव पड़ा है। इस वृद्धि को झेलने के लिए 20 अरब अतिरिक्त डॉलरों की आवश्यकता है, जबकि हमारे विकास संसाधन पहले से ही अपर्याप्त हैं। द्विपक्षीय और बहुपक्षीय मदद में वृद्धि करने से भी इस घाटे की भरपाई हो पाने की सम्भावनाएँ नहीं हैं। इसलिए आर्थिक मदद के कुछ विशेष कार्यक्रमों पर विचार करने की आवश्यकता है और यह कदम तत्काल उठाया जाना चाहिए। इस मामले में समय का अत्यधिक महत्त्व है और हमारे पास बहुत कम समय है। अन्तर्राष्ट्रीय समुदाय को, और विशेषकर 'ओपेक' को विशाल पेट्रो-फंडों के उपयोग के उपाय सोचने चाहिए, जिन्हें विकासशील विश्व के हितों के लिए संगृहित किया गया है।

6. यह मात्र एक शुरुआत है। मैं निवेदन करना चाहूँगा कि कम विकसित देशों को इस तथ्य को स्वीकार करना होगा कि सबसे अच्छी मदद अपनी मदद आप करना है। हम भारतीय इस मामले में सौभाग्यशाली हैं कि हमारे पास मानव-शक्ति, प्रौद्योगिकी, कौशल और संसाधन हैं। हमारे पास एक सुचारु अर्थ-व्यवस्था प्रणाली है। विगत दिनों में निजी क्षेत्र के उद्यमों ने अपने प्रदर्शन में सुधार किया है और उनमें से कई अपनी पूँजी पर उचित लाभांश कमाने लगे हैं। उद्योग की दोनों भुजाओं–सार्वजनिक और निजी–की साझी समस्याएँ हैं और उनके लक्ष्य भी एक समान हैं। प्रमुख प्रश्न यह नहीं है कि कोई उद्यम सार्वजनिक क्षेत्र में होनी चाहिए या निजी क्षेत्र में, बल्कि यह है कि परियोजना पर आनेवाली लागत की तुलना में समाज को कितना लाभ पहुँच रहा है। मैं यहाँ एक बात पर ज़ोर देना चाहूँगा–सामाजिक लाभ को सिर्फ आर्थिक लाभ के पैमाने पर नहीं मापा जा सकता। यह अनाड़ीपन और उन्नीसवीं सदी की तरह सोचना होगा। हमें यह देखना है कि किस

तरह का उत्पादन होगा, कितने लोगों को रोजगार मिलेगा, कितनी मात्रा में निर्यात होगा और लाभ का वितरण किस प्रकार होगा। सामाजिक न्याय के बिना उत्पादन की बात करना उतना ही निरर्थक है जितना उत्पादन के बिना सामाजिक न्याय की बात करना। ये दोनों लक्ष्य एक-दूसरे से जुड़े हुए हैं। इनका उपयुक्त, प्रभावी और सौहार्दपूर्ण सम्मिश्रण आवश्यक है। मेरे विचार में इस ढाँचे पर आधारित मिश्रित अर्थव्यवस्था से विकास दर में वृद्धि होगी और लोगों तक उसका अधिक लाभ पहुँचेगा।

7. अतीत एक उपलब्धि है और भविष्य मात्र एक लक्ष्य, इसलिए हमें वर्तमान पर ध्यान देना है। हमें अपने लघुकालीन और दीर्घकालीन लक्ष्यों के बीच एक सूत्र स्थापित करके अपनी नीतियाँ बनानी चाहिए। पिछले तीन वर्षों में हमारी अर्थव्यवस्था के दो विशिष्ट पहलू रहे हैं—मुद्रास्फीति और प्रगति की गति में अवरोध। जून, 1972 के बाद 28 महीनों में मूल्यों में 68 प्रतिशत वृद्धि हुई। इससे आपूर्ति की कठिन स्थिति का पता चलता है, जो उद्योगों की तुलना में कृषि के क्षेत्र में अधिक मुखर रही है। सरकार ने मूल्य-वृद्धि पर अंकुश लगाने के लिए ठीक समय पर कई साहसी और अपरम्परागत कदम उठाए, जिनमें वेतन-वृद्धि पर आंशिक प्रतिबन्ध, अनिवार्य जमा योजना और ऋणों पर नियन्त्रण इत्यादि शामिल हैं। एफआईसीसीआई ने इन सभी मामलों में सरकार का साथ दिया। इन उपायों से निश्चित ही काफी प्रभाव पड़ा और पिछले अक्तूबर के बाद से मूल्यों में लगभग 7 प्रतिशत की गिरावट आई है। यह एक उल्लेखनीय उपलब्धि है, परन्तु इसे हमारी समस्याओं का अन्त नहीं कहा जा सकता।

8. विकास प्रक्रिया में मुद्रास्फीति ही एकमात्र बाधा नहीं थी। समस्या यह थी कि यह प्रक्रिया ही अपने-आपमें बहुत सुस्त थी। इस तरह की नाज़ुक और कठिन परिस्थिति में श्रेष्ठतम नीतियों के भी पार्श्व-प्रभाव दिखाई देना आश्चर्य की बात नहीं है। आवश्यकता इस बात की है कि स्थिति पर निरन्तर निगरानी रखी जाए, ताकि ये पार्श्व-प्रभाव किसी बड़ी समस्या का रूप न ले लें। दूसरे शब्दों में, मुद्रास्फीति पर नियन्त्रण पाने के प्रयास करते हुए हमें यह भी ध्यान रखना है कि विकास की प्रक्रिया धीमी न पड़े।

9. मन्दी एक विश्वव्यापी घटना बन चुकी है, भले ही हम इसे इस नाम से पुकारें या अधिक फैशनेबल 'डिमांड स्लम्प' के नाम से। भारत भी इससे प्रभावित हुआ है और हमारे अनेक उद्योग—इस्पात, अलौह-धातुएँ, काँच, रेयन, साइकिलें, पंखें, तारें, जूट, वस्त्र, मशीनी औजार इत्यादि—मंदी के दौर से गुजर रहे हैं। स्वचालित वाहनों, वैगनों और छोटे इस्पात संयत्रों पर सबसे ज्यादा बुरा प्रभाव पड़ा है। सामान्य स्थितियों में मूल्यों में गिरावट एक शुभ संकेत होता है, बशर्ते कि इसके पीछे उत्पादन में वृद्धि या लागत में कमी जैसे कारण हों। परन्तु जब बिक्री में कमी के कारण मूल्यों में गिरावट आती है तो यह खतरे का संकेत होता है। बिक्री में कमी के कारण स्टॉक इकट्ठा होने लगता है, जिसके परिणामस्वरूप उत्पादन में गिरावट आती है; और उत्पादन में गिरावट के कारण बेरोजगारी पैदा होती है। कुछ औद्योगिक संस्थान तो बन्द भी हो चुके हैं।

10. इसलिए, क्या अब यह विचार करने का समय नहीं है कि वर्तमान आर्थिक स्थिति को देखते हुए माँग प्रबन्धन उपायों में आवश्यक परिवर्तन किए जाएँ? ये उपाय उन स्थितियों के लिए प्रभावी थे जिन स्थितियों में इन्हें लागू किया गया था। मेरे विचार में, माँग प्रबन्धन नीतियाँ अपनी भूमिका निभा चुकी हैं और उनकी उपयोगिता खत्म हो चुकी है। अब हमें माँग को पुनर्जीवित करने, और विशेषकर आपूर्ति के विस्तार पर अपना ध्यान केन्द्रित करना होगा। इससे न सिर्फ मुद्रास्फीति की जटिल समस्या को सुलझाया जा सकता है, बल्कि गरीबी और बेरोजगारी की समस्या का भी समाधान हो सकता है। हम आशा कर रहे थे कि केन्द्रीय बजट से इस उद्देश्य को पूरा करने में मदद मिलेगी। बजट में इस दिशा में कुछ प्रयास तो किए गए हैं, परन्तु वास्तविक प्रस्ताव इतने हल्के-फुल्के हैं कि वे आवश्यक प्रभाव पैदा करने में अक्षम हैं। प्रधानमन्त्री महोदया, मैं यह सुझाव देने की अनुमति चाहूँगा कि वर्तमान स्थितियों में सरकार और निजी क्षेत्र दोनों का ध्यान अर्थव्यवस्था को पुनर्जीवित करने और इसे विकास की राह पर ले जाने पर केन्द्रित होना चाहिए।

11. हमारे विकास कार्यक्रमों में कृषि का अत्यधिक महत्त्व है। मैं इस बात से इनकार नहीं कर रहा हूँ कि कई राज्यों में कृषि की विकास-दर राष्ट्रीय औसत से अधिक रही है। फिर भी, आम धारणा है कि कृषि के विकास को गतिशीलता प्रदान करने के मामले में राज्य कुल मिलाकर काफी सुस्त रहे हैं। सम्भवतः केन्द्र सरकार को कृषि के विकास के लिए अपने ऊपर अधिक जिम्मेदारी लेनी चाहिए, और इससे जुड़े अन्य क्षेत्रों सिंचाई और बिजली इत्यादि के मामलों में भी। बीजों और कीटनाशकों इत्यादि पर विस्तृत शोध और विकास के कार्यक्रम चलाकर और उर्वरकों के उत्पादन में वृद्धि करके कृषि के उत्पादन में सुधार लाया जा सकता है। शोध केवल सरकार का दायित्व नहीं होना चाहिए। कृषि से सीधे जुड़े उद्योगों को भी इस क्षेत्र में प्रभावी भूमिका निभानी चाहिए।

12. उत्पादन को निस्सन्देह प्राथमिकता दी जानी चाहिए, परन्तु साथ ही वितरण प्रणाली को भी ऐसा बनाया जाना चाहिए कि समाज के निर्धन वर्गों की आवश्यकताएँ पूरी हो सकें। पिछले वर्ष गेहूँ के व्यापार पर लगाई गई लेवी एक सराहनीय कदम था और इसकी उपयोगिता अभी खत्म नहीं हुई है। यह सत्य है कि पिछले वर्ष किसानों से 45 लाख टन की खरीद की तुलना में इस वर्ष सरकार और व्यापारियों द्वारा सिर्फ 33 लाख टन की खरीद की गई है। परन्तु पिछले वर्ष से पहले के वर्षों की तुलना में यह आँकड़ा बुरा नहीं है, खासकर इस वर्ष की परिस्थितियों को ध्यान में रखते हुए। मेरे विचार में यदि राज्य सरकारों से और अधिक और ठीक समय पर सहयोग मिल पाता तो और अधिक गेहूँ खरीदी जा सकती थी। इस पूरी प्रक्रिया में होनेवाले विलम्ब को समाप्त करके और व्यापारियों को किसानों को अधिक मूल्य देने की अनुमति देकर ऐसा कर पाना सम्भव था। इसके अलावा, कम खरीद के पीछे एक और कारण भी था–गेहूँ का उत्पादन ही कम हुआ था। जो वस्तु हो ही नहीं, उसे

खरीदा कैसे जा सकता है? गेहूँ की फसल में 25 लाख टन तक की गिरावट देखने में आई थी। मेरे विचार में व्यापारियों पर लगाई गई लेवी राज्य के एकाधिकार और स्वतन्त्र व्यापार दोनों के लाभों की दृष्टि से उचित थी। राष्ट्रीय आयोग ने भी दोहरे मूल्य के व्यावहारिक लाभों को स्वीकार किया है—अर्थात् सार्वजनिक वितरण प्रणाली के साथ-साथ स्वतन्त्र व्यापार भी। प्रधानमन्त्री महोदया, मैं आशा करता हूँ कि इस विलम्बित चरण में भी सरकार गेहूँ के वितरण के लिए सामान्य व्यापारिक माध्यमों के अनुभवों और सेवाओं का लाभ उठाने पर विचार करेगी।

13. कृषि उत्पादन की मात्रा और अनाजों का मूल्य-स्तर हमारी अर्थ-व्यवस्था के मार्गदर्शक मापदंड हैं। 1966-68 और 1972-74 में कृषि उत्पादन में भारी गिरावट देखने में आई तो औद्योगिक उत्पादन भी अत्यधिक मन्दा रहा। पिछले दो वर्षों से उद्योगों की क्षमता-उपयोगिता का स्तर बहुत नीचे रहा है और नए निवेश भी बहुत कम हुए हैं। ये दोनों एक-दूसरे से जुड़े हुए पहलू हैं, परन्तु इन पर अलग-अलग विचार करने की आवश्यकता है। उदाहरण के लिए, यदि रेलवे अपना विस्तार या नवीनीकरण नहीं करता तो वैगनों और साथ-ही-साथ इस्पात की माँग भी कम हो जाती है। इससे वैगन, स्टील और सहायक उद्योगों को अपनी क्षमता से कम काम करना पड़ता है। इसलिए एक उद्योग का विस्तार अन्य उद्योगों की सम्पूर्ण क्षमता-उपयोगिता से जुड़ा हुआ है। यह प्रसन्नता की बात है कि सरकार ने इस तथ्य पर ध्यान दिया है और केन्द्रीय बजट में योजना खर्च में 23 प्रतिशत की वृद्धि की गई है।

14. माँग में कमी के अलावा उद्योगों को कई अन्य समस्याओं का भी सामना करना पड़ रहा है, जिनमें बिजली की कमी सबसे प्रमुख है। कुछ क्षेत्रों में विद्युत-उत्पादन में कुछ सुधार के संकेत हैं। परन्तु देश का एक बड़ा भाग विद्युत के अकाल से जूझता रहा है। इस वर्ष फरवरी में माँग और उत्पादन का यह अन्तर प्रतिदिन 3-5 करोड़ यूनिट था। मेरा मानना है कि विद्युत उत्पादन को सिर्फ माँग और आपूर्ति की दृष्टि से नहीं देखा जाना चाहिए, बल्कि आपूर्ति को हमेशा माँग से आगे रखा जाना चाहिए। यह बात सभी उद्योगों पर लागू होती है, परन्तु विद्युत जैसी अनिवार्य वस्तु के मामले में यह और भी अधिक लागू होती है। विद्युत उत्पादन केन्द्रों का प्रशासनिक और तकनीकी दोनों स्तर पर कुशल प्रबन्धन अत्यधिक महत्त्वपूर्ण है। मुझे इस सम्बन्ध में विस्तार में जाने की आवश्यकता नहीं है, क्योंकि पिछले वर्ष हमारे द्वारा आयोजित ऊर्जा सम्मेलन समेत अनेक मंचों पर इस विषय पर बहुत कुछ कहा जा चुका है।

15. अब मैं एक अत्यधिक संवेदनशील विषय पर आना चाहूँगा। यह बहुत चिन्ताजनक बात है कि उत्पादन में अपर्याप्त वृद्धि के पीछे कुछ मामलों में अस्वस्थ औद्योगिक सम्बन्धों का हाथ रहा है। 1974 में हड़तालों और तालाबन्दियों के कारण 3.1 करोड़ से अधिक मानव-दिवसों की हानि हुई, जो 1973 की तुलना में 50 प्रतिशत अधिक थी। औद्योगिक असन्तोष के पीछे अकसर अर्थ-व्यवस्था की खराब स्थिति होती है। इस तरह की स्थिति में सभी

सम्बधित व्यक्तियों को धैर्य से काम लेने की आवश्यकता होती है, ताकि अर्थव्यवस्था संकट से उबरकर विकास की राह पर अग्रसर हो सके। हम सबको इस संकट को दूर करने के लिए अपनी-अपनी भूमिका निभानी होगी। प्रधानमन्त्री महोदया, आपने कुछ समय पहले यह सुझाव दिया था कि हड़तालों और तालाबन्दियों पर कम से कम पाँच वर्ष के लिए मोरेटोरियम लगा दिया जाना चाहिए। मैं आशा करता हूँ कि इस उत्कृष्ट विचार को एक ठोस आकार देकर आजमाने का प्रयास किया जाएगा।

16. जैसाकि पहले उल्लेख किया जा चुका है, उद्योग में पर्याप्त मात्रा में नया निवेश नहीं आ रहा है। हम इस गम्भीर समस्या के आयामों का पूरी तरह से अहसास नहीं कर पा रहे हैं।

- सबसे पहली बात यह है कि परियोजनाओं को आर्थिक दृष्टि से व्यवहार्य होना चाहिए। यह बात उन उद्योगों पर विशेष रूप से लागू होती है जहाँ मूल्यों पर नियन्त्रण है।
- दूसरे, पिछले तीन-चार वर्षों में पूँजीगत माल के मूल्यों में भारी वृद्धि हुई है, जिसके कारण नई ईकाइयों के लिए प्रतिस्पर्द्धा का सामना करना कठिन हो गया है।
- तीसरे, मौजूदा ईकाइयों के लिए अपनी मशीनों को बदलना कठिन हो रहा है, क्योंकि कर-कानून के अन्तर्गत प्रदत्त मूल्य-ह्रास पर्याप्त नहीं है।
- चौथे, नए निवेशों के लिए धन उपलब्ध नहीं है।
- और पाँचवें, ब्याज दरों में अत्यधिक वृद्धि हो गई है।

17. यही सब कारण हैं कि लाइसेंस जारी करने की प्रक्रिया को चुस्त बनाए जाने के बावजूद नए उद्योगों की स्थापना में तेजी नहीं आई है। मैं जानता हूँ कि सरकार इस गम्भीर समस्या से अनभिज्ञ नहीं है, परन्तु, मेरे विचार में, विकास से जुड़ी सभी प्रमुख एजेंसियों अर्थात् सरकार, उद्योग और वित्तीय संस्थानों को एक साझे मंच पर इस विषय पर विशद चर्चा करनी चाहिए, और आपसी सहमति से ऐसे समाधान खोजने चाहिए जिनसे आर्थिक विकास में किसी तरह की बाधा न आए। इस समय प्रगति सबसे प्रमुख प्रश्न है। इस विषय में मैं अपने कुछ विचार आपके सम्मुख रखना चाहूँगा।

18. कहने की आवश्यकता नहीं है कि यदि मूल्य नियन्त्रण अनिवार्य है तो निर्धारित किए गए मूल्य ऐसे होने चाहिए कि उचित मात्रा में मुनाफे की गुँजाइश रहे। माँग और आपूर्ति की स्थिति में उपेक्षाकृत सुधार आने के कारण वनस्पति, टायर और ट्यूब और आटोमोबाइल जैसे उद्योगों से मूल्य-नियंत्रण हटा लिया गया है। यह एक अग्रगामी नीति है और मैं आशा करता हूँ कि कई अन्य उद्योगों को भी इसके दायरे में लाया जाएगा। सम्भवतः कुछ वस्तुओं के मामले में मूल्य नियन्त्रण की प्रणाली को समाप्त नहीं किया जा सकता, परन्तु दोहरी मूल्य-प्रणाली के माध्यम से उपभोक्ताओं की एक विशेष श्रेणी की आवश्यकताओं

को पूरा किया जा सकता है, जैसाकि चीनी के मामले में किया जा रहा है। प्रधानमन्त्री महोदया, मैं यह बात पूरी तरह से स्पष्ट करना चाहता हूँ कि हमारा अनुरोध है कि यह दोहरी मूल्य-प्रणाली समाज के कमजोर वर्गों और उपभोक्ताओं की अन्य विशेष श्रेणियों की आवश्यकताओं को रियायती मूल्यों पर पूरा करने के उद्देश्य से लागू की जानी चाहिए। इसके साथ ही उद्योग को इस घाटे को पूरा करने की भी अनुमति होनी चाहिए, चाहे वह उद्योग सार्वजनिक क्षेत्र में हो या निजी क्षेत्र में, अन्यथा उद्योग के बीमार पड़ने का खतरा पैदा हो जाएगा। खुले बाजार का मूल्य निश्चित रूप से नियन्त्रित मूल्य से अधिक होगा और उद्योग को अपना घाटा पूरा करके सामान्य मुनाफा कमाने का अवसर देगा।

19. कुछ ऐसे लोग हैं जो मुनाफे की भूमिका को लेकर आज भी कुछ गलतफहमियों के शिकार हैं। मुनाफे का अर्थ लगाई गई पूँजी पर अन्धाधुंध कमाई नहीं है। मुनाफा एक उचित और न्यायपूर्ण अनिवार्यता है और केन्द्र-नियन्त्रित अर्थव्यवस्थाओं में भी उद्योग मुनाफे के बिना नहीं चल सकते। प्रत्येक उद्योग को अपने निवेशकों को उचित लाभांश देने के बाद अपनी पुरानी मशीनों को बदलने और नए निवेश करने के लिए अतिरिक्त पूँजी की आवश्यकता होती है। मुनाफा और मुनाफाखोरी दो अलग-अलग बातें हैं। जहाँ मुनाफा आर्थिक विकास के एक शस्त्र की तरह है, वहीं मुनाफाखोरी एक समाज-विरोधी गतिविधि है।

20. पूँजी लागत में भारी वृद्धि हो जाने के कारण पिछले कुछ समय से नए पूँजी-प्रधान उद्योगों की स्थापना ठप्प पड़ गई है। मेरे विचार में, इन नए उद्यमों के साथ-साथ अपना विस्तार करनेवाले उद्यमों के उत्पादन पर उत्पाद-शुल्क में कुछ छूट दी जानी चाहिए। इस छूट की सीमा हर उद्योग के लिए अलग-अलग हो सकती है, जिसे अन्तिम मूल्य में पूँजी लागत के प्रभाव के आधार पर निर्धारित किया जा सकता है। इसी तरह, उद्योगों के सुचारु रूप से काम करते रहने के लिए आवश्यक है कि पुराने या चलन से बाहर हो चुके पूँजीगत माल का ठीक समय पर प्रतिस्थापन होता रहे। भारी मुद्रास्फीति की स्थिति में पूँजीगत माल के प्रतिस्थापन की लागत कर-कानून में प्रदत्त मूल्यह्रास से कहीं अधिक होती है। इस अन्तर को कम करने के लिए मूल्यह्रास मूल लागत की बजाय प्रतिस्थापन के मूल्य के आधार पर निर्धारित किया जाना चाहिए। जब मैं उद्योग की बात करता हूँ तो मेरे मस्तिष्क में सार्वजनिक और निजी दोनों क्षेत्र के उद्योग होते हैं। लागत का तर्कशास्त्र सार्वभौमिक है, यह न केवल सार्वजनिक और निजी की सीमाओं से, अपितु राष्ट्रीय सीमाओं से भी ऊपर है। मुझे पूरा विश्वास है कि इस सम्बन्ध में सरकार द्वारा नियुक्त समिति इन पहलुओं पर अवश्य ध्यान देगी।

21. तीव्र विकास पर्याप्त, बल्कि उदार वित्तीय उपलब्धता की माँग करता है। मैं जानता हूँ कि सरकार ऋणों के मामले में उदारीकरण की नीति अपनाने से हिचकिचाती रही है, क्योंकि उसे आशंका है कि इससे मुद्रास्फीति को प्रोत्साहन मिल सकता

है। क्या मैं यह कहने की स्वतन्त्रता ले सकता हूँ कि ये आशंकाएँ निराधार हैं? पिछले छह महीनों में मूल्य स्थिर हुए हैं, बल्कि उनमें गिरावट आई है। कृषि-उत्पादन सुधरा है और अतिरिक्त माँग की सम्भावना के कारण क्षमता-उपयोगिता में भी सुधार आने की आशा है। ऐसी स्थिति में ऋणों में सीमित उदारीकरण से महँगाई बढ़ने की बजाय उत्पादन में वृद्धि होगी और अर्थव्यवस्था को पटरी पर लाने में मदद मिलेगी। परन्तु यह पूरी प्रक्रिया तभी सफल होगी यदि लोगों को बचत के लिए प्रोत्साहन देने की दिशा में उपयुक्त कदम उठाए जाएँगे। यह पूरे मामले का सार-तत्त्व है।

22. मुझे याद है कि योजना आयोग ने पाँचवीं योजना की अवधि के दौरान निजी क्षेत्र के उद्योगों के लिए प्रतिवर्ष 1250 करोड़ रुपए के औसत निवेश का प्रावधान रखा गया था। वर्तमान मूल्यों के अनुसार, यह आँकड़ा अब 1866 करोड़ रुपए होना चाहिए। इस धनराशि का एक बड़ा हिस्सा वित्तीय संस्थाओं की तरफ से आना चाहिए, परन्तु वे स्वयं धन के अभाव के संकट से जूझ रही है। यदि नमक अपना स्वाद खो बैठे तो इसे कैसे नमकीन बनाया जाए? क्यों नहीं इन संस्थाओं को 'वेजफ्रीज' और 'सी.डी.एस.' के अन्तर्गत अवरुद्ध पड़े हुए संसाधनों का उपयोग करने की अनुमति दे दी जाए? आखिर ये वित्तीय संस्थाएँ वित्तीय अनुशासन का सख्ती से पालन करती हैं, और अतिरिक्त धनराशि के सदुपयोग को लेकर किसी तरह की आशंका का प्रश्न ही नहीं उठता है। वित्तीय संस्थाओं को भी ऋण-शेयर अनुपात, प्रयोजकों के योगदान के अनुपात और ऋणों के शेयरों में परिवर्तन जैसे मामले में अधिक लचीला दृष्टिकोण अपनाना होगा। इन अंकुशों से अर्थव्यवस्था के संकट से उबरने और उसमें सुधार आने की प्रक्रिया मन्द पड़ गई है। नीतियों और कार्य-प्रणालियों में उदारवादी दृष्टिकोण अपनाने से स्थिति को सुधारने में अत्यधिक मदद मिलेगी।

23. इस सन्दर्भ में, मैं संक्षेप में ब्याज दरों में अत्यधिक वृद्धि का उल्लेख करना चाहूँगा। बैंकों की दर 9 प्रतिशत तक बढ़ा दी गई है, जबकि बैंक के ऋण पर ब्याज की दर 18 प्रतिशत तक पहुँच गई है। एक स्फीति-विषयक स्थिति में ऋण की ऊँची लागत सम्भवतः तर्कसंगत भी है, परन्तु आज ऊँची ब्याज दरें उत्पादन और निवेश में एक बाधा बनती जा रही हैं। मैं आशा करता हूँ कि भारतीय रिजर्व बैंक अपने वर्तमान व्यस्त चरण के अन्त तक इस स्थिति पर सकारात्मक दृष्टि से पुनर्विचार करेगा।

24. आन्तरिक विकास अन्तर्राष्ट्रीय स्तर पर सफलता की अनिवार्य शर्त है। हमारे व्यापार सन्तुलन की स्थिति में 1966-67 के 922 करोड़ रुपए के घाटे की तुलना में 1972-73 में 104 करोड़ रुपए के मुनाफे के रूप में उल्लेखनीय सुधार हुआ है। ऐसा पहली बार हुआ है कि देश की व्यापार सन्तुलन की स्थिति इतनी अच्छी रही है। इसका श्रेय सरकार की परिणामवादी नीतियों और निर्यातकों की प्रतिस्पर्द्धात्मक बिक्री-क्षमता को दिया जा सकता है। परन्तु इस सुनहरी किरण के साथ-साथ काले बादल भी मँडराते रहे हैं। तेल, उर्वरकों और खाद्य-सामग्री के मूल्य

में वृद्धि से हमारी स्थिति पर बहुत गम्भीर प्रभाव पड़ा है। इससे हमारा भुगतान सन्तुलन गड़बड़ा गया है। परन्तु मुझे इसमें जरा भी सन्देह नहीं है कि हमारी निर्यात की स्थिति में सुधार की प्रचुर सम्भावनाएँ है। इस सन्दर्भ में चीनी और इंजीनियरिंग उद्योगों का विशेष-रूप से उल्लेख किया जा सकता है। हम लौह-अयस्क का निर्यात करनेवाले राष्ट्रों का संघ बनाने के लिए भी सरकार के प्रयासों का स्वागत और सराहना करते हैं।

25. स्वेज नहर को फिर से खोले जाने से यूरोपीय मंडियाँ हमारे निकट आ जाएँगी। यदि यूरोपीय देशों को पंचवर्षीय व्यवस्था को स्वीकार करने के लिए मना लिया जाए तो सामान्यकृत प्राथमिकता योजना (जी.एस.पी.) के लाभ के दायरे को बढ़ाया जा सकता है। घरेलू उपभोग के मूल्य पर भी हमें अपने निर्यात में वृद्धि करनी होगी। साथ ही, यह कहने की आवश्यकता नहीं है कि व्यावसायिक कुशलता का कोई विकल्प नहीं है। हमें गुणवत्ता-नियन्त्रण, समय पर आपूर्ति और आकर्षक पैकिंग इत्यादि को लेकर कठोर दृष्टिकोण अपनाना होगा। हमें व्यापार सन्तुलन की स्थिति में और सुधार लाने के लिए एक अन्य महत्त्वपूर्ण क्षेत्र पर भी ध्यान देना होगा। मैं आयात विकल्पों की बात कर रहा हूँ। आयात विकल्पों पर अधिक ध्यान देने और उसे निर्यात को प्रोत्साहन देने की तरह की महत्त्वपूर्ण मानने की आवश्यकता है। इसके अलावा, अधिक मात्रा में विदेशी ऋणों के साथ-साथ पुराने ऋणों के भुगतानों के पुनर्निर्धारण के लिए भी प्रयास करने की आवश्यकता है। साथ ही हमें अपने-आपको अन्तर्राष्ट्रीय मुद्रा स्थिति में आनेवाले परिवर्तनों के अनुरूप ढालने की कला भी सीखनी होगी।

26. मैं यहाँ यह उल्लेख भी करना चाहूँगा कि फेडरेशन अन्य देशों के साथ सद्भावनापूर्ण सम्बन्ध बनाने और उनके साथ स्नेहपूर्ण व्यावसायिक सम्बन्ध स्थापित करने के लिए निरन्तर प्रयासरत है। हमने इस वर्ष जयपुर में भारत जापान औद्योगिक सहयोग समिति की वार्षिक बैठक का आयोजन किया। हमें आस्ट्रेलिया, आस्ट्रिया, ईरान, इटली, कोरिया गणतन्त्र, श्रीलंका, स्वीडन और अमरीका के औद्योगिक शिष्टमंडलों का दायित्व स्वीकार करने का भी सौभाग्य प्राप्त हुआ। इस वर्ष जनवरी में मुझे पश्चिम एशियाई देशों की यात्रा पर जानेवाले एक औद्योगिक शिष्टमंडल का नेतृत्व करने का सुअवसर प्राप्त हुआ। मेरी यह धारणा है कि न केवल इन देशों में अपितु पूरे विश्व में भारतीय माल, प्रौद्योगिकी और कारीगरी के निर्यात की बहुत अच्छी सम्भावनाएँ हैं। परन्तु ये मंडियाँ हमें आसानी से उपलब्ध नहीं हैं। हमें उन देशों के साथ कड़ी प्रतिस्पर्द्धा करनी होगी जो न केवल अधिक विकसित हैं, बल्कि इन मंडियों में पहले से जमे बैठे हैं। मेरा सुझाव है कि हमारी सरकार को खाड़ी के देशों को—जो अब परम्परागत तीसरी दुनिया का हिस्सा नहीं रहे हैं—विनम्रतापूर्वक इस बात के लिए राजी करना चाहिए कि वे भारत जैसे विकासशील देशों से माल और प्रौद्योगिकी के आयात को प्राथमिकता दें।

27. प्रधानमन्त्री महोदया, 1975 के वर्ष का विशिष्ट महत्त्व है। यह वर्ष पूरा होने के साथ ही तीन चौथाई शताब्दी पूरी हो जाएगी और आखिरी चौथाई शताब्दी

आरम्भ हो जाएगी। शीघ्र ही हम 21वीं शब्ताब्दी की दहलीज पर खड़े होंगे। इस बात को ध्यान में रखते हुए हमारे मन में अनेक विचार उठते हैं। एक राष्ट्र की शक्ति उसके आम आदमी में निहित होती है और हमारा आधारभूत लक्ष्य देश के इस आम आदमी के जीवन-स्तर में सुधार लाना है। इस लक्ष्य की प्राप्ति के लिए हमें आनेवाले वर्षों में किस प्रकार, आकार और मात्रा की समस्याओं का सामना करना पड़ेगा? यदि हम इस लक्ष्य को प्राप्त करना चाहते हैं तो हमारी अर्थव्यवस्था को पर्याप्त मात्रा में आय, बचत, निवेश और उत्पादन का संचार करना होगा। सही योजनाएँ बनाकर और व्यवसाय और सरकार के बीच उपयुक्त तालमेल बिठाकर हम इस लक्ष्य को आसान बना सकते हैं।

28. आनेवाली समस्याओं के आयामों को समझने का प्रयास करना और उनसे उत्पन्न होनेवाली नई चुनौतियों का अनुमान लगाना एक सार्थक प्रयास हो सकता है। अनिवार्य वस्तुओं की माँग जनसंख्या और आय में वृद्धि से प्रभावित होती है। परिवार नियोजन कार्यक्रमों के बावजूद इस सदी के अन्त तक हमारी जनसंख्या 90 करोड़ के आँकड़े को पार कर सकती है। प्रति व्यक्ति आय में वृद्धि का सही-सही पूर्वानुमान लगाना अत्यन्त कठिन कार्य है। फिर भी, हम इसे प्रतिवर्ष 3 प्रतिशत मानकर चल सकते हैं। इस आधार पर, 2001 के वर्ष में हमें 23.8 करोड़ टन अनाज पैदा करने की आवश्यकता होगी। इसी तरह, हमें 3.6 करोड़ टन गन्ना (गुड़ के सन्दर्भ में), 2.2 करोड़ टन तेलहन और 21 अरब मीटर सूती कपड़ा पैदा करने की आवश्यकता होगी। दूसरे शब्दों में कहें तो अगले 25 वर्षों में अनाज की पैदावार में 129 प्रतिशत, गन्ने की पैदावार में 157 प्रतिशत, तेलहनों की पैदावार में 153 प्रतिशत और सूती कपड़े के उत्पादन में 163 प्रतिशत वृद्धि की आवश्यकता होगी। यदि हम जीवन-स्तर में थोड़े-बहुत सुधार की भी गुंजाइश रखें तो इन सभी वस्तुओं के उत्पादन का लक्ष्य एक विशाल आँकड़े का रूप ले लेगा। भविष्य में बिना किसी ब्लूप्रिंट के प्रवेश करने की बजाय यह कहीं बेहतर होगा कि हमें पता हो कि हमसे क्या अपेक्षाएँ की जाएँगी और हम उन्हीं के अनुसार अपनी योजनाएँ बनाएँ।

29. राष्ट्रीय विकास एक चुनौती भी है और एक अवसर भी। यह नीति-निर्माताओं की दूरदृष्टि, उद्यमकर्ताओं की खोजपरखता और सभी स्तरों पर प्रबन्धकों की पहल के लिए एक चुनौती है। मित्रो, मैं आपको याद दिलाना चाहूँगा, यदि याद दिलाने की आवश्यकता है तो, कि व्यवसाय तभी फलता-फूलता है जब यह उपभोक्ताओं की सेवा करने के प्रति समर्पित होता है। व्यवसाय के लिए राष्ट्रीय भावनाओं के साथ अपनी पहचान स्थापित करना आवश्यक है। हर उद्यम के बहुआयामी दायित्व होते हैं—अपने ग्राहकों, कर्मचारियों, शेयर-धारकों, सरकार, और सबसे बढ़कर समाज के प्रति। हम सभी को पूरी सतर्कता के साथ इस बात का ध्यान रखना है कि ये सभी दायित्व सर्वोच्च स्तर पर निभाए जाने चाहिए।

30. यद्यपि व्यवसायी आमतौर से अपने ग्राहकों के प्रति अपने दायित्व को समझते हैं, परन्तु कुछ ऐसे भी हैं जो खाद्य-सामग्री और दवाओं समेत मिलावटी माल का उत्पादन करने जैसी समाज-विराधी गतिविधियों में लिप्त हैं। समाज के विरुद्ध इससे बड़ा अपराध और क्या हो सकता है? अपने स्वार्थपूर्ण हितों के लिए मनुष्यों के जीवन के साथ खेलनेवाले ऐसे व्यवसायी कठोरतम भर्त्सना और दंड के पात्र हैं। उन्हें व्यवसायी कहलाए जाने का भी अधिकार नहीं है। इसके साथ ही मैं यह भी कहना चाहूँगा कि मात्र कुछ तकनीकी उल्लंघनों के कारण–बशर्ते कि वे गम्भीर प्रकृति के न हों–व्यवसायियों को, और खासकर व्यापारियों को परेशान नहीं किया जाना चाहिए।

31. यह बहुत महत्त्वपूर्ण है कि व्यवसायी समाज के अन्य वर्गों के साथ अपने-आपको राष्ट्र-निर्माण के एक भागीदारी के रूप में देखें और अपनी इस भूमिका को समर्पण भावना के साथ निभाएँ। उन्हें इस बात पर गर्व महसूस करना चाहिए कि विधाता ने उन्हें लोगों की सेवा करने का सुअवसर प्रदान किया है। उन्हें अपने संसाधनों का श्रेष्ठतम उपयोग करते हुए समाज की अधिक-से-अधिक भलाई करने का प्रयास करना चाहिए। इससे बड़ा सद्‌गुण और कोई नहीं है। सत्य–जिसे महानतम सद्‌गुण माना जाता है–को भी दूसरों की भलाई के साथ जोड़कर परिभाषित किया गया है–

येन भुतहितमन्यन्तम्,
तन् सत्यं इति धारणा।

32. अपनी बात समाप्त करने से पहले, प्रधानमन्त्री महोदया, मैं आपके, आपकी मन्त्री परिषद और सरकार के वरिष्ठ अधिकारियों द्वारा हमें समय-समय पर मिलनेवाले प्रोत्साहन और परामर्श के लिए अपना हार्दिक आभार व्यक्त करना चाहूँगा। मैं फेडरेशन के अध्यक्ष के रूप में अपने कार्यकाल के दौरान फेडरेशन के उपाध्यक्ष श्री हरीश महेन्द्रा के उदारतापूर्ण सहयोग, समिति में मेरे सहकर्मियों, जिन्होंने मेरे काम को आसान बनाने के प्रयासों में कोई कसर नहीं छोड़ी, और विभिन्न केन्द्रों के प्रतिनिधियों, जिन्होंने मेरे दौरों के दौरान अत्यन्त आत्मीयता और स्नेह के साथ मेरा आतिथ्य-सत्कार किया, के प्रति भी अपना आभार व्यक्त करना चाहूँगा।

33. मैं इस अवसर पर एफआईसीसीआई के महासचिव श्री जी.एल. बंसल, अतिरिक्त महासचिव श्री पी. चेंत्सल राव और उनके साथियों का भी धन्यवाद करना चाहूँगा, जिन्होंने अध्यक्ष के रूप में अपने दायित्व निभाने में मुझे मूल्यवान सहयोग दिया। मैं एफआईसीसीआई सचिवालय के पदाधिकारियों के प्रति भी अपनी गहरी सराहना की भावना व्यक्त करना चाहूँगा, जिन्होंने अत्यन्त उत्साह और समर्पण-भावना का प्रदर्शन करते हुए बहुत परिश्रम, लगन और कुशलता के साथ काम किया।

34. वर्तमान अधिवेशन की समाप्ति के साथ श्री बंसल 33 वर्ष की निष्ठापूर्ण, समर्पित और विशिष्ट सेवा के बाद महासचिव के पद से अवकाश ग्रहण कर

रहे हैं। हमारी इस संस्था को इसकी वर्तमान और प्रतिष्ठित स्थिति तक पहुँचाने के लिए हम सब उनके ऋणी हैं। उनके सेवा-निवृत होने के बाद श्री पी. चेंत्सल राव महासचिव का पद सँभालेंगे और मुझे पूरा भरोसा है कि वे अपने दायित्वों को सक्षमता और त्याग-भावना के साथ निभाएँगे।

प्रधानमन्त्री महोदया, अब मैं आपसे अधिवेशन का उद्‌घाटन करने का अनुरोध करता हूँ।

धन्यवाद।

Appendix-2

C 293
DELHI SPECIAL POLICE ESTABLISHMENT
FS II BRANCH
FIRST INFORMATION REPORT
(Recorded u/s 154 Cr.P.C.)

Crime No.R.C.5/77-FS-II Date and time of report 3 Oct, 1977 at 3.00

Place of occurrence
Delhi and other parts of India with State :

Date and time of occurrence : 1976-77.

Name of complainant or information with address :

Source Offence	U/s 120-IPC r/w sec.5(i) (d) & 5 (2) of the Prevention of Corruption Act, 1947 and sec. 293A of the Companies Act 1956 and substantive offences u/s 5(i) (d) & 5(2) of the P.C. Act and sec. 293 of the Companies Act.
Name & address of the accused :	1. Shri P.C. Sethi 2. Shri D.P. Chattopadhyaya & S/S 3. K.D. Malaviya 4. H.R. Gokhale 5. R.K. Dhawan 6. K.K. Birla 7. R.P. Goenka 8. M.V. Arunachalam 9. Sudhir Sarin 10. Yashpal Kapur and 11. Ram Datta Dube & others
Action taken :	Investigation taken up.

Investigation Officer : Shri N.L. Ramanathan, Dy. Supdt. Of Police SPE

Information

Information has been received from very reliable sources that the All India Congress Committee, for strengthening the finances of the party during the year 1976, and towards the end of 1976 and early 1977 for its election propaganda work, decided upon collecting funds from big business houses and industrialists by abusing the official position of some of the leading Congressmen who were also Ministers, aided and abetted by others including some public servants. Since political donations by Companies falling within the purview of Indian Companies Act 1956 were prohibited under section 293A of the said Act, a scheme was devised by these persons to disguise the collections as contributions to a large number of Souvenirs proposed to be published by the AICC and the various State Congress parties, and the companies and industrialists were induced to take out advertisements though such advertisements were not actually required by them. These collections by way of advertisements in the Souvenirs were merely a device to collect funds for the Congress Party and for political purposes. The collections increased in tempo during February 1977 since the Congress Party wanted to raise large funds for its electioneering campaign.

2. The modus operandi adopted was a general appeal by the AICC General Secretary requesting persons to contribute generously to the Congress by taking out advertisements in the souvenirs to be published by the Congress Party both at the Centre by AICC and also by the State Units. Following up this appeal, Shri P.C. Sethi the then Minister in the Central Cabinet personally went about contacting all the leading industrialists and business houses directly and also through the various Chambers of Commerce and Industries bringing his influence as a public servant to bear upon these persons for making contributions. It was made clear to everyone that it was not the advertisement value which was material but the need for contribution to the Congress Party and each industrialist/company should contribute the maximum possible, and very generously. When smaller contributions were offered, Shri Sethi and some of his other associates demanded of these business houses to pay more and such houses were made to pay more subsequently. Many of these Souvenirs were only on paper and quite a few of them have not appeared at all and none of them had any real advertisement value. Another significant feature was that many of the companies who had thus 'donated' to the party had not taken out similar advertisements in the previous years and this was purely for a political purpose and bulk of it was used for the election fund. It is also alleged that funds thus collected were actually used for political propaganda during the last general elections to the Lok Sabha by the Congress Party.

3. In pursuance of this scheme, apart form Shri Sethi, two other former Ministers of the Central Cabinet took a prominent part in such collections. Shri D.P. Chattopadhyaya, and then Commerce Minister, demanded and obtained large scale donations from textile manufacturers and coffee planters.

Shri K.D. Malaviya the then Minister for Petroleum, demanded and obtained similar contributions from 'rayon' manufacturers. Shri R.K. Dhawan, in abuse of his official position as Private Secretary to the then Prime Minister, pressurized many industrialists to contribute.

4. Shri Sethi was assisted among others by three leading businessmen Shri R.P. Goenka of M/s Duncan Brothers & Co. Ltd.; Shri K.K. Birla of Birla Group of companies, and Shri M.V. Arunachalam, the then President of the Federation of Indian Chambers of Commerce and Industry, to go round and induce and/or pressurize business houses for making these payments. He was assisted by Shri Sudhir Sarin and Shri Ram Dutta Dube, both connected with the Souvenir collections. It is alleged that Shri Yashpal Kapur, who is a relation of Shri Sudhir Sarin and important Congress M.P. was also assisting them in these collections, knowing them to be illegal.

5. Just before the general elections, doubts were raised in public mind about the legality of such contributions by companies to a political party in the guise of contributions to Souvenirs. At that time members of the Federation of Indian Chambers of Commerce and Industries were nervous and they met Shri P.C. Sethi to get clarification and also an assurance that Government would not take any action against them though it was generally understood that these were political donations. Shri Sethi got in touch with Shri H.R. Gokhale, the then Law Minister in the Central Cabinet who was also in charge of Company Affairs. Shri Gokhale, who was aware of the illegal nature of these transactions, held discussions with FICCI delegation and, in abuse of his official position, directed his office to issue a 'clarification' stating that these contributions would not fall within the ambit of section 293A of the Companies Act, 1956. This clarification was issued on 8th March 1977 and handed over in person to Shri P.C. Sethi.

6. The above mentioned accused alongwith others have thus contravened section 293A in pursuance of a conspiracy to commit an offence under section 293A with the above objection of swelling the coffers of the Congress Party prior to the General elections to the Lok Sabha in the year 1977.

7. It is said that in pursuance of this conspiracy, substantial contributions of more than Rs. 1.00 lakh each from about 190 companies were secured by the AICC in 1976 and 1977. Undue influence was brought to bear on all these companies to make the contributions and they were overawed and pressurized by virtue of the high position occupied by the above accused and other public servants. The total money thus collected amounted to about Rs. 8 crores.

8. As the information detailed above discloses the commission of offences under section 120-B I.P.C. read with section 5(i) (d) and 5(2) of the Prevention of Corruption Act of 1947 and section 293A of the Companies Act of 1956 and substantive offences under the aforesaid section 5(i) (d) read with 5(2) of the P.C. Act 1947 and section 293A of the Companies Act of 1956, this case is registered and taken up for investigation.

Sd/-
SUPERINTENDENT OF POLICE SPE
FS II C.B.I. NEW DELHI

END. NO.
COPY FOR INFORMATION TO :

1. The Special Judge, New Delhi
2. Shri C.R. Krishnaswamy Rao Saheb, Secretary, Ministry of Home Affairs
3. Dy. I.P.P.(S) CBI New Delhi
4. Investigation Officer
5. Office copy

Sd/-
SUPERINTENDENT OF POLICE C.B.I.
FS II C.B.I. NEW DELHI

Appendix-3

In the High Court at Calcutta
Criminal Revisional Jurisdiction
The 10th October, 1977

Present :
The Hon'ble Mr. Justice A.N. Banerjee & the Hon'ble Mr. Justice A.P. Bhattacharya, Criminal Misc. Case No. 871 of 1977.

K.K. Birla Petitioner
Versus
The State Opposite Party

For Petitioner :

Mr. S.S. Ray,
Mr. D.K. Dutta,
Mr. Ajay Nath Mukherji,
Mr. Ranjit Kumar Dutta,
Mr. Ramesh Chaudhury.

For the State : Mr. Biren Mitra

This is an application under section 438 of the Code of Criminal Procedure filed by the petitioner who apprehends that he may be arrested on the allegation of his having committed a non-bailable offence under section 120B-I.P.C. read with section 5(1) (d) and 5(2) of the Prevention of Corruption Act, 1947 and section 293A of the Companies Act, case No. being RC 5/77 of FS(II)-CBI dated 3.10.77.

Having heard the learned Advocates of the respective parties and on a consideration of the application we consider it to be a fit case in which the application for anticipatory bail should be allowed. We find no substance in the argument of the learned Advocate appearing for the State that since the petitioner is, for the present, away from this country, no such application under section 438 of the Cr. P.C. should be entertained. We also find no merit in the contention that since the case has been registered at Delhi, the petitioner who has given his residential address within the jurisdiction of this court, will not be competent to file an application of the present nature.

In the result, we allow this application and hereby order that in the event of the petitioner being arrested anywhere within the jurisdiction of this court, in connection with the aforesaid case, he shall be released on bail subject to the condition that he would fully cooperate with the investigation officer in the matter of investigation of the case.

A.N. Banerjee
The 10th October, 1977 A. Bhattacharya

Typed by : Narayan
Examined by : s/d
Read by : s/d

अनुक्रमणिका

●●●